KB205971

마이클 리코나의 이 책은, 필자가 그동안 접했던 부활에 관한 연구서들 가운데 가장 성실하고 우수한 연구서다. 우선 책의 목차에서 우리는 저자의 학문적 성실성과 방대한 연구를 볼 수 있다. 부활에 관한 수많은 학자들의 연구들과, 연관된 사상들이 소개된다.

저자는 정경 문헌에 근거하여 부활의 역사성을 논증하는 좁은 연구 방법을 탈피한다. 그 대신 신구약 정경의 외경 및 위서, 유대교의 미쉬나와 탈무드, 기타 랍비들의 문서는 물론 성서학계 외부의 전문적 역사가들의 문헌과 대화하면서 부활의 역사성을 조사하고, 최초의 제자들과 바울은 예수가 무덤에서 육체적으로 부활했다고 믿었다는 것을 조심스럽게 변증한다. 예수의 부활에 관한 연구의 새로운 이정표가 되는 중요한 책이라 확신한다.

김균진_연세대학교 명예교수

성서를 연구하기 위해 성서학자들은 타 학문에서 여러 방법론을 도입했다. 현재 대부분의 성서학자들이 사용하는 방법이 역사적 연구다. 성서학도들은 대개 기존의 선배 성서학자들로부터 이 방법을 배워서 사용한다. 그런데 성서학자들이 이런 방법을 사용하는 것을 일반 역사학자들은 어떻게 볼까? 충격적이게도 저자는 본래 역사학도들이 보면 이상하게 여길 방법들을 성서학자들은 많이 사용하고 있다고 한다. 저자는 역사학자들이 사용하는 역사적 연구방법으로 예수의 부활을 연구한 결과 부활 가설이 상당히 신뢰할 수 있는 역사적 사실이라는 것을 발견했다. 그동안 역사-비평적 방법을 사용해서 성경을 연구해온 모든 이들이 자기반성적으로 필독해야 할 책이다.

김동수_평택대학교, 한국신약학회 직전 회장

리코나의 이 책은 예수님의 부활의 원인이나 본질에 대해 논하는 신학 저술이 아니다. 이 책이 공헌하는 바는 예수님의 부활을 역사적 사실로 판단하여야 할 확실한 역사기술적 증거가 그렇지 않다는 증거보다 훨씬 더 압도적이며 설득력이 있고 정당하다는 연구이다. 이 연구는 부활 가설은 부활을 부인하는 어떤 가설보다 더 조리 있는 설명을 제시한다는 것을 밝혀준다. 이러한 공헌은 실로 크다. 자연주의 세계관을 따라서 예수의 부활을 부인하는 누구라도 있다면, 그분의 지성적 양심은 이 책의 논증에 대해 저항하거나 부인할 힘을 잃게 될 것이다. 이 책을 읽고도 예수의 부활을 끝내 부인하거나 여전히 의심한다면, 이 책은 그것이 지성의 진실성 때문이 아니라 자연주의라는 편견으로 지성의 양심을 외면하기 때문일 것임을 보여준다. 왜냐하면 누구라도 이 책의 연구의 범위와 전개의 탁월함을 인정하지 않을 수가 없기 때문이다. 부활을 의심하는 (하지만 정직한 지성을 갖춘) 분에게 (물론 신자에게도 또한) 강력히 추천한다.

김병훈_합동신학대학원대학교

기독교 신앙에 있어서 예수의 부활사건보다 더 중요한 주제가 있을까? 적어도 미국 신학계에서는 근년에 수많은 변증학자들과 신약학자들과 철학자들이 이 문제로 많은 저술과 토론과 대담을 해왔다. 관건은 부활사건의 역사성을 변호/확보하는 문제다. 혜성같이 나타난 인물이 마이클 리코나다. 신약문헌 변증가로서 그는 부활사건을 신학적으로가 아니라 역사 기술의 문제로 접근하면서 역사철학, 역사기술방법 등을 자세하게 논한다. 또한 논쟁의 주요한 인물들을 소환하여 심도 있게 대화하면서 복음서와 행전 그리고 바울 서신뿐 아니라 가용한 모든 고대 역사적 자료들을 두루 살핀다. 이 과정을 통해 리코나는 자신만의 독특한 방식으로 부활사건의 역사성을 변호한다. 전체적으로 복음주의적 입장, 철저한 문헌고증, 치밀한 학문적 방법론, 신중한 판단력, 세밀한 논증, 겸손한 학문적 대화 등이 이 책의 특징이다. 솔직히 말해 너무 전문적 내용을 담고 있기에 일반 독자들에게는 태산처럼 보일 것이다. 그러나 이 분야를 전공하는 학자들이나 학생들은 머리를 싸매고 공부해 볼만한 책이다. 예수 부활사건은 가슴의 문제이지 머리의 문제만은 아니겠지만!

류호준_백석대학교 신학대학원, 은퇴교수

아주, 아주 대담한 책이다. 저자는 예수님의 부활의 역사성을 믿을 뿐만 아니라 온갖 역사적 논증으로 '부활 가설'의 역사적 합리성을 제시한다. 이를 위하여 저자는 복음서와 수많은 그 이전과 이후의 문헌들, 그리고 이후에 나온 예수님의 부활에 대한 찬반을 담은 대부분의 책들과 주장들을 세밀하게 살피면서 부활이 역사적으로 정당하고 합리적임을 논증한다. 부활을 주제로 삼아 본서는 반지성주의의 늪을 헤어 나오지 못하고 있는 보수주의적인 한국교회와 성도들에게는 '지성을 추구하는 믿음'을 제시하며, 역사적 부활을 신화나 허구로 보는 철학적이거나 신학적인 편견을 논박하면서 그들 모두에게 부활이 역사적으로도 얼마나 믿을만한가를 명쾌하게 정리한 명저다.

유해무_고려신학대학원,은퇴교수

이 책에서 저자는 역사가들의 사실주의 접근법의 토대 위에서 자신이 세운 역사연구 방법론의 기준에 의해 예수 부활의 역사성을 지지하는 부활 가설이 다른 가설들보다 더욱 개연성이 크다는 사실을 보여주고자 한다. 이를 위해서 저자는 역사학, 성서 본문비평, 신학자들의 여러 가설 등에 관한 광범위한 연구를 수행하고 있다.

윤철호_장로회신학대학교

예수의 부활은 사실인가? 역사인가, 신화인가? 마이클 리코나는 1세기 이후 현재까지 뜨거운 논란이었고, 신자들에게는 믿음의 이유였고 불신자들에게는 불신의 이유였던 예수 그리스도의 부활 문제에 정면으로 도전했다. 그는 예수 부활의 역사성을 규명하기 위해 철저한 역사-철학적 방법론을 세웠고, 관련된 고대자료들을 빼놓지 않고 수집·해석했으며, 근대 이후부터 최신의 학자들의 다양한 논의들까지 분석·비판했다. 결과적으로 리코나는 예수 부활의 역사-사실성에 관해 상충되는 여러 주장들에도 불구하고 예수가 죽은 자들 가운데서 부활했다는 것이 관련된 역사적 기반에서 볼 때 가장 최상의 설명이라는 결론을 내린다.

이오갑_케이씨대학교

부활 분야의 저명한 학자 마이클 R. 리코나(1961~)가 2010년에 쓴 이 책은 치열한 그의 신앙적·학문적 노력의 결과물이다. 이 책 때문에 리코나는 2005년부터 섬기던 남침례교 소속 북미선교회에서 나와야 했다. 이 책의 장점은 저자가 서문에서 밝혔듯이 "해석학적·방법론적 고려 모두와 관련해서 성서학계 외부의 전문적인 역사가들의 문헌과 전례 없는 상호 작용을 하면서 예수 부활의 역사성 문제를 조사"한 데 있다. 이 책은 역사철학과 역사 연구 방법론부터 시작하여 기적이 학계에서 어떻게 받아들여 왔는지, 부활에 대한 자료 검토(정경, 비정경 문서, 로마 역사가들의 기록), 복음서 저자들과 바울, 야고보 등이 부활에 대해 보인 반응, 현대 신학자(게르트 뤼데만 등)들의 부활에 대한 평가에 이르기까지 부활을 집대성한 책이라고 볼 수 있다. 일독을 '강력 추천' 한다.

조광호_서울장신대학교

예수가 죽은 뒤 다시 살아났는지 아니면 시신으로 썩어버렸는지 학자의 지적 양심에 따라 냉정하게 판단하여 택일하거나 기독교인의 신앙고백적 차원에서 그 부활의 사실성을 승인하고 그 신학적 의미를 되새기면 족할 텐데, 예수의 부활이란 주제로 이렇게 치밀한 분석과 논증을 담아 엄청나게 방대한 책을 썼다는 사실 하나만으로도 경이롭다. 저자는 이를 위해 역사 또는 역사기술의 개념 자체를 근본부터 재검토하고, 역사가가 초자연적 기적을 대해온 기존의 방식을 비평하며, 예수의 부활과 관련된 이전 연구들을 꼼꼼하게 자리매김한 뒤에 비로소 신약성서와 당대의 부활 관련 자료들에 대한 본격적인 재조명으로 나아간다. 그 과정과 단계 하나하나마다 저자의 진지한 열정과 섬세한 학문적 탐구의 성실성이 돋보인다. 이 책을 읽은 독자들이 그 내용에 의거해 예수의 부활에 대해 중뿔나게 신앙심을 강화하거나 반대로 유달리 냉소적인 반항을 보일 가능성은 희소하지만, 이 책의 성취 자체는 신약성서학의 또 다른 기념비적 이정표로 우뚝 서게 될 것이다.

차정식_한일장신대학교, 한국신약학회 회장

예수 연구에 있어 꼭 필요하지만 가장 많은 논쟁을 불러일으켜온 주제가 바로 예수의 부활이다. 그 이유는 예수 부활의 역사성과 신학성에 대한 아주 다양한 관점들과 주장들이 지금까지 제시되어 왔기 때문이다. 이러한 관점들을 포괄적으로 검토하면서 동시에 부활에 대한 새로운 역사기술의 방향을 제시하는 책이 바로 마이클 리코나(M. R. Licona)의 『예수의 부활: 새로운 역사기술 접근법』이다. 저자는 역사적 예수의 부활의 사실성을 긍정하는 입장에 서 있지만 최대한 학문적 공정성을 기하려는 자세로 이 책을 기술하고 있다. 따라서 예수의 부활에 대해 보다 깊이 연구하거나 이를 시작하려는 학자들에게는 최고의 입문서이며 또한 필독서라고 할 수 있을 것이다. 그런 점에서 부활 연구자들의 노력과 시간을 절약하게 해 주면서도 이 주제에 대한 최근 연구 상황까지 소개해 주는 이 방대한 연구서의 출판을 진심으로 환영하며 번역과 출판을 위해 수고하신 모든 분들께 감사드린다.

최재덕_장로회신학대학교

이 책은 지금까지 나온 부활과 역사기술에 관한 가장 철저한 연구물이며 과학철학, 역사, 그리고 신학의 교차점을 연구하는 이들에게도 유용하다. 리코나는 다양한 학문분야의 자료들을 능숙하게 사용하여 예수가 역사적으로 부활했다는 것이 우리의 증거에 대한 최상의 설명임을 논리 정연하게 보여준다. 또한 리코나의 연구는 이 주장에 대한 학계의 빈번한 회의주의가 진지한 역사기술상의 성찰이라기보다는 시대에 뒤진 철학적 가정들의 유산을 반영하는 것에 불과하다는 것을 분명하게 보여준다.

크레이그 S. 키너_파머 신학교

예수의 부활에 대한 믿음에 관한 마이클 리코나의 철저한 연구는 사회과학과 고대의 데이터에 정통하고…신약성서의 증언에 주의를 기울이며 최근의 대부분의 논의들을 포함하고 있기 때문에 추천할 만하다. 리코나는 초기 기독교인들이 예수의 부활을 그의 시신에 일어난 문자적 사건으로 여기는 것을 배제할 정도로 은유적이거나 시적인 의미로 해석하지 않았다고 올바로 주장한다.

제임스 H. **찰스워스**_프린스턴 신학교

리코나는 인상적인 학식으로 예수의 부활에 관해 가능한 모든 증거를 수집하여 그 의미를 신중하고도 체계적인 방식으로 고찰한다. 이어서 그는 제자들의 부활 신앙에 대한 몇 가지 대안적인 설명들을 비교하고 그 설명들을 중요한 기준에 따라 평가한다. 그리고 예수의 육체적 부활이 그들의 확신에 대한 최상의 설명을 제공하며, 따라서 믿을 만한 가치가 있다고 결론짓는다. 이것은 놀라운 성취이며 지속되는 논란에 대한 중대한 공헌이다. 이 책은 명쾌하게 쓰였으며 앞으로 오랫동안 우리의 토론을 풍성하게 해줄 새로운 통찰과 주장들로 가득 차 있다.

C. **베한 맥컬래프**_*The Logic of History* 저자

이 풍요로운 책은 예수 부활의 역사적 신뢰성에 관한 귀중한 정보들의 창고일 뿐 아니라, 또한 그렇게 특별한 사건에 관한 연구를 통해 제기되는 역사기술 문제들에 관한 토론에 대한 중요한 공헌이다. 리코나는 이런 문제들의 해결과 관련해 대다수의 역사적 예수 학자들이 보여주는 비관주의를 거부한다. 그는 개인의 지평의 불가피성을 인정하면서도 포스트모던 역사기술이라는 신화를 깨뜨린다. 마이크 리코나의 친구인 나는 그가 예수의 부활이라는 문제를 다루면서 그 자신의 지평이라는 문제와 얼마나 치열하게 그리고 정직하게 씨름했는지 알고 있다. 그 결과 증거에 대해 우리가 합리적으로 요구할 수 있을 만한 객관적인 평가가 이루어졌다.

윌리엄 레인 크레이그_*Is God Real*의 저자

부활을 다양한 각도에서 다루는 접근법은 최근에는 상당히 일반화되었지만 세심한 평가는 드물다. 예수의 부활을 꼼꼼한 역사기술 원칙이라는 배경에 비추어

평가하려는 노력은 아마도 그중에서도 가장 드물 것이다. 마이클 리코나가 취한 접근법의 탁월함은 그가 부활과 같은 역사적 주장을 분석하고 평가할 수 있는 엄격한 방법을 개발하기 위해 신약성서라는 그 자신의 학문분야 너머를 바라보고자 했다는 점이다. 그의 접근법은 독창적이며, 이 문제에 관해 최상의 답에 도달할 수 있는 전망에 대한 힘겨운 정직성을 수반한다. 내 생각에, 시간을 들여 다양한 결론들을 살펴보는 이들은 아무도 능가할 수 없을 정도의 신중하고 철저하며 힘겨운 연구를 통해 보상받게 될 것이다. 나는 마이크가 이 연구를 수행하기 전과 이 연구를 수행하는 동안에 거의 간장을 태울 정도로 애를 썼다는 점을 보증할 수 있으며, 그것이 최종 결론에 이르기 위한—그 결론이 어디로 이어지든 간에—매우 힘든 노력이었음을 증언할 수 있다. 이 과정을 통해 유익을 얻을 사람은 독자라는 점은 의심할 나위가 없다. 이 책은 이 주제에 대해 통달하고자 하는 누구에게나 꼭 필요한 책이다.

개리 R. **하버마스**_리버티 대학교 및 신학교

The Resurrection of Jesus

A New Historiographical Approach

Michael R. Licona

새로운 역사기술 접근법

예수의 부활

The Resurrection of Jesus

A New Historiographical Approach

마이클 R. 리코나 지음

김광남 옮김

새물결플러스

이 책을 내 사랑하는 자녀 앨리와 자크에게 헌정한다.

그 아이들은 내가 여러 해에 걸쳐 이 책에 포함된 연구를 하느라

헤아릴 수 없이 많은 시간을 보내는 동안

거의 언제나 나를 참아주고 이해해주었다.

애들아, 내가 너희들을 무척 사랑한다는 걸 알아주렴!

목 차

1장

2장

3장

4장

5장

부록

감사의 글

내가 연구에 몰두하는 동안 내 아내 데비와 두 아이들 앨리와 자크가 보여준 끊임없는 인내와 희생에 대해 매우 고맙게 생각한다. 얀 반 데르 와트 교수님이 베풀어주신 부드럽고 정직한 비판·지도·용기를 주는 말씀 그리고 지속적인 우정에 대해 감사드린다. 나는 그분보다 더 나은 박사과정 지도교수를 만날 수 없었을 것이다. 개리 하버마스와 윌리엄 레인 크레이그가 줄곧 보내준 격려에 감사드린다. 내 박사학위 과정 중 첫 두 해 동안 재정적으로 지원해주신 모든 분들께 감사드린다. 나는 재정 지원 덕에 박사과정을 마칠 수 있었다. 마지막으로, 에이미 폰스와 M. 보우먼이 이 책의 원고를 꼼꼼하게 살피고 편집과 관련해서 유익한 조언을 해준 데 대해 감사드린다.

서론

1910년에 조지 티렐은 학자들이 마치 1세기의 옷을 입고 있는 자신들의 초상화를 그리고 있는 것처럼 그들의 연구가 예수에 관한 서로 다른 설명들을 내놓고 있다고 주장했다. 존 도미니크 크로산은 오늘날의 초상들에서도 계속되는 이 문제로 인해 발생하는 "학문적 골칫거리"에 대해 쓴다.[1] 나는 여러 해 동안 예수 부활의 역사성에 대해 연구해왔다. 이 문제에 조금이라도 시간을 할애해본 적이 있는 사람은 누구라도 이 주제에 관한 학자들의 다양한 연구 결과들이 역사적 예수 연구에서만큼이나—그 이상은 아닐지라도—다양하다는 것을 깨닫는다. 데일 C. 앨리슨, 레이몬드 E. 브라운, 피터 칸리, 데이비드 캣치폴, 윌리엄 레인 크레이그, 제임스 D. G. 던, 바트 D. 어만, 개리 R. 하버마스, 게르트 뤼데만, 윌리 마르크센, 제럴드 오콜린스, 리처드 스윈번, A. J. M. 웨더번, 그리고 N. T. 라이트는 모두 지난 30년 동안 그 주제에 대해 연구해왔다. 그리고 그들 대부분은 관련된 여러 쟁점들에 대해 서로 다른 결과에 도달했다.[2]

---

1 Crossan(1991), xxviii. 이 수렁에서 빠져나올 방법을 모색하는 최근의 연구는 Denton(2004)을 보라. Stewart(2008)도 보라.

2 Allison(2005); Brown(1973); Carnley(1987); Catchpole(2002); Craig(1989); Crossan(1994); Dunn(2003); Ehrman(1999); Habermas(2003); Lüdemann(2004); Marxsen(1990); O'Collins(2003); Swinburne(2003)을 보라. 더욱이 그 주제에 관해 여러 기여자들이 쓴 다음과 같은 많은 책들이 출판되어 왔다–D'Costa 편(1996); Davis, Kendall, O'Collins 편(1998); Stewart 편(2006). 최근에는 과도하게 비판적인 공동체도 Price와 Lowder(2005)처럼 이 주제에 관여해왔다. *Journal for the Study of the Historical Jesus*, 3.2(June 2005)의 첫 번째 주제 이슈는 예수 부활의 역사성에 할애되었다. Marxsen(1990)은 이렇게 말한다.

고전 역사가 A. N. 셔윈 화이트가 성서학자들이 취하는 접근법은 고전 역사가들의 접근법과 다르다고 지적한 것이 내 관심을 끌었다. 그는 신약성서 학자들이 복음서 그리고 특히 사도행전에 대해 확신하지 않는데 대해 놀라워했다. 사도행전에 대해 그는 사도행전의 기본적인 역사성을 기각하려는 시도는 "어리석어 보이며" "로마 시대를 연구하는 역사가들은 오랫동안 사도행전의 역사성을 당연한 것으로 여겼다"고 덧붙였다.[3] 복음서들에 대해 셔윈-화이트는 "복음서들에 대한 그리스-로마 시대를 연구하는 역사가들의 확신은 커진 반면, 유망함이 [그리스-로마 시대를 연구하는 역사가들이 사용했던 것보다] 결코 덜하지 않은 자료들을 갖고 시작했던 복음서 내러티브들에 대한 20세기의 연구가 양식비평이 발전하면서 그처럼 우울하게 변한 것은 놀라운 일"이라고 단언했다.[4] 탁월한 신학자 존 맥킨타이어도 그와 비슷하게, 실증주의 사학이 역사학계에서 "혹독하게 비판받았음"에도 불구하고 "19세기 후반과 20세기 초에 계속 남아서 성서비평과 20세기의 신학적 정의(definition)에 아주 파괴적인 영향을 주고 있음"을 관찰했다. "이 상황의 한 가지 이상한 측면은 실증주의 사학이 일반적인 역사기술에 대해서는 그렇게까지 압도적인 영향을 미치지 않았다는 것이다."[5]

나는 성서학자들이 이런 문제들과 관련해 보다 통일된 결론에 이르지 못하는 이유가 그들이 그런 연구를 위한 준비가 되어 있지 않기 때문

"'예수의 부활'에 관해서는 그동안 그 주제와 관련해 출판된 책들과 논문들의 숫자만큼이나 많은 의견들이 있다."

3 Sherwin-White(1963), 188-89.

4 Sherwin-White(1963), 187.

5 McIntyre(2001), 11. "실증주의 사학"은 참된 지식은 오직 역사적 탐구를 통해서만 온다는 입장이다. 따라서 무언가를 입증하지 못하면 이는 곧 그것이 본질상 오류임이 입증되었음을 의미한다.

이 아닌지 의심하기 시작했다. 그렇다고 성서학자들의 정신구조가 역사 연구에 적합하게 갖춰지지 않았다는 뜻은 아니다. 에른스트 트뢸치는 역사 연구 기준을 만들기 위해 진지하게 노력했으며, 오늘날에도 예수의 어록 연구에 어떤 기준과 방법들이 적절한지 그리고 어느 정도의 확실성에 도달할 수 있는지에 대한 논의들이 이루어지고 있다.[6] 그런 기준과 방법들이 진정한 예수의 어록과 예수의 행위 중 일부를 확인하는 데 도움이 되기는 할지라도, 그것들이 예수가 죽은 자들 가운데서 부활했다는 주장을 연구하는 데도 가장 적절한가? 어쨌거나 진정한 어록을 확인하기 위한 기준은 카이사르가 기원전 49년에 루비콘 강을 건넌 것과 아우구스투스가 기원전 31년에 안토니우스를 물리친 것을 확인하는 데는 별로 도움이 되지 않는다.

예수 부활의 역사성에 관한 연구에는 어떤 접근법을 취해야 하는가? 성서학자들은 예수의 부활에 관해 쓸 때 역사 연구에 관여한다. 그런 경우에 그들은 적절하거나 적정한 훈련을 받지 않고서 그런 연구를 하고 있는 걸까?[7] 그들 중 학부에서 과거를 연구하는 방법과 관련해 한 과목이라도 이수한 사람이 얼마나 될까?[8] 성서학자들은 역사에 관한 자신들의 연구를 전문적인 역사가들과는 다른 방식으로 수행하고 있는가? 만약

---

6 Troelsch(1913). 보다 최근의 예는 Eve(2005), Hooker(1972), 그리고 Theissen Winter(2002)를 보라.

7 C. A. Evans(*Fabricating Jesus*, 2006 『만들어진 예수』[새물결플러스 역간]): "결국 나는 역사적 예수에 대한 연구에 관여하는 많은 학자들이 성서와 신학은 공부했지만 역사는 공부하지 않았음을 알게 되었다. 이런 예수 학자들은 **결코 역사가들이 아니다.** 이와 같은 훈련의 결여는 이상한 전제·방법론 그리고 도달한 결론에서 분명하게 드러난다"(252쪽 주석16).

8 2007년 가을학기, 그리고 2008년 봄학기와 가을학기 동안 8개 아이비리그 대학들의 종교학과와 철학과가 개설하는 과목 및 학위 요건 목록들을 조사해본 결과 그 대학들이 역사철학과 현대의 역사 연구 방법에 관한 과목들을 거의 제공하지 않는다는 점이 드러났다. 유일하게 제공된 과목은 프린스턴 신학교가 제공한 박사학위 과정 세미나(CH 900 Historical Method)였다.

성서학계 외부의 전문적인 역사가들이 예수 부활의 역사성에 대해 조사하기 시작한다면 그런 연구는 어떤 모습일까?

개리 하버마스는 예수 부활의 역사성에 대한 전문성으로 유명한 철학자다. 그는 예수 부활의 역사성에 관한 내 석사학위 논문 지도교수였다. 하버마스는 1975년부터 현재에 이르기까지 예수 부활의 역사성이라는 주제에 관해 영어·독일어·프랑스어로 쓰인 약 3,400편의 학술 논문들과 책들로 이루어진 방대한 참고문헌 목록을 수집했다.[9] 그는 관련 문헌, 주요 기고자, 그들이 주장하는 입장, 그리고 그들이 그렇게 주장하는 이유에 관해 폭넓게 알고 있다. 나는 하버마스에게 혹시 성서학계 외부에서 예수의 부활 문제를 연구해 온 전문적인 역사가를 알고 있느냐고 물었다. 그는 몇 개의 학술 논문에 기여한 학자 몇 명과 그 주제로 짧은 책을 쓴 학자 한 명을 알고 있었다. 당시에 하버마스는 예수 부활의 역사성 문제에 접근하기 위한 역사철학의 상세한 기초를 닦고 그 방법론을 제안한 종교학자나 철학자가 쓴 어떤 논문도 떠올리지 못했다. 이 방향으로 박사과정 연구를 해보려는 내 관심이 강화되었고, 나는 2003년 3월에 그 연구를 시작했다.

그로부터 두 달이 채 되지 않았을 때 예수의 부활에 관한 N. T. 라이트의 기념비적인 책 『하나님의 아들의 부활』(*The Resurrection of the Son of God*, 크리스천다이제스트 역간)이 출판되었다. 그 뒤 같은 해에 역사적 예수에 관한 제임스 D. G. 던의 저서들 중 첫 번째 책인 『예수와 기독교의 기원』(*Jesus Remembered*, 새물결플러스 역간)이 출판되었다. 이 저자들은 해석

9 내가 이 책을 집필하고 있을 때 Habermas는 이 참고문헌 목록을 출판하기 위해 편집하고 있었다. "지금껏 예수의 죽음과 부활이라는 주제에 관한 출판물 대부분이 북미 지역 저자들에 의해 쓰였으며" 이들의 "견해가 아마도 가장 다양하다"는 그의 관찰은 흥미롭다.

학과 방법론에 전례 없는 관심을 기울였으며, 2년 후 데일 앨리슨도 그의 책 『예수 부활시키기』(*Resurrecting Jesus*)에서 그렇게 했다. 그러나 이런 책들이 출판된 후에도, 내가 전문적인 역사가들에게 전형적일 것으로 생각했던 정도로 신중하게 정의되고 광범위한 역사 연구 방법론을 갖추는 문제와 관련해서는 여전히 공백이 남아 있었다.[10]

그렇다면 내 연구는 선행 연구들과 어떻게 다른가? 이 책에서 나는 해석학적 고려 및 방법론적 고려 모두와 관련해서 성서학계 외부의 전문적인 역사가들의 문헌과 전례 없는 상호작용을 하면서 예수 부활의 역사성 문제를 조사할 것이다.[11]

1장에서는 역사철학과 역사 연구 방법론에 관한 몇 가지 문제들에 대해 논의한다. 나는 과거에 대해 어느 정도로 알 수 있는가, 역사가들이 과거에 대한 지식을 어떻게 얻는가, 편견이 연구에 미치는 영향과 역사가들이 그들의 편견을 최소화하도록 도움을 줄 수 있는 조치, 합의가 역사 연구에서 수행해야 하는 역할과 수행하지 않아야 할 역할, 누가 입증책임을 지는가, 역사가가 문제가 해결되었다고 선언해도 정당화되는 지점 같은 주제들에 대해 논의할 것이다. 이 장에서 내 목표는 예수 부활의 역사성에 관한 내 연구를 진행하기 위한 접근법을 확립하기 위해 성서학계 외부의 역사가들이 비종교적인 사안에 관한 연구를 진행하는 방법을 알아

---

10 그렇다고 Wright, Dunn, 그리고 Allison 등이 길을 잘못 접어들었다는 뜻은 아니다. Wright(1996)는 특히 그의 해석학적 방법론에 주의를 기울인다. 나는 Wright의 접근법이 그가 역사적 예수에 대해 설명할 때 도움을 줄 추가적인 도구를 제공하리라는 점을 기꺼이 인정한다. 내가 수행하는 이 연구는 그런 야망이 없으며, 단지 과연 예수가 죽은 자들 가운데서 부활했는지에 관한 역사적 설명을 제공하려 할 뿐이다.

11 분명히, 성서학계 외부에서 활동하는 역사가들은 이런 논의들을 해왔다. 그러나 그런 논의들을 예수의 부활 문제에 적용하는 일은 이 책에서 하는 정도까지 수행되지는 않았다.

보는 것이다.

2장에서는 역사가들이 기적 주장을 연구하는 데 대해 여러 유력한 학자들이 제기하는 이의들을 다룰 것이다. 이 책의 연구를 위해서는 이 논의가 아주 중요하다. 왜냐하면, 역사가들이 그 일을 하지 못하도록 금지된다면 더 이상 진행할 수 없기 때문이다. 나는 데이비드 흄, C. B. 맥컬래프, 존 마이어, 바트 어만, A. J. M. 웨더번 그리고 제임스 D. G. 던이 제기한 이의들을 다룰 것이다. 내 결론은 그들의 이의는—우리에게 조심스럽게 진행하라고 경고하기는 하지만 그 이의들이 예수의 부활에 대한 역사적 연구를 금지한다면—근거가 미약하다는 것이다. 나는 기적 주장에 대한 고려가 입증책임 문제에 어떻게 영향을 줄 수 있는지에 대해 추가로 논의할 것이다.

역사가들은 자신의 연구 자료의 출처를 밝혀야 한다. 나는 3장에서 우리의 연구와 관련된 주된 문헌들을 조사하고 그 다양한 자료들이 이 연구에 기여하는 가치에 따라 그 자료들에 등급을 매길 것이다. 나는 이 조사를 예수가 죽은 후 2백년 이내에 써졌고 예수의 죽음과 부활을 언급하는 자료들에 국한할 것이다. 그런 자료들 중에는 정경 문헌, 정경이 아닌 기독교 문헌(영지주의 자료 포함), 그리고 비기독교 자료들이 포함된다. 이어서 나는 그런 자료 각각에 대해 그 자료들이 가장 초기의 그리스도인들에게까지 거슬러 올라가는 예수의 죽음과 부활에 관한 자료를 포함할 가능성에 따라 등급을 매기고, 이 연구를 위해 가장 유망한 자료들을 밝힐 것이다.

4장에서는 앞 장에서 파악된 가장 유망한 자료들을 살펴보고 증거가 매우 강력해서 서로 이질적인 학자들 사이에서도 거의 보편적으로 합의가 이뤄지고 있는 일련의 사실들을 수집할 것이다. 이런 사실들은 예수의 운명에 관한 모든 가설들이 그 위에 기초를 둬야 할 우리의 역사적 기반을 구성할 것이다. 5장에서 가설들을 평가할 때 역사적 기반 자격을 갖추지 못하는 사실들은 무승부일 경우의 승자를 결정짓는 데 필요하거나, 특별한 가설에 의해 다뤄지거나, 각주에 포함된 경우가 아니라면 고려 대상이 되지 않을 것이다.

5장에서는 1장에서 논의된 방법론적 고려사항들을 적용해서 21세기 초에 예수의 부활이라는 문제와 관련해 제기된 주장들을 대표하는 6개 가설들을 평가할 것이다. 예수가 죽은 자들 가운데서 부활했는지 여부를 알지 못한다는 게자 버미스의 주장을 살펴 본 뒤에, 전적으로 역사 심리학에 의존하여 예수가 부활했다는 가장 초기의 그리스도인들의 믿음을 자연주의적으로 설명하는 마이클 굴더와 게르트 뤼데만의 제안들을 살펴볼 것이다. 이어서 존 도미니크 크로산의 주장에 대해 살펴볼 것이다. 크로산은 심리상태, 독특한 주해, 초기 기독교의 가르침들을 포함하는 자료들—이 자료들은 종종 무시된다—에 담긴 상충하는 보고들, 그리고 바울이 보편적 부활이라는 유대교 개념을 변형시켜 부활을 하나의 은유로 사용했다는 사실 등 다양한 요소가 결합하여 '세상에 대한 하나님의 우주적 정화가 시작되었다'는 견해를 지지한다고 주장하는 한편, 부활을 예수의 시체가 소생한 것으로 보는 문자적 이해는 바울을 포함하여 초기 그리스도인들에게 혐오감을 불러일으켰을 것이라고 본다. 이어서 나는 성서의 기록을 진지하게 취급하지만 또한 사회과학에 의존해서 그 기록들을 자연적인 측면에서 설명하고자 하는 피에터 크래퍼트의 가설을 살펴볼 것이다. 마지막으로 부활 가설에 대해 살펴볼 것이다. 데일 앨리슨은 예수 부활의 역사성을 주장하지만 이 주제에 대해 독특한 접근법을 취하는데, 그는 죽은 자의 환영을 예수의 부활 후 출현을 이해하기 위한 시행착오 학습법(heuristic)으로 이용한다. 앨리슨의 접근법은 특별히 고려해볼 만한 가치가 있기 때문에 나는 그의 접근법을 부록에서 별도로 다뤘다. 그럼에도 그의 결론은 부활 가설과 다르지 않다.

앨리슨은 예수 부활의 역사성이라는 문제를 "신약성서 연구에서 상이 걸린 퍼즐"이라고 말한다.[12] 나는 프레토리아 대학교에서 쓴 내 박사학위 논문의 개정증보판인 이 책이 우리가 그 퍼즐을 푸는 데 도움이 되기를 바란다.

---

12 Allison(*Resurrecting Jesus*, 2005), 200. 다음 문헌들도 보라. 왓슨(1987): "예수의 부활은 최근에 여성 안수에 관한 논쟁을 제외하면 가장 유명한 쟁점(*cause célèbre*)이 되었다"(365). Craffert(2008): "아마도 예수 연구에서 예수의 부활에 관한 문제만큼 논쟁을 야기하고 수많은 세미나들을 개최하도록 한 주제는 달리 없을 것이다"(383).

약어표

성서 번역본

ASV	American Standard Version
DRA	Douay–Rheims American
ELB	Elberfelder(독일어)
ESV	English Standard Version
GWN	God' s Word to the Nations
HCSB	Holman Christian Standard Bible
HOF–IBS	Hoffnung für Alle(독일어)
KJV	King James Version
NA^{27}	Nestle–Aland, 27판.
NAB	New American Bible
NASB	New American Standard Bible
NAU	New American Standard Bible(Updated)
NET	New English Translation
NIB	New International Version(영국)
NIV	New International Version
NJB	New Jerusalem Bible
NKJV	New King James Version
NLT	New Living Translation
NRSV	New Revised Standard Version
RSV	Revised Standard Version
REB	Revised English Bible
RWB	Revised Webster Bible
TNIV	Today' s New International Version
UBS^{3}	United Bible Society, 3판.
UBS^{4}	United Bible Society, 4판.

고대근동, 성서, 초기 기독교 참고문헌

ABD	David Noel Freedman 편. *Anchor Bible Dictionary*. 6 vols. New York: Doubleday, 1992.
ANF	A. Roberts and J. Donaldson 편. Ante-Nicene Fathers. 10 vols. Buffalo, N.Y.: Christian Literature, 1885-1896. Reprint, Grand Rapids: Eerdmans, 1951-1956. Reprint, Peabody, Mass.: Hendrickson, 1994.
BDAG	Walter Bauer, Frederick William Danker, W. F. Arndt and F. W. Gingrich 편. *A Greek-English Lexicon of the New Testament and Other Early Christian Literature*. 3판. Chicago: University of Chicago Press, 2000.
EA	El-Amarna tablets. J. A. Knudtzon 판에 의함. *Die el-Amarna-Tafeln*. Leipzig, 1908-1915. Reprint, Aalen, 1964. A. F. Rainey, *El-Amarna Tablets, 359-379*에서 계속됨. 제 2개정판. Kevelaer, 1978.
LS	Liddell, H. G., R. Scott, H. S. Jones and R. McKenzie. *A Greek-English Lexicon with a Revised Supplement*. Oxford: Oxford University Press, 1996.
NHC	Nag Hammadi Codex
P.Oxy.	Oxyrhynchus papyri
TDNT	Gerhard Kittel and Gerhard Friedrich 편. *Theological Dictionary of the New Testament*. Geoffrey W. Bromiley 역. Grand Rapids: Eerdmans, 1964-1977.
TLG	Thesaurus Linguae Graecae

고전 시대와 교부 시대의 주요 자료들

Achilles Tatius

Leuc. Clit.	*Leucippe et Clitophon*
De an.	*De anima libri mantissa*
Probl.	*Problemata*

사도 교부들

1-2 Clem.	*1 and 2 Clement*
Barn.	*Epistle of Barnabas*
Did.	*Didache*
Herm. *Mand.*	*Shepherd of* Hermas *Mandate*
Herm. *Sim.*	*Shepherd of* Hermas *Similitude*
Herm. *Vis.*	*Shepherd of* Hermas *Vision*
Ign. *Eph.*	Ignatius *To the Ephesians*
Ign. *Magn.*	Ignatius *To the Magnesians*
Ign. *Pol.*	Ignatius *To Polycarp*
Ign. *Rom.*	Ignatius *To the Romans*
Ign. *Smyrn.*	Ignatius *To the Smyrnaeans*
Ign. *Trall.*	Ignatius *To the Trallians*
Mart. Pol.	*Martyrdom of Polycarp*
Pap. *Frag.*	*Fragments of Papias*
Pol. *Phil.*	Polycarp *To the Philippians*

Apuleius

Metam.	*Metamorphoses*

Artemidorus

Onir.	*Onirocritica*

Cicero

Inv.	*De inventione rhetorica*
Phil.	*Orationes Philippicae*
Rep.	*De republica*
Verr.	*In Verrum*
Clement of Alexandria	
Ecl.	*Eclogae propheticae*
Strom.	*Stromateis*
Dionysius of Halicarnassus	
Ant. Rom.	*Antiquitates Romanae*
Eusebius	
Hist. Eccl.	*Ecclesiastical History*
Hippolytus	
Haer.	*Refutation of All Heresies*
Homer	
Il.	*Iliad*
Horace	
Ep.	*Epistles*
Irenaeus	
Haer.	*Against Heresies*
Josephus	
Ag. Ap.	*Against Apion*
Ant.	*Antiquities of the Jews*
J.W.	*Jewish War*
Life	*The Life*
Justin	
Dial.	*Dialogue with Trypho*
Juvenal	

Sat.	*Satirae*
Lucian	
Dial. d.	*Diologi deorum*
Hermot.	*Hermotimus, or Sects*
Peregr.	*The Passing of Peregrinus*
Pisc.	*Piscator*
Origen	
Cels.	*Contra Celsum*
Comm. Gen.	*Commentary on Genesis*
Hom. Luc.	*Homilies on Luke*
Comm. Matt.	*Commentary on Matthew*
Ovid	
Fast.	*Fasti*
Philo	
Abr.	*On Abraham*
Embassy	*On the Embassy to Gaius*
Flacc.	*In Flaccum*
Leg.	*Legum allegoriae*
Post.	*De posteritate Caini*
Praem.	*De praemiis et poenis*
Prov.	*De providentia*
Somn.	*De somniis*
Pliny the Elder	
Nat.	*Natural History*
Plutarch	
Cleom.	*Cleomenes*

Mor.	*Moralia*
Rom.	*Romulus*
Pseudo–Plutarch	
Plac. philos.	*De placita philosophurum*
Seneca	
Dial.	*Dialogi*
Marc.	*Ad Marciam de consolatione*
Vit. beat.	*De vita beata*
Suetonius	
Aug.	*Divus Augustus*
Cal.	*Gaius Caligula*
Claud.	*Divus Claudius*
Galb.	*Galba*
Nero	*Nero*
Tib.	*Tiberius*
Vesp.	*Vespasianus*
Tacitus	
Ann.	*Annals*
Tertullian	
Praescr.	*Prescreptions Against Heretics*
Scorp.	*Scorpiace*
Spec.	*De Spectaculis*
Virgil	
Georg.	*The Georgics*

나그 함마디 코덱스, 신약성서 외경과 위서

Ap. Jas.	*Apocryphon of James*
Apoc. Pet.	*Apocalypse of Peter*
Gos. Eb.	*Gospel of the Ebionites*
Gos. Eg.	*Gospel of the Egyptians*
Gos. Heb.	*Gospel According to the Hebrews*
Gos. Mary	*Gospel of Mary*
Gos. Naz.	*Gospel of the Nazarenes*
Gos. Pet.	*Gospel of Peter*
Gos. Phil.	*Gospel of Philip*
Gos. Thom.	*Gospel of Thomas*
Gos. Truth	*Gospel of Truth*
Sib. Or.	*Sibylline Oracles*
Treat. Seth	*The Second Treatise of the Great Seth*

구약성서 위서

1 En.	*1 Enoch*
2 Bar.	*2 Baruch*
Jub.	*Jubilees*
Odes Sol.	*Odes of Solomon*

미쉬나, 탈무드, 기타 랍비 문서들

Abod. Zar.	*Abodah Zarah*
b.	*Babylonian Talmud*
Bat.	*Baba Batra*
Ber.	*Berakhot*
Gen. Rab.	*Genesis Rabbah*
Ketub.	*Ketubbot*
m.	*Mishnah*
Naz.	*Nazir*
Nid.	*Niddah*
Sanh.	*Sanhedrin*
Sem.	*Semahot*
Sotah	*Sotah*
t.	*Tosefta*
Ta'an.	*Ta'anit*
y.	*Jerusalem Talmud*
Yebam.	*Yebamot*

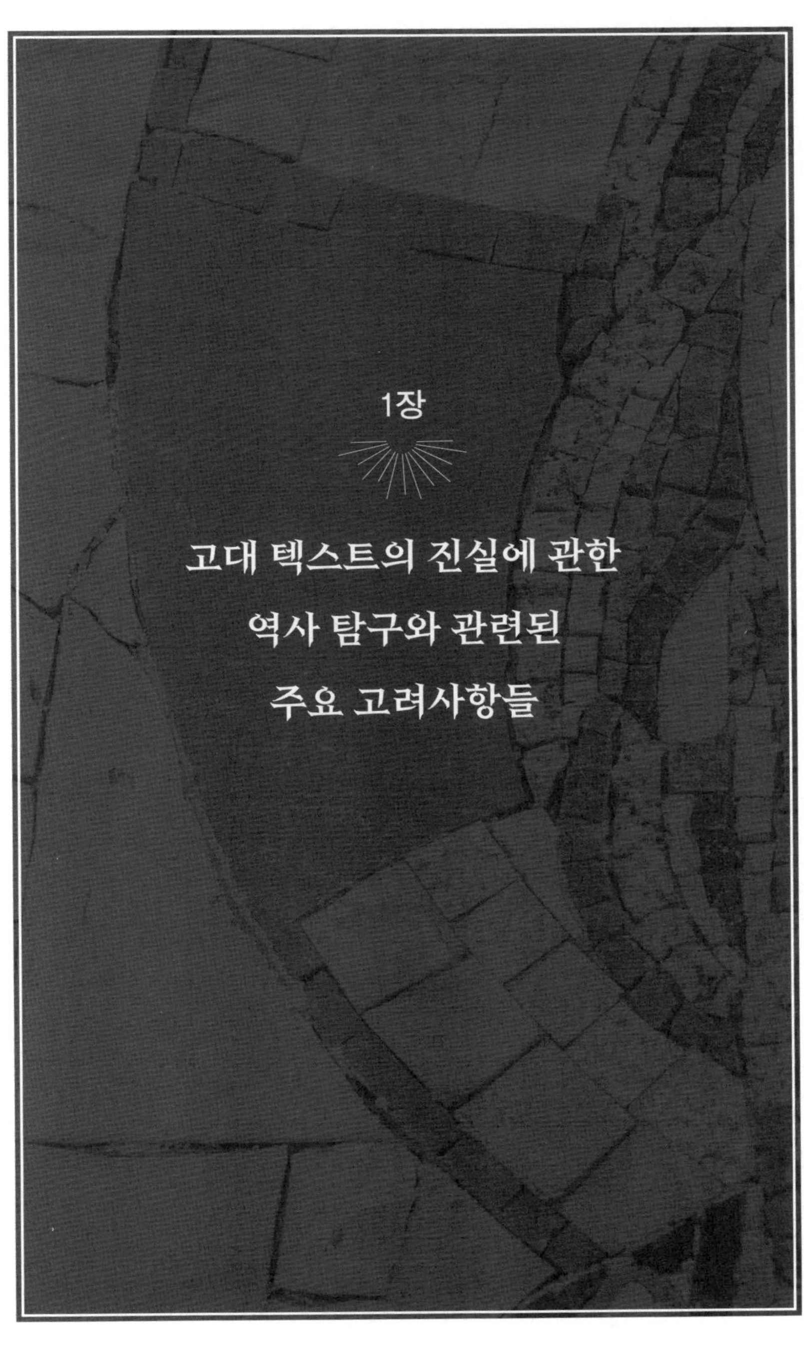

1장

고대 텍스트의 진실에 관한 역사 탐구와 관련된 주요 고려사항들

과도한 인식론은 인식의 만행이 된다. 그러나 그 어느 지식 분야에서도 다소의 인식론은 손쉬운 가정과 오만한 확실성을 방지하기 위한 울타리로서 중요한 역할을 한다.[1]

루크 티모시 존슨

---

1 L. T. Johnson(1996), 84.

1.1. 서론적 해설

J. H. 헥스터는 그의 책 『역사 입문』(*The History Primer*)에서 독자들에게 수학 시험과 역사 시험 채점 방식이 어떻게 다른지 생각해보라고 요청한다. 수학 시험에서는 정답 아니면 오답이다. "그러므로 참으로 수학을 못한다는 것은 전혀 이해하지 못한 결과이며 그야말로 전적으로 잘못된 답을 낳는다. 그러나 역사 시험에서 이런 식의 완전한 재앙이 일어날 가능성은 낮다." 과거에 관해 쓰는 경우에는 "정보를 별로 갖고 있지 않은 멍청한 학생조차 모든 것을 틀릴 가능성은 거의 없다. 정보를 조금 갖고 있는 총명한 학생은 시험을 좀 더 잘 치를 것이다.…[아무도] 수학 필기시험에서 허세를 부릴 수는 없지만", 역사 시험을 보는 학생에게는 그렇지 않다. "그것은 부분적으로는 역사를 잘못 쓰기는 아주 쉽고, 역사를 매우 잘 쓰는 경우는 드물기 때문이다."[2]

그러므로 우리의 여행은 "**역사**란 무엇인가?"라는 질문으로 시작된다. 우리는 이 질문에 답하기 쉽고 전문적인 역사가들은 누구나 "역사"가 "과거"와 동의어라는 데 동의하리라고 여길지도 모른다. 실제로 많은 역사가들과 철학자들은 역사를 그런 식으로 정의한다. 역사철학자 아비에저 터커는 역사를 "과거의 사건들"이라고 정의한다.[3] 철학자 스티븐 데이비스는 "**역사는 실제로 과거에 발생했고 역사가들이 발견하려고 하는 사건들**로 이해된다"고 주장한다.[4] 그러나 다른 많은 학자들은 다른 정

2 Hexter(*The History Primer*, 1971), 59.
3 Tucker(2004), 1.
4 Davis(1993), 24, 강조는 원저자의 것임.

의들을 제공해왔다. 실제로 **역사**라는 용어는 **본질적으로 논쟁적인 개념**으로서 그 의미에 대해 어떤 합의도 존재하지 않는 단어라고 표현될 수 있다.[5] **역사**에 대한 다른 정의로는 어떤 것들이 있는가? 역사적 예수 학자인 존 도미니크 크로산은 다음과 같은 정의를 제공한다. "역사는 공개적인 담론에서 논의된 증거를 통해 현재에 의해 쌍방향으로 재구성된 과거다."[6] 신약성서 학자 새뮤얼 뷔쉬코그는 역사를 "**과거에 사람들이 한 행동과 말에 관한 설명이다. 이는 다양한 종류의 편파적이고, 실용적이며, 교훈적인 특성들이 역사기술의 일부가 될 수 있음을 의미한다**"라고 정의한다.[7] 역사가 마이클 오크숏은 이런 정의를 내린다. "'실제로 일어난 일은 증거가 우리에게 믿도록 요구하는 일이다.' 증거를 통한 추론에 바탕을 둔 구성 개념인 역사적 과거는 궁극적으로 역사가의 '개념의 세계' 안에서의 구성 개념이다."[8] 신약성서 학자 루크 티모시 존슨은 다음과 같은 정의를 내린다. "역사는 어느 정도는 인간의 지성과 상상력의 산물이다. 그것은 인간이 자신의 현재의 경험과 이해를 집단 및 개인의 기억과 관련하여 처리하는 방식들 중 하나다."[9] 역사철학자 헤이든 화이트는 이런 정의를 제시한다. "**역사**라는 용어는 연구 대상과 그 대상에 대한 설명 모두를 가리키며" 또한 "한쪽은 '역사적'이고 다른 한쪽은 '비역사적인' 것이 될 수밖에 없는 두 부분으로 분리되는 인간의 일반적인 과거라는 개념이

---

5 Walter Bryce Gallie는 아리스토텔레스 학회에 기고한 1956년 3월 12일자 논문에서 "본질적으로 논쟁적인 개념"(essentially contested concept)이라는 용어를 도입했다.

6 Crossan(1998), 20.

7 Byrskog(2002), 44. 강조는 원저자의 것임.

8 Rex Martin(2005), 140에 인용된 Michael Oakeshott, *Experience and Its Modes*(Cambridge: Cambridge University Press, 1933), 107을 보라.

9 L. T. Johnson(1996), 81-82.

라는…애매한 표현의 토대 위에서만 이해될 수 있다."[10] 훨씬 더 많은 정의를 발견할 수 있다.[11] 비록 많은 논의들이 뒤따르겠지만, 이 책 전체에서 나는 터커의 정의에서와 같이 역사라는 용어를 사용할 때 **연구 대상인 과거의 사건들**을 지칭할 것이다.

역사기술은 또 하나의 본질적으로 논쟁적인 개념이다. 화이트는 역사기술은 역사에 **관한** 탐구 및 역사**의** 질문들과 관련이 있다고 쓴다. 역사기술은 철학이면서 방법론이다.[12] 터커는 역사기술을 "보통은 텍스트로 이루어지지만 영화나 녹음 같은 다른 매체로도 이루어지는, 과거의 사건들에 대한 설명"으로 여긴다.[13] 이런 정의에 따르면 요세푸스의 『유대고대사』(*Jewish Atiquities*), 타키투스의 『연대기』(*Annals*), 그리고 스티븐 스필버그의 "쉰들러 리스트"(Shindler's List) 등은 모두 역사기술에 관한 예들이다. 그러므로 역사기술은 역사철학의 역사이자 과거에 관한 저술이라고 정의될 수 있다. 역사기술은 역사 연구 방법론이 아니라 그 방법론을 포함한다. 왜냐하면 역사 연구 방법론은 우리가 과거에 대해 쓸 수 있게 해주기 때문이다. 이 책에서 나는 **역사기술**이라는 용어를 역사철학과 역사 연구 방법론상의 문제들을 가리키는 것으로 사용할 것이다. **역사철학**은 과거에 대한 지식을 얻기 위한 인식론적 접근법과 관련이 있다. 역사철학은 다음과 같은 질문들에 답하려 한다. 뭔가를 **안다**는 것은 무엇을 의미하는가? 뭔가를 어떻게 알게 되는가? 과거를 알 수 있는가? 알 수

---

10 H. V. White(1987), 55.

11 Anchor(1999), 121; Barnett(*Crux*, 1997), 3; Blackburn(2000), 272; Fasolt(2005), 10; Holscher(1997), 322; Iggers(1983), 68.

12 H. V. White(1978), 81. Gilderhus(2007)는 역사기술을 "역사 저술의 역사"라고 부른다(16).

13 Tucker(2004), 1. Scott 편(*Finding*, 2008), 7에 실린 R. J. Miller, "Back to Basics: A Primer on Historical Method"도 보라.

있다면, 어느 정도까지 알 수 있는가? 역사가들이 특정 사건이 일어났다고 말하는 것은 무엇을 의미하는가?[14]

1.2. 이론

1.2.1. 역사철학의 고려사항들

과거를 아는 데는 많은 어려움이 따른다. 과거는 영원히 지나갔기에 직접 관찰할 수도 없고, 정확하게 또는 철저하게 재구성할 수도 없다. 따라서 역사가들은 어떤 가설이 옳은지 절대적 의미에서 증명할 수 없다.[15] 과거에 대한 우리의 지식은 전적으로 자료를 통해서 온다. 이는 과거와 우리가 어느 정도는 자기 나름의 의견과 의제를 갖고 있던 다른 누군가의 눈을 통해 연결됨을 의미한다.[16] 그러므로 동일한 사건을 보도하는 두 개

---

14 **역사주의**(Historicism)는 또 하나의 "본질적으로 논쟁적인 개념"이다. 나는 이 책에서 이 용어를 사용하지 않을 것이다. 그러나 문헌들에서 나타나는 그 용어에 대한 몇 가지 정의를 제시하고자 한다. Momigliano(1997): "역사주의란 우리들 각자는 과거의 사건들을 역사 속에서 변화하는 우리 자신의 개인적인 상황에 의해 결정되거나 적어도 조건 지워진 관점에서 바라본다는 사실을 인정하는 것이다"(366); Ankersmit(2003): "올바른 역사적 통찰을 얻기 위한 과거와의 대화"(255, 또한 254를 보라. 거기서 Ankersmit는 **역사주의**를 본질적으로 논쟁적인 개념으로 여긴다); Pieters(2000): **새로운 역사주의**(new historicism)는 과거의 사건에서 어떤 의미가 발견될 것인지를 결정한다; Zammito(1998): **역사주의자**(historicist)는 사실주의 역사가다(331).

15 Harris(2004), 198-99. Gilderhus(2007), 124도 보라. Rex Martin(2005)은 "대부분의 경우에 우리는 결코 과거에(기억으로조차) 그렇게 접근하지 못한다. 지금 우리는 과거에 있지 않으며, 과거에 있었던 적도 없고, 결코 과거에 있지 못할 것이다"라고 불평한다(141). 또한 Scott 편(*Finding*, 2008), 10에 실린 R. J. Miller를 보라.

16 Droysen(1893): "이전 시기에 대한 우리의 지식은 얼마나 피상적이고 얼마나 신뢰할 수 없는가. 지금 우리가 과거로부터 얻을 수 있는 것은 필연적으로 얼마나 파

의 신문이 예컨대 기자들의 정치적 성향 때문에 판이할 수 있듯이,[17] 고대 역사가들이 우리에게 알려주는 내용도 그 고대 역사가들의 편견에 의해 다양한 정도로 영향을 받고 있다. 더구나 많은 고대 역사가들은 그들의 과거에 관심이 없었다. 대신 그들은 자신들의 현재가 기억되게 하는 데 더 관심이 있었다.[18]

고대와 현대의 역사가들 모두 자료를 선택해서 보고한다. 보고하는 역사가들에게 흥미가 없거나 중요하지 않거나 역사기술 목적상 관련

편적이고 특정한 견해에 국한되어 있는가"(118). Willitts(2005)는 역사적 예수에 대해 대부분의 사람들보다 더 비관적이다: "사실 예수에 관한 우리의 지식은 언제나 자료를 통해 중개된다. 나로서는 정직성이 우리의 귀에 '실제로 무슨 일이 일어났는지'에 대한 탐구는 불가능하다고 속삭이는 것으로 보인다. 그리고 우리는 그 목소리에 더 귀를 기울여야 한다"(105).

17 1987년 2월 26일에 "타워 위원회 보고서"(The Tower Commission Report)가 배포되었다. 그 보고서는 로널드 레이건 대통령 재임 시절에 발생한 이란 콘트라 스캔들에 대한 그 위원회의 조사 결과를 열거했다. 나는 다음날 아침 「워싱턴 포스트」와 「워싱턴 타임즈」의 제1면에서 그 위원회가 내린 결론에 대한 완전히 상반되는 보도를 접하고 놀랐던 것을 기억한다.

18 Finley(1965): "분명한 사실은 고대 그리스인들이 기원전 650년(또는 심지어 기원전 550년) 이전의 자신의 역사에 대해 거의 아무것도 알지 못했으며 그들이 안다고 여겼던 것조차 사실은 사실과 허구의, 즉 본질적인 것과 세부 사항들 대부분에 관한 몇 가지 잡다한 사실들과 여러 가지 허구의 뒤범벅이었다는 것이다"(288). Finley는 계속해서 투키디데스가 그리스의 과거에 지면을 거의 할애하지 않았으며 주로 현재에 관심이 있었다는 점을 보여주었다. 투키디데스는 그의 과거와 관련해 "놀라울 정도로 거의 아무런 구체적인 사건들도" 거론하지 않고 신화를 사용하는데, 우리는 그의 말의 진위 여부를 판단할 어떤 독립적인 설명도 갖고 있지 않다(289). "이런 실수들과 더불어 날짜가 표시되어 있지 않고 모든 사건들이 기원전 1170년과 700년 사이에 밀어 넣어져 있어서 초기 그리스의 올바른 역사에 대해 알 수 있는 모든 가능성을 무너뜨린다"(290). 헤로도토스의 역사기술에 관해서는, Hartog(2000), 384-95; Barrera(2001), 190-205를 보라. 메소포타미아의 역사기술에 관해서는, Freedman 편(1992), 205-6에 실린 A. K. Grayson, "Mesopotamian Historiography"를 보라. 이스라엘의 역사기술에 관해서는 Freedman 편(1992), 3:206-12에 실린 Thompson을 보라. Thompson은 미니멀리스트이며 방법론적으로 회의주의적인 접근법을 채택한다. I. Provain, V. P. Long and T. Longman III(2003), Part 1, "History, Historiography, and the Bible"(1-104); D. M. Howard Jr.와 M. A. Grisanti 편(2003)도 보라. 그리스-로마의 역사기술에 관해서는, D. Lateiner, Freedman 편(1992), 3:212-9에 실린 "Greco-Roman Historiography"를 보라.

이 없다고 간주되는 데이터는 대개 누락된다.[19] 예컨대, 루키아노스는 어떤 이가 유로포스 전투에 대해서는 겨우 일곱 줄만 쓰고 나서 어느 무어인 말 사육사의 경험에 훨씬 더 많은 지면을 할애했다는 말을 듣고 불평했다.[20] 놀랍게도 1세기의 가장 유명한 비그리스도인 작가인 필론과 요세푸스 둘 다 49-50년 사이에 클라우디우스 황제가 로마에서 모든 유대인들을 추방한 것에 대해 아무런 언급도 하지 않는다. 오직 수에토니우스와 누가만 그 사건을 언급하는데, 그들 모두 그에 대해 지나가는 말로 한 줄씩만 할애한다.[21] 로널드 레이건의 자서전에서 현대의 예가 발견된다. 그 자서전에서 레이건은 자신의 첫 번째 결혼에 대해 언급하는데, 레이건이 그에 대해 고작 두 문장만 할애하고 있기 때문에 그 결혼 관계에 대해 알고 싶어 하는 독자들은 실망할 것이다. "영화 '너트 록큰'(Knute Rockne)"을 제작한 해에 나는 워너브라더스 소속의 또 다른 배우 제인 와이먼과 결혼했다. 우리는 그 결혼을 통해 두 명의 사랑스러운 자녀 머린과 미카엘을 낳았지만, 그 결혼은 원만하지 않았고 우리는 1948년에 이혼했다."[22]

내 처조부 앨버트 웨이블은 여러 해 동안 일기를 썼다. 미국이 독일에 맞서 제1차 세계대전에 참전했던 날인 1917년 4월 2일자 그분의 일

---

19 Byrskog(2002), 257-58도 보라. 그는 헤로도토스(1:17, 177), 투키디데스(III 90:1; IV 50:2), 폴리비우스(I 13:6; 56:11; 79:7; XXIX 12:6), 크세노폰(*Historia Graeca* IV 8:1; V 1:3-4; 4:1; VI 2:32) 등을 예로 제공한다. Kahneman, Slovic과 Tversky 편(1982)에 실린 B. Fischhoff, "For Those Condemned to Study the Past: Heuristics and Biases in Hindsight"는 "사람들의 눈, 기자, 그리고 역사는 모두 무질서에 마음이 끌린다. 무사고 운전자가 가게로 돌진한 것이나 전쟁, 불경기, 또는 지진이 없이 이어지는 치세(治世)는 그들에게는 평범해 보인다"고 쓴다(338).

20 Lucian, *How to Write History* 28.

21 Suetonius, *Claudius* 25; 사도행전 18:2.

22 Reagan(1990), 92.

기는 다음과 같다. "오늘은 흐리고 바람이 많이 불었다. [오늘 허만과 에디스에게 아들이 태어났다.] 아버지와 나는 오늘도 귀리를 재배했다." 그다음 일요일(1917년 4월 8일 부활절)에 그는 다음과 같이 썼다. "날씨는 아주 맑고 따뜻했다. 땅이 매우 [?]. 아버지[등]는 오늘 교회에 가지 않으셨다. 나 혼자 펄[말]을 타고 갔다. 길이 진창이었음에도 몇 사람이 참석했다. 오후에 우리 모두 프레드의 집으로 갔다." 앨버트 웨이블은 매일 일기를 썼다. 그러나 그는 전쟁에 대해서는 조금도 언급하지 않았다. 만약 역사를 과거를 모두 묘사하는 것으로 생각한다면 역사는 확실히 알 수 없는 것이 되어버린다. 그러나 역사를 특정한 기간에 발생한 어떤 주제에 대한 적절한 설명으로 여길 경우 우리는 역사에 대해 어느 정도 알 수 있다고 생각하는 입장에 서게 된다. 불완전하기는 하지만, 적절한 묘사는 제기된 질문에 답하는 데 충분한 자료를 제공한다. "조지 W. 부시는 2006년에 미국의 대통령이었다"는 정확한 진술이다. 그러나 그 진술은 불완전하다. 왜냐하면 그 진술은 조지 W. 부시가 같은 시기에 또한 남편이자 아버지였다는 점을 언급하지 않기 때문이다. 그 진술이 적절한지 또는 공정한지 여부는 글을 쓰는 목적과 제기된 질문에 달려 있다. 복음서 저자들은 예수의 신체적 특징에 대해 사실상 아무 묘사도 하지 않았는데, 이는 그것은 그들의 저술 목적과 아무 관련이 없었기 때문이었다. 이런 누락으로 인해 많은 역사성 문제에 대해 평가하지 못하는 것은 아니다. 그러므로 어떤 설명이 **불완전**하다고 해서 그것이 반드시 **부정확한** 설명이라는 결론을 내릴 필요는 없다.

역사가들의 선택 대상은 그들이 보고하기로 선택한 사건이나 내러티브들을 넘어선다. 역사가들이 어떤 데이터를 선택하는 것은 그 데이터들이 그 특정 역사가에게 적합하기 때문이며, 그 데이터들은 그 역사가가 특정 가설을 주장하는 데 필요한 증거가 된다. 범죄 현장에서 형사들은 모든 데이터를 조사해서 특별한 데이터를 선택하는데, 선택된 데이터는 어떤 가설의 틀 안에서 해석될 때 증거가 된다. 그 가설과 무관한 데이터는 보관되거나 무시된다. 역사가들도 같은 방식으로 일한다. 어느 고대 역사가가 특정 데이터를 취하면서 관련이 없어 보이는 다른 데이터는 버린다고 가정하자. 그 고대 역사가가 무슨 일이 발생했는지 잘못 이해했을 경우, 현대의 역사가들은 불리한 상황에 처해 있게 될 수도 있다. 왜냐하면 그들이 제기하는 질문들과 관련이 있을 수도 있는 데이터가—만약 다른 자료를 통해 보고되거나 언급되지 않는다면—지금은 상실되었을 수도 있기 때문이다. 그러므로 역사가들은 더 이상 존재하지 않는 데이터가 증거 역할을 할 가능성이 높은지에 대해 물을 수 있을 것이다. 물론 이런 추측은 그 어떤 가설에 대해서도 침묵으로부터의 논증과 임기응변적(ad hoc) 요소를 초래할 것이다. 그러나 역사가들이 데이터 부족으로 고생할 때에는 때로는 이렇게 할 필요가 있다.

기억은 선택적이며 상세한 설명을 통해 증대된다. 조만간 기억은 불확실해지거나 희미해지거나 왜곡될 수 있다. 종종 저자의 의도를 이해할 수 없고, 보고 배후의 동기를 결정하기 어려운 경우가 있다.[23] 이 점은 우리가 정경 복음서들로 알려진 현존하는 가장 초기의 예수에 관한 4개의 전기들을 고려할 때 도전거리가 된다. 오늘날에는 학자들 사이에 복음서가 그리스-로마의 전기(*bios*) 장르에 속한다는 어느 정도의 합의가 형성되어 있다. 전기는 고대의 전기 작가에게 그 전기의 대상이 되는 인물의 가르침·철학 그리고 정치적 신념을 전하기 위해 자료들을 재배열하고 연설들을 고안해 내는 등의 많은 융통성을 제공했으며 전기에는 종종 전설이 포함되었다. 전기는 융통성 있는 장르였기 때문에 종종 어디서 역

---

23 Zammito(1998), 334.

사가 끝나고 어디서 전설이 시작되는지 결정하기 어렵다.[24]

---

24 이 책 3.2.1을 보라. 고대로부터 살아남은 적절한 역사기술에 관한 유일한 매뉴얼은 2세기 후반에 쓰인 루키아노스의 *How to Write History*다. 루키아노스는 역사 기록이라는 장르에 관한 최소한의 정보를 제공한다(Loeb Classical Library[Cambridge: Harvard University Press, 1959]에 실린 *Lucian*, Volume VI에 나오는 *How to Write History* 7). 역사의 목적은 독자들에게 유익하거나 도움이 되는 사항을 보고하는 것이었다. 그 보고는 참된 것이어야 한다(9, 51). 루키아노스(42)는 자기가 비슷한 상황에 있는 미래의 독자들이 지혜를 얻게 하려고 쓰고 있다는 투키디데스의 진술을 인용한다. 또한 에우세비오스와 타키투스에게서도 이런 측면들의 예를 목격한다. 에우세비오스는 그의 책 *Ecclesiastical History* 8.2.3에서 자기가 자신의 교회사에 303년 3월에 시작된 로마의 극심한 박해로 인해 신앙을 포기했던 그리스도인들에 대한 보고를 포함시키지 않고, 오직 당대의 그리스도인들과 그들의 후손들에게 유용할 만한 보고들만 포함시키리라는 점을 인정한다. 타키투스도 그의 *Annals* 3.65에서 비슷한 목적을 진술한다. "내 목적은 모든 움직임에 대해 설명하는 것이 아니라 오직 탁월함 때문에 두드러지거나 악명 때문에 유명한 것들에 대해 충분히 이야기하는 것이다. 나는 가치 없는 행위가 기념되지 않게 하고, 후세의 비난이 악한 말과 행위에 대한 두려움이 되게 하는 것을 역사의 가장 중요한 기능이라고 여긴다"(Perseus Project 역: 〈www.perseus.tufts.edu/cgi-bin/ptext?doc=Perseus%Atext%3A1999.02.0078&layout=&loc=3.65〉[2006년 10월 3일 접속]). 루키아노스(*How to Write History* 9)는 "역사에는 하나의 과업과 목적이 있다"고 가르쳤다. 그것은 τὸ χρήσιμον(유용한/이로운/도움이 되는) 것으로서 "오직 진리로부터만 얻어진다." 루키아노스에게 전기의 대상자에 대한 칭찬은 적정한 한계 안에서 받아들여졌다(9). 완전한 허구와 과도한 칭찬은—특히 그것이 거짓말을 하는 수준까지 이르게 될 경우—회피되어야 했다(7), 그러나 루키아노스는 많은 역사가들이 자기들이 칭찬하는 자들에게 호의를 얻거나 재정적 이득을 얻기 위해 지나치게 나아가는 잘못을 저질렀다고 주장한다(10, 13, 40). 대신, 역사가는 전기 대상자로부터의 보복을 두려워하거나 이득을 바라지 않고 써야 한다(38). 비록 사건들의 연대기적 순서가 선호되기는 하지만, 고대의 역사가들은 그 사건들을 재배열하도록 허용되었다. 그러나 위치를 너무 차이 나게 배치하는 것은 용납되지 않았다(24, 49, 51). 정치에 대한 이해와 설명 재능은 역사가가 보유할 가장 가치 있는 자질이다(34, 51). 적을 해치거나 친구를 보호하기 위해 진실을 희생시켜서는 안 되었다. 역사가는 자신의 동료들을 위해서가 아니라 미래의 독자들을 위해서 쓴다(39-41, 61). 역사가는 목격자이거나 그의 정보를 분별이 있고 믿을 만한 원천으로부터 얻어야 한다(47). 사용된 말과 내용이 그 말을 전달하는 전기 대상자에게 적합하다는 조건 하에서, 그리고 그것이 증거에 의해 지지를 얻을 수 있다면, 어떤 연설을 지어낼 수도 있었다. 역사가는 이 지점에서 그의 웅변 능력을 발휘하도록 허용되었다(58-59). 전기를 제외한 역사기술에 대한 루키아노스의 격언은 이러했다. "역사가의 유일한 사명은 일어난 대로 말하는 것이다"(39). Finley(1965)는 루키아노스의 주장에 만족하지 않고 이렇게 언급한다. "우리에게 관심이 있는 한 가지는 아리스토텔레스 이후 5백 년이 지난 시점에 루키아노스가 여전히 역사를 시와 맞서는 방향으로 몰아가고 있다는 것이다"(282).

때로는 증인의 증언이 믿을 만하지 않아서 과거를 알기 어렵게 된다. 루키아노스는 실제로는 목격자가 아니면서도 목격자라고 거짓말을 했던 경우에 관해 쓴다.[25] 그러나 진실을 말하려 하는 목격자들의 보고조차 도전 과제가 있다. 자벨은 증인은 "사실을 (1) 정확하게 인식하고, (2) 정확하게 기억하고, (3) 참되게 진술하고, (4) 다른 이들에게 성공적으로 전달해야 한다"고 기록한다.[26] 더욱이 분별력 있고 진지한 선의의 목격자들조차 종종 상반되는 증언을 한다. 타이타닉 호는 많은 목격자들이 주장하듯이 둘로 쪼개졌는가, 아니면 다른 목격자들이 보고하듯이 온전한 상태로 가라앉았는가? 1946년 10월 25일 밤에 케임브리지에서 있었던 비트겐슈타인과 포퍼 사이의 언쟁에서는 실제로 무슨 일이 벌어졌는가? 비트겐슈타인은 포퍼에게 뜨거운 부지깽이를 휘두르고 방을 뛰쳐나가 문을 쾅하고 닫아버렸는가, 아니면 그것은 그 사건에 대한 "심한 과장"에 불과한 것인가? 목격자들의 보고가 상충하는 경우는 아주 많다.[27]

과거는 우리에게 파편적으로 다가온다. 고대의 역사가들은 선택적으로 보고했고 기록된 것들 중 많은 부분은 상실되었다. 로마의 역사가 타키투스의 저술은 거의 절반이 살아남았다. 그러나 1세기에 탈로스가 쓴 지중해 역사의 경우는 파편 하나를 제외하고는 모두 상실되었다. 수에토니우스는 멘데스의 아스클레피아데스의 저작들에 대해 알고 있었으나, 지금 그 저작들은 더 이상 존재하지 않는다. 헤롯 대왕의 비서였던 다마스쿠스의 니콜라스는 144권으로 이루어진 『보편사』(*Universal History*)를 썼지만 지금은 그 책들 중 아무것도 남아 있지 않다. 리비우스의 경우 초

---

25 *How to Write History* 29. 루키아노스는 *Peregr*. 40에서 하나의 예를 제시한다.

26 Zabell(1988), 334.

27 그 이야기에 대해서는 Edmonds and Eidinow(2001), 1-5를, 그리고 상충하는 목격자 증언에 대해서는 부록(306-12)을 보라.

기 저술들과 다른 책의 인용문들만 남았다. 파피아스는 2세기 초 기독교 교회의 영향력 있는 지도자였지만, 지금은 『주님의 어록 해설』(*Exposition of the Sayings of the Lord*)이라는 제목이 붙은 그의 다섯 권의 책 중 인용문 몇 개와 약간의 요약 정보만 남아 있다. 대략 같은 시기에 또 다른 교회 지도자였던 콰드라투스는 로마 황제 하드리아누스를 위해 기독교 신앙을 옹호하는 글을 썼다. 4세기에 카이사레아의 에우세비오스가 그의 작품을 언급하고 그중 한 대목을 인용하지 않았더라면, 아마도 그 작품과 관련된 모든 흔적은 영원히 사라졌을 것이다. 2세기에 쓰인 다섯 권의 책들에 포함된 헤게시포스의 『회상』(*Recollections*)도 주로 에우세비오스에 의해 단편적으로만 살아남아 있다.[28]

일부 수정주의 역사가들은 **역사는 승자의 기록이다**라고 생각한다.[29] 과거를 이해하려고 할 때 우리는 우선 어떤 전투, 어떤 시대, 어떤 사람 등에 관해 이야기하는 자료들을 살핀다. 대개 그 내러티브는 유리한 위치에 있는 누군가에 의해 쓰인다. 그러므로 우리는 권력을 잡지 않은 이들의

28 비록 십자가형이 로마 제국 전역에서 널리 시행되었지만, 고고학자들이 발굴한 십자가형을 확인해 주는 인공물은 하나뿐이라는 사실에 주목할 가치가 있다. 1968년에 예루살렘에서 여호하난 벤 학콜(Yehohanan Ben Hagkol)이라는 한 젊은이의 유해가 발견되었다. 그의 한쪽 발목에 그를 처형할 때 사용되었던 못 하나가 박혀 있었다. 그를 십자가에서 떼어내 매장한 사람들이 그 못을 제거하지 못했음이 분명했다. 그 인공물은 이스라엘 문화재청에 95-2067/5라는 번호로 등재되어 있다.

29 Ehrman(*Lost Scriptures*, 2003), 2. "역사는 승자의 기록이다"라는 경구는 George Owell이 만들어낸 것으로 보인다. G. Orwell, *As I Please, 1943-1945*, Collected Essays, Journalism and Letters 3, S. Orwell and I. Agngus 편(Boston: David R. Codine, 2000), 88에 실린 Owell, "As I Please," *Tribune*, 4 Feb. 1944를 보라. Owell은 그의 소설 『1984』에서 어떻게 "승자"가 역사를 통제할 수 있는지 놀랍게 묘사했다. Franzman(2005)도 보라: "공식적인 역사가 승자들에 의해 기록되고 오직 승자들만 스타로 만들어준다는 것은 자명한 이치다. 기독교 역사는 중요한 교리 논쟁에서 승리하거나 정치 동맹을 통해 여러 세력들을 통합하는 데 성공한 종교 전문가들의 목록으로 읽힌다. 역사는 정통을 규정하고 유지하는 자들인 그들에게 초점을 맞춘다. 다른 한편, 이단들은 역사의 가장자리로 쫓겨난다. 그들은 대적들이고 패자들이다"(127).

관점이 아니라 권력을 잡은 이들의 관점에서 본 이야기를 얻게 된다. 예컨대, 고대 로마에 대한 우리의 지식은 주로 수에토니우스, 타키투스, 키케로, 카이사르, 리비우스, 프리스쿠스, 살루스티우스, 플루타르코스, 그리고 요세푸스 같은 고대 역사가들로부터 나온다. 그들 대부분은 로마인이었다. 그러므로 지금 우리가 알고 있는 로마의 역사는 주로 로마인의 관점에서 본 것이다. 유대인인 요세푸스조차 로마에 의해 정복당했고 로마를 지지하는 관점에서 역사를 썼다. 그러므로 우리가 읽고 있는 내용이 로마를 지지하는 입장에 의해 편향되고 왜곡되었다고 주장할 수 있을 것이다. 그러나 역사가 반드시 승자의 기록이기만 한 것은 아니다. 투키디데스와 크세노폰은 가장 중요한 고대 역사가들 중 두 명인데, 그들 모두 패자의 입장에서 역사를 썼다. 더욱이 페레즈 자고린이 지적하듯이, "현대 독일의 역사기술의 중요한 부분은 독일인들이 어떻게 나치 체제와 그 체제가 저지른 범죄에 굴복했는지 설명하고자 하는 패전국 학자들이 수행한 작업이다."[30]

바트 어만과 일레인 페이절스는 자신들을 그리스도인이라고 여겼지만 최종적으로 다수의 사람들에게 승인을 얻은 그룹에게 이단으로 간주되어 거부된 많은 그룹들이 있었다고 주장한다. 따라서 그들은 예수와 초기 교회의 역사는 원-정통(proto-orthodox)이라고 할 수 있는 승자들의 기록이며, 오늘날의 교회는 그들의 저작을 권위 있는 문서로 읽고 있다고 주장한다.[31] 만약 영지주의 그리스도인들이 승리했더라면, 아마도 지금 우리는 일련의 다른 정경 복음서들과 저작들을 권위 있는 문서로 읽고 있을 것이다.

---

30 Zagorin(1999), 13. R. Evans(1999), 182도 보라.

31 Ehrman(*The New Testament*, 2008), 3-14; Pagels(1989), 102-18.

기독교 정통에 관한 이 주장이 어느 정도 사실이기는 하지만, 그 주장이 옹호하고자 하는 결론에 불리하게 작용하는 중대한 장애물이 많이 있다. 우선 정통을 편드는 그리스도인들이 영지주의자들이 역사적 예수와 그의 제자들의 가르침에 대해 잘못 언급했다고 말하는 것이 정당할 때가 있다는 점에 주목할 수 있다. 영지주의 문헌은 신약성서의 문헌보다 나중에 출현했는데, 대개는 상당히 늦게 나타났다. 더욱이 영지주의 문헌에 진정한 사도적 전승이 포함되어 있다는 주장은—아마도 「도마복음」(Gospel of Thomas)을 제외하고는—의심스럽다. 그러나 「도마복음」과 관련해서도 불확실한 점이 있다. 페이절스는 「도마복음」 기록 연대를 대략 기원후 80-90년으로 추정하지만, 「도마복음」을 쓴 사람이 누구인지 또는 (만약 「도마복음」이 어떤 공동체로부터 나왔다면) 그 문서를 만들어낸 공동체가 실제로 사도 도마와 연결되어 있었는지[32] 또는 그 복음서에 실려 있는 독특한 어록들 중 어느 것이라도 실제로 예수에게서 유래했는지[33]에 대해 알지 못한다고 인정한다. 그러나 페이절스는 요한복음의 배후에는 예수의 최초의 제자 한 명이 있다는 입장을 취한다.[34] 더욱이 신약성서의 많은 저작들이 사도들의 가르침을 포함하고 있다고 주장할 만한 충분한 이유가 있다. 몇십년 전에 신약성서 학자들은 바울이 현재의 정통 기독교 교리들을 만들어냈다고 주장했다. 그러나 바울의 가르침이 예루살렘의 사도들의 가르침과 양립할 수 있었다고 주장할 만한 충분한 이유가 있다.[35] 더욱이 많은 신약성서 학자들은 사도행전에 등장하는 설교 요약

32 Pagels(2003), 57.

33 내가 Pagels와 나눈 TV 토론 〈www.4truth.net/gagelsthomas〉의 segment 5를 보라(2010년 6월 8일 접속).

34 Pagels(2003), 59.

35 이 책의 3.2.3.4.d를 보라.

들에 사도들의 가르침이 간직되어 있다고 믿는다.[36] 그러므로 사도들의 가르침의 중요한 핵심을 확인할 수 있을 가능성은 아주 높다.

과거는 오직 텍스트, 인공물, 그리고 과거의 원인들로 인한 결과들 속에 단편적으로만 보존되어 살아남는다. 문서들은 편향된 저자들에 의해 작성되었다. 그들은 나름의 의제를 갖고 있었고, 그들이 살았던 (그리고 종종 우리에게는 낯선) 문화에 의해 형성되었고, 개인적인 진실성과 기억의 정확성 측면 모두에서 차이가 있었고, 정확성이 다른 불완전한 정보의 저장소에 접근했고, 그 저장소로부터 자기들의 저술 목적에 적합한 정보들만 선택했다. 그러므로 모든 자료들은 신중하게 검토되어 채택되어야 한다.

1.2.2. 지평

지평(horizon)은 어떤 사람의 "선이해"(preunderstanding)로 정의될 수 있다.[37] 지평은 역사가들이 어떤 상황을 자신의 지식·경험·신념·교육·문화 환경·선호·추정 그리고 세계관에 입각해 바라보는 방식이다. 지평은 역사가가 착용하는 선글라스와 같다. 그가 바라보는 모든 것은 그 지평에 의해 채색된다. 야구를 예로 들어보자. 야구 경기 중 2루에서 주자의 생사가 아슬아슬한 상황이 발생할 경우, 당신은 주자가 세이프라고 보는가 아니면 아웃이라고 보는가? 아마도 그것은 당신의 아들이 도루하고 있는 선수인지 아니면 그를 태그하는 유격수인지에 따라 달라질 것이다. 예수

---

36 Dodd(1964), 1-32; Hemer(1990), 415-33; Stanton(1974), 67-85. 이 책의 3.2.3.3을 보라.

37 Meyer(1979), 97. 선이해는 표현된 것에 대한 듣는 사람의 전체적인(지적·감정적·도덕적) 관계다.

에 관한 책을 읽을 때 우리는 대개 그 책의 저자가 재구성하는 예수가 우리가 선호하는 예수와 같은지 여부에 따라 그 저자의 견해에 동의하거나 동의하지 않는다.

좋든 싫든 역사가들은 자신의 문화·인종·국적·성별 그리고 윤리에 의해 영향을 받는다. 또한 역사가들은 자신의 정치적·철학적·종교적 확신들·삶의 경험·출신 학교와 자신이 존경 받고 수용되기 원하는 특별한 학자들의 공동체에 의해서도 영향을 받는다. 그들은 어떤 자료를 아무런 편견이나 소망, 또는 성향이 없이 바라보지 못한다. 역사가들도 예외가 아니다.[38] 지평이 역사가들에게 큰 관심사가 되는 이유는 그것이 과거에 대

---

38 Allison("Explaining," 2005): "분명하게 말하자면 기독교의 기원에 관한 사람들의 논의는 불가피하게 세계의 본질에 대한 커다란 가정들, 즉 적어도 역사적 탐구의 결과가 될 수는 없는 가정들에 의해 주도된다"(133); R. Evans(1999): "물론 우리는 우리가 말하는 이야기들을 위한 자료 선택에서, 그리고 우리가 그런 자료들을 취합하고 해석하는 방식에서 문학적 방법·사회과학 이론·도덕적 그리고 정치적 신념·미적 감각 그리고 심지어 우리 자신의 무의식적인 가정들과 욕구들에 의해 인도될 것이라는 점을 안다. 그렇지 않다고 믿는 것은 망상이다"(217); McCullagh(*The Truth of History*, 1998): "나는 과거에 대한 잘못된 또는 오도하는 설명과는 관련이 없는, 지금 논의되는 문화적 편견이 불가피하며 우리가 역사는 주관적이라고 말하게 되는 가장 큰 이유를 제공한다고 결론을 내린다. 이 점에서 나는 역사가 주관적이라는 것에 동의한다"(35); Meier(1991): "우리가 그것을 편견이라고 부르든, 경향이라고 부르든, 세계관이라고 부르든, 또는 신앙적 입장이라고 부르든 간에, 역사적 예수에 관해 쓰는 사람은 누구나 어떤 이데올로기 관점에서 쓴다. 그 어떤 비평가도 예외가 되지 않는다"(5); Moore-Jumoville(2002): "결국 (오늘날과 같은) 세기의 전환기에 해석학적 방법론에서의 차이는 우리의 전제들과 그리고 우리가 신학과 비판 사이에서 이루는 관계와 관계가 있었다"(167); Davis, Kendall and O'Collins 편(1998)에 실린 A. G. Padgett, "Advice for Religious Historians: On the Myth of a Purely Historical Jesus": "세계관은 단순히 우리가 물어야 하는 질문을 제시하는 데 그치지 않는다. 세계관은 또한 증거에 대한 우리의 이해와 우리의 역사적 판단에도 영향을 준다. 어느 정도의 해석과 무관한 데이터 같은 것은 존재하지 않는다"(293-94); Waterman(2006): "관찰자로서 우리는 우리 자신의 신학적 관심사들에 불가피한 편견이 있다는 데 유념해야 한다. 이 편견은 이른바 '역사가의 주관성'인데, 그것은 역사가의 자료 선택과 판단에 영향을 준다"(86-87; 12와 비교하라). Thompson(2006)의 의견은 다르다. 그는 회의적인 학자들은 자신의 신앙이 자신의 연구의 방향을 정하는 것과 마찬가지로 그들의 믿음이 그들의 연구를 이끌도록 허락한다는 Alan Millard의 주장에 답하면서, Millard의 주장은 "가장 심각하고 또한 내가 알기로는 가장 공정하지 않은 주

한 서로 다른 설명들 사이에서 나타나는 당혹스러운 다양성과 관련해 다른 모든 것보다 훨씬 더 큰 역할을 수행하기 때문이다. 어떻게 같은 자료를 평가하는 많은 역사가들이 그토록 다른 결론들에 도달할 수 있는가? 그것은 지평 때문이다. 제프리 엘튼은 이렇게 쓴다. "자기가 자신의 작업과 거리를 두고 있다고 여기는 역사가는 거의 확실히 잘못된 것이다."[39] 로버트 앵커는 과거에 대한 우리의 생각은 "논쟁의 여지없이 확립될 수 있는 '사실'의 영역과 우리가 늘 동의하지 않고 있는 '가치'의 영역을 뚜렷이 구분하지 못한다"고 지적한다. 오히려 "우리의 주관성 그 자체는 대부분 역사적으로 발전한 공동체의 산물이다."[40] 사실 앵커는 "역사가들은 다른 모든 이들과 마찬가지로 역사적 상황에 처해 있으며, 과거에 대한 역사가들의 재구성은 불가피하게 그들의 다양한 실존적 관심사와 목적들에 의해, 따라서 과거에 대한 그들의 다양한 관점들에 의해 영향을 받는다"고 논평한다.[41] 조지 이거스는 역사가들은 "점차적으로 객관성의 한계를 인정해왔다.…[또한] 점점 더 자신들의 정직성을 손상시키는 편견들을 인식해왔다"고 말한다.[42] 그는 이렇게 덧붙인다. "역사에서는 객관성을

장이다"라고 주장한다(7). 신자의 "믿음 지향 판타지"가 "그 안에서 텍스트의 음성이 반향과 확인을 얻을 수 있는 과거의 신화를 재창조할 수 있다"는 Thompson의 말이 옳을 수도 있다(12); 그러나 회의주의자들이 만들어낸 신화에 대해서도 그렇게 말할 수 있다. "The Practice of American History: A Special Issue" *The Journal of American History* 81.3(1994)에 실린 "조사 결과 통계 요약"은 데이터를 제시하는데 그 데이터 중 일부는 현재 우리의 논의와 관련이 있다. "역사가인 그들에게 중요한 충성 또는 정체성" 문제에 대한 역사가들의 응답이 특히 흥미롭다. 가장 많은 응답은 "이데올로기적 헌신"(41%)이었고, 그다음으로 "교육"(38.8%), "국적"(31.3%) 순이었다. "종교"(14.8%)는 일곱 번째였다(1193). 편견과 의제는 여러 형태로 나타난다.

39 Elton(1967), 105.

40 Anchor(1999), 116-17.

41 Anchor(1999), 114. 또한 Davis, Kendall and O'Collins 편(1998), 295에 실린 Padgett을 보라.

42 Iggers(2005), 144.

달성할 수 없다. 역사가는 그럴 듯함 이상의 것을 얻으려 바랄 수 없다.… [그것은] 역사가가 그 실재의 근사치를 구하는 과정이 아무리 복잡하고 간접적인지를 불문하고 역사에 대한 설명은 역사적 실재와 관련이 있다고 가정한다."[43] 이거스가 보기에 "역사라는 학문은 결코 가치로부터 자유롭지 않으며, 역사가들은 자신의 저술을 채색하는 정치적 이념을 갖고 있을 뿐 아니라, 또한 그들이 역사를 쓰는 방식에 영향을 주는 제도의 틀 안에서 작업한다."[44]

---

43 Iggers(2005), 145.

44 Iggers(2005), 475. Appleby, Hunt and Jacob(1994)도 보라: "더 이상 저자의 주관성을 무시할 수 없기 때문에, 학자들은 처음부터 모든 역사가 특별한 개인의 호기심에서 시작하며 그 사람의 개인적 특성과 문화적 특성의 안내를 받아 모양을 갖춘다는 것을 인정하는 객관성 기준을 세워야 한다.…객관성에 대한 우리의 견해는 그 어떤 연구도 중립적이 될 수 없음을(그것은 과학자들에게도 해당된다) 인정하고, 또한 지식에 대한 추구는 진리를 추구하는 다양한 그룹 사이의 활기찬 논쟁을 수반한다는 것을 받아들인다. 위와 같이 인정한다 해서 소통되고, 세워지고, 검증 대상이 될 수 있는 안정적인 지식 체계의 존재 가능성이 훼손되지 않는다"(254). Eddy and Boyd(2007): "만약 포스트모던적인 전환이 우리에게 무언가를 가르쳐주었다면, 그것은 편향되지 않은 객관적인 저자/독자 같은 것은 없다는 점이다"(398); Gorman(2000): "우리는 누구나 자신의 독서에 철학적 사고방식을 들어온다"(253); Gowler(2007): "비록 최근의 여러 연구들이 그들의 연구에서 신학적 관심을 떼어내려 하고 있으나—또는 자기들이 그렇게 하고 있다고 말하고 있지만—그런 객관성은 사실상 불가능하다"(27-28); Haskell(1990), 150; Jenkins 편(1997)에 실린 Jenkins, "Introduction": "왜냐하면 역사 연구를 표면상 과거를 객관적으로 그리고 '적절한' 역사 '그 자체를 위해' 연구하는 사심 없는 학자들의 학문의 형태로 제공하려는 시도는 이제 지속될 수 없기 때문이다"(6); Kofoed(2005): "'공정한' 역사가 같은 것은 없다. 어떤 역사도 모종의 '격자판'(grid) 즉 그에 따르는 모든 과도함과 맹점이 있는 보다 큰 내러티브 없이 써지지 않는다. 그리고 맥시멀리스트와 미니멀리스트 사이의 전투를 벌이고 있는 각 '진영' 모두는 자기들의 결과의 '경로 의존적' 특성을 인정할 필요가 있다"(110); Meyer(1994)는 신약 연구에서 서로 상충하는 견해들은 "증거의 한계로 인한 불일치가 아니다. 그런 견해 차이는 충분한 증거가 드러나면 즉시 해소된다. 오히려 그것은 지평의 차이로 인한 불일치인데, 그런 견해 차이는 어느 정도의 지평의 변화가 없으면 거의 해결책을 찾지 못한다"고 말한다(59). 역사가의 지평을 구성하는 요소들에 대해 메이어는 "결국 지평이 역사가가 생산하는 역사에 대해 다른 무엇보다도 근본적으로 그리고 적절하게 책임이 있다"고 결론짓는다(110); O'Collins(2003): "아무 편견이 없는 관점이나 아무 전제도 없는 연구 같은 것은 없다. 그리고 그런 연구를 수행하는 것은 가능하지도 않고 바람직하지도

일반적으로 역사적 예수가 그리고 특히 부활이 연구 대상일 때에는, 역사가의 지평이 전체 연구 과정에서 완전히 작동할 것이다.[45] 그러므로 예수의 역사 및 그의 부활에 관한 논의와 관련해 유사한 의견들을 발견해도 놀랄 일이 아니다. 크래퍼트는 "예수의 부활한 몸에 관한 전통적인 논의에서, 그런 질문들에서 세계관의 요소들이나 현실에 대한 우리의 이해가 수행하는 역할은 널리 인정되지만 그럼에도 제대로 이해되지는 않고 있다"고 주장한다.[46] 마이클 그랜트는 "예수의 생애는 객관성 달성이라는 악명 높은 문제가 절정에 이르는 주제"라서 "객관적이 되기란 **불가능하다**"고 지적한다.[47] D. J. 스미트는 "부활 메시지를 순수하게 읽을 수는

않다"(2); Thiselton(1992): "그러므로 이해는 '무언가를 무언가**로**' 보는 구조를 갖고 있다. 그러나 우리가 그것을 무엇으로 보느냐는 우리의 지평, 우리의 세상, 그리고 무엇을 가까이에 둘 것인지를 결정하는 일련의 관심사들에 달려 있다"(280); Willits(2005): "모든 학자들이 어떤 고백 안에서—그 고백이 교회의 신학적 교리이든, 전승 비평이든, 또는 다른 무엇이든 간에—연구를 진행한다는 것은 분명한 현실이다"(104). Ankersmit와 Kellner 편(1995), 89-107에 실린 Linda Orr, "Intimate Images: Subjectivity and History—Staël, Michelet, and Tocqueville"도 보라.

45 Willits(2005): "전제들은 사람이 다루고 있는 텍스트들에 들여오는 모든 것—철학적 신념, 이데올로기, 그리고 문화 등—으로 이루어지며, 그것들은 역사적 예수 연구 과정의 모든 단계에서 내려지는 결정들에 영향을 준다"(72).

46 Craffert(2002), 95; Craffert(2009), 135와 비교하라

47 Grant(1977), 200. Tabor(2006)도 보라: "해석 없이 '사실'을 응시할 수는 없다. 모든 역사가는 인정된 또한 인식되지 않은 관심사들과 문화적 가정들에 의해 형성된 선택적인 판단 기준을 갖고서 연구에 임한다. 그들이 자리를 잡을 절대적으로 객관적인 장소는 존재하지 않는다.…역사적 예수에 대한 탐구와 관련해서는 우리 자신의 편견을 인식해야 할 필요가 특히 절실하다. 역사상 다른 어떤 인물도 그렇게 열정적인 반응을 이끌어 내거나 그렇게 반대되는 결론을 낳지 않는다"(316-17); Wright(2003): "기독교의 발흥 문제와 직면해서 모든 역사가들에게 제기되는 도전은…결국…삶과 죽음이라는 직접적인 문제, 공간·시간·물질세계의 문제, 그리고 그 세계와 '신' 또는 심지어 '하나님'이라는 단어로 부를 수 있는 어떤 존재와의 관계의 문제로 귀결된다. 그리고 물론 여기에 중립성은 없다. 중립적인 척하는 사람은 결국 자기가 그 문제를 이해하지 못하고 있음을 보여줄 뿐이다"(712; 717과 비교하라).

없다"라고 쓴다.[48] 그러므로 어떤 역사가들이 역사적 사실의 클럽에 가입했다고 인정한 사항들에 대해 다른 역사가들은 역사성을 기각한다.[49] 제임스 던은 이렇게 쓴다. "명백히 그리고 다소 충격적이게도 복음서 연구자들과 역사적 예수 탐구자들이 합의된 결과를 내놓지 못하고 있다. 학자들은 몇 가지 기본적인 사실들과 일반적인 개념들을 넘어서면 별로 동의하지 못하는 것 같다. 그리고 특정 텍스트들과 문제들에 대해서는 그 어떤 합의도 이루어지지 않았다. 예수가 실제로 한 말에 대한 적절한 인식 기준에 관해 1960년대 이래로 오랫동안 논의되고 있음에도—그 기준의 적용은 말할 것도 없고—기준 자체에 관해 별로 합의를 이루지 못했다."[50] 또한 E. P. 샌더스는 복음서가 전하는 예수에 대한 연구에 관해 언급하면서 이렇게 쓴다. "우리는 상대적으로 안전한 것부터 시작해서 보다 불확실한 지점으로 나아가야 한다. 그러나 무엇이 상대적으로 안전한 것인지 확인할 수 있는 **기본 규칙들에 관한 합의를 발견하기**는 아주 어렵다."[51]

앵커는 (사실주의든 포스트모더니즘이든) 역사에 대한 우리의 개념과 (유신론이든 그렇지 않든) 바깥 세상에 대한 우리의 개념이 주로 우리의 결론을 결정한다는 것을 발견했다.[52] 실제로 현실 자체의 본질이 여기에 달려 있다.[53] 그러므로 자신이 초자연적인 경험을 했다고 믿는 역사가들은 현

---

48 Smit(1988), 177.

49 "역사적 사실의 클럽"이라는 은유는 R. Evans(1999), 67에서 따왔다. 유사한 생각에 대해서는, Lorenz(1994), 305; Tucker(2004), 14를 보라.

50 Dunn(2003), 97. Marxsen(1990)은 더욱이 다음과 같이 말한다. "역사적 예수에 도달하려는 모든 시도는 실패했으며…완전히 실패했다"(13).

51 Sanders(1985), 3. 강조는 덧붙여진 것임. Marxsen(1990)도 보라: "지금 우리가 마주하는 어려움은 우리가 모든 장애들에도 불구하고 역사적 판단에 이르도록 도움을 줄 수 있는 기준이 존재하는지 여부다. 지금껏 아무 기준도 발견되지 않았다. 적어도 모든 학자들에게 수용되는 기준은 아무것도 발견되지 않았다"(20).

52 Anchor(1999), 120.

53 Gregory(2006), 140.

실에 대해 그런 경험을 하지 않은 역사가들과 다르게 해석할 것이다. 유신론적 또는 기독교적 역사가들은 그들의 지평으로 인해 역사적 예수와 그의 부활에 대해 정확한 평가를 내릴 수 있는 능력이 훼손되었다고 비난받을 수도 있다.[54] 많은 경우에, 이 점은 의심할 나위가 없는 사실이다. 그러나 무신론적 역사가도 다른 방향으로 편향되었을 수 있다는 점이 지적되어야 한다.[55] 사라 코클리는 이렇게 쓴다. "이 세대의 신약학은…종

---

54 그래서 Theissen and Winter(2002)는 이렇게 쓴다. "기독교 신앙은 예수라는 인물을 자신의 삶의 지향에서 핵심으로 삼는다—기독교 신앙은 엄격한 학문적 풍조라는 관점에서 보자면 객관적인 학문적 작업을 확실히 변질시키는 바로 그 일을 행한다"(252). 그러나, Marsden(1997)은 이렇게 말한다. "누가 어떤 페미니스트도 여성의 역사를 가르쳐서는 안 되고, 어떤 동성애자도 동성애에 관한 연구를 가르쳐서는 안 되며, 어떤 정치적 자유주의자도 미국의 정치사를 가르쳐서는 안 된다고 주장한다면 어떻게 되겠는가? 또는(종교를 주로 직업으로 여기는 사람들에게) 그 유비가 뜻하는 바는 어떤 음악가도 자신이 연주하는 악기를 가르치도록 허락되어서는 안 된다는 것이다"(13).

55 McCullagh(1984), 234. Allison(*Resurrecting Jesus*, 2005)도 보라. Allison은 자신이 "모호한 이신론자"임을 인정한다(215): "더욱이, 우리에게는 어떤 신학적 의제도 없다고 여기는 이유는 부분적으로는 전통적인 기독교 교리에 대한 적의에 의해 동기가 부여된 것이 분명한데, 그것은 사실상 또 다른 종류의 신학적 의제다. 기독교의 기원에 관해 연구하려 할 때 그 어떤 철학적 편견이나 신학적 관심사가 없는 사람은 아무도 없다는 것은 진부한 사실이다. 그러므로 그런 것의 결여는 예수를 탐구하는 학자들을 분류하는 기준으로는 모호한 것 같다"(13). D'Costa 편(1996)에 실린 J. M. G. Barclay, "The Resurrection in Contemporary New Testament Scholarship"도 비슷하게 말한다: "[빈 무덤에 관한] 이런 역사적 판단 배후에 강한 신학적 또는 신학에 적대적인 헌신이 있을 수 있다는 점을 알 필요가 있다"(22). 그는 "빈 무덤에 관한 이야기가 역사임을 기꺼이 포기하려는 학자들도 신학적 요소들에 의해 영향을 받을 수 있다"(23)고 덧붙인다. Gregory(2006)도 같은 주장을 한다: "최근 수십 년간 전통적인 기독교 교회의 역사는…특정 전통에 대해 찬성하는 교회의 편견과 그 전통을 반대하는 교회의 편견 때문에 대부분의 전문적인 역사가들에 의해 거부되어 왔다"(135, 또한 136-37에 실려 있는 그의 논평을 보라); 믹스(2006): "따라서 많은 교회 안에서는 편만한 반지성주의가 지속되고 있고, 대학 안에서는 만연한 지적 반종교주의가 성장하고 있다"(112); D'Costa 편(1996)에 실린 Pannenberg, "History and the Reality of the Resurrection": "그런 사건의 가능성은 물론이고 그것이 실제로 발생했다는 그 어떤 확언에 대해서도 반대하는 강력한 선험적 편견이 있다. 그런 편견들은 예수의 부활 사건에 대한 초대 기독교의 선언을 뒷받침하는 역사적 증거에 대해 조사하기 전에 존재한다"(62). 나중에 그는 기적에 반대하는 선험적 태도가 "계속해서 장면을 지배한다"고 덧붙인다. 이에 비추어, "예수의 부활 문제에 대한[부정적인] 판단은 성서

종 초자연적인 사건 일반에 대해 그리고 특히 육체의 부활에 대해 철저하게 억압적이다."[56] 초자연적인 사건에 대한 적대적인 편견의 예들은 차고 넘친다. 『스탠퍼드 철학 백과사전』(*The Stanford Encyclopedia of Philosophy*)은 찰스 하트숀을 "20세기의 가장 중요한 종교철학자 겸 형이상학자들 중 한 사람"이라고 부른다.[57] 하트숀은 당시의 무신론 철학자 안토니 플루와 기독교 철학자 개리 하버마스 사이에 있었던 예수 부활의 역사성에 관한 토론과 관련해 다음과 같이 썼다. "나는 하버마스가 호소하는 [부활에 관한] 증거들을 무시할 수도 없고 [회의적인 입장에] 분명하게 동의할 수도 없다.…내 형이상학적 편견은 부활에 반대한다."[58] 이후에 플루 자신은 이렇게 말했다. "사실 이것은 비판적 역사학의 방법이다. 최상의 증거의 인

의 증거에 대한 역사적인 조사의 결과로 제시되어서는 안 되고, 실상 그대로, 즉 그 전승에 대한 특별한 역사적 정밀조사에 선행하는 편견으로 제시되어야 한다"(66); Pannenberg(1998): "성서 해석에는 종종 건전한 역사적 판단에 대한 헌신보다 보수적이거나 근본주의적인 배경으로부터 해방되고자 하는 욕구가 더 큰 영향을 미친다"(22). Institute for Jewish and Community Research에 의해 수행된 한 연구에서 Tobin과 Weinberg(2007)는 미국 대학들의 교수진이 복음주의 그리스도인들에 대해 대체로(53%) 부정적으로 생각하고 있음을 발견하고 놀랐다(81). 이런 악의가 너무나 만연해 있고 깊어서 그들은 이렇게 물어야 했다. "우리는 교수진이 실제로 수업 환경이나 **그들의 연구에** 영향을 주는 편견을 갖고 있는 것은 아닌지 궁금해지기 시작한다"(80), 강조는 덧붙여진 것임.

56 Davis, Kendall and O'Collins 편(1998), 184에 실린 Coakely, "Response." Via(2002)는 대부분의 포스트모던 성서학자들은 무신론자인 경향이 있다고 지적한다(113-15). Gregory(2006), 137도 보라. 유사한 언급을 하면서 Allison(*Resurrecting Jesus*, 2005)은 사회과학에서 나오는 연구의 대부분은 우물속을 들여다보면서 거기서 반사되고 있는 자기의 세속화된 자아를 발견했던 한 세기 전의 자유주의 학자들과 같은 덜 신학적인 학자들의 결과물이라고 주장한다. 이처럼 세속성이 높아져서 종교적인 예수를 발견하는 우리의 능력이 제한될 수 있다(1-23). Wright(2003)는 예수 부활의 역사성에 관해 논의할 때 자신이 "사방에서 일제히 쏟아지는 이 차가운 인식론의 물 한가운데로 걸어들어 가고 있는 듯한" 느낌을 받는다고 말한다(686).

57 Dan Dombrowski, "Charles Hartshorne," *The Stanford Encyclopedia of Philosophy*(Spring 2009 Edition), Edward N. Zalta 편, 〈http://plato.stanford.edu/entries/hartshorne〉.

58 Miethe, 편(1987), 142에 실린 Charles Hartshone의 답변을 보라.

도를 받아서 있을 법한 일이나 그렇지 않은 일, 가능하거나 불가능한 일과 관련해 실제로 무슨 일이 일어났는지 알아보기 위해 노력한다. 그러면 기적은 불가능하다고 여기게 된다."[59] A.N. 하비는 대담하게도 예수에 대한 성서의 묘사는 "역사적 조사와 양립할 수 없으며" 성서가 설명하는 입장을 유지하기 위해서는 "지성의 희생"이 요구된다고 단언한다.[60] 게르트 뤼데만은 "예수가 올라갈 수 있는 하늘은 존재하지 않기 때문에" 사도행전 1:9-11에 실려 있는 예수 승천의 역사성을 선험적으로 배제했는데, 뤼데만의 무신론적인 신약성서 학자로서의 지평이 그의 역사적 결론 배후의 동력이었음이 분명하다.[61] 유대인 학자 앨런 시걸은 비슷한 어조로 다음과 같이 쓴다. "천국 여행이 문자적으로 묘사될 때 그 원인은 문학적 관습이나 항해자의 믿음 때문일 수 있다. 그러나 실제 경험을 재구성할 경우에는 오직 한 가지 유형만이 현대의 신뢰도 표준을 통과할 수

---

59 John Ankerberg 편(2005), 71에 실린 Ankergerg가 사회를 맡았던 Flew와 Habermas 사이의 토론에 관한 원고에서 Flew가 언급한 내용.

60 Harvey(1997), xxvi. Bultmann(1976): "죽음으로부터의 부활과 관련된 역사적 사건은 상상조차 할 수 없다"(38-39); Harrington(1986)은 어느 날 시체가 소생하고 변화된다고 믿는 것은 "내게 너무 많은 믿음을 요구하는 것이다"라고 말한다(99).

61 Lüdemann(2004), 114. 유사한 언급에 대해서는 Viney(1989, 135-36)를 보라. 또한 Tabor(2006)를 보라. 그는 이렇게 쓴다: "여자는 남자가 없이는 결코 임신하지 못한다. 그러므로 예수에게는 인간 아버지가 있었다.…시체는 일어나지 못한다.…그러므로 만약 무덤이 비었다면, 역사적 결론은 분명하다—예수의 시체는 누군가에 의해 옮겨져 다른 곳에 다시 매장되었다는 것이다"(234). Waterman(2006)은 그런 주장들에 반대하면서 그런 주장들을 "순진한 환원주의 관점"의 결과라고 부른다(178). 그는 "빈 무덤에 관한 '자연과학'의 학문적 결론은 없다. 내가 보기에[달리 주장하는 것은] 과학의 이름으로 자행하는 무책임하고 무의미한 발언에 불과하다"고 덧붙인다(193). Davis, Kendall and O'Collins(1998), 295-96에 실린 Padgett도 보라. Craig(*Assessing*, 1989)는 "무해한 전제들과 유해한 전제들"을 구분한다. "어떤 전제가 가설의 증명에 사용되지 않는 한 그것은 무해하다.…그러나 어떤 전제가 실제로 논쟁에 개입하고 그 가설을 수용하기 위한 논거가 되려 하면 그것은 유해해진다"(xvii). Craig의 구분을 사용하면, 특히 Hartshorne, Flew, Lüdemann 그리고 Tabor의 진술들은 유해한 전제들이라고 믿을 수도 있다.

있다."[62] 크로산은 은유적 구성 개념을 제외한 하나님의 존재를 믿지 않는 것 같다.[63] 하나님이 존재하지 않는다면, 초자연적인 사건들도 존재하지 않는다. 하나님이 존재하지 않고 초자연적 사건들이 없다는 전제에서, 크로산은 그 데이터들을 자연주의적인 용어로 설명하려 하고 은유를 택한다. 따라서 부활을 포함하는 기적들이 불가능하다는 지평에서 시작함으로써 크로산은 절대로 예수가 부활했다는 결론을 내릴 수 없었다.[64]

하비, 시걸 등이 택한 이런 접근법은 비판에 직면했다. 예컨대, 로버트 밀러는 기적의 가능성 배제를 "시대에 뒤진 19세기의 세계관"이라고 부른다.[65] N. T. 라이트는 이런 학자들을 따르는 것은 "역사 연구를 멈추

---

62 Segal(2004), 411. 몇 쪽 뒤에서 그는 이렇게 쓴다. "우리의 최상의 논리에 반하여 언제나[부활이] 실제로 일어났다고 생각할 수 있다"(450). Stewart 편(2006)에 실린 A. F. Segal, "The Resurrection: *Faith or History?*"는 "오늘날 학자는 합리성이라는 규범을 넘어서는 주장을 하지 않는다"라고 쓴다(136).

63 Copan 편(1998), 50-51에 실린 Crossan의 언급을 보라. 이 책은 John Dominic Crossan과 William Lane Craig 사이의 토론에 관한 대본이 포함되어 있다. 그 토론에서 Craig는 이렇게 진술했다. "만약 하나님의 존재가 믿음에 대한 진술일 뿐 사실에 대한 진술이 아니라면, 그것은 하나님의 존재가 단순히 어느 특정한 인간—신자—의 마음이 우주에 부여하는 해석적 구성 개념에 불과하다는 것을 의미한다. 즉 우주에는 그리고 우주 자체에는 하나님은 없다.…내게는 인간의 의식과 무관하게 당신의[즉 크로산의] 세계관은 실제로는 무신론적이고, 종교는 단지 개별 인간들이 세상에 부여하는 해석상의 틀에 지나지 않는다. 그러나 그것 중 어느 것도 사실 면에서, 그리고 객관적으로 옳지 않다."(토론의 사회자였던) Buckley: "그의 또 다른 은유들 중 하나다." Craig: "그렇다! 하나님 자신이 하나의 은유다." Crossan: "만약 당신이 내게…그 어떤 인간도 존재하지 않는데 하나님이 어떻게 존재할 수 있는지 믿음을 통해 추론해 달라고 부탁한다면, 그것은 내게 이렇게 묻는 것이나 다름없다. '만약 내가 잉태되지 않았더라면 나는 화가 날까?' 나는 정말로 그 질문에 어떻게 답해야 할지 모르겠다.…" Craig: "인간이 존재하지 않았던 주라기에 하나님이 존재했는가?" Crossan: "무의미한 질문이다." Craig: "그것은 사실에 관한 질문이다. 그 어떤 인간도 존재하지 않았던 때에 우주의 창조자이자 유지자인 존재가 있었는가? 내가 보기에 당신의 견해로는 당신은 그 질문에 '아니오'라고 답해야 할 것으로 보인다." Crossan: "그렇다, 아마도 나는 '아니오'라고 답하는 편을 선호할 것이다. 그것은 지금 당신이 하고 있는 일은 당신 자신을 하나님의 위치에 놓고서 '어떻게 하나님이 계시와 별도로 존재하는가?'라고 묻는 것이기 때문이다."

64 Tabor(2006), 233-34; Wedderburn(1999), 218도 보라.

65 R. J. Miller(1992), 17 각주 33.

고 우리 자신의 환상의 세계, 즉 계몽주의 이후의 세계관이 임박한 붕괴 위험에 처해 있는 것으로 보인다고 우려하는 끈질긴 모더니스트들이 그럼에도 그것을 떠받치기 위한 전략을 고안해 내는 새로운 인지 부조화 속으로 들어가는 셈"이 될 것이라고 주장한다.[66] 비록 예수 세미나를 창설한 로버트 펑크가 그 그룹의 구성원들을 "신학적 성찰을 통해 그들의 평가를 미리 결정하지 않은 이들"이라고 부르기는 했지만,[67] 많은 학자들은 그에게 동의하지 않을 것이다. 예수 세미나 구성원인 브루스 칠튼은 이렇게 쓴다. "'예수 세미나'에 참여한 우리 중 몇몇은 우리의 동료들이 이념 노선으로 보이는 방식의 투표를 하는 것을 비판했다."[68] 찰스 퀄스도 유사한 의견을 내놓는다. "예수 세미나의 회원들은 그들의 견해를 복음서 및 다른 적절한 자료들로부터 끌어내기보다, 예수에 대한 자기들의 견해를 복음서에 강요했다. 예수 세미나에서 사용된 기준은 그들이 자기들이 발견했다고 여기는 예수와는 아주 다른 예수를 그려낼 수도 있는 자료들을 배제하는 쪽으로 기울어졌다."[69] 그러므로 오직 순진한 사람만이 불가지론자, 무신론자, 또는 그리스도인이 아닌 유신론자인 역사가들만이 예수 부

---

66 Wright(2003), 707. Johnson(1996)은 "기적을 소화해내지 못하는 현대성의 정신"에 대해 언급한다(34). Stewart(2008)는 "단순히 기적이 선험적으로 불가능하다고 생각되기 때문에 예수의 부활이 역사적 사건이 아니라고 배제하는 것은 형이상학을 역사와 혼동하는 것이며, 따라서 해석하는 것이 아니라 추론하는 것이다. 간단히 말해, 그 사람은 **역사적** 결론에 이른 것이 아니다"라고 말한다(128).

67 Funk and the Jesus Seminar(1998), 1. 예수의 행위에 관련해, 그 세미나 회원들은 기록된 176개의 예수 사건들 중 단지 16%만을 참된 것으로 인정한다.

68 Chilton and Evans 편(*Words*, 2002), 281에 실린 B. Chilton, "(The) Son of(The) Man, and Jesus."

69 Chilton and Evans 편(*Words*, 2002), 429에 실린 C. L. Quarles, "The Authenticity of the Parable of the Warring King: A Response to the Jesus Seminar." Pannenberg(1998)는 유사하게 이렇게 말한다: "그러나 유감스럽게도 예수 세미나에서는 종종 역사적 역량의 권위로 통하는 것을 요구해서 편견이 없지 않은 판단을 내린다"(22).

활의 역사성이라는 문제에 아무 편견 없이 접근한다고 주장할 것이다.[70]

20세기에 역사적 예수 연구자들이 그들 자신의 확신과 선호를 반영하는 예수를 재구성하는 것으로 귀결되었다는 모종의 속담이 회자되었으며 지금까지도 계속되고 있다는 것은 놀랄 일이 아니다. 가톨릭 학자 조지 티렐이 한 말이 현대의 역사적 예수 연구에 해당되는 것으로 자주 인용된다. "하르낙이 가톨릭의 어두운 19세기를 통해 뒤돌아보았던 예수는 깊은 우물 바닥에서 보이는 자유주의 프로테스탄트 신자의 얼굴

---

70 McKnight(2005)는 그리스도인임을 부인하는 어떤 예수 역사가들이 자기들의 연구가 더 객관적이라고 주장하는 것에 주목한다. 그러나 McKnight는 그들의 결론을 읽어보면 그들이 재구성한 예수가 "대개(그리고 나는 거의 어떤 예외도 알지 못한다) 그들 자신의 신념 체계의 방향으로 기울어지는 경향이 있음"이 분명해진다고 주장한다(24). 더욱이 불가지론이 비결정론과 혼동되어서는 안 되며, 불가지론이 교리가 될 수도 있다. Allison(*Resurrecting Jesus*, 2005)은 자기가 자신의 지평을 넘어설 수 없다고 고백한다. 자유주의적 장로교 집안에서 자라난 그는 정경 복음서가 대개 많은 학자들이 인정하는 것보다 더 정확한 전승을 포함하고 있지만 자신은 "모호한 이신론자"라는 입장을 취한다(140, 215). Allison은 이 "모호한 이신론" 때문에 자신의 복음서 연구 결과가 이끄는 곳으로 따라갈 수 없는 위치에 갇히는 것 같다. 달리 말하자면 그의 지평이 그를 반대 방향으로 이끌고 있다. 그 결과 Allison은 우리가 이런 문제들에 대해 알 수 없다는 입장을 취하는 인식론적 불가지론에 빠졌고, 그는 달리 생각하는 모든 이들을 기분 나쁘게 생각한다. 그러므로 그는 전문적인 철학자들인 이신론자 Antony Flew와 보수적인 그리스도인 Gary Habermas가 자기들의 결론을 과도하게 확신한다고 비난한다(339). 그리고 다른 곳에서 그는 Habermas를 "변증론자"라고 부른다("Explaining," 2005), 124. 다음 진술도 살펴보라: "비록 우리가 순진하게[복음서의 내러티브들을] 아주 상세한 부분에 이르기까지 역사적으로 정확하다고 여길지라도, 우리에게 남는 것은 여전히 별로 없다"(338). 어떻게 그럴 수 있는가? 복음서들의 모든 세세한 부분들이 정확함을 입증할 수 있다면, 많은 질문들이 남아 있겠지만 예수에 대해 많은 것을 알게 될 것이다. 그는 또한 이렇게 말한다. "예컨대, 그럴 수는 없지만, 누군가가 예수가 참으로 다시 살아났기 때문에 무덤이 비었고 사람들이 예수를 보았다는 점을 의문의 여지없이 납득시켰다고 가정하자. 이조차도 그 자체로는 하나님이 예수를 죽은 자 가운데서 일으켰음을 증명하지는 않는다." 왜냐하면 그것은 외계인들이 인간에 대해서 행한 우주적 농담이라고 쉽게 설명될 수 있기 때문이다(339-40). 엄격한 의미에서는 Allison이 옳지만, 내게는 다음과 같이 쓴 William Lane Craig가 보다 전문적인 의미에서 더 옳아 보인다. "오직 메마른 학문적 회의주의만이 이런 불가피한 추론[만약 예수가 부활했다면 그것을 행한 분은 하나님이라는]에 저항한다"(Craig[1981], 137). 나는 혹시 Allison이 자신이 생각하는 것보다 그의 이신론적 세계관에 의해 훨씬 더 많이 영향을 받지는 않았는지 의심하지 않을 수 없다.

을 반사한 것일 뿐이다."[71] 이와 비슷하게 알베르트 슈바이처는 이렇게 말한다. "연속되는 신학의 각 세대마다 예수 안에서 그들 자신의 생각을 발견했다.…개인들마다 자신의 성격을 따라 예수를 창조해냈다. 예수의 생애에 대해 쓰는 일보다 인간의 참된 자아를 드러내는 역사적 과제는 달리 없다."[72] 보다 최근에는 루크 티모시 존슨이 "당황스러울 정도로 다양하고 서로 상충하는 예수의 초상들, 그리고 그런 초상들에 도달하는 방식의 비참한 부주의"에 대해 말한다.[73] 크로산은 역사적 예수에 관해 서로 상충하는 많은 초상들에 대해 불평한다. 그에게 이런 "놀라운 다양성은 학문적 골칫거리다. 역사적 예수 연구는 신학을 연구하면서 그것을 역사라고 부르고, 자서전을 쓰면서 그것을 전기라고 부르는 아주 안전한 장소가 아닌가 하는 의심을 피할 수 없다."[74]

앨리슨은 대부분의 역사적 예수 연구자들이 그들의 지평을 초월하지 못한다는 엄중한 사실에 대해 말한다.

> 많은 또는 심지어 대부분의 신약성서 학자들이 예수에 대한 나름의 견해를 갖고 있는 것은 그런 견해가 교육을 통해 어린 시절에 그들 안으로 주입되었기 때문이라고 추론해도 무방할 것이다. 그리고 일단 무언가를 특정한 방

---

71 Tyrrell(1910), 44.

72 Schweitzer(1961), 4. 또한 Meeks(2006), 30-31을 보라.

73 L. T. Johnson(1996), 141.

74 Crossan(1991), xxviii. Rex Martin(1998)은 그런 다양성을 기뻐한다: "역사 연구에서 해석상의 수렴은 오직 하나의 **철학적** 견해에 대해 거의 보편적으로 동의하는 것과 유사하리라는 사실을 생각해보면, 역사 연구에서 하나의 웅장하고 종합적인 설명으로 해석이 수렴해감으로써 부과될 문제에 대한 감을 잡을 수 있다." Martin은 자기들의 해석이 패권을 장악하기를 원하는 가톨릭교회나 공산당 또는 역사가들의 철학적 견해에 관해 보편적인 동의가 이루어졌더라면, 그것은 해로웠을 것이라고 지적한다. 따라서 "결과적으로 나타나는 외관상의 의견불일치는 역사 연구에 골칫거리이기는커녕 최상의 특성들 중 하나로 간주되어야 한다"(32). Gilderhus(2007), 85-86도 보라.

식으로 보기 시작하면 마음을 바꾸기 어렵다. 지적 관성은 완고할 수 있다. 당신 자신에게 물어보라. 당신은 중요한 역사적 예수 연구자들 중 50대나 60대에 들어와서 그들이 20대나 30대에 생각했던 예수에 대한 견해와 급격하게 다른 견해를 갖게 된 이들의 이름을 댈 수 있는가?[75]

우리는 모두 자기가 보리라고 기대하는 것과 보고 싶어 하는 것을 본다. 항상 자기가 응원하는 팀보다 야유하는 팀이 저지르는 반칙을 더 많이 찾아내는 극도로 편파적인 축구 팬처럼 말이다.…만약 우리가 어떤 신념을 갖고 있다면—특히 모든 사람이 우리에게 동의하지는 않는다는 것을 알고 있다면—우리는 우리의 신념을 확인해주는 증거에 주목할 것이다. 반대로 우리의 신념이 부당함을 입증하는 증거는 우리를 불편하게 하고, 따라서 우리는 그 증거를 놓치거나 무시하거나 보다 비판적으로 평가할 가능성이 있다.[76]

앨리슨은 자기가 그런 사람임을 인정한다.

[만약] 가까운 미래에 누군가가 내가 생각하는 식의 예수가 역사적 예수일 수 없다는 것을 참으로 입증한다면, 의심할 나위 없이 나보다는 다른 이들이 훨씬 더 빨리 그 진리를 받아들일 것이다. 나는 초기 기독교에 대해 내가 수행한 모든 재구성 작업을 변경해야 할 것이고 그것은 용기와 장기적인 지적 노력을 요구하는 작업이 될 것이다. 어쩌면 나는 그 일을 해내지 못할 수

---

75 Allison(*Resurrecting Jesus*, 2005), 135. Scott 편(*Finding*, 2008)에 실린 R. J. Miller: "학자가 역사적 증거를 살핀 후 자기 안에 깊이 뿌리박힌 종교적 신념을 넘어서는 결론을 내리는 경우는 드물다."

76 Allison(*Resurrecting Jesus*, 2005), 136. David(1993), 17-18; M. Martin(1991), 75도 보라. 그러나 Martin은 이를 단지 예수가 부활했다고 믿는 그리스도인들의 문제일 뿐이라고 여기며, 회의론자들도 그들의 지평에 의해 인도되기 때문에 그 칼이 양쪽 모두를 벨 수 있다는 점을 의식하지 못하는 것으로 보인다.

도 있다. 나는 이것이 어렵다는 것을 안다. 그것은 내가 답을 갖고 있지 않은 당혹스러운 질문들을 제기한다. 나는 체스터턴이 어디에선가 한 말에 전적으로 공감한다. "공정해지기 위한 최상의 방법은 우리가 편파적이라는 사실을 인정하는 것이다."[77]

편견은 역사가를 잘못된 결론으로 이끌 수 있다. 검찰이 형사 사건에서 피해자의 원한을 풀어주기 원할 경우 그들은 모든 자료를 객관적으로 고려하기보다 특정 용의자에게 유죄 판결이 내려질 수 있는 방향으로 자신들의 논거를 강화하고 거기에 새로운 논거를 덧붙이는 식으로 몰아가는 경우가 많다. 이런 경향은 비극적이게도 수많은 잘못된 유죄판결을 만들어냈다.[78] 이와 비슷하게 역사가 편에서의 편견 때문에 실제로 역

---

77 Allison(*Resurrecting Jesus*, 2005), 137. 비슷하게, McKnight(2005)는 이렇게 쓴다. "내가 보기에 비평가에게 방법론이 가장 먼저 떠오르는 경우는 거의 없다. 대신에 예수에 대한 설명을 읽을 때—예컨대 Crossan의 연구에서든 Chilton의 연구에서든—우리는 그런 설명에 동의하거나 동의하지 않는다. 우리는 설명된 예수가 우리의 마음속에서 생각되고 있는 예수와 같은지 여부에 따라 그렇게 한다"(45-46). Fredriksen(1999)은 역사적 예수 연구에서는 "다양성—그리고 논쟁—이 지배적이다"라고 지적한다(7).

78 다음은 어떤 이론을 꿰맞추기 위해 모든 데이터를 고려하기를 소홀히 하고 일부 데이터를 무리하게 사용할 경우 얼마나 참혹한 결과가 나올 수 있는지를 보여주는 엄중한 실화다. 깃털이 달린 카우보이모자를 쓴 한 남성이 한 여성을 납치해 잔인하게 폭행하고 세 차례 강간한 후에 그녀가 죽은 것으로 생각해서 그녀를 내버려두고 떠났다. 그러나 그녀는 가까스로 살아났다. 그 범죄가 발생한 지 얼마 지나지 않아서 로버트 클라크(22세)가 체포되었다. 클라크의 심리에서 그에게 불리하게 작용한 증거는 다음과 같았다. 클라크는 범죄에 사용된 차를 운전하고 있었고, 경찰이 체포하러 그의 어머니 집에 왔을 때 그는 옷장에 숨었다. 그는 어느 라운지에서 어떤 댄서가 자기에게 그 차를 주었다는 이야기를 지어냈는데, 확인해보니 그 말은 거짓으로 드러났다. 그는 자기가 깃털이 달린 카우보이모자를 쓰고 있었다고 시인했다. 희생자는 용의자들이 늘어선 줄에서 그를 특정했다. 그러나 다른 증거들은 상황에 맞지 않았다. 희생자는 경찰에게 가해자의 키가 약 170cm인 자기보다 조금 더 컸다고 말했다. 그러나 클라크의 키는 약 183cm였다. 두 달 후 교도소에서 심리를 기다리던 클라크는 자기가 어떻게 해서 그 차를 갖게 되었는지에 대해 진실을 말하기로 결심했다. 그 차는 클라크가 토니 아놀드라는 친구를 보호하려고 아놀드에게 받은 것이었다. 수사관은 클라크의 말을 믿지 않았기 때문에 아놀드를 찾

사가들이 과거의 사건을 정확하게 설명하지 못하게 될 수도 있다.

지평은 득이 될 수도 있고 실이 될 수도 있다. 우리가 이신론적 또는 무신론적 현실에서 살고 있다면 초자연에 반대하는 편견이 있는 역사가의 편견이 실제로 정확한 역사적 결론에 이르는 데 도움이 될 것이다. 그러나 우리가 유신론적 현실에서 살고 있다면 초자연에 반대하는 편견으로 인해 어떤 역사가들은 기적 주장 일반에 대해 그리고 특히 예수 부활의 역사성에 대해 올바른 판단을 내리지 못하게 될 수도 있다.[79] 실제로 유신론적 역사가들은 자신의 유신론적 편견으로 인해 무신론자들이 간과하거나 지나치게 빨리 폐기하는 소중한 데이터를 발견하게 될 수도 있다.[80]

으려고 시도조차 하지 않았다. 한 증인이 자기가 클라크가 아니라 아놀드가 범죄에 사용된 차를 운전하고 있는 것을 보았다고 증언했다. 그러나 피고 측 변호인은 피해자가 클라크가 범인이라고 확신했고, 만약 모종의 이유로 피해자가 아놀드를 알아보지 못하면 피고에게 파괴적인 결과를 낳을 것으로 생각해서 그 증언을 사용하지 않기로 결정했다. 정액이 묻어 있는 면봉들이 포함된 성폭행 입증 키트(rape kit)가 있었더라면 클라크의 무죄를 증명할 수 있었겠지만, 그 키트가 분실되었다. 클라크는 유죄 판결을 받았고 2회의 종신형에 2년을 더한 징역형에 처해졌다. 그는 감옥에서 24년을 보냈다. 2003년에 DNA 증거를 사용해 재소자의 무죄를 밝히는 뉴욕 기반의 **결백 프로젝트**가 클라크의 사례를 심사했다. 비록 두 개의 면봉이 분실되었지만, 새로운 DNA 테스트를 실시할 만한 충분한 증거가 남아 있었고, 그 증거들은 클라크가 그 범죄를 저지르지 않았음을 보여주었다. 클라크는 석방되었다. 그들은 엉뚱한 사람에게 유죄판결을 내렸던 것이었다(*Atlanta Journal—Constitution* [2005년 11월 11일], A1, A17).

79 Davis, Kendall and O'Collins 편(1998)에 실린 Padgett: "세속적인 불신자는 신자만큼이나 자신의 편견과 세계관에 의해 왜곡되고 뒤틀린다. 둘째, 누가 기독교 신앙이 불신앙보다 우리에게 데이터에 대한 더 나은 통찰을 제공하지 않는다고 말하는가? 왜 신앙이 아니라 불신앙이 증거에 대한 최상의 설명으로 인도하는가? 예수의 추종자들이 예수를 더 잘 이해할 수 있는 유리한 입장에 있는 것이 그렇게 이상한 일인가? 어쨌거나 왜 신앙이 이성에 그렇게 치명적인가? 신앙이 일종의 편견을 갖고 있음을 인정한다 해도, 그것은 아마도 도움이 되는 편견일 것이다"(294-95). Meyer(1979), 102; R. Brown(*Death*, 1994), 2:1468도 보라.

80 특정한 입장으로 강력하게 편향된 사람들은 반대 입장의 약점을 주목할 동기가 있다. Earl Doherty는 예수가 결코 존재한 적이 없었다고 단언하는 극도의 회의주의자다. 따라서 Doherty(1999)는 Crossan의 예수에 대한 설명에 반대하면

지평과 편견이 있다고 해서 역사가들이 반드시 어느 정도의 객관성을 유지하지 못하게 되는 것은 아니다. 토마스 하스켈은 "평생 특정한 정치적·문화적·도덕적 프로그램에 깊이 그리고 확고하게 몰두했던 논객일지라도" "만약 그런 사람이 성공적으로 자신의 경쟁자들의 생각 속으로 들어가 혹시라도 이미 자신과 견해를 같이하는 사람들뿐 아니라 생각을 달리하는 사람들에게도 충분히 설득력 있는 논거를 내놓는 한" 객관적일 수 있다고 주장한다.[81] 실제로 아주 편향된 역사가들에 의해 제출된

서, Crossan의 설명은 역사적 예수가 있었다는 "해결되지 않았고 증명되지 않은 Crossan 등의 가정에 의존하고 있다고 주장한다(219). Doherty 자신은 그 문제에 대한 오늘날의 학자들의 거의 보편적인 합의에 동의하지 않는데, 그런 관점으로 인해 Doherty는 수난 내러티브 중 실제 사건을 반영하는 것은 거의 아무것도 없으며, 예수의 제자들이 그 이야기에 관한 기본적인 내용이라도 알고 있었는지 의심스럽다고 주장하는 크로산의 설명에서 약점을 찾아낸다(Crossan[1995], 145를 보라). Doherty는 이렇게 쓴다. "기본적인 내용조차 알려지지 않았다면, 어떻게 그 죽음이 사람들에게 그렇게 큰 영향을 주어서 그들이 그것을 성서에 기록하게 할 수 있었는가? 만약 그 이야기의 역사적 상황에 관해 아무것도 알려지지 않았고 아무것도 그 이야기 속에 통합되지 않았다면, 무엇이 로마 제국 전역의 설교자들과 신자들의 상상력을 사로잡았겠는가? 특히 예수의 가르침이 아무런 영향도 주지 못한 상태에서 무엇이 예수에 대한 이런 놀라운 반응을 불러일으키는 연료가 될 수 있었는가? 만약 어느 단순한 문맹의 갈릴리 농부가 몇 사람의 추종자들과 함께 마을로 들어와 몇 마디 설교를 하고 음식을 먹은 후 알려지지 않은 상황에서 당국에 체포되어 처형되었다면, 도대체 누가 그것을 알아차리거나 그것에 관심을 두었겠는가? 누가 이런 사건에 의해 압도되어 즉각 예수에 관한 이야기를 만들어내기 위해 성서를 샅샅이 뒤지고, 하나님과 인간 사이를 중재하는 세력에 관한 당시 그리스와 유대의 철학 전체를 철저하게 조사하고, 이 문맹의 농부를 로고스 및 의인화된 지혜와 동급인 존재로 바꾸었겠는가? 누가 그를 우주의 창조주와 보존자로 만들고 그 알려지지 않았고 모호한 죽음을 하나님의 구원사의 구속의 순간으로 여겼겠는가?"(245).

81 Haskell(1990), 135. Haskell은 또한 우리가 편향된 역사가들을 무시해야 한다고 주장하는 이들을 나무란다: "정치 활동가들의 글은 그 직종을 벗어나서 읽혀져야 한다는 생각은 우습다. 그런 생각을 따르자면, 미국역사가협회의 최근의 회장들 몇 사람은 추방될 사람들의 명단 윗자리에 올라야 할 것이다"(150). 그는 다른 곳에서 이렇게 말한다. "나는 중립성에서는 감탄할 만한 아무것도 보지 못한다. 내 객관성 개념(나는 그것이 오늘날 역사가들에게 암묵적으로라도 널리 공유되고 있다고 믿는다)은 강력한 정치적 헌신과 양립할 수 있다.…학자들은 그들이 쓰고 있는 대상들만큼이나 열정적이고 자기들의 관심사에 의해 움직이기 쉽다. [객관성은] 초연함조차 그 자체로 목적으로 여기지 않으며 단지 더 높은 수준의 이해를 위한 불가

보고들조차도 선험적으로 부정확한 정보를 제공하는 것으로 무시해서는 안 된다. 그것은 단지 그 보고들을 연구하는 역사가 측의 주의를 요할 뿐이다. 라이트는 이렇게 말한다. "특정 작가에게 어떤 '편견'이 있음을 발견한다 해도 그 사실이 그 작가가 제시하는 정보의 가치에 관해서는 아무것도 말해주지 않는다는 점이 강력하게 확언되어야 한다. 그것은 단지 우리에게 그 편견(과 그 문제에 관한 한 우리 자신의 편견)에 대해 알고, 그 자료를 가능한 한 많은 출처에 따라 평가하도록 요구할 뿐이다."[82] C. 베한 맥컬래프는 이렇게 쓴다. "사람들이 어떤 선호를 갖고 있다 해도 그들이 과거에 관한 참되고 정당한 결론에 도달할 수 없는 것은 아니다. 그들의 설명은 어떤 면에서는 편파적이고 불공정할 수 있지만, 그래도 여전히 참될 수 있다."[83]

1.2.3. 지평을 초월할 가능성에 관하여

역사가들은 어떻게 자신의 지평을 관리하고 그 지평의 부정적인 영향을 줄일 수 있는가? 지평을 통제하기란 아주 어렵다. 역사가가 자신의 세계관에 대해 더 몰입될수록, 그 역사가가 자신의 세계관과 상충하는 역사

피한 서곡 또는 준비로 여길 뿐이다"(134). McCullagh(2000)는 초연함은 이도저도 아닌 입장을 요구하는 게 아니라 "조사가 진행되는 동안 선호하는 결과로부터의" 초연을 의미한다고 생각한다. Byrskog(2002)도 보라: "변증 목적은 결코 수사상(rhetorical) 및 내러티브상의 위조를 필요로 하지 않는다"(249); Dunn(2003), 106.

82 Wright(1992), 89. Allison(*Resurrecting Jesus*, 2005): "보통 그리고 우리가 가능한 한 성실하고자 할 때조차 우리는 의심할 나위없이 종종 우리가 보고 싶어 하고 보기를 기대하는 것을 보게 된다.…우리가 텍스트의 배후에서 식별하는 진실은 대개 이미 지니고 있는 욕구·기대 그리고 종교적 확신과 철학적 확신들에 의해 결정된다. 우리는 우리 자신을 벗어나지 못한다. 이것이 옳은 결론이라면 텍스트만이 아니라 또한 우리 자신을 조사할 필요가 있다"(343).

83 McCullagh(*The Truth of History*, 1998), 171. Hermer(2001), 86도 보라.

기술을 수용하도록 마음이 열려 있을 가능성이 작아진다. 우리의 지평은 우리가 사실을 해석하는 방식에 심대한 영향을 준다. 그러므로 우리의 역사기술을 정당화하기 위해서는 그 설명 배후의 지평을 정당화해야 할 필요가 있다. 그런데 만약 그 설명을 지지하는 사실들이 그 지평을 따라 해석된다면, 어떻게 지평을 정당화할 수 있는가? 그럴 경우 우리는 마치 우리의 역사적 설명 배후에 있는 지평에 의해 해석된 사실들을 사용해서 그 설명 배후의 지평을 정당화함으로써 우리의 설명을 정당화하는 순환논법에 빠진 것으로 보인다. 우리는 역사가와 그가 연구하는 주제 사이의 나선형적인 대화에 휘말려 난관에 처해 있는 것으로 보인다. 그러나 상황은 처음에 보이는 것처럼 어둡지 않다. 왜냐하면 적어도 몇 사람은 자신들의 지평과 어긋나는 입장을 지지하는 쪽으로 결정할 수 있었던 것으로 보이기 때문이다. 예컨대 게자 버미스는 가톨릭교회를 떠나 유대교로 전향했다. 이전에 불트만주의자였던 에타 린네만은 지금은 보수적인 성서학자다. 이전에 보수적인 성서학자였던 바트 어만은 지금은 불가지론자다.[84] 이전에 무신론자였던 크레이그 키너는 보수적인 성서학자가 되었다. 옥스퍼드의 앨리스터 맥그래스는 자기가 무신론에서 기독교로 옮겨간 것을 "내 정신의 가구 전체가 재배치되어야 했기에 지적으로 고통스러운 (그러나 가치가 있는) 변화였다"고 묘사한다.[85] C. S. 루이스도 무신론에서 기독교로 전향했다.[86] 아마도 20세기의 마지막 20년 동안 가장 영향력 있는 무신론자 철학자였을 안토니 플루는 2004년에 이신론자가 되었다.[87] 초기 기독교 교회를 박해했던 유대인이었으나 나중에 교회의 가

---

84 Ehrman(*God's Problem*, 2008), 4.

85 McGrath and McGrath(2007), 19; 8-9, 15와 비교하라.

86 Lewis(1955)를 보라.

87 어떤 이들은 Flew가 죽음에 대한 두려움 때문에 노년에 개종했다고 생각할지도 모

장 적극적인 옹호자들 중 한 명이 된 사도 바울도 그의 지평을 깨뜨린 것으로 보인다.

따라서 지평의 영향력을 줄일 수 있음을 보여주는 많은 예들이 있다. 개종은 사람의 지평이 초월되었다는 강력한 표지이지만, 그렇다고 개종하지 않은 역사가들이 연구에서 자신의 지평을 초월하거나 객관적일 수 없는 것은 아니다. 역사가가 객관적이면서도 여전히 데이터가 자신의 기존 지평이 옳다고 확인해준다고 믿을 수도 있다. 무신론자였다가 이신론자가 된 안토니 플루라면 평생 이신론자로 살고 있는 어떤 사람이 데이터를 검토하고 나서도 여전히 이신론자로 남는다 해도 그가 객관적이지 않다고 비난하지 않을 것이다.

물론 대부분의 역사가들은 이런 수준의 객관성을 확보하지 못하며, 자기들의 지평에 너무 강하게 집착해서 그런 수준 근처에도 이르지 못하는 사람도 있다. 역사가가 다른 지평으로 전환하지 않았을 때 그가 과연 자신의 지평을 극복했는지 여부를 판단할 방법이 있는가? 견실한 데이터에 바탕을 두고 강력하게 논증하는 것은 그런 극복과 부합하기는 하지만, 실제로 지평을 극복했다고 확인해주지는 못한다. 그러나 지지하는 논거가 강하고 대립하는 가설이 약할수록 주장되는 가설이 정확할 확률이 높아진다.

역사가들은 어떻게 자신의 지평을 극복하는 방향으로 나아갈 수 있는가? 아래에서 나는 여섯 가지 방법을 제시할 것이다. 그 방법들이 결합되면 객관성을 높여줄 수 있는 효과적인 안내자가 될 것이다. 완전한 중립성은 결코 존재하지 않을 수도 있다. 설령 어떤 역사가들이 완전한 중

른다. 그러나 Flew는 전향하기 수십 년 전부터 하나님의 존재 가능성에 대해 생각하고 있었다. 더욱이 Flew는 내세를 믿지 않았다.

립성을 달성할 수 있다고 하더라도, 현실에 대한 이해가 부정확하거나 불충분하기 때문에 그들의 지평이 불완전해서 여전히 올바른 판단을 내리지 못할 수도 있을 것이다. 이제 몇 가지 중요한 지침들을 살펴보자.

1. **방법론**은 객관성을 더 높이기 위한 수단이 될 수 있다. 방법론에는 데이터를 살피고 판단하고 전후 맥락과 관련시키는 방식, 가설의 적정성 검증 기준, 그리고 경합하는 가설들에 대한 공정한 성찰 등 많은 부분이 포함된다. 물론 방법론이 너무 많은 주관성을 피하기 위한 확실한 방법은 아니지만, 방법론이 도움이 될 수는 있다. 맥컬래프는 이렇게 쓴다. "여기서 제시하는 정당화 기준들에 세심하게 주의를 기울이더라도 역사상 가장 만연해 있는 형태의 편견, 즉 자신의 선입견에 몰입된 결과로 인해 대안들을 고려하지 못하는 것을 예방하지 못할 수도 있다. 방법론적 절차들만이 역사가들을 이런 편견으로부터 상당한 수준으로 구해낼 수 있다."[88] 그러나 지평 극복에서 방법론이 수행하는 역할은 여기까지일 뿐이다. 도널드 덴튼은 전승비평에 맞서 전체론(holism)을 설득력 있게 주장했다.[89] 그러나 우리는 과연 그 두 가지 방법의 차이가 예수에 대한 서로 다른 초상들—사실 그것들은 크로산과 존 마이어처럼 전승비평을 사용하는 이들 사이에서조차 크게 다르다—을 낳을 만큼 중대한 이유가 되는지 물어야 한다. 샌더스와 라이트 같은 전체론자들이 그려낸 초상들 사이에도 상당한 차이가 있다. 사실 예수에 대한 마이어의 초상은 샌더스의 초상보다는 라이트의 초상과 더 가깝다. 그러므로 이런 두 방법들 사이

---

88 McCullagh(1984), 234. McCullagh(*The Truth of History*, 1998), 308도 보라.

89 Denton(2004). 내가 말하는 **전체론**이란, 예컨대 예수를 제2성전기 유대교의 메시아니즘에 속한 묵시적 예언자로 이해하는 것과 같이 어떤 데이터를 보다 큰 내러티브 구조 안에서 분석하고 사용하는 것을 의미한다. 내가 말하는 전승비평은 텍스트 안에 들어 있는 변경 부분을 파악하여 제거함으로써 최초로 쓰이거나 말해진 것, 그리고 그것이 애초의 상황 속에서 의미했던 것으로 돌아가는 관행을 가리킨다.

의 차이가 그로 인해 각각의 초상들에서 나타나는 커다란 차이들을 설명해줄 수 있을 것으로 보이지는 않는다. 역사가들은 종종 자기들의 입맛에 맞는 예수를 발견하는 것을 목표로 삼기 때문에 방법론보다는 지평이 역사가가 그려내는 초상 배후에 있는 결정적 요소로 작용한다. 역사가는 자기가 찾고 있는 것을 발견한다. 그러므로 방법론에 주의를 기울이면 지평이 역사가의 연구를 통제하는 정도를 줄일 수도 있겠지만 그것만으로는 부족하다.[90]

2. **역사가의 지평과 방법론은 공개되어야 한다.** 최소한 역사가의 지평 부분은 공개되거나 조사 대상이 될 수 있다. 예컨대 예수 부활의 역사성을 주장하는 역사가들의 지평에 유신론적 요소가 있을 가능성이 있으며, 이런 요소는 도전받을 수도 있다. 역사 연구에서 초자연의 가능성을 허용하지 않는 방법론적 자연주의자들의 지평도 도전에 열려 있어야 한다.[91] 또한 역사가들은 자기들이 결과를 달성하기 위해 사용하는 방법

---

90 방법론과 관련해서 나는 흔히 지평에 의해 이끌리고 서로 큰 차이를 드러내는 결과를 초래하는 텍스트에 대한 해석학적 접근보다는 여러 가설들을 판단하는 데 더 깊은 관심을 기울인다. Barrera(2001)를 보라: "해석의 가능성이 늘 열려 있기 때문에 하나의 역사 연구 방법론만 있다는 개념은 거의 유지될 수 없다. 모든 텍스트는 다른 방식으로 읽힐 수 있다. 텍스트를 읽는 해석학의 종류는 하나만이 아니다"(200); McKnight and Osborne편(2005)에 실린 G. Clark, "General Hermeneutics": "2차 자료들은 오늘날 수행되는 다양한 해석학적 접근법들을 자주 '현기증이 나게 한다'고 묘사한다"(115). 그리고 "하나의 학문으로서의 해석학은 그것이 지금까지 그랬던 것처럼 무모하고 분명하지 않다"(117); Fredriksen(1999): "비록 예수에 관해 연구하는 모든 학자들이 데이터를 캐내기 위해 파헤쳐야 할 주된 광맥으로 복음서들을 바라보지만, 그들은 선험적으로 서로 다른 방법들에 몰입하고 있어서 실제로는 서로 다른 텍스트들을 읽고 있다"(7).

91 L. T. Johnson(1996), 174; Swinburne(2003): "증거가 충분히 강력한지를 결정할 때 그 배경을 이루는 신학적 고려—부활에 찬성하든 반대하든—가 알려지지 않은 역할을 하는 경향이 있다. 증거를 적절하게 평가하기 위해서는 이런 고려를 정직하게 드러낼 필요가 있다"(3). Blackburn(2000)도 보라. 그는 어떤 인식론적 성찰들—예컨대 어떤 원인이나 원인들을 포함하는 역사적 설명 배후에 있는 정당한 이유와 과연 그런 설명들이 단순히 역사가의 편견에 의해 추동된 추측의 결과인지 또는 역사 속에서 실제로 벌어진 사건인지와 같은 성찰들—은 거의 고려되지 않는다

론에 대해 분명하게 밝혀야 한다.[92]

3. **동료의 압력**도 지평이 역사가들의 작업에 미치는 영향을 최소화하는 데 도움이 될 수 있다. 체조 같은 스포츠 경기의 심판들은 심판 자격으로 활동할 때 그들의 편견과 국가적 자존심을 제쳐두거나 적어도 최소화시킬 수 있는 것으로 보인다. 국가적 자존심과 편견이 아주 강할 수 있는 상황에서 어떻게 그런 일이 이루어질 수 있을까? 아마도 그것은 유사한 제약 속에 있는 다른 여러 심판들도 판단을 내리고 있으며, 따라서 특정 심판의 판단이 다른 심판들이 내린 판단과 크게 다르다면, 그것은 일종의 개인적 편견을 반영하는 것이 되리라는 인식 때문일 것이다. 그러므로 동료의 압력이 편견에 대한 억제책이 될 수 있고 지평의 영향을 최소화할 수 있다. 동료의 압력이 그 자체로 적절한 역할을 할 수 있는지는 또 다른 문제다. 학문 분야에서 동료의 압력은 효과적일 수 있지만 그것은 또한 장애가 될 수도 있다. 1990년 전에는 일반적으로 신약성서 학자들

고 지적한다(271). Dawes(1998)는 이렇게 주장한다: "역사가의 판단을 형성하는 특별한 가정들을 비판적으로 살피지 않고서는 그 역사가가 그려내는 예수가 모든 경우에 선호되어야 한다고 결론을 내릴 수 없다"(34). 그러나 역사가의 지평과 방법론을 공개하면 그 지평과 방법론에 대해 점검하지 않고 진행할 수 있게 된다고 여기는 잘못을 저질러서는 안 된다. 그런 행동에 대해 Wedderburn(1999)을 비난할 수도 있을 것이다: "거듭해서 강조하는데, 내가 제기하는 주장은 신약성서 저자들 중 어떤 이들이—아무리 내가 그들을 출발점으로 삼고 있을지라도—실제로 말하는 모든 것을 넘어선다. 실제로 그들은 여러 점에서 내 주장과 상충할 수 있다.… 그리고…이 점[즉, 신학자들의 작업이 그 특성상 해석학적이 되는 것 이상이라는 것]을 깨닫고 그저 조용하고 은밀하게 또는 심지어 자신이 무슨 일을 하고 있는지조차 모르고서 그렇게 하는 것보다는, 이 점을 자신과 독자들에게 인정하는 것이 훨씬 더 낫다"(104). 자신의 세계관과 접근법을 공개하는 목적과 유익은 그렇게 공개하면 그 세계관과 접근법을 공개적인—그리고 바라기는 개인적인—조사를 받게 함으로써 그 세계관과 접근법을 관리하려고 시도할 수도 있다는 것이다.

92 Grant(1977), 201. Christian(2004)은 대부분의 역사가들이 자신의 연구의 인식론적 토대들을 의식하고 있다고 지적한다. 그러나 역사가들이 그 토대들을 밝히기를 꺼려하기 때문에 역사가들이 하는 일과 관련된 모든 것이 혼란에 빠진다(371). Eddy and Body(2007), 83, 379도 보라.

사이에서 복음서가 독특한 형태의 신화 장르라는 합의가 이루어졌었다. 그동안 이 합의는 극적인 변화를 겪었고, 오늘날 복음서는 대체로 그리스-로마식 전기로 간주된다. 그레이엄 스탠튼은 자기가 15년 전부터 유사한 결론에 도달하기 시작했으며 그때 자기가 "덜 소심"했어야 했다고 인정한다.[93] 따라서 다수파에게 맞서는 두려움은 역사 연구에서 획기적인 발전을 방해할 수도 있다. 그러므로 학문적 합의는 창의성이 분별력을 잃지 않게 하는 긍정적인 영향을 끼칠 수 있는 반면, 학문 공동체의 대부분으로부터 존중받지 못하게 될 수도 있다는 두려움이 지식의 획기적인 발전에 방해가 될 수도 있다. 이 점은 특히 인류학 분야에서 분명하게 나타나는데, 일반적으로는 인류학자들 사이에, 그리고 특정하게는 생물학자들 사이에 결성된 초자연에 반대하는 강력한 합의가 그런 편견이 없는 이들의 경력을 위협할 수 있다.[94]

---

93 Burridge(2004)의 서문, ix에서 Stanton이 한 말. Waterman(2006)은 아직 설득되지 않았으나 이렇게 쓰고 있다. "비록 우리가 복음서가 헬레니즘적 전기…또는 역사라는 견해를 완전히 받아들일 수는 없지만 복음서는 확실히 나사렛 예수라는 역사적 인물과 연결되어 있다"(115).

94 무신론 철학자 Quentin Smith(2001)는 이렇게 쓴다. "최근의 연구는 정상급 과학자들 중 7%가 유신론자임을 보여주었다[*Nature* 394(July 23, 1998), 31쪽]. 그러나[철학 이외의] 다른 분야의 유신론자들은…자신의 학문 연구에서 결코 유신론을 주장하지 않는다. 그럴 경우 그들은 학문적 자살을 감행하는 셈이 될 것이다. 또는, 보다 정확하게 말하자면 그들의 논문은 곧바로 거부될 것이고 만약 그들이 논문을 게재하기 원한다면 세속적인 논문을 쓰라는 요구를 받을 것이다." 2005년에 발생한 일에서 Smith가 한 말이 사실임을 쉽게 알 수 있다. 그해에 스미소니언 연구소가 발간하는 동료들 간의 상호심사 과학저널인 *Proceedings*의 편집인 Richard Sternberg는 적절한 상호심사 실시 요강 전체를 이수한 편집인인데, 케임브리지 대학교 출신 생물학자 Stephen C. Meyer가 쓴 지적 설계에 관한 논문을 게재했다는 이유로 강등되는 수모를 겪었다. 그 후 그 저널은 그 논문을 실은 데 대해 사과했다. 이런 조치는 미국에서 강력한 부정적 압력에 직면했고, 그로 인해 Guillermo Gonzalez와 Jay W. Richards가 쓴 동일한 제목의 책(Washington, D.C.: Regnery, 2004)을 기반으로 제작된 비디오테이프 *The Privileged Planet: The Search for Purpose in the Universe*를 공개 시청하는 결과를 낳았다. 그 사건은 2005년 6월 10일에 벌어졌고, 스미소니언 연구소의 자연사 박물관 관장과 Discovery Institute가 공동 스폰서 역할을 맡았다. 그 사건에 대한 Sternberg의 설명은 www.

4. **동조하지 않는 전문가들에게 의견을 제출**하면 지평의 부정적 영향을 최소화하는 데 도움이 될 수 있다. 이것은 자료에 대한 우리의 해석과 역사적 설명에 의견을 달리하고 경합하는 가설의 약점을 찾아내려는 동기가 확실한 이들에게 해설과 설명을 제공함으로써 동료의 압력 수준을 높이는 것이다. 역사가들은 자기들이 수용하는 견해를 지지하는 언급은 꼼꼼히 읽고 그에 반대하는 언급은 대충 읽어 넘기는 경향이 있지만, 반면에 그들을 비판하는 이들은 그런 경향을 보이는 대신 오히려 열심히 약점을 파악해서 드러낼 것이다. 맥컬래프는 이렇게 말한다. "우리는 동조하지 않거나 공평한 전문적인 비평가들에게 인정받은 역사적 설명들은 편파적이지 않고 정당화되고 믿을 만하다고 합리적으로 확신할 수 있다."[95] 물론 그렇다고 해서 비평가가 자신의 지평에 반하는 가설이 설령 옳다고 할지라도 그 가설을 받아들일 것이라 보장하지는 못한다. 비평가들에게도 그들의 객관성을 해칠 수 있는 편견이 있다.[96] 그러나 어떤 비

---

richardsternberg.org/smithonian.php에서 찾아볼 수 있다(2010년 3월 25일 접속). 또한 Marsden(1997), 7도 보라.

95 McCullagh(1984), 236. 다음 문헌들도 보라. Appleby, Hunt and Jacob(1994), 261; L. T. Johnson(1996), xi; McCullagh(*The Logic of History*, 2004), 15; Meier(1991), 6; Schinkel(2004), 51; Zammito(2005), 180.

96 C. A. Evans(2006): "어떤 학자들은 보다 회의적일수록 보다 비판적이라고 생각하는 것으로 보인다. 그러나 과도하고 근거 없는 회의적 입장을 채택하는 것이 무엇이든 받아들이는 것보다 더 비판적인 것은 아니다. 내가 보기에 비판적이라고 통하는 것들 중 많은 것은 전혀 비판적이지 않다. 그것은 단지 학문의 탈을 쓴 회의주의일 뿐이다"(46; 17, 21과 비교하라). Witherington(2006)도 보라. "학계도 내가 '의심에 의한 정당화' 요인이라고 부르는 것과 싸워야 한다. 어떤 학자들은(스스로에게 그리고 다른 이들에게) 자기들이 예수의 전승이나 신약성서 일반 중 얼마나 많은 부분을 무시하거나 설명해서 치워버리거나 불신할 수 있는지 보여줌으로써 자기들이 비판적인 훌륭한 학자임을 입증해야 한다고 생각한다. 이것이 그들이 객관적임을 보여준다는 것이다. 그러나 그것은 기껏해야 그들이 비판적으로 생각할 수 있다는 것을 보여줄 뿐이다. 이상하게도 종종 바로 그 학자들이 자신이 선호하는 비정경 텍스트와 이론들에 동일한 비판적 엄격함과 회의주의를 적용하지 않는다"(5). Gregory(2008), 518도 보라.

평가들은 올곧게도 자신의 지평에 반대되는 가설들의 도전에 응하며 그런 도전들에 대해 유익한 비평을 제공한다. 어떤 이들은 자신은 그 가설을 받아들이기로 결정하지 않을지라도, 반대되는 가설의 강력함을 인정하기도 한다.[97] 앨런 파젯은 이렇게 쓴다. "오직 대화를 통해서, 그리고 이유·논거·증거에 대한 평가를 통해서만 선이해가 유익한지 또는 해로운지 알려지게 될 것이다."[98] 이런 형태의 대화는 동료들이 상호 심사한 논문·서평 그리고 동료들의 비판이 제시되는 컨퍼런스에서 읽히는 논문들에서 발생한다.[99] 패널 토의나 공개 토론에 참여해도 자신의 견해가 동료들에게 노출된다. 아무도 자기가 강력하게 지지하는 가설의 토대에 강한 타격을 가하는 비판을 좋아하지 않는다. 그러나 전문적인 역사가들은 비판에서 면제될 수 없다. 비평가와 의견이 일치하지 않을 때에도 역사가는 최소한 고려되고 답변되어야 하는 가치 있는 비판적 사고를 접하게 될 것이다.

5. **관련된 역사적 기반 설명**. 증거가 하도 강력해서 사실상 반박의 여지가 없는 사실들도 있다. 모든 타당한 가설들은 그런 사실들 위에 세워지기 때문에 그런 사실들을 "역사적 기반"이라고 부른다. 어떤 가설이 역사적 기반 모두를 설명하지 못할 경우, 계획을 다시 세우거나 그 가설을 버려야 한다. 역사적 기반은 다음 두 가지 기준을 충족하는 사실들을 포함한다. 첫째, 증거가 매우 강력해서 역사가들이 그것들을 역사적 사

---

97 불가지론자 화학자인 Robert Shapiro에게서 이런 객관성을 보게 된다. 그는 생명의 기원이 자연적 원인들의 결과라는 견해와 관련된 심원한 난제들에 대한 분자생물학자 Michael Behe의 설명의 온전성(integrity)을 인정한다. Behe(1996), 뒤표지를 보라.

98 Davis, Kendall and O'Collins 편(1998), 295에 실린 Padgett.

99 역사적 예수 연구 분야와 관련해서 *The Journal for the Study of the Historical Jesus*는 건실한 학문을 대표하며 광범위하고 범위와 균형을 갖춘 신학평론가 그룹을 보유하고 있다.

실로 간주해도 무방하다.[100] 둘째, 오늘날의 학자들 중 대다수가 그것들을 역사적 사실로 간주한다.[101] 이제 합의의 역할에 대해 논의해보자. 우선 나는 역사가들은 역사적 기반에 속한 일련의 역사적 사실들에서부터 연구를 시작해야 한다고 제안한다. 이 조치는 특정한 역사적 설명에 관한 합의를 추구하는 것이 아니라 가설들에서 사용되는 기본적인 "사실들"에 관한 합의를 추구한다. 역사가들은 다른 사실들에 호소할 수도 있을 것이다. 그러나 역사적 질문에 답하려는 모든 가설들은 이런 사실들을 포함할 필요가 있다.[102] 그런 접근법의 가치는 내러티브들에 대해 점검한다는 것이다.[103] 역사가들이 과거를 묘사하려 할 때 그들은 사실들을 어떤 내러티브의 틀 안에 위치시킨다. 많은 해석과 이론들은 상당히 창의적일 수 있다.[104] 더욱이 특정 내러티브들은 종종 입증되거나 반증될 수 없으며, 어느 진영에 속한 역사가든 역사가들은 흔히 독자들에게 자신들의 내러티브가 사실이라고 진술하면서 그것이 잠정적 결론이라는 점을 알리지

100 McCullagh("What Do Historians Argue About?" 2004): 어떤 사실들은 증거로 강력하게 뒷받침되어서 "사실상 확실하다"고 할 수 있다(22). 그는 이렇게 덧붙인다. "우리가 특정 사실들을 믿는 **이유**는…그 사실들 중 어느 것이 믿을만한지에 대한 일반적인 해석과는 무관할 수 있다"(23).

101 Meier(1991)는 유대인·그리스도인 그리고 불가지론자들 사이의 어떤 합의에 대해 말하는데, 모두 1세기 종교운동에 정통한 정직한 역사가들인 그들은 하버드 대학교 신학대학원 도서관에서 지내면서 예수에 관한 합의문을 만들어냈다.

102 McCullagh, "What do Historians Argue About?"(2004), 24.

103 Rex Martin(1998), 36; McCullagh(1984), 236. 234와 비교하라; Johnson(1996)은 견고한 방법론은 "인상적일 정도로 개연성이 높은 예수에 관한 특정 진술들"에 대한 인식을 낳을 수 있으며 이런 진술들은 "덜 훈련된 '재구성'에 대한 가장 중요한 해독제를 제공한다"라고 주장한다(112).

104 Price and Lowder 편(2005)에 실린 R. Carrier, "The Spiritual Body of Christ"를 보라. Carrier는 "마가의 빈 무덤 이야기는 오르페우스 신화의 은밀한 구원 내러티브를 흉내낸다"(163)고 주장하며 또한 그 빈 무덤은 예수의 시신에 대한 상징이라고(158) 주장한다. Meier(1991)는 "학습된 판타지에는 한계가 없다"라고 쓴다(94).

않는다.[105] 그들은 "그 일은 다음과 같이 일어났을 수도 있다(또는 그렇게 일어났을 것이다)"라거나 "나는 실제로는 이렇게 된 일이라고 생각하는 편이다"라고 쓰지 않는다. 대신에 우리는 흔히 "그 일은 다음과 같은 식으로 일어났다"라고 쓰인 것을 읽게 된다.[106] 예수의 부활 같은 문제들을 연구할 때 모든 진영의 역사가들은 그들에게 보이지 않는 조언자 노릇을 하는 자신의 편견·의제·소망을 갖고서 작업한다. 역사가들은 역사적 기반을 설명하는 가설들을 요구함으로써 이미 만들어진 해석적인 내러티브에 견제를 가한다. 어떤 내러티브가 역사적 기반을 설명하지 못하면 처음부터 다시 시작하거나 그 가설을 버려야 한다. 대부분의 학자들은 과거에 잘못을 저지른 경우가 많기 때문에 역사적 기반을 설명하는 가설을 요구하는 것은 법이라기보다는 하나의 지침으로 여겨져야 한다.[107] 그러므로 어떤 가설이 역사적 기반을 모두 설명할 수 있어야만 다른 역사가들이 그 가설을 진지하게 살펴보도록 요구할 때에는 위험이 따른다. 왜냐하면 그럴 경우 역사적 기반에 속하지만 훗날 새로운 정보에 비추어볼 때 잘못으로 드러날 수도 있는 하나 또는 그 이상의 사실들을 부인하는 가설을 배제하는

---

105 D'Costa 편(1996)에 실린 M. Goulder, "The Baseless Fabric of a Vision"의 진술에 대해 고려해보라. 그의 내러티브는[예수의 부활 후] 출현을 "환각"으로 제시하며 빈 무덤을 "지어낸 것"으로 제시한다. 복음서와 바울 서신들에서 시신에 일어난 사건으로 제시되는 **부활**에 대한 묘사들에 대해 그는 이렇게 쓴다. "이제 이런 것들은 영적 이론에 대응하기 위한 해석상 추가된 것이며 음식을 먹고 몸에 손을 대는 이야기나 빈 무덤에 관한 이야기도 가장 원시적인 전승에서는 그 어떤 근거도 없음이 분명하다"(58). 많은 주석가들이 이런 결론에 동의하지 않지만, 설사 동의하는 많은 이들조차 Goulder의 해석이 "분명하다"고까지 말하려고 하지는 않을 것이다.

106 이것은 때로는 논거가 없다는 표지다. Wedderburn(1999)은 이렇게 말한다. "'나는 그것이 필요하다. 그러니 그것은 그러하다'라는 형태의 논증은 확실히 그 논증이 공허하다는 점을 보여줄 뿐이다"(7).

107 그러므로 역사적 기반에 호소하는 것이 대다수의 역사가들이 그러하다고 믿기 **때문에** x가 역사적 사실이라고 주장하는 것으로 간주되어서는 안 된다. 그보다는 그 논거는 지지하는 데이터가 아주 훌륭하기에 대부분의 역사가들로 하여금 x가 역사적 사실이라고 믿도록 납득시켰다는 것이다.

결과를 초래할 수도 있기 때문이다. 이런 위험에도 불구하고, 편견과 의제의 영향을 최소화 하는 것은 중요한 문제이며 역사가들은 강력한 증거를 갖춘 사실들에 대해 잘못된 합의가 이뤄질 가능성과 특정 지평의 존재를 비교해야 한다. 지침들은 경직되게 강제되어서는 안 된다. 그러나 어떤 역사가가 다수의 지침들을 무시할 때, 그리고 그의 방법론이 자의적이거나 부주의하게 보일 때에는 그의 연구 결과물은 잘못될 가능성이 높다.

6. **편견과 절연**하는 것은 타협 대상이 아니다. 벤 메이어는 "편견과 절연하는 것이 가장 중요하다"고 말한다.[108] 맥컬래프는 그 말에 동의한다. "[역사가들은] 다른 모든 사람들과 마찬가지로 종종 자신의 선입견에 집착한다. 이런 종류의 편견은 극복하기가 가장 어렵다."[109] 로이 후버는 이 원리를 잘 설명한다.

> 진실성이라는 덕을 배양하려면 전통과 인습적 지혜가 "사실 관계가 이렇다"고 말하는 방식이나 자신이 "사실 관계가 이러면 좋겠다"고 선호하는 방식과 기꺼이 결별하고, 사실 관계가 실제로 존재하는 방식을 기꺼이 받아들여야 한다. 진실성은 그 이름에 걸맞은 모든 과학이나 학문의 주요한 도덕적·지적 헌신의 대상이 되어야 한다. 내 의견으로는 이것은 당신은 비판적인 성서학자로서 무엇보다도 당신의 연구가 어떤 결과를 낳을 것인지 또는 당신이 그 연구를 시작했을 때 가졌던 신념이나 의견 또는 이론을 확인해줄지 부인할지에 대해 관심을 갖지 않아야 한다는 것을 의미한다. 당신은 오직 사실 관계가 실제로 존재하는 방식을 찾는 것에, 즉 당신이 그것을 발견

---

108 Meyer(1994), 112. Grant(1977)도 보라. 그는 이렇게 쓴다. "확실히 모든 학생들은 나름의 선입견을 갖게 될 것이다. 그러나 학생들은 그런 선입견들이 도를 넘지 않도록 경계해야 한다"(200). Marxsen(1990): "역사를 어느 정도 재구성하려 할 때마다 편향되지 않기 위해 애써야 한다"(65).

109 McCullagh(1984), 235.

할 수 있게끔 해주기에 충분한 증거를 찾는 것과 또한 당신이 발견했다고 여기는 것이 다른 이들의 비판적 조사라는 검증을 거칠 때 유지될 수 있는지 여부를 찾는 것에 관심을 가져야 한다.…그러나 언젠가 내 동료들 중 한 사람이 말했듯이 계속해서 편견이 없는 상태로 남아 있거나 개방된 상태로 고정되어 있는 것은 미덕이 아니다. 그것은 사고의 실패, 배움의 실패, 판단의 실패, 그리고 아마도 용기의 실패일 것이다.[110]

편견은 극복하기 어려울 뿐 아니라 종종 인식하기도 어렵다.[111] 자기는 이 기준이 충족되어야 예수가 죽은 자들 가운데서 부활했다고 믿겠다는 댄 콘-셔복의 기준에서 이러한 맹목적인 편견을 발견할 수 있다. 그는 이렇게 쓴다. "유대인이자 랍비인 나는 예수의 부활에 대해 확신할 수도 있을 것이다. 그러나 나는 아주 높은 기준을 요구할 것이다." 그는 예수가 과장된 의미에서 그의 뒤를 따르는 수많은 천사들과 영광스러운 구름과 함께 전 세계적으로 수많은 군중에게 나타날 것을 요구한다. 그 사건은 사진으로 찍히고, 비디오로 기록되고, 주요 언론들에 보도되어야 할

110 Copan and Tacelli 편(2000), 127-28에 실린 R. W. Hoover, "A Contest Between Orthodoxy and Veracity." 다음 문헌들도 보라. Allison(*Resurrecting Jesus*, 2005): "지금 믿고 싶은 것이 과거에서 무엇을 발견할지에 대한 지침이 되어서는 안 된다"(143); Charlesworth(2008): "만약 어떤 질문을 한다면, 바람직한 답을 미리 상정하거나 즐겁게 해 줄 답을 얻기 위해 데이터를 조작해서는 안 된다. 우리는 질문할 때 정직해지고 기꺼이 매력적이지 않은 답을 들을 만큼 성숙해질 필요가 있다. 질문할 때 모든 관련 데이터를 포함시키고 모든 적절한 방법들을 사용할 필요가 있다. 또한 우리 자신(과 아마도 다른 이들)에게 왜 우리가 어떤 특정 자료를 갖고 있는지 설명할 수 있어야 한다"(121).

111 McCullagh(2000), 40. Funk, Hoover and the Jesus Seminar(1997)는 놀랍게도 예수 세미나를 마치 그것이 중도의 대표인 양 "회의적인 좌파"와 "근본주의적인 우파" 사이에 둔다(5). 확실히 신학적으로 예수 세미나 회원들보다 훨씬 더 좌파에 속하는 사람도 있겠지만, 나로서는 예수 세미나를 중도에 두는 것은 정확한 묘사로 보이지 않는다. 그렇게 하면 Ehrman과 같은 불가지론자를 다른 많은 이들과 마찬가지로 보수주의에 두게 될 것이다.

것이다. 더욱이 유대인의 성서에 등장하는 모든 메시아 예언들이 성취되어야 할 것이다.[112] 그렇게 이례적으로 높은 입증책임이 타당한지 물을 수 있다. 특정 견해를 지지하는 증거의 조합이 아주 강력할 경우, 그 조합과 상충하는 사건에 대해서는 아주 강력한 증거를 요구해도 무방할 것이다. 예수가 부활했다는 역사적 증거가 콘-셔복이 말하는 형태의 유대교가 진리라는 증거 조합보다 훨씬 더 강력하다면 어떻게 할 것인가? 콘-셔복의 요건은 내게는 "그 어떤 증거가 나오더라도 나는 설득되지 않을 것이다"라는 말을 에둘러 표현한 것에 불과해 보인다. 콘-셔복에게서 발견하는 이런 식의 태도는 물론 결코 그에게만 독특한 것이 아니다. 그동안 나는 종종 복음주의 그리스도인들에게 만약 미래에 어느 고고학자 팀이 예수의 유골이 들어 있는 납골당 하나를 발굴했는데 유골 위에 "우리는 오늘날까지 세계를 속였다"라는 문장과 함께 마태, 마가, 누가, 요한, 베드로, 야고보, 그리고 바울의 서명이 되어 있는 낡은 파피루스 조각이 들어 있다면 그들이 기독교 신앙을 포기할 것인지에 대해 묻곤 했다. 물론 많은 이들은 문서가 위조되었다고 의심할 것이다. 그러나 아무튼—나는 그것이 어떻게 이루어질지에 대해서는 알지 못한다—이후의 검증을 통해 그 뼈들이 예수의 유골이라는 점이 반박할 수 없을 정도로 증명되었다고 가정해보자. 바울은 만약 예수가 실제로 부활하지 않았다면 기독교 신앙은 헛되다고 주장했기 때문에(고전 15:17) 이것은 예수가 부활했다는 핵심적인 기독교 신앙의 부당성을 입증하는 셈일 것이다.[113] 그런데 많은 복음주의 그리스도인들이 자기들은 그런 발견 때문에 자신의 믿음을 포기

112 D'Costa 편(1996), 198에 실린 D. Cohn-Sherbok, "The Resurrection of Jesus: A Jewish View."

113 즉 만약 초기 그리스도인들이 사용한 "부활"이라는 말이 예수의 시신에 일어난 사건을 가리켰다면 그렇다는 것이다.

하지 않겠다고 대답했다.

역사가들은 "선호되는 가설이 진리라고 확언하기 전에 그 가설과 부합하지 않는 증거"를 찾아봐야 한다.[114] 역사가들은 자기들이 선호하는 가설에 골칫거리가 될 수 있는 데이터와 주장들에 직면해야 한다. 역사가들은 자신들이 그런 저자/행위자의 지평을 충분히 이해하고 강조하도록 허용해야 하며, 나아가 개종하는 정도에 이르기까지 그 지평에 의해 충분히 도전받는 것도 허용해야 한다.[115] 역사가들은 반대 견해를 완전하게 이

---

114 McCullagh(*The Logic of History*, 2004), 33. McCullagh(2000)도 보라. 거기서 McCullagh는 비록 우리가 편견을 완전히 극복하지는 못할지라도 경합하는 가설들을 신중하게 고려하면 편견을 크게 줄여준다고 말한다(56).

115 Denton(2004), 99; Eddy and Boyd(2007): "인식론적 겸손과 객관성이라는 이상의 이름으로…비판적인 학자들은—자신의 타당성 구조 때문에 다른 이들이 그럴 법하다고 여기는 주장들에 반하는 편견을 갖고 있다는 사실과 상관없이—기꺼이 그런 주장을 진지하게 고려할 만큼 충분히 개방적이고 겸손해야 한다"(85; 81과 비교하라); R. Evans(1999): "이 중 어느 것도 역사적 판단이 중립적이어야 함을 의미하지 않는다. 그러나 그것은 역사가들이 초연한 인식 방식, 자기비판 능력 그리고 다른 사람의 관점을 이해하는 능력을 개발해야 함을 의미한다"(219; 104도 보라); Kahneman, Slovic and Tversky 편(1982)에 실린 Fischhoff, "For Those Condemned to Study the Past: Heuristics and Biases in Hindsight": "자신에게 보고된 결과의 불가피성에 반하는 논쟁을 하게 하라. 즉 자신에게 결과가 다르게 나올 수도 있었을 것이라고 확신시키려 하라. 당신이 그것의 불가피성을 설명하기 위해 사용한 추론의 타당성에 대해 의문을 품는 것이야말로 가장 좋은 출발점이 될 수도 있을 것이다.…이처럼 이례적인 조치조차 충분히 적절해 보이지 않기 때문에, 원래 형태대로의 과거의 사건들을 둘러싸고 있는 불확실성을 한층 더 추적하려고 할 수도 있을 것이다"(343); Gregory(2006): "첫 번째 전제조건은 가장 어려운 것들 중 하나다. 그것은 우리가 현실의 본질, 인간의 우선순위 그리고 도덕성을 바르게 이해하기 위해서는 **그것들에** 관한 우리 **자신의** 신념을 기꺼이 제쳐두어야 한다는 것이다"(147); Haskell(1990): 역사 탐구는 "그것을 수행하는 이들에게 그들이 희망적 사고를 포기하고, 나쁜 소식을 받아들이고, 기본적인 증거와 논리의 검증을 통과하지 못하는 기분 좋은 해석을 포기하고, 경쟁하는 사상가들의 낯설고 아마도 불쾌한 견해들 속으로 공감하며 들어가기에 충분할 만큼 자신의 개념들을 유보하거나 고려대상에서 제외할 수 있게 해주는 필수적인 최소한의 금욕적 자기 훈련을 필요로 한다. 이 모든 정신적 행위—특히 경쟁자의 견해를 이해하기 시작하는 것—에는 **절연**이 필요한데, 그것은 자신의 자연스러운 시각과 확신들로부터 어느 정도 거리를 두고, 다른 사람의 눈에는 세계가 어떻게 비치는지를 상상하고, 자연스럽게 다가오지 않는 시각을 실험적으로 채택해 보는 부인하기 어려울 정도로 금욕적인 능력이다"(132). McKnight(2005)는 다음과 같이 인정한다. "역사적 예수를 연구

해하고 공감할 수 있어야 한다. 연구가 진행되는 동안 이런 태도를 유지한다면, 그 역사가는 자신의 지평을 초월하는 상태에 가까워진다. 비록 편견과 완전히 절연하지는 못할지라도 잠정적으로 어느 정도는 절연할 수 있으며, 그것은 연구에 가치를 부여한다.[116] 그레고리는 다음과 같이 쓴다.

> 어떤 이들이 모든 연구를 대체된 자서전으로 해석하려 하는 때에는, 많은 이들이 자신의 확신을 고려 대상에서 제외한다는 개념을 천진난만한 망상으로 여긴다. 그처럼 완벽하게 통제하기는 불가능하지만 자신의 확신을 의

하는 사람은 모두 나름의 의제, 동기 그리고 목적을 갖고 있다.…그런 사실에 대해 솔직히 인정하고 나서는 평소와 같이 즐겁게 연구를 수행할 것이 아니라, 우리의 전제들(주체)이 증거(객체)에 의해 도전받도록 기꺼이 허용할 필요가 있다"(33). 절연을 무관심과 혼동해서는 안 된다. Haskell(1990)에 따르면 "재판관의 역할과 역사가의 역할이 유사할지라도 중립성의 가치를 과대평가해서는 안 된다. 재판관들은 역사가들과 마찬가지로 합리적 설득에 마음이 열려 있도록 기대되지만, 그들 시대의 큰 문제들에 대해 무관심하거나—기괴한 생각이기는 하지만—판단을 삼가도록 기대되지는 않는다. 재판관들에게는 자기희생이 아니라 자기통제가 요구된다. 편견과 이해 상충은 실제로 재판관과 역사가들뿐 아니라 우리가 그들의 공정성에 의존하는 누구에 대해서든 의심을 야기한다. 삶으로부터의 이탈이 아니라 절연과 공정성이 요구된다. 대부분의 역사가들은 실제로 우선적으로 진리에 헌신하며, 진리와—그것이 어떻게 정의되든—'대의'가 충돌하는 경우, 진리가 우선시되어야 한다고 말한다"(139). Meier(1991), 6과 Willitts(2005), 101-2도 보라.

116 Baxter(1999): "'완전한 절연'은 불가능하다. 그러나 이런 저런 경우에 당신은 **어느** 정도는 절연하고 열린 마음으로 실재에 의해 인도될 수 있지 않은가? 선험적인 '아니오'는 반사실주의(anti-realism) 또는 유아론(唯我論, solipsism) 그리고 아마도 결정론의 전조가 된다"(38 각주 9); McCullagh(2007): "완전한 절연은 꿈같은 이야기이지만 역사가들은 특정 결과에 대한 욕구보다 역사 탐구에 대한 합리적인 기준에 대한 헌신을 우선시하고, 그렇게 함으로써 그들의 설명에서 편견을 유의미하게 줄일 수 있다"(41). Eddy and Boyd(2007)도 보라: "우리가 인식론적 겸손을 유지하고 우리의 심리적 확실성을 논쟁의 여지가 없는 형이상학적 선험론으로 만들기를 삼가는 한, 원칙적으로 우리는 계속 점근적으로(aymptotically) 객관적 진리를 얻기 위해 노력할 수 있다. 우리가 자신의 가정에 대해 잠정적인 태도를 취하고 진리에 대한 우리의 헌신이 우리가 심리적으로 확신하는 것들에 대한 재확인을 바라는 우리의 욕구에 우선하는 한—비록 그런 목표가 늘 점근적으로 이루어진다는 것을 인정할지라도—우리 모두 실제 역사를 이해하는 방향으로 나아갈 수 있다는 희망이 남아 있다"(83).

식적으로 통제해본 경험이 있는 사람은 그것이 학자들에게 체질적으로 불가능한 일이 아니라는 것을 안다. 자기 통제가 불완전하더라도 전혀 통제하지 않는 것보다는 낫다. 경제학자 로버트 솔로우의 말을 바꿔서 표현해보면 다음과 같다. '완벽한 무균 상태의 환경이 불가능하다는 것이 하수구에서 수술해야 한다는 것을 의미하지는 않는다.'[117]

우리가 지금껏 논의한 6개 조치들이 결코 객관성을 보장해주지는 않는다. 실제로 완전한 객관성은 달성하기 어렵다. 나는 바루크 피쇼프가 다음과 같이 쓴 말이 옳다고 믿는다. "우리 모두는 불가피하게 자신의 현재의 개인적인 견해에 사로잡혀 있다.…입증된 그 어떤 해독제도 없다."[118] 마크 길더허스는 이렇게 주장한다. "객관성이라는 문제는 의심할 나위 없이 당혹과 경악의 근원으로 남게 될 것이다."[119] 그렇다고 해서 역사가 알 수 없는 대상은 아니다. 역사가들은 그들의 역사기술에 관해 늘 큰 입장 차이를 보일 것이다. 이런 결과는 대개 데이터 부족이나 많은 역사가들, 특히 부정확하고 미성숙한 지평을 지닌 역사가들이 그들의 편견을 극복하지 못함으로써 발생한다.[120] 그러므로 역사에 관한 질문에 대한 답은 본질적인 의미에서 알 수 없다기보다 자신의 지평에 의해 제약을 받는 역사가들에게는 알려지지 않을 수 있다.

---

117 Gregory(2006), 147.

118 Kahneman, Slovic and Tversky 편(1982), 349에 실린 Fischhoff.

119 Gilderhus(2007), 87.

120 데이터가 풍부할 때조차 해석상의 합의를 이루기가 쉽지 않을 수 있다. Johnson(1996)은 "예컨대 존 F. 케네디의 삶과 그가 수행한 대통령직에 관한 다양한 해석들은 무언가에 대해 정보를 사실상 무제한적으로 구할 수 있다 해도 그에 대한 만장일치의 해석을 보장해주지는 않는다는 것을 보여준다"고 지적한다(105).

1.2.4. 합의의 역할

모든 역사 연구에서 지평이 두드러진 역할을 수행하는 점에 비추어볼 때 "해석상의 극단들" 때문에 역사가들이 종종 의견 일치에 도달하기 어려울 것으로 예상할 수 있다.[121] 안타깝게도 데이터에 대한 객관적이고 신중한 평가보다는 역사가들—특히 종교·철학·정치·도덕적 주제들에 대해 쓰는 역사가들—의 주관적 지평이 그들의 최종 판단에 가장 큰 영향력을 행사한다.[122] 더욱이 역사가들의 연구 결과를 제시받는 청중 중 많은 이들도 역사가들 못지않게 편향되어 있다. 그러므로 어느 한 그룹에게 건전하고 설득력 있다고 판단되는 연구가 다른 그룹에게는 부적절하고 과도하게 편파적이라고 간주될 수도 있다.[123]

언제나 비주류에 속하는 사람이 있기 마련이기 때문에 "보편적 합의"를 추구할 수는 없다.[124] 널리 존경 받는 학자들 중 누구도 예수가 결코 존재한 적이 없는 신화라고 주장하는 입장을 취하지 않는 것으로 보이지만, 오늘날에도 소수의 학자들은 그렇게 단언한다.[125] 또한 유대인 대학살

---

121 Rex Martin(1998), 28. Novick(1988)도 보라. 그는 "객관성을 유지하기 위한… 학문적 합의"를 "찾을 수 없다"라고 말한다(572). Anchor(1999)는 "동일한 사건들에 대한 여러—때로는 서로 양립할 수 없는—해석들이 존재하며" "역사에는 합의에 대한 아무런 보장이 없다"고 경고한다(113).

122 Denton(2004), 89.

123 Anchor(1999): "언제나 과거의 자취(우리의 증거)를 해석하는 대안들이 있기 때문에 역사가의 과제의 핵심적인 부분 중 하나는 그런 방법들 중 어느 것이 최선인지, 즉 그 대안들 중 어느 것이 가장 참될 **가능성이 높은지** 알아내는 것이다." 어떤 설명이 "가장 그럴듯한지는 그 설명을 접하는 청중의 인지상의 기대뿐 아니라 규범적 기대에 따라서도 달라진다"(114). Swinburne(2003), 3도 보라.

124 Tucker(2004), 33.

125 Bultmann(1958): "물론 예수가 실제로 존재했는지에 대한 의심은 근거가 없고 논박할 가치도 없다. 정신이 멀쩡한 사람은 아무도 예수가 고대 팔레스타인 공동체에서 최초의 뚜렷한 단계가 시작된 역사적 운동 배후의 창시자라는 사실을 의심할 수 없다"(13); Bornkamm(1960): "예수의 역사적 실존을 의심하는 것은…여

이 있었다는 사실을 부인하는 사람도 있다.[126] 더욱이 편견·확신·목표가

기서 논의할 가치가 없는 현대의 절제되지 않고 편향된 비판에서나 일어나는 일이다"; Marxsen(1970): "내 의견으로는[예수가 살았던 적이 없었다는, 그리고 그가 순전히 신화적 인물이라는] 그 이론은 역사적으로 지지할 수 없다(그리고 그것은 모든 진지한 역사가들의 공통적인 견해다)"(119); Grant(1977): "요약하자면, 현대의 비평 방법은 그리스도-신화 이론을 지지하지 못한다. 그 이론은 '일류 학자들에 의해 거듭해서 답변되었고 폐기되었다.' 최근에는 '그 어떤 진지한 학자도 감히 예수의 비역사성을 주장하려 하지 않는다.' 설사 그렇게 주장하는 극소수의 역사가가 있다 해도 그들은 그런 주장에 반하는 보다 강력하고, 사실상 아주 풍부한 증거를 폐기하는 데 성공하지 못했다"(200); M. Martin(1991): "[예수가 결코 존재한 것이 없다]는 Well의 논지는 논란이 되고 있으며 결코 널리 받아들여지지 않고 있다"(67); Van Voorst(2000): "오늘날의 신약성서학자들은 대체로 그들의[즉, 예수를 신화로 여기는 이들의] 주장이 너무 약하거나 기괴하다고 보기 때문에 그런 주장들을 각주로 처리하거나 종종 완전히 무시한다"(16); Burridge and Gould(2004): "예수가 교회의 상상력이 만들어낸 인물이며 그런 인물은 결코 존재하지 않았다고 주장하는 학자들이 있다. 나는 그 어떤 존경받는 중요한 학자도 더 이상 그렇게 말하지 않는다고 말할 수밖에 없다"(34); Allison("Explaining," 2005): "그 어떤 존경받는 학자도 그런 주장에서 그 어떤 진실도 발견하지 못한다"(121); Maier(2005): "모든 증거가 너무나 압도적이고 너무나 절대적이기 때문에 오직 지적 수준이 가장 천박한 사람들만이 감히 예수의 존재를 부인할 것이다"(1단락); Scott 편(*Finding*, 2008)에 실린 R. J. Miller: "(납득되기를 거부하는 일부 과도한 역사적 회의주의자들이 있기는 하지만) 예수가 실제로 존재했다고 확신할 수 있다"(10); Vermes(2008): "나는 예수가 실제 역사적 인물이었다는 사실을 받아들이고 있다는 점을 분명히 밝히고자 한다. 내가 생각하기에 그의 존재에 대한 부인—그런 주장은 소수의 합리주의적 '독단주의자' 그룹 안에서 여전히 큰소리로 유지되고 있다—으로 인해 제기되는 어려움은 그의 존재를 인정하는 것으로 인해 제기되는 어려움보다 훨씬 더 크다"(ix); Evans and Wright(2009)에 실린 C. A. Evans: "종교가 있든 없든 그 어떤 진지한 역사가도 나사렛 예수가 실제로 1세기에 살았으며 유대와 사마리아의 총독 본디오 빌라도의 권위하에서 처형되었다는 사실을 의심하지 않는다"(3).

126 이 책을 쓰고 있는 현재 이란의 Mahmoud Ahmadinejad 대통령은 공개적으로 유대인 대학살을 부인해왔다. 이집트 정부의 공식 기관지 Al-Massa는 가스실은 의복 소독용이었고 유대인 대학살은 일어나지 않았다고 주장하면서 이란 대통령의 진술을 옹호했다("Official Egyptian paper Denies Holocaust," World Net Daily, 〈www.wnd.com/news/article.asp?ARTICLE_ID=47989〉[2006년 8월 13일 접속]). 많은 이들이 합리적인 사회일 것이라고 기대하는 곳에서조차, 18세 이상의 1천 명의 영국인 무슬림 대상 여론 조사에서 25%가 유대인 대학살에 대해 전혀 들어보지 못했거나 그런 일이 일어났다는 것을 부인하고 있음이 밝혀졌다. 추가로 6%는 모른다고 응답했다. 만약 이 표본이 2006년의 영국의 무슬림을 정확히 반영하고 있다면 영국의 모든 성인 무슬림들의 거의 1/3이 유대인 대학살의 역사성을 인정하지 않는 셈이다("Attitudes to Living in Britain—A Survey of Muslim Opinion," Growth for Knowledge, 〈www.imaginate.uk.com/MCC01_SURVEY/

공유되고 지식이 없어서 합의가 이루어질 수도 있다. 종종 학자들의 합의가 그들의 결론의 객관성이나 진실성을 확립해주지 않는다는 점을 상기할 필요가 있다. 과거에 공동체들이 간직하고 있던 수많은 믿음들이 이후에 옳지 않음이 증명되었다.[127] 나는 다음과 같은 크로산의 말이 현명하다고 생각한다. "나는 때로는 학자들이 다수파의 편을 들고 있다고 생각한다."[128]

일부 비주류 진영의 예외를 제외하고 관련된 모든 진영의 학자들로 구성된 학계의 합의된 의견이라면 객관성을 인정할 수 있는 귀중한 근거가 된다.[129] 터커는 유대인 대학살에 대한 역사가들 사이의 합의를 인용한다. "유대인과 이방인, 독일인과 영국인, 우파와 좌파 역사가들 모두 유대인 대학살이 있었다는 데 동의한다."[130] 아마도 그 어떤 다른 역사가 그

Site%20Download.pdf>(28)를 보라. 2006년 8월 12일 접속). 그 보고서는 또한 오사마 빈 라덴이 자신의 그룹이 9/11 테러 사건을 일으켰다고 고백했음에도, 영국의 무슬림 중 45%가 그 사건이 실제로는 무슬림을 부정적으로 보이게 만들기 위한 음모의 일환으로 미국과 이스라엘 정부에 의해 수행되었다고 여기고 있으며 영국의 무슬림 중 35%는 누가 그 테러에 대해 책임이 있는지 확신하지 못한다는 것을 보여주었다. 이는 영국의 무슬림 중 80%가 무슬림이 9/11에 수천 명의 사람들이 죽는 결과를 낳았던 대재앙에 대해 책임이 있다는 주장을 부정하거나 의심하고 있음을 의미한다. 유대인 대학살을 부정하는 대부분의 사람들은 학자가 아니지만, 적어도 한 사람은 학자다. Arthur R. Butz, "Iran Has the U.S.'s Number," The Daily Northwestern, <www.dailynorthwestern.com/2.13922/iran-has-the-u-s-s-number-1.1980998>(2006년 8월 13일 접속).

127 Tucker(2004), 24-25. R. Evans(1999): "이런 점에서 객관성을 학문 공동체의 존재에 의존하게 하는 것은 매우 위험하다. 결국 1920년에 독일에도 학문 공동체가 있었는데, 그 공동체는 히틀러의 제3제국하에서도 구성원과 이데올로기 측면에서 거의 아무 변화 없이 존속했었다"(99).

128 Copan 편(1998), 46에 실린 Crossan. 실제로 Burridge의 1992년 저서 *What Are the Gospels?*가 이런 일을 했다. 이 책은 복음서를 하나의 독특한 장르로 여기던 데서 그리스-로마의 전기의 하위 집합으로 이해해야 한다는 방향으로 합의를 바꾸는 데 큰 역할을 담당했다.

129 Tucker(2004), 257. 20, 23, 30과 비교하라. R. Evans(1999)는 "개인들뿐 아니라 학자 공동체까지도 초월하는 폭넓은 합의라는 척도를" 구한다(110).

130 Tucker(2004), 39.

룹도 성서학계보다 이질성이 크지는 않을 것이다.[131] 예수 세미나는 그 세미나 회원들 다수에 의해 승인된 예수의 말과 행동에 역사성을 부여한다. 그러나 그 세미나의 회원 수는 아주 적고 거의 배타적으로 신학적 좌파에 속한 학자들로 이루어져 있다.[132] 따라서 이 그룹으로부터 나오는 합의 의견은 기껏해야 좌파 신학자들이 진짜라고 여기는 것이 무엇인지 알려 줄 뿐이며, 복음주의 신학회(Evangelical Theological Society)의 연례 회의에서 나오는 유사한 투표 결과보다 이질성이 덜하다. 세계성서학회(Society of Biblical Literature)는 더 이질적인 그룹이다. 성서학회의 정례 회의에는 다양한 신학적·철학적 성향을 지닌 회원들이 참여한다. 그들 중에는 세계 전역의 여러 나라와 인종 출신의 자유주의자·보수주의자·그리스도인·무슬림·힌두교인·불교신자·불가지론자 그리고 무신론자 등이 있다. 어떤 합의된 의견이 역사가들에게 가치가 있으려면, 그 의견이 바로 그런 그룹으로부터 나왔어야 한다. 그러나 이런 그룹에서 나오는 합의마저 어느 주제에 관해 의견을 개진하는 그 그룹 회원들 모두 그 특정 주제를 개인적으로 연구해 왔을 때에만 가치가 있다. 예컨대 최근의 고고학적 발굴과 관련된 어떤 문제에 관해 그 회원들 중 그 발굴과 해당 분야의 전문 지

131 Tucker(2004), 54.

132 L. T. Johnson(1996)은 예수 세미나가 "약 2백 명의 학자들을" 회원으로 두고 있다는 주장에 이의를 제기한다. 6,900명의 세계성서학회(Society of Biblical Literature, SBL) 회원 중 신약학자가 최소 절반이라는 점과 거기에다 SBL의 회원이 되지 않기로 결정한 다른 수천 명의 신약학자들이 있다는 점을 고려한다면, 200명이라는 예수 세미나의 회원 숫자는 극소수에 불과하다. 더욱이 그들이 주장하는 2백 명의 숫자 역시 "다소 오도하는 것"일 수 있는데, 왜냐하면 그들 중 정기적으로 만나서 논문을 읽고 예수의 말과 행동에 대해 투표하는 회원들의 실제 숫자는 "40명에 가깝기" 때문이다(2). *The Five Gospels*에서조차 단지 74명의 회원들만 투표했다고 주장한다. "그 정도의 숫자가 '학자' 또는 '학계'를 대표한다는 주장은 터무니없다"(2-3). Johnson의 진술은 다소 오래 되기는 했지만 여전히 정확해 보인다. 2008년 6월 4일 현재, Westar Institute의 웹 사이트가 제공하는 회원 명단에는 단지 145명의 학자들이 올라와 있을 뿐인데, 거기에는 은퇴했거나 지금은 고인이 된 8명까지 포함되어 있다.

식에 대해 알고 있는 사람이 5% 미만이라면, SBL 소속 회원들 모두가 합의한 의견이라도 별 가치가 없다.[133] 마찬가지로 예수의 역사성에 관해 진지하게 연구를 수행해본 적이 없이 그 문제에 대해 의견을 개진하는 학자들에게 가치를 부여하지 않아야 한다.

종교 문제가 아닌 역사 연구에서도 대체로 합의를 이루기 어렵다. 길더허스는 이렇게 말한다.

> 거의 모든 역사적 주제에 관한 문헌들은 지속적인 논쟁 형태를 띤다.…그 주제의 성격상 역사는 학자들을 분열시키고 대립시킨다.…우리는 더 이상 공통적으로 합의된 과거를 갖고 있지 않다. 사실은 그와 반대로 엘리트와 비엘리트, 남자와 여자, 백인과 유색인을 각각 강조하는 다양한 해석들이 주목받기 위해 서로 경쟁하고 있으며, 그 모든 차이들을 조정할 좋은 방법은 없다. 비록 그런 차이들과 불일치들이 자신의 이야기에서 질서정연함을 귀하게 여기는 역사가들에게 끔찍한 곤경을 만들어내기는 하지만, 그런 상황은 또한 세상의 혼란과 그 안에서 살아가는 다양한 사람들의 경험을 적절히 표현하기도 한다.[134]

크리스 로렌츠는 이렇게 주장한다. 올바른 역사철학은 "역사가들이 사실에 대한 연구에 기초해서 과거의 실재를 재구성하고 그런 재구성의 적절성에 대해 논의한다는 사실을 밝혀야 한다. 또한 그와 동시에 이런 논의들이 어떤 합의에 이르는 경우가 거의 없으며, 따라서 다원주의가 역

---

133 McCullagh(*The Truth of History*, 1998)는 이렇게 쓴다. "만약 그 주제에 대한 역사가의 지식이 전혀 포괄적이지 않고 단편적이라면, 그 역사가는 그 주제에 대한 어느 특정 내러티브의 설명이 그 주제를 공정하게 표현하고 있는지 여부에 대해 말할 위치에 있지 않다"(61).

134 Gilderhus(2007), 86, 113.

사학의 기본적인 특성이라는 사실도 밝혀야 한다."[135]

예수 부활의 역사성과 관련해 어떤 합의가 존재할 가능성은 거의 없다. 종종 부활 가설을 지지하는 증거로 사용되는 다수의 "사실들"과 관련된 강력한 합의는 존재하지만, 부활 가설이 실제로 일어난 일을 정확히 묘사한다는 결론에 관한 합의는 결코 나타나지 않을 것이다. 역사가들 중 무슬림과 무신론자들이 부활 가설이 최고의 설명이라고 고백하거나 또는 기독교 역사가들이 부활 가설이 최고의 설명이 아니라고 고백할 가능성이 얼마나 되겠는가?[136] 그러나 예수는 죽음에서 부활했거나 부활하지 않았다. 그리고 이 중 어느 한 쪽 입장을 취하는 역사가들은 다른 입장을 취하는 역사가들보다 옳다. 역사 지식의 불확실성 때문에 많은 역사기술들은 관련된 학자들의 합의를 통한 승인을 결코 얻지 못할 것이다. 그렇다고 해서 역사가들이 자신의 가설이 아마도 참될 것이라고 진술하지 못해서는 안 된다. 메이어는 이렇게 쓴다. "우리가 취약하다고 느끼는 이유는 모두가 받아들일 만한 강력한 증거를 쉽게 입수할 수 없기 때문이다. 그러나 이런 정직한 성찰은 사실과 지평 문제를 간과하고 있다. 우리는 해석학적 문제들이 모두가 이해하고 동의한다는 의미에서 해결되리라 기대해서는 안 된다. 잘못이라고 입증된 이론을 고집하는 사람들만이 어찌할

---

135 Lorenz(1994), 326. Gilderhus(2007), 85-86, 93, 113도 보라. 그러므로 나는 Craffert(1989)가 "동료 역사가들의 존경을 얻을 수 있기 전에는 아무도 '역사적'이라는 꼬리표를 사용할 권리가 없다"(341-43)고 주장한 것은 잘못이라고 생각한다.

136 그러므로 O'Collins(*Easter Faith*, 2003)가 다음과 같이 쓴 것은 잘못이었다. "만약 그(역사적) 증거가 부활 신앙을 확립하거나 결정적으로 확인하기에 충분하다면, 그런 믿음은 증거를 평가하고 그로부터 분명한 결론을 이끌어내고자 하는 모든 이들을 완전하게 납득시켜야 할 것이다. 그러나 이것은 판넨베르크의 입장으로…그리고 그에 대한 명백한 반박으로 돌아가는 셈일 것이다. 만약 판넨베르크가 옳다면, 그 증거를 자장 잘 평가할 수 있는 사람들(즉, 역사가들)은 예수가 죽음에서 부활했다는 결론에 가장 먼저 동의할 것이다"(49-50).

바를 모른다."[137]

1.2.5. 역사 지식의 불확실성

지금까지 우리는 역사가들이 절대적 확실성을 주장하지 못하도록 막는 여러 장애물들에 대해 살펴보았다. 이러한 장애물에는 선택적 기억과 불완전한 기억, 특정 역사가에게 중요하다고 생각되는 내용 선택하기·해석·장르의 모호성·신뢰하기 어려운 목격자 보고·낯선 문화에서 살아남은 파편화된 데이터 그리고 우리의 자료들과 그 자료들을 분석하는 역사가들 양쪽 모두의 편견과 지평 등이 포함된다. 더욱이 역사와 과학은 많은 경우 하나의 가설이 새로운 데이터에 의해 부인된다는 특성을 공유하고 있다. 타이타닉호의 침몰이 좋은 예다. 많은 목격자들이 그 배가 가라앉기 직전에 둘로 쪼개졌다고 주장했지만, 그 배가 온전한 상태로 가라앉았다고 주장하는 목격자들도 있었다. 그 해난 직후에 수행된 미국과 영국 양쪽 정부의 조사는 그 배가 온전한 상태로 가라앉았다는 결론을 내렸다.[138] 그러나 1985년에 타이타닉호가 발견되고 조사가 이루어졌을 때 조사팀은 그 배가 사실상 쪼개져 있었고 그 일은 침몰하기 전에 일어났다

137 Meyer(1994), 133-34.

138 미국의 보고에 대해서는, "Titanic' Disaster: Report of the Committee on Commerce, United States Senate(Ship Sinking)"를 보라: "그 배가 둘로 쪼개졌는지에 대해서는 여러 진술들이 상충했다. 그러나 배가 손상되지 않은 상태로 똑바로 가라앉았다는 증거가 우세하다"("United States Senate Inquiry Reports," Titanic Inquiry Project, 〈www.titanicinquiry.com/USInq/USReport/AmInqRep07.php〉[2008년 6월 4일 접속]). 영국의 보고에 대해서는, "Wreck Commissioners' Court. Proceedings on a Formal Investigation Ordered by the Board of Trade into the Loss of the S. S. 'Titanic'(Final Effect of the Damage)"을 보라: "침몰의 마지막 단계는 그 상황에서 자연스런 혼란으로 인해 정확하게 진술될 수 없다.…(14078) 그 배는 둘로 쪼개지지 않았다"(Titanic Inquiry Report, 〈www.titanicinquiry..com/BOTInq/BOTReport/BOTRepFinEff.php〉[2008년 6월 4일 접속]).

고 결론을 내렸다.

역사가들은 지식의 불확실성이라는 이런 도전에 어떻게 대처하는가? 대부분은 역사 탐구를 단념하지 않는다. 그러나 그들은 아래의 인용문들이 예시하듯이 모든 결론은 잠정적이어야 한다고 주장한다.

> 어떤 역사가도 자기들이 쓰고 있는 것의 **절대적** 진실성을 믿지 않는다. 그들은 다만 자신이 일반적인 증거 규칙을 따라 최선을 다해 확립한 **개연성 있는** 진실성을 믿을 뿐이다.[139]

> 역사가가 자기의 증거에 대해 생각해낼 수 있는 최상의 설명이 늘 옳은 것은 아니다. 그들이 생각하지 못했던 더 나은 설명이 있을 수 있고, 그들에게 관심거리가 되는 역사적 사건들에 다른 양상을 부여할 더 많은 증거가 있을 수도 있다. 그러나 만약 어떤 설명의 가설을 지지하는 증거가 강력하고 그 가설과 거의 같은 정도로 지지받는 다른 가설이 존재하지 않는다면, 적어도 당분간은 그럴 개연성이 있다고 믿는 것이 합리적이다.[140]

> 학자들은 "이것이 과거의 모습이다"라고 말하지 않고 "자료에 근거하면 그랬을 수 있다"라고 말한다.…학자들은 절대로 "바로 그것이다"라고 말하지

---

139 R. Evans(1999), 189. L. T. Johnson(1996)도 보라: "그러나 가장 중요한 점은 진지한 역사가는 역사 지식이 단지 다양한 수준의 개연성을 다룰 뿐 확실성을 다루지 않는다는 것을 알고 또한 그 점을 인정한다는 것이다.…재능 있는 진지한 역사가는 매우 겸손하다는 특징이 있다. 무엇보다도 그들은 자기들의 설명이 얼마나 허약한지, 얼마나 쉽게 수정될 수 있는지, 그리고 개연성의 단계에서 확실성의 단계로 높여질 때 얼마나 쉽게 왜곡될 수 있는지를 알고 있다"(85; 123과 비교하라); Gilderhus(2007), 4.

140 McCullagh(2005), 453; McCullagh(*The Truth of History*, 1998), 23, 307과 비교하라.

않고, 단지 "현재의 연구 단계에서는 이렇게 보인다"라고 말한다.…학자들은 "그것이 우리의 결과다"라고 말하지 않고, "이것이 특정한 방법에 기초한 우리의 결과다"라고 말한다.[141]

그러므로 역사가들이 과거에 "x가 일어났다"고 말할 때 사실상 그들

---

141 Theissen and Merz(1996), vii-viii. Anchor(2001)도 보라: 이것은 구시대의 현대주의자/순진한 사실주의자의 "절대적 확실성" 개념 문제가 아니다. 오늘날 우리는 "**나은** 버전과 **못한** 버전"을 구별하고 있다(109); Dunn(2003): "어떤 판단이라도 잠정적이어야 한다"(103); Ehrman(*The New Testament*, 2008): "역사가는 그것이 무엇이든 사실을 뒷받침하는 증거에 기초해서 발생했을 법한 일을 확정할 수 있을 뿐이다"(243); Funk, Hoover and the Jesus Seminar(1997), 6; Gilderhus(2007): "역사가들은 과거의 유물을 사용해서 역사를 재구성하는데, 그 과정에서 그들은 확실하다고 말하지 않고 개연성이 있다고 말하며, 그리고 늘 어떤 관점의 한계에 종속된다"(86-87); Haskell(2004)은 역사기술이 늘 잠정적이며 개정 대상이라는 것이 역사가들 사이에서 이루어진 합의라고 말한다(347); McCullagh("What Do Historians Argue About?" 2004), 26; McCullagh(*The Logic of History*, 2004): "역사가들은 자기들의 서술의 절대적 진실성을 입증할 수 없다"(43); McKnight(2005): "모든 결론은 근사치이고, 개연성이며, 조건적인(contingent) 것으로 인식되어야 한다"(21); Scott 편(*Finding*, 2008)에 실린 R. J. Mille: "역사에 절대적 확실성은 없다"(9); O'Collins(1998), "역사 연구는 최고의 학자들이 확고하게 개연성이 높은 주장을 하고 그들이 믿기에 현재 입수할 수 있는 증거를 보다 공정하게 다룬다고 믿는 확고한 결론에 도달하는 예들로 가득 차 있다. 비록 그들이 완전한 확실성—이것은, Carnley의 말에 의하면 '더 이상의 평가'가 필요하지 않다는 것, 그리고 그들이 '자신의 결론을 부정할 만한 다른 증거가 나타날 가능성[까지도!]을 배제할 수 있다'는 것을 의미한다—에 도달한 척 할 수는 없지만, 그들은 손을 떼기를 거부하고 계속해서 '책임 있게' 자기들이 관심을 두고 있는 문제가 '결말이 나지 않은 상태'에 있다고 선언한다"(171-72); Schinkel(2004), 51, 56; Theissen and Winter(2002): "우리의 모든 지식은 가설적이다. 심지어 우리가 달성할 수 있는 가장 큰 확실성조차 그러하다. 모든 것이 그렇지 않았을 수도 있었다는 제약 하에 있다"(256; 227, 258과 비교하라); Tucker(2001): 역사기술의 핵심 이론들은 가능한 해석의 범위를 제한하지만 역사적 결론들은 잠정적이거나 결정적이지 않은 것으로 간주되어야 한다. 그렇다고 해서 급진적인 포스트모더니즘으로 귀결되지는 않는다. "비록 역사가들이 동의할 수 없을지라도 사안에 관한 사실은 존재한다"(54); Waterman(2006): "'그랬을 수 있다'[could be]고는 말할 수 있지만 '그랬다'[was]라고는 말할 수 없다"(8); Borg and Wright(1998)에서 Wright는 역사 연구는 "언제나 잠정적이다"라고 말한다(26); Zammito(2005): "견고한 실증주의(historicism)는 선험적 보장을 요구하지 않는다. 그것은 불확실성과 불확정성을 용인할 수 있다"(179).

은 다음과 같이 주장하는 셈이다. **구할 수 있는 데이터에 비추어볼 때, 최상의 설명은 x가 일어났고 그것은 현재로서는 다른 경합하는 가설들보다 확실해 보인다고 합리적인 수준으로 확신할 수 있음을 암시한다. 그러므로 그렇다고 믿을 수 있는 합리적인 근거가 있다. 그러나 미래에 실제 일이 지금 가정되는 것과 다르게 일어났음을 보여주는 새로운 데이터가 나타날 수도 있기 때문에 우리의 결론은 바뀌거나 포기될 수 있다.**[142] 그러므로 선호되는 가설들은 언젠가 자기들이 정규직이 될 수 있을지 여부를 지켜보며 기다리고 있는 임시직 근로자들과 같다.

따라서 특히 고대에 관심이 있는 역사가들이 어떤 사건이 발생했다고 절대적으로 확신하는 것은 인식론적으로 결코 정당화되지 않는다. 모든 역사적 추론의 전제들은 틀릴 수 있다. 데이터가 모호할 때, 예컨대 텍스트 증거 판독이 불확실할 경우에 특히 그렇다. 역사적 추론에서 어느 문화에 관해 일반화하는 것이 옳은지는 입증되지 않는다. 역사적 추론은 대개 연역적이기보다는 귀납적이다.[143] 입수할 수 있는 증거는 파편적이며 오도할 수 있다.[144] 만약 보다 많은 데이터가 보존되었더라면, 아마도 다른 결론이 도출되었을 것이다.

그럼에도 **절대적** 확실성을 얻지 못한다고 해서 역사가들이 **적절한** 확실성도 얻지 못하는 것은 아니다. 신중하게 검토해서 얻어진 추론은 대체로 신뢰할 만하다. 그리고 역사가의 지평이 성숙해 있고 그 역사가가 자신의 지평의 부정적 영향을 최소화하기 위해 세심하고 진지한 노력을

---

142 Wedderburn(1999): "만약 그들[역사가]이 무언가가 확실하게 참이라고 주장한다면, 그들이 실제로 의미하는 것은 무언가가 '모든 합리적인 의심을 넘어설 정도로' 확립되었음을 의미한다. 즉 개연성 정도가 아주 높아서 그런 주장이 잘못일 가능성이 거의 없다는 뜻이다"(4).

143 McCullagh(1984), 4.

144 Waterman(2006), 53-54. Wedderburn(1999), 11도 보라.

기울여 왔고 적절한 방법론을 따랐을 경우, 그런 추론이 실제로 일어난 일을 올바르게 묘사한다고 믿어도 합리적이다.[145] 오직 소수의 가장 급진적인 포스트모던 역사가들만 다음과 같은 제럴드 오콜린스의 말에 동의하지 않는다.

> 수학적 계산은 기원전 4세기에 알렉산드로스 대왕이 살았고 활동했음을 보여주지 못한다. 그러나 수렴된 역사적 증거들로 볼 때 그가 살았고 중동의 정치적·문화적 상황을 변화시켰음을 부정하는 것은 어리석은 짓이다. 필름을 뒤로 돌려 기원전 44년에 발생한 율리우스 카이사르의 암살과 그로부터 거의 백 년 후에 일어난 예수의 십자가형을 문자적으로 재구성하는 방식으로 과거와 다시 접촉할 수는 없다. 그런 역사적 사건들이 우리가 실험실에서 과학적 실험을 끊임없이 되풀이 할 수 있는 것과 같은 방식으로 재연될 수는 없다. 그러나 정신이 나간 비주류만 그 두 건의 폭력적인 죽음을 의심할 것이다.[146]

삶에서 그 어느 것도 절대적으로 확실한 것은 없다는 점을 기억해야 한다. 우리는 안전하게 목적지에 도착하리라 확신하고 비행기를 타고 대서양을 건넌다. 아주 드물게는 비행기가 고장 나거나 테러분자들에게 납치되어 통상적인 항로가 바뀌기도 한다. 그러나 그렇다고 해서 대서양 횡단 비행의 안전성에 대해 우리가 일반적이고 지속적으로 확신하지 못하게 되지는 않는다. "쇠고기를 먹거나, 길을 건너거나, 배우자에게 헌신하는 것과 같은 일들을 포함해서 실생활에서 확실한 것은 거의 없거나 전혀

---

145 McCullagh(1984), ix, 4; McCullagh(*The Truth of History*, 1998), 44.
146 O'Collins(*Easter Faith*, 2003), 34.

없다."[147] 과학자들조차 설령 자기들의 이론이 참될 개연성이 높을지라도 향후 새로운 데이터가 출현해서 버려질 수도 있다는 점을 인정한다. 그러나 자기들의 이론이 비록 잠정적인 것으로 간주되어야 할지라도 현실의 상태를 묘사할 개연성이 높다고 주장하지 못하는 것은 아니다.

1.2.6. 포스트모던주의 역사

지금까지 나는 마치 역사 연구가 이루어질 수 있는지 여부에 대해 아무런 논란이 없었던 것처럼 역사 연구를 수행하는 방법 또는 "역사를 연구하는" 방법에 대해 논의해왔다. 포스트모더니즘의 언어적 전환(linguistic turn)과 역사학이라는 학문분야에 이 개념을 적용하면 이런 문제가 제기된다.[148] **포스트모던 역사가들**은 과연 과거를 알고 묘사할 수 있는가 조차에 대해 다양한 강도로 의문을 제기한다. 이들은 **사실주의 역사가들**과 대

---

147 Dunn(2003), 105. Allison("Explaining," 2005): "우리는 자신의 능력에 대해 겸손해야 한다. 우리의 역사비평 결론에서 견고한 확신은 불가능하다"(133). Gorman(2000)도 보라: "지식이 어떤 논리적 의문 가능성도 전혀 없을 것을 요구한다면 지식 자체가 불가능하다. 그럼에도 논리적으로 의심할 수 있는 모든 것을 의심하라는 회의주의자[즉, 포스트모던주의자]의 충고는 취할 필요가 없는 충고다"(256).

148 **현대 이전**(premodern) 시대에는, 과거에 무슨 일이 일어났는지 알고자 할 경우 권위, 즉 교회의 권위에 의지했다. 이성과 계몽의 시대였던 17세기와 18세기는 모든 형태의 권위에 의문을 제기하고 이를 무시했다. **현대성**(modernity)이 서구 문화에서 주된 패러다임이 되었는데, 현대성은 지식을 얻기 위해 논리적이고 과학적으로 통제되는 방법을 사용한다는 특징이 있다. 현대성은 또한 자본주의의 발흥, 과학과 기술 분야에서의 정보의 폭발, 그리고 광범위한 읽고 쓰는 능력이라는 특징도 있다. 현대성은 충분한 시간이 주어진다면 과학자들과 학자들이 우주의 작동과 삶 자체에 관한 모든 것을 알 수 있고 또한 심리학을 통해 사람들이 왜 상상할 수 있는 모든 상황에서 그들이 행동하는 방식으로 반응하는지를 정확하게 알 수 있을 것이라고 주장한다. 비록 시기가 논란이 되고는 있지만, 현대성은 대개 1910년부터 현재까지의 기간에 해당한다고 말해질 수 있다. 그러나 어떤 이들은 그것이 1870년에 시작되어 1960년대에 **포스트모더니티**(postmodernity)가 도래함으로써 끝났다고 주장하기도 한다.

조된다. 그들은 실재는 그에 대한 우리의 지식과 별도로 존재하며 우리의 과학 진술과 이론들은 그 독립적인 실재와 관련이 있다고 주장한다.[149] 나는 헤이든 화이트, 프랭크 앵커스미트, 그리고 키이스 젠킨스[150] 등 세 명의 주목할 만한 포스트모던 역사가들의 논리와 결론을 간략하게 살필 것이다.

헤이든 화이트는 포스트모던 역사가들의 아버지로 간주된다.[151] 그는 과거가 어느 정도 알려질 수 있다는 점을 부정하지 않는다. 역사가들의 연대기 순서에서 어떤 사건이나 사건들 각각에 대한 묘사는 정확할 수도 있다.[152] 역사가들은 어느 "시대"나 "냉전", "유대인 대학살", "인종차별정책" 같은 구성개념들에 대해 말할 때에는 내러티브를 만들어내야 한다. 그런 내러티브들은 그 사건들이 서로 어느 정도로 연결되어 있는지 설명하고 그 사건들의 의미나 그에 대한 해석을 제공할 것이다.[153] 이런 내러티브는 사건들을 이해하는 틀(frame)을 세워온 역사가의 구성개념이다.[154] 틀이 다르면 의미와 해석을 다르게 배열할 수 있는데, 그런 배열

---

149 포스트모던주의자들은 또한 상대주의자, 회의주의자, 관념론자, 반사실주의자, 반토대주의자, 새로운 역사주의자, 그리고 포스트구조주의자로 불린다. 모더니즘 역사가들은 또한 사실주의자, 순진한 사실주의자, 객관주의자, 구상주의자(representationalist), 그리고 토대주의자 등으로 불린다. 이 책에서 나는 역사가들을 **포스트모던**(postmodern) 역사가와 **사실주의**(realist) 역사가로 구분해 부를 것이다.

150 세 명의 역사가들이 온건한 형태의 포스트모더니즘 역사기술을 대표하는 책을 한 권 썼다. Appleby, Hunt and Jacob(1994)을 보라.

151 Zammito(1998), 333. McKnight(2005)는 화이트를 "미국의 대표적인 포스트모던주의자"라고 부른다(6).

152 포스트모던주의자인 Crowell(1998)은 이에 대해 동의한다(229). 급진적인 포스트모더니즘에 대해 응답하면서 Rex Martin(2005)은 인공물—그것이 질그릇 조각이든, 비문이든, 또는 텍스트이든—은 과거로부터 살아남은 잔재물이라고 말한다. 만약 과거가 존재하지 않았다면, 그런 인공물이 존재하지 않았을 것이다(140-41).

153 Appleby, Hunt and Jacob(1994)은 "영혼은 의미를 갈구하지만 인간의 지성은 정확성을 요구한다"고 말한다(262).

154 H. V. White(1987)(5): "그러나 일반적으로 동의하는 바에 따르면 역사적 설명이

들이 종종 상충할 수도 있기 때문에 역사가들은 그들이 만들어내기는 했으나 결코 입증될 수 없는 이야기들을 말할 뿐이다. 과거에는 아무 틀도 없기 때문에 이런 내러티브들이 옳거나 그르다고 말할 수 없다.[155] 그러므로 사실과 허구 사이를 식별할 수 있는 뚜렷한 선은 없으며 역사가가 과거를 있는 그대로 재구성할 수 있는 방법이 없기 때문에 어떤 의미에서 역사는 죽음에 이르렀다. 비록 과거의 사건들의 완전한 연대기를 갖고 있을지라도 내러티브와 별도로 존재하는 역사는 없다. 역사 재구성의 본질은 겉보기보다 훨씬 더 복잡하다.

화이트는 이렇게 주장한다. "어떤 역사적 사건도 **본질적으로 비극적이지** 않다.…역사에서는 한 관점에서 볼 때는 비극이 다른 관점에서 보면 희극이기 때문이다.…중요한 것은 대부분의 역사적 사건들이 아주 다양한 방식으로 줄거리 안에 들어와서 그 사건들에 대한 다양한 해석을 제

단순히 가상의 사건들이 아닌 실제 사건들을 다루는 것만으로는 충분하지 않다. 또한 그 설명이 담론의 순서 측면에서 사건들을 애초에 발생했던 시간 순서대로 표현하는 것만으로는 충분하지 않다. 사건들은 원래의 발생 순서대로 기록만 되어서는 안 되고 서술되어야 한다. 즉 사건들은 단순히 순서대로 배열될 때는 지니지 못하는 어떤 구조, 즉 의미의 질서를 갖고 있는 것으로 드러내져야 한다." Theissen and Winter(2002)는 이렇게 지적한다. "사건들을 그 맥락 속에 끼워 넣고 그 사건들의 영향의 역사에 기초해서 자료들을 설명하는 것이 모든 역사기술 과업의 일부다."(226). Topoloski(1999)는 역사기술에서 미학과 논증을 통해 얻은 영감도 동일하게 중요하다고 주장한다(199-200). Zammito(1998)는 역사가들은 특별한 진술보다는 냉전이나 르네상스 같은 과거의 구체적인 측면들(또는 총괄 개념들)에 더 관심이 있다고 주장한다(339).

155 이런 주장은 자기들의 설명이 다른 설명들보다 "더 옳다"고 믿는 대부분의 역사가들과 대조된다(Haskell[2004], 347). Lorenz(1998)도 보라: "내러티브(또는 과학 이론)의 경우에 진리 개념의 복잡성이 진리에 맞서는 논거로 사용되어서는 안 된다. 왜냐하면 역사 내러티브가 실제 과거를 가리키며 따라서 과거에 대한 지식을 표현한다고 가정하는 한, 역사 내러티브들은 역사철학에 의해 밝혀져야 하고 무효화되어서는 안 되는 진리 주장을 이루기 때문이다.…그러므로 만약 역사가 그것의 내러티브적 형태**로만** 특징지어진다면, 그 모터를 움직이는 연료를 무시하는 셈이다. 역사가들은 자기들이 단순히 어떤 이야기가 아니라 **참된** 이야기를 전한다고 주장한다. 그리고 이런 진리 주장이야말로 역사기술의 두드러진 특징이다"(326-27).

공하고 또한 그것들에 다른 의미들을 부여할 수 있다는 것이다."[156] 화이트의 주장을 지지하는 하나의 예로 9/11 테러 사건에 대한 양극단의 반응을 지적할 수 있다. 서구인들은 3천 명 이상의 시민들의 비극적인 죽음에 대해 슬퍼한 반면, 아랍과 페르시아 지역 국가들의 많은 무슬림은 그 사건에 대해 열광했고 마치 월드컵 축구 경기에서 자국 팀이 결승골을 넣은 듯 기뻐했다. 역사가들이 사건들을 어떤 맥락 안에 위치시키고 그에 대한 해석을 제공할 때 내러티브가 나타난다. 예컨대 역사가들은 2001년 9월 11일에 한 무리의 무슬림 남성들이 4대의 비행기를 탈취해서, 그중 3대가 건물들로 날아들어 그 건물들에 큰 피해를 입히고 그 안에 있던 사람들의 생명을 빼앗아간 반면, 네 번째 비행기의 일부 승객들이 싸워서 비행기의 통제권을 되찾았지만 결국 그 비행기는 펜실베이니아주에 추락하고 말았다고 보고할 수도 있다. 역사가들은 이런 사건들을 순서대로 보고할 수도 있을 것이다. 그러나 내러티브는 그 사실을 보다 큰 맥락 안에서 보여준다. 서구의 맥락에서 글을 쓰는 역사가는 다음과 같이 쓸 수 있을 것이다. "2001년 9월 11일, 한 무리의 무슬림 테러리스트들이 4대의 비행기를 탈취했다. 그중 석 대는 건물들 속으로 날아들었고 다른 한 대는 펜실베이니아주에 추락했다. 그로 인해 3천 명이 넘는 비극적인 죽음이 발생했다. 이 사건들은 1990년 제1차 걸프전을 시작으로 미군이 사우디아라비아에 주둔한 것에 대한 대응으로 테러리스트 그룹인 알카에다에 의해 계획되었다. 그때 이후 미국·영국·프랑스·독일 등이 무슬림 문제를 다루기 위한 해결책을 찾고자 노력하는 동안 무슬림 과격분자들은 자유로운 현대 세계에 대한 테러를 자행해왔다." 특히 "테러리스트", "비극적인 죽음", "무슬림 과격분자" 그리고 "무슬림 문제" 같

156 White(1978), 84-85.

은 용어들은 서구의 틀 안에서 사용하는 해석상의 구성 개념들이다. 그 내러티브는 1990년 걸프전에서 시작하고, 그때를 테러리즘 시대의 시작이라고 간주할 수도 있다. 그러나 수십 년 동안 가까이에서 테러리스트들의 지속적인 공격을 목격해왔던 이스라엘에 거주하는 어느 유대인 역사가는 그 내러티브를 1990년부터 시작하지 않을 것이고, 9/11 사건을 이스라엘의 역사에서 수십 년 전에 보다 일찍 시작되었다가 이제 특정 서구 국가들이 이스라엘과 연합하는 데 대한 징벌로서 특별히 그 나라들에서 시작되고 있는 무슬림의 테러리즘으로 여길 것이다. 무슬림 역사가는 다른 그림을 그려서, 그 사건을 7세기 때부터 계속되어 오고 있는 알라의 적들에 의해 시작된 반이슬람 전쟁에 맞서 거룩한 이들이 성공적으로 대응한 것으로 묘사할 수도 있을 것이다. 이 각각의 경우에 사건들은 서로 다른 준거 틀 안에 배치되고 그 안에서 이해된다.

또 다른 예는 역사적 예수 연구에서 분명하게 나타난다. 스캇 맥나이트는 역사적 예수를 "비판적 조사를 견뎌낸 예수에 관한 실존적 사실들에 대한 내러티브적 표현"이라고 정의한다.[157] 예수에 대한 이런 "내러티브적 표현들"은 앨리슨의 천년왕국적인 예언자부터 샌더스의 종말론적 예언자, 라이트의 종말론적 예언자/메시아, 크로산의 냉소적인 철학자, 마이어의 주변부의 유대인에 이르기까지 아주 다른 초상들을 제공한다. 또한 지금 시중에서는 예수를 넘어서 초기 기독교로까지 확대되는 내러티브적 표현들을 요구하고 있다. 어만의 『잃어버린 기독교』(*Lost Christianities*, 2003), 페이절스의 『신앙을 넘어』(*Beyond Belief*, 2003), 제임스 타보르(James Tabor)의 『예수 왕국』(*The Jesus Dynasty*, 2006)과 같이 성공을 거둔 책들과 댄 브라운의 비학문적인 책인 『다빈치 코드』(*The*

157 McKnight(2005), 29.

Da Vinci Code, 2003, 문학수첩 역간)와 마이클 베이전트의 『예수 논문』(*The Jesus Papers*, 2006) 같은 책들을 고려해보라. 물론 다른 내러티브들보다 훨씬 더 창의적인 내러티브들도 있다. 그러하기에 요즘 서구에서 유행하는 신약성서와 판이한 역사적 예수와 초기 기독교에 대한 관심에 고취된 초상들은 때로는 놀랄만하다. 마르틴 헹엘과 안나 마리아 슈베머는 이런 관행을 그 안에서는 "모든 것이 가능해 보이는"[158] "현대의 신화화 작업"[159]이라고 부른다.

앞에서 언급했듯이, 크로산은 이 "놀라운 다양성"을 "학문적 골칫거리"라고 부른다.[160] 댄 비아는 상상력에 그 어떤 한계도 가하지 않고 내러티브를 만들어내는 자유가 포스트모더니즘을 계속해서 강하게 유지하는 상품을 낳았다고 주장한다.

> 심미적 혁신은 계속해서 보다 새로운 상품들의 새로운 물결을 만들어내라는 광적인 경제적 절박성의 한 측면일 뿐이다.…만약 문화 상품들—학문적 지식을 포함한—의 거의 완벽한 상품화가 현실이라는 사실을 믿지 않는 이들이 있다면, 세계성서학회와 미국종교아카데미 연례 회의에 참석하기만 해도 그런 환상을 깨달을 수 있을 것이다.[161]

나는 비아의 이 말이 정확히 무슨 뜻인지 확신하지 못한다. 그러나 만약 그의 의도가 포스트모던 접근법을 보이는 경향이 있는 존 도미니크 크로산, 일레인 페이절스, 그리고 바트 어만 같은 세계성서학회의 여러 탁월한

---

158 Hengel and Schwemer(1997), 119. Braaten(1999), 149도 보라.
159 Hengel and Schwemer(1997), 147.
160 Crossan(1991), xxviii.
161 Via(2002), 121.

회원들의 출판물의 성공을 지적하는 것이라면 그의 말은 확실히 옳다.

내러티브들은 또한 역사가들이 역사 데이터에 대한 최상의 설명을 택하려 할 때 문제를 야기한다. 헤이든 화이트는 유례없는 사건들은 입증될 수 없다고 주장하지 않는다. 오히려 그는 종종 그런 사건들에 부여할 최상의 해석을 찾아내기가 어렵다고 지적한다.[162] 화이트가 주장하는 요점은 역사가가 그의 내러티브를 쓸 때 만들어내거나 택한 틀이나 구조는 과거에는 구체적으로 존재하지 않았다는 것이다. 그러므로 역사는 허구와 공통점이 많다. "내러티브가 '역사적' 문화와 '비역사적' 문화 모두에 공통적인 담화 방식이고, 신화적 담화와 허구적 담화 모두에서 주로 사용되는 방식이라는 사실로 볼 때 내러티브가 '실제' 사건들에 관해 말하는 방식인지 의심하게 된다."[163] 그것은 확장된 은유다.[164] 화이트는 어떤 내러티브의 허구적인 요소가 우리의 역사기술과 상충하는 역사기술 안에서 나타날 때에는 그 허구적인 요소를 식별하기 쉽다고 주장한다. 그러나 그는 우리가 자신의 묘사에서는 허구적인 요소를 거의 발견하지 못한다고 덧붙인다.[165] 화이트에게는 특별한 묘사와 연대기는 잠정적으로라도 증명

---

162 H. V. White(1978), 97. H. V. White(1978), 88도 보라: "역사를 비행기나 배의 축척 모형이나 지도 또는 사진과 비슷한 모델로 여기는 것은 잘못이다. 왜냐하면 후자의 경우 원형을 살펴보고, 필요한 전환 규칙들을 적용함으로써, 어느 면에서 그 모델이 실제로 원형의 여러 측면들을 재생하는 데 성공했는지 살펴봄으로써 그 모델의 적절성을 점검해 볼 수 있기 때문이다. 그러나 역사의 구조나 과정들은 이런 원형들과는 다르다. 원래의 역사로 돌아가서 역사가가 그의 내러티브를 통해 그 역사를 적절하게 재생했는지 여부를 살펴볼 수 없다. 설사 그렇게 할 수 있다고 할지라도, 그러기를 바라서는 안 된다."

163 H. V. White(1987), 57. 그는 또한 이렇게 말한다. "역사 내러티브는 연대기와는 달리 소문에 의하면 '끝났고', 종결되었고, 마무리되었지만, 아직 해결되지 않았고 무너지지도 않은 세계를 보여준다. 이 세계에서 실재는 의미, 즉 우리가 상상만할 뿐 결코 경험하지 못하는 것의 완전함과 충만함이라는 가면을 쓰고 있다"(21). 다음 문헌들도 보라. H. V. White(1978), 83; Rex Martin(1998), 29-30.

164 Lorenz(1998), 311은 White의 접근법을 설명하기 위해 이 용어를 사용한다.

165 H. V. White(1978), 99.

할 수 있는 가능성이 있지만, 내러티브와 관련된 보다 넓은 묘사는 허구와 크게 다르지 않고 다를 수도 없다.

프랭크 앵커스미트는 또 다른 중요한 포스트모던 역사가들 중 한 명이다. 앵커스미트는 화이트에게 동의하면서 과거에 대한 특별한 묘사는 흔히 입증될 수 있으며[166] 역사가들이 구성한 내러티브에는 은유적 성격이 있다고 주장한다.[167] 마찬가지로 그는 내러티브는 그 자체 외부의 실재를 가리키지 않으며 내러티브에 대해 참되거나 틀리다고 말할 수 없다고 주장한다. 역사 내러티브가 그것이 묘사하는 것에 참되게 대응한다는 생각은 "환상일 뿐이다."[168] 역사 텍스트는 과거의 잔존물이며 과거의 "대체물" 또는 "대표"로서의 역할을 수행한다. 그러나 역사 텍스트가 과거와 일대일로 대응하지 않기 때문에 그것은 실재가 아니다.[169] 따라서 앵커스미트는 이렇게 쓴다. "소설가의 언어와 역사가의 언어 모두 우리에게—그것이 허구적이든 참되든—실재라는 환상을 제공하지 않는가?"[170]

앵커스미트는 그림이라는 유비를 제공하여 역사를 설명한다. 그림은 그것이 표현하는 것과 구별되며 하나의 대체물이다. 사실주의 역사가 존 잠미토는 그림 유비에 동의한다. "초상화의 목적은 그 대상의 특성이

---

166 Ankersmit(1994), 87; Jenkins 편(1997), 295에 실린 Ankersmit, "Historiography and Postmodernism." Crowell(1998)도 보라. 그는 우리가 증명에 의해 어떤 사건들의 실재를 확립할 수 있다고 주장한다. 그러나 "인식의 규범들은 역사가의 이야기의 '타당성'을 확립할 만큼 충분히 멀리 미치지 않는다"(226).

167 Jenkins 편(1997), 294에 실린 Ankersmit; Ankersmit(2001), 12.

168 Barrera(2001), 200쪽을 보라. Barrera는 역사적 진술의 준거, 의미, 그리고 상징적 함의에 관해 말한다. 예컨대, 다음과 같은 진술을 고려해 보라. "독일 국방군은 스탈린그라드에서 패했다." 그 특정 전투의 구체적인 결과가 준거다. 그 진술이 제2차 세계대전의 내러티브 속에 위치해 있다는 것이 그 의미다. 그리고 그 진술의 함의는 그것이 특정가치 체계 및 "국가적, 민족적, 종교적, 문화적, 또는 장르적 공동체들"과 맺고 있는 관계라고 말할 수 있다"(199).

169 Ankersmit(1994), 295-96.

170 Jenkins 편(1997), 284에 실린 Ankersmit.

나 인품에 대한 예리한 통찰을 제공하는 것이다." 그러나 그는 진정한 문제는 무엇이 해석적이고 무엇이 문자적인 것인지에 관한 논쟁이라고 주장한다.[171] 이것은 우리가 정경 복음서들, 특히 요한복음에 접근할 때 제기되어야 하는 난처한 질문이다. 복음서 비평가들은 종종 요한만 보고하는 이야기들에 주목하고, 요한이 그런 내용을 지어냈다고 비난하며 그가 보고하는 내용에 신뢰성이 부족하다는 결론을 내린다. 그러나 누구도 어떤 이의 초상화가 그 사람이 모델로서 자리에 앉아 있는 동안 그 배경에 실제로 놓여 있지는 않았지만 그 사람의 특성이나 인물됨을 전달하기 위해 만들어진 무언가를 그렸다고 해서 그 초상화가 잘못되었다고 비난하지는 않을 것이다. 고안된 연설이나 찬사와 같은 문학 장치들은 고대 전기의 일반적인 특징이다. 그러므로 어떤 경우에는, 복음서들에 나타나는 모순들과 지어낸 내용에 대해 불평하는 이들은 저자가 이를 사진과 같은 정확성을 의도하지 않았음에도 불구하고 그 관점에서 판단하는 잘못을 저지르는 셈이다. 그럼에도 고대 전기의 이런 특징으로 인해 복음서들에 대한 해석학적 고찰이 더욱더 어려워진다.

그러나 앵커스미트는 포스트모던주의자이며, 그의 관심은 특별한 역사적 묘사나 과거 그 자체에 놓여 있지 않다. "포스트모던주의자의 관점에서는 더 이상 과거 자체에 초점이 놓이지 않고, 현재와 과거 사이 그리고 지금 우리가 과거에 관해 말하기 위해 사용하는 언어와 과거 그 자체 사이의 부조화에 초점이 맞춰진다."[172] "그러므로 포스트모던주의자의 목표는 과학과 모더니즘에 놓여 있는 장식적 요소를 치우는 것이다."[173]

---

171 Zammito(2005), 174.

172 Jenkins 편(1997), 294-95에 실린 Ankersmit.

173 Jenkins 편(1997), 283에 실린 Ankersmit. Stanley Fish(1982)는 자신의 학생 중 한 명의 이야기를 전해준다. "내 학생 중 한 명이 최근에 이런 지식을 보여 주었다.

그러나 앵커스미트는 급진적인 포스트모던주의자가 아니다. 그는 포스트모더니즘이 실제로 전통적인 역사보다 성공적이라는 점이 아직 입증되지 않았음을 인정한다.[174]

화이트와 앵커스미트가 뛰어난 포스트모던주의 역사가이기는 하지만, 그 운동의 선도자이자 셋 중 가장 급진적인 사람은 키이스 젠킨스다. 젠킨스는 화이트, 앵커스미트와 마찬가지로 과거는 지금 존재하지 않기 때문에 역사가들이 쓴 역사는 입증될 수 없다고 말한다. 오늘날 역사 내러티브가 "순전히 '사실들'의 축적에 의해 형성된다"고 주장하는 역사가는 별로 없다. 상상력이 요구된다. 그러므로 상충하는 내러티브들의 정확성 판정은 심미적 선호에 의해 동기가 부여된다.[175] 그래서 젠킨스는 "역사의 종말"을 선언한다.[176] 젠킨스의 말은 사실주의 역사는 과거를 정확하게 묘사하는 내러티브로 인식하는데, 그런 입장은 더 이상 유지될 수 없다는 뜻이다. 그는 과거의 일들이 실제로 발생했다는 점을 부인하지 않는다. 대신에 그는 현대 역사가들에 의해 구성된 내러티브들은 비판적으로 분석되고 이런 "종합적인" 내러티브들 안에 위치시킨 잔존물들에 기초를 두고 있다고 주장한다. 그러나 사실에 대한 엄격한 분석만으로는 구성된 내러티브를 만들어내지 못한다.[177] 사실 역사는 토대가 없이 입장이

그녀는 마치 기업 비밀이라도 알려주는 것처럼 자기가 어느 과목에서든 여러 가지 잘 정의된 해석 절차들 중 하나를 실행하는 데 대해 인정받을 수 있다고 털어놓았다. 그녀는 지정된 텍스트를 자연과 문화 사이의 긴장의 예로 볼 수 있었고, 텍스트에서 신화적 반대의 증거를 찾아낼 수도 있었고, 그 테스트의 참된 주제는 그 텍스트 자체가 지어낸 것이라거나 또는 화자가 어떤 내러티브를 지어내는 듯 보이면서 사실은 자신의 불안과 공포를 해체해서 없애고 있었다고 주장할 수도 있었다"(343).

174 Ankersmit(1994), 238.

175 Jenkins 편(1997), 10에 실린 Jenkins.

176 Jenkins 편(1997), 8, 20에 실린 Jenkins.

177 Jenkins 편(1997), 19에 실린 Jenkins.

정해진 표현들의 세계 안에 존재하는 또 하나의 토대가 없고 입장이 정해진 표현으로 보인다.[178]

이론은 혼란스러울 수 있다. 포스트모던 역사가 어떻게 적용되는지에 관한 사례를 보면 도움이 될 수도 있을 것이다. 유대인 대학살은 가장 잘 입증된 역사 내러티브들 중 하나다. 수많은 문서, 사진, 비디오, 오디오 기록들과 모든 관련 당사자들의 증언이 유대인 대학살이라고 불리게 된 것을 구성하는 수많은 결정과 사건들을 입증해준다. 유대인 대학살은 시작과 끝이 있는 이야기이고 서로와의 연관성을 통해 해석되어 왔던 수많은 사건들로 이루어져 있기 때문에 하나의 내러티브다.

포스트모던주의자들은 유대인 대학살에 대해 뭐라고 말할 것인가? 한스 켈너는 유대인 대학살은 수많은 역사적 사건들로 이루어진 창의적인 구성개념이라고 주장한다.[179] 로버트 브라운은 1990년에 유대인 대학살의 생존자 이므레 케르테스가 우리는 오직 상상력의 도움을 받아서만 유대인 대학살에 대한 사실주의적인 견해를 형성할 수 있다고 말했으며 유대인 대학살을 연구하는 역사가들 중 어떤 이들은 자신들의 연구가 유대인 대학살 이해에 도움이 되지 못했음을 지적해왔다고 말한다.[180] 불프 칸스타이너는 장 프랑수아 리오타르에게 동의하면서 아우슈비츠의 생존자들은 "가스실을 경험하지 않았기에 저질러진 범죄에 대해 증언할 수 없고, 희생자들은 죽었기에 그에 대해 증언할 수 없다"고 덧붙인다. 그러므로 그들은 아우슈비츠에서 일어난 사건들은 묘사할 수 없는 상태로 남

---

178 Jenkins 편(1997), 6에 실린 Jenkins.
179 Jenkins 편(1997), 406에 실린 Hans Kellner, "'Never Again' Is Now."
180 Jenkins 편(1997), 419-20에 실린 R. Braun, "The Holocaust and Problems of Representation."

아 있을 수밖에 없다는 결론을 내린다.[181]

요약하자면, 포스트모더니즘은 그동안 과학과 과학 연구 방법이 현대성이 소망해왔던 것을 해줄 수 있는 능력을 과신했다고 주장한다. 역사 연구에서 앞에서 논의된 바 있는 과거를 아는 것에 대한 장애물들은 빙산의 일각일 뿐이다. 현대의 역사가들은 자기들이 인식한 연결 관계를 통해 만들어낸 유비들—그것들은 틀릴 수도 있다—로 과거를 설명해야 하기 때문에 더 복잡한 문제들이 발생한다. 특히 언어가 그렇다. 단어, 구절, 그리고 문장들의 의미는 사람에 따라 다양한 음영으로 바뀔 수 있다. 더욱이 역사가들은 과거의 사건이나 상태의 완전한 정수(essence)를 파악할 수 없기 때문에 어쩔 수 없이 많은 것이 생략될 수밖에 없고, 그렇게 기록된 서술은 시정할 수 없는 온갖 종류의 오해로 이어질 수 있다. 포스트모더니스트들은 "사실은 없다. 오직 해석이 있을 뿐이다"라고 말한다. 또한 그들은 묘사 외부의 구체적인 지시대상이 있다는 점도 부인한다. 대신 독자의 지평으로 채워져 있고 과거에 대한 독자의 이미지를 통해 의미를 만들어내는 언어 자체가 과거를 구성한다. 리오타르는 포스트모더니즘 역사에 대한 간결한 정의를 제공한다. "극단적으로 단순화하자면, 나는 **포스트모던**을 메타내러티브에 대한 불신으로 정의한다."[182] 달리 말하면, 증거와 비판적 방법이 우리를 과거에 대한 올바른 묘사로 이끌지 않는다.[183]

포스트모더니즘의 도래는 일반적으로 전통적인 역사의 위기라고 일

---

181 Jenkins 편(1997), 415에 실린 W. Kansteiner, "From Exception to Exemplum: The New Approaches to Nazism and the 'Final Solution.'"

182 Jenkins 편(1997), 36에 실린 J-F Lyhotard, "The Postmodern Condition." Jenkins 편(1997)에 실린 Jenkins의 논평은 흥미롭다. "포스트모더니티는 우리가 거기에 찬성할지 말지를 선택할 수 있는 어떤 이데올로기나 입장이 아니다. 포스트모더니티는 바로 우리의 조건이다. 그것은 지금 우리가 살아내야 하는 우리의 운명이다"(3). Zagorin(1999), 5, 7도 보라.

183 Tucker(2004), 51.

컬어지게 할 정도로까지 모더니즘 사고에 도전을 제기했다.[184] 리처드 에반스는 이렇게 쓴다. "이제 '역사란 무엇인가?'가 아니라 '역사를 연구할 수 있는가?'가 문제다."[185] 포스트모더니티가 제기한 주요 도전은 전통적인 역사 연구 관행에 영향을 주었다. 엄격하게 객관적인 지식과 해석으로부터 독립된 사실이라는 개념은 포기된다. 이런 도전들에 대한 포스트모던 사고의 해결책은 역사의 죽음이다.

1.2.7. 포스트모던주의 역사의 문제

대부분의 역사가들은 **사실주의자들**로서, 포스트모던 역사가들의 주장에도 불구하고 실재는 그에 대한 우리의 지식과 별개로 존재하며 우리의 과학적 진술과 이론들은 그 독립적인 실재를 가리킨다고 주장한다. 그러므로 내러티브들이 전하는 사실이 정확한지 판단할 수 있다.[186] 사실주의자들은 역사에 대한 포스트모더니즘 접근법에 신속하게 대응해왔다. 그들은 주로 포스트모더니즘의 자가당착적인 특성에 주목한다.[187] 두 명의 사

184 Kofoed(2005), 11.
185 R. Evans(1999), 3.
186 Lorenz(1994), 308.
187 R. Evans(1999), 190. Fay(1998)는 이렇게 말한다. "현재의 지배적인 메타 이론은 뭔가가 심각하게 잘못되었다.…포스트형이상학적 메타 이론은 종종 역사학의 업적을 인정하고 그 지시를 따르면서 동시에 역사학을 훼손하는 이중성을 드러내는 것으로 보인다.…대부분의 포스트형이상학적 메타 이론들은 정당하다고 여기지 않는 것을 이용하기 때문에 파열된다"(84). 포스트모더니즘은 "세계가 존재하는 방식을 묘사한다고 주장한다(이 경우에 진리, 합리성, 그리고 실재는 특정한 방식으로 역사상의 시기들과 연관되어 있다). 그러나 이것은[포스트모더니즘이] 은연중에 세계가 존재하는 어떤 방식이 있다는 개념에 의존하고 있음을 의미하는데", 포스트모더니즘은 이 개념을 부정한다(87). 더욱이 포스트모던주의자들은 "이성"은 어느 특정 그룹이 올바른 사고방식이라고 판단하는 것이며 객관성은 존재하지 않는다고 주장하지만, 이 주장은 포스트모던주의자 그룹을 초월하는 어떤 "이성"에 의해 입증될 수 없다. 그러므로 그들 자신의 설명대로 사실주의보다 포스트모던 접근법

실주의자 페레즈 자고린과 토마스 하스켈은 아주 분명하고 단호하게 답변했기 때문에 나는 그들의 주장을 요약하다가 핵심을 놓치기보다는 그들이 한 말을 길게 인용한다.

> 역사가들과 마찬가지로 포스트모더니즘 저자들은 자기들이 참되며 사실과 부합한다고 믿고 또한 그러기를 바라는 것으로 보이는 과거에 관한 이야기를 전한다. 「포스트모던 히스토리 리더」(*The Postmodern History Reader*)의 기고자 엘리자벳 에르마스—그녀는 모든 것을 텍스트로 간주하고 자신이 모더니즘 및 전통적인 역사기술과 연관시키는 시간 개념을 전복하려 한다—는 표면상으로는 과거에 관한 여러 가지 사실 진술을 한다. 예컨대 그녀는 모더니티는 르네상스 및 종교개혁과 더불어 시작되었고, 고대 그리스인들은 그 주제에 대해 아무 개념이 없었으며, 상대성에 관한 아인슈타인의 논문이 나온 시기는 또한 카프카의 이야기들과 피카소와 조르주 브라크의 입체파의 시기이기도 했고, 독일의 성서 고등비평은 기독교를 역사화했다고 진술한다. 그녀는 또한 포스트모더니즘에 대한 자신의 텍스트가 "표현[즉, 사실주의]의 언어로 쓰였고, 합의하는 공동체를 가정하고 있고, 역사적 일반화와 각주 작업에 관여하고 있다"고 고백하는데 그녀는 이런 입장을

을 선호해야 할 이유가 있을 수 없다. "그러니 포스트메타형이상학은 궁극적으로 앞뒤가 맞지 않는다. 그것은 정확하게 자기가 부정하는 것을 전제하거나 그에 호소한다"(88). Haskell(2004)은 Rorty가 사실주의든 반사실주의든 관련이 없기 때문에 그들 사이의 논쟁에서 누가 이기든 상관하지 말아야 한다고 주장한다고 지적한다. 이어서 그는 자신의 독자들에게 사실주의가 부정확하다고 열심히 설득하려 한다(347). McKnight(2005): "객관성은 존재하지 않는다는 주장은 궁극적으로 객관성에 대한 대안이라기보다는 대안적 객관성 주장이다"(12); Meyer(1994)는 Rorty의 "철학의 비인지적 특성과 따라서 철학 논증의 무용성을 보여주려는 4백 쪽짜리 철학적 주장"을 지적하면서 포스트모더니즘의 자가당착적인 특성에 대해 말한다(43). 그는 이렇게 지적한다. "미친 짓으로 보일지 모르나, 자신이 걸터앉아 있는 나뭇가지를 잘라내는 결과를 피할 수 없다"(41).

"역사의 주도권에 도전하기 위해 역사를 포기할 필요는 없다"라는 솔직한 주장으로 정당화한다.[188]

하스켈은 보다 급진적인 포스트모던주의자들 중 한 사람이 어떻게 자신의 이론과 일치하게끔 살 수 없었는지를 보여준다.

리오타르는 자신의 독자들에게 과거를 "있는 그대로" 보여주려는 모든 노력의 불가피한 무익함에 대해 경고하고서는, 자기가 방금 너무 순진하다고 선언했던 바로 그 경로를 따라가기 시작한다. "과거의 실제 상황"을 안다는 역사가의 경건하고 대담무쌍한 주장이 자기를 조금도 속이지 못한다는 것을 보여준 뒤에, 리오타르는 계속해서 우리에게…자기 친구 피에르 프랑수아 수이리가 실제로 어떠했는지에 대해 말한다. 리오타르는 자신도 모르게 역사적인 표현을 한다. 그는 수이리가 말하게 한다. 그리고 그는 겉보기에 다른 모든 사람들과 아주 흡사한 방식으로 표현한다. 그는 우리에게 자기 친구에게 자신이 1966년에 「노동자 권력」(*Pouvoir Ouvier*, 트로츠키의 입장을 옹호했던 사회주의 신문—역자 주) 그룹에서 물러나겠다고 알리는 편지를 보냈고, 수이리가 10월에 자기에게 답신을 보냈다고 알려준다. "그는 우리의 차이가 오래 전에 시작되었다고 인정했다.…그는 그런 차이를 해소하려

188 Zagorin(1999), 14; 7과 비교하라. Appleby, Hunt and Jacob(1994): "그리스 시대부터 진리 주장에 관한 어느 정도의 회의주의는 진리 탐구에 필수적이었다. 회의주의는 사람들에게 더 많이 배우고 자신의 실수 가능성에 대해 열려 있도록 격려한다. 다른 한편, 완전한 회의주의는 판단하거나 결론을 내릴 능력에 대해 의문을 던지기 때문에 우리를 쇠약해지게 한다. 완벽한 회의주의는 모순만 제공한다"(7). Denton(2004)은 초기의 Crossan의 해석학과 역사기술 사이의 모순을 지적한다. 포스트구조주의자인 Crossan은 "역사적 지시대상을 부인하고 언어외적 실재를 부인하는 존재론을[유지한다]. 그와 동시에 역사적 지시대상과 언어외적 실재 모두를 가정하는 역사기술을 수용한다." 후기의 Crossan은 이런 모순을 인식하고 논의에서 자신의 해석학을 점차 사라지게 하는 것으로 보인다(40-41).

고 노력하는 것이 무의미하다고 여겼다." "그는 ~에 관한 프로젝트를 내 탓으로 여겼다.…그는 ~라고 덧붙였다.…그는 자기가 마르크스의 사상에 묶여 있다는 것을 알았다.…그는 ~을 준비했다.…우리는 다시 서로를 보았다.…나는 자신이 경멸당하고 있다고 느꼈다.…그는 내가 그렇게 느끼고 있음을 알았다.…그는 자신의 교섭 상대자를 자극하기를 좋아했다.…[그는] 일상생활에서 예민하고 딴 데 정신이 팔려 있는 사람이었다." 그런 식이었다.…[리오타르가 수이리를 표현하는 말과] 우리 모두 매일 단지 역사를 쓸 때뿐 아니라 삶에서 가장 평범한 일들을 행할 때 수없이 듣고, 읽고, 만들어내는 표현들 간에 아무 차이가 없다.…리오타르는 "사실주의의 공준"을 믿는 것일까? 그가 그 주제에 관해 하는 말로 판단하자면 분명히 그렇지 않다. 그러나 그의 말뿐 아니라 그의 행동도 고려한다면, 결국 리오타르는 실제로는 그것을 피하지 못하는 것으로 보인다. 모든 회의주의적인 수사(rhetoric)에도 불구하고, 자신의 죽은 친구에 관해 말할 때 그는 마치 과거가 실재인 것처럼, 마치 과거에 대해 다른 표현보다 더 선호되는 표현이 있는 것처럼, 그리고 그런 선호 기준이 전혀 특이하지 않은 것처럼 행동한다.[189]

다른 답변들도 아주 많이 발견된다. 서구의 정신은 과학의 방법들을 통해 나오는 확고하고 절대적인 확실성을 갈망한다. 이런 방법들이 그런 정도의 확실성을 제공하는 경우가 매우 드물다는 것을 깨닫게 됨으로써 데카르트적 불안이 나타난다.[190] 그러나 로렌즈는 이것은 어떤 지식이 절대적이고 완전하지 않다면 그것은 상대적이라고 주장하는 "전부 아니면

189 Haskell(1990), 155-56. 그의 인용문은 Jean-François Lyotard, *Peregrinations: Law, Form, Event*(New York: Columbia University Press, 1988), 47-48, 51에서 가져왔다.

190 데카르트적(*Cartesian*)이라는 말은 어떤 개념이 17세기 프랑스 철학자 René Descartes와 연관되어 있음을 의미한다. **데카르트적 불안**이라는 용어는 데카르트

전무"식 오류의 산물임을 지적한다.[191] 역사가 편에서 완전한 진실을 그리고 오직 진실만을 알지 못한다고 해서 역사가들이 특정 측면에 제한된 또는 그 측면에 보다 초점을 맞춘 연구와 관련해서 과거에 대한 적절한 개념을 얻지 못하는 것은 아니다.[192] 맥컬래프는 다음과 같이 주장한다. 즉 비록 늘 불확실성이 존재하기는 하지만, 어느 텍스트의 의미는 "종종 그 진리 조건을 규명하지 못하게 할 만큼 모호하지 않다. 그렇게 모호하다면, 우리는 지금 우리가 하듯이 효과적으로 소통할 수 없을 것이다. 역사기술, 특히 장소, 날짜 그리고 사건들에 관한 기본적인 사실 묘사는 종종 입수할 수 있는 증거들에 비추어 검증하기에 충분할 만큼 정확하다."[193] 역사기술은 비록 세계에 관한 개념들을 표현하기는 하지만, 만약 역사가들이 그곳에 있었더라면 비슷하게 인식했을 사항들을 묘사한다. 그러므로 역사기술은 우리에게 실제 세계에 관한 무언가를 말해주려 한다.[194]

사실주의자들은 과거를 알기 위한 방법이 건전한지 확인할 수 없다는 포스트모던주의자들의 지적이 옳다고 인정한다. 이것은 역사주의자들 사이에서 자명한 이치로 통한다.[195] 우리는 현재의 사건들과 우리의 삶 속에서 접하는 사람들을 인식을 통해 직접적으로 안다. 그러나 과거에 대

이후 절대적 확실성은 얻을 수 없다는 것을 깨달음으로써 나타나는 불안을 가리킨다.

191 Lorenz(1998), 314.

192 Bachner(2003): "우리 중 언어가 물질세계 또는 일상의 감각의 모든 측면들을 전달할 수 있다고 믿는 사람은 거의 없다. 그러나 우리는 그런 것들에 대해 말할 수 없다고 생각하지는 않는다"(411); Zammito(2004): "요약하자면, 과장된 회의주의에 의해 건실한 역사주의가 손상될 필요가 없다. 완전한 공약불가능성(incommensurability)은 터무니없고, 부분적인 공약불가능성은 극복할 수 있다"(135).

193 McCullagh(*The Truth of History*, 1998), 35.

194 McCullagh(*The Truth of History*, 1998), 39.

195 Denton(2004), 106.

한 지식은 간접적이다. 그러므로 우리는 논리와 지평을 사용해서 역사 지식에 도달한다. 역사가들은 추론으로 과거에 일어난 일에 대해 정확하게 묘사한다는 것을 입증하지 못한다. 그럼에도 건실한 데이터가 제공되면 역사성 추론은 논리적이고 강력해진다.[196] 우리는 훨씬 믿을 만하지 않은 것으로 입증된 타로 카드와 여덟 개의 마법의 공에 기초한 다른 방법들보다 추론을 선호한다. "건전한 귀납적 추론이 어김없이 우리를 세계에 관한 진리로 이끌어준다고 여기는 것은 우리 모두 받아들이고 있는 전통이다. 그리고 이것은 우리가 신앙과 관련해서도 진지하게 받아들이는 전통이다."[197]

사실주의자들은 포스트모더니즘을 비판하면서도 사실주의가 옳음을 입증하기 어렵다는 것을 알고 있다.[198] 그러려면 메타 논쟁이 요구되기에 사실주의가 옳음을 입증할 수 있을지도 의심스럽다. 역사가도 철학자도 세계가 만물이 마치 오래된 것처럼 보이도록 단 10분만에 창조되었다는 가설이 제시하는 것보다는 더 오래되었다고 주장하고 있지만, 우리는 결코 일어난 적이 없는 사건들에 대한 기억을 지닌 채 또한 결코 먹은 적이 없는 음식으로 우리의 위장을 채운 채 창조되었다는 주장을 **입증**하지 못한다. 마찬가지로 역사가들은 자신의 방법들과 해석학이 그들을 참된 결론으로 이끌어준다는 것을 입증하지 못한다. 그러므로 결국 사실주

---

196 Meyer(1979), 73.

197 McCullagh(*The Truth of History*, 1998), 33. Sherwin-White(1963)도 보라. "때로는 개인의 편견에 의해 왜곡되지 않은 현대의 외부 증거들—예컨대 법률과 공적 장부의 텍스트들—이 문헌 자료에 대한 비평적 연구를 통해 얻어진 결론들을 확인해 준다. 그러므로 우리는 그런 확인이 없는 보다 넓은 분야에서 우리가 도달한 결론들을 담대하게 신뢰한다"(187).

198 Gorman(2000), 256. McCullagh(*The Truth of History*, 1998), 33과 비교하라.

의가 입증되지 못하고[199] 반사실주의가 반증되지 못한다.[200]

그러나 그렇다고 역사가들 대다수가 절망에 빠지지는 않는다. 포스트모던주의자들의 모든 비판에도 불구하고, 사실주의는 대부분 잘 작동하는 것으로 보인다. 하스켈의 여행자 비유가 이 점을 잘 예시해준다.[201] 여행자 몇 명이 프랑스의 시골에서 길을 잃었다. 그들은 파리로 가는 중이다. 그들은 두 장의 지도를 갖고 있는데, 그 지도들은 일치하지 않는다. 그래서 그들은 장이라는 시골 사람에게 그 지도 중 어느 것이 옳은지 물어본다. 장은 그 지도 두 장을 모두 살펴보고 나서 그 지도들은 움직임, 광경, 향기, 그리고 소리의 느낌을 전달하지 못하는 종잇조각들에 불과하기 때문에 그중 어느 것도 옳지 않다고 말한다. 더구나 복잡한 많은 문화·경제·철학을 포함하고 있는 도시들이 지도상에는 단지 검은 점들로 압축되어 있다. 이런 지도들은 결코 파리로 가는 길을 묘사할 수 없다! 하스켈의 여행자들은 다른 누군가를 만나기를 바라면서 계속 길을 간다. 지도들은 장이 원하는 것을 제공하지 못한다. 그러나 여행자들은 경험상 지도가 자기들을 파리로 데려다줄 수 있다는 것과 어떤 지도는 다른 지도보다 낫다는 것을 안다(맵퀘스트나 구글 지도를 사용하는 사람은 누구나 이 사실을 알 듯이 말이다!). 왜 그런지는 흥미로운 질문이다. 우리는 논리 법칙에 기초해서 살아간다. 우리는 논리가 우리를 진리로 이끌어준다는 것을 입증하지 못한다. 그러나 정확한 정보에 근거한 건전한 논리를 따르면 경험상 사실주의를 강력하게 지지할 수 있는 결과를 제공한다.[202]

---

199 McCullagh("What Do Historians Argue About?" 2004), 25.

200 Tucker(2004), 257. Anchor(1999), 119도 보라.

201 Haskell(1990), 156-57.

202 Theissen and Winter(2002)는 "우리가 거기에 근거를 두어야 할 의무는 없지만—우리가 보기에는 절대로 잘못된 것이 아니기에—다른 진술들에 대한 토대 역할을 하는 그런 진술들인" "공리적 확신들(또는 개념들)"이 있다고 주장한다(230). 철

사실주의자들은 포스트모던 역사가들의 보다 과격한 견해들에 대해 또 다른 답변을 제공했다.[203] 사실들이 역사가들에 의해 구성된 내러티브 안에서 해석되고 의미를 부여받는다는 것은 맞는 말이지만, 장르에 대한 고려와 최상의 설명에 도달하는 논증 기준이 채택됨을 감안할 때 사실들은 종종 그것들이 나타나는 맥락과 무관하게 결정될 수 있다. 포스트모던주의자들은 사실들은 스스로 말하지 않고 "맥락에 의존하며 따라서 오직 해석자의 음성으로만 말한다"고 단언한다.[204] 그러므로 내러티브와 허구는 별로 차이가 없다. 내러티브에 의해 표현되는 과거는 존재하지 않았다. 하스켈은 사람들은 그들 자신의 과거가 실재하지 않으며 전기 작가가 올바르게 이해하는 것은 아무것도 없다는 주장에 쉽게 설득되지 않는다고 답변한다.[205] 페이는 역사가가 일단 마음과 영원한 세계를 분리시키고 나면, "우리는 어쩔 수 없이 실재는 그 자체로는 알려질 수 없고 마음은 본질적으로 왜곡된다고 주장하는 것으로 끝나게 될 것이다"라고 단언한다. 그러면 마음이 유일하게 알 수 있는 것은 마음 자체뿐이라는 막다른 유아론(solipsism)으로 이어진다.[206] 내러티브의 모든 구성요소는 전적으로 허구라는 주장에 맞서 랭은 다음과 같은 예를 제시한다. "1942년 1월 20일, 반제(Wannsee)에 모인 나치 관료들은 '유대인 문제의 최종 해법'을 위한 의정서를 작성했다." 랭은 "관료들의 지위"와 "그 '최종 해법' 작성

학자들은 그런 신념을 "적절하게 기본적"이라고 부른다.

203 그런 답변들 중 가장 훌륭한 답변들은 Fay(1998)와 McCullagh(*The Truth of History*, 1998)를 보라. R. Evans(1999)는 "극단적인 포스트모던 비판에 맞서 역사를 책 한 권 분량으로 길게 옹호하는" 모든 저작들 중에서 McCullagh의 방법이 "가장 설득력이 있고 포괄적이다"라고 주장한다(263).

204 Jenkins 편(1997), 426에 실린 B. Lang, "Is It Possible to Misrepresent the Holocaust?"

205 Haskell(2004), 347.

206 Fay(1998), 90.

이 그 이전에 나왔는지 그 후에 나왔는지" 같은 몇 가지 문제들은 논외로 할 필요가 있음을 인정하면서도 과연 이 진술이 해석 문제인지에 대해 묻는다. 즉 이 진술이 보다 큰 내러티브 밖에서 고려된다면, 역사가들은 그 진술의 사실성을 판단할 수 있는가? 이 진술이 다른 내러티브 안에 위치한다면, 이 진술은 그 회의가 실제로 발생했다는 것과 따라서 그 진술의 사실성을 부인하는, **동일하게 타당한** 결론을 강요할 수 있는가? 랭은 우리는 역사 연구의 바탕에 "사실들"을 갖고 있거나, 아니면 내러티브들 자체가 사실상 무엇이 사실이고 무엇이 사실이 아닌지 결정한다고 결론을 내린다.[207] 랭의 요점은 확고하다. 역사에 대한 특별한 묘사는 그것이 나타나는 내러티브 외부에서 확인될 수 있다는 것이다. 물론 화이트나 앵커스미트 같은 선도적인 포스트모던주의자들은 그에게 동의한다. 오직 가장 과격한 포스트모던 역사가들만 반제의 그 회의가 실제로 열렸었는지에 대해 의문을 제기할 것이다. 그리고 역사학계에서 그들과 교류하고 있는 이들은 극소수다.

독자-반응 이론은 포스트모더니즘보다 앞서며 포스트모더니즘으로 이어진다. 어떤 텍스트가 "한 남자가 길을 걸어가고 있었다"고 진술할 경우, 독자의 초점에 따라 다양한 그림이 떠오른다. 작업복을 입은 한 노인이 더러운 길을 걷는 모습을 떠올리는 독자도 있고, 정장을 차려 입은 한 젊은 남자가 교외에 있는 길을 걷고 있는 모습을 떠올리는 독자도 있다.

---

207 Jenkins 편(1997), 431-32에 실린 Lang. Fay(1998)는 의미는 어떤 사건의 인과적 영향(causal effect)에서 발견된다고 주장한다. 예컨대, 진주만 폭격은 미국이 전쟁에 개입하는 영향을 끼쳤다. 그는 사건들은 본질적으로 의미 있는 것이 아니라고 덧붙인다. 중요성은 이해 당사자들(행위자들)에 의해 부여된다. 마지막으로, Fay는 사건들의 의미는 역사가가 주장하는 것과 무관하다고 주장한다(92). 나중에 그는 중요성은 "세상이 아니라 **세상이 누군가를 위해 존재하는 방식**이며, [그것은] 세상에서 활발하게 활동하는 존재들의 개념·인식·판단·의도를 호출하지 않고서는 이해될 수 없다"고 주장한다(93).

독자 반응 이론은 역사가들이 과거를 실제로 일어난 대로 보기 위해 자신의 편견 및 그들의 자료들에 의해 공유되는 편견과 절연할 수 있다는 사실주의의 순진한 자랑과 완전히 단절한다. 대신 의미는 오직 독자에 의해 텍스트에 부여될 뿐이다.[208] 텍스트의 의미는 원래의 맥락으로부터 해방되고, 저자의 의도는 별로 중요하지 않거나 전혀 중요하지 않다. 우리는 과거의 사건들에 일관성을 부여하는 모종의 격자판이나 메타스토리 없이는 역사적으로 생각하지 못한다. 저자의 의도를 결정하기가 불가능하지는 않지만 어렵다고 주장되기에, 독자가 제공하는 격자판만 활용할 수 있다. 그러므로 독서 과정은 텍스트 외부에는 존재하지 않는 "의미"를 경험하게 해준다. 역사철학에서 나타난 이와 같은 이론의 변화를 종종 **언어적 전환**이라고 부른다. 앵커는 이런 접근법의 중대한 문제를 적시한다. 독자 반응 이론을 옹호하는 이들은 이해받고 싶어 한다. 언어는 우리 자신의 특별한 틀 안에서만 이해될 수 있기 때문에 우리가 독자 반응 이론을 받아들인다면, 다른 사람들이 어떻게 우리가 말하는 것을 이해할 수 있는가?[209] 더욱이 독자 반응 이론을 옹호하는 이들은 어느 독자가 자기가 쓴 글을 오해하더라도 불평할 수 없을 것이다. 또는 최소한 독자가 오해하더라도 아무 차이가 없을 것이다.[210] 독자 반응 이론은 대가가 너무

---

208 Meyer(1994)는 독자 반응 이론이 낳은 몇 가지 유익을 적시한다. "다음 세 가지의 분명한 단절이 독자 반응 이론이 달성한 미덕이다. 1) 순진한 사실주의 그리고 텍스트가 그 자체로 그리고 '이미' 즉 독자들보다 앞서 완전하게 구성된 의미를 낳는다는 가정과의 단절, 2) '개인적 이설'(personal heresey), 즉 작가의 삶과 시대를 통해 문헌에 접근하는 것과의 단절, 3) 소위 '감정의 오류'와의 단절. 감정의 오류와 단절되는 이유는 독자 반응(또는 독자 수용—이 용어는 연속적인 역사 독자들의 반응에 대한 연구를 가리킬 수도 있음) 이론은 확실히 반응을 이끌어내기 위해 고안된 수사학적 장치들을 고려하기를 선호했기 때문이다"(129-30).

209 Anchor(1999), 113.

210 Fish(1982)는 독자 반응 비평에 대한 도전들에 답하려고 한다. 그는 역사가들에게 어떤 식의 독법을 배제할 권리가 있음을 인정한다(342). 그러나 이는 그들의 문학적 관습이 "유한한 해석 전략들만" 인정하기 때문일 뿐이다(342). 수용할 수 있는

크고 정당화되지 않는다. 그러므로 우리는 독자 반응 이론을 받아들여야 한다는 의무감을 느끼지 않아도 된다.

포스트모던주의자들에 대한 사실주의 역사가들의 답변은 포스트모더니즘이 아니라 사실주의가 옳을 뿐 아니라 실제적이기도 하다는 점에 대해 대다수의 현역 역사가들과 역사철학자들을 납득시켰다. 결과적으로 포스트모더니즘은 전문적인 역사가들 사이에서 벌어진 이데올로기 싸움에서 패배했고, 사실주의가 혼쭐이 나기는 했지만 여전히 득세하고 있다.[211] 브라이언 페이에 따르면 언어적 전환은 끝났다. "역사학의 변

해석 방법, 달리 말하자면 적절하다고 간주되는 것들은 기록되어 있지 않고 그런 관습을 갖고 있는 사람들의 지식에 속한다(342-43). 그런 방법들은 "하위 공동체에 따라" 달라질 수 있고 실제로 다르며, "시간이 흐름에 따라 달라지기도 하는데, 그럴 경우 전에는 금지되었던 해석 전략이 수용할 수 있는 해석 전략의 지위를 얻기도 한다"(343-44). 그러므로 텍스트에 대한 특정한 독법 배제 원칙이 "현재 그 텍스트를 낳기 위해 인정되는 해석 전략이다. 그러므로 그 어떤 독법도 본질적으로 불가능한 독법은 아니라는 결론이 나온다"(347). Fish의 주장은 어느 정도 옳다. 특정 독법을 허용하지 않는 공동체도 있다. 예컨대 많은 과학자들과 역사가들은 여러 이유로 하나님과 관련된 해석을 배제한다. 이런 관찰은 다원주의가 합의보다 더 흔하다는 결론을 지지하지만, 그것은 독자 반응 비평에 대한 도전들에 답하지 못한다. 저자들은 흔히 독자들로부터 이해되기를 원하고, 독자들은 흔히 저자를 이해하기를 원한다. 텍스트의 모호성과 역사가의 지평이 이해 과정에 혼선을 제공하지만, 다원주의는 어떤 견해(예컨대, "x")가 정확한 이해를 제공한다는 결론을 보장해주지 않는다. "x"라는 입장을 취하는 사람들이 그 정확성에 대해 절대적으로 확신하지 못하거나, 다른 사람들에게 자신의 결론에 동참하라고 설득하지 못할 수도 있다. 그러나 이런 상황이 그 텍스트의 적절한 의미가 알려질 수 없다거나 존재하지 않는다는 결론에 정당성을 제공해주지는 않는다.

211 McKnight(2005)는 역사적 예수 학자들이, 그들 자신은 알지 못하지만, 사실상 포스트모던주의자들이라고 말한다. 그들은 "예수에 관한 심미적 표현을 통해 단지 자신들의 힘과 이데올로기를 주장하고 있을 뿐이다. 현재 진행되는 게임이 포스트모더니즘밖에 없기 때문에 역사적 예수 학자들은 그 게임을 하는 중이다"(11). 내가 보기에 McKnight는 이 지점에서 분명하지 않다. McKnight는 나중에 "순수한 모더니즘을 대표하는" G. R. Elton을 따라서 "내가 보기에 대부분의 역사적 예수 학자들은 근본적으로 엘튼적이다"라고 주장한다(14). 그러나 불과 몇 페이지 뒤에서 그가 하는 말을 고려해보라. "더 진행하기 전에 이 말을 해두자. 모더니스트들이 하고자 하는 것은 그것의 순수한 형태로는 성취될 수 없다.…우리 분야에서는 어느 그룹이 진보라고 여기는 것(예컨대, Crossan의 접근법)이 다른 그룹(예컨대, Allison의 접근법)에서는 용납되지 않는다는 점이 아주 분명하다"(19). 나는

방에서 나타나는 몇 가지 흥미로운 예외를 제외하고는, 1997년의 역사학 관행은 1967년의 관행과 거의 똑같다. 역사가들은 어떤 사건이나 상황이 어떻게 그리고 왜 일어났는지를 정확하게 묘사하고 설득력 있게 설명하고자 한다.…내러티브주의, 현대식 해석주의(presentism), 포스트모더니즘, 그리고 해체(deconstruction)에 관한 모든 담화에도 불구하고, 역사가들은 오늘날에도 (비록 그들이 쓰는 대상은 아주 다를지라도) 그들이 늘 해왔던 것과 동일한 방식으로 쓰고 있다."[212] 일부 포스트모던주의자들조차 이에 동의한다. 데이비드 로버츠는 에른스트 브라이자흐가 포스트모더니즘이 역사가들을 찾아왔다가 떠나갔다고 한 말이 옳을 수도 있다고 인정한다.[213] 키이스 젠킨스조차 "대부분의 역사가들—그리고 확실히 '학구적인' 또는 전문적인 '본류' 역사가라고 불릴 수 있는 역사가 대부분—은 너무도 많은 인접 학문 분야 동료들에게 영향을 준 포스트모더니즘에 저항해왔다"고 고백한다.[214] 맥컬래프는 포스트모더니즘의 도전에 답하면서 이렇게 말한다. "나는 현역 역사가 중 자신이 과거에 관해 참된 것은 아무것도 발견할 수 없다고 인정하는 사람을 한 명도 알지 못한다. 역사가들은 자기가 틀릴 수도 있음을 인정하지만, 자기들이 제시하는 수많은 기본적인 사실들이 사실일 개연성이 아주 높다는 것을 부인하지 않는다."[215]

McKnight가 드러나지 않은 포스트모던주의자가 아닌가 의심한다. 대신에, 나는 여기서 그가 Allison과 같은 식으로 절대적 확실성을 가로막는 도전들에 대해 좌절감을 드러내고 있다고 생각한다. 아무튼 McKnight가 포스트모더니즘이 "현재 진행되는 유일한 게임"이라고 주장하는 것은 확실히 잘못이다.

212 Fay(1998), 83. Gilderhus(2007), 124도 보라.

213 Roberts(2005), 252.

214 Jenkins 편(1997), 1에 실린 Jenkins; 9와 비교하라. 다음 문헌들도 보라. R. Evans(2002), 81; Iggers(2005), 133, 145, 150; Ankersmit and Kellner 편(1995), 21-39에 실린 N. F. Partner, "History in an Age of Reality-Fictions"; Tosh(2002), 194-200; Zagorin(1999), 1, 3, 9; Zammito(2005), 161, 163.

215 McCullagh(*The Truth of History*, 1998), 15.

역사적 예수 연구에 대해 덴튼은 "역사적 예수 연구 분야는 역사기술에서 어떤 형태의 반사실주의에도 동조하지 않는다"라고 단언한다.[216] 포스트모더니즘이 역사의 종말을 의미하리라는 예측은 실패한 예언이 되었다.[217]

그럼에도 역사철학자들 사이에서 벌어진 포스트모더니즘 논쟁은 역사학에 가치가 있었다. 에반스는 이 논쟁이 다음과 같은 공헌을 했음을 인정한다. "[이 논쟁이] 역사가들이 그들 자신의 방법과 절차들에 대해 전에는 결코 하지 않았던 방식으로 질문하게 했고, 그 과정에서 역사가들을 보다 자기비판적이고 자기성찰적으로 만들었다. 그리고 그것은 모두 좋은 일이었다. 이 논쟁으로 역사가 자신의 주관성을 공개적으로 인정하는 것을 매우 강조하게 되었는데, 그것은 역사 연구물에 대한 비판적 평가에 관여하는 독자에게 도움이 된다."[218] 이거스는 포스트모던 역사철학자들이 우리가 수많은 도전들을 보다 깊이 인식하게 한 것은 잘한 일이라고 주장한다.[219] 그렇다고 해서 역사가들이 그 논쟁 이전에는 그런 도전들에 대해 인식하지 못했다는 뜻은 아니다. 화이트는 포스트모더니즘이 지식의 우발성(Contingency)을 **처음 알렸다**기보다 **되풀이했다**는 것을 시인한다.

그렇다고 해서 역사가와 역사철학자들이 역사에 관한 표현은 본질적으로

---

216 Denton(2004), 170.

217 Kofoed(2005), 16.

218 R. Evans(1999), 216. Humphrey(2007): "포스트모더니즘이 중립성이라는 신화에 도전한 것은 잘한 일이다"(204).

219 Iggers(2005), 132. Gilderhus(2007): "아마도 오늘날 역사가들 중에 절대적인 과학적 객관성이라는 개념을 수용하거나 있는 그대로의 과거를 표현한다는 목표를 갖고 있는 사람은 없을 것이다. 또한 많은 이들은 포스트모던주의자의 입장에 타당한 점이 있음을 인정할 것이다"(124).

잠정적이고 조건적이며, 문제에 대한 새로운 증거나 보다 정교한 개념화에 비추어 계속 개정될 수 있음을 알아차리지 못했다고 말하는 것은 아니다. 훌륭한 전문 역사가의 표지 중 하나는 늘 불완전한 역사 기록에서 발견되는 사건, 행위자 그리고 기관들에 대한 자신의 묘사가 잠정적이라는 점을 자신의 독자들에게 지속적으로 상기시키는 것이다.[220]

사실주의자들은 때로는 포스트모더니즘을 비판할 때 허수아비를 공격하는 잘못을 저지른다. 로버츠는 역사가들에게 극단적 입장들을 거부하느라 포스트모더니즘을 통해 얻은 통찰력을 무시하지 말도록 경고한다. 대신 역사가는 중용을 추구해야 한다.[221] 맥나이트는 포스트모던주의자들이 종종 "부정확하게 희화화된다"고 인정한다. "…젠킨스 같은 포스트모더니즘 역사기술가들에게는 실제로 과거·현재 그리고 미래가 있다. 그 과거는 '사실'을 포함한다는 특징이 있는데, 그것은 실존적 사실 또는 더 정확하게는 불연속적인 사실이다."[222]

포스트모던주의자의 입장에 내재된 약점들에도 불구하고, 이런 역사가들이 우리로 하여금 모더니즘의 남용으로 인해 초래될 수 있고 또한 실제로 초래되고 있는 함정들에 주목하게 해준 데 대해 마땅히 찬사를 보내야 한다.[223] 과거에 대해 그리고 특히 역사적 예수에 대해 아주 창의적으로 재구성하면 분명히 학문적인 토론과 우리의 즐거움에 무언가를 더

---

220 H. V. White(1978), 82.

221 Roberts가 옳다. 그러나 그가 중용이라고 주장하는 것은 내게는 중도주의라기보다는 과격한 포스트모더니즘에 더 가까워 보인다.

222 McKnight(2005), 9.

223 McKnight(2005)는 이렇게 말한다. "성 바울의 몸에는 가시가 있었고, 우리에게는—나는 이렇게 말하고 싶다—포스트모던주의자들이 있다. 그들은 우리를 무릎 꿇게 하거나, 또는 바짝 긴장하게 한다"(9).

해준다. 그러나 그런 재구성이 내러티브의 한계와 주관성에 대한 고백 없이 또는 책임 있는 역사 연구 방법 적용이라는 꼭 필요한 지원 없이 지나치게 자신 있게 사실로 진술될 경우, 그것은 그 역사 연구의 평판을 해칠 수 있다. 역사기술에는 한계가 있다. 그리고 오늘날 역사가들은 어느 정도 조심스럽게 말해야 한다.[224] "포스트모던 이론가들을 통해서 새로운 중요한 지식들이 축적되어왔으며 진실과 객관성을 위한 새로운 기준이 확립되어야 하기 때문에 역사는 결코 과거의 모습과 같지 않을 것이다."[225]

아마도 과도하게 단순화해서 개관하자면, 역사를 이해하기 위한 세 가지 접근법이 있다고 말할 수 있을 것이다. 첫 번째 접근법은 정확한 방법, 이론 그리고 증거를 일관성 있게 사용할 경우 언제나 정확한 역사적 판단이 나온다고 여기는 순진한 사실주의다. 이 견해는 더 이상 유지될 수 없으며, 21세기가 시작되는 시점에서 적어도 공개적으로 그 견해를 수용하는 사람은 별로 없다. 두 번째 접근법은 책임 있는 방법을 사용하더라도 정확한 역사 지식으로 이끌어줄 수 없다고 주장하는 포스트모던 관점이다. 이 견해는 추종자들을 별로 모으지 못했다. 세 번째 관점은 확실성 수준은 다양하지만, 역사기술의 정확성이 어느 정도 유지될 수 있다고 주장하는 사실주의다. 압도적 다수의 역사가들은 이 관점을 취한다.

---

224 다음 문헌들도 보라. Allison("Explaining," 2005), 133; McCullagh(*The Logic of History*, 2004): "책임 있는 역사가들은 자신의 결론의 확실성을 과장하지 않도록 조심할 것이고, 그 결론을 지지하는 강력한 증거가 없을 경우에는 그 결론이 얼마나 잠정적인지를 지적할 것이다"(43). 널리 인정되는 것처럼, 역사적 예수 학자들은 좀처럼 자신의 결론을 유보하지 않고서 진술한다. 그러나 Mettinger(2001)는 그렇게 하기를 두려워하지 않는 학자의 신선한 본보기다. 그의 2001년도 책 중 다음 페이지들을 보라. 68, 71, 81, 136, 137, 140, 142, 144, 152. Crossley(2005), 182도 보라.

225 Kofoed(2005), 18.

1.2.8. 진리란 무엇인가?

포스트모더니즘의 도전에 비추어 볼때, 사실주의 역사가들은 진리 자체의 본질을 포함해서 자신의 견해의 토대를 재고해야 한다. 가장 널리 받아들여지고 있는 견해는 **진리 상응설**이다. 우리는 우리의 감각을 통해 세계를 직접 인식한다. 우리 주변의 세계에 대한 묘사가 참되려면, 그 묘사가 그 세계의 상황과 상응해야 한다. 우리의 묘사가 이런 상응을 이루는 한, 그 묘사는 진실을 반영한다. 진리 상응설은 여러 요소들로 인해 도전받는다. 세계에 대한 우리의 인식과 해석은 우리의 문화와 관심사, 즉 우리의 지평에 의해 영향을 받는다.[226] 이 해석은 해석되지 않은 데이터와는 별개이며, "어느 정도는 과거를 반영한다"고 말할 수 없다. 더욱이 우리의 인식은 실재를 정확하게 반영하지 않는다. 인식은 잘못 작동하거나 잘못 해석할 수 있는 우리의 기계적 감각의 결과다. 예컨대 맑은 날 차를 타고 가고 있는 어린아이가 앞에 있는 길에 물처럼 보이는 것을 볼 수도 있다. 그 아이는 지식이 제한되어 있어서 앞에 있는 길이 젖어 있다고 믿는다. 그러나 좀 더 큰 아이는 신기루에 대한 기본적인 지식이 있어서 자기가 보는 것을 어린아이와 다르게 해석한다. 인식은 대상 또는 저자의 지평에 토대를 둔 해석을 포함한다. 어느 증인이 이러 저러한 일이 일어났다고 말할 때 그 증인의 결론은 자신의 지평으로 가득 찬 인식에 근거한다. 역사가는 자신의 지평을 갖고 있으며, 역사가가 보고하는 내용은 그 지평 안에서 숙고되고 해석된다. 더욱이 우리의 감각이 실재를 정확하게 묘사한다고 입증할 길은 없다. 그럼에도 우리 모두는 우리의 감각이 적어도 자료에 대한 비교적 정확한 그림을 제공한다고 가정한다. 예컨대, 뜨거

---

226 McCullagh(*The Truth of History*, 1998), 17.

운 난로를 만질 때 경험하는 고통과 그로 인해 발생하는 살이 타는 냄새는 아마도 몸의 일부를 뜨거운 난로에 접촉하는 것은 해롭다는 정확한 인식을 제공할 것이다. 차에 타고 있던 좀 더 큰 아이는 앞에 있는 길에서 물을 보고 있다고 생각하는 어린아이보다 더 정확하게 인식하게 해주는 지평을 갖고 있다. 우리는 경험상 합리적 지성, 성숙한 지평, 그리고 적절하게 기능하는 감각을 가진 사람은 정확하게 인식할 수 있다는 것을 안다.

진리 상응설에 대한 또 다른 도전은 역사가들이 과거로 돌아가 자신의 이론에 비추어 과거를 조사할 수 없으며, 따라서 가장 엄격한 의미에서는 그들의 이론이 참으로 사건들에 상응하는지 결코 검증할 수 없다는 것이다. 그러나 이것은 단지 절대적 확신을 보증하지 못할 뿐이다. 역사가들은 **절대적** 확신을 추구하지 않는다. 대신 역사가들은 자신이 **합리적인** 확신을 얻을 수 있는 과거에 대해 **적절히** 설명하려 한다. 더욱이 인식과 관련된 도전의 경우처럼, 역사가들이 자신의 가설을 입증하지 못해도 그것은 대부분의 경우에 그들의 **진리를 아는 능력**에 영향을 줄 뿐, 진리 그 자체의 **본질**에 영향을 주지는 않는다.[227]

---

227 Anchor(1999): "모든 상응 이론은 아무리 정교해도 궁극적으로 지속되지 못할 수도 있다"(121); Rex Martin(1998): 다음과 같은 질문을 하면 아마도 사실주의를 옹호하는 것이 끝날 것이다. "회의주의자들[즉, 포스트모던주의자들]이 이 게임에서 이기지 못할 수도 있지만 질 것 같지도 않다는 것을 어렵지 않게 알 수 있다.… 우리가 보다 가까이 다가가는 진리는, 그것이 또한 객관적 진리**이든 아니든**, 적어도 내가 **방법론적 진리**라고 부르는 것이다"(36); McCullagh(*The Truth of History*, 1998)는 "진리상호관계론"을 제안하는데(17-20, 50), 그는 McCullagh(*The Logic of History*, 2004)에서 이 이론을 "비판적 진리론"이라고 다시 명명한다(5-17). McCullagh는 Charles Pierce에게 동조하면서 다음과 같이 주장한다. "세계에 대한 묘사는 만약 그것이 세계에 관한 가능한 모든 관찰 의견을 설명하는 이상적인 이론의 일부라면 참되다. 그리고 나는 세계에 대한 이상적인 이론이 참되려면, 사람들이 그런 인식을 할 수 있는 입장에 있을 경우 실재 안에 그 모든 인식을 유발할 수 있는 무언가가 있어야 한다는 점을 덧붙이고자 한다"(9-10). 이것은 내게는 진리에 대한 새로운 정의를 제공하기보다 그것을 진척시키기 위해 인식론적 도전들을 제쳐두는 불필요한 실용적 조치로 보인다. 역사가들이 자신이 묘사하는 사건이나 상태들에 대한 완전한 또는 철저하게 정확한 상응을 포착하는 역사기술을 내놓지 못

진리 상응설에 대한 세 번째 도전은 진리가 개인에 따라 상대적이라고 말한다. 만약 당신이 르네 데카르트와 같은 방에 있다면, 데카르트는 춥다고 느끼지만 당신은 아주 따뜻하다고 느낄 수도 있을 것이다. 방이 춥다는 데카르트의 진술은 그에게는 사실이지만 당신에게는 그렇지 않을 수도 있을 것이다. "느낌"은 상대적인 용어다. 그러나 상대적인 용어를 한정한다면, 문제는 해결될 것이다. 데카르트는 그 방에 있는 동안 춥다고 느꼈고 당신은 그와 함께 있으면서 따뜻하다고 느꼈다는 것은 모든 사람에게 참된 진술이다. 더욱이 페이가 주장하듯이, "카이사르는 기원전 49년 1월 10일에 루비콘 강을 건넜거나 건너지 않았다. 오스왈드는 단독 암살범이었거나 그렇지 않았다. 하이데거는 나치당에 가담했거나 가담하지 않았다.…이런 문장들을 참되게 만드는 것은 우리가 그런 진술이 참이라고 믿는지 여부 또는 우리가 그 문장들이 참되다고 믿을 정당한 근거를 갖고 있는지 여부가 아니라, 세계가 어떠한지 또는 어떠했는지다."[228]

진리에 대한 또 다른 이론은 **정합설**이다. 이 이론은 어떤 명제의 모든 구성요소가 참되다고 믿어지는 다른 명제들과 일치할 때 그 명제는 참되다고 말한다. 이 진리 이론은 창의적인 내러티브를 형성하는 데 탁월한 역사가들에게 특히 매력적일 수 있다. 그들의 내러티브는 널리 수용되는 다른 명제들과 더 잘 일치하기 때문에 참되다. 정합설도 여러 가지 도전

한다는 것을 시인하면서도 진리상응론을 고수할 수 있다. McCullagh 자신이 이 점을 인식하는 것으로 보인다. 그는 자신의 비판적 진리론에 대해 말하면서 이렇게 쓰고 있다. "이것은 사람들이 어떤 묘사를 사실이라고 부를 때 흔히 의미하는 바가 아니다. 그것은 어떤 조건에서 그 묘사가 사실이라고 믿는 것이 합리적인지에 대해 진술한다"(*The Logic of History*[2004], 10). Briggs(2001)는 Fish(1980), 9장에 맞서서 지식의 토대 문제를 극복하는 데 도움이 되는 화행이론을 제안한다(17). Lorenz(1994)는 "내재적 실재론"을 제안한다.

228 Fay(1998), 91.

에 직면한다. 역사가들은 동일하게 논리 정연한 여러 가설들이 서로 상충할 때 어떻게 해야 하는가? 이런 경우에 그런 가설들이 동등하게 참되다고 주장하거나 결정할 수 없어서 어느 특정 가설을 최상의 설명으로 인증할 수 없다고 말해야 할 것이다. 더욱이 두 개의 가설이 동등하게 논리 정연함에도 그중 어느 하나가 거짓이라고 알려질 수 있다. 역사가들은 주의 깊게 구성되었지만 거짓이라고 알려진 내러티브가 실제로 일어났지만 외부 상황을 감안할 때 덜 논리 정연한 사건보다 참되다고 기꺼이 주장할 것인가? 결국에는 진리 상응설이 득세하는 것으로 보일 것이다. 그렇지 않다면 사실과 허구를 구별할 방법이 없게 될 터인데, 포스트모던주의자들은 바로 이런 입장을 취한다. 더욱이 우리는 명제와 일치하는 명제들이 참인지 여부를 어떻게 알 수 있는가? 최소한 정합설은 메타내러티브를 요구한다. 이 점은 정합설을 패배시키는 요소가 아니다. 그러나 그것은 정합설 접근법에서 완료되어야 하는 작업이 매우 방대함을 보여준다.

어떤 가설이 인정된 다른 명제들과 일치하는지 검증하면 그 가설이 참됨을 부정하는 역할을 할 수도 있다. 가설이 논리정연하다는 이유로 참되다고 판단되어서는 안 된다. 정합설을 수정해서 경합하는 가설들보다 사실들과 더 잘 일치하는 가설이 참되다고 진술한다면 어떤가? 그런 수정은 단지 정합설의 우산 아래에서 올바른 가설을 결정하기 위한 조건을 만들어낼 뿐이다. 왜냐하면 그것은 그저 사실들과 가장 잘 일치하는 가설이 사실들과 덜 일치하는 경합하는 가설들보다 실제로 발생한 일에 더 가깝다고 말하는 다른 방식에 불과할 것이기 때문이다. 달리 말하자면 수정된 정합설은 상응설에서 정의되는 진리를 확인하기 위한 정합성 기준이 된다.

상응설은 가장 널리 받아들여지고 있으며, 이것이 우리가 살아가는 방식이다. 맥컬래프는 이렇게 말한다. "세계가 그에 대한 우리의 묘사에 상응한다고 여기는 관습은 편리하고 대체로 해롭지 않다.…모든 맥락에서 순진한 사실주의는 잘못된 기대를 거의 낳지 않는다."[229] 사실주의 역사가들은 진리를 상응 면에서 정의하는 외에도 상응 면에서 무엇이 참인지 확인하기 위한 기준을 수립하려 한다. 역사가들은 역사기술의 불확실성을 수용하기 위해 진리의 본질과 관련된 자신의 이론을 바꿔서는 안 된다. 오히려 그들은 실제로 발생한 바에 상응하는 서술을 만들어내기 위해 노력해야 하지만, 보다 조심스러운 결론, 즉 입수할 수 있는 데이터에 기초해서 개연성 또는 가능성에 대해 말하는 결론으로 만족해야 한다. 과거에 대한 우리의 지식은 실재를 반영하지 않을 수도 있다. 즉 그 지식은 발생한 일의 상세한 내용과 일대일로 상응하지 않을 수도 있다.[230] 오히려 역사기술은 대개 발생한 일에 대해 그 이미지 중 일부분만 선명하고 나머지는 흐릿한 그림을 제시한다.

그러므로 나는 역사는 종종 알려질 수 있으며 어떤 가설들은 상응 측면에서 다른 가설들보다 참되다고 주장한다. 우리는 과거에 대한 특정 묘사가 정확하게 과거와 일치한다고 확신하지 못한다. 과거의 묘사는 확실히 불완전하다. 그러나 어떤 가설의 묘사가 발생한 일에 상응하고 그것과 모순되지 않는 한 그 가설은 "참되다"고 말할 수 있다. 그러나 나는 진리에 대한 이런 정의가 역사가에게 자신이 선호하는 가설이 "참되다"는 것을 정당화해주는 확신과는 전적으로 다른 문제라는 점을 서둘러 덧붙

229 McCullagh(*The Truth of History*, 1998), 27. Lorenz(1994)도 보라: "참된 진술과 그 진술이 가리키는 세계 사이의 상응 관계가 개념적 틀 안의 전통적인 관계라는 사실은 지시 내용이라는 개념과 상응으로서의 진리라는 개념을 무효화시키지 **않는다**. 이런 개념들이 없다면 사실상 우리가 말할 때 **무엇에 관해 말하는지** 이해할 수 없다"(310).

230 비록 철저한 묘사는 불가능하고 그것이 역사가의 목표도 아니지만, 역사가가 운이 좋아서 과거에 대해 알지 못하면서도 완벽하게 정확한 역사기술을 제공할 수도 있기 때문에 나는 **할 수도 있다**라는 표현을 사용한다.

이고자 한다. 더욱이 역사가들은 상응 면에서 참된 서술을 추구할 뿐 아니라, 또한 공정하고 적절한 묘사를 원한다.

1.2.9. 역사적 사실이란 무엇인가?

이 장의 시작 부분에서 나는 **본질적으로 논쟁적인 개념**은 그에 대해 합의된 정의가 없는 용어라고 언급한 바 있다. 역사가들 사이에서 "사실"은 본질적으로 논쟁적인 개념이다. 리처드 에반스는 역사적 사실을 "발생했고 역사가들이 검증 절차를 통해 '발견하고자' 하는 그 무엇"이라고 정의한다.[231] 나는 이 정의를 옹호하며 이 책에서 이 정의를 사용할 것이다. 사실들은 역사가들의 가설을 위한 증거가 되도록 역사가에 의해 해석된 데이터라고 주장하는 사람들도 있다.[232] 앞에서 논의했듯이, 모든 역사가들

---

231 R. Evans(1999), 66.

232 Dunn(2003), 102-3. Appleby, Hunt and Jacob(1994)도 보라: "증거는 오직 특정 설명에 대해서만 증거일 뿐이다"(261). 사실에 대한 해석 차원에서도 불일치가 존재한다. Fredriksen(1999): "비록 그 말이 오늘날 역사학계에서는 유행하지 않고 있지만, 나는 어떻든 여기서 그 말을 끄집어내려 한다. 우리에게는 사실들이 있다. 예수에 관한 사실들, 그리고 그의 십자가형 이후 형성된 운동에 관한 사실들 말이다. 사실들은 언제나 해석 대상이지만—그것은 재미있는 부분이다—그것들은 또한 우리의 연구에서 고정된 지점(fixed points)으로 존재한다. 그 어떤 설명도, 예수의 사역과 메시지에 대한 그 어떤 재구성도, 우리가 그렇다고 **알고 있는 것**에 대해 적절하게 말해야 한다. 그렇게 하지 못한다면, 흥미로운 방법들을 얼마나 우아하게 적용하는지와 상관없이, 그리고 그 도덕적 메시지가 얼마나 매력적이고 호소력이 있는지와 상관없이, 그런 재구성은 역사로서는 실패한다"(7). Haskell(1990): "사실들은 현재로서는 논쟁이 될 가능성이 낮은 수준의 해석적 실체일 뿐이다"(141). McCullagh("What Do Historians Argue About?" 2004): 역사적 사실들은 현대 역사가의 해석을 통해 도달되며 그런 의미에서 주관적이다. 그러나 일단 어떤 사실이 확정되고 나면, 과거에 대한 그 어떤 재구성도 그에 대해 설명해야 한다(24); McKnight(2005): "'사실들'은, 그것들이 발견되든 발견되지 않든, 마음과 별개로 있다. 즉, 일들은 말해졌고, 일어났다. '증거'는 그런 '실존적 사실들' 중 살아남은 것이다"(20 각주 71); Topoloski(1999): 정보는 기본적인 수준부터 높은 수준까지의 사실들에 대한 다양한 정도의 해석을 요구한다. 조사 대상이 되는 어떤 사실들은 아무런 직접적 증거도 없으며 인식론적 수렁으로 이어진다. 어떤 사실이 기본적

은 자신의 지평에 의해 큰 영향을 받기 때문에 해석적 요소가 과거에 발생한 일과 관련된 여러 불일치의 원인이 된다. 아비에저 터커는 이렇게 단언한다. "과학자들이나 역사가들이 취해서 자신의 학문의 바구니에 집어넣기만 하면 되는 과학적 또는 역사기술상의 기성식품 같은 사실들은 존재하지 않는다. 사실들을 우리가 거의 전적으로 확신하는 지식의 단위들이라고 생각한다면, 과학자들과 역사가들이 사실이라고 여기는 것은 그들의 이론·연구 프로그램 그리고 증거의 제약들에 의존하기 때문에 사실들에 대한 지식은 연구를 통해 나오고 이론으로 가득 찰 것이다."[233] 결국 역사가들은 역사적 "사실"에 대한 정의에 대해서 뿐 아니라 무엇을 사실로 인정할 것이냐를 두고서도 서로 의견이 엇갈린다.[234]

이 점은 역사가들을 곤경에 빠뜨린다. 앞에서 논했듯이, 사실들은 역사가의 지평 안에서 숙고된 뒤에 해석된 데이터다. 역사가가 사실들을 오직 자신의 지평을 통해서만 해석한다면, 그런 사실들은 이번에는 단지 그의 지평을 확인하는 데만 도움이 될 뿐이다. 그럴 경우 우리는 원 위를 걷

이라고 여겨지기 위해서는 상대적으로 높은 수준의 합의가 요구된다(200-201). Barrera(2001), 199-200도 보라. 포스트모던주의자들은 사실은 존재하지 않고 오직 해석만 있다고 주장한다.

233 Tucker(2004), 14. Lorenz(1994)는 "역사가들이 자주 사실들에 관해 그리고 사실들 사이의 관계에 관해 **계속** 일치를 보지 못한다는 사실"을 지적한다(305). Craffert(1989)도 보라: 어떤 학자도 "**자료를 해석**하지 않으면 **설명**도 하지 못한다. 사실 해석이 없는 사실은 존재하지 않는다"(333). Dunn(2003): "데이터 그 자체조차 결코 '날 것(raw)'은 아니다. 데이터는 이미 역사적 과정에 의해 '선택되었다.' 또한 데이터가 발견되고 지금 주목받게 된 방식에 의해 또다시 '선택된다.' 데이터에는 어떤 맥락이나 이미 존재하는 다양한 해석과의 접촉이 따른다. 해석자의 이해의 틀이나 특정한 논지들로 인해 어떤 데이터가 다른 데이터들보다 더 중요하게 보인다"(111).

234 Lorenz(1994)는 유대인 대학살을 역사에서 어떻게 다뤄야 하는지에 대해 독일의 좌파와 우파 사이에 벌어진 지적·정치적 논쟁인(1986-1989년의) "역사가 논쟁"을 인용한다. 그는 이렇게 지적한다. "이 논쟁에서 어느 한쪽의 사실 진술에 대해 다른 쪽은 이를 사실로 인정하지 않았고 종종 정치적 '가치 판단'으로 폄하했다"(302).

고 있는 것으로 보일 것이다. 그 원을 깨뜨릴 방법이 없을 수도 있지만, 역사가들은 앞서 개략했던 지평을 초월하기 위한 여섯 가지 제안들(방법론, 동료의 압력, 동조하지 않는 전문가에게 의견 제출, 자신의 지평과 방법론 공개, 편견과 절연, 역사적 기반 설명)을 사용해서 그 원을 도는 것의 문제를 줄일 수 있다.[235] 그러므로 우리의 원에는 역사가가 앞으로 나아가기 전에 잠시 멈춰 서야 하는 여섯 개 지점이 있다. 이렇게 하더라도 완전한 객관성이 보장되지는 않는다. 역사기술은 여전히 다양할 것이다. 그러나 나는 이 여섯 가지 제안을 적용하면 우리의 지평을 관리하고 주관성을 최소화하는 데 도움이 되리라고 생각한다.

1.2.10. 입증책임

과거에 대한 정보 대부분은 우리에게 텍스트 형태로 다가온다. 따라서 우리는 이런 텍스트에 어떻게 접근해야 하는지 물어야 한다. 역사가가 텍스트에 접근하는 세 가지 방법이 있는데, 그것은 (일단 신뢰하는) 경신적 접근법(methodical credulity), (일단 의심하는) 회의적 접근법, 그리고 중립적 접근법이다. 장르 문제를 제쳐두면, 경신적 접근법을 채택하는 역사가는 텍스트가 달리 간주되어야한다고 암시하지 않는 한 이를 믿을 만하다고 가정한다.[236] 믿을 수 없다는 지표로는 텍스트의 내적 모순, 우리가 오늘날 참된 실재라고 알고 있는 것과 모순되게 묘사된 상태, 또는 저자가 자신의 대의를 펼치기 위해 기존 데이터를 왜곡하고 새롭고 오도하는 데이터를

---

235 이 책의 1.2.3.을 보라.

236 다음과 같은 학자들이 일종의 체계적 고지식함 실천을 주장한다. Blomberg(2007), 304; Byrskog(2002), 280; David(2006), 60, 62; Waterman(2006), 1; Wenham(1992), 24; Swinburne(2003), 4.

만들어냈다고 알려진 경우 등이 있다. 회의적 접근법을 채택하는 역사가는 텍스트가 믿을 만하다고 여겨져야 한다고 암시하지 않는 한 이를 믿을 수 없다고 가정한다.[237] 믿을 수 있다는 지표로는 내적 일관성, 참되다고 알려진 사건들에 부합함, 그리고 저자가 데이터를 공정하고 조심스럽게 보고한다고 알려진 경우 등이 있다. 텍스트는 거짓이라고 밝혀지기 전까지는 참되다고 가정해야 하는가, 아니면 참되다고 밝혀지기 전까지는 거짓이라고 가정해야 하는가? 고지식함이 우세해야 하는가, 아니면 회의주의가 우세해야 하는가?

역사 연구에서 경신적 접근법을 채택하면 길에 원하지 않는 지뢰를 뿌려놓는 셈이다. 동기가 무엇이든 고대의 역사가들도 현대의 역사가들처럼 거짓말하고, 만들어내고, 윤색할 수 있다. 더욱이 장르와 관련된 문제에 대해 언제나 쉽게 답할 수 있는 것은 아니다. 그러므로 역사가가 텍스트를 액면 그대로 받아들이면 온갖 종류의 수렁과 오류 속으로 빨려 들어갈 수 있다. 미국에서 법원은 피고를 잘못된 고소로부터 보호하기 위해 피고의 무죄를 추정한다. 이것은 경신적 접근법이다. 법원과 역사가의 접근법에는 두 가지 유사성이 있다. 첫째, 역사가와 법관 모두 합리적인 의심을 넘어서는 증거를 찾는다. 둘째, 양자 모두 과거가 절대적으로 재구성될 수는 없지만 알려질 수 있다고 가정한다. 보다 과격한 포스트모더니즘 역사가들은 이 두 번째 유사성에 주목해야 한다. 왜냐하면 과거를 알고자 하는 모든 노력이 쓸모없다고 주장하는 것은 역사의 죽음일 뿐 아니라 또한 법률 체계의 죽음이기도 하기 때문이다. 과거가 알려질 수 없다면, 어떤 확신을 정당화할 수 있는 신뢰할 만한 아무 증거도 있을 수 없다. 목격

---

237 Meeks(2006), 110, 113에서 회의적 접근법이 실천되는 것으로 보인다. 나는 여기서 methodical"이라는 말을 어떤 특정 방식으로 행동하는 것 또는 그렇게 행동하려는 성향이라는 의미로 사용한다.

자들이 자신의 지평에 따라 해석된 파편화되고 선택된 자료를 보고하는데, 왜 그들의 말을 믿는가? 입증책임은 논란의 여지가 있다. 그러나 유죄인 사람이 석방되고 무죄인 사람이 투옥되는 것을 통해 입증되는 약점에도 불구하고 이 법률 체계는 대체로 아주 믿을 만하다. 따라서 저자의 의도, 방법 그리고 진실성이 알려져 있을 때는 경신이 가장 좋은 방법으로 보일 것이다. 불행하게도 많은 경우에 우리는 이런 사안들에 대해 확실하게 알 수 없다.[238]

회의적 접근법은 근거가 빈약한 보고를 제거하고 강력한 증거를 제공하는 매력적인 특징이 있다. 그러나 역사가들은 다른 모든 사람들처럼 자신의 강력한 신념을 갖고 있는데, 이 신념은 특정 텍스트에 어느 정도의 무게를 부여할지에 대해 큰 영향을 준다. 특히 기적 주장을 고려할 때 이런 신념이 큰 영향을 주는데, 왜냐하면 기적 주장은 하나님이 존재하는지, 그리고 하나님이 있다면 그가 우리의 세계 안에서 행동하는지와 관련된 형이상학적 질문에 대한 답과 관련이 있기 때문이다. 그러므로 예수의 부활에 관한 연구에서 회의적 접근법은 유용할 수 있지만 해로울 수도 있으며, 사실상 우리가 과거를 알지 못하게 할 수도 있다.[239] 크레이브 블롬버그는 이렇게 말한다. "다른 고대 역사 문헌들을 연구할 때 일관성 있게 그런 방법을 실행하는 학자들은 뒷받침하는 데이터가 너무 부족해서 현재 인정되고 있는 역사의 대부분은 폐기되어야 한다고 느낄 것이다."[240]

---

238 Meyer(1979), 85. 확실히 정경 복음서들의 장르는 우리의 논의에 관련이 있는 중요한 문제이며, 이에 대해서는 아래 3.2.1.에서 다룰 것이다.

239 Meyer(1979), 108. 방법론적 자연주의는 회의적 접근법보다 더 편향되어 있다. 왜냐하면 회의적 접근법에서는 최소한 기적 주장이 검증될 기회가 주어지기 때문이다. 방법론적 자연주의에서는 기적이 관련되어 있을 경우 역사가들은 그에 대해 결코 알 수 없으며 그들의 자연주의적 가설은 모두 틀리게 되어 있다.

240 Blomberg(2007), 304.

물론 요구되는 입증책임의 수준에 따라 회의적 접근법과 경신적 접근법도 다양하게 나눠질 것이다. 즉 경신적 접근법을 채택하는 어떤 역사가는 역시 경신적 접근법을 채택하는 다른 역사가보다 어떤 데이터를 더 쉽게 믿을 수 없는 것으로 여길 수 있는 반면, 회의적 접근법을 채택하는 어떤 역사가는 역시 회의적 접근법을 채택하는 다른 역사가보다 증거를 더 기꺼이 인정할 수도 있다.

세 번째 견해인 중립적 접근법에서는 어떤 주장을 하는 사람이 입증책임을 진다.[241] 이 견해는 텍스트에만 적용되는 것이 아니라 가설 진술도 포함하며, 언뜻 보기에는 가장 공정한 접근법으로 보인다.[242] 그러나 다시 보면 이 입장에 회의적 접근법의 특징이 있음을 알게 된다. 역사에 관한 특정 가설을 주창하는 역사가는 그 가설을 지지할 완전한 입증책임을 지며, 그렇지 않다는 충분한 증거를 발견하기 전까지는 그 가설을 거짓으로 추정한다. 그 역사가가 특정 데이터나 결론을 비평하는 것을 넘어 자신의 대안적 이론을 제시할 때 중립적 접근법과 회의적 접근법 사이의 차이가 나타난다. 왜냐하면 이 지점에서 그 역사가는 자기 이론에 대한 입증책임을 지기 때문이다. 예컨대, 예수의 부활 문제를 논의할 때 어떤 역사가가 제자들이 예수의 부활 후 출현에 대한 환각을 느꼈다고 제안할 수도 있을 것이다. 중립적 접근법에서는, 이 가설이 거짓이 아니라는 충분한 증거가

---

241 Eddy and Boyd(2007), 379; Fisher(1970)는 중립적 접근법을 채택하는데, 그는 경신적 접근법을 **"추정상의 증명의 오류"**(fallacy of the presumptive proof)라고 부르고 회의적 접근법을 **"부정적 증명의 오류"**(fallacy of the negative proof)라고 부른다(47-49). Grant(1977): "신중한 조사는 고지식함이나 적개심을 전제하지 않는다"(200); R. J. Miller(1992), 23; Scott 편(Finding, 2008), 9에 실린 R. J. Miller와 비교하라. Sanders(1985)를 보라. 그는 이 접근법을 예수의 어록에 적용한다(13).

242 Grant(1977), 201; Marxen(1968), 8; McKnight(2005), 38; Twelftree(1999), 248.

제공되기 전까지는 이 새로운 가설은 거짓으로 간주된다. 그 역사가가 기존 이론에 대한 하나의 반대의견으로서 단순히 "환각"이라는 말을 불쑥 말하는 것으로는 충분하지 않다. 대신, 이 대안적 이론은 하나의 가설로 다뤄질 것이다. 그리고 모든 가설은—[예수의 부활에 대해] 긍정적이든 회의적이든—비판을 받아야 하며 옹호되어야 한다. 이것은 역사가들이 가설들을 평가하는 관행과 일치한다.

중립적 접근법과 회의적 접근법 사이의 주된 차이는 입증책임과 관련이 있다. 모든 역사가는 자신의 가설을 옹호할 책임을 부담한다. 예수가 부활했다고 주장하는 역사가는 예수가 부활했음을 입증하는 부담을 져야 한다. 텍스트는 달리 증명되기 전까지는 참되다고 간주될 수 없다. 적어도 텍스트가 역사 연구의 일부일 경우에는 그럴 수 없다. 중립적 접근법에서는, 예수의 부활이 아닌 다른 무언가가 일어났다고 주장하는 학자들도 그 다른 무언가가 발생했음을 입증할 책임을 진다. 부활보다 x가 발생했을 개연성이 더 크다는 논리정연하고 설득력 있는 이유를 제공하지 않은 채 x가 발생했을 수 있다고 주장하는 것으로는 충분하지 않다. 예컨대, 볼커 씨가 명왕성으로부터 오는 보라색 거위들이 지구상의 설명되지 않는 많은 현상들에 대해 책임이 있다고 주장한다고 가정해보자. 우리는 볼커 씨가 모종의 증거—예컨대, 일단의 천체물리학자들이 명왕성에서 지구로 오는 한 줄기의 보라색 잔여물의 흐름을 감지했고, 그 흐름의 선이 역(逆) V자 모양을 하고 있으며, 그 흐름의 끝이 지구에 도달할 때마다 설명할 수 없는 현상이 발생하기 시작하는 양상을 알려주는 보고서 같은 증거—를 제시하기 전까지는 이 주장을 무시할 수 있다. 볼커 씨가 이런 증거를 제시한다 해도 그의 이론은 여전히 터무니없어 보일 수 있다. 그러나 중립적 접근법을 택할 경우, 적어도 동등하게 강력한 대안 이론을 제공해야 할 부담은 이제 회의주의자에게로 넘어간다. 볼커 씨의 이론을 지지하는 증거가 강할수록, 그 이론을 부정하려면 대안 이론도 그만큼 더 강해야 한다. 예컨대 카트자 씨는 멀리 떨어진 준항성체로부터 오는 은하계의 바람이 혜성 뒤에 남겨진 입자들에 부딪혀 굴절되면서 지구를 향해 다가오는 보라색 줄처럼 보이는 현상을 만들어냈다고 대답할 수 있을 것이다. 더욱이 설명되지 않는 현상의 수는 일반적인 수준보다 증가하지 않았다. 사람들이 의식 상태가 고조되어서 그 현상들을 관측했을 뿐이다. 그러나 볼커 씨가 그 현상이 발생하는 여러 장소에서 보라색 깃털 모양의 인공물들이 발견된다고 지적한다면, 카트자의 이론은 그다지 설득력이 없을 것이다. 특히 카트자가 그 은하계의 바람과 혜성의 입자들이 실제로 그 현상이 일어난 그 시간에 존재했음을 밝히지 못한다면 더욱 그러할 것이다. 그러므로 어떤 역사 해석 배후의 데이터가 강력할수록, 다른 입장을 지지하는 역사가에게 지워지는 부담은 더 커진다.

다른 예를 살펴보자. 이번에는 예수의 부활과 관련이 있다. 어느 회의적인 역사가가, 예수의 부활과 그 사건에 대한 제자들의 최초의 공개적 선포 사이에 49일간의 대기 기간이 있었다는 것은 제자들이 그 기간을 이용해서 정교한 이야기를 지어냈음을 암시한다고 주장하면서 그 사건에 대해 의문을 제기한다고 가정해 보자. 예수 부활의 역사성을 옹호하는 역사가는 그 지연에 대해 보고하는 누가가 또한 다음과 같은 정보를 알려준다는 점을 지적할 수도 있다. "그가 고난 받으신 후에 또한 그들에게 확실한 많은 증거로 친히 살아 계심을 나타내사 사십 일 동안 그들에게 보이시며 하나님 나라의 일을 말씀하시니라. 사도와 함께 모이사 그들에게 분부하여 이르시되 예루살렘을 떠나지 말고 내게서 들은 바 아버지께서 약속하신 것을 기다리라"(행 1:3-4).[243] 누가가 제시한 기간에 따르면 제자

---

243 이레나이우스(*Haer*. 1.28.7)는 영지주의자들이 예수가 "18개월(또는 548일) 동

들은 오순절 날에 설교를 시작했는데, 오순절은 예수가 십자가형을 당한 지 49일 후였다. 예수는 유월절 전야에 십자가에서 처형되었다. 예수는 유월절 다음날 부활했고 40일 동안 자기 제자들과 다른 사람들에게 나타났다. 그동안 그들은 무엇을 했는가? 우리는 예수가 제자들에게 하나님 나라에 대해 가르쳤고 그들과 함께 먹고 마셨다는 말을 들을 뿐이다(행 10:41). 그 후 예수는 제자들에게 예루살렘에 머물러 성령을 기다리라고 말했다. 만약 예수가 그 기간 동안 자기 제자들과 함께 오랫동안 물러나 있으면서 제자들을 그들 앞에 놓여 있는 거친 길에 대해 준비시키기를 원했다면 어떠했을까? 예수가 제자들과 더불어 40일 동안 은거했던 것에 의미가 있었겠는가? 예수는 하나님과 함께 광야에서 40일 동안 은둔한 후 자신의 사역을 시작했다. 예수가 제자들과 함께 40일 동안 은둔한 후 그의 교회를 시작하고 있었던 것인가? 아니면 예수의 제자들이 예수가 그의 사역을 시작했을 때 그랬던 것처럼 하나님과 함께 40일 동안 은둔한 후에 그들의 주된 사역을 시작하고 있었던 것인가? 여기서는 단지 추측만 할 수 있을 뿐이다. 우리가 아는 것은 예수가 승천한 후 제자들이 그의 부활에 대해 선포하기 시작하기 전에 기다린 기간이 49일이 아니라 9일뿐이었다는 것이다. 누가에 따르면 그렇게 기다린 이유는 예수가 그들에게 성령을 기다리라고 명령했기 때문이었는데, 제자들의 사역을 위해서는 성령의 임재가 필요했다. 그러므로 예수가 부활한 뒤 그 사실 선포가 지연된 이유는 확실하게 설명될 수 있다. "창작 가설"과는 달리 지연

안 지상에서 머물렀다"고 믿었다고 전한다. *Ap. Jas.*에서는 예수가 지상에 머문 날은 550일이다(NH I:2, 19-20). 이 두 제안들의 유사성을 감안할 때, 이 숫자들은 어떤 전승에 기초를 두었을지도 모른다. 아마도 18개월이라는 기간은 예수의 부활 이후의 모든 출현 기간에 대한 언급이었을 것이다. 거기에는 바울에게 나타난 것까지 포함되는데, 그 일은 예수가 부활한 후 2년 이내에 발생했었을 수도 있다. *Pistis Sophia* 106은 예수가 11년 동안 지상에 머물렀다고 전한다! Robinson(1982)을 보라.

기간은 그리 길지 않았고 그런 기다림에는 타당한 이유가 있었다. 자연적인 설명을 선호하는 이유는 자명한 역사적 추론보다는 지평과 연결되어 있다. 회의적인 역사가들은 부활가설을 선호하는 역사가들이 신약성서가 세부사항을 제공하지 않는 곳에서 추측한다고 비난할 수도 있다. 그리고 그들이 옳을 수도 있다. 그러나 그 기간 동안에 부활 이야기가 만들어졌다는 그들의 주장도 부활 가설 못지않은 추측을 한다. 왜냐하면 그런 회의적인 견해를 뒷받침하는 그 어떤 견고한 증거도 없기 때문이다. 이 예에서, 회의적 접근법을 채택한다면 회의적인 역사가가 이긴다. 왜냐하면 회의적 역사가는 자기 견해에 대한 그 어떤 입증책임도 부담하지 않기 때문이다. 중립적 접근법을 채택하는 역사가는 자기 견해가 가설 평가 기준의 충족이라는 측면에서 **더 타당하지** 않은 한, 잘하면 비기지만 이기지는 못한다.[244]

역사적 결론에 이르는 이상적인 방식은 비판적이고 엄격한 진실 검증, 합리적 추론을 고수하는 지적인 생활 방식, 그리고 증거에 의해서 어쩔 수 없게 될 때까지 동의를 유보하겠다는 결단을 통해서다. 결국 이렇게 하면 역사가는 종종 다음과 같은 결론을 내릴 수도 있다. "역사가로서 나는 x가 일어났다고 믿는다. 그러나 확신하기에 충분한 증거는 없다." 내 역사 연구 방법론에서 나는 중립적 접근법을 채택할 것이다.

1.2.11. 이론과 역사가

지금까지 우리는 역사철학에 대해 논의해왔다. 역사란 무엇이며 어떻게 연구되는가? 놀랍게도 이런 문제들에 주목하는 역사가는 거의 없다. 아래

244 이 책의 1.3.2.를 보라.

와 같은 언급을 고려해보라.

호세 바레라: "비록 역사에 관해 말하려 하는 이들이 공통의 대상—역사기술 텍스트—을 갖고 있을지라도, 그들은 그 대상에 접근하는 하나의 명확한 방법을 갖고 있지 않다."[245]

데이비드 해켓 피셔: "역사적 증거에 관한 명확한 규범들은 널리 관찰되지도 않고 일반적으로 합의되지도 않는다."[246]

하스켈: "영어나 철학과 달리 모든 종사자에게 익숙한 단일 규범을 정의할 가능성조차 없는 학문의 본질적으로 분산적인 특징"[247]

마이클 그랜트: "모든 비평가가 자신의 규칙을 만들고자 하는 것은 사실이다."[248]

피터 노빅: "폭넓은 담화 공동체로서, 공통의 목표·기준·목적으로 연합한 학자들의 공동체로서의 역사라는 학문은 [1980년대 현재] 더 이상 존재하지 않는다. '객관성 문제'라는 아주 논쟁적인 주제는 말할 것도 없이, 어느 것에 대해서도 수렴할 수 없었다. 그 직종은 사사기 마지막 구절에서 '그때에 이스라엘에 왕이 없으므로 사람이 각기 자기의 소견에 옳은 대로 행했다'고 묘사되는 바와 같다."[249]

터커: "역사기술의 어떤 분야에서 합의가 존재하지 않는다는 것은 역사에 대한 하나의 결정적인 해석이 존재하지 않음을 가리킨다."[250]

---

245 Barrera(2001), 204.
246 Fischer(1970), 62.
247 Haskell(1990), 153. 168-69와 비교하라.
248 Grant(1977), 201.
249 Novick(1988), 628.
250 Tucker(2001), 54.

이런 진술들은 표본에 불과하다.[251] 이 모든 말이 종교학자가 아닌 역사가들이 한 언급이라는 사실은 놀랍다.[252] 렉스 마틴은 노빅의 "이스라

---

251 Crowell(1998): "역사가들의 연구에서는 법칙에 의해 연역적으로 지배되는 문장들의 체계라는 엄격한 의미에서 중요한 이론은 거의 없는 듯하다"(221); R. Evans(1999)는 대부분의 역사가들이 포스트모던주의자들과 이론의 도전을 회피한다고 말한다(8-9); Fay(1998): "실천된 역사와 역사에 관한 메타이론이 분리되어서 많은 사람이 메타이론은 다소 관련이 없다고 주장하게 되었다.…[메타이론은] '현역 역사가들'이 하는 일에 영향을 주지 않는다. 역사의 풍차는 역사철학의 편견과 다툼에도 불구하고 계속해서 돌아간다"(83); Fitzhugh and Leckie(2001): *History and Theory*에서 글을 교환하는 과정에서 사실주의자인 Zagorin과 포스트모던주의자인 Jenkins는 그들 사이에 다음과 같은 한 가지 합의점만 발견했다. "대부분의 역사가들은 대체로 이론적인 문제들을 무시한다"(62); Iggers(2005): [Gordon Graham이] 현역 역사가들의 작업에서 이론은 제한된 역할만 할 뿐이라고 지적한 것은 옳다. 역사가들은 비록 늘 자신이 대체로 분명하게 진술하지 않는 이론적 가정하에서 작업함에도 이론을 생략하려 한다(474); Shaw(2001)는 이론은 전형적인 역사가들에게 너무 겁을 주기 때문에 대부분의 역사가는 이론에 거의 아무런 시간과 노력도 기울이지 않는다고 주장한다(5); H. V. White(1987)는 "오늘날의 역사가들이 '역사철학'에 대해 보이는 거의 보편적인 경멸"에 대해 지적한다(21); Zagorin(1999): "대개 이론적인 문제들을 무시하는 듯 보이는, 그리고 의문의 여지 없이 포스트모던주의자의 도전이 사라지기를 바라면서 방해받지 않고 자기들의 작업을 계속해 나가기를 선호하는 대다수의 전문적인 역사가들"(2).

252 유사한 언급을 하는 종교학자들에 대해서는 다음을 문헌을 보라. D'Costa 편(1996)에 실린 Pannenberg: "역사적 판단을 위한 기준과 도구들은 논란의 여지가 없지 않다. 현대의 역사 연구 방법은 근대가 시작된 이래로 발전 과정에 있다"(63); Allison(*Resurrecting Jesus*, 2005): "확실히[역사적 예수에 대한] 현재의 연구는 선행 연구들에 대해 쉽게 담을 쌓을 수 있는 것이 아니다. 현대의 연구에는 독특한 방법이 없고, 공유된 결론도 없다. 의견 차이는 이제 취향의 차이만큼이나 흔하고 뿌리 깊은 것이 되었다. 현재의 연구는 또한 공통적인 일련의 역사기술상 또는 신학상의 전제들도 갖고 있지 않다"(15). Allison은 나아가 R. Wright("방법에 관한 최종적인 동의가 존재하지 않는다")와 R. Brown("공통의 방법론이 없다")의 유사한 진술을 인용한다(16). Humphrey(2007)는 이렇게 언급한다: "성서 연구에서(그리고 보다 넓게는 종교 연구에서) 나타나는 당혹스러운 다원성으로 인해 통일된 학문 분야가 남아 있는지, 또는 그런 파편화가 최종적인지에 대해 고민하게 된 사람들이 있다.…몇몇 용감한 정신의 소유자들은 공통적인 핵심을 다시 표현하려 했고 신학적·사회학적 또는 이데올로기적 용어들을 사용해서 그 괴물을 길들이려 했다"(24). McKnight(2005)는 이렇게 쓴다. "역사적 예수 학자들은 역사기술을 전용하지만, 그들 중 자신의 역사기술에 대해 분명하게 설명하는 사람은 거의 없다"(4); "역사적 예수라는 학문은 대체로 자신의 역사기술에 대해 알지 못하거나, 또는 적어도 그 본질적인 특성을 꺼내 보이기를 원하지 않는 것으로 보인다"(16).

엘에 왕이 없었다"라는 악명 높은 진술은 너무 멀리 나갔다고 생각한다. "역사 연구에서 해석상의 논쟁들이 실제로 증거에 의해 판가름나는 방식을—판가름나는 한쪽에서—신중하게 살핀 후 역사 연구에서는 어떤 해석이든 가능하다는 견해를 갖게 되기는 어렵다."[253] 나는 마틴에게 동의한다. 오랫동안 다양한 진정성 기준—예컨대, 다수의 독립적인 보고라는 기준과 차이점이라는 기준의 역할—에 관해 많은 토론이 벌어졌다.[254] 성서학자들이 그 기준들이 얼마나 도움이 되고 어떤 한계가 있는지에 대해 논쟁을 벌이고 있지만, 대부분의 성서학자들은 이런 기준들이 신뢰할 수 있는 전승을 식별하는 데 도움이 된다고 여긴다. 그럼에도 성서학자들의 역사연구에서는 전문적인 역사가들에게서와 같은 방식으로 널리 수용되고 채택되는 역사 연구 이해·접근·수행 방법이 없다는 점도 여전히 사실이다. 앞서 보았듯이, 절대 다수의 역사가들은 불완전하고 부정확하게나마 과거에 대해 알 수 있다고 주장하는 사실주의자들이다. 대부분의 역사가들은 또한 최상의 설명에 이르는 논의가 우리를 그곳으로 데려다 주는 길을 제공한다는 데 동의한다. 또한 역사가들은 비록 어떤 기준이 가장 중요한지에 대해서는 서로 의견이 다르고 그 기준들에 대해 강조하는 정도가 다르기는 하지만, 아래에서 논의되는 최상의 설명을 결정하기 위한 기준들을 인정한다.[255] 그러나 역사가들은 인식론적 고찰과 관련해서는 여전히 양극화된 상태로 남아 있으며, 그들의 지평은 흔히 제어되지 않는다. 그래서 역사가들이 합의된 원칙과 기준을 선택적으로 사용하면서 자기가 선호하는 가설에 편리한 것들만 적용하고 다른 것들은 무시하거나 거의 사용하지 않는 결과가 발생한다.

---

253 Rex Martin(2006), 260.
254 Gowler(2007)는 "역사비평 접근법의 전통적 규범들"에 대해 언급한다(119).
255 McCullagh(*The Truth of History* 1998), 23. 이 책의 1.3.2도 보라.

그러나 역사철학에 대한 관심은 커지고 있는 것으로 보인다. 같은 기간에 이 주제들에 관해 산출된 논문 수가 정확한 지표가 될 수 있다면, 실제로 오늘날에는 역사철학에 대한 논의가 과학철학에 관한 논의보다 더 활발하다.[256] 이제 역사철학자가 아닌 사람들도 역사 지식과 방법론 배후의 이론의 가치를 이해하고 있다. 실제로 역사 연구를 수행하는 역사가들은 이론과 방법론에 보다 더 주의를 기울이고 조심스럽게 연구를 진행하고 있다.[257]

1.2.12. 역사는 과학인가?

역사가 과학인가라는 질문이 자주 제기되어왔다. 과학과 역사 연구를 비교한 사람들도 있고 그런 비교를 거부한 사람들도 있다.[258] 역사 연구를 과학으로 보는 데 대한 주된 반대는 실험실에서 작업할 수 있는 실체를 갖고 있는 과학자들과 달리 역사가들은 과거에 접근하지 못한다는 것이다. 더욱이 역사 연구에서는 좀처럼 확고한 동의와 강력한 확인이 나오지 않는다.[259] 그러나 과학자들 중 많은 이들도 같은 도전에 직면하고

256 Tucker(2001), 38-39.

257 Fitzhugh and Leckie(2001)는 이렇게 제안한다. "역사가들은 이론적인 논의를 이따금 취하는 의례적인 조치로서가 아니라 일반 관행 문제로 진지하게 수용하기 시작해야 한다"(62). Shaw(2001)는 역사가들이 이론 및 방법과 관련된 모든 답을 갖고 있지 않다고 말한다. 그럼에도 그들은 조심스럽게 앞으로 나아가고 있으며 그렇게 나아가야 한다(9). 역사적 예수 연구 분야에서 선도적인 인물들은 자신의 접근법을 묘사하는 데 상당히 많은 지면을 할애한다. Allison(1998), 1-77; Allison(*Resurrecting Jesus*, 2005), 111-48; Crossan(1991), xxvii-xxxiv; Dunn(2003), 25-136; Meier(1991), 1-40; Sanders(1985), 1-58; Wright(1992), 3-120;(2003), 3-31을 보라.

258 Berry(1999); Christian(2004); Crowell(1998); Førland(2004); Peña(1999); Stuart-Fox(1999); Tucker(2004), 3장.

259 Gilderhus(2007), 85.

있다. 한편으로 역사가는 과거에 직접 접근하지 못하지만 과학자도 자신이 작년에 실험실에서 수행한 실험에 직접 접근하지 못하고 자신의 노트를 참고할 수 있을 뿐이다. 또 다른 한편으로는, 역사가와 과학자 모두 과거로부터 온 실체에 접근한다. 모든 문서는 과거로부터 온 유물이다. 망원경을 통해 멀리 있는 은하를 볼 때 과학자는 적어도 수천 년 전에 존재했던 모습을 보며, 또한 다른 은하들에 의한 중력의 끌어당김과 수십억 마일에 이르는 성간 먼지(interstellar dust)에 의해 왜곡된 후의 모습을 본다. 그리고 지질학자들의 작업에는 상당한 양의 추측이 포함된다. 진화생물학자들은 특정 형태의 생명이 다른 형태로부터 진화되었는지 검증할 방법을 갖고 있지 않다.[260] 물리학자들의 작업은 수학과 복잡하게 묶여 있고, 그들의 데이터베이스는 다른 과학자들의 데이터베이스에 비해 방대하기 때문에 물리학은 대개 모든 과학 중에서 가장 안전하다고 간주된다. 그럼에도 물리학자들은 쿼크나 스트링처럼 자기들이 직접 접근할 수 없는 수많은 실체들을 사실로 가정한다. 잠미토는 이렇게 말한다. "전자(electron)가 스페인의 종교재판소보다 더 즉각적으로 인식될 수 있는 것은 아니다. 둘 다 실제 증거를 통해 추론되어야 한다. 그러나 어느 쪽도 전혀 확인할 수 없는 것은 아니다."[261] 리처드 에반스는 역사가 약한 과학이

260 우리는 화석 기록에 종의 진화에 대한 분명한 예들이 풍부하다고 생각할지도 모른다. 어떤 생명 형태를 전이(transition)라고 **해석**할 수는 있지만, 그 해석이 곧 그 생명체들이 전이 형태임을 **입증**하지는 않는다. 또한 수많은 유력한 진화론자들이 인정하듯이 화석 기록은 검증에 필요한 전이 형태를 갖고 있지 않다. T. Bethell(1985), 49에 실린 유력한 진화론자 Colin Patterson and Richard Lewontin의 언급들을 보라.

261 Zammito(2005), 178. 177과 비교하라. 다음 문헌들도 보라. Lorenz(1994), 312; Tucker(2004), 4. 적어도 어떤 과학자들은 과학의 가설들은 그들의 사촌인 역사적 가설들과 마찬가지로 해석 요소를 포함하고 있다는 데 동의한다. "주어진 경험적 증거에 의한 이론 미결정성이라는 명제는 그 어떤 과학 이론도 불가피하게 순전히 관찰 측면의 용어들 이상을 포함한다는 주장에 뿌리를 두고 있다. 그러므로 이론 미결성성은 그 용어들이 관찰할 수 없는 구조를 가리키기에 메타이론적

라고 주장한다.

> 결국 역사는 대개 일반적으로 합의된 방법을 따라 수행되고, 출판된 보고서에 제시되며, 동료들의 검증을 거치는 연구를 통해 얻어진 체계화된 지식을 가리키는 독일어 비센샤프트(Wissenschaft)가 포괄하는 범위 가운데 약한 의미에서 과학이라고 간주될 수 있다. 역사는 일반적인 법칙을 만들거나 미래를 예측할 수 있다는 강한 의미에서는 과학이 아니다. 그러나 지질학처럼 미래를 예측할 수 없는 과학들도 있다. 사실은 과학의 하위 분야들 사이의 차이는 적어도 과학 전체와 역사 같은 인문학 사이의 차이만큼이나 크다.… 참으로 "과학적인" 역사를 추구하는 것은 신기루를 좇는 것이다.[262]

역사를 과학이자 예술로 보는 사람들도 있다.[263] 2006년 3월 29일에, 나는 몇 명의 과학자들 및 한 명의 철학자와 함께 저녁 식사를 하면서 이런 문제들에 대해 우호적인 대화를 나눌 기회가 있었다. 두 사람은 MIT의 물리학자들이었고(한 사람은 유전학 전공이었고 다른 한 사람은 지질학 전공이었다) 한 사람은 하버드 대학교의 과학 철학자였다. 우리는 그들의 학문 분야에서 가설들을 판단하는 데 사용하는 인식론적 고려사항들에 관해 논의했다. 나는 그들에게 모든 또는 대부분의 데이터를 설명하는 것처럼 보이는 가설이 나중에 실험해보면 옳지 않음이 입증되는 경우가 얼마

논쟁에 대해 열려 있는 이론적인 용어들의 설명 장치라는 특징이 있다"(Lyre and Eynck[2001], 278).

262 R. Evans(1999), 62. 그의 책의 2장은 이 문제를 다루는 데 할애된다. 역사가들이 미래를 예측할 수 없다는 Evans의 주장에 맞서서, Staley(2002)는 역사는 사유 과정과 관련이 있고 생각하는 방법에 관한 학문이기 때문에, 역사가들이 과거를 알 수 있다면 그들은 미래를 예측할 수 있어야 한다고 주장한다(72-73).

263 Droysen(1893), 110; R. Evans(1999), 62-63.

나 되는지 물었다. 물리학자들은 자기들이 연구하는 데이터는 종종 너무 파편적이므로 많은 데이터를 설명해주는 가설을 갖고서 연구하는 경우는 거의 없다고 대답했다. 철학자와 물리학자 중 한 사람은 언제 가설이 참이라고 간주될 수 있는지에 관한 기준은 거의 고려되지 않는다고 말했다. 대신에 과학자들의 본능이 심판 역할을 한다고 했다.[264] 내게는 과학의 결론들이 과학이라는 전통적인 학문에 종사하지 않는 외부인들이 믿는 것처럼 확고하지 않다는 것과 방법에 관한 이론(즉, 과학철학)이 과학자들의 작업에서 거의 아무런 역할을 하지 않는다는 점을 알려준 것이 이 논의의 가장 귀중한 측면이었다.

1.2.13. 역사가들이 하는 일

지금까지 많은 영역을 다뤘는데, 이제 우리가 논의했던 주제들 중 일부를 모아서 역사가들이 하는 일이 무엇인지 생각해보자. 과거는 영원히 지나갔다. 우리는 시간을 거슬러 과거로 돌아가지 못한다. 그럼에도 과거의 잔재들이 문서, 유물 그리고 영향의 형태로 남아 있다.[265] 역사가들은 이런 것들을 연구하고 재조립해서 그 결과로 나타난 역사적 가설들이 우리가 이를 통해 과거를 들여다볼 수 있는 창문 역할을 하게 하려 한다.[266] 그 창

---

264 우리는 그런 본능들을—특별히 그것들이 성숙한 과학자로부터 오는 것일 때—폄하해서는 안 되지만, 이런 접근법의 문제는 본능은 공개적이지 않으며, 따라서 다른 사람들이 이렇게 이뤄진 결론들이 정확한지 판단하기가 매우 어려울 수 있다는 것이다.

265 R. Evans(1999), 217; McKnight(2005), 20 각주 71; Schinkel(2004), 52; Tucker(2004), 93.

266 Zammito(1998): 과거가 되살아나고, 어떤 창문을 통해 과거를 들여다보고 어떤 의미에서는 과거를 목격할 때 역사가들은 때때로 잠시 향수를 불러일으키는 에피소드들을 즐긴다(345).

문은 흔히 흐릿하지만 그럼에도 좀 더 선명하게 들여다볼 수 있는 지점들을 포함하고 있다. 역사적 결론들은 잠정적이다. 리처드 에반스는 이렇게 쓴다.

> 우리는 과거의 잔재들을 긁어모은다. 그리고 과거에 그것들이 어떠했을지 어렵사리 이해할 뿐이다. 우리는 이따금씩만 그것들에 생명을 불어넣어 깜박이게 할 수 있을 뿐이다. 그러나 우리는 스스로 정한 목표의 어려움 때문에 절망하지 말아야 한다.…역사는 경험적 학문이며, 지식의 본질보다는 내용과 관련이 있다. 아주 신중하고 철저하게 접근한다면, 우리는 사용하는 자료들과 그 자료들을 다루는 방법을 통해, 비록 부분적이고 잠정적일 수 있으며 확실히 완전하게 중립적이지는 않겠지만 그럼에도 참된 과거의 실재를 재구성할 수 있다. 물론 우리는 우리가 말하는 이야기들을 위한 재료 선택과 그 재료들을 한데 모아 해석하는 방식에서, 우리가 문학 방법론, 사회과학 이론, 도덕적·정치적 신념, 심미적 감각, 그리고 심지어 우리 자신의 무의식적인 가정과 욕구들에 의해 인도되리라는 것을 안다. 그렇지 않다고 믿는 것은 망상이다.[267]

애플비, 헌트 그리고 제이콥은 이에 동의한다.

사실, 일련의 사건들로 이루어진 과거는 완전히 사라졌다. 매우 실재적인 그

---

267 R. Evans(1999), 217. Gilderhus(2007)는 역사가들이 "화석과 상상력을 사용해 자연계의 생명 형태들에 대한 역사적 이미지를 구성하고자 하는 고생물학자들을 닮았다"고 말한다(122). Wright(1992)도 이와 비슷하게 고생물학자 비유를 사용한다(101). Scott 편(*Finding*, 2008)에 실린 R. J. Miller는 역사적 예수의 삶은 "고고학자가 터에 남아 있는 얼마 안 되는 조각들로 고대의 건물들을 재구성하듯이 남아 있는 증거들로부터 꿰어 맞춰져야 한다"고 말한다(14).

결과들은 남아서 현재에 영향을 준다. 그러나 그 영향력은 오직 회고적 분석을 통해서만 분명하게 드러날 수 있다. 현재에 가시적으로 남아 있는 것은 과거의 삶의 물리적 흔적들이다. 그 재료들은 역사가들이 증거로 만들고 질문을 시작하는 대상들이다. 그러나 이런 흔적들은 결코 스스로 말하지 않는다(구술된 역사조차 사건 이후에 발생한다).[268]

터커도 비슷하게 말한다.

역사기술은 사건들을 재구성하지 않는다. 역사기술은 카이사르를 되살려내거나 악티움 해전을 재현하지 않는다. 역사기술은 과거의 어떤 사건들에 대한 가설적인 묘사와 분석을 현재의 증거에 대한 최상의 설명으로 제시하려 한다. 이 지식은 사실일 개연성이 있지만 그것은 절대적 의미에서 사실은 아니다. 역사기술이 바랄 수 있는 최대치는 타당성을 높이는 것이지, 결코 절대적 진실이 아니다.…대부분의 역사는 그 이후에 지속적으로 정보를 전달하는 영향들을 남기지 않는다. 그러므로 대부분의 역사는 알려지지 않고 알려질 수 없으며 앞으로도 늘 그럴 것이다.[269]

특정 묘사들이 종종 간단하게 언급될 수도 있지만, 대부분의 역사기술은 완전성 측면에서 차이를 보이는 내러티브들 안에서 말해진다. 예컨대 예수의 부활은 특정 묘사인 반면, 정경 복음서들(*bioi*)은 내러티브다. 오늘날 학자들이 제공하는 역사적 예수에 관한 초상들도 내러티브다. 우리가 입수하는 데이터는 대체로 파편적이기 때문에 철저한 또는 완전한

---

268 Appleby, Hunt and Jacob(1994), 254-55.

269 Tucker(2004), 258. Anchor(1999)도 보라. 그는 역사가의 역할은 사실일 가능성이 가장 높은 것을 발견하는 것이라고 단언한다.

내러티브는 얻을 수 없다. 따라서 역사가들은 과거에 대해 완전히 설명하기를 기대하지 않고 단지 부분적이고 이해할 수 있는 내러티브만 기대한다. 역사가들은 철저하지는 않지만 올바로 얻은 데이터에 대한 적절한 설명을 추구한다.[270]

역사가는 과거에 **무슨** 일이 일어났는지뿐만 아니라 또한 그 일이 **왜** 일어났는지에 대한 연구도 수행한다. 문제가 되는 그 사건의 이유는 무엇이었는가?[271] 역사가의 질문은 종종 증거의 확인보다 더 심층에 도달한다. 많은 경우에 데이터가 너무 적어서 역사가들은 제안된 특정 원인에 대해 확신하지 못한다. 예컨대 우리는 히틀러가 왜 유대인을 그렇게 미워했는지 모른다. 예컨대 우리는 히틀러의 어린 시절에 어떤 유대인이 모종의 방식으로 그에게 상처를 주었는지에 대해 알지 못한다. 그러므로 히틀러의 유대인 증오에 대해 제안된 이유는 모두 전적으로 추측이고, 매우 사변적이며, 옳지 않을 가능성이 높다.[272] 다른 한편으로, 역사가들에게 종종 작업에 필요한 충분한 양의 데이터가 있는 경우도 있다. 이런 경우에 역사가들은 제안된 이유가 현존하는 데이터의 개연성을 크게 높이는지에 대해 물을 수도 있다.[273] 최상의 경우, 역사가들은 현존하는 증거가 현재 모습대로 있기 위해서 논리적으로 **필요한** 원인을 식별하고 싶을 것이다. 제안된 원인이 없이도 실제로 일어난 것과 같은 결과가 일어났겠는가?[274] 이와 관련한 하나의 예로서, 라이트는 예수의 빈 무덤과 부활 이후의 출현은 예수의 부활에 대한 초기 그리스도인들의 믿음의 발흥을 위한 필요

---

270 Rex Martin(2005), 143. Fay(1998), 91도 보라.
271 Dunn(2003), 101; Fay(1998), 91.
272 Anchor(1990), 116.
273 McCullagh("What Do Historians Argue About?" 2004), 35.
274 McCullagh(*The Logic of History*, 2004), 165, 168, 172. McCullagh(2000), 49도 보라.

조건이었다고 주장한다.[275] 역사가들이 필요한 원인을 확인할 수 있는 경우는 많지 않다.

역사가들은 탐정들처럼 증거를 연구하고 나서 가설을 세우는가, 아니면 먼저 가설을 세우고 나서 그 가설을 지지하는 증거를 찾고, 사실에 부합하도록 가설을 조정하는가? 역사가들에게 지평이란 상존하는 것이기 때문에 아마도 후자가 더 일반적일 것이다. 그러나 연구에 임하는 동안 진심으로 자신의 편견 및 희망사항과 거리를 두고자 하는 역사가들은 실제로 그 둘을 결합할 수도 있다. 그런 역사가들은 사실들 및 자신이 잠정적으로 지지하는 근저의 가설들과 더불어 연구를 시작하고, 그 후 연구를 진행해 나감에 따라서 (사실에는 해석이 포함된다는 점을 기억하면서) 사실들과 가설 모두를 조정한다.[276] 이는 일종의 **비판적 사실주의**(critical realism)인데, 비판적 사실주의는 어느 정도 알려질 수 있는 과거가 있다는 점(사실주의)과 과거는 역사가와 자료 사이의 그리고 가설과 자료 사이의 나선형과 같은 상호의존 관계에 있는 데이터에 대한 정직한 질문을 통해 알려진다는 점을 인정한다. 벤 메이어는 버나드 로너건의 연구에 크게 의존해서 신약성서 연구에 비판적 사실주의를 도입했다. 그 이후 다른 사람들도 비판적 사실주의를 채택해왔다.[277]

---

275 Wright(2003), 686-96.

276 나는 여러 수준의 사실과 가설들이 있다는 점을 이해하면서 이 말을 한다.

277 Meyer(1979), Meyer(1989). Wright(1992), Dunn(2003), Denton(2004)도 보라.

1.3. 방법

1.3.1. 이론에서 방법으로

지금까지 우리는 과거를 알 수 있는지 물었고 제한적으로 "그렇다"라고 답했다. 과거에 대한 우리의 지식은 다양한 정도로 불완전하고 불확실하다. 그럼에도 우리의 지식이 적절하고, 우리의 가설들이 과거에 대해 완벽하지 않고 불완전하기는 하지만 정확한 설명을 제시한다고 합리적으로 확신할 수도 있는 경우가 있다. 나는 지평이 역사가의 연구에 미치는 부정적 영향을 최소화하기 위한 여섯 가지 제안을 했다. 이런 제안들이 우리가 예수가 죽음에서 부활했는가라는 질문에 답하기 위해 제시된 다수의 가설들을 분석할 때 우리 역사가들의 역량을 향상시켜주기를 바란다.

이제 이론에서 방법으로 옮겨갈 것이다. 이론에 대한 고찰은 우리가 보다 낳은 판사가 되도록 준비시켜주는 반면, 방법에 대한 고찰은 우리가 보다 나은 탐정이 되도록 준비시켜준다.

역사가들은 어떤 방법을 사용해서 과거에 실제로 어떤 일이 일어났는지를 결정하는가? 이거스는 "역사가들은 19세기에 확립된 학문 연구 방법들을 갖고서 작업해야 한다"고 주장한다. 계속해서 그는 그런 방법들이 보편적으로 타당하지 않을 수 있을지라도, "학자로서 우리는 여전히 이런 방법들에 전념해야 하며, 만약 우리가 현실과 허구 사이의 경계를 허물고 싶지 않다면 그 방법들을 갖고서 연구할 필요가 있다"고 말한다.[278] 그럼에도 역사가들은 종종 가설을 평가하기 위한 분명한 방법을

---

278 Iggers(2004), 153. Theissen and Winter(2002)는 역사가들은 과거를 알기 위해서는 "다른 가능성들의 장점들을 평가해보고 더 개연성이 있어 보이는 것들을 선호해야 한다"고 주장한다(258).

진술하지 않는다. 그런 사람들은 많은 과학자들처럼 자신의 본능과 편견에 의해 더 자주 인도된다. 맥컬래프는 이렇게 언급한다. "실제로 역사가들은 때로는 적절한 설명이 무엇을 요구하는지에 대한 명확한 개념이 없다. 그 결과 그들의 설명은 자신의 개인적 관심사를 반영해서 다소 마구잡이식이다."[279]

우리는 역사가들이 가설들을 평가하기 위해 채택하는 두 가지 일반적인 방법들을 살펴볼 것이다. 하나는 "최상의 설명에 도달하는 논증"이고, 다른 하나는 "통계적 추론을 통한 논증"이다. 그 후 역사적 확신의 등급에 대해 살필 것이다. 마지막으로 언제 역사가들이 "역사성"을 부여하는 것이 정당화되는지에 대해 살필 것이다.

1.3.2. 최상의 설명에 도달하는 논증

"최상의 설명에 도달하는 논증"은 특정 기준을 따라 추론하고 가설들을 평가한다. 그 기준을 가장 잘 충족하는 가설이 선호되며, 발생한 일을 가

---

279 McCullagh(*The Truth of History*, 1998), 308. Barrera(2001)도 보라. 그는 역사가들 사이에서 채택되는 방법들은 흐릿하다고 단언한다(202). 이런 결함은 예수 부활의 역사성에 관한 Allison의 역사 연구 방법에서도 나타나는 것으로 보인다. 그는 예수의 무덤은 아마도 비어 있었을 것이라고 결론을 내리고, 제자들은 부활한 예수에 대해 약간의 경험을 했을 것이며 적어도 그런 경험 중 하나는 집단적으로 이루어졌을 것이라고 확신한다. 그러나 Allison은 언제 어떤 설명이 역사성을 부여하기에 충분히 적절한지 판단할 아무런 기준도 갖고 있지 않은 것으로 보인다. 그의 저서 *Resurrecting Jesus*(2005)에는 그런 기준이 등장하지 않는다. 뿐만 아니라 Allison에게 적절한 설명 기준이 없다는 점은 2007년 11월 17일에 샌디에고에서 열렸던 EPS/AAR의 그의 책에 관한 패널 토론(그는 이 토론에 참석했다)에서 보다 분명하게 드러났다. 프레토리아 대학교의 Jan van der Watt가 그에게 언제 어떤 가설이 역사성을 수여하기에 충분할 만큼 적절한지를 판단하기 위해 어떤 기준을 사용할 수 있는지에 대해 묻자, Allison은 자기에게는 어떤 기준도 없다고 말했다. 이것은 McCullagh가 경고하는 "개인적 관심사를 반영한 마구잡이"로 보인다.

장 잘 대표할 가능성이 가장 큰 것으로 간주된다.[280] 다음은 역사가들이 가설들을 평가하는 데 사용하는 기준 목록이다. 모든 역사가들이 자기가 이런 기준들을 사용한다고 공개적으로 말하지는 않는다. 그리고 그 기준들을 약간 다른 방식으로 사용하는 역사가들도 있고, 그 기준들 중 몇 가지만 채택하는 역사가들도 있다.[281]

1. **설명 범위**. 이 기준은 어느 가설에 의해 설명되는 사실의 양을 살핀다. 가장 관련이 있는 데이터를 포함하는 가설의 설명 범위가 가장 넓다.

2. **설명력**. 이 기준은 사실들에 대한 설명의 질을 살핀다. 데이터를 최소의 노력으로 가장 모호하지 않고 애매하지 않게 설명하는 가설의 설명력이 가장 크다.[282] 달리 말하자면 역사가는 마치 네모 구멍에 둥근 말뚝을 밀어 넣으려는 듯이 사실들을 자신의 이론에 맞추기 위해 밀어붙여야 하는 상황을 바라지 않는다. 예수 부활의 역사성에 관한 연구에서 우리는 일부 역사가들이 주해를 성서의 텍스트와 그리스어 단어가 자신이 듣기 원하는 것을 들려줄 때까지 그 텍스트와 단어를 잡아 늘이는 고문실처럼 사용하고 있다는 것을 알아차릴 것이다.[283] 또한 비록 과거로부터 전해 내려온 파편화된 데이터를 감안할 때 어느 정도의 모호성이나 애매함이 예

---

280 최상의 설명에 도달하는 논증은 과거의 어떤 사람·그룹·사건 또는 관습에 관한 특정 묘사를 정당화하는 데 적절할 수 있다. 그러나 보다 광범위한 일반화가 조사 대상일 경우 이 방법의 정확성에 대한 확신은 감소한다(McCullagh[1984], 37-38).

281 McCullagh(1984), 19; Førland(2008), 491-92; Wright(1992), 99-104. McCullagh(*The Truth of History*, 2004)는 1984년에 자신이 제시한 일곱 가지 기준을 다섯 가지로 재분류하는 수정된 목록을 제공하며 이에 대해 추가로 언급한다(51-52). 철학자인 Baggett 편(2009)에서 Baggett은 개연적 삼단논법도 마찬가지로 "철학·과학 및 역사 연구 분야에서 발견되는 공통적인 추론 양식"이라고 말한다(123).

282 Wright는 기준 1과 기준 2를 결합한다. 그는 좋은 가설의 요건들을 열거하면서 이렇게 쓴다. "첫째, 가설은 데이터를 포함해야 한다. 증거의 조각들은 불가피한 수준 이상으로 억지로 밀어 넣지 않으면서 통합되어야 한다"(Wright[1992], 99).

283 Allison(*Resurrecting Jesus*, 2005), 343을 보라.

상되기는 하지만, 어느 가설에서 이런 특성이 강하게 나타난다면 이 가설은 [사실을 충분히] **설명하지** 못하기 때문에 설명력이 결여될 것이다. 역사가들이 자신의 상상력을 사용해서 어떤 가설 안의 모호성을 줄일 수는 있지만, 그렇게 하면 기준 4에서 지적하는 바와 같이 교환 관계가 있을 수 있다.

조각그림 퍼즐 맞추기 비유를 사용해서 이 처음 두 가지 기준을 이해할 수 있다. 우리는 두 명의 경쟁자가 동일한 조각그림 퍼즐을 갖고 있지만 서로 다른 해법(가설)을 제시한 것을 상상할 수 있다. 첫 번째 경쟁자가 제시한 퍼즐에서는 다수의 조각들(역사적 사실들)이 끼워지지 못한 채 남아 있고 하나 이상의 퍼즐 조각들이 억지로 꿰맞춰진 것으로 보인다. 반면에 두 번째 경쟁자가 제시한 퍼즐에서는 모든 퍼즐 조각들이 사용되었고 완벽하게 들어맞는다. 첫 번째 퍼즐은 두 번째 퍼즐이 갖고 있는 설명 범위와 설명력을 갖고 있지 못하다. 그러므로 두 번째 해법이 선호된다. 대부분의 그럴듯한 역사적 가설들조차도 몇 개의 조각들이 빠진 퍼즐처럼 보인다. 빠진 조각들의 수가 늘어날수록, 미래에 빠진 조각들이 발견되면 그 퍼즐에 대한 현재의 해법(또는 선호되는 가설)이 바뀔 가능성도 커진다.

3. **타당성**. 인정된 다양한 많은 진실들(또는 배경 지식)이 다른 가설들보다 바로 그 가설을 암시해야 한다.[284] 즉 이 기준은 확실하게 알려진 다른 영역들이 특정 가설을 제안하는지 여부를 판단한다.[285] 그러므로 어느 가설의 특정 구성요소들이 다른 학문 분야의 문헌에서 지지받는지 여부

---

284 McCullagh(1984), 19; McCullagh(*The Logic of History*, 2004), 51-52; Tucker(2004), 148-49. 이 점은 Wright(1992)가 우리의 다섯 번째 기준인 조명도 포함된다고 암시하면서 그의 세 번째 기준에서 염두에 두었던 것으로 보인다.

285 Førland(2008), 491-92.

를 조사하는 것은 적절한 일이다. **타당해 보이지 않는** 가설은 타당성 측면에서 중립적인(즉, 그럴 법하지도 않고 믿기 어려운 것도 아닌) 가설에 비해 열등하고, 타당성 측면에서 중립적인 가설보다 높은 점수를 받는 가설은 그보다 훨씬 더 높은 점수를 받는 가설보다 열등하다.[286] 마이너스 10에서 10까지 표시된 척도에서 마이너스 10에서 마이너스 1까지는 타당성이 없는 정도를 나타내고, 0은 중립을 나타내며, 1부터 10까지는 타당성 정도가 커지는 것으로 생각할 수 있을 것이다.

4. **덜 임기응변적임**(less ad hoc). 어떤 가설이 입증되지 않은 가정들을 열거할 때, 즉 이미 알려진 것을 넘어서는 주장을 할 때 그 가설에는 임기응변적인 요소가 있다.[287] 대개 데이터 부족으로 둘 이상의 가설들이 동등하게 보일 때 역사가들은 종종 입수할 수 있는 데이터를 설명하기 위해 상상력을 더 많이 동원한다.[288] 임기응변적인 요소가 있는 가설은 설명력이 결여된 가설과 정반대의 문제가 있다. 후자는 충분히 나아가지 못하는 반면, 전자는 데이터가 정당화하는 것 이상으로 나아간다.

기준의 목적 중 하나는 역사가가 구조 작업에 관여하는—그렇게 하지 않을 경우 그 가설이 틀렸음을 확인해줄 데이터가 포함될 수 있도록 가정하는—것으로 보이는 가설을 가려내는 것이다.[289] 다른 가설은 입증되지 않은 추가 가정을 하지 않으면서 같은 데이터를 설명할 수 있는데, 어떤 가설은 입증되지 않은 다수의 가정을 하는 경우 이런 일이 발생하고 있음을 알아차릴 수 있다.

---

286 McCullagh(1984)를 보라. 거기서 그는 타당성이 부족한 가설과 타당성이 없는 가설을 구별한다(27).

287 R. J. Miller(1992), 11: "**보다 우월한 가설은 논점을 증명하지 않고 옳은 것으로 가정하는 전제들을 덜 두면서 데이터를 설명한다.**" 강조는 원저자의 것임.

288 Tucker(2004), 142-45, 240.

289 McCullagh(*The Logic of History*, 2004), 52.

이 기준은 또한 **단순성**이라고도 불려왔다.[290] 역사적 사건들은 흔히 여러 원인들로 인해 초래되기 때문에, 단순성은 결합된 요소들보다 전제들이 적음을 가리킨다는 점에 주목할 필요가 있다.[291]

5. **조명**. 때때로 어떤 가설은 확신되고 있는 다른 영역들을 혼란시키지 않으면서 다른 문제들에 대해 가능한 해결책을 제공한다.[292] 예컨대 역사적 예수 연구에서 사회과학을 채택한 자연주의적 설명이 예수의 부활에 관해 알려진 사실들에 대한 최상의 설명으로 밝혀진다면, 그것은 그 시대를 연구하는 역사가들의 다른 관심 분야는 물론이고 다른 학문 연구 분야—예컨대 심리상태가 자기 지도자의 죽음 이후에 발생한 종교 운동의 급속한 회복에 어느 정도로 고려될 수 있는지—에 대해서도 빛을 비출 수 있을 것이다. 다른 한편 그 데이터가 예수 부활의 역사성을 가리킨다면, 부활 가설은 이미 자신 있게 주장되는 예수와 관련된 다른 영역들—예컨대 예수의 하나님 나라 선포와 잦은 비유 사용 그리고 예수가 다른 사람들이 기적·마술·마법으로 해석했던 행동들을 한 일—에서의 혼란을 최소화하면서 예수의 신성 주장이 역사적 사실일 가능성을 강화할 수도 있다. 실제로 여러 과학 분야에서와 마찬가지로, 한 분야에서 나온 결론은 다른 분야에도 광범위한 영향을 미칠 수 있다.

이 중요한 다섯 가지 기준들은 과거를 발견하기 위한 마법의 공식을 제공한다기보다 어떻게 자료에 대해 공정한 마음으로 비판적인 조사

---

290 Wright(1992), 100-101. Førland(2008)는 단순성을 가설이 임기응변적 가정들을 가장 적게 갖는 것으로 설명한다(491).

291 McCullagh(1984), 19-20. R. J. Miller(1992)는 다양한 원인들을 제시하는 가설이 종종 하나의 원인을 제시하는 가설보다 설명 범위가 넓고 설명력이 크다고 지적한다(10-11). 여기서 나는 내가 위에서 "덜 임기응변적임"에 부여하는 제한된 가치는 전에 내가 Habermas and Licona(2004), 120-21에서 주장했던 내용을 누그러뜨리거나 교정하는 것임을 지적해 둔다.

292 Perkins(2007), 60; Wright(1992), 100-101.

를 수행할 수 있는지를 정의해준다. 이런 유형의 과정은 역사기술에 독특한 것이 아니다. 열다섯 살의 건강한 소년이 몸이 좋지 않다고 느껴 그의 주치의와 상의한다고 가정해보자. 그는 자신의 증상을 고열·구토·오른쪽 하복부 통증이 있다고 설명한다. 그 의사는 자기에게서 배우고 있는 세 명의 의대생들에게 각자 그 증상에 대해 진단을 내려보라고 한다. 첫 번째 학생은 고열은 그 소년이 독감에 걸렸음을 보여준다는 의견을 낸다. 그것은 고열이 그 질병의 가장 흔한 증상이기 때문이다. 의사는 대개 독감에는 구토나 복부 통증이 수반되지 않는다고 답한다. 그러므로 독감이라는 진단은 "설명 범위"가 부족하다. 두 번째 학생은 비록 독감의 경우에 구토와 복부 통증이 드문 증상이기는 하나 그 증상들이 독감으로 인한 것일 가능성이 아주 없는 것은 아니라는 의견을 낸다. 의사는 그 말에 동의하지만 만약 다른 진단이 그 증상들을 더 쉽게 수용한다면 독감 진단은 "설명력"을 결여하게 될 것이라고 덧붙인다. 그는 계속해서 자기가 의사가 된 뒤로 자기는 그 어떤 전문적인 문헌에서도 독감이 그 소년이 보이고 있는 세 가지 증상을 포함하는 사례를 읽어본 적이 없다고 말한다. 그러므로 독감 진단을 구조하려 했던 두 번째 학생의 시도도 타당성이 없다.

세 번째 학생은 상상력을 발휘하기로 결심하고 그 소년은 고열이 가리키듯이 실제로 독감에 걸렸고, 지금 독감이 한창 유행하는 시기이므로 그 진단의 타당성 요소가 증가한다고 주장한다. 독감과 관련이 없는 증상들에 대한 이유들이 있다. 그 소년은 무술을 하는 친구인데, 전날 저녁에 고열에도 불구하고 연습하기로 결심했고, 스파링 도중 상대방에게 오른쪽 하복부를 걷어차였을 수도 있다. 연습을 마친 후 그 소년은 다른 친구들과 함께 간식을 먹었는데 그때 식중독에 걸려 지금 구토 증세가 나타나고 있다. 의사는 이런 상황들이 그 소년의 세 가지 증상을 그 어떤 억지나 모호함 없이 잘 설명한다고 대답한다. 그러나 거기에는 대가가 따른다. 왜냐하면 그 설명에는 그 소년이 무술을 하는 친구인데 연습 도중에 부상을 입었고, 연습 후에 먹은 음식 때문에 식중독에 걸려 고생하고 있다는 입증되지 않은 두 가지 가정이 필요하기 때문이다. 그러므로 세 번째 학생이 제시한 시나리오는 임기응변적이다.

이어서 의사는 그 세 가지 증상이 고전적인 맹장염의 경우에서 발견된다고 말한다. 맹장염은 아무런 억지나 모호성 없이 그 세 가지 증상 모두를 설명해준다. 사실 이 경우는 맹장염의 "교과서적 사례"라고 할 수 있기 때문에 이 진단은 타당성이 있다. 마지막으로 맹장염은 입증되지 않은 가정을 요구하지 않기 때문에 그 진단은 꿰맞춘다는 그 어떤 낌새도 드러내지 않는다. 그러므로 맹장염은 다른 제안들보다 기준들을 훨씬 잘 충족시키기 때문에 확실히 그 증상들에 대한 최상의 설명이다. 의사는 그 소년이 맹장을 제거해야 한다고 강력하게 권할 것이다. 다른 진단들 중 어느 것도 애초에 불가능한 것으로 제외되어서는 안 된다는 점을 주목할 가치가 있다. 다른 진단을 내릴 수도 있다. 그러나 의사는 그 증상들을 가장 그럴듯한 진단에 의해, 즉 중요한 기준을 가장 잘 충족하는 진단에 의해 이뤄진 결정에 따라 다룰 것이다. 역사 연구에 대해서도 마찬가지다. 역사가들이 어떤 가설이 불가능하다는 것을 입증할 수 있는 경우는 거의 없다. 다만 그들은 어느 가설이 경합하는 가설들보다 최상의 설명을 위한 기준을 더 잘 충족하는지 판단함으로써 결론을 내리고, 그 결론이 잠정적이라는 입장을 취한다.

모든 기준의 중요성이 같은 것은 아니다. 라이트는 뼈들로부터 공룡을 재구성하고자 하는 고생물학자에 관한 예를 제공한다. 만약 몇 개의 큰 뼈들을 빠뜨린 채 단순하게 재구성한다면, 그 고생물학자는 설명 범위를 희생하면서 단순성이라는 기준을 만족시키는 셈이 될 것이다. 그러나 만약 다른 고생물학자가 다른 재구성을 시도해서 모든 뼈들을 포함시키기는 하지만 한쪽 발에는 7개의 발가락이 있고 다른 쪽 발에는 18개의 발가락이 달린 공룡을 만들어낸다면, 이 또한 부적절하다. 라이트는 그런 경우에 자기는 넓은 설명 범위 대신 단순성을 선호할 것이라고 말한다.[293]

맥컬래프는 타당성을 가장 중요한 기준으로 여기며, 설명 범위와 설명력이 그 뒤를 잇고, 덜 임기응변적임이 그 뒤를 따른다. a와 b라는 두 가지 가설이 있다고 가정하자. 만약 a도 b도 타당하지 않은(즉, 그 둘 다 다른 분야의 확고한 결론들과 긴장을 일으키는) 것이 아닌데 a의 설명 범위와 설명력이 b의 설명 범위와 설명력보다 크다면, 설령 a가 b보다 더 임기응변적 가설일지라도 a가 선호된다. 달리 말하자면 a가 b보다 더 특이하지만 설명 범위와 설명력 측면에서 b보다 낫다면, a가 b보다 선호되어야 한다. 그러나 a가 다른 분야들에서 알려진 사실들과 양립하지 않는 것으로 보이면(즉, 타당성 기준을 충족하지 못하면), 설사 a의 설명 범위와 설명력이 클지라도, 그 가설은 포기되어야 한다.[294]

나는 나중에 가설들을 평가할 때 조명 기준이 가장 덜 중요하다는 간단한 첨언과 함께 맥컬래프의 순서를 채택할 것이다. 조명 기준이 충족되면 보너스가 되겠지만, 어느 가설의 전체적인 개연성을 확인하는 데 이 기준은 불필요하다.

최상의 설명에 도달하는 논증을 사용하는 역사가들은 이 다섯 가지 기준을 얼마나 잘 충족시키는가에 따라 각각의 가설을 평가해야 한다.

---

293 Wright(1992), 105. Lüdemann(2004)은 최상의 가설들은 "가장 해결되지 않은(또는 가장 중요한) 질문들 또는 기존의 문제들을 해결하는, 그리고 가장 적은(그리고 가장 약한) 반대논증을 야기하는 것들"이라고 단언한다(22). 역사적 예수에 관한 보다 큰 내러티브에 초점을 맞추면서 Sanders(1985)는 이렇게 말한다. "우리는 더 많은 것(모든 것이 아니라)을 설명하고, 발생한 일에 대한 적절한 설명(유일한 설명이 아니라)을 제공하고, 예수를 그의 환경에 현실적으로 꿰맞추는, 그리고 원인과 결과를 염두에 두는 가설을 찾고 있다"(58).

294 McCullagh(1984), 28.

대부분의 기준, 특히 더 중요한 기준들을 충족시키는 가설이 선호되어야 한다. 어느 가설이 경합하는 가설들보다 이 기준들을 더 잘 충족시키수록 그 가설이 실제로 발생한 일을 대표할 가능성이 더 커진다. 가설은 또한 그 가설의 부당성을 입증하는 주장들에 얼마나 잘 답하는지에 따라서도 판단되어야 한다.

최상의 설명에 도달하는 논증은 추론에 의해 인도되며 때로는 어떤 사건에 대한 목격자보다 나을 수도 있다. 법원에 제출하는 증언은 사실이 아니라 데이터다. 법원은 믿음이라는 방법보다는 조사라는 방법을 선호한다. 그러므로 증인에게는 절대적으로 확실할 수도 있는 사항이 그 증인의 증언이 의도한 특별한 내용이 실제로 알려진 사실과 얼마나 잘 연결되는지에 따라 법원에게는 그저 어느 정도 그럴 법하기만 할 수도 있다. 법원이 증인의 지식을 직접 사용할 수 없을지라도 법원에게는 차선책이 있을 수 있는데, 그것은 믿음이 아니라 추론이다. 최종적으로는 법원의 추론은 실제로 범위, 관점, 정확성 그리고 확실성 면에서 어떤 그리고 모든 목격자들의 지식보다 나을 수 있다.[295]

1.3.3. 통계적 추론을 통한 논증

통계적 추론을 통한 논증은 최상의 설명에 도달하는 논증보다 역사가의 수중에 있는 더 믿을 만한 도구일 수도 있다.[296] 통계적 추론이 믿을 만한 결론을 낳기 위해서는 모든 관련 데이터를 고려해야 한다. 나는 열두 살 난 내 아들이 90kg의 무게를 자기 머리 위로 들어 올리지 못한다고 주장

---

295 Meyer(1979), 88-92.
296 McCullagh(1984), 45.

할 수 있다. 그러나 만약 어느 보디빌더가 내 아들이 90kg의 무게를 머리 위로 들어 올리도록 도와줄 것이라고 덧붙인다면, 이 언질은 결과를 완전히 바꾸어놓을 것이다. 이와 비슷하게, 선험적으로 하나님을 배제한다면 사람이 죽었다 살아날 가능성은 너무 희박해서 이성적인 사람이라면 예수가 부활했다고 믿을 수 없을 것이라고 통계적으로 결론을 내릴 수 있을 것이다. 그러나 예수를 죽음에서 일으켜야 할 이유가 있을 수도 있는 하나님의 존재를 고려한다면, 예수가 부활했을 가능성은 유의미하게 커진다. 당시에 유명한 무신론 철학자였던 안토니 플루는 이렇게 동의했다. "확실히 하나님에 대한 어느 정도의 믿음을 고려하면, 부활이 발생했을 가능성은 훨씬 커진다."[297]

철학자들과 과학자들은 종종 베이즈 정리를 사용해서 현재의 데이터에 비추어볼 때 어떤 상태가 존재하거나 존재했을 확률을 추정한다. 베이즈 정리에는 많은 형태가 있는데, 모든 형태는 수학적으로 동등하지만 특정 목적을 위해서는 다른 형태보다 유용한 형태가 있다. 여기서 우리의 관심은 단지 이런 확률 계산 방법이 작동하는 방식에 대한 일반적인 개념을 제공하는 것이므로, 베이즈 정리를 이용해서 어떤 가설이 진리일 확률을 계산할 때 다음과 같은 세 가지 주요 요소가 있다고 말하는 것으로 충분할 것이다. 1) 그 가설이 진실일 사전 확률(prior probability), 2) 그 가설이 참일 경우 우리가 현존하는 관련 증거를 갖게 될 가능성(likelihood), 3) 그 가설이 거짓일 경우 그 증거의 가능성.

사전 확률은 어떤 사건이 그 사건의 발생에 대한 특별한 증거와 무관하게 발생할 가능성이 얼마나 되는지에 의해 결정된다. 어떤 사건이 일어났다는 증거는 그 사건의 사전 확률과는 무관하다. 다음과 같은 진술을

---

297 Miethe 편(1987), 39에 실린 Flew의 언급을 보라.

통해 간단한 예를 들 수 있을 것이다. "스콧이 조지아주의 로또 복권에 당첨되었다." 2010년 1월 현재, 어느 특정인이 이 복권에 당첨될 사전 확률은 1:176,000,000이다. 스콧이 자기가 그 복권에 당첨되어서 나이 서른에 은퇴해 지금 커다란 집에서 살고 있다고 주장하는 것은 그가 그 복권에 당첨될 사전 확률을 계산하는 것과는 상관이 없다. 바로 이 세 가지가 베이즈 정리의 가능성 요소에서 고려되어야 하는 증거들이다. 스콧이 복권에 당첨되었다면 이런 일이 일어날 가능성은 얼마나 될까? 스콧이 복권에 당첨되지 **않았다면** 이런 일이 일어날 가능성은 얼마나 될까?

다음 진술이 참일 사전 확률을 평가해봄으로써 한 가지 복잡한 예를 들어볼 수 있다. "메간 콜린스는 폴 콜린스의 엄마다." 지구상에 약 1,080억 명의 사람들이 살았다고 치자. 처음에 메간 콜리스가 폴의 엄마일 사전 확률이 1:1,080억이라고 생각하려는 유혹을 받을 수 있다. 그러나 우리를 도와줄 추가 정보를 입수할 수 있다. 폴이 1969년에 미국에서 태어났다고 가정하자. 그해 미국에서는 360만 명의 아기들이 태어났다 (비록 다둥이를 출산하는 경우가 있으므로 산모의 수가 약간 줄어들기는 하지만, 그런 감소는 무시할 만하다). 이제 우리가 폴이 일리노이주에서 12월에 태어났다는 것도 안다고 가정하자. 비록 보다 정확한 숫자를 얻기 위해서는 일리노이주로부터 정확한 출생아 수를 받아볼 필요가 있지만, 360만 명의 엄마 후보군을 12개월로 나누고 이 수를 다시 50개 주로 나누면 약 6천 명의 폴의 엄마 후보 수에 도달한다. 폴의 생일 같은 더 많은 정보가 제공된다면 폴의 엄마가 될 후보군의 수를 1969년 12월의 그 특정일에 일리노이주에서 남자 아기를 낳은 여성들의 수로까지 줄일 수 있을 것이다. 그리고 만약 우리가 폴의 엄마의 생일을 안다면, 우리의 후보군은 아마도 몇 사람의 후보들로 줄어들 것이다. 이 사례에서 폴과 그의 엄마에 관해 정보를 더 많이 알면 사전 확률을 파악하는 데 사용되는 참조 계층의 범위가 현저하게 줄어들 것이다.

너무 복잡해서 사실상 헤아릴 수 없는 경우도 있다. 우주가 존재할 사전 확률은 얼마인가? 이 질문에서는 더 진행할 여지가 거의 없다. 관찰할 우주는 하나뿐이고, 그나마 그 우주는 이미 존재하고 있다. 우주가 존재할 사전 확률을 평가할 분명한 방법은 없다. 우리가 갖고 있는 모든 증거와 별도로 고려되는 하나님의 존재에도 비슷한 논리가 적용된다. 설계로부터의 논증, 영원한 제1원인에 찬성하는 논증, 객관적 도덕성으로부터의 논증과 같은 하나님의 존재에 관한 표준 논증은 모두 하나님이 존재할 사전 확률에 관한 베이즈의 틀 안에서 평가될 것이다. 그러므로 그런 논증은 그 확률을 제공하지 못한다. 이와 유사하게, "하나님이 예수를 죽음에서 일으켰다"는 주장의 사전 확률 계산은 하나님이 있다는 주장의 사전 확률 평가를 포함할 것이다. 그러므로 하나님이 예수를 죽음에서 일으킬 사전 확률은 다루기가 매우 어렵다.[298]

베이즈 정리에는 방금 설명한 것 이상이 있다. 그러나 현재의 논의를 위해서는 이 정도로 충분할 것이다. 흥미롭게도 최근에 리처드 스윈번, 팀과 리디아 맥그루 부부 같은 철학자들이 베이즈 정리를 사용해 예수가 죽음에서 부활했을 확률이 높음을 입증하려 했다.[299] 지금은 많은 사

---

298 나는 Tim McGrew에게 빚을 지고 있다. 나는 McGrew와 직접 만나서, 전화로, 그리고 이메일로 베이즈 정리에 관해 토론하며 오랜 시간 동안 즐거운 대화를 나눴다.

299 Swinburne(2003). 그는 예수가 부활했다는 가설을 97% 확신할 수 있다고 결론을 내렸다(214). Craig and Moreland 편(2009)에 실린 Tim and Lydia McGrew "The Argument from Miracles: A Cumulative Case for the Resurrection of Jesus of Nazareth." McGrew 부부는 그 사전 확률 평가는 매우 복잡한 문제이기 때문에 부활에 관한 완전한 베이즈 분석을 시도하지 않는다. 그러나 그들은 자기들이 논의하는 증거로부터 누적된 효과의 강도를 감안할 때 그 사전 확률이 10^{-40} 정도로 낮을 수 있지만, 여전히 부활 가설에 우호적인 베이즈 요인에 의해 압도될 수 있다고 주장한다. Baggett 편(2009), 167-71쪽의 연습문제도 보라. 무신론 철학자 Michael Martin(1998)은 이런 식의 주장을 비판했다. 기독교 철학자 Stephen

람들이 베이즈 정리가 대부분의 역사적 가설들에 효과적으로 사용될 수 있는지에 대해 의문을 품고 있다. 통계학자 데이비드 바르톨로뮤는 이렇게 말한다. "사전 확률에 어떤 가치를 부여해야 하는지가 종종 전혀 분명하지 않다는 점이 그 이론을 적용하는 데 따르는 큰 어려움이다."[300] "베이즈 정리는 사전의 믿음이 증거에 의해 어떻게 변화되는지에 관한 것이라는 점을 기억해야 한다. 최종 확률은 사전 확률에 의존한다. 사전 확률이 0이라면, 증거가 아무리 많아도 최종 확률은 변하지 않는다. 마찬가지로 사전 확률을 아주 작게 잡으면 입수할 수 있는 증거가 그 사전 확률을 압도하지 못할 것이다. 그러므로 베이즈 정리의 사용은 본질적으로 주관적이다."[301] 맥컬래프는 이렇게 쓴다. "사실상 그 어떤 역사가도 베이즈 정리를 사용하지 않았다. 그리고 비록 누가 베이즈 정리를 사용하고 싶어도 그 정리는 종종 얻기 어려운" 그리고 종종 구할 수 없는 "정보를 요구하기 때문에 아마도 그것을 사용하기 어렵다는 점을 알게 될 것이다."[302] 터커는 이렇게 주장한다. "[베이즈 정리가] 실제로 작동할 수 있는지 그리고 어떻게 작동할 수 있는지가 분명하지 않다. 특정한 역사적 맥락에서 충분한 증거가 있으면 어떤 가설이 기만적이거나 왜곡되었을 사전 확률을 평가할 수 있다. 그러나 모든 확률들을 집계하려면 알려진 기적들의 특정한 역사적 상황과 관련해서 일반적으로 입수할 수 있는 것보다 더 많

Davis(1999)는 Martin의 주장을 비판하면서 "[예수가 죽음에서 부활했을] 확률은[그가 부활하지 않았을 가설보다] 클 뿐 아니라 훨씬 크다"고 결론을 내렸다(9). Davis의 논문은 〈www.philoonline.org/library/davis_2_1.htm〉에서 무료로 볼 수 있다(2007년 9월 7일 접속).

300 Bartholomew(2000), 34.

301 Bartholomew, 2010년 1월 11일에 나에게 보낸 개인 메일에서 한 말.

302 McCullagh(1984), 46-47; 57-58. Kincaid(2006), 124-33쪽이 Tucker가 베이즈 정리를 제한적으로 사용하는 데 대해 비판한 것을 보라. Kincaid의 비판 중 많은 내용이 McGrews의 접근법에는 적용되지 않음을 주목할 만하다.

은 증거가 요구된다."[303] 윌리엄 레인 크레이그도 마찬가지로 요구되는 배경 정보가 "우리가 자유로운 행위자를 다루고 있음을 감안할 때 불가해하기" 때문에 베이즈 정리는 예수의 부활과 같은 기적 주장에 적용될 수 없다고 주장한다.[304] 사람들은 돈을 넣고 버튼을 누르면 (대개) 제품이 나오는 자판기와는 다르다. 오히려 사람들은 종종 혼란스러운 방식으로 행동한다. 철학자 스티븐 데이비스는 베이즈 정리는 "어떤 인식론적 상황에서는 유용한 도구이지만, 예수의 부활에 관한 논의에서 사용될 때는 무딘 도구다.…[왜냐하면] 사람들은 예수의 부활에 대한 사전 확률과 가능성에 다른 값을 부여할 것이기 때문이다. 그런 논쟁을 판가름할 객관적인 방법은 없어 보인다"고 주장한다.[305] 이런 한계는 신과 관련된 문제에만 독특한 것이 아니다. 존 맥킨타이어가 지적하듯이, 역사학에서는 행위자에게 자유 의지가 있다는 점이 일정하게 유지되는 자연법칙을 다루는 자연과학과 다른 한 가지 특징이다.[306] 사람들의 행위는 종종 우리가 기대하는 것과 다르며 그들의 동기는 수수께끼다.

예수의 부활에 관한 배경 지식은 합의에 이르기 어렵다. 왜냐하면 그것은 하나님이 존재하며 **또한** 하나님이 예수를 부활시키기를 원할 확률 결정과 관련이 있기 때문이다. 즉 유대-기독교의 하나님이 존재하고 그가 예수를 부활시키기를 원할 상대적인 확률을 제공해야 할 필요가 있을 것이다. 그러나 이것은 매우 어려워진다. 왜냐하면 무슬림이라면 그 배경지식을 이슬람의 하나님이 예수를 부활시키기를 원할 상대적 확률—

303 Tucker(2005), 381.

304 Craig and Ehrman(2006), 32에서 Craig가 한 말을 보라. 다음 문헌들도 보라. Davis(1998), 11중 8; Plantinga(2000), 276.

305 Davis(1999), 8-9.

306 McIntyre(2001), 5.

코란의 진술을 감안할 때 그것은 영(0)이다—로 변경시킬 수 있기 때문이다.[307]

역사가들은 종종 물리학자들과 유사한 방식으로 작업한다. 물리학자들은 어떤 효과들을 관찰하고 그에 대한 원인을 상정함으로써 블랙홀이 있다고 판단했다. 그들은 관찰할 수 있는 것을 취하고 관찰할 수 없는 것은 상정해서 블랙홀을 설명한다. 역사가들도 관찰할 수 있는 데이터를 살피고 관찰할 수 없는 과거를 상정한다.

통계적 추론 논증이 채택되는 대부분의 경우, 역사가는 광범위한 데이터를 사용해 x가 특정 비율로 발생한다거나, 또는 a가 있을 때에는 x가 특정 비율로 발생하지만 a가 없으면 x가 특정 비율로 발생한다고 결론을 내릴 수 있다. 맥컬래프는 다음과 같은 등급을 열거하지만 주관적 요소가 있음을 인정한다.[308]

개연성이 지극히 높음(extremely probable): 100-95%

개연성이 매우 높음(very probable): 95-80%

개연성이 상당히 높음(quite or fairly probable): 80-65%

발생하지 않았을 개연성보다는 발생했을 개연성이 높음(more probable than not): 65-50%

개연성이 그리 높지 않음(hardly or scarcely probable): 50-35%

개연성이 상당히 낮음(fairly improbable): 35-20%

개연성이 매우 낮음(very improbable): 20-5%

개연성이 지극히 낮음(extremely improbable): 5-0%

---

307 코란 4:157-58은 예수가 십자가에서 죽지 않았다고 진술한다. 만약 그가 죽지 않았다면, 부활에 대해 말할 수 없다.

308 McCullagh(1984), 52.

역사가로서 우리는 예수가 죽음에서 부활했다는 가설을 조사할 때 통계적 추론 논증을 채택할 수 없다. 왜냐하면, 예수의 부활이 일어났다면, 그것은 독특한 사건이었을 것이기 때문이다. 그러나 (예컨대) 죽었다가 부활하는 사람이 5% 미만임은 논쟁할 여지가 없는 사실이라는 점에 근거해서 예수가 부활했을 확률이 "지극히 낮다"고 주장함으로써 예수 부활의 역사성을 부정하는 논거로 삼을 수는 없다. 예수의 부활 사건은 드문 일일 뿐 아니라 하나님의 아들의 부활일 수도 있기 때문에 독특한 사건일 것이다. 아마도 십자가형을 통한 예수의 죽음에 대해서는 통계적 추론 논증을 사용할 수 있겠지만 예수의 부활에 대해서는 그런 논증을 사용할 수 없다. 따라서 전능한 하나님이 누군가를 부활시키고자 할 때마다 하나님은 그렇게 할 것이므로 예수가 부활했을 확률은 "지극히 높다"고 주장하는 긍정적인 판단도 유사하게 흠이 있는 논증이 될 것이다. 그런 논증이 흠이 있는 이유는 수학적 확률에 기초해서 그런 결론을 내리기에 충분한 배경 증거가 없기 때문이다. 역사가들은 그런 지식을 갖고 있지 않다.

역사가가 현존하는 모든 데이터를 설명할 수 있는 가능한 전체 가설들에 대해 알고 있다면, 그는 경합하는 가설들 사이에 상호 관계가 있는 통계적 논증을 채택할 수도 있을 것이다. 예컨대 a, b, c라는 세 개의 가설이 있다고 가정하자. 나아가 이 세 개의 가설들이 가능한 전체 가설들이라고 가정하자. 마지막으로, a와 b의 사전 확률이 각각 0.2와 0.2라고 가정하자. 이럴 경우 c의 확률은 0.6이 된다(0.2+0.2+0.6=1.0). 만약 b의 사전 확률이 0.5로 재평가되고 a의 사전 확률이 계속 0.2로 유지된다면, 그때 c의 사전 확률은 0.3으로 다시 계산되어야 할 것이다. 만약 c가 0.8로 재평가된다면, a와 b는 그에 따라 다시 계산되어야 할 것이다.[309] 유감스럽게

309 McCullagh(1984), 68.

도, 역사 연구에서는 가능한 **모든** 가설들이 알려지는 경우는 거의 없으며, 역사 연구에서 특정 가설에 수학적 확률을 부여하는 데에는 매우 높은 주관성이 관련된다.

요약하자면, 역사가들은 보통 최상의 설명에 도달하는 논증을 사용하고 때때로 통계적 추론을 통한 논증을 사용한다.[310] 역사가들은 최상의 설명이나 통계적으로 가장 개연성이 있는 설명이 실제로 발생한 일이라는 것을 입증하지 못한다. 그러나 어느 정도 검증할 수 있는 경우에는 이런 접근법들이 잘 작동한다고 알려져 있다. 역사가들은 어떤 문제에 대해 자유롭게 판결을 내리고 어떤 사건이나 상황이 발생했다고 판단한다. 그러나 그런 판단은 언제나 잠정적이라고 간주되어야 한다. 하나님이 누군가를 죽음에서 일으키는 사건은 독특한 사건일 테고 따라서 확률을 계산하기에는 데이터가 불충분하므로, 예수의 부활과 관련해 통계적 추론 논증을 채택할 수는 없다. 설사 하나님이 존재할지라도 역사가가 하나님이 예수를 부활시키기를 원할지 알 길이 없기 때문에 그런 확률 추정을 완료하는 데 요구되는 배경 증거는 헤아릴 수 없다. 역사가들은 대체로 통계적 추론을 회피하기 때문에 나는 예수에게 일어난 일을 분석할 때 최상의 설명에 도달하는 논증을 사용할 것이다.

1.3.4. 역사적 확실성의 스펙트럼

모든 역사기술에 대해 동일한 정도의 역사적 확실성이 유지될 수 있는 것은 아니다. 어떤 가설은 다른 가설보다 강력한 증거에 의해 지지된다. 예컨대, 미국의 남북 전쟁이 일어났다는 것을 트로이 전쟁이 일어났다는 것

---

310 McCullagh(1984), 74.

보다 더 확실하게 주장할 수 있다. 예수에 관해서는, 예수가 자신이 하나님의 종말론적 대리인이라고 믿었다는 것을 예수가 자신이 하나님이라고 믿었다는 것보다 더 큰 확실하게 주장할 수 있다. 많은 역사가들이 "역사적 확실성의 스펙트럼"에 따라 볼 수 있는 역사적 확실성의 등급을 인정했다.[311]

1. N. T. 라이트: "나는 '개연성이 높은'(probable)이라는 단어를 문제가 아주 많은 철학자의 방식으로가 아니라 상식적인 역사가의 방식으로 사용한다. 즉 역사적 증거가 '확실하다'는 결론을 허용하는 경우는 비교적 드물지만, 예컨대 '지극히 있을 법하지 않은'(extremely unlikely) 수준부터 '가능한'(possible), '그럴듯한'(plausible), '개연성이 높은'(probable), '개연성이 매우 높은'(highly probable) 수준에 이르는 척도를 인정할 수 있음을 가리키는 방식으로 사용한다."[312]
2. 존 마이어: "나는 '개연성이 매우 높은'(very probable), '개연성이 높은'(more probable), '개연성이 낮은'(less probable), '있을 법하지 않은'(unlikely) 같은 일반적 판단에 만족할 것이다."[313]
3. 제임스 D. G. 던: "거의 확실한(almost certain, 결코 단순하게 '확실한'이 아님), 개연성이 매우 높은(very probable), 개연성이 높은(probable), 그럴듯한(likely), 가능한(possible) 등. 역사학에서는 '개

311 McCullagh(*The Logic of History*, 2004)에서 그는 신뢰성(credibility)에 등급이 있다고 말한다(12).

312 Wright(2003), 687.

313 Meier(1991), 33.

연성이 높은'이라는 판단은 매우 긍정적인 의견이다."[314]

4. 벤 메이어: "역사성 판단에는 역사적임, 역사적이 아님, 판단할 수 없음이라는 세 개의 기둥이 있어야 한다."[315]
5. 로버트 밀러: "'개연성이 매우 높은', '다소 개연성이 있는', '다소 개연성이 없는', '개연성이 매우 낮은', '지극히 의심스러운'(extremely doubtful), 그리고 심지어 '지극히 의심스러운' 수준 너머에도 확실하게 거짓인 수많은 진술들이 있는데 그 수는 오직 상상력에 의해서만 제한된다."[316]
6. 제럴드 오콜린스: 완전히 확실한, 개연성이 매우 높은, 개연성이 상당히 높은, 개연성이 있는, 다양한 가능성 수준, 참으로 막연한. 오콜린스는 역사가는 어느 가설의 개연성이 상당히 높을 경우 그 가설에 역사성을 부여해도 된다고 주장한다.[317]
7. 그레이엄 트웰프트리: "어떤 입장을 받아들이는 이유가 그것을 받아들이지 않는 이유를 '유의미하게' 능가할 때 그 입장은 입증된다.…이 경우 '가능성이 있는'(likely) 또는 '개연성이 있는'(probable) 입장은 거대한 회색 지대로 남는다."[318] 트웰프트리에게는 역사적 확실성의 스펙트럼에서 긍정적 측면에 위치하는 입장은 "가능성이 있는", "개연성이 있는"(모두 정도가 다름), 또는 "역사적인"이다. 그는 다른 곳에서는 비록 이런 용어들을 사용하지는 않지만 "불확실한"(uncertain)과 "역사성이 부정된"(historicity

---

314 Dunn(2003), 103.
315 Meyer(1989), 135.
316 Scott 편(*Finding*, 2008), 11에 실린 R. J. Miller.
317 O'Collins(2003), 36.
318 Twelftree(1999)는 248에서 자신이 R. J. Miller(1992), 5-30에 영향을 받고 있음을 인정한다.

denied)을 포함시키는 것으로 보인다.[319]

8. A. J. M. 웨더번: "확실히 사실임"(certainly true)은 모든 합리적인 의심을 넘어섬 또는 "그 주장이 거짓일 개연성이 아주 낮을 정도로 높은 수준의 개연성"을 의미한다. "…보다 흔하게는… '개연성이 높은', '개연성이 낮은' 그리고 '개연성이 없는' 사이에서 선택해야 할 것이다."[320]

9. 파울라 프레드릭슨: 프레드릭슨은 "역사적 기반, 즉 의심할 여지 없이 알려진 사실들"[321]을 인정하고 이어서 그런 사실들을 닻으로 삼아 과거를 복원해나가는데, 이는 다른 사실들은 그다지 강력하지 않다는 것을 암시한다.[322]

10. 예수 세미나: 『다섯 권의 복음서』(*The Five Gospels*)는 예수의 어록에 색깔로 신빙성을 분류한다. 검정색(0-25%, 예수는 이런 말을 하지 않았다), 회색(26-50%, 그런 말보다는 그런 개념이 예수 자신의 것에 더 가깝다), 분홍(51-75%, 아마도 예수가 그와 비슷한 말을 했을 것이다), 빨강(76-100%, 예수가 의심할 바 없이 그런 말 또는 그와 비슷한 말을 했다).[323]

---

319 Twelftree(1999)는 자기가 "역사적 예수의 생애에서 발생했을 가능성이 매우 높은(most likely) 사건이나 사건들을 반영한다고 자신 있게 판단될 수 있다"고 주장하는 예수의 22가지 기적들과 "역사 연구의 본질상 이 이야기들은 입수할 수 있는 데이터에 근거해서 역사적 예수의 생애에서 있었던 어떤 사건을 반영한다고(또는 반영하지 않는다고) 같은 정도로 확실하게 말할 수 없다. 여기서는 지적 겸손이 요구된다"고 주장하는 7가지 추가적인 기적들을 열거한다. 이 나중의 7가지 사건들과 관련해서, Twelftree는 그 사건들의 역사성을 부정하거나 불가지론적 입장을 유지할 수 있는데(328-29), 이 입장은 그의 스펙트럼에서 중립적이거나 아마도 부정적인 에 위치한다.

320 Wedderburn(1999), 4-5.

321 Fredriksen(1999), 264.

322 Fredriksen(1999), 7.

323 Funk, Hoover and the Jesus Seminar(1997), 36-37.

11. 렉스 마틴: 마틴은 "사실에 관한 진술이 입수할 수 있는 증거에 의해 "지지됨"에서 "잘 지지됨"으로, "적절하거나 참됨"에서, "적절하거나 참되고 그에 대한 부인이나 모순은 필연적으로 거짓임"으로 확신이 커지는 것에 대해 말한다.[324]
12. 데일 앨리슨: 앨리슨은 어떤 일이 일어났을 수도 있는 척도를 다음과 같이 제시한다. " 그럴법하지만 불확실함", "그럴 것 같지는 않지만 여전히 가능성이 있음", "알 수 없음."[325]
13. 루크 티모시 존슨: "매우 높은 수준의 개연성", "매우 높음보다는 조금 덜한 개연성", "상당히 높은 정도의 역사적 개연성", "어느 정도 상당한 수준의 개연성."[326]
14. C. 베한 맥컬래프: "개연성이 지극히 낮은", "개연성이 매우 낮은", "개연성이 상당히 낮은", "개연성이 그리 높지 않은", "발생하지 않았을 개연성보다는 발생했을 개연성이 높은", "개연성이 상당히 높은", "개연성이 매우 높은", "개연성이 지극히 높은."[327]

우리의 연구에서 나는 역사적 확실성에 대해 다음과 같은 역사적 확실성 스펙트럼을 사용할 것이다. 확실히 역사적이지 않은(certainly not historical), 매우 의심스러운(very doubtful), 상당히 의심스러운(quite doubtful), 다소 의심스러운(somewhat doubtful), 애매한(indeterminate, 개연성이 없지도 않고 그렇다고 해서 개연성이 있거나, 그럴 수도 있거나, 그럴법하지도 않은), 다소 확실한(somewhat certain, 발생하지 않았을 개연성보다는 발생했을 개연

324 Rex Martin(2005), 142.
325 Allison(*Resurrecting Jesus*, 2005), 338.
326 L. T. Johnson(1996), 123.
327 McCullagh(1984), 52.

성이 높은), 상당히 확실한(quite certain), 매우 확실한(very certain, 참일 개연성이 매우 높은), 확실히 역사적인(certainly historical).

일반적으로 그리고 특히 역사 지식에서 지식의 불확실성 때문에 "논쟁의 여지가 없는" 증거요건은 달성할 수 없으며 불합리한 기대다. 우리는 삶의 대부분의 분야에서 대체로 개연성에 기초해서 결정한다. 만약 어떤 형태의 지식과 관련해서도 절대적 확실성을 얻을 수 없다면, 역사성을 부여하기 전에 절대적 확실성을 요구하는 입증책임을 기대해서는 안 된다. 이 점은 언제 역사가들이 그들이 선호하는 가설이 실제로 발생한 일이라고 결론을 내려도 정당화되는지에 관한 질문을 제기한다. 역사적 확실성에 관한 우리의 스펙트럼에서 "역사적인"과 동의어로 간주될 수 있는 지점이 있는가?

역사 연구에서는 데이터가 너무 파편화되어 있기에 역사가들이 자신의 가설이 "그럴듯하다"고만 판단할 수 있는 경우, 즉 너무 무리하지 않으면서 이런 식으로 일어났을 수 있다고 상상할 수 있는 경우가 많다.[328] 맥컬래프, 밀러, 그리고 트웰프트리는 어떤 가설이 강력한 지지를 받고 경합하는 가설들보다 훨씬 우월할 때 또는 그 가설을 받아들일 이유가 그것을 기각할 이유보다 현저하게 클 때 그 가설은 참일 개연성이 매우 높다고 믿는다.[329] 달리 말하자면 그 가설은 경합하는 가설들을 상당한 차이로 앞서고 반론들을 잘 설명한다. 우리는 이런 정도로 강한 가설들을 확실성의 스펙트럼에서 "다소 확실한"에서 "상당히 확실한" 지점 주위에 위치시킬 것이다. 이 방법은 또한 어떤 가설이 "역사적"이라고 간주되기 위한

---

328 McCullagh("What Do Historians Argue About?" 2004): "압도적인 지지"가 결여된 해석은 반드시 신뢰할 수 있는 것은 아니며 오직 증거의 수준에 합당한 정도로만 그럴듯하다고 간주되어야 한다(38).

329 McCullagh(1984), 63, 103; McCullagh(*The Truth of History*, 1998), 23; R. J. Miller(1992), 24; Twelftree(1999), 248.

기준을 다음과 같이 제시한다. (1) 그 가설이 강력하게 지지받고 경합하는 가설들보다 훨씬 우월해야 한다. 또는 (2) 어떤 가설을 받아들이는 이유가 그것을 기각하는 이유를 유의미하게 압도해야 한다.[330] 오콜린스는 다음과 같이 주장한다. "비록 완전한 확실성이라는 상태에 도달하지는 못할지라도, 책임감 있는 학자들은 다양한 범위의 역사적 결론을 확고히 유지할 수 있다. 그들은 추가 증거가 등장해서 자신의 결론이 틀렸음을 입증할 가능성조차 무시할 정도의 완전한 확실성을 갖고 있는 척하지 않으면서 '개연성이 상당히 높은' 사례를 만들고 확고한 결론에 도달할 수 있다."[331] 오콜린스의 "개연성이 상당히 높은"은 내 척도로는 "상당히 확실한"에 해당한다. 던은 역사가들은 실제 사건에 대한 합리적으로 가까운 근사치에 해당하는 가설을 만들어내기 위해 노력한다고 주장한다.

> 데이터가 풍부하고 일관성이 있는 경우, 책임 있는 역사가는 합리적으로 가까운 근사치를 달성할 수 있다고 확신할 수 있다.…비판적인 학자들은 데이터의 질을 반영해서 조심스럽게 등급을 매긴 판단—거의 확실한(결코 단순하게 '확실한' 이 아님), 개연성이 매우 높은, 개연성이 높은, 그럴듯한, 가능

330 이것은 법률 분야에서 판결에 이르는 과정과 유사하다. 뉴욕 대학교 로스쿨 법학 교수 Annette Gordon-Reed(1997)는 이렇게 설명한다. "역사에서든 법에서든 개별 증거 항목들이 증명에 필적하도록 요구하는 것은 오직 아주 희귀한 상황에서만 충족될 수 있는 기준을 설정한다.…이 이야기의 가능한 진실에 대해 현실적이고 공정한 판단이 이루어지기 전에 증거를 전체적으로 고려해야 한다.(법적 상황에서든 법적이지 않은 상황에서든) 고소가 쉽게 이루어진다는 우려에 대처하기 위해, 입증책임은 대개 고소인에게 부여된다. 고소인은 일정 분량의 증거를 제시함으로써 그 부담을 충족할 수 있는데, 그 양은 고소의 성격에 따라 달라진다. 예컨대 법적 분쟁 상황에서 **형사 고발을 위해서는 합리적 의심을 넘어서는 증거, 그리고 민사 소송을 위해서는 원고의 주장이 사실일 개연성이 그렇지 않을 개연성보다 큼을 입증하는 증거**가 필요하다"(xix-xx, 강조는 덧붙여진 것임). 물론, "합리적 의심을 넘어서는"이라는 기준은 주관적이고 명확하지 않다는 점에 주목할 필요가 있다. Carmy(2008), 46을 보라.

331 O'Collins(2003), 36.

한 등—을 내리는 법을 배운다. 역사학 분야에서 "개연성이 높은"이라는 판단은 매우 긍정적인 의견이다. 그리고 더 많은 데이터가 언제라도 나타날 수 있음을 감안한다면…모든 판단은 잠정적이어야 하고, 필요할 경우 새로운 증거에 의해 또는 옛 증거를 평가하는 새로운 방법들에 의해 수정되어야 한다.[332]

던의 스펙트럼에서 "개연성이 높은"은 내 척도의 분포범위로는 "다소 확실한"과 "상당히 확실한" 사이의 어디쯤에 해당하는 것으로 보인다. 던은 역사가들이 자신의 가설을 잠정적이라는 제한과 함께 "개연성이 높은" 것으로 판단할 경우, 그 가설에 "역사적"이라는 표현을 사용해도 무방하다고 주장한다.[333] 밀러도 마찬가지로 "'사실일 개연성이 높음' 정도면 수용할 만한 결과다"라고 주장한다.[334] 메이어는 역사가들은 자신의 가설의 강점과 약점에 대해 알아야 한다고 지적한다. 약점에는 데이터 부족, 부차적이지만 관련된 문제들이 남아 있는 것, 또는 그 가설이 최상의 설명에 도달하는 논증에서 요구되는 다섯 가지 기준을 충족하지 못하는 것 등이 포함될 수 있다. 이와 관련된 상태가 존재하지 않을 때 그 가설은 증명된다.[335]

나는 역사가들이 선호하는 가설이 역사적 확실성의 스펙트럼에서 "상당히 확실한" 수준 또는 그보다 반 단계 높은 수준에 위치한다면 그들이 최소한 자신이 연구하는 특정 문제에 관해 과거를 안다고 주장할 수

332 Dunn(2003), 103.

333 Dunn은 친절하게도 2005년 3월 27일자 이메일을 통해 자신의 진술에 대한 내 해석을 확인해 주었다.

334 Scott 편(*Finding*, 2008), 9에 실린 R. J. Miller.

335 Meyer(1979), 88-92.

있다고 제안한다. 이렇게 제안한다 해서 내가 일부 역사가들이 보증서라고 생각하는 수준 사이에서 어떤 타협점을 찾는 것은 아니다. 오히려 나는 답은 두 지점 사이에 놓여 있을 수 있으며, 특정 가설의 논증의 강력함과 경합하는 가설 대비 그 가설의 우월성 정도 사이의 관계에 따라 달라질 수 있다고 믿는다. 종종 입수할 수 있는 데이터가 부족하다는 점을 감안할 때 역사가들이 "개연성이 높은"은 매우 긍정적인 의견이라는 던의 말에 동의할 것으로 보인다. 역사가들은 더 많은 자료를 구하고 싶겠지만 입수할 수 있는 데이터를 갖고서 작업한다. "개연성이 높은" 것으로 간주되는 어떤 가설이 경합하는 가설들을 상당한 차이로 앞선다면, 이 점은 역사가들이 자신이 선호하는 가설이 잠정적이라는 입장을 취하는 한, 주저할 필요 없이 그 가설을 역사적이라고 결론을 내릴 수 있게 해주는 보완 요인 역할을 할 수도 있다.

고대에 대한 역사기술이 그럴 가능성은 거의 없지만, 역사가들은 "아주 확실하다"고 판단될 수 있는 가설을 갖기를 꿈꾼다. 어떤 가설이 최상의 설명에 도달하는 논증을 위한 다섯 가지 기준을 모두 충족하고 경합하는 가설들과 상당한 거리를 유지한다면, 그 가설은 "아주 확실하다"고 간주될 수도 있다. "확실하다"는 판단은 "히틀러가 유대인 대학살을 이끌었다"와 같은 보다 현대적인 사건들에 대한 서술에 국한되어야 한다. 이 가설에 대한 증거는 아주 강력하며 이 가설과 경합하는 가설들 사이의 거리는 아주 멀어서 그 가설은 사실상 이론의 여지가 없다. 그러나 여전히 유대인 대학살을 부정하는 사람들이 있다는 점을 주목할 가치가 있다. 그러므로 역사가들은 합의를 기다려서는 안 된다. 사실 우리가 보았듯이 역사에 대한 판단에서 합의가 이루어지는 경우는 거의 없다.

역사가들은 다양한 가설들을 역사적 확실성의 스펙트럼의 어디에 위치시킬지 어떻게 결정하는가? 여기에도 역사가 본인의 주관성이 좌우

한다. 그러므로 역사가는 왜 자신이 선호하는 가설을 그 특정한 지점에 위치시켰는지 공개해서 검증을 받아야 한다. 또한 다음과 같은 두 가지 중요한 요소들이 고려되어야 한다. (1) 그 가설이 최상의 설명에 도달하는 논증을 위한 다섯 가지 기준을 얼마나 잘 충족하는가, (2) 그 선호하는 가설과 그 가설을 뒤쫓는 경합하는 가설들 사이의 거리가 확률적으로 얼마나 먼가.

1.3.5. 요약

지금까지 우리는 역사가들이 어떻게 과거를 알 수 있는지에 관하여 합의에 이르지 못하고 있음을 살펴보았다. 사실 과거의 무언가가 알려질 수 있는지에 관한 포스트모던주의자의 논쟁은—비록 널리 수용되고 있지는 않지만—모든 역사기술을 잠정적인 것으로 만드는 많은 요인들을 지적함으로써 사실주의 역사가들에게 유익을 끼쳤다. 이런 요인에는 언어의 제약, 우리가 추론을 통해서 간접적으로만 과거에 접근할 수 있다는 사실(즉, 과거와의 직접적인 교류가 없다는 사실), 모든 데이터와 묘사가 불완전하다는 사실, 그리고 데이터와 묘사가 역사가의 지평에 의해 해석되어왔다는 사실 등이 포함된다. 그 결과 역사가들이 완전히 객관적으로 "날것의" 그리고 "해석되지 않은" 데이터와 관계를 맺을 수 있다는 생각은 포기되었다. 포스트모던 역사가들이 "역사의 죽음"을 언급해온 반면, 월등한 다수파인 사실주의 역사가들은 조심해야 하기는 하지만 역사 연구를 계속 해나가는 것이 정당하다고 느낀다. 역사가 참으로 죽었다면, 역사가들이 사실과 허구를 구별할 수 있는 아무런 수단도 없고 수많은 가설들의 타당성을 평가할 방법도 없다. 사실 만약 과거를 아는 것에 대한 포스트모던주의자들의 견해가 옳다면, [과거를 알 수 없으므로 재판에서 누가 옳은지 알 수 없기 때문에] 법률 체계의 붕괴와 같은 다른 결과들이 초래될 테고, 그들도 그런 세상에서는 살기 어려울 것이다. 또한 포스트모던 역사가들의 주장은 우리가 알 수 없다는 것을 어떻게 **알** 수 있는지에 대한 이유와 관련이 있기 때문에 종종 자가당착적이다. 데이터 부족과 같이 역사적 확신을 줄일 수도 있는 여러 요인들에 여전히 문제가 있을 수도 있다. 그러나 역사가들이 그들의 연구를 진행하지 못하도록 가로막는 인식론적 이유는 없다. 따라서 다수파가 판단하기로는 포스트모던 역사가들이 그들의 결론에서 너무 멀리 나가기는 했지만, 그들은 앎의 본질에 대해 귀중한 통찰력을 제공해왔다.

다음으로 우리는 진리의 본질에 대해 논의했다. 진리의 두 가지 주요한 이론은 상응설(correspondence)과 정합설(coherence)이다. 정합성이 있는(coherent) 데이터를 설명하는 데는 여러 가설이 병존할 수 있기 때문에 전자가 후자보다 매력적이다. 그러나 모든 것이 사실일 수는 없다. 그러므로 어떤 가설은 정합성 기준을 통과하지 못해서 버려질 수도 있다. 그러나 정합성이 진리에 대한 최상의 척도를 제공해주지는 않는다. 상응설과 관련된 문제는 우리의 감각이 현실에 대한 정확한 묘사를 제공하는지 확인할 길이 없다는 것이다. 그럼에도 우리 모두는 우리의 감각이 제공하는 묘사가 적절하다고 가정한다. 그렇지 않다면 우리는 길을 건너기 전에 굳이 길 양쪽을 살피려 하지 않을 것이다. 왜냐하면 우리의 감각이 제공하는 묘사가 적절하지 않을 경우 큰 트럭이 다가오고 있는지 여부에 대한 우리의 인식은 쉽사리 잘못될 수 있기 때문이다. 또 다른 도전은 데이터와 사실들이 역사가의 지평의 결과인 해석들로 가득 차 있다는 것이다. 그러나 이 점은 진리 자체의 본질에는 영향을 주지 않고 그것을 아는 우리의 능력에만 영향을 준다. 그러므로 나는 진리는 상응성 측면에서 보아야 한다고 주장한다. 우리의 역사적 묘사는 불완전하고 완벽하지 않으며 실제로 일어난 일에 대한 분명하고 정확한 그림이 되지 못할 수도 있다. 그러나 그 묘사들은 적절할 수 있으며 합리적으로 확실하게 유지될 수 있다.

지평 문제는 매우 크며, 다른 어떤 요인들보다 동일한 질문에 답하고자 하는 역사기술들이 달라지게 하는 가장 큰 원인이다. 역사가의 지평은 그의 지식·교육·경험·문화적 조건·신념·선호·전제 그리고 세계관의 총합으로부터 나온다. 지평은 안경과 같아서 역사가는 모든 것을 지평이라는 안경을 통해 바라본다. 위에서 언급한 모든 요소들은 그 안경의 렌즈에 색을 칠한다. 어떤 그늘이 물 위의 반사광을 제거해서 관찰자로 하여금 호수 속의 물고기를 볼 수 있게 해주듯이 이런 렌즈들은 어떤 역사가들이 상황을 보다 분명하게 볼 수 있게 해줄 수도 있다. 다른 한편으로 마치 만물에는 어두운 그늘이 있어서 어떤 물체를 보지 못하게 하듯이 지평은 또 다른 역사가들이 상황을 분명하게 보지 못하게 할 수도 있다. 예수 부활의 역사성과 관련된 데이터를 검토할 때 지평 문제는 상존할 것이다.

누가 입증책임을 지는가? 우리는 경신(輕信)·회의·중립성이라는 세 가지 가능성이 있음을 살펴보았다. 저자의 의도와 방법론이 분명할 때에는 경신적 접근법이 선호된다. 불행하게도 대부분의 경우 저자의 의도와 방법론이 명확하지 않다. 복음서들의 경우 최근의 논의는 복음서들이 그리스-로마 전기 장르에 속한다는 점을 확립했다. 비록 전기가 대체로 역사 문제를 진지하게 다루기는 하지만 전기 작가들이 재량을 발휘한 정도가 제각각이기 때문에, 복음서의 장르를 안다 해도 그 유익은 제한된다. 회의적 접근법을 고대 텍스트 전반에 적용할 경우의 문제는, 그럴 경우 역사에 대한 우리의 지식은 대부분의 역사가들이 받아들이기 어려울 정도로 축소된다는 것이다. 중립적 접근법은 가설을 제시하는 역사가에게 입증책임을 지운다. 회의주의자는 그 가설을 자유롭게 비판할 수 있지만 자신이 어떤 경쟁 가설을 제시하면 그 경쟁 가설을 옹호할 책임이 있으며, 가장 그럴듯한 설명이 우선한다. 다음 장에서 우리는 그 등식에 기적이 들어오면 입증책임에 어떻게 영향을 주는지에 대해 논의할 것이다. 나는 예수 부활의 역사성에 관한 내 연구에서 중립적 접근법을 채택할 것이다.

역사가들이 적절한 객관성을 얻을 수 있을 만큼 충분히 자신의 지평을 초월할 수 있는가라는 질문에 대해서는 긍정적으로 답할 수 있다. 분명히 모든 역사가들이 언제나 이 정도의 객관성을 달성하지는 않지만, 주목할 만한 예들이 적절한 객관성을 달성할 수 있음을 보여준다. 우리는 역사가들이 그들의 지평을 초월하도록 도와줄 수 있는 여섯 가지 기준(방법론, 동료의 압력, 동조하지 않는 전문가에게 의견 제출, 자신의 지평과 방법론 공개, 되도록 편견과 많이 절연됨, 관련된 역사적 기반 설명)을 살펴보았다. 이 기준들은 역사가들에게 일단 멈춰서 성찰하게끔 하는 과속 방지턱을 제공하며, 그렇게 함으로써 역사가들이 방해받지 않은 주관성이라는 길을 따라 여행하는 것을 더욱 어렵게 만든다.

다음으로 우리는 확실성 문제를 살펴보았다. 역사가들도 우리가 대부분의 분야에서 절대적 확실성을 얻지 못한는 것과 동일한 여러 이유들로 인해 절대적 확실성을 얻지 못한다. 현명한 사람은 절대적 확실성을 얻지 못하는 것 때문에 방해받지 않고, 확률에 의지해 행동한다. 그것이 우리가 살아가는 방식이며 우리는 이 원리가 우리로 하여금 정확한 평가를 하도록 상당히 잘 이끌고 있다는 것을 알게 되었다. 그러므로 역사가들이 어떤 일이 발생했다고 주장할 때 그들은 이렇게 말하는 셈이다. "입수할 수 있는 데이터에 비춰볼 때, 최상의 설명에 의하면 x가 발생했다는 것을 합리적인 수준으로 확신해도 되며 지금으로서는 그것이 경합하는 가설들보다 확실해 보인다. 그러므로 우리에게는 그것을 믿어야 할 합리적인 근거가 있다. 그러나 우리의 결론은 개정되거나 폐기될 수도 있다. 왜냐하면 미래에 그 일이 지금 우리가 제시한 것과 다른 방식으로 일어났을 수도 있음을 보여주는 새로운 데이터가 나타날 수도 있기 때문이다."

이어서 우리는 방법론을 다뤘다. 우리는 먼저 역사가들이 경합하는 가설들 사이에서 판단을 내릴 때 활용할 수 있는 두 가지 방법을 살펴보았다. 첫 번째는 최상의 설명에 도달하는 논증이다. 우리는 어떤 가설의 강력함을 판단하는 데 일반적으로 활용되는 다섯 가지 기준(설명 범위·설명력·타당성·덜 임기응변적임·조명)에 주목했다. 선호되는 가설은 경합하는 가설들보다 이런 기준을 더 잘 충족해야 한다. 두 번째 방법은 통계적 추론을 통한 논증과 관련된다. 우리는 이 일을 수행하는 두 가지 방법을 살펴보았다. 베이즈 정리는 배경 지식과 관련된 증거의 존재에 비추어 어느 가설이 참일 상대적 확률을 계산한다. 우리는 필요한 배경 지식을 얻을 수 없기 때문에 예수의 운명에 관한 가설 평가에는 베이즈 정리를 사용할 수 없을 것이라는 점을 살펴보았다. 그래서 베이즈 정리를 사용하는 역사가는 거의 없다. 어떤 일이 어떤 빈도로 발생한다는 점을 보여줄 수 있을 만큼 충분한 데이터를 구할 수 있으면 통계적 추론을 통한 논증이 사용될 수 있다. 그 빈도는—적절한 조건이 붙는다면—어느 특정 사건이 발생했을 통계적 확률을 나타낼 수도 있다. 예수의 부활은 독특한 사건일 것이기 때문에 그 사건에 대해서는 이런 형태의 통계적 추론도 사용할 수 없다. 어떤 사람이 자연적인 원인에 의해 부활할 가능성은 지극히 낮다. 그러나 만약 예수가 부활했다면 그것이 자연적인 원인의 결과였는지는 의심스럽다. 그리고 하나님이 예수를 죽은 자들 가운데서 일으키기를 원했을 선행 확률을 계산할 방법도 없다. 그래서 우리는 예수의 운명과 관련된 다양한 가설에 대해 고려할 때 최상의 설명에 도달하는 논증을 사용할 것이다.

역사가가 언제 어느 가설에 대해 "역사적"이라는 판단을 내려도 되는가? 많은 역사가들은 가설들에 다양한 정도의 역사적 확신을 부여하는 나름의 역사적 확실성의 스펙트럼을 갖고 있다. 나는 가설들을 평가하는 이 책의 5장에서 다음과 같은 스펙트럼을 사용할 것이다. 1) 확실히 역사적이지 않은, 2) 매우 의심스러운, 3) 상당히 의심스러운, 4) 다소 의심스러운, 5) 애매한, 6) 다소 확실한, 7) 상당히 확실한, 8) 매우 확실한, 9) 확실히 역사적인. 역사가들은 어느 가설이 그 스펙트럼 상에서 "다소 확실한" 보다 높은 곳에 위치할 때 그 가설에 역사성을 부여한다. 어느 가설이 그 스펙트럼 상에서 차지하는 위치는 그 가설이 최상의 설명을 위한 다섯 가지 기준을 얼마나 잘 충족하는지, 경합하는 가설들에 대해 어느 정도의 우위를 누리고 있는지, 그리고 그 가설이 반론들을 얼마나 효과적으로 다루는지에 따라 결정된다.

1.3.6. 결론

내 연구는 예수 부활의 역사성에 관해 상충되는 많은 결론들과 관련된 문제를 해결하는 데 기여할 목적으로 시작되었다. 나는 성서학자들과 철학자들이 그 문제와 관련해서 적절한 연구를 수행하기에 필요한 준비가 잘 되어 있지 않을 가능성을 살피기 시작했다. 나는 종교학자가 아닌 전문적인 역사가들이 연구를 수행하는 방법을 배워서, 예수가 부활했는가라는 문제에 대한 답을 찾을 때 그 접근법을 적용하는 것이 적절한 접근법이라고 생각했다. 놀랍게도 나는 대부분의 역사가들도 성서학자들과 철학자들에 비해 이 문제에 답할 준비가 그다지 잘 되어 있지 않다는 사실을 발견했다. 역사가들이 성서학자들보다 이런 문제들에 더 진지하게 관심을 기울이고 있는 것이 더 보편적이기는 하지만, 성서학계 외부의 역사학자들도 성서학자들과 역사철학자들이 묻고 있는 것과 동일한 인식론적 질문 및 방법론적 질문들과 씨름하고 있다. 그러나 계속되는 토론에도 불구하고 해결책은 요원하다.[336]

대부분의 학자들은 지평 문제를 시인하지 않으며 지평이 자신의 연구에 끼칠 수도 있는 부정적인 영향을 최소화하기 위한 예방조치를 취하는 경우는 훨씬 드물다. 이것은 위험하며 적절한 역사 연구를 좌절시킨다. 왜냐하면 편견이 억제되지 않고 마구잡이로 방법론을 따를 경우 일종의 공상의 세상과 같은 역사학 관습이 초래되기 때문이다. 그 세상에서는 통제되지 않는 상상력이 지배하고, 책임 있는 방법이 열등한 곳으로 밀쳐지고 대체로 무시되며, 주해는 역사가들이 성서 텍스트와 단어들을 잡아 늘여 그들이 듣고 싶어하는 대답을 쥐어짜내는 고문실로 전락한다.

이 여정은 예수 부활의 역사성에 관한 연구에 큰 도움이 되어왔다. 나는 모든 역사 연구에 내재되어 있는 한계에 대해 알고 있다. 나는 가설 평가에 채택할 기준들을 세웠다. 나는 역사가의 지평이 모든 역사 연구에서 큰 역할을 한다는 것을 이해하고 있으며, 역사가들에게 지평의 부정적 영향을 최소화하도록 도와주기 위한 절차들을 제안했다.

1.3.7. 고백

자신의 지평을 관리하기 위해 내가 제안한 절차들 중 하나는 자신의 방법론과 개인적 편견을 공개하는 것이다. 내 방법론에 대해서는 이미 논의했으므로 이곳이 내 개인적인 편견을 다루기에 적절한 지점이라 생각한다. 나는 보수적인 기독교 가정에서 성장했고 10살 때 기독교 신앙을 고백

336 Gilderhus(2007), 74.

했다. 나는 불특정한 형태의 유신론을 원했던 적은 있었지만 무신론이나 이신론 쪽으로 기울어져 본 적은 없다. 나는 내가 때때로 경험했던 하나님과 가까이 있다는 느낌이 참될 수도 있다고 믿지만, 그 느낌이 내 오랜 상황과 기대의 결과일 수도 있다는 것을 인식하고 있다.

나는 예수 부활의 역사성이 확인되기를 원한다. 그러면 내 기독교 신앙이 추가로 확인될 것이기 때문이다. 예수의 부활이 거짓으로 입증된다면 나는 내 기독교 신앙을 버리고 어느 특정한 견해에 몰두하지 않는 유신론자로 남아야 한다고 느낄 것이다. 나는 내 이전 연구는 증거가 이끄는 곳으로 따라가는 열린 연구라기보다는 내 신앙을 확인하는 데 관심을 갖고 또한 변증적 제시에 사용되게 하려고 수행되었다는 것을 고백한다. 나는 지평에 대해 논의한 결과 지평이 모든 연구에 끼치는 부정적인 영향에 대해 알고 있으며, 내 자신이 거기서 예외가 된다고 생각할 만큼 순진하지 않다.

지난 3년간 나는 내게서 전제들을 제거하려 했고 또한 내가 동의하지 않는 저자들의 저작을 읽을 때 그들에게 공감하기 위해 노력해왔다. 그런 문제들과 씨름하는 동안 나는 자주 하나님께 인내와 인도를 요청했다. 나는 짧은 기간 동안 내가 중립적인 입장이라고 믿는 것을 여러 번 경험할 수 있었다. 그런 기간 동안 나는 내가 예수의 부활과 관련해 믿는 것을 도무지 확신할 수 없었기에 만약 당시 내가 의심하고 있던 기독교가 진리라면, 하나님이 나를 인도하고 또한 계속해서 인내해 달라고 기도했다. 나는 평균대 위에서 걷고 있었고 어느 쪽으로든 기울어질 수 있었다. 그러나 나는 또한 그런 중립성을 유지하던 기간들 각각은 두 달 이상 지속되지 않았는데, 나를 중립적인 상태에서 이끌어낸 것은 대개 이성적 추론이 아니라(왜냐하면 나는 가설 평가는 마지막 장을 위해 남겨두고 있었기 때문이다) 가능한 한 중립에 가까운 위치에 머무르려는 내 편에서의 의식적이고 지속적인 노력이 결여되었기 때문이었음을 고백한다. 따라서 나는 신앙이라는 내 최초의 입장으로 되돌아가는 것을 경험했다. 그러나 비록 내가 자신의 개인적 편견을 극복할 수 없음을 알고 있음에도, 여전히 나는 내가 적절하게 객관적일 수 있으며 내 현재의 연구는 내가 아는 한 데이터에 대한 정직한 조사라고 주장한다.

나는 예수 부활의 역사성을 주장하는 세 권의 책을 썼으며 일레인 페이절스와 바트 어만 같은 반대자들과 벌였던 많은 공개 토론에서 그 입장을 옹호했다. 내가 예수 부활의 역사성에 대한 찬반 논거들에 익숙하다는 점에 비춰볼 때, 나는 내가 예수의 부활이 일어나지 않았다는 결론을 내리게 될지 의심스럽다. 그러나 나는 자신이 그 사건에 대한 역사적 증거가 부활 가설을 역사적 확실성에 관한 내 스펙트럼 상에서 "역사적"이라는 결론을 정당화하는 위치에 두기에 충분히 강력하지 않을 가능성에 대해 열려 있다고 믿는다.

내가 이전 연구에서 취한 입장 때문에, 만약 내가 역사적 의문부호라는 보다 온건한 결론에 도달하게 된다면 아마도 나는 개인적으로 어느 정도 당황할 것이다. 또한 아마도 나는 내 삶에 아주 큰 영향을 주었을 뿐 아니라 내 가까운 친구가 된 두 명의 학자인 개리 하버마스와 윌리엄 레인 크레이그를 실망시키게 될 것이다. 이 모든 점을 감안하더라도, 나는 진리에 대한 내 관심이 당황과 실망에 대한 내 두려움을 대신한다고 확신한다. 설령 예수의 부활이 역사적으로 확인될 수 없을지라도, 특별하게 기독교적인 내 신앙은 여전히 살아남을 것이다. 그러나 부활이 일어나지 않았음이 입증된다면 나는 기독교 신앙을 버리게 될 것이다.

나는 현재 북미 최대 개신교 교단에서 리더 지위를 누리고 있는데, 그 지위로 인해 영향력을 행사하고 있고, 상당히 후한 보수를 받고 있으며, 이를 통해 아주 만족스러운 삶을 살아가고 있다. 나는 만약 내 연구가 나로 하여금 예수가 부활하지 않았다는 결론을 내리게 한다면 나는 현재 위치에서 쫓겨날 것이고 실업자가 되리라는 것을 안다.

나는 진리를 추구하고 발견하고 따르는 일에 헌신하고 있기 때문에 이 주제와 씨름하고 있다. 지금 나는 우주와 생명 자체의 창조에 대한 책임이 있는 어떤 절대자가 있다는 과학적 증거와 철학적 증거에 상당히 설득되어 있다. 그러므로 설령 내가 예수가 부활하지 않았다는 결론을 내리게 되더라도 나는 여전히 신이 있다는 입장을 취할 것이다. 또한 나는 내 일자리를 유지하는 것보다 참된 신을 기쁘게 해드리는 데에 훨씬 더 관심이 있다.

예수를 연구하는 모든 역사가들에게는 이 논의에 무언가가 걸려 있다. 이제 나는 내 경험을 보고했고 내 희망을 적나라하게 밝혔으니, 독자들은 이어지는 논의를 내 접근법과 혹시 그 논의가 객관적인 역사 연구를 수행하려는 진정한 시도라기보다 내가 바라는 결과를 얻기 위해 의식적으로든 무의식적으로든 조작되지 않았는가라는 관점에서 평가할 수 있을 것이다. 이것은 중요한 문제다. 왜냐하면 우리가 조사하고자 하는 많은 자료들의 역사적 가치에 대해 상당한 논란이 있기 때문이다.

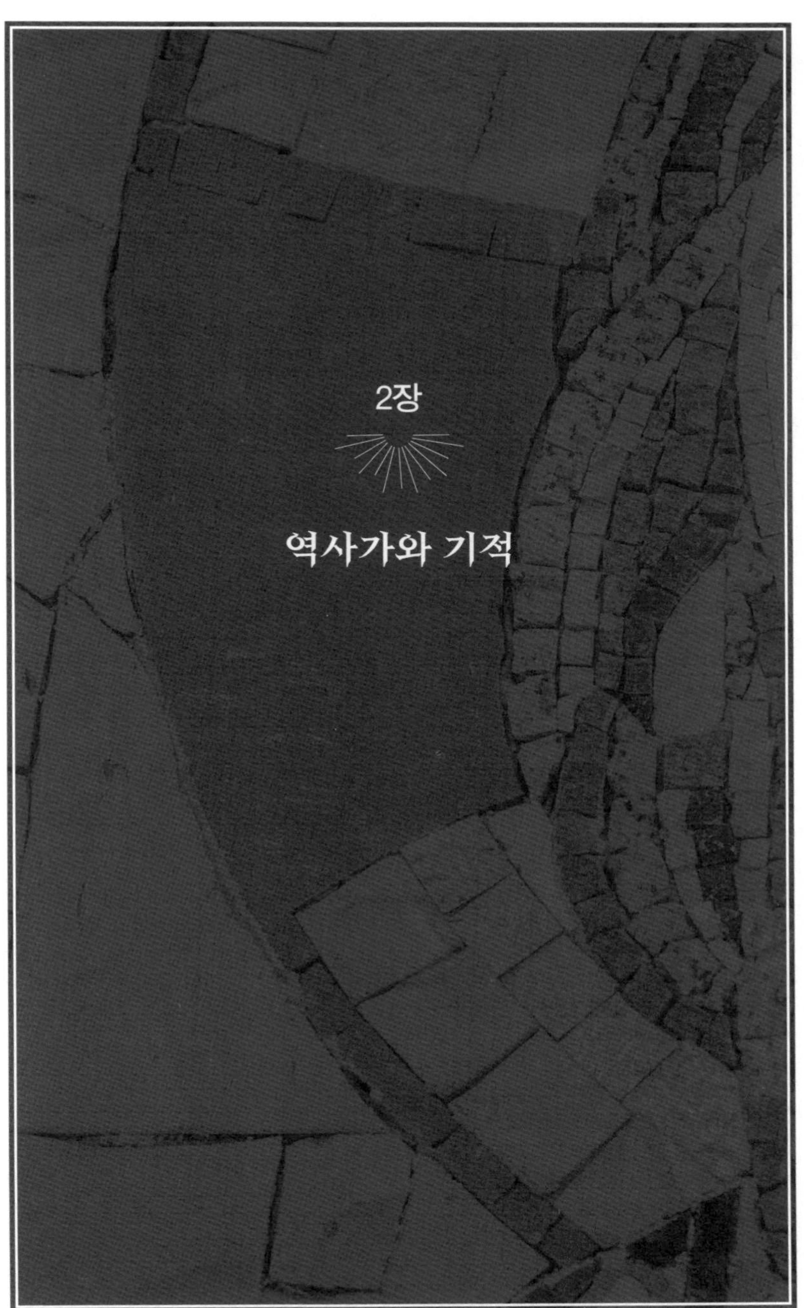

2장

역사가와 기적

역사가(신앙인조차)는 자신이 기독교 신앙의 일부 핵심 주장들을 다룰 수 없다는 것을 알게 되는데, 이에 대한 가장 현저한 예가 예수의 부활이다.[1]

그레고리 도스

역사기술이 "죽은 사람은 살아나지 않는다"는 현실에 대한 좁은 개념에 따라 교조적으로 시작하지 않는 한, 왜 역사기술이 원칙적으로 예수의 부활이 제자들이 예수의 출현을 경험하고 빈 무덤을 발견한 것과 같은 사건들에 대한 가장 적합한 설명이라고 말해서는 안 되는지 명확하지 않다.[2]

볼프하르트 판넨베르크

---

1 Dawes(1998), 32. 다음 문헌들도 보라. Eastham(2000): "예수 그리스도의 부활에 대한 역사적 증거가 없다. 부활은 역사 연구 방법이 다룰 수 없는 경우이며, 분명히 예수 세미나를 사로잡을 주제가 아니다."(176). Førland(2008): "과학적 세계관에는 하나님이나 다른 초자연적 실체에 대한 여지가 없다.…그러나 과학적 설명에는 초자연적 실체가 없다. 과학적 설명은 세계를 자연주의적으로 설명한다. 기껏해야 하나님은 영적 가능성일 뿐이고 세계가 작동하는 방식에 관한 과학적 설명에 개입하거나 영향을 주도록 허용되지 않는 존재로 남아 있다"(484); "문제는 사회-과학적 설명 안에 초자연 개념을 위한 여지가 있느냐 하는 것이다. 나는 그런 여지가 없다고 주장한다"(521); "과학에서뿐 아니라 역사에서도 신은 죽었다"(532).

2 Pannenberg(1974), 109; D'Costa 편(1996), 71에 실린 Pannenberg와 비교하라. Braaten(1999)도 보라: "부활은 이를 시간과 공간 안에 위치시키는 보고의 주제이기 때문에 역사적 사건으로 간주되어야 한다. 부활은 예수가 십자가형을 당한 직후 예루살렘에서 발생했다"(155).

2.1. 서론적 해설

여러 해 전 내 아내는 신호등 앞에 정차해 있다가 뒤에서 오던 트럭에 받히는 사고를 당했다. 그 사고로 내 아내는 등에 영구적인 부상을 입었다. 트럭 운전사의 보험회사는 완고했고 우리가 지출했던 비용의 대부분을 지불하지 않으려 했다. 결국 그 문제는 법정으로 갔다. 나는 소환된 첫 번째 증인들 중 한 명이었는데 진술 도중에 그 보험회사는 우리가 차를 수리하고 있는 동안 렌터카조차 제공하지 않으려 한다고 진술했다. 내가 그 말을 하자 피고 측 변호사가 이의를 제기했다. 그러자 판사는 내 말을 기각했다. 이어서 그는 배심원의 판단도 기각했다. 몇 분 후에 나는 판사가 절차상 과오로 인한 무효 심리를 선언했다는 것을 알게 되었다. 내 변호사는 우리의 경우와 같은 재판에서 **보험회사**라는 말이 금기어라는 사실을 내게 미리 알려주지 않았다.

역사적 예수 연구에서는 그와 유사한 일이 자주 발생한다. 실제 예수가 실제로 무슨 말을 했고 무슨 일을 했는지에 관해 많은 논의가 이뤄진다. 그러나 누가 **기적**이나 **부활**이라는 용어를 언급하면, 일부 학자들이 벌떡 일어나 "이의 있습니다! 당신은 역사가로서 그런 말을 해서는 안 됩니다"라고 소리치는 일이 드물지 않다. 나는 변호사는 아니지만 법정에서 "보험회사"라는 언급을 금하는 몇 가지 타당한 이유가 있을 것이라고 생각한다. 어쨌거나 보험회사는 돈이 많고 비인격적인 대기업이다. 배심원들에게 이 사실을 상기시켜주면 그들에게 원고에게 유리하게 결정하도록 편견을 심어줄 수도 있을 것이다. 마찬가지로 역사가들이 기적 주장에 대해 연구하지 못하게 막는 이유도 있다. 역사가들이 기적 주장에 대해 연구해서는 안 된다면 예수 부활의 역사성에 관한 연구를 진행할 수 없기 때문에 이것은 중요한 문제다. 그럴 경우 역사가로서 우리는 막다른 골목에 도달한 셈이다.

나는 일반적으로 제시되는 이유들이 잘못되었다고 확신한다. 과거의 어떤 사건이 흔적을 남겼다면 대부분의 역사가는 그 사건이 역사 탐구의 주제가 될 수 있다고 주장한다. 문제의 사건이 기적이라면 어떻게 될까? 내가 말하는 기적은 **역사에서 일어난 사건으로서 자연적인 설명이 적절하지 않은 어떤 사건**이다. 이 말은 아직 발견되지 않은 자연적인 설명이 있을 수 있다는 의미가 아니다. 이 말은 그 사건 자체의 본질상 자연적인 원인이 있을 수 없다는 뜻이다.[3] 어떤 역사가들은 자신은 기적적

3 **기적**이라는 용어는 본질적으로 논란이 되는 개념이며, 많은 정의들이 제시되어 왔다: Bartholomew(2000): "기적은 자연계 외부의 어떤 힘에 의한 행위다. 그러므로 만약 세상의 자연 과정에 의해 설명될 수 없고 인간 행위자의 탓으로 돌려질 수 없는 어떤 일이 일어난다면, 그 경우에는 외관상 기적이 일어났다고 상정할 수 있다"(81); Beaudoin(2006): **자연계에서 초자연적인 힘의 개입이 없다면 일어나지 않았을 사건**(116, 강조는 원저자의 것임); Bultmann(1958): "기적은 그 자체로는 종교적 특성이 없지만, 신적(또는 악마적) 원인 때문에 발생한 것으로 간주되는 사건들이다"(173); Davis(1993): "기적은 신에 의해 일어나고, 우리가 참되다고 믿어야 할 강력한 이유가 있는 자연법칙의 예상과 어긋나는 사건 E(Event의 약자—역자 주)다. 즉 자연법칙은 E 이전의 상황을 감안할 때 E가 아닌 어떤 다른 사건이 일어날 것이라고 예측한다; E는 신이 E가 일어나게 하기 때문에 일어난다; 그리고 자연의 그 어떤 다른 법칙이나 일련의 다른 법칙들도 상황에 비춰볼 때 우리가 E가 일어날 것이라고 예측하도록 돕지 못했을 것이다"(10-11); Ehrman(*The New Testament*, 2008): "자연의 정상적인 작동 방식에 어긋나서 사실상 믿을 수 없으며 초자연적인 힘이 작동했다고 인정하도록 요구하는 사건들"(241); 다음의 언급들과 비교하라. Craig and Ehrman(2006)에서 Ehrman이 한 말을 보라. 거기서 그는 기적은 "정의상 가장 개연성이 없는 설명"이라고 말한다(13); Geisler(1999): "**기적**은 사건들의 자연스러운 경로를 방해하는 하나님의 특별한 행위다"(450); Hume(1777), 10.2에 실린 Hume(1776년 사망): "기적은 자연법칙들에 대한 위반"이고 "신의 특별한 의지나 어떤 보이지 않는 행위자의 개입으로 인한 자연법칙에 대한 위반이다"; Lewis(1978): "초자연적 힘에 의한 자연에 대한 간섭"(5); Mackie(1982): "[자연법칙]에 따라 작동하는 일반적으로 폐쇄된 체계 안으로의 초자연적 침입"(22); Meier(1994): "기적은 다음과 같은 사건이다.(1) 원칙적으로 관심이 있고 공평무사한 관찰자라면 누구나 인식할 수 있는 특이하고 놀랍거나 이례적인 사건,(2) 인간의 능력에서나 우리의 시공간의 세계 안에서 작

인 사건의 발생을 연구하기 위한 도구를 갖고 있지 않다고 주장하면서 기적 주장에 대한 연구를 신학자들과 철학자들에게 맡긴다. 그러므로 설사 어떤 기적이 실제로 일어났을지라도, **역사가로서**는 절대로 기적이 일어났다는 결론을 내릴 수 없다.

이 장에서 우리는 기적 주장에 관한 역사적 고찰에 대해 데이비드

동하는 다른 알려진 능력에서는 합리적인 설명을 찾기 어려운 사건, 그리고(3) 인간의 힘으로는 할 수 없는 일을 하는 신의 특별한 행위의 결과인 사건"(2: 512). 흥미롭게도 Meier는 예수의 부활을 기적으로 여기지 않는데, 그것은 그 사건이 기적에 대한 그의 첫 번째 기준을 충족하지 않기 때문이다(525); 여기서 Meier는 기적의 **정의**와 기적 **식별**을 혼동하는 것으로 보인다. Moreland and Craig(2003)는 신의 평범한 행위와 특별한 행위를 구분한다. 그들은 기적을 특별한 행위로 구분하면서 기적을 "자연적으로(또는 물리적으로) 불가능한 사건, 관련된 자연적인 원인들에 의해 특정한 때와 장소에서 나타날 수 없는 사건들"로 정의한다(567-68). Purtill(Geivett and Habermas 편[1997]에 실린 "Defining Miracles"): "하나님이 자신이 행동하고 있음을 보여주기 위해 사물의 자연스러운 질서에 일시적으로 예외를 만드는 사건"(62-63); Swinburne(1989): "신에 의해 초래되고 종교적으로 중요한 이례적인 사건"(2); Theissen and Merz(1998): "기적은 정상적인 기대에 반하며 종교적으로 중요한 사건이다: 그것은 신의 행위로 이해된다"(309); Tucker(2005): "신의 힘의 위업"(378); Twelftree(1999)는 기적에 대한 일반적인 정의 목록 여덟 개를 제공한다(25-27). 나는 아래의 내용을 Colin Brown(1984)의 연구에 빚지고 있는데 페이지 번호는 C. Brown의 책 중 그 인용문이 등장하는 곳을 가리킨다: Kant(1804년 사망): "기적들은 이 세상에서 벌어지는 사건들로서 그 **작동 법칙**의 원인이 우리에게 전혀 알려지지 않았고 반드시 그렇게 남아 있어야 하는 사건이다. 그러므로 우리는 **신에 의한** 기적이나 **악마에 의한** 기적을 생각해 볼 수 있다"(106); 아우구스티누스(430년 사망): "의아하게 여기는 이들의 소망과 능력을 넘어서는 이상하거나 특이해 보이는 모든 것"(7); Hobbes(1679년 사망): "기적은(창조세계 안에서 정해진 자연의 방식에 의한 하나님의 활동 이외에) 자신이 선택한 사람들에게 그들의 구원을 위해 특별한 사역자의 사명을 드러내기 위해 행하는 하나님의 일로…마귀, 천사, 또는 창조된 영은 기적을 행하지 못한다"(35); Locke(1704년 사망): "그래서 나는 기적을 보는 사람의 이해를 넘어서고 그의 의견으로는 확립된 자연의 경로에 반하며 따라서 신에 의한 것이라고 여겨지는 어떤 감각할 수 있는 작동이라고 여긴다"(43); Tillich(1965년 사망): "참된 기적은 우선, 현실의 합리적 구조와 모순되지 않으면서도 놀랍고 특이하고 충격적인 사건이다. 둘째로, 기적은 존재의 신비를 가리키며 그것과 우리의 관계를 명확하게 드러내는 사건이다. 셋째로, 기적은 황홀경 경험 안에서 표적-사건으로 받아들여지는 사건이다"(172); Warfield(1921년 사망): "신의 즉각적인 효율성에 의해 발생한 외부 세계에서의 효과"(199); D. and R. Basinger: "그 독특성을 그것의 설명할 수 있는 지위로부터가 아니라 그것이 어떤 이례적인 사건 순서의 일부라는 사실로부터 끌어오는 종교적 개념(신의 행동)"(210).

흄, 베한 맥컬래프, 존 마이어, 바트 어만, A. J. M. 웨더번, 그리고 제임스 던과 같은 학자들이 제기한 이의에 대해 논의할 것이다. 우리는 각각의 주장이 어떻게 실패하는지 그리고 왜 기적 주장을 조사하기 전에 많은 역사가들이 주저할 필요가 없는지 살펴볼 것이다.

2.2. 데이비드 흄

스코틀랜드의 회의주의자 데이비드 흄은 자신의 논문 「기적에 관하여」(*Of Miracles*)에서 우리가 기적이 일어났다고 결론을 내리는 것은 결코 정당화되지 않는다고 주장한다. 자신의 논문 1부에서 흄은 압도적 대다수의 한결같은 경험상 사람들이 기적을 목격한 적이 없다고 주장한다. 이 한결같은 경험이 모여 증거가 된다. 그러므로

> 어떤 증언이 그 증언이 입증하고자 하는 사건이 사실일 경우보다 그 사건이 거짓일 경우가 더 기적적일 그런 종류의 증거가 없는 한, 어떤 증언도 기적을 입증하기에 충분하지 않다. 또한 그런 경우에서조차 주장들은 서로를 파괴하며, 우월한 주장은 단지 열등한 주장을 공제한 뒤에 남아 있는 힘의 정도에 적합한 확신을 줄 뿐이다.[4]

흄은 자기가 죽은 사람이 부활한 것을 보았다고 자신에게 알려주는 어떤 사람의 예를 들어 자신의 원리를 설명한다. 흄은 이 사람이 속았고 속이고 있다는 것과, 죽은 사람이 실제로 부활했다는 것 중 어느 쪽이 더

4 Hume(1777), 116.

개연성이 있느냐고 묻는다. 흄은 데이터를 평가하고 덜 기적적인 쪽을 택한다. "만약 그가 말하는 사건보다 그의 증언이 거짓이라는 것이 더 기적적이라면" 그 사건이 발생했다고 주장할 수 있다.[5]

흄은 계속해서 2부에서 왜 어떤 기적 주장도 이런 입증책임을 충족시키지 않았거나 충족하지 못했는지에 대해 네 가지 이유를 제시한다. 첫째, 목격자의 증언이 자연주의적 이론보다 낫다고 해도 될 만큼 목격자가 충분히 훌륭하지 않다.

> 역사상 다음과 같이 입증된 기적은 발견되지 않을 것이다. 1) 다음과 같은 특징을 보이는 충분히 많은 사람들에 의해 입증된다. 의문의 여지가 없는 양식·교육·학식을 갖추고 있어서 자신의 모든 기만에 대해 우리를 보호해줄 수 있는 사람; 혹시 다른 사람들을 속이려는 어떤 의도가 있지 않을까 하는 모든 의심을 벗어날 정도로 의문의 여지없이 올곧은 사람; 다른 사람들이 보기에 신용과 명망이 있어서 그들이 거짓말을 하고 있다는 것이 발각되면 잃을 것이 많은 사람. 2) 동시에 공개적으로 그리고 세상의 유명한 지역에서 수행되어서 불가피하게 발견될 수밖에 없는 사실에 의해 입증된다. 위 모든 상황들은 사람들의 증언을 완전히 확신하기 위한 필요조건이다.[6]

흄의 두 번째 이유는 유추의 원리에서 도출하며 선행 확률에 호소한다.

> 과거에 가장 많이 관측된 비에 근거한 것에 우선권을 부여해야 한다. 그러

5 Hume(1777), 116.
6 Hume(1777), 116-17.

나 이 규칙에 따라 진행하면 우리는 대개는 이례적이고 믿기 어려운 그 어떤 사실도 쉽사리 기각한다.[7]

그래서 여기서 두 가지 논거가 제시된다. 첫째, 우리가 일생동안 짐승은 말을 하지 않을 뿐 아니라 최근에 말을 한 적도 없다는 것을 관찰했다면, 짐승이 과거에 말을 했다는 입장을 유지하는 견해를 기각해야 한다. 발람의 나귀[8]와 이솝 우화의 짐승들이 그런 사례에 해당한다. 둘째, 역사 기록이 죽은 사람은 부활하지 않는다는 데 거의 만장일치를 보인다면, 그에 반하는 소수의 증언들은 기각되어야 한다. 저명한 흄 학파 학자인 안토니 플루는 이렇게 덧붙인다. "현존하는 과거의 유물들은, 우리가 그때 얻어진 것과 동일한 근본적인 규칙성을 오늘날에도 여전히 얻을 수 있다고 가정하지 않는 한, 역사적 증거로 해석될 수 없다."[9]

흄의 세 번째 이유는 기적 보고의 배후에 있는 목격자들의 질이 낮다는 데로 되돌아간다. "그런 보고들은 주로 무지하고 야만적인 국가들에서 많이 관찰된다…**그런 놀라운 사건들이 우리 시대에는 결코 일어나지 않는다는 것은…이상한 일이다.** 그러나 나는 사람들이 어느 시대에나 거짓말을 한다는 것은 결코 이상한 일이 아니라고 생각한다."[10] 흄의 네 번째 이유는 한 종교에서의 기적에 대한 증언들은 경쟁하는 종교들에서의 기적 주장에 대해 증언하는 무수히 많은 목격자들과 비교해서 평가된다는 것이다. 그러므로 이런 증언들은 서로를 상쇄한다. 따라서 흄은 자

---

7 Hume(1777), 117. Ehrman(*The New Testament*, 2008)도 비슷하게 주장한다(244).

8 민 22:28-30.

9 Geivett and Habermas 편(1997), 49에 실린 Flew.

10 Hume(1777), 119-20, 강조는 원저자의 것임.

신의 네 가지 이유들에 근거해서 "기적은 결코 종교 체계의 토대가 되도록 입증될 수 없다"고 결론짓는다.[11]

흄의 주장에 대해 많은 답변들이 제시되어왔지만,[12] 그의 논지는 2백 년이 더 지난 오늘날에도 여전히 영향력이 있다. 던은 이렇게 쓴다. "일찍이 데이비드 흄이 지적했듯이, 기적 기사가 참이 아닐 개연성이 언급된 기적이 실제로 일어났을 개연성보다 크다."[13] 보수적인 여러 그리스도인 학자들도 만약 어느 경합하는 가설이 예수가 부활했다는 가설과 적어도 동일한 무게를 지니고 있다면, 부활의 역사성 판단 문제에 대해서는 자연적인 이론이 선호되어야 한다는 원리에 반대하지 않을 것이다.[14] 흄의 논지는 역사가에게 기적 주장의 역사성에 관해 고찰할 때 더 조심하도록 요청하기 때문에 가치가 있다. 그러나 나는 기적이 결코 입증될 수 없다는 그의 주장을 약화시키는 몇 가지 답변을 강조할 것이다.

흄의 첫 번째 요점은 기적에 대한 증인들은 대안적인 자연적 설명보다 그들의 증언을 선호해야 할 만큼 충분히 훌륭하지 않다는 것이다. 흄에 따르면 그 어떤 믿을 만한 사건에 대한 증언이라도 역사적 사건으로서의 자격을 갖추기 위해서는 다음과 같은 조건을 갖춰야 한다. 그 증언은 충분히 많은 "의문의 여지가 없는 양식·교육·학식을 갖추고" 있고 속이지 않을까 하는 "모든 의심을 벗어날 정도로 의문의 여지가 없이 올

---

11 Hume(1777), 127.

12 기독교 철학자 Gary Habermas와의 개인적인 서신에서 Antony Flew는 Habermas가 Geivett와 함께 편집한 책 *In Defense of Miracles*는 현재 흄의 주장을 다루는 것과 관련해 회의주의자들이 대답해야 할 **바로 그** 책이라고 썼다. 다음 문헌들도 보라. Habermas and Licona(2004), 8장; Pojman(1998), 308-14에 실린 Swinburne; Twelftree(1999), 40-43.

13 Dunn(2003), 103-4.

14 Eddy and Boyd(2007), 52, 78. Baggett 편(2009), 124도 보라.

곧은" 증인들에 의해 입증되어야 한다.[15] 또한 이 증인들은 다른 사람들이 보기에 신용과 명망이 있어서 그들이 거짓말을 하고 있다는 것이 발각되면 잃을 것이 많은 사람이어야 한다. 마지막으로 흄은 그 사건이 세상의 중요한 지역에서 공개적으로 수행되어서 그 사건이 발견될 수밖에 없어야 한다고 요구한다. 이 모든 조건이 충족되면 역사가는 고려대상인 그 증언이 사실이라고 확신해도 된다.[16]

증언이 참되다고 인정하기 위한 흄의 기준이 기적이 발생했다고 주장하지 않는 영역에서 채택된다면 아마도 우리는 지금 우리가 과거에 관해 알고 있다고 믿는 것 대부분을 버려야 할 것이다. 우리가 과거에 대해 알고 있는 많은 내용은 단지 하나의 출처에 의해 보고되었고 "모든 의심을 벗어난" 경우가 거의 없다. 확실히 흄의 기준을 충족하는 데이터가 바람직하기는 하지만 역사가들은 여러 연구 도구, 즉 진정성 기준과 최상의 설명에 도달하는 논증을 갖고 있기 때문에 그런 기준이 충족되지 않더라도 주저하지 않고 역사적 판단을 내린다.[17]

기적에 대한 증인의 지성과 올곧음에 관한 흄의 논증은 다음과 같은 세 가지 주장을 한다. 1) 기적에 대한 증언은 무지하고 배우지 못한 사람들에게서 많다, 2) 그런 증언은 현대에서는 나타나지 않는다, 3) 속이는 증인들이 넘쳐난다. 이런 주장들에 기초한 흄의 논증은 또다시 많은 도전에 직면한다. 제3세계 국가의 시민들은 현대 문화에서 교육받은 사람들보다 잘 속고 과학자들에 의해 자연적 원인이 있다고 알려진 일식이나 북

---

15 Hume(1777), 116.

16 Hume(1777), 116-17.

17 Habermas(2003), 7-8. Habermas는 이렇게 덧붙인다. "아주 이상하게도, 흄은 여러 권으로 된 그의 책 *History of England*에 이 네 가지 기준을 적용하지 않은 데서 볼 수 있듯이 이 사실을 잘 알고 있었다"(8).

극광(오로라) 같은 굉장한 사건들을 초자연적 사건들로 착각할 수도 있다는 것은 사실이다. 또한 과거에 수많은 기적 주장들이 있었고 사기성 증언들도 많다는 것도 사실이다. 그러나 그 반대 경우도 마찬가지다. 기적은 현대 사회에서 고등 교육을 받은 사람들에 의해서도 주장되고 믿어지며 참된 증언들도 넘쳐난다.[18] 확실히 조심할 필요가 있다. 기적 주장을 사례별로 살펴봐야 한다. 어떤 기적에 대한 증거가 신뢰할 만하고 그럴듯한 자연적 설명이 없을 경우, 다른 기적 주장들이 무지하고 교육받지 못한 사람들 가운데서 넘쳐난다는 점을 토대로 그것을 기각한다면 인신공격성 논증을 하는 잘못을 저지르는 것이다. 그러므로 역사가들은 수용할 만한 증언에 대한 흄의 기준에 굴복할 필요가 없다.

흄의 두 번째 요점은 거의 한 세기 반 후에 에른스트 트뢸치가 제시한 "유추의 원리"와 유사하고 선행 확률에 초점을 맞춘다.[19] 과거의 사건들은 현재의 사건들과 종류가 다르지 않다. 따라서 오늘 기적이 일어나지 않는다면, 기적은 과거에도 일어나지 않았다.[20] 역사가가 이 원리를 적용

---

18 Keener(2003)는 이렇게 쓴다. "종종 아프리카 또는 오순절주의자들 사이에서의 내 사역을 통해, 종종(기도에 응답해 일어나는 즉각적이고 가시적인 치유를 포함해) 그런 현상이 일반적으로 발생하는 진영 안에서 즉각적이고 초자연적인 현상에 대한 신뢰할 만한 증거들을 개인적으로 목격하고, 간헐적으로 경험하고, 그런 현상에 규칙적으로 노출되었던 이전의 무신론자였던 사람으로서 나는 서구 문화에 만연하는 반(反)기적적인 회의주의에 대한 내 자신의 회의주의를 고백한다. 파리 대학교에서 역사학으로 박사학위를 받은 아프리카인인 내 아내도 상당한 분량의 증언을 수집해 제시한다. 해석자들은 오늘날 세계의 2/3에서 나타나는 수 천 건의 기적 주장들에 대해 그럴듯한 대안, 즉 초자연적이지 않은 설명을 제안하려 할지도 모른다. 그러나 대부분의 경우에 학계에서는 이런 주장들을 마치 아무도 그런 주장을 하지 않은 것처럼 무시해 버린다." 그러나 Keener는 계속해서 이런 주장들은 "우리가 연구하는 데이터의 제한된 기반과 유감스럽게도 그런 주장의 목록을 작성하는 학문 연구의 부족" 때문에 일화적인(anecdotal) 것으로 간주되어야 한다고 지적한다(1권 267).

19 Troeltsch(1913), 2권 729-53.

20 Anchor(1999)도 보라. 그는 오직 현재의 실재에 대한 직접적인 지식만이 우리로 하여금 과거가 어떠했는지를 판단할 수 있게 해준다고 말한다(115).

하지 않는다면 사람들이 동화를 역사적인 것으로 받아들이지 않도록 막아줄 것이 없다고 주장할지도 모른다.[21] 던은 유추를 예수의 부활에 적용하는 것에 대해 다음과 같이 설명한다.

> 이생으로부터의 퇴장(죽음)은 역사적 사건으로 묘사될 수 있지만 그 이상의 어떤 존재에로의 진입은 거의 그렇게 묘사될 수 없다는 최초의 관찰 사항을 덧붙이면, 예수의 부활이 역사적인 사건이라고 말하는 것이 얼마나 문제가 있는지 알 수 있다.…역사 연구 방법은 불가피하게 어느 정도 유추의 원리를 적용함으로써 작동한다.[22]

사회과학적 접근법을 취하는 피에터 크래퍼트도 다음과 같이 언급한다.

> 모든 사회과학 연구의 기본 원리들 중 하나인 유추의 원리는 회의적인 역사가에게만 제한되지 않고, 일상생활뿐 아니라 모든 역사기술에도 적용된다. 역사가가 고대의 자료들에서 언급되는 어떤 사건들의 주장을 기각하기로 한 결정이 타당한지 여부를 판단하기 위해서는 일상생활의 실제적 기준을

---

21 D'Costa 편(1996)에 실린 Goulder를 보라. 그는 이렇게 쓴다. "경험은 우리가 늘 자연적인 가설을 선호해야 하며, 그렇게 하지 않을 때 우리는 미신에 빠지게 되리라는 것을 보여준다"(55). Craig and Price(1999), tape 1에 수록된 William Lane Craig와의 토론에서 Robert Price가 한 말도 보라. C. F. Evans(1970)는 문제는 "우리가 평행하는 사건이 전혀 없는 사건을 판단하기 위한 기준이 없다는 것"이라고 지적한다(177). D'Costa 편(1996)에 실린 J. Moltmann은 Troeltsch는 "확실히 오늘날 역사가들 사이에서조차 더 이상 결정권을 갖고 있지 않다"고 주장한다. 그럼에도 그는 Troeltsch의 논거가 너무 강력해서 자신은 그리스도의 부활을 역사적 사실이라고 말할 수 없다는 것을 발견한다(78-80).

22 Dunn(2003), 876-77.

제시하는 것 외에는 다른 대안이 없다.[23]

예수 부활의 역사성에 관한 연구에서 유추가 우리의 관심과 주의를 요구하기는 하지만, 유추를 제한 없이 사용하는 데는 문제가 있다. 유추의 원리를 따를 경우 오늘날 확립되어 있는 수많은 믿음들이 무너질 것이다. 예컨대 우리는 과거에 공룡이 존재했다는 결론을 내릴 수 없다. 아무튼 역사가들과 과학자들은 오늘날 공룡을 경험하지 못하기 때문이다. 공룡 화석이 남아 있으므로 여전히 공룡을 과학적으로 입증할 수 있다며 이의를 제기할 수도 있다. 그러나 역사가는 이 경우는 유추의 원리에도 불구하고 그런 것이라고 대답할 수도 있는데, 우리도 남아 있는 믿을 만한 증거가 있으므로 기적을 역사적으로 입증할 수 있다고 대답할 수도 있다. 그러므로 유추의 원리는 던이 설명하듯이 너무 멀리 나갈 수도 있다. "역사 연구 방법이 그림 표면의 광택제와 후대의 덧칠을 제거하기 위해 사용하는 산(酸)은 후대의 덧칠뿐만 아니라 원래 그림과 캔버스 자체까지도 부식시킨다."[24]

유추의 원리의 또 다른 약점은 이 원리는 독특한 사건들을 인정하기 어렵게 만든다는 것이다. 그리고 우리는 그 원리가 "불가피하게 너무 제

---

23 Craffert(1989), 342. 사회과학은 대개 예술과 인문학을 포함하는 것으로 간주된다. 우리의 논의에서 심리학과 문학은 성서 연구에 대한 사회과학적 접근법에서 가장 자주 채택되는 학문분야다.

24 Dunn(2003), 70. Pannenberg(1983)가 다음과 같이 주장하듯이, 축적된 데이터의 힘이 유사한 사건들보다 중요하다고 덧붙일 수 있다: "예컨대 모든 사건들의 기본적인 동질성이라는 가정이 대개 예수 부활의 역사성에 반대하는 주된 논거를 형성하지 않는가? 그러나 만약 그렇다면 사실상 자명한 것으로 간주되어 온 예수의 부활이 역사적인 사건일 수 없다는 견해는 매우 허약한 토대에 의존하지 않는가? 모든 사건은 다른 모든 사건과 근본적으로 동일한 종류여야 한다는 예단이 아니라, 오직 그 사건에 관한 보고의 특별한 성격만이 부활의 역사성을 판단할 수 있게 해준다"(49 각주90).

한적"이지 않은지 의문을 품을 수 있다.[25] 철학자 노만 가이슬러는 이렇게 쓴다.

> 현재의 어떤 예외도 과거에 대한 우리의 균일한 경험에 기초를 두고 있는 소위 자연 "법칙들"을 뒤엎을 수 없다는 것이 사실이라면, 세계에 대한 우리의 과학적 이해에 참된 진보는 있을 수 없다.…뉴턴의 중력 법칙에 대한 특정 외계 공간에서의 "예외"가 발견되고 아인슈타인의 상대성 이론이 보다 더 광범위하고 적절한 법칙으로 간주되었을 때 바로 이 일이 일어났다. 확립된 예외가 없다면, 과학은 결코 발전할 수 없다. 요약하자면 기적에 대한 흄의 반대는 비과학적으로 보인다![26]

유추의 원리는 하나님이 행동할 가능성을 허용하는가, 아니면 선험적으로 이를 배제하는가? 우리가 하나님이 존재하지 않는다는 사실을 안다면, 선험적으로 기적을 배제하는 것은 정당화될 것이다. 바로 이곳이 앞장에서 논의한 역사가의 지평이 모든 역사 연구에 영향을 미치는 지점이다.[27] 따라서 역사가들은 인간사에 하나님이 개입할 가능성을 전제해서도 안 되고 선험적으로 배제해서도 안 된다.

유추의 원리는 오늘날에는 기적이 일어나지 않는다고 전제하기 때문에 형이상학적 자연주의를 가정하는 것으로 보인다.[28] 그러나 순환논법

---

25 Dunn(2003), 70.

26 Geivett and Habermas 편(1997), 80-81에 실린 Geisler. Dunn(2003), 106-7도 보라. 또한 우리는 부활이 어떤 이들이 생각하는 것처럼 **비과학적**이지 않을 수도 있다는 점을 지적할 수 있을 것이다. Tipler(1994)를 보라. Tipler가 오해하기는 했지만, 그의 연구는 과학계 안에서 "부활"의 가능성에 대해 과학적으로 설명할 수 있다는 것을 보여준다.

27 Bartholomew(2000), 112-13도 보라.

28 형이상학적 자연주의는 종종 방법론적 자연주의와 혼동된다. 방법론적 자연주의의

이 아니라면 어떻게 그런 가정이 정당화되는가? 또 다른 역사가는 오늘날에도 실제로 기적이 일어난다고 주장할 수도 있다. "지금 기적이 일어나고 있다면, 트뢸치의 유추의 원리를 인정할 수 있고 이 원리를 사용해서 과거의 기적의 실재를 **지지**할 수 있다."[29] 그러므로 역사가들이 트뢸치의 유추의 원리를 사용할 때 그들의 지평이 큰 역할을 한다. 볼프하르트 판넨베르크는 이렇게 설명한다.

> 만약 어떤 사람이 데이비드 흄처럼 (또는 오늘날의 존 도미니크 크로산처럼) 죽은 사람은 어떤 예외도 없이 죽은 상태로 남아 있는 것이 일반적인 법칙이라고 여긴다면, 당연히 그 사람은 예수가 부활했다는 기독교의 주장을 받아들이지 못한다. 그러나 이것은 역사적 판단이 아니라 이념적 믿음이다.[30]

또한 유추의 원리는 불충분하고 오도할 수도 있는 특정 역사가의 지식과 경험에 의해 제한된다.

> 주변 세계에 대한 우리의 지식은 정보를 수집함으로써 얻어진다. 경험의 바다에 그물을 던지면 특정 데이터가 걸려 올라온다. 작은 호수에 그물을 던지면 우리는 대양의 풍부한 표본을 많이 얻지 못할 것이다. 세계를 덮는 그

는 과학자나 역사가가 그 방법을 통해 어떤 사건의 자연적 원인을 찾는 과정이다. 그들은 비록 초자연적 원인의 가능성을 배제하지는 않지만, 오직 자연적 원인만 고려한다. 형이상학적 자연주의는 더 나아가 모든 것에는 자연적 원인이 있다고 주장한다. 초자연적 원인의 가능성은 선험적으로 배제된다. 방법론적 자연주의와 형이상학적 자연주의 사이에 실제로는 거의 차이가 없지만, 방법론적 자연주의는 연구자의 형이상학에 의해 더 많이 인도된다.

29 Geivett and Habermas 편(1997), 97에 실린 Beckwith. Meier(1994), 516도 보라.

30 Pannenberg(1998), 26.

물을 던지면 존재하는 것에 대한 보다 정확한 토대를 얻는다. 이 점이 핵심이다. 자신의 작은 호수에 그물을 던질 경우 경험의 정확한 표본을 얻지 못하더라도 놀랄 일이 아니다. 그러나 세계를 덮는 그물은 조사되어 기적으로 판명날 수도 있는 임기응변적 일들에 대한 많은 보고들을 건져 올릴 것이다. 분명히 초자연적 주장들 중 대부분은 믿을 수 없다고 판명날 것이다. 그러나 그 어떤 기적도 일어난 적이 없다는 절대적인 판단을 내리기 전에 누군가는 각각의 보고에 대해 조사해야 할 것이다. 현실에는 물리적 세계 이상의 것이 있음을 보여주기 위해서는 **정당화된 단 하나의 예**만 있으면 된다. 이 반대에서 가정되는 자연주의적 결론을 정당화하려면 산더미처럼 많은 데이터를 조사해야 한다.[31]

모든 기적 주장을 조사하기는 불가능한 과업일 것이다. 따라서 실재에 대한 균일한 경험은 기적이 없음을 지지한다는 흄의 주장도 마찬가지로 지지될 수 없다. C.S. 루이스는 다음과 같이 지적한다.

---

31 Habermas and Licona(2004), 144. 다음 문헌들도 보라. Habermas(2003), 6; Allison(*Resurrecting Jesus*, 2005): "사람들은 다른 사람들로부터 자기가 미신에 빠져 있다는 낙인이 찍히기를 원하지 않는다. 그러나 증거를 검열해서는 인간의 경험의 실재에 충실할 수 없다. 그리고 비록 사실들이 너무 적게 알려져 있기는 하지만, 세계의 여러 지역을 조사해보면 우리가 그것을 어떻게 해석하든, 죽은 이와 접촉했다는 인식이 모든 문화에서 규칙적으로 경험되는 경험의 일부임을 보여준다"(27); Eddy and Boyd(2007): "학자들은 이제 더 이상 자신의 유추의 토대가 되는 경험의 풀(pool)을 자신의 세속화된 학문적 하위문화의 근시안적 경험에 자의적으로 국한시킴으로써 자신의 역사 연구에서 발견하게 될 결론의 성격을 제한하면서 자신의 연구를 '비판적'이라고 불러도 된다고 느껴서는 안된다"(82; 67, 70과 비교하라); Gregory(2008), 518; Witherington(2006), 5. Craig Keener와의 2010년 4월 24일의 개인적인 이메일 교신에서 Keener는 내게 현재 자기가 책을 한 권 쓰기로 계약했는데, 자기는 그 책에 수많은 기적 주장들을 목격자들의 증언과 함께 기록하고 있으며, 의료 기록을 발견한 경우도 있다는 것을 알려주었다. Keener는 오늘날에도 자기들이 기적을 목격했거나 경험했다고 주장하는 사람들이 수없이 많다고 단언한다. 그런 경우에, 현대의 "인간의 균일한 경험"은 기적이 일어나지 않는 것이라는 흄의 주장에 대한 토대는 없다.

> 모든 기적 보고들이 거짓이라는 것을 알아야 비로소 [기적이 일어나지 않는다는] 경험이 균일하다는 것을 알 수 있다. 또한 기적은 결코 일어나지 않았다는 것을 이미 알고 있어야 비로소 모든 보고들이 거짓이라는 것을 알 수 있다. 사실상 우리는 순환논법에 빠져 있다.[32]

역사가들이 유추의 원리를 따르지 않는다면, 그들은 미신을 수용하게 되는가? 나는 적절한 역사 연구 방법론이 적용된다면 그래야 할 이유가 없다고 생각한다. 장르를 고려하면 매우 타당한 자연적 가설을 사용할 수 있기 때문에 우리는 이솝 우화가 역사라고 해석하지 않는다. 기적 주장은 개별적으로 판단되어야 한다. 그러므로 미신에 대한 우려가 역사가가 건전한 방법을 신중하게 적용하면서 연구를 진행하는 것을 가로막아서는 안 된다.[33] N. T. 라이트는 이렇게 설명한다. "자연적/초자연적이라는 구분 자체, 그리고 '초자연적인 것'을 '미신'과 거의 동일시하는 것은 계몽주의 사고가 역사적 논증이 이끄는 곳으로 따라가고자 하는 사람을 놀래켜서 쫓아버리기 위해 들판에 세워놓은 허수아비들이다. 지금이야말로 새들이 그것들을 무시하는 법을 배울 때다."[34]

마지막으로, 유추의 원리에 대한 가장 거센 도전은 벤 메이어로부터 온다. 그는 이렇게 묻는다.

> 기적이 일어날 수 없다는 것을 전제하기 위해 유추의 원리가 만들어졌을 때, 그것은 어떤 근거 있는 판단을 전제했는가 아니면 단지 어떤 가정을 전

---

32 Lewis(1978), 102. Gregory(2006), 137-38도 보라.

33 Beaudoin(2006), 123을 보라. Viney(1989)는 예수 부활의 역사성을 부정하면서도 "Craig와 Habermas의 전략이 기본적으로 건전하다"는 입장을 유지한다(125).

34 Wright(2003), 707 각주 63.

제했는가? 만약 근거가 있다면, 그 근거는 무엇인가? 과학적 지식인가? 과학적 지식에 대한 철학적 성찰인가? 아니면 무엇인가?[35]

계속해서 메이어는 과학은 이런 문제에 관한 질문에 답하려 하지 않으므로 유추의 원리는 과학적 지식에 근거할 수 없다고 설명한다. 과학적 지식은 경험적이기 때문에 과학철학도 기적의 가능성을 배제할 수 없다.[36] 그러므로 우리는 유추가 역사가들로 하여금 기적 주장을 판단하지 못하게 금하지 않는 수많은 이유들을 보게 된다.

흄은 그의 세 번째 요점에서 선행 확률이 자신이 유추를 사용하는 것에 힘을 실어준다고 주장한다. "과거에 가장 많이 관측된 바에 근거한 것에 우선권을 부여해야 한다." 그러므로 사람이 죽으면 죽은 상태로 남아 있게 된다는 것이 과거에 가장 많이 관찰되는 사항이라면, 어떤 사람이 죽었다가 살아났다는 보고는 이미 거짓일 확률이 더 크다.[37]

유추의 원리에서와 마찬가지로, 역사가들로 하여금 기적 주장을 진지한 고려대상으로 삼는 것에 부정적인 태도를 취하게 만드는 선행 확률 논증에도 몇 가지 난제가 있다. 첫째, 발생했다고 알고 있는 독특하고 개연성 없는 사건들은 역사가들에 의한 최상의 (또는 가장 개연성 있는) 설명에서 배제되어야 할 것이다. 예컨대 우리는 어느 특정 복권 당첨자가 실

35 Meyer(1979), 100.

36 Pannenberg(1983)도 비슷하게 말한다. "확실히, 문화사에서 역사 연구 방법의 발전과 인간 중심적 역사철학의 출현의 연결은 예컨대 이것이 단지 역사 연구 방법의 기원과 관련된 우연한 상황 문제였을 뿐이라고 말하는 것으로 끝낼 수는 없다. 역사비평의 방법론적 원리의 구조 자체에 인간 중심적 요소가 들어 있기 때문이다. 문제는 방법론적으로 필수적인 이 요소가 인간 중심적인 세계관과 결합되어야 하는지 여부일 뿐이다"(40).

37 Ehrman(*The New Testament*, 2008), 244; Ehrman(2000), 166-67; Craig and Ehrman(2006) 12에 실린 Ehrman의 논평도 보라.

제로 복권에 당첨되었다고 결론지을 수 없다. 왜냐하면 특정인이 당첨될 확률은 말할 것도 없고 누군가가 특정일에 복권에 당첨될 확률은 아무도 당첨되지 않을 확률보다 훨씬 낮기 때문이다.[38] 이처럼 역사가는 역사적 판단에서 선행 확률에 너무 많은 가치를 부여함으로써 자주 옳지 않은 결론을 내리도록 강요받는다.[39]

둘째, 선행 확률을 예수의 부활에 적용할 경우 그것이 증명하는 바는 흄이 바라는 바에 훨씬 미치지 못한다. 수십억 명의 사람들이 죽음에서 살아 돌아오지 못했다는 것은 단지 죽은 사람은 **자연적 원인에 의해** 살아나지 않는다는 결론을 정당화할 뿐이다. 기독교의 주장은 "예수가 자연적 원인에 의해 부활했다"는 것이 아니다. 기독교의 주장은 "하나님의 아들 예수가 부활했다" 또는 "하나님이 예수를 죽은 자 가운데서 부활시켰다"는 것이다.[40] 역사가들은 설령 예수가 신일지라도 그가 부활할 수 없

---

38 2006년 3월 2일에 조지아 대학교에서 유신론자인 나와 무신론자인 Steve Yothman이 벌였던 신이 존재하는지에 관한 토론에서, Yothman은 이런 식의 논증은 잘못이라고 주장했다. 우리의 우주가 생명을 금지할 가능성보다 생명을 허락할 가능성과 이 지구상에 생명이 존재할 가능성이 무한히 작다는 내 주장에 대해, Yothman은 실제로 생명이 발생했기 때문에 실제 확률은 1.0(또는 100%)이고 따라서 내가 잘못 생각하는 것이라고 주장했다. 그 주장에 대해 답변하면서 나는 그것은 확률이 어떻게 작용하는지에 대한 오해라고 지적했다. 그것은 피츠버그 스틸러스가 2006년 슈퍼볼에서 우승할 가능성이 1.0 또는 100%였으며 그것은 그 팀이 실제로 우승했다는 사실을 통해 입증된다고 주장하는 것과 마찬가지였다! 풋볼 시즌이 시작되기 이전의 확률에 대해 생각해야지, 결승전이 끝난 후의 확률에 대해 생각해서는 안 된다.

39 선행 확률에 관한 주장은 또한 보통 고도의 확신을 갖고 주장되는 수많은 과학적 믿음들을 폐기한다. 예컨대, 관찰 가능한 현상은 무언가가 무로부터 나올 수 없음을 보여준다. 이 규칙에는 알려진 예외가 존재하지 않는다. 만약 무언가가 존재하기 시작한다면, 거기에는 원인이 있다. 그러나 오늘날 거의 모든 우주론 학자들은 빅뱅이 무로부터의 모든 것의 탄생을 의미하는 사건이었다고 주장한다. Hawking and Penrose(1996), 20; Hoyle(1975), 658을 보라. 그 결과 우리는 빅뱅 이론을 버리도록 강요받는다. 그러므로 Hume이 선행 확률을 사용하는 것은 사실상 비과학적인 것일 수 있다.

40 "예수가 자연적으로 부활했다는 것, 즉 그의 몸의 모든 세포가 자연적으로 소생했다는 것은 터무니없고 있을법하지 않은 가설이어서 사실상 다른 모든 설

고 또는 설령 하나님이 예수를 부활시키고자 했을지라도 하나님이 그렇게 하지 못했을 개연성이 크다고 선험적으로 결론지을 수 있는가? 그렇게 보이지 않을 것이다.[41]

흄의 선행 확률 논증의 세 번째 문제는 설령 그 논증이 적절하다 할지라도 그 논증은 단지 맹목적인 과정이 관련될 때만 적용될 수 있다는 것이다. 그 원리는 활성화된 의도성이 존재할 때는 작동하지 않는다. 1장에 나오는 내 아들이 무거운 것을 들어 올리는 예를 고려해 보라. 평균적인 열두 살짜리 소년이 90kg의 무게를 머리 위로 들어 올릴 가능성은 영(0)이다. 그러나 만약 보디빌더 같은 어떤 외부의 행위자가 개입해 들어온다면 가능성은 거의 100%로 크게 높아진다. 마찬가지로 만약 하나님이 개입해 들어왔다고 믿을 이유가 있는 상황이 있다면 우리가 진짜 기적을 경험할 가능성은—특히 다른 데이터가 이런 자연적 가설들을 가리키지 않는다면—예컨대 신화·꿈 또는 환각 같은 자연주의적 이론들보다 훨씬 더 커질 수 있다. 플루는 이렇게 말한다. "확실히 하나님에 관한 어떤

명들—환각, 가사(假死), 심지어 외계인에 의한 납치—이 훨씬 더 그럴듯할 것이다"(Copan and Tacelli 편[2000], 186에 실린 Craig의 논평).

41 Bartholomew(2000): "만약 예수 그리스도가 정통파가 주장하는 존재였다면, 그는 '다른 사람들과 같지' 않았을 것이고 따라서 다른 모든 사람들에게 해당되는 것이 그에게도 해당되었다고 가정해야 할 아무런 이유가 없다. 따라서 과학적 관점에서 부활의 가능성에 관해 선언할 근거는 없다"(112). 그러므로 Cohn-Sherbok(1996)이 예수의 부활이 "만약 하나님이 전능하다면 이론적으로 가능하다. 그러나 현대의 다른 많은 유대인들과 마찬가지로, 나는 현대 과학의 발견들로 인해 그런 개념은 그럴듯해 보이지 않는다고 여긴다"라고 말하는 것은 잘못이다(196). Dawes(1998)가 "그 어떤 역사가도 역사가로서 행동하기를 그치지 않고서는 이런["하나님이 예수를 부활시키셨다"라는] 결론을 내릴 수 없다"라고 쓴 것은 잘못이다(35). 그가 내세우는 이유는 "현대의 역사가들은 어떤 행위를 하나님의 직접적인 개입의 탓으로 돌리기를 주저한다"는 것이며 또한 신적 부활 같은 임기응변적 사건이 죽은 사람은 부활하지 않는다는 일반적인 관찰의 개연성을 뒤엎지 못하기 때문이라는 것이다.

믿음에 비추어보면 부활이 일어났을 가능성은 훨씬 더 커진다."[42]

흄의 네 번째 요점은 기독교와 상충하는 종교들에서 나오는 기적 주장들이 기독교의 기적 주장들을 상쇄한다는 것이다. 이 요점도 심각한 문제들에 직면한다. 흄이 지적했듯이 대부분의 기적 주장들은 증거가 빈약하다. 몇몇 세계 종교 창설자들과 관련된 기적 이야기들은 일어났다고 주장되는 사건이 발생한 지 수세기 후에 나타나며, 대개는 다양한 출처 또는 중립적이거나 적대적인 목격자들에 의해 입증되지 않는다. 위조지폐가 있다 해서 진짜 지폐의 존재를 부정하지 못한다. 마찬가지로 증거가 빈약한 기적 주장이 증거를 잘 갖춘 기적 주장들을 배제하지 못한다. 예컨대 만약 예수의 부활에 대한 좋은 증거들이 있다면, 왜 1세기도 더 지나서 나온 티아나의 아폴로니오스의 사후 출현에 관한 유일한 보고가 동등한 토대 위에 놓여야 하는가? 그에 대한 현존하는 유일한 전기는 아폴로니오스 사후 130년이 지난 기원후 225년 즈음에 쓰인 필로스트라투스의 작품에서 나온다.[43] 필로스트라투스는 우리에게 아폴로니오스의 생애에 대한 자신의 주된 출처가 다미스라고 알려주는데, 대부분의 학자들은 다미스가 필로스트라투스에 의해 날조된 허구의 인물이며 다미스의

---

42 Miethe 편(1987), 39에 실려 있는 Flew와 Miethe 두 사람의 개인적인 서신에서 Flew가 한 말을 Habermas가 인용함.

43 아폴로니오스에 대해 언급하는 작품들은 거의 남아 있지 않다. Lucian, *Alexander the False Prophet* 5를 보라. 그는 아폴로니오스의 τραγωδίαν(비극, 진지한 시)에 대해 언급하면서 그에 대해 부정적으로 말한다. Origen(*Cels*. 6.41.5-10)도 보라. 그는 모이레게네스가 아폴로니오스를 "마술사이자 철학자"(μάγου καὶ φιλοσόφου)이자, 실제로 "마술적 능력"(μαγείος)을 갖고 있었고 "사기꾼/협잡꾼"(γόητα)이었다고 언급한다고 지적한다. 그러나 이런 언급들은 역사적 아폴로니오스에 대한 연구에는 흥미롭다. 왜냐하면 그것들이 아폴로니오스에 대한 필로스트라투스의 전기와 결합될 경우 아폴로니오스가 일종의 철학자이자 기적을 일으키는 자였다는 복수의 증언—역시 마음에 들지 않는 출처로부터이기는 하나—이 있기 때문이다(필로스트라투스 3.38-40; 4.45; 6.43을 보라).

정보는 아폴로니오스가 죽기 전에 종결되었다고 주장한다.[44] 그래서 그는 익명의 출처에서 나온 보고로써 다미스의 정보를 보충하면서 아폴로니오스의 전기를 계속 써나간다.[45] 이 나중의 범주에 속하는 보고로, 영적 존재로서의 아폴로니오스의 사후 출현에 관한 많은 보고가 있다.[46] 그런 보고들 중 단 하나만 상세하게 묘사되는데, 그것은 부활에 관한 묘사가 아니다. 대신에 시기가 알려지지 않은 때에 익명의 어떤 사람이 꿈에서 아폴로니오스를 본다.[47] 아폴로니오스는 영혼의 불멸을 믿었다.[48] 그에게 사후의 존재는 시체의 소생을 포함하지 않았다. 죽기 전에 아폴로니오스는 다미스와 데메트리오스에게 자기의 손을 잡도록 초대하는데 그것은 그들이 자기가 살아 있음을, 즉 자신이 문자적으로 손에 잡힐 수 없는 유령이 아니라는 것을 알게 하기 위함이었다. 왜냐하면 그는 아직 그의 육신을 "벗어 던지지" 않았기 때문이었다.[49] 이것을 예수가 부활 후 자기가 살과 뼈가 없는 영이 아님을 알 수 있도록 자신의 제자들에게 자기의 몸에 손을 대보라고 초대했던 것과 비교해보라.[50] 필로스트라투스의 사후 출현 보고는 뒤늦은 것이었고, 오직 하나의 출처를 통해 보고되고 있으며, 결코 부활 주장을 하지 않는다. 그러므로 어만이 다음과 같이 쓴 것은 잘못이다.

---

44 Philostratus *Apollonius of Tyana*; Jones 편역(2005), 4-5.

45 필로스트라투스 8.29.1.

46 필로스트라투스 8.31.3. 나는 δαιμονίοις를 "영적 존재"라고 번역했다. 이런 의미에서 마귀는 "인간과 신들 사이의 지위"를 가진 "초월적인 무형의 존재"였다(BDAG[2000], 210).

47 필로스트라투스 8.31.

48 필로스트라투스 8.31.1.

49 필로스트라투스 8.12.1. 8.12.2에서 그들은 기쁨에 넘쳐 아폴로니오스를 끌어안는다.

50 눅 24:39. 요 20:27도 보라.

> 예수가 병자들을 치유했고, 물 위를 걸었고, 마귀를 내쫓았고, 또는 죽은 자를 일으켰다는 고대인들에게 동의하는 것은 첫째, 세상에서 살면서 그런 일을 할 수 있었던 신적 인간들(또는 마술사들)이 있었고, 둘째, 예수가 그들 중 하나였다고 동의하는 것이다.…이런 경우들 중 어느 하나에서라도 인정되는 증거는 다른 경우들에서도 인정되어야 한다.[51]

둘째, 대부분의 기적 주장들에는 몇 가지 그럴 듯한 설명이 있지만, 예수의 부활과 관련해서는 그렇지 않다.

셋째, 흄은 만약 유대교의 견해나 기독교의 견해 어느 하나라도 사실이라면, 기적은 불신자들 사이에서도 일어날 수 있으며 유대교나 기독교의 믿음과 완전히 양립할 수 있음을 모르는 것으로 보인다. 예컨대 하나님은 나아만의 나병을 치유함으로써 불신자들 가운데서 행동했다.[52] 비록 여기서 이 점이 옹호될 수는 없을지라도, 우리 시대에 종교적 상황에서 많은 초자연적인 이야기들이 발생하고 있다. 기독교의 견해는 하나님이 이런 상황에서 활동하는 것일 수도 있으며 또는 어떤 경우에는 관찰된 현상이 마귀의 활동일 수도 있음을 허용한다. 또한 모든 그리스도인이 엄격한 배타주의자들은 아니라는 점도 지적되어야 한다.

넷째, 인과관계상 연결되지는 않을지라도 여러 지역에서 평행하는 보고들이 발견될 수도 있다. 예컨대 어느 날 이른 아침에 매사추세츠주에서 비행기 한 대가 이륙했다. 그 비행기는 오전 9시가 조금 넘었을 때 뉴욕시에 있는 세계에서 가장 높은 고층빌딩들 중 하나의 78층과 79층 사이로 날아들었다. 그 충돌로 탑승객이 모두 죽었다. 물론 이 사건

---

51 Ehrman(*The New Testament*, 2008), 242.
52 왕하 5장.

은 2001년 9월 11일에 보잉 767기 한 대가 세계무역센터의 남쪽 타워 안으로 날아든 것을 떠올린다. 그러나 유사한 사건 하나가 1945년 7월 28일에 발생했는데, 그날 B-25기 한 대가 엠파이어스테이트 빌딩과 충돌했다. 유사한 세부 사항은 충격적이다. 그러나 그 두 사건 사이에는 아무런 인과관계가 없다. 그 사건들은 전혀 관련이 없다.

많은 독자들은 이름이 "**타이타**(Tita)…"로 시작하는 약 1백여 년 전에 건조된 대형 여객선 이야기에 익숙할 것이다. "침몰할 수 없다"고 말해졌다는 사실에도 불구하고 새로 건조된 그 배는 아주 추운 4월의 어느 날 밤에 대서양에서 빙산과 충돌했다. 그 배는 침몰했고 구명보트가 충분하지 않아서 승객의 절반 이상이 숨졌다. 물론 우리의 마음에는 **타이타닉**(Titanic) 호가 떠오른다. 그러나 이 모든 상세한 이야기들은 또한 **타이타닉** 호가 침몰하기 14년 전인 1898년에 발표된 『헛됨』(*Futility*)이라는 제목의 소설에 실려 있는 **타이탄**(Titan) 호의 침몰을 묘사하는 데도 사용될 수 있다.[53]

예수의 죽음과 부활에 관한 초기 기독교의 보고와 유사한 세부사항을 많이 갖고 있는 예수 이전의 인물이 몇 명 있기는 하지만, [초기 그리스도인들이 그런 이야기를 모방했다고 주장하려면] 그들과 예수의 부활이 인과관계상 연결됨을 입증해야 한다.[54] 달리 말하자면 가장 초기의 예

---

53 M. Robertson, *Futility*(New York: M. F. Mansfield, 1898). 그 책은 1912년에 몇 곳의 출판사에서 *The Wreck of the Titan; Or Futility*라고 제목을 바꾸는 등 약간의 수정을 가해서 재출간했다. 최신 재간행본은 M. Robertson, *The Wreck of the Titan; Or Futility*(Cutchogue, NY: Buccaneer Books, 1994)를 보라.

54 그런 사례들의 표본에는 다음과 같은 예가 포함된다. 알케스티스(Euripedes *Alcestis* 1145); 프로콘네수스의 아리스테아스(헤로도토스 4:13:1-4:15:4; Plutarch *Rom*. 28.4-8); 티아나의 아폴로니오스(Philostratus *Apollonius of Tyana* 8.29-31); 아우구스투스(Suetonius *Twelve Caesars* Augustus 100); 엠페도클레스(Diogenes Laertius *Life of Empedocles* 11); 프로테실라오스(Pseudo-Apollodorus *Epitome to The Library* E. 3.30; Origen *Cel*. 2권 55, 56); 로물루스(Plutarch *Rom*.

수의 추종자들이 이런 다른 이야기들에 익숙했을 뿐 아니라 그 이야기들을 따라서 예수의 부활에 관한 최초의 보도를 고안하고 정형화했다는 결론을 정당화하는 이유를 제공해야 한다.

물론 이것은 초기 그리스도인들이 예수의 부활을 보고했을 때 이런 평행하는 인물들의 이야기들에 큰 영향을 받았다는 결론을 배제하지 않는다. 그러나 그렇게 주장하는 사람들은 인과관계상의 연결을 제공해야 한다. 이런 견해에 맞서, 그런 인과관계가 존재하지 **않았다**는 결론을 내릴 좋은 이유가 있다. 그리스도인들이 우상에게 제사지내졌던 고기를 먹도록 허용되는지, 특정한 종교적 기념일을 지키고 할례를 받도록 요구되는지, 그리고 심지어 유대인 신자들이 이방인 신자들과 함께 식사하도록 허용되는지 등과 관련해 교회 안에서 일어났던 초기의 논쟁에 관한 바울의 보고를 감안하면,[55] 이 동일한 그리스도인들이 그리스-로마와 셈족의 전승에서 차용해서 예수의 부활 사건—바울과 복음서 저자들은 기독교가 진리임이 그 사건에 달려 있다고 말한다—을 만들어냈을 것으로는 보이지 않는다.[56]

우리는 부활한 예수를 보았다는 고대의 증언들을 살펴볼 것이기 때문에, 여기서 우리는 흄이 그의 네 번째 요점과 관련해서 했던 마지막 진술을 다뤄야 한다.

그러나 모든 대중 종교와 관련해서 여기서 설명한 뺄셈 원리에 따르면 결국

27-28; 할리카리나소스의 디오니시오스 *Ant. Rom*. 2권 63); 테세우스(Plutarch *Life of Theseus* 35.5); 트로포니우스(Pausanias *Description of Greece* 9.37.4-7; 9.39.5-14; Philostratus *Apollonius of Tyana* 8.19). 이들 중 아리스테아스, 알케스티스, 그리고 프로테실라오스만 사후에 물리적 몸으로 출현했다.

55 갈 2장; 고전 8장, 10:18-33; 롬 14장; 계 2:14, 20.

56 고전 15:17; 마 12:39-40; 눅 11:29-30; 요 2:18-22.

종교의 완전한 소멸로 이어질 것이다. 그러므로 우리는 인간의 어떤 증언도 기적을 입증할 힘이 없으며, 그것을 어떤 종교 체계의 정당한 토대로 취할 수 없다는 것을 하나의 금언으로 삼을 수 있을 것이다.[57]

통계학자 데이비드 바르톨로뮤는 흄이 확률의 상대적 가치를 잘못 적용하고 있다고 지적한다.[58] 그는 컴퓨터의 아버지 찰스 배비지의 연구 결과를 지적한다.[59] 배비지는 다수의 개별 목격자들이 사전에 공모하지 않았음이 입증될 수 있다면, 목격자들의 수가 늘어날수록 그들이 어떤 거짓에 동의할 가능성이 줄어든다는 것을 보여주었다.[60] 비록 배비지의 추정이 특정 요소들을 고려하지 않음으로써 심각하게 약화될 수 있을지라도,[61] 바르톨로뮤는 그런 확률을 계산하는 그의 접근법이 원칙적으로

---

57 Hume(1777), 127.

58 Bartholomew(2000), 92-98.

59 Bartholomew(2000)는 Baggage의 결과들의 출처를 제공하지 않는다. 그러나 그것은 Charles Babbage, *The Ninth Bridgewater Treatise: A Fragment* 2판(London: John Murray, Albemarle Street, 1938)에서 발견된다. Hume에 반대하는 Babbage의 주장은 또한 통계학자 Zabell(1988), 344-45에도 인용된다.

60 Tucker(2005), 381; Davis(1983), 5-6도 보라.

61 그런 문제들에는 공모가 없지 않았을 가능성, 기적이 무엇인지에 관한 관련인물들의 이해, 그리고 반대증언이 있을 경우 어떤 기적이 일어나지 않을 사전 확률과 결합한 그들의 증언의 힘이 기적이 일어났다고 증언하는 더 많은 수의 목격자들의 힘보다 쉽게 강력해질 수 있음 등이 포함된다. Tucker(2005)는 이렇게 쓴다. "대개 어느 특정 기적 가설에 대해서는 다수의 독립적인 증언이 존재하지 않는다. 그리고 어떤 기적에 대한 증거가 독립적인지 여부를 고려하는 데 필요한 정보가 불충분하다. 따라서 다수의 독립적인 증언들이 기적이 발생했을 확률에 미치는 영향을 계산하기 위해 제안된 공식은 유용하지 않다"(375). Theissen and Winter(2002), 14-15를 인용하면서 Eve(2005)는 다수의 독립적인 데이터들의 존재는 "어떤 전승의 시기를 확립할 뿐 그것의 진정성을 확립하지는 않는다"라고 주장한다(26). 나는 이 점에서 Theissen and Winter(2002)를 Eve와 다르게 이해한다. 나는 그들이 다수의 독립적인 출처들은 전승이 초기에 확립되었다고 여긴다는 점에서 Eve와 동의한다고 이해한다. 그러나 그들은 다수의 독립적인 출처들은 때로는 역사가들을 그 사건으로 데려 갈 수 있다고 덧붙인다. "어느 출처의 상대적인 가치를 확정하기 위한 논의는 오직 두 출처들이 그 사건에 대한 독립적인 목격자들과 관련이

옳다고 주장한다. 베이즈 정리를 사용해서 x가 일어났을 비개연성과 서로 독립적이라고 믿어지는 n명의 목격자들이 거짓으로 기적을 보고하기 위해 공모했을 비개연성을 비교해 보아야 한다. 그러므로 어떤 사건이 발생할 사전 확률이 사실상 영(0)으로 알려지지 않는 한, 증거가 강력해서 할당된 사전 확률이 부정확하며 오히려 반대 결론을 지지할 수도 있다고 인정하도록 요구할 수도 있는 때가 온다.[62]

자신의 네 가지 논거에 비추어, 흄은 우리가 기적 주장을 접할 때—특히 예수의 부활에 관한 기적 주장을 접할 때—다음과 같이 질문하라고 권한다. 사기가 관련되어 있는 것과 죽은 사람이 부활하는 것 중 어느 것

있다고, 말하자면 독립적인 목격자들이 그 사건을 공통적으로 입증다고 확신할 수 있는 경우에만 진정성을 인정하기 위한 긍정적인 기준이 될 것이다.…어떤 경우에는 우리는 역사 그 자체로 돌아갈 수 있는 출처, 즉 기독교의 텍스트와 비기독교의 텍스트를 비교할 수 있는 독립적인 출처를 갖고 있다고 거의 확신할 수 있다"(14). 나는 Eve가 다음과 같이 쓰는 것에 동의한다. "예수가 기적을 일으켰다는 주장이 다양한 독립적인 출처들 가운데 더 널리 퍼져 있을수록 기적을 일으킨 이 일이 단순히 특정 예수 그룹의 고안물이라고 주장하기가 더 어려워진다. 그러나 이것은 다수의 증언이라는 기준을 그 사건이 역사적 사실일 개연성이 **높다**는 자동적인 보증으로 만드는 것과는 거리가 멀다"(32). 위에서 인용했던 Tucker와 마찬가지로 Eve도 출처의 독립성 입증 문제를 지적하고 이렇게 덧붙인다. "이것은 공통의 관심을 많이 공유하는 초기 기독교 출처들에 전적으로 의존하는 그 어떤 형태의 역사적 예수 연구에도 고질적인 문제로 보일 것이다"(45).

62 Ehrman이 모든 기적 보고들은 개연성이 없기 때문에 수많은 기적 보고들이 특정 기적의 역사성의 개연성을 높이지 않는다고 주장하는 것은 잘못이다. "각각의 경우에 과연 그것이 개연성이 있는 사건인지 여부를 따져보아야 한다. 그리고 그것은 결코 개연성이 있는 사건일 수 없다"(Craig and Ehrman[2006], 33에 실린 Ehrman). **저질**의 많은 보고들이 모여도 좋은 보고가 되지 않는다는 점은 확실히 사실이지만, 기적에 관한 많은 보고들이 **양질**의 보고일 것을 요구하는 주의사항을 덧붙인다면, 내게는 Babbage와 Bartholomew가 옳아 보인다. 양질의 많은 기적 보고들은 참으로 Ehrman이 기적에 할당하는 선행 확률이 부정확하다는 것을 가리킬 수도 있다. 또한 Baggett 편(2009)은 "부활과 같은 무언가의 내재적 확률(intrinsic probability)—그것은 아주 낮을 수 있다—과 우리가 그에 대해 갖고 있는 증거에 비추어 보는 경우의 부활의 확률을" 반드시 구분해야 한다고 주장한다. "부활이 발생하지 않았을 경우 증거를 갖게 될 개연성이 낮다는 점과 자연주의적 대안들의 확률이 낮다는 점을 동시에 고려하면, 부활이 발생했을 확률은 그런 사항들을 고려하지 않는 부활의 내재적 확률에 대한 판단보다 훨씬 높아질 수 있다."

이 덜 기적적인가? 흄이 그의 논문을 출판하고 나서 40년이 흐른 후, 토머스 페인이 유사한 질문을 제기했다. "자연이 경로를 벗어나는 것과 사람이 거짓말을 하는 것 중 어느 쪽의 개연성이 더 높은가? 우리는 우리 시대에 자연이 경로를 벗어나는 것을 결코 보지 못했다. 그러나 우리는 같은 기간에 수백만 건의 거짓말이 말해졌다고 믿을 만한 충분한 이유가 있다. 그러므로 기적을 보고하는 사람이 거짓말을 할 공산이 최소한 수백만 배는 더 크다."[63] 흄과 마찬가지로 페인 역시 아무런 조사도 없이 자기 시대의 모든 기적 주장을 배제하며, 그의 질문에 대한 답은 주로 하나님이 있다고 믿는지 여부에 달려 있기 때문에 그의 질문은 제한될 필요가 있다. 신이 없다고 가정하면, 그때는 물론 자연이 경로를 바꾸기보다는 사람들이 거짓말을 할 개연성이 더 크다. 그러나 신의 존재에 대해 열려 있다면, 적어도 다음 세 가지를 추가로 질문할 필요가 있다. (1) 문제가 되는 그 사건이 일어났다는 신뢰할 만한 증거가 있는가? (2) 신이 행동하기를 기대할 만한 상황이 존재하는가? (3) 그런 주장을 하는 사람들이 거짓말했다고 여길 만한 증거가 있는가? 그 사건이 발생했다는 신뢰할 만한 증거가 있고, 신이 행동하기를 기대할 만한 상황이 존재하고, 또한 거짓말했다는 증거가 없다면, 특정한 경우에 기적보다 거짓말이 더 개연성이 있다고 믿어야 할 이유가 없다. 그럴 때에도 계속해서 속임수가 개입되어 있다고 믿는다면, 그 사람은 증거를 평가한 것이 아니라 자신의 편견을 내놓은 셈이 될 것이다.

요약하자면, 비록 흄은 기적 보고를 믿는 것이 결코 정당화되지 않음을 증명하려 했지만, 우리는 그의 논지에 여러 오류들이 내포되어 있음을 지적했고 그중 몇 가지를 이 장에서 살펴보았다. 흄의 논리가 갖고 있

---

63 Thomas Paine(1794), 1권 17.

는 문제들은 그가 내린 결론에 대해 상당한 의문을 던진다. 따라서 흄의 요점들은 역사가들이 특정 기적 주장을 연구할 때 조심해야 한다고 올바르게 주장하지만, 이러한 주장들에 심각한 약점들이 내포되어 있다고 해서 역사가들이 기적 주장에 대해 판단하지 말아야 하는 것은 아니다.

더 진행하기 전에, 흄이 특별히 부활의 기적을 입증할 수 없다고 여기는 점에 주목할 필요가 있다.

> 건강해 보이는 사람이 갑자기 죽는 것은 기적이 아니다. 왜냐하면 그런 죽음은 다른 죽음보다 이례적이기는 하지만 종종 발생하기 때문이다. 그러나 죽은 사람이 살아나는 것은 어느 시대나 나라에서도 목격된 적이 없기 때문에 그것은 기적이다. 그런데 우리의 균일한 경험은 모든 기적적인 사건에 반한다. 그리고 균일한 경험은 증거와 마찬가지이므로 사실의 본질로부터 기적이 존재하지 않는다는 직접적이고 완전한 증거가 있는 셈이다. 그리고 그런 증거는 파괴될 수도 없다. 그렇지 않다면 그 기적은 믿을만한 것이 되는데, 오직 기적이 없다는 균일한 경험보다 우수한 반대 증거에 의해서만 기적이 발생했다고 믿을 수 있다.[64]

흄은 인간의 역사는 죽은 사람은 살아나지 않는다는 균일한 경험을 제공한다고 주장한다. (사실, 그는 그런 일은 어느 시대나 나라에서도 목격된 적이 없다고 덧붙인다.) 이것이 부활에 관한 주장이 기적으로 간주되는 이유다. 이 균일한 경험은 기적이 일어나지 않는다는 완전한 증거이며, 아무리 좋은 증거라도 이 결론을 뒤엎지 못하게 한다. 달리 말하자면 아무도 죽은 사람이 살아난 것을 목격하지 못했다는 사실은 죽은 사람은 부활하지 않

---

64 Hume(1777), 115.

는다는 결정적인 증거이며, 죽은 사람이 살아날 개연성이 낮기 때문에 아무리 좋은 증거라도 이 결론을 뒤엎지 못한다. 흄은 자기가 입증해야 할 것을 가정하기 때문에 흄의 이런 반대에는 문제가 있다. 바로 그 일이 예수에게 발생했다는 수많은 보고가 있음에도 불구하고 흄은 어떻게 "죽은 사람이 살아난 일"이 "어느 시대나 나라에서도 목격된 적이 없다"고 주장할 수 있는가? 흄은 죽은 사람이 살아났다는 보고가 잘못임을 입증해야 한다.

흄이 기적을 다루는 방식은 계속 영향력을 유지하고 있다. 다윈의 최초의 진화론이 지난 한 세기 반 동안 노출된 약점을 설명하기 위해 수정되었던 것처럼 흄의 논거들도 수정되어왔으며, 수많은 무신론자들뿐 아니라 심지어 유신론자들의 저작에서도 여전히 어느 정도 그의 입김이 감지된다. 흄의 논거에서 많은 오류가 발견되기는 했지만, 흄은 우리로 하여금 어떻게 기적을 식별하는지, 그리고 어떻게 아무 주장이든 고지식하게 믿지 않고 기적 주장에 대해 고찰할 수 있는지와 같은 역사철학의 여러 분야에 대해 철저하게 생각하도록 도전한다. 그는 우리 중 일부에게 우리가 선택한 종교 체계 안에서 발견되는 기적 주장들에 대한 우리의 편파성에 대해 경고한다. 우리는 이 점에 대해 흄에게 빚을 지고 있다.

2.3. C. 베한 맥컬래프

C. 베한 맥컬래프는 자신의 저서 『역사기술 정당화하기』(*Justifying Historical Descriptions*)에서 역사가들이 "역사적"이라는 결론에 도달하기 위해 사용하는 여러 가지 방법을 열거한다. 최상의 설명에 도달하는 논증은 일곱 가지 기준이 충족되면 긍정적인 결론을 정당화한다고 말할 수

있다.[65] 맥컬래프는 각각의 기준을 상세하게 설명한 후 몇 가지 예를 제공한다. 그가 든 첫 번째 예는 예수의 부활이다.

> 그 상황을 가장 생생하게 예시하는 한 가지 예는 예수가 부활했다는 기독교의 가설에 관한 논의다. 이 가설은 관련 증거를 설명하려는 다른 가설들보다 설명 범위와 설명력이 크지만, 다른 가설들보다 덜 그럴듯하고 더 임기응변적이다. 그래서 증거에 의지해서 그 가설을 수용해야 하는지 또는 기각해야 하는지 판단하기 어렵다.[66]

맥컬래프는 타당성(plausibility)을 역사가의 특정 견해 또는 전제들을 감안할 때 개연성이 높은 그 무엇이라고 정의한다.[67] 예컨대, 만약 어느 역사가가 하나님이 없다는 입장을 유지한다면 그 역사가는 또한 예수의 부활은 그럴듯하지 않다고 주장할 것이다. 그러나 만약 그 역사가가 하나님이 존재하고 하나님이 인간의 역사에서 활동하고 있으며 기독교가 참일 개연성이 높다는 입장을 유지할 경우, 그는 예수의 부활이 매우 그럴듯하다는 입장을 유지할 가능성이 크다.[68] 특이함을 타당성 또는 설명 범위의 결여와 혼동해서는 안 된다. 어느 가설이 입수할 수 있는 모든 가능한 증거에 의해 개연성이 높은 것으로 해석되지 않을 때, 그것은 임기응변적

---

65 McCullagh(1985), 19, 29. 1.3.2를 보라.

66 McCullagh(1984), 21. McCullagh가 여기서 Marxsen(1970)과 C. F. Evans(1970)를 관련된 문제를 분명하게 설명하는 이들로 인용하고 있다는 점을 주목하면 흥미롭다.

67 McCullagh(1984), 23-24.

68 하나님의 존재에 대해 지지하거나 반대하는 데이터를 결정적이지 않은 것으로 판단하는 불가지론적 역사가라면 기적 주장의 역사성에 관해 판단을 내리지 않을 수도 있다고 덧붙일 수 있을 것이다. 그러나 만약 어떤 사건이 증명되지 못한다 해서 그것이 잘못임이 증명된다고 주장하면 부당할 것이다.

이다고 간주되어야 한다.[69] 맥컬래프는 계속해서 다음과 같이 설명한다.

> 특이함과 타당성 결여는 어느 가설이 거짓이라고 생각할 이유가 아니며 적어도 그 가설이 참이라기보다는 거짓일 가능성이 크다고 생각할 이유가 아니다. 그러나 그럴듯하지 않음(implausibility)과 부당성 입증(disconfirmation)은 그 가설이 거짓이라는 결론을 내릴 이유를 제공해줄 수 있다. 어느 가설이 그럴듯하지 않다면, 세계에 대한 우리의 현재의 지식이 그 가설이 거짓일 개연성이 높음을 암시하기 때문이다. 그리고 어느 가설의 부당성이 입증된다는 것은 그 가설의 함의들 중 하나가 거짓이라는 것이고, 이것은 그 가설 자체가 거짓일 개연성이 높음을 의미하기 때문이다.[70]

그렇다면 맥컬래프는 왜 예수의 부활에 관한 증거를 판단하기 어렵다고 생각하는가? 그는 예수의 부활을 허용하기 위해 요구되는 유신론적 세계관이 그럴듯하지 않다는, 즉 그것이 세계에 대한 우리의 현재의 지식과 모순된다는 입장을 유지하는가? "예수가 부활했다"는 가설은 입수할 수 있는 모든 증거에 의해 "개연성이 높다"고 해석되지 않는 것인가? 몇 쪽 뒤에서 그 답을 발견할 수 있다.

> 왜냐하면 비록 어떤 가설이 다른 가설보다 설명 범위와 설명력이 클지라도, 그 가설과 양립할 수 없는 증거가 만족스럽게 설명되어 제거되지 못한다면 그 가설은 폐기되기 때문이다. 역사가는 대부분의 사람들처럼 단순히 세계가 논리적으로 그리고 물질적으로 일관성이 있다고 가정한다. 그러므로 세

69 McCullagh(1984), 24.
70 McCullagh(1984), 27.

계에 관한 믿음이 참이려면, 그 믿음은 양립할 수 있는 사건들과 상황들을 가리켜야만 한다.…[이것을 감안할 때] 만약 두 개의 가설들이 그럴듯하지 않거나 부당하다고 입증되지 않는다면, 그중 하나가 다른 가설보다 임기응변적이다고 할지라도 그 가설의 설명 범위와 설명력이 크다면 그 가설이 선호될 것이다.[71]

맥컬래프가 왜 예수의 부활에 관한 증거에 대해 판단하기 어렵다고 여기는지[72] 다소 혼란스럽다. 타당성이 부족한 가설은 그럴듯하지 않은 가설과 같지 않다. 맥컬래프 자신이 이 구별을 인정한다.[73] 타당성 부족은 중립적인 입장인 반면, 그럴듯하지 않음은 부정적인 입장이다. 맥컬래프에 따르면 예수가 부활했다는 가설은 단지 경쟁하는 이론들보다 "타당성이 덜할" 뿐이다.[74] 이 점은 그 가설의 타당성 요소를 긍정적인 영역에 위치시킬 가능성을 허용한다. 맥컬래프는 이어서 비록 어느 가설이 다른 가설들보다 더 특이할지라도 설명 범위와 설명력이 더 크다면 그 가설이 선호되어야 한다고 말한다.[75] 맥컬래프에 따르면 부활 가설은 이 특성을 갖고 있다.[76] 그렇다면 왜 예수의 부활에 관한 증거를 판단하기 어려운가? 맥컬래프는 파울 파이어아벤트[77]에게 호소해서 이렇게 쓴다.

세계의 본질에 관해 경쟁하는 이론들은 서로 비교될 수 없다. 왜냐하면 각

---

71 McCullagh(1984), 28.
72 McCullagh(1984), 21.
73 McCullagh(1984), 27.
74 McCullagh(1984), 21.
75 McCullagh(1984), 28.
76 McCullagh(1984), 21.
77 Feyerabend(1975), 17장.

각의 이론들은 그 이론과 관련된 관찰이 이루어지는 조건들을 제공하며, 따라서 어떤 이론이나 가설이 다른 이론이나 가설보다 더 나은 설명이라고 말해질 수 있는 공통적인 사실들의 영역이 없기 때문이다.[78]

맥컬래프는 우리에게 다음과 같은 가설들에 대해 고려해보도록 요청한다. (1) 예수는 초능력이 있었다. (2) 예수는 초능력이 없었다. 전자의 가능성을 인정하는 역사가는 예수가 실제로 기적을 일으켰다는 입장을 유지할 가능성이 큰 반면, 초자연의 가능성을 부정하는 역사가는 예수에게 초능력이 없었다는 입장을 유지할 가능성이 크다. 그래서 맥컬래프는 다음과 같은 결론을 내린다.

그래서 어느 역사가에게 주된 증거 영역을 구성하는 것이 다른 역사가에게는 거의 완전히 부인될 수 있다. 바로 여기에 파이어아벤트가 논의하는 공약불가능성의 완벽한 사례가 있는 것으로 보인다.[79]

결국 맥컬래프는 예수 부활의 역사성에 긍정적인 판단을 부여할 수 없다고 생각하는 것처럼 보이는데, 왜냐하면 그런 판단은 역사가 개인의 세계관에 의존하며 그런 세계관들은 종종 서로 극명하게 그리고 조화될 수 없을 정도로 불일치하기 때문이다. 맥컬래프만 그렇게 생각하는 것이 아니다. 던은 이렇게 설명한다. "해석으로서의 예수의 부활은—실재 자체가 어떻게 이해되는지를 결정하는—실재에 대한 관점을 구성했다."[80]

---

78 McCullagh(1984), 28.

79 McCullagh(1984), 28.

80 Dunn(2003), 878. Braaten(1999)은 예수의 부활을 "교회 안에서 목사들과 신학자들 가운데서 신앙과 불신앙이 만나는 지점인…가장 깊은 단층선"이라고 부른다

그는 "예수의 부활은 역사적 사실이라기보다는 기초를 이루는 사실 또는 메타팩트다"라고 결론짓는다.[81]

나는 이것이 역사가들이 역사적 판단을 내리기보다 철학자들과 신학자들에게 판단을 떠넘길 적당한 이유라고 생각하지 않는다. 역사가들은 왜 세계관들이 서로 충돌할 때 판단을 내리기를 거부해야 하는가? 앞장에서 말했듯이, 역사가들이 제공하는 역사기술들은 예외 없이 그들의 인종, 성별, 민족, 가치, 정치적·종교적 확신들 그리고 외부 세계와 역사 자체에 대한 개념들에 의해 크게 영향을 받는다.[82] 이런 태도는 자주 본질상 비종교적인 문제들에서조차 다원주의를 낳는다. 과거를 지배자들보다는 노동계급의 사회적 운동의 결과로 설명하려는, 역사에 대한 마르크스주의적 접근법은 대개 다른 접근법에서 나온 내러티브들과 충돌하는 역사 내러티브를 낳는다. 그러나 역사가들은 마르크스주의자의 기술이 마르크스주의자가 아닌 역사가들의 기술과 다를 때 어느 정도의 공약불가능성이 나타난다는 이유로 자기들은 미국 혁명이나 베트남 전쟁의 역사를 쓸 수 없다고 말하지 않는다.

역사가들은 모든 역사 연구에 착수하기에 앞서 많은 철학적 가정을 해야 한다. 예컨대 그들은 외부 세계가 실재한다고 가정한다. 그들은 우리의 감각이 외부 세계에 대해 상당히 정확한 인식을 제공한다고 가정한다. 그들은 논리가 단순히 우리의 생존과 삶의 질을 목표로 하는 실용적인 도구 역할을 하는 데 그치지 않고 우리의 진리 탐구를 촉진한다고 가정한다. 그들은 오늘날 유효한 자연법칙이 고대에도 유효했으며 오늘날과 유사한 방식으로 작동했다고 가정한다. 이 점이 더 중요한데, 대다수

---

(147).

81 Dunn(2003), 878.

82 이 책의 1.2.2를 보라.

역사가들은 역사가 적어도 부분적으로는 알려질 수 있다고 가정한다.[83] 대다수 역사가는 이런 가정들 대부분에 대해 동의하는 반면, 일부 포스트모던주의자들은 그 가정들 중 몇 가지, 특히 마지막 가정에 대해 이의를 제기한다. 그들에게는 예수의 부활에 대한 역사적 판단만 불가능한 것이 아니라 다른 모든 과거의 사건들도 마찬가지다. 그러나 그렇다고 사실주의 역사가들이 역사적 판단을 하지 못하는 것은 아니다. 방금 언급한 다섯 가지 가정은 모두 본질적으로 순전히 철학적이다. 역사에 대한 포스트모던 접근법보다 사실주의 견해를 유지할 충분한 이유가 있지만, 결국 사실주의 입장과 포스트모더니즘 입장 모두 의문의 여지가 없을 정도로까지 옹호될 수는 없는 가정들에 근거하고 있다.[84]

지금까지 나는 역사가들은 유신론을 전제하거나 선험적으로 배제할 것이 아니라 데이터를 조사하는 동안 개방적인 입장을 유지할 필요가 있다고 제안해왔을 뿐이다. 그러나 잠시 역사가들이 거기서부터 시작할 형이상학적 출발점을 선택해야 한다고 가정해보자. 만약 역사가들이 이 다섯 가지 철학적 가정들을 갖고 연구를 진행할 자유가 있다면, 그들은 역사 속에서 행동하는 하나님의 존재와 관련된 여섯 번째 철학적 가정을

---

83 McCullagh(1984) 자신은 네 가지 유사한 가정들을 열거한다(1). Gorman(2000)은 역사가들이 역사적 **진실**의 의미가 역사가의 문제인지 철학자의 문제인지에 관해 역사가들 사이에서 벌어지고 있는 논쟁에 관해 말한다(253). Rex Martin(2006)은 역사가들은 책을 쓸 때 늘 "철학적 전제를 세운다"고 말한다(253). 그는 "역사가들은 역사가로서 작업을 더 잘하기 위해 철학을 필요로 한다"고 덧붙인다(260).

84 McCullagh(1984)는 다음과 같이 인정한다. "철학자들이 끊임없이 설명해온 것처럼,[사실주의의 배후에 있는] 이 네가지 가정들의 진실성은 입증될 수 없다. 우리는 실재에 대한 우리의 믿음과 경험으로부터 독립된 실재에 접근하지 못한다. 그러므로 우리는 그 가정들이 참인지를 신과 같은 방식으로 점검할 수 없다. 다만 그렇게 하는 것이 유용하기 때문에 그 가정들을 유지하는 것이 정당화될 뿐이다. 사실 우리는 심리적으로 달리 행동할 수 없다"(1).

채택해서는 안 되는가?[85] 그런 가정에는 장점이 없지 않다. 지난 45년 동안 많은 과학자들과 철학자들은 천체물리학과 분자생물학의 최근의 발전으로부터 그들이 어떤 지적 창조자와 우주의 설계자가 지구상에 생명의 존재를 의도했음을 암시한다고 믿는 많은 데이터를 발견했다.[86] 어떤

---

85 실제로 McCullagh(2000)는 다른 곳에서 역사가들이 본질적으로 논쟁적인 역사적 개념들(그는 종교·예술·과학·민주주의 그리고 사회정의를 예로 든다)에 관한 역사를 쓸 때 "그들은 자기들을 인도해줄 그 주제에 관한 하나의 해석을 선택해야 한다"라고 말한다(47). *Logic of History*(2004)에서 McCullagh는 이렇게 쓴다. "역사가들이 과거에 관해 추론하고 이어서 그 추론을 검증할 때, 그들은 그런 추론과 함께 자기들이 참이라고 가정하는 자연·사회 그리고 역사에 관한 많은 신념을 들여온다.…그들의 결론의 합리성과 신뢰성은 언제나 그들이 그런 결론에 도달하면서 사용한 가정들의 합리성과 신뢰성에 따라 상대적이다. 그런 가정들 자체가 다른 시각에 의해 잘 지지되고 과학적으로 타당하다면 문제될 것이 없다. 만약 그런 가정들이 합리적으로 신뢰할 만하다면, 그 가정들에 의존하는 역사적 추론들도 신뢰할 만할 것이다"(43-44). 다른 곳에서 McCullagh(2005)는 "우리는 역사기술이 참인지 확실하게 알 수 없다"고 인정한 뒤에 이렇게 제안한다. "이 지점에서 실용주의가 득세한다. 이 세상에서 우리 자신과 다른 사람들에게 이익이 되도록 행동하기 위해서는 세상이 무엇과 같은지, 또는 달리 말하자면 세계에 대한 어떤 묘사를 믿을지 결정해야 한다. 입수할 수 있는 증거를 가장 잘 설명하고 증거에 의해 잘 지지되는 묘사를 믿는 것이 합리적이다. 그런 묘사가 추가적인 경험에 의해 가장 자주 확인되기 때문에라도 그렇다.…증거를 통한 이유가 어떤 믿음이 모든 오류가능성을 넘어설 정도로 참이라고 입증해주지 않을 때에는, 실용적 이유가 그럼에도 그 믿음을 참이라고 믿어야 할 충분한 이유를 제공할 수 있다"(454).

86 다음 문헌들을 보라. Behe(1996); Collins(2006); Dembski 편(1998); Denton(1998); Gonzalez and Richards(2004); Schroeder(1997). 다음 문헌들도 보라. John D. Barrow, Frank J. Tipler and John A. Wheeler, *The Anthropic Cosmological Principle*(Oxford: Oxford University Press, 1988); Paul Davies, *God and the New Physics*(재발행; New York: Simon & Schuster, 1984). Arno Penzias는 빅뱅 이론을 확인한 1964년의 발견으로 노벨상을 수상했다. Penzias는 2002년 7월 24일에 내게 보낸 개인 이메일에서 내가 출처를 찾을 수는 없었지만 그가 한 말이라고 기억하는 진술에 동의한다고 확인해 주었다. 그 진술은 다음과 같다. "천문학은 우리를 독특한 사건, 즉 무에서 창조된, 그리고 생명을 지탱하기 위해 요구되는 바로 그 조건들을 제공하도록 정교하게 균형이 잡힌 우주로 이끈다. 터무니없을 만큼 개연성이 없는 사건이 없는 상태에서, **현대 과학의 관찰 결과들**[강조는 원저자의 것임]은 어떤 근저의 초자연적이라 할 수 있는 계획을 암시하는 것으로 보인다." 무신론 철학자 Quentin Smith(2001)는 오늘날 모든 철학자들의 1/4에서 1/3 가량은 유신론자들이며 "과학철학(예컨대, Van Frassen)부터 인식론(예컨대, Moser)에 이르기까지 철학의 다양한 분야의 선도적인 사상가들 중 많은 이들이 유신론자들이다"라고 지적한다. 이 기사는 〈www.philoonline.org/library/

이들에게는 이 증거가 세계관의 역전이 일어날 정도로 강력했다. 예컨대, 20세기의 가장 저명하고 영향력 있었던 무신론 철학자들 중 한 사람이었던 안토니 플루는 천체물리학과 분자생물학 분야의 비교적 최근의 발견사항 중 신이 있다는 강력한 증거로 간주되는 발견과 직면해서 최근에 자신의 무신론적 견해를 포기했다.[87] 이와 유사하게, 저명한 우주론 학자 프랭크 티플러는 천체물리학 분야에서 나타난 우주의 설계자를 가리키는 데이터에 깊은 인상을 받고 무신론에서 유신론으로 옮겨갔다. 또한 데일 앨리슨과 크레이그 키너 같은 학자들은 무신론보다는 유신론으로 더 잘 설명되는 현상들을 경험한 적이 있다고 주장한다.[88] 이런 사례들은 선험

---

smith_4_2.htm〉(2006년 8월 29일 접속)에서 찾아볼 수 있다. 이에 비추어본다면, Segal과 Tucker는 그 주제에 관한 현재의 대화 상태에 대해 교류가 없거나 지적 설계를 지지하는 증거에 설득된 지식인들을 외면하고 있다고 할 수 있다. Stewart 편(2006)에 실린 Segal은 이런 과학자들에 의해 제기된 지적 설계에 찬성하는 논거들을 단지 "과학적 창조 2.0"이라고 부른다(138). Tucker(2004)는 창조론자 공동체가 "매우 동질적이며, 전적으로 성서적 근본주의자들로 이루어져 있는데, 그들은 거의 미국의 개신교인들이다. 시대착오적이며 역사적으로 예민하지 못한 창세기 해석을 선호하는 그들의 편견이 그들의 믿음에 대한 최상의 설명이다"라고 주장한다(34). Tucker는 단지 "젊은 지구" 또는 "최근의" 창조론자들에 대해서만 알고 있는 것으로 보인다. 그러나 지적 설계를 수용하는 모든 과학자들이 그리스도인인 것은 아니며, 복음주의적 그리스도인들인 과학자와 철학자들의 대다수가 지구의 나이가 45억 년이며 우주의 나이가 120-150억 년임을 수용하는 "오래된 지구" 창조론자들이다. 지적 설계론자들과의 차이라면, 그들이 신다윈주의를 수용하기를 거부하면서도 과학적 데이터들이 특별한 창조나 유신론적 진화 둘 중 하나를 선호한다는 입장을 보인다는 점이다.

87 Flew and Habermas(2004), 197-211에 실린 Flew. Flew의 다음의 진술을 살펴보라: "나는 지적 설계에 대한 논거가 내가 처음으로 그것을 접했던 때 생각했던 것보다 훨씬 더 강력하다고 생각한다"(200). 그리고 "이제 내게는 지난 50년 이상에 걸친 DNA 연구의 발견사항들이 설계에 대한 새롭고 아주 강력한 논거를 위한 자료를 제공해온 것으로 보인다"(201).

88 Allison(2005), 275-77; Keener(2003), 1권 267. Eddy and Boyd(2007)도 보라. 그들은 자연주의적 용어로는 설명하기 어려운 현상들을 목격했는데, 자신들은 이를 귀신들림과 축귀라고 여긴다고 주장한다(69). 나는 D'Costa 편(1996)에 실린 유대인 학자 Cohn-Sherbok의 의견에 동의하지 않는데, 그는 전능한 신이라는 개념을 "현대 과학의 발견들에 비추어볼 때 그럴듯하지 않다"고 여긴다(196). 나는 현대 과학의 많은 연구 결과들은 모종의 지적 설계자를 강력하게 가리키며 실재

적으로 깡그리 무시되어서는 안 된다.[89]

그러므로 역사가가 역사를 고찰할 때 유신론적 세계관을 포용해도 인식론적으로 정당화될 수 있다.[90] 어쨌거나, 특별히 유신론적 현실을 지지하는 충분한 데이터가 있는데 왜 무신론적인 또는 불가지론적인 세계관에 기본적인 지위(default position)가 부여되어야 하는가?[91] 또한 현대 사

는 물질주의자들이 유지하는 입장보다 훨씬 더 복잡하다고 생각한다. Wilkins and Moreland 편(1995)에 실린 Habermas는 자연주의자들이 "과학의 진보가 초자연적인 믿음을 구식으로 만든다고 여긴다면 실수하는 것"이라고 주장한다(126; 10, 144-46과 비교하라). 템플턴 상 수상자 J. Polkinghorne(2005)은 이렇게 쓴다: "과학은 단지 우리에게 이런 사건들[기적들]이 정상적인 기대에 어긋난다고 말할 뿐이다. 우리는 처음부터 그것을 알고 있었다. 과학은 하나님이 특별한 경우에 특별하고 전례 없는 일을 행할 가능성을 배제하지 못한다. 결국 하나님은 자연법칙을 제정한 존재이지 자연법칙들에 종속되는 존재가 아니다"(100). Polkinghorne은 계속해서 이렇게 말한다. "자연법칙은 바로 하나님이 제정한 **신적** 법칙이기 때문에 단순히 그 법칙들을 뒤집어엎는 것은 하나님이 하나님 자신에 맞서서 행동하는 것이 될 것이고, 그것은 터무니없는 일이다"(100). 그러나 "새로운 체제 안으로 들어가면 이런 법칙들의 결과가 극적으로 바뀔 수 있다"(100-101).

89 Hurtado(*How on Earth*, 2005)는 이렇게 말한다: "어떤 학자들이 종교적 혁신에 직접 기여할 수 있는 계시적인 종교 경험이 있다는 생각을 진지하게 다루지 못하게 하는 것은 이데올로기적 편견이거나 불충분하게 검토된 가정으로 보인다"(191).

90 Baxter(1999)는 사용된 논리가 유신론자들이 내린 결론을 **필연적인 것**으로 만들어주지는 않지만 유신론적 역사가들이 예수가 부활했다는 역사적 결론에 도달해도 정당하다고 주장한다(32-34).

91 Baggett 편(2009): "우리는 우리의 회의주의를 기적 보도에 대해서뿐 아니라 기적에 대한 증거가 강력할 때조차 기적들을 단연코 무시하는 태도에 대해서도 적용해야 한다"(120). D'Costa 편(1996)에 실린 Pannenberg: "실재에 대한 공개적인 이해에서 하나님을 배제하는 결정은 물론 특별히 역사적인 문제는 아니다. 그것은 역사비평 방법의 도구에 속하지 않지만 그 방법을 사용하는 데 영향을 준다"(64). 그는 이렇게 덧붙인다. "만약 역사 개념이 역사의 과정이라는 실재에 하나님을 위한 자리를 허용한다면, 한편으로는 예수의 부활을 역사 속에서 발생한 사건으로 긍정하는 것과 다른 한편으로는 역사 추론의 역할을 수용하는 것이 병존할 수 있다"(71). Davis, Kendall and O'Collins 편(1998)에 실린 Padgett: "누가 기독교 신앙이 불신앙보다 데이터에 대한 더 나은 통찰을 제공하지 않는다고 말하는가? 왜 신앙이 아니라 불신앙이 증거에 대한 최상의 설명으로 인도해야 하는가? 예수의 제자들이 예수에 대한 이해에서 유리한 입장에 있는 것이 그토록 이상한 일인가?…신앙이 일종의 편견이라고 인정한다 해도, 아마도 그것은 도움이 되는 편견일 것이다. 도움이 되는 편견은 데이터에 대한 통찰력을 제공할 수 있으며 이해를 위한 길을 닦을 수 있다"(294-95). Føland(2008)는 반대로 역사가들은 우

회에서 상당히 많은 사람들이 유신론적 세계관을 갖고 있는데 어떻게 유신론의 가정이 임기응변적이다고 간주될 수 있는가?[92] 그다지 자신이 없

리가 실재가 어떠하다고 이해하는 것에 따라 연구를 진행해야 하며 하나님이 세상에서 행동한다는 믿음을 배제해야 한다고 주장한다. Føland는 이때 "복수 주어" 인 "우리"가 "핵물리학자·화학자·진화생물학자 등의 연구 결과들"로 이루어진다고 이해한다. "세상이 작동하는 방식에 대한 그들의 설명은 초자연적 존재를 위한 여지를 남기지 않는다. 과학 탐구는 **자연**과학이다.…사회과학자들은 물론이고 자연과학자들도 하나님을 믿을 수 있다—그러나 과학자**로서** 믿는 것이 아니다. 과학의 복수 주어 '우리 과학자들'은 무신론자들이다. 그러므로 자연과학이든 사회과학이든 **과학자로서의** 과학자들에게 최상의 설명에 도달하는 논증에 요구되는 타당성 기준은 수용된 **과학적** 믿음들(진리들)이 그 가설을 어느 정도로 암시하거나 부정하는지와 관련이 있는 것으로 이해되어야 한다"(493; 494와 비교하라). 그러나, Gregory(2008)는 Føland에게 이렇게 답한다: "널리 퍼져 있는 반대 의견에도 불구하고, 과학과 종교가 필연적으로 양립할 수 없다는 믿음은 자연과학 자체의 방법론이나 연구 결과에서 도출되지 않는다. 오히려 그 믿음은 특정한 형이상학적 개념들에 의존한다"(499). 그는 이렇게 덧붙인다. "과학적 무신론은" "아무리 널리 퍼져 있고 깊이 제도화되어 있을지라도 그것은 세속화된 학계 일반에서 그리고 특별히 종교 연구에서 중립성과 객관성을 가장하는, 지적으로 정당화되지 않는 이데올로기다"(518).

92 Stark(2008)는 Baylor가 수행한 2007년도 설문조사 결과를 제시한다. 2007년에 미국의 무신론자 비율은 1944년의 비율과 같았고(4%), 다른 6%의 사람들은 자기들이 신이 있는지 알지 못하며 그 질문에 대한 답을 찾을 방법이 없다고 응답했고, 또 다른 1%의 사람들은 아무 의견도 갖고 있지 않았다(62, 117). 교육 수준은 별로 영향을 주지 않았다. 대학원 수준의 교육을 받은 미국인들 중 8%만 무신론자였다(122). Stark는 또한 Horizon Research Consultancy Group에 의해 2001-2002년에 수행되고 2007년에 발간된 설문조사 결과에 대해 보고한다. 그 조사 결과는 서유럽·구 소비에트 연방 지역·아시아·캐나다·뉴질랜드·호주의 대부분 국가들의 인구 중 무신론자의 비율이 1%에서 6% 사이임을 밝혀주었다. 예외는 독일(7%), 벨기에(7%), 체코 공화국(8%), 일본(12%), 프랑스(14%), 그리고 중국(14%)이었다(118-9). Cladis(2006)는 이렇게 쓴다: "북미 지역 사람들을 포함한 지구의 거주자들 중 대부분의 사람들 가운데서 종교가 성행하고 있다"(94, 96을 비교하라). Pew Forum U.S. Religious Landscapes Survey도 흥미롭다. Pew Forum은 3만 6천 명의 미국인과 인터뷰를 해서 그 결과를 "Religious Beliefs and Practices: Diverse and Politically Relevant"라는 제목으로 발표했다(2008년 6월): 〈http://religions.pewforum.org/pdf/report2-religious-landscape-study-full.pdf〉(2008년 6월 26일 접속). 그 보고서는 미국의 성인들 중 92%가 신 또는 비인격적인 힘/우주정신을 믿고(5, 9), 79%가 "고대에서처럼 오늘날에도 여전히 기적이 일어난다"고 믿으며(11), 74%가 죽음 이후의 삶을 믿는다(10)고 결론지었다. Meier는 1989년도 갤럽 조사 결과를 인용하는데, 그 조사는 다음과 같은 사실을 알아냈다. "조사에 응한 미국인들 중 82%가 '오늘날에도 하나님의 능력을 통해 기적이 일어난다'고 믿는다.…실제로 갤럽 연구에 응한 모든 미국인들

는 역사가들은 왜 자기가 유신론적 지평에 동의하지 않는지 그리고 왜 자기의 역사적 결론이 다른지에 대한 이유를 제시할 수도 있을 것이다.[93] 그러나 포스트모던 역사가들이 사실주의적 역사가들이 연구를 진행하는 것을 막지 못하듯이, 무신론적 역사가들도 유신론적 역사가들이 연구를 진행하는 것을 막지 못한다. 그러므로 맥컬래프 등의 이런 주저는 정당화되지 않는다.

맥컬래프도 지평에 대해 성찰하도록 도전을 제기했다. 앞 장에서 보았듯이, 역사가들은 이런 도전에 대해 큰 입장차를 보이며, 자신의 지평이 역사적 가설에 영향을 주는 한 그 지평의 형이상학적 구성요소들을 옹호해야 한다. 이 점은 특히 예수의 부활에 대해 연구할 때 적용될 것이다. 여기서 역사가들은 하나님이 있다거나 없다고 가정하지 않는 중립적 입장에서 시작해 자신의 주장을 펼쳐나가야 한다.

중 오직 6%만 하나님이 오늘날에도 기적을 일으킨다는 주장에 전혀 동의하지 않았다." Meier(1994)는 현대의 이기들을 사용하면서 또한 기적을 믿는 것이 불가능하다는 Bultmann의 진술(Bultmann, "New Testament and Mythology," 5)을 언급하면서, 미국인들 중 오직 6%만 현대인의 자격을 갖추고 있다고 결론짓는 것과 "미국인들 중 오직 6%만 독일 대학 교수들의 사고방식을 공유하고 있다"고 결론짓는 것 중 어느 것이 더 그럴듯한지 묻는다(520-21). G. Gallup, Jr. and J. Castelli, *The People's Religion: American Faith in the 90's*(New York: Macmillan, 1989), 58에서 인용함. 종교적 신앙에 대해 그리 긍정적이지는 않지만, Tobin and Weinberg(2007)는 미국의 세속적인 대학의 교수들 중 65%가 자기들이 신을 믿는다고 응답한 반면(4, 22), 8%는 무신론자라고 응답했고, 14%는 종교가 없다고 응답했다고 밝혔다(19). Stark(1999)는 미국의 선도적인 과학자들 중 대략 40%가 신이 기도에 응답한다고 믿는다고 지적한다(265).

93 Craffert(1989): "신약성서에 대한 역사적 연구는 20세기의 세계관들에 대한 논쟁을 포함해야 할 것이다"(343).

2.4. 존 P. 마이어

존 P. 마이어는 현대인이 기적을 믿을 수 있다고 주장한다.[94] 그러나 그는 전문적인 역사가들은 기적 주장에 대해 "역사적"이라는 판단을 부여할 수 없다고 덧붙인다.[95]

> 그들 자신의 학문 분야라는 테두리 내에서 경험 증거를 갖고 연구하는 역사가들이 "하나님이 인간의 모든 능력을 넘어서는 어떤 일을 이루기 위해 직접 행동했다"는 긍정적인 판단을 내리기는 본질적으로 불가능하다. 이런 진술의 어구 자체가 **신**-학적이다("…**하나님**이 직접 행동했다"). 어떤 증거와 기준이 역사가가 **역사가로서** 그런 판단에 이르는 것을 정당화해줄 수 있는가?…그러므로 나는 기적이 일어났다는 긍정적인 판단은 늘 철학적이거나 신학적인 판단이라고 주장한다.[96]

마이어는 계속해서 역사가는 기적적일 수도 있는 사건에 대한 철저

---

94 Meier(1994), 521.

95 Meier(1994)는 예수의 부활을 기적으로 분류하지 않는데, 왜냐하면 예수의 부활은 기적에 대한 그의 정의에 부합하지 않기 때문이다(529). 그의 정의의 첫 번째 요소는 "기적은 원칙적으로 관심이 있고 공평무사한 관찰자라면 누구나 인식할 수 있는 사건과 관련된다"는 것이다(512). 행 10:40-41에 따르면 예수의 사후 출현은 모두에게 목격된 것이 아니므로, 그것은 Meyer의 기준을 충족시키지 못한다. 그러나 이것은 기적의 정의에서 이상한 요소다. 왜냐하면 이 경우에 차이는 행동이 아니라 청중에게 있기 때문이다. 더구나 Meier는 부활 일반을 기적에서 배제하는 것으로 보이지 않는다. 오히려 그는 행 10장에서 보고된 예수의 부활만 배제한다. "기적"에 대한 **정의**와 기적을 **식별**하기 위한 기준 제공은 별개 문제라는 점을 알아야 한다. Craig(2009), 92와 95도 보라. Craig의 논문(91-97)은 여기서 제공되지 않는 Meier의 입장에 대한 추가적인 비판들을 제공한다.

96 Meier(1994), 513-14. Allison(*Resurrecting Jesus*, 2005)도 보라. Allison도 비슷한 입장을 취한다(350-51). 그러나 그렇다고 해서 Allison이 그런 시도를 하는 않는 것은 아니다(199 각주2); Wedderburn(1996), 96도 보라.

한 조사를 마친 뒤 그 사건에 대한 합리적이고 자연적인 원인이 알려지지 않았으며, 그 사건은 종교적 의미로 가득 찬 맥락에서 발생했고, 어떤 목격자들은 그 사건이 기적이라고 주장한다고—심지어 믿는다고—긍정할 수도 있다고 설명한다. 그러나 마이어가 역사가 자격으로 하는 일은 거기서 끝난다.[97] "그런 긍정을 넘어서 하나님이 실제로 직접 설명할 수 없는 이 사건을 일으켰다는 결론에 이르는 것은 역사가를 철학자나 신학자들과 구분해주는 선을 넘어서는 것이다."[98] 피터 칸리는 마이어에게 동의한다. "역사가는 자신이 신앙인이 되지 않고서는 부활한 예수가 환상 가운데 나타났다고 말할 수 없다.…역사가**로서** 그는 침묵을 지켜야 한다."[99] 이와 유사하게 타이센과 윈터는 다음과 같이 쓴다.

> 인간의 부활절 **신앙**이 역사적 사건이라는 데는 의문의 여지가 있을 수 없다. 그러나 그 신앙이 가리키기 원하는 실재는 결코 자료에 근거한 역사 연구의 주제가 될 수 없는 무로부터의 창조만큼이나 "역사적"이지 않다. 죽음 너머의 영역에서 일어나는 사건들은 근본적으로 역사가의 연구에서 제거된다.…반면에, 부활절 **신앙**에 대해서는 우리는 역사적 조사의 대상이 되는 인간의 확신들을 갖고 있는데, 거기에는 역사비평 연구의 모든 전제와 방법들이 적용된다.[100]

---

97 다음 문헌들도 보라. Dunn(2003), 875; C. A. Evans(2006), 139; L. T. Johnson(1996), 136; Tilley(2003), 14.

98 Meier(1994), 514.

99 Carnley(1987), 89.

100 Theissen and Winter(2002), 250. 다음 문헌들도 보라. Charlesworth(2008), 118, 그리고 Charlesworth et al.(2006)에 실린 Charlesworth, 170; Patterson(1994), 137. 만약 최초기 사도들의 선포가 예수가 변화된 몸으로서가 아니라 영적으로 부활했다는 것이었고 부활절 이후의 예수에 대한 그들의 경험이 환상이었다면, 우리는 예수의 부활은 역사적 결론의 범위를 넘어선다고 말할 수 있을 것이다. 그러나 앞으로 보게 되겠지만 데이터는 그들이 이렇게 선포했다고 암시

마이어는 종교적 의미로 가득 찬 맥락의 중요성을 과소평가한다. 만약 역사가가 그 어떤 합리적이고 자연적인 설명도 얻을 수 없고, 조사 대상인 사건이 종교적 의미로 가득 찬 맥락에서 일어났다면, **역사가로서** 그는 단지 우리가 이례적인 사건을 만났다는 결론만 내려야 하는가? 그 질문에 답하기 위해, 이례적인 사건과 기적을 구분하는 합리적인 기준이 있는지 살펴보자. 윌리엄 레인 크레이그는 이렇게 주장한다. "기적이라고 알려진 사건이 어떤 중요한 종교-역사적 맥락에서 발생한다면, 그 사건이 진짜 기적일 가능성이 커진다".[101] 마이어는 역사가들이 중요한 종교적 맥락을 인정하도록 기꺼이 허용한다. 그런 맥락은 기적을 식별하기 위한 마이어의 세 번째 요소다.[102] 그러나 마이어에게는 중요한 종교적 맥락은 역사가가 기적이 일어났다는 결론을 내리지 못하는 것을 극복할 수 있게 해주기에는 불충분하다.

맥락은 얼마나 중요한가? 지적 설계자가 우주와 생명에 대해 책임이 있다는 결론에 도달하는 도전들과 관련해 현재 유사한 질문이 과학계에서 제기된다. 과학자는 과학자로서 이런 결론을 내릴 수 있는가? 원자들에 "신에 의해 만들어졌음"이라는 검인이 찍혀 있지 않기 때문에 그 대화의 결과로서 설계된 무언가를 어떻게 식별할 수 있는가라는 중요한 질문이 제기된다. 윌리엄 뎀스키는 **특정 복잡성**이 존재할 때 설계를 추론할 수 있다고 제안했다.[103] 무언가가 **특별하게 복잡**하려면 다음과 같아야 한다. (1) 자연 과정의 결과일 가능성이 지극히 낮을 정도의 복잡성을 보

하지 않는다.

101 Moreland and Craig(2003), 569. Rex Martin(2005)도 보라. Martin은 역사가는 선행하는 문제들과 뒤따르는 문제들(여파)을 살펴보아야 한다고 주장한다(147).

102 Meier(1994), 513.

103 Dembski(1999), 5장.

인다. 또한 (2) 보통 우리가 어떤 인격적인 행위자와 연계시키는 패턴을 보인다. 뎀스키는 과학자들은 과학수사·인공지능·암호 해독법·고고학 그리고 외계 지적 생명 탐사 등에서 이런 기준을 사용한다고 주장한다.[104] 과학자들은 특정 복잡성이라는 기준을 사용해서 설계를 탐지할 수 있기 때문에, 만약 그들이 같은 기준을 우주와 생명에 적용해서 그 기준이 충족된다면 그들이 **과학자로서** 설계를 추론하지 못할 이유가 없으며, 그때 설계는 곧 설계자가 있음을 함축한다.

기적의 역사성에 대해서도 비슷한 방식으로 접근할 수 있을 것이다. 과학자들이 설계란 무엇인가라고 묻지 않듯이 우리도 여기서 기적이란 무엇인가라고 묻지 않는다.[105] 그보다는 과학자들이 설계를 식별하는 데 필요한 기준이 무엇인지에 대해 묻듯이 역사가들은 기적이 발생했을 때 이를 식별하는 데 필요한 기준이 무엇인지에 대해 묻는다. 대부분의 철학자들과 신학자들은 어떤 사건에 신적 원인이 있을 경우 기적이 일어났다고 동의하기 때문에 어떤 사건을 기적이라고 인정하는 것은 무언가가 어떤 지적 설계자의 산물이라고 인정하는 것과 아주 흡사하다. 나는 뎀스키의 특정 복잡성 기준을 수정하면 개념적으로 그리고 실용적으로 올바른 기적 식별 기준을 만들어낼 수 있다고 제안하고자 한다. 어떤 사건이 다음과 같은 경우 그 사건을 기적이라고 인정할 수 있을 것이다. (1) 상황 또는 자연법칙을 감안할 때 발생할 가능성이 지극히 낮다. 그리고 (2) 종교적 의미로 가득 찬 환경이나 맥락에서 발생한다. 달리 말하자면 그 사건은 우리가 신이 행동하기를 기대할 수도 있는 맥락에서 발생한다. 그 맥락이 이런 방향의 특징을 더 강하게 보일수록 우리가 기적을 접했다는

---

104 Dembski(1999), 127.

105 위의 각주 3에서 언급했듯이, "기적"은 본질적으로 논쟁적인 개념이다. 그 각주에서 "기적"에 대한 많은 정의들이 제공된다.

증거도 강해진다.

데이비드 흄은 엘리자베스 여왕이 죽은 후 다시 살아나는 것에 관한 가상의 보고의 예를 제공했다.

> **영국**을 다루는 모든 역사가들이 1600년 1월 1일에 **엘리자베스** 여왕이 사망했고, 그녀와 같은 계급에 속한 사람들이 으레 그러하듯이 그녀가 죽기 전과 후에 그녀의 의사들과 궁중의 모든 조신들이 그녀의 모습을 보았고 의회에 의해 그녀의 후계자가 인정받고 왕으로 선포되었는데, 매장된 지 한 달 후에 엘리자베스 여왕이 다시 나타나 왕위를 회복하고 3년 동안 **영국**을 다스렸다고 가정해보자. 나는 그렇게 많은 이상한 상황들이 동시에 발생한 것에 놀라겠지만 그럼에도 그렇게 기적적인 사건을 믿을 생각이 추호도 없다고 고백하지 않을 수 없다. 나는 여왕의 가장된 죽음과 그 이후에 이어진 다른 공식적 상황들을 의심하지 않는다. 나는 그저 여왕의 죽음이 꾸며진 것이었으며 사실도 아니고 사실일 수도 없다고 단언할 뿐이다.[106]

잠시 흄처럼 그가 제시한 예가 실제 보고들을 반영한다고 가정해보자. 역사가들도 여왕이 자신이 여성 예언자라고 주장했고 실제로 그녀가 생전에 자신과 다른 사람들에게 자기에게 어느 정도의 초능력이 있다고 확신시켰던 많은 행동들을 했다는 결론을 뒷받침하는 신뢰할 만한 데이터를 갖고 있다면 어떻게 될까? 또한 만약 그녀가 자신의 죽음과 부활을 예언했다면 어떻게 될까? 비록 역사가는 여왕이 실제로 부활했는지 판단하기를 아주 주저할 수도 있지만, 그런 맥락은 회의주의자들에게 문제를 복잡하게 만들 뿐이다. 왜냐하면 흄의 예를 따르면 그 사건이 실재라는

106 Hume(1777), 128.

강력한 많은 데이터가 존재하기 때문이다. 만약 여왕의 죽음과 사후 출현 또는 그녀의 주장과 행위를 지지하는 데이터가 약하다면, 이것은 여왕이 실제로 부활했다는 주장을 심각하게 약화시킬 것이다. 그러나 그 반대도 마찬가지로 보인다. 만약 여왕의 사후 출현과 그녀의 주장 및 행위를 지지하는 데이터가 강하다면, 이것은 여왕이 실제로 부활했다는 주장을 크게 강화시킬 것이다. 그리고 그 사건에 대한 그럴듯한 어떤 자연적 설명도 없다면 어떻게 될 것인가? 흄이 예로 들었던 엘리자베스 여왕의 죽음과 그녀의 사후 출현 보고와 나사렛 예수의 죽음과 사후 출현 보고 사이에는 중대한 차이가 있다. 여왕의 생애에는 그녀의 사후 출현과 조화되는 것으로 보일 주장이나 행위라는 특징이 없었다. 예수의 생애에는 그런 특징이 있었다. 더욱이 곧 살펴보겠지만 예수의 부활에 관한 데이터가 등장하는 역사적 상황은 종교적 의미로 가득 차 있는 반면에 여왕의 생애에는 그런 상황이 없었다.

아비에저 터커는 이렇게 주장한다. "만약 암 같은 질병이 치료 과정 없이 차도를 보인다면, 그것은 과학적으로 설명하기 어려운 의미 있는 사건이다. 그러나 과학은 관련 증거나 이론이 없어서 많은 것을 설명할 수 없다. 과학으로 설명할 수 없는 사건들이 자연법칙을 깨뜨리는 것은 아니다."[107] 나는 터커에게 전적으로 동의한다. 그렇지만 암 환자가 차도를 보이게 된 맥락을 정의해보자. 카트자라는 여성이 등까지 퍼지는 심한 상복부 통증을 경험해왔다고 가정해보자. 그녀의 피부와 눈의 흰자위가 누렇게 변해간다. 그녀는 식욕이 없고 우울하고 체중이 많이 줄었다. 사업가이자 일벌레인 카트자가 할 수 없이 병원에 가서 여러 검사를 받아봤더니 췌장암이 상당히 진척되었고 남은 수명이 6개월 미만이라는 진단

107 Tucker(2005), 379.

이 나왔다. 그 소식에 낙심한 그녀는 다음날 다시 오겠다고 약속하고 울면서 병원을 떠난다. 다음날 아침에 의료진은 지난 밤 꿈속에서 경험한 일에 대해 서로 이야기를 나눈다. 꿈속에서 그들은 카트자가 암이 나은 모습을 보거나, 천사를 통해서 아직 카트자가 죽을 때가 되지 않았고 그녀가 치유되었다는 말을 들었다. 카트자가 예약된 진료를 받기 위해 병원에 도착했을 때 의료진은 그녀의 얼굴이 밝아진 것을 보고, 그녀가 알지 못하는 어떤 이유로 자신에게서 고통과 황달이 사라졌다고 하는 말을 듣는다. 의사는 다시 검사를 실시하고 카트자가 암이 완전히 치유되었음을 발견한다. 이 경우에 카트자의 회복이 일어난 상황은 종교적 의미로 가득 차 있기 때문에 나는 그 의사가 기적이 일어났다고 선언하지 못할 이유가 없다고 생각한다.

아마도 또 다른 시나리오가 도움이 될 수도 있을 것이다. 선천적인 시각 장애인인 50살 먹은 데이비드라는 남자가 있다고 가정하자. 그는 무신론자여서 시력을 얻기 위해 기도해본 적이 없다. 어느 토요일 오후에 거실에서 자기 아내와 대화하다가 데이비드는 그 부부 중 누구도 분명하게 알 수 없는 어떤 이유로 시력을 얻게 된다. 그는 흥분해서 존경받는 안과 의사인 평생의 친구에게 철저한 의학적 검사를 받는다. 그 친구는 데이비드에게 지금 그가 볼 수 있게 된 데 대해 자신은 그 어떤 의학적 설명도 할 수 없다고 말한다. 이 경우에 그 의사가 **의사로서** 기적이 일어났다고 결론을 내려도 정당화될 수 있는가? 이 경우에 유일하게 정당한 답은 '아니오'일 것이다. 그것은 어쩌면 기적일 수도 있다. 그러나 그것은 또한 어쩌면 이례적인 사건일 수도 있다. 그것이 어느 쪽인지 결코 알지 못할 수도 있다.

이제 이 시나리오의 세부 사항 중 일부를 바꿔보자. 선천적인 시각 장애인인 똑같이 50살 먹은 데이비드라는 남자가 있는데 그는 무신론자여서 시력을 얻기 위해 기도해본 적이 없다고 가정하자. 어느 토요일 오후에 그들 부부가 거실에서 대화하고 있는데 누가 현관문을 두드린다. 데이비드의 아내가 문을 열자 그 지역의 침례교 목사 한 사람이 인사한 후 머뭇거리며 이렇게 말한다. "방해해서 죄송합니다. 30분 전에 우리 교우들이 교회에서 기도드리고 있었는데, 그중 세 사람이 동시에 누군가가 길 모퉁이에 있는 당신의 집으로 찾아가 "나 같은 죄인 살리신"이라는 오래된 찬송 가사 1절을 전해야 한다는 생각을 하게 되었습니다. 그러니 참고 들어주시기 바랍니다. 그 내용은 이렇습니다. '나같이 가련한 자를 구원하신 놀라운 은혜! 얼마나 달콤한 말인가! 나 한때는 잃어버린 자였으나 이제는 찾아졌고, 나 한때는 시각장애자였으나 이제는 보게 되었네.' 불쑥 찾아와서 죄송합니다. 하나님께서 두 분 모두에게 복주시기 바랍니다." 목사는 그렇게 말하고 떠났다. 데이비드의 아내가 문을 닫고 돌아와 보니 자기 남편이 아주 기뻐하며 놀라워하고 있다. 데이비드는 그녀를 바라보며 이렇게 말한다. "여보, 그 목사가 '나 한때는 시각장애자였으나 이제는 보게 되었네'라고 말하는 순간 내가 볼 수 있게 되었소!" 데이비드는 같은 안과 의사를 찾아가고 그 의사는 철저한 검사를 한 후 데이비드에게 자기로서는 그가 앞을 보게 된 이유에 대해 그 어떤 의학적 설명도 할 수 없다고 말한다. 이 경우에 그 의사가 **의사로서** 기적이 일어났다고 결론을 내려도 정당화될 수 있는가? 나는 그 의사가 그렇게 말해도 정당화된다고 주장하고 싶다. 두 시나리오의 차이는 무엇인가? 그것은 두 번째 시나리오는 종교적 의미가 가득 찬 맥락에서 발생했다는 것이다.[108]

---

108 여기서 단순히 형이상학적 자연주의를 기본 입장으로 취함으로써 기적이 일어났다는 결론을 논박할 수는 없다. 달리 말하자면 형이상학적 자연주의자는 기적은 기적이 일어나지 않는다는 알려진 사실에 반하기 때문에 이 특정한 기적 주장은 옳지 않음이 입증된다고 주장해서는 안 된다. 그런 주장은 의문을 야기한다. 왜냐하면 위 사례의 무신론자가 어느 성직자의 말에 시력을 얻은 것은 형이상학적 자연주의를

예수의 부활 문제에 대해 고찰할 때, 기적을 식별하도록 도울 수도 있는 맥락이 있다. 마이어는 바로 이것이 현대인이 기적이 일어났다고 **믿는 것**이 정당화되는 이유라는 데에 반대할 수도 있다. 그러나 **의사 자격으로 행동하는** 그 의사는 그런 결론을 도출할 수 없다. 왜냐하면 앞의 예에서 **하나님**이 데이비드에게 시력을 부여했다는 주장은 본질상 신학적이거나 철학적인 주장이기 때문이다. 기적 주장은 역사적 조사의 범위를 벗어난다. 따라서 역사가 자격으로 행동하는 역사가는 기적이 일어났다는 결론을 내릴 수 없다.

나는 마이어의 추론이 그의 결론을 정당화해준다고 생각하지 않는다. 앞에서 맥컬래프의 반대 의견에 관한 논의에서 지적했듯이, 역사가들은 모든 역사적 탐구에 앞서 여러 철학적 전제들을 갖고 있다. 그러나 그렇다고 해서 그들이 연구를 계속해 나가지 못하는 것은 아니다. 역사가·철학자·신학자들이 서로의 학문 분야를 넘나드는 것은 보편적이고 또 그럴 필요가 있다. 이를 무시하는 역사가들은 자기도 모르는 사이에 빈약한 결론을 내놓을 수도 있다.[109] 과학철학자들이 과학철학자 자격

패배시키는 요인일 수도 있기 때문이다.

109 Shaw(2001), 9; Barrera(2001), 205; R. Evans(1999), 10; Kahneman, Slovic and Tversky 편(1982), 350에 실린 Fischhoff; Gilderhus(2007), 111-12; Harvey(1996), 55-56; Lorenz(1994), 298, 312와 비교하라; McIntyre(2001), 7, 14. Vann(2004), 3도 보라. McIntyre(2001)는 역사와 신학이라는 학문들 사이에 존재하는 "강력한 유사성들"을 지적한다(2). 반면에 D'Costa 편(1996)에 실린 Barclay는 "성서학계에서 역사학과 신학은 매우 생산적인 결합을 낳았다"고 주장한다(28). Hexter(*Historical Primer*, 1971)는 철학자들과 역사가들 사이의 대화 부족에 대해 지적한다. 그 결과 어떤 역사가들은 "지적으로 침몰하는 배 위에 올라타면서 순진한 추종자들을 데리고 함께 타는 특별한 재능이 있다"(110). R. J. Miller(1992)는 비록 신약의 장면이 그럴듯하지는 않지만 "아무도 그 가능성을 부인할 수 없다"고 주장한다(17). 각주에서 그는 이렇게 덧붙인다. "문제는 기적들과 관련이 있다. 기적이 일어날 가능성에 대한 판단은 역사적이지 않고 우주론적이기 때문에서 그런 판단은 성서학자들에게 과학철학자 역할을 하도록 강요하는데,(비록 우리는 성서의 텍스트를 무비판적으로 인용하는 철학자들과 신학자들만큼 그 문제로 골머리를 앓는 것으로 보이지는 않지만) 그래서 예측할 수 있는 바와 같이

으로 행동하기 위해서는 과학의 원리들을 이해해야 한다. 이 장과 앞 장을 쓸 때 나는 역사철학자 자격으로 행동했다. 고고학자들이 탐사지역을 묘사하는 고대의 텍스트들을 연구하면 그들의 탐사지역의 상세한 역사를 꿰맞출 때 큰 도움을 받는다. 성서학자가 예수의 죽음에 대한 통찰력을 얻기 위해 채찍질과 십자가형의 병리학적 결과들을 이해하고자 노력할 때 비록 그가 그 과정에서 자신을 의료 전문가들의 비판에 노출시키게 되기는 할지라도, 그가 자신의 역사가의 자격 밖으로 발을 내딛는다는 비난을 받게 될지는 의심스럽다. 그렇다면 왜 철학적 고찰은 역사가의 접근 금지 구역인가? 철학이 전문적인 철학자들에게 국한되어야 할 선험적인 이유는 없다. 그것은 인위적인 경계일 뿐이다. 어떤 철학자들은 역사기술 분야의 훈련도 받을 수 있고 또한 어떤 성서학자들은 철학 분야에서도 훈련을 받을 수 있다는 점을 고려할 때 이 점이 특히 분명해진다. 데일 앨리슨과 개리 하버마스는 친구 사이이지만, 나는 앨리슨이 다음과 같은 대화에 만족할지 의심스럽다.

앨리슨: 내 교육과 연구 분야는 성서 역사기술과 주해 분야였다. 따라서 예수의 부활은 하나님의 존재를 요구하므로 나는 내가 그 사건의 역사성에 대해 판단을 내릴 자격을 갖췄다고 믿지 않는다. 나는 철학자에게 의존해야

난잡한 결과를 낳을 수 있다. 기적의 가능성에 관한 판단에 수반되는 우주론적 문제와 신학적 문제들에 관해 우리는 과학철학과 종교철학에게 배울 것이 아주 많다. 무신경하게 무시될 수 없는 한 가지 문제가 있는데, 그것은 우리의 세계에서 보통 이루어지는 우주론적 가정들이 부분적으로는 한물간 19세기의 세계관으로 보인다는 것이다"(17 각주33). Stewart 편(2006), 3에 실린 R. Stwart, "Introduction"도 보라. Stump(1989)도 이와 유사하게 다음과 같이 언급한다. "철학자와 역사가들은(여기에 우리는 철학자와 역사가들 그리고 문학 이론가들을 덧붙일 수 있을 것이다) 서로 이야기를 나눌 필요가 있으며, 이런 그룹들은 서로에게서 배울 것이 아주 많다"(371).

한다.

하버마스: 내 교육과 연구 분야는 성서 역사기술과 종교철학 분야였다. 예수의 부활에 관한 판단을 내리려면 그 두 분야 모두의 훈련이 요구되므로, 나는 그 사건의 역사성에 관해 판단할 자격을 갖추고 있다. 그러므로 그 두 분야 모두에서 공식적인 훈련을 받고 연구를 해온 사람들만 예수 부활의 역사성에 관해 판단할 수 있으며 그러므로 그저 성서학자일 뿐인 사람들은 그 문제에 대해 침묵해야 한다.

또한 역사가들이 자신의 가설에 나타나는 설명 대상이 되는 실체에 직접 접근할 필요가 없다는 점을 덧붙일 수 있을 것이다. 물리학자들은 블랙홀·쿼크·스트링·글루온과 같이 과학자들이 직접 접근할 수 없는 수많은 실체들을 상정한다. 이런 실체들은 관찰된 적이 없으며 아마도 앞으로도 결코 관찰되지 않을 것이다. 그럼에도 지금 그 실체들은 현상을 훌륭하게 설명해낸다. 예수의 부활에 대해 책임이 있는 이론적 실체로서 "하나님"을 상정하는 역사가들의 제안도 마찬가지다.[110] 실제로, 시간 여

---

110 Craig and Ehrman(2006), 24에 실린 Craig를 보라. 다음 문헌도 보라. Lorenz(1994), 312; Tucker(2004), 4; Wright(2003), 15-16; Zammito(2005), 178, 177과 비교하라. Polkinghorne(2005)은 이론물리학자로서 자신은—비록 그것들이 결코 관찰된 적이 없고 아마도 앞으로도 그러하겠지만—양성자와 중성자가 아원자(亞原子) 입자들(즉, 쿼크와 글루온)로 이루어진다고 믿는다고 말한다. 그는 비록 자기가 그곳에 있어서 그것들을 목격하지는 못했지만 빅뱅과 생물학적 진화를 믿는다고 단언한다. Polkinghorne이 그렇게 믿는 것은 현상이 그런 이론들이 참이라는 것과 일치하기 때문이다(116-17). Polkinghorne은 같은 이유로 예수의 부활을 믿는다. 현존하는 역사적 데이터는 대부분 예수의 부활과 일치한다(118). Førland(2008)는 이렇게 쓴다. "이상적인 설명 텍스트가 하나님을 수용할 수 있는가 하는 질문에 대한 나 자신의 답변은 부정적이다. 왜냐하면 하나님은 다른 초자연적 실체들과 마찬가지로 과학적으로 접근할 수 없기 때문이다"(528). Førland는 놀랍게도 자신의 논거가 충분하지 않으리라는 것을 분명하게 알았던 것 같고 그래서인지 은밀하게 각주에 다음과 같은 진술을 덧붙인다. "하나님을 관찰하기가 어

행을 할 수 없기 때문에 역사가들은 그들의 연구의 **어떤** 대상에도 직접 접근하지 못한다. 왜냐하면 과거는 영원히 지나갔기 때문이다.[111] 역사가들은 과거의 자취만 갖고 있으며, 입수한 증거를 토대로 과거의 실체와 사건들을 추론한다.

신학적 반대는 그 사건 자체보다는 단지 예수의 소생의 **원인** 또는 소생된 몸의 본질에 대해서만 다툰다. 개념상으로는 역사가들은 예수가 폭력적인 죽음을 당하고 나서 얼마 뒤에 어떻게 해서 다시 살아났는데 이 사건의 원인과 관련해 물음표를 남겼다는 데 동의할 수 있다.[112] 테드

렵다는 것이 이상적인 설명 텍스트에서 하나님을 배제할 이유가 되지 않는다는 점을 주목할 필요가 있다. 왜냐하면 이 텍스트는 경험주의자-사실주의자의 전체 스펙트럼의 한쪽 극단에서는 원자와 유전자로부터 다른 쪽 극단에서는 인과관계적인 힘에 이르기까지 관찰할 수 없는 이론적 실체들로 가득 차 있기 때문이다"(528-29쪽 주석 22). 그러나 이 진술에도 문제가 있다. 존경 받는 수많은 과학자들과 역사가들이 하나님을 우주와 생명 자체의 원인이나 예수의 부활의 원인으로 상정해 왔다. 물론 Førland는 대다수의 과학자들과 역사가들은 그들의 설명에서 하나님을 원인으로 사용하지 않으며 "인식론적으로 우리가 세상에 관한 진리라고 여기는 것은 단지 거의 모든 사람들에 의해 수용된 믿음들일 뿐이다"라고 답할 것이다(530쪽 주석 24). 나는 그런 의견에 동의한다. 그러나 어느 역사가의 인식론적 믿음이 다른 역사가를 구속하지는 않는다. 잠재적으로 신과 관련된 사건들에 대한 조사에 역사가의 지평의 영향이 상존할 때는 특히 더 그렇다.

111 Craig and Ehrman(2006), 9에 실린 Craig; Gregory(2008), 511. Dunn(2003)도 보라: "물론 어느 의미에서 우리는 그 전기의 주인공이 쓴 어떤 저작에도 접근할 수 없는 전기 작가가 헤아려 보아야 하는 증거의 본질을 분명하게 인식하고 있다. 달리 말하자면 예수의 처음 제자들의 눈을 통해 보여졌고 귀를 통해 들려졌던 예수의 초상을 그리는 것은 부당한 과업도 아니고 불가능한 과업도 아니며, 입수할 수 있는 증거의 관점에서 신중하게 그려진 그런 초상은 인정할 수 없는 것으로 무시되거나 경시되어서는 안 된다"(131).

112 Habermas(2003)는 이렇게 쓴다: "기적이 정상적인 연구 방법으로는 연구될 수 없다는 애초의 공격은 오직 우리가 그런 사건이 전혀 발생하지 않았다는 것을 알거나 그것들이 오직 어떤 객관적이지 않은 영역에서만 발생했을 경우에만 수용될 수 있다. 어느 경우에든, 그것은 역사 연구 방법론에 따른 연구를 부정하는 데 대한 적절한 평가일 것이다. 그러나 기적이 일반적 역사 속에서 발생하는가는 결론이 나지 않은 질문이기 때문에 적어도 이런 주장들의 **역사적 부분**이 정확한지와 관련해 연구하는 것은 가능해 보인다"(4); Geisler and Meister 편(2007), 288에 실린 G. Habermas와 비교하라. Craig(*Assessing*, 1989)는 이렇게 쓴다: "위의 방법론에 따르면 역사가**로서의** 역사가는 사실에 대한 최상의 설명은 '예수가 부활했다'는 것이

피터스는 "**부활**"이라는 용어는 시체가 소생한 것 이상을 의미한다고 주장한다. 거기에는 역사 연구 방법론을 통해 검증될 수 없는 종말론적 요소가 있다.[113] 예수의 부활은 하나님이 모든 것을 바로 잡고, 의인들을 구속하고 악인들을 정죄할 마지막 날에 일어나게 될 보편적 부활의 첫 열매였다고 믿어졌다. 따라서 초기 그리스도인들이 예수에게 일어났다고 여겼던 일과 관련해 부여한 해석상의 구성개념이 강력한 영향을 미친다. 피터스가 예수의 죽음 후 그에게 일어난 일에 대한 완전한 역사적 검증은 재림 때까지는 성취될 수 없다고 주장하는 것은 옳다. 이와 유사하게, 역사적 조사는 예수가 십자가형을 받아 죽었다는 결론으로 이어질 수도 있다. 그러나 역사적 조사는 예수의 죽음이 하나님이 만족할 만큼 죄를 속한다는 결론을 내리지는 못한다.[114]

역사가는 하나님이 예수를 부활시켰다고 가정하고, 유신론적 증거를 포함하는 사례를 제시하고, 예수의 부활에 대한 역사적 증거가 우리가 하나님이 행동하기를 기대할 수 있는 상황에서 발생했음을 보여줄 수도 있을 것이다. 그러나 예수가 1세기 그리스도인들이 이해한 것처럼 그 용어에 수반되는 모든 신학적 함의들이 있는 "부활의 몸"을 갖고 있었다고 주장하는 것은 지나친 주장일 수도 있다. 시걸이 "예수가 실제로 그리고 육체적으로 부활했으며 변형된 육체를 지니고 나타났다"고 결론을 내릴 만한 역사적 증거가 불충분하다고 주장하는 것은 옳을 수도 있다.[115] 그러

라고 결론을 내릴 수도 있다. 그러나 그는 '하나님이 예수를 부활시켰다'라는 결론을 내릴 수는 없다"(419).

113 Stewart 편(2006), 149-69에 실린 T. Peters, "The Future of the Resurrection." 다음 문헌들도 보라. Eddy and Boyd(2007), 88-89; D'Costa 편(1996), 80에 실린 Moltmann.

114 Scott, 편(Finding, 2008), 15에 실린 R. J. Miller; Schmidt(1984), 78.

115 Stewart 편(2006), 136에 실린 Segal.

나, 만약 네 단어를 더해서 이 진술을 살짝 바꿔본다면, 나는 이론적으로 역사가가 다음과 같이 말해서는 안 되는 이유를 알지 못한다. "예수는 실제로 그리고 육체적으로 부활했으며, **다른 이들이** 그의 변형된 육체라고 **해석하는 몸**으로 나타났다."[116]

만약 예수의 부활 같은 기적에 대한 증거가 종교적 의미로 가득 찬 맥락에서 일어난다면, 그것은 생뚱맞게 보이지 않을 것이고 부활 가설은 데이터에 대한 가장 유력한 설명이 될 수 있을 것이다. 마이어의 입장은 기껏해야 역사가가 예수 부활의 원인 또는 예수의 부활한 몸의 실제 본질을 파악할 수 없다는 것이다. 그러나 그것은 역사가가 그 사건 자체가 발생했다고 판단하는 것을 막지 못한다. 게르트 뤼데만은 이렇게 쓴다. "실제로 예수의 기적적 또는 계시적 측면은 과학 연구의 대상이 될 수 없다. 그러나 신학이 역사적 사고와 '짝을 이루는' 한(한편으로는 신학의 핵심 자료의 성격으로 인해 그리고 다른 한편으로는 현대의 진리 기준으로 인해), 신학은 마땅히 기적에 대한 자연적 설명에 관심을 가져야 한다. 또는 역사적 근거에서도 초자연적 설명이 보다 더 그럴듯하다는 것을 인정해야 한다."[117] 요약하자면 나는 기적을 **그 사건에 대한 자연적 설명이 적절치 않은 역사상의 사건**이라고 정의한다. 나는 어떤 사건이 다음과 같을 경우 그 사건을 기적으로 여길 수 있다고 주장한다. 1) 상황 또는 자연법칙을 감안한다면 일어났을 가능성이 지극히 낮을 때, 그리고 2) 종교적 의미로 가

---

116 만약 내가 옳다면, Schmidt(1984)는 성급하게 도박을 건다: "복음 메시지가 부활과 관련해 이야기하는 사건은 우리의 경험적 확인과 역사적 이해의 지평 안으로 들어올 수 없다.…유일하게 역사적 조사의 권위를 입을 수 있는 것은 초기 교회의 케리그마에 부활 교리가 있었다는 점이라는 강한 인상을 받는다. '사실들'에 관해서는 그것들이—역사적이지 않은 것이든, 초역사적인 것이든, 또는 메타 역사적인 것이든—분명하게 우리가 도달할 수 없는 것인지(그리고 따라서 사실로서는 부적절한 것인지)에 대해 물어야 한다"(78).

117 Lüdemann(2004), 21. Craffert(2003), 347도 보라.

득 찬 환경이나 맥락에서 발생할 때. 이 기준들이 충족되고 부활 가설이 역사적 기반에 대한 최상의 설명이라면, 역사가가 기적이 일어났음을 긍정해도 무방하다.

2.5. 바트 D. 어만

바트 어만은 기적의 가능성을 전적으로 부정하는 사람들이 있음을 인정한 후에 계속해서 다음과 같이 말한다.

> 그러나 예수의 기적에 관해 논의할 때 한 가지 거대한—사실 나는 "극복할 수 없는"이라고 말하고 싶기까지 하다—문제가 여전히 남아 있다. 비록 기적이 **가능하다**고 할지라도, 역사적 증거의 기준을 엄격하게 고수하는 역사가가 기적이 일어났다는 것을 **보여줄** 방법이 없다.…내 말은 비록 기적이 일어났을지라도 역사가는 그것을 증명할 수 없다는 뜻이다.[118]

어만은 자신의 결론을 뒷받침하는 다섯 가지 논거를 제시한다.[119] 그

---

118 Ehrman(2008), 241.

119 2006년 3월 28일에 Ehrman은 매사추세츠주 워체스터에 있는 홀리 크로스 대학에서 기독교 철학자 William Lane Craig와 토론을 벌였다. 두 학자가 토론하기로 동의한 질문은 "예수의 부활에 대한 역사적 증거가 있는가?"였다. 그 토론에서 오간 말들의 완전한 대본은 〈www.holycross.edu/assets/pdfs/resurrection_debate.pdf〉에 실려 있다. 그 원고는 38쪽 분량이다. 나도 Ehrman과 동일한 주제로 두 차례에 걸쳐 토론을 벌였다. 〈www.4truth.net/debate〉와 〈www.4truth.net/debate1〉을 보라. 이 책을 집필하는 현재 그 토론들의 대본을 구할 수 없기 때문에 나는 Ehrman이 다른 곳에서 했던 다섯 가지 논거를 참조할 것이다. Ehrman의 다섯 가지 주장들 중 셋은 Ehrman(*The New Testament*, 2008), 240-44에서 찾아볼 수 있고, 둘은 Ehrman(2000), 166-67; 177-79에서 찾아볼 수 있다. Segal은 자신의 다섯 가지 논거를 제시하는데, 그중 셋은 Ehrman의 논거와 유사하고, 하나는

는 먼저 예수의 부활을 보고하는 자료들이 빈약하다고 주장한다. 역사가들은 목격자 증언, 복수의 독립적인 기사, 일관되고 확증적인 설명, 그리고 편향되지 않고 공평무사한 설명을 포함하는 바람직한 증거들을 찾는다. 어만은 신약성서의 복음서들은 목격자들에 의해 쓰인 것이 아니라 예수 사후 35년에서 65년이 지나서 쓰였고 전승 과정에서 변경된 선전을 목적으로 하는 이야기들을 포함하고 있기에—바로 그것이 복음서들 사이에서 발견되는 양립할 수 없는 차이들을 설명해준다—좋은 증거들이 아니라고 주장한다. 어만은 예수에 대해 다음과 같이 덧붙인다. "[예수는] 그의 사후 80년이 지날 때까지 정경이 아닌 이방인의 어떤 자료들에서도 나타나지 않는다. 따라서 그는 분명히 이방인 세계에 큰 영향을 주지 않았다." [복음서들 사이의] 차이들과 관련해서 어만은 예수의 사망 일시 같은 몇 가지 예를 제공한다. 요한복음은 예수의 사망 시간이 유월절 식사 전날 정오였다고 보고하는 반면, 마가복음은 그것이 유월절 식사 다음날 오전 9시였다고 말한다. 예수는 요한복음이 진술하듯이 자기 십

Wedderburn(이 책의 2.6을 보라)이 제시한 논거와 유사하며, 하나는 독특하다. Stewart 편(2006), 121-38에 실린 Segal을 보라. 그의 독특한 논거는 예수의 부활은 과학적으로 검증될 수 없기 때문에 역사적으로 확인될 수 없다는 것이다(135). 나는 이 책 1.2.5와 1.2.12에서 이 주장에 대해 답한 바 있다. Marsden(1997), 28-29도 보라. 비록 역사적 가설들은 그 가설들을 정당화해주는 확실성 정도에 있어서는 서로 다르지만, **어느** 가설도 과학적으로 검증되는 경우는 드물다. 이 점은 역사가들이 과거를 더 깊이 들여다보려 할 때 특히 그렇다. Segal이 종교 문제들에 대해 종교의 진리는 이성이 아니라 믿음에 의해서만 파악된다는 신앙주의 접근법을 취하는 것도 주목할 만하다. 그는 믿음은 "합리적 논거에 의존하지 않는다. 만약 믿음이 합리적 논거에 의존한다면, 그것은 이성이지 신앙이 아니다"라고 쓴다(137). Marxsen(1990)은 Segal에게 동의한다: "그러나 나는 예수의 부활이 사이비 주제(pseudo-subject)라는 것을 보여주려 했다. 그것은 신앙에 대해 그 어떤 안전도 제공해주지 못한다.…이와는 별도로 어떻게든 안전하게 된 신앙은 더 이상 신앙이 아니라는 점도 말해 두어야 한다"(91). 나는 신앙주의자가 아니며 신앙에 대한 신앙주의적인 접근법에 관심을 갖는 학자들은 거의 없다. 만약 내 믿음이 결정적으로 그 부당성이 입증된다면 나는 내 믿음을 포기하고 다른 신앙 또는 모종의 계몽된 무신론을 택할 수도 있을 것이다.

자가를 끝까지 메고 갔는가, 아니면 공관복음서들이 보고하듯이 구레뇨 시몬이 그 과정 중 일부를 메고 갔는가? 마리아는 무덤에 홀로 갔는가, 다른 여인들이 마리아와 함께 갔는가? 그들은 예수의 무덤에 갔을 때 무엇을 보았는가? 한 남자인가(마가복음), 두 명의 남자인가(누가복음), 아니면 한 명의 천사인가(마태복음)? 그 여인들은 제자들에게 말했는가(마태, 누가, 요한복음), 또는 침묵했는가(마가복음)? 어만은 또한 예수의 부활을 정경 복음서들과 일치하지 않는 방식으로 보고하는 정경이 아닌 기독교 자료들이 있다고 덧붙인다. 요약하자면, 어만은 복음서들이 우리와 동시대의 자료도 아니고, 공평무사하지도 않고, 일관적이지도 않다고 말한다.[120]

어만의 두 번째 논거는, 역사가들은 일어났을 개연성이 높은 것을 확립하려고 하는데 기적은 정의상 가장 개연성 없는 설명이라는 것이다. "과거는 지나갔기 때문에 우리는 정말 과거에 대해 알 수 없다. 우리는 과거에 무슨 일이 일어났는지에 대한 좋은 정보를 갖고 있기 때문에 과거를 안다고 생각하는 경우가 있다. 그러나 다른 경우들에는 우리가 과거에 대해 알지 못하며, 절망하여 손을 들 수밖에 없는 경우도 있다.…역사가들은 과거에 일어난 일의 개연성 정도를 확립하려고 한다. 어떤 것들은 절대적으로 확실하고, 어떤 것들은 개연성이 높고, 어떤 것들은 가능하고, 어떤 것들은 '그럴 수도 있고, 어떤 것들은 '그랬을 가능성이 낮다.'"[121] 기적은

120 Craig and Ehrman(2006), 10-11에 실린 Ehrman. Tucker(2005)는 기적 주장에 대한 자료들이 기적의 역사성을 확립할 만한 증거를 충분히 제공하지 못한다는 데 동의한다. 그는 종종 다양한 증언들의 독립성을 입증할 수 없고(382), 구약성서와 신약성서에 실려 있는 기적에 대한 기술들은 복수의 사람들에 의해 목격되었다는 주장을 하지 않으며(383), 또한 자연주의적 가설들이 동등하게 단순하지만 "더 설명 범위가 넓고", "더 많은 결실을 낳고" "대개 증거의 가능성을 더 크게 증대시키기" 때문에 자연주의적 가설이 선호되어야 한다고 지적한다(385).

121 Craig and Ehrman(2006), 9에 실린 Ehrman.

자연 과정을 위반하므로, "기적이 일어날 확률은 지극히 낮다."[122] 사실, 어떤 자연적 설명도 아무리 그럴듯하지 않을지라도 정의상 가장 그럴듯하지 않은 설명인 기적보다는 더 그럴듯하다.[123] "역사가들은 과거에 일어났을 개연성이 높은 것을 확립할 수 있을 뿐이며, 정의상 기적은 일어날 개연성이 가장 작다. 따라서 역사 연구 규범의 성격 자체에 의해, 우리는 역사에서 기적이 일어났을 개연성이 높다고 주장할 수 없다. 정의상 기적은 일어나지 않았을 개연성이 높다."[124] 이 점은 예수 부활의 역사성을 증명하는 사례로 제시되는 그 어떤 "사실들"도 "완전히 부적절하다"는 것을 의미한다. 그러므로 부활은 역사 연구의 주제가 될 수 없으며 신앙에 의해 받아들여야 한다.

어만의 세 번째 논거는 예수가 부활했다는 가설은 역사적이라기보다 신학적이라는 것이다. "예수가 부활했다"고 말하는 것은 하나님이 그렇게 했음을 암시한다. 역사가들은 "하나님에 대한 신앙이나 불신앙을 전제해서는 안 된다" 그런 논의는 역사적이라기보다 신학적이며 따라서 역사가의 학문 분야를 벗어난다. 이 점은 위에서 살펴본 마이어의 논거와 비슷하다.

어만의 네 번째 논거는, 만약 예수가 기적을 일으켰다는 것을 받아들인다면, 또한 "원칙적으로" 다른 사람들이 기적을 일으켰다는 것도 기꺼이 인정해야 한다는 것이다.[125] 그는 무함마드, 티아나의 아폴로니오스,

---

122 Craig and Ehrman(2006), 12에 실린 Ehrman.

123 Craig and Ehrman(2006), 13에 실린 Ehrman. D'Costa 편(1996)에 실린 Goulder는 "비록 추측일지라도 자연적 설명이 선호되어야 한다"고 주장한다(52). Dawes(1998)는 "기적이(기껏해야) 최후의 설명이 되는 세계"에 관해 말한다(35).

124 Craig and Ehrman(2006), 12에 실린 Ehrman을 보라. Ehrman(*The New Testament*, 2008), 243-44도 보라.

125 Ehrman(*The New Testament*, 2008), 242. 다음 문헌들도 보라. Craffert(1989),

원 그리는 사람 호니, 하니나 벤 도사 그리고 로마 황제 베스파시아누스 같은 예를 제공한다.[126] 그 예들은 우리의 특별한 종교적 또는 철학적 믿음과 일치하지 않기 때문에 우리는 그 예들을 받아들일 수 없다.

어만의 다섯 번째이자 마지막 논거는 역사 연구 규범은 역사가가 기적 주장에 대해 판단하도록 허용하지 않는다는 것이다.

> 나는 우리가 기적을 확증할 수 있기를 바라지만 우리는 그럴 수 없다. 그것은 누구의 잘못도 아니다. 단지 역사 연구 규범들이 발생할 수 있는 모든 사건 중 가장 개연성이 낮은 사건을 개연성이 높은 것으로 확립할 가능성을 허용하지 않을 뿐이다.[127]
>
> 어떤 신념을 갖고 있는 사람이든 증거를 보면 같은 결론을 내릴 수 있다는 것이 역사 연구 규범 배후에 있는 이론이다.[128]

요약하자면 어만은 다음과 같이 주장한다. (1) 예수에 관한 최상의 자료들이 빈약하다. (2) 역사가들은 가장 개연성이 높은 설명을 택해야 하는데, 기적은 정의상 언제나 개연성이 가장 낮다. (3) "하나님이 예수를 일으켰다"는 진술은 신학적이며 따라서 역사가에 의해 다뤄질 수 없다. (4) 만약 예수의 기적을 인정한다면 다른 사람들이 기적을 일으킬 가능성에 대해서도 열려 있어야 한다. 그리고 (5) 역사 연구 규범은 역사가가 그런 연구를 하도록 허용하지 않는다.

342; Lindars(1986), 91; Stewart 편(2006), 136에 실린 Segal.

126 Ehrman(The New Testament, 2008), Stewart 편(2006)에 실린 Segal도 보라. 그는 "무함마드에 대한 기적적인 코란 수여"와 6일간의 창조 같은 예를 제공한다(136).

127 Craig and Ehrman(2006), 12에 실린 Ehrman을 보라.

128 Craig and Ehrman(2006), 25에 실린 Ehrman을 보라.

내 생각으로는 어만은 이 다섯 가지 주장 모두에서 오해하고 있다. 첫 번째 주장에 대해 살펴보자. 우리에게 부활 가설에 대한 증거 역할을 할 데이터를 캐낼 자료가 빈약한가? 우리는 다음 장에서 이런 자료들에 대해 보다 상세하게 살펴볼 것이다. 지금으로서는 어만의 반대가 그가 생각하는 결론을 확립해주지 않는다는 것만 지적해 두고자 한다. 기껏해야 그것은 자료가 끔찍이도 부족하다면 예수의 부활을 포함한 특정 과거 사건에 관해 정확한 판단을 내릴 수 없다는 점을 보여줄 뿐이다. 그러나 그렇다고 해서 역사가가 기적 주장에 대해 연구하지 못하는 것은 아니다. 우리는 나중에 부활 가설을 평가할 때 자료의 질에 관한 어만의 반대에 대해 주의를 기울일 것이다.[129]

어만의 두 번째 주장은 기적 가설은 정의상 모든 가설 중 가장 개연성이 낮다는 것이다. 역사가는 가장 개연성이 높은 설명을 택해야 하므로 그들이 기적 가설을 택하는 것은 결코 정당화되지 않는다는 것이다. 왜 기적 가설이 필연적으로 가장 개연성이 낮은 설명인가? 어만은 확률을 사건의 빈도와 연결시킨다. 수십억 명의 사람들이 수영장에서 미지근한 물 위로 걸어본 적이 없으므로 예수 역시 그러지 않았을 것이다. 수십억 명의 사람들이 죽은 자 가운데서 부활한 적이 없으므로 예수도 그러지 않았을 것이다.[130] 물론 이 논거는 이런 종류의 일이 일어나지 않는다는 역사의 균일한 증언과 관련된 흄의 반대와 비슷하며, 흄의 논거와 동일한 문제가 있다.[131] 그러나 이 논거는 외부 행위자가 존재할 가능성을 배제하기 때문에 우리는 그 논거가 확률을 결정하기에는 지나치게 단순하고 부적절한 방식이라고 덧붙일 수 있다. 내 아들이 아주 어렸을 때 내가 그 아

---

129 이 책의 5.7.2.4를 보라.

130 Ehrman(2009), 175-76.

131 이 책의 2.2.3을 보라.

이의 머리 위로 팔을 들어 올리게 하고 아이의 두 팔을 붙잡아 체중을 완전히 지탱해주면서 그 아이가 수영장 물 위를 걷는 동안 내가 수영장에서 그 아이의 체중을 떠받치며 옆에서 함께 걸었다고 가정해보자. 수십억 명의 사람들이 물 위를 걸은 적이 없다는 사실은 내 아들이 물위를 걸었을 확률에 영향을 주지 않는다. 예수를 부활시키기를 원했던 신이 있다면 어떻겠는가? 아마도 그것은 상황을 변화시키는 요인이 될 것이다. 그 경우에 예수의 부활 같은 기적은 사실상 가장 개연성이 높은 설명이 될 수도 있다.[132] 물론 역사가들이 미리 그런 신이 존재하는지 여부를 알 수 없다는 점이 그들에 대한 도전과제다.[133] 그것을 전제하거나 선험적으로 배제하는 대신—그렇게 되면 선험적으로 우리의 가설이 **세계관에 의존**하도록 만든다—역사가들은 개방적 입장을 취하고 적절한 기준에 따른 가설 평가를 통해 사실들이 스스로 말하도록 해야 한다. 역사가가 이와 달리 행동하면 그 역사가는 자신의 지평이 연구 내내 자신을 이끄는 위험한 처지에 놓이게 된다. 그리고 나쁜 철학은 좋은 역사를 변질시킨다.

크레이그는 어만처럼 기적 가설이 가장 개연성이 낮은 설명이라고 평가하는 유일한 길은 베이즈 정리 채용을 통해서라고 주장한다. 그러나 필요한 배경 지식을 구할 수 없기 때문에 그렇게 할 수 없다. 결국 예수의

---

132 Tucker(2005)는 이렇게 주장한다: "만약 우리가 기적 가설을 단순히 신이 특별히 놀라운 능력의 위업을 행했거나 또는 그런 위업을 행할 능력을 누군가에게 위임했다고 주장하는 것으로 해석한다면…그런 기적 가설의 사전 확률은 분명히 영(0)보다 높을 것이다. 그런 기적 가설에 비춰볼 때 능력의 위업에 대한 증거의 가능성은 상당히 높을 수 있다"(380). 만약 Tucker가 옳다면, Fergusson(1985)이 다음과 같이 쓴 말은 옳지 않다: "귀납적 토대에서 죽은 사람의 부활은 본질적으로 개연성이 아주 낮다. 그러므로 비록 놀랄만하기는 하지만 부활만큼 개연성이 낮지는 않은 어떤 현상을 부활과 같은 사건을 사용하여 설명하는 것은 결코 합리적이지 않다"(297).

133 비록 우리가 하나님이 있다는 수많은 논거들에 설득되더라도, 그런 논거는 그런 신이 예수를 부활시키기를 원했을 것이라는 어떤 암시도 하지 못한다.

부활 같은 특정 기적의 선행 확률을 계산할 수는 없다.[134] 그러므로 크레이그는 어만이 예수의 부활이 "개연성이 낮다"라고 선언하는 것은 정당하지 않다고 주장한다.

크레이그는 만약 그 가설이 예수가 **자연적으로** 죽은 자들 가운데서 살아났다는 것이라면 어만이 그에 대해 지극히 낮은 확률을 부여한 것은 옳다고 인정한다. 그러나 그 가설은 예수가 **초자연적으로**(즉, 하나님에 의해) 죽은 자들 가운데서 살아났다는 것이다. 만약 하나님이 예수를 살리기를 원했다면, 예수의 부활은 개연성이 매우 높은 것으로 간주될 수 있을 것이다. 그러므로 부활 가설이 개연성이 낮다는 것을 보이려면 어만은 하나님의 존재가 개연성이 낮다거나 설령 하나님이 존재하더라도 그가 예수를 일으키기를 원할 개연성이 낮다는 배경 지식을 제공해야 한다.[135] 크레이그는 어만이 이렇게 하지 않을 뿐 아니라 그 자신의 역사철학이 그렇게 하는 것을 가로막고 있다고 지적한다. 만약 역사가들이 하나님에 관해 아무 말도 할 수 없다는 어만의 말이 옳다면, 역사가들은 또한 예수의 부활에 고유한 확률을 부여하는 것도 제한받는다. 달리 말하자면 원인으로서의 "하나님"은 역사에 관련된 사안이라기보다는 신학과 관련된 사안이기 때문에 역사가들이 "하나님이 예수를 죽은 자들 가운데서 일으켰다"는 주장을 연구할 수 없다면, 그들은 마찬가지로 기적이 일어날 개연성이

---

134 Craig and Ehrman(2006), 32에 실린 Craig를 보라. 다음 문헌들도 보라. Bartholomew(2000), 112; Plantinga(2000), 276. Tucker(2005)는 기적 가설이 참일 확률을 계산하려면 "보통 얻을 수 있는 것보다 많은 증거가 필요하며" 또한 "실제로 그런 계산을 할 수 있는지 그리고 어떻게 할 수 있는지는 분명하지 않다"고 주장한다(381; 382와 비교하라).

135 이 책의 1.3.3에서 지적했듯이, 하나님은 자유로운 행위자이고 그가 어떤 일을 하기 원할지 원하지 않을지를 선험적으로 알기는 어렵기 때문에, 아마도 이 점이 예수의 부활 확률을 확인하려 할 때 베이즈 정리 중 가장 풀기 어려운 요소일 것이다. Gilderhus(2007), 30-31도 보라.

낮다고 말할 수도 없다. 왜냐하면 하나님의 일도 역사에 관련된 사안이라기보다는 신학과 관련된 사안이기 때문이다.[136] 따라서 어만의 세 번째 논거—아래에서 논의할 것이다—는 그의 두 번째 논거를 훼손한다. 그는 기적에 대한 자신의 정의를 정당화하지 못한다. 기적이 개연성이 가장 낮은 설명이라는 그 어떤 선험적인 이유도 없다.[137] 그리고 예수가 부활했을 확률은 헤아릴 수 없다.[138]

어만의 세 번째 주장은 예수가 부활했다는 가설은 역사적이라기보다 신학적이라는 것이다. "예수가 부활했다"고 말하는 것은 하나님이 그렇게 했다는 것을 암시한다. 하나님은 역사가들의 연구 방법을 벗어나므로, 예수의 부활 문제는 역사가보다는 신학자와 철학자들이 다룰 사안이다. 나는 마이어에 대해 논의할 때 이미 이 이의를 다뤘다.[139] 그러나 우리는 어만이 역사적 결론과 그 결론의 신학적 함의를 혼동하고 있다고 덧붙일 수 있을 것이다. 대부분의 사람들은 만약 예수가 부활했다면 하나님이 아마도 그 사건의 원인에 대한 가장 유력한 후보라고 인정할 것이다.[140]

---

136 Craig and Ehrman(2006), 36에 실린 Craig. 기적을 고려할 수 있는 대상에서 배제하는 방법론적 제한은 종종 역사가는 그들의 연구 방법에서 하나님을 고려할 수 없다는 주장(Gregory[2008], 507)으로 이어진다는 점도 지적할 수 있을 것이다. 그러므로 하나님은 관여하지 않았다. 이것은 과학은 과학의 연구 대상이 될 수 있는 것에 국한되므로 하나님의 행동을 포함할 수 없다고 주장하고 나서, 따라서 과학이 기적은 일어나지 않는다는 것을 입증했다고 단언하는 것이다. 과학의 한계가 과학이 할 수 없는 것을 하도록 해주는 도구가 된다!

137 Swinburne(2003): "하나님이 있다는 증거가 있는 한, 자연법칙이 위반될 상당한 가능성이 있다는 증거도 있다"(31).

138 이 책의 1.3.3을 보라.

139 이 책의 2.4를 보라.

140 이론물리학자 Polkinghorne(2005)은 이렇게 쓴다. "우리가 모호한 예측 불가능성에 대해 뭐라고 말할지라도, 우리는 확실히 예수가 부활했고 결코 다시 죽지 않는다라는 주장이 카오스 이론을 현명하게 활용한 것이라고 가정해서는 안 된다. 만약(내가 그렇게 믿듯이) 그 일이 일어났다면, 그것은 위대한 능력이 있는 신에 의한 기적적인 행위였다"(97).

그러므로 어만에게는 하나님은 역사가보다는 신학자의 주제이기 때문에 예수 부활의 역사성에 대한 모든 연구 활동은 부적절하다. 그러나 이런 견해는 역사를 후퇴시키는 것이다. 역사가는 예수의 부활에서 하나님이 행동했을 가능성을 전제하거나 선험적으로 배제하지 않고서 데이터에 접근해야 한다. 대신에 그들은 최상의 설명을 위한 가설을 세우고 평가해야 한다. 확률은 데이터를 조사하기도 전에 어떤 가설에 대한 진지한 고려를 배제하는 **기적**에 대한 정의를 내림으로써가 아니라 이런 방식으로 결정되어야 한다.

또한 역사가들은 종종 어떤 사건의 **원인**을 답하지 않은 채 놔둬야 한다. 그러나 그렇다고 해서 역사가가 역사적 결론을 내리지 못하는 것은 아니다. 역사가들은, 비록 샤를로망의 형 샤를마뉴가 그를 죽인 것인지 또는 그가 자연사했는지에 대해서는 확신하지 못하지만, 샤를로망이 기원후 771년에 죽었다고 확신한다. 이 경우에 역사가는 비록 샤를로망의 사인에 대해서는 의문부호를 남겨둘지라도 그가 기원후 771년에 죽었다는 결론을 내리기를 주저할 필요가 없다. 플루타르코스는 스키피오 아프리카누스의 사인(死因)과 관련해 경합하는 이야기들이 있었다고 보고했다. 그가 자연사했다고 말하는 사람도 있었고, 그가 독살 당했다고 말하는 사람도 있었다. 그가 잠자던 중 적들에 의해 질식사했다고 주장한 사람도 있었다. 그러나 플루타르코스는 그의 독자들에게 이렇게 서로 다른 보고들에도 불구하고 스키피오의 주검이 모두가 볼 수 있도록 눕혀 있었음을 상기시켰다.[141] 샤를로망의 경우와 마찬가지로 역사가는 스키피오의 사인에 대해서는 말하지 않으면서 그가 죽었다고 결론을 내릴 수 있을 것이다. 이와 비슷하게, 역사가들은 그 사건의 원인에 대한 판단을 하지 않

141 Plutarch *Romulus* 27권 4-5.

으면서 예수가 부활했다는 결론을 내릴 수 있을 것이다. 그들은 **방법**(즉, 그 일이 어떻게 일어났는지)이나 **이유**(즉, 그 일이 왜 일어났는지)에 대해 답하지 않으면서 **사건**(즉, 어떤 일이 일어났는지)에 대해 답할 수 있다. 역사가는 역사적 결론의 신학적 함의에 대해서만 입을 다물 뿐이다.

나는 만약 예수가 기적을 일으켰다고 인정한다면 또한 "원칙적으로" 다른 사람들도 기적을 일으켰다는 것을 인정해야 한다는 어만의 네 번째 주장에 대해 두 가지 답변을 제시한다. 첫째, 원칙적으로, 예수가 하나님을 아는 유일한 길을 제공한다고 믿는 그리스도인은 또한 하나님이 다른 종교를 믿는 사람들의 삶속에서도 행동한다고 믿을 수도 있다.[142]

둘째, 어만은 모든 기적 주장들이 동등한 입증 증거를 갖고 있지는 않다는 점을 인식하지 못한다. 사실 어만이 제시하는 예들은 증거가 빈약하다. 예컨대 코란은 무함마드가 기적을 행했다고 보고하지 않는다. 무함마드가 일으킨 기적들에 관한 보고는 훨씬 나중에 가서야 나타난다.[143] 흄에 관한 논의에서 언급했듯이 필로스트라투스가 쓴 아폴로니오스에 관한 전기는 복음서들과 관련해 주장되는 것보다 훨씬 열악한 여러 문제들에 휩싸여 있다.[144]

원 그리는 사람 호니로도 알려진 오니아스는 요세푸스의 책에서 비를 내려달라는 기도에 응답 받은 사람으로 처음 언급된다. 그러나 그 이

---

142 Twelftree(1999), 43.

143 유신론자 일반은 그리고 특별히 그리스도인들은 코란의 초자연적 기원을 기각해야만 한다는 느낌을 받지 않을 수도 있을 것이다. 먼저 무함마드 자신이 자기가 귀신들에게 시달리고 있는데 어떤 초자연적인 존재가 코란의 계시, 즉 성서의 기독교에 정통한 해석을 갖고 자기에게 다가왔다고 믿었다. Ishaq(2004), 71-73, 106; 딤전 4:1과 비교하라.

144 이 책의 2.2.4를 보라. 필로스트라투스가 쓴 아폴로니오스의 전기 사본 25개가 남아 있다는 점도 주목할 만하다. 가장 초기의 사본은 11세기의 것이고, 그다음으로 이른 시기의 것은 12세기의 것이며, 나머지 23개는 14세기에서 16세기 사이에 쓰였다. Jones, 편역(2005), 19, 22를 보라.

야기는 아주 단조롭다. "오니아스라고 불리는 사람이 있었다. 그는 의로운 사람이었고 하나님의 사랑을 받는 사람이었다. 그는 가뭄이 들었을 때 하나님에게 그 뜨거운 열기를 끝내 달라고 기도했다. 하나님이 그의 기도를 들었고 그들에게 비를 내려주었다."[145]

요세푸스 이후 3세기쯤 지나서 그 이야기는 예루살렘 탈무드에서 보다 상세하게 보고된다. 호니는 비를 내려달라고 기도한다. 비가 오지 않자 그는 원을 하나 그리고 그 안에 들어간다. 그리고 비가 올 때까지 그 자리를 떠나지 않을 것이라고 약속한다. 비가 몇 방울 떨어지자 호니는 이것은 자기가 기도했던 비가 아니라고 말한다. 그러자 비가 억수같이 퍼부었다. 그러나 호니는 자기는 "호의, 축복 그리고 은혜의 비"를 위해 기도했다고 말한다. 그러자 정상적인 방식으로 비가 내렸다.[146]

요세푸스는 호니를 기원전 1세기에 위치시키는 반면, 예루살렘 탈무드는 그를 그로부터 5백 년 전인 기원전 6세기에 위치시킨다! 어만이 인용한 복음서들에 나타나는 차이는 호니에 관한 보고들에 나타나는 차이에 비하면 아무것도 아니다. 더욱이 요세푸스의 설명은 그 사건이 발생했다고 주장되는 시기보다 거의 150년쯤 지나서 나타나는데, 이것은 복음서 저자들이 그들이 보고하는 사건들로부터 떨어져 있었던 시간 간격보다 훨씬 더 멀리 떨어진 것이다.

하니나 벤 도사도 마찬가지로 미쉬나(기원후 200년 경)[147]에서 언급되고 탈무드(기원후 400-600년)[148]에서도 나타나는 기원후 1세기 인물이다.

---

145 Jos. *Ant*. 14권 22. William Whiston(1854)의 영역본.

146 Neusner(1987), 226에 실린 *y. Taán*. 3.8-9 66d.

147 *b. Ber*. 34b; 61b; *Yebam*. 21b; *b. Sotah* 9:15; *b. Bat*. 74b; *b. Taán*. 24; 25a.

148 Neusner(2005), 53. 예루살렘 탈무드는 기원후 400년경 그리고 바빌로니아 탈무드는 기원후 600년까지다.

그러므로 하니나 벤 도사의 기적에 관한 최초의 보고는 호니의 경우와 마찬가지로 발생했다고 주장되는 사건으로부터 약 150년 후에 이루어진 것인데, 이 시간 간격은 예수의 기적들에 대한 마가복음의 보고가 그 기적들이 일어난 때로부터 25년에서 45년 후에 이루어진 것과 비교할 때 훨씬 더 늦은 것이다.

세 가지 자료들이 로마 황제 베스파시아누스가 일으킨 두 가지 기적에 관해 보고한다.[149] 그 셋 중 둘은 마가가 시기적으로 예수에 근접한 만큼이나 그 사건에 근접한 시기에 쓰였다. 그러나 그럴듯한 자연주의적 설명을 쉽게 구할 수 있다.[150]

고대에도 기적을 일으키는 사람에 대한 보고가 있었다. 예수만큼 활발하게 기적을 일으키지는 않았지만, 그들의 수는 많았다.[151] 기적을 일으키는 사람은 고대에만 있었던 것이 아니라 오늘날에도 있다. 주제·모티프·형식을 고려할 때 기독교 이전의 이야기의 수는 셋으로 줄어드는데, 어만이 제시하는 예들은 거기에 포함되지 않는다.[152] 우리는 어만이 제시하는 예들에서 보고되는 기적들은 복음서 내러티브들에서 발견하는 기적

---

149 Tacitus *Ann*. 4.81(언급된 사건으로부터 35년 이상 지나서 쓰임), Suetonius *Vesp*. 7.2(35년 이상), Dio Cassius 65.8.1(110년 이상).

150 Meier(1994)는 이렇게 쓴다. "수에토니우스와 타키투스는 그 모든 이야기를 눈을 반짝이며 그리고 입가에 미소를 지으며 말하는 것처럼 보이는데, 아마도 베스파시아누스도 그런 태도를 공유할 것이다. 그 사건 전체는 1세기에 베스파시아누스의 홍보팀이 그 새로운 황제에게 신적 적법성을 부여하기 위해 연출한 '사진 촬영 기회'—그 두 사람(수에토니우스와 타키투스)을 베스파시아누스에게 가도록 명령했다고 여겨지는 세라피온 신의 호의—와 같아 보인다. 여기서도 예수의 기적이 예수의 사역의 전반적인 패턴에 들어맞는다는 점은 말할 것도 없고, 내용과 형식 모두에서 4복음서들의 기적 전승들과는 동떨어져 있다"(625).

151 Twelftree(1999)에 따르면 예수 전후 2백여 년 무렵에 활동했던 고대의 기적 행위자들은 많은 기적을 일으키지 않았다(247).

152 Wenham and Blomberg 편(2003), 200에 실린 Blackburn. Blackburn(1991)도 보라.

들보다 상당히 늦고, 훨씬 더 모순되거나 자연주의적으로 그럴듯하게 설명할 수 있다는 점을 알게 되었다. 무신론자였던 안토니 플루는 예수가 부활했다고 믿지 않았다. 그럼에도 그는 이렇게 주장했다. "부활에 대한 증거는 다른 어느 종교에서 주장되는 기적들에 대한 증거보다 낫다. 나는 그것은 양과 질에서 대부분의 다른 기적적인 사건들이 발생했다고 제시된 증거들과 월등하게 다르다고 생각한다."[153] 여기서 내 목적은 복음서들이 믿을 만한 자료라거나 기적 가설이 예수의 기적 보고들에 대해 제시된 자연주의적 이론보다 더 그럴듯하다고 주장하는 것이 아니다. 대신에 나는 예수의 기적들이 역사적이라고 여기는 역사가들이라고 해서 어만이 다른 종교들에서 인용하는 기적들의 역사성을 인정할 필요가 있는 것은 아니라는 점을 보여주고자 했다. 기적 보도는 사안별로 조사되어야 한다.[154] 만약 예수의 기적의 역사성을 주장해야 할 충분한 이유가 있고 어만이 제시한 예들에는 이런 이유가 없음이 밝혀진다면, 역사가들이 예수의 기적의 역사성을 인정한다 해서 다른 기적들의 역사성을 인정해야 할 이유가 없다.[155]

어만은 자신의 다섯 번째 논거에서 역사 연구 규범은 역사가가 기적을 연구하도록 허용하지 않는다고 주장한다. 그가 말하는 역사 연구 규범은 어디에 있는가? 앞 장에서 우리는 전문적인 역사가들에게 널리 수용되는 역사 이해 방법과 연구 방법은 없다는 점을 살펴보았다. 대신 역사가들은 해석학적 고찰과 방법론적 고찰에서 양극화되어 있다.[156] 신앙

---

153 Flew and Habermas(2004), 209에 실린 Flew.

154 Crossley(2005), 181.

155 초기 그리스도인들이 죽었다가 살아나는 신 모티프를 빌려왔다는 주장은 지금은 대체로 기각된다. Mettinger(2001), 7. 이 책의 5장, 각주 266을 보라.

156 이 책의 1.2.11을 보라.

인 학자 집단에 속하지 않은 전문적인 역사가들의 몇 가지 진술을 반복할만한 가치가 있다. 데이비드 해켓 피셔는 "역사적 증거에 관한 구체적인 규범은 널리 지켜지지도 않고 일반적으로 합의되지도 않는다"고 주장한다.[157] 토마스 하스켈은 "영어나 철학과 달리 모든 종사자에게 익숙한 단일 규범을 정의할 가능성조차 없는 학문의 본질적으로 분산적인 특징"에 관해 말한다.[158] 마이클 그랜트는 "모든 비평가가 자신의 규칙을 만들고자 하는 것은 사실"임을 인정한다.[159]

포스트모더니즘에 관한 논쟁을 살펴보기만 해도 거의 모든 역사가들에게 수용되는 구체적인 역사 연구 규범이 없다는 점을 알 수 있다. 만약 역사 연구 규범에 관한 어만의 주장을 따른다면, 역사가들은 더 이상 앞으로 나아갈 수가 없다. 왜냐하면 프랭크 앵커스미트, 헤이든 화이트, 그리고 키이스 젠킨스 같은 선도적인 포스트모던주의 역사가들은 역사가들이 과거를 정확하게 반영하도록 과거를 재구성할 수 있다는 것을 부정하기 때문이다. 더욱이 학자들은 기적 주장이 조사될 수 있는지에 대해 의견을 달리한다. 맥컬래프의 역사 연구 규범은 역사가가 기적 주장에 대한 판단을 금하지만, 터커의 규범은 기적 주장에 대한 판단을 허용한다.[160] 성서학자 중에서 마이어, 던, 웨더번, 타이센, 윈터 그리고 칸리의 규범들은 역사가가 예수 부활의 역사성에 관한 판단을 금하지만, N. T. 라이트, 게르트 뤼데만, 레이몬드 E. 브라운, 제럴드 오콜린스, 개리 하버마스 그리고 윌리엄 레인 크레이그의 규범들은 부활의 역사성 판단을 허용한다. 역사가가 유신론자라야만 어만의 규범을 거부하는 것은 아니다. 뤼데만은

157 Fischer(1970), 62.
158 Haskell(1990), 153.
159 Grant(1977), 201.
160 McCullagh(1984), 28; Tucker(2005), 373-90.

무신론자다. 어만이 역사가들 중 **자신의** 독자적인 역사 규범 내에서는 기적 주장에 대한 연구를 허용하지 않는 이들도 있다고 말했더라면 그 말은 옳았을 것이다.

어만은 역사 연구 규범은 "어떤 신념을 갖고 있는 사람이든 증거를 보면 같은 결론을 내릴 수 있기"를 요구한다고 덧붙인다.[161] 그런 정도의 이질적인 집단들을 아우르는 합의는 모든 역사가들의 '소망 목록'에 들어 있지만 사실 그것은 앞장에서 보았듯이 매우 드물다.[162] 대신에 일반적으로 역사가들이 선호하는 가설들은 다원적이다.[163] 그러므로 만약 특정 가설에 역사성을 부여하기에 앞서 역사가들 사이에 합의가 요구된다면, 알려진 역사로 간주되는 내용 중 많은 부분이 폐기되어야 할 것이다.

앨런 시걸과 아비에저 터커는 이 딜레마에 대해 유사한 해결책을 제시한다. 시걸은 크로산에 대해 언급하고, 터커는 크로산이 제시한 "이런 이야기들은 그 저자들의 정치적인 또는 다른 관심사에 봉사하는 은유 또는 꾸며낸 이야기로 읽혀야 한다"[164]는 노선을 따르는 성서 비평에 호소한다. 시걸은 이렇게 덧붙인다. "역사 이론은 우리의 종교적 관점과 상관없이 동의하거나 반대하는 데 사용될 수 있어야 한다. 그리고 이것이야말로 합의에 관한 보다 참되고 보다 정확한 진술이다."[165] 이런 시도들은 즉시 실패한다. 시걸이 추구하는 합의는 그가 가고자 하는 곳과 모순되며 터커가 호소하는 성서 비평은 대체로 초자연에 반대하는 방향으로 편향되어 있다. 따라서 크로산은 부활을 전문으로 연구하는 학자들—부활의 역

---

161 Craig and Ehrman(2006), 25에 실린 Ehrman. Henaut(1986), 188도 보라.

162 이 책의 1.2.4를 보라.

163 Lorenz(1994), 326.

164 Stewart 편(2006), 136에 실린 Segal; 그리고 Tucker(2005), 385. Fasolt(2005), 21-22도 보라.

165 Stewart 편(2006), 136에 실린 Segal.

사성을 부인하는 학자들도 포함하여—로부터 전혀 폭넓은 지지를 받지 못하고 있다. 그리고 그의 가설과 부활 내러티브를 교회 지도자들의 권위를 정당화하기 위해 쓰인 은유라고 여기는 유사한 가설들에는 많은 문제들이 있다. 이 문제들에 대해서는 4장과 5장에서 상세하게 다룰 것이다. 시걸과 터커가 제안하는 입장 자체가 그들이 인식하지 못하고 있는 편견이 아닌지 의심된다.

그렇다면 우리는 역사가들이 어떤 종류의 합의를 추구해야 하는가에 관한 이전의 논의로 돌아갈 수 있을 것이다. 앞장에서 그 문제를 이미 상세하게 논의했으므로 여기서는 우리의 결론만 요약할 것이다.[166] 우리가 그들로부터 합의를 모색할 최적 그룹은 이질성이 상당히 큰 구성원들로 이루어지는데, 그들은 모두 연구 대상인 특정 주제에 대해 개인적으로 많이 연구해온 학자들이다. 지평은 의심할 바 없이 객관성에 대한 커다란 방해물이기 때문에, 우리는 예수가 부활했는지에 대해 이 학자들이 내린 결론들에서 어떤 합의를 기대하지 않을 것이다. 예컨대 어떤 무슬림 학자들은 그들의 주장과 반대되는 압도적인 증거에도 불구하고 유대인 대학살을 부정한다. 따라서 우리는 설령 부활이 데이터에 대한 최상의 설명일지라도 이런 학자들이 예수 부활의 역사성을 인정하리라고 기대할 수 없다. 사실 무슬림들은 역사가들이 거의 보편적으로 합의하는, 예수가 십자가형을 받아 죽었다는 사실조차 부정한다.[167] 그러므로 우리는

---

166 이 책의 1.2.4를 보라.

167 Geisler and Meister 편(2007)에 실린 Habermas는 이렇게 말한다. "언제부터 반대 의견을 가진 사람을 납득시키는 것이 자신의 견해가 데이터에 의해 아주 잘 지지된다고 주장하기 위한 필요조건이 되었는가? 그 반대도 자신 있게 말해질 수 있는 것 아닌가? 회의주의자나 불가지론자가 구축한 논거가 어느 신자를 그 신자의 입장에 반대되는 방향으로 납득시킬 가능성이 얼마나 되는가? 나는 어느 쪽이라도 이것이 자신들의 합리성을 위한 전제조건이 되기를 원한다고 생각하지 않는다!"(286).

가설에 사용될 역사적 기반에 관한 거의 보편적인 합의를 모색할 것이다. 이렇게 하면 우리는 역사 연구 방법보다는 자신의 지평에 의해 인도받고 있는 사람들에 의해 방해받지 않으면서 앞으로 나아갈 수 있을 것이다.

2.6. A. J. M. 웨더번/ 제임스 D. G. 던

A. J. M. 웨더번은 1999년에 나온 자신의 책 『부활을 넘어서』(*Beyond Resurrection*)에서 처음 세 장을 예수의 부활에 관한 역사적 질문에 답할 수 있는가에 대한 논의에 할애한다. 1장은 그런 질문이 제기될 수 있는가를 다룬다. 웨더번은 고대의 사건이 연구 주제일 때에는 증거가 종종 파편적이고 사실이 전설과 뒤섞인다고 지적한다. 그 결과 역사가가 이런 사안들에 대해 무엇이 의심의 여지가 없을 만큼 참된지에 대한 결론을 내릴 수 있을 가능성이 낮다는 것이다.[168] 이어서 그는 아무도 실제로 부활 사건을 보았다고 주장하지 않았으므로 자신이 부활한 예수를 보았다고 믿은 사람이 한 진술은 무덤에서 일어난 일에 대한 해석이라고 주장한다.

> 최초의 목격자들이 경험한 것은 부활 사건 자체가 아니라, 예수와의 만남이었다. 그들은 그 만남이 예수가 부활했음을 의미한다고 해석했고 예수가 자기들과 만날 수 있는 입장에 있기 위해서 자기들을 만나기 전에 부활했음을 의미한다고 해석했다.[169]

---

168 Wedderburn(1999), 11.

169 Wedderburn(1999), 12. 비록 데이터에 관한 그의 입장이 아주 다르기는 하지만 Marxsen(1970), 138도 보라. Wedderburn과 Dunn은 "부활"은 그들이 사후의 예수라고 이해했던 것에 대한 참된 경험을 했던 사람들에 의해 제공된 해석이었다고 주장한다. 그들은 예수를 경험했고 예수가 자기들이 이해하는 부활의 내용

제임스 D. G. 던은 사건, 데이터, 사실을 구분한다. 역사적 사건은 과거에 속해 있으며 되돌리거나 직접 목격할 수 없다. 보고·인공 유물·부수적 데이터 같은 데이터는 살아남은 것들이다. 보고들 속에 들어 있는 데이터는 결코 날것이 아니다. 역사가가 어느 대상에 대한 기술과 접할 때 그들은 기술한 사람의 지평에 담긴 데이터를 만나는 것이다. 현대의 역사가는 이런 데이터를 해석해서 발생한 일을 재구성하려 한다. 따라서 데이터들은 여러 사람의 지평에 의해 영향을 받게 된다. 데이터에 대한 이런 해석들이 "사실"이라고 불린다.[170] 던은 어떻게 예수의 부활을 역사적이라고 말할 수 있는지 묻는다. 그는 빈 무덤과 출현은—그는 그 두 가지 모두를 인정한다—데이터로 간주될 수 없다고 답변한다. 참된 데이터는 빈 무덤과 출현이라는 "사실"에 이르기 위해 의지할 수 있는 보고(reports)다. 부활 자체는 어떤가?

> "예수가 죽은 자들 가운데서 살아났다"라는 결론은 추가적인 해석, 즉 해석된 데이터에 대한 해석, 사실들에 대한 해석이다. 달리 말하자면 예수의 부활은 기껏해야 2차 "사실"이지 1차 "사실"이 아니다. 즉 해석에 대한 해석이다.[171]

에 따라 부활했다고 믿었다. Marxsen(1970)은 부활은 어떤 사람들이 자기들의 해석 대상에게 부여한 해석, 즉 "믿음의 발견"이었다고 주장한다(140). "왜냐하면 **기적은 믿음의 탄생**이기 때문이다.…왜냐하면 '예수가 부활했다'는 말은 단지 다음을 의미할 뿐이기 때문이다: 오늘 십자가에 달린 예수가 우리에게 믿으라고 요구하고 있다"(128, 강조는 원저자의 것임). 그러나 Marxsen은 목격자들이 제공한 해석이 우리가 역사적 판단을 내리는 것을 가로막는다고 믿지 않는다. 대신 그는 우리가 실제로 발생한 일을 회복하기 위해 사용할 수 있는 충분한 증거가 없다고 주장한다.

170 Dunn(2003), 102-3. Dunn은 R. G. Collingwood의 저작 *The Idea of History*(133, 176-77, 251-52)가 자신의 견해의 근원이라고 인정한다. 이 책의 1.2.9에 실려 있는 내 논의를 보라.

171 Dunn(2003), 877; 다음 문헌들과 비교하라. Marxsen(1970): "우리의 텍스트의

달리 말하자면 역사가가 예수가 부활했다는 결론을 내리려면 그는 1세기에 소수의 사람들이 자기들 앞에 놓여 있던 데이터를 해석한 것에 대해서 해석하게 될 것이다.

웨더번과 던은 1차 사실들, 즉 빈 무덤과 예수가 부활해서 자기들에게 나타났다는 어떤 사람들의 믿음의 원인에 관해 조사할 용의가 있다. 웨더번은 이런 조사에 한계가 있다고 주장한다. 예수가 실제로 부활했다는 설명은 "그에 대해 판결을 내릴 역사가로서의 역사가의 능력을 넘어선다. 역사가는 자연적인 이 세상의 설명의 확률을 평가할 수는 있을 것이다."[172] 그러나 "하나님이 예수를 죽은 자 가운데서 일으켰다"라는 가설은 "평가할 수 없다."[173] 이 점은 마이어의 이의와 비슷하다. 웨더번에 따르면 그렇다고 해서 역사가가 예수 부활의 역사성에 대해 접근할 때 항복하고 모든 것이 절망적이라는 결론을 내리도록 부추겨서는 안 된다. 웨더번에게는 비록 부활은 역사 연구의 범위를 벗어날지라도, 데이터를 설명하기 위해서는 어떤 사건(또는 사건들)이 필요하기 때문에 역사가는 뒷문을 통해 역사 연구에 접근할 수 있다.[174]

웨더번은 추가적인 도전을 제기한다. 예수가 실제로 죽은 자들 가운데서 살아났는가라는 질문에 답하기 위해서는 **부활**이 무엇을 의미하는지 알아야 한다.[175] 그는 예수에게 일어난 일에 대한 바울의 해석이 복음

배경에 관한 역사적 연구에서, 우리는 예수의 부활이라는 사실과 만나지 않는다. 우리는 예수 사후의 원시 교회의 믿음과 만난다"(141). Bultmann(1985): "그리스도의 부활로서의 부활절 사건은 역사적 사건이 아니다. 첫 번째 제자들의 부활 신앙만 유일하게 역사적 사건으로 이해될 수 있다"(39-40).

172 Wedderburn(1999), 13.

173 Wedderburn(1999), 14. 이는 Lüdmann(2004), 21에 반한다.

174 Wedderburn(1999), 이 방법은 Wright(2003), 686-96, 706-18쪽이 취한 접근법이기도 하다.

175 Wedderburn(1999), 22.

서들에서 묘사되는 내용과 상당히 다르다고 주장한다. 그는 던의 말을 인용한다. "누가가 긍정하는 내용(예수의 부활한 몸은 살과 뼈였다)을 바울은 부정한다(부활한 몸은 살과 피로 이루어져 있지 **않다**)!"[176] 계속해서 웨더번은 "정통신앙은 바울의 사고에는 낯선 몸의 부활을 주장했다"고 말한다.[177] 이런 인식의 차이 때문에 웨더번은 우리가 예수의 부활에 대해 역사적 평가를 할 수 있는 능력과 관련해서 불가지론적인 결론에 도달한다.

> 내 의견으로는 예수의 부활에 관한 전승의 경우 이런 방법들은 초기 그리스도인들이 그것을 어떻게 보고 어떻게 선포했는지와 관계없이, 정확하게 무슨 일이 일어났는지에 대한 고도의 불확실성으로 이어진다. 그러므로 그런 연구의 논리적 결론은 분명히 애석하고 철저하게 불만족스러운 "알 수 없다", 즉 어떤 신앙 고백도 훼손하는 것으로 보이는 역사적 불가지론인 것으로 보인다.…내 생각으로는 예수의 부활 그 자체에 관한 한, 결정적인 역사적 판단은 인식론적으로 부적절하고 불가능하다.[178]

---

176 Wedderburn(1999), 66; Dunn(1985), 74와 비교하라. Dunn의 진술은 그가 3년 후 롬 1-8장에 관한 그의 주석에서 쓴 내용을 감안하면 놀랍다: "독자들의 죽을 운명이 죄와 죽음에게 그들에 대한 장악력을 제공하는 한, 죄와 사망이 여전히 영향력을 행사하는 차원을 마침내 종식시키고 '죄를 짓지 않을 수 있는 상태'(*posse non peccare*)가 마침내 '죄를 지을 수 없는 상태'(*non posse peccare*)에 길을 내주게 되는 것은 이 동일한 몸의 죽음과 부활, 곧 '내'가 새로운 몸을 입는 것이다(고전 15:42-49와 비교하라). 그리스도 자신의 이 죽음으로부터의 부활이[신자들의 부활] 패턴과 확신 모두를 제공해왔다(6:7-10과 비교하라)"(445). 누가의 "살과 뼈"와 바울의 "살과 피" 사이에서 모순을 보는 Wedderburn 및 초기의 Dunn과 같은 입장을 보이는 사람은 다음과 같다. D'Costa 편(1996), 24에 실린 Barclay; R. Brown(1973), 87; Halstead(1995), 521에 실린 Crossan의 언급들; Robinson(1983), 12; Segal(2004), 442.

177 Wedderburn(1999), 111.

178 Wedderburn(1999), 96-98. Carnley(1987)는 보다 강하게 말한다. 그는 초기 그리스도인들이 예수의 부활에 관해 말할 때 의미 문제가 너무나 중요하기에 "많은 현대 신학자들은 예수의 부활을 '역사적 사건' 범주로 간주하면 '역사적'이라는 범주가 심하게 훼손되지 않는지 여부에 대해 의문을 제기해왔다"라고 주장한다(33).

웨더번이 지적하듯이 예수에게 일어난 일에 관한 데이터가 파편적이며 아마도 전설과 뒤섞였을 수 있다는 점을 솔직하게 인정할 수 있다. 또한 예수가 죽었을 때 죽은 성도들이 일어났다는 마태의 보고(마 27:51-54)[179]나 무덤에 있었던 천사(들)에 관한 보고(막 16:5-7; 마 28:2-7; 눅 24:4-7; 요 20:11-13)[180]와 같은 어떤 지점들에서는 시적 언어나 전설로 읽을 수도 있다. 파편화된 데이터와 전설이거나 시적일 수 있는 요소들이 역사가의 주의를 요구하기는 하지만, 물어야 할 질문은 이런 도전들이 긍정적인 역사적 판단을 가로막는지 여부다. 고대와 현대의 저자 모두가 자기들이 중요하다고 여기는 사항에 대해서만 보고하는 경향이 있기 때문에 우리의 역사 지식의 대부분은 파편적이다. 그러나 그렇다고 해서 역사가들이 그 어떤 적법한 결론도 내릴 가능성이 없는 것은 아니다. 답해져야 할 문제는 과연 긍정적인 역사적 결론을 정당화해줄 만큼 충분한 데이터가 존재하는지 여부다. 만약 전설이나 시적 요소들이 있다면, 그런 요소들이 식별될 수 있는가? 역사적 핵심을 식별할 수 있는가? 만약 이런

Stewart 편(2006)에 실린 Segal도 비슷하게 주장한다. 그는 "1세기의 지배적인 신약성서 이해는 예수의 부활이 육체적이었다는 것이다"라는 Wright의 말에 동의한다(121). 그러나 그는 육체적 부활의 의미는 신약성서 저자들마다 달랐다고 덧붙인다. 이것은 신약성서 저자들이 합의된 의미보다는 "의견 공동체"에 더 관심이 있었다는 것을 의미한다. 그러므로 우리는 예수의 부활에 관한 보고들로부터 예수가 부활해서 그의 시신이 변화되었다는 역사적 결론으로 나아갈 수 없다(122-23).

179 이 구절에 관해서는 이 책의 5.5.2.4에서 광범위하게 논의할 것이다.

180 천사들이 시적 장르의 일부라는 주장은 그다지 강력한 지지를 받지 못한다. 그러나 R. Brown(1993)은 그들이 "사람들 안의 하나님의 가시적 임재를 묘사한다"고 주장한다(260; 129, 156도 보라). 퀸틸리아누스는 그리스-로마의 저술들에서 나타나는 신들과 인간들을 칭송하기 위한 장치들의 목록을 제시하는데(*Institutio Oratoria* 3.7.10-18), 천사들은 그 목록에 들어 있지 않다. 요세푸스는 자신의 역사 기술에서 그 어떤 사실도 빠뜨리지 않고 그 시대의 역사가들에게 기대되었던 표준을 따르기 위해 주의를 기울였지만, 우아하기도 하고 유쾌하기도 한 독서 경험을 제공하기 위해 아름다운 내러티브, 단어의 조화, 그리고 연설의 장식을 사용했다고 보고한다(*Ant*. 14.1-3). 전도서 12:10도 보라.

질문들에 대해 그렇다고 답할 수 있다면, 역사적 판단을 내리지 못할 어떤 선험적 이유도 없다.

웨더번 등은 만약 역사가가 예수의 부활에 관해 긍정적인 판단을 한다면, 그것은 2차 사실, 즉 돌이킬 수 없는 사건에서 나온 데이터의 해석에 대한 해석이 될 것이라고 옳게 지적한다. 그러나 이 점은 언뜻 보이는 것처럼 그리 심각한 문제는 아니다. 배심원들은 어떤 사건을 해석한 목격자들로부터 증언을 듣고 나서 스스로 그 증언을 해석한다. 그러므로 우리는 돌이킬 수 없는 사건에 대한 해석에 대한 해석을 갖고 있는 셈이다. 웨더번의 이런 이의를 전반적으로 적용한다면 우리의 법률 체계는 붕괴될 것이다.[181]

사실과 해석은 과거에 관해 보고하는 모든 텍스트에서 등장하기 때문에 이런 식의 추론은 역사 연구에서도 유효하지 않을 것이다.[182] 미국 남북전쟁을 연구하는 어떤 역사가가 한 무리의 미국 남북전쟁 역사가들 앞에서 1863년 7월 31일에 있었던 게티스버그 전투에서 승리한 군대에 관한 논문을 발표한다고 가정하자. 그는 자기 논문에서 그 전투 자체는 돌이킬 수 없음을 지적한다. 남아 있는 데이터는 양편의 군인들이 쓴 수많은 문서, 그들에 대해 알고 있던 사람들과 그 전투를 목격한 시민들로부터 나온 간접 증언, 총탄·포탄과 같은 유물, 그리고 그 전쟁에서 치명상을 입은 군인들의 유해 등이다. 우리의 역사가는 그 모든 데이터들을 고려한 뒤에 북군이 승리했던 그 전투에 참가했던 이들에게 어떤 신념이 있었다고 결론을 내린다. 그것은 1차 사실이다. 그러나 이것은 역사가에 관한 한 그렇다는 말이다. 북군이 승리했다는 현대 역사가들의 결론은 2차

---

181 이 책의 1.2.10을 보라.

182 무신론자 신약성서 비평가 Lüdemann(2004)조차 이것이 예수 부활의 역사성에 관해 판단을 내리는 데 대한 빈약한 이의라고 주장한다(21).

사실이다. 왜냐하면 그것은 돌이킬 수 없는 사건에서 나온 데이터의 해석에 대한 해석이기 때문이다. 그러므로 그 역사가는 북군이 승리했다고 결론을 내리는 것이 정당화되지 않는다. 일단 그의 주장의 충격이 가시고 나면, 우리의 역사가는 비웃음을 당하며 그 방에서 나갈 것이다.[183]

역사가들은 확실히 역사를 그런 식으로 쓰지 않는다. 그들은 종종 기원후 14년에 일어난 아우구스투스의 사망과 기원후 64년의 네로 황제 치세 동안의 로마의 화재 같은 2차 사실들을 갖고 작업하면서 추론을 통해 역사를 써나간다. 웨더번 등이 발전시킨 논거가 왜 예수의 부활에 적용될 때는 호소력이 있으면서 게티스버그 전투와 같은 다른 역사적 사건에 적용될 때는 멸시되는가? 그것은 아마도 예수의 부활은 고대의 사건인 반면 게티스버그 전투는 훨씬 더 최근의 사건이기 때문일 것이다. 그러나 그렇게 되면 반대 이유를 2차 사실로부터 시간 요인 쪽으로 옮겨놓는 셈이 될 것이다. 달리 말하자면 이 이의는 그 사건이 얼마나 먼 과거에 일어났는지에 대해 묻는다. 아마도 망설임은 기적이 연루되었다는 주장에서 기인했을 것이다. 이 점은 어떤 역사적 판단에 이르기 전에 더 신중을 기하고 유보적이어야 할 좋은 이유다. 그러나 바로 거기까지만 정당화된다. 그것은 판단에 2차 사실들이 포함되어 있을 때는 그 어떤 역사적

183 Baxter(1999)는 또 다른 예를 제시한다. "기껏해야 '열 두 제자는 자기들이 분명히 예수를 만나고 있었다는 귀납적 추론 또는 해석을 했다'라고 말할 수 있다"(24)라는 주장에 맞서서, 그는 다음과 같은 반대 예를 제시한다: "'그날 저녁에 길버트는 자기가 분명히 설리반을 만났다고 추론/해석했다. 그러나 그는(어두운 때였고 클럽에서 술을 마신 후였던지라) 상황을 잘못 이해했다. 설리반은 그곳에 없었다.' 그렇다면 길버트에 관한 상반되는 이 두 진술들은 당신에게 확실히 의미가 있다. 그리고 확실히 당신은 자신이 역사가로서 어느 것이 하나의 가설로서 데이터를 더 잘 설명하는지, 즉 어느 것이 사실인지 평가하는 작업을 계속해 나가는 것을 상상할 수 있다. 원칙적으로 당신은 어느 쪽이든 선택할 수 있다. 확실히 당신은 이와 반대되는 다음과 같은 주장이 잘못되었다고 여길 것이다: 당신은 선험적으로 '길버트는 분명히 설리반을 만났다'라는 진술을 받아들이는 것이 금지되어 있고 '길버트는 자기가 분명히 설리반을 만났다고 추론/해석했다'는 것을 넘어서지 못한다"(25).

판단도 내릴 수 없다는 입장을 지지하지 않는다.[184] 또한 이것은 기적적인 사건이 일어날 수 없다는 것을 지지하는 논거도 아니다.[185]

웨더번은 부활 가설이 역사 연구 주제가 되는 데 대한 마지막 이의를 제시한다. 그는 역사가가 어떤 평결을 내리기 위해서는 **"부활"**이라는 용어가 무엇을 의미하는지 이해해야 한다고 올바르게 주장한다. 그렇지 않으면, 그 주장이 일관성이 없어지고 그 어떤 평결도 내려질 수 없다. 이어서 웨더번은 우리는 1세기 저자가 그 용어를 어떤 의미로 사용했는지 확신할 수 없다고 주장한다. 그는 던의 말을 인용해서 그 주제에 관해 썼던 가장 초기의 저자 바울은 부활에 관해 복음서 저자들과 정통 신앙이 제시하는 것과는 다른 그림을 제시한다고 주장한다. 바울은 천상적이고 영적인 예수에 익숙한 것처럼 보이는 반면, 복음서 저자들은 육체적인 예

---

184 O'Collins(1973)는 예수의 부활에 관해 역사적 판단을 하는 것에 대해 유사한 이의를 제기한다. 그는 부활한 예수는 벽을 통과할 수 있었고(눅 24:35-37), "영광스러웠고"(빌 3:21) "영적"이었기 때문에(고전 15:43-44), 부활은 "역사 안의 사건"으로 간주될 수 없다고 주장한다. "신약성서는 정상적인 역사적 상황 밖의 존재로의 그런 변화를 주장하기 때문에, 이렇게 주장된 부활의 진실성을 긍정하거나 부인하는 것은 역사적 판단을 하는 **그런 종류**는 아닌 것 같다"(60). 그러므로 O'Collins는 예수의 부활은 역사적 연구에 열려 있는 사건 범주에서 제외되어야 한다고 결론짓는다(62). 확실히 역사가들이 예수의 부활한 몸의 본질을 확인할 수는 없지만, 그렇다고 해서 역사가들이 설령 증거가 충분할지라도 반드시 예수가 사후에 살아난 모습이 목격되었는지 여부를 판단할 수 없다는 결론을 내릴 필요가 있는 것은 아니다.

185 포스트모던주의자 Barrera(2001)는 Wedderburn과 Dunn이 제시한 예수 부활의 역사성에 관한 판단에 반대하는 이런 식의 논거는 사실상 포스트모던주의 역사관을 지지한다고 주장한다: "자료를 사용하면 이런 식의 대화가 복잡해진다. 왜냐하면 역사가들은 자기들이 본 것이나 기억하는 것을 말하지 않고, 정의상 볼 수 없는 어떤 지시물에 관한 자신의 담론을 만들어내기 위해 다른 사람들이 그것을 어떻게 보았는지 해석해서 다른 담론들을 만들어낼 뿐이기 때문이다. 이런 식으로 전문적인 역사가들은 존재론적 안전을 빼앗긴다. 그들의 작업은 개인들과 그룹들 사이에서 이루어지는 합리적인 대화의 한 예에 불과하다. 이런 통찰력은 역사가들에게 '역사를 만드는' 사람들이 오직 역사가 어떻게 쓰이는지에 관해 말하는 데에만 몰두하는 '메타-역사가들'을 대할 때 드러내는 경멸을 포기하게 할 수도 있다"(201).

수, 즉 음식을 먹을 수 있고 인간의 손으로 만져지는 예수를 알았다.[186]

이런 논거는 웨더번이 생각하는 것만큼 강력하지 않다. 잠시 복음서 저자들과 정통신앙은 육체적 부활을 옹호하는 반면 바울은 예수의 육체적 부활에 반대한다는 웨더번의 주장이 옳다고 가정해보자. 역사가들은 대개 보다 이른 시기의 보고를 선호한다. 아래에서 나는 예수의 부활에 관한 바울의 믿음이 예수의 원래의 제자들의 믿음과 유사했을 개연성이 매우 높다고 주장할 것이다.[187] 그러므로 부활에 관한 바울의 견해가 복음서 저자들과 정통 신앙의 견해보다 선호되어야 한다. 바울이 복음서 저자들 및 비교적 이른 시기의 다른 기독교 문헌들에 반하는 유일한 자료로 존재할 때에만 판단을 내리기가 어려워진다. 그러나 아래에서 나는 부활에 관한 바울의 견해가 시신, 즉 육체의 부활을 포함하고 있다고 주장할 것이다.[188] 그러므로 웨더번과 초기의 던은 바울에 대해 잘못 해석하고 있다.[189] 만약 내가 옳다면, 웨더번의 마지막 논거는 완전히 실패한다.

2.7. 역사가의 전환점

과거에 상당수의 역사가들은 기적적인 사건을 과거의 일부로 여기기를 거부하는 경향이 있었다. 이 장에서 우리는 선험적으로든 귀납적으로든 역사가들이 기적 주장을 연구하는 것을 막을 아무런 타당한 이유가 없다는 것을 살펴보았다. 이제 분위기가 바뀌고 있으며 전문적인 역사가들이

---

186 Fredriksen(1999), 261-62도 보라.
187 이 책의 3.2.3.4.d를 보라.
188 이 책의 4.3.3.9를 보라.
189 이 책의 4.3.3.9와 3.2.3.4.d를 보라.

기적 개념에 점점 호의적인 태도를 보이고 있다는 점에 주목할 필요가 있다. "종교와 역사"에 초점을 맞춘 「역사와 이론」(*History and Theory*) 2006년 특집에서, 데이비드 개리 쇼는 그 특집을 다음과 같은 말로 시작했다.

> …역사가 종교와는 다르고 종교와 반대되는 것으로서 종교에 **반하여** 작동한다는 견해가 있지만, 반드시 그럴 필요는 없다고 주장하는 사람도 있다. 그런 반대는 현대성의 산물이다. 실제로 여기에 실린 모든 논문들에서 현대성은 단순히 역사가와 과거의 사람들 사이뿐 아니라 역사가와 현재의 여러 종교인들 사이에도 놓여 있는 장애물 또는 편견이라는 주제가 전개된다.… 지금 우리는 종교를 다루기 위한 새로운 지적·전문적 접근법을 필요로 하는 시점에 있는 것으로 보인다. 우리 자신의 입장을 설명하기는 어렵지만, 연구를 수행하기에 앞서 자신의 편견과 가정들을 이해하도록 노력하기 위해서라도 자신의 입장을 설명하는 것은 충분히 가치 있는 일이다.…이 특집은 종교 연구에 관심이 있는 역사가 등이 일종의 고백적 분수령에, 즉 종교와 역사 사이의 상호작용이 대부분의 역사가들이 생각해 왔던 입장, 특히 우리가 자신이 배운 기억·대학원 교육·편견 또는 역사 발전에 대한 우리의 웅장한 내러티브에만 의지할 때의 입장에 있지 않다는 공동의 인식의 순간에 와 있음을 보여 준다. 이 특집 논문들은 종교가 여러 면에서 우리의 인식틀들이 가정했던 것보다 훨씬 더 중요하고 훨씬 더 분명하게 영속적인 요소로 밝혀졌다는 의식으로 가득 차 있다. 이로 인한 결과들 중에는 종교 현상에 대한 역사가들의 태도를 재평가하고, 또한 종교가 지나온 경로가 우리가 "역사적"이라고 부르는 세력권 안으로 들어오도록 재평가해야 할 필요가 포함되어 있다.…역사가들이 사용하는 방법들이 과거와 현재의 신자들과 생산적인 관계를 구축해 나가기 위해서는 그 방법들에 개정이나 변호가 필

요할 수도 있다. 비록 우리가 역사가들 자신이 믿는 것에는 무관심할 수도 있겠지만 말이다.[190]

같은 특집에서 여러 기고자들은 많은 역사가들이 현재 기적에 대해 갖고 있는 부정적인 태도를 다루며, 현대성의 가정들에 대해 의문을 제기한다.[191] 마크 클라디스는 "현대에서 종교 전통은 이례적인 사건(anomaly)이라고 주장하는 세속화 이론은 사실상 우리가 알고 있는 현대 세계에 대해 적절하게 설명하지 못했다"고 주장한다.[192] 몇몇 기고자들은 역사가들이 기적 주장에 반대하는 형이상학적 편견이 있다고 지적했다. 브래드 그레고리는 자신이 전문적인 역사가 공동체 안에서 인식되지 않은 세속적 편견이라고 이해하는 바를 다음과 같이 적시한다.

> 많은 학자들 사이에서…기적이 원칙적으로 불가능하다는 믿음은 자연스럽고, 정상적이고, 명백하고, 부정할 수 없는 것으로 보인다. 그것은 마치 긴밀한 전통 사회 안의 신앙과도 같다. 그 확신은 중립성과 객관성이라는 분위기를 띤다. 마치 교조적인 형이상학적 자연주의가 개인의 확신이라기보다 교조적인 종교인 듯이, 그리고 마치 초월적인 실재가 존재할 가능성을 거부하는 것이 모든 지성인들에게 아주 분명한 기본 입장인 듯이 말이다.[193]

그는 계속해서 이런 접근법을 "종교적 주장들에 대해 형이상학적 자

---

190 Shaw(2006), 1, 3-4. 또한 같은 특집에 실린 다음 글들도 보라. Butler(2006), 53; Cladis(2006), 93-94, 96.

191 특히 Shaw(2006), 4; Butler(2006), 53; Cladis(2006), 94를 보라.

192 Cladis(2006), 96.

193 Gregory(2006), 138.

연주의나 인식론적 회의주의를 전제하는" "세속적 편견"이라고 부르며, 이런 접근법이 "세속적으로 고백적인 역사를 낳는다. 그런 형이상학적 신념들이 널리, 그러나 옳지 않게 부정할 수 없는 진리로 생각될 정도로 편만해 있다는 점이 인식되지 않고 있다"고 주장한다.[194] 그레고리는 다음과 같은 권고로 그의 글을 끝맺는다. "비판적 자아인식은 우리가 이런 사실을 인식하고 종교 연구에서 세속적으로 고백적인 역사 너머로 옮겨가게 할 것이다."[195]

성서학자 벤 위더링턴은 이런 사고에 공감한다.

> 심지어 일부 현대 성서학자들조차 만약 우리가 "다른 비판적인 역사학자들" 처럼 "학문적인" 작업을 하려면 기적을 고려 대상에서 제외시켜야 한다고 생각한다. 이런 생각은 수많은 계몽주의 역사가들의 반초자연적 편견에 뿌리를 둔 것이지만 오늘날 그런 생각은 아주 이상한 전제로 보인다. 우리의 포스트모던 세계는 기적·마술·초자연적 현상·영적 현상 또는 당신이 그것을 무엇이라 부르고 싶어 하든 바로 그것을 향한 새로운 개방성을 경험하는 중이다.[196]

---

194 Gregory(2006), 146; Gregory(2008), 495-96과 비교하라. 많은 성서학자들이 유사한 주장을 했다: Davis(1993): "진짜 문제는 우리의 현대적 신념과 관행들이 아무튼 우리로 하여금 자연주의나 준-자연주의에 몰입하게 한다는 것이다. 다시 말하지만, 나는 그래야 하는 이유를 모르겠다"(39); Marsden(1997): "많은 학자들이 순전히 자연주의적인 세계관을 자신의 출발점으로 삼는다는 점에서 일치하고 있다. 놀랄 것도 없이 이런 자연주의적 출발점으로 인해 그들은 순전히 자연주의적인 결론으로 인도된다"(30); R. J. Miller(1992), 17 각주 33; D'Costa 편(1996)에 실린 Pannenberg : "성서 주해 분야에서 일하는 기독교 신학자들은 실증주의 사학의 정신에 도전해야 한다. 신학자로서 그들은 실재를 보다 적절하게 이해하기 위한 경쟁에 참여한다"(71); Stewart 편(2006) 실린 Stewart는 "계몽주의 사고에 바탕을 둔 방법론적 전제들"로 인한 예수의 부활에 관한 회의주의에 대해 지적한다(3).

195 Gregory(2006), 149.

196 Witherington(2006), 5.

이 장에서 지금까지 제시한 우리의 평가가 옳다면, 역사가들이 기적 주장에 주의를 기울이는 것은 그들의 직업적인 권리에 해당한다. 더욱이 지금은 전문적인 역사가들의 공동체에서 반초자연주의의 인식론적 빙하 시대가 끝나가고 있는 것으로 보이는 조짐이 있다. 기적에 대한 이런 우호적인 태도를 감안할 때, 기적 주장에 대해 연구할 권리가 있다고 주장하는 학자들은 점점 더 많은 우군을 발견하게 될 것이다.[197]

2.8. 기적 주장과 관련된 입증책임

이 장의 결론을 내리기 전에 마지막 관심사를 다뤄야 한다. 기적을 포함하는 역사적 주장은 보다 큰 입증책임을 요구하는가? 몇 가지 패러다임을 살펴보고 그중에서 선택하면 도움이 될 것이다. 우리는 리스크 평가, 법률 체계, 그리고 세이건의 격언이라는 세 가지 패러다임을 살펴볼 것이다.

---

197 Gregory(2008)는 이렇게 언급한다. "세속적으로 고백적인 역사 너머로 옮겨가기 원하는 학자들은 현 상태를 거부해야 한다. 그들은 지적으로 관행을 따르지 않는 사람이 되어야 하고 대항 문화적이 되어야 한다"(519). Førland는 이렇게 답변한다. "Gregory와 그에게 동조하는 경향이 있는 이들에 대한 내 도전은 이것이다. 당신들이 과거와 현대 세계에서 일어난 행동이나 사건들을 설명하고자 하는 연구에서 나타나는 하나님의 적극적인—기적적이거나 덜 극적인—영향에 대해 충분히 언급하라. 그런 후 당신의 내러티브에서 당신의 세계관의 이 중요한 부분에서 나타나는 통합에 대해 역사학 분야와 보다 넓은 과학 공동체의 독자들의 반응을 살펴보라. 나는 사람들이 그런 연구에 즐거움과 당혹감을 느낄 것이라고 주장한다. 또한 나는 그런 연구에 다른 어떤 장점이 있을지라도…그 연구는 저자에게 과학적으로 존경을 받을 만한 그 어떤 상도 가져다주지 않을 것이라고 주장한다"(532; 529와 비교하라). Førland는 옳다(1장 각주 94를 보라). 그리고 나는 역사가들이 "하나님"이 어느 특정 사건의 확실한 원인이라고 주장할 수 없을 수도 있다는 데 동의한다(5.7.1.을 보라). 그러나 만약 내가 이 장에서 줄곧 주장해온 내용이 옳고 역사가들이 기적 주장에 대해 긍정적인 판단을 할 수 있다면, 두려움과 협박이 아니라 학문적 진실성이 역사가들이 기적 주장을 연구하지 못하게 막는 Førland 등의 현재의 논거들에 납득되지 않은 역사가들의 마음을 지배해야 한다.

2.8.1. 리스크 평가

어떤 사람이 1개월 동안 ABC사 주식 가치가 네 배로 뛸 것이라는 보고서를 읽고서 많은 증거를 요구하지 않은 채 그 주식에 1백 달러를 투자할 수도 있다. 그러나 자기가 저축한 돈 전체를 ABC사 주식에 투자하려면 그 전에 그 회사의 강점과 성공 확률을 평가하기 위해 상당히 많은 양의 추가 연구를 수행하는 것이 현명할 것이다. 원칙: 더 많은 것이 걸려 있을 때 지지하는 증거를 더 많이 요구한다.

비록 그 원칙이 실용적이기는 하지만, 확률은 어떤 사안에 대한 우리의 개인적 관심에 의해 결정되지 않는다. ABC사 주식 가치가 네 배로 뛸 확률은 어떤 사람이 그 주식에 1백 달러를 투자하든 3만 달러를 투자하든 같다. 단지 우리는 잠재적으로 부정적인 결과의 영향이 작을 때 실수하는 일에 덜 조심스러워질 뿐이다.

실용주의가 진리를 확정하는 데 반드시 도움이 되는 것은 아니다. 이 맥락에서 그것은 파스칼의 내기(Pascal's wager)와 비슷하다. 파스칼의 내기는 만약 기독교가 진리일 확률이 50%일 경우 기독교가 진리이면 모든 것을 얻고 기독교가 진리가 아니더라도 잃을 것은 없기 때문에 기독교를 수용하는 것이 현명하다고 제안한다. 그러나 믿지 않기로 선택하는 사람은 기독교가 진리가 아니더라도 얻을 것은 없고 기독교가 진리라면 모든 것을 잃게 된다. 그 내기는 사람들이 그 문제를 단순한 학문적 관심사로 다룰 것이 아니라 자신의 세계관의 선택을 보다 심각한 문제로 여기게 하는 실용적인 도구다. 그러나 그것은 기독교가 진리인지를 아는 데는 도움이 되지 않는다.

종교의 어떤 주장에는 많은 것이 걸려 있을 수 있다. 따라서 우리의 지평을 열심히 관리하지 않고, 성급하게 우리가 소중히 여기는 견해들과 충돌하는 문헌들을 건너뛰고, 성급하게 우리 자신의 가설과 상충하는 가설들을 무시해버림으로써 필요한 절차를 생략하지 말고 진지하게 연구를 수행하는 것이 좋을 것이다. 그러나 이것은 실용적 이유 때문이다. 왜냐하면 이 점에서 잔꾀를 부리면 자신과 다른 사람들에게 피해를 입히기만 할 수도 있기 때문이다. 리스크 평가 패러다임은 진리를 확정하기 위한 좋은 모델은 아니다.

2.8.2. 법률 체계

미국과 영국의 법률 체계에서는 민사 사건보다 형사 사건에서 더 큰 입증책임이 요구된다. 민사 사건의 경우 평결은 증거의 우위, 즉 무엇이 **그렇지 않을 개연성보다는 그럴 개연성이 높은가**(more probable than not)에 기초해서 내려진다. 반면에 형사 소송에서 유죄 평결은 유죄가 **합리적 의심의 여지없이**(beyond a reasonable doubt) 확립될 때만 내려져야 한다. 형사 소송에서 입증책임이 높아지는 것은 피고의 생명과 자유가 걸려 있기 때문이다. 달리 말하자면 형사 소송에서 걸려 있는 것이 더 크고 따라서 피고에게 불리한 행동이 취해지기 전에 더 큰 입증책임이 요구된다. 왜냐하면 결백한 사람에게 유죄 판결을 내리는 것은 악한 일이기 때문이다.[198]

법조계에서 입증책임에 관한 결론을 이끌어내려면, 민사 소송과 형사 소송 중 어느 쪽에서 요구되는 입증책임을 채택할지 선택해야 한다. 대부분의 역사가들은 입증책임이 **그렇지 않을 개연성보다는 그럴 개연성**

---

198 Carmy(2008)에 따르면 "일반적으로,[탈무드 법에서] 피를 흘린 사건에서 증거 기준은 극도로, 거의 입증할 수 없을 정도로 높아서 경미한 불일치만으로도 결격 처리된다. 이런 제약에도 굴하지 않고 사형 평결을 내린 판사들에게는 금식이 요구된다. 사형에는 단순 다수결보다는 많고 압도적 다수결보다는 적은 찬성이 요구된다. 이 요건은 관용에 호의적인 편견으로서 명시적으로 정당화된다"(45).

이 높은 수준인 민사법의 노선을 따라 작업을 해나간다.[199] 그러나 예수의 부활과 같은 기적 주장들에 대해서는 보다 큰 입증책임이 요구된다고 주장할 수도 있을 것이다. 왜냐하면 그런 주장들은 세계관의 변화, 아마도 윤리 시스템의 변화를 요구할 수도 있고, 심지어 우리의 영혼의 영원한 운명과 관련된 파급 효과까지도 가져올 수 있기 때문이다. 그러므로 **합리적 의심의 여지가 없는** 매우 높은 기준이 충족되어야 한다는 것이다.

법률 패러다임의 형사 소송 입증책임 기준을 적용하는 데는 어려움이 따른다. 형사 소송에서는 **합리적 의심의 여지가 없는** 높은 기준이 요구되지만 또한 피고—예컨대 부활 가설—가 무죄로 추정되는 것도 사실이다. 이것은 중립이라기보다 체계적 고지식함이다. 이 경우 부활 가설은 무죄로 추정되며, 이 가설을 기각하기 전에 이 가설이 거짓이라는 것을 **합리적 의심의 여지가 없이** 입증해야 한다! 그러나 우리는 이미 이 접근법을 기각하는 이유를 제시한 바 있다.[200] 또한 부활 가설에 보다 큰 입증책임을 지우는 것은 입증책임이 법률 체계 안에서 실제로 사용되는 방식을 심하게 오용하는 것이다. 가설(또는 피고)은 유죄 또는 거짓으로 추정되며(즉, 회의적 접근법), 합리적 의심의 여지가 없이 입증되어야 수용될 수 있다. 이 입장은 피고의 유죄를 추정하는 것과 동등할 것이다. 왜냐하면 피고의 결백은 법관들에게 불편을 초래할 수도 있기 때문이다.[201] 법률 체계가 사용되어야 한다면, 민사 소송의 입증책임—**그렇지 않을 개연성보다는 그럴 개연성이 높은**—이 유일한 대안이다.

---

199 이 책의 1.3.4, 특히 각주 330을 보라.

200 이 책의 1.2.10을 보라.

201 회의적 접근법을 거부하는 추가적인 이유는 이 책의 1.2.10에서 제공된다.

2.8.3. 세이건의 격언

천문학자 칼 세이건은 "비범한 주장은 비범한 증거를 요구한다"고 말하기를 좋아했다. 어떤 주장이 평범하지 않을 경우, 역사가가 그 주장에 역사성을 부여하기에 앞서 그것을 지지하는 추가적인 무언가를 발견해야 하는 것은 직관적으로 분명해 보인다.[202]

1969년 7월에 인간이 달에 착륙한 것은 비범한 사건이었다. 그것은 지극히 어려운 일이었고 전례가 없었다. 그러나 대부분의 사람들은 종종 사실을 왜곡하고 허위·전설·허구를 보여주는 매체인 TV를 통해 우주인들이 달 위를 걷는 것을 보자 그 보도를 믿었다. 그 달 착륙 사건은 이례적이었다. 사람들은 그 보도를 믿었다. 왜냐하면 사람들이 그 보도가 신뢰할 만하다고 여겼고, 그 사건이 일어난 대로 보도하겠다는 저자의 의도가 알려졌기 때문이었다. 어느 경우에도 특별한 증거는 요구되지 않았다.

내 아내가 식료품점에서 돌아와 내게 자기가 그곳에서 옆집에 사는 사람을 보았고 그와 이야기를 나눴다고 말한다고 가정하자. 내 아내가 착각했을 가능성이 있기는 하지만, 나는 내 아내가 총명하고 믿을 만한 증인이라는 점을 알고 있기에 나에게는 주저하지 않고 내 아내의 말을 믿을

---

202 Beaudoin(2006): "상례를 벗어나는 기적들이 드문 것으로 간주되어야 한다면, 그런 사건들에 대한 보고는 그에 상응하는 강도로 의심하면서 조사되어야 한다. 그러므로 그런 보고를 수용하는 것이 정당화되려면 아주 강력한 증거가 필요할 것이다. 그러나 이것은 상식이 지시하는 내용일 뿐이다"(123). Henaut(1986)는 이렇게 주장한다. 우리의 "[실재에 대한] 현재의 지식은 입증책임을 기적이 사실이라고 주장하는 사람에게로 옮긴다. 피고는 사실상 일반적인 근거와 지지를 밀쳐내는 훨씬 더 강력한 반론을 제시해야 한다"(179). Viney(1989)는 어떤 사건의 발생 가능성이 낮을수록 보다 우세한 증거가 요구된다는 Hume의 말에 동의한다(127). 그는 이렇게 덧붙인다. "우리는 기적 주장은 선행 확률의 영역에 속하는 사건들에 대한 주장보다 더 높은 입증 책임을 부담한다는 것을 인정한다"(127). 예수의 부활의 경우에서처럼, 보다 무거운 입증 책임 기준이 충족될 수 없고 그 어떤 가설도 모든 사실을 적절하게 설명하지 못할 경우, 우리는 믿음을 보류해야 한다(128).

충분한 이유가 있다. 이제 내 아내가 식료품점에서 돌아와 자기가 그곳에서 미국 대통령을 만나서 대통령과 대화를 나눴다고 말한다고 가정해보자. 나는 이 일이 전혀 통상적이지 않다고 생각할 수도 있다. 그러나 만약 아내에게 몇 가지 질문을 더 해본다면 나는 내 아내가 농담하는 것이 아니라고 확신할 수도 있다. 또는 달리 표현하자면, 만약 내가 그녀의 저자의 의도가 진실하다고 확신한다면 나는 그녀의 보고를 받아들일 것이고, 내가 현역 대통령을 좋아한다면, 그녀와 동일한 경험을 할 수 있기를 바라면서 식료품점으로 달려갈 것이다. 자기가 식료품점에서 미국 대통령과 대화를 나눴다는 내 아내의 주장은 어떤 의미에서는 특별한 반면, 자기가 옆집 사람과 이야기를 나눴다는 그녀의 주장은 그렇지 않다. 전자는 나를 망설이게 할 수도 있을 것이다. 그러나 나는 그 주장이 신뢰할 만하고, 그 주장을 한 저자의 의도가 실제 사건을 정확하게 묘사하는 것이라고 확신하기 때문에 내 아내의 말로 만족한다. 나는 내 아내의 보고 외에 추가로 특별한 증거나 평범한 증거가 있어야 그녀가 식료품점에서 미국 대통령과 이야기를 나눴다고 믿지는 않을 것이다. 대신 나는 보고의 신뢰성과 저자의 의도에 관심이 있다.

이제 내 아내가 식료품점에서 돌아와 자기가 그곳에서 외계인을 보았고 외계인과 이야기를 나눴다고 말한다고 가정해보자. 이 경우에 훌륭할 수도 있는 증거와 실재에 대한 내 이해가 심각하게 부딪히고 있다. 나는 증거를 거부해야 하는가, 아니면 실재에 대한 내 이해를 조정해야 하는가? 또한 내 이웃이 그때 내게 전화를 해서 내 아내의 말과 비슷한 말을 한다고 가정해보자. 그리고 나는 TV를 켜서 현재 세계 전역에서 발생하는 외계인 출현에 관한 수많은 보고들을 목격한다. 내가 정보의 원천이 신뢰할 만하며 저자의 의도에 대한 내 이해가 안전하다고 할지라도, 나는 여전히 망설일 수도 있다. 왜냐하면 현재 나는 외계인의 존재를 의심스럽게 여기고 있기 때문이다. 그러나 이제 나는 내 앞에 외계인이 있다는 증거에 비추어 내가 외계인이 존재하지 않는다고 믿는 이유를 재검토해 보아야 한다. 아마도 나는 외계인을 보았다는 모든 보고들을 기각하기를 덜 서두를 것이다. 나는 **비범한** 증거가 아니라, 실재에 대한 내 현재의 이해 또는 내 지평—그것들은 결함이 있고 바뀔 필요가 있을 수도 있다—을 다루는 **추가** 증거를 요구해야 할 것이다.

이것은 예수의 부활 또는 심지어 그의 십자가형으로 인한 죽음에 대한 무슬림의 이의에 답하는 것과 유사하다. 코란은 예수가 1세기에 죽임을 당하지 않았다고 주장하므로(코란 4:157-58), 예수가 죽임을 당했다는 매우 강력한 증거도 무슬림을 설득하기에 충분하지 않을 수도 있다. 그렇다고 역사가가 예수가 1세기에 십자가형을 받아 죽었다는 결론을 내리는 것이 정당화되기에 앞서 **비범한** 증거가 요구된다는 의미는 아니다. 그것은 단지 예수의 십자가 죽음은 무슬림의 지평과 충돌하기 때문에 무슬림이 이를 믿으려면 **추가** 증거가 있어야 할 수도 있음을 의미할 뿐이다. 한 역사가의 세계관이 다른 역사가들의 어깨 위에 더 무거운 짐을 지우지는 않는다. 역사가가 세상이 흐려 보이게 하는 선글라스 같은 자신의 형이상학적 편견을 쓰고 있지 않다면 증거가 어떻게 보일지에 대해 고찰하는 것은 그 역사가의 책임이다. 그런 선글라스를 무력하게 할 정도로 밝은 빛을 비추는 것은 증거의 책임이 아니다.

만약 어느 특정한 기적의 발생 증거가 강력하다면—즉 역사가가 그 자료의 저자의 의도가 기적으로 인식된 것을 보고하는 것이고, 그 사건이 종교적 의미로 가득 찬 맥락에서 발생했으며, 그 보고가 그 사건의 역사성에 유리하게 작용하는 특징들을 지니고 있고, 그 사건을 설명하는 그럴듯한 자연주의적 이론이 없다고 확증할 수 있다면—비범한 증거를 요구하는 것은 정당화되지 않는다. 어떤 역사가들은 그 사건은 자신의 현재 지평에는 낯설기 때문에 그 기적을 믿기 전에 초자연주의를 지지하는 추가 증거를 요구할 수도 있을 것이다. 그러나 기적 주장의 입증책임이 더 커지지는 않는다.[203] 어느 가설의 역사적 우월성을 증명하는 것과 특정한 역사가로 하여금 깊이 뿌리박힌 견해를 포기하도록 설득하는 것은 다른 문제다.

---

203 초자연주의를 지지하는 추가 증거에는 유신론에 대한 증거가 포함될 수 있다. 그러나 나는 특정 기적의 역사성을 주장하는 역사가들에게 유신론을 입증하는 논거가 요구된다고 주장하는 다음과 같은 학자들에게 동의하지 않는다: Swinburne(2003), 203; Davis(1993), 186; Stewart 편(2006), 96, 100, 101에 실린 Geivett, "The Epistemology of Resurrection Belief." 내가 위에서 오해했고 비범한 주장에는 비범한 증거가 요구된다는 격언이 유효하다고 가정해 보자. 그럴 경우 언제 증거가 "비범하다"고 할 수 있는지 정의하라는 도전에 직면한다. 물론 이것은 주관적인 작업이다. 왜냐하면 한 사람에게 비범한 것이 다른 사람에게는 충분히 비범하지 않을 수도 있기 때문이다. 종종 많은 역사적 가설들을 괴롭히는 데이터 부족을 감안할 때, 나는 어떤 가설이 최상의 설명을 위한 다섯 가지 기준을 모두 만족시키고 경합하는 다른 가설들을 큰 차이로 압도하는 경우에는 그 가설이 그것을 지지하는 특별한 증거를 갖고 있다고 말할 수 있다고 주장하고자 한다. 또한 나는 특별한 증거에 대한 요구에 장단점이 있다는 사실에 주목하고자 한다. 만약 어느 역사가가 예수가 부활한 후에 여러 사람들에게 나타났다는 보고를 설명하기 위해 집단 환각 같은 자연적인 이론을 제안한다면, 그는 집단 환각 가능성을 보여주는 사례를 제시하라는 요구를 받게 될 것이다. 현대 심리학은 일반적으로 집단 환각이 불가능하지는 않지만 개연성이 아주 낮다고 여기기 때문에, 집단 환각이 예수의 부활 후 출현을 설명해준다는 주장은 평범하지 않은 주장이며 따라서 특별한 증거를 요구한다. 무신론적 역사가들은 매우 특이하거나 견딜 수 있는 수준 이상으로 데이터를 억지로 해석하는 가설이 역사성에 대한 모든 주장을 충족하는 초자연적 요소를 지닌 가설보다 선호되어야 한다고 주장할 자격이 없다. 그리고 그렇게 하지 않을 수 없다고 느끼는 사람들은 기적에 우호적인 데이터의 힘을 간접적으로 인정한다. 무신론적 역사가는 기적은 매우 드문 자연적인 사건보다 발생 가능성이 훨씬 낮으며 따라서 동일한 데이터를 설명하는 가능성이 낮은 자연적 가설보다 입증책임이 더 크다고 답할 수도 있을 것이다. 그러므로 그들은 자연적인 설명을 포함하는 가설은 그 가설이 아무리 개연성이 낮거나 증거가 빈약하더라도 기적을 포함하는 가설보다 선호되어야 한다고 주장한다.(D'Costa 편[1996], 63에 실린 Pannenberg에서 Pannneberg가 성서학계 전반에서 이런 논리를 발견하는 것을 보라.) 그러나 그 무신론적 역사가가 어떻게 그것을 아는가? 기도가 응답되었다는 모든 주장은 하나님이 역사에 개입했다는 증언이다. 비록 하나님이 개입했다는 많은 주장들이 실제로는 우연의 일치일 수도 있지만, 우연의 일치라는 많은 주장들이 실제로는 하나님의 개입일 수도 있다. 그렇다고 해서 역사가들이 적어도 동등하게 그럴듯한 자연적 설명을 할 수 있는데도 초자연적 설명을 해야 한다는 뜻은 아니다. 대신 나는 역사가의 기본 입장은 우리가 하나님이 개입하지 않는 세상에서 살고 있다는 것이라는 개념에 도전하고 있다.

우리는 입증책임에 대한 판단을 내리기 위해 세 가지 패러다임을 살펴보았다. 첫째는 리스크가 높을수록 입증책임이 커진다는 리스크 평가 매트릭스였다. 그러나 이 패러다임은 리스크를 영향과 직접 연결시킨다. 확률은 이런 식으로 작동하지 않는다. 두 번째 패러다임은 법률 체계인데 이 패러다임은 단지 민사 소송에서 사용되는 **그렇지 않을 개연성보다는 그럴 개연성이 높은** 입증 책임이 적용될 때만 작동한다. 이것은 역사가들이 전형적으로 취하는 방식이다. 세 번째 패러다임은 **비범한 주장에는 비범한 증거가 요구된다**라는 세이건의 격언이다. 그러나 이 패러다임도 실패하는데 왜냐하면 오직 [비범한 증거가 아니라] 추가 증거만 요구되며 그것도 결론이 그들의 지평에 도전하는 특정한 역사가들에 의해서만 요구될 뿐이기 때문이다. 우리는 증거가 역사가의 편견을 충족시켜야 할 책임이 없다는 것을 살펴보았다. 오히려 역사가가 자신의 편견을 제쳐두고 증거에 대해 고찰할 책임이 있다. 그러므로 우리는 민사 소송의 법률 체계에 의해 제공되는 패러다임이 기적 주장에 대한 연구에 가장 적합하다는 결론을 얻게 된다.

2.9. 요약과 결론

이 장에서 우리는 역사가가 주제가 기적 주장인 경우에 역사 연구를 시작할 수 있는가라는 질문에 답하고자 했다. 우리는 다섯 가지 주요 입장을 살펴보았다. 먼저 우리는 흄의 이의에 대해 살펴보았다. 흄의 논거는 우리로 하여금 기적 식별 기준을 정하도록 그리고 아무 주장이나 고지식하게 믿지 말고 그렇게 하도록 도전했다. 다음으로 우리는 맥컬래프와 대화를 나눴다. 맥컬래프는 우리에게 앞 장에서 논의된 지평에 의해 제기되는 도전을 상기시켜 주었다. 예수의 부활에 관한 역사적 연구를 시작하는 역사가들은 자신의 세계관을 옹호할 준비가 되어 있어야 한다. 이어서 우리는 마이어의 입장을 분석했는데, 그의 입장은 기적 식별 기준을 정하라는 도전을 강화했다. 마이어는 또한 우리에게 역사가들이 기적 주장을 조사할 때 얼마나 멀리 나갈 수 있는지 점검해 보도록 촉구했다. 왜냐하면 "부활"에 관한 기술은 단순히 시체가 소생했다는 주장보다 더 많은 의미를 담고 있기 때문이다. 부활 기술은 그 구성요소 중 일부가 검증될 수 없는 한쪽에서는 신학적으로 설명된다.

다음으로 우리는 어만에 대해 살펴보았다. 어만은 우리에게 확률을 고려하도록 촉구했고 우리가 사용하는 기준과 방법이 또한 기독교 외의 종교들에서 나타나는 기적 주장들에도 적용되어야 한다는 것을 상기시켜 주었다. 마지막으로 어만과의 교류는 우리에게 역사가들이 인식론과 자신의 방법을 정당화하는 데 별로 주의를 기울이지 않는다는 것을 상기시켜 주었다. 그러므로 연구를 진행하면서 우리는 우리가 어디로 가고 있는지 그리고 어떻게 나아갈 것인지를 이해하도록 조심할 것이다. 웨더번과 던은 우리에게 사실들이 해석으로 가득 차 있으며 어떤 사실들은 다른 사실들의 조합 위에 세워져 있음을 상기시켜 주었다. 마지막으로 우리는 특정 기적 주장의 역사성을 주장하는 역사가들에 의해 입증책임이 어떤 영향을 받는지에 대해 논의했고 또한 그런 경우에 더 큰 입증책임이 요구되지 않는다는 것을 발견했다.

이런 각각의 도전들은 우리로 하여금 우리의 걸음을 더 신중하게 고찰하게 했고 그 길의 모든 단계에서 우리의 사고를 한층 다듬어주었다. 우리는 역사가들이 기적 주장의 역사성을 옹호하는 평가를 내릴 수 없다고 주장하는 사람들에게 동의하지 않을 수도 있다. 그러나 우리는 그들의 공헌에 감사하며 그들의 공헌 덕분에 더 나은 역사가가 되었다.

그러므로 우리는 비록 예수 부활의 역사성을 긍정하는 역사가들이 완전히 신학적인 의미에서의 예수 **부활**에 동의할 수 없을지라도, 역사가들이 예수 부활의 역사성에 대해 연구하는 것이 금지되지 않는다는 결론을 내린다. 만약 예수의 부활이 역사 속에서 일어난 사건이었다면, 역사가가 그것을 연구할 권리를 부인하거나 예수가 부활한 원인의 후보군에서 기적을 선험적으로 배제하는 학자들은 사실상 그들 자신을 역사를 정확하게 판단할 수 없는 위치에 두는 것일 수도 있다. 벤 메이어는 이렇게 설명한다.

> 그러므로 그는 역사가로서의 자신에게 역사를 이해하도록 허용하지 않는 상황에 처하게 된다. 왜냐하면 그는 자기가 고려 대상에서 제쳐둔 가능성이 주어진 데이터 집합에 대한 최상의 설명을 제공하는지 여부를 알 수 없기 때문이다.[204]

---

204 Meyer(1979), 102. 다음 문헌들도 보라. R. Brown(Death, 1994), 2:1468; Geisler and Meister 편(2007), 290-91에 실린 Habermas; Davis, Kendall and O'Collins 편(1998), 294-95에 실린 Padgett. Schweitzer(1964)는 이들과 반대 입장을 보이는데, 그는 복음서들의 초자연적 요소들에 대한 "증오"가 Reimarus와 Strauss의 "역사적 통찰력을 예리하게 해주었다"고 주장했다(4).

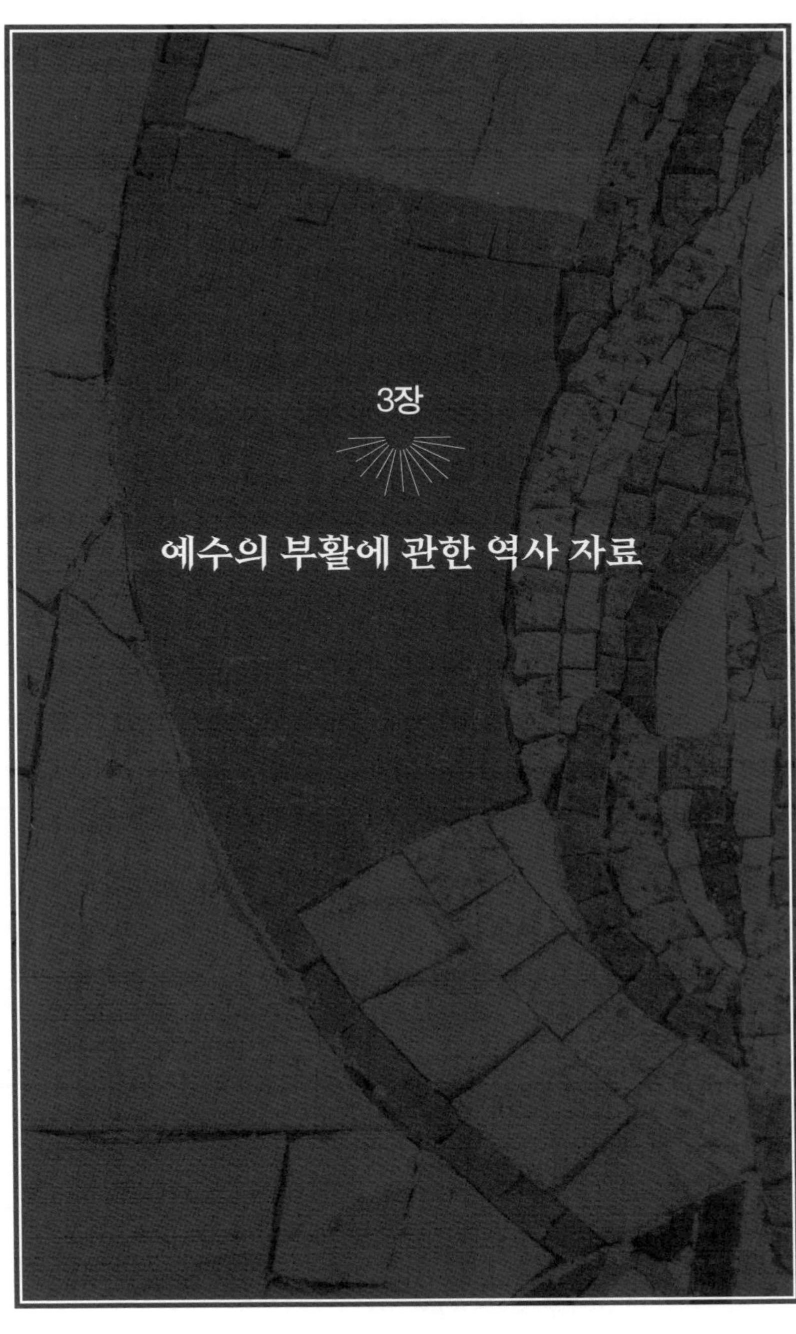

3장

예수의 부활에 관한 역사 자료

부활이라는 특정 사안에 관해, 네 개의 복음서들은 거의 아무것에서도 일치하지 않는다.…역사비평 성서학자들은 100년 넘게 복음서들이 역사가 아니며 사실상 그렇게 읽히도록 의도된 적이 없다고 주장해왔다.[1]

스티븐 J. 패터슨

목격자들에게 의존하는 1세기 복음서들에 등장하는 예수에 대한 기본적인 묘사는 현대의 험담꾼들의 대안적 가설들보다 훨씬 더 그럴 듯하다.…전체적으로 우리는 예수에 대해 역사적으로 알 수 있으며, 교회에 의해 보존된 1세기의 복음서들은 지금도 이 정보에 대한 최고의 출처로 남아 있다.[2]

크레이그 키너

---

1 Patterson(*The Gospel of Jesus*, 1998), 214.
2 Keener(2009), 349.

3.1. 서론적 해설

옛적에 한 농부가 칸트의 『순수이성비판』을 읽기 시작했다. 얼마 후 그는 책을 내려놓으며 한숨을 쉬었다. "나도 칸트가 했던 고민을 할 수 있으면 좋겠어." 1973년에 독일 역사가 크리스티안 마이어는 역사철학자와 현역 역사가 사이의 골치 아픈 관계를 예시하기 위해 이 이야기를 했다.[3] 페레즈 자고린은 이렇게 지적한다. "대부분의 전문적인 역사가들은…이론적인 문제들을 무시하고 아무런 방해를 받지 않은 채 자기 연구를 해나가고 싶어 하는 것으로 보인다".[4] 예수 부활의 역사성에 관한 이 연구에서 우리는 이론적인 문제들을 무시하지 않았으니 이제 역사철학자에서 현역 연사연구자 쪽으로 옮겨갈 시점이다. 우리는 나머지 과업이 훨씬 쉬울 것이라고 생각할지도 모른다. 그러나 우리는 이제 농부—역사가—의 일을 할 텐데, 그것이 결코 단순한 일이 아님을 알게 될 것이다.

역사 지식의 본질, 역사가들이 과거를 아는 방법, 그리고 기적 주장이 그 과정에 어떤 영향을 주는지에 대해 논의했으니 이제 우리는 연구를 계속해 나갈 준비가 된 셈이다. 역사가들은 자신의 연구와 관련이 있는 출처들을 정하는 데서 시작해야 한다. 역사가들은 궁극적으로 그 출처들을 파고 들어서 자기가 선호하는 가설을 위한 **증거**로 사용될 데이터를 캐낼 것이다. 따라서 우리의 주된 문헌에 관해 논의할 필요가 있다. 분명히 우리는 더 나은 원천을 더 높이 평가할 것이다. 예컨대 역사가들은 예

---

3 Lorenz(1994), 297에서 재인용함.

4 Zagorin(1999), 2.

수 부활의 역사성에 관한 연구에서 찰스 웨슬리가 1739년에 쓴 찬송 "그리스도 주 오늘 부활하셨네"(Christ the Lord Is Risen Today, 새찬송가 164장 「예수 부활했으니」—역자 주)에 그 어떤 역사적 가치도 부여할 수 없다. 이 찬송은 기껏해야 역사가에게 예수의 부활이 18세기에 어떤 이들에게는 여전히 역사적 사건으로 간주되고 있었음을 알려줄 뿐이다. 우리는 훨씬 더 이른 시기의 그리고 목격자들과 훨씬 더 긴밀하게 연결되어 있는 출처(source)들을 찾고 있다.

출처에 관한 우리의 논의는 예수의 죽음과 그 후 그에게 일어난 일에 대해 언급하고, 적어도 어떤 학자들이 예수가 죽은 후 1백 년 이내에 쓰였다고 생각하는 출처에 초점을 맞출 것이다. 여기에는 정경 복음서, 바울 서신, 바울 이전에 작성되었을 수도 있는 자료(즉 많이 논의되는 고린도전서 15장의 전승, 사도행전의 연설들, 구전 신앙고백문, Q와 마가 이전 자료), 그 시기의 비기독교 문헌, 예수의 최초의 제자들 중 한 명 이상과 연결되어 있다고 간주되는 몇 명의 사도 교부(사도 시대 직후에 활동했던 교부—역자 주), 그리고 초기의 외경 문헌(영지주의 문헌 중 일부를 포함하지만 거기에 국한되지는 않는다)이 포함된다.[5]

각각의 출처 또는 범주에 대해 논의한 뒤 나는 그 출처나 범주가 이 연구와 관련된 독립적인 증거를 제공할 가능성 측면에서 그 각각에 등급을 부여할 것이다. 기독교 자료들은 그 자료가 사도적 가르침에 대한 독립적인 증거를 제공할 가능성에 따라 등급이 매겨질 것이다. 각각의 등급은 다음과 같다. 가능성이 낮음, 가능성이 다소 미흡함, 가능성이 있음, 가능성이 상당히 높음, 개연성이 매우 높음, 결정할 수 없음, 그리고 유용하지 않음.

---

5 (순교자)유스티누스, 이레나이우스, 그리고 테르툴리아누스가 같은 시기에 글을 쓰기는 했지만, 그들의 저작들은 주로 정경 문헌들에 의존하는 것으로 간주된다.

3.2. 출처

3.2.1. 정경 복음서

예수의 부활에 관한 가장 상세한 보고들은 정경 복음서들에서 나타나기 때문에, 상세하게 논의하면 이 책의 범위를 크게 벗어나게 되겠지만, 우리는 먼저 정경 복음서들에 대해 논의할 것이다. 어떤 학자들은 복음서의 내용 중 많은 부분이 복음서 저자들에 의해 창작되었고 주로 그들의 신학적 관심사에서 나왔다고 주장하면서 복음서들에 대해 매우 회의적인 입장을 취한다.[6] 그런가 하면 학자들 중에는 복음서가 비록 신학적 관심사들을 갖고 있기는 하지만 목격자 증언에 다양한 정도로 기초한, 대체로 정확한 보고들을 포함하는 것으로 여기는 이들도 있다.[7]

1990년대 이전의 신약성서 학자들 중 다수는 복음서들이 복음서에 특유한 독특한 장르를 대표한다고 생각했다.[8] 이 독특한 장르는 일종의 신화로 간주되었다. 예수 세미나가 1992년에 쓴 내용을 생각해보라. "복음서들은 그 안에서 예수에 대한 교회의 믿음을 표현하는 신화적 요소에 의해, 그리고 신적인 사람들과 기적을 행하는 사람들에 대해 직접 알고 있었던 1세기의 청중을 위해 복음 이야기를 전하는 것을 강화하는 그럴듯한 허구들에 의해 예수에 대한 기억이 윤색되는 내러티브로 간주된다.

---

6 Funk and Jesus Seminar(1997), 462; Lüdemann(2004), 111; Pierce(1995), 134; Sheehan(1986), 33; Wedderburn(1999), 32.

7 Bauckham(2006); Byrskog(2002), 236, 275; Craig(1998), 17-20; Grant(1977), 204; L. T. Johnson(1996), 110-11; Keener(2009), 349.

8 이 책의 1.2.10을 보라.

그러므로 이런 내러티브들에서 역사적 요소로 여겨지는 부분은 실제로 그런지 입증되어야 한다."[9] 달리 말하자면 당시의 예수 세미나에 따르면 복음서들은 신화 장르에 속하고, 따라서 복음서의 어느 부분에 대해 역사성을 주장하는 사람은 그에 대한 입증책임이 있다.

만약 복음서들이 신화 장르에 속한다면, 복음서의 역사성을 주장하는 사람이 입증책임을 지는 것은 옳다. 그 반대도 옳다. 만약 복음서들이 역사 장르에 속한다면 복음서가 신화라고 주장하는 사람이 입증책임을 져야 한다. 그렇다면 복음서의 장르는 무엇인가? 이 질문은 지난 20여 년 동안 많은 관심을 받았고 그로 인해 그 문제에 대한 우리의 이해를 진전시켰다. 그 결과 학자들은 예수 세미나의 견해와는 크게 다른 합의에 도달했다.[10] 이런 변화는 찰스 탈버트의 연구에 의해 시작되었고 이어서 리처드 버릿지의 보다 포괄적이고 영향력 있는 연구가 그 뒤를 따랐다.[11] 버릿지는 고전학 연구자로서 탈버트와 다른 몇 사람의 미국인 학자들에 의해 처음으로 제시된 주장, 즉 복음서들이 고대 전기 장르에 속한다는 주장이 틀렸음을 입증하기 위해 연구를 시작했다. 그러나 그는 연구를 수행하다가 자신의 견해를 바꿨다.[12] 그레이엄 스탠튼은 버릿지의 책의 추

---

9 Funk, Hoover and the Jesus Seminar(1997), 4-5. Koester(1990), 25-31도 보라.

10 France(2002): "50년 전에 우리는 복음서들을 전기로 보아서는 안 된다고 주장했던 양식비평학파의 비판적 정통주의 안에서 훈련받았다. 그러나 그 이후 이 점에 대한 학자들의 의견이 크게 변했다. 그리고 고대 세계의 전기 쓰기의 본질에 대한 연구가 점점 더 정교해져서, 마가복음(그리고 마태복음과 누가복음과 요한복음)은 기독교적인 내용과 방향성에도 불구하고 문학 양식 측면에서 1세기의 교육받은 독자들에게는 대체로 코르넬리우스 네포스가 개척했고 곧 『플루타르코스 영웅전』에서 가장 유명해진 장르와 같은 범주에 속하는 유명인들의 삶에 관한 이야기들과 유사하다는 일반적 인식에 이르렀다"(5).

11 Talbert(1977). Burridge(2004). 다른 중요한 공헌자들로는 David Aune, Philip Shuler, Robert Guelich, 그리고 Albrecht Dihle 등이 있다. Keener(2009), 73-84의 최근의 짧은 논의도 보라.

12 Burridge(2004), 101.

천사에서 이렇게 말한다. "복음서에 관한 책들 중…학자들의 의견에 이보다 더 강력한 영향을 준 책은 거의 없다" 그리고 그 책은 "복음서들이 초창기에 주로 전기로 읽혔음을 확증하는 데 핵심적인 역할을 했다." 그는 이렇게 덧붙인다. "나는 이제 복음서들이 '생애들'이라는 광범위한 고대 문학 장르의 부분 집합, 즉 전기라는 것을 부인할 수 있다고 생각하지 않는다."[13] 버릿지의 책에 대해 탈버트는 이렇게 논평한다. "이 책은 복음서들의 전기적 특성에 대한 모든 정통적인 부인들을 종식시킬 것이다."[14] 버릿지는 고대 전기 작가들이 그 대상과 관련된 여러 주제들—그의 죽음, 도덕 철학, 가르침, 정치적 신념, 그에게 헌정하고 그를 칭찬하기 위해 말해진 이야기들을 포함한다—에 관심이 있었으며 또한 그 모든 주제를 하나의 내러티브 형식으로 표현했음을 보여준다. 비록 복음서들이 고대 전기의 모든 내적·외적 특징들을 갖고 있는 것은 아니지만, 복음서들은 "[전기 장르에 속하는] 다른 작품들보다 더 큰 정도로" 전기 장르와 다르

13 Burridge(2004), viii-ix. 예외에 대해서는 다음 문헌들을 보라. Fullmer(2007)는 마가복음이 "일차적으로 역사나 예수의 생애의 전기가 아니라 오히려 고대 헬레니즘 세계의 비식자층에 속한 광범위한 독자층을 겨냥한 복된 소식에 관한 흥미로운 이야기"라고 결론짓는다(210). Sheehan(1986)은 마가복음이 "새로운 성서 장르를 출범시켰다"고 단언한다(32). Pierce(1995)는 부활 내러티브가 **증언**이라는 장르에 속한다고 주장한다(136, 139). 그러나 Pierce는 그런 장르가 존재했다는 증거를 거의 제공하지 않으며 그가 제공하는 내용 중 일부는 부정확하다. 예컨대, 그는 이렇게 쓴다. "마태가 부활의 '증거'를 제공하는 것에 관심이 없었다는 것은 갈릴리에서 부활한 예수와 만난 사건에 관한 이 이야기에서 특별히 분명하게 드러난다. 그의 임재와 가르침에도 불구하고 여전히 의심하는 자들이 있었다고 한다(28:17, 137). 이에 대한 답으로, 빈 무덤, 예수가 여자들에게 나타남 그리고 갈릴리에서 제자들에게 나타남 등은 Pierce가 회피하고자 하는 증거를 제공한다. 더욱이 우리는 이 책의 4.3.2.6에서 의심하는 사람들도 있었다는 마태의 보고가 어떤 사람들이 생각해왔던 것처럼 문제가 되지 않는다는 것을 보게 될 것이다. Witherington(*Acts*, 1998)은 누가복음이 전기라기보다는 "그리스식 역사기술"이라고 주장한다(1-39, 특히 15-20). 그러나 Witherington은 역사 논문과 전기를 구별하기는 종종 어려울 수 있다고 말한다(18).

14 *Journal of Biblical Literature* 112(1993), 715에 실린 Talbert, "Review," Keener(2003), 1:12에서 재인용함.

지 않다. "달리 말하자면 복음서들은 적어도 **전기들**(*bioi*)이 서로 공유하는 정도의 많은 특징을 그리스-로마의 **전기**들과 공유하고 있다. 그러므로 복음서들은 분명히 **전기** 장르에 속한다."[15]

각각의 전기 작가들은 대개 그들의 저술 배후에 어떤 의제를 갖고 있었다. 따라서 그들은 독자들이 자신이 다루는 대상에 대해 특정 방식의 정치적·철학적·도덕적·종교적 사고를 하도록 설득하려 했다. 오늘날의 여러 역사적 예수 학자들의 경우에서처럼, 설득과 사실에 관한 무결성은 서로 배타적이라고 간주되지 않았다. 그것은 **이것이냐/저것이냐**의 문제가 아니라 **둘 다**의 문제였다.[16]

고대 역사가들은 자유가 허용되는 범위에 대해 견해가 달랐지만, 유연성은 확실히 **전기**의 특징이었다. 예컨대 루키아노스는 역사가들은 사건의 연대기적 배열을 따라야 한다고 주장한 반면,[17] 수에토니우스는 "그의 인물들이 드러내는 다양한 특징들을 연속적으로 다루면서 주제에 따라 분류된 자료로" 직선적인 내러티브를 방해했다.[18]

고대 전기는 역사와 관계가 있었는가? 버릿지는 전기가 "역사와 긴밀한 관계가 있었다"고 답한다.[19] 크레이그 키너는 이렇게 쓴다. "전기와 역사의 핵심적인 차이는 전기는 한 인물에 초점을 맞추는 반면 역사는

---

15 Burridge(2004), 250. Keener(2003)는 이렇게 쓴다. "복음서들은…드라마라고 하기에는 너무 길다. 고대 지중해 연안에서 드라마는 일정한 길이를 유지했다. 또한 복음서들에는 고대 드라마라고 하기에는 너무 많은 산문 내러티브들이 포함되어 있다"(1:10). 그러나 Keener는 Witherington의 주장에 동의하면서 아마도 요한복음이 비극 형태를 사용한 전기일 것이라고 덧붙인다(1:10-11). Perkins(2007), 2-11도 보라. Bauckham(2007)은 요한복음이 공관복음서들보다 "고대 역사기술의 엄격한 요구들"을 더 빈틈없이 충족시킨다고 주장한다(95-112).

16 Byrskog(2002), 223; Hemer(1990), 79. 다음 문헌들을 보라 Lucian *Hermot*. I 3.4; Cicero *Inv*. I 19:27; Quintilian *Inst*. 2권 21, 31, 67, 89, 107, 109.

17 Lucian *How to Write History* 49.

18 수에토니우스(1989), 8에 실린 Grant.

19 Burridge(2004), 67.

광범위한 사건들을 포함한다는 것이다."[20] 데이비드 오니는 이렇게 주장한다. "전기가 대상에 대한 찬사나 일방적인 칭찬을 강조하는 경향이 있기는 하지만, 전기는 여전히 문학적 허구라기보다는 역사적 사실에 확고하게 뿌리를 내리고 있다. 그러므로 복음서 저자들은 확실히 중요한 신학적 의제를 갖고 있었지만, 그들이 예수의 이야기를 전하기 위해 그리스-로마의 전기 기술 관습을 택했다는 사실은 그들이 자기들이 생각하기에 실제로 발생한 일을 전하는 데 주된 관심이 있었다는 것을 알려준다."[21]

확실히 고대 전기 작가들이 윤색과 창작을 자유롭게 사용한 정도는 각양각색이다. 루키아노스는 알렉산드로스 대왕이 아리스토불로스가 최근에 쓴 자신의 전기를 읽고 괴로워했다고 전한다. 아리스토불로스가 특정한 용맹스러운 업적을 거짓으로 그에게 돌리고 사실이라고 믿기에는 너무 심한 업적들을 꾸며냈기 때문이다.[22] 반대로, 수에토니우스는 "그의 비교적 높은 수준의 객관성"으로 인해 칭찬받는다.[23] 오늘날의 그리스-로마 역사가들은 수에토니우스가 쓴 전기 『열두 황제』(*The Twelve Caesars*)를—그의 출처들이 다소 뒤섞이기는 했지만—대체로 정확하다고 간주한다. 정확성에 대한 열의와 자유를 발휘한 정도는 전기 작가마다 제각각이기 때문에, 정경 복음서들을 **전기**로 파악해도 그 이상은 알 수 없을 것이다. 각각의 복음서 저자들은 그들 자신의 작품으로 판단 받아야 한다.[24] 그들 각각은 그들의 보고가 고도의 확실성을 지닌 다른 사실들과 얼마나 정확하게 일치하는가에 따라 평가될 수 있을 것이다. 또한 각각의 저자들

---

20 Keener(2003), 1권 12; Keener(2009), 80과 비교하라.
21 Aune 편(1988), 125에 실린 Aune.
22 Lucian *How to Write History* 12.
23 수에토니우스(1989), 8에 실린 Grant.
24 Hemer(1990), 94.

은 그들이 자신의 출처를 다루면서 얼마나 많은 자유를 취하는가에 따라 평가될 수도 있을 것이다. 그러므로 마태와 누가는 그들이 마가를 사용할 때 마가에게 얼마나 충실한지에 따라 판단될 수 있을 것이다. 우리로서는 다행스럽게도, 그런 일은 아주 잦다. 버릿지와 굴드는 "마가복음의 95% 이상이 마태복음과 누가복음에서 반복된다"고 지적한다.[25] 또한 우리는 마태복음과 누가복음이 가상의 Q를 얼마나 정확하게 사용하는지 평가할 수 있으며 또한 마가와 Q가 겹치는 부분을 살핌으로써 통찰력을 얻을 수도 있다.[26]

---

25 Burridge and Gould(2004), 26. 그들은 또한 공관복음의 약 10%가 요한복음과 중첩된다고 지적한다(27).

26 Keener(2003), 1권 31-32. Keener(2009), 108, 131-33도 보라. 137에서 그는 이렇게 쓴다. "복음서들의 개요는 우리에게 복음서들이 최근의 과거(지난 두 세 세대)에 관해 쓰는 다른 많은 역사가들보다 보수적이며, 이전 세기들에 속한 먼 과거에 관해 쓰는 역사가들보다 훨씬 더 보수적인 경향이 있음을 납득시킨다." 부정적인 측면으로는, 누가의 정확성에 대해—예컨대 구레뇨가 수행했다는 인구조사 같은 것들에 대해(눅 2:2)—여러 도전들이 제기된다. R. Brown(*Birth*, 1993), 547-56을 보라. 긍정적 측면으로는, Keener(2003)는 이렇게 주장한다: 마태와 누가가 마가와 Q를 사용한 것에 대해 분석해보면 공관복음서들이 "고대 역사가들의 작품들 중에서도 보다 정확한 예에 속한 것으로 드러난다.…누가가 이런 데이터들을 사용하는 것을 살펴보면, 우리는 그가 매우 절제하는 것에 거듭해서 깊은 인상을 받는다. 확실히 마태와 누가는 그들이 공유하는 마가와 다른 출처들을 자유롭게 배열하고 편집한다. 그러나 이런 편집은 고대의 기준에 의하면 미미한 것으로 판단되어야 하며, 이런 '자유'에 대해 언급하는 이들이 종종 추정하는 것만큼 내용에 대해 실질적으로 영향을 주지 않는다"(1권 31). Keener는 마가 및 Q와 중첩되는 경우에 관한 다음의 예들을 제공한다: "막 1:7-13과 마 3:7-4:11/눅 3:7-17, 4:1-13; 막 3:22-27과 마 12:24-30/눅 11:15-23." 누가는 요세푸스만큼 윤색에 빠져들지 않는다. 예컨대 누가는 한 이집트인이 반란을 이끌었고 4천 명이 그를 따라 광야로 갔다고 보고한다(행 21:38). 요세푸스는 그 숫자를 3만 명으로 보고한다(*J. W.* 2권 261-263). 다른 텍스트에서 요세푸스는 "최소 3백만 명의" 유대인들이 케스티우스 갈루스에게 플로루스에 대해 불평하면서 예루살렘에 모였다고 보고한다(*J. W.* 2권 280). 그 당시 그 장소에서 그런 숫자는 의심스럽다(Hemer[1990], 98). 부활한 예수가 베드로에게 출현한 사건이 막 14:28; 16:7에 암시되어 있으며, 눅 24:34에는 단순히 언급만 되어 있다. 아마도 그 출현에 관한 마가의 내러티브는 유실되었거나, 그 사건을 보고하기 전에 마가가 사망했을 것이다. 그러나 누가는 그의 복음서를 완성했고 단지 그 출현에 대해 이야기하지 않기로 했을 수도 있다. 만약 누가가 상세한 내용을 알지 못했더라면, 그는 세부사항을 꾸며내고 내러

정경 복음서들이 쓰인 시기도 논쟁 중에 있다. 거의 모든 학자들이 그 시기를 1세기로 보고 있지만, 보다 구체적인 시기는 다소 자의적이다. 루크 티모시 존슨은 이렇게 말한다.

> 예컨대 전통적으로 마가복음이 쓰인 시기를 67년에서 70년 사이로 잡는 것은 전적으로 "공관복음 문제"(마태, 마가, 누가복음 사이의 문헌상의 의존)를 마가복음이 가장 빨리 쓰였다고 해결하고, 이어서 마가복음 13장의 "묵시적 담화"를 기원후 70년에 성전이 파괴되기 전에 벌어진 로마와의 전쟁에서 예루살렘이 겪었던 시련을 반영하는 것으로 이해하는 것에 달려 있다. 마태복음과 누가복음은 왜 전통적으로 기원후 85년경에 쓰인 것으로 간주되는가? 그것은 마태복음과 누가복음이 문헌 측면에서 마가복음에 의존하는 것으로 간주되기 때문이고, 또한 마태와 누가에 의해 수정 작업이 이루어지기 전에 마가복음이 보급될 어느 정도의 시간이 필요했기 때문이다.…그 문제는 실제적이고 해결할 수 없다. 초기 기독교에 대한 그 어떤 역사적 재구성도 반드시 그것에 의존해야 하는 출처들 자체가 대부분 지리적·연대기적으로 확고하게 규명된 것이 아니기 때문에 그 출처들의 (지리적·연대기적) 위치를 역사적으로 자리매김하는 것은 불가능하다.[27]

티브를 만들어내기를 자제했을 것이다(Fergusson[1985], 304 각주 38).

27 L. T. Johnson(1996), 91. J. A. T. Robinson(2000), 86-117, 254-311도 보라. 비록 오늘날에는 많은 신약성서 학자들이 정경 복음서들이 정확하게 언제 쓰였는지에 대해 알지 못한다는 것을 인정하지만, 학자들 사이에 이루어진 거의 보편적인 합의는 정경 복음서들 모두가 1세기인 50-100년 사이, 즉 예수의 사후 20년에서 70년 사이에 쓰였다는 것이다. 대부분의 신약성서 학자들은 최초의 복음서인 마가복음의 저작 연대를 65-70년(예수의 사후 35-40년) 사이로, 그리고 마지막 복음서인 요한복음의 저작 연대를 90-100년(예수의 사후 60-70년) 사이로 잡고 있다. Ehrman(*The New Testament*, 2008)을 보라. 그는 이것이 "거의 모든 학자들"의 견해라고 말한다(57). 요한복음에 관해서는 van der Watt(2007), 123을 보라. 예외에 대해서는 다음을 보라; Crossan(1992)은 요한복음 "초판"의 연대를 "기원후 2세기 아주 이른 초반"으로 잡는다(431); Mack(1993)은 누가복음의 연대

마태, 마가, 누가, 그리고 요한복음의 전통적인 저작권도 불안정하다. 각 복음서를 시작하는 제목—저자들이 쓴 원본에 이 제목들이 들어 있었는지는 역사적으로 의심스럽다—외에는 정경 복음서들 중 어느 것도 그 책의 저자 이름을 직접 확인해주지 않는다.[28] 그래서 많은 학자들은 전통적인 저작권에 대해 의문을 제기했다. 그러나 복음서들의 전통적인 저작권이 학계에서 지지 받지 못하는 것은 아니다. 건드리는 마가복음의 전통적 저작권을 옹호하며,[29] 마가복음이나 누가복음의 전통적 저작권을 부정하면 "광범위한 학문적 저항을 초래할 것이다"라고 주장한다.[30] 그는 또한 마태복음의 전통적 저작권을 옹호한다.[31] 해그너는 사도 마태가 그가 쓴 것으로 알려진 복음서의 내용 중 많은 부분을 썼다고 주장한다.[32] 블롬버그, 키너 그리고 웬함은 요한복음의 전통적 저작권을 옹호한다.[33] 위더링턴은 비록 전통적 저작권을 지지하지는 않지만, 예수의 제자였던 한 목격자가 요한복음의 저자라고 주장한다.[34] 반면에 페이절스는 요한복

를 기원후 120년경으로 잡는다(259); Vermes(2008)는 요한복음의 완성 시기를 100-110년 사이로 잡는다(112).

28 그러나 Gundry(1994)는 마태복음에 관해 이렇게 쓴다. "그 책은 결코 그 제목 없이는 회람되지 않았을 수도 있다. 왜냐하면 그에 반하는 증거가 없기 때문이다"(609).

29 Gundry(1993), 1026-45.

30 Copan and Tacelli 편(2000), 117 각주 15에 실린 Gundry.

31 Gundry(1994), 609-20.

32 Hagner(2002), 1권 xxvii.

33 Blomberg(2001), 22-41; Keener(2003), 1권 81-115, 139; Wenham(1992), 50. Black(2001)은 네 개의 정경 복음서들 모두의 전통적 저작권을 옹호하며 마태 우선설을 선호한다(마태, 누가, 마가, 요한복음 순). 그는 각각의 복음서들의 연대를 다음과 같이 책정한다: 마태복음: 기원후 42년 이전; 누가복음 기원후 58-60년; 마가복음: 기원후 66-67년의 베드로의 죽음 직후; 요한복음: 기원후 96년(90-92; 35-92도 보라). Köstenberger, Kellum and Quarles(2009)도 4복음서 모두의 전통적 저작권을 옹호한다(마태복음: 180-84; 마가복음: 231-34; 누가복음: 258-61; 요한복음: 295-98).

34 Witherington(1995), 11-18. Bruce(1983), 1-12도 보라.

음의 배후에는 예수의 최초의 제자가 직접 목격한 증언이 상당히 많이 포함되어 있다고 주장한다.[35] 현재 상당수의 학자들은 요한복음에 들어 있는 전승 중 일부는 복음서에서 가장 오래된 것이라고 주장하고 있다.[36] 마태복음과 요한복음에서 전통적인 저작권 문제가 가장 불분명하다. 그럼에도 널리 존경 받는 학자 중 이 복음서들의 전통적 저작권이 합리적인 입장이라고 여기는 사람들이 있다. 제임스 던은 이렇게 말한다. "확실히, 네 개의 정경 복음서들 중 둘은 전통적으로 열두 제자 중 두 명(마태와 요한)의 것으로 간주되어 왔으며, 그 주장은 존중 받을 만하다."[37]

학자들은 복음서들이 서로에게 의존하는 정도에 관해서도 논쟁을 벌인다. 최소한 대부분의 학자들은 마태복음과 누가복음 저자가 마가복음의 존재를 알고 있었다는 데 동의한다. 그들이 주로 마가복음에 의존하는 것처럼 보이는 곳들도 있지만, 지금 우리가 가장 관심이 있는 부활 내러티브의 의존 관계를 파악하기는 훨씬 어렵다. N. T. 라이트는 누가복음 24:1-9에 나오는 123개 단어 중 16개만 마가복음 16:1-8에 나오는 138개 단어들에서 그에 해당하는 단어를 갖고 있으며, 마태복음 28:1-8에 나오는 136개 단어 중 35개가 마가복음의 설명에 나오고, Q는 발

---

35 Pagels(2003), 59.

36 Anderson, Just and Thatcher편(2007), 292에 실린 F. Just; Keener(2003), 1권 46쪽(47에서 그는 Charlesworth에게 동의한다: *Exploring the Gospel of John: In Honor of D. Moody Smith*, R. Alan Culpepper and C. Clifton Black[Louisville: Westminster John Knox, 1996] 편 65-97, 특히 66에 실린 J. H. Charlesworth, "The Dead Sea Scrolls and the Gospel according to John"); Wright(2003), 679. 특히 예수의 부활과 관련해, Segal(2004)은 요한복음에 등장하는 부활 내러티브가 마가복음의 부활 내러티브보다 앞설 수 있다고 주장하는 반면(455), Funk and Jesus Seminar(1998)는 그 문제에 대해 불가지론적인 입장을 취한다(490).

37 Dunn(2009), 114. Green, McKnight and Marshall(1992)에 실린 McKnight도 보라: "첫 번째 복음서가 사도 마태에 의해 쓰였다는 전통적 견해는 합리적인 입장이다"(528).

견되지 않는다고 지적한다.[38] 이것이 부활 내러티브들 사이에 다소 문헌적 의존 관계가 있음을 배제하지는 않지만, 복음서들이 서로 의존한다는 생각은 또한 구전에 들어 있는 "자연스러운 중첩" 때문에 발생하는 환상이거나, 복음서들이 무덤에 가서 무덤이 비었음을 발견하고 천사에게서 예수가 부활했다는 소식을 들은 여자들에 관한 보고를 포함시켰을 때 비록 네 개의 복음서 모두가 완전히 독립적일지라도 공통적으로 나타나는 용어들이 있기 때문에 발생하는 환상일 수도 있다.[39] 라이트는 이렇게 말한다. "물론 네 개의 자료들이 같은 단어를 하나도 사용하지 않으면서 본질적으로 같은 이야기를 하기는 사실상 불가능하다".[40]

정경 복음서들에 대한 학자들의 입장이 다르기는 하지만, 더 많은 학자들이 정경 복음서들의 역사적 가치를 인정하고 있다.[41] 실제로, 역사적 예수 및 초기 기독교와 관련하여, 많은 학자들 그리고 아마도 대부분의 학자들은—비록 주저하기는 하지만—정경 복음서들이야말로 최상의 자료라고 주장한다.[42]

앞에서 말했듯이, 이 연구에서 우리는 복음서들에 대해 고지식하게 인정하거나 회의주의적인 태도로 접근하는 것이 아니라 중립적 접근법을 취할 것이다.[43] 특정 텍스트에 대해 이루어지는 주장들은 입증책임을 진다. 따라서 이 연구에서 신적 영감에 대한 주장이나 일반적 신뢰성은 어떤 역할도 하지 않을 것이다. 역사가들은 자신이 동의하지 않는 출처

---

38 Wright(2003), 589-90.

39 Wright(2003), 590-91; Lüdemann(2004), 33과 비교하라.

40 Wright(2003), 589.

41 C. A. Evans("Assessing," 2006), 20; Willitts(2005), 75.

42 Ehrman(2004), 215; L. T. Johnson(1996), 89; Meier(1991), 48; Witherington(2006), 3-4.

43 이 책의 1.2.10을 보라.

들에서도 늘 가치 있는 정보를 찾아낼 수 있다. 윌리츠는 이렇게 말한다. "오늘날 복음서들과 신약성서는 1세기 유대교에 대한 역사적 증언이라는 사실이 인정된다. 학자들은 제2성전기의 다양성을 밝히는 데 도움을 주기 위해 신약성서를 사용하고 있다."[44] 나는 코란이 어느 의미에서도 신적 영감을 받아 쓰였다고 믿지 않는다. 그러나 그렇다고 해서 역사가들이 코란에서 아무 것도 건질 게 없는 것은 아니다. 전투에 관한 코란의 많은 구절들로부터 우리는 이슬람이 7세기에 사우디아라비아에서 저항을 받았음에 틀림없다는 것을 알 수 있다. 코란 5:116-17에 알라와 예수 사이의 대화가 나오는데, 거기서 알라는 예수에게 과연 그가 다른 이들에게 예수 자신과 그의 어머니 마리아를 알라와 같은 신으로 예배하라고 가르쳤느냐고 묻는다. 그러자 예수는 절대 그러지 않았다고 답변한다.[45] 나는 하나님과 예수 사이에 그런 대화가 일어났다고 믿지 않지만, 이 텍스트는 내게 7세기 어느 때엔가 무슬림들과 그리스도인들의 한 종파 사이에 토론들이 있었고 그리스도인들이 예수와 마리아의 신성을 주장했거나 무함마드가 그들이 그런 주장을 한다고 잘못 믿었다는 것을 알려준다. 그러므로 어느 텍스트가 신적 영감을 받아 쓰였다는 주장 때문에 역사가들이 그 텍스트를 사용하지 못하게 되는 것은 아니다.

정경 복음서에 수록된 부활 내러티브는 사도적 전승을 포함하는가? 많은 학자들은 정경 복음서들이 사도적 전승을 다양한 정도로 포함하고 있다고 주장하지만, 그중 어느 전승이 예수와 예수의 원래 제자들에게 소급되고 어느 전승이 소급되지 않는지에 관해서는 많은 논란이 있다. 그래서 정경 복음서들에 나오는 부활 내러티브들이 대체로 독립적인 사도적

---

44 Willitts(2005), 76.
45 코란 4:171, 19:35와 비교하라.

전승을 반영하는지와 관련해서 나는 그것들에게 **가능성이 있음** 등급을 부여하고자 한다. 이른 시기의 출처들은 매우 확실하게 사도들에게까지 추적될 수 있는 전승들을 확인하기가 훨씬 더 쉬울 수도 있기 때문에 우리는 그런 출처들에 크게 의존할 것이다.

3.2.2. 바울 서신

우리의 목록에 있는 다음 항목은 사도 바울의 서신들이다. 바울은 두 가지 이유로 아주 중요하다. 바울의 서신들은 복음서들보다 먼저 쓰였을 개연성이 매우 높으며, 기원후 48-65년 사이, 즉 예수의 십자가형 후 18년에서 35년 사이의 어느 때에 쓰였기 때문에 바울은 예수의 부활에 대해 언급하는 가장 초기의 문헌 출처를 제공한 사람이다. 또한 그는 자기가 부활한 예수의 출현을 목격했던 다른 지도적인 제자들을 안다고 주장한다.

네 개의 정경 복음서들 모두 예수의 부활이 예수의 시신에 일어난 어떤 일이었다는 점에 대해 아주 명확하다. 부활의 날 아침에 여인들과 다른 사람들이 무덤에 도착했을 때 예수의 시신은 더 이상 그곳에 있지 않았다. 예수는 나중에 나타나고, 음식을 차려서 먹고, 사람들에게 만져지고 다른 사람들에게 자기를 만지게 한다.[46] 그러나 상당수의 일부 학자들은 빈 무덤은 마가가 고안해낸 전설이며, 누가와 요한은 예수가 실제로는 물리적 육체를 갖지 않았다고 믿는 가현설 신봉자들에 대응해서 자신의 복음서에서 육체를 가진 예수를 고안해냈다고 주장한다.

---

46 막 16:1-8; 마 28:9-10; 눅 24:37-42; 요 20:17, 27; 21:1-13.

따라서 바울 서신들은 우리가 예수의 부활에 관한 초기 그리스도인들의 믿음을 이해하는 데 있어, 특히 부활에 관한 바울의 견해를 정경 복음서들에서 표현된 견해와 비교할 때 매우 중요한 출처다.[47] 한편으로, 만약 바울이 부활에 대해 "영적" 의미에서 일어난 어떤 일의 측면에서, 즉 어떤 사람의 시신은 썩고 결코 다시 살아나지 못하는 반면 그 사람의 영혼은 계속 살아 있다는 측면에서 썼다면 복음서 저자들이 빈 무덤과 육체의 출현을 고안했을 가능성이 크게 높아질 것이다. 다른 한편으로, 만약 바울이 부활에 대해 시신에 일어나는 어떤 일로 생각했다면, 마가가 빈 무덤을 고안했고 복음서들의 부활 내러티브들이 창작된 것이라고 주장하기가 훨씬 어렵다. 왜냐하면 예수의 부활에 관해 언급하는 현존하는 가장 초기의 기독교 문헌은 복음서들의 주장과 일치하는 것으로 보일 것이기 때문이다.

비록 바울이 예수의 원래 제자들 중 하나는 아니었지만, 그는 예루살렘의 주요 사도들인 베드로·야고보·요한을 알았던 사도였다. 또한 바울은 부활한 예수가 자기에게 나타났다고 주장했다. 그러므로 바울이 예수의 부활에 관해 사도적 증언을 간직했을 **개연성이 매우 높다**. 그의 증언이 베드로, 야고보 및 요한이 전했던 것과 유사한지 여부는 아래에서 논의될 것이다.[48]

---

47 Copan and Tacelli 편(2000)에 실린 Lüdemann은 이렇게 쓴다. "여기서는 자료비평과 전승비평이 전부다. 바울부터 시작해야 하며 복음서 이야기들은 후대에 발전된 것들임을 알아야 한다"(55).

48 이 책의 3.2.3.4.d를 보라.

3.2.3. 신약성서 문헌보다 앞설 수도 있는 자료

신학적인 확신과는 무관하게 대부분의 성서학자들은 복음서 저자들이 원천 자료들을 갖고 있었고 이 출처들을 다양한 정도로 활용했다고 확신한다. 누가는 자신이 복음서를 쓸 때 이런 자료들이 있었고 자신이 다른 자료들에 의존하고 있음을 분명하게 밝힌다(눅 1:1-3). 이런 자료들 중 일부가 보고하는 내용을 확인할 수 있다면 어떨까? 양식비평으로 어느 정도까지는 그렇게 할 수도 있다.

3.2.3.1. Q. 공관복음서들을 주의해서 읽으면 세 복음서 모두 같은 이야기를 매우 유사한 용어·길이·순서로 보고하는 구절들이 상당히 많음을 알아차릴 수 있다. 이 현상이 어떻게 발생했는가? 누가가 당시에 예수에 관한 다른 이야기들이 있었다고 보고한 것을 보면(눅 1:1-2), 마태·마가·누가가 그런 자료 중 하나 이상을 사용했을 법하다. 논쟁의 여지가 없는 결론은 아니지만, 대부분의 학자들은 마가복음이 가장 먼저 쓰인 정경 복음서라고 믿는다. 앞으로 그 의견이 바뀔 수도 있지만 이 책에서 나는 마가복음이 가장 먼저 쓰였고, 요한복음이 가장 나중에 쓰였으며, 마태복음과 누가복음이 그 사이의 어느 때엔가 쓰였다고 가정할 것이다.

또한 마태복음과 누가복음에서는 공통적으로 나타나지만 마가복음에서는 발견되지 **않는** 전승으로 보이는 경우들도 많아 발견된다. 다음의 예를 보라. "구하라, 그리하면 너희에게 주실 것이요. 찾으라, 그리하면 찾아낼 것이요. 문을 두드리라, 그리하면 너희에게 열릴 것이니, 구하는 이마다 받을 것이요, 찾는 이는 찾아낼 것이요, 두드리는 이에게는 열릴 것이니라."[49] 예수의 이 말은 마태복음 7:7-8과 누가복음 11:9-10에 글자 그대로 나타나지만 마가복음에는 나오지 않는다. 이 유사성에 대해 다음과 같이 합리적으로 설명할 수 있을 것으로 보인다.

1. 마태복음과 누가복음이 공통의 출처에서 이 말을 받아들였다. 그 출처는 사람일 수도 있고, 구전일 수도 있고, 또는 기록된 자료일 수도 있다.

2. 누가복음이 마태복음을 자신의 출처로 사용했거나, 그 반대일 수 있다.

아주 인상적인 좀 더 긴 예를 살펴보자. 그 예는 마태복음 12:41-42과 누가복음 11:31-32이 다. 마태와 누가 둘 중 하나가 순서를 바꿨다. 그래서 그 유사성을 이해하기 위해 나는 누가복음 11:31-32의 순서를 32-31절로 바꿔 읽었다. 그 두 텍스트 사이의 차이를 진하게 강조했다.

> 심판[날]에 니느웨 사람들이 이 세대와 함께 일어나 이 세대를 정죄하리니, 이는 그들이 요나의 전도를 듣고 회개하였기 때문이다. 보라, 요나보다 더 큰 이가 여기 있느니라. 심판[날]에 남방 여왕이 이 세대와 함께 일어나 **그 세대를** 정죄하리니, 이는 그가 솔로몬의 지혜를 들으려고 땅 끝에서 왔기 때문이다. 보라, 솔로몬보다 더 큰 이가 여기 있느니라. (마 12:41-42, 개역개정을 따르지 않고 저자의 번역본을 옮겼음)[50]

---

49 Aἰτεῖτε καὶ δοθήσεται ὑμῖν, ζητεῖτε καὶ εὑρήσετε, κρούετε καὶ ἀνοιγήσεται ὑμῖν· πᾶς γὰρ ὁ αἰτῶν λαμβάνει καὶ ὁ ζητῶν εὑρίσκει καὶ τῷ κρούοντι ἀνοιγήσεται.

50 ἄνδρες Νινευῖται ἀναστήσονται ἐν τῇ κρίσει μετὰ τῆς γενεᾶς ταύτης καὶ κατακρινοῦσιν αὐτήν, ὅτι μετενόησαν εἰς τὸ κήρυγμα Ἰωνᾶ, καὶ ἰδοὺ πλεῖον Ἰωνᾶ ὧδε. βασίλισσα νότου ἐγερθήσεται ἐν τῇ κρίσει μετὰ τῆς γενεᾶς ταύτης

심판[날]에 니느웨 사람들이 이 세대와 함께 일어나 이 세대를 정죄하리니, 이는 그들이 요나의 전도를 듣고 회개하였기 때문이다. 보라, 요나보다 더 큰 이가 여기 있느니라. 심판[날]에 남방 여왕이 이 세대 **사람들**과 함께 일어나 **그 사람들을** 정죄하리니, 이는 그가 솔로몬의 지혜를 들으려고 땅 끝에서 왔기 때문이다. 보라, 솔로몬보다 더 큰 이가 여기 있느니라. (눅 11:32, 31, 개역 개정을 따르지 않고 저자의 번역본을 옮겼음)[51]

두 구절의 순서가 바뀐 것을 제외한다면, 유일한 차이는 마태복음이 남방 여왕이 **이 세대**와 함께 일어나 **그 세대를** 정죄할 것이라고 주장하는 반면, 누가복음은 남방 여왕이 **이 세대 사람들**과 함께 일어나 **그 사람들을** 정죄하리라고 쓰고 있는 것뿐이다.

앞의 예에서와 같이, 이 유사성에 대해 마태와 누가가 공통 자료를 공유하고 있었거나, 아니면 한쪽이 다른 한쪽을 자신의 출처로 사용했다는 개연성이 높은 두 가지 설명이 있다. 우리는 이 대안 중 어느 쪽이 옳은지 확신할 수 없다. 어쩌면 마태는 그 자료를 다른 사람으로부터 받고, 누가는 마태의 자료에 의해 시작된 구전으로부터 받았을 수도 있다. 어쩌면 첫 번째 예에 대해서는 그들이 공통된 자료를 갖고 있었고, 두 번째 예에 대해서는 누가가 마태복음을 사용했을 수도 있다. 어쩌면 우리는 결코 그 관계를 알 수 없을지도 모른다. 공관복음서들 안에는 닮은 정도가 다

καὶ κατακρινεῖ αὐτήν, ὅτι ἦλθεν ἐκ τῶν περάτων τῆς γῆς ἀκοῦσαι τὴν σοφίαν Σολομῶνος, καὶ ἰδοὺ πλεῖον Σολομῶνος ὧδὲ.

51 ἄνδρες Νινευῖται ἀναστήσονται ἐν τῇ κρίσει μετὰ τῆς γενεᾶς ταύτης καὶ κατακρινοῦσιν αὐτήν· ὅτι μετενόησαν εἰς τὸ κήρυγμα Ἰωνᾶ, καὶ ἰδοὺ πλεῖον Ἰωνᾶ ὧδε. βασίλισσα νότου ἐγερθήσεται ἐν τῇ κρίσει μετὰ τῶν ἀνδρῶν τῆς γενεᾶς ταύτης καὶ κατακρινεῖ αὐτούς, ὅτι ἦλθεν ἐκ τῶν περάτων τῆς γῆς ἀκοῦσαι τὴν σοφίαν Σολομῶνος, καὶ ἰδοὺ πλεῖον Σολομῶνος ὧδε.

양한 이런 구절들이 많이 있다. 그런 구절들 중 일부는 사용하는 단어들과 그 단어들이 나타나는 순서 측면에서 아주 가깝다. 그러나 많은 경우에 유사성을 보기 위해서는 매우 주의 깊게 살펴봐야 하며, 그런 구절들이 하나의 공통 자료로 인한 결과인지 아니면 같은 이야기를 보고하는 여러 자료들의 결과인지 살펴봐야 한다. 유사한 구절들이 하도 많아서 대부분의 학자들은 마태와 누가가 공통의 출처를 갖고 있었다는 대안을 선호한다. 그러나 다른 많은 학자들은 두 사람 중 어느 한쪽이 다른 쪽을 사용했다는 가설도 동등하게 그럴듯하다고 여긴다. 나는 유사한 모든 텍스트들에 대해 그중 어느 한쪽이 배타적인 대답으로 간주되어야 한다고 생각하지 않는다. 그럼에도 때로는 마태와 누가가 그들이 쓴 복음서들보다 앞서 존재했던 전승에 의존하는 것으로 보이는 경우가 있다.

마태와 누가가 (구전 자료든 문서 자료든) 공통의 출처를 공유하고 있었다고 여기는 많은 학자들은 한 걸음 더 나아간다. 그들이 사용한 출처는 필연적으로 마태복음 및 누가복음에 선행해야하기 때문에, 그들은 그 자료가 어쩌면 마가복음만큼 이른 시기의 것이거나 그보다도 앞선 것일 수 있다고 주장한다. 어느 경우이든, 그 자료는 마가복음과는 구별되었다. 19세기 말에 학자들은 이 자료를 Q라고 부르기 시작했다. Q는 마태복음과 누가복음에서 유사하게 나타나지만 마가복음에는 빠져 있는 전승 자료를 가리킨다. 만약 어느 전승이 세 개의 공관복음서들 모두에 등장한다면, 마가복음이 마태복음과 누가복음의 출처로 간주된다. 이 규칙은 엄격하게 적용되어서는 안 된다. 왜냐하면 마가도 Q를 사용했을 수도 있고 또 다른 자료를 선택했거나 자기가 마태 및 누가에게 공통되는 전승과 의견을 달리하는 곳에서는 그 자료를 빼냈을 수도 있기 때문이다. 학자들은 마태복음과 누가복음에만 나오는 전승에 대해서는 각각 M과 L이라는 가상의 출처를 상정한다.

Q의 존재는 입증될 수 없다는 점을 유념할 필요가 있다. 왜냐하면 마태와 마가가 그들의 정보를 어떤 공통 증인(사람)으로부터 또는 예수에 관해 또는 심지어 예수에 의해 신중하게 구성되고 그 후에 보존된 구전으로부터 받았을 가능성도 있기 때문이다.[52] 그러므로 마태와 누가에 의한 유사한 보고들 사이에서 나타나는 차이들—종종 그 보고들은 아주 다르다—은 구전에서의 경미한 차이에 기인한 것으로 설명될 수 있거나, 어쩌면 예수가 자신의 가르침을 경우에 따라 조금씩 바꿨을 수도 있다. 지금까지 Q를 닮은 "잃어버린 복음서"의 어떤 사본도 발견되지 않았다. 누가복음 1:1-2에서 언급되었을 수도 있다는 것을 제외면, Q는 고대 문헌에서 언급조차 되지 않는다. 그럼에도 Q는 여전히 무시될 수 없는 흥미로운 잠재적 실마리다.

특히, 존 클로펜보그, 제임스 로빈슨, 그리고 버튼 맥은 Q를 "어록 복음" 또는 "Q 복음"이라고 부른다.[53] 클로펜보그와 맥 같은 학자들은 자기들이 Q의 몇 가지 이른 시기의 버전들을 적시할 수 있으며, 심지어 정경 복음서들을 기록한 이들과는 다소 다른 믿음을 가졌던 Q 공동체가 존재했다고 믿는다. 예컨대 맥은 다음과 같이 주장한다.

- 예수와 그의 최초의 추종자들에 관한 가장 초기 전승의 기반에 있는 Q는 기독교적이지 않은 예수 운동을 기록한다.[54]

---

52 이것은 Q를 또 다른 복음서나 어록 문헌으로 여기는 사람들이 상상하는 것과는 다를 것이다.

53 Koppenborg(2000); Robinson, Hoffmann and Kkoppenborg 편(2002).

54 Mack(1993), 245.

• Q는 예수 운동의 첫 40년에 대해 우리가 갖고 있는 최상의 기록이다.[55]

• 예수의 최초의 추종자들은 내러티브 복음들이 의존하는 어떤 극적인 사건들에 관해서도 알거나 상상하지 못했다. 그런 사건들에는 예수의 세례, 예수와 유대 당국자들의 갈등 및 그를 죽이려는 그들의 음모, 제자들에 대한 예수의 지시, 예수의 변화, 예루살렘으로의 행진, 최후의 만찬, 심리, 유대인의 왕으로서 십자가형을 당함, 그리고 마지막으로 죽음으로부터의 부활과 빈 무덤에 관한 이야기들이 포함된다. 이 모든 사건들은 예수 운동에서 로마-유대 전쟁 이후의 그리스도의 순교사로부터 다소 도움을 받아 신화를 만든 것이라고 설명되어야 하고 그렇게 설명될 수 있다. 그러므로 Q의 이야기는 내러티브 복음서들이 역사적 설명이라고 주장할 어떤 권리도 없음을 보여준다.[56]

맥은 데이터가 정당화하는 수준을 너무 심하게 넘어가 버린다. "재구성된 Q"가 예수의 부활을 포함하지 않는다는 것은 분명한 사실이다. 그리고 이 점은 자료에 관한 우리의 논의에서 주목할 가치가 있다. 그러나 그렇다고 Q가 부활에 관해 알지 못했다는 결론을 정당화하지는 않는다. 왜냐하면 Q는 예수의 십자가형에 의한 죽음에 대해서도 분명하게 언급하지 않기 때문이다.[57] 우리는 Q 공동체라고 불리는 공동체—그 공동

---

55 Mack(1993), 245.

56 Mack(1993), 247. Smith(2003)는 마가 이전 데이터와 Q가 어쩌면 부활보다는 예수의 승천에 관해 말하는 전승을 포함하고 있었을 것이라고 주장한다(123-137). Ehrman(*Lost Scriptures*, 2003)은 Q가 "예수의 부활에 대한 문자적 신앙"을 주장하지 않았을 가능성에 대해 열려 있는 듯하다"(58).

57 Carney(1987), 212; Hurtado(*Lord Jesus Christ*, 2003). 그러나 Q 14:27과 아마도 11:49-51이 예수의 죽음을 알고 있었다고 할 수도 있는데, 이 점은 "이 세대"라는 표현에 의해 암시된다.

체가 가상의 발전단계에서 어느 지점에 위치해 있었든—가 그 사건을 몰랐다고 가정해야 하는가? 클로펜보그 자신이 "Q가 Q 그룹의 믿음의 완벽한 목록을 제공하지 않는다"는 것을 인정한다.[58] 또한 "(Q를 포함해) 입수할 수 있는 모든 데이터가 예수의 부활을 기념했던 교회들에 의해 보존되었다"는 점도 주목할 수 있을 것이다.[59] 기독교 공동체 안에서 자기들의 신앙의 핵심을 부정하는 다른 공동체에서 나온 자료가 널리 사용되었다면 그것은 아주 이상한 일이었을 것이다! 더구나 개연성의 정도가 아주 다양한 많은 설명들이 조금의 무리도 없이 Q에서 예수의 부활이 언급되지 않는 이유를 해명할 수 있다. (1) Q는 존재하지 않았으며 누가가 이런 부분에서 마태를 자신의 출처로 사용했거나 아니면 마태가 누가를 자신의 출처로 삼았다; (2) Q는 단지 예수의 어록/가르침 모음집이고, Q에서 부활 내러티브는 장르나 목적 측면에서 바울의 서신들에서만큼 어울리지 않았을 것이다;[60] (3) Q가 부활 내러티브를 포함하고 있었지만 마태와 누가가 자기들이 선호하는 다른 데이터를 사용했다;[61] (4) 마가가 자신의 부활 내러티브로 Q를 사용했거나 사용하려 했으나 그것이 마가복음의 종결부와 함께 소실되었다.

우리는 Q가 가상의 자료이며, 우리가 현재 갖고 있는 데이터를 감안할 때 우리로서는 그것에 대해 많은 것을 알 수 없으며 Q를 낳은 가상의 공동체에 관해서는 더욱 확신할 수 없다는 점을 늘 유념해야 한다. Q의 존재는 결코 어떤 고대 문서가 발견된 것만큼 확실하지는 않다.[62] 실제로

---

58 Kloppenborg(2000), 371.

59 Dunn(2003), 826.

60 Wright(2003), 434; Wright("A New Birth?" 2000), 77 각주 10과 비교하라. Dunn(2003), 160도 보라.

61 Wright(2003), 434 각주 104.

62 Tabor(2006)는 이에 대해 반대한다. 그는 Q를 "우리의 가장 진정성 있는 초기 기

많은 학자들은 Q가 존재했다고 확신하지 않거나 Q 연구에 검증되지 않은 여러 추측이 있음을 발견한다.[63]

맥이 검증되지 않은 가능성들을 제시한 후 이어서 마치 그것들이 확실한 사실인 것처럼 주장할 때 그의 결론이 갖고 있는 문제들이 더욱 커진다. 이것은 **그것은 가능하다, 따라서 그것은 그러하다**로 알려진 논리적 오류다.[64] 그것은 신중한 학문이라기보다 희망사항이다. 많은 사안이 경계선에 걸쳐 있고 완전하게 객관적일 수 없는 예수 연구 분야에서는 진지한 학자, 특히 맥처럼 경험 있는 학자가 이런 식의 접근법을 취할 여지가 없다. 맥의 결론에 대해 애덤스는 다음과 같이 신랄하게 논평한다.

> 만약 우리가 (이론상이 아닌) 실제의 (파편적이 아닌) 완전한 (다른 문서에 포함된 자료가 아닌) 독립된 문서를 갖고 있다면, 그때 우리는 그런 문서가 토대를 이룰 공동체를 상정할 필요가 있을지도 모른다. 우리가 Q라고 알려진 가상의 자료에 대해 실제로 갖고 있는 것에 비춰볼 때, 부활에 대한 믿음 없이 십자가형을 극복하고 살아남은 비기독교적 예수 운동에 관해 말하는 것은 공상의 경계에 있는 추측에 관여하는 것이다.[65]

독교 문서"라고 부른다(150).

63 Perkins(2007), 89; Wright("A New Birth?" 2000)는 이렇게 지적한다. "현역[자료비평] 연구자 중 적지 않은 소수파 학자들은 대다수의 학자들과는 아주 다른 결론에 도달한다(예컨대, Q의 존재를 의심하는 것); 그리고 Q를 신봉하는 대다수의 학자들 중 많은 이들은 우리가 서로 다른 자료들의 행간을 읽고서 어느 정도의 확실성을 갖고서 '발전' 단계—이에 대한 분명한 예가 '초기 Q'와 '후기 Q'다—를 만들어낼 수 있다고 생각하지 않는다"(75). Wright(2003) 자신은 Q의 존재에 대해 확신하지 않는다(403). Q 가설에 대한 광범위한 비평은 Goodacre and Perrin 편(2004)을 보라.

64 Adams(1996), 152-53; Fischer(1970), 63; Kofoed(2005), 48. Gregory(2008)는 역사 연구에서 믿음이 자주 마법적으로 사실로 둔갑한다고 기술한다.

65 Adams(1996), 153-54. Perkins(2007), 85도 보라.

루크 티모시 존슨은 Q가 예수의 부활에 관해 아무것도 알지 못했다는 맥의 주장을 "근거 없는 추측을 행사한 것"이라고 여긴다.[66] Q 공동체가 "비기독교적"이었다는 맥의 전반적인 논지는 존슨에게는 "완전한 헛소리"다.[67] 그 주장에 우호적인 어떤 긍정적인 증거도 없으며, 그 주장은 "텍스트와 공동체가 작동하는 방법"에 관한 여덟 개의 자의적인 가정을 필요로 하고, 바울과 사도행전에 의해 제공된 모든 증거들을 무시하며, 예수에 관한 문헌의 급증을 설명하지 못한다.[68] 맥의 맺는말을 읽었을 때 나는 어떤 정치적 이념이 그의 결론에 동기를 부여했다는 인상을 받았다. 존슨도 유사한 관찰 의견을 피력하면서 맥이 이 지점에서 역사에 진지하게 관심가졌을 가능성이 "매우 희박하다"라고 판단한다.[69] 이 판단이 옳을 수도 있지만, 우리로서는 알 수 없다. 그리고 편견이 반드시 역사적 판단을 왜곡하는 것은 아니다. 그러나 맥의 주장의 토대를 이루는 논거가 약하다는 것을 아는 한, 우리가 맥의 정치적 확신이 (적어도 일시적으로는) 역사적 예수에 관한 책임 있는 역사적 연구를 수행할 그의 능력을 손상시켰다고 주장해도 무리가 아닐 것이다.

때때로 마태와 누가가 그리고 우리가 아는 한 마가도 사용했던 자료가 있었을 수도 있다. 만약 Q가 있었다면, 그것은 필연적으로 마태와 누가보다 먼저 나왔을 것이다. 우리는 Q가 예수의 죽음과 부활에 대해 보고했는지 확신할 수 없다. 그러나 Q가 예수의 부활에 관해 아무것도 알지 못했다는 결론은 개연성이 매우 낮아 보인다. 따라서 Q는 우리의 현재 연

---

66 L. T. Johnson(1996), 138. Hurtado(*Lord Jesus Christ*, 2003)은 그런 추측을 "의심스럽다"고 말한다(231); Perkins(2007), 125.

67 L. T. Johnson(1996), 53.

68 L. T. Johnson(1996), 53.

69 L. T. Johnson(1996), 53.

구를 위한 어떤 가치 있는 정보를 제공하지 않으며 따라서 **가능성이 낮음** 등급을 받는다.

3.2.3.2. 마가 이전 전승. 많은 학자들은 마가가 자신의 복음서에서 사용한 정보를 제공해준 어떤 자료를 갖고 있었다고 믿는다. 마가 이전 전승에 무엇이 포함되었는지, 특히 마가 이전의 수난 내러티브에 무엇이 포함되어 있었는지에 대한 학자들의 광범위한 동의나 합의는 이뤄지지 않고 있다. 마리온 소어즈는 마가 이전의 수난 내러티브를 상세하게 분석한 학자 35명을 살펴본 후 마가 이전 자료에 관한 학자들의 합의가 없다는 것을 보여주었다.[70] 35명 모두 동의하는 구절은 하나도 없었다. 사실, 마가의 수난 내러티브(막 14:32-15:47)에 등장하는 87개 구절들 중 8개(또는 9%) 구절만 70% 이상의 동의를 받았다.[71] 마가 이전의 부활 내러티브와 관련해서, 크로산은 "마가복음 16:1-8에서 마가 이전 전승[과 재구성]에 관한 아무런 합의를 이루지 못하고 있는" 학자들 사이의 "광범위한 불일치"에 대해 불평한다.[72] 제럴드 오콜린스는 이렇게 단언한다. "많은 학자들이 대체로 마가가 그의 수난 및 부활 내러티브를 작성할 때 보다 이른 시기의 문서자료나 구전 자료에 의존했다는 것을 받아들이고 있는 반면에, 이런 자료들에 대한 그 어떤 재구성도 기껏해야 잠정적이며 학자들 사이에서 광범위한 합의가 이뤄지지 않고 있다."[73] 빈 무덤 내러티브와 관

---

70 이 논문은 R. Brown에 의해 편집되고 발표되었다. R. Brown(1994년 사망) 2권 1492-1524에 실린 M. L. Soards.

71 다섯 구절은 74%의 동의를 받았다: 14:46, 15:20-21, 27, 34; 두 구절은 76%의 동의를 받았다: 15:22, 37; 한 구절은 79%의 동의를 받았다: 15:24.

72 W. Kelber 편 *The Passion in Mark*(Philadelphia: Fortress, 1974), 136, 145에 실린 Crossan, "Empty Tomb and Absent Lord(Mark 16:1-8)". Westerman(2006), 100에서 재인용.

73 O'Collins(*Easter Faith*, 2003), 67.

련해, 엥겔브레히트는 이렇게 말한다. "여기서 우리는 막다른 곳에 이른 것으로 보인다. 왜냐하면 그 이야기의 양식비평 측면들에 관해 여러 해 동안 논의해왔음에도 우리는 여전히 그 이야기의 마가 이전 형태에 관해 아는 것이 거의 없기 때문이다."[74] 소어즈는 마가의 편집에서 전승을 분리해내는 과제는 "결국 불가능한 일이 될 수도 있다"고 결론짓는다. 그는 우리가 마가가 그의 자료를 편집했다는 개념을 버릴 필요는 없지만 대신 마가가 제시하는 자료에 우리의 노력을 집중해야 한다고 덧붙인다.[75] 그러므로 마가 이전 자료가 존재했을 수도 있지만, 그 내용은 너무 불확실해서 우리가 마가복음에서 읽는 것과 본질적으로 다르다는 것을 어느 정도라도 확실하게 단정하기는 어렵다.[76] 따라서 나는 그 자료에 **결정할 수 없음** 등급을 부여한다.

3.2.3.3. 사도행전에 실린 연설들. 학자들은 연설에 대한 누가의 비할 데 없는 관심에 주목해왔다. 이 연설들이 우리의 연구 자료 역할을 할 수도 있다. 주요 연설들은 사도행전 전체 분량의 약 22%를 차지한다.[77] 그러나 그 주요 연설들 이외의 직접적인 연설들을 포함한다면, "사도행전 전체의 절반을 약간 넘는 분량이 직접적인 연설을 기록한 것으로 간주된다."[78] 연설에 대한 누가의 관심에 비춰볼 때, 그 연설들이 요약인지 아니면 누가

74 Engelbrecht(1989), 245.

75 R. Brown(1994년 사망), 2권 1523-24에 실린 Soards. Wright(2003), 403도 보라.

76 그러므로 나는 Marxsen(1990)의 다음과 같은 주장에 동의하지 않는다. "[그 네 개의 부활 내러티브들은] 그 기원을 마가복음의 저자가 자기 앞에 갖고 있었던, 그리고 문헌비평의 도움을 받아 쉽게 재구성할 수 있는 **하나의** 내러티브로 추적해 올라갈 수 있다"(51-52).

77 Hemer(1990), 415.

78 Hemer(1990), 416.

자신의 창작인지 묻게 된다. 만약 요약이라면, 그 연설들은 실제 연설을 염두에 둔 것인가, 아니면 교회의 초창기 가르침을 요약한 것인가?

누가의 의도를 이해하기 위한 배경으로서 고대의 다른 역사가들이 연설을 사용하는 데 대한 많은 논의가 이루어졌다. 투키디데스가 다음과 같이 한 말을 살펴보라.

> 이 책에 포함된 연설들에 관해 말하자면 어떤 연설들은 전쟁이 시작되기 전에 행해졌고, 어떤 연설들은 전쟁이 진행되는 동안 행해졌다. 어떤 연설들은 내가 직접 들은 것이고, 다른 연설들은 다양한 원천에서 얻은 것이다. 모든 경우에 그 연설들을 어느 한 사람의 기억 속에 있는 것을 단어 그대로 옮기기는 어려웠다. 그래서 나는 물론 가능한 한 연설자들이 실제로 했던 말의 대체적 의미를 훼손하지 않으면서 내가 생각하기에 그들이 다양한 경우에 그들에게 요구되었던 바를 말하는 것으로 표현했다. 그리고 사건들에 관한 내러티브에 대해 말하자면 나는 입수된 일차 원천 자료에서 내러티브를 이끌어내기는 고사하고 나 자신의 인상조차 신뢰하지 않았다. 그 내러티브는 부분적으로는 내 자신이 본 것에, 그리고 부분적으로는 다른 사람들이 보고 내게 말해 준 것에 의존했으며 그 보고의 정확성은 늘 가능한 한 가장 엄격하고 상세한 테스트에 의해 시험을 받는다. 내 결론은 동일한 사건에 대한 서로 다른 목격자들의 설명들이 일치하지 않아서—그것은 때로는 불완전한 기억에 기인하기도 하고 때로는 어느 한쪽으로의 부적절한 편파성에 기인한다—내게 상당한 노력을 요구했다.[79]

투키디데스는 그 사건을 목격한 사람들뿐 아니라 그 연설 현장에 있

---

79 Thucydides *Histories* 1.22.1-3. 영어 번역은 페르세우스 2.0에 의해 제공되었다.

었던 자신의 기억을 사용해서 연설을 정확하게 재현하려 했다. 연설을 단어 그대로 회상하기 어렵기 때문에 그는 자기가 생각하기에 그 연설이 그렇게 말해졌으리라고 여기는 방식으로 연설들을 배열하고서, 할 수 있는 한 말해진 것의 일반적 의미에 가깝게 했다. 투키디데스가 서로 상충하는 증언들과 불완전한 기억이 자기가 사용한 설명들에서 나타나는 차이들에 대해 책임이 있다고 말하는 것인지, 아니면 투키디데스가 자신의 설명 안에 의도적으로 그런 차이들을 보존해 두었는지 알기는 어렵다.[80]

폴리비우스는 연설에 관한 추가적인 논평을 제공한다.

> 확실히 역사가의 목표가 일련의 짜릿한 일화들로 독자를 놀라게 하는 것이어서는 안 된다. 역사가는 행해졌을 **수도 있는** 연설들을 만들어내는 것을 목표로 삼아서도 안 되고, 비극 작가처럼 극적인 적절성을 상세하게 연구해서도 안 된다. 역사가의 역할은 무엇보다도 그것이 아무리 평범할지라도 실제로 말해지거나 행해진 것을 충실하게 기록하는 것이다. 왜냐하면 역사의 목적과 드라마의 목적은 같지 않고 서로 판이하기 때문이다. 드라마의 목표는 가능한 한 실감나는 말로 감동과 기쁨을 주는 것이다. 반면에 역사의 목표는 참된 말과 행동을 통해 가르치고 납득시키는 것이다. 드라마의 효과는 일시적이지만, 역사의 효과는 영원하도록 의도된다. 드라마의 경우 환상을 만들어내는 것이 목적이기 때문에 청중을 끌어들이는 드라마가 가장 뛰어난 드라마다. 그러나 역사의 경우 배우는 사람에게 유익을 주는 것이 목표이기 때문에 진실이 가장 중요하다.[81]

80 후자라면, 나는 행 9, 22, 26장에 실려 있는 바울의 회심에 관한 약간씩 다른 설명들에 대해 생각하지 않을 수 없다.

81 Polybius *Histories* 2권 56. 영어 번역(수정판)은 Perseus Project에 의해 제공됨.

폴리비우스에게는, 역사가들은 오직 실제로 발생했다고 알려진 연설들만 보고해야 한다. 그들은 가능한 한 실제로 말해지고 행해진 것과 가깝게 보고하려고 노력해야 한다. 세 번째 고대 저자 루키아노스는 역사가들에게 권고하길 타인의 연설을 글로 옮길 때는 그 연설을 전달했던 사람에게 어울리도록 써야 하며 연설문은 분명해야 한다고 말한다. 연설을 재구성할 때 역사가는 자기의 웅변가로서의 재능을 과시하도록 허용된다. "만약 [역사가가] 어떤 사람이 연설을 하게 해야 한다면, 무엇보다도 연사의 말이 그 사람과 그의 주제에 적합하게 해야 하며, 다음으로는 연설이 가능한 한 명확하게 해야 한다. 이 조건이 충족된다면 역사가 자신이 웅변가 역할을 하고 자신의 유창함을 과시할 수 있다."[82]

기원후 48년에 클라우디우스 황제가 로마 원로원에서 행한 연설에 대한 두 개의 보고가 있다. 타키투스는 그의 책 『연대기』(*Annals*) 11.24에서 그 연설에 대한 한 가지 버전을 제공한다. 놀랍게도, 그 연설의 파편들이 1528년에 루그두눔(리옹)에서 발견된 청동판에도 보존되어 있다. 비록 핵심은 분명하게 식별할 수 있지만,[83] 그 설명들 사이에는 차이가 있으며, 둘 중 어느 것이 더 정확한지 알기는 어렵다. 대부분의 학자들이 청동판을 선호하는데 그것은 타키투스의 버전에는 그의 저술 스타일이 들어 있기 때문이다.[84] 둘 중 어느 하나 또는 둘 다 축자적 설명과는 거리가 먼

〈www.perseus. tufts.edu/hopper/text?doc=Perseus%3atext%3a1999.01.0234〉(2008년 6월 12일 접속).

82 Lucian *How to Write History* 58쪽(K. Kilburn 역 *Lucian*, *Volume* 6, Loeb Classical Library [Cambridge, Mass.: Harvard University, 1959], 71에 실린 글).

83 루그두눔 청동판에 대한 영어 번역본은 William Stearns Davis 편, *Readings in Ancient History: Illustrative Extracts from the Sources*, 2 vols.(Boston: Allyn and Bacon, 1912-13), 2:186-88에서 제공되며, 온라인 〈www.fordham.edu/halsall/ancient/48claudius.html〉에서 찾아볼 수 있다.

84 Byrskog(2002), 212; Hemer(1990), 76.

것이 분명하다.

많은 학자들이 누가의 연설 배후에 오래된 자료가 있으며 그 연설들은 자유로운 창작이 아니라고 믿어야 할 이유가 있다고 주장한다. 그레이엄 스탠튼은 아마도 사도행전의 처음 열다섯 장에 등장하는 연설들 배후에는 유대 자료가 있을 것이라고 주장하는 반면, 리처드 보컴은 그 연설들은 "누가의 복음서와는 아주 독립적으로 보인다"라고 지적한다.[85]

누가가 그 시대의 역사가들이 유지했던 기준을 따랐는지 또는 폴리비우스가 염두에 두었던 부정적인 유형의 역사가였는지는 두 가지 방법을 통해서만 논증될 수 있다. 첫 번째 방법은 누가가 자신의 원천 자료를 존중했는지, 존중하지 않았는지 입증하는 것이다. 두 번째 방법은 사도행전이 어떤 특별한 장르—그것이 누가가 교회의 처음 30년에 대한 정확한 역사를 쓰려고 의도했음을 보여주는 것이든, 아니면 그가 오락에 더 관심이 있었음을 보여주는 것이든—에 속했음을 입증하는 것이다.[86] 사도행전의 연설들에서 누가의 어휘와 스타일이 탐지되지만, 이 점은 그 연설들이 축자적 보고가 아님을 보여줄 뿐 그 연설들의 정확성을 해치지는 않는다.

---

85 Stanton(1974), 70; Bauckham(2002), 305. Vermes(2008)도 보라: "사도행전에 연대기적으로 묘사된, 예루살렘과 유대의 예수 운동 초기의 생각이라고 기록된 내용들은 실제로 최초의 팔레스타인 유대-기독교 공동체의 가장 초기의 생각을 반영할 가능성이 매우 높다"(112).

86 Ehrman(*The New Testament*, 2008)은 비록 사도행전에서 "수많은 소설적인 손질"을 발견하기는 하지만, 사도행전이 오락을 염두에 두고 있었다는 생각은 의심한다. 그는 자신의 논거를 지지하는 여러 이유를 제시한 뒤에 "누가는 소설이 아니라 초기 기독교의 역사를 쓰려고 했다. 실제로 사도행전에 관해 언급했던 고대의 기독교 저자들은 모두 그 책을 이런 식으로 이해했던 것으로 보인다"고 결론지었다(143, box 10.1). Witherington(*Acts*, 1998)은 누가복음-사도행전이 그리스식 역사로 쓰인 두 권의 책이며, 누가가 자신을 진지한 종교 역사가로 여겼다고 주장한다(2-51). Parsons(2008)는 사도행전 저자가 "역사적 신빙성에 깊이 헌신했는데, 그 결심은 부분적으로는 이야기를 똑바로 전하고자 하는 누가의 결심에 의존했다. 그러나 현대의 독자는 고대의 맥락에서 이야기를 똑바로 전하는 것은(누가가 자유롭게 '채워 넣지도' 않았지만) 누가가 모든 면에서 역사적으로 '바르게 전했음'을 함축하지 않는다는 것을 알아야 한다"고 말한다(7-8).

이 점에 대해서는 거의 모든 학자들이 인정할 것이다. 일부 학자들은 사도행전의 연설들 배후에 보다 이른 시기의 자료가 있을 수 있다는 데 고무되지만, 우리의 연구에서 그런 자료에 호소하려면 매우 조심스럽게 제한적으로 접근해야 한다.[87] 왜냐하면 결국 우리는 소어즈가 다음과 같이 설명하듯이, 그 자료들의 기원에 관해 충분히 알지 못하기 때문이다.

> 그 연설문 작성에서의 누가의 창의성이라는 문제와 관련해서 책임 있는 비평가들은 판이한 결론들을 내려왔다. 아무도 그 연설들이 초기 기독교의 선언에 대한 축어적인 보고라고 생각하지는 않지만, 많은 학자들은 사실상 그런 생각으로부터 동떨어져 있지는 않다. 그들은 누가가 항상 실제 연설의 생생한 요약을 제공한다고 믿는다. 누가, 투키디데스, 폴리비우스, 루키아노스 등은 이런 주장을 옹호하는 것으로 읽힌다. 그러나 다른 학자들은 동일한 고대 작가들이 누가가 자유롭게 그 연설문들을 작성했으며, 심지어 어쩌면 실제로는 아무 연설도 하지 않았음에도 그 연설들을 한 것으로 보고하고 있다고 암시하는 것으로 해석한다. 실제 사실이 어떠한지 우리는 알지 못한다.[88]

---

87 Hermer(1990): "그러나, 공관복음 문제에 대해 어떤 입장을 취하든, **겉보기에는** '연설들' 특히 누가복음의 연설들이 대체로 현존하는 또는 추론할 수 있는 자료에 의존하고 있다고 말할 수 있는 것으로 보인다. 편집이 있고, 재배열이 있는데 이 점은 '(단편적인 사건들로 이루어진) 삽화적인' 내러티브에서는 거의 놀랄 일이 아닐 수도 있다. 그러나 현저한 점은 누가가 원천 자료들을 거의 축자적으로 사용하는 정도다"(78-79); Stanton(1974): "사도행전의 처음 장들에 등장하는 어휘·어조·스타일 그리고 심지어 신학들은 모두 나중 장들에 나오는 것들과 너무도 판이해서, 만약 그 모든 자료가 누가의 펜에서 나온 것이라면, 그는 1세기 로마에서 가장 명석한 저자들과 문장가들 중 하나였음이 분명하다"(68-69); Witherington(*Acts*, 1998): "이것들을 실제 사건들과 실제 연설들의 내러티브로 보는 데 찬성해야 할 요인들 중 하나는 그것들에서 나타나는 명백한 차이들이다. 만약 누가가 사울의 회심에 관한 자신의 다양한 이야기들을 지어내려고 했다면, 우리는 그 이야기들이 현재 우리가 갖고 있는 내용들보다 훨씬 더 비슷했을 것이라고 예상할 것이다"(310).

88 Soards(1994), 16 각주 53. Soards는 최소한 누가가 보고하는 연설들이 실제로 말해졌을 가능성이 높았음을 나타낸다고 추측한다(17 각주 53). Byrskog(2002)는

그러므로 그 연설들을 예루살렘 사도들의 가르침을 반영하는 것으로 이해한다는 측면에서, 나는 사도행전에 실려 있는 설교 요약들에 **가능성이 있음** 등급을 부여한다.

3.2.3.4. 구두 신앙고백. 그리스-로마 세계에서는 오직 소수—아마도 10% 미만—의 사람들만 글을 읽고 쓸 수 있었기 때문에[89] 구전이 큰 역할을 했다. 신약성서 곳곳에는 예수의 부활에 대해 언급하는 짧은 신앙고백들이 등장한다. 많은 학자들은 이 신앙고백들이 예배나 세례 때 사용되다가 신약성서 안으로 편입된 구전들이며 따라서 그 고백들이 등장하는 문헌보다 시기상 앞선다고 믿는다. 몇 가지 예들 들어보자.

3.2.3.4.a. 로마서 1:3b-4a.

τοῦ γενομένου ἐκ σπέρματος Δαυὶδ κατὰ σάρκα, τοῦ ὁρισθέντος υἱοῦ θεοῦ ἐν δυνάμει κατὰ πνεῦμα ἁγιωσύνης ἐξ ἀναστάσεως νεκρῶν.[90]

육신으로는 다윗의 혈통에서 나셨고 성결의 영으로는 죽은 자들 가운데서

"그 연설들 대부분이 심하게 편집된 특성이 있다는 U. Wilckens의 주장에서 벗어나 저자가 이른 시기의 자료에 철저하게 의존하고 있음을 인정하는 쪽으로 합의가 이루어졌다"(284)고 주장한다. Hemer(1990)는 "그 연설들에 부여할 수 있는 역사적 가치의 수준"을 다음과 같이 제시한다:(1) 특정한 경우에 실제로 말해졌던 내용;(2) "당시의 취지에 적합한 공정한 언급 또는 그와 유사한 것";(3) 누가의 창작물(419). 각각의 선택을 지지하거나 반대하는 논거는 420-26에서 나타난다. 요약하자면, Hemer는 "그 연설들에 들어 있는 자료의 신빙성과 출처는 전혀 해결되지 않았다. 그 연설들을 지어낸 것이라기보다는 실제 연설들의 개요로 여길 만한 충분한 이유들이 남아 있다"고 결론짓는다(427).

89 Malina, Joubert and van der Watt(1996), Logos Libronix.

90 이 책에서 신약성서의 그리스어 텍스트는 모두 *Novum Testamentum Graece*, 27판(Stuttgart: Deutsche Bibelgesellschaft, 1993)을 참조했다.

부활하사 능력으로 하나님의 아들로 선포되셨으니.

많은 학자들은 여기서 바울이 비록 표현을 고치기는 했을지라도 예루살렘 교회까지 거슬러 올라갈 수 있는 보다 오래된 신앙고백을 사용하고 있다고 믿는다.[91] 던은 많은 학자들을 이 결론으로 이끈 다음과 같은 특징들을 지적한다.

- "대조 대구법에서의 두 개의 관계사절"(τοῦ γενομένου ἐκ σπέρματος Δαυὶδ^ τοῦ ὁρισθέντος υἱοῦ θεοῦ ἐν δυνάμει)
- "부정과거분사로서 평행하는 동사들"(τοῦ γενομένου/τοῦ ὁρισθέντος)
- "부가된 두 세트의 평행구들"(ἐκ σπέρματος Δαυὶδ/υἱοῦ θεοῦ ἐν δυνάμει와 κατὰ σάρκα/κατὰ πνεῦμα ἁγιωσύνης)
- "전형적이지 않은 바울의 용어"(ὁρίζω)
- "셈어적인 표현"(πνεῦμα ἁγιωσύνης). 케제만은 동사(이 경우에는 분사: τοῦ γενομένου/τοῦ ὁρισθέντος)를 앞에 두는 전형적으로 셈어적인 표현을 덧붙인다(예컨대, 딤전 3:16).[92] 이 점이 중요한 것은 바울이 대체로 로마에 있는 이방인 독자들에게 편지를 쓰고 있기 때문이다. 셈어적 요소들은 그 기원이 예루살렘 교회에 있음을 가리키는데, 그 표현은 그곳에서 형성되었거나 그곳의 지도자인 베드로, 야고보, 요한에게 승인받았을 가능성이 있다.
- "그리고 '죽은 자들 가운데서의 부활'로 표현하는 그리스도의 부

---

91 Barrett(1957), 19; Bruce(1985), 68; Dunn(2002), "Form and Structure," Logos Libronix; Hengel(2004), 157-58; Hurtado(*Lord Jesus Christ*, 2003), 107, 171, 326; Käsemann(1980), 10-11; Longenecker(1970), 80; Longenecker, 편(2005), 71에 실린 Longenecker.

92 Käsemann(1980), 10.

활에 대한 원시적 묘사"

• "디모데후서 2:8; Ign. *Smyrn*. 1.1, 그리고 출생 내러티브들(마 1:18-25; 눅 1:32-35; Brown, *Birth*, 133-43, 309-16을 보라)의 배후에 있는 공통의 전승에서 나타나는, 유사하게 원시적인 균형 잡힌 표현들(다윗의 아들, 하나님의 아들)의 증거."[93]

우리의 연구에서 중요한 점은 여기서 우리가 대개 55년에서 58년 사이에 쓰인 것으로 추정되는 바울의 로마서보다 이른 시기로 거슬러 올라가는, 예수가 죽은 자들 가운데서 부활했다는 진술을 만난다는 것이다.

3.2.3.4.b. 누가복음 24:33-34.

Καὶ ἀναστάντες αὐτῇ τῇ ὥρᾳ ὑπέστρεψαν εἰς Ἰερουσαλὴμ καὶ εὗρον ἠθροισμένους τοὺς ἕνδεκα καὶ τοὺς σὺν αὐτοῖς, λέγοντας ὅτι ὄντως ἠγέρθη ὁ κύριος καὶ ὤφθη Σίμωνι.

[엠마오로 가던 제자들이] 곧 그때로 일어나 예루살렘에 돌아가 보니 열한 제자 및 그들과 함께 한 자들이 모여 있어 말하기를 "주께서 과연 살아나시고 시몬에게 보이셨다" 하는지라.

24:34의 진술, 즉 "주께서 과연 살아나시고 시몬에게 보이셨다"라는 진술은 흥미롭다. 두 가지 요소가 일부 학자들로 하여금 이 표현을 구두 신앙고백으로 여기게 했다. 첫째, 예수가 시몬에게 나타난 것은 누가나 다른 복음서 저자들이 이야기하지 않았기 때문에 이 표현은 누가의 내러

93 Dunn(2002), "Form and Structure," Logos Libronix.

티브에는 다소 낯설다. 예수가 시몬에게 나타난 사건은 우리의 구전에서 가장 중요한 구절인 고린도전서 15:3-8에서 언급된다. 거기서 바울은 5절에서 "게바에게 보이시고"(καὶ ὅτι ὤφθη Κηφᾷ)라고 보고한다. 둘째, 부활한 예수는 이제 "주"(ὁ κύριος)라고 불리면서 기독론적인 정취를 띤다.[94] 나는 이 두 번째 논거에 대해서는 납득되지 않는다. 왜냐하면 누가복음의 다른 곳에서 예수는 그의 제자들과 마찬가지로 자신을 ὁ κύριος라고 부르기 때문이다.[95] 만약 이 표현이 정형적인 신앙고백이라면, 그것은 아마도 60-80년 사이에 쓰였을—대부분의 학자들은 늦은 쪽을 선호한다—누가복음보다 앞선다.

3.2.3.4.c. 다른 신앙고백들.

많은 학자들이 "하나님이 예수/그를 (죽은 자들 가운데서) 일으켰다"라는 진술과 유사한 짧은 신앙고백들로 보이는 많은 구절들을 지적해 왔다(롬 4:24; 6:4; 7:4; 8:11; 10:9; 고전 6:14; 15:12, 15, 20; 고후 4:14; 갈 1:1; 엡 1:20; 골 2:12; 살전 1:10; 행 3:15, 26; 4:10; 5:30; 10:40; 13:30, 33, 37; 17:31; 벧전 1:21; Pol. *Phil*. 2.1)[96] 많은 학자들이 이 신앙고백을 예수의 부활에 관한 가장 초기 전승의 핵심으로 여긴다. 왜냐하면 이 표현이 신약성서의 모든 문헌보다 앞서기 때문이다.[97] 또 다른 신앙고백들은 예수

---

94 Marshall(1978), 900.

95 눅 7:13; 10:1, 41; 11:39; 12:42; 13:15; 17:5; 18:6; 19:31, 34; 22:61. 그러나 이 중에서 오직 눅 19:31, 34만 예수나 그의 제자들의 선언이다.

96 Allison(*Resurrecting Jesus*, 2005), 229-32; R. Brown(1973), 78, 78 각주 133, 84-85; Dunn(2003), 826 각주 4; Theissen and Merz(1998), 483. 내가 "신앙고백"이라는 표현으로 의미하는 것은 어떤 공식적으로 승인된 진술을 늘 입수할 수 있다는 뜻이 아니라 어떤 정해진 순서대로 믿음을 진술한 표현이 있다는 뜻이다.

97 Allison(*Resurrecting Jesus*, 2005), 229; Dunn(2003), 826 각주 4; Theissen and Merz(1998), 483.

의 죽음과 부활에 관한 이중의 진술을 포함한다(살전 4:14; 롬 4:25; 8:34; 고후 5:15; 막 16:6; 행 2:23-24; 3:15; 4:10; 5:30-31[부활이라기보다는 승귀]; 10:39-40; 13:28-30; Ign. *Rom*. 6.1; Pol. *Phil*. 9.2).[98] 이런 텍스트들 중 일부는 그 텍스트들이 고백적 전승을 반영할 가능성이라는 측면에서 더 중요하다. 로마서 10:9은 "~로 시인하며"라는 소개용 말들을 포함하는 반면, 로마서 6:4이 언급하는 세례라는 상황은 고백적 전승의 일부였던 데이터에 적합하다. 유사한 내용이 자주 나타난다는 사실은 예수의 죽음과 부활이 사도들의 설교의 일부였음을 가리킨다.

3.2.3.4.d. 고린도전서 15:3-8.

παρέδωκα γὰρ ὑμῖν ἐν πρώτοις, ὃ καὶ παρέλαβον, ὅτι Χριστὸς ἀπέθανεν ὑπὲρ τῶν ἁμαρτιῶν ἡμῶν κατὰ τὰς γραφὰς καὶ ὅτι ἐτάφη καὶ ὅτι ἐγήγερται τῇ ἡμέρᾳ τῇ τρίτῃ κατὰ τὰς γραφὰς καὶ ὅτι ὤφθη Κηφᾷ εἶτα τοῖς δώδεκα· ἔπειτα ὤφθη ἐπάνω πεντακοσίοις ἀδελφοῖς ἐφάπαξ, ἐξ ὧν οἱ πλείονες μένουσιν ἕως ἄρτι, τινὲς δὲ ἐκοιμήθησαν· ἔπειτα ὤφθη Ἰακώβῳ εἶτα τοῖς ἀποστόλοις πᾶσιν· ἔσχατον δὲ πάντων ὡσπερεὶ τῷ ἐκτρώματι ὤφθη κἀμοί.

내가 받은 것을 먼저 너희에게 전하였노니 이는 성경대로 그리스도께서 우리 죄를 위하여 죽으시고 장사 지낸 바 되셨다가 성경대로 사흘 만에 다시 살아 나사 게바에게 보이시고 후에 열두 제자에게와 그 후에 오백여 형제에게 일시에 보이셨나니, 그중에 지금까지 대다수는 살아 있고 어떤 사람은

---

98 Allison (*Resurrecting Jesus*, 2005), 230-31; Theissen and Merz (1998), 483.

잠들었으며 그 후에 야고보에게 보이셨으며 그 후에 모든 사도에게와 맨 나중에 만삭되지 못하여 난 자 같은 내게도 보이셨느니라.

예수의 부활에 관한 거의 모든 역사 연구에서 고린도전서 15:3-8은 비중이 매우 크며, 아마도 역사가들이 예수 부활의 역사성에 관해 논의할 때 사용할 수 있는 가장 중요하고 가치 있는 구절일 것이다. 이 구절의 가장 귀한 특징은 이 구절이 이른 시기에 기록되었다는 점이다. 방금 논의했던 신앙고백들과 마찬가지로, 우리는 이 구절에서 그 내용이 실려 있는 편지보다 앞서는 것으로 보이는 전승을 발견한다. 바울이 지금 우리가 고린도전서라고 부르는 편지를 쓴 시점은 기원후 54년 또는 55년이라고 믿어지고 있다. 만약 예수가 기원후 30년에 사망했다면, 지금 우리는 예수와 직접 교제했던 많은 사람들을 알고 있는 중요한 교회 지도자가 예수의 사후 25년 이내에 쓴 편지를 읽고 있는 셈이다. 만약 이 편지가 바울이 보존한 전승을 담고 있다면, 우리는 그 구절이 보고하고 있다고 주장하는 사건이 벌어진 후 25년 이내로 접근하는 셈이다.

무엇이 우리가 전승을 읽고 있다는 널리 퍼진 결론을 지지해 주는가? 바울이 자기가 그 시대에 여러 분파들에서 사용되던 전승을 조심스럽게 전달하고 있음을 가리키는 두 용어가 있다. 그 단어들은 "전하였다"(παραδίδωμι)와 "받았다"(παραλαμβάνω)다.[99] 바울은 자기가 다른 사람에게서 받은 내용, 달리 말하자면 자기에게 전해져 내려온 전승을 나눠주려 한다고 주장한다. 바울 서신의 많은 구절들이 우리에게 바울에게 전승

---

99 BDAG(2000), no. 3, 762; R. Brown(1973), 81; Burridge and Gould(2004), 70; Craig(*Assessing*, 1989), 2; Dunn(2003), 855 각주 127; Gerhardsson(1998), 288-90, 295; Hays(1997), 254-55; Kloppenborg(1978), 351; Meier(2001), 139; Segal(2004), 400; *TDNT*(1964-76), 2:171, no. 6에 실린 Büchsel; Theissen and Merz(1998), 487.

의 중요성과 권위를 아무리 강조해도 지나치지 않다고 알려준다.[100] 마가와 요세푸스는 전승에 대한 열정이 바울이 속해 있던 그룹인 바리새인들의 기준이었다고 보고한다.[101] 그리고 바울은 회심하기 전에 자기가 바리새인으로 지낼 때 전승에 열심이 있었다는 것을 주저하지 않고 인정한다("내가 내 동족 중 여러 연갑자보다 유대교를 지나치게 믿어 내 조상의 전승에 대하여 더욱 열심이 있었다"[περισσοτέρως ζηλωτὴς ὑπάρχων τῶν πατρικῶν μου παραδόσεων; 갈 1:14). 그리스도인이 된 바울은 이제 예수와 사도들의 전승에 헌신하기는 했지만, 그가 전승에 대한 헌신을 유지했던 것은 놀랄 일이 아니다.

고린도전서 15:3-7에는 자기가 전승을 전하고 있다는 바울의 주장과 일치하는 많은 요소들이 있다. 첫째, 그 텍스트에는 비바울적인 여러 특성들이 들어 있다. 예컨대, 갈라디아서 1:4 한 곳을 제외하고, "ὑπὲρ τῶν ἁμαρτιῶν ἡμῶν"(우리 죄들을 위하여)라는 표현은 바울 서신의 다른 어느 곳(그리고 신약성서의 나머지)에서는 나타나지 않는다. 바울은 "죄"라는 단수를 선호한다.[102] "성경대로"라는 어구는 바울 서신과 신약성서의 다른 곳

---

100 고전 11:2, 23; 15:1, 2(τίνι λόγῳ), 3; 갈 1:14; 빌 4:9; 골 2:6; 살전 2:13(παραλαβόντες λόγον); 4:1; 살후 2:15; 3:6. Gerhardsson(1998), 290, 296에서 인용함.

101 막 7:1-13, 특히, 막 7:3, 5; Jos. *Ant.* 13.10.6 §297; 13.16.2 §408; 다음 구절들과 비교하라. 빌 3:5; 행 23:6; 26:4-8. 다음 문헌들을 보라. *ABD* 6:638에 실린 Setzer(1996, c1992); Hawthorne and Martin 편(1993), 943-45에 실린 M. B. Thompson. 고대 유대교 안에서의 전승에 관한 더 많은 정보는 A. J. Avery-Peck, "Tradition in Judaism"과 Neusner, Avery-Peck and Green, 편(Brill and Logos Libronix Software, 2000)에 실린 J. Neusner, "Tradition in Judaism(Supplement)"을 보라.

102 "죄"(sin)라는 표현은 바울 서신에서 64회 나온다. 3회는 목회 서신에서 나오고, 5회는 구약 인용에서 나타난다. 나머지 56회 중 50회는 "죄"(sin, 단수이고 소유격을 취하지 않는다)로 나타난다. 6회는 "죄들"(sins)이라는 복수 형태가 소유격으로 혹은 소유대명사를 동반한 형태로 나타나는데, 이 경우에 "전승의 영향을 볼 수 있다"(고전 15:3: 케리그마의 영향; 고전 15:17: 케리그마의 결과; 갈 1:4: 기독

에서는 나타나지 않는다. 대신 우리는 γέγραπται("그것이 기록되었다)"라는 표현을 발견한다.[103] 전형적인 부정과거형 대신 완료수동형인 "그가 살리심을 받았다(개역 성경에서는 '그가 살아나셨다'로 번역되어 있음—역자 주)"라는 표현은 고린도전서 15:12-14, 16, 20 그리고 디모데후서 2:8에서만 발견되는데, 이 표현도 바울 이전에 나타난 것으로 믿어지는 고백적인 공식이다.[104] "사흘 만에"는 바울 서신 중 오직 이곳에서만 나타난다.[105] 바울 서신에서 ὤφθη("나타났다" 또는 "보였다")는 오직 고린도전서 15:5-8과 디모데전서 3:16에서만 발견된다.[106] "열 둘"은 바울 서신 중 이곳에서만 나

론적 신앙고백; 롬 7:5; 엡 2:1; 골 1:14; 비바울적 표현, Craig[*Assessing*, 1989], 2-3). 다음 문헌들도 보라. Allison(*Resurrecting Jesus*, 2005), 234; Theissen and Merz(1998), 487. 이 논거는 요일 2:2; 4:10에서 "우리 죄를 위하여"(περὶ τῶν ἁμαρτιῶν ἡμῶν)라는 표현이 나오고 눅 11:4; 벧전 2:24에서 "우리의 죄들"(τὰς ἁμαρτίας ἡμῶν)이라는 표현이 나타난다는 사실로 인해 약화된다.

103 Allison(*Resurrecting Jesus*, 2005), 234; Craig(*Assessing*, 1989), 3; Theissen and Merz(1998), 487.

104 Allison(*Resurrecting Jesus*, 2005), 234; Craig(*Assessing*, 1989), 3; Theissen and Merz(1998), 487. 바울은 다른 곳에서는 부정과거형을 사용한다: 롬 4:24, 25; 6:4, 9; 7:4; 8:11(2회), 34; 10:9; 고전 6:14; 15:15(2회); 고후 4:14; 5:15; 갈 1:1; 엡 1:20; 골 2:12; 살전 1:10. 내 의견으로는, 이 점은 비록 아주 강력하지는 않지만 주목할 만하다. 왜냐하면 바울 서신에서 "ἐγείρω"(일으키다)가 예수에게 적용되어 나타나는 총 25회 경우 중 7회(28%)가 완료수동형이기 때문이다. 이것은 상당히 큰 숫자다. 그 7회 중 한 번을 제외하고 모두 고전 15:3-5에 실려 있는 전승과 관련이 있다고 할 수 있다. 그리고 딤후 2:8은 그 자체가 신조적인 것으로 보인다. 이 점은 고전 15:3-5가 전승이라는 논거를 강화한다. 왜냐하면 바울은 ἐγείρω의 완료수동형을 그 구절 밖에서는 오직 한번만 사용하는데 그 텍스트는 직접적으로 그 구절로부터 나오고 그 구절과 관련되어 있기 때문이다. 그러나 고전 15:15에서 두 번 나타나는 부정과거형은 고전 15:3-5의 전승과 동등하게 관련되어 있다.

105 Craig(*Assessing*, 1989), 3.

106 Allison(*Resurrecting Jesus*, 2005), 234; Craig(*Assessing*, 1989), 3; Theissen and Merz(1998), 487. 행 13:31; 16:9도 보라. 그러나 우리는 바울이 예수가 출현했다고 말하기 위해 다른 어떤 단어를 사용했을 수도 있는지에 대해 물을 수 있다. 그는 고후 5:10과 빌 2:15에서와 같이 φανερόω라는 단어를 사용할 수도 있었을 것이다.

타난다. 다른 곳에서 그는 "사도들"이라는 용어를 사용한다.[107]

둘째, 우리는 그 텍스트에서 대구법을 발견할 수 있다. 첫 번째와 세 번째 행은 길고, 같은 구조를 갖고 있으며(동사, 긴밀한 수식관계, 성경에 의해 입증됨), ὅτι에 의해 도입되는 짧은 문장이 뒤따라 나온다.[108] 셋째, 바울은 그 전승을 묘사하는 데 κήρυγμᾶκηρύσσω라는 단어를 사용한다. 고린도전서 15:1-2에서 바울은 자기가 그들에게 τὸ εὐαγγέλιον ὃ εὐηγγελισάμην, ὃ καὶ παρελάβετε("우리가 전하고 너희가 받은 복음")에 대해 말할 것이라고 말하며, 또한 그것을 τίνι λόγῳ εὐηγγελισάμην ὑμῖν("내가 너희에게 전한 말")이라고 부른다. 그러나 다시 고린도전서 15:3-

---

107 Allison(*Resurrecting Jesus*, 2005), 234; Bauckham(2006), 308; Craig(*Assessing*), 1989), 3; Theissen and Merz(1998), 487. 내게는 비바울적인 용어들은 그것이 비바울적 전승에 속해 있음을 확립하는 데 있어서 중요성이 제한된다. 왜냐하면 우리는 이런 단어들이 바울이 현존하는 그의 다른 편지들에서는 사용하지 않는 바울 자신의 단어들일 수도 있음을 배제할 수 없기 때문이다. 그 표현들이 바울 이전의 전승이라는 결론을 매우 설득력 있게 만드는 요소는 바울에게 전형적이지 않은 표현의 집합체, 바울이 이 자료를 그들에게 전승으로 전한다는 형식화된 긍정과 소개의 누적된 중요성이다. 그래서 나는 에베소서와 골로새서에 대한 바울의 저작권을 반대하는 일부 논거들이 설득력이 있다고 생각하지 않는다. 여러 해에 걸쳐 Gary Habermas와 나는 많은 이메일을 교환해왔다. 그는 한때 자기를 돕는 대학원생 조교를 두고 있었다. 이 조교는 Habermas에게 오는 많은 이메일들에 답장하는 일을 맡고 있었다. 2001년 10월 16일에 나는 Habermas로부터 이메일 한통을 받았다. 나는 그 이메일이 Habermas의 대학원생 조교로부터 온 것이라고 믿었다. 그 이메일의 인사말과 서명은 내가 전에 받았던 그 어떤 이메일에 사용된 인사말 및 서명들과도 달랐다. 그리고 그는 &라는 기호를 사용했는데, 나는 그동안 받았던 이전의 많은 이메일 중 어디에서도 그 기호를 본 기억이 없었다. 나는 같은 날 답장을 쓰면서 그 차이에 대해 언급하며 나로서는 Habermas가 그 이메일을 쓴 것으로 보이지 않는다는 말을 덧붙였다. 그때 나는 농담조로 이런 결론을 내렸다. "고등비평 원리가 여기서 어느 정도 가치를 발휘하거나, 아니면 내 장난스러운 분석이 에베소서에 대한 바울의 저작권에 대해 의문을 제기하는 어떤 논거들을 내놓았네요." 이틀 후에 여느 때와 같은 인사말과 서명이 담긴 답장이 왔다. 본문에 다음과 같은 말이 실려 있었다. "자네가 틀렸네—내가 그 메모를 보냈다네. 결론: 바울이 에베소서를 썼다네!" 전자 통신에서 나온 예이기는 하지만, 텍스트에 들어 있는 비바울적 용어들은 자기가 전승을 전하고 있다는 바울의 주장과 일치하며 그런 예들만 이를 지지하는 것은 아니다.

108 Craig(*Assessing*, 1989), 7.

7의 내용을 가리키면서 그는 οὕτως κηρύσσομεν("우리가 이런 식으로 전하고 있다"; 고전 15:11), Χριστὸς κηρύσσεται ὅτι ἐκ νεκρῶν ἐγήγερται("그리스도께서 죽은 자 가운데서 살아나셨다고 전해졌다"; 고전 15:12), 그리고 κήρυγμα ἡμῶν("우리의 설교"; 고전 15:14)이라고 말한다. Κήρυγμα/κηρύσσω는 εὐαγγέλιον/εὐαγγελίζω보다 공식적인 용어이며, 비록 반드시 그래야 할 필요는 없지만 "공식적 또는 공적 선언"을 가리킬 수도 있다.[109] 그러므로 바울이 전승을 인용한 후 자기의 메시지와 그 메시지를 전하는 행위에 대한 묘사를 εὐαγγέλιον/εὐαγγελίζω에서 Κήρυγμα/κηρύσσω로 바꾸는 것을 보는 것은 흥미롭다.

이 전승이 예루살렘으로부터 나왔으리라는 결론을 내릴 만한 충분한 이유가 있다. 다른 곳에서 바울은 영적인 가르침이 예루살렘 교회에서 나왔다고 말한다(롬 15:25-27; 고전 9:11과 비교하라). 고린도전서 14:36에서는, 고린도 교회는 공예배에 관한 자체의 정책을 만든 것으로 보인다. 바울은 그들에게 이렇게 묻는다. ἢ ἀφ' ὑμῶν ὁ λόγος τοῦ θεοῦ ἐξῆλθεν, ἢ εἰς ὑμᾶς μόνους κατήντησεν("하나님의 말씀이 너희로부터 난 것이냐, 또는 너희에게만 임한 것이냐?"). 에르핫손은 이렇게 말한다.

> 랍비들의 말을 통해 쉽게 알 수 있는 이런 논거들은 다음과 같은 두 가지 기본 원칙들에 근거하고 있다. 첫째, 하나님의 선민은 **하나의** 공통의 "율법"을 갖게 되어 있으며(레 24:22), 둘째, 그 율법은 예루살렘으로부터 나온다는 것이다(신 17:8 이하; 사 2:3). 랍비 자료들에서 이와 가까운 평행구들을 인용할 수도 있다. 랍비 하나니야(기원후 110년경)는 네하르-파코드라는 바빌로니아 마을에서 자유롭게 일부 결정을 내렸는데, 전통에 따르면 지

109 BDAG(2000), no. 1, 543.

방 당국은 그럴 권리가 없었다. 그에 대해 랍비 나탄은 이렇게 조롱하듯이 말했다. "토라가 바벨로부터 나오고 하나님의 말씀이 네하르-파코드로부터 나오는가?"[110]

바울이 쓴 갈라디아서와 사도행전에 나오는 수많은 언급들은 애초의 교회 지도자들이 예루살렘에 본부를 두고 있었음을 보여준다.[111] 그들은 바울이 교회를 박해하던 기간에 예루살렘에 있었다. 그들은 바울이 회심한 뒤 3년이 지났을 때도 그곳에 있었고, 14년 뒤에도 여전히 그곳에 있었다.[112] 나중에 열린 회의에서 바울이 보여준 행동은 예루살렘 교회가 바울조차 순복해야 했던 최고의 교의상의 권위를 갖고 있었음을 알려준다.[113] 예루살렘 교회의 지도자들이 내린 결정들은 그 도시 밖에 있는 교회들에도 동일하게 적용되었다.[114] 예루살렘 교회가 교리를 통제했다면, 바울이 예수에 관한 전승을 예루살렘의 사도들로부터 받았을 법하며, 심지어 그럴 개연성이 매우 높다. 더구나 래리 허타도는 추가 설명이 없는 전승 속 인물들의 목록은 이것이 "'내집단' (ingroup) 공동체 전승"임을 가리킨다고 주장한다. 그 전승은 이 모든 것이 익숙했던 환경 안에서 형성되었음이 분명하며 그 전승을 예루살렘과 연결시킨다.[115] 고린도전서 15:11에서 케리그마를 전하는 "우리"에는 바울만 아니라 다른 사도들도 포함된다.

---

110 Gerhardsson(1998), 275; 306과 비교하라.

111 갈 1:17-18; 2:1-10; 행 1:8; 4:16; 5:28; 6:7; 8:1, 14; 9:26; 11:27; 12:25; 13:13; 15:2, 4-6; 16:4; 21:17-18.

112 갈 1:17-18; 2:1-10.

113 Gerhardsson(1998), 276-77. 행 15:1-2와 비교하라.

114 행 15;1-29, 특히 19-23.

115 Hurtado(*Lord Jesus Christ*, 2003), 168-69.

εἴτε οὖν ἐγὼ εἴτε ἐκεῖνοι, οὕτως κηρύσσομεν καὶ οὕτως ἐπιστεύσατε.

그러므로 나나 그들이나 이같이 전파하매 너희도 이같이 믿었느니라.[116]

이 구절도 예루살렘에 기원을 두고 있음을 가리킬 수도 있다.[117] 그러므로 비록 확신하기 어렵기는 하지만, 고린도전서 15:3-7에 들어 있는 전승은 예루살렘에서 형성되었고 바울이 그 전승을 예루살렘의 사도들로부터 직접 받았거나 바울이 신뢰할 만하다고 생각했던 사람으로부터 받았다고 결론짓는 것이 가장 합리적이다.[118] 만약 후자라면, 우리는 바울이 나중에 그 내용을 예루살렘의 사도들과 함께 점검했거나 그들로부터 이미 동일한 내용을 들었을 것이라고 확신할 수 있다.[119] 바울이 고린도전서 15:3-7에서 인용하는 전승(들)은 예루살렘 교회와 아무 관계가 없다고 주장할 수도 있겠지만, 그런 주장을 하는 사람은 누구나 입증책임을 진다. 오늘날은 그 전승이 예루살렘 교회로 거슬러 올라간다는 점이 널리 받아들여지고 있다.[120] 더욱이 바울이 개인적으로 예루살렘의 사도들과

---

116 고전 15:11에 나오는 "그들"은 사도들임이 분명하다. 고전 15:9-10을 보라. 거기서 바울은 "사도들"에 대해 언급하며 자기가 모든 사도들보다 더 수고했다고 말한다.

117 Craig(*Assessing*, 1989), 15.

118 Habermas(2003), 20. 다음 문헌들도 보라. Charlesworth 외(2006), 158에 실린 J. H. Charlesworth; Goulder(2005), 189-91; Soards(1999): "바울은 고린도 교인들에게 그들이 누구에게 복음을 들었든, 그들이 들은 메시지는 자기가 3-8절에서 간략하게 되풀이했던 메시지임을 상기시킨다"(321); Vermes(2008): "[바울은] 고린도에 있는 자기의 양들에게 자기가 자신의 믿음의 선배들로부터 물려받은 예수의 죽음·매장 그리고 부활에 관한 전승을 전한다"(119); Patterson(1994), 149.

119 Gerhardsson(1998), 297.

120 Engellbrecht(1989), 244; Hurtado(*Lord Jesus Christ*, 2003), 168; Lindars(1986), 91.

알고 지냈다는 사실은 충분한 지지를 얻고 있다.[121]

또한 우리의 목적상 중요한 점은 바울이 자기가 받아서 다른 사람들에게 전한 전승의 권위에 큰 비중을 두었다는 점이다. 그는 실제적인 문제든 이론적인 문제든 교회의 문제들을 전승을 사용해서 해결했다(고전 7:10; 9:14; 11:23; 15:1-3, 12). 신자들은 그 전승을 실천하고 굳게 붙잡아야 한다(고전 11:2; 빌 4:9; 살후 2:15). 신자들은 그 전승의 가르침에 반하는 삶을 살아가는 신자들과는 그들이 회개할 때까지 교제하지 않아야 한다(살후 3:6, 14). 그는 고린도의 신자들이 먼저 고린도 외부에 있음이 분명한 교회 지도자들과 상의하지 않은 채 멋대로 그들 자신의 정책을 만들고 있다고 나무란다(고전 14:36). 만약 전승이 특정 주제에 관해 언급하지 않는다면, 바울은 자신이 사도로서 그 문제에 대해 권위를 갖고 말할 수 있다고 믿었다. 그러나 바울은 자신의 가르침과 전승을 신중하게 구분했다(고전 7:10-13, 25).[122] 더욱이 우리는 바울이 복음서들에서 예수가 하듯이 전승을 제쳐두고 새로운 가르침을 만들어내는 것을 결코 발견하지

---

121 갈 1:18-19; 2:1-14; 고전 15:11; 행 9:26-28; 15:1-30; 21:17-26; 바울이 바나바 및 실라와 함께 시간을 보냈던 것은 말할 필요도 없는데, 그들은 예루살렘의 그리스도인들이었고, 실라는 예루살렘 교회의 지도자였다(행 15:22).

122 또한 그는 자신의 충고를 자신의 명령과 구분한다(고전 7:1-6, 12-17, 25). Hurtado(*Lord Jesus Christ*, 2003)는 예루살렘 교회의 지도자들이 활동하고 있었고 그 지도자들이 말할 수 있었기 때문에 바울은 "우리 같은 현대의 학자들이 하듯이 자유롭게 기독교 전승의 기원에 관한 그럴듯한 언급과 주장을 할 수 없었다"고 말한다(231)! Meier(1991)도 비슷하게 말한다. "자기가 사도로서의 권위를 갖고 있다는 바울의 모든 주장에도 불구하고, 바울은 자기가 마음대로 가르침을 만들어내서 그 가르침이 예수에게서 나왔다고 말해도 된다고 생각하지 않는다"(46). 예수 전승과 관련해 조심스러운 입장을 취하는 사람은 바울만이 아닐 수도 있다. Meier(1991)도 이렇게 말한다. "예루살렘 전승이 보수적이라는 점을 알려주는 또 다른 요소는 초기 교회가 직면했던 몇 가지 중요한 문제들이 결코 예수의 어록에서 등장하지 않는다는 것이다. 이에 대한 뚜렷한 예는 이방인들의 할례 문제에 관해 예수가 아무런 명시적 선언도 하지 않는다는 것이다"(187-88 각주 13).

못한다: ἐγὼ δὲ λέγω ὑμῖν("그러나 나는 너희에게 말한다").[123] 적어도 그 전승의 일부는 주 예수의 명령으로 간주되었다. 이 점은 도덕적으로 순결한 삶을 살기에 관한 예수의 가르침이 언급되는 데살로니가전서 4:1-2과, 바울이 결혼에 관한 주의 가르침을 명시하는 고린도전서 7:10-11에서 분명하게 드러난다.[124] 바울 서신에서 예수 전승에 관한 수많은 언급을 찾아낸 사람들이 있다. 김세윤은 자기가 "확실하거나 개연성이 높은" 것으로 간주하는 11개 언급들을 열거한다.[125] 이어서 그는 바울의 글에서 예수의 말과 맥을 같이할 수도 있는, 30개가 넘는 추가 예들을 나열한다.[126]

바울은 그 전승을 언제 받았는가? 몇 가지 가능성이 있다. 먼저 일반적으로 예수가 십자가형을 당한 후 1년에서 3년 사이에 일어난 것으로 추정되는 바울의 회심 직후에 바울이 머물렀던 다메섹을 고려할 수 있을 것이다.[127] 누가에 따르면 바울은 회심 경험 뒤에 다메섹으로 들어갔다.

---

123 막 10:2-12; 마 5:21-22, 27-28, 31-32, 33-37, 38-42, 43-47(눅 6:27과 비교하라); 12:1-8; 15:2-6; 19:8-9. 물론 바울이 신약성서의 기독교를 만들었다는 주장은 지금은 대체로 받아들여지지 않고 있다. Ehrman(2004), 147; L. T. Johnson(1996), 119, 122; Segal(2004), 400.

124 막 10:11-12; 마 5:32; 19:9; 눅 16:18을 보라. 더욱이, 뒤에서 살펴보겠지만(3.2.5.1-2), 로마의 클레멘스는 베드로의 제자였을 가능성이 그렇지 않을 가능성보다 크고, 폴리카르포스는 요한의 제자였을 가능성이 있다. 만약 바울의 가르침이 예루살렘 사도들의 가르침과 근본적으로 달랐다면, 우리는 현재 우리가 갖고 있는 것과 같은 형태의 바울에 대한 클레멘스와 폴리카르포스의 언급들을 기대할 수 없었을 것이다. 클레멘스는 바울을 아마도 자기의 스승이었을 베드로와 같은 수준으로 여긴다(*1 Clem*. 5). 그리고 폴리카르포스는 "영예로운 바울이…진리에 관한 말씀을 정확하고 믿을 만하게 가르쳤다"고 말한다(Pol. *Phil*. 3.2).

125 Kim(2002), 259-70. 그는 이 범주에 다음과 같은 구절들을 열거한다: 고전 7:10-11; 9:14; 11:23-25; 살전 4:15-17; 5:1-7; 롬 14:14; 롬 12:14-21/고전 4:11-13; 롬 13:8-10/갈 5:14; 롬 13:7; 롬 8:15/갈 4:6; "하나님 나라"에 대한 언급들. D. Wenham(1995)은 바울의 글들에서 예수 전승과 연결된 많은 구절들을 열거하고 그 구절들을 "개연성이 매우 높은", "개연성이 높은" 그리고 "그럴듯한"으로 등급을 매긴다(381-85).

126 Kim(2002), 270-74.

127 Copan and Tacelli 편(2000), 98에 실린 Goulder.

3일 후에 아나니아가 회심 경험으로 눈이 멀게 된 바울을 고쳐주었을 때, 바울은 그곳의 그리스도인들과 함께 며칠을 보냈다. 그리고 점점 더 힘있게 예수가 메시아임을 증명해서 새로 맞이한 그의 유대인 적수들을 당황하게 했다(행 9:19-22). 아마도 바울은 이 전승을 이 시기에 아나니아나 그곳의 다른 그리스도인들 중 몇 사람으로부터 배웠을 것이다. 만약 다메섹이 바울이 그 전승의 일부를 배운 곳이었다면, 바울이 그 전승을 받아들인 시기는 예수 사후 3년 이내일 수도 있을 것이다.

다음으로 예루살렘을 생각해볼 수 있다. 그렇게 생각할 수 있는 경우가 두 세 차례 있었다. 첫 번째 경우는 바울이 회심한 지 3년 뒤로, 그때 바울은 회심 후 처음으로 예루살렘을 방문했다(갈 1:18).[128] 이 여행 기간에 바울은 베드로를 찾아가 15일 동안 베드로와 함께 지냈다. 바울이 자기가 베드로와 함께 있는 동안 한 일을 묘사하는 데 사용하는 단어 ἱστορῆσαι("방문하다")가 흥미롭다. 바로 이 그리스어 동사에서 영어 단어 **역사**(history)가 유래했다. 그 용어는 "~로부터 정보를 얻다"[129] 또는 "어떤 것**에 대해 묻다, 물어서 배우다**"[130]를 의미할 수도 있다. 바울은 무엇을 물어보았을까? 그는 당시 예루살렘의 유력한 사도였던 베드로에 대해 알려고 했을 수도 있다.[131] 그러나 그의 서신들로 볼 때, 바울은 단지 또 다른 친구를 얻기 위해 동료와의 친분을 쌓는 일에 2주 이상의 시간을 쓸 유형의 사람으로 보이지는 않는다. "바울이라는 사람은 단지 날씨 얘기나 하려고 예루살렘으로 올라가 '반석'이라고 불리는 베드로를 만난 것이 아

---

128 Barnett(1993), 30.

129 BDAG(2000), 483.

130 LS(1996), 385. 다음 자료도 보라. 에8:12(70인역); 에스드라1서 1:33(2회; 그리스어역 1:31), 40; 마카베오2서 2:24, 30, 32(2회); 마카베오4서 3:19; 17:7.

131 *TDNT* 3:396에 실린 Büchsel.

니다(도드). 그리고 베드로와 같은 임무가 있는 사람은 허접한 이야기나 나누며 2주를 허비하지 않는다. 이 기간 동안 그리스도의 말씀이 '그들 사이에 오갔다'는 것은 거의 의심할 여지가 없다"(골 3:16과 비교하라).[132]

다른 학자들이 주장하는 바와 같이, 내게도 다른 동기가 더 그럴듯해 보인다. 바울의 회심 경험은 그의 세계관을 뒤집어놓았다. 바울은 자기가 부활한 그리스도와 개인적으로 만났다고 확신했고 이제 그 경험은 바울로 하여금 그동안 자기가 메시아, 유대인의 실천(praxis), 속죄, 하나님 나라, 종말론 그리고 심지어 하나님의 속성을 포함하는 신학 문제들에 관해 배우고 생각했던 모든 것을 다시 생각하게 했다. 바울은 회당에서 예수에 관한 자신의 새로운 견해에 관해 말했고 자기 동족인 유대인들과 그 문제에 대해 토론을 벌였다. 그러나 바울에게는 해야 할 일이 많았다. 그는 자기가 이제 실재라고 여기는 것을 제대로 이해하기 위해 철저하고 집중적인 성서 주해를 통해 이런 문제들을 탐구한다. 우리는 3년 동안 아라비아로 물러갔다가 돌아온 바울이 예수와 직접 동행했던 이들 중 한 두 사람을 만나 이야기를 나눔으로써 자기의 과제를 완성하기 원했을 것이라고 상상할 수 있다. 바울에게는 예루살렘의 사도들보다 더 나은 대상이 없었다. 바울은 예루살렘에 가서 베드로와 이야기를 나누고 예수의 가

---

132 Gerhardsson(1998), 298. 다음 문헌들도 보라. Dodd(1964): "그때 바울은 베드로와 함께 14일을 보냈는데, 우리는 그들이 그 시간 내내 날씨에 관해 이야기하지는 않았을 것이라고 추정할 수 있다"(16); Fergusson(1985), 292. Bruce와 Vermes의 주장은 흥미롭다. 고전 15:3-7에 나오는 전승은 베드로와 야고보에 대한 예수의 출현에 대해 언급한다. Bruce(1977)는 이렇게 쓴다. "그 명단에서 두 사람이 부활한 그리스도를 본 것으로 거명된다. 그리고 오직 두 사람만 거명된다. '[그가] 게바에게 나타났다' 그리고 '야고보에게 나타났다'(고전 15:5, 7). 바울이[갈 1:19에서] 자신의 회심 뒤의 이 첫 번째 예루살렘 방문 기간 중에 만났다고 주장하는 사람이 단지 오직 두 명의 사도들뿐이었다는 것은 단순한 우연의 일치가 아니다"(85; 93과 비교하라). 그는 이렇게 덧붙인다: "바울이 예루살렘에 머물렀던 이 15일 동안[예수 전승에 관한] 이 개요를 얻었음이 거의 확실하다"(86). Vermes(2008)도 이에 동의한다(119-20).

르침에 관해 배웠을 것이다. 그는 베드로에게 예수와 동행하는 것이 어떤 것이었는지에 대해 물었을 것이다. 바울은 베드로와 깊이 있는 신학 토론을 했고 그 토론을 아주 귀하게 여겼으며 그 토론 중에 자신이 발견한 사항을 공유하고 연마했을 것이다. 나는 이것이 추측에 불과하다는 것을 인정한다. 그러나 우리가 바울에 관해 알고 있는 것들에 비추어볼 때, 그 추측은 실제로 일어났던 일과 크게 다르지 않을 수 있다. 만약 이것이 바울이 예수에 관한 전승을 받았을 때의 상황이라면, 우리는 그 전승이 예수가 십자가형을 받은 후 4년에서 6년 사이에 존재하고 있던 것으로 여길 수 있을 것이다. 그리고 더 중요한 점은 그 전승이 이른바 목격자로 알려진 사람들로부터 나왔다는 것이다.

바울은 고린도전서를 쓰기 전에 두 번 더 예루살렘을 방문했던 것으로 보인다(행 11:27-30; 15:1-29; 갈 2:1-10).[133] 갈라디아서에서 언급된 예루살렘 방문 시에, 바울은 예루살렘의 지도자들과 개인적으로 만났다. 만약 사도행전 15:1-29이 동일한 방문에 관해 전하고 있다면, 바울과 예루살렘 교회 지도자들 사이의 교류는 갈라디아서 2장에 묘사된 수준을 넘어선다. 바울이 이런 방문 기간들 중에 전승을 받아들였을 수도 있다.

또 다른 가능성들도 있다. 바울은 회심 후 처음으로 예루살렘을 방문했을 때 바나바나 야고보로부터 전승의 일부를 받았을 수도 있다(행 9:26-29; 갈 1:19). 갈라디아서 2:11에서 바울은 베드로가 안디옥을 방문했던 이야기를 전한다. 바울은 베드로나 이 기간에 베드로와 동행했던 사람들 중 누군가로부터 전승을 받았을 수도 있다. 사도행전 11:25-30과 12:25-15:40에서 누가는 바울과 바나바가 상당한 시간을 함께 보냈다

133 Koester(2000)는 행 11:27-30이 "누가의 창작"이라고 주장한다(109). 갈 2:1-10이 전하는 바울의 예루살렘 방문이 행 11장 또는 15장의 방문과 동일한 것인지에 관해서는 학자들 사이에서 많은 논쟁이 벌어지고 있다.

고 전한다. 바울은 이 기간 중에 이 예루살렘 교회의 지도자로부터 전승을 받았을 수 있다. 또한 누가는 예루살렘 공의회 후에 공의회의 결정사항을 전하기 위해 ἄνδρας ἡγουμένους ἐν τοῖς ἀδελφοῖς("형제 중에 인도자")인 (바사바라고 불리는) 유다와 실라가 바울과 바나바를 따라 안디옥으로 갔다고 보고한다. 바사바와 실라가 이 여행 기간 중에 바울에게 그 전승의 일부를 전했을 수도 있다. 실라는 또한 바울의 다음번 선교 여행에 동참하게 된다(행 15:40-17:14; 18:5-11). 그러므로 우리는 바울과 실라가 함께 했던 때를 기원후 49-51년경으로 추정할 수 있다. 바울이 고린도 교회에 자기가 받은 전승을 전하고 고린도전서 15:1-7에서 고린도 교인들에게 그 전승을 상기시켰던 것은 그 여행의 끝 무렵이었을 것이다.

바울이 **모든 전승**을 어느 한 경우에 받았다고 생각할 필요는 없다. 그러나 주목해야 할 중요한 사실은 바울이 예루살렘의 사도들 및 유력한 예루살렘 교회 지도자들로부터 전승을 받을 기회가 아주 많았다는 것이다. 데일 앨리슨은 이렇게 주장한다. "실제로 바울은 베드로와 야고보를 알았고[갈 1:18-19; 2:1-9] 아마도 자기들이 부활한 예수를 목격했다고 주장하는 다른 사람들도 알았을 것이다. 고린도전서 15:3-8은 민간전승이 아니다."[134] 또한 설사 바울이 고린도전서 15:3-7에 등장하는 전승을 예루살렘 교회 지도자들이 아닌 누군가로부터 받았다고 할지라도, 바울이 예루살렘 교회 안팎의 지도자들과 지속적으로 교류했다는 사실은 전승에 대한 그의 극진한 존중과 더불어 결국 고린도전서 15:3-7에 들어 있는 전승의 상세한 내용이 예루살렘 교회 지도자들이 가르치고 있었던 내용(고전 15:11)과 정확하게 맥을 같이한다는 것을 보장한다.

---

134 Allison(*Resurrecting Jesus*, 2005), 234. 다음 문헌들도 보라. Craig(Assessing, 1989), 82; Lüdemann(2004), 35.

우리는 예수의 부활에 관한 제자들의 신뢰할 만한 공식적인 가르침에 해당하는 것을 갖고 있는 셈이다.[135]

---

135 바울이 예수가 살아 있을 때 그의 가르침들 중 적어도 일부에 대해 알았을 가능성도 있다. 사도행전에서 바울은 자기가 예루살렘에서 오랫동안 살았다고 밝힌다(행 26:4). 바울의 누이의 아들은 예루살렘에서 살았다(행 23:16). 그러므로 우리는 바울이 예루살렘에 있을 동안 머물렀을 만한 곳을 적어도 한 곳은 알고 있는 셈이다. 또한 바울은 매해 유월절마다 그리고 유대인들이 그곳에 있을 것으로 기대되었던 모든 경우에 예루살렘에 다녀왔을 것이다. 만약 바리새인들이 예루살렘에서 훈련받았다면, 바울은 상당한 시간을 그곳에서 지냈을 것이다. 그러므로 바울과 예수가 여러 번 같은 시기에 예루살렘에 있었을 개연성이 매우 높다. 만약 예수가 그곳에서 공개적으로 가르쳤다고 주장하는 복음서들을 믿을 수 있다면, 바울은 예수가 십자가형을 당하기 전에 그가 하는 말을 직접 들었거나 예수의 가르침에 관해 유대교 지도자들과 논의했을 가능성이 있다. 예수가 처형된 후에도 바울은 자신이 기독교의 가르침에 익숙했음을 보여준다. 그는 그리스도인들에 대한 박해를 시작할 정도로 그들에게 반대했기 때문이다. Marxsen(1990), 71; Stanton(1974), 93을 보라. 아마도 바울은 스데반 같은 초기 기독교의 많은 설교자들이 예루살렘에서 설교하는 말을 들었을 것이다. Barnett(1994)은 이렇게 말한다. "바울이 제자가 되기 전이든 그 이후든 역사적 예수에 관해 많은 것을 알고 있었다는 데에는 의문의 여지가 없다. 바울이 역사 지식과 아무 상관이 없이 전적으로 '하늘의 계시'에 의존하는 '로빈슨 크루소' 같은 인물이었다는 생각은 지지를 얻지 못한다"(4). 바울은 분명히 예수가 세상의 통치자들에 의해 정죄되어(고전 2:8), 십자가형을 받고(고전 1:23; 고후 13:4; 빌 2:8; 갈 3:1), 매장되었다(고전 15:4; 롬 6:4)는 사실을 전승을 통해 또는 직접 알고 있었다(120).(딤전 6:13은 빌라도의 심리 장면에 대해 언급한다. L. T. Johnson[1996, 119-21]은 히브리서가 예수가 동산에서 드린 기도에 대해[히 5:7] 그리고 예수가 십자가형을 당해 죽었다는 것에 대해[히 12:2] 언급한다고 덧붙인다. 그는 "히브리서가 바울의 편지들보다 나중에 쓰였다고 볼 이유가 없다"고 말한다[121]). 살전 2:14-16에서 바울은 예루살렘의 유대인들이 예수의 죽음에 대해 책임이 있다는 것을 인식하고 있다(Jos *Ant*. 18:3과 비교하라). Lüdemann(Copan and Tacelli 편[2000], 67, 156-58에 실린 글)과 Segal([2004], 453)이 바울과 복음서 저자들에게서 반유대주의를 보고 싶어 하는 것만큼이나, 그렇게 주장하는 진술들이 예수가 죽은 후 20년에서 50년 사이에 **유대인들에 의해** 나왔음을 기억해야 한다. 바울 서신에 나타나는 이런 전승들은 그 내용이 바울의 독자들, 심지어 바울이 만난 적이 없었던 로마에 있는 신자들에게도 이미 알려져 있음을 보여준다. 그런 전승들은 예수 사후 20년 이내인 초기에 널리 퍼져 있었다. Johnson은 바울 서신들에 나타나는 데이터들이 예수에 관한 이런 기억들이 아주 이른 시기에 널리 퍼져 있었음을 보여주며 그것은 "복음서들에 들어 있는 그에 상응하는 내용들이 어느 한 저자나 저자 그룹의 창작일 가능성이 작아지게 한다.[왜냐하면]…그런 창작은 바울이 다뤘던 다양한 공동체들 전반에 널리 퍼지고서도 도전을 받지 않았을 만큼 충분히 이른 시기의 것이고 충분히 권위가 있어야 했을 것이기 때문이다. 복음서에 포함된 전승이 어느 한 저자(그룹)의 창작품이 아니라고 제안하는 것은 바울식의 기독교가 예수의 기억을 형성하는 데 관심이

바울이 언제 누구에게 전승을 받았는지 더 정확하게 알지 못할 수도 있다. 그러나 우리가 지금까지 살펴본 내용은 아주 인상적이다. 무신론자인 신약성서 비평가 게르트 뤼데만은 이렇게 말한다. "그러나 나는 바울 전에 신앙고백이 형성되었다는 사실을 발견한 것은 최근 신약성서 연구의 위대한 성취들 중 하나라고 주장한다."[136] 게르트 타이센과 아네테 메르츠는 이렇게 쓴다.

> 예수의 부활에 관한 신앙고백 전승을 분석하면 다음과 같은 결론을 내릴 수 있다: 그 사건들 자체로 매우 가깝게 거슬러 올라가는, 고린도전서 15:3b-5에 실려 있는 전승은 개인들과 그룹들 모두에 대한 예수의 출현을 입증한다. 이 전승의 진정성이 커지는 이유는 부분적으로는 그 전승이 독립적인 내러티브 전승에 의해 확인되기 때문이고, 바울의 경우는 우리가 다른 많은 증인들을 알고 있던 한 목격자의 개인적 증언을 갖고 있기 때문이다.[137]

윌리엄 레인 크레이그는 이렇게 말한다.

> [우리는] 여기서 두 사람 모두 자기들이 죽은 자들 가운데서 다시 살아난 예수를 직접 보았다고 주장하는 예수의 형제 및 예수의 주요 제자들 중 한 명

있었던 이들과 아무 관계가 없었다는 전제에 **반하는 방향으로** 작용할 것이다"라고 결론을 내린다(122). 또한 Johnson은 야고보서에 대해서도 같은 의견을 보인다.

136 Lüdemann(2004), 37.

137 Theissen and Merz(1998), 490. 고전 15:3-7에 실려 있는 전승의 목격자적 특성은 다른 이들에 의해서도 지적되었다. 예컨대, 다음 문헌을 보라. Bauckham(2006), 308; Crossley(2005), 176; Habermas(2003), 19; Kee(1990), 1-2(Kee의 진술은 고전 15:3-7이 속해 있는 바울이 받은 전승 일반을 가리킨다. 이 점을 알려 준 Gary Habermas에게 감사드린다); Koester(1990), 51.

과 실제로 이야기를 나눴던 사람의 증언을 갖고 있다는 놀라운 사실—우리는 이 사실에 대해 익숙해서 더 이상 그에 대해 놀라워하지 않는다—을 명심해야 한다.[138]

앞에서 언급한 이유로, 사실상 회의주의자들을 포함하여 그 주제에 관한 글을 쓴 모든 비판적인 학자들은 고린도전서 15:3-7에서 바울은 자기가 주장하는 바와 같이 자기가 만들어 낸 것이 아니라 다른 사람들에게서 받은 예수에 관한 전승(들)을 제공했다는 입장을 취한다.[139] 또한 그 전승이 아주 초기에 만들어졌으며[140] 예수의 부활에 관한 현존하는 가장

---

138 Craig(*Assessing*, 1989), 34. 379와 비교하라.

139 Allison(*Resurrecting Jesus*, 2005), 233-34; Barnett(1999), 181; Scott 편(Resurrection, 2008), 11에 실린 R. W. Funk, "The Resurrection of Jesus: Reports and Stories"; Funk and the Jesus Seminar(1998), 454; Habermas(2003), 17; Habermas(1996), 153과 비교하라; Scott 편(*Resurrection*, 2008), 78에 실린 R. W. Hoover, "Was Jesus' Resurrection an Historical Event? A Debate Statement with Commentary"; Keener(2005), 123; Koester(2000), 91;(1990), 6-7; Patterson(1994), 137, 138; Theissen and Merz(1998), 487; Wedderburn(1999), 113.

140 Barclay(1996): "이르면 30년대일 수도 있다"(16); Barnett(1994): "첫 번째 부활절로부터 2-3년 이내"(6); Burridge and Gould(2004): "예수 사후 불과 몇 년 안에"(46); Dunn(2003): "이 전승은 **예수 사후 몇 달 안에 전승으로 형성되었다**고 확신할 수 있다"(855); Engelbrecht(1989): "아마도 예수 사후 처음 5년 이내까지 소급되는"(244); Funk and Jesus Seminar(1998): "길어도 2-3년 안에"(466). Funk는 또한 예수 세미나 회원들 대부분은 그 전승이 기원후 33년경의 바울의 회심 이전에 형성되었다고 믿는다고 진술했다(454, "Voting Records"[1994], 260, S6도 보라); Copan and Tacelli 편(2000)에 실린 M. Goulder: "바울은 아마도 예수가 죽은 지 2년 뒤에 그 전승을 '받았다'—즉, 그는 회심했을 때 그 전승에 대해 배웠다(고전 15:3-8)"(98); Grant(1977): "아주 일찍이"(177); Hays(1997): "예수가 예루살렘에서 십자가형을 받은 후 약 3년 이내에"(255); Koester(2000): "바울 서신들 안에 현존하는 전승들은 바울이 부름받기 전, 즉 늦어도 예수 사후 5년 이내에 형성되었을 수 있다"(90); Lüdemann(2004): "예수가 십자가형을 받은 후 2년 이내"(31); Shanks and Witherington(2003): "이 목록은 적어도 예수가 죽은 후 20년 이내에 작성되었다"(109 각주 3); Wedderburn(1999): "30년대 전반"(113). Marxsen(1990)은 이에 대해 반대하며 "그것은 결코 오래된 신앙고백이 아니고 비교적 나중의 것이다"라고 쓴다. 이를 뒷받침하기 위해 그는 롬

오래된 전승일 수 있다는 점에 대해 널리 합의가 이뤄져 있다.[141]

이 신앙고백들은 교회의 가장 초기의 선포들 중 일부였던 것으로 볼 수 있다. 나는 그것을 **케리그마**라고 부를 것인데, 이 용어에 대해서는 오랫동안 여러 의미가 부여되어왔다.[142] 여기서 나는 **케리그마**를 그것이 초기 교회의 공식 선포였다는 의미로 사용한다. 사도 바울은 케리그마를 사용하는데, 케리그마의 기원이 그 케리그마가 유력한 사도들에게 알려졌고 승인되었던 예루살렘이었다고 믿을 만한 강력한 이유들이 있다. 비록 우리가 앞에서 살펴본 구전의 정확한 기원은 불확실하지만, 예수의 부활이 케리그마와 예루살렘 교회의 공식적인 설교의 일부였다는 점은 확실하다.[143]

5:8; 10:9에 나오는 구두 신앙고백에 호소하는데, 그는 그 구절들이 보다 이른 시기의 것이라고 주장한다. 이 구절들에 기초해서 그는 "우리는 하나님이 예수를 죽은 자 가운데서 살려냈다고 믿는다"는 "신앙고백 형식"(faith formula)을 재구성한다:(54). 그러나 이것은 고전 15:3-7을 앞에서(3.2.3.4) 논의한 구두 신앙고백들보다 늦은 시기의 것으로 여겨야 할 적절한 이유가 아니다. 고전 15:3-7에 나오는 전승은 가르칠 목적이었을 수도 있는 반면에, 구두 신앙고백들은 예배를 위해 고안되었다. 더욱이, 다른 구두 신앙고백들이 고전 15:3-7의 전승보다 앞선다고 할지라도, 그것은 별로 중요하지 않다. 왜냐하면, 우리가 보았듯이, 고린도전서의 전승은 확실히 그들 중 많은 이들이 목격자들이었던 예루살렘의 사도들의 가르침과 맥을 같이하기 때문이다.

141 Kendall(1988), 91; Lapide(2002), 98; Lindars(1986), 91; Patterson(1994), 136. 다음 문헌들도 보라. Bauckham(2002), 259; Hurtado(*Lord Jesus Christ*, 2003), 71; Lüdemann(2004), 138.

142 Stanton(1974)은 "케리그마"보다 "설교"를 선호한다. 왜냐하면 저자마다 "케리그마"라는 용어를 서로 다른 의미로 사용해왔기 때문이다(10).

143 Ackerman(2006), 68; Alsup(1975), 274; Dunn(2003), 876; Ehrman(1990), 227. 또한 케리그마에서 예수가 단지 부활한 것이 아니라 "죽은 자들 가운데서"(ἐκ νεκρῶν) 부활했다는 것도 흥미롭다. 이것은 예수가 자기가 전에는 거기에 속했으나 더 이상 그렇지 않은 그룹으로부터 부활했음을 나타낸다. "죽은 자들"은 누구인가? 그들은 지금 하나님 앞에서 살고 있는 자들일 수 없다. 왜냐하면 예수는 다른 그룹의 구성원이 되기 위해서 한 그룹 가운데서 부활했기 때문이다. 이제 그는 하늘에 있으므로, "죽은 자들"은 하늘에 있는 자들의 영혼을 가리킬 수 없다. 어쩌면 그것은 예수가 그의 영혼이 부활할 때까지 어느 정도 "영혼의 잠"에 빠진 채 시체들 가운데 있었음을 의미할 수 있다. 그렇다면 부활에 관해 정경 복음서들과 바울

나는 방금 전에 논의했던 구두 신앙고백들에 대해 다음과 같은 등급을 부여한다. 로마서 1:3b-4a(**가능성이 상당히 높음**), 누가복음 24:34(**가능성이 있음**), 다른 신조들(**가능성이 있음**), 고린도전서 15:3-8(**개연성이 매우 높음**).

3.2.4. 비기독교 데이터

예수에 대해 언급하는 비기독교 자료들에 대한 상세한 연구는 이 장의 범위를 벗어나지만, 이제 잠시 그 자료들에 대해 살펴볼 것이다.

3.2.4.1. 요세푸스. 요세푸스는 기원후 37년에, 크게 존경받은 예루살렘의 제사장 마티아스의 아들로 태어났다.[144] 그래서 요세푸스는 지리적으로나 시간적으로 시작 단계에 있던 교회로부터 예수에 관해 들어봤을 수도 있는 위치에 있었다. 젊은 시절에 요세푸스는 경건한 유대교 신앙을 갖고 있었고 영적인 문제에 매우 관심이 많았다.[145] 요세푸스의 부친이 제사장이었기 때문에 기독교 복음이 그의 가족의 식탁에서 화젯거리가 되었을 가능성이 있다. 요세푸스는 로마인들과 맞서 싸우다가 패배했다. 그리고 전향해서 베스파시아누스 황제의 궁중역사가가 되었다.[146]

요세푸스는 예수에 대해 두 번 언급한다. 첫 번째 텍스트는 학자들

이 이해하는 바에 의하면 예수의 시체는 그가(즉, 그의 시체가) 소생했을 때까지 다른 시체들과 함께 있었을 수 있다.

144 Jos. *Life* 1:5, 7.

145 Jos. *Life* 1:9-12.

146 Jos. *Life* 3. Maier(1994), 10도 보라.

사이에서 많은 논란이 벌어지고 있다. 1세기에서 4세기 사이의 어느 시점에 어떤 그리스도인이 그 텍스트를 변조한 것으로 보이기 때문이다. 그러나 두 번째 텍스트는 그런 특징이 없으며 대부분의 학자들은 현재 형태의 텍스트를 진본으로 여긴다. 우리는 두 번째 자료부터 살펴볼 것이다.

> Ἅτε δὴ οὖν τοιοῦτος ὢν ὁ Ἄνανος νομίσας ἔχειν καιρὸν ἐπιτήδειον διὰ τὸ τεθνάναι μὲν Φῆστον Ἀλβῖνον δ' ἔτι κατὰ τὴν ὁδὸν ὑπάρχειν καθίζει συνέδριον κριτῶν καὶ παραγαγὼν εἰς αὐτὸ τὸν ἀδελφὸν Ἰησοῦ τοῦ λεγομένου Χριστοῦ Ἰάκωβος ὄνομα αὐτῷ καί τινας ἑτέρους ὡς παρανομησάντων κατηγορίαν ποιησάμενος παρέδωκε λευσθησομένους. 『유대고대사』 20.200.

> 그런 성격이었던 [대제사장] 안나스는 [총독] 페스투스가 죽었고 알비누스가 아직 부임하기 전이니 이 상황이 자기에게 좋은 기회라고 생각했다. 그는 산헤드린의 재판관들을 소집하고 그리스도라고 불리는 예수의 형제 야고보와 다른 사람들 몇을 그들 앞으로 끌어왔다. 그는 그들이 율법을 어겼다고 고소한 후 그들을 돌로 쳐 죽이도록 내주었다.[147]

존 마이어는 현재의 텍스트 전체를 진본이라고 볼 수 있는 다섯 가지 이유를 제시한다.[148] 첫째, 그 텍스트는 『유대고대사』(*Antiquities of the Jews*) 20에 관한 모든 그리스어 사본들에서 "어떤 주목할 만한 변화 없이" 나타난다.[149] 둘째, 그 텍스트는 야고보에 대해 언뜻 무심하게 언급

---

147 영어 번역은 Maier(1994), 281을 참조했음.

148 Meier(1991), 57-59.

149 Meier(1991), 57; Maier(1994), 284. Eusebius는 이 구절을 인용한다(*Hist. eccl.*

한다. 여기서 요세푸스는 안나스의 불법적인 행위에 더 관심이 있기 때문에 야고보는 중요하지 않다. (그리고 여기서 예수는 주체도 아니다. 예수의 이름은 야고보의 신원을 밝히기 위해 삽입될 뿐이다.)[150] 그리고 그 텍스트는 안나스가 대제사장직에서 밀려난 상황에 잘 들어맞는다.[151] 셋째, 신약성서나 초기 기독교 저자는 야고보를 "있는 그대로 '예수의 형제'(*ho adelphos Iēsou*)"라고 쓰지 않았다. "그 대신—우리가 예상하는 바와 같이 존경심을 품고서—'주의 형제'(*ho adelphos tou kyriou*) 또는 '구주의 형제'(*ho adelphos tou sōtēros*)라고 썼다.[152] τοῦ λεγομένου Χριστου("그리스도라고 불리는 자")라는 단어는 중립적이며 예수를 그의 저작들에서 같은 이름으로 불리는 다른 이들과 구별하기 위해 사용된 것으로 보인다.[153]

넷째, 야고보의 처형에 관한 요세푸스의 설명은 2세기 기독교 작가 헤게시포스가 제공한 설명 및 3세기에 알렉산드리아의 클레멘스가 제공한 설명과는 시기와 방식 면에서 판이하다.[154] 만약 요세푸스의 설명이 어느 그리스도인에 의해 창작된 것이라면, 우리는 그 설명이 기독교의 설명

2.23.22).

150 Meier(1991), 57-58. Maier(1994), 284도 보라; Shanks and Witherington(2003)은 "종종 누가 자신의 관심사를 반영할 가능성이 적어서 언뜻 말하는 것이 역사적으로 가장 중요한 내용을 알려준다"(168); Theissen and Merz(1998), 65; Van Voorst(2000), 84.

151 Van Voorst(2000), 83.

152 Meier(1991), 58. 다음 문헌들도 보라. Maier(1994), 284-85; Van Voorst(2000), 84.

153 Meier(1994)는 요세푸스의 책들에 21명의 예수들이 등장한다고 지적한다. 그리고 이렇게 덧붙인다. "실제로 야고보의 죽음을 선동한 안나스를 계승한 대제사장은 담나오의 아들 예수였다"(285); Theissen and Merz(1998), 65; Van Voorst(2000), 84.

154 이 두 설명 모두 더 이상 남아있지 않지만 Eusebius(*Hist. eccl.* 2.1.4; 2.23.3-19)에 의해 보존되어 왔다. 에우세비오스는 헤게시포스의 설명이 알렉산드리아의 클레멘스의 설명보다 정확하다고 주장한다. 그러나 에우세비오스는 그들이 대체로 동의한다고 단언한다(*Hist. eccl.* 2.23.3, 19).

을 더 잘 반영하리라고 기대할 것이다. 다섯째, 요세푸스의 설명은 헤게시포스와 알렉산드리아의 클레멘스가 제시하는 기독교의 설명들에 비해 짧고 사실만 언급한다.[155] 허셸 생크스와 벤 위더링턴은 그 텍스트를 요세푸스의 저작으로 여길 여섯 번째 이유를 추가한다. 예상과 달리, 그 텍스트에는 반유대주의에 대한 어떤 암시도 나타나지 않는다. 유대인들은 사실 야고보를 좋아했던 것으로 보인다. 이 텍스트는 기독교나 예수에 대해 긍정적이지도 않다.[156] 요컨대, 이 텍스트는 그리스도인들에 의해 수정되었다는 그 어떤 조짐도 보이지 않으며,[157] 대부분의 학자들은 그 구절 전체를 실제로 요세푸스가 쓴 것으로 여긴다.[158]

요세푸스는 이런 정보를 어디에서 얻었는가? 우리는 결코 확실하게 알지 못할 수도 있다. 그러나 그는 적절한 때에 적절한 장소에 있었던 것으로 보인다. 그리고 자신은 물론이고 자기 부친의 지위를 감안한다면 요세푸스에게 신뢰할 만한 소식을 얻을 수 있는 좋은 인맥이 있었던 것으로 보인다. 또한 요세푸스는 사도들이 예루살렘 전역에서 설교하는 말을 직접 들었을 수도 있고 야고보의 처형을 목격했을 수도 있다.

요세푸스가 예수에 대해 언급하는 또 다른 경우는 『유대고대사』 18.63에서 나오는데, 그 부분은 보통 "플라비우스의 증언"(Testimonium Flavianum)이라고 불린다. 이 구절에 관한 문헌들은 아주 많다. 대표적인 요세푸스 학자 루이스 펠드만은 1937년에서 1980년 사이에 나온 이 구

---

155 Meier(1991), 58-59.

156 Shanks and Witherington(2003), 169.

157 Maier(1994), 284; Wright(1992), 354.

158 Feldman and Hata 편(1989), 434에 실린 L. H. Feldman. 다음 문헌들도 보라. Dunn(2003), 141; Green and McKnight 편(1992), 364에 실린 C. A. Evans; Maier(1994), 285; Meier(1991) 66; Shanks and Witherington(2003), 168; Van Voorst(2000), 83. Theissen and Merz(1998), 65도 보라.

절의 진정성에 관한 87개 논의들을 열거한다.[159] 학자들은 이 구절에 대해 일반적으로 다음과 같은 세 가지 입장을 취한다. (1) 그 텍스트 전체가 요세푸스가 쓴 진본이다; (2) 그 텍스트 전체가 어느 그리스도인이 삽입한 것이다; (3) 요세푸스가 이 텍스트에서 예수에 대해 언급하기는 했지만 나중에 그 내용이 어느 그리스도인에 의해 수정되었다. 처음 두 가지 입장을 지지하는 학자는 별로 없고 대다수의 학자들은 세 번째 입장을 취한다.

> Γίνεται δὲ κατὰ τοῦτον τὸν χρόνον Ἰησοῦς σοφὸς ἀνήρ εἴγε ἄνδρα αὐτὸν λέγειν χρή ἦν γὰρ παραδόξων ἔργων ποιητής διδάσκαλος ἀνθρώπων τῶν ἡδονῇ τἀληθῆ δεχομένων καὶ πολλοὺς μὲν Ἰουδαίους πολλοὺς δὲ καὶ τοῦ Ἑλληνικοῦ ἐπηγάγετο ὁ χριστὸς οὗτος ἦν καὶ αὐτὸν ἐνδείξει τῶν πρώτων ἀνδρῶν παρ' ἡμῖν σταυρῷ ἐπιτετιμηκότος Πιλάτου οὐκ ἐπαύσαντο οἱ τὸ πρῶτον ἀγαπήσαντες ἐφάνη γὰρ αὐτοῖς τρίτην ἔχων ἡμέραν πάλιν ζῶν τῶν θείων προφητῶν ταῦτά τε καὶ ἄλλα μυρία περὶ αὐτοῦ θαυμάσια εἰρηκότων εἰς ἔτι τε νῦν τῶν Χριστιανῶν ἀπὸ τοῦδε ὠνομασμένον οὐκ ἐπέλιπε τὸ φῦλον. 『유대고대사』 18.63-64.

이때에—만약 우리가 그를 인간이라고 불러야 한다면—현자 예수가 나타났다. 그는 놀라운 일을 행하는 자였고, 기쁨으로 진리를 받는 사람들의 교사였다. 그리고 그는 많은 유대인들과 많은 그리스 출신 사람들 중에서 추종자를 얻었다. 그는 메시아였다. 그리고 빌라도가 우리 중 유력한 사람들이 한 고발 때문에 그를 십자가형에 처했을 때에도 전에 그를 사랑했던 사람들

159 Feldman and Hata 편(1989), 430에 실린 Feldman. Feldman(1984), 680-84, 957-58을 보라.

은 계속해서 그를 사랑했다. 왜냐하면 신의 예언자들이 이런 일들과 예수에 관한 셀 수 없이 많은 다른 놀라운 일들을 말했던 것과 같이 그가 삼일 만에 그들에게 나타났기 때문이다. 그리고 오늘날까지도 그의 이름을 따라서 그리스도인들이라고 불리는 집단은 소멸되지 않고 있다.[160]

그 텍스트는 요세푸스가 기독교로 개종했음이 분명하다고 믿게 한다. 그러나 3세기 초에 오리게네스는 요세푸스가 그리스도인이 아니었다고 주장했다.[161] 그렇다면 문제가 생긴다. 오리게네스가 옳다면, 그리스도인이 아닌 유대인이 이 구절에 보고되는 것과 같은 이야기를 하는 것은 이상해 보인다. 세 부분이 삽입구로 간주될 수 있는 유력한 후보다. (1) "만약 우리가 그를 인간이라고 불러야 한다면" (2) "그는 메시아였다", 그리고 (3) "왜냐하면 신의 예언자들이 이런 일들과 그에 관한 셀 수 없이 많은 다른 놀라운 일들을 말했던 것과 같이 그가 삼일 만에 그들에게 나타났기 때문이다." 마이어는 추가되었을 개연성이 높은 부분을 없애고 다음과 같은 수정된 구절을 제시한다.

이때에 현자 예수가 나타났다. 그는 놀라운 일을 행하는 자였고, 기쁨으로 진리를 받는 사람들의 교사였다. 그리고 그는 많은 유대인들과 많은 그리스 출신 사람들 중에서 추종자를 얻었다. 그리고 빌라도가 우리 중 유력한 사람들이 한 고발 때문에 그를 십자가형에 처했을 때에도 전에 그를 사랑했던 사람들은 계속해서 그를 사랑했다. 그리고 오늘날까지도 그의 이름을 따라

160 영어 번역은 Meier(1991), 60에서 가져옴. 다른 사람들도 아주 유사한 다른 버전들을 제시했다. Dunn(2003), 141; Ehrman(1999), 61-62를 보라.

161 Commentary on Matthew 2.10.17(ANF 10); *Contra Celsum* 1.47.

서 그리스도인들이라고 불리는 집단은 소멸되지 않고 있다.[162]

마이어와 루이스 펠드만 모두 만약 세 가지 의심스러운 요소들이 제거된다면 요세푸스가 그 텍스트의 나머지 부분을 썼다고 주장할 만한 충분한 이유가 있다고 주장한다.[163] 마이어는 그 수정된 구절이 진본임을 주장하는 여러 논거를 제공한다. 첫째, 그 구절은 『유대고대사』 18에 대한 모든 그리스어와 라틴어 사본들에서 등장한다. 그리스어 사본들이 단지 세 개뿐이며, 그중 가장 초기의 것이 11세기에 쓰인 것으로 보인다는 점은 인정해야 한다. 그러나 6세기까지 거슬러 올라가는 라틴어 사본들은 아주 많다.[164] 또한 그 구절이 4세기에 활동했던 카이사레아의 에우세비오스 이전에는 그 어떤 교부들에 의해서도 언급되지 않는다는 점도 지적되어야 한다. 둘째, 요세푸스가 나중에 "그리스도라고 불리는 예수"라고 언급한 점을 감안한다면, 그가 전에 예수에 대해 어떤 언급을 했을 가능성이 있다. 왜냐하면 그는 글을 이어가기 전에 잠시 멈춰서 예수에 관해 더 설명하지 않기 때문이다.[165] 셋째, 마이어가 수정한 구절의 어휘와 문법은 "요세푸스의 문체 및 언어와 잘 어울린다. 그러나 그 텍스트의 어휘 및 문법을 신약성서의 어휘 및 문법과 비교하면 잘 어울리지 않는다.…

162 Meier(1999), 61.

163 Meier(1991), 60-67; Feldman은 내게 보낸 개인 이메일에서 자기가 Meier의 입장에 동의한다고 말했다(2001년 8월 28일). Allison(1998)은 Meier의 평가에 동의하는 것으로 보인다(49, 49 각주 161). 비록 Meier와 Feldman에게 완전히 동의하지는 않지만, Zvi Baras는 "보다 그럴듯한" 입장은 "그 구절의 어떤 부분들은 받아들이고 다른 부분은 거부하는 것이다"라고 쓴다(Feldman and Hata 편[1987], 339에 실린 Z. Baras). Morton Smith는 그 구절에 대한 재구성에 대해 비관적이지만, 요세푸스는 확실히 예수에 대해 언급하고 있다고 결론짓는다(Feldman and Hata 편[1987], 252에 실린 M. Smith).

164 Meier(1991), 62.

165 Meier(1991), 62; Theissen and Merz(1998), 66.

사실, 그 어휘의 대부분은 요세푸스의 특징으로 밝혀졌다."[166] 마이어는 또한 자신이 수정한 "증언"(*Testimonium*)이 그 구절 전체를 삭제하는 것보다—마이어는 "때때로 허술한 근거 위에서" 전면 삭제가 이루어진다고 생각한다—훨씬 더 단순한 조치라고 주장한다. 그에게 "방법론상의 기본 규칙은 모든 것이 동일한 경우 가장 많은 양의 데이터를 포함하면서도 가장 단순한 설명이 선호되어야 한다"는 것이었다.[167]

마이어가 수정한 요세푸스의 텍스트에는 예수의 부활이 포함되어 있지 않다. 그러나 마이어의 텍스트보다 덜 잘라진 수정된 텍스트를 선호하는 몇 가지 이유들이 있다.

> 그리고 빌라도가 우리 중 유력한 사람들이 한 고발 때문에 그를 십자가형에 처했을 때에도 전에 그를 사랑했던 사람들은 계속해서 그를 사랑했다. 왜냐하면 그들은 예수가 살아나서 그들에게 나타났다고 전했기 때문이다. 그리

---

166 Meier(1991), 62-63. 다음 문헌들도 보라. Theissen and Merz(1998), 67; Van Voorst(2000), 88-90; Moreland and Wilkins 편(1995), 213에 실린 E. M. Yamauchi. Meier는 그 내용의 네 가지 "함축된 신학적 견해들"과 관계가 있는 네 번째 이유를 제시한다(63-68). 첫째, 그 수정된 진술의 기독론은 수준이 낮다. 왜냐하면 "현자"는 요세푸스가 솔로몬이나 다니엘에 대해서도 사용하는 말이기 때문이다(63-64; Solomon[*Ant*. 18.5.2 §53], Daniel[[*Ant*. 10.11.2 §237]). 따라서 만약 Meier가 수정한 문장이 요세푸스가 쓴 것이라면, 요세푸스는 정경 복음서들에서 발견되는 특정 자료를 몰랐다고 볼 수 있다. 둘째, "많은 이방인들"이 예수를 따랐다는 그의 진술은 복음서가 예수가 우선적으로 유대인들을 위해서 왔다고 보고하는 것과 이방인이 그를 따르는 것에 대해 거의 말하지 않는 것과 모순된다. 그러나 Meier는 요세푸스가 많은 이방인들이 예수를 따르고 있었던 1세기 후반의 상황을 과거로 투사했을 수도 있다고 인정한다. 다른 곳에서 요세푸스는 부주의하다고 알려져 있다(64-65). 셋째, 요세푸스의 마지막 진술은 그가 자신의 놀람을 전하고 있다는 인상을 준다. "그리고 바로 오늘날까지도(그의 이름을 따라서) 그리스도인들이라고 불리는 그룹은 소멸되지 않고 있다." 요세푸스는 그들의 지도자가 수치스럽게 처형당했으니 자신이 생각하기에 예수의 추종자들은 지금쯤에는 포기하고 믿어야 할 다른 무언가를 찾았어야 했음에도 여전히 그를 따르고 있는 것에 놀라워한다.

167 Meier(1991), 66-67.

고 오늘날까지도 그의 이름을 따라서 그리스도인들이라고 불리는 집단은 소멸되지 않고 있다.

우리는 이미 예수의 부활이 초기 케리그마의 일부였음을 살펴보았다. 그리고 요세푸스가 그 케리그마에 익숙했으리라고 믿을 만한 충분한 이유들이 있다. 요세푸스는 지리적·시기적·직업적으로 그 케리그마에 익숙하기에 적절한 상황에 있었다. 요세푸스는 기원후 30년대 후반부터 40년대와 50년대에까지 교회의 본부 역할을 했고 그 기간에 사도들이 공적으로 가르침을 베풀었던 도시에서 성장했다. 그래서 요세푸스와 그의 부친은 사도들의 설교를 직접 들었을 가능성이 있다. 성전이 파괴될 때까지 유대인 그리스도인들은 계속 회당에 모이고 성전에 갔다. 만약 누가가 옳다면, 많은 제사장들과 일부 바리새인들이 기독교의 메시지를 수용하고 있었다(행 6:7; 15:5). 요세푸스 자신과 그의 부친이 제사장이었음을 기억한다면, 그들은 기독교를 받아들인 그런 제사장들 중 몇 명을 알았을 수도 있다. 그들은 분명히 기독교라는 이단을 비판하는 여러 동료들로부터 기독교의 가르침에 대해 들었을 것이다. 더욱이, 요세푸스 자신의 말에 따르면 그는 19살(기원후 56년경) 때 바리새인이 된다는 것에 대해 잘 알고 있었다.[168] 요컨대, 요세푸스는 영적인 문제들에 깊은 관심이 있었고, 유대인 제사장들 및 바리새인들과 긴밀한 유대를 맺고 있었으며, 교회가 성장했고 많은 유대인들이 기독교의 메시지를 받아들였던 바로 그 기간에 예루살렘에서 성장했고 거기서 상당한 시간을 보냈다. 따라서 요세푸스가 예루살렘에서 선포되었던 예수의 부활에 관해 들어보았을 것이라고 생각할 충분한 이유가 있다.

---

168 Jos. *Life* 1.10, 12.

위의 덜 잘라낸 수정본이 마이어의 수정본보다 더 타당할 수 있다. 왜냐하면 이 수정본은 예수와 그의 추종자들에 대해 중립성을 유지하면서도 현존하는 모든 사본들에서 더 근접하게 나타나기 때문이다. 더욱이 그 판본은 그리스도인 "집단"이 소멸되지 않았던 **이유**에 관한 통찰력을 제공한다. 그들은 자기들의 영적 지도자가 죽은 자들 가운데서 부활했다고 확신했던 것이다. 이 점은 요세푸스가 예수의 부활에 대해 그리스도인들로부터 직접 들었을 가능성이 있음에도 불구하고 이에 관해 알지도 못하고 언급하지도 않은 점에 대해 생각할 때 마이어가 느끼는 긴장을 제거한다.[169] 어떤 학자들은 요세푸스가 예수의 부활에 대해 언급하고 있다는 주장에 대해 열려 있으며, 심지어 그 표현이 마이어의 표현만큼이나 그럴듯하다고 여긴다.[170] 라이트는 "증언"에서 종종 요세푸스가 직접 쓴 것

---

169 Meier(1991), 67. 논란이 있기는 하지만, 아가피우스라고 불리는 히에라폴리스의 감독이 10세기에 인용했던 "증언"의 아랍어 버전은 덜 고쳐진 수정본과 아주 비슷하다. Charlesworth(2008), 35와 Maier(1994), 284는 아가피우스의 버전을 선호한다. 개인적인 서신에서(2003년 3월 7일), Maier는 내게 자기가 언젠가 요세푸스에 관한 당시에 가장 권위 있는 학자였던 Paul Winter에게 그가 *Testimonium Flavianum*의 **어느 부분이라도** 진본이라고 여기는지, 그리고 만약에 그렇다면, 원래의 구절이 어떻게 읽힐 것 같으냐고 물은 적이 있다고 말했다. 계속해서 그는 이렇게 말했다. "그는 내게 첫 번째 질문에 대해서는 '그렇다'라고, 그리고 두 번째 질문에 대해서는 그것이 **아가피우스의 텍스트와 아주 흡사할 것**이라고 답했습니다! 안타깝게도 Winter는 Schlomo Pines가 아가피우스 텍스트(*Agapian Text*, AT)를 발표하기 전에 죽었습니다." Theissen and Merz(1998), 72-73도 아가피우스 텍스트의 진정성에 대해 열려 있다. Green and McKnight 편(1992), 365에 실린 C. A. Evans는 그렇게 자신감이 넘치지는 않는다. Feldman and Hata(1989)에 실린 Feldman은 이렇게 말한다. "아가피우스 텍스트에 실려 있는 진술의 순서가 요세푸스의 진술 순서와 다르다는 사실은 여기서 우리가 어떤 바꿔 말하기(paraphrase)를 다루고 있음을 암시하는 것으로 보인다. 더욱이 아가피우스가 요세푸스에 따르면 헤롯이 그 집단의 계보를 불태웠다고 선언하는 반면 요세푸스에게서는 그런 구절이 나타나지 않고 Eusebius(*Historia Ecclesiastica* 1.7.13)에게서 그 구절이 나타나고 있다는 사실은 아가피우스가 요세푸스를 직접 참고하지 않았다는 사실에 대한 추가적인 암시라고 할 수 있다"(433).

170 Maier(1994), 284; Theissen and Merz(1998), 72-74; Van Voorst(2000), 103. Vermes(2008)는 현대의 모든 전문가들은 요세푸스가 *Testimonium*에서 예수의 부활에 대해 언급한 것을 "그리스도인의 삽입으로 간주한다"고 단언한다(158).

이라고 간주되는 수준보다 더 많은 부분이 요세푸스 자신의 것이라고 여긴다.[171]

최소한 수정된 원본 "증언"의 원저자가 요세푸스라는 몇 가지 추가 주장들이 제기되었다. "증언"이 완전한 삽입이라면, 왜 그것을 삽입한 사람이 세례자 요한에 관한 요세푸스의 설명—요한에 관한 설명은 분명히 요세푸스 자신의 글이다—은 손보지 않았는지 의아해 할 수 있을 것이다.[172] 펠드만은 "이런 논거들에 더해서, 이 구절 그리고 아마도 요한과 야고보에 관한 구절들을 제외하면 요세푸스의 저작에서 진정성이 의심되어 왔던 다른 구절들은 없다는 사실을 덧붙일 수 있을 것이다. 그러므로 입증책임은 [전적인] 삽입을 주장하는 쪽에 있다"라고 말한다.[173] 비록 원래의 텍스트가 변조된 정도에 대해서는 의견이 갈리지만, 단연코 대다수의 학자들은 요세푸스가 "증언"에서 예수에 관해 언급한다고 인정한다.[174]

"모든"은 위험한 용어이며 쉽게 반박된다. 왜냐하면 현대의 많은 학자들이 요세푸스가 *Testimonium*에서 예수의 부활에 대해 언급했다는 생각에 대해 열려 있기 때문이다.

171 Wright(1992), 354 각주 44.

172 Feldman and Hata(1989), 446에 수록된 Feldman; Meier(1991), 66. 세례자 요한에 관한 요세푸스의 구절의 원저자가 요세푸스라는 주장은 Feldman and Hata(1989), 429-430에 실린 Feldman을 보라.

173 Feldman and Hata(1989), 430에 실린 Feldman.

174 비록 어떤 공식적인 연구도 요세푸스 학자들 중 그 구절의 일부를 받아들이는 이들과 그것을 전적으로 거부하는 이들의 비율을 조사한 적은 없지만, 아마도 Feldman은 그 문제에 대한 정보에 입각한 추측을 하기에 가장 적합한 사람일 것이다. Feldman(1984)에서 그는 그 기간 동안 "증언"을 다룬 87개 연구 논문을 열거한다. 2001년 11월 26일에 내게 보낸 이메일에서 Feldman은 1937년부터 1980년 기간에 해당하는 자신의 목록이 불완전하며 1980년 이후로 그 구절에 관한 더 많은 연구들이 나왔다는 점을 인정했다. 오늘날의 학자들이 "증언"의 진정성과 관련해 어느 쪽에 서 있는지를 대략적으로라도 추측해 달라는 요청에 대해 그는 이렇게 응답했다. "내가 추측하기로, 어떤 식으로든 "증언"을 받아들이는 이들과 그렇지 않은 이들의 비율은 적어도 3:1입니다. 나는 설령 그 비율이 5:1이 되더라도 놀라지 않을 것입니다." 유대인 학자 Vermes(2000)도 동의한다: "그 구절 전체를 위조라고 선언하는 것은 목욕물과 함께 아기까지 내던지는 격이다. 사실 최근에는 나를 포함한 대부분의 전문가들이 그 설명의 일부는 진본임을 받아들이

『유대고대사』 18장의 초기 사본이 발견되지 않는 한, 그리고 그 사본이 발견될 때까지는 요세푸스가 18.63에서 예수에 대해 언급했는지, 만약 언급했다면 그가 정확하게 무슨 말을 했는지에 대한 논의에는 어쩔 수 없는 불확실한 점이 있게 될 것이다. 학자들은 다양하게 재구성한 내용들의 개연성에 대해 계속 논쟁을 벌일 것이다. 그러므로 우리의 연구에서 요세푸스의 저서를 사용할 때는 아주 조심해야 할 것이다. 나는 이 텍스트에 "**가능성이 있음**" 등급을 부여한다.

3.2.4.2. 타키투스. 타키투스(기원후 56-120년경)는 대체로 가장 위대한 로마 역사가로 간주된다.[175] 그는 기원후 112-113년에 아시아 총독이었다. 타키투스의 마지막 저술인 『연대기』는 기원후 116-117년경에 쓰였다.[176] 로버트 반 부르스트에 따르면 "[타키투스는] 그의 자료를 신중하게 사용하는 것으로 보이며 그가 쓴 이야기들의 기본적인 정확성은 결코 심각한 문젯거리가 되지 않았다."[177] 그의 『연대기』에서 타키투스는 예수를 한 번 언급한다. 로마의 화재에 대해 그리고 네로가 그 화재에 대해 책임이 있다는 소문이 퍼져나가는 것에 관해 쓰면서 그는 이렇게 보고한다.

> 그래서 소문을 억누르기 위해 네로는 희생양을 만들었고 평민들이 "그리스도인들"이라고 부르는 집단에게 가장 정교한 고문을 가했다. (그들은 혐오

는 중립적 입장을 취해왔다"(227). Dunn(2003)은 진정한 요세푸스 버전은 현존하는 텍스트에 대한 수정된 버전이었다고 주장하는 "광범위한 합의"에 대해 언급한다(141). 다음 문헌들도 보라. Dunn(2003), 141; Green and McKnight(1992), 364에 실린 C. A. Evans; Fredriksen(1999), 249.

175 Gilderhus(2007), 20; Van Voorst(2000), 39.

176 Theissen and Merz(1998), 81.

177 Van Voorst(2000), 39.

스러운 죄악 때문에 미움을 받았던 집단이었다.) 그들의 이름은 티베리우스 치하에서 속주 총독 폰티우스 필라투스에 의해 처형된 그리스도에게서 왔다. 한동안 억압되었던 치명적인 미신이 이 악을 낳은 땅 유대에서뿐 아니라 도성 로마에서도 다시 나타났다.[178]

때때로 이 텍스트의 진정성이 의문시되기는 하지만 대다수의 학자들은 이 텍스트가 진본임을 인정한다.[179] 그 텍스트는 기독교의 영향을 받았다는 그 어떤 조짐도 보이지 않는다.[180] 그 텍스트의 문체는 타키투스의 문체이며, 그 내용은 로마의 화재에 대한 보고라는 맥락에 어울린다. 그리고 어느 그리스도인이 그 텍스트 안에 그리스도인들에 대한 그렇게 모욕적인 말들을 써넣었으리라고 보기는 의심스럽다.[181] 타키투스가 그런 정보를 어디서 또는 누구에게서 받았는지를 알기는 어렵다. 요세푸스의 경우와는 달리, 우리는 타키투스가 생전에 예루살렘이나 사도들 가까이에 있었다고 합리적으로 자신 있게 주장할 수 없다. 타키투스는 자기의 정보를 제국의 기록이나 아마도 불과 몇 년 전에 그리스도인들과 충돌했던 자기 친구 소플리니우스로부터 얻었을 수도 있다.[182] 타키투스는 또한 당대 기독교의 선포를 통해서 정보를 얻었을 수도 있다.[183] 우리는 추측해볼 수 있을 뿐이다.[184] 나는 타키투스의 저작에 실려 있는 이 텍스트에 **가능성이**

---

178 Tacitus *Ann*. 15.44. 영어 번역은 Meier(1991), 89-90쪽을 참조했음.

179 Van Voorst(2000), 42-43.

180 Dunn(2003), 141; L. T. Johnson(1996)은 타키투스가 기독교 저술들에서 발견되는 십자가형이 아니라 "극단적 형벌"이라는 표현을 사용하며, 유대인 지도자들의 개입에 대해 어떤 언급도 없음에 주목한다(115-116).

181 Meier(1991), 90; Van Voorst(2000), 43.

182 Meier(1991), 91.

183 Van Voorst(2000), 52.

184 흥미로운 점은—신약성서 밖에서는—유대인 저자 필론과 요세푸스가 빌라도에 대

있음 등급을 부여할 것이다.

3.2.4.3. 소플리니우스. 소플리니우스는 로마의 원로원 의원이었고, 열정적으로 편지를 쓰는 사람이었으며, 타키투스의 친구였다. 기원후 111년경에 그는 트라야누스 황제에게 자기가 겪은 그리스도인들에 관한 정보를 제공하는 편지를 썼다. 그의 편지가 초기 기독교와 기독론에 관한 연구에서 흥미로운 데이터이기는 하지만, 플리니우스는 역사적 예수에 관해서는 아무런 정보도 제공하지 않는다. 나는 그 편지에 **유용하지 않음** 등급을 부여한다.

3.2.4.4. 수에토니우스. 소플리니우스는 변호사이자 로마역사가인 수에토니우스의 후원자였다. 수에토니우스는 아마도 기원후 117년에서 122년 사이에 열두 명의 황제들(율리우스 카이사르부터 도미티아누스까지)에 대한 전기를 썼다.[185] 그중 한 구절이 초기 기독교를 연구하는 역사가들에게 약간의 관심을 끄는데, 그 구절에서 수에토니우스는 이렇게 쓰고 있다. "그[클라우디우스]는 로마에서 유대인들을 쫓아냈다. 그들이 선동자 크레스투스로 인해 늘 소란을 피우고 있었기 때문이다."[186] 역사가들은 대체로 이 사건이 기원후 49년에 일어났다고 믿는다. 누가가 같은 사건에 대해 언급하고 있기 때문에 그 구절은 초기 기독교를 연구하는 역사가들에게 관

해 언급한다는 점이다. 타키투스는 그에 대해 언급하는 유일한 비기독교 이방인 저자다. Bruce(1974)는 이렇게 말한다. "이방인 저자의 작품 안에서 유일하게 살아남아 있는 빌라도에 대한 언급이 빌라도가 그리스도에게 내린 사형 선고 때문이라는 것은 역사의 아이러니의 한 예로 간주될 수 있을 것이다"(23).

185 Theissen and Merz(1998), 83.

186 Suetonius *Claud*. 25.4. 영어 번역은 Van Voorst(2000), 30쪽을 참조했음.

심 대상이다.[187] 그러나 우리는 수에토니우스가 이 정보를 어디서 누구에게 받았는지 알지 못하며, 그가 "크레스투스"에 대해 언급하면서 누구를 염두에 두었는지에 대해서도 알지 못한다.[188] 어쩌면 그는 예수에 대해, 그리고 당시 로마에서 유대인과 그리스도인들 사이에서 벌어진 갈등에 대해 언급하고 있는지도 모른다. 우리로서는 절대로 알 수 없을 것이다. 그러나 이 텍스트가 우리의 연구에 아무 도움도 되지 않는다는 한 가지는 분명해 보인다. 따라서 나는 그 텍스트에 **유용하지 않음** 등급을 부여한다.

3.2.4.5. 마라 바르 세라피온. 로마의 감옥에서 자기 아들에게 편지를 썼던 시리아의 스토아 학자 마라는 자기가 처형될 수도 있을 거라고 여겼다. 비록 그 편지의 유일한 사본이 7세기까지 거슬러 올라가기는 하지만, 원본이 쓰인 날짜는 확실하지 않다.[189] 그 편지가 기원후 73년경 또는 그 직후에 작성되었다고 여기는 사람들이 있는 반면, 그 편지가 쓰인 시기를 기원후 73년 이후 어느 때 이상으로 좁힐 수는 없다고 주장하는 사람들도 있다.[190] 그 편지는 예수에 대해 간략히 언급한다. "자기들의 지혜로운 왕을 죽인 유대인들은 어떠한가? 그들의 왕국이 바로 그 즈음에 빼앗겼으니 말이다!"[191] 마라에 대해서는 알려진 것이 거의 없으며 우리는 마라가 예수의 처형을 목격했는지 또는 다른 사람에게 정보를 얻었는지, 만약 그랬다면, 마라에게 그 정보를 전해준 사람이 누구였는지에 대해 추측

---

187 사도행전 18:2.

188 Theissen and Merz(1998), 84.

189 British Museum Syriac MS Additional 14,658.

190 기원후 73년경에 쓰였다고 주장하는 학자로는 Green and McKnight(1992), 366에 실린 C. A. Evans가 있다. 73년 직후를 주장하는 학자로는 Theissen and Merz(1998), 77쪽이 있다. 그리고 73년 이후 확정할 수 없는 어느 때를 주장하는 이로는 Bruce(1974), 30쪽이 있다.

191 Van Voorst(2000), 54.

만 할 수 있을 뿐이다. 기껏해야 마라는 그 당시의 어떤 사람들이 예수의 운명에 관해 믿었거나 알았던 것에 관해 알려줄 뿐이다. 나는 그 편지에 **유용하지 않음** 등급을 부여한다.

3.2.4.6. 탈루스. 기원후 55년경에 탈루스는 트로이 전쟁 때부터 대략 기원후 50년에 이르는 시기의 지중해 동부 세계에 관한 역사를 썼다. 비록 지금은 남아 있지 않지만, 그의 저작의 일부가 다른 사람들에 의해 보존되어 왔다. 그중 우리의 관심을 끄는 것은 탈루스의 작품을 다루는 율리우스 아프리카누스(기원후 220년경)라는 그리스도인 저자의 텍스트다. 유감스럽게도 그 텍스트는 상실되었다. 그러나 그중 일부가 게오르기우스 신켈루스(기원후 800년경)에 의해 인용된다. 예수가 죽었을 때 발생한 전조들에 대해 말하면서 율리우스 아프리카누스는 이렇게 언급한다. "온 세상에 가장 무서운 어둠이 닥쳤다. 지진으로 바위들이 갈라졌고, 유대와 다른 지역의 많은 곳들이 무너져 내렸다. 나로서는 이유가 없어 보이는데, 탈루스는 자신의 저서 『역사』의 제3권에서 이 어둠을 일식이라고 부른다."[192] 3차 자료를 통해서 볼 때(탈루스—아프리카누스—신켈루스), 탈루스라는 역사가가 예수의 십자가형 때 발생한 어둠에 대해 기록한 것으로 보인다.

이 텍스트는 무시될 수 없지만 그다지 유용하지 않다. 탈루스의 정체에 대해서는 추측만 할 수 있을 뿐이다. 비록 저작 시기가 기원후 55년경으로 추정되기는 하지만, 우리는 탈루스가 언제 그 글을 썼는지조차 모른다.[193] 탈루스가 그 정보를 어디서 그리고 누구로부터 얻었는지는 훨

---

192 Georgius Syncellus *Chronicle* 322쪽 또는 ANF 1.6.2.1.3.25(Logos Libronix)에서는 256.

193 Van Voorst(2000), 22.

씬 덜 알려져 있다. 그 작품의 저작 시기를 감안하면, 탈루스는 예수가 십자가형을 당했을 때 예루살렘에 있었을 수도 있다. 어쩌면 그는 단지 그 어둠에 관한 그리스도인들의 보고에 대해 반응하고 있었던 것일 수도 있다. 유감스럽게도 탈루스로부터 약 750년 이후에 살았고 자신의 정보를 탈루스로부터 약 165년 후에 살았던 다른 자료로부터 얻었던 사람에게서 온 정보에 기초해서는 그런 사항들에 대해 알 수 없다. 탈루스의 글에 대해 **가능성이 있음** 등급을 부여할 수도 있지만, 이 자료의 유일한 가치라고는 그것이 정경 복음서들이 보고하는 예수의 십자가형이 이루어진 동안에 나타났던 어둠을 확증해줄 수도 있다는 것뿐이다.

3.2.4.7. 루키아노스. 루키아노스(기원후 115-200년경)는 사모사타에서 태어났고 자신을 시리아인이라고 부른다. 그는 165년에 쓴 『페레그리누스의 죽음』(*The Passing of Peregrinus*)에서 예수에 대해 두 번 언급한다. 루키아노스는 페레그리누스를 σοφιστής(현자)라고 부른다.[194] 그러나 이 말은 σοφία(지혜)라는 단어에 대한 빈정거림일 수 있으며, 돈을 벌기 위해 가르치거나 속임수를 쓰는 이들을 가리킬 수도 있다.[195] 루키아노스는 또한 예수가 팔레스타인에서 십자가형을 당했다고 보고한다.[196] 예수에 대해 언급하는 다른 모든 이방인 작가들의 경우와 마찬가지로, 우리는 루키아노스가 어디서 또는 누구에게서 이 정보를 얻었는지 알지 못한다.[197] 아마도 다음과 같이 말하는 마이어가 옳을 것이다. "의심할 바 없이 루키아노스

---

194 Lucian *Peregr*. 13.

195 Van Voorst(2000), 62; *LS*(1996), 738, II, 2.

196 Lucian *Peregr*. 11, 13.

197 이방인(gentile) 그리스도인과 유대인 비그리스도인 저자들이 있었기 때문에 여기서 나는 "이방인(pagan)"이라는 단어를 이방인 비그리스도인을 가리키는 의미에서 사용할 뿐 그것을 경멸적인 의미로 사용하는 것은 아니다.

는 어떤 독립적인 데이터 원천이 아니라 당시에 '퍼져 있던' 일반적인 지식을 반영하고 있다."[198] 루키아노스와 이런 이방인 역사가들은 우리에게 2세기의 교육받은 이방인들이 예수에 관해 알았거나 믿었던 것에 대해 알려준다.[199] 나는 루키아노스의 이 텍스트에 **유용하지 않음** 등급을 부여한다.

3.2.4.8. 켈소스. 예수가 죽은 후 비교적 짧은 기간 안에 예수에 대해 언급했던 마지막 이방인 저자는 켈소스다. 그는 기원후 177년에서 180년 사이의 어느 시점에 "Ἀληθὴς Λόγος"(참된 말씀)라는 제목의 기독교를 공격하는 책을 쓴 중기 플라톤주의 철학자다.[200] 오리게네스는 기원후 248년경에 이 작품을 반박하는 책을 썼다.[201] 켈소스의 소책자 또는 책은 더 이상 남아 있지 않지만, 그 내용 대부분은 그에 답하느라 그 내용을 글자 그대로 인용하는 오리게네스에 의해 보존되어 있다. 우리의 연구에서 관심을 끄는 사항은 켈소스가 예수의 십자가형과 부활에 대해 언급한다는 점이다. 그러나 켈소스는 그의 데이터의 출처로 보이는 복음서 내러티브와 친숙함을 보여준다. 따라서 켈소스는 우리의 연구를 위해서는 그 어떤 독립적인 자료도 제공하지 않는다. 나는 그에게 **가능성이 낮음** 등급을 부여한다.

3.2.4.9. 랍비 자료. 학자들은 나사렛 예수에 관한 전승을 수록하고 있을

198 Meier(1991), 92. Van Voorst(2000), 64도 보라.
199 Meier(1999), 92.
200 Marcovish(2001), 14.
201 Marcovish(2001), 14.

후보로 몇몇 랍비 자료들에 주목해왔다.[202] 그러나 그 자료들에 언급된 사람이 실제로 나사렛 예수인지에 대해서는 여러 이견이 있다.[203] 우리의 연구 목적상으로는 그런 구절들 중 "*b. Sanhedrin* 43" 단 한 구절만 관심 대상이다.

> 유월절 전날 그들이 예수를 교수형에 처했다고 알려졌다. 그 전에 전령 한 명이 40일간 다음과 같이 선포했다. "그는 마술을 행하고 이스라엘이 탈선하도록 부추겼기 때문에 돌로 쳐 죽일 것이다. 무엇이든 그에게 유리한 내용에 대해 아는 사람은 누구든 와서 그를 위해 탄원하라." 그러나 그에게 유리한 어떤 증언도 나오지 않았고, 결국 그들은 유월절 전날 그를 교수형에 처했다.[204]

이 구절은 바빌로니아 탈무드(*Babylonian Talmud*)에 등장한다. 바빌로니아 탈무드는 5세기에 유대인 학자들에 의해 기록되었는데 3세기까지는 쓰이지 않았던 약간의 자료를 포함하고 있다.[205] 우리는 그들이 3세기

---

202 Van Voorst(2000, 109-14)는 다음과 같은 자료를 열거한다: *b. Shabbat* 104b; *t. Shabbat* 11.15; *b. Sanhedrin* 67; *t. Sanhedrin* 10.11(*y. Sanhedrin* 7.16과 비교하라); *m. Sanhedrin* 10.2; *m. Abot* 5.19; *b. Gittin* 55b-57a; *b. Sanhedrin* 106b; *b. Sanhedrin* 107b(*b. Sotah* 47a와 비교하라); *y. Hagigah* 2.2(*y. Sanhedrin* 23c와 비교하라); *m. Yebamot* 4.13; *b. Yoma* 66d(*t. Yebamot* 3.3-4와 비교하라); *b. Sanhedrin* 106a; *b. Hagigah* 4b; *b. Sanhedrin* 43a(다음과 비교하라. *t. Shabbat* 11.15; *b. Shabbat* 104b); *b. Sanhedrin* 103a(*b. Berakhot* 17b와 비교하라); *b. Sanhedrin* 106a.

203 이에 대한 논의는 Van Voorst(2000), 104-22를 보라. 다음 문헌들도 보라. Ehrman(1999), 62-63; Meier(1991), 93-98, 특히 95; Theissen and Merz(1998), 74-76.

204 영어 번역은 Van Voorst(2000), 114를 참조했음.

205 예루살렘 탈무드는 4세기에 만들어졌고 바빌로니아 탈무드보다 권위가 떨어진다고 간주된다. Ehrman(1999), 62-63을 보라. L. T. Johnson(1996)은 탈무드의 최종 완성 시기를 5세기 또는 6세기로 여긴다(114). 반면에 Wright(2003)는 탈무드 완성 시기를 "대략 기원후 400년"으로 보며 미쉬나는 "대략 기원후 200년"으로 본다(191).

자료에서 활용한 정보가 믿을 만한 1세기 자료에 기초했는지 여부에 대해 알지 못한다. 랍비들은 대개 역사에 관심이 없었고 그들의 "창의적인 상상력으로 인해…자유롭게 이야기를 지어냈다."[206] 따라서 어떤 학자들은 우리가 "*b. Sanhedrin* 43.a"에 실린 내용은 그 시대의 그리스도인들에 대한 격렬한 비판이나 정경 복음서에 나오는 수난 내러티브들에 대한 변증적 응답이라고 주장한다.[207] 요약하자면, 랍비 자료들은 4세기와 5세기에 편찬되었으며, (기원과 신뢰성이 알려지지 않은 보다 이른 시기의 자료들에 기원을 두고 있을 수도 있는) 3세기에 쓰인 많은 정보를 포함하고 있다. 그리고 우리는 그 랍비 자료가 출처로 삼은 3세기 자료를 책임 있게 사용했는지, 또는 그들의 3세기 자료가 그 자료의 보다 이른 시기의 자료를 책임 있게 사용했는지 확신하지 못한다. 랍비 자료는 아마도 우리에게 3세기 그리고 아마도 그보다 이전 시기의 교육 받은 유대인들이 예수에 관해 알았거나 믿었던 것에 대해 말해줄 것이다. 바트 어만은 많은 의견들을 다음과 같이 요약한다.

> 이런 저작들의 연대, 그리고 그 저작들의 전승의 기원을 확립하기가 복잡함을 고려할 때 학자들은 대체로—오늘날 우리가 어느 신문 사설 하나를 인용하고 그것이 식민지 미국의 상황을 반영한다고 가정할 수 없듯이—자기들이 이제 더 이상 (전에 하던 대로) 단순히 탈무드의 한 구절을 인용하고 그것이 마치 1세기의 상황을 반영한다고 가정할 수 없다는 점을 깨닫고

---

206 Van Voorst(2000), 120-21. 이런 랍비들이 정확한 역사에 관심이 없었다는 징표로서 그는 랍비들이 예수가 살았던 시대를 정확히 특정하지 못한다는 점을 지적한다(121-22). L. T. Johnson(1996)은 탈무드의 "예수와 그리스도인들에 대한 언급은 중세의 검열을 받아왔다"고 지적한다(114).

207 Ehrman(1993), 63; Meier(1991), 97-98; Theissen and Merz(1998), 75; Van Voorst(2000), 121-22.

있다.[208]

나는 랍비 자료에 **가능성이 낮음** 등급을 부여한다.

3.2.5. 사도 교부

보통 사도 교부들이라고 알려진 몇몇 저자들의 작품이 전집 형태로 남아 있다. 이 모음집에 속한 문헌들은 그 이름이 암시하는 것처럼 사도들에 의해 쓰인 것이 아니라, 대체로 1세기와 2세기에 사도들 이후 등장한 교회 지도자들에 의해 쓰였다. 유감스럽게도 이런 저작들 거의 모두에 관해 여러 의문들이 남아 있다. 이 저작들의 저자는 누구이고 그 저작들은 언제 쓰였는가? 누구에게 왜 쓰였는가? 우리의 연구에서 이런 저작들 중 어느 하나라도 사용할지 여부를 결정하는 요인이 하나 있다. 그 요인은 그들의 저작 내용 중 일부가 우리에게 원래의 사도들이 예수의 부활에 관해 가르쳤던 내용에 대한 통찰력을 제공한다고 믿을 이유가 있는지 여부다. 우리의 현재 연구가 1세기와 2세기에 존재했던 모습 그대로의 초기 기독교의 다양성에 관한 것이 아님을 상기해야 한다. 우리의 현재 연구는 예수의 운명에 관한 것이다. 그러므로 원래의 제자들이 그 문제에 관해 어떻게 가르쳤는지, 그리고 그들이 그 가르침에서 일치했는지 확인하는 것이 가장 중요할 것이다. 예컨대, 이그나티오스가 쓴 7개 편지들(중간 개정판)은 진본으로 널리 받아들여지고 있고 기원후 100-138년경에 그리고 보다 일반적으로는 기원후 110년경에 쓰인 것으로 추정된다.[209] 이그나

---

208 Ehrman(1999), 63.

209 Ehrman 편역(*Apostolic Fathers*, 2003)은 이그나티오스가 트라야누스 황제 재위(기원후 98-117년) 중반에 그 편지들을 썼다는 에우세비오스의 진술을 선호하는

티오스는 예수의 죽음과 부활에 대해 언급한다. 그러나 이그나티오스를 아마도 그의 연하였을 수도 있는 친구이자 동료였을 폴리카르포스의 경우처럼 직접 사도들과 연결시키는 전승은 없다. 그러므로 이그나티오스의 편지들은 2세기 초의 교회에 관한 우리의 지식을 위해 귀중한 통찰을 제공해주지만, 예수의 부활에 관한 우리의 연구에 도움이 되지는 않는다. 또 다른 예로 「파피아스의 단편들」(Fragments of Papias)을 들 수 있다. 다른 사람들의 저작들에 보존되어 있는 이 짧은 단편들은 파피아스를 사도 요한의 동료로 확인해주는 많은 언급들을 포함하고 있지만, 그 단편들은 예수의 죽음이나 부활에 대해서는 어떤 언급도 하지 않으며 따라서 우리의 연구에는 아무 가치가 없다.[210]

3.2.5.1. 로마의 클레멘스. 「클레멘스1서」(*First Clement*)는 로마에 있는 교회가 고린도에 있는 교회에 보낸 편지다. 비록 그 편지 자체가 특정 인물에 의해 쓰였다고 주장하지는 않지만, 그 편지는 로마의 클레멘스가 쓴 것으로 간주되어왔다. 그 편지는 바울이 고린도 교회에 보낸 첫 번째 편지와 대략 같은 분량이다.[211]

클레멘스는 누구였는가? 몇 가지 가능성이 제안되어왔다. 바울은 빌립보서 4:3에서 클레멘스라는 사람을 언급한다. 카이사레아의 에우세비오스(기원후 260-339년경)는 이 클레멘스가 나중에 기원후 92년에 로마의

것으로 보인다(1권 205); C. A. Evans(2005): 기원후 110-118년(270); Foster 편(2007)에 실린 P. Foster: 기원후 125-150년(89), 그러나 그는 대부분의 학자들이 기원후 110년을 선호한다는 것을 인정한다(88); Jefford(2006): 기원후 107-109년(12).

210 Pap. *Frg*. 1.4; 3.1-4, 7; 11; 15; 16.1.

211 BibleWorks 7.0을 사용해 각각의 그리스어 텍스트의 낱말 수를 세어보면 다음과 같은 결과가 나온다. 고린도전서: 9,648개; 클레멘스1서: 9,833개. 클레멘스1서가 고린도전서보다 1.92% 많은 셈이다.

감독이 되었다고 전한다.[212] 그러나 에우세비오스는 그를 「클레멘스1서」의 저자와 연결시키지 않는다. 헤르마스(1세기 말-2세기 전반)의 「목자」(*The Shepherd*)는 다른 모든 교회들에 책을 보내는 일을 했던 클레멘스라는 사람에 대해 말한다.[213] 이레나이우스(기원후 140-202년경)는 로마의 3대 감독이 된 클레멘스에 대해 언급한다. 그는 클레멘스가 사도들을 보았고 그들과 대화를 나눴다고 덧붙인다.[214] 반드시 그럴 필요는 없지만 어쩌면 이 점은 빌립보서에서 클레멘스가 언급되는 것과 일치할 수도 있다. 또한 이레나이우스는 「클레멘스1서」가 클레멘스가 로마 교회 감독이었을 때 로마 교회가 고린도 교회에 보낸 편지였다고 전한다. 이 언급은 「클레멘스1서」를 로마 감독의 저작으로 여기는 최초의 분명한 언급이며 「클레멘스1서」에서 발견되는 "우리"라는 단어들과 부합한다. 알렉산드리아의 클레멘스(기원후 150-215년경)는 「클레멘스1서」의 텍스트를 "사도 클레멘스"의 저작으로 돌리며 거기서 따온 많은 인용문들을 제공한다.[215] 테르툴리아누스(기원후 160-215년경)는 로마 교회를 위해 베드로에게 안수를 받았던 클레멘스에 대해 썼지만 「클레멘스1서」에 대해서는 아무 언급도 하지 않는다.[216] 이그나티오스가 트랄레스 사람들에게 보낸 편지(긴 개정판)에서 베드로의 조력자 클레멘스라는 사람이 언급된다.[217] 흥미로운 점은 클레멘스의 저작권을 부정하거나 클레멘스와 사도 베드로의 연결 관계에 의문을 제기하는 전승이 없다는 것이다.

요약하자면, 바울이 언급한 사람이었을 수도 있는 클레멘스라는 사

---

212 *His.eccl*. 3.4.10; 3.15.1.
213 *Herm*. 3:3.
214 *Haer*. 3.3.3.
215 *Strom*. 4:17.
216 *Praescr*. 32.
217 Ign. *Trall*. 7:3(긴 버전).

람이 1세기 말에 로마 교회의 감독이 되었다는 전승이 있다. 이 클레멘스는 사도들 중 몇 사람을—어쩌면 베드로나 바울까지도—개인적으로 알았을 수도 있다. 모종의 방식으로 클레멘스를 사도들과 연결시키는 것으로 보이는 많은 자료들이 있기 때문에 이 가능한 관계는 무시될 수 없다. 한편으로 우리는 클레멘스에 관한 진술들의 신빙성을 확신할 수 없다. 왜냐하면 예외로 볼 수도 있는 헤르마스의 「목자」를 제외하면 그 자료들은 상당히 늦은 시기의 것들이기 때문이다(기원후 140-325년경). 다른 한편으로, 이레나이우스, 알렉산드리아의 클레멘스, 테르툴리아누스 그리고 이그나티오스가 트랄레스 사람들에게 보낸 편지의 긴 버전은 클레멘스를 베드로 또는 「클레멘스1서」와 연결시키는 네 개의 자료들이며, 달리 주장하는 경합 전승은 없다.[218] 그러므로 비록 역사적 확실성을 파악할 수는 없지만, 나는 로마의 클레멘스가 사도 베드로를 개인적으로 알았을 **가능성이 그렇지 않았을 가능성보다는 더 크다** (즉, **가능성이 상당히 높다**)고 여긴다.

「클레멘스1서」는 언제 쓰였는가? 우리는 우선 그 시기를 폭넓게 잡을 것이다. 「클레멘스1서」가 베드로와 바울의 사망에 대해 언급하고 있기 때문에(「클레멘스1서」 5장), 그들의 사망 시기를 기원후 64년경으로 보는 전통이 옳다면, 「클레멘스1서」는 기원후 64년 이전에 쓰였을 수 없을 것이다. 이 서신의 저작 시기의 다른 쪽 끝에는 헤게시포스(기원후 170년경)가 있는데, 그는 「클레멘스1서」에 대해 알고 있는 것으로 보인다.[219] 더욱이 에우세비오스(기원후 325년경)는 고린도 감독 디오니시오스가 로마

---

218 이레나이우스, 테르툴리아누스, 그리고 이그나티오스(긴 버전)는 클레멘스를 베드로와 연결시키는 반면, 이레나이우스와 알렉산드리아의 클레멘스는 클레멘스를 「클레멘스1서」와 연결시킨다.

219 헤게시포스의 저작들은 더 이상 남아 있지 않다. 그러나 에우세비오스는 그 저작들을 갖고 있었고 거기서 인용했다. 에우세비오스는 헤게시포스가 고린도인들에게 보낸 클레멘스의 편지에 대해 언급한다고 보고하기도 한다(*Hist. eccl*. 4.22.1).

감독 소테르(기원후 166-74년)에게 쓴 편지의 일부를 인용한다. 이 편지에서 디오니시오스는 로마 교회를 칭찬하고 소테르에게 그의 편지를 그날(주일) 고린도 교회에서 읽었다는 사실을 알린다. 디오니시오스는 소테르에게 자신은 소테르의 편지가 일찍이 클레멘스가 고린도 교회에 보낸 편지만큼이나 늘 도움이 되리라 믿는다고 말한다. 이 언급은 「클레멘스1서」가 쓰인 시기를 기원후 174년 이전으로 잡게 한다.[220] 따라서 「클레멘스1서」가 기원후 64년 이후에서 기원후 170년 이전에 쓰였다고 할 수 있다.

아마도 그 범위를 더 좁힐 수도 있을 것이다. 일반적으로 두 개의 시기가 제안된다. 전통적으로는 기원후 95-97년을 저작 시기로 보고 있으며, 보다 이른 시기에 쓰였다고 보는 견해는 아마 60년대 또는 70년대에 쓰였을 것으로 생각한다. 한동안 전통적인 저작 시기가 다수의견이었다.[221] 보다 이른 시기보다 이 시기를 선호하는 논거는 다음과 같다. 첫째, 「클레멘스1서」를 로마 교회에서 고린도 교회로 배달했던 사람들은 젊은 시절(νεότητος)부터 노년(γήρους)에 이르기까지 그들 가운데서 신실하고 분별 있게 행동했다고 전해진다(*1 Clem.* 63.3).[222] 이 표현은 상당히 긴 기간을 암시한다. 그러나 "젊을 때"가 반드시 10대나 그 이전 시기를 가리키는 것은 아니다. 폴리비우스는 "서른 살이 넘지 않았기 때문에" 젊다(νέος)고 간주되었던 플라미니우스라는 남자에 관해 말한다(*Histories* 18.12.5). 이레나이우스는 서른 살의 예수를 "젊은이"라고 부르는데, 그

---

220 *Hist. eccl.* 4.23.11.

221 Ehrman 편역(*Apostolic Fathers*, 2003), 1:24; C. A. Evans(2005), 269; Foster 편(2007), 28에 실린 A Gregory; Holmes 편역(2007), 35-36; Jefford(2006), 18; Koester(2007), 212.

222 Holmes 편역(2007), 35.

는 사람들이 마흔 살 전까지는 "젊다"고 간주될 수 있다고 주장한다(*Haer.* 2.22.5). 누가는 스데반을 돌로 쳐 죽이는 동안 목격자들이 그의 발 앞에 자기 겉옷을 놓아두었던 사울을 νεανίας("청년")이라고 부른다(행 7:58).[223] 사울은 돌팔매 처형을 승인하고 즉각 교회를 박해하기 시작했는데, 그는 유대인 그리스도인들을 체포하고 투옥할 수 있는 권한을 갖고 있었다(행 8:1-3). 그러므로 청년 사울은 아마도 10대는 아니었을 것이다. 디모데전서 4:12에서 바울은 감독인 디모데에게 다른 사람들이 디모데가 젊다고(νεότητος) 그를 업신여기지 못하게 하라고 말한다. 만약 예수의 사망 연도를 가장 가능성이 높은 두 후보인 기원후 30년과 33년 중 기원후 33년으로 보고 「클레멘스1서」 저작 시기를 가능성이 있는 가장 초기인 64년으로 잡는다 해도 교회는 설립된 지 이미 30년이 되었을 것이고, 「클레멘스1서」를 배달한 사람들은 예수가 십자가형을 받은 때에는 35세, 그리고 「클레멘스1서」가 작성되었을 때는 65세가 되었을 수도 있다. 이것은 그 편지를 배달한 사람들이 젊은 시절부터 노년에 이르기까지 충실했다는 클레멘스의 진술과 쉽게 부합한다(*1 Clem*. 63.3).[224] 더욱이 여기서 클레멘스는 회심하기 전에 경건한 유대인으로 살았던 사람들을 언급하는 것일 수도 있다.[225] 그러므로 내 생각에는 이 첫 번째 논거는 전통적인 저작 시기와 보다 이른 시기 모두에 동등하게 부합한다.

전통적인 저작 시기인 95-97년을 지지하는 두 번째 논거는 그 편지가 보다 이른 시기에 쓰였다면 고린도 교회가 "가장 안정되고 오래되었다"(τὴν βεβαιοτάτην καὶ ἀρχαίαν; *1 Clem*. 47.6)는 묘사와 조화를 이루기 어렵다는 점이다. 「클레멘스1서」의 작성 시기에 대한 이른 연대를 받

223 BDAG(2000): "약 24세에서 40세 사이"(667).
224 요 21:18에서 예수는 베드로가 "늙어서"(γηράσῃς) 순교당할 것에 대해 말한다.
225 Foster 편(2007), 29에 실린 Gregory.

아들이면, 그때는 바울이 고린도 교회를 설립한 지 20년이 채 되지 않았을 텐데, 그런 교회가 "오래된"(ancient) 것으로 간주될 수는 없었을 것이다.[226] 그러나 ἀρχαίων은 또한 "이른"(early)으로 번역될 수도 있다. 그 단어는 "시작"을 의미할 수 있는 ἀρχη와 관련이 있으며 따라서 ἀρχαίων은 단순히 "(그 교회의) (거의) 시작 때부터"를 의미할 수도 있다. 사도행전 15:7에서 언급되는 예루살렘 공의회에서 베드로는 다른 사람들에게 "이전부터"(ἀφ' ἡμερῶν ἀρχαίων, 개역개정 성경은 "오래 전부터"로 번역했음) 하나님이 자기를 택해 이방인들에게 복음을 전하게 했음을 상기시킨다. 예루살렘 공의회가 기원후 49-50년에 열렸다면, 그 공의회는 예수가 십자가형을 당한 연도로 가장 일반적으로 받아들여지는 때(기원후 30년)로부터 불과 20년밖에 안 된 시점에 개최되었다! 그러므로 이 문맥에서, "오래된"은 20년 미만이다. 사도행전 21:16에서 구브로 사람 나손은 "오랜 제자"(ἀρχαίῳ μαθητῇ)로 불린다. 미국의 NRSV 성경은 이를 "초기의 제자"라고 번역하는 반면, NASB 성경에서는 그를 "오래된 제자"로 묘사한다. 만약 바울이 나손과 함께 지냈던 때가 기원후 57년이었다면,[227] 나손은 설사 예수가 처형되기 이전에 예수를 따라다녔던 이름 없는 제자들 중 하나였다고 하더라도, 예수의 제자로서의 경력이 30년이 안 되는 상태였다. 그러므로 클레멘스는 단순히 그들 중 어떤 사람들이 고린도 교회의 가장 초창기 교인들이었다고 말하는 것일 수도 있고 또는 바울이 그곳에서 가르치던 이전 시기를 가리키는 것일 수도 있다.[228] 내 생각에는 이 논거도 전통적 시기와 보다 이른 시기 모두에 부합한다.

전통적 저작 시기를 지지하는 세 번째 논거는 클레멘스가 사도들과

226 Ehrman 편역(*Apostolic Fathers*, 2003), 1:25.

227 Witherington(*Acts*, 1998), 85.

228 Foster 편(2007), 28에 실린 Gregory.

적어도 두 세대는 떨어진 고린도 교회의 지도자들에 대해 언급한다는 것이다(*1 Clem*. 44.3-5).[229] 이 점은 「클레멘스1서」의 저작 시기를 보다 편안하게 전통적 시기와 일치시킨다. 반드시 그렇게 번역해야 하는 것은 아니지만, 만약 「클레멘스1서」 44.5에 나오는 ἔγκαρπον καὶ τελείαν ἔσχον τὴν ἀνάλυσιν이라는 말이 "그들은 열매를 맺고 나이 들어서 죽었다"로 번역된다면 특히 더 그렇다. 바울이 고린도에 교회를 세운 것은 기원후 51-52년경이었다. 우리는 바울 또는 다른 사도들 중 누가 언제 감독/장로/주교라는 직책을 세웠는지 알지 못한다. 그러나 만약 바울이 기원후 52년에 고린도를 떠나면서 그곳에 지도자를 세웠고 몇 년 후(기원후 55년경) 그 직분을 공고히 했다고 가정할 경우, 혹시 그 직분을 세웠을 때 감독이 고령이었거나 그가 질병이나 순교로 일찍 사망했을 가능성도 있기 때문에 10년이 조금 더 지난 시점에는 후계자가 그 직분을 맡을 필요가 있었을 가능성도 있어 보인다. 그러나 내게는 이 논거도 전통적인 저작 시기에 유리하게 작용하는 것으로 보인다.

때때로 제기되는 네 번째 논거는 같은 시기의 많은 그리스도인들의 박해와 순교처럼(「클레멘스1서」 6.1-2), 베드로와 바울의 순교가 τῆς γενεᾶς ἡμῶν(우리 세대에, 「클레멘스1서」 5.1) 일어난 것으로 말해진다는 점이다. 이 텍스트는 전통적인 저작 시기와 이른 저작 시기 모두를 옹호하는 데 사용되어왔다.[230] 정확성을 기하기는 어렵지만, "대대적인"은 하나의 주목

229 Ehrman 편역(*Apostolic Fathers*, 2003)은 46장을 언급한다. 그러나 나는 이것은 오타(誤打)라고 생각한다. 왜냐하면 그 장에는 다른 세대 지도자들에 대해 언급하는 내용이 아무것도 없기 때문이다. 오히려 그 언급은 Holmes 편역(2007), 1:35에서 지적되듯이, 44.1-5를 가리키는 것으로 보인다.

230 전통적 저작 시기를 지지하는 데 사용되는 예는 Holmes 편역(2007), 35를 보라. 이른 저작 시기를 지지하는 데 사용되는 예는 Foster 편(2007), 28-29에 실린 Gregory를 보라.

할 만한 박해를 지적한다. 전통적인 작성시기로 보는 기간에 도미티아누스 황제의 박해가 있었는지는 의문시되어온 반면, 그리스도인에 대한 네로 황제의 잔인한 박해가 있었음은 아주 분명하며 이에 대해서는 타키투스가 보고하고 있다.[231] 더욱이 앤드류 그레고리가 지적하듯이, 「클레멘스1서」 5.1에 나오는 ἔγγιστα는 비교급이 아니라 최상급이다. 그러므로 사도들의 고난과 죽음의 예들은 클레멘스가 제공한 다른 예들보다 "더 최근"이 아니라 "가장 최근"이다.[232] 기원후 95년 당시에 베드로와 바울은 가장 최근에 순교당한 영웅들일 수 있었기 때문에, 나로서는 이 구절은 보다 이른 시기와 전통적인 시기 모두와 잘 어울리는 것으로 보인다.

이 서신이 95-97년에 작성되었다는 전통적인 견해를 지지하는 다섯 번째 논거는 클레멘스가 92년에 로마 교회의 감독으로 취임했다는 카이사레아의 에우세비오스의 보고다. 그러나 이 논거의 무게는 에우세비오스에게 부여하는 신뢰성에 따라 크게 달라진다. 더욱이 클레멘스가 감독으로 취임하기 전에 그 편지를 썼을 수도 있다.[233]

이 주제에 대해 대부분의 학자들은 전통적인 견해를 지지하고 있기는 하지만, "그동안 이 합의에 대해 중요한 도전들이 제기되어왔다."[234] 토마스 헤론의 이전 제안에 기초해서 클레이튼 제퍼드는 이른 시기가 더 만족스럽다는 것을 발견했다.[235] 헤론은 일곱 가지 논거를 제시했다. 여기서

---

231 Tacitus *Ann.* 15.44. Ehrman 편역(*Apostolic Fathers*, 2003)은 「클레멘스1서」가 도미티아누스의 박해 와중에 쓰였다는 견해는 "지금은 대체로 기각된다"고 말하며 또한 "도미티아누스 치하에서 그리스도인들에 대한 박해가 있었음을 보여 주는 그 시기에 나온 확고한 증거가 없다"고 말한다(1:24).

232 Foster 편(2007), 29에 실린 Gregory. BDAG(2000), 270도 보라.

233 Jefford(2006), 18.

234 Foster 편(2007), 28에 실린 Gregory. Gregory는 그 서신이 이르면 70년대에 작성되었을 수 있다는 데 대해서 열려 있다(29).

235 Jefford(2006), 18은 자기가 T. J. Herron, "The Most Probable Date of the First Epistle of Clement to the Corinthians," *Studia Patristica* 21(1989): 106-21쪽의

나는 그중 가장 중요하다고 생각하는 처음 두 논거에만 초점을 맞출 것이다. 첫 번째는 전통적인 저작 시기에 대한 반론으로, 헤르마스의 「환상」(*Vision*) 2.4에 의존해서 클레멘스가 로마 교회에서 감독(ἐπίσκοπος)—1세기 중반에 장로나 감독자에게 사용된 호칭—이 아니라 비서 역할을 했다고 보고되고 있다고 말한다.[236]

두 번째는 적극적인 주장이다. 성전에 대한 클레멘스의 논의(「클레멘스1서」 40-41)는 당시에 성전이 여전히 존재하고 있었고 성전의 예전 관습들이 시행되고 있었음을 전제한다. 이 점으로 볼 때 「클레멘스1서」는 기원후 70년에 성전이 파괴되기 전에 작성되었다.[237] 이 구절이 현재 시제를 사용하는 것은 아주 인상적이다. 대제사장·제사장·레위인들이 예루살렘 성소 제단에서 그들의 직무를 수행하고 있고(「클레멘스1서」. 40.4-5; 41.2-3). 적절한 때에 성전에서 제물을 바치는 사람들은 "용납되고 복을 받는다. 왜냐하면 그들은 주의 율법을 따르고 있으며 또한 길을 잃지 않고 있기 때문이다"(εὐπρόσδεκτοί τε καὶ μακάριοι τοῖς γὰρ νομίμοις τοῦ δεσπότου ἀκολουθοῦντες οὐ διαμαρτάνουσιν). 그리스도가 마지막 희생제물이었다는 신약성서의 일반적인 메시지를 감안할 때, 내게는 이 구절이 당시의 그리스도인으로부터 나왔다고 생각할 수 없어 보인다. 그러나 사도행전 21:17-26에서는 바울이 네 사람을 데리고 가서 그들과 함께 자신을 정결하게 하고, 성전 안으로 들어가 그들을 위해 바쳐질 희생제물을 준비한다. 기원후 70년에 성전이 파괴될 때까지 그리스도인들이 성전과 어느

분석에 의존하고 있음을 시인한다. Jefford는 예수 세미나 회원이며 클레멘스의 저작권과 기원후 64-69년 사이의 저작 시기를 주장한다(17-19). 그는 "많은 학자들이" 전통적인 저작 시기보다 "이른 시기를 선호한다"고 주장한다(18).

236 빌 1:1; 딤전 3:1, 2; 딛 1:7; 행 20:28을 보라.

237 Jefford(2006), 18.

정도의 관계를 맺었든, 그들은 사도행전에 나오는 그 사건이 발생한 것으로 알려진 기원후 57년 이후 상당한 기간 동안은 성전에서 완전히 철수하지 않았다. 클레멘스가 서사적 현재 시제를 사용하고 있다고 답변할 수도 있을 것이다. 그럴 수도 있겠지만, 나는 거기에는 문제가 있다고 생각한다. 그 편지의 목적은 고린도의 신자들에게 지침과 교정을 제공하는 것이었다. 이 텍스트에서 제공되고 있는 조언은 묘사되고 있는 성전의 사건들이 여전히 발생하고 있는 경우에만 적절할 수 있다. 클레멘스의 독자들은 예루살렘 성전이 파괴되었는지 여부를 알고 있었을 것이다. 그러므로 내 생각으로는 「클레멘스1서」가 일찍 작성되었음을 지지하는 증거가 있는 셈이다.

만약 「클레멘스1서」가 베드로와 바울이 순교한 뒤에 그리고 성전이 파괴되기 전에 쓰였다면, 그 서신은 기원후 64년에서 70년 사이에 작성되었을 것이다. 만약 그 서신이 쓰이기 전에 그 박해가 끝났다고 생각한다면, 네로가 기원후 68년에 사망함으로써 그 박해도 끝났기 때문에 이 서신 저작 시기를 기원후 68년에서 70년 사이의 어느 때로 더 좁힐 수도 있을 것이다.

요약하자면, 우리는 전통적인 저작 시기를 선호하는 다섯 가지 논거를 살펴보았는데, 그중 처음 두 논거와 네 번째 논거는 이른 저작 시기를 지지하는 데도 쉽게 사용될 수 있으며, 다섯 번째 논거는 근거가 약하고, 세 번째 논거는 전통적인 저작 시기에 우호적임을 살펴보았다. 그러나 보다 이른 저작 시기를 지지하는 상당히 강력한 논거가 하나 있다. 따라서 각각의 주장을 옹호하는 강력한 논거가 하나씩 있는 셈이다. 좋은 입장은 상대방 입장의 강점이 그다지 설득력이 없음을 무리 없이 설명해 낼 수 있다. 이에 대한 결정은 다소 주관성을 띠게 된다. 나는 이른 저작 시기를 지지하는 논거가 설득력이 있다고 생각한다. 그러나 늦은 저작 시기를 지지하는 논거를 무시할 수는 없다. 내게는 어느 쪽도 상대방 입장이 설득력이 없음을 무리 없이 설명할 수 있는 것으로 보이지 않는다. 나 자신은 「클레멘스1서」에 이른 저작 시기를 부여하고 싶지만, 이 시점에서는 어떤 결정을 내리지 않아야겠다고 생각한다. 저작권 문제가 저작 시기보다 훨씬 더 중요한데, 이 편지를 쓴 클레멘스가 사도들을 개인적으로 알았을 가능성은 상당히 높다. 만약 그랬다면, 클레멘스의 편지는 매우 귀중해진다. 왜냐하면 그 서신은 우리가 예수와 동행했던 사람들 중 어떤 이들을 알았고, 아마도 예루살렘 교회의 세 명의 최고 지도자들 중 한 사람일 뿐 아니라 예수의 가장 가까운 제자들 중 하나였던 베드로에게 임명받은 사람의 가르침에 접근할 수 있게 해주기 때문이다. 나는 「클레멘스1서」에 **가능성이 상당히 높음** 등급을 부여한다.

3.2.5.2. 폴리카르포스. 폴리카르포스가 빌립보 교회에 편지를 썼을 때 그는 서머나(오늘날의 터키 이즈미르)의 감독이었다. 우리는 다른 사도 교부들 중 어느 누구에 대해서보다 폴리카르포스에 대해 더 많은 정보를 갖고 있다. 어만이 지적하듯이, "사도 교부들의 저작에는 (이그나티오스가) **그에게** 쓴 텍스트 하나, **그에 관해** 쓴 다른 텍스트 하나(「폴리카르포스의 순교」(*Martyrdom of Polycarp*]), 그리고 **그에 의해** 쓰인 다른 텍스트 하나가 있다."[238] 이런 다른 텍스트들은 폴리카르포스가 쓴 편지의 저작 시기를 추정하는 데 도움이 된다. 「폴리카르포스의 순교」에 따르면 그는 86세 때 로마인들에 의해 처형되었다.[239] 그러나 그가 순교한 연도는 확실하지 않다. 기원후 155-160년 사이(기원후 156년경)로 보는 사람도 있고, 기원

238 Ehrman 편역(*Apostolic Fathers*, 2003), 1:324.
239 *Mart*. Pol. 9.3.

후 161-180년(기원후167년경)으로 보는 사람도 있다.

학자들은 폴리카르포스가 빌립보 교인들에게 보낸 편지가 한 통인지 또는 두 통이 합쳐졌는지에 대해 논쟁을 벌이고 있다.[240] 그러나 모든 학자들은—이후의 어느 편집자가 그 두 통의 편지를 합쳤다고 생각하는 학자라도—폴리카르포스가 그 편지의 저자라는 입장을 취하는 것으로 보인다.[241] 만약 폴리카르포스가 편지를 한 통만 썼다면, 그 편지의 저작 연대를 기원후 110년경 또는 그보다 조금 뒤로 추정할 수 있을 것이다. 왜냐하면 폴리카르포스가 자기 친구 이그나티오스가 처형 받으러 가고 있는 것을 알고 있었고, 이그나티오스의 죽음을 알고 있거나 그에 관한 최신 소식을 알고 싶어 하는 것으로 보이기 때문이다(Pol *Phil*. 1.1; 9.1; 13.2). 전통적으로 이그나티오스의 편지가 쓰인 시기는 기원후 107-110년 사이의 어느 때로 알려져 있다. 그리고 어떤 학자들은 그 시기를 기원후 120년까지 늘린다.[242] 이레나이우스는 폴리카르포스가 사도들 특히 요한에게서 가르침을 받았으며, 폴리카르포스가 요한과 교류했고 예수를 보았던 다른 많은 사람들과도 이야기를 나눴다고 주장한다. 젊은 시절에 이레나이우스는 당시에 서머나 감독이었던 폴리카르포스를 보았는데, 폴리카르포스가 자기가 사도들에게 배웠고 교회가 후대에 물려준 예수의 기

---

240 두 통이 합쳐졌다는 주장에 대해서는 다음 문헌들을 보라. Foster 편(2007), 123에 실린 M. Holmes; Jefford(2006), 14-15. Ehrman 편역(*Apostolic Fathers*, 2003)은 비록 그렇게 말하지는 않지만, "두 편지" 가설을 선호하는 것으로 보인다(1권 328-29).

241 Jefford(2006), 13.

242 Jefford(2006), 12. 그러나 다음 문헌들을 보라. Ehrman 편역(*Apostolic Fathers*, 2003): "기원후 110년경"(328); C. A. Evans(2005): "넓게 보아 기원후 110-118년으로 추정되지만, 어떤 학자들은 그 기간을 기원후 107-110년 사이로 좁힌다"(270); Foster 편(2007)에 실린 Holmes: "이르면 기원후 110-20년 사이일 수도 있다"(108).

적과 가르침들에 관해 말하는 것을 들었다.[243] 이레나이우스의 말이 옳다면, 로마의 클레멘스와 유사하게, 폴리카르포스의 저작들은 매우 중요해진다. 왜냐하면 폴리카르포스는 예루살렘 교회의 세 명의 주요 지도자 중 하나로서 예수의 가장 가까운 제자들 중 한 사람인 요한을 개인적으로 알았고 그를 따랐기 때문이다. 그러나 우리로서는 그런 주장에 대해 알 수 없고 폴리카르포스를 요한과 연결시키는 사람은 이레나이우스 한 사람뿐이기 때문에, 우리는 폴리카르포스의 저작이 예수의 부활에 관한 사도들의 가르침을 보존하고 있는지 여부라는 측면에서 그 저작에 **"가능성이 있음"** 등급을 부여할 수 있을 뿐이다.

3.2.5.3. 바나바 서신. 이 편지의 저자가 자신의 신원을 밝히지는 않지만, 다음과 같은 고대 저자 네 명이 그 편지를 바나바라고 불리는 사도이자 바울의 동료가 썼다고 언급한다. 알렉산드리아의 클레멘스(기원후 150-215년경), 오리게네스(기원후 185-254년경), 소경 디디모스(기원후 313-398년경), 그리고 히에로니무스(기원후 342-420년경).[244] 알렉산드리아의 클레멘스(그는 초기 교부들에 대해 가장 덜 중요한 인물일 것이다)를 제외하면,[245] 이들은 로마의 클레멘스를 베드로 및 「클레멘스1서」와 연결시키는 사람들보다 후대 사람들이다. 카이사레아의 에우세비오스(기원후 260-339년경)는 「바나바 서신」이 가짜라고 주장했고 대부분의 현대 학자들도 그에게 동의한다. 왜냐하면 「바나바 서신」이 바울의 가르침 및 율법에 대한 접

---

243 *Haer*. 3.3.4. 또한 그가 보존했으나 더 이상 남아 있지 않은 그 서신과 관련된 파편들에 대해서는 Eusebius(*Hist.eccl*. 5.20.5-8)를 보라.

244 Foster 편(2007), 72 각주 1-4, 73에 실린 J. C. Page. Clement of Alexandria *Strom*. 2.6; 2.7; 2.20; 5.10.

245 Meier(1991), 151 각주50.

근법과는 다른 가르침 및 율법에 대한 접근법을 포함하고 있고, 더 중요하게는 우리가 갈라디아서 2:13-14에서 바나바에 관해 읽는 것과 완전히 다른 내용을 포함하고 있기 때문이다.[246] 파젯은 이렇게 묻는다. "유대교 율법과 관련된 경우 다소 보수적인 성향을 보였던 레위인 바나바가 유대교 율법의 문자적 실천에 대해 매우 적대적인 태도를 보이는 「바나바 서신」에 찬성했겠는가?"[247] 그러나 우리는 기원후 70년에 성전이 파괴된 다음 바나바가 기독교가 성전 제의와 단절했다는 것을 보다 충분히 이해하고 다른 방향으로 큰 걸음을 옮겼을 가능성을 배제할 수 없다.

「바나바 서신」은 언제 쓰였는가? 「바나바 서신」 16.3-5에 따르면 성전은 파괴되었고 성전 재건 계획이 진행되고 있었다.[248] 이에 비추어보면 「바나바 서신」의 저작 연대는 기원후 70년 이후로 추정되며 늦게는 기원후 130년대의 어느 시점에 쓰였을 수도 있다. 비록 「바나바 서신」에 등장하는 성전 재건에 관한 언급으로 볼 때 그 편지가 쓰인 시기가 1세기 말보다는 이르지 않은 쪽으로 많이 기울어지기는 하지만, 그 시기를 확실하게 더 좁히기는 어렵다.[249] 만약 그 편지가 이 시기 또는 이 시기보다 늦게

---

246 *Hist. eccl.* 3.25. 대다수의 학자들이 신약성서의 바나바 저작권을 부인하는 것에 관해서는 다음 문헌들을 보라. Ehrman 편역(*Apostolic Fathers*, 2003), 2권 6; C. A. Evans(2005), 272; Holmes 편역(2007), 372-73; Jefford(2006), 32; Foster 편(2007), 73-74에 실린 Paget.

247 Foster 편(2006), 74 각주 14에 실린 Paget.

248 재건은 유대교 성전을 의미할 수도 있고 하드리아누스 황제가 전에 유대교 성전이 있었던 곳에 세운 유피테르 카피톨리누스 신전을 의미할 수도 있다.

249 Ehrman 편역(*Apostolic Fathers*, 2003): 기원후 70년 이후 135년 이전(2권 6-7); C. A. Evans(2005): "1세기말 또는 2세기초"(272); Holmes 편역(2007): 기원후 70년 이후 "그러나 기원후 132-45년의 반역 이후 하드리아누스에 의해 그 도시가 재건되기 전. 그러나 이 범위를 더 이상 좁히기는 어렵다"(373); Jefford(2006): 기원후 96-100년. 그리고 그는 이것이 오늘날 대부분의 학자들이 합의하는 시기라고 주장한다(34); Foster 편(2007)에 실린 Paget은 "130년대 어느 시점"에 대해 "점차 합의가 이루어지고 있다"고 말한다(75).

쓰였다면, 이 점은 바나바의 나이를 감안할 때 바울의 동료였던 사도 바나바의 저작권에 불리하게 작용한다. 예컨대, 만약 그 편지가 기원후 95년경에 쓰였다면, 바나바는 그 편지를 쓸 당시 최소한 여든 살이 되었어야 했을 것이다. 나는 「바나바 서신」에 **가능성이 다소 미흡함** 등급을 부여한다.

3.2.6. 정경이 아닌 기타 기독교 문서

3.2.6.1. 도마복음. 아마도 정경이 아닌 모든 기독교 문헌 중에서 「도마복음」이 가장 많이 주목받았을 것이다.[250] 「도마복음」은 언제 쓰였을까? 이 질문에 답하기는 어렵다. 헬무트 쾨스터는 「도마복음」의 저작 시기를 "2세기 초보다 늦지는 않고 어쩌면 그보다 조금 더 이른" 것으로 추정한다.[251] 그러나 그는 "「도마복음」의 초기 판본은 50년경에 그리고 아마도 시리아/팔레스타인 지역에서 어록 복음으로 작성되었을 가능성이 크다"고 생각한다.[252] 일레인 페이절스는 「도마복음」의 저작 시기를 기원후 90-100년경으로 본다.[253] 예수 세미나 회원들은 원래의 「도마복음」의 저작 시기를 50년대로 추정한다.[254] 다른 많은 학자들은 그 시기를 2세기

---

250 Elliott(2005), 122편; Hurtabo(*Lord Jesus Christ*, 2003), 452; Perrin(2002), 191.

251 Koester(2007), 221.

252 Koester(2007), 157.

253 Pagels(2003), 45. 2005년 2월에 개최된 Pagels와 나 사이의 TV 토론에서 Pagels는 「도마복음」의 저작 시기를 80-90년 사이의 어느 때로 보았다. *Faith Under Fire*, "Missing Gospels" segment 3을 보라. 그 토론은 〈www.4truth.net/pagelsthomas〉에서 볼 수 있다.

254 Funk, Hoover and the Jesus Seminar(1997), 18. Scott, 편(Finding, 2008)에 실린 S. J. Patterson, "Outside the Bible: Can it Be Jesus?"는 "오늘날 대부분의 학자들은 「도마복음」의 저작 시기를 1세기의 마지막 1/3에 속한 기간 중 어느 때로 잡

초에서 말 사이의 어느 때로 여긴다.[255]

그리스어 옥시링쿠스 파피루스 파편 세 쪽은 「도마복음」 콥트어판의 거의 20%를 담고 있다.[256] 이 그리스어 파편들은 대개 기원후 200년에서 300년 사이의 것으로 추정되는데, 대부분의 학자들은 기원후 200년경 쪽으로 기울어져 있다.[257] 나그함마디에서 발견된 콥트어 사본들은 4세기에 제작된 것으로 추정된다.[258] 「도마복음」은 늦어도 기원후 235년 이전에 히폴리투스와 오리게네스에 의해 최초로 언급된다.[259] 그러므로 「도마복음」의 저작 연대는 늦어도 235년 이전의 어느 때로 확정될 수 있다. 반면에 가장 이른 저작 연도를 정하기는 훨씬 더 어렵고, 복잡하고, 뜨거운 논쟁거리다.

고 있다"고 주장한다(42). 반면에 Evans and Tov 편(2008)에 실린 C. A. Evans는 이렇게 말한다. "학자들은 이 질문과 관련해 양쪽 모두를 저울질해왔다. 많은 학자들은 「도마복음」의 저작 시기를 2세기(즉 2세기 초에서 중반)로 보는 반면, 거의 같은 정도로 많은 학자들(그들 중 일부는 예수 세미나 회원들이다)은 그 시기를 1세기로 추정하고 있다. 후자는 대개 「도마복음」이 1세기 말에 쓰였다고 추정한다"(154).

255 Perrin(2002)과 C. A. Evans(2006)는 「도마복음」의 저작 시기를 기원후 180년경으로 잡는다. Hurtado(*Lord Jesus Christ*, 2003): "「도마복음」의 문헌적 기원은 90년과 160년 사이 어느 때에 있다고 보는 것이 최선이다"(473). Witherington(*Jesus Quest*, 1995)은 「도마복음」의 저작 시기를 이르면 1세기 말까지로 열어놓고 있다(261 각주31).

256 C. A. Evans(2006), 63.

257 Funk, Hoover and the Jesus Seminar(1997): 200년경(470); Perkins(2007): "2세기 말 또는 3세기 초"(68); Witherington(*Jesus Quest*, 1995): "약 기원후 200년보다 늦지 않음"(49).

258 Koester(2000)는 그리스어 옥시링쿠스 파피루스 파편들과 나그함마디에서 발견된 콥트어 「도마복음」을 비교해보면 그 버전들이 제작된 시기 중간에 그 텍스트에 대한 편집이 이루어졌음을 알 수 있다고 주장한다(157). Hurtado(*Lord Jesus Christ*, 2003)는 유사한 주장을 하면서 이 점은 원문과 남아 있는 사본들 사이의 "가변성"을 보여준다고 덧붙인다(453). 그러나 이 말은 증거가 정당화하는 것보다 멀리 나가는 주장이다. 세 시점(A, B. C)을 포함하는 연대표를 상상한다면, B와 C 사이의 기간에 편집이 발생했다 해서 A와 B 사이의 기간에도 그런 편집이 일어났다는 증거를 제공해주지는 않는다.

259 Hippolytus *Haer*. 5.7.20(기원후 225-235년)와 Origen *Hom. Luc*. 1.

어떤 학자들은 「도마복음」이 모든 정경 복음서들과 독립적이며 모든 정경 복음서들보다 전에 있었던 자료를 포함하고 있다고 주장한다. 대개 이를 뒷받침하는 세 가지 주요 논거가 제시된다. 첫째, 「도마복음」은 예수가 가르칠 때 아무런 광범위한 내러티브도 제시되지 않기 때문에 **어록 문헌** 장르로 보인다.[260] 어떤 학자들은 「도마복음」을 Q와 비교한다. 쾨스터는 Q나 「도마복음」 어느 쪽도 예수의 십자가형이나 부활에 대해 묘사하지 않는다고 지적한다. 쾨스터는 Q와 「도마복음」이 초기 교회의 힘은 예수의 죽음과 부활이 아니라 예수의 말씀에 있었다고 가정한다고 생각한다. 쾨스터는 Q가 적어도 한 차례는 중대한 편집을 겪었다고 주장한다. 예수 사후 10년에서 20년 사이에 쓰인 편집되기 전의 Q가 「도마복음」과 평행구들을 공유한다. 자기의 주장을 뒷받침하기 위해 쾨스터는 「도마복음」에 실려 있는 79개 어록 중 46개가 Q와 병행한다고 지적한다. 쾨스터는 「도마복음」의 많은 자료들이 시간적으로 공관복음서보다 앞선다고 결론짓는다. 그는 또한 많은 경우에 요한복음의 내용은 특별히 「도마복음」에 반대해서 기록한 것일 수 있다고 제안한다.[261]

둘째, 「도마복음」의 어록들은 공관복음서에서 발견되는 어록과 다른 순서로 나타나며, 정경 복음서들에서 발견하는 것과 동일한 내러티브 상황에 위치해 있지도 않다.[262] 이 점은 「도마복음」의 어록들이 정경 복음서들과 독립적인 것으로 보이게 한다.

셋째, 「도마복음」에서 발견되는 어록 일부는 평행하는 어록들이 공

---

260 Koester(1990), 82. 그렇다고 해서 반드시 어록 문헌이라는 장르 자체가 「도마복음」이 일찍 기록되었음을 증명하는 것은 아니다. 왜냐하면 어록 모음집은 "어느 정도 시간을 초월하기 때문이다"(Plisch[2008], 16).

261 Koester(1990), 122-24를 보라. Pagels(2003), 66-73도 보라.

262 Koester(1990), 82. Ehrman(*Lost Christianities*, 2003), 55도 보라.

관복음서에서 나타나는 형태보다 이른 시기의 형태를 암시하는 방식으로 나타난다. 「도마복음」에 등장하는 많은 어록들은 정경 복음서들에 있는 어록들의 평행구들보다 짧고 신학적으로 덜 장식되어 있다. 또한 그 어록들에서는 구약성서에 대한 언급들도 나타나지 않는다.[263] 그러므로 이런 학자들은 「도마복음」이 정경 복음서들보다 일찍 기록되었고 정경복음서들과는 별개로 존재한다는 결론을 내린다.[264]

그러나 과반을 약간 넘는 학자들은 「도마복음」의 이른 저작 시기에 대해 보다 회의적이다. 「도마복음」처럼 "어록 문헌" 장르에 속한 텍스트는 일찍 쓰일 필요가 없다. 어록 문헌은 2세기와 3세기에 존재했고, 심지어 시리아어로도 존재했다. 이에 대한 예로는 「피르케이 아보트」(Pirqe Avot, 선조들의 윤리)와 「섹스투스의 잠언」이 있는데, 후자는 2세기에 시리아어로 작성되었다.[265]

래리 허타도는 요한이 곳곳에서 「도마복음」에 반대하는 글을 쓰고 있다는 쾨스터, 페이절스, 그레고리 라일리, 그리고 에이프릴 드코닉의 주장을 "가능성이 낮다"고 여긴다.[266] 예수의 육체적 부활에 대한 요한의 강조는 육체가 없는 사후 존재에 대한 도마의 개념과 대조되는 반면,[267] 그

---

263 Ehrman(*Lost Christianities*, 2003), 55-56; Koester(1990), 85.

264 Koester(2003), 229. 또한 Koester(2000)는 다음과 같은 논거를 덧붙인다. "도마와 예수의 형제 야고보를 대조해보면(*Gos. Thom.* ##12와 13)은 이 복음서 저자가 교회 문제에서 예루살렘의 야고보의 리더 지위를 부인하지는 않으면서도, 야고보의 권위에 맞서 도마의 이름으로 자신들의 전통의 권위를 강화하고 옹호하려 했던 제자들 진영에 속해 있다고 추측할 수 있게 한다. 이 점은 나중 시기의 논쟁보다는 1세기 중반의 팔레스타인의 교회-정치 상황을 반영한다"(157).

265 C. A. Evans(2006), 76.

266 Hurtado(*Lord Jesus Christ*, 2003), 475. Hurtado는 다음 글을 인용한다. DeConick(2001), 68-85; Riley(1995), 78-126. Charlesworth 외(2006)에 실린 Charlesworth도 보라. 그는 「도마복음」이 요한복음보다 먼저 기록되었다는 주장을 의심스럽다고 여긴다(185 각주 47).

267 *Gos. Thom.* 37.

런 견해는 요한에게만 독특한 것이 아니라 공관복음서들과 바울 서신에서도 나타나는데 그 문헌들은 모두 이른 시기의 저작들이다. 그러므로 이 문제와 관련해서 「도마복음」이 공관복음서들 및 바울 서신보다 앞서지 않는 한 「도마복음」에 대한 요한의 반응은 전혀 불필요하다. 더욱이 예수가 굳게 닫힌 문 뒤로 나타날 수 있었다는 요한의 묘사(요 20:19, 26)는 영적 부활에 반대하기 위해 고안된 세부사항이 아니며, "경쟁하는 견해에 맞서 예수의 부활한 몸의 본질에 관한 어떤 특별한 주장을 한다고 가정되는 목표를 반영하지 않는다."[268]

요한이 요한복음 11:16과 20:24-29에서 도마를 회의주의자라고 부정적으로 묘사하는 것과 요한복음 14:5에서 "무지하고 우둔한 제자"로 묘사하는 것은 어떻게 설명할 것인가?[269] 나는 이것은 요한복음에 대한 선택적 읽기인 동시에 오해라고 생각한다. 요한복음 11:16("우리도 주와 함께 죽으러 가자")에서 도마가 부정적이고 의심하는 것으로 묘사되고 있다고 생각할 필요가 없다. 어쩌면 도마는 빈정대듯이 말하는 것일 수도 있다. (페이절스는 그렇게 믿고 있는 것으로 보인다.) 그러나 나는 왜 이 말이 도마가 담대하게 자기의 주님께 완전히 헌신하면서 하는 말이 아니라 빈정대듯이 하는 말일 가능성이 더 높은지 모르겠다. 마찬가지로 나는 또한 요한복음 14:5에서 도마가 예수에게 한 말("주께서 어디로 가시는지 우리가 알지 못하거늘 그 길을 어찌 알겠사옵나이까")과 요한복음 14:6에서 예수가 도마에게 대답한 말("내가 곧 길이요 진리요 생명이니 나로 말미암지 않고는 아버지께로 올 자가 없느니라")을 도마에 대한 부정적인 묘사로 보지 않는다. 요한은 단순히 그 논의에 대해 이야기하는 것일 수 있고 도마로 하여금 많은

---

268 Hurtado(*Lord Jesus Christ*, 2003), 476.
269 Pagels(2003), 70; 58, 70-72와 비교하라.

초기 그리스도인들이 묻고 있었던 말을 하게 한 것일 수도 있다. 페이절스가 요한이 도마를 부정적으로 묘사한다고 제시한 세 가지 예 중 내가 그나마 조금이라도 동의할 수 있는 유일한 예는 요한복음 20:24-29인데, 거기서 도마는 자기가 직접 예수를 보고 만지기 전에는 예수가 죽은 자들 가운데서 부활했다는 것을 믿지 않으려 한다. 도마에게 한 예수의 말은 페이절스가 주장하듯이 "비난"이었는가?[270]

ἑώρακάς με πεπίστευκας; μακάριοι οἱ μὴ ἰδόντες καὶ πιστεύσαντες.

너는 나를 본 고로 믿느냐? 보지 못하고 믿는 자들은 복되도다(요 20:29).

왜 요한의 부활 내러티브에서 도마가 다른 제자들보다 나쁘게 묘사되고 있다고 보아야 하는가? 막달라 마리아는 예수가 살아 있는 것을 실제로 보기 전까지는 예수의 시체가 도난당했다고 믿었다(요 20:2, 16-18). 또한 실제로 예수를 **보기** 전까지는 믿지 않았던 것이 분명한 베드로와 다른 제자들은 어떠한가?(요 20:3-10, 20)[271] 실제로 누가의 부활 내러티브에서 이 점이 분명하게 표현되어 있다.[272] 요한복음 20:29에서 예수는 자신을 본 후에야 자기가 부활했음을 믿었던 그들의 믿음과 보지 않고서도

---

270 Pagels(2003), 71.

271 Pagels(2003)는 심지어 요 20:29를 이런 식으로 읽는다. "예수는 꾸중들은 나머지 제자들에게 이렇게 경고한다: '너희는 보았기에 믿느냐? 보지 않았으나 믿는 자들은 복이 있다'"(72). 그러나 이것은 오독이다. 왜냐하면 예수는 복수가 아니라 단수를 사용해 도마를 가리키고 있기 때문이다: ἑώρακάς με πεπίστευκας("너는 나를 본 고로 믿느냐?").

272 눅 24:10-11에서 제자들은 여자들의 보고를 믿지 않는다. 그리고 눅 24:17-26에서 엠마오로 가던 제자들은 "슬퍼했고"(눅 24:17) 예수는 그들을 "마음에 더디 믿는 자들"이라고 부른다(눅 24:25). 나는 마 28:17에 나오는 의심하는 사람들이 도마와 같은 성격이라고 생각하지 않는다. 이 책의 4.3.2.6을 보라.

믿었던 "사랑하시던 그 제자"의 믿음을 대비시키고 있을 가능성이 있다. 그러나 이런 종류의 증거가 요한복음이 도마 공동체에 대한 대응임을 보여주는 것인지는 전혀 분명하지 않다.[273]

마찬가지로 요한복음에서 예수의 다른 제자들이 때때로 도마보다 더 부정적으로 묘사된다는 점을 주목할 만하다. 왜 요한이 빌립 공동체에(요 14:8-11)[274] 또는 부분적으로 베드로에게 기인하는 공동체(요 18:10-11, 17-27; 21:15-23)[275] 또는 제자들에 의해 시작된 공동체(요 16:31-33)[276]에 대응하고 있다는 주장은 하지 않는가? 허타도는 이름이 언급되는 예수의 제자들이 많이 등장하는 것이 요한복음의 특징이라고 지적한 후 과연 "[요한복음에서] 각각의 인물들에 대한 표현이 교회의 어떤 문제를 다루기 위해 의도된 것인가?"라고 묻는다.[277] 자칫하면 유다에 대한 요한의 묘사를 보고서 요한복음이 「유다복음」을 낳은 유다 공동체에 맞서

---

273 베드로와 사랑하시던 그 제자가 무덤이 비었다는 마리아의 보고를 확인한 뒤에 무슨 생각을 했는지는 분명하지 않다.
τότε οὖν εἰσῆλθεν καὶ ὁ ἄλλος μαθητὴς ὁ ἐλθὼν πρῶτος εἰς τὸ μνημεῖον καὶ εἶδεν καὶ ἐπίστευσεν· οὐδέπω γὰρ ᾔδεισαν τὴν γραφὴν ὅτι δεῖ αὐτὸν ἐκ νεκρῶν ἀναστῆναι.
그때에야 무덤에 먼저 갔던 그 다른 제자도 들어가 보고 믿더라. 그들은 성경에 그가 죽은 자 가운데서 다시 살아나야 하리라 하신 말씀을 아직 알지 못하더라(요 20:8-9).

274 요 6:5-7에서 예수에 대한 빌립의 대답은 빌립이 예수가 그에게 내준 시험에서 실패했음을 암시한다고 가정할 수 있다.

275 Hurtado(*Lord Jesus Christ*, 2003), 479.

276 영지주의 문헌에 대한 대응일 가능성이 큰 「사도서신」(*Epistle of the Apostles*)에서 부활한 예수가 자기 손의 못 자국에 손 또는 손가락을 대보라고 먼저 초청하는 사람은 도마가 아니라 베드로이며, 그 후 도마는 예수의 옆구리에 손가락을 넣어보라는 초청을 받는다. 마지막으로 예수는 안드레에게 자기 발이 땅에 닿아 있는지(콥트어 버전) 또는 자신의 발걸음이 발자국을 남기는지(에티오피아어 버전) 확인해 보라고 요청한다(11). 콥트어와 에티오피아어 버전에 대한 영어 번역본은 Elliot(2005), 562-63을 보라.

277 Hurtado(*Lord Jesus Christ*, 2003), 478-79.

는 반론이라는 결론을 내리게 될 것이다.[278]

「도마복음」이 이른 시기의 작품이라는 두 번째 논거는 어록의 순서 및 내러티브의 환경과 관련이 있는데, 그 논거에 대해서는 「도마복음」이 일관성을 결여하고 있으며 심지어 기원전 70년 이전의 유대 팔레스타인이라는 환경을 상실하기까지 했다고 답할 수 있다. 오히려 「도마복음」은 2세기말 시리아 전승과 더 일관성이 있다.[279] 예컨대, 펌 퍼킨스는 누가복음 12:16-21에 대한 조지프 피츠마이어의 주석을 지지한다. "그는 「도마복음」 63에 관해 이렇게 말한다: '그러나 이런 식의 이야기의 그 부자는 어리석은 자로 취급되지 않으며 그 이야기는 누가의 비유의 신랄함, 즉 하나님의 평결을 빠뜨렸다.'"[280] 「도마복음」에 실린 어록의 순서는 아래에서 다룰 것이다.

「도마복음」에 등장하는 어록이 공관복음 이전 형태라는 주장의 세 번째 논거에 답하자면, 편집자가 은밀한 지식 등 「도마복음」에서 발견되는 유사 영지주의적인 개념들에 일치시키기 위해 공관복음서의 자료를 잘라내 보다 애매하게 표현함으로써 「도마복음」에서 보다 모호한 어록을 만들어냈을 수도 있다. 더욱이 신학적으로 덜 장식된 짧은 어록과 인용구들이 반드시 보다 이른 저작 시기를 암시하는 것은 아니다. 이 점은 예수가 부활한 뒤 엠마오로 가던 제자들에게 나타난 사건에 관한 다양한 이야기들을 통해 예시된다. 「위(僞)-마가복음」 16:12-13은 누가복음 24:13-35에 나오는 평행구절보다 훨씬 짧고 신학적으로 덜 장식되어 있다. 그러나 「위(僞)-마가복음」은 거의 확실히 보다 후대의 저작이다. 어

---

278 나는 Rob Bowman에게 이런 생각에 대한 빚을 지고 있다.

279 C. A. Evans(2006), 76; Perkins(2007), 71.

280 Perkins(2007), 71, J. A. Fitzmyer, *The Gospel According to Luke(X-XXIV)*(Anchor Bible 28B; New York: Doubleday, 1985), 971을 인용한 글.

쩌면 「위(僞)-마가복음」은 누가가 갖고 있던 자료보다 이른 시기의 자료에 근거했을 수도 있다. 그러나 그것은 추측일 뿐이다. 「위(僞)-마가복음」이 간단히 서술하기 위해 누가의 내러티브를 축약했을 수도 있다. 그렇지라도, 보다 짧고 신학적으로 덜 장식된 텍스트는 보다 이른 전승을 반영할 수도 있다는 요점은 설득력이 있으며 무시되어서는 안 된다.

그동안 많은 학자들이 「도마복음」에서 영지주의적인 경향을 지적해왔다.[281] 이 점은 「도마복음」의 저작 시기가 2세기 초보다 앞서지 않는다는 에 무게를 싣는다. 왜냐하면 이런 형태의 영지주의가 1세기에 존재했다고 보기는 어렵기 때문이다.[282] 그러므로 「도마복음」 전반에서 영지주의적인 사고가 암시되는 점을 감안하면, "어떤 형태의 전승이 가장 짧고 단축된 것으로 보이는지에 기초해서 저작시기 선후관계에 관한 확고한 결론을 내리는 것은 위험하다."[283] [「도마복음」이 정경 복음서들보다 일찍 쓰였다고 주장하려면] 「도마복음」이 보다 이른 시기의 자료를 포함하고 있다고 선험적으로 가정할 필요가 있을 것이다. 그렇게 되면 「도마복음」을 정경 복음서들과 같거나 나은 위치에 두는 임기응변적 요소를 제공할 것이다. 만약 「도마복음」이 영지주의적인 색조를 띠고 있다면, 「도마복음」이 지지를 얻기 위해 구약성서에 호소하지 않을 것이라고 예상할 것이다. 왜냐하면 많은 영지주의자들은 구약성서의 하나님을 악한 존재로 간주했기 때문이다.

「도마복음」이 정경 복음서들보다 앞선다는 전형적인 논거에 답하는

---

281 Ehrman(*Lost Christianities*, 2003), 60; C. A. Evans(2006), 67; Theissen and Merz(1998), 40; Witherington(*Jesus Quest*, 1995), 50.

282 나는 **영지주의**(Gnosticism)라는 용어가 모호하며 종종 이단적 가르침과 동의어로 사용된다는 Pagels(2003)의 주장에 동의한다.

283 C. A. Evans(2006), 71.

데서 더 나아가 많은 학자들은 오히려 「도마복음」이 정경 복음서들에 의존하고 있다고 주장해왔다. 크레이그 에반스는 「도마복음」이 "신약성서 저작들의 절반 이상(마태복음, 마가복음, 누가복음, 요한복음, 사도행전, 로마서, 고린도전후서, 갈라디아서, 에베소서, 골로새서, 데살로니가전서, 디모데전서, 히브리서, 요한1서, 요한계시록)"을 인용하거나 언급하며 "「도마복음」에 그렇게 많은 신약성서 자료가 들어 있는 것은 「도마복음」의 저작 시기가 그리스도인들이 결국 신약성서를 구성하게 될 여러 저작들에 접근할 수 있었던 2세기였음을 지지한다"라고 지적한다.[284] 이어서 에반스는 「도마복음」이 요한복음뿐 아니라 공관복음서들이 사용한 원천 자료에서 나온 자료를 포함하고 있다고 주장하면서 「도마복음」과 M의 평행구 14개, L과의 평행구 5개, 그리고 요한복음과의 평행구 5개를 열거한다. 「도마복음」이 마태복음, 누가복음, 그리고 요한복음의 자료를 그렇게 많이 포함하고 있다면, 「도마복음」은 결코 정경 복음서들로부터 독립적일 수 없다.[285] 그러나 「도마복음」은 또한 공관복음서들의 편집된 형태에 친숙함을 보여준다. 예컨대, 예수는 마가복음에서는 다음과 같은 어색한 진술을 한다.

οὐ γάρ ἐστιν κρυπτὸν ἐὰν μὴ ἵνα φανερωθῇ

드러내려 하지 않고는 숨긴 것이 없다(막 4:22).

누가는 그 진술을 매끄럽게 한다.

---

284 C. A. Evans(2006), 68; Evans and Tov 편(2008), 150에 실린 Evans와 비교하라.
285 C. A. Evans(2006), 68-70; Evans and Tov 편(2008), 151에 실린 Evans와 비교하라.

οὐ γάρ ἐστιν κρυπτὸν ὃ οὐ φανερὸν γενήσεται

숨은 것이 장차 드러나지 아니할 것이 없다(눅 8:17).

그러므로 「도마복음」의 초기 그리스어 파편(5-6)이 정확하게 누가의 텍스트와 일치하는 것은 주목할 만하다.[286]

옥시링쿠스 파피루스 654.5: [οὐ γάρ ἐστιν κρυπτὸν ὃ οὐ φανερὸν γενήσεται]

비록 옥시링쿠스 파피루스 654.5에 상실된 텍스트가 있기는 하지만, 중요한 텍스트는 보존되어 있다. 마가복음이 ἐὰν μὴ ἵνα라고 표현하는 반면, 누가복음과 「도마복음」은 ὃ οὐ라고 표현한다.[287]

마지막으로 에반스는 「도마복음」은 동방과 시리아 기독교의 특징을 이루는 후기 전승들에 익숙함을 보여준다고 주장한다. 예컨대 「도마복음」 서론에 등장하는 "디두모 유다 도마"라는 이름은 시리아에 기원을 두고 유통되는 다른 저작들, 즉 「경쟁자 도마의 책」(*Book of Thomas the Contender*, 138.1-3; 142-7), 「도마행전」(*Acts of Thomas*, 1,11), 그리고 시리아어 버전 요한복음 14:22에서 발견된다.[288] 타이센과 메르츠는 그 저자

---

286 C. A. Evans(2006), 70.

287 C. A. Evans(2006)는 추가로 여러 예들을 제공한다(70). 만약 Evans가 옳다면, Koester(2006)가 다음과 같이 주장하는 것은 옳지 않다; 「도마복음」의 "어록들 중 공관복음서들과 평행하는 어록들은 「도마복음」 저자가 공관 복음서 저자들이 쓴 내용을 편집했다는 어떤 조짐도 보여주지 않으며, 몇몇 경우에는 의심할 나위 없이 신약성서의 정경 복음서들에 의해 제공된 것보다 더 원래의 형태로 나타난다"(157).

288 C. A. Evans(2006), 71-72.

의 이름인 "유다 디두모 도마"가 오직 시리아에 기원을 둔 기독교 문헌에서만 나타난다고 덧붙인다.[289] 그러나 보다 이른 시기의 그리스어 파편에는 "도마"만 등장하는 점을 주목할 가치가 있다.[290]

더욱이 최근에 니콜라스 페린이 「도마복음」을 타티아노스의 「디아테사론」(*Diatessaron*)과 연결시키는 것도 「도마복음」이 시리아에 기원을 두고 있음을 지지한다(페린은 「도마복음」이 앞선다는 두 번째 논거도 다룬다).[291] 페린은 「도마복음」이 처음에는 시리아어로 작성되었다고 주장한다. 그는 그리스어와 시리아어로 「도마복음」 **가본**을 만들고 이어서 콥트어역에서 269개, 그리스어역에서 263개, 그리고 시리아어역에서 502개의 "표제어들"에 주목한다.[292] 페린의 시리아어 **가본**은 2행 연구(聯句) (56-57, 88-89, 104-5) 세 개를 제외한 모든 어록들을 연결시킨다.[293] 페린은 이 가본은 「솔로몬의 송시」(*Odes of Solomon*) 같은 그 시대의 다른 시리아어 문헌들과 일관성이 있다고 생각한다. 「도마복음」과 그 송시 저자는 언어유희를 즐기는 것으로 보일 뿐 아니라, 같은 단어들을 사용해서 익살을 부리기도 한다.[294] 페린이 옳다면, 이 점은 오랫동안 학자들을 혼란스럽게 해왔던 「도마복음」의 어록 순서를 설명해주며 「도마복음」이 일찍 쓰였다는 두 번째 논거에 대해 의외로 효과적으로 답변한다. 「도마복음」 저자는 특정 순서를 따르기보다는 표제어들을 만들어내는 데 더 관심이 있었던 것

---

289 Theissen and Merz(1998), 38. Koester(2000)는 이에 대해 반대한다. 그는 "유다 디두모 도마는…초기 시리아어를 말하는 환경을 가리킨다"고 주장한다(157).

290 Elliot(2005), 135에 실린 콥트어와 그리스어 텍스트에 상응하는 영어 번역들을 보라.

291 Perrin(2002).

292 Perrin(2002), 57-155.

293 Perrin(2002), 171.

294 Perrin(2002), 192; 158-61.

이다.[295]

이어서 페린은 저자가 「도마복음」에 들어 있는 공관복음 전승에 대해 시리아 자료에 의존했을 가능성이 있으며, 「디아테사론」은 "시리아어로 기록된 최초의 복음서"일 뿐 아니라 또한 "2세기에 존재했던 유일한 시리아어 복음서"였다고 주장한다. "우리가 아는 한, 당시에 도마가 참고할 수 있었던 다른 자료는 없었다".[296] 만약 페린이 옳다면, 「도마복음」은 「디아테사론」에 들어 있는 정경 복음서 전승을 수정해서 우선 시리아어로 작성되었다고 할 수 있다. 만약 「도마복음」이 두 개 언어(그리스어와 시리아어)를 사용한 것으로 알려진 도시인 에데사나 그 부근에서 작성되었다면, 시리아어 문서가 곧바로 그리스어로 번역되었다고 예상할 수 있을 것이다.[297] 이 점은 옥시링쿠스 그리스어 파피루스 파편들의 저작 시기가 약 200년경이라는 점을 설명해 준다.

에반스는 「도마복음」이 늦게 쓰였다는 자신의 논거를 다음과 같이 요약한다.

이에 대한 증거는 다음과 같다. (1) 「도마복음」과 "유다 도마"의 연관성,

---

295 Perrin(2002), 185.

296 Perrin(2002), 183-84. Perrin은 "일부 반대 목소리에도 불구하고, 최근 몇 십년 동안 시리아어 텍스트 전통에서[고대 시리아어 복음서들보다] 「디아테사론」이 먼저 기록되었다는 점은 일반적으로 인정되어 왔다"고 주장한다(20-21). C. A. Evans(2006), 76도 보라. Evans도 「도마복음」이 정경 복음서들과 일치하지 않는 곳에서 시리아 전승과는 일치한다고 주장한다. 이 주장을 뒷받침하기 위해 그는 그리스어 마태복음과 그리스어 누가복음을 「도마복음」, 시리아어 마태복음, 그리고 시리아어 *Recognitions*와 비교하는 두 가지 예를 제시하고 「도마복음」이 정경 복음과의 차이를 시리아 전승에서 취했다는 결론을 내린다(74-75).

297 Perrin(2002), 27. Plisch(2008)는 「도마복음」의 텍스트 몇 개는 이 복음서가 "사역지로 시골 지역을 선호했던 시리아 동부의 단독 순회 설교자들 사이에서 나왔음"을 암시한다고 주장한다. 이어서 그는 어록 36, 42, 86, 88, 94는 "순회 전도자들을 위한 규칙으로 이해될 수 있다"고 주장한다(22).

(2) 어록들을 연결하는 수많은 시리아어 표제어들로 설명되는 어록들의 배열과 순서, 그리고 (3) 그리스어 신약 복음서들과는 다른 「도마복음」의 내용이 「디아테사론」이나 그 시기에 나온 시리아어로 쓰인 다른 기독교 저작들과 일관성이 있다는 점은 「도마복음」이 2세기말에 시리아에서 기원했다는 설득력 있는 논거다.[298]

쾨스터와 크로산이 이런 논거들에 어떻게 대응할지 보면 좋을 것이다. 유감스럽게도 그들은 이런 논거들을 무시했다. 그 주제에 대한 에반스의 연구가 아주 최근에 나온 것은 사실이다. 그러나 페린의 결론은 「도마복음」에 대한 쾨스터의 최신 논문보다 약 5년 전에 나왔는데, 쾨스터는 그 논문에서 페린의 연구를 언급하지도 않는다.[299] 이것은 실망스런 처사다. 페린의 제안을 검토해 본 몇몇 사람들은 그 제안의 약점을 지적했다. 예컨대 **가본**에 실려 있는 표제어들을 재구성할 때 페린은 자기의 주장을 가장 잘 지지해주는 용어들을 사용했을 것으로 예상되는데, 페린은 자기가 이 비판에 대해 취약하다고 인정한다.[300] 더욱이, 비록 「도마복음」이 「디아테사론」에 의존한다(「디아테사론」은 도마가 활용할 수 있는 유일하게 알려진 시리아어 복음서 자료였다)는 페린의 기본적인 주장이 그럴 듯하다고 할지라도, "「열국 법률서」(*Book of the Laws of Countries*, 2세기말에서 3세기초) 이전의 시리아어 문헌 텍스트에 대한 증거가 전혀 없다"[301]는 점에 비춰볼 때, 우리는 정말 그랬는지 알 수 없다.

확실히 페린의 제안은 에반스의 주장을 넘어서는 학문적 상상력을

---

298 C. A. Evans(*Fabricating Jesus*, 2006), 77.
299 Koester(2007), 195-206. Plisch(2008)도 Perrin의 연구를 언급하지 않는다.
300 Shedinger(2003), 388.
301 Poirier(2003), 5.

사용하고 있으며, 그는 여러 면에서 실수를 저지르고 있을 수 있다. 그러나 「도마복음」이 1세기에 작성되었다는 경쟁 제안들도 결코 상상력이 덜하지 않은 학문적 재구성에 기초를 두고 있다. 「도마복음」 전문가들은 페린과 에반스가 제기한 문제들을 다뤄야 할 필요가 있을 것이다.[302]

앞에서 지적했듯이 「도마복음」이 일찍 쓰였다는 쪽을 선호하는 학자 중 일부는 「도마복음」의 가르침이 최초의 사도들에게까지 거슬러 올라간다는 논거를 제시하지 않는다.[303] 「도마복음」의 여러 가르침들과 진정한 사도적 가르침이라고 확인될 수 있는 가르침 사이에 중대한 차이가 있는데, 현재 우리의 연구에서 왜 「도마복음」에 동등한 무게를 부여해야 하는가? 우리의 관심사가 예수 이후 첫 3백 년 동안 스스로를 그리스도인으로 여겼던 집단이 예수의 부활에 관해 가르쳤던 내용을 파악하는 것이라면 우리는 「도마복음」에 관심을 기울여야 한다. 그러나 우리의 관심사가 역사적 예수와 예수가 죽은 뒤에도 생존했던 그의 제자들의 가르침을 파악하는 것이라면 「도마복음」에 부여하는 중요성을 제한해야 한다.

---

302 Shedinger(2003): "비록 대부분의 「도마복음」 전문가들이 아마도[「도마복음」이 원래 시리아어로 작성되었다는 Perrin의 논거가] 설득력이 있다고 여기지 않을지라도, Perrin이 제시하는 논거는 무시되어서는 안 된다. 그 논거는 면밀한 검토와 정보에 입각해서 대응할 가치가 있다. Perrin은 명시적으로 도전한다. 「도마복음」 학자들은 그 도전을 받아들일 것인가?"(391). 2008년 6월 27일 현재, 나는 Perrin이 2002년에 펴낸 책에 대한 다음과 같은 서평들을 발견할 수 있었다: *Aramaic Studies* 2.1(January 2004): 126-30에 실린 J. Joosten; *Hugoye: Journal of Syriac Studies* 6.2(July 2003)에 실린 P-H Poirier:〈http://syrcom.cua.edu/Hugoye/Vol6No2/HV6N2PRPoirier.html〉(2008년 6월 27일 접속); *Journal of Biblical Literature* 122.2(Summer 2003): 387-391에 실린 R. F. Shedinger; J. P. Williams, *European Journal of Theology* 13.2(2004): 139-40. 추가적인 비평, 논의, 그리고 그에 대한 Perrin의 대응은 다음의 웹사이트에서 찾아볼 수 있다: 〈http://ntgateway.com/weblog/2007/05/nicholas-perrin-thomas-other-gospel_23.html〉; 〈http://ntgateway.com/weblog/2007/06/p-j-williams-response-to-perrin.html〉; 〈http://rosetta.reltech.org/TC/vol08/Perrin2003rev.html〉(모두 2008년 6월 27일 접속).

303 이 책의 1.2.1을 보라.

일부 학자들의 낙관주의와는 달리, 「도마복음」이 일찍 쓰였다고 확신하는 것은 정당화되지 않는 것으로 보인다. 정경 복음서들에 들어 있지 않은 예수의 진정한 어록(아그라파) 몇 개가 「도마복음」에 보존되어 있을 수도 있다는 점만이 학자들 사이에서 유일하게 합의되어 있다.[304] 이 논의가 교착상태에 처해 있는 점에 비추어볼 때 「도마복음」이 예수 부활의 역사성에 관한 역사가들의 연구에 얼마나 가치가 있겠는가? 「도마복음」은 육체 이탈(37)[305] 또는 계몽(51)을 포함하는 부활관을 제시하는 것일 수도 있으므로 우리의 논의와 밀접한 관련이 있다. 그러나 우리의 연구에 도움이 될 수도 있는 어록들은 참되고 독특한 아그라파 후보군에 들어 있지 않으며, 따라서 그 어록들에 케리그마 지위를 부여하기는 어렵다. 그러므로 나는 일부 독특한 사도적 증언의 존재와 관련해서는 「도마복음」에 **가능성이 있음** 등급을 부여하지만, 우리의 현재의 연구를 위해 유익한 데이터를 제공하는가라는 측면에서는 **가능성이 낮음** 등급을 부여한다.

3.2.6.2. 베드로복음 「베드로복음」은 오리게네스와 카이사레아의 에우세비오스에 의해 언급된다.[306] 에우세비오스는 세라피온이 안디옥 감독이었을 때(기원후 199-211) 「베드로복음」에 대해 언급했다고 보고한다.[307] 그러므로 「베드로복음」이 늦어도 기원후 211년까지는 쓰였다고 볼 수 있

304 Elliott(2005), 124. 참되고 독특한 아그라파일 수도 있는 어록에는 *Gos. Thom*. 8, 77, 82가 포함된다. Evans and Tov 편(2008)에 실린 Evans는 이에 반대한다: "「도마복음」에는 독립적으로 1세기까지 거슬러 올라갈 수 있는 내용이 아무것도 없다"(154).

305 Crossan(1991)은 「도마복음」 71을 예수의 육체에 대한 언급으로 이해하며 그것이 이 어록의 가장 초기 형태라고 주장한다. 그러나 그는 또한 역사적 예수가 이런 말들을 했을 때 그가 성전을 가리켰다고 주장한다(「도마복음」: "집"; 요 2:19: "성전").

306 Origen *Comm. Matt*. 10.17; Eusebius *Hist. eccl*. 3.3.2; 6.12.

307 Eusebius *Hist. eccl*. 6.12.

을 것이다. 「도마복음」처럼, 「베드로복음」이 쓰였을 수 있는 가장 초기를 확정하기는 매우 어렵다.

「베드로복음」 중 불완전한 텍스트로서 지금까지 남아 있는 것은 3세기 초에 제작된 18개의 불완전한 행을 포함한 그리스어 파편들 네 개(옥시링쿠스 파피루스 2949, 4009)와, 7세기에서 9세기 사이의 어느 시점에 제작된 아크밈에서 발견된 작은 사본 하나가 전부다.[308] 현재 남아 있는 텍스트 대부분은 보다 나중에 아크밈에서 나왔는데, 그것들은 보다 이른 시기의 파편들과 상당한 차이를 보인다.[309] 그러므로 훨씬 더 완전한 후대의 텍스트는 원래의 「베드로복음」을 정확하게 반영하지 않을 수도 있으며 애초에 그 가치가 제한된다.[310]

먼저 「베드로복음」이 정경 복음서들에 의존하는지 질문할 수 있을 것이다. 쾨스터는 그렇지 않다고 주장한다.[311] 그는 정경 복음서들과

---

308 Elliott(2005), 150; Foster, 편(2008), 40에 실린 P. Foster; Hurtado(*Lord Jesus Christ*, 2003), 442; Perkins(2007), 122. Borg and Crossan(2006), 176-77도 보라.

309 Elliott(2005), 150; Foster편(2008)에 실린 Foster는 서로 관련된 아크밈 텍스트와 옥시링쿠스 텍스트 사이에서 일치하는 부분은 단지 18.9%뿐이라고 주장한다(40).

310 Evans and Tov 편(2008), 163에 실린 Evans; Perkins(2007), 122, 124. Foster 편(2008)에 실린 Foster는 아크밈 텍스트가, 비록 "확실하지는 않지만" 「베드로복음」에 속할 가능성이 "그렇지 않을 가능성보다 높다"고 주장한다.

311 Perkins(2005)도 「베드로복음」이 정경 복음서들에 의존한다고 보지 않지만 그 복음서 저자가 아마도 마태복음을 알고 있었을 것이라고 주장한다(121-22). Meier(1991)는 「베드로복음」이 "적어도 마태복음을 알고 있었고 마가복음과 누가복음을 알고 있었을 개연성이 높으며, 요한복음을 알고 있었을 수도 있다"고 주장한다(117). Meier는 Vaganay와 McCant의 분석을 지지하고 그 분석에 호소하며 「베드로복음」이 "여러 차례 복음서들이 읽히고 선포되는 것을 들었던 그리스도인들의 기억과 생생한 상상력을 통해 재생된 정경 복음서들로부터 나온 전승에 대한 2세기의 모방 작품이다. 그것은 역사적 예수에 관한 이른 시기의 독립적인 전승에 대한 그 어떤 특별한 접근도 제공하지 않는다"고 결론을 내린다(117-18). 다음 문헌들을 보라. Léon Vaganay, *L' évangile de Pierre*(EBib; Paris: Gabalda, 1930); Jerry W. McCant, *The Gospel of Peter: The Docetic Question Re-examined*(박사학위논문, Emory University, Atlanta, Ga., 1978).

「베드로복음」에서 발견되는 수난 이야기가 "역사적 기억에 의존하고 있지 않으며 성서에 대한 알레고리적 해석의 토대 위에서 발전되었다. 그런 성서 해석의 가장 초기 단계이자 동시에 최고의 예는 「바나바 서신」에 보존되어 있다"고 주장한다.[312] 쾨스터가 제공하는 한 가지 예는 이사야 50:6과 스가랴 12:10에 나오는 희생양에 관한 것이다. 그는 다음과 같이 주장한다.

> 이사야서의 구절에 있는 세 가지 항목(채찍질, 때림, 침 뱉음) 모두 「베드로복음」에서 나타나는 반면, 마가복음·누가복음·요한복음에는 두 가지만 나타난다.
>
> 마가복음과 마태복음은 채찍질을 로마어로 "대체"하는 반면, 「베드로복음」과 요한복음은 이사야서에 등장하는 그리스어(70인역)를 그대로 사용한다.
>
> 이사야서와 「베드로복음」만 때림과 관련해 뺨을 언급한다.
>
> 「시빌의 신탁」(*Sibylline Oracles*) 1.373-74는 갈대로 옆구리를 찌르는 것에 대해 보고한다. 이 텍스트에서 사용된 용어는 「베드로복음」에서 발견되는 용어와 유사하다. 마가와 마태는 수난 전승을 잘못 읽고 예수가 갈대로 맞았다고 보고하며, 마태는 예수에게 갈대를 들고 있게 했다가 그 갈대를 빼앗아 예수를 때렸다고 보고한다.[313]

312 Koester(1990), 224; 227과 비교하라.
313 Koester(1990), 224-27, 특별히 226-27.

그러나 왜 마가와 마태가 "대체" 용어를 사용했다고 보아야 하는가? 신학적 성찰 후 이사야서 텍스트에 일치시키기 위해 "대체" 용어를 사용한 쪽이 베드로와 요한이었다는 것이 더 그럴듯하지 않은가?[314] 더욱이 「베드로복음」과 이사야서만 빰맞음에 대해 언급하는 것은 「베드로복음」이 이사야서에 대해 보다 깊이 성찰했음을 가리키는 반면, 공관복음서들은 이런 연결을 하지 않았다. 「베드로복음」이 「시빌의 신탁」을 사용한 것에 대해서도 같은 말을 할 수 있다. 이는 「베드로복음」이 신학적 성찰의 결과임이 분명한 반면, 정경 복음서들에서는 그런 것이 나타나지 않는다. 쾨스터는 자기가 바라는 결론, 즉 「베드로복음」이 공관복음서들보다 앞선다는 결론을 내려놓고 그 결론에 사실들을 꿰맞추면서 거꾸로 작업을 하는 것으로 보인다.

「베드로복음」의 부활 내러티브에는 정경 복음서들에서 발견되는 것보다 훨씬 더 공상적인 세부사항들이 포함되어 있다는 점에 주목할 필요가 있다. 무덤을 지키던 경비병들은 하늘에서 큰 소리가 나는 것을 듣고, 하늘이 열리고 밝은 빛에 둘러싸인 두 사람이 하늘에서 무덤으로 내려오는 것을 본다. 돌이 저절로 굴러가고 두 천사가 무덤 안에서 예수를 꺼내온다. 천사들은 예수를 데리고 나타난다. 천사들의 머리는 하늘을 향해 솟아오르는데 예수의 머리가 그들의 머리보다 훨씬 높이 올라간다. 그리고 예수의 십자가가 그들을 따르는 것이 보이고 하늘의 음성

314 Koester(1990)는 정경 복음서들보다 「베드로복음」이 초기 기독교가 시 69편을 사용하는 방식에 더 가깝게 일치하며 따라서 정경 복음서들보다 더 이른 시기의 것이라고 주장한다(227-30). 그러나 이는 우리가 후기 기독교 문헌에서 기대하듯이, 보다 깊은 신학적 성찰을 보여주는 것이라고 주장할 수도 있을 것이다. 더욱이 Perkins(2007)는 동일한 관찰이 그 주장을 뒤엎는 데 사용될 수도 있다고 답한다. 유대인들이 그리스도인들에게 도전하자 그리스도인들은 수난과 부활 내러티브를 성서에 보다 가깝게 일치시켰다는 것이다(121).

에 응답하여 말한다.[315] 대부분의 학자들은 공상적인 세부사항들은 시간이 흐름에 따라 전승이 성장했음을 보여준다고 주장할 텐데, 쾨스터의 제안은 정경 복음서들을 반대 방향으로 움직이게 한다.[316] 이런 식으로 생각할 경우, 마가복음이 정경 복음서들 중 맨 나중에 쓰인 것으로 간주되어야 할 것이다! 쾨스터의 주장은 시대착오적으로 보인다는 점도 지적되어야 한다. 왜냐하면 공관 복음서들은 「바나바 서신」보다 먼저 쓰였기 때문이다.[317]

크로산은 원래의 수난 내러티브가 40년대에 쓰였다고 주장하며 그것에 "십자가복음"이라는 이름을 붙인다. 이 자료는 예수의 적들이 예수를 십자가에 못 박았고, 매장했으며, 그의 환영을 경험했다고 보고한다. 정경 복음서들은 모두 십자가복음에 의존했는데, 십자가복음은 나중에 그것을 수정한 정경 복음서 전승들에 일치하도록 다소 수정되었다.[318] 정경 복음서들에서 십자가복음을 수정한 두 번째 층에서는 예수의 친구들이 그를 매장하고, 그의 빈 무덤을 발견하고, 그의 환영을 경험한 것으로

---

315 *Gos. Pet.* 9.34-42.

316 C. A. Evans(2006), 84; Evans and Tov 편(2008), 162에 실린 Evans. Charlesworth 외(2006)에 실린 Charlesworth: "이런 설명을 듣는 사람들 중 그것이 복음서 전승에 대한 나중의 전설적 첨가라는 것을 보여주어야 할 필요가 있는 사람은 거의 없다.…역사적으로 터무니없는 이 내러티브는 그것이 우리가 정경 복음서들의 조심스러운 억제를 인식하도록 도와준다는 점 때문에 중요하다"(164). Perkins(2007)도 「베드로복음」의 반유대주의적 요소가 정경 복음서들에 나오는 수준보다 강력한데 이점은 「베드로복음」이 정경 복음서들보다 나중에 쓰였음을 암시한다고 지적한다(122).

317 Koester(1990)에 따르더라도, 「바나바 서신」은 90년대 중반이나 그 후 몇 십 년 사이에 쓰였다(16).

318 흥미롭게도 Crossan은 예수 세미나의 동료들에게 자신의 견해를 납득시키지 못했다. "「베드로복음」에 포함된 십자가복음이 원래의 수난 내러티브이며, 정경 복음서들은 그것에 의존한다"는 명제에 대해서는, 아무도 그 진술을 "거의 확실한 것"으로 간주하지 않는다. 학자들 중 7%가 그것을 "믿을만한 개연성이 있다"고 간주한 반면, 50%는 그것을 "가능하지만 믿을 수 없다"고 여겼고, 43%는 "개연성이 없다"고 간주했다. "Voting Records"(1994), 260, S9a를 보라.

수정되었다. 그 텍스트가 원래의 십자가복음과 정경 복음 전승을 일치시키기 위해 수정되었을 때 세 번째 층이 나타났다.[319] 우리가 「베드로복음」을 발견하는 것은 바로 이 세 번째 층이다. 그러므로 크로산에 따르면 원래의 수난 내러티브에서 남아 있는 내용은 다른 어느 복음서에서보다 「베드로복음」에서 더 분명하게 보인다.

크로산의 제안은 증거가 없을 뿐 아니라, 검증할 수도 없고 임기응변적이다. 조사할 수 있는 「베드로복음」의 유일한 텍스트가 이 복음서가 정경 복음서들에 의존하고 있음을 암시하고 있기 때문에 크로산은 「베드로복음」의 현존하는 텍스트가 이런 특성들을 포함하고 있지 않은 다른 복음의 세 번째 층이라고 주장할 수밖에 없다.[320] 더욱이 그런 수정은 크로산의 이론에 거의 아무런 도움도 되지 않는데 왜 그가 제시하는 곳에서 그런 수정이 일어났는지 알기 어렵다. 크로산이 제안한 십자가복음은 별로 지지받지 못했다.

J. K. 엘리엇은 "요즘은 대체로 이 복음서가 2차적이며 정경 복음서들에 있는 수난 이야기에 의존하고 있다는 결론이 내려지고 있다"고 말한다.[321] 그는 "너무 극단으로 나가서 이 복음이 예수의 수난에 대한 어떤

---

319 Crossan(1995), 23-25, 223-224. Crossan(1988)과 Crossan(1991), 385-87도 보라. Dewey(1994)는 편집되기 전의 「베드로복음」의 저작 시기를 앞당겨 잡을 뿐 아니라 「베드로복음」의 한 겹은 Crossan의 십자가복음보다 앞서는 것으로 본다(177).

320 Crossan의 가설적인 십자가복음에 대한 많은 비판이 제기되어왔다. 특별히 Brown(1994), 2:1322를 보라. 다음 문헌들도 보라. 「베드로복음」에 관한 Brown의 논의 전체(1317-48); Evand and Tov 편(2008)에 실린 Evans, 158-63; Evans(2006), 82-85; Koester(1990), 219-20; Meier(1991), 116-18. Dunn(2003)은 십자가복음을 칭찬할 만한 점을 거의 발견하지 못했기 때문에 그에 대해 "말할 필요가 거의 없다"고 주장한다(170).

321 Elliott(2005), 151. Foster 편(2008)에 실린 Foster, 38-39. Vermes(2008): "그 텍스트를 피상적으로 훑어보기만 해도 그것이 정경 복음서들에 의존하고 있음이 드러나기 때문에 여기서[예수의 부활과 관련해] 그것을 다루는 것은 순전한 시간 낭비일 것이다"(158). 그러나 Crossan(1995)은 "[「베드로복음」 연구를] 시작할

독립적인 증언을 제시한다고 주장하는" 학자는 거의 없다고 덧붙인다.[322] 나는 이런 결론에 동의하며, 예수의 부활과 관련해서 초기의 사도적 전승을 반영한다는 측면에서 「베드로복음」에 **가능성이 낮음** 등급을 부여한다.

3.2.6.3. 유다복음. 1970년대에 이집트에서 「유다복음」 사본 하나가 발견되었고 2006년 내셔널 지오그래픽 협회에 의해 공개되었다. 「유다복음」은 기원후 300년경에 콥트어로 쓰였다. 「유다복음」 사본 소유자가 그 사본을 팔려 했지만 성공하지 못해서 그 사본은 최근까지 뉴욕에 있는 한 대여금고 안에 보관되어 있었다. 이레나이우스가 「유다복음」이 고라, 소돔 사람들, 그리고 유다 같은 성서의 악당들을 영웅으로 삼은 가인파라고 불리는 집단에 의해 쓰였다고 보고했기 때문에,[323] 「유다복음」 원본은 아마도 2세기 중반에 쓰였을 것이다. 「유다복음」은 확실히 영지주의자에 의해 쓰였다. 최근에 발견된 사본들에서는 다섯 명의 영지주의자 이름이 특별히 언급된다. 예수는 유다에게 다른 사람에게는 알려지지 않은 은밀한 지식을 제공한다(47-53). 육체에서 이탈한 사후의 존재가 언급된다(43, 57). 「유다복음」이 2세기 중반의 텍스트라는 데 대해서 널리 합의가 이루어진 것으로 보이며, 그 내용이 사도적 전승을 반영한다고 믿어야 할 이유가 없다.[324] 그러므로 나는 「유다복음」에 **가능성이 낮음** 등급을 부여

때부터 의견이 분열되었고 아마도 지금도 그럴 것이다"고 주장한다(23).

322 Elliot(2005), 150-51. Drobner(2007)는 「베드로복음」이 정경 복음서들과 같은 데이터에 의지하고 있으며 부분적으로 공관 복음서들을 받아들였다고 여긴다(21).

323 *Haer*. 1.31.1.

324 Simon Gathercole, *The Gospel of Judas: Rewriting Early Christianity*(New York: Oxford University Press, 2007)를 보라.

한다.

3.2.6.4. 계시에 관한 대화들. 이 범주에 속한 문헌들 대부분은 대체로 2세기 후반에 쓰였다. 이런 대화에 사도적 케리그마의 독립적 증언이 보존되어 있다고 주장할 아무런 이유가 없기 때문에 그 문헌들은 단지 2세기말에 특정 공동체들이 갖고 있던 믿음에 대해 알려주는 역할을 할 뿐이다. 나는 그 문헌들에 **가능성이 낮음** 등급을 부여한다.

3.2.6.4.a. **「사도서신」**(「구세주의 대화」[*Dialogue of the Savior*]라고도 불린다.) 「사도서신」은 영지주의자들이 흔히 채용하는 장르인 계시에 관한 대화를 사용해서 영지주의의 가르침에 맞선다. 그 편지는 부활한 그리스도와 그의 제자들 사이의 대화에 관해 이야기한다. 이 서신에서는 예수의 완전한 신성과 육체적 부활에 관한 교리 등이 가르쳐지고 있다.[325]

이 문헌의 저작 시기에 관한 의견은 다양하다. 타이센과 메르츠는 이 편지가 "150년경"에 쓰였다고 말한다.[326] 라이트는 이 편지를 "2세기 중반 또는 그보다 다소 이른 시기"에 위치시킨다.[327] 쾨스터는 2세기 후반을 택한다.[328] 엘리엇은 "합의된 의견은 「사도서신」 저작 시기를 2세기의

---

325 Drobner(2007), 27. Ehrman(*Lost Scriptures*, 2003), 73; Elliott(2005), 555; Koester(2000), 243-44; Theissen and Merz(1998), 33 각주 42. Ehrman(*Lost Scriptures*, 2003)은 그것이 편지라기보다는 "복음서"라고 주장한다(73). 반면에 Elliot(2005)은 그것이 "묵시"라고 주장한다(555).

326 Theissen and Merz(1998), 33 각주 42.

327 Wright(2003), 499.

328 Koester(2000), 243. 이는 그가 보다 앞서 Koester(1990)에서 했던 주장을 바꾼 것으로 보인다. 거기서 그는 그 시기를 2세기 전반으로 잡았다(174-75). Hurtado(*Lord Jesus Christ*, 2003)는 이 장르의 출현을 "2세기 말과 그 이후"에 위치시키지만(480) 그 장르의 최초 출현 시기가 "2세기 전반까지 당겨질 수도 있다"고 생각한다(481).

세 번째 4반세기로 잡고 있다"고 말한다.[329]

나는 이 편지가 정경 복음서들과는 별개로 존재하는 초기 전승을 포함한다는 그 어떤 주장에 대해서도 알지 못한다. 그러므로 이 편지는 예수의 부활에 관한 우리의 역사적 연구에 도움이 되지 않을 것이다.

3.2.6.4.b. 「부활에 관한 논문」 (「레기누스에게 보낸 편지」 [*Letter to Rheginus*]). 계시에 관한 대화 장르에 속하는 또 다른 편지는 「부활에 관한 논문」이다. 어만에 따르면 "많은 학자들이 그 편지를 2세기 말에 쓰인 것으로 보고 있다."[330] 쾨스터도 그 편지의 저작 시기를 2세기 말로 잡지만 그 편지의 원래의 형태가 1세기까지 거슬러 올라간다고 본다. 왜냐하면 그는 마태복음과 요한복음에도 평행구가 있지만 대부분은 「도마복음」에 평행구가 있는 예수의 어록들을 찾아내기 때문이다.[331] 「부활에 관한 논문」은 예수가 한 말들에 대한 영지주의적인 해석을 제공한다.[332] 신자들의 부활은 시체의 소생을 포함하지 않고, 하늘로 올라가는 영혼에만 일어난다. 물질적 신체는 죽음과 함께 버려진다.

3.2.6.4.c. 「야고보 외전」 (「베드로가 야고보에게 보낸 편지」). 이 편지도 계시에 관한 대화 장르에 속한다. 쾨스터는 이 편지의 내용 일부가 공관복음서들보다 앞선다고 생각한다.[333] 그러나 대부부의 학자들은 이 편지 원본의 저작 시기를 3세기로 잡고 있다.[334] 그 텍스트의 대부분은 예수가 부

---

329 Elliott(2005), 556.
330 Ehrman(*Lost Scriptures*, 2003), 208. Theissen and Merz(1998), 42-43도 보라.
331 Koester(1990), 23; Koester(2000), 159-60.
332 Koester(2000), 158.
333 Koester(2000), 162.
334 Ehrman(*Lost Scriptures* 2003): 3세기 초(191); Eilliott(2005), 673.

활한 후 550일(18개월) 동안 사람들에게 모습을 보이고 여전히 승천하기를 기다리고 있었을 때(*Ap. Jas.* 2.16-24) 예수와 베드로 그리고 야고보 간에 있었던 대화다. 예수의 죽음과 부활이 가르쳐지지만(*Ap. Jas.* 2.15-28; 5.30-35; 6.5-9), 예수 부활의 본질은 명시되지 않는다.

3.2.6.5. 「위(僞)-마가복음」(막 16:9-20). 오늘날에는 마가복음 16:9-20이 마가복음의 원래의 결말의 일부가 아니라는 데 대해 사실상 만장일치로 합의가 이뤄지고 있다. 많은 학자들은 그 부분의 저작 시기를 2세기나 3세기로 보며, 그 부분은 필사자가 마가복음의 너무도 갑작스러운 결말을 완화시키기 위해 또는 모종의 다른 이유로 썼다고 주장한다.[335]

라이트는 "긴 결말"은 "원래는 하나의 개별적인 이야기였던 것처럼 보이는데, 왜냐하면 마가복음 16:9-20이 마가복음 16:1-8에 **이어지는** 것이 아니라 마가복음 16:1-2/마태복음 28:1/누가복음 24:1/요한복음 20:1과 **병행하여** 시작되기 때문이다"라고 지적한다.[336] 그는 이 점은 마가복음 16:9-20이 잃어버린 복음으로부터 살아남은 것이라는 식의 "매혹적인 가능성을 열어준다"고 덧붙인다.[337]

마가복음 16:9-20이 마가복음의 원래의 결말의 일부가 아니었다는 데 대해 합의가 이뤄져 있지만, 마가복음 16:8이 마가가 의도했던 결말이라는 입장에 대한 합의는 약해지고 있다. 이 점에 대해서는 다음 장에서 보다 상세하게 다룰 것이다.[338] 마가복음의 원래 결말이 상실되었다

---

335 Aland and Aland(1989), 232; Dunn(2003), 82 각주 7; Metzger(1994), 104; Wright(2003), 619.

336 Wright(2003), 618.

337 Wright(2003), 619.

338 이 책의 4.3.2.3을 보라.

면 그런 결말은 무엇이라고 말했을까? 라이트는 정경이 아닌 문헌에 대한 앞의 논의에 비추어볼 때 흥미로운 답변을 제시한다. 그는 Q의 여러 차례의 수정본들, 편집되기 이전의 「도마복음」, 「마가의 숨겨진 복음」(*Secret Gospel of Mark*), 「베드로복음」의 초기 버전, 그리고 가상의 십자가복음을 탐구하는 사람들이 마가복음의 원래 결말을 재구성한다는 훨씬 더 유망한 작업에 뛰어들기를 주저하는 것에 놀란다. 정경 전승보다 훨씬 앞선 잃어버린 자료를 찾아내는 데 대한 일부 학자들의 열정을 감안한다면, 이런 학자들이 마가복음의 잃어버린 결말을 찾는 일에 그렇게 적극적으로 뛰어들지 않는 것은 사실 놀랄 만한 일이다.[339]

라이트는 마가복음의 잃어버린 결말을 재구성하려고 하지 않는다. 그러나 그는 공관복음서들의 관계에 관한 다수파의 관점을 따라서 다음과 같이 제안한다.

> 마태가 이 지점까지 마가를 상당히 가깝게 따라왔고 특히 마가복음 16:6-8a으로부터 마태복음 28:5b-8a을 발전시켰으므로, 마태가 계속해서 그렇게 했고 마태복음 28:9-20에 나오는 내용이 적어도 마가복음 16장이 계속해서 말했을 수도 있는 내용의 개략이었을 가능성이 없지 않다.[340]

이어서 라이트는 아마도 마가복음의 잃어버린 결말에는 빠져 있을 가능성이 큰 마태복음의 여러 특징들에 대해 지적한다. 그럼에도, "지금 존재하는 '보다 긴 결말'은, 비록 마가 자신의 언어 및 강조점과는 다소 다를지라도, 대략적으로 원래 그 자리에 있었던 것에서 크게 벗어나지 않

339 Wright(2003), 624.
340 Wright(2003), 623-24.

을 수도 있다."[341]

라이트의 제안들은 "보다 긴 결말"이 잃어버린 복음서로부터 살아남은 보고일 가능성 및 마가복음의 잃어버린 결말이 우리가 마태복음에서 발견하는 것과 아주 비슷했을 수도 있을 가능성과 관련해서 흥미롭기는 하지만, 그런 추측은 (라이트 자신도 선뜻 인정하듯이) 우리의 현재의 역사적 연구에 도움을 주기에는 너무 허약하다. 더욱이 그 제안들은 케리그마 즉 바울 서신과 정경 복음서들에 들어 있는 보다 이른 시기의 저작이기도 하고 보다 강력하기도 한, 현존하는 보고들을 지지할 뿐이다.

3.3. 결론

바울 서신과 신약성서 문헌 전반에 들어 있는 구전은 우리의 가장 유망한 자료를 제공한다. 정경 복음서들, 로마의 클레멘스, 폴리카르포스, 사도행전의 연설들, 그리고 「도마복음」 같은 다른 자료들도 때때로 도움이 될 수 있다. 이 장에서 다뤘던 다른 많은 자료들도 다양한 정도로 도움을 줄 수도 있다.

다음과 같은 자료들은 없지만, 그런 자료들이 있었더라면 좋았을 것이다. 우리는 예수나 그의 최초의 제자들 중 한 명에 의해 쓰였다고 확인될 수 있는 편지를 갖고 있지 않다. 우리는 바울(사울)이 그리스도인이 되기 전에 왜 자기가 기독교 종파에 대해 그토록 반대했는지에 대해 설명하는 어떤 자료도 갖고 있지 않다. 우리는 유대교 지도자들이 바울의 사역 기간에 쓴, 바울의 회심이나 그가 이른바 십자가에 달린 소위 메시아

---

341 Wright(2003), 624.

와 그 메시아가 세운 교회를 향해 새롭게 헌신한 것에 대해 묘사하는 어떤 자료도 갖고 있지 않다. 우리는 기독교 종파, 사도적 가르침의 내용, 또는 예수가 부활했다는 보고 등에 대해 언급하는 로마나 유대의 행정기관으로부터 나온 어떤 공문서도 갖고 있지 않다. 이런 문헌들이 있다면 역사가들에게 가치가 있을 것이고 가장 강력한 입증 자료를 제공할 것이다.

그러나 우리가 갖고 있는 자료도 훌륭하다. 우리는 적어도 한 명의 증인(바울)과 아마도 더 많은 목격자들(케리그마에 보존되어 있는 예루살렘 사도들)로부터 나온 예수가 부활했다는 보고들을 갖고 있다. 이런 보고들은 아주 이른 시기의 것들이며, 자기의 회심 경험 전에는 기독교 메시지에 적대적이었던 사람의 증언을 포함한 다수의 독립적인 증언들을 제공한다. 확실하게 파악할 수 있는 정도는 다르지만, 아마도 정경 복음서들은 최초의 사도들에게까지 거슬러 올라가는 어떤 전승들을 포함하고 있을 것이다. 로마의 클레멘스와 폴리카르포스가 사도들 중 한 명 이상을 알고 있었다고 확신한다면, 그들의 편지들은 사도적 가르침에 관한 가치 있는 통찰력을 제공할 수도 있다. 이런 자료들은 예수 부활의 역사성에 관한 우리의 연구에 어떤 결실을 가져다주는가? 다음 장에서 그 질문에 대한 답을 발견할 것이다.

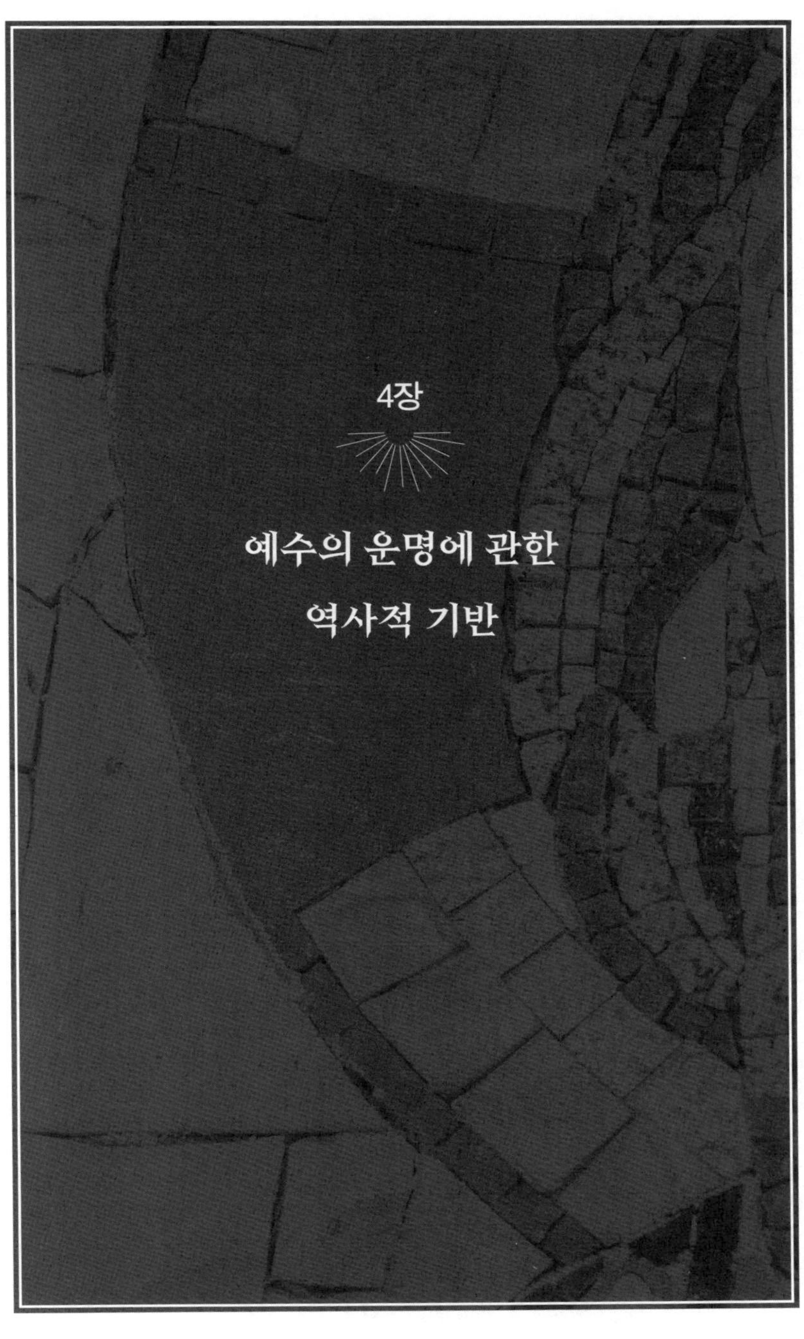

4장

예수의 운명에 관한 역사적 기반

주류 신약학자들 사이에서 사실상 만장일치를 이루고 있는 견해는 신자들이 예수의 부활절 승리에 대해 사용한 가장 초기의 언어가 "부활"이 아니라 십자가에서 영광으로의 직접적인 "승귀"였다는 것이다.[1]

토머스 시한

몇몇 학자들의 반대 의견에도 불구하고, 바울 서신에는 비물리적 부활을 믿었다는 증거가 없으며 원시 예루살렘 공동체 내에서는 더욱 그렇다.…바울조차도 고린도전서 15장에서 "영적인 몸" 개념을 옹호할 때—「바룩2서」 51:10과 마찬가지로—시신에 대한 포기가 아니라 시신의 변형에 대해 가르친다.[2]

데일 앨리슨

---

1 Scott 편(*Resurrection*, 2008), 94에 실린 T. Sheehan, "The Resurrection, an Obstacle to Faith?"

2 Allison(*Resurrecting Jesus*, 2005), 317.

4.1. 서론적 해설

지평이라는 함정이 무분별한 역사가를 노리고 있는 현실을 감안할 때, 역사적으로 책임감 있게 예수의 초상을 그리는 일에는 사실상 논쟁의 여지가 없다고 간주되는 역사적 사실들을 사용해야 한다. 이런 사실들은 "역사적 기반"인데, 왜냐하면 예수에 관한 정확한 초상을 그리고 있다고 주장하는 정당한 가설은 모두 그 위에 세워져야 하기 때문이다.[3] 만약 어떤 가설이 역사적 기반 모두를 설명하지 못하면, 그 가설은 다시 세워지거나 폐기되어야 한다.

1장에서 우리는 역사적 기반을 식별하기 위한 두 가지 기준을 제공했다. 하나는 그 사실들이 강력한 증거를 갖고 있어야 한다는 것이었고, 다른 하나는 현대의 학자들이 거의 만장일치로 그 사건들을 역사적 사실로 간주해야 한다는 것이었다. 역사가들은 흔히 덜 강력한 다른 사실들도 사용하지만, 어떤 역사적 질문에 대답하려는 모든 가설은 적어도 역사적 기반을 포함할 필요가 있다.[4]

개리 하버마스는 예수 부활의 역사성에 대한 강력한 논거들은—회의적인 학자들까지 포함해서—그 주제에 관해 저술한 대다수의 학자들에 의해 합의된 몇 가지 사실들 위에서만 세워질 수 있다는 비슷한 접근법을 처음으로 채택했다. 하버마스는 위의 기준을 충족하는 열두 가지 역사적 사실들을 적시했다. 그리고 나서 그는 이렇게 물었다. "내 목록이 어떤

---

3 Fredriksen(1999), 264.
4 1.2.3의 no.5를 보라.

회의적인 학자들에 의해 도전받는다면 어떻게 될까? 또는 어쩌면 우리는 그저 예수의 부활에 관한 조사의 무게를 견딜 수 있는 소수의 역사적 사실을 발견하는 데 관심이 있을 수도 있다. 그런 사실은 어떤 모습일까?"[5] 그 후 하버마스는 자신의 열두 개 목록을 "최소한의 사실들" 여섯 개로 줄인다.[6]

현재 하버마스는 1975년부터 지금까지 예수의 부활이라는 주제와 관련해 독일어, 프랑스어, 영어로 발표된 학술 문헌 서지 목록을 갖고 있는데, 이 목록은 아직 출판되지 않았다. 그는 내게 대략 3,400개의 자료가 있다고 말해주었다. 그는 예수의 부활과 직접 관련된 100개 이상의 주제에 관한 학자들의 입장을 조악한 형식의 마이크로소프트 워드 문서로 600페이지가 넘는 분량으로 정리했다.[7] 하버마스의 연구에서 흥미로운 점은 그가 실제로 진지하게 "하나하나 세어" 본다는 것이다. 흔히 소위 '대다수 학자들'이 그렇게 주장한다고 진술하며, 대개는 학자로서의 감을 기반으로 한다. 이런 접근법이 반드시 잘못된 것은 아니지만, 그런 접근법은 때로는 대다수 학자들이 어떤 입장을 갖고 있는지에 관해 상충하는 주장으로 이어지기도 한다. 위더링턴은 "대부분의 학자들은 여전히 바울이 골로새서를 썼다고 믿는다"고 주장하는 반면, N. T. 라이트는 자신을 에베소서와 골로새서를 바울이 쓴 것으로 간주하는 "고집 센 소수"에 속해 있다고 묘사하는 것을 고려해보라.[8] 브라운은 **"현재 비판적인 학자들**

5 Habermas(2003), 26.

6 Habermas(2003), 26-27.

7 Habermas의 연구의 일부에 대한 출간된 결과물은 다음 문헌들을 보라. Habermas(2003), 3-51; Habermas(2005), 135-53; Stewart 편(2006), 78-92에 실린 Habermas, "Mapping the Recent Trend Toward the Bodily Resurrection Appearances of Jesus in Light of Other Prominent Critical Position"; Habermas(2004).

8 Wright(2003), 236; Witherington(*Acts*, 1998), 58.

중 약 60%가 바울이 그 편지를 쓰지 않았다고 생각한다"라고 쓴다. 그는 레이먼드 콜린스의 책 『바울이 쓰지 않은 편지들』(*Letters That Paul Did Not Write*)의 171을 자신의 주장의 근거로 인용하고 다른 연구 결과 세 개를 덧붙이는데, 그중 둘은 대다수 학자들이 골로새서에 대한 바울의 저작권을 인정한다고 본다.[9] 이렇듯 공식적인 집계조차 상반된 결과를 낳을 수 있다.

나는 하버마스의 "최소한의 사실들"이라는 접근법과 내가 이 연구에서 취할 미묘한 접근법은 대다수 학자들이 그것을 인정하기 **때문에** 사실로 인정되는 "합의"라는 접근법과 혼동되어서는 안 된다는 점을 분명히 하고자 한다. 하버마스는 또한 특정 사실을 인정하는 대다수 학자들이 제공하는 **논거**를 신중하게 고려한다. 지지하는 논거의 강도와 그 논거들이 반대 주장들에 답하는 능력이 가장 중요하다. 대다수 학자들이 그것을 믿는다 해서 무언가가 "사실"이 되지는 않는다.[10] 나는 다음과 같은 데일 앨리슨의 말에 동의한다. "나는 늘 사람들의 수를 세기보다는 논거를 평가하는 데 더 관심이 있다—[예수의 부활] 같은 경우에는 특히 그렇다."[11] 판넨베르크도 비슷하게 말한다. "내 생각으로는 진지한 역사가 한 사람의 판단이 다수결을 능가하기 십상이다. 역사적 판단은 논쟁거리로 남아 있어야 한다. 다수결은 어느 그룹의 주된 분위기—아마도 그 그룹의 편견—를 표현할지 모르지만 역사적 진실 또는 진정성에 대한 주장

---

9 R. Brown(1997), 610쪽. 강조는 원저자의 것임, 610 각주 24.

10 Geisler and Meister 편(2007)에 실린 Habermas는 이렇게 쓴다. "물론 조사결과가 어떤 특정 입장이 옳다는 것을 의미하지는 않지만, 이것이 현대의 신학적 상황이라는 것은 적어도 최근의 학자들이 그 데이터가 어디를 가리킨다고 여기는지에 관해 어느 정도 단서를 제공한다"(282).

11 Allison("Explaining," 2005), 125.

을 판단하는 데 그다지 도움이 되지 않는다."[12]

판넨베르크는 중요한 지적을 했지만 그는 다수의 의견을 너무 빨리 무시한다. 역사가들의 지평에 의해 과도하게 영향을 받은 결론이라는 여과기가 늘 신뢰할 만한 것은 아니며, 실제로 항상 신뢰할 수 있는 여과기는 없다. 마찬가지로, 예수의 말이나 행위의 역사성을 확인하기 위해 자주 사용되는 어떤 기준도 언제나 신뢰할 만하다고 할 수는 없다. 그 기준들은 종종 도움이 되지만 결코 고지식하게 적용되어서는 안 되는 지침들이다.

우리의 경우에는 그 주제에 관해 학자들 사이에 거의 만장일치로 합의가 이루어지고 있는, 예수의 운명과 관련된 사실 모음이 있다. 이런 학자들의 신학적·철학적 확신의 범위는 아주 넓고, 그들 중에는 무신론자·불가지론자·유대인 그리고 신학적 입장의 양 극단과 그 사이의 모든 곳에 위치한 그리스도인들이 포함된다. 그러므로 합의에서 바람직한 요소인 이질성이 존재한다고 할 수 있는데, 이 점은 우리가 이 연구를 수행할 때 우리의 지평 때문에 완전히 길을 잃지는 않으리라는 확신을 제공한다.[13]

나는 합의를 사용하는 어떤 접근법에도 해당되는 두 가지 우려를 다루고자 한다. 로버트 밀러는 다음과 같은 상황에 대해 지적한다. 널리 존경 받는 학자 A가 적절한 논거를 제공하지 않은 채 예수의 특정 행위에 역사성을 부여한다. 역시 존경 받는 학자 B가 예수의 동일한 행위에 역사

---

12 Pannenberg(1998), 22-23.

13 숫자 세기는 예수 세미나가 예수의 말과 행위의 역사성에 관해 투표할 때 사용하는 접근법이다. 그것이 우리의 접근법과 다른 점은 예수 세미나는 그렇지 않아도 소수에 불과한 예수 세미나 회원들 중 일부의 수만 헤아리는 반면, 이 책에서 취하는 접근법은 훨씬 더 광범위한 학자들(거기에는 예수 세미나 회원들도 포함된다)의 표본 그룹을 고려하며 학자들의 입장에서 드러나는 이질성도 훨씬 더 크다는 것이다.

성을 부여하면서 학자 A의 주장을 지지하며 인용한다. 세 번째 학자 C가 학자 B의 철저한 연구를 칭찬한다. 이어서 밀러는 이렇게 묻는다. "이것이 합의가 출현하고 있다는 징후들인가?…우리 분야에서 얼마나 많은 합의들이 바로 이런 식으로 시작되는가?"[14] 밀러는 중요한 지적을 한다. 바로 이것이 학자들이 어떤 주제에 관해 제기하는 의견들에 관한 하버마스의 대규모 연구가 가치를 지니게 되는 지점이다.

두 번째 우려는 역사적 기반을 이루는 사실의 수집과 관련이 있다. 역사적 예수 연구는 수많은 논의가 이루어지고 있는 광범위한 연구 분야다. 그러므로 우리는 우리가 별로 관심을 두지 않을 수도 있는 어떤 "사실들"이 경합하는 가설들에서는 효과적으로 사용될 가능성이 있다는 점을 알아야 한다. 달리 말하자면 지금 우리는 예수의 운명에 초점을 맞추고 있는데, 어떤 사실들은 우리가 고찰할 어느 가설에 어떻게 들어맞을지 모르기 때문에 나는 무의식적으로 그 사실을 고려하지 않을 수도 있다. 만일 내가 예수가 죽은 자들 가운데서 부활했다는 주장에 대해 보다 회의적이라면, 나는 우리의 기준을 충족하지만 우리가 향후 논의에서 사용할 역사적 기반에 포함되지 않은 사실들을 포함할 수도 있는 가설들을 추가로 세우도록 보다 더 동기가 부여될 것이다. 그러나 우리는 우리가 살펴보게 될 학자들 중 다수가 유사한 편견으로 초래된 불리한 입장에 처해 있지 않음에도 불구하고 만장일치에 가까운 다수의 승인을 받고 있는 다른 사실들을 적시하지 못한다는 데서 위안을 얻는다.

---

14 R. J. Miller(1992), 9.

4.2. 예수의 생애와 관련된 역사적 기반

우리의 연구와 직접적으로 관련이 있는 역사적 기반을 적시하기 전에, 예수의 생애에서 그러한 사실들이 나타나는 보다 넓은 맥락 중 일부에 대해 살펴보면 좋을 것이다. 오늘날 학자들 사이에는 예수가 자신을 귀신 쫓는 자, 기적을 일으키는 자, 그리고 하나님의 종말론적 대리인으로 여겼다는 데 대해 강력한 합의가 이뤄져 있다. 마찬가지로 많은 학자들은 예수가 자신의 폭력적인 죽음이 임박했고 그 후 하나님에 의해 신원될 것이라고 확신했다고 주장한다. 이런 데이터들은 예수의 부활에 대한 보고가 상당한 종교적 의미가 부여된 맥락에 위치한다는 결론을 강력하게 지지한다. 그러므로 만약 부활 가설이 관련된 역사적 기반에 대한 최상의 설명으로 밝혀진다면 그것을 기적이라고 불러도 무방하다.

4.2.1. 기적을 일으키고 귀신을 쫓아내는 사람 예수

예수가 자신과 그의 추종자들 모두가 기적과 축귀로 해석했던 일을 했다는 것은 강력한 증거가 있고 대다수 학자들이 지지하는 사실이다.[15] 그

---

15 Chilton and Evans 편(*Activities*, 1999)에 실린 C. A. Evans: "이제 학자들은 비신화화에 대한 집착에서 벗어났다. 이제 기적 이야기들은 예수 연구자들에 의해 진지하게 취급되고 있으며 예수의 사역으로부터 나온 것으로 널리 받아들여지고 있다"(12); Sanders(1985)는 예수에 관한 여섯 가지 "거의 논쟁할 여지가 없는 사실들"을 열거하는데, 그중 두 번째는 예수가 "갈릴리의 설교자이자 치유자였다"는 것이다(11); Sanders(1993)는 학자들 사이에 "예수가 기적을 행했다"는 합의가 이뤄져 있다고 말한다(157). 다음 문헌들도 보라. Meier(1994), 970; Theissen and Merz(1998), 281. 다소 회의적인 학자들조차 예수가 귀신 쫓는 자이자 기적을 일으키는 사람이었다는 데 동의한다. Bultmann(1958)은 "예수가 자신의 마음과 그의 동시대인들의 마음에 기적이었던 일을 했다는 데에는 의문의 여지가 없다"라고 썼다(124). Borg(1987)는 예수가 일종의 치유를 행했다는 결론을 내릴 "아주 강력한" 이유들이 있으며 초자연적 원인을 배제할 수 없다는 것을 인정

레이엄 트웰프트리는 아마도 예수의 기적과 축귀에 관한 선도적 권위자일 것이다. 그는 몇몇 연구에서 예수가 기적을 일으키는 사람이었다는 증거는 너무나 강력해서 그것은 예수에 관해 가장 잘 입증된 역사적 사실 중 하나라고 주장해왔다.[16] 예컨대, 마가복음 3:22-30에서 예수가 사탄을 힘입어 귀신들을 쫓아내고 있다는 비난은 예수에 대한 논박을 반영하는 것으로 보인다. 예수의 반대자들이 그런 비난을 하고 있지 않았다면 예수가 왜 그런 답변을 했겠는가? 예수의 축귀에 관한 전승은 그에게 동조했던 사람들과 반대했던 사람들 모두에게 알려져 있었던 것으로 보인다.[17] 성서 이외의 보고들도 예수가 기적을 일으키는 사람이라는 명성이 있었음을 알려준다. 비록 논란이 있는 구절이기는 하지만, 1세기 말에 요세푸스는 예수가 "놀라운 일을 하는 사람"(παραδόξων ἔργων ποιητής)이었다고 전한다.[18] 요세푸스는 다른 곳에서 παραδόξων이라는 단어를 "기적" 또는 "놀라운"이라는 의미로 사용한다.[19] 2세기 중반에 켈소스는 예

한다(67-71); Borg(2006), 56과 비교하라. Crossan(1991)은 "예수는 귀신 쫓는 자이자 치유자였다"고 결론짓는다(332; 311과 비교하라); Funk and the Jesus Seminar(1998)는 예수에 관한 "기본적인 사실들"에 그가 "카리스마적 치유자이자 귀신 쫓는 자"였다는 것을 포함시킨다(527). Ehrman(1999), 198도 보라.

16 McKnight and Osborne 편(2004)에 실린 Twelftree : "현재 예수 연구가들 사이에는 역사적 예수가 대단한 일들을 행했다는 데 대해 거의 만장일치로 합의가 이뤄져 있다"(206); Twelftree(1999): "만약 우리가 역사적 예수에 관해 무언가를 확신할 수 있다면, 그것은 그의 동시대인들이 예수가 놀라운 일 또는 기적을 일으켰다고 여겼다는 것이다"(258); "'예수가 기적을 일으켰는가?'라는 질문에 대해 우리는 명확하고 단호하게 '그렇다!'라고 답해야 한다. 우리는 우리가 그렇게 말할 수 있게 해주는 것이 소위 맹목적인 믿음 문제가 아니라는 것을 보아 왔다.…우리의 연구에 비추어볼 때 필연적으로 도출되는 결론은 **역사적 예수의 삶의 어떤 측면도 그가 비할 수 없는 이적을 행했다는 것만큼 잘 그리고 널리 입증된 것은 거의 없다**는 것이다"(345, 강조는 원저자의 것임).

17 Eve(2005), 33.

18 Jos. *Ant*. 18:3.

19 나는 다음과 같은 참고문헌들에 대해 Twelftree(1999)에게 빚을 지고 있다: Jos. *Ant*. 2.91, 223, 285, 295, 345, 347; 3.1, 30, 38; 5.28, 125; 6.171, 290; 9.14, 58, 60, 182; 10.21, 214, 235, 266; 15.379; Jos. *Ag. Ap*. 2.114(411 각주 52, 각

수가 마술사라고 비난했다.[20] 더 나중에 탈무드는 예수가 마법을 행했다고 전한다.[21] 또한 귀신 쫓는 유대인들이 예수의 이름으로 귀신들을 내쫓으려 하고 있다는 보고도 있었는데, 이 보고는 예수가 그의 추종자 집단 밖에서도 귀신 쫓는 자로 간주되었다는 것을 보여준다.[22]

예수가 행한 기적들은 다양하게 입증되는데, 그 기적들은 모든 복음서 자료들(마가복음, Q, M, L, 요한복음)과 요세푸스에게서 발견된다.[23] 또한 각각의 복음서들 안에도 다양한 기적 보고들이 수록되어 있다. 예수가 기적을 일으켰다는 보고는 내러티브, 예수의 활동 요약, 그리고 예수가 한 말로 여겨지는 어록들에 들어 있는 그의 기적에 관한 언급 등 다양한 문학 형태로 존재한다.[24] 더욱이 그 보고들은 고대의 대부분의 다른 기적 주장들과 비교할 때 아주 이른 시기의 것들이다. 마가복음은 예수 사후 40년 이내에 예수가 행한 기적들에 대해 전하는 반면, 티아나의 아폴로니오스, 원 그리는 사람 호니 그리고 하니나 벤 도사가 행했다고 간주되는 기적에 대한 보고는 그 사건들이 발생했다고 주장되는 때로부터 적어

주 55). Theissen and Merz(1998), 297도 보라. 더욱이 παραδόξων은 기적을 의미하는 전통적인 기독교 용어였던 것으로 보이지 않는다. 이 단어는 신약성서에서는 단 한 차례만 나타나며(눅 5:26), 따라서 요세푸스의 텍스트에 대해 훗날에 그리스도인이 이 단어를 끼워 넣었을 가능성이 없다. 기독교에서 삽입했다면 그 단어 대신 "표징"(signs)이나 "기사"(wonders) 같은 단어들이 사용되었으리라고 예상할 것이다.

20 Origen *Contra Celsum* 1.38에 실려 있음.

21 *b. Sanh*. 43a.

22 Twelftree(1999)는 신약성서와 후기 유대교 저작들에 실려 있는 여러 언급들을 제공한다(411 각주 60, 411 각주 62).

23 Meier(1994): "만약 역사성 기준이 다양한 증거가 풍부하고 증거들의 일관성이 매우 인상적인 기적 전승의 경우에는 유효하지 않다면, 그 기준이 다른 곳에서 유효하리라고 기대할 이유가 없다"(630; 619-22와 비교하라); Theissen and Merz(1998), 298-99도 보라.

24 Meier(1994), 622; Theissen and Merz(1998), 299-304.

도 125년 이후에 나왔다.[25] 존 마이어는 이렇게 결론짓는다. "예수의 공적 사역에 관한 기적 전승들은 최초의 기독교 세대가 끝날 즈음에는 이미 다양한 자료들과 문학 양식들을 통해 널리 입증되었기 때문에 초기 교회가 기적 전승 전체를 꾸며냈다고 여기기는 실제적으로 불가능하다."[26]

예수가 기적을 일으키는 사람이라는 명성이 있었다는 것은 예수의 능력이 사탄으로부터 왔으며 자기들의 동료도 귀신을 쫓을 수 있다고 주장했던 그의 비판자들을 통해 확증된다.[27] 이 점은 우리가 성경 이외의 보고들에서 보았던 것과 일치한다. 예수가 기적을 일으켰다는 보고는 매우 그럴법하다. 왜냐하면 그들이 행했다고 간주되는 기적이나 귀신을 쫓은 숫자는 정경 복음서들에서 특별히 예수가 행했다고 보고하는 기적과 귀신을 쫓은 숫자보다 훨씬 적음에도, 우리는 그 기간에 귀신 쫓는 자로 간주되었거나 한 가지 이상의 기적을 행했다고 주장되었던 다른 이들을 알고 있기 때문이다.[28]

---

25 이 책의 2.5를 보라. Theissen and Merz(1998), 304-9도 보라.

26 Meier(1994), 630. Tucker의 해결책(2005), 385, 388은 예수의 기적들은 전적인 창작이며 그것이 문자적 해석보다 설명범위가 넓고 훨씬 더 유익하다는 것인데, 그런 해결책은 오직 기적에 대한 증거가 없을 때만, 그리고 증거가 없는 경우에조차도 오직 그런 해결책이 결정할 수 없는 경우에 대한 비옥한 토양을 만들어낼 때만 정당화될 수 있을 것이다.

27 막 3:22; 마 12:27(눅 11:19와 비교하라). 다음 문헌들도 보라. Dunn(2003), 670-71; Ehrman(1999), 197-200; Meier(1991), 617-45.

28 이런 다른 "기적을 일으키는 사람들"은 예수처럼 여러 가지 기적을 일으켰다고 알려지지 않았다는 점에 주목할 필요가 있다. Twelftree(1999)는 "역사적 예수의 생애 전후 2백 년 동안 어느 특정 역사적 인물이 행했다고 간주되는 기적의 수는 놀랄 만큼 적다"고 지적한다(247).

4.2.2. 예수: 하나님의 종말론적 대리인

예수가 자신을 하나님의 종말론적 대리인—그를 통해 하나님 나라가 오고 있는 인물—으로 여겼다는 점도 성서학자들에게 널리 인정받고 있고 또한 자료들에서 광범위하게 입증되고 있다.[29] 예수는 이렇게 말한 것으로 보고된다. "내가 하나님의 성령을 힘입어 귀신을 쫓아내는 것이면 하나님의 나라가 이미 너희에게 임하였느니라"(마 12:28; 눅 11:20과 비교하라). 예수는 또한 요한의 제자들에게 자기가 다른 사람들이 메시아가 행할 것이라고 믿었던 일들을 행하고 있으므로 요한이 자기가 메시아라는 것을 확신할 수 있다고 말한 것으로 전해진다(마 11:4-5; 다음 구절들과 비교하라. 눅 7:22; 4Q521; 사 61:1). 만약 예수가 실제로 이런 말을 했다면, 그는 하나님의 메시아로서 자신의 지위가 자신이 행한 기적들을 통해 확인되었고 자기를 통해 하나님 나라가 왔다고 믿은 것으로 보인다.[30]

예수가 "하나님 나라"라는 말로 의미하고자 했던 것이 정확하게 무엇인지에 관해서는 계속해서 논쟁이 이루어지고 있지만, "하나님 나라"는 예수의 설교의 핵심적인 부분이다.[31] 하나님 나라가 예수의 설교의 핵심이었다는 점은 확실하다.[32] 마이어는 하나님 나라에 대한 예수의 설

---

29 Theissen and Merz(1998): "역사적 예수가 자신의 지위를 표현하기 위해 사용했을 수도 있는 '명예로운 호칭들'이 유대교 전승으로부터 왔음이 분명하다는(또는 유대교 전승을 통해 전해졌다는) 합의도 이뤄져 있다. 특히 '인자'와 '메시아'(=그리스도) 같은 호칭들이 역사적 예수와 연결되어 나타난다.…마지막으로, 예수가 종말론적 권위 의식을 갖고 있었다는 데 합의가 이뤄져 있다. 예수는 자신의 행동들에서 새로운 세상이 동터오는 것을 보았다. 이 지점에서 예수는 그 이전에 우리에게 알려졌던 유대의 카리스마적 운동가들과 예언자들을 넘어선다"(512-13).

30 Twelftree(1999), 247, 263, 346-47.

31 Meier(1994), 289-506; Theissen and Merz(1998), 245-78.

32 Meier(1994), 289-506. Theissen and Merz(1998), 246-74. Dunn(2003)은 "적어도 우리는 기억된 예수의 말을 통해 하나님의 종말론적 사절로서 그의 선교가 갖고 있는 신적 의미에 대한 주장을 엿듣는다"고 지적한다(707; 762와 비교

교가 마가복음, Q, M에서 직접 발견되고 L과 요한복음에서 간접적으로 발견되며, 기도, 종말론적 어록, 지복 설교 같은 다양한 문학 형태로 나타난다고 지적한다.[33] 더욱이 예수가 자신을 통해 하나님 나라가 도래했다고 가르쳤다는 사실은 다가오는 심판과 파멸—특히 성전과 관련된—에 관한 설교 등과 같은 예수의 생애와 처형이라는 사실과 일치한다.[34]

4.2.3. 자신의 죽음과 신원/부활에 관한 예수의 예언: 간발의 차이로 역사적 기반에 포함되지 아니함

학자들은 예수가 자신의 폭력적인 죽음과 하나님에 의한 즉각적인 부활에 대해 예언했는지에 대해 논쟁을 벌이고 있다.[35] 그러나 이런 예언들의 역사성을 지지하는 증거는 놀랄 만큼 우세하다. 아래에서 나는 자신의 폭력적인 죽음과 그 후에 있을 하나님에 의한 신원/부활에 관한 예수의 예언들의 역사성을 지지하는 여섯 가지 논거와 그에 반대하는 세 가지 논거를 제시할 것이다. 이어서 나는 반대 논거 세 가지를 평가하고 그 논거들에 대해 그럴듯한 답변을 제공할 것이다.

4.2.3.1. 예수의 수난과 신원/부활 예언의 역사성을 지지하는 여섯 가지 논

하라).

33 Meier(1994), 349. 나는 예수가 L(눅 12:32)에서 하나님의 나라에 대해 직접적으로 말하고 있다고 생각한다. Ehrman(1999), 152-54도 보라.

34 Sanders(1985), 222-41. Ehrman(1999), 154-60과 Theissen and Merz(1998), 264-78도 보라.

35 이 단락은 *Journal for the Study of the Historical Jesus* 8.1(2010), 47-66에 실린 내 논문 "Did Jesus Predict His Death and Vindication/Resurrection?"에서 가져왔다(허락을 받아 사용함).

거. 예수의 예언에 대해 전하는 네 개 텍스트를 조사하는 데서 시작해보자. 그 텍스트들 모두 예수의 진정한 어록일 수 있다는 증거가 있다. 마가복음 8:31이 등장하는 문맥(막 8:27-33)은 자신의 임박한 죽음과 부활에 대해 예언하는 예수의 말을 듣고서 예수를 꾸짖고 또한 예수에게 그런 일은 절대로 일어나서는 안 된다고 말했던 베드로에 대한 예수의 꾸중이다. 이 텍스트를 예수가 실제로 한 말이라고 간주하는 여러 이유가 있다. 첫째, 우리는 그 진술들의 당혹스러운 성격을 감안할 때 결코 초기 교회의 창작일 가능성이 낮은 두 개의 진술을 발견한다. 베드로는 자기의 주님인 예수를 꾸짖었다(ἐπιτιμάω)고 보고된다. 그러자 예수는 부활절 이후로 예루살렘에서 수석 사도가 될 자신의 제자를 꾸짖는다. 그 두 질책은 모두 자신의 죽음과 부활에 대한 예수의 예언과 강력하게 연결되어 있다. 왜냐하면 자신의 죽음과 부활에 대한 예수 자신의 예언이 없었더라면 어느 쪽 질책도 없었을 것이기 때문이다. 둘째, 여기에는 유대적 요소들이 있으며, 마태복음 16:21-23과 누가복음 9:22의 평행 텍스트들은 독립적인 텍스트로서 복수의 증거를 제공한다.[36] 베이어는 마태복음 16:13-23에 여러 개의 유대적 요소들이 들어 있으며(μακάριος εἶ, Σίμων Βαριωνᾶ, ["바요나 시몬아, 네가 복이 있도다"], σὰρξ καὶ αἷμα ["혈육"]도 이에 해당할 수 있다), 마태복음 16:17-19에는 한 번만 쓰인 표현(κατισχύώ, τῆς βασιλείας τῶν οὐρανῶν["이기지 못하리라", "천국"])이 있다고 지적한다. 베이어는 이런 표현들이 마가와 독립적인 "강력한 팔레스타인 유대-기독교적 뿌리를 지닌" 마태 이전 전승을 암시한다고 결론짓는다.[37] 셋째, 예수는 자신을 부를 때 즐겨 쓰는 "인자"라는 단어를 사용하는데, 이 호칭은 초기 그리스도인들이 예수를

36 Bayer(1986), 214-16.
37 Bayer(1986), 183-85, 187.

불렀던 호칭과 달랐다.[38] 그러므로 마가복음 8:31에 실려 있는 예수의 어록의 진정성은 당혹감, 복수의 증거, 그리고 비유사성이라는 기준에 의해 지지된다.

많은 학자들은 마가복음 9:31에 실려 있는 자신의 임박한 죽음과 부활에 관한 예수의 어록은, 그것이 아람어(**인자**가 **사람들의 손**에 **넘겨질**[39])와 그리스어 παραδίδοται("넘겨지다")로 번역될 때 나타나는 언어유희—그것은 신적 수동태 용법의 아람어 분사로까지 추적될 수 있을 것이다—를 감안한다면, 아주 이른 시기의 것일 수도 있다는 점을 인정해왔다.[40] 더욱이 여기서 우리는 예수가 자신을 "인자"로 부르고 있음을 다시 한번 발견한다. 그러므로 마가복음 9:31에 실려 있는 예수 어록의 진정성은 이른 시기의 증거와 비유사성이라는 기준에 의해 지지된다.

우리의 세 번째 텍스트에서 예수는 성만찬을 제정하는데, 여기서는 떡과 잔이 예수의 몸과 피가 제자들을 위해 부서지고 부어질 것을 상기시키는 역할을 하게 될 것이다. 최후의 만찬에서 나온 이 진술은 초기의 전승에 의해 지지된다. 그 전승은 고린도전서 11:24-25에 들어 있는 바울 이전 전승과 누가복음 22:15-20에 보존되어 있다. 마가복음 14:22-24에는 독립적인 전승이 나타난다. 바울 이전의 원천 자료와 누가복음이 공유하는 전승은 특히 고린도전서 11:25과 누가복음 22:20에 실려 있는 잔에 관한 어록에서 분명하게 드러나는데, 그 전승들은 거의 단어 대 단어로 대응한다.[41]

---

38 이에 관한 더 많은 내용은 아래를 보라.

39 Bayer(1986), 169-70; Dunn(2003), 801.

40 Bayer(1986), 169-70; 이에 관한 더 많은 내용은 아래를 보라.

41 Bayer(1986), 32-34 그리고 32-33 각주 39. 그는 더욱이 누가의 주변 상황에 관한 문학적 단일성, 수많은 유대식 표현들, 그리고 전자에서 나타나는 비누가적인 특이성 등을 고려할 때 바울 이전 전승보다 누가의 버전이 우선시되어야 한다고 주장

고린도전서 11:25: ὡσαύτως καὶ τὸ ποτήριον μετὰ τὸ δειπνῆσαι λέγων, Τοῦτο τὸ ποτήριον ἡ καινὴ διαθήκη ἐστὶν ἐν τῷ ἐμῷ αἵματι.

누가복음 22:20: καὶ τὸ ποτήριον ὡσαύτως μετὰ τὸ δειπνῆσαι, λέγων, Τοῦτο τὸ ποτήριον ἡ καινὴ διαθήκη ἐν τῷ αἵματί μου.

이것은 누가와 바울이 마가와는 독립적인 공통의 전승에 의존했음을 보여준다. 예수가 자신이 신원되리라고 믿었다는 것은 그가 성부가 자기에게 나라를 맡겼다고 말하는 누가복음 22:29에 보고된 어록과 마가복음 14:28에서 나타나는 자신의 부활에 대한 언급—부활은 문맥상 마가복음 14:25에도 암시되는 것으로 보인다—과 연결된다. 그러므로 최후의 만찬에서 발설된 자신의 죽음과 신원/부활에 관한 예수 어록의 진정성은 복수의 증거, 이른 시기의 증거, 그리고 비유사성이라는 기준에 의해 지지된다.

우리의 네 번째 텍스트에서, 예수가 자신의 임박한 폭력적 죽음을 예상했다는 것은 그가 겟세마네에서 드린 기도 및 제자들과의 논의에서 분명하게 드러난다(막 14:32-41; 마 26:36-45; 눅 22:39-46). 예수의 기도는 초기 그리스도인 독자들에게 당혹스러울 수도 있었을 요소가 포함되어 있다. 극심한 고통과 처형이라는 상황에서 용감하게 행동했던 유대교 순교자들에 관한 많은 이야기들과 달리 예수의 체포와 순교에 관한 이야기는 더 약하고 훨씬 덜 용감한 예수의 모습을 보여준다. 이것은 용감한 순교 이야기와 달리 초기 그리스도인들에게 당혹감을 야기했을 수도 있

한다(36).

는 이야기다.[42]

마카베오2서 7장에서 일곱 명의 유대인 형제들은 그들에게 유대교 율법을 어기고 돼지고기를 먹으라고 명령한 셀레우코스 왕조의 군주에게 저항했다는 이유로 고문당하고 처형된다. 그 형제들은 차례대로 머리가 죽이 벗겨지고, 혀가 잘리고, 손과 발이 절단되고, 마지막으로 커다란 뜨거운 솥 안에서 산 채로 튀겨진다. 그 형제들 각각은 왕에게 저항한 결과를 아주 담대하게 맞이한다. 첫째는 자기는 율법을 어기느니 기꺼이 죽겠노라고 선언한다. 둘째는 고문당한 뒤 마지막 힘을 내서 왕에게, 왕이 자기들에게 한 짓에도 불구하고 하나님이 자기들을 부활시킬 것이라고 말한다. 셋째는 반항적으로 혀와 손을 내밀고 왕에게 자기가 하나님에게서 그것들을 받았으니 기꺼이 그것들을 하나님께 돌려드리겠노라고 말한다. 넷째는 다른 형제들처럼 고문을 받은 뒤 왕에게 자기는 부활을 기대하고 있지만 왕에게는 부활이 없을 것이라고 말한다. 다섯째도 같은 방식으로 고문을 당한 뒤 왕에게 하나님이 왕과 그의 후손들을 괴롭힐 것이라고 말한다. 여섯째는 왕에게 그는 하나님과 다퉜기 때문에 무사하지 못할 것이라고 말한다. 마지막으로 일곱째도 왕에게 그가 하나님의 공의로운 심판에서 벗어나지 못할 것이라고 말한다. 그 후 그는 다른 모든 형제들보다 잔인하게 살해당한다. 그 일곱 형제들의 용기와 결의는 놀라울 정도다. 더 놀라운 것은 저자가 둘째와 넷째가 혀가 뽑힌 **뒤에** 왕에게 비난의 말을 퍼붓고 있다는 사실조차 간과하고 있다는 것이다!

마카베오4서 6:1-30에서 엘르아살은 살점이 벗겨지고 옆구리에 구멍이 뚫릴 때까지 채찍질을 당한다. 6:15-21에서 엘르아살은 고문보다 더 고통스러운 것은 자기가 속임수를 쓰고, 자신의 성품을 타협하

42 아래의 내용보다 더 완전한 조사에 대해서는 Wire(2002), 279-373을 보라.

고, 젊은이들에게 좋지 않은 모델이 되고, 겁쟁이와 남자답지 못한 사람으로 간주된다는 생각이라고 말한다. 그 후 그는 불에 태워졌고 그의 콧구멍에서 악취 나는 액체가 흘러나왔다. 뼈까지 불에 태워져 죽음에 이르기 직전에 그 모든 시련 가운데서도 자신의 모든 추론 능력을 유지해온 그는 하나님께 자신이 하나님의 율법에 불순종함으로써 자신을 구할 수 있었음에도 끝까지 그 시련을 견뎠다고 알리는 기도를 드린다.

사도행전 6:8-7:60에서 스데반이 유대인 공회 앞에 끌려와 거짓으로 고소당했을 때 그의 얼굴은 천사의 얼굴처럼 보인다. 대제사장이 스데반에게 그를 고발한 사람들에게 대답하라고 요구했을 때 스데반은 그들의 조상들이 의인이 오리라고 선포한 예언자들을 죽였던 것처럼 그들은 실제로 의인을 죽였다는 준엄한 질책으로 끝나는 설교를 한다. 스데반을 고발한 자들의 분노가 전보다 훨씬 더 커졌을 때 스데반은 의인 예수가 하나님의 오른편에 서 있는 환상을 보고 사람들에게 자기가 본 것에 대해 말한다. 그들은 즉각 스데반을 성 밖으로 끌어내 돌로 친다. 스데반은 죽기 직전에 하나님께 기도하면서 이 죄를 그들에게 돌리지 말아달라고 요청한다.

랍비 아키바는 2세기 사람인데 로마 제국에 의해 고문을 받아 죽었다. 고문 받는 동안 죽을 시간이 다가왔고 그는 쉐마를 암송하기 시작했다. 한 보고에 의하면 아키바가 웃기 시작했고 그로 인해 로마의 통치자가 그를 조롱했다. 아키바는 자기가 하나님을 온 마음과 뜻을 다하여 사랑했는데 바로 그 순간까지는 자신의 목숨이 걸린 시험은 받은 적이 없다고 답했다. 그는 자기가 이제 바로 그 시험을 겪고 있다는 것을 알았고 그래서 웃었다. 아키바는 그러고 나서 죽었다.[43] 또 다른 보고에 의하

43 *y. Ber.* 14b.

면 아키바는 고문이 진행되는 동안 쉐마를 암송하기 시작했다. 아키바의 제자들이 그에게 그런 고문을 받을 때조차 경건이 필요하냐고 묻자, 그는 자기는 늘 언제 자기에게 목숨을 다하여 하나님을 사랑할 기회가 주어질지 궁금했는데 이제 그때가 이르렀으니 그렇게 해야 하지 않겠느냐고 대답했다. 그는 계속해서 쉐마를 암송했고 "유일하시다"라는 단어를 말한 후 죽었다(쉐마의 첫구절은 "이스라엘아, 들으라! 주 우리 하나님은 유일하시다"이다—역자 주). 그가 죽는 순간 하늘에서 하나님과 천사들의 음성이 들려왔다.[44]

2세기에 랍비 하나나 벤 타라디온은 자기 무릎 위에 놓고 읽던 토라 두루마리에 싸여서 그 안에서 화형 당할 준비가 되었다. 그의 고통을 연장시키기 위해 물에 적신 양털 스폰지가 그의 가슴팍에 놓였다. 하나나는 자신을 지켜보고 있는 딸에게 두루마리가 불타는 것이 자신의 굴욕을 두 배로 가중시킨다고 말했다. 사형 집행인은 하나나가 죽음 앞에서도 그런 경건을 유지하는 것에 감명을 받았다. 그는 만약 하나나가 오는 세상에서 그의 곁에 자기 자리를 하나 마련해주기로 약속하면 자기가 그의 처형을 신속히 처리하겠노라고 제안했다. 하나나는 동의했다. 사형 집행인은 불을 지피고 스폰지를 제거했다. 하나나는 빨리 죽었고 사형 집행인은 그 불꽃 속으로 뛰어들었다. 그 이야기는 하늘로부터 음성이 나서 그곳에 있던 사람들에게 그 두 사람이 오는 세상 속으로 환영을 받으며 들어왔음을 알리는 것으로 끝난다.[45]

2세기에 폴리카르포스가 체포되었다.[46] 그는 자기를 체포한 로마인들에게 음식을 주고 두 시간 동안 기도할 기회를 얻었다. 그가 처형되기

---

44 *b.Ber.* 61b.
45 *b.Abod.Zar.* 18a.
46 *Mart.Pol.* 7.1-16.1.

위해 경기장으로 끌려갔을 때 하늘에서 그곳에 있던 그리스도인들만 들을 수 있는 음성이 들려왔다. "강건하라, 폴리카르포스, 남자답게 행동하라."[47] 폴리카르포스는 그리스도를 저주하고 황제에게 충성을 맹세하라는 총독의 거듭되는 요구를 거부했다. 사나운 짐승들에게 먹이가 되거나 산 채로 불태워질 것이라는 위협을 들었을 때, 그는 "맘대로 하시오!"라고 말했다. 화형 선고를 받자 폴리카르포스는 로마인들에게 하나님이 자기를 그 장작더미 위에서 움직이지 않고 머물러 있게 하실 터이니 자기가 움직이지 못하도록 자기를 말뚝에 못 박는 일을 하지 말아달라고 요청했다. 이어서 그는 하나님을 찬양하고 그분이 자신을 순교할 만한 가치가 있는 존재로 여겨준 데 대해 감사드렸다. 다시 오직 그리스도인들만이 화염이 폴리카르포스 주변에 아치를 형성해 그를 태우지 않고 있음을 보았다. 그리고 그들은 향내를 맡았다. 로마인들이 그의 몸이 화염에 태워지지 않고 있음을 알아차리자 사형 집행인 한 명이 그를 칼로 찔러 죽였다. 그러자 그의 몸에서 많은 피가 솟구쳐 나와 불을 껐다. 이런 이야기들에서 순교자들은 마지막 순간에 강하고, 담대하고, 용감하다. 그들은 끝까지 용감하다.

정경 복음서들에 나오는 수난 내러티브는 다른 순교 이야기들과 여러 특징을 공유한다. 다른 모든 순교 이야기들에서처럼, 체포된 예수는 자신의 확신 안에 담대하게 머문다. 그 모든 순교 이야기들에서 순교자들은 고통스러운 시련을 당하는 중에 매우 평온한 순간을 맛본다. 예수는 엘르아살, 스데반, 폴리카르포스 그리고 랍비 아키바가 그랬던 것처럼 하나님께 기도드린다. 예수의 적들조차 일곱 형제, 엘르아살, 폴리카르포스, 랍비 아키바 그리고 랍비 하니나 벤 타라디온의 순교를 지켜보았던 사람들

---

47 *Mart. Pol.* 9.1.

이 그랬던 것처럼, 예수가 그렇게 큰 고난 가운데서 드러내 보인 행동에 깊은 감명을 받는다(막 15:4-5, 39; 마 27:54; 눅 23:39-42, 47; 요 19:7-12).

그러나 예수의 순교 이야기는 다른 순교 이야기들과 판이하다. 순교에 관한 많은 보고들은 유사한 상황에 처할 수도 있는 다른 사람들을 격려하기 위해 만들어진 것으로 보이는 반면, 예수의 순교 내러티브는 그런 격려를 제공하지 않는다. 예수는 자신에게 임박한 일로 인해 괴로워하고 가능하면 그것을 피하려 한다(막 14:32-42; 마 26:36-46; 눅 22:39-46). 확실히 이 이야기는 예수가 만약 자신의 제자가 되려면 각자 자기 십자가를 지고 자신을 따르라는 말을 들었던 사람들을 고무하지 않는다(막 8:34; 마 16:24; 눅 9:23). 하나님에게 가능하다면 자기에게서 잔이 떠나가게 해 달라고 한 예수의 요청은 순교자들의 다음과 같은 반항적인 말들과 대조된다. "맘대로 하시오!" "고문대와 돌이 내 뼈를 부러뜨릴지라도 부활이 나를 기다리고 있다!"[48] 예수는 많은 유대인 순교자들이 그랬던 것처럼 자기가 하나님과 하나님의 율법을 저버리지 않겠노라고 선언하는 대신 왜 하나님이 자기를 버리셨느냐고 따지며 부르짖는다(막 15:34; 마 27:46). 이런 절망적인 말들의 당혹스러운 성격을 감안할 때, 그 말들이 초기 교회가 꾸며낸 말일 가능성은 낮다.[49]

이런 당혹스러운 요소들에 더하여, 히브리서 5:7에는 예수의 겟세마네 동산 기도에 관한 독립적인 전승이 기록되어 있는 것으로 보인다. 히브리서 저자는 예수가 죽음을 면하지 못했다는 것을 알고 있기 때문에(히 2:9; 9:11-28, 26-28, 13:20), 예수의 기도가 응답받았다는 주장은 하나

---

48 눅 23:34과 행 7:60에서 예수와 스데반이 "하나님이 당신을 벌하실 것이다"(일곱 형제, 폴리카르포스)라고 말하는 대신 "아버지, 저들을 용서하소서"라고 말하는 것도 주목할 만하다.

49 Feldman and Hata(1989) 편 42에 실린 Feldman; Gundry(1993), 965-66; Keener(1999), 682; Vermes(2006), 122.

님이 어느 시점에서 예수에게서 최종적이고 결코 끝나지 않는 심판을 거두었음을 암시한다. 하나님은 예수를 최후의 심판에서 구해냈는데, 이 점은 신원을 암시한다. 또한 관련된 공관복음서 텍스트들에서 예수는 또다시 자신을 인자로 언급한다. 그러므로 자신의 폭력적인 죽음과 아마도 자신의 신원에 대한 예수의 예측의 진정성은 당혹감, 복수의 증거, 그리고 비유사성이라는 기준에 의해 지지된다.

요약하자면, 마가복음 8:31은 여러 곳에서 입증되며 초기 교회의 가르침과 유사하지 않을 뿐 아니라 얼마간 당혹스럽기까지 한 특징들을 포함하고 있다. 마가복음 9:31은 마가 이전 전승을 포함하는 것으로 보이며, 복수로 입증되고, 초기 교회의 가르침과 유사하지 않은 요소를 갖고 있다. 최후의 만찬에서 한 진술들은 복수로 입증되고, 바울과 누가 이전의 자료인 아주 이른 시기의 전승에 의해 지지를 받으며, 당혹스럽고 초기 교회의 가르침과 유사하지 않은 요소들을 포함하고 있다.

마지막으로, 겟세마네 동산에서의 예수의 진술은 복수로 증언되며, 당혹스럽고 초기 교회의 가르침과 유사하지 않은 요소들을 포함하고 있다. 우리가 살펴본 네 개 어록들은 모두 예수에게서 비롯되었다고 주장할 만한 합리적인 근거가 있다.

예수가 자신의 폭력적인 죽음과 그 후의 신원/부활을 예측하는 것으로 묘사하는 다른 여러 텍스트들이 있다. 그러나 그 텍스트들은 역사성을 지지할 증거가 없다. 그러므로 그 텍스트들의 진정성을 입증할 수 없다. 그러나 위에서 언급한 네 개의 텍스트들이 예수의 진정한 어록이라면, 다른 텍스트들이—비록 그 텍스트들이 원래에는 현재 기록되어 있는 것보다는 훨씬 더 모호하게 말해졌을 수도 있지만—실제로 예수의 말이었을 가능성이 높아진다.

우리가 살펴본 네 개의 텍스트들에 유념하면서, 이제 나는 예수가 자신의 폭력적인 죽음과 그 후의 신원 또는 부활에 대해 예측했다고 주장하는 여섯 가지 논거를 제시하고자 한다. 첫째, 우리는 그 어록 중 일부는 그것들이 아주 이른 시기의 것임을 암시하는 요소들을 포함하고 있음을 살펴보았다. 이런 어록에는 바울 이전의 전승과 아람어 원문을 암시하는 요소들이 포함된다.

둘째, 수난과 부활 예언은 복수로 입증된다.[50] 방금 살펴본 네 개 어록들 중 셋은 복수로 입증되며, 그 셋 중 둘은 특별히 예수의 죽음과 부활 예언을 모두 포함하고 있다. 더욱이 어록 자체 중 일부는 하나의 자료에서만 보고될지라도, 그 각각의 자료들에는 복수의 예언들이 나와 있다. 아래의 표는 여러 예언들을 열거한다.

자신의 죽음과 신원/부활을 언급하는 예수의 예언: 마가복음, M(예언일 가능성이 있음), L, 요한복음, Q(예언일 가능성이 있음)

마가복음

- 베드로의 질책과 관련해서: 막 8:31; 마 16:21; 눅 9:22[51]
- 예수의 변화 이후: 막 9:9; 마 17:9
- 갈릴리를 통과하면서: 막 9:30-31; 마 17:22-23[52]
- 예루살렘으로 올라가면서: 막 10:33-34; 마 20:18-19
- 포도원과 사악한 소작인들: 막 12:1-12; 마 21:33-46; 눅

50 Crossley(2005), 171-86쪽(173); Habermas(2003), 92.

51 Bayer(1986)는 마 6:21/눅 9:22이 마가복음과 독립적인 전승을 포함하고 있다고 주장한다(182-96).

52 Bayer(1986)는 막 9:31과 마 17:22-23이 별개의 전승이라고 주장한다(194).

20:9-19[53]

- 최후의 만찬: 막 14:18-28; 마 26:21-32.

M(예언일 가능성이 있음)[54]

- 요나의 표적: 마 12:38-40 (눅 11:29-30과 비교하라[55]); 16:2-4

---

53 신원은 이 비유의 끝에 인용된 시 118:22에 암시되어 있다(막 12:10; 마 21:42; 눅 20:17). 예수는 소작인들에 의해 거부되지만 하나님에 의해 모퉁이의 머릿돌이 된다. 어떤 학자들은 이 비유에서 성서가 사용되는 것이 후대의 첨가라고 주장해왔다. 그러나 Bayer(1986)는 "1세기와 2세기에 하나님의 전령들은 자신들의 사명을 정당화하기 위해 구약성서를 언급하는 공통점을 보인다"고 지적한다(106). 여기서 Bayer는 S. Pederson, "Zum Problem der vaticinia ex eventu: Eine Analyse von Mt 21, 33-46 par; 22, 1-10 par," *Studia Theologica* 19.1-2(1965), 167-88에 대해 언급한다. 그 비유가, Crossan의 표현을 빌려와 말하자면 "역사화된 예언"이 아니라 예수의 진정한 어록일 수 있음을 암시하는 그 비유의 한 가지 특징은 그 비유의 시작 부분에서 인용되는 사 5:1-7에 실려 있는 노래를 변경했다는 것이다. 이 점은 교회가 이사야의 텍스트를 역사화하지 않았다는 것을 보여준다. 그 노래에서는 좋은 포도가 아니라 가치가 없는 포도가 생산되었다. 그래서 하나님은 의도적으로 포도원의 울타리를 제거하고, 담장을 헐고, 비를 내리지 않아서 포도원을 황폐하게 하고, 또한 포도나무들을 돌보지 않고 찔레와 가시가 나게 한다. 예수의 비유에서는 생산물의 질은 문제가 되지 않는다. 문제는 소작인들이 포도원 주인에게 소작료를 지불하려 하지 않는 것이다. 이에 대응해서 하나님은 포도원을 파괴하는 대신 소작인들을 진멸하고 포도원을 다른 사람들에게 넘긴다. 만약 예수가 이 비유를 말했고 시 118:22에 대한 언급을 포함시켰다면, 이 비유는 자신의 폭력적인 죽음과 하나님에 의한 신원에 대한 언급이다.

54 Q가 누가와 마태 모두의 원천 자료였는데 누가(눅 11:29-30)가 마태의 전승(마 12:38-40)을 줄였는가, 아니면 마태가 누가의 덜 정확한 어록에 덧붙였는가? 학자들은 견해를 달리 한다. 만약 마태가 누가의 전승에 덧붙였다면, 우리는 누가복음과 독립적인 전승을 갖고 있지 않은 것이며, 요나의 표적이 누가복음에 덧붙여진 것이다. 그 어록들이 등장하는 문맥이 약간 다르기 때문에 확실히 그 어록들이 서로 다른 경우에 나왔을 수도 있다. 그리고 우리는 예수가 서로 다른 경우에 유사한 가르침을 제공했으며, 그리고 그 가르침이 학자들과 대중 강연을 하는 사람들이 청중의 상황에 맞춰서 그들의 강연을 조정하듯이 다양하게 나타날 수 있다고 예상할 것이다. 그러므로 나는 누가복음에 독립적인 전승이 들어 있다고 주장하지 않으면서 마태복음에 이 어록을 포함시키는 식으로 어느 정도 타협적인 입장을 취한다.

55 "하늘로부터 오는 표적"은 무엇을 의미하는가?(마 16;1; 막 8:11; 눅 11:16; 마 12:38과 비교하라. 거기에는 "하늘로부터 오는"이 빠져 있다. 또 "하늘로부터 큰 징조들"이라는 복수 형태는 눅 21:11을 보라) 공관복음에서 "하늘"(heaven)이라는 단어는 하나님에 대한 에두른 표현(막 11:30-31; 마 21:25; 눅20:4-5) 또는 하나님의 거처(막 11:25; 마 5:16; 요 6:38)나 공간으로서의 하늘(sky, 막 13:25,

(눅 12:54-56과 비교하라[56])

L

- 최후의 만찬: 눅 22:15-20 (고전 11:24-25과 비교하라)

---

27)을 가리키는 표현이다. 종종 그 단어가 하나님을 가리키는지 또는 공간으로서의 하늘을 가리키는지 또는 어쩌면 그 둘 모두를 가리키는지 알기가 매우 어렵다. 예수를 비판하는 자들은 하늘로부터 오는 음성이나 엘리야가 왕상 18:36-39에서 끌어냈던 것과 같은 유도된 번개를 바랐던 것인가? 눅 11:16에서 바리새인들이 하늘로부터 오는 표적을 구한 것은 예수가 귀신을 쫓아내고 난 직후였다. 군중은 놀랐지만, 예수가 사탄의 힘을 빌려 귀신들을 쫓아내고 있다고 주장한 사람도 있었고, 하늘로부터 오는 표적을 보여 달라고 요구한 사람도 있었는데, 이는 어떤 특별하고 보다 큰 표적이 바람직함을 암시한다. 누가복음 11:20에서 예수는 자신이 하나님의 손가락으로 귀신을 쫓아낸 것이므로 그들이 목격한 바로 그것이 하늘로부터 오는 표적(즉, 하나님의 행위)이라고 시사하고 있었던 것일 수 있다. Bayer(1986)는 누가복음 11:29b에 실려 있는 수수께끼 같은 어록의 아람어 구문 구조는 그 어록이 마가복음 8:12에서 발견되는 전승보다 이전 시기의 것임을 암시한다고 주장한다(120, 126). 그는 요나 2:1을 인용하는 마태의 버전(마 12:39-42)은 아마도 누가복음 11:29-32에 대한 수정일 것이라고 결론짓는다(120). 누가의 진술은 구체적인 신원 행위라는 측면에서 모호한 면이 있지만, 마태는 그것을 예수의 부활에 적용한다(142-43). 그것은 "누가복음 11:30(Q)에 실려 있는 수수께끼 같고 진정한 말씀을 명확하게 하는 해석이다.…[더욱이], 마태는(누가와 달리) 구약성서에 대한 언급을 예수의 부활과 연결시키는 경향을 보이지 않기 때문에, 70인역 요나 2:1에 대한 언급은 마태 이전의 환경에서 나왔을 수 있다"(144). Bayer는 이어서 "요나의 표적"의 보다 정확한 의미를 이해하고자 하면서 여러 고대 유대교 텍스트들을 참고한다. 그런 텍스트들 중 둘은 고대의 유대인들이 요나의 표적을 어떻게 이해했을지 이해하는 데 아무런 도움이 되지 않는다(Tobit, *b. Sanh*. 89ab), 그러나 셋은 요나의 소생을 가리킨다:마카베오3서 6:8, *Pirque R. El*. 1, 10 그리고 *Ta'an* 2:(1)4. *Pirque R. El*. 1, 10에서 요나의 기적적인 소생에 σημεῖον이라는 용어가 사용된다(136-38). 그러므로 나는 Bayer와 마찬가지로, "요나의 표적"이 예수의 부활로 이해되도록 의도되었다고 여긴다. 이런 텍스트들에서 나타나는 경향은 "요나의 기적적인 신원을 표적으로 여기는 것"이다(138). 그것은 "인자에 대한 하나님의 신원이다"(142). Robinson, Hoffman and Kloppenborg(2002)는 Q(11:16, 29-30)에 이런 말들이 들어 있음을 인식한다(108-9, 127). 그들은 또한 마태복음 16:2-4(눅 12:54-56을 비교하라)에 Q가 들어 있다고 생각한다: Q 12;54-56, 216-29.

56 눅 12:54-56과 관련해서, 이 텍스트는 마 16;1-3과 관련이 있을 수도 있고 관련이 없을 수도 있다. 비록 유사성이 있기는 하지만 그 두 텍스트의 상황과 말을 하는 대상 모두가 다르고, 예수의 답변 내용도 다르고, 그 두 어록 배후에 있는 의미도 다르다. 예수는 마태복음에서는 표적을 보여 달라는 바리새인들과 사두개인들의 요구에 응답하는 반면, 누가복음에서는 군중과 시대의 징조에 관해 논하고 있다.

요한복음

- 성전의 파괴와 관련해서: 요 2:18-22 (다음 구절들과 비교하라. 막 14:58; 15:29; 마 26:61-62)

자신의 죽음만 언급하는 예수의 예언: 마가복음, L, 요한복음

마가복음

- 많은 사람을 위한 대속물: 막 10:45
- 동산: 막 14:32-40; 마 26:36-46; 눅 22:39-46

L

- 예언자는 예루살렘 밖에서 죽을 수 없다: 눅 13:32-33

요한복음

- 예수가 들려짐: 요 3:13-14; 8:28; 12:32-34

그 예언들이 Q에 들어 있지 않았을 수도 있다. 주목할 만하기는 하지만, 이 점은 결코 결정적이지 않다. Q의 비확정적인 성격을 감안할 때 마가복음이 일부 Q 자료를 포함하고 있을 수 있으며, 우리가 마가복음으로 여기는 것이 실제로는 Q일 가능성도 있다. 더욱이 한스 베이어는 마가복음 8:31을 둘러싼 구절들은 Q에 여러 평행구들이 있다고 지적한다.[57] 그러므로 Q에 분명한 예언이 들어 있지 않다는 것은 예언이 후대에 발전

57 Bayer(1986), 212.

된 것이라는 논거가 되지 못한다. 중요한 점은 수난 예언이 다양한 문학 형태로 나타난다는 것이다. 그 예언들은 비유(막 12:1-12) 및 단순한 교훈과 관련된 어록들에서 발견된다.

셋째, 수난과 부활 예언들은 당혹감이라는 기준을 충족시킨다. 우리는 이것을 동산 장면에서 그리고 예수의 수난 예언을 이해하지 못하거나 그를 믿지 못하는 제자들에 대한 묘사에서 관찰했다(막 8:31-33; 9:31-32; 14:27-31; 눅 24:11, 21).[58] 이런 예언들에서 최초의 교회 지도자가 부정적으로 묘사되고 있는 점이 특히 흥미롭다.[59]

넷째, 소수의 예외를 제외하면 수난과 부활 예언들은 초기 교회에 의해 신학화되었을 수도 있다는 징후를 보이지 않는다.[60] 예컨대, 그런 예언들에서는 예수의 죽음의 속죄적 가치와 같은 중요성에 대한 성찰이 거의 나타나지 않는다.[61] 다섯째, 예수의 수난과 부활 예언들은 종종 예수가 자신을 인자로 언급하는 상황에서 나타난다.[62] 비유사성이라는 기준에 비춰볼 때, "인자"는 예수가 자신에게 사용한 진정한 호칭이었던 것으로 보

---

58 Porter, Hayes and Tombs 편(1999), 82-97(88)에 수록된 C. A. Evans; Habermas(2003), 92; Vemes(2008), 82.

59 Maier(1997), 131.

60 막 10:45에서 예수의 죽음이 많은 사람을 위한 대속물 역할을 하게 된다. 최후의 만찬에서 예수는 자신의 살과 피가 많은 사람을 위해 희생제물로 바쳐질 것이고 새로운 언약이 제정될 것이라고 주장한다(막 14:22-24; 마 26:26-28; 눅 22:19-20). 눅 13:32-33에서 예수가 말하는 "목표"는—눅 22:19-20을 감안한다면—다른 사람들을 위한 자신의 죽음일 수도 있다. 요 3:13-14에서 예수는 다른 사람들이 영생을 얻도록 십자가형을 당할 것이다.

61 McKnight(2005), 230, 232; Theissen and Merz(1998), 429. C. A. Carson(1999), 88과 McKnight(2005), 232는 수난 예언들은 마찬가지로 재림과 심판을 위한 인자의 재림에 대해 언급하지 않는다고 지적한다. Bayer(1986), 244-49도 보라.

62 Habermas(2003), 92. Schaberg(1985)는 공관복음에서 예수가 자신을 인자라고 부르는 곳에서 나타나는 예수의 수난 예언들과 세 차례에 걸친 요한의 예언들(요 3;13-14; 8:28; 12:31-34)은 단 7:13에 나오는 인자에 대한 언급들이라고 주장한다(208-222).

인다.[63] 인자 어록은 복음서의 모든 층에서 그리고 다양한 문학 양식으로 나타난다.[64] 그러나 이후의 교회는 예수를 인자라고 부르지 않았다. 인자라는 예수의 자기 칭호가 교회가 지어낸 것이라고 주장하는 학자들에 대한 레이몬드 E. 브라운의 답변은 통찰력이 있다: "왜 이 호칭이 '메시아', '하나님의 아들' 그리고 '주'라는 호칭보다 훨씬 더 많이 소급적으로 예수가 한 말로 제시되었는가? 그리고 만약 이 호칭이 초기 교회에 의해 처음으로 만들어졌다면, 왜 이 호칭은 다른 호칭들과는 달리 복음서가 아닌 신약성서 문헌들에 거의 아무런 흔적도 남기지 않았는가?"[65] 여섯째, 수

---

63 많은 학자들이 예수가 자신이 "인자"라고 주장했다는 점을 인정하기는 하지만, 예수가 그 용어로 무엇을 의미했는지에 관해서는 의견이 갈린다. 역사적 예수가 자기에 대한 일반적인 언급으로서 인자라는 칭호를 사용했는지, 그 호칭으로 단 7:13-14에 등장하는 종말론적 의미의 인자를 의도했는지, 또는 그 둘 다인지는 이 장의 범위를 넘어서며 당면 문제와는 무관하다. 기독교 교회가 예수를 인자로 부르지 않았다는 점을 아는 것만으로 충분하다.

64 Bock(2000)은 "인자"라는 칭호가 복음서에서 예수에게 82회 적용되는데, 그 중 81회가 직접 예수의 입에서 나온다고 지적한다(예수를 비난하는 자들이 예수의 말을 인용하면서 "인자"가 누구냐고 묻는 요 12:34이 유일한 예외다, 225). 평행구들을 고려할 경우, "인자"에 대한 언급은 51회이며 그중 14회는 마가복음에 나오고 10회는 Q에 나온다. 복음서가 아닌 신약성서에는 네 번 나온다: 행 7:56; 히 2:6; 계 1:13; 14:14. Bayer(1986), 217; Dunn(2003), 737도 보라. 그 용어는 초기 교회의 저작에서는 별로 나타나지 않는다(225). Bock은 더 나아가서 묵시적 인자 어록이 마가복음, Q, M 그리고 L에서 복수로 입증된다는 것을 보여준다(여기에 요 5:27; 9:35-36; 12:23을 덧붙일 수 있을 것이다. 그리고 그런 어록은 다양한 문학 형태로, 즉 비유적·묵시적·교훈적 형태로 나타난다는 점도 덧붙일 수 있을 것이다). "만약 복수의 입증이라는 기준이 의미가 있거나 유용하다면, 예수가 자신을 이런 용어로 불렀다는 것은 의심되어서는 안 된다"(226). Theissen and Merz(1998): "예수가 '인자'라는 표현을 사용한 것은 확실하다. 그 단어는 아람어에서 나왔고 모든 형태의 예수 전승에서 입증된다"(마가복음; Q; 마태복음 [10:23; 25:31 이하]/ 누가복음[예컨대 18:8]; 요한복음; 「도마복음」 86, 548); Dunn(2003), 738: 인자 구절은 "**예수가 실제로 그 단어를 사용했기 때문에 예수에게 독특한 어법으로 기억되었다**. 그런 식으로 표현할 수 있다면, '인자' 구절을 예수 전승에 들여온 사람은 예수 자신이다. 증거가 그런 결론을 더 명확하게 가리킬 수는 없다"(강조는 원저자의 것임; 759와 비교하라).

65 Brown(Introduction, 1994), 90.

난 예언들은 타당성 기준을 충족시킨다.[66] 예수가 속해 있던 유대인의 상황에서는 예수의 예언이 놀라운 것이 아니다. 예수는 유력한 유대교 지도자들을 적으로 만들었고, 자신이 예언자라고 여겼으며, 순교와 하나님에 의한 신원을 묘사하는 유대교 전통(마카베오 2서 7장)과 최근에 세례자 요한이 유사한 활동을 하다가 처형된 것을 감안한다면 자연히 예언자의 운명을 공유할 것이라고 여겼다.[67]

물론 역사성 판단 기준들은 기계적으로 사용될 경우 확실한 결과를 얻지 못하는 무딘 도구일 뿐이다. 그러나 다양한 기준이 충족되는 경우 어떤 어록이 예수에게서 유래했을 타당성과 개연성이 커질 수 있다. 우리는 지금 살피고 있는 예언들에 관한 연구에서 바로 그 점을 발견한다. 이 여섯 개 논거는 예수가 자신의 폭력적인 죽음과 이후의 신원/부활을 예언했음을 강력하게 시사한다.

4.2.3.2. 예수의 수난과 부활 예언의 역사성에 반대하는 세 가지 논거. 그런 예언들의 역사성을 옹호하는 강력한 증거에도 불구하고, 역사성에 반대하여 제기될 수 있는 세 가지 일반적인 논거가 있다. 첫째, 수난 예언은 예수에게 예언 능력이 있을 것을 요구하는데, 이는 역사 연구에서는 허용될

---

66 자기가 죽은 **직후에** 부활할 것이라는 예수의 예언은 이 기준을 충족시키지 않는다는 점에 주목하라.

67 R. Brown(Death, 1994), 1486; Crossan(1991), 173; Dunn(2003), 797, 805; C. A. Evans(1999), 94; McKnight(2005), 231; Theissen and Merz(1998), 429; Turner(2000), 15-22. McKnight(2005)는 이렇게 주장한다. "논리는 단순하고 불가피하다: 만약 예수가 자신의 제자들에게 기꺼운 순교를 명했다면—그것에 대해서는 많은 증거가 있다(Q 12:4-9; 14:27; 17:33), 예수도 자신의 죽음이 다가오고 있다고 보았을 것으로 매우 확실하게 추론할 수 있다"9155). 그러나 C. A. Evans(1999)는 이렇게 주의를 준다: "그런 명령에 내포된 수사는 앞에 놓여 있는 위험과 어려움들을 강조하기 위한 것이지, 반드시 예수의 죽음이나 그의 제자들 중 어떤 이들의 죽음의 확실성을 가리키는 것이 아닐 수도 있다"(89).

수 없다. 나는 이 반론에 대해서는 이미 길게 다루었다.[68] 그럼에도 기적적인 사건의 가능성을 기각하는 역사가들도 여전히 위에서 제시한 여섯 가지 이유들로, 특히 그중 여섯 번째인 예측의 그럴듯함을 강조하면서 수난 예언의 역사성을 인정할 수 있다. 예수의 유대교 신앙을 감안한다면, 예수는 초자연적 능력이 없었더라도 자신의 죽음에 대해 예언할 수 있었을 것이다. 자기가 정확하게 "삼일 후에" 또는 "삼일 째에" 부활할 것이라는 예수의 예언조차, 만약 그 구절이 많은 학자들이 해석하듯이 "곧"을 의미하는 것으로 해석된다면 문제가 되지 않는다. 왜냐하면 예수가 보편적 부활이 임박했다고 믿었을 수도 있기 때문이다. 마태와 누가는 문자적 의미로 이해할 때는 모순되는 구절들을 같은 뜻으로 사용한다. 예컨대, 마태는 예수의 부활이 "삼일 째에", "삼일 후에" 그리고 "밤낮 삼일" 뒤에 일어날 것으로 묘사한다.[69] 누가도 비슷하게 "삼일 째에"와 "삼일 후에"를 사용한다.[70] 이는 예수의 부활 시기와 관련된 삼일 모티프가 짧은 기간을 의미하는 비유적 표현이었음을 암시한다.[71]

두 번째 반론은 수난과 부활 예언을 초기 교회가 예수가 신성을 주장했다고 지어내는 과정에서 예수에게 예언 능력을 부여했던 "사후 예언"으로 볼 수도 있다는 것이다. 확실히 그럴 수도 있다. 그러나 비록 복

---

68 이 책의 2장을 보라. 다음 문헌들도 보라. Licona and van der Watt("Historians and miracle," 2009), 1-6; Licona and van der Watt("The Adjudication of miracles," 2009), 1-7.

69 "삼일 째에": 마 16;21; 17:23; 20:19; 27:64; "삼일 후에": 마 27:63; "밤낮 삼일": 마 12;40.

70 "삼일 째에": 눅 9:22; 24:7, 46; 행 10:40; "삼일 후에": 눅 2:46; 행 28:17. 그러나 이 나중 두 개의 언급들은 어느 것도 예수의 부활을 가리키지 않으며 비문자적 의미로 이해될 수 있음에 주목해야 한다.

71 Allison(*Resurrecting Jesus*, 2005), 232; Bayer(1986), 206; R. Brown(*Death*, 1994), 1477; Bruce(2000), 93; Dunn(2003), 823; C. A. Evans(1999), 95-96; McKnight(2005), 233-35.

음서에 기록된 일부 예언들이 복음서 저자들의 창작물이라는 주장에 일리가 있음을 인정하더라도, 모든 예언이 창작물이라는 결론은—특히 위에서 제시한 예수가 자신의 폭력적인 죽음과 신원/부활을 예언했다고 시사하는 여섯 가지 논거에 비추어볼 때—지나친 비약으로 보인다.

더욱이 역사가들은 가장 개연성이 높은 해결책을 찾아야 하는데, 이이의는 선험적인 가정들—그런 가정은 학자들이 생각하는 것보다 그들에게 훨씬 더 많은 영향을 미친다—에 지나치게 의존하고 있다. 마가복음 13:32에서 예수가 자신이 "그 아들"이라고 했던 기독론적인 주장의 역사성 문제를 다루면서 제임스 던은 자기가 올 때를 알지 못한다는 예수의 주장의 당혹스러운 성격을 지적한다. 던은 신적인 예수의 초상을 그리는 복음서에 이런 말이 나오는 것은 이상할 뿐만 아니라, 유대교 전승은 여러 족장들이 세상의 종말을 예견했다고 주장하고 있기 때문에 (그 관점에서 볼 때) 이 말은 예수를 그 족장들보다 열등하게 만든다고 지적한다.[72] 물론 이런 당혹감은 자신이 하나님의 아들이라는 예수의 주장의 역사성에 던이 무게를 두고 있었다는 반증이다. 그러나 이어서 던은 그런 주장의 역사성을 부정하거나 편집설을 옹호하는 C. K. 바레트의 말을 인용한다. "예수를 사용할 수 있는 가장 존귀한 호칭으로 묘사하는 것은 바로 전승이 도입한 보상일 것이다."[73] 던은 이렇게 결론짓는다. "이 관찰은 사실상 예수가 사람들을 가르칠 때 자신을 하나님의 아들('그 아들')로 불렀다는 확실한 증거 목록에서 마가복음 13:32를 제외시킨다."[74]

던의 글을 읽고 나서 그의 세심한 연구에 깊은 존경을 표하지 않기

---

72 Dunn(2003), 723, 723 각주 73.

73 Dunn(2003), 723, Barrett(1967), 25-26을 인용한 글.

74 Dunn(2003) 723. 막 13:32의 진정성을 옹호하는 Meier(1994)는 Dunn과 견해를 달리한다(347).

는 어렵다. 나는 던의 결론을 처음 읽었을 때 바레트가 자기의 주장을 지지하는 논거를 제시했는데 던이 이 논거를 언급하지 않은 것이리라고 확신했다. 그러나 나는 바레트의 글을 읽고서 바레트도 아무 근거를 제시하지 않았다는 것을 알게 되었다. 문제는 바레트와 던이 그 어록이 나중에 역사적 예수가 한 말로 각색된 후대의 기독론이라는 가정에 기초해서 이 어록에 나오는, "자신이 바로 그 아들"이라는 예수의 주장의 역사성을 부정한다는 것이다.[75] 그러나 그들은 그 과정에서 자기들의 가정을 뒤집을 수도 있는 실제 증거를 부인한다. 우리는 우리 자신의 선험적 가정이 아니라 증거가 우리의 역사 연구를 이끌어가도록 허용해야 한다.

세 번째 반론은 만약 예수가 실제로 자신의 폭력적인 죽음과 하나님에 의한 즉각적인 부활에 대해 예언했다면 왜 그의 제자들이 예수의 부활을 고대하지 않았느냐고 묻는다. 세 가지 반론 중 아마도 이 반론이 가장 중요할 것이다. 가능한 여러 답들이 제시된다. 첫째, 메시아가 하는 일을 메시아가 올 때 세상의 왕국을 세운다는 관점에서 생각했던 그들의 믿음을 감안하면, 예수의 제자들은 그의 수난과 부활 예언을 이해하기 어려웠을 것이다. 죽었다가 다시 살아나는 메시아는 그들의 사고와 소망에는 너무나 이질적이었기 때문에 그들은 예수의 말을 듣지 않았거나, 자기들이 오해했다고 생각했거나, 아니면 일이 예수가 예언한 대로 이루어지지 않기를 바라면서 자기들이 들은 말을 부인하는 상태에 있었을 것이다. 제자들의 연약한 믿음을 언급하는 많은 구절들은 이 대안을 지지한다.[76]

---

75 Gerhardsson(1998)은 이렇게 쓴다. "많은 학자들이 표명한 신약성서의 기독론은 본질적으로 초창기 교회의 창작물이라는 의견은 명민한 주장이기는 하지만 역사적으로는 거의 개연성이 없다"(325).

76 마 6:30; 8:26; 14:31; 16:8; 17:20; 막 4:40; 눅 8:25; 12:28; 17:6; 24:11, 25; 요 4:48; 6:64; 14:8-11, 28-30. 그 구절의 역사성을 검증할 수는 없지만, 눅 9:45은 제자들이 수난 예언을 이해하지 못하게 숨긴 바 되었다고 전한다.(막

두 번째 가능성은 예수가 사역 초기에 수난을 예언했고, 당시에는 그의 사역이 시작 단계에 있었기 때문에 수난이 임박했다는 식으로 말하지 않았다는 것이다. 그러나 예수는 자기의 죽음이 가까워질 무렵에도 수난을 예언했으므로 긴장이 해소되지 않는다.[77] 세 번째 가능성은 예수가 자신의 폭력적인 죽음과 부활을 통한 임박한 신원에 대해 말했을 때 예수의 제자들은 물론이고 아마도 예수 자신도 보편적 부활에 대해 생각했고 또한 보편적 부활이 빨리 일어나리라고 생각했다는 것이다. 예수의 부활은 제자들 자신의 부활과 동시에 일어날 것이고 그 부활과 다르지 않을 것이다. 이런 대안은 마가복음 14:28이 역사적으로 예수의 진정한 어록이었을 가능성이 낮다고 여길 수밖에 없다. 왜냐하면 거기서 예수는 자신의 부활이 독특하리라고 생각하는 것으로 보이기 때문이다.[78] 이 세 번째 대안에 대한 반대 논거는 만약 예수의 제자들이 이 말을 보편적 부활이 임박했음을 의미하는 것으로 이해했더라면 아마도 그들은 예수의 임박한 수난에 대해 다소 흥분했을 수도 있다고 예상된다는 것이다. 그러나 우리는 복음서에서 그런 소망에 대한 어떤 암시도 발견하지 못한다.

네 번째 가능성은 예수의 예언이 원래 수수께끼처럼 모호하고 함축

9:31-32은 그들이 예수의 부활 예언을 이해하지 못했다고 전한다.) 그러나 누가가 제자들이 그것에 대해 무지해 보이는 문제를 생략하지 않고 있는 것은 흥미롭다. 다른 곳에서 누가는 막 13:32에 실려 있는 예수의 말과 같은 당혹스러운 전승을 생략한다(마 24:32-36; 눅 21:29-33을 비교하라).

77 C. A. Evans(1999), 89-90은 예수가 예루살렘에 들어갈 때까지는 수난 예언들을 하지 않았다고 주장하고, 종려주일에 있었던 예수의 승리의 입성과 성전에서의 그의 행위들은 예수가 그때까지도 죽을 의도가 없었음을 보여준다고 지적한다. 그는 예수가 로마 군인들에게서 받았던 조롱과 그의 십자가에 달렸던 죄패는 "왕이 되고자 했던 예수의 의도가 아주 분명했다"는 단서들이라고 덧붙인다. 그러나 예수가 실제로 자신의 죽음을 포함한 이런 사건들을 예언을 성취하는 것으로 이해했고 그 결과 더욱 용기를 냈을 수도 있다고 추측할 수 있을 것이다.

78 Alsup(1975)은 막 14:28; 16:7이 수정이라고 주장한다. 왜냐하면 그 구절들은 "마가복음에 수난 내러티브와 빈 무덤 이야기 사이에 꼭 필요한 신학적 이음매를 제공하기" 때문이다(92).

적이었다는 것이다. 즉, 나중에 부활한 예수에 대한 제자들의 경험에 비추어 보았을 때에야 비로소 그 예언이 회상되고 보다 분명하게 다시 말해졌다는 것이다.[79] 그러나, 비록 예수의 예언들에 다소 모호한 측면이 있기는 하지만, 그 예언들이 갖고 있던 구체적인 내용의 성격상 초기 그리스도인들은 자기들이 부활한 예수를 경험한 후에 출현해서 현재까지 살아남은 해석, 즉 예수가 처형된지 삼일 뒤에 다시 살아나리라는 해석 외에는 다른 해석을 알지 못했다. 달리 말하자면 비록 예수의 예언의 어떤 특질들로 인해 당시에는 그의 추종자들에게 그 예언들이 수수께끼처럼 보였을지라도, 그 예언들은 부활절 경험에 비추어볼 때에도 분명하게 알아차리지 못할 만큼 모호한 것은 아니었다.

다섯 번째 가능성은 예수는 자신이 순교할 것이라고 생각하지 않았기 때문에 결코 수난 예언을 한 적이 없다는 것이다. 대신에 예수는 하나님이 자기를 통해 하나님 나라가 오게 하리라고 기대했다. 하나님이 자기를 버렸다는 십자가 위에서의 예수의 절규는 이 입장을 지지하는 것으로 보일 수 있다. 이런 당혹감을 덮고 기독교 종파를 지속시키기 위해 수난 예언들이 서둘러 만들어졌다는 것이다. 이 대안은 의심스럽다. 왜냐하면 이 반론은 당혹감에 호소하지만, 복음서 저자들은 열두 제자들의 지속적인 아둔함, 예수가 자기 형제들에게 거부됨, 예수 자신이 자기가 돌아올 때를 알지 못함, 겟세마네 동산에서 예수의 강력한 감정적 주저, 그리고 자신이 거부된 데 대한 십자가상의 부르짖음 등과 같은 여러 가지 당혹스러운 요소들을 주저 없이 자신의 복음서에 포함시키기 때문이다.[80] 이는

---

79 이것이 Bayer(1986), 228의 견해로 보인다. 245와 비교하라.

80 B. B. Stott 편(*Finding*, 2008), 49-58에 실린 R. T. Fortna, "The Gospel of John and the Historical Jesus": "모든 복음서들에서 나타나는 반대되는 인상에도 불구하고, 예수는 자기가 죽음에서 부활할 것이라고 기대하지 않았다. 그가 그렇게 기대했다고 주장하는 것은 자신의 사형 선고를 두렵지만 용감하게 받아들인 것을 가식

좋은 점, 나쁜 점, 그리고 추한 점을 모두 전하려 하는 전기 작가들의 모습을 보여주며 따라서 전적인 창작물이라는 개념에 반한다.

여섯 번째 가능성은 예수의 수난 예언이 예수를 기리기 위해 고안된 시적 장치라는 것이다. 예컨대 예수를 참으로 기적을 일으킨 사람이라고 여길지라도, 그의 자연 기적들은 이런 유형의 고안의 결과일 가능성이 있다. 루키아노스는 역사와 시를 구분하면서 시인들은 이야기를 해나갈 때 "완전한 자유"가 있었다고 주장한다. 그는 시인들이 어떤 사람이 물 위를 걷거나 옥수수 밭 위로 솟아올랐다고 말하더라도 아무도 못마땅해 하지 않는다고 덧붙인다.[81] 그러므로 설령 예수가 죽은 자들 가운데서 육체적으로 부활했다고 할지라도, 자신의 죽음과 부활에 관한 예수의 예언은 여전히 역사적이지 않을 수도 있다. 이 대안에 대한 반대 논거는 설령 그것이 사실일지라도, 복음서 저자들이 그 과정에서 예수와 교회의 미래의 지도자들을 그처럼 당혹스럽게 비춰지게 했을 개연성이 낮다는 점이다. 그들은 왜 요한처럼 예수가 자기 제자들이 "우리도 주와 함께 죽으러 가자"(요 11:16)[82]라고 응답했던 예언을 하는 모습을 만들어내거나 동산 장면을 보다 긍정적으로 묘사하지 않는가?

요약하자면, 우리는 수난과 부활 예언의 역사성을 지지하는 여섯 가지 논거와 그 예언의 비역사성을 지지하는 세 가지 논거를 살펴보았다. 역사성을 지지하는 논거를 다음과 같이 요약할 수 있을 것이다. 예수의 수난과 부활 예언은 교회에서 아주 일찍부터 알려져 있었다. 그 예언들은

으로 만드는 것이다"(51). 이 말은 옳지 않다. 비록 죽은 뒤 즉시 하늘에 있게 될 것이라고 절대적으로 확신한다 해도, 형벌 집행관이 형을 집행하기를 기다리기는 아주 끔찍할 것이기 때문이다.

81 Lucian *How to Write History* 8. 여기서 루키아노스는 호메로스의 *Illiad* 20.226에 등장하는 신 에리크토니오스에 대해 말하고 있다.

82 물론 요한은 도마가 한 이 말을 수난 예언이라는 맥락 안에 두지 않는다.

마가복음에 나타나며 아람어 기원을 갖고 있을 수도 있다. 그 예언들은 여러 자료로 입증되며 다양한 문학 형식으로 나타난다. 그 예언들은 예수 자신은 물론이고 예수가 남긴 교회 지도자들을 당혹스런 방식으로 제시하는 문맥 속에서 나타난다. 그 예언들은 일반적으로 신학화 작업을 결여하고 있고, 예수가 자신을 역사적이라고 믿어지는 방식으로 전하는 것으로 소개하고 있으며 심지어 예수의 삶의 맥락에서 예상될 법한 것들이었다. 마가복음 14:28 같은 언급을 제외하면 예수는 확실히 초자연적인 지식이 없이 예언하는 것으로 보일 수 있다. 역사성을 부인하는 논거로 혹자는 초자연적 지식은 역사가의 연구 범위를 넘어서며, 예언은 초기 교회의 창작물이고, 예수의 제자들이 예수가 결코 수난에 관한 예언을 하지 않았던 것처럼 행동하는 것은 이상하다고 주장할 수 있다.

수난과 부활에 관한 예언의 역사성을 옹호하는 여섯 가지 논거는 강력한 누적 효과가 있다. 내 생각으로는 그 예언의 역사성을 부인하는 세 가지 논거 중 세 번째 논거만 중요하다. 나는 예수의 제자들이 예수의 부활을 예상하지 못한 데 대해 가능한 여섯 가지 설명을 제시했다. 비록 그 모든 설명이 가능하기는 하지만, 내게는 첫 번째 설명이 가장 개연성이 높아 보인다. 그 결과 예수의 수난과 부활에 관한 예언의 역사성에 반대하는 유일하게 설득력 있는 논거에 대해서는 무리 없이 답변할 수 있기 때문에, 내가 보기에는 자신의 폭력적 죽음과 그 후에 있을 신원/부활에 대한 예수의 예언의 역사성에 대한 증거가 강력하다고 볼 수 있다.[83] 그러

83 비슷한 결론에 도달한 다른 사람들에 관해서는 다음 문헌을 보라. R. Brown(*Death*, 1994), 2권 1468-91; Crossley(2005): "개연성이 상당히 높다"(173); Dunn(2003): "별로 의심할 필요가 없다"(805); C. A. Evans(1999): 82-97; C. A. Evans(*Assessing*, 2006), 35-54와 비교하라: "예수가 자신의 죽음을 예상했다는 것은 거의 확실하다"(48); McKnight(2005): "예수가 자신의 **죽음**은 예상했지만 자신의 **신원**은 예상하지 못했을 가능성은 아주 낮다"(229); Wright(2003): "가능성이 매우 높다"(409).

나 예수가 초자연적 지식을 가졌던 결과로서 이런 예언을 했는지는 확정할 수 없다.

그러므로 우리의 예수 연구라는 상황에 수난에 관한 예언을 포함시킬지라도 그 예언의 가치는 부활 가설의 강도에 따라 달라진다. 왜냐하면 부활 가설이 경쟁 가설에 비해 열등하다면, 최소한 예수의 부활에 관한 우리의 연구에서는 자기가 순교할 것이라는 예수의 믿음이 별로 의미가 없기 때문이다. 그러나 만약 부활 가설이 데이터에 대한 최상의 설명이라면, 예수가 초자연적 지식을 갖고 있었을 가능성이 커지고 그의 삶의 종교적 중요성이 증대된다. 그 결과 만약 부활 가설이 데이터에 대한 최상의 설명이라면, 예수의 부활이 이례적인 사건이라기보다 기적이었을 가능성이 더 크다. 그러므로 가설들에 대한 평가를 마칠 때까지는 예수의 수난과 신원/부활에 대한 예언이 예수의 자연적인 예상에서 나왔는지, 초자연적 지식에서 나왔는지와 관련된 문제를 일단 고려대상에서 제외할 수 있다. 이런 논의에도 불구하고, 대부분의 학자들은 그 예언들을 역사적인 것으로 간주하지 않는다.[84] 따라서 그 예언들은 우리의 역사적 기반에 속하지 않는다. 그러므로 나는 우리의 연구에서 그 예언들을 예수의 삶의 맥락에 포함시키지 않을 것이다.[85]

그러므로 우리는 예수가 자신을 귀신을 쫓아내는 사람, 기적을 일으키는 사람, 그리고 하나님의 종말론적 대리인으로 여겼다고 결론짓는다. 실제로 예수가 많은 사람들이 기적과 축귀로 해석했고, 반면에 다른 사람들은 마귀적이거나 마술적인 것으로 해석한 것으로 보이는 행위들을 통

84 Waterman(2006)은 반대로 주장한다: "그러므로 대다수의 학자들은[자신의 부활에 대한] 예수의 예언을 부활절 이후 초기 교회의 선포에 영향을 받지 않은 진정한 원시적 전승으로 여긴다"(196).

85 나는 내 연구 방법에 일관성을 유지하기를 원한다. 이 책의 1.2.3, no. 5를 보라.

해 군중에게 경외심을 갖게 했다는 데에는 의심의 여지가 없다. 더욱이 예수는 자신이 하나님과 특별한 관계가 있으며, 하나님은 하나님의 종말론적 나라를 가져오도록 자기를 선택했다고 믿었다. 학자들은 대개 이 결론들을 역사적 기반으로 간주하는데, 우리는 이 기반 위에 예수의 생애의 메타내러티브를 세울 수 있다. 그러나 우리의 목표는 훨씬 소박하게 그 안에서 예수의 부활과 관련된 데이터가 나타나는 상황을 확립하려 할 뿐이다.[86] 만약 자신에 관한 예수의 의견 및 주장들과 관련된 이런 "최소한의 사실들"이 옳다면, 그 사실들은 참으로 종교적 의미로 가득 찬 매혹적인 상황, 즉 어떤 신이 그렇게 하겠다고 결정한다면 그 행동을 하리라고 기대할 수도 있는 상황을 제공한다. 우리의 역사적 기반에 더하여, 예수가 자신의 폭력적인 죽음이 임박했고 그 후에 있을 하나님에 의한 신원도 임박했다고 예언했음을 고려한다면—이 주장을 지지하는 상당한 논거가 있다—그 상황은 종교적 의미로 가득 차게 된다. 그러나 나는 이 점은 예수 부활의 역사성을 확립하지도 않고 그에 대한 어떤 증거를 제공하지도 않는다고 서둘러 덧붙이고자 한다. 그러나 이런 상황은 기적을 비정상적인 사건과 구분하기 위해 필요한 요소다. 만약 부활 가설이 경합하는 가설들보다 우월하다면, 그 상황은 역사가들이 그 사건을 기적으로 간주하는 것을 정당화해준다.

어쩌면 이 상황은 이미 미신으로 가득 차 있기 때문에 이 상황이 기적에 대한 기대를 제공해 준다는 이의를 제기할 수도 있을 것이다. "그러므로 더 많은 기적 이야기들을 기대할 수 있고 예수의 부활에 대한 보고들은 놀랄 일이 아니다. 모든 것은 전설이다." 이것은 사려 깊은 응답이다.

86 Davis(1993): "부활이 하나의 고립된 경이로서가 아니라 그것이 발생한 종교적 상황 속에서 고찰되어야 한다는 것은 아무리 강조해도 지나치지 않다"(188).

종교적 의미로 가득 찬 상황이 기적에 대한 기대를 만들어낸다는 것은 확실히 사실이며, 이런 상황에 처한 사람들이 그 상황으로부터 실제로 발생한 것보다 더 많은 것을 만들어 내리라고 가정할 수도 있을 것이다. 어니스트 앵글리와 베니 힌을 돋보이게 하는 치유 집회가 가장 좋은 예다. 앵글리와 힌이 주재하는 예배 도중에 사람들은 방언을 말하고, 치유받고, 종종 "성령 안에서 죽은 듯이 쓰러진다." 이런 집회에서 나타나는 현상들에 관한 보고들은 재빨리 윤색되어 도시의 전설로 진화할 수 있다.[87]

종교적 의미로 가득 찬 어떤 상황이 기적에 대한 기대를 만들어낸다는 관찰 의견은 망상·환영·전설 같은 자연주의적 설명이 어떤 현상을 설명하는 데 매우 합리적일 수 있음을 보여준다. 그것은 어떤 상황이 다양한 목적에 봉사할 수 있음을 보여준다. 나는 그런 주장에 동의한다. 예수의 부활과 관련해서, 예수가 기적을 일으킨 사람이자 종말론적 대리인이었다는 상황이 그의 추종자들 사이에서 망상이나 환영을 경험하게 한 기대를 만들어냈고 급속도로 도시의 전설을 축적해서 결국 부활 내러티브를 만들어냈다고 주장할 수도 있을 것이다. 나는 이 대안에 비해 부활을 선호해야 할 아무런 선험적인 이유가 없다고 생각한다. 그러므로 가설들을 평가할 필요가 있는데, 그 작업은 이 책의 5장에서 수행할 것이다. 자연주의적 설명이 부활 가설보다 우월하다고 드러난다면, 종교적 의미로 가득 찬 상황이 기적에 대한 기대를 만들어냈고 그로 인해 부활 전설이 나왔다는 설명이 가장 그럴듯할 것이다. 그러나 부활 가설이 자연주의적 설명보다 우월하다면, 그 상황은 예수의 부활이 역사적 사실이었고 그 사건은 기적이었다는 가설을 강화하는 데 도움이 될 것이다. 더욱이 오직

---

87 나는 개인적으로는 이런 집회에서 나타나는 많은 현상이 자기 유도적이고, 상상적이고, 전설이라고 믿지만, 모든 현상이 그렇다고 주장하지는 않는다.

역사적 기반만을 사용하려는 우리의 노력이 도시의 전설을 사실과 혼동하지 않게 하는 안전장치 역할을 한다는 점을 기억할 필요가 있다.

4.3. 예수의 운명과 관련된 역사적 기반

여기서 우리는 어느 정도 하버마스의 덕을 보게 될 것이다. 내가 아는 한, 하버마스는 예수의 부활에 관한 사실들에 대한 가장 포괄적인 연구를 수행해왔다. 비록 그는 과거에 다양한 분량의 사실 목록을 제시했지만, 이제 그는 그 주제에 관해 글을 쓰는 거의 모든 학자들에 의해 논쟁의 여지가 없는 것으로 간주되는 최소한의 세 가지 사실들을 다음과 같이 적시한다.

1. 예수는 십자가형을 받아 죽었다.
2. 예수가 죽은 직후에 제자들은 그들로 하여금 예수가 부활했고 자기들에게 나타났다고 믿고 선포하도록 이끌었던 경험을 했다.
3. 예수가 죽은 지 몇 년 이내에 바울이 자신에 대한 예수의 부활 후 출현으로 해석했던 일을 경험하고 회심했다.[88]

이제 이 목록을 역사적 기반으로 간주하는 것이 정당한지 알아보기 위해 이 목록 각각을 상세하게 살펴보기로 하자.

---

88 2008년 3월 31에 나눴던 Habermas와의 전화 대화에서 그가 한 말.

4.3.1. 십자가형에 의한 예수의 죽음

십자가형은 로마인들이 하층민·노예·군인·폭도 그리고 반역으로 고발된 자들을 처벌하기 위해 사용했던 일반적인 처형 방식이었다.[89] 보통은 십자가형에 앞서 죄수를 잔인하게 고문했다. 로마인들은 대개 죄수를 십자가에 못 박기 전에 채찍으로 때렸다.[90] 기원전 1세기 후반부터 기원후 1세기 말에 이르기까지 할리카르나소스의 디오니시오스, 리비우스, 필론, 그리고 요세푸스는 십자가에 달리기 전에 채찍, 불, 그리고 온갖 고문으로 시달렸던 사람들에 대해 전한다.[91] 2세기에 루키아노스는 어떤 사람이 십자가에 달리기 전에 채찍질 당하고, 눈이 뽑히고, 혀가 잘렸던 것에 대해 전한다.[92] 채찍질 자체가 아주 잔인할 수 있었다. 비록 뒤이은 십자가형에 대한 언급은 없지만, 2세기 중반에 쓰인 「폴리카르포스의 순교」는 살점이 "채찍에 의해 찢겨 나가" "정맥과 동맥이" 드러났던 사람들에 대해 전한다.[93] 요세푸스는 기원후 70년에 예루살렘이 파괴되기 직전에 예루살렘에서 빌라도의 후계자들 중 한 명에 의해 뼈가 드러나도록 채찍질을 당한 사람에 대해 말한다.[94] 요세푸스는 또한 한 무리의 사람들이 창자가 드러날 정도로 채찍질을 당했다고 전한다.[95] 십자가형을 받기 전에 이런 취급을 당했다면, 그 죄수가 십자가에 달려 있을 때 어떤 모습이었을지 상

---

89 Sloyan(1995), 18-20. Hengel(1977), 46-63도 보라.

90 Hengel(1977), 29, 29 각주 21.

91 Dionysius of Halicarnassus *Ant. Rom*. 5.51.3; Livy The *History of Rome* 22.13.9; 28.37.3; Philo *Flacc*. 65-85; Jos. *J.W.* 5권 449, 451. 여기서 나는 아래에 나오는 많은 정보에 대해 Hengel의 연구에 빚을 졌다.

92 Lucian *Pisc*. 2.

93 *Mart. Pol*. 2권 2.

94 Jos. *J.W.* 6권 304.

95 Jos. *J.W.* 2권 612.

상할 수 있을 것이다. 1세기에 세네카는 십자가형으로 처형된 죄수들을 "두들겨 맞아 무력해진 시체들", "불구가 된", "흉측한", "기형의", "못 박힌" 그리고 "오랜 고통 속에서 생명의 숨결을 쥐어짜내고 있는" 등으로 묘사했다.[96]

십자가형을 선고받은 죄수는 종종 고문을 당한 후 군중이 뒤따르는 가운데 성벽 밖으로 끌려 나가 십자가나 나무에 못 박히거나 묶였다.[97] 못 박는 것이 선호되는 방법이었던 것으로 보인다.[98] 죄수가 못 박힌 위치는 종종 달랐다.[99] 잔혹한 행위는 종종 죄수가 십자가에 달린 뒤에도 가해졌다.[100] 1세기 마지막 사반세기에 마르티알리스는 어느 극장의 공연 장면을 생생하게 묘사한 적이 있다. 그 공연이 진행되는 동안 기결수 한 사람이 적절한 순간에 배우와 교체되어 극장 안에서 십자가에 달렸다. 그 후 곰 한 마리가 풀려 나와 그 남자가 산 채로 십자가에 매달려 있는 동안

---

96 Seneca *Epistles*, "To Lucilius" 101.

97 Lucian *Peregr*. 34.

98 Hengel(1977, 31-32 각주 25)은 십자가형에 못이 사용되었던 경우에 대한 다음과 같은 목록을 제공한다: Philo *Post*. 61; *Somn*. 2.213; Achilles Tatius *Leuc. Clit*. 2.37.3; Plutarch *Mor*. 499D; Pliny the Elder *Nat*. 28.41-46; Pseudo-Manetho *Apotelesmatica* 4.199; 1. 149; Seneca *Vit. beat*. 19.3; Lukan *De bello civili* 6.543-47; Apuleius *Metam*. 3.17.4; Galen *De usu partium* 12.11; Artemidorus *Onir*. 2.56; Lucian *Prometheus* 1.2; *Dial. d*. 5(1).1. Hengel은 에페소스의 크세노폰(*Ephesiaca* 4.23)도 열거하는데, 그것은 특별히 이집트에서 일어났던 한 특별한 사건과 관련해 십자가에 사람을 묶었던 것에 대해 언급한다(32 각주26). Hengel의 리스트에 십자가에 사람을 못 박는 것에 관해 쓰고 있는 요세푸스(*J.W.* 4.451)와 네로가 그리스도인들을 십자가에 묶고 저녁에 그들에게 불을 붙여 자신의 정원을 밝혔던 것에 관해 전하는 타키투스(*Ann*. 15.44)를 덧붙일 수 있을 것이다. 여기서 밧줄이 사용되었다고 상상하기는 어렵다. 왜냐하면 불이 밧줄을 태울 것이기 때문이다. 이것을 지지할 수도 있는 증거는 *Mart. Pol*. 13.3-14.1에서 나타난다. 거기서 폴리카르포스는 자기를 움직이지 못하도록 말뚝에 못 박는 조치를 취하지 말아 달라고 요청한다. *Gos. Pet*. 21도 보라.

99 Seneca *Marc*. 20권 3; Jos. *J.W.* 5권 449-51.

100 Seneca *Marc*. 20권 3; Tacitus *Ann*. 15권 44.

그를 찢어버렸다.[101] 요세푸스는 특별히 잔인했던 경우를 하나 소개한다. 몇 사람이 심하게 채찍질 당한 후 십자가에 못 박혔다. 그들이 살아 있는 동안에 그들의 처자들이 죽임 당했다. 그리고 이제 막 죽은 젖먹이 아들들이 십자가에 달린 이들의 목에 걸렸다.[102] 키케로가 왜 십자가형을 "가장 잔인하고 혐오스러운 형벌", "최악의 고문" 그리고 "십자가의 공포"라고 불렀는지 쉽게 이해할 수 있다.[103]

나사렛 예수가 십자가에 못 박혀 죽었다고 믿는 적어도 네 가지 이유가 있다. 첫 번째 증거는 예수가 십자가형을 받아 죽었다는 사실이 많은 고대 기독교 자료와 비기독교 자료에 의해 복수로 입증된다는 점이다. 요세푸스가 『유대고대사』 18.3의 원본에서 그 사건을 다뤘을 개연성은 매우 높다.[104] 타키투스, 루키아노스, 마라 바르 세라피온은 모두 확실히 그 사건을 알고 있었다.[105] 루키아노스는 예수의 십자가형이 팔레스타인에서 발생했다고 덧붙인다.[106] 기독교 자료들에서 예수의 처형은 십자가형의 방식을 특정하거나 혹은 특정하지 않으면서 널리 보고된다. 네 개의 정경 복음서들 모두 십자가형에 의한 예수의 죽음을 전하며, 다른 많은 책들과 신약성서의 편지들도 이에 대해 규칙적으로 언급한다.[107] 예수의

---

101 Martial *Liber Spectaculorum* 7.

102 Jos. *Ant*. 12권 256.

103 Cicero *Verr*. 2.5.165, 168; *Rab. Post*. 16. 요세푸스(*J.W*. 7권 203)는 십자가형을 θανάτων τὸν οἴκτιστον("가장 비참한 죽음")이라고 불렀다.

104 이 책의 3.2.4.1을 보라.

105 타키투스는 예수를 처형한 방식으로 십자가형을 명시하지 않지만 예수가 "가장 극단적인 형벌"을 받았다고 보고한다(*Ann*. 15.44). 마라 바르 세라피온은 처형 방식에 대해 언급하지 않는다. 역사적 가치는 의문스럽지만, 탈무드도 그 사건을 전한다. 그러나 "매달렸다"라는 용어를 사용한다(*b. Sanh*. 43a).

106 Lucian *Peregr*. 11.

107 막 15:24-37; 마 27:35-50; 눅 23:33-46; 요 19:16-37. 정경 복음서들이 쓰이기 전에 예수의 죽음은 바울의 문헌 전체에서 그리고 빌레몬서를 제외한 바울의 저작권이 논란거리가 되지 않는 바울 서신들을 통해 풍성하게 보고된다(롬 1:4;

죽음/십자가형은 또한 정경이 아닌 문헌에서도 많이 언급된다.[108] 더욱이 이에 반대되는 고대의 증거는 없다.[109]

십자가형에 의한 예수의 죽음에 대한 두 번째 증거는 그에 대한 보고가 아주 이른 시기의 저작이라는 점이다. 바울은 늦어도 기원후 55년에 십자가형에 의한 예수의 죽음에 대해 언급했고(고린도전서, 갈라디아서), 기원후 51년에 즉 예수가 십자가형을 받은 후 21년 이내에 고린도 사람들에게 동일한 내용을 설교했다고 말했다.[110] 예수의 죽음은 바울과 동시대의 것일 수도 있는 Q에서 언급되고 있을 수도 있다.[111] 그것은 구두 신앙고백의 케리그마에서 여러 번 나온다. 예수의 죽음에 관한 가장 초기의 보고는 고린도전서 15:3에 들어 있는 전승에서 발견된다. 그 주제에 관

4:24; 5:6, 8, 10; 6:3, 4, 5, 8, 9, 10; 7:4; 8:11[2회], 34; 10:9; 11:26; 14:9, 15; 고전 8:11; 15:3, 12, 13, 15, 16, 20; 고후 5:14, 15; 갈 1:1; 2:21; 빌 2:8; 3:10, 18; 골 1:18, 20; 2:12, 14, 20; 살전 1:10; 4:14; 5:10; 딤후 2:8, 11. 그리스도의 십자가형[십자가형, 십자가]: 고전 1:17, 18, 23; 2:2, 8; 고후 13:4; 갈 2:20; 3:1; 6:12, 14; 엡 1:20; 2:16). 또한 히브리서와 베드로전서에서도 예수의 죽음이 입증되는 것을 발견한다(히 2:9, 14; 9:15-10:14; 12:2; 13:20; 벧전 1:3, 21; 2:24; 3:18). 둘 다 확실히 1세기에 쓰였고 정경 복음서들보다 먼저 쓰였을 수도 있다(L. T. Johnson[1996], 151, 164).

108 Ign. *Eph*. 16.2; Ign. *Trall*. 9.1; Ign. *Rom*. 7.2; *Barn*. 7.9; 12.1; *Mart. Pol*. 17.2. *Gos. Pet*.(10, 18) 그리고 *Epistle of the Apostles*(9)는 예수가 십자가형으로 죽었다고 전한다. *Gos. Heb*.는 예수의 육체의 부활에 대한 암시를 통해 그의 죽음에 대해 언급한다. *Gos. Mary*와 *Gos. Truth*도 예수의 죽음에 대해 언급한다. 예수의 십자가형은—그가 죽었는지에 관한 언급 없이—*Gospel of the Savior*에서 언급된다(91-92, 100-108). 콥트어로 쓰인 *Apoc. Pet*와 3세기에 쓰인 것으로 알려진 영지주의 저작물 *Treat. Seth*에서 예수는 십자가에 달려 죽는다. 포도원과 사악한 소작인들에 관한 예수의 비유에 대한 *Gos. Thom*.(65)의 설명과 *Gospel of Judas*(57)의 예수의 몸의 희생을 초래한 예수에 대한 배반 언급에서 예수의 죽음이 언급된다. Egerton Papyrus 2, *Gos. Naz*., *Gos. Eb*과 *Gos. Eg*에서는 예수의 죽음이 언급되지도 않고 암시되지도 않는다.

109 Scott 편(*Finding*, 2008), 14에 실린 R. J. Miller.

110 고전 15:1-11.

111 Q 14:27 그리고 "이 세대"라는 시기에 대한 언급을 통해 지적되듯이 Q 11:49-51에서도 언급될 가능성이 있다.(Perkins[2007], 87; D. A. Smith[2003], 124).

해 저술한 사실상 모든 학자들은 여기서 바울이 자기가 다른 사람들에게서 받은 예수에 관한 전승을 제공하고 있다는 입장을 보인다. 또한 그 전승이 아주 일찍 작성되었고, 예루살렘의 사도들이 가르쳤던 내용을 반영하고 있으며, 예수의 부활에 관한 현존하는 가장 오래된 전승이라는 데 대해 광범위한 합의가 이뤄져 있다. 우리가 예수의 최초의 제자들이 가르쳤을 개연성이 높은 내용을 읽고 있다고 생각하는 것은 참으로 놀라운 일이다.[112]

예수가 십자가형에 의해 죽었다는 세 번째 증거는 수난 내러티브가 당혹감 기준을 충족하고 몇 가지 주변적인 세부사항들이 그럴듯하다는 점에 비춰볼 때 대체로 신뢰할 만한 것으로 보인다는 점이다. 앞에서 우리는 극심한 고문과 처형이라는 상황에서도 용감하게 행동했던 유대인 순교자들에 관한 여러 가지 이야기들이 있음을 보았다. 그런 이야기들에 비추어 볼 때 예수가 체포되어 십자가형을 받을 때 보였던 연약한 모습은 용감한 순교 이야기들과 대조적으로 당혹감을 일으킬 수 있다.[113]

일곱 형제들과 엘르아살만 예수보다 이전 시기의 인물인 반면, 스데반, 랍비 아키바, 랍비 하니나 벤 타라디온, 폴리카르포스는 예수보다 늦은 시기의 인물임에 유념해야 한다. 그러나 예루살렘이 반역의 조짐만 보여도 잔인하게 진압했던 로마의 지배를 받고 있었음을 감안하면, 일곱 형제들과 엘르아살에 관한 보고가 예루살렘에서 널리 알려져 있었을 가능성이 있다. 그럴 경우 수난 내러티브에 묘사되는 예수와 일곱 형제들 및 엘르아살 사이의 여러 차이들은 즉시 초기 독자들의 눈에 띄었을 것이고 그리스도인들에게는 아주 난처했었을 가능성이 높다. 따라서 비록

---

112 이 책의 3.2.3.4를 보라.

113 이 책의 4.2.3.1을 보라.

누가가 그런 당혹스러운 세부사항 중 일부를 정리하거나 생략했고, 요한은 모두를 생략했고 심지어 어느 정도 윤색한 부분이 있음에도 우리는 정경 복음서들에서 예수의 체포와 죽음에 관한 참된 보고를 읽고 있다는 느낌을 받는다.[114] 그러므로 수난 내러티브에 나타나는 당혹스러운 요소들은 그 내러티브에 역사적 핵심이 있다는 쪽에 유리하게 작용한다. 그리고 이 점이 우리의 연구에서 가장 중요한데, 이런 핵심 중에는 예수의 십자가형에 의한 죽음이 포함된다.

주변적인 이야기들이기는 하지만 정경 복음서들에는 예수의 처형과 관련해서 그럴듯한 상세한 세부사항들이 많이 포함되어 있다. (소설들도 종종 그럴듯한 세부사항들을 포함하고 있기 때문에) 그런 보고들에 포함된 많은 세부사항들을 따로 떼어내 생각할 때는 강력한 증거가 되지 않지만, 그 내용들을 다른 증거들에 비추어 살펴보면 예수의 십자가형에 의한 죽음의 역사성이 상당히 그럴듯해진다. 루키아노스는 십자가형을 받으러 가는 사람들의 뒤를 따르는 무리들에 관해 전하는데, 이 보고에 비춰보면 예수가 십자가형을 받으러 갈 때 큰 무리가 그 뒤를 따랐다는 누가의 진술이 그럴듯해진다.[115] 요한은 그날이 유월절 준비일이었기 때문에 유대 지도자들이 빌라도에게 십자가에서 예수 및 그와 함께 십자가에 달린 두 도적의 시체를 내려서 그 시체들이 안식일에 십자가 위에 남아 있지 않게 해달라고 요청했다고 전한다. 군인들이 예수에게 다가가 그의 다리를 부러뜨리려 했을 때 그들은 예수가 이미 죽은 것을 발견하고 대신에 그의

114 윤색되었을 가능성이 있는 부분은 요 18:4-6이다. 또한 L. T. Johnson(1996)과 마찬가지로 "정경 복음서 어디에도"[영지주의 복음서들에서 보이는 것처럼] "하나님의 영광에 유리하도록 십자가의 스캔들이 제거되지 않는다"는 점을 지적할 수 있을 것이다(150).

115 Lucian *Peregr.* 11.34; 눅 23:27.

옆구리를 창으로 찔렀고, 거기서 물과 피가 쏟아졌다.[116] 그런 상세한 묘사들은 종종 의문시되었다.[117] 그러나 그 세부사항들은 흔히 인정되는 것보다 더 역사적 사실일 가능성이 높다. 십자가에 달린 죄수의 다리를 부러뜨리는 것은 키케로와 「베드로복음」에서도 보고된다.[118] 「베드로복음」에서는 십자가에 달린 죄수가 사실상 더 오래 고통당하도록 다리를 부러뜨리는 것이 금지된다.[119] 1968년에, 예루살렘에서 십자가형을 받은 여호하난 벤 하가콜이라는 죄수의 유골이 발견되었다. 흥미롭게도—비록 그의 시신이 십자가에서 내려질 때 그렇게 되었다는 이론도 제시되기는 했지만—그의 정강이뼈 중 하나가 부서져 있었다.[120]

로마인들은 종종 십자가형을 당한 자들을 한동안 죽은 채로 십자가에 그대로 방치해서 새나 개들의 먹이가 되게 했다.[121] 그러나 요세푸스는 예루살렘이 예외였음을 보여주는 흥미로운 보고를 제공한다. 기원후 70년에 예루살렘이 멸망하기 2, 3년 전에 로마의 용병들이 몇 사람의 유대인 대제사장들을 살해한 후 그들의 매장을 허락하지 않았다. 요세푸스는 유대인들이 그때까지도 죽은 자를 매장하는 데 크게 신경을 썼고 십자가형을 받은 자를 해지기 전에 묻었다고 덧붙인다: τοὺς ἐκ καταδίκης

116 요 19:31-37.

117 예컨대 다음 문헌들을 보라. R. Brown(*Death*, 1994), 1088-92, 1178-84, 그리고 Crossan(1994), 143-52.

118 Cicero *Phil.* 13.27. 텍스트는 다음 문헌들을 보라. Perseus Project: 〈www.perseus.tufts.edu/cgi-bin/ptext?lookup=Cic.+Phil.+13.27〉(2007년 7월 14일 접속); *Gos. Pet.* 4.14.

119 십자가형에 의한 죽음의 실제 원인은 의학 전문가들 사이에서 논쟁이 되고 있지만 이 연구에서는 중요한 문제가 아니다. 여기서는 다리뼈를 부러뜨리는 것은 죽음을 앞당기기 위해 사용되었다고 결론짓는 것으로 충분하다.

120 Tzaferis(1985).

121 십자가에서 죽은 자들의 시신은 매달린 채로 부패했고 썩은 고기를 먹는 짐승들의 먹이가 되었다(Horace *Ep.* 1.16.46-48; Petronius *Satyricon* 1.111-12; Juvenal *Sat.* 14.77; Plutarch *Cleom.* 38-39).

ἀνεσταυρωμένους πρὸ δύντος ἡλίου καθελεῖν τε καὶ θάπτειν.[122] 십자가에 달린 죄수가 십자가 위에서 며칠씩 살아 있을 수도 있었기 때문에 십자가형을 당한 이가 십자가에서 내려져 매장된 날이 곧 그가 십자가형을 당한 바로 그날이었는지는 모호하다. 유대 지도자들이 예수의 경우에 호소했을 가능성이 큰 신명기 21:21-23은 시신을 나무에 밤새도록 두는 것을 금하고 있기 때문에, 이 구절이 사형 판결을 받은 사람이 같은 날에 처형되고 십자가에서 내려져 매장되었음을 가리킨다고 주장할 수 있을 것이다. 「베드로복음」은 이런 해석을 지지한다. "정오였는데 온 유다에 어둠이 덮쳤다. 사람들은 그가 아직 살아 있는데 이미 해가 졌을 수도 있어서 당황하며 혼란에 빠졌다. 왜냐하면 그들의 성서는 살해당한 사람 위로 해가 지게 해서는 안 된다고 말하고 있기 때문이다."[123] 그러나 신명기 21장의 맥락에서는 당국자들은 사형 판결을 받은 자가 죽은 후 그의 시신을 나무에 매달아 두었을 수도 있다. 어느 쪽이든 자신 있게 판단하기는 어렵다. 왜냐하면 「베드로복음」의 역사적 가치는 의문시되고 있고, 요세푸스를 포함한 1세기의 많은 유대인들은 신명기 21장을 원래의 의미와는 다르게 해석하면서 「베드로복음」에 동의했을 수도 있기 때문이다.

요한복음이 어느 정도 통찰력을 제공해줄 수도 있다. 예수 및 그와 함께 십자가형을 받은 자들의 시신을 십자가에서 내려서 그 시신들이 **안식일 동안에** 십자가 위에 달려 있지 않게 해달라는 것이 유대교 지도자들의 요구였음을 감안한다면, 요세푸스가 언급한 십자가형을 받은 이들은 대개 죽을 때까지 십자가에 달려 있었고 그들이 죽은 날 해지기 전에 매장되었을 가능성이 있다.[124] 비록 요한의 수난 내러티브의 많은 부분의 역

---

122 Jos. *J. W.* 4장 317.
123 *Gos. Pet.* 15. 5와 비교하라. Ehrman의 영어 번역(*Lost Scriptures*, 2003), 32.
124 요 19:31. *Gos. Pet.* 5와 비교하라.

사성을 인정하지 않는 경향이 있을지라도, 우리는 여전히 요한이 그의 독자들이 이해한 절차에 관한 정보를 제시하고 있음을 알 수 있다. 혹자는 「베드로복음」이 전하는 많은 내용의 역사성을 기각할 수도 있을 것이다. 그러나 죄인의 고통을 연장시키기 위해 그의 다리를 부러뜨리지 말라는 명령을 내리는 진술은 독자들이 십자가형을 받은 사람의 다리뼈를 부러뜨리는 것이 죽음을 앞당기기 위해 사용된다는 것을 이해하고 있었음을 의미한다. 만약 요한이 안식일이 다가오고 있었다는 것과 무엇보다도 이것이 예수의 시신이 그날 해지기 전에 십자가에서 내려져야 했던 이유임을 강조하지 않았더라면, 요한복음과 「베드로복음」은 예수가 십자가형을 받은 날 십자가에서 내려왔던 이유에 대해 서로 상반되는 주장을 제시하는 것일 수도 있다. 요세푸스의 진술은 최소한 기원후 68년경 이전에 예루살렘에서 로마 정부가 십자가형을 받은 사람이 죽은 날 적절한 매장을 받도록 허용했다는 것을 알려준다.

요한은 군인들이 예수가 이미 죽은 것을 보고 그의 다리를 부러뜨리기보다는 일종의 "확인 사살"을 위해 예수의 옆구리를 찔렀다고 전한다. 퀸틸리아누스의 다음과 같은 진술을 감안한다면, 이 또한 타당성이 있다: *Cruces succiduntur, percussos sepeliri carnifex non vetat.* (십자가에서 죽은 이들에 관해서는, 처형 집행자는 창에 찔린 자들의 매장을 금하지 않는다.)[125]

요한은 예수의 십자가형에서 일어난 몇 가지 사건들을 이해하기 위해 [구약] 성서를 살펴보았을 수도 있다. 요한은 예수의 십자가형에서 일

---

125 Quintilian *Declarationes Maiores* 6.9. 퀸틸리아누스가 이 작품을 썼는지에 관해서는 의문의 여지가 있다. 그러나 우리는 그 텍스트가 십자가형의 관행에 관해 말하는 내용에 관심이 있기 때문에 저자가 누구인지는 중요하지 않다. 온라인 텍스트는 〈www.thelatinlibrary.com/quintilian/quintilian.decl.mai6.shtml〉에서 접근할 수 있다.(2007년 7월 14일 접속). 라틴어 *percussos*라는 용어는 "쳐서 꿰뚫다, 찔러서 꿰뚫다, 뚫다, 찌르다"를 의미한다(G. R. Grane 편, "Perseus Word Study Tool," The Perseus Project, 〈www.perseus.tufts.edu〉)

어난 사건들이 예언의 성취로서 일어났다고 단언한다(요 19:24, 36-37; 시 22:18; 34:20; 슥 12:10). 군인들이 그의 옷을 나눠 갖고, 죄수들의 다리를 부러뜨리고, 확실히 죽게 하려고 옆구리를 찌르는 것 모두 로마의 처형에서 있을 법한 일이었다. 요한이 호소하는 어느 텍스트도 원래는 메시아에 관해 말하는 텍스트가 아니다. 앨런 시걸은 어떤 메시아 텍스트도 메시아의 죽음이나 십자가형을 "불가피한" 것으로 여기지 않으며 따라서 "그것은 예수의 생애에서 일어난 사건들에 대한 역사적 경험으로부터 나온 것이 분명하고 그 반대 방향으로 진행된 것이 아니다"고 주장한다.[126] 크로산이 예수의 십자가형과 관련된 많은 세부내용들이 허구이며 "기억된 역사"라기보다 "역사화된 예언"이라고 말한 것이 옳을 수도 있다.[127] 그러나 우리가 [요한의 텍스트에서] "예언된 역사"를 읽고 있을 가능성이 최소한 [그 텍스트가] 크로산이 말하는 "역사화된 예언"일 가능성만큼은 된다. 달리 말하자면 복음서 저자들은 이런 일들에 대해 알고 있었으며, 요한복음의 경우에 그 사랑받는 제자는 그 일들에 대한 목격자였고 [구약]성서를 통해 그 일들에 대해 이해하게 되었을 수도 있다. 초기의 그리스도인들이 시편 22편에서 예수의 십자가형을 어떻게 보았을지 쉽게 이해할 수 있다. (1) 예수가 실제로 십자가에 달려서 시편 22:1을 인용하여 "내 하나님이여, 내 하나님이여! 어찌 나를 버리셨나이까?"라고 말했을 수도 있음,[128] (2) 그의 옷들을 나누고 제비뽑음,[129] (3) 죄수를 조롱하고, 자신들의 머리를 흔들고, "하나님이 저를 구원하시게 하라"고 말함,[130] (4) 심한 갈

---

126 Segal(2004), 427-28.
127 Crossan(1994), 145.
128 막 15:34; 마 27:46.
129 시 22:18; 막 15:24; 마 27:35; 요 19:23-24.
130 시 22:7-8; 막 15:29-32, 35-36; 마 27:39-43; 눅 23:35-39.

증과 바짝바짝 타는 입,[131] (5) 개들에게 둘러싸임,[132] (6) 그를 둘러 싼 악한 무리들,[133] (7) 손과 발을 찌름,[134] 그리고 (8) 뼈가 드러남.[135] 만약에 십자가형이 일반적으로 못박힘, 구경꾼들에게 조롱당함, 심한 갈증, 그리고 채찍질로 인해 뼈가 드러남 등과 같은 이런 여덟 가지 세부 사항 중 최소한 일부와 관련이 있었다면, 복음서 저자들이 시편 22편을 읽고서 이런 일들을 통해 예언이 성취되었다고 믿었다 할지라도 그것이 왜 놀랄 일이겠는가? 더욱이 만약 예수가 십자가형을 당할 때 못 박혔다면 예수의 십자가형 자체로 충분했을 것이기 때문에, 요한은 스가랴 12:10을 성취하기 위해 창으로 예수의 옆구리를 찌른 군인을 고안해낼 필요가 없었다(요 19:34).[136]

다리뼈를 부러뜨리는 것과 창으로 찌르는 것이 요한복음에 의해서만 언급되었고 따라서 복수의 증언이 결여되어 있다고 지적할 수 있을 것이다. 그리고 그 지적은 옳다. 그러나 위에서 못을 사용한 것이 분명히 일반적인 십자가형 방식이었음을 지적하기는 했지만, 요한은 또한 예수의 십자가형에서 못이 사용된 것을 언급한 유일한 복음서 저자라는 점에 주

---

131 시 22:15; 요 19:28; 다음 구절들과 비교하라. 막 15:36-37; 마 27:47-48; 눅 23:36. 법의학 병리학자 Fred Zugibe 박사(1995)는 심한 채찍질이 "신경, 근육, 그리고 피부에 충격을 가해서 죄수에게 오한·진땀·잦은 발작 그리고 갈증 등을 동반하는 비참한 탈진 상태"를 야기했다고 말한다(118).

132 시 22:16. 여기서 "개들"은 짐승이나 이방인을 가리킬 수 있다.

133 시 22:16. 예수를 십자가에 못 박은 사람들과 그런 행동을 지지한 사람들을 가리킨다. 아마도 예수가 두 명의 도적들 사이에서 못 박혔다는 사실은 복음서 저자들에 의해 예언의 성취라고 지적되었을 수도 있다(막 15:27; 마 27:38; 눅 23:32-34; 요 19:18).

134 시 22:16.

135 시 22:17; Jos. *J. W.* 6권 304.

136 또한 왜 아리마대 요셉이 예수를 매장한 것이 사 53:9의 예언의 성취로 간주되지 않았는지 물을 수 있을 것이다. 왜냐하면 많은 학자들이 요셉에 의한 매장을 역사적인 사건으로 간주하지 않기 때문이다.

목할 필요가 있다.[137] 다른 복음서 저자들 세 명은 대다수 고대의 저자들처럼 십자가형의 세부 내용을 전하는 데는 관심이 없었을 수도 있다. 그 사건의 참상이 그들 앞에 놓여 있었고 고대의 저자들은 대체로 그에 관해 논하고 싶지 않았다.[138] 더욱이 앞에서 지적했듯이 예루살렘이 멸망하기 전에는 로마가 분명히 예루살렘의 유대인들에게 십자가형을 받은 사람을 해가 지기 전에 매장하도록 허락했고, 십자가형을 받은 사람이 유대인의 명절 기간에 예루살렘에서 십자가 위에 매달려 있도록 허용되지 않았을 가능성이 아주 크다는 점을 감안한다면, 다리뼈 부러뜨리기의 개연성이 매우 커지고 그렇게 기대되었을 것이다. 만약 그 사랑받는 제자가 예수의 십자가형 장소에 있었다면, 그런 세부내용이 그의 뇌리에 새겨졌을 것이다. 그러므로 나는 요한이 언급하는 다리뼈 부러뜨리기와 창으로 찌르기의 역사성을 의심할 이유가 없다고 생각한다.

예수가 십자가형으로 죽었다는 네 번째 증거는 십자가형에서 살아남을 가능성이 아주 낮다는 것이다. 앞에서 지적했듯이, 십자가형과 그에 앞서 여러 차례 시행되는 고문은 매우 야만적인 과정이었다. 사실 고대에 십자가형에서 살아남은 사람에 관한 이야기는 하나뿐이다. 요세푸스는 자기 친구 셋이 십자가형을 받고 있는 것을 보았다고 전한다. 그는 재빨리 자기 친구인 로마 사령관 티투스에게 탄원했고, 티투스는 그 세 사람 모두를 즉시 십자가에서 내려서 그들에게 로마가 제공할 수 있는 최상의 치료를 제공하라고 명령했다. 이런 조치들에도 불구하고 셋 중 둘이 죽었다.[139] 그러므로 설령 예수가 죽기 전에 십자가에서 내려져 의학적인 도

---

137 요 20:25. 눅 24:39도 보라. 거기서는 못이 사용되었음이 암시될 가능성이 있다. 위의 각주 98도 보라.

138 Hengel(1997), 25, 38.

139 Jos. *Life* 420-21.

움을 받았다고 할지라도 그가 살아날 가능성은 아주 희박했다. 게다가 예수가 살아 있는 동안 십자가에서 내려졌다거나 로마의 최상의 치료는 고사하고 어떤 치료라도 제공받았다는 어떤 증거도 없다.

역사가들은 가능성들에 대해 개방적이면서도 확률에 의해 인도받아야 한다. 예수가 십자가형을 받았다는 강력한 증거들을 감안할 때, 반대되는 강력한 증거가 없다면 역사가는 예수가 십자가형으로 죽었을 것이라는 결론을 내려야 한다. 이것은 사실상 그 주제에 관해 연구하는 모든 학자들이 공유하는 결론이다. 존 맥킨타이어는 이렇게 말한다. "세상에 존재했던 그리스도에 관한 역사적 내용 중 다른 모든 것은 거의 인정하지 않는 학자들과 비평가들조차도 그리스도의 죽음의 사실성을 부정할 수 없다는 것을 알게 되었다."[140] 맥킨타이어의 말이 옳다. 무신론자인 게르트 뤼데만은 "예수가 십자가형의 결과로 죽었다는 데 대해서는 논쟁할 여지가 없다"라고 쓴다.[141] 정경 복음서들에서 예수가 한 것으로 제시되는 말과 행위 대부분의 진정성을 부인하는 크로산은 "본디오 빌라도 치하에서 예수가 십자가형을 받았다는 **사실**에 관해서는 일말의 의문도" 없으며[142] "그가 십자가형을 받았다는 것은 그 어떤 역사적 사실보다 확실하다"[143]고 말한다. 유대인 학자 게자 버미스에게 "예수의 수난은 역사의 일부다."[144] 다소 회의적인 학자인 파울라 프레드릭슨은 이렇게 쓴다. "예수의 생애에 관해 유일하게 가장 확실한 사실은 그의 죽음이다. 예수는

---

140 McIntyre(2001), 8.

141 Lüdemann(2004), 50.

142 Crossan(1991), 375; 372와 비교하라.

143 Crossan(1991), 145. 다음 문헌들도 보라. Borg(2006), 271-72; Scott 편(*Finding*, 2008)에 실린 R. J. Miller: "예수가 십자가형으로 죽었다는 것은 어떤 역사적 사실보다 확실하다"(14).

144 Vermes(2006), 9. 또 다른 유대인 학자 Lapide(2002)는 십자가형에 의한 예수의 죽음은 "역사적으로 확실하다"고 주장한다(32).

로마 총독 빌라도에 의해 유월절에 또는 그 무렵에 로마가 특별히 정치적 반란자들에게 사용한 처형방식인 십자가형을 받아 처형되었다."[145]

요약하자면, 예수가 십자가형에 의해 죽었다는 사실에 대한 역사적 증거는 아주 강력하다. 그 증거는 많은 고대의 자료들에 의해 다양하게 입증되는데, 그 자료 중 일부는 기독교의 자료가 아니며 따라서 사건들에 대해 기독교적으로 해석하는 쪽으로 기울어져 있지 않다. 그 자료들은 다양한 문학 양식으로 나타나는데, 연대기·역사기술·전기·편지·신조 형태의 전승·구두 신앙고백 그리고 찬송 등에서 발견된다. 그런 보고들 중 일부는 아주 이른 시기에 작성되었으며 예루살렘의 사도들에게까지 합리적으로 추적될 수 있다. 수난 내러티브는 신뢰할 수 있는 것으로 보인다. 왜냐하면 수난 내러티브는 당혹감 기준을 충족하며 그럴 듯한 여러 세부내용을 포함하고 있기 때문이다. 마지막으로, 예수가 십자가형에서 살아남을 가능성은 아주 낮았다.

소수의 학자들만이 예수가 십자가형을 받고서도 죽지 않았을 수 있다고 무모하게 제안해왔다.[146] 그들의 제안은 성서학계나 의학계 어느

---

145 Fredriksen(1999), 8. 온건한 학자들과 다소 보수적인 학자들도 십자가형에 의한 예수의 죽음을 역사적인 사건으로 인정한다. 다음 문헌들을 보라. R. Brown(Death, 1994): "대부분의 학자들은 예수가 유대 총독 본디오 빌라도 치하에서 죽었다는 복음서들의 일치된 증언을 수용한다"(1373); Charlesworth(2008): "예수는 로마 총독의 명령에 의해 로마식으로 처형되어 죽었다"(111); Ehrman(2000): "가장 확실한 역사의 사실들 중 하나는 예수가 로마의 유대 총독 본디오 빌라도의 명령에 의해 십자가형에 처해졌다는 것이다"(162; Ehrman[2008], 235, 261-62와 비교하라); L. T. Johnson(1996): "예수가 죽은 방식, 그 죽음의 집행자들, 그리고 아마도 그 공동 집행자들에 대한 증거는 압도적이다: 예수는 죽기 전에 심문을 받았고, 유죄가 선언되었으며, 십자가형을 받아 처형되었다"(125); Sanders(1985)는 "의심의 여지가 없이 알려질 수 있는…거의 논쟁의 여지가 없는 사실들" 목록에 예수가 로마 당국에 의해 예루살렘 밖에서 십자가형에 의해 죽었다는 사실을 포함시킨다(11).

146 여기에는 다음과 같은 학자들이 포함된다. L. Crawford, "Non, Jésus n'est pas mort sur le Golgotha!" *Cahiers du Cercle Ernest Renan*[Paris] 33(142, 1985), 17-29; 34(143, 1986), 20-22(144, 1986), 37-42; Price and Lowder 편(2005),

쪽에서도 동조를 받지 못했다. 던칸 데렛은 예수가 십자가형을 받고서도 살아남았을 수 있다고 단언한다. 왜냐하면 "십자가형을 당한 죄수가 살아 있는 상태로 십자가에서 내려질 수도 있는 것은 사실"이며 "극심한 상처를 입은 사람이 죽음의 징후를 보이기는 하지만 뇌사 상태가 아닐 때" "완쾌되는 일이 흔하기" 때문이다.[147] 데렛은 예수의 경우에 어떻게 이런 일이 일어났을 수 있는지에 대해서는 논의하지 않는다. "심한 상처를 입고" 그로 인해 거의 죽게 된 사람이 적절한 치료를 받고 시간이 지나면 완쾌될 수 있다고 주장할 수는 있다. 그러나 특히 예수가 살아 있는 상태에서 십자가에서 내려졌다거나 어떤 식으로든 치료를 받았다는 증거가 없는데도 심한 고문과 십자가형을 받은 죄수가 완전히 건강을 회복했을 수도 있다고 주장하는 것은 전혀 다른 얘기다. D. F. 슈트라우스의 비판은 처음 제시되었을 때와 마찬가지로 오늘날에도 아주 적절하다.[148] 슈트라우스는 한 남자가 반쯤 죽은 상태로 십자가에서 내려져 무덤에 매장되었다가 며칠 뒤에 어찌어찌해서 소생했다고 가정해 보라고 요청한다. 그 사람은 인사불성 상태에서 깨어나 어두운 무덤 밖으로 나가기 위해서 입구를 막고 있던 육중한 돌 위에 못에 꿰뚫렸던 손을 올려놓고 그 돌을 밀어서 치워버린다. 이어서 그는 못에 찔려 상처를 입은 발로 제자들을 찾아 몇 구역이나 되는 길을 걷는다. 마침내 그는 제자들이 머물고 있는 곳에 도착해 문을 두드린다. 그 소리를 듣고 베드로가 일어나 문을 열어보니 극심한 상처를 입고 탈진한 예수가 서 있다. 예수는 허리를 구부린 채

394, 399에 수록된 J. D. M. Derrett; Lloyd Davies and Lloyd Davies(1991); Thiering(1992), 115-20.

147 Price and Lowder 편(2005), 394, 399에 실린 Derrett. Wedderburn(1999)도 예수가 십자가형에서 살아남았을 가능성에 대해 열려 있다(97).

148 D. F. Strauss, *A New Life of Jesus*, 2판(London: Williams and Norgate, 1879), 1권 408-12. 이 참고문헌에 대해 알려준 Gary Habermas에게 감사드린다.

베드로를 올려다보며 극심한 고통으로 얼굴을 찌푸리며 이렇게 말한다. "나는 보편적 부활의 첫 열매다!" 그런 예수라면 결코 자신의 제자들에게 자기가 부활한 생명의 왕임을 확신시키지 못했을 것이다. 살아 있다고? 겨우 숨이 붙어 있을 수는 있다. 부활했다고? 결코 그럴 수 없다! 앨리슨은 이렇게 말한다. "채찍에 맞고 십자가형이라는 끔찍한 고통을 받아 반쯤 죽게 된 죄수가 다른 사람들에게 죽음에 대한 승리자라는 인상을 줄 수 있다고 상상하기는 어렵다."[149]

예수의 죽음에 관한 논문 두 편이 전문적인 의학 문헌에 발표되었다. 첫 번째 논문은 「미국의학협회저널」(*Journal of the American Medical Association*)에 게재되었는데 그 논문은 다음과 같은 결론을 내렸다. "예수가 십자가에서 죽지 않았다는 가정에 기초해서 이루어진 해석들은 현대의 의학 지식과 상충하는 것으로 보인다."[150] 그러나, 두 번째 논문이 「런던왕립의사협회저널」(*Journal of the Royal College of Physicians of London*)에 게재되었다.[151] 로이드 데이비스 부부는 다음과 같이 제안한다.

> 십자가형에 처해졌을 때 예수는 쇼크와 저혈압 상태에 있었고, 뇌로 공급되는 혈액이 감소되어 의식을 잃었다. 예수의 창백한 피부와 움직임이 없는 것이 죽은 것으로 오해되었고 구경꾼들이 예수가 죽었다고 믿었다는 데는 의문의 여지가 없다.…예수가 십자가에서 내려져 땅에 눕혀졌을 때 혈액순환이 재개될 때까지 뇌에 대한 산소 공급은 아주 적었지만 위험 임계수준 이상으로 유지되었다. 일식이 일어난 동안의 냉기가 혈압을 유지시키는 데 도움을 주었다. 예수가 생명의 징후를 보였기 때문에 그는 무덤에 놓이지

149 Allison(*Resurrecting Jesus*, 2005), 203-4.
150 Edwards, Gabel and Hosmer(1986), 1463.
151 Lloyd Davies and Lloyd Davies(1991).

않았고(그것은 안식일에 장례 의식을 치르는 것을 피하려는 의도였을 수도 있다) 어디론가 옮겨져 돌봄을 받았다.[152]

예수의 추종자들이 어떻게 그가 부활했다고 믿게 되었는지 설명하면서 그들은 이렇게 주장한다.

> 제자들과 여자들은 틀림없이 그들이 감정적으로 적절히 대처할 수 없을 만큼 극심한 심리적 압박을 받고 있었을 것이다. 그런 경우 개별적·집단적 인식—시각화가 아니라—이 예상되었다. 예수의 추종자들은 한계를 초월한 자극으로 인한 신체활동 억제증을 겪고 있었는데, 그런 뇌 활동 상태에서는 히스테리적인 피암시성(또는 대안적으로, 반-피암시성이 자주 일어난다. 전투 피로증이나 세뇌와 유사하다.…이 가설은 예수의 십자가형을 둘러싼 역사적 사건들을 인정하지만 발생한 일을 현대의 지식에 비추어 설명한다.[153]

이 주장은 즉시 많은 의학 전문가들의 예리한 비판에 직면했고, 그들의 반론은 같은 저널의 다음 호에 발표되었다. 리버풀 대학교의 외과학 부교수 라인스터는 로이드 데이비스 부부가 텍스트를 매우 선택적으로 읽고 있음을 지적했다.[154] 예컨대 "상세하게 기록된 상황들은 그들이 심리적 경험을 한 것이 아니라 [부활한 예수가] 실제로 그곳에 있었음을 암시한다. 환영은 보통 그것을 경험하는 사람들을 위해 아침식사를 차려주지

---

152 Lloyd Davies and Lloyd Davies(1991), 168.
153 Lloyd Davies and Lloyd Davies(1991), 168.
154 "Letters"(1991), 268에 실린 S. L. Leinster, Reader in Surgery, University of Liverpool.

않는다."[155] 만약 로이드 데이비스 부부가 정경 복음서들에서 제시된 일식의 발생과 같은 세부 사항들을 신뢰하기 원한다면, 그들이 언급하지 않은 세부 사항들은 확실히 예수가 십자가형으로 죽었다고 알려준다. 라인스터와 리드 대학교 류머티즘학 교수인 라이트 모두 이런 세부사항을 감안할 때 예수가 십자가형으로 죽었을 가능성이 있음을 지적했다.[156]

은퇴한 외과의사 파울러는 이렇게 지적했다. "그들의 이론은 논리적으로 결함이 있다. 왜냐하면 만약 예수가 십자가에서 내려져 친구들에 의해 소생했다면, 그의 추종자들은 나중에 환영이 아니라 그를 보았을 것이기 때문이다."[157] 런던에 있는 퀸메리 대학교 병원의 데이비드 바나도는 이렇게 썼다. "저자들은 '믿음은 생각을 포기하도록 요구하지 않는다'라고 아주 옳게 말하지만, 그들은 극단적인 고지식함을 보이면서 바로 그렇게 한다!…믿음은 생각을 포기하도록 요구하지 않지만, 이런 사건들에 대한 주된 설명은 생리학 개념들에 대한 피상적인 검토 이상의 것을 요구한다."[158]

최근에 외관상의 죽음 이론을 제기한 또 다른 학자는 바바라 티어링이다. 예수, 그의 제자들, 그리고 신약성서 저자들은 텍스트 안에 숨겨진 의미들을 새겨 넣는 **페셰르**(pesher) 방식을 사용했다.[159] 일반적인 독자는 숨겨진 의미들을 보지 못할 테지만 "재능 있는 전문가들"—티어링은 자신이 그런 사람이라고 믿는다—은 그 신비를 풀 수도 있을 것이다.[160] 그

---

155 "Letters"(1991), 269에 실린 S. L. Leinster.

156 "Letters"(1991), 268-69에 실린 S. L. Leinster의 논평; "Letters"(1991), 269에 실린 V. Wright의 논평.

157 "Letters"(1991), 270에 실린 A. W. Fowler의 논평.

158 "Letters"(1991), 270-71에 실린 David Barnardo의 논평.

159 Thiering에 따르면 예수는 "네 번째 복음서 저작에 관여했을 수도 있다. 그 복음서는 그 페셰르가 보여주듯이 기원후 37년 전에 쓰였다"(128).

160 Thiering(1992), 21.

렇게 하는 유익은 필요하면 실제 역사를 숨길 수 있다는 것이다.[161] 티어링이 자기의 방법을 사용하는 방식의 한 가지 예는 예수가 물을 포도주로 바꾼 것에서 발견된다. 그녀는 "온전한 수도사의 삶"에 돌입한 쿰란의 독신자들만 성찬(즉 포도주)을 받을 수 있었고 다른 사람들(예컨대 기혼 남성·장애인·이방인·여성·노예 등)은 세례를 통해 물을 받았다고 말한다. 요한은 그의 독자들에게 이제 모든 사람이 자유롭게 성찬을 받을 수 있다고 말한다.[162]

티어링은 예수의 죽음에 관한 보고에 대해서는 이렇게 주장한다.

> 상한 술인 '식초' 음료가 제공되었다.…그것은 효과가 나려면 몇 시간이 걸리는 뱀의 독이었다. 그러나 뱀독의 최초의 효과는—예수가 당한 외상의 효과와 결합해서—그의 의식을 잃게 만든 것이었다.…예수는 십자가 위에서 죽지 않았다. 예수는 그 뱀독의 효과로부터 회복되었고 친구들의 도움을 받아 무덤에서 탈출해서 그들과 함께 머물다가 로마로 갔다. 예수는 기원후 64년에 로마에 있었다.

티어링에 따르면 예수가 "45kg의 몰약과 알로에를 담고 있는 용기에 넣어져" 무덤에 누인 것이 도움이 되었다. "알로에 즙은 해독제 역할을 하며 많은 양이 제공되면 신속하게 효과를 나타낸다. 몰약은 상처를 진정시키는 물질로서 점막에 작용한다. 그 약들은 단지 독을 퇴치하기 위해서만 투여되어야 했다."[163] "이것은 추측이 아니라 텍스트를 페셰르 방식으로 읽음으로써 나온 결과다." 그녀는 「빌립복음」에 주목하는데, 거기서 예

161 Thiering(1992), 22.
162 Thiering(1992), 24.
163 Thiering(1992), 120.

수는 먼저 죽었다가 그 후에 부활하지 않고, 오히려 먼저 부활했다가 그 후에 죽었다.

> 새롭게 발견된 다른 영지주의 책들 중 일부는 예수가 십자가에서 실제로 죽었던 것이 아니라 다른 사람이 그를 대신해 죽었다는 잘 알려진 가현설 전승을 반영한다. 비록 이 믿음은 확실히 예수가 죽을 수밖에 없는 존재가 아니었고 따라서 고통당할 수 없었다는 개념에서 득세하기는 하지만, 만약 예수가 실제로 죽었다는 확고하고 명확한 증거가 있었다면 이 믿음이 영지주의 진영에서 번성할 수 없었을 것이다.[164]

바울은 어떤가? 티어링에 따르면 바울은 기원후 40년 3월 어느 날 정오경에 유대인 예배에 참석하고 있었는데 그곳에서는 바로 예수가 사람들을 가르치고 있었다. 당시에 바울(그때에는 사울)은 예수에게 적대적이었다. 그래서 예수가 바울에게 걸어와 말했다. "네가 나를 박해하고 있다." 몇 마디 말을 주고받은 후에 예수는 바울이 자기 앞에 앉아서 자신의 설교를 듣게 했다. 그 후 사울은 다른 사람이 되었고 자신의 충성 대상을 히브리 사람들로부터 헬라파 사람들로 바꿨다. 훗날 바울의 편지들에서 발견되는 예수의 부활에 관한 그의 가르침은 "덜 성숙한 구성원들에게 받아들여졌던 가르침의 일부였다."[165]

티어링의 페셰르를 읽을 때 이것은 텍스트의 분명한 의미가 전혀 그 뜻이 아닌 때조차 결국 자기가 원하는 것을 보는 사람에 관한 예라는 느낌이 든다.[166] 이 정도의 상상력은 티어링의 독자들에게 경계심을 높이고

---

164 Thiering(1992), 115-18. 그녀의 페셰르 방법은 20-25에서 설명된다.
165 Thiering(1992), 139.
166 Braaten(1999)은 "역사에 대한 자연주의적 견해"가 일부 신학자들에게 "기록된

조심스럽게 진행하도록 경고하지만, 그 자체로 그녀의 가설이 틀렸음을 의미하지는 않는다. 그러나 티어링의 가설에 대한 증거를 살피고 그것을 알려진 사실들에 비추어 점검하면 그 가설이 서 있는 토대가 금가기 시작한다. 티어링은 예수가 십자가에 달려 있는 동안 제공된 음료가 뱀독을 포함하고 있었다거나 그 독에 그녀가 주장하는 효과가 있을 수 있었다는 아무런 증거도 제공하지 않는다.[167] 또한 알로에 즙과 몰약에 티어링이 주장하듯 뱀독을 없애고 채찍질과 십자가형으로 인한 상처 같은 지독한 상처들을 치유하는 놀라운 효능이 있다면, 왜 오늘날 병원들과 의사들이 다량의 알로에 즙과 몰약을 처방하지 않는지 물을 수 있을 것이다. 티어링은 바울이 육체의 부활에 관한 그의 가르침을 "덜 성숙한 사람들"을 위해 유보해 두었다고 설명한다.[168] 그러나, 만약 아래에서 설명하는 바울의 구절에 관한 내 주해가 옳다면, 바울은 육체의 부활이 자신을 포함해 모든 신자들에게 바람직하고 최종적인 결과라고 믿었다.[169]

또한 만약 그것이 성숙한 사람들을 위한 예수와 그의 제자들의 공식적인 가르침이었다면, 왜 그 가르침이 살아남지 못했는지 의문이다. 티어링은 예수 대신 다른 사람이 죽었고 부활이 죽음에 앞서 일어난다고 주장하는 영지주의 문헌들에서 부활에 관한 내부자용 가르침을 발견할 수

것의 명백한 의미에 어긋나는 해석을 자유롭게 만들어내도록" 자극해왔다고 지적한다(147-48). Braaten의 말은 Thiering을 염두에 두고 한 말일 수도 있다. 자기의 페셰르 해석을 지지하면서 Thiering은 이렇게 쓴다. "복음서들 안에는 현대인들이 믿을 수 없다고 여기는 굉장히 많은 기적들이 나온다"(22). Crossan(2003)도 보라: "만약 그것이 오리처럼 보이고, 오리처럼 걷고, 오리처럼 꽥꽥거린다면, 그것은 위장한 낙타임에 틀림없다고 말하는 유서 깊은 성서 주해 원칙이 있다." Hengel and Schwemer(1997), 119, 147도 보라.

167 Thiering은 *Gos. Pet.* 5와 *Barn.* 7.3을 인용하지만, 그중 어느 것도 예수에게 제공된 음료에 독이 포함되어 있었다는 그녀의 주장을 뒷받침해주지 않는다.

168 Thiering(1992), 139.

169 이 책의 4.3.3.9를 보라.

도 있으리라고 암시한다. 그러나 앞장에서 우리는 이런 영지주의 문헌들이 정경 복음서들보다 나중에—그중 일부는 상당히 나중에—등장했으며, 「도마복음」을 제외하면 그 문헌들이 예수와 사도들의 진정한 가르침을 담고 있는지 의심스럽다는 것을 살펴보았다. 더욱이 예수가 십자가형에서 살아남았다는 믿음은 "만약 예수가 실제로 죽었다는 확고하고 명확한 증거가 있었다면 이 믿음이 영지주의 진영에서 번성할 수 없었을 것"이라는 그녀의 주장은 설득력이 없다. 티어링 자신이 이런 믿음이 예수가 육신으로 왔음을 부인하는 가현설주의자들로부터 "확실히…득세한다"라고 지적한다.[170] 이 점은 예수가 십자가에서 죽지 않았다는 믿음의 기원에 대한 충분한 이유를 제공한다. 더욱이 우리는 그녀의 주장을 다음과 같이 뒤집을 수도 있을 것이다. 만약 예수가 실제로 살아남았다는 확고하고 명확한 증거가 있었다면 예수가 십자가형을 받아 죽었다는 믿음은 기독교 진영 안에서 번성하지 못했을 것이다. 이 주장도 설득력이 없을 것이다.

티어링의 페셰르 가설은 무책임한 역사 연구 방법과 제약되지 않은 결과들에 근거한 것으로 보인다. 오래 전에 등장해서 많이 사용되어온 표현이 말하는 바와 같이, 이 이론은 엄연한 일련의 사실들에 의해 살해되었다.[171] 그 이론은 학자들을 납득시키지 못했고 오히려 일부 학자들의 부정적인 반응을 낳았다. 크레이그 에반스는 이렇게 쓴다. "나는 유능한 학자들 중 티어링의 결론에 동의하는 사람은 지구상에서 한 명도 알지 못한다."[172] 그는 이렇게 덧붙인다. "바바라 티어링의 연구가 너무 주관적이

170 Thiering(1992), 117.

171 이 말의 기원은 알려져 있지 않다. 이 말은 Benjamin Franklin, T. H. Huxley 그리고 Francois La Rochefoucauld 등에게 돌려졌다. 그러나 그 배후에 Huxley가 한 유사한 말이 있을 수도 있다. Keyes(2006), 219를 보라.

172 C. A. Evans(2006), 207.

고 특이해서 대부분의 학자들은 그 연구를 무시했다."[173]

우리는 십자가형에 의한 예수의 죽음과 관련된 데이터를 주의 깊게 살펴보았고 이 사건의 역사성을 인정할 만한 아주 강력한 이유들도 살펴보았다. 또한 우리는 압도적인 수의 학자들이 이에 대해 인정하고 있음을 보았다.[174] 또한 우리는 소수의 학자들만 무모하게도 이 사실에 대해 의문을 제기했으며 그들의 논거는 매우 약하다는 것을 살펴보았다.[175] 그러므로 십자가형에 의한 예수의 죽음은 우리의 첫 번째 "최소한의 사실" 자격이 있다.

4.3.2. 제자들에게 나타남

예수가 죽은 직후에 그의 제자들은 예수가 살아났고 자기들 중 몇 사람에게 개인적으로 및 집단적으로 나타났다고 주장했다. 우리는 가장 초기의 주장인 고린도전서 15:3-8부터 시작해서 이런 주장들에 대해 조사할 것이다.

---

173 Evans and Wright(2009), 3에 실린 C. A. Evans; C. A. Evans(2006), 268 각주 2와 비교하라. Johnson(1996)도 보라: "Thiering의 '역사'는 완전히 헛소리며, 신중한 분석이라기보다는 부자연스러운 상상력의 산물이다. 그녀가 데이터를 연구하는 방식은 모든 건전한 역사 연구 기준에 어긋나며 모든 텍스트 분석 규칙 밖에서 작동한다"(30-31). Meeks(2006)는 Thiering의 가설을 "가당치 않다"고 부르며 (45), Vermes(2008)는 그 가설을 지지하는 "참된 고대의 증거가 없음"을 감안할 때 "우리가 관여할 필요가 없는 현대의 사변들" 중 하나라고 부른다(146).

174 우리는 예수가 십자가형에 처해진 시기에 대해서는 논의하지 않았다. 학자들의 견해는 기원후 30년과 33년으로 갈라져 있지만, 30년을 지지하는 학자들이 약간 많은 편이다. 우리의 현재 연구는 어느 것도 처형 시기에 의존하지 않으므로, 나는 그에 대해 논의하지는 않고 30년이라는 보다 표준적인 시기를 채택할 것이다. 예수의 사망 시기에 관한 논의는 R. Brown(*Death*, 1994), 2권 1350-78을 보라.

175 Wright(2003)는 외관상의 죽음 이론은 "추천할 만한 것이 아무것도" 없으며 예수의 부활을 열렬하게 부인하는 회의적인 학자들조차 그 이론에 호소하지 않는다고 단언한다(709).

4.3.2.1. 고린도전서 15:3-8에 나타난 예수의 출현

4.3.2.1.a. 전승의 장구함. 적어도 대부분의 학자들은 고린도전서 15:3b-5a이 구전이라는 것을 인정한다.[176]

ὅτι Χριστὸς ἀπέθανεν ὑπὲρ τῶν ἁμαρτιῶν ἡμῶν κατὰ τὰς γραφὰς

καὶ ὅτι ἐτάφη

καὶ ὅτι ἐγήγερται τῇ ἡμέρᾳ τῇ τρίτῃ κατὰ τὰς γραφὰς

καὶ ὅτι ὤφθη

성경대로 그리스도께서 우리 죄를 위하여 죽으시고

장사 지낸 바 되셨다가

성경대로 사흘 만에 다시 살아나사

[게바에게] 보이시고

첫 행에 등장하는 "우리 죄를 위하여"와 "성경대로"가 원래의 전승에 속한 것인지에 대해서는 의견 차이가 있으며, 세 번째 행에 등장하는 "성경대로"와 "사흘 만에"도 마찬가지다.[177] 또한 15:5b-7이 같은 전승

---

176 Hays(1997), 257과 MacGregor(2006), 226은 그 전승이 고전 15:5에서 끝나는 것으로 여긴다.

177 초기 그리스도인들이 염두에 두었던 텍스트는 무엇이었을까? Hays(2005)는 이렇게 쓴다. "시편과의 유형론적 일치라는 기초 위에서 기독론을 발전시키는 신약성서 텍스트가 반드시 후대의 변증론적 현상이어야 하는 것은 아니다. 우리가 추적할 수 있는 한, 예수의 죽음과 부활에 관한 해석은 고난 받는 의인에 관한 다수의 시편들로부터 유기적으로 자라난다. 이런 시편들은 고전 15:3-4의 신앙고백이 가리키는 '성경'일 수 있다"(117-18). Wright(2005)는 이렇게 말한다. "바울의 말은 성서 안에 그것들 자체로 이런 방향을 가리키는 한 두 개의 예언들이 있다는 뜻이 아니다. 그는 이스라엘을 위한 하나님의 계획의 정점을 향해 뻗어나가는, 그리고 재앙으로부터 소망을 가져오고 죽음으로부터 생명을 가져오는 강력한 은혜라는 특징이 있는 성서 내러티브 전체를 가리킨다"(224; Wright[1992], 241-43에 실려 있는 그의 보다 긴 설명과 비교하라). 그러나 초기 그리스도인들이 특정 성서 텍스트를 염두에 두고 있었다는 그럴듯한 논거가 제기될 수도 있다(Hays[1997], 256). 사도

의 일부인지 아니면 바울이 둘 이상의 전승들을 결합한 것인지에 대해서도 의견 차이가 있다. 15:5b-7의 내용은 아래와 같다.

εἶτα τοῖς δώδεκα·

ἔπειτα ὤφθη ἐπάνω πεντακοσίοις ἀδελφοῖς ἐφάπαξ, ἐξ ὧν οἱ πλείονες μένουσιν ἕως ἄρτι, τινὲς δὲ ἐκοιμήθησαν·

ἔπειτα ὤφθη Ἰακώβῳ

εἶτα τοῖς ἀποστόλοις πᾶσιν·

후에 열두 제자에게와

그 후에 오백여 형제에게 일시에 보이셨나니 [그중에 지금까지 대다수는 살아 있고 어떤 사람은 잠들었으며]

그 후에 야고보에게 보이셨으며

그 후에 모든 사도에게와

나는 예수의 출현을 목격한 오백여 명 중 대부분이 자기가 편지를 쓰고 있는 기원후 55년경에 여전히 살아 있다는 바울의 삽입구에 대해서는 제쳐두겠다. 마지막으로 바울은 15:8에서 예수가 자기에게도 나타났다고 덧붙인다.

ἔσχατον δὲ πάντων ὡσπερεὶ τῷ ἐκτρώματι ὤφθη κἀμοί.

행전에서 누가도 그리스도가 죽었다가 성경대로 죽은 자 가운데서 살아났다고 주장하며(행 3:18; 17:2-3; 26:22-23), 그에 대한 근거로 여러 성서 텍스트를 인용한다(행 2:25-32에서 시 16:8-11; 행 4:10-11에서 시 118:22; 행 4:25-28에서 시 2:1-2; 행 8:32-35에서 사 53:7-8; 행 13:33-37에서 사 55:3과 시 16:10을 인용함).

맨 나중에 만삭되지 못하여 난 자 같은 내게도 보이셨느니라.

대부분의 학자들은 바울에게 나타난 것이 원래의 전승에 속하지 않는다고 주장한다. 논쟁이 되는 이런 문제들에서 어느 쪽에 서든, 이 전승에서 보고되는 예수의 죽음·매장·부활·출현은 아주 이른 시기의 것이며, 아마도 예루살렘의 지도자들에게까지 그리고 바울 자신의 경험에 대해서는 확실히 바울에게로까지 소급된다.

4.3.2.1.b. 특별히 논란이 되는 두 번의 출현. 이 전승에 보고된 한꺼번에 "오백여 명"에게 나타난 것과 야고보에게 나타난 두 번의 출현에는 특히 의문이 제기되어왔다. 이 출현들은 이 텍스트 밖에서는 분명하게 보고되지 않으며, 특히 정경 복음서는 어느 것도 이에 대해 보고하지 않는다.[178] 그러나 부활한 예수가 한 번에 그렇게 많은 사람에게 출현한 것과 훗날 예루살렘 교회의 유력한 지도자가 된 야고보에게 출현한 것이 가장 초기의 전승에 보고되는 것에 주목할 필요가 있다. 만약 이 출현들이 오직 정경 복음서들에서만 나타났다면, 그 출현들은 가장 초기의 자료에는 들어 있지 않을 것이기 때문에 이 출현들이 자유롭게 고안해낸 것이 아닌지 더 의심쩍을 수 있을 것이다. 그러나 여기서는 그와 정반대다. 그 출현들은 가장 초기의 보고들에서는 나타나지만 이후의 부활 내러티브들에서는 나타나지 않는다. 더욱이 예수가 한 번에 오백여 명에게 출현했다는 바울의 삽입구는 매우 흥미롭다. 왜냐하면 바울에 따르면 그들 중 대부분이 여전히 살아 있으며 다른 사람들이 그들에게 물어볼 수 있었기 때

---

178 야고보에 대한 출현은 히에로니무스의 *Illustrious Men 2*에서 *Gos. Heb.* 5에 기록되어 있다고 보고된다. Ehrman(*Lost Scriptures*, 2003), 16, fragment 5를 보라. 이 출현에 대해서는 아래에서 보다 상세하게 논의할 것이다. 아래의 4.3.4.1.c를 보라.

문이다.[179] 또한 그 전승에서 다수의 출현이 발생 순서대로 열거되는 점도 주목할 만한데, 그 점은 바울에게는 그런 출현들이 역사적이라는 근거가 된다.[180] 그러므로 이런 출현들은 성급하게 무시되어서는 안 된다.

로버트 펑크는 예수 세미나의 발견사항들에 대해 언급하면서 이렇게 쓴다.

> [예수 세미나] 회원들은 예수의 형제 야고보, "열두 제자" 전체, 그리고 한꺼번에 오백 명의 신자들에게 출현한 것을 포함시키는 데 대해 의심을 품었다.…이런 보고들에 대해 의심하는 부분적인 이유는 그 열두 제자에게 부여된 이름들이 명단마다 달라서 그 열둘을 확정할 수 없기 때문이다.…야고보와 관련된 주장은 야고보를 베드로와 (그리고 아마도 바울과) 동등한 위치에 올려놓기 위한 시도로 보인다. 바울이 언급한 오백 명과 같은 많은 무리들에 대한 출현은 사도들이 성령에 충만하여 방언을 했다고 묘사하는 사도행전 2장의 오순절 경험과 같은 환상적인 예배 경험을 암시한다.[181]

제자들의 명단은 바울의 편지보다 10년 또는 그 이상의 세월이 흐른 후에 쓰인 정경 복음서들에 등장한다. 나중에 쓰인 내러티브들에서 나타나는 불일치가 왜 보다 이른 시기의 보고들에 문제가 있음을 암시하는가?

---

179 Barnett(1994), 7; Lüdemann(2004), 41; Copan and Tacelli 편(2000), 152에 실린 Lüdemann과 비교하라. Catchpole(2002), 152는 의견을 달리한다.

180 Barnett(1999), 183; Bryskog(2002), 227; Carnley(1987), 228; Craig(*Assessing*, 1989), 33-34; Witherington(2006), 174; Wright(2003), 326. 그 전승이 출현들을 발생순서대로 전하고 있다고 주장할 만한 충분한 이유가 있다. 아래 4.3.2.2를 보라.

181 Funk and the Jesus Seminar(1998), 454-55. 그들은 여기에 야고보가 포함된 것이 그의 권위를 정당화하기 위함이며 한꺼번에 오백여 형제들에게 출현한 것은 "환상적인 예배 경험을 암시한다"는 그들의 주장에 대한 어떤 근거도 제시하지 않는다.

고린도전서 15:3-5에 실려 있는 4행으로 이루어진 신앙고백문과 마가복음 15:37-16:7 및 사도행전 13:28-31 같은 다른 구절들은 매우 유사해 보인다. 그 구절들에서는 예수가 죽어서 매장되었다가 살아나 출현한 동일한 순서가 진술된다.[182] 앨리슨은 네 개 정경 복음서들과 고린도전서 15:3-7에 들어 있는 전승 사이에 예수의 죽음, 매장, 삼일 째의 부활, 개인들에 대한 출현과 열한 명 또는 열두 명의 제자들에 대한 출현이라는 순서가 같음을 보여주는 차트를 제공한다.[183] 그는 이렇게 결론짓는다. "이 모든 다양성 가운데서 어떤 공통적인 패턴을 따라 이루어진 여러 변형들이 있는 것으로 보인다. 어쩌면 바울은 때때로 암시되는 것만큼 복음 전승으로부터 멀리 떨어져 있지 않을 수도 있다."[184] 그러므로 예수의 출현 사건들의 순서에 대한 대체적인 개요는 복수로 입증된다고 할 수 있을 것이다.

더욱이 그 전승 안에서 열거되는 출현들 대부분이 다양하게 증명되고 있다는 점도 지적될 수 있을 것이다. 고린도전서 15:5에 나오는 베드

---

182 Allison(*Resurrecting Jesus*, 2005), 233 각주 133; Copan and Tacelli 편(2000), 165에 실린 Craig; Theissen and Merz(1998), 496.

183 Allison(*Resurrecting Jesus*, 2005), 239는 다음과 같은 목록을 제시한다: 죽음(마 27:45-54; 막15:33-39; 눅 23:44-48; 요 19:28-30; 고전 15:3); 매장(마 27:56-61; 막 15:42-47; 눅 23:50-55; 요 19:38-42; 고전 15:4상); 삼일 째의 부활(마 28:1-8; 막 16:1-8; 눅 24:1-8; 요 20:1-10; 고전 15:4b); 개인들에 대한 출현(마 28:9-10; 막 16:7[?]; 눅 24:13-35; 요 20:11-18; 고전 15:5, 7, 8); 열한 명 또는 열두 명의 제자들에 대한 출현(마 28:16-20; 막 16:7; 눅 24:36-51; 요 20:19-22; 고전 15:5, 7). 우리는 왜 바울이 유다가 예수를 배신해서 열한 제자밖에 남지 않았는데 열두 제자에 대해 언급하는지 물을 수 있을 것이다. "열둘"은 아마도 이스라엘의 열두 지파에 대한 상징적 의미가 있었을 것이다(마 19:28). 더욱이 열둘은 특별히 예수가 선택해서 자기와 가장 가까이 머물게 했고 유다가 죽은 후에도 남아 있었던 그룹에 대한 별칭으로 사용되었을 수도 있다. Keener(2005)는 비기독교 문헌에서 특정한 숫자로 이루어진 그룹의 명칭들이 실제 그 숫자가 변하더라도 그대로 유지되었음을 발견한다(124).

184 Allison(*Resurrecting Jesus*, 2005), 239. 235와 비교하라.

로에 대한 출현은 마가복음 16:7에서 암시되었을 수 있고, 특히 누가복음 24:34에서 출현 자체를 보고하지는 않지만 출현했었다고 언급된다.[185] 실제로 누가는 발생순서상 제자들 전체에 대한 출현보다 베드로에 대한 출현을 앞에 두는 전승과 일치한다.[186] "누가복음 24:12에서 베드로라는 이름이 사용되는 반면 24:34에서는 시몬이라는 이름이 사용된다는 사실은 다시금 서로 다른 자료들 또는 전승들을 가리킨다."[187] 고린도전서 15:5가 말하는 열두 제자들에 대한 출현은 누가와 요한이 분명하게 이야기한다.[188] 앨리슨은 마태복음, 「위(僞)-마가복음」(막 16:9-20), 누가복음, 그리고 요한복음에서 나타나는 이런 출현들의 유사한 환경·출현·반응·위임 그리고 지원 약속을 보여주는 또 다른 차트를 제공한다.[189]

어떤 학자들은 오백여 명에 대한 출현은 마태복음 28:16-18에서 언급된 갈릴리에서의 출현을 가리킨다고 생각한다.[190] 마태가 그곳에 몇 명이 있었는지에 대해 명시하지는 않지만, 그 텍스트는 그렇게 많은 사람이 있었다고 명확하게 얘기하지 않는다. 마태가 그곳에 예수의 가까운 제자 그룹에 속하지 않았던 다른 사람들이 있었던 것에 대해 알고 있었음을 보여주는 표지가 있을 수도 있다. 마태복음 28:17은 καὶ ἰδόντες αὐτὸν προσεκύνησαν, οἱ δὲ ἐδίστασαν("그들은 예수를 보고서 경배했지만 일부는 의심했다")라고 전한다. 여기서 οἱ δε는 의심하는 사람들이 예수의 제자가 아닌 다른 사람들임을 가리킬 수 있다. 이 "의심하는 사람들"에 대해서는 아

185 Allison(*Resurrecting Jesus*, 2005), 240; Catchpole(2003), 155; Copan and Tacelli(2000), 182에 실린 Craig; Dunn(2003), 862-63.

186 Allison(*Resurrecting Jesus*, 2005), 240.

187 Engelbrecht(1989), 242. Catchpole(2002)은 베드로가 한 경험의 역사성은 "거의 의심되지 않지만", 그의 경험에 대한 해석들은 통일되지 않는다고 언급한다(155).

188 눅 24:36-43; 요 20:19-20.

189 Allison(*Resurrecting Jesus*, 2005), 245.

190 Craig(*Assessing*, 1989), 57-63; Wright(2003), 325.

래에서 논의할 것이다.[191] 텍스트에 이 점을 분명하게 밝혀주는 것은 없지만, 누가복음 24:33-53/사도행전 1:6-11이 이에 대한 또 다른 후보일 수 있다. 따라서 이에 대해서는 **가능성이 있음** 등급까지 부여할 수 있다.

위에서 지적했듯이, 야고보에게 나타나심은 대부분의 학자들이 믿을 만한 것으로 여기지 않는 「히브리복음」을 제외하고는 다른 어느 곳에서도 언급되지 않는다. 야고보에 대한 출현이 오직 이 전승에서만 언급되는 것은 정경 복음서들과 독립적인 전승이 있었음을 가리킨다.[192] 오백여 명에 대한 출현에 대해서도 같은 말을 할 수 있다. 모든 사도들에 대한 출현은 누가복음 24:33-53과 사도행전 1:6-11에서 보고된 출현일 수도 있다.[193] 바울에게 나타나심은 누가에 의해(행 9; 22; 26) 그리고 다른 곳에서 바울 자신에 의해 보고된다(고전 9:1; 15:8).

고린도전서 15:5-7에서 보고되는 많은 사건들 자체도 복수로 입증된다. 예수의 죽음은 고린도전서 15:3에서 그리고 앞 단락에서 언급했던 모든 자료들에서 보고된다. 예수의 매장은 고린도전서 15:4과 모든 정경

---

191 이 책의 4.3.2.6을 보라.

192 Theissen and Merz(1998), 496.

193 Wenham(1995)은 바울이 부활한 예수가 제자들에게 나타나서 제자들에게 민족들(즉, 이방인들)에 복음을 전하라고 위임했다는 내러티브에 대해 알고 있었을 수 있다고 지적한다. 롬 1:3-5에서 바울은 자기와 다른 사람들이 예수의 이름을 위하여 민족들에게 믿음의 순종을 가르치기 위해 부활한 주님으로부터 은혜와 사도직을 받았다고 쓴다(δι' οὗ ἐλάβομεν χάριν καὶ ἀποστολὴν εἰς ὑπακοὴν πίστεως ἐν πᾶσιν τοῖς ἔθνεσιν ὑπὲρ τοῦ ὀνόματος αὐτοῦ). 이런 말은 공관복음에서 발견하는 말을 떠올리게 한다. 마 28:19에서 부활한 주님은 사도들에게 "모든 민족을 제자로 삼아 아버지와 아들과 성령의 이름으로 세례를 베풀라"(μαθητεύσατε πάντα τὰ ἔθνη, βαπτίζοντες αὐτοὺς εἰς τὸ ὄνομα τοῦ πατρὸς καὶ τοῦ υἱοῦ καὶ τοῦ ἁγίου πνεύματος)고 위임한다. 눅 24:44-49에서 부활한 주님은 제자들에게 자신의 이름으로 모든 민족에게 죄 용서에 이르는 회개를 가르치라고 위임한다(κηρυχθῆναι ἐπὶ τῷ ὀνόματι αὐτοῦ μετάνοιαν εἰς ἄφεσιν ἁμαρτιῶν εἰς πάντα τὰ ἔθνη). 이 세 텍스트 모두에서 복음은 예수의 이름으로 또는 예수의 이름을 위하여 민족들에게 선포되어야 한다. Wenham(1995, 368 각주 99)을 보라. 그는 자신이 이 개념을 Idicheria Ninan에게서 얻었음을 인정한다.

복음서들에서 보고된다. 예수의 부활과 출현들은 고린도전서 15:4-7에 들어 있는 전승과 앞에서 설명한 것과 같은 다양한 자료들에서 보고된다.

요약하자면, 고린도전서 15:3-7에 들어 있는 전승은 아주 이른 시기의 것이며, 목격자들의 증언에 기초했을 개연성이 매우 높고, 사건들의 순서에 대한 대체적인 개요라는 측면에서 복수로 입증된다. 또한 그중 많은 사건들 자체도 복수로 입증된다. 우리는 복음서 저자들이 왜 야고보에게 나타나심과 오백여 명에게 나타나심에 대해 이야기하지 않는지는 알지 못한다. 우리는 단지 추측할 수 있을 뿐이다. 이 출현들은 사도들을 통해 전해지고 있던 전승의 일부이기 때문에 복음서 저자들이 이에 대해 알지 못했다고 주장하는 것은 수긍하기 어렵다. 어쩌면 복음서 저자들은 단지 예수의 승천 이전에 발생한 출현들에 대해서만 이야기하고 있을지도 모른다. 우리는 바울에게 나타나심은 승천 후의 사건이라는 것을 알고 있으며, 야고보에게 나타나심도 그랬을 수 있다. 복음서 저자들은 우리가 알지 못하는 어떤 이유로 그들의 내러티브에 바울과 야고보에게 나타나심을 포함시키지 않았다. 그러나 그렇다고 해서 이런 출현들이 예수의 부활에 관해 알려진 가장 초기의 자료이자 예루살렘의 사도들에게까지 추적될 수 있는 자료 안에 있다는 사실이 제거되지는 않는다.[194]

4.3.2.1.c. 3일 모티프. 예수가 ἐγήγερται τῇ ἡμέρᾳ τῇ τρίτῃ("사흘째에 부활했다")는 전승은 여러 형태로 나타나며 그 의미에 관한 질문들을 제기해왔다. 먼저 우리는 3일 모티프가 어디서 유래했는지 물을 수 있을 것이다. 3일 모티프가 호세아 6:2을 염두에 두었다는 주장이 제기되어

194 Lapide(2002), 99.

왔다.[195]

ὑγιάσει ἡμᾶς μετὰ δύο ἡμέρας ἐν τῇ ἡμέρᾳ τῇ τρίτῃ ἀναστησόμεθα καὶ ζησόμεθα ἐνώπιον αὐτοῦ.

야웨께서 이틀 후에 우리를 살리시며 셋째 날에 우리를 일으키시리니 우리가 그의 앞에서 살리라.

바울이 3일 모티프를 육체의 죽음을 넘어서는 영혼의 생존에 대한 은유로 여겼다는 주장은 의심스럽다. 왜냐하면 시간차는 그 사건을 역사 속에 위치시키는데, 만약 초기 그리스도인들이 예수가 승천했음을 의미했던 것이라면 시간차가 불필요했을 것이기 때문이다.[196] 더욱이 A. J. M. 웨더번이 지적하듯이, "흥미롭게도 신약성서 어느 곳에서도 예수의 부활에서 이 텍스트[호 6:1-2]가 성취된 것으로서 명시적으로 인용되지 않는다. 이와 관련해서 분명하게 인용되는 텍스트는 요나 2:1이다." 또한 구문에서 일관되게 일인칭 복수형이 사용되는 데서 알 수 있듯이, 호세아 6:1-2은 보편적 부활을 가리킨다.[197]

3일 모티프가 이방 종교에서 차용된 것인지는 분명하지 않다. 트리그브 메팅거는 "「이난나의 하강」(Inanna's Descent)에서 그 표현은 죽음과

---

195 Wright(2003), 322. Vermes(2008)도 보라: "[사흘째에]라는 표현이 선택된 것은 그것이 '사흘째에'[창 22:4; 호 6:2] 일어나는 성서의 중요한 일곱 가지 사건들을 보여주는 구약성서의 전형적인 공식이었을 가능성이 있다.…또한 랍비식 사고에 따르면 낮이나 밤의 일부가 낮이나 밤 전체로 간주되는 것을 고려해야 한다(*y Shabbath* 2a; *b Pesahim* 4a)"(81).

196 J. Wenham(1984), 53; Wright(2003), 322.

197 Wedderburn(1999), 50-51.

부활 사이의 시간 간격이 아니라 닌슈부르(Ninshubur)가 엔키(Enki)를 자극해 행동하게하기까지 걸린 시간을 가리킨다"고 지적한다.[198] 또한 그는 루키아노스의 「시리아의 여신」(*De Dea Syria*) 6에 나오는 아도니스 제의를 "3일 주기일 수도 있는 사례"로 인용한다.[199] 그러나 루키아노스의 저술 시기를 감안하면 아도니스의 부활에서 나타나는 3일 모티프가 실제로는 기독교로부터 빌려온 것일 가능성이 있다.[200] 메팅거는 아도니스의 이야기를 기독교 시대 이전의 작품으로 보게 할 수도 있는 증거의 한 조각이 있다고 주장하면서도, 그 증거의 "파편적 특성"으로 인한 "잠정적 성격"을 강조한다.[201] 메팅거에게 기독교 이전의 근동 세계가 부활과 관련된 3일 모티프에 대해 알았는지 여부는 미결 상태로 남아 있다.

> 이것이 사실일 가능성을 인정하는 편이 현명할 테지만 이것은 아직 결코 확정된 사실은 아니다.…[예수의] 부활이 "사흘째에" 발생했다는 개념이 3일이라는 기독교 이전의 개념에서 나왔다고 보기는 어렵다. 위에서 보았듯이 어떤 결론을 내리기에는 그런 개념에 대한 증거가 여전히 너무 빈약하다.[202]

3일 모티프가 아주 이른 시기에 나타났으며 예수의 부활에 관한 가장 초기의 전승으로 알려진 기독교 전승들 중 하나에서 나타난다는 점은

---

198 Mettinger(2001), 214-15.

199 Mettinger(2001), 215; 131-37과 비교하라.

200 Mettinger(2001), 136. Keener(2003)도 이 가능성을 고려한다: "3일 모티프가 훗날 아티스 제의와 아마도 아도니스 제의에 나오는 부활에 대해 사용되지만, 이 모티프들은 기독교의 선례에 기초를 두었을 수 있다"(2권 1174).

201 아마르나 서신(Amarna Letters), EA 84, 약 기원전 14세기 중엽; Mettinger(2001), 137, 140.

202 Mettinger(2001), 215, 221.

확실하다.[203]

다음으로는 3일 모티프의 의미가 무엇인지에 대해 물을 수 있다. 특히 예수의 부활에 관해 신약성서에서 그 의미를 관찰하는 것이 가장 확실한 방법이다.

- "사흘 후에"(μετὰ τρεῖς ἡμέρας): 마 27:63, 막 8:31, 9:31, 10:34.
- "사흘 후에"(μετὰ ἡμέρας τρεῖς): 눅 2:46, 행 28:17. 이런 언급들 중 어느 것도 예수의 부활을 가리키지 않으며 따라서 비문자적 의미로 이해될 수 없다.
- "밤낮 사흘"(τρεῖς ἡμέρας καὶ τρεῖς νύκτας): 마 12:40.
- "사흘 동안에"(ἐν τρισὶν ἡμέραις): 요 2:19-20
- "사흘째에"(τῇ τρίτῃ ἡμέρᾳ): 마 16:21, 17:23, 20:19, 27:64, 눅 9:22, 24:7, 46, 행 10:40.
- "셋째 날"(τῇ ἡμέρᾳ τῇ τρίτῃ): 고전 15:4, 눅 18:33, 요 2:1. (마지막 언급은 예수의 부활에 관한 것이 아니다.)
- "오늘과 내일 그리고 사흘째에"(σήμερον καὶ αὔριον καὶ τῇ τρίτῃ): 눅 13:32. 여기서 흥미로운 것은 오늘이 첫째 날, 내일이 둘째 날, 그리고 모레가 셋째 날이라는 것이다. 시간 순서에 대한 누가의 관심에 비추어볼 때(눅 1:3), 예수가 이 말을 한 날로부터 삼일째 되던 날에 예루살렘에 들어갔을 가능성이 있다. 예수의 사역을 3단계로 묘사한다고 볼 수도 있을 것이다. 사도행전 27:19(τῇ τρίτῃ)도 보라. 거기서 "사흘째 되는 날"은 문자적 의미의 3일로

203 Bayer(1986)는 눅 11:29-30에 등장하는 수수께끼 같은 말이, Q 어록의 원형이며 막 8:12에서 발견되는 전승보다 앞서는 눅 11:29b의 아람어 구문 구조에 비춰볼 때, 3일 모티프에 대한 독립적인 자료라고 주장한다(120, 126).

이해되어야 한다.

- "이것은 사흘째다"[십자가형이 일어난 후로부터](τρίτην ταύτην ἡμέραν): 눅 24:21.
- "사흘째에"(τῇ ἡμέρᾳ τῇ τρίτῃ): 고전 15:4.

각각의 저자가 3일 모티프를 사용하는 방식에 초점을 맞추면 다음과 같은 점을 볼 수 있다.

- 바울—또는 그가 공유하는 전승—은 오직 "사흘째에"(τῇ ἡμέρᾳ τῇ τρίτῃ)만 사용한다.
- 마가는 오직 "사흘 후에"(μετὰ τρεῖς ἡμέρας)만 사용하며 그 표현을 세 번 사용한다.
- 마태는 "사흘 후에"(μετὰ τρεῖς ἡμέρας)를 한 번, "밤낮 사흘"(τρεῖς ἡμέρας καὶ τρεῖς νύκτας)을 한 번, 그리고 "사흘째에"(τῇ τρίτῃ ἡμέρᾳ)를 네 번 사용한다.
- 누가는 "사흘째에"(τῇ τρίτῃ ἡμέρᾳ)를 네 번, "사흘째에"(τῇ ἡμέρᾳ τῇ τρίτῃ)를 한 번, 그리고 "사흘 후에"(μετὰ ἡμέρας τρεῖς)를 두 번 사용한다. 그러나 세 번째 용례 중 어느 것도 예수의 부활과 연관되어 있지 않다. 또한 "오늘과 내일 그리고 사흘째에"(σήμερον καὶ αὔριον καὶ τῇ τρίτῃ)와 "사흘째에"(τῇ τρίτῃ)도 흥미롭다. (그중 어느 것도 예수의 부활을 가리키지 않지만) 전자는 문자적 3일이나 사역의 세 국면 중 하나를 가리킬 수 있는 반면, 후자는 문자적 3일만을 가리킨다.
- 요한은 "사흘 동안에"(ἐν τρισὶν ἡμέραις)와 "셋째 날에"(τῇ ἡμέρᾳ τῇ τρίτῃ)를 사용한다. 그러나 후자는 예수의 부활을 가리키지 않

는다.

마지막으로 정경 복음서들에 제시된 예수가 부활을 예언한 것에 대한 유대인들의 이해에 주목해보자.

- 사흘 동안에(διὰ τριῶν ἡμερῶν): 마 26:61, 막 14:58.
- 사흘에(ἐν τρισὶν ἡμέραις): 마 27:40, 막 15:29.
- 마태복음 26:61, 27:40에서 고소하는 유대인들이 예수의 예언을 성전 재건축과 관련된 것으로 이해하는 반면, 마태복음 27:63에서 유대인 지도자들은 예수의 예언을 예수 자신의 몸과 관련된 것으로 이해하는 것은 흥미롭다. 예수는 자신의 신원 또는 부활에 관해 다양한 방법으로 예언했고, 예수를 고발한 자들이 오해한 내용(마 26:61; 27:40 그리고 요 2:18-22에서 보다 분명하게 진술됨)은 마태복음 27:63에서 유대인 지도자들이 염두에 두었던 것이 아니었을 가능성이 있다.

이 모든 것을 고려할 때 마태와 누가가 문자적 의미로 이해할 경우 서로 모순되는 구절들을 동의어처럼 사용하는 것은 흥미롭다. 예컨대 마태는 예수의 부활이 "사흘째에", "사흘 후에" 그리고 "밤낮 사흘" 후에 일어나는 것으로 묘사한다.[204] 누가도 비슷하게 "사흘째에"와 "사흘 후에"를 사용한다. 이것은 예수의 부활 시점과 관련된 3일 모티프가 짧은 기간을 의미하는 비유적 표현이었음을 시사한다.[205] 북아메리카에는 유사한 관용

---

204 Davis(2006), 51.

205 Allison(*Resurrecting Jesus*, 2005), 232; Bayer(1986), 206; Bruce(1977), 93; Dunn(2003), 823. Mettinger(2001)는 그 모티프는 또한 "질병으로부터의 신속

구들이 많다. 십대인 내 아이들은 자기들이 실제로는 딱 두 시간 걸릴 집안일을 끝내느라 "영원히" 시간을 보내고 있다고 투덜거린다. 자동차 정비공은 "딱 1분 안에"(in just a minute) 내 차를 봐주겠다고 약속한다. 그러나 이것은 "1초 안에 그리로 갈게"(I will be there in a second)와 같은 관용구와 마찬가지로 짧은 시간을 의미하는 것으로 이해되어야 한다. 3일 모티프가 짧은 기간을 가리키는 비유적 표현이라는 것은 마태복음 27:63-64에서 확인된다. 거기서 유대인 지도자들은 빌라도에게 가서 자기가 "사흘 후에"(μετὰ τρεῖς ἡμέρας) 살아나리라고 했던 예수의 예언을 상기시킨다. 그래서 그들은 빌라도에게 "사흘째까지"(ἕως τῆς τρίτης ἡμέρας) 무덤 앞에 경비병을 두라고 요청한다. 이것은 문자적으로 해석한다면 이상한 요청이다. 왜냐하면 유대인 지도자들은 예수가 자기가 살아나리라고 예언했던 시간 전까지만 무덤 앞에 경비병을 두라고 요청함으로써 경비병들의 근무를 별로 가치가 없는 것으로 만들고 있기 때문이다. 달리 말하자면 만약 예수가 유대인 지도자들이 주장하듯이 자신이 사흘이 지난 뒤 어느 때에 살아날 것이라고 예언했다면, 그들은 왜 예수의 무덤에 단지 "사흘째까지"만 경비병을 두라고 요청하면서 정작 자기들이 시체가 도둑맞을 것에 관하여 가장 걱정해야 했을 바로 그 시간에는 그 무덤에 경비병이 없는 상태로 두려 하는 것일까? 그러나 예수의 예언에 부여된 3일 모티프를 비유적 표현으로 이해한다면, 이런 긴장은 사라진다.

3일 모티프에 대한 비문자적 이해를 지지하는 또 다른 예는 에스더 4:16과 5:1(70인역)에서 발견된다. 거기서 에스더는 자기 백성에게 자기와 함께 밤낮 삼일 동안 금식하라고 요청하고(ἐπὶ ἡμέρας τρεῖς νύκτα καὶ ἡμέραν), 그 후 왕에게로 나아가려고 한다. 그 후 에스더는 사흘째에 (ἐν τῇ

한 회복을 일컫는 의학적 예후의 맥락에서 사용되는 아카드어"라고 주장한다.

ἡμέρᾳ τῇ τρίτῃ) 왕을 보러 갔다고 전해진다.[206] 어쩌면 에스더는 사흘째에 늦게 왕에게로 나아갔을 수 있다. 또는 어쩌면 에스더는 사흘째에 여전히 금식하면서, 그리고 자신이 요청할 과정에 대해 자기 백성이 계속 기도해주기를 바라면서 왕에게 나아갔을 것이다. 우리는 이에 대해 확실히 알지 못한다. 그러나 만약 "밤낮 삼일" 동안이라는 에스더서의 어구가 문자적으로 72시간으로 이해되지 않아야 한다면, 요나서에 나오는 유사한 어구도 그렇게 해석하도록 요구되지 않을 것이다(τρεῖς ἡμέρας καὶ τρεῖς νύκτας). 이 해석이 옳다면, 마태복음 12:40에 나오는 요나의 "삼일 밤낮"이라는 표적도 문자적 해석을 필요로 하지 않는다.

우리가 호세아 6:1-2 또는 이방 종교가 예수의 부활과 관련된 3일 모티프에 어떤 영향을 끼쳤다고 생각하든, 내 판단으로는 바울을 포함한 초기 그리스도인들과 바울이 인용하는 보다 이른 시기의 전승 그리고 네 개의 정경 복음서들 모두 3일을 짧은 기간을 가리키는 데 사용하고 있다는 증거가 분명해 보인다.[207] 이 전승이 예루살렘 사도들의 가르침을 반영하고 있을 개연성이 매우 높기 때문에 예수의 부활 시점에 관한 원래의

---

206 비문자적 의미로 취해졌을 수 있는 3일 모티프에 관한 또 다른 예는 삼상 30:12-13을 보라.

207 "이는 성경대로 우리 죄를 위하여"(ὑπὲρ τῶν ἁμαρτιῶν ἡμῶν κατὰ τὰς γραφὰς)와 "성경대로 사흘 만에"(τῇ ἡμέρᾳ τῇ τρίτῃ κατὰ τὰς γραφὰς)라는 어구가 원래의 전승의 일부였는지 훗날 덧붙여진 것인지는 분명하지 않다. 그러나 이것이 바울이 고린도 교회에서 가르쳤던 내용이고, 바울은 다른 사도들도 동일한 내용을 가르치고 있었다고 진술한다(고전 15:11). 우리가 알기로는 바울이 전승에 손을 대는 경향이 없다는 점에 비추어볼 때, 문제가 되는 이런 어구들이 예루살렘 사도들의 가르침과 일치했다고 믿을 만한 충분한 이유가 있다. 더욱이 Bruce(1977)가 쓰듯이, "그리스도가 부활한 날은 '사흘째'였다는 진술은 구약성서가 아니라 역사적 사실에 기초를 두고 있다. 그 사건이 발생하기 전에 부활에 관한 예언에서 사용된(예컨대, 막 8:31) '삼일 후에'('밤낮 사흘'은 말할 것도 없고) 같은 표현은 '짧은 시간 안에'라는 일반적인 의미가 있을 수도 있다; 그러나 부활 사건이 발생한 뒤로는 그 사건이 규칙적으로 '사흘째에' 일어난 것으로 표시된다. 왜냐하면 무덤이 비어 있는 채로 발견되고 예수가 베드로와 다른 이들에게 부활한 모습으로 출현한 날이 실제로 사흘째 날이었기 때문이다"(93).

가르침은 예수가 십자가형으로 죽은 직후 부활했다는 것이었을 가능성이 높으며, 그것은 부활 내러티브와 일치하는 가르침이다.[208]

4.3.2.1.d. 출현 전승과 그 본질. 예수 세미나는 사도행전에 등장하는 바울의 회심 경험에 관한 세 가지 이야기들(행 9장; 22장; 26장), 스데반이 본 환상(행 7:54-60), 그리고 고린도전서 15:40, 42에 실려 있는 부활한 몸에 관한 바울의 진술들을 인용하면서 부활 후 출현을 "시체의 소생을 포함하지 않았던" 그리스도의 출현으로 해석한다.[209]

그러나 이 결론을 받아들이지 못하게 하는 몇 가지 요인들이 있다. 첫째, 스데반과 바울에 대한 출현은 승천 이후의 출현이며, 이 점이 왜 예수가 땅이 아니라 공중 또는 하늘에서 모습이 보였는지 설명해줄 수도 있다.[210] 둘째, 예수가 스데반과 바울에게 나타난 것에 대해 전하는 바로

---

208 비록 늦게 나온 문헌이고 가치가 제한적이기는 하지만, Vermes(2008), 154가 주장하듯이, 후대의 랍비 문헌이 영혼이 몸으로 되돌아가기를 소망하면서 삼일 동안 시체 가까이에서 맴돈다고 보고했던 것에 주목할 필요가 있다(*Gen. Rab*. 100:7; *y. Yebam*. 15c; *Sem*. 8). 이런 텍스트들이 육체의 부패가 죽은 뒤 나흘째부터 시작된다고 주장하는 것으로 이해한다면, 시 16:10에 대한 초기 기독교의 해석(70인역; 행 2:25-31을 보라)은 예수가 사망 후 나흘째가 되기 전에 부활했다는 것이다. 시 16:10은 초기 교회가 그리스도의 사흘째의 부활이 "성경대로" 이루어졌다고 확언하면서 염두에 두었던 주요 텍스트들 중 하나였을 수도 있다. 만약 그렇다면, 이 증거는 3일 모티프에 대한 보다 문자적인 이해를 가리키는 것으로 여겨질 수도 있을 것이다.

209 Funk and the Jesus Seminar(1998), 461, 또한 458-62. 그들은 이렇게 덧붙인다. "스데반이 본 예수에 대한 환상과 다른 부활 후 출현을 구분하기 어렵다"(460).

210 Barnett(1999), 183. 또한 사도행전에 실려 있는 스데반의 환상과 바울의 경험의 차이를 지적할 수도 있을 것이다. 분명히 구경꾼들은 스데반이 묘사한 것을 외적으로 식별하지 못했다. 그러나 사도행전에 등장하는 세 번의 이야기 모두에서 바울과 함께 길을 가던 사람들은 바울이 경험한 것들 중 빛과 음성 같은 일부 경험을 식별했다. 더욱이 D. Wenham(1995)은 이렇게 쓴다. "바울이 부활을 목격한 자들의 명단에 자신을 포함시키고 있다는 사실은 그가 자신의 경험이 그보다 이른 시기의 증언들의 경험과 성격상 동일하다고 여긴다는 것을 입증해주지 않는다. 그러나 설령 바울이 그렇게 여겼을지라도, 그것이 반드시 바울이 보다 이른 시기의 경험들을 환상 경험으로 여겼다는 것을 의미하지는 않는다. 정반대의 추론이 보다 그럴듯하다.

그 누가는 또한 자신이 예수가 제자들에게 출현한 것을 예수의 시체가 문자적으로 부활했음을 드러내는 것으로 해석하고 있음을 분명하게 밝힌다. 누가복음 24장에서 부활의 날 아침에 예수의 무덤은 비어 있고, 그의 시신을 감쌌던 수의는 이제 아무것도 담고 있지 않다. 예수에게는 "살과 뼈"가 있고 그는 음식을 먹는다. 사도행전에 나오는 승천 장면에서 예수는 그의 제자들 가운데서 취해져 구름 속으로 올려진다(행 1:9-11). 예수는 승천하기 전에 자기 제자들과 함께 먹고 마시며(행 10:39-41), 예수의 몸은 다윗 왕의 몸처럼 썩지 않고 일으킴을 받는다(행 2:30-32; 13;35-37). 예수의 부활이 그의 몸의 일으킴과 관련되었다는 것을 누가보다 더 분명하게 진술하기는 어렵다. 그러므로 예수의 부활이 그의 몸과 관련되지 않았다는 이해를 지지하기 위해 사도행전에 호소하는 사람들은 성서를 매우 선택적으로 읽으면서 누가의 내러티브 중 일부를 명백히 누가를 자신과 모순되게 하는 방식으로 해석하는 것이다. 전혀 억지를 부리지 않고서도 누가를 자신과 완전히 일치하도록 해석될 수 있는 상황에서 그런 시도는 필요하지도 않고 매력적이지도 않다. 더욱이 아래에서 우리는 고린도전서 15장에서 바울이 부활을 시체에 일어난 사건으로 이해한다는 것을 보게 될 것이다.[211] 펑크와 예수 세미나는 누가복음, 사도행전 그리고 바울 서신에 나타나는 예수의 부활 후 출현에 대한 해석에서 아주 큰 실수를 저지른다.

이제 ὤφθη(나타났다)라는 단어의 의미에 대해 살펴보자. "Ωφθη는 ὁράω의 부정과거 수동태 직설법 3인칭 단수다. 바울 서신에서 ὁράω는

즉 그가 자신의 경험을 단순히 환상으로서가 아니라 그가 나중에 경험했으나 부활 후 출현으로 여기지는 않았던 환상이 아닌 '객관적'이고 '육체적인' 그 무엇으로 보았다는 것이다"(369; 369 각주 94에서 Wenham은 이렇게 덧붙인다. "특별히 Craig, 'Bodily Resurrection'을 보라").

211 이 책의 4.3.3.9.b를 보라.

다양한 형태로 29회 나오는데, 그중 16회는 분명하게 육안으로 보는 경우를 가리키고, 한 번만 하늘의 환상을 가리킨다.[212] 다른 12회의 경우에 그 용어는 "보다"(롬 11:22; 갈 5:2), "이해하다"(롬 15:21; 갈 2:7, 14), "노력하다"(살전 5:15)를 의미하고, 나머지는 현재로서는 어떤 확실한 범주를 부여하기 어려운 기타 용례(고전 9:1; 15:5, 6, 7, 8; 딤전 3;16)다. 누가-행전에서는 그 단어가 147회 나온다.[213] 그중 107회는 분명하게 육안으로 보는 광경을 가리키는 반면, 10회는 부활 후 출현을, 11회는 환상을, 5회는 경험을, 8회는 인식/이해를, 그리고 6회는 다양한 의미를 가리킨다.[214]

명사로는 관련 단어 ὅραμα가 신약성서에서는 12회만 나오고 70인

---

212 육안으로 보는 경우: 롬 1:11; 고전 2:9; 8:10; 16:7; 갈 1:19; 6:11; 빌 1:27, 30; 2:28; 4:9; 골 2:1; 살전 2:17; 3:6, 10; 딤전 6:16; 딤후 1:4. "하늘의 환상": 골 2:18.

213 눅 1:11, 12, 22; 2:15, 17, 20, 26(2회), 30, 48; 3:6; 5:2, 8, 12, 20, 26; 7:13, 22, 25, 26, 39; 8:20, 28, 34, 35, 36, 47; 9:9, 27, 31, 32, 36, 49, 54; 10:24(2회), 31, 32, 33; 11:38; 12:15, 54; 13:12, 28, 35; 14:18; 15:20; 16:23; 17:14, 15, 22(2회); 18:15, 24, 43; 19:3, 4, 7, 37, 41; 20:14; 21:1, 2, 20, 27, 29, 31; 22:43, 49, 56, 58; 23:8(3회), 47, 49; 24:23, 24, 34, 39(2회); 행 2:3, 17, 27, 31; 3:3, 9, 12; 4:20; 6:15; 7:2, 24, 26, 30, 31, 34(2회), 35, 44, 55; 8:18, 23, 39; 9:12, 17, 27, 35, 40; 10:3, 17; 11:5, 6, 13, 23; 12:3, 16; 13:12, 31, 35, 36, 37, 41, 45; 14:9, 11; 15:6; 16:9, 10, 19, 27, 40; 18:15; 19:21; 20:25; 21:32; 22:14, 15, 18; 26:13, 16(3회); 28:4, 15, 20, 26, 27.

214 육안으로 보는 경우: 눅 1:11, 12; 2:15, 17, 20, 26(두 번째 나오는 단어), 30, 48; 3:6; 5:2, 8, 12, 20, 26; 7:13, 22, 25, 26, 39; 8:20, 28, 34, 35, 36, 47; 9:9, 27, 31, 32, 36, 49; 10:24(2회), 31, 32, 33; 11:38; 12:54; 13:12, 28, 35; 14:18; 15:20; 16:23; 17:14, 15; 18:15, 24, 43; 19:3, 4, 7, 37, 41; 20:14; 21:1, 2, 20, 27, 31; 22:43, 56, 58; 23:8(3회), 47, 49; 24:23, 24, 39(2회); 행 3:3, 9, 12; 4:20; 6:15; 7:2, 24, 26, 30, 31, 34(2회), 35, 44, 55; 8:18, 39; 9:35, 40; 12:16; 13:12, 35, 36, 37, 45; 14:9, 11; 16:27, 40; 19:21; 20:25; 21:32; 28:4, 15, 20; 부활 후 출현: 눅 24:34; 행 9:17, 27; 13:31; 22:14, 15; 26:13, 16(3회); 환상을 봄: 눅 1:22; 행 2:17; 9:12; 10:3, 17; 11:5, 6, 13; 16:9, 10; 22:18; 경험: 눅 2:26(처음 나옴); 17:22(2회); 행 2:27, 31; 지각/이해: 눅 9:54; 22:49; 행 8:23; 11:23; 12:3; 16:19; 28:26, 27; 조심하다: 눅 12:15; 들여다보다: 행 15:6; 돌보다: 행 18:15; 보다: 눅 21:29; 행 13:41; 결정할 수 없음: 행 2:3.

역에서는 48회 나온다.[215] 이 단어는 신약성서에서는 마태복음 17:9을 제외하고 모두 사도행전에서 나온다. 누가는 ὅραμα라는 단어를 사용해서 베드로가 황홀경 상태에서 경험한 시공간 밖의 환상을 묘사한다(행 10:9-17; 11:5). 누가에게는 이런 형태의 환상이 비실제적이거나 주관적이지 않았다. 왜냐하면 하나님으로부터 환상을 경험했던 베드로는 때로는 환상을 시공간 안에서 발생한 사건과 구별하기 어렵다고 여겼기 때문이다. 베드로는 최소한 한 번은 그 경험들을 혼동했다(행 12:9). 바울에 의해 사용된, 또는 누가가 바울의 회심 경험을 묘사하며 사용한 단어인 ὅραμα는 전적으로 사적인 일을 가리키지 않는다. 왜냐하면 바울과 함께 가던 사람들도 빛을 보고 말을 들었기 때문이다(행 9:17, 그 구절에서는 분사 ὀφθείς가 사용된다). 마태복음 17:9에서 예수는 자신의 변화를 ὅραμα로 묘사한다. 이것은 베드로의 꿈같은 경험이 아니다. 왜냐하면 베드로·야고보·요한은 깨어 있는 상태로 그 경험에 참여했기 때문이다. 더욱이 예수·모세·엘리야를 위해 초막 셋을 짓겠다는 베드로의 제안은 흥미롭다. 모세와 엘리야는 쉴 곳이 필요한 육체적 존재였는가 아니면 그 초막들은 사당의 역할을 할 의도였는가? 베드로의 의도를 확실히 알기는 어렵다.

밀접하게 관련된 단어 ὅρασις는 신약성서에서 4회 나오고 70인역에서는 131회 나온다.[216] 신약성서에서 그 단어는 꿈과 구별되는 환상

---

215 창 15:1; 46:2; 출 3:3; 민 12:6; 신 4:34; 26:8; 28:34, 67; 전 6:9; 욥 7:14; 집회서 43:1; 사 21:1 이하, 11; 23:1; 30:10; 렘 39:21; 단 1:17; 2:1, 7, 19, 26, 28, 36, 45; 4:28; 7:1(2회), 7, 13, 15; 8:2, 13, 15, 17, 26(2회), 27; 9:24(2회); 10:1(2회); 단(TH) 2:19, 23; 4:13; 7:2, 13; 8:2; 마 17:9; 행 7:31; 9:10, 12; 10:3, 17, 19; 11:5; 12:9; 16:9, 10; 18:9.

216 창 2:9; 24:62; 25:11; 31:49; 40:5; 레 13:12; 민 24:4, 16; 삿(A) 13:6(2회); 삼상 3:1, 15; 16:12; 삼하 7:17; 대상 17:15, 17; 대하 9:29; 토빗 12:19; 토빗(S) 12:19; 마카베오1서 13:27; 마카베오3서 5:33; 시 88:20; 전 11:9; 욥 37:18; 지혜서 15:15; 집회서 11:2; 19:29; 25:17; 34:3; 40:6; 41:22; 46:15; 48:22; 49:8; 솔로몬의 시편 6:3; 호 12:11; 미 3:6; 욜 2:4; 3:1; 옵 1:1; 나 1:1;

을 가리키며(행 2:17; 계 9:17) 어떤 것과 유사한 모습을 띠고 있다(계 4:3 [2회]). 확실히 그 용어는 육안으로 경험하는 무언가를 의미할 수 있다. 예컨대, 마른 땅이 나타나는 것에 대해 말하는 창세기 1:9(70인역)와 태양이 나타나는 것에 관해 말하는 「집회서」 43:2를 보라.

"보기"(vision)에 대해 사용된 용어는 ὀπτασία인데, 이 단어는 신약성서에서 5회만 나온다(눅 1:22; 24:23; 행 1:3; 26:19; 고후 12:1). 누가는 ὀπτασία라는 단어를 스가랴가 천사를 만난 경험(눅 1:22), 여인들이 빈 무덤에서 천사를 본 것(눅 23:23), 부활한 예수가 40일 동안 자기 제자들에게 살아 있는 모습으로 나타난 것(행 1:3), 그리고 부활한 예수에 대한 바울 자신의 경험 묘사(행 26:19)에 사용한다. 고린도후서 12:1에서 바울은 ὀπτασία라는 단어를 사용해서 자신이 하늘로 이끌려간 경험에 대해 설명하는데, 그러면서 바울은 자기가 그 사건을 자신의 몸 안에서 경험했는지 몸 밖에서 경험했는지 모른다고 덧붙인다. 그러므로 바울에게 그의 경험은 정상적이고 육체적인 의미였을 수도 있을 것이다. 누가복음 1:11에서 천사는 스가랴 근처에 있는 향단 오른쪽에 서 있다. 그리고 누가복음 24:23(눅 24:4과 비교하라)에서는 두 천사가 예수의 무덤 안에서 여인들 가까이 서 있다. 사도행전 10:9-17이 전하는 베드로의 환상(ὅραμα)과 달리, 스가랴와 여인들에 대한 천사들의 출현은 시공간 안에서 일어나는 것으로 보고된다. 우리는 부활 후 출현과 관련해서 누가가 사용하는 ὀπτασία라는 단어의 용법이 결정적이지 않다는 결론을 내릴 것이다. 이

2:5; 합 2:2, 3; 슥 10:2; 13:4; 사 1:1; 13:1; 19:1; 30:6; 66:24; 렘 14:14; 23:16; 애 2:9; 예레미야의 편지 36; 겔 1:1, 4, 5, 13, 22, 26, 27(3회), 28(2회); 3:23; 7:26; 8:2, 3, 4; 11:24; 12:22, 23, 24, 27; 13:7; 21:34; 23:16; 40:2, 3(2회); 41:21; 43:3(4회), 10; 단 3:92; 4:10, 11, 19, 20, 23; 5:6; 8:1, 15, 16(2회); 10:6, 7(2회), 14, 16, 18; 단(TH) 1:17; 2:28, 31; 3:92; 4:5, 9; 7:1, 15, 20; 8:1, 13, 15(2회), 16, 17, 19, 26(2회), 27; 9:21, 24; 10:6(2회), 14, 18; 11:14; 행 2:17; 계 4:3(2회); 9:17.

모든 출현들에 사용된 단어들은 시공간 내에서 발생한 자연스러운 광경에 대해 사용되거나, 오직 허락된 사람들만 볼 수 있는 환상적인 광경에 사용될 수 있다.

우리는 신약성서에 등장하는 보기(vision)에 관한 언어를 살펴보았고 이제 어떤 결론을 내릴 수 있다. 대체로 ὁράω/ὅραμα와 ὀπτασία라는 두 단어가 사용된다. 예외가 없는 것은 아니지만, 둘 다 광경(sight)에 관한 언어로 자주 사용된다. 많은 경우에 실제 눈으로 보는 광경을 의미하기는 하지만, 이런 단어들이 보기라는 의미로 사용될 때조차 이처럼 보는 것이 반드시 육안의 사용과 관련이 있는 것은 아니다. 유감스럽게도 단어 연구만으로는 바울이나 누가가 우리로 하여금 고린도전서 15:5-8에서 열거되는 부활한 예수에 대한 바울과 다른 사람들의 경험을 시공간 안에서 벌어진 물리적 사건으로 이해하도록 의도했는지 결정적으로 판단하기 어렵다. 종종 바울은 ὁράω가 물리적 광경을 가리키는 것으로 사용한다. 그러나 지금 우리는 고린도전서 15:3-7에 들어 있는 바울 이전의 전승에 대해 살피고 있는 중이기 때문에 바울의 용법은 그다지 중요하지 않다.

종종 문맥이 그 당시에 사용되는 특별한 의미에 대한 단서를 제공할 수 있다. 그 단어들이 예수의 부활 후 출현을 가리키는 경우들에 대해 살펴보자.[217] 누가는 예수의 부활을 그의 시신에 일어난 어떤 일로 제시한다. 위에서 지적했듯이, 누가복음 24장에서 부활절 아침에 예수의 무덤은 비어 있었고 그의 수의도 비어 있었다. 예수는 "살과 뼈"가 있고 음식을 먹는다. 사도행전의 승천 장면에서 예수는 그의 제자들이 보는 가운데서 올려져 구름 속으로 들어간다(행 1:9-11). 부활 후 예수는 제자들과 함

---

217 고전 9:1; 15:5, 6, 7, 8; 눅 24:34; 행 1:3; 9:17, 27; 13:31; 22:14, 15; 26:13, 16[3회], 19.

께 먹고 마셨으며(행 10:39-41), 예수의 몸은 다윗 왕의 몸처럼 썩지 않고 일으켜졌다(행 2:30-32; 13:35-37). 누가는 예수가 40일 동안 제자들에게 나타났다고 전하지만(행 1:3) 베드로에게 나타나심에 대해서는 말하지 않는다. 그러므로 이런 출현들과 누가가 언급하지 않은 다른 출현들은 시공간 밖에서 일어난 것으로 생각될 수도 있을 것이다. 그러나 우리가 보았듯이 누가는 확실히 예수의 부활을 그의 시체에 일어난 사건으로 제시하며, ὤφθη/ὅραμα를 물리적 광경이라는 의미에서 더 자주 사용한다. 그러므로 누가는 예수의 부활 후 출현을 천상의 예수 또는 시공간 밖에 있는 예수의 출현이 아니라, 평범하게 눈으로 볼 수 있는 출현으로 여기고 있을 가능성이 더 커 보인다. 바울에 대해서도 같은 말을 할 수 있다. 곧 살펴보겠지만, 바울은 고린도전서 15장에서 부활을 시체에 일어나는 사건으로 이해한다.[218] 그러므로 바울이 부활을 시체의 소생과 변화로 이해했다면, 바울이 예수가 부활 후 다른 사람들에게 나타났다고 보고했을 때 그는 시공간 안에서 부활한 예수의 물리적 출현에 대해 생각하고 있었을 가능성이 크다. 이런 결론은 고린도전서 15:3-5에 들어 있는 전승이 위에서 설명된 보다 완전한 내러티브에 대한 윤곽을 제시하는 것으로 이해한다면 한층 더 지지를 받는다.[219]

4.3.2.1.e. 바울과 빈 무덤. 바울이 그 전승에서 빈 무덤에 대해 언급하지 않았기 때문에 바울이 그에 대해 알고 있었는지 물을 수 있을 것이다. 많은 학자들이 바울이 빈 무덤에 대해 알지 못했다고 주장해왔다.[220] 이는

---

218 이 책의 4.3.3.9.b를 보라.

219 이 책의 4.3.2.1.b를 보라.

220 Carnley(1987), 45, 53; Scott, 편(*Resurrection*, 2008), 80에 실린 Hoover; Lüdemann(1995), 46; Segal(2004), 447. Borg([2006]. 279)와 Vermes([2008],

중요한 문제다. 왜냐하면, 만약 빈 무덤 전승이 바울의 편지 이후에 고안되었다면, 애초에 예수의 부활은 본질상 천상적인(ethereal) 것으로 생각되었을 수도 있기 때문이다.

다른 많은 학자들은 바울이 빈 무덤에 대해 몰랐다는 주장은 잘못이라고 답해왔다. 리처드 헤이스는 우리는 고린도전서 15:3-7에 들어 있는 전승을 읽고 있는 것이므로, 거기서 바울이 빈 무덤을 언급하지 않은 것은 "그런 이야기들이 전통적인 케리그마의 일부가 아니었다는 것을 제외하고는 아무것도 보여주지 않는다"라고 말한다.[221] 로버트 건드리는 그 전승은 사건들의 목록(즉, 죽음·매장·부활·출현)을 제공했던 것이지 내러티브를 시도하지 않았기 때문에 그 전승에서 빈 무덤에 관해 언급할 필요가 없었다고 답한다.[222] 앨리슨은 바울이 빈 무덤에 관해 언급하지 않았다는 사실로부터 바울이 그에 대해 알지 못했다고 주장하는 논거는 완전히 뒤집어질 수도 있다고 주장한다.

> 침묵으로부터 다음과 같은 아주 다른 논거를 구성할 수도 있을 것이다. 만약 고린도 사람들이(바울은 그들의 생각을 교정해주려 했다) 예수의 시체가 아직도 무덤에 있다고 알았거나 그렇게 생각했다면 그들이 육체의 부활을 부인했음에 비춰볼 때, 그들은 분명히 이를 자신들에게 유리한 요인으로 제시했을 것이고, 바울은 그들에게 답해야 했을 것이다. 그런데 바울은 그런 일을 하지 않았다.

앨리슨은 누가가 확실히 빈 무덤 전승에 대해 알고 있었고, 빈 무덤

120)는 이에 대한 입장이 불확실하다.

221 Hays(1997), 256.

222 Copan and Tacelli 편(2000), 118에 실린 Gundry.

이 사도행전 2:29-31과 13:34-47에서 암시되기는 하지만 누가가 이를 사도행전에서 명시적으로 언급하지는 않는다고 덧붙인다.[223]

많은 학자들은 죽음—매장—부활—출현이라는 순서가 연속성을 보여주며 몸의 부활을 암시한다고 주장한다.[224] 하버마스는 그 전승을 매장할 때 아래로 내려가는 것이 부활할 때 위로 올라온다고 말하는 것으로 해석할 수도 있다고 말한다.[225] 라이트는 이렇게 말한다.

> 복음서 이야기들에서 매우 두드러지는 빈 무덤 자체가 이 구절에서 명시되지 않는다는 사실은 중요하지 않다. 여기서 "나는 길을 걸어갔다"라는 진술을 "내 발로"라는 한정어를 사용해 확대할 필요가 없듯이 "장사된 후에 살아났다"라는 언급에 다른 말을 덧붙여 확대할 필요가 없다.[226]

확실히 그럴 수도 있지만, 이것이 그 전승의 원래 의미였는지는 결정적이지 않다. 그러나 만약 예수의 부활이 육체적인 것이 아니었다면 왜 예수의 매장을 언급했는지 물을 수 있을 것이다. 만약 매장이 생략된다면, 그 전승은 다음과 같아질 것이다.

> 그리스도가 우리를 위해 죽었다.
> 그가 사흘 만에 다시 살아났다.
> 그가 베드로에게 나타났다.

---

223 Allison(*Resurrecting Jesus*, 2005), 306.

224 R. Brown(1997), 535; D'Costa 편(1996), 57에 실린 Goulder; Habermas(2003), 23; Hurtado(*Lord Jesus Christ*, 2003), 200, 476 각주 152; Keener(1999), 713; Theissen and Merz(1998), 499; Wright(2003), 321.

225 Ankerberg 편(2005), 26에서 Habermas가 한 말.

226 Wright(2003), 321.

이에 대해 제안할 수 있는 한 가지 답변은 예수가 다시 살아났음을 확인하기 위해 그의 출현이 언급된 것처럼, 예수가 죽었음을 확인하기 위해 매장이 언급되었다는 것이다. 이렇게 해석하면 예수가 육체적으로 부활했다고 보지 않고서도 그 전승에 포함된 예수의 매장의 역할을 설명해 줄 것이다.

제2성전기 유대교 안에 "부활"의 단일한 의미가 있었는지에 대한 논의는 제쳐두고, 만약 1세기 유대인들의 마음속에서 죽음과 부활이 시체의 소생을 요구하지 않았다면 어떻겠는가? **부활**이 거의 확실하게 시체가 소생되고 변화되는 것을 가리켰다는 라이트의 말은 아주 옳을 수 있다. 확실히 **부활**이 시체가 일으켜지는 것으로 이해되었다는 라이트의 주장은 포괄적이고, 강력하며, 설득력이 있다. 가장 초기의 그리스도인들이 부활에 대해 다르게 이해했다고 주장하는 사람들은 그에 대한 입증책임을 진다.[227] 그러나 어느 시점에 부활을 몸에서 이탈한 존재나 영적 통찰력을 의미하는 것으로 재해석했던 그룹에 의해 그 용어의 의미가 변경되었고 이 연구에 어느 정도 한계를 정해야 하기 때문에, 여기서 나는 우리에게 **가장 초기의** 그리스도인들이 예수에게 일어난 일에 대해 어떻게 생각했는지, 그리고 그들이 "부활"을 시체에 일어난 사건으로 정의했는지에 대해 말해줄 수 있는 **가장 초기의** 기독교 문헌들에 들어 있는 내용에 대해 초점을 맞출 것이다. 초기 그리스도인들이 부활을 시체에 일어난 사건으로 정의했다면, 라이트가 그 전승에 빈 무덤에 대한 말을 첨가할 필요가 없었을 것이라고 주장한 것은 옳다. 왜냐하면 그 내용을 전승에 포함시키

227 Wright(2003), 32-583. Allison(2008): "내가 알기로, 성서나 오래된 유대교 또는 기독교의 문헌들 중 어디에서도 부활이라는 용어는 물질적으로 새로운 몸, 육체적으로 옛 몸과 연결되어 있지 않은 몸을 가리키지 않는다. 부활한 몸은 늘 옛 몸이거나 되살아나거나 변화된 옛 몸의 일부다"(317).

면 가능한 논리(즉, 매장에 의해 죽음이 확인되고, 출현에 의해 부활이 확인됨)와 특히 현재 형태의 전승에 나타나는 아래와 같은 대칭을 무너뜨릴 것이기 때문이다.[228]

그리스도가 우리 죄를 위해 죽었다.
그리고 그가 매장되었다.
그리고 그가 사흘째에 부활했다.
그리고 무덤이 비었다.
그리고 그가 베드로에게 나타났다….

바울이 부활을 시체에 일어나는 행위로 이해했다고 하더라도, 그것이 반드시 바울이 호소했던 고린도전서 15:3-7에 나오는 전승을 형성한 사람들이 그와 유사한 관점에서 생각했음을 의미하지는 않는다.[229] 어떤 학자들은 고린도전서 15:3-8에서 제공된 명단에서 바울은 자신의 경험의 본질이 예수의 첫 사도들이 경험한 본질과 같다고 주장하는 것이라고 제안한다.[230] 이런 학자들은 바울의 경험이 시공간 안에서 발생하지 않았고 세상에서 초정신적 특징을 가진다는 의미에서 그것을 환상적인 것으로 해석한다. 물론 그것은 추측에 불과하다. 왜냐하면 그 텍스트에는 그렇게 해석하도록 요구하는 요소가 없기 때문이다. 사실 많은 학자들은 바울이 자신의 경험의 타당성을 다른 사람들의 경험의 타당성과 동일시하고

228 Waterman(2006), 203-4.

229 MacCregor(2006)는 "고린도전서에 나오는 예수의 부활에 대한 바울의 해석은 예수의 부활에 대한 원래의 이해와는 전혀 무관하다"고 주장한다(230).

230 Borg(2006), 277; Borg and Wright(1998), 132에 실린 Borg와 비교하라; Craffert(2002), 91: Copan and Tacelli 편(2000), 61에 실린 Lüdemann; Moiser(1990), 17.

있다고 말해왔다.[231]

예수의 부활 후 출현에 관한 원래의 주장은 시공간 밖에서의 경험 또는 천상적 성격을 지닌 경험을 수반했는데, 나중에 바울이 예수의 시체의 소생과 변화를 반영하기 위해 이 보고들을 변경시켰을 가능성에 대해 살펴보자. 초기 전승에 대한 바울의 견해와 대응에 비춰볼 때 그런 시나리오는 가능성이 거의 없어 보인다. 더욱이 만약 바울이 부활에 관한 자신의 견해가 베드로, 야고보 또는 다른 사도들의 견해와 일치한다고 거짓으로 주장하고 있었다면, 예루살렘의 사도들이 부활에 관해 가르치고 있던 내용을 아는 사람들은 바울의 말의 진위 여부를 간파할 수 있었을 것이다. 다음과 같은 사항들은 역사적으로 확실하다. 바울은 예루살렘의 사도들과 그들의 가르침에 대해 알았고, 자신이 예수의 부활에 관해 그들과 동일한 내용을 선포하고 있다고 주장했으며, (내가 아래에서 주장하듯이) 예수의 시체가 살아났다고 가르쳤고,[232] 바울이 고린도전서 15:3-7에서 인용하는 전승이 예루살렘의 "전승"을 반영하고 있을 개연성이 매우 크고, 바울은 그런 "전승"이 엄격하게 유지되어야 한다는 믿음에 충실했으며 자기에게는 그런 "전승"에 무언가를 변경하거나 덧붙일 권한이 없다고 믿었다.[233] 예루살렘의 사도들이 예수의 시체가 부활했음을 가르치고 있었다는 암시가 너무나 강력하기 때문에 그와 반대주장을 하는 이들이 지는 입증책임은 매우 무겁다.

더욱이, 만약 바울의 텍스트에 대한 아래의 내 해석이 옳다면, 그리

---

231 Copan and Tacelli 편(2000), 181에 실린 Craig; Crossan(1994), 169; Copan and Tacelli 편(2000), 116에 실린 Gundry.

232 이 책의 4.3.3.9를 보라.

233 이 책의 3.2.3.4.d를 보라. 그러나 나는 이런 확신이 전승의 내용에 관한 것일 수는 있지만 반드시 그 형태에 관한 것은 아니라는 점을 덧붙인다.

고 바울의 회심 경험이 사도행전 9장, 22장, 26장에서 묘사된 것과 비슷하다면, 우리는 왜 바울이 굳이 전승 배후에 있는 비물질적 의미를 물질적 의미로 변경시키려고 했는지 물을 수 있다. 왜냐하면 비물질적 경험은 다른 사람들의 눈에 자신의 회심 경험에 대한 신뢰성을 더해 주었을 것이기 때문이다.

그러므로 고린도전서 15:3-7에 있는 전승에서 예수의 부활 후 출현의 본질과 관련해 다음 두 가지 진술이 정당화된다. 첫째, 그 전승을 따로 떼어 고려하면 육체의 부활이나 빈 무덤을 확증할 수 없다.[234] 둘째, 비록 빈 무덤에 대해 언급하지는 않지만 그것이 후대의 고안이며 바울이나 그 전승을 형성한 사람들이 빈 무덤에 대해 알지 못했다고 결론짓는 것은 적절하지 않다.[235]

요약하자면 고린도전서 15:3-8에는 예수의 부활에 관한 아주 이른 시기의 전승이 들어 있는데, 그 내용이 예루살렘의 사도들에게까지 거슬러 올라갈 수 있는 개연성이 매우 높다. 그러므로 우리는 목격자들의 증언을 갖고 있다고 주장할 수 있다. 이 증언은 예수가 죽었고, 매장되었고, 죽은 자들 가운데서 살아났고, 개인들과 그룹들에게 출현했다고 말해준다. 출현 순서는 베드로, 열두 제자, 오백여 명, 야고보, 모든 사도들, 그리고 맨 마지막으로 바울에 대한 출현이다. 이 전승은 그 출현들의 본질에 관해서는 강력한 암시를 제공하지 않는다. 그러나 바울의 여러 텍스트

---

234 R. Brown(1973): "증거보다 더 나아간다"(84); Copan and Tacelli 편(2000)에 실린 Hoover: "빈 무덤 이야기의 역사성에 대한 지지는 고전 15장에 나오는 바울의 진술에서는 찾을 수 없다"(130); Waterman(2006): "일부 학자들의 희망사항"(198). 그러나 R. Brown(1973, 84 각주 142)과 Waterman(2006)은 아마도 바울이 빈 무덤에 대해 알았을 것이라고 주장한다(197). Lüdemann(2004), 74도 그렇게 생각한다.

235 Hurtado(*Lord Jesus Christ*, 2003), 71.

들에 대한 내 해석이 옳다면, 바울이 육체의 부활을 염두에 두고 있었으며 바로 그것이 원래 사도들의 일관된 주장이었다고 추론해도 무방하다.

앞장에서 살펴보았듯이, 신약성서에는 초기의 여러 신앙고백 공식들이 들어 있는데, 고린도전서 15:3-7의 전승은 바로 이런 아주 이른 시기의 전승에 속한다고 할 수 있다. 이런 다른 신앙고백들의 내용은 고린도전서 15:3-7에 보존되어 있는 전승과 다르지 않지만, 그 다른 신앙고백들은 고린도전서 15:3-7의 전승에 아무것도 더해주지 않으며, 사실 전승보다 덜 상세하다.

내가 바울의 서신들에 대한 조사를 통해 규명하게 될 내용—특히 바울이 예수가 육체적으로 부활했으며 많은 사람들에게 출현했다고 믿었다는 것—은 정경 복음서들의 부활 내러티브들에 수록된 내용과 완전히 일치한다는 점도 지적할 필요가 있다.[236] 그렇다고 해서 그 내러티브들이 정

236 Allison(*Resurrecting Jesus*, 2005), 238; Carnley(1987), 224. 바울에 관해서는 4.3.3.9를 보라. 예수의 육체적 부활은 *Gos. Heb*.(Ehrman[*Lost Scriptures*, 2003], 16에 실린 fragment 5); *Gos. Pet*. 35-40, 55-56에서도 가르쳐지고 있다. *Gos. Mary*에서 살아 있는 예수는 명백히 죽은 후 자기 제자들에게 말한 다음 그들을 떠난다. 그러나 예수가 제자들과 말했을 때 어떤 상태였는지는 분명하지 않다(Ehrman[*Lost Scriptures*, 2003], 36-37). 비정경 문헌들에는 육체에서 이탈한 죽음 이후의 존재를 가르치는 것처럼 보이는 여러 언급들이 있다. 다음 문헌들을 보라. *Gos. Thom*. 37(기원후 2세기경), *Gos. Truth*.(기원후 2세기경, Ehrman[*Lost Scriptures*, 2003], 46-47), *Gos. Phil*.(기원후 3세기경) 11, 21, 23(Ehrman[Lost Scriptures, 2003], 39, 40-41); 콥트어 *Apoc. Pet*.(3세기경, Ehrman[*Lost Scriptures*, 2003], 80-81), *Treat. Seth*(기원후 3세기경, Ehrman[*Lost Scriptures*, 2003], 84-85). 제자들이 예수가 죽은 자들 가운데서 살아났다고 주장하고 있었다는 것은 *1 Clem*. 42.3에서도 보고된다. 예수가 죽은 자들 가운데서 살아났다는 것은 Pol. *Phil*. 1.2; 2:1-2; 9.2; 12.2에서도 보고된다. 타키투스는 예수 사후에 기독교가 시작되었던 유대에서 "한동안 억압당했다"가 재기해서 로마로 퍼졌다고 전한다(*Ann*. 15.44). 이 보고는 예수의 부활에 대해 언급하지 않지만, 그 보고가 묘사하는 상황은 정경 복음서들 및 사도행전과 일치한다. 거기서 제자들은 부활한 예수가 자기들에게 출현하기 전까지 두려워하며 숨어 있다가 부활한 예수를 만나고 나서 오순절에 예수의 부활을 담대하게 선포하면서 예루살렘과 온 유대와 사마리아와 땅 끝까지 이르러 제자를 삼으라는 그의 명령을 성취하기 시작한다(행 1:8). 바울은 빌립보에 있는 교회에 가이사의 집안에 속한 동료 신자들의 안부를 전하는

확하게 초기 그리스도인들이 주장했던 바로 그 내용이며 그 어떤 장식이나 고안도 들어 있지 않다는 뜻은 아니다. 고대 전기의 관습은 전기 작가들이 문학적 자유를 행사하도록 허용했으며, 그들은 이 자유를 다양한 정도로 활용했다. 그러므로 현대의 역사가는 [고대 전기로부터] 실제로 발생한 일에 대한 아주 기본적인 개요를 구성해내기를 바랄 수 있을 뿐이다. 그러나 그 개요는 우리의 연구에 아주 유용하다. 우리는 예수의 제자들이 예수가 죽은 자들 가운데서 살아났으며 자기들에게 개인적으로 및 집단적으로 출현했다고 주장했다는 점을 밝혔다. 이 결론에 비춰볼 때, 여기서 논의하기에 적절한 몇 가지 관련된 문제들이 있다.

4.3.2.2. 방문을 받은 자의 권위를 뒷받침해주는 요소로서의 출현. 1963년에 울리히 빌켄스는 고린도전서 15:3-8에서 언급된 출현 목록이 그 출현 경험자들의 권위를 지지해준다고 처음으로 주장했다.[237] 펑크와 예수 세미나는 이에 더하여 "초기 예수 운동 내의 지도자들 사이의 경쟁"이 있었다는 사실이 최초의 부활 후 출현 경험자들에 대한 다양한 보고들을 통해 증명된다고 주장했다. "바울과 누가는 베드로에게 첫 번째 자리를 부여한다; 마태와 요한은 막달라 마리아에게 최초의 출현의 영예를 부여한다; 「히브리복음」은 예수의 형제 야고보에게 그 자리를 부여한다.…이렇게 경쟁하는 주장들은 역사적 보고라기보다는 초기 예수 운동 내의 지도자들 사이의 경쟁을 암시한다."[238] 존 페인터는 이런 긴장이 나타난 것

데(빌 4:22), 이는 복음이 로마에 이르렀고 가이사 집안의 몇 사람이 신자가 되었음을 가리키는 것일 수 있다.

237 Wilckens(1963), 64-71.

238 Funk and the Jesus Seminar(1998), 454. Borg and Crossan(2006), 206-7도 보라; 277과 비교하라; Moiser(1990), 17; Patterson(1994), 141, 144-58. 이들은 출현이 경험자의 권위를 정당화해줄 의도였다고 주장하지만, 그들은 그 지도자들

은 "예수가 누구에게 가장 먼저 출현했느냐가 예루살렘 교회 내에서 권위를 주장하기 위한 근거가 되었기 때문"이라고 주장한다.[239]

내게는 지도자들 사이에 경쟁이 있었는지 또는 최초의 출현이 특정인에게 권위를 부여하기 위한 수사적 장치로 이용되었는지 분명하지 않다. 나는 최초의 출현을 경험한 여인들에 관한 마태와 요한의 보고들에 교회의 권위를 정당화해주는 요소가 있다는 어떤 징후도 발견하지 못한다. 사실, 만약 최초기 기독교 저자들이 특정 사도들의 권위를 정당화해주고 있었다면, 현재 우리가 발견하는 내용이 기록되어 있으리라고 기대하지 못할 것이다. 마태복음과 요한복음에서 예수가 권위를 부여한 주요 제자가 베드로였다는 점이 명백하다.[240] 그러나 그 두 복음서 중 어디에서도 베드로는 최초의 출현 경험자가 아니다.[241] 만약 누가가 최초의 출현 경험을 통해 베드로의 권위를 지지하기를 원했다면, 그는 왜 부활한 예수를 최초로 만나는 경험을 한 사람이 누구였는지에 대해 모호한 태도

이 경쟁 관계에 있었다고 말하지는 않는다.

239 Chilton and Neusner 편(2001), 31에 실린 J. Painter. Smith(2003), 135도 보라. Vermes(2008): "바울은 자기에게도 부활한 예수가 출현했다고 주장함으로써 자기가 베드로나 야고보와 동등하다는 것을 암시하려고 했다(120). Vermes는 그런 경험들은 실제로 발생했으며 단지 어떤 개인들의 권위를 정당화해주기 위해 고안된 수사적 장치에 불과한 것이 아니라고 생각한다는 점을 지적할 필요가 있다. Lüdemann(2002)도 바울이 자신을 베드로 및 야고보와 "같은 반열에 올려놓는" 예수의 부활을 실제로 경험했다고 인정한다(171).

240 마 16:18-19. 요 20:2-3에서 마리아는 빈 무덤에서 베드로와 사랑받는 제자에게 달려가 이 사실을 알린다. 요 21:15-17에서 예수는 베드로에게 가장 중요한 권위를 부여한다. 사도행전에서조차 베드로는 처음 12장 전체에 걸쳐 다른 어떤 사도들보다 훨씬 중요한 역할을 하며, 그의 이름은 50번 넘게 등장한다. 그는 오순절에 설교를 했고(행 2:14-40) 수천 명이 그리스도를 믿게 했다(행 2:41, 3:11-4:4; 4:4). 베드로의 이름은 모든 열두 사도 명단에서 가장 먼저 나타난다(막 3:16-19; 마 10:2-4; 눅 6:13-16; 행 1:13). Hendriksen(1973), 648을 보라.

241 Bauckham(2002), 280. Bauckham은 또한 마태복음에서 여성에게 나타나심은 순서상으로 남성 제자들에 대한 출현보다 앞설 뿐 아니라 또한 남성 제자들에 대한 출현에 "불가결하다"고 주장한다. 왜냐하면 남성들은 여성의 보고에 의존해서 예수를 보았기 때문이다(278).

를 취하는가? 누가는 예수가 여인들에게 최초로 출현했다고 전하지 않는다. 그렇다면 그는 왜 베드로에게 나타난 것에 대해 자세하게 말하지 않는가? 누가는 [부활한 예수가] 베드로에게 나타났다는 사실에 대해서는 언급만 하고 지나갈 뿐이고, 대신에 엠마오로 가던 제자들에게 나타난 사건에 대해 자세히 말한다.[242] 누가복음의 후속편인 사도행전에서는 야고보가 예루살렘 교회의 지도자가 되는데, 누가는 왜 야고보가 엠마오로 가던 제자들 중 하나라고 말하지 않는가? 실제로, 누가는 왜 신약성서에서 오직 여기서만 등장하는 글로바 대신에 야고보와 베드로를 엠마오로 가던 두 제자로 삼아 그 둘 중 하나를 주요 대변인으로 만들지 않는가?[243] 베드로, 야고보, 요한은 예수의 측근들이었는데, 정경 복음서들에서 언제나 베드로가 가장 먼저 언급된다(막 5:37[눅 8:51과 비교하라], 막 9:2[마 17:1; 눅 9:28과 비교하라]; 막 14:33).[244] 바울은 예루살렘 교회에서 "기둥들"로 여겨지는 사람들로 야고보, 베드로, 요한을 (그 순서대로) 언급한다(갈 2:9). 아마도 이 순서는 사도행전 15:13-21에서 발견되는 내용을 반영할 것이다.[245]

요한복음에서는 [부활한 예수가] 막달라 마리아에게 최초로 나타나지만—마태복음에서는 두 명의 마리아에게 최초로 나타난다(마 28:1, 8-10)—베드로와 마리아 사이에 권위를 건 싸움이 있었다는 분명한 징후는 발견되지 않는다. 비록 「도마복음」(114)과 2세기말에 쓰인 「마리아 복

242 Bauckham(2002), 280; Dunn(2003), 862-3.

243 눅 24:18.

244 막 14:33에서 흥미로운 점은 예수가 베드로, 야고보, 요한이 잠들어 있는 것을 보고서 베드로를 꾸짖었다는 것이다. 이 상황은 베드로가 그 셋 중의 리더였다면 잘 이해될 수 있다.

245 모든 사람이 자기 의견을 말한 후에 발언하는 이가 야고보였다는 점(행 15:13)과 이어서 그가 했던 "그러므로 내 의견에는"(διὸ ἐγὼ κρίνω; 행 15:9)이라는 말은 당시에 야고보가 예루살렘 교회에서 최종 권위자였음을 보여준다.

음」에서 그런 논쟁이 언급되기는 하지만, 그 자료들은 1세기 교회 안에서 이런 논쟁이 진행되었다는 좋은 증거가 되지 못한다.[246] 데이비드 캐치폴은 엠마오로 가던 제자들은 "주목할 만한 일을 하도록 위임받지 않으며, 주목할 만한 인물이 되리라고 기대되지도 않는다. 그들과 그들의 이야기는 부활한 예수의 출현이 교회 안에서 어느 개인의 지위를 정당화할 목적으로 이용되는 상황에 속하지 않는다"고 지적한다.[247]

펑크와 예수 세미나가 언급한 「히브리복음」은 앞장에서 살펴보았듯이 신뢰할 만한 출처가 아니다. 비록 그 저자가 야고보를 선호하고 최초의 출현을 야고보에게 돌리기는 하지만, 보다 이른 시기의 자료들에서 유사한 선호들이 나타나고 있기 때문에 이 보고는 별로 지지되지 않는다. 그러므로 이 자료는 우리의 현재 연구에는 별 가치가 없다.

고린도전서 15:3-7에 보존되어 있는 전승이 출현 순서를 제공한다는 점도 그 출현 목록이 이곳에 등장하는 사람들의 권위를 정당화해주기 위한 의도였다는 제안과 상충한다. 고린도전서 15:6-7을 제쳐두면, 신약성서에서 그리고 특히 바울 서신들에서 ἔπειτα("그다음에")는 지위상 다음에 있는 어떤 것이나 어떤 사람을 나타낼 수도 있기는 하지만(고전 12:28; 히 7:2; 약 3:17), 그 단어는 시간 순서의 의미로 가장 많이 사용된다(살전 4:17; 갈 1:18, 21; 2:1; 고전 15:23, 46; 히 7:27[레 9:7과 비교하라]; 약 4:14; 눅 16:7; 요 11:7). εἶτα("그다음에")라는 단어도 마찬가지다. 그 단어도 신약성서에서—비록 한 번은 장면 전환의 의미에서 사용되기는 하지만(히 12:9)—시간 순서라는 의미로 가장 많이 사용된다(고전 15:24; 약 1:15; 막 4:17, 28; 8:25; 눅 8:12; 요 13:5; 19:27; 20:27; 딤전 2:13; 3:10). 전승에 대

---

246 Allison(*Resurrecting Jesus*, 2005), 252. Bauckham(2002), 280 각주 52도 보라.
247 Catchpole(2002), 77.

해 진술한 뒤에, 바울은 자기도 부활 후 출현을 경험했으며, 그 사건이 출현들 중 ἔσχατον δὲ πάντων("맨 나중에") 일어났다고 덧붙인다. 요약하자면, "그다음에…그다음에…그다음에…그다음에"가 이어지다가 "맨 나중에"가 나오는 것은 바울에게서 끝나는 부활 후 출현의 순서를 가리킨다.[248]

물론 고린도전서 15:5, 7에서 εἶτα가 순서에는 관심이 없이 출현들을 포함하는 내러티브 안에서 어떤 연속성을 제공하는 것처럼 약한 장면 전환의 의미로 사용되었을 가능성도 그럴듯해 보인다. 그러나 이 전승은 내러티브가 아니며, 내러티브에서라면 εἶτα보다는 καί가 더 나은 용어였을 것이다. 더욱이 누가복음 24:34에 나오는 출현의 시간 순서—먼저 베드로에게 나타나고 그 후에 열두 제자에게 나타남—는 적어도 베드로와 열두 제자들에게 나타난 시간 순서에 대한 또 다른 증거를 제공해 준다(고전 15:5와 비교하라). 고린도전서 15:8에서 바울은 예수가 자기에게 ἔσχατον δὲ πάντων("맨 나중에") 출현했다고 덧붙인다. 바울은 자기가 시간 순서상 예수의 출현을 가장 마지막에 경험했음을 가리키는 것으로 보인다. 그러나 고린도전서 15:9에서 이어지는 그의 진술은 또한 출현의 지위상의 서열을 지지하는 것으로 해석될 수도 있다: Ἐγὼ γάρ εἰμι ὁ ἐλάχιστος τῶν ἀποστόλων ὃς οὐκ εἰμὶ ἱκανὸς καλεῖσθαι ἀπόστολος, διότι ἐδίωξα τὴν ἐκκλησίαν τοῦ θεοῦ("나는 사도 중에 가장 작은 자라. 나는 하나님의 교회를 박해하였으므로 사도라 칭함 받기를 감당하지 못할 자니라"). 이 경우에 바울이 그 목록에 마지막으로 등장하는 까닭은 바울이 중요성 측면에서 바로 그 위치에 있기 때문이라고 여길 수도 있을 것이다. 그 생각이 옳다면, "서열"은 베드로, 열두 제자, 오백여 명, 야고보, 모든 사도들(즉, 바나바와 다른 이들까지 포함하는 확대된 그룹), 그리고 바울 순이다. 그러

248 Wenham(1995), 367 각주 87. Allison(*Resurrecting Jesus*, 2005), 260도 보라.

나 여기에는 문제가 있다. 왜냐하면 이 순서가 그 명단에 있는 어떤 사람들에 대해서는 그럴듯해 보이지만, 다른 사람들에 대해서는 그렇지 않기 때문이다. 베드로는 최초의 교회 지도자로 보이기 때문에 베드로가 맨 처음에 나오는 것에 대해서는 쉽게 이해할 수 있다. 그리고 바울은 교회를 박해했기 때문에 바울이 맨 마지막에 나오는 것도 쉽게 이해할 수 있다. 또한 야고보는 예수가 십자가형을 받기 전에는 예수의 제자가 아니었기 때문에 왜 열두 제자가 야고보보다 앞서는지도 이해할 수 있다. 그리고 확대된 사도 그룹은 아마도 야고보보다 나중에 회심했을 것이기 때문에 왜 야고보가 그들보다 앞서는지도 이해할 수 있다. 그러나 한 번에 오백여 명에게 출현한 것이 어떻게 그들에게 권위를 부여할 의도였는지는 이해하기 어렵다. 오백 명이 넘는 권위 있는 그룹에 대한 암시는 어디에도 없다.[249] 또한 어떻게 그들이 교회에서 야고보와 확대된 사도 그룹보다 더 큰 권위를 행사했다고 말할 수 있는가? 더욱이 설령 이 텍스트를 경합하는 전승들—베드로와 열둘/야고보와 사도들—이 결합한 것으로 이해한다 하더라도, 왜 오백여 명이 바울보다 앞서는지 설명하려면 무리가 따른다.[250] 다른 한편으로 그 목록은 발생한 시간 순서에 잘 들어맞는다. 그

---

249 Wedderburn(1999), 117. 다음 문헌들도 보라. Allison(*Resurrecting Jesus*, 2005), 237; Craig(*Assessing*, 1989), 35; Dunn("How are the Dead Raised," 2002), 108-9. Bauckham(2002)은 그 목록에 등장하는 개별적인 출현들이 베드로, 야고보, 열두 제자, 그리고 모든 사도들의 권위를 정당화해주는 역할을 했으나 오백여 명에 대한 출현은 유용성 때문에 바울에 의해 덧붙여졌을 가능성이 있다고 생각한다(308). 그러나 그는 자기가 그 가능성을 아주 희박하게 본다고 덧붙인다(279-80을 보라).

250 Chilton and Neusner 편(2001)에 실린 Painter는 여기서 베드로와 야고보 사이에서 경합하는 전승들을 발견한다(30). 빈 무덤을 향해 달려가는 베드로와 요한 사이에서 권위 경쟁이 보인다는 주장에 대해 Craig(*Assessing*, 1989)는 이렇게 답한다; 교회의 어느 그룹이 그런 경쟁에 대해 언급했다는 어떤 증거도 없을 뿐 아니라 "만약 사랑받는 제자가 더 젊었다면, 그가 베드로를 앞지르는 것은 주목할 만한 일로 보이지 않는다. 또한 최근까지 사람이 묻혀 있던 무덤의 열린 문 앞에서 머뭇거리는 것은 누구에게도 자연스러운 반응일 것이다. 그러나 베드로는 자기 성격에 맞게

러므로 그 출현 목록을 시간 순서라는 측면에서 해석하는 것이 지위상의 중요성이라는 측면에서 해석하는 것보다 타당하다.

그 목록 안에 두 개의 경합하는 전승—베드로의 리더십을 지지하는 전승과 야고보의 리더십을 지지하는 전승—이 있다는 제안에는 문제가 있다. 그런 제안은 그들이 자기들로 하여금 예수가 여전히 살아 있으며 자기들에게 나타났다고 믿도록 이끌어준 무언가를 경험했다는 사실을 뒷받침하는 데이터를 다루지 않는다. 웨더번은 경합하는 전승들에 대한 주장은 "그 전승을 의심할 충분한 이유가 되지 못한다. 왜냐하면, 우리가 보았듯이, 야고보와 예수의 다른 가족 구성원들은 예수의 사역 기간 동안 그를 믿지 않았던 것으로 보이기 때문이다(막 3:21과 요 7:5). 그러나 야고보는 분명히 예루살렘 초기 교회에서 지도자 역할을 했다(무엇보다도 갈 1:19; 2:9를 비교하라)"라고 주장한다. 또한 그는 이렇게 덧붙인다. "바울은 자기가 야고보의 주장을 의심해야 할 어떤 이유가 있다고 암시하지 않는다. 자신의 경력의 어느 시점에서 그렇게 하는 것이 자신에게 아무리 유리했을지라도 말이다(갈 2:12와 비교하라!)."[251]

나는 초기 그리스도인들이 부활한 예수의 출현을 경험했던 사람들에게 권위를 부여했다는 사실을 논박하는 것이 아니다. 나는 어떤 개인이나 그룹에 권위를 부여하기 위해 그들에 대한 출현을 고안해내는 것이 초기 그리스도인들의 관습이었다는 주장에 대해 논박한다. 만약 이것이 초기 그리스도인들의 관습이었다면, 그런 일이 있었음을 지지해줄 만한 분명한 사례들이 있어야 한다. 교회의 처음 1백년 역사에서 어떤 사례를 인용할 수 있는가? 그러므로 부활한 예수의 최초 출현을 경험한 사람이나

망설임 없이 급하게 무덤 안으로 들어간다"(237-39).

251 Wedderburn(1999), 116.

그 이후의 출현을 경험한 사람들에게 권위를 부여하는 수사적 장치를 발견하는 것을 정당화해주는 어떤 증거도 없다.[252]

4.3.2.3. 마가복음과 부활 후 출현. 오늘날 대다수의 학자들은 마가복음이 4복음서들 중 가장 먼저 쓰였고, 원래는 16:8에서 끝나서 독자들에게 예수의 부활 후 출현에 관한 아무런 내러티브도 남기지 않았다고 여긴다.[253]

---

252 Bauckham(2002)은 "고전 15:5는 그 위에 복음서들의 증거에 맞서는 이론을 세우기에는 너무 허약한 기초다"(308)라고 주장한다. Allison(*Resurrecting Jesus*, 2005)은 리더십을 정당화해주기 위한 것이라는 제안은 "나로서는 과도해 보인다"(285)라고 말한다. 그러나 그는, 비록 베드로의 권위는 그가 출현을 처음으로 경험한 것으로 인해 정당화되지는 않았을지라도, "예수가 맨 처음에 베드로에게 나타났다는 기억은 그의 권위를 공고히 하는 데 도움이 되었으며", "사도의 지위를 보호하고자 하는 욕구가 부활 신앙의 발흥에 있어서 마리아의 역할을 격하시키기에 충분했을 수도 있다"(251)라고 말한다. 그는 마찬가지로 베드로, 열두 사도, 그리고 야고보는 잘 알려졌기 때문에 그들에 대한 출현이 보다 광범위한 "모든 사도들"에 대한 출현보다 앞에 두어졌을 수도 있다고 덧붙인다(237).

253 R. Brown(1973), 123; Dunn(2003), 826 각주 7; France(2002), 685; Funk and the Jesus Seminar(1998), 467; Heil(1991), 357; Copan and Tacelli 편(2000), 135에 실린 Hoover; Keener(2003), 2권 1194-95; Osiek(1997), 104; Waterman(2006), 37. 그러나 근래에는 마가가 그의 복음서를 완성하지 않았거나 그의 결말부가 소실되었다고 주장하는 학자들이 점점 늘어나는 것으로 보인다. 이들 대부분은 중요한 학자들이다. 다음 문헌들을 보라. Allison(*Resurrecting Jesus*, 2005), 241; Croy(2003)는 막 16:8이 그가 의도한 결말이었다는 생각을 거부하는 87명의 학자들의 명단을 제공한다(174-77); Davis(2006), 54; C. A. Evans(2001)의 막 16:8에 관한 주석(Logos Libronix); France(2002), "The Empty Tomb(Mark 16:1-8), Textual Notes," 막 16:8에 관한 주석(Logos Libronix); Gundry(1993), 1009-21; Metzger and Ehrman(2005), 325-26; Segal(2004), 450; Witherington(2001), 411; Wright("Early Traditions," 1998), 136; Wright(2003), 623과 비교하라. 또한 Waterman(2006)을 보라. 그는 1980년 이후 원본 결말부가 소실되었다고 주장하는 6명의 학자들에 대해 언급하는데, 그들 중 대부분은 "이 주제에 관해 점점 더 영향력이 커지고 있다"(75-82); G. Osborne, R. Gundry, C. A. Evans, B. Witerington, N. T. Wright 그리고 R. Swinburne이 그들이다. 결말부가 소실되었다는 논거는 다음 문헌을 보라. Gundry(1993)는 12개의 논거를 제시한다(1009-1021); Metzger and Ehrman(2005), 325-26; Witherington(2001), 411, 415, 415 각주14, 416-417. 어떤 이들은 마가복음의 결말부가 마 28장에 그리고 심지어 눅 24장에 보존되어 있을 수도 있다고 주장한다(Carnley[1987], 236; Witherington[2001], 416); Wright("Early Traditions," 1998): "그러나 나는[마가복음의 소실된 결말

만약 마가가 그의 복음서를 여기서 끝냈다면, 우리는 그 이유에 대해 그리고 과연 마가가 부활 후 출현에 대해 알았는지 알고 싶어질 것이다.

마가복음의 부활 내러티브의 마지막 진술은 많은 사람을 어리둥절하게 했다.

> καὶ ἐξελθοῦσαι ἔφυγον ἀπὸ τοῦ μνημείου, εἶχεν γὰρ αὐτὰς τρόμος καὶ ἔκστασις· καὶ οὐδενὶ οὐδὲν εἶπαν· ἐφοβοῦντο γάρ.

> 여자들이 몹시 놀라 떨며 나와 무덤에서 도망하고 무서워하여 아무에게 아무 말도 하지 못하더라.

그 여인들은 왜 예수의 제자들에게 그런 중요한 진리를 전하라는 천사의 명령에 순종하지 않는 것처럼 보이는 것일까? 또한 왜 마가는 그의 복음서를 이런 식으로 끝내려는 것일까? 우리는 그저 추측해볼 뿐이며, 많은 답변이 제시되었다. 남성중심주의적 편견, 즉 여성 목격자 문제 때문에 마가는 남성이 부활한 예수에 대한 최초의 목격자가 되기 원했거나 여성을 목격자 명단에 올림으로써 문제를 복잡하게 만들지 않기를 원했다

부가], 비록 의심할 나위 없이 마가 자신의 방식으로 표현되었겠지만, 마태복음, 누가복음, 그리고 요한복음의 결말부와 다르지 않은 이야기, 즉 부활한 예수가 출현했다가 사라지고, 가르치고 위임하고, 그리고 마침내 더 이상 그런 식으로 보이지 않게 되는 이야기를 전했다고 확신한다. 그렇게 많은 학자들에게 초기 기독교의 새로운 텍스트를 고안해낼 권리가 있다면, 왜 내가 이번 한 번만이라도 그렇게 해서는 안 되는가?"(136-37). J. Wenham(1984)은 마가복음의 원래의 결말부가 막 16:9-20이었다고 믿는 몇 안 되는 학자들 중 하나다(46). 마가복음의 의도된 결말이 막 16:8인 데다가 **또한** 그러한 결말이 마가의 창작이라고 주장하는 학자들의 수가 줄어들고 있으며(82) 막 16:8이 마가가 의도한 결말이 아니었다는 입장을 받아들이는 추세가 나타나고 있다(83)는 Waterman(2006)의 발견은 흥미롭다.

고 제안되어왔다.[254] 어쩌면 그런 이유로 누가의 내러티브와 고린도전서 15:3-7에 보존되어 있는 전승에 여성에게 나타나신 것에 대한 기록이 빠져 있을 수도 있다.[255] 또한 그들의 침묵은 빈 무덤의 발견이 예수가 부활했다고 알려진 이후 여러 해 동안 다른 사람들에게 알려지지 않았던 이유를 설명하기 위한 마가의 변증적 노력이었다는 주장도 제기되어왔다.[256] 제임스 크로슬리는 그 침묵은 빈 무덤에 대한 믿을 만한 목격자들이 없었음을 암시한다고 주장한다.[257] 그 여성들의 침묵은 그들의 불신앙을 나타낸다고 주장하는 학자들도 있다.[258] 레이먼드 피셔는 이를 독자들의 상상

---

254 Bryskog(2002), 197; 82와 비교하라; Dunn(2003), 830; Osiek(1997)은 여성이 빠진 것은 남성 사도들이 "자기들 집단에 속한 여성들을 공개적인 조사와 조롱의 위험으로부터 보호하길" 원했기 때문이었다고 설명한다(113); 115와 비교하라. 이에 맞서 Witherington(2001)은 그런 해석을 논박하면서 마가가 "방금 전에 막 15장에서 여성 제자들을 남성 제자들보다 더 긍정적으로 묘사했다"라고 덧붙인다(417).

255 Lüdemann(2004)은 고전 15:3-8에 여성에게 나타나심에 대한 기록이 빠져 있는 것을 바울의 "여성혐오" 탓으로 돌린다(36). 그러나 Bauckham은 바울이 유니아라는 여성을 사도로 부르고 있으므로(롬 16:7) 여성에게 나타나심에 대한 기록이 고전 15:7에 포함되어 있을 수도 있다고 말한다: "그 후에 모든 사도에게[보이셨다]." 그럴 수도 있지만, 만약 출현이 시간 순서로 열거되었다면, 여성에게 나타나심에 대한 기록은 여성 목격자 문제를 피하기 위해 생략되었거나 고전 15:7에 나오는 모든 사도들에 대한 출현에 은밀하게 섞였을 수 있다. 아니면 여성에게 나타나심에 대한 기록이 알려지지 않았을 수도 있다.

256 Theissen and Merz(1998), 501에서 그들은 또한 그 여인들의 침묵은 무덤도굴죄로 고발당하는 것을 피하기 위함이었다고 주장한다(502); D'Costa 편(1996), 57-58에 실린 Goulder; Goulder(2005), 192와 비교하라. Fisher(1999)는 이런 비난에 대해 답하면서 수년 동안 이어졌을 수도 있는 이런 침묵은 "그들이 충격 상태에 있었기 때문에 이해할 수 있다. 궁극적으로 그들은 그 이야기를 보고했다"고 말한다(74). 내게는 그럴듯해 보이지 않는다. 남성 제자들이 예수의 죽음 직후에 부활을 선포하고 있었다면, 왜 그녀들은 몇 년을 기다리려 했겠는가?

257 Crossley(2005), 177.

258 그러나 Bauckham(2002)은 부활 내러티브에서 보고되는 불신앙은 여성에게 국한되지 않는다고 지적한다. 마태복음이 전하는 갈릴리에서의 출현 장면에서 제자들은 예수를 보았지만 일부는 여전히 의심한다(마 28:17). 누가복음에서 제자들은 심지어 예수가 방에 있는 그들에게 나타났을 때 "믿지 않는다"(눅 24:37-41). 요한복음에서 도마는 자기가 직접 예수를 보기 전까지는 믿기를 거부한다(요 20:24-25). 마가복음의 긴 결말부에서 주된 제자 그룹은 엠마오로 가던 제자들의

력을 불러일으키기 위해 의도된 내러티브 장치로 이해한다.[259] 던의 설명에 따르면 여인들의 침묵은 마가가 그의 독자들로 하여금 **그들 자신**이 바로 목격자들이며, 따라서 그들이 나가서 자신들이 알고 있는 예수에게 일어난 일들을 전파해야 한다는 사실을 깨닫도록 하기 위한 장치였다.[260] 크로산은 제자들이 신임을 받지 못했기 때문에 마가가 제자들이 환영을 보았다고 말하기를 회피했다고 주장한다.[261] 토머스 시한은 마가는 개인의 믿음을 중요한 문제로 보고 있기 때문에 그는 이 침묵을 통해 예수가 부활한 증거를 찾는 것은 길을 잘못 접어든 것임을 보여주고 있다고 생각한다.[262] 리처드 보컴은 두 가지 가능성을 제안한다. (1) 마가는 부활한 이의 신비를 보존하고 싶었다; (2) 마가는 자신의 독자들이 "고난과 제자들이 고난에 직면해서 실패할 가능성이 여전히 엄연한 현실임"을 잊지 않기를 바랐다.[263] 다른 학자들은 마가가 그 이야기에 대해 알고 있는 것으로 보아서 여인들이 누군가에게 그것을 말했음이 틀림없다고 제안했다.[264]

말을 믿지 않는다(269; 288과 비교하라).

259 Fisher(1999), 72.

260 Dunn(2003), 833.

261 Stewart 편(2006), 177에 실린 Crossan, "Appendix: Bodily-Resurrection Faith."

262 Sheehan(1986), 44. 그는 그 여성들은 단지 그 천사를 믿지 않았을 뿐이며 우리도 그럴 필요가 없다고 덧붙인다. Hurtado(*Lord Jesus Christ*, 2003), 311, 311쪽 주석 138을 보라.

263 Bauckham(2002), 286-87. Kendall(1988)은 마가복음에서 여인들이 빈 무덤을 떠나서 침묵하는 이유에 대해 설명하는 열 명의 학자들의 연구를 검토한다. 그가 검토한 학자들은 von Campenhausen, Fuller, Allen, Lightfoot, Pesch, Nineham, Marxsen, Boomershine, Bartholomew와 Mann이다. 그는, 비록 확실히 여러 주장들이 있지만, 학자들이 다음 세 가지 사항에 동의하고 있다고 결론짓는다.(1) 그 침묵은 사람들이 자기들이 들은 것과 정반대되는 것을 행한다는 메시아의 비밀(messianic secret)과 비교되어야 한다.(2) "빈 무덤 이야기가 부활 이야기 뒤에 나타난 이유를 설명하기 위한 변증적인 이유들이 작용하고 있다";(3) "마가는 하나님의 계시에 직면해서 공동체가 실제로 보였던 두려워하는 반응과 부활에 대한 선포의 결과를 보여주고 싶었다"(96).

264 Bauckham(2002), 289; Dunn(2003), 832-33 각주 26; Wright(2005), 224. Catchpole(2002)은 그것을 마가의 원래의 텍스트에는 존재하지 않았던 편집으로

나는 앞에서 언급한 οὐδενὶ οὐδὲν εἶπαν("그들이 아무에게 아무 말도 하지 못했다")이라는 알쏭달쏭한 표현이 마가복음 1:44과 놀랍도록 유사하다는 점이 방금 언급했던 내용들보다 더 중요하다고 생각한다. 어느 나병환자를 고친 후 예수는 그에게 엄하게 경고한다.

> ὅρα μηδενὶ μηδὲν εἴπῃς, ἀλλὰ ὕπαγε σεαυτὸν δεῖξον τῷ ἱερεῖ καὶ προσένεγκε περὶ τοῦ καθαρισμοῦ σου ἃ προσέταξεν Μωϋσῆς, εἰς μαρτύριον αὐτοῖς.
>
> 삼가 아무에게 아무 말도 하지 말고 가서 네 몸을 제사장에게 보이고 네가 깨끗하게 되었으니 모세가 명한 것을 드려 그들에게 입증하라.[265]

이 말은 그 나병환자가 가는 도중에 누구에게도 자신의 치유에 관한 소식을 말하지 말고 곧장 제사장에게 가서 몸을 보여야 한다는 뜻으로 보인다. 비슷하게, 그 여인들은 무덤을 떠나 도중에 누구에게도 말하지 말고 명령받은 대로 빨리 제자들에게 달려가 그 일에 대해 말해야 한다.[266] 나는 이 설명을 좋아하지만, 여기에도 문제가 없는 것은 아니다. 그 여인

간주한다(4-5).

265 레 13장을 보라.

266 Allison("Explaining," 2005), 130; Allison(*Resurrecting Jesus*, 2005), 304와 비교하라; Bauckham(2002), 289; Hendriksen(1975), 막 16:8에 관한 주석; Bauckham(2002)도 마치 바울이 자기가 말할 수 없는 일에 관해 들었던 것에 관해 전하듯이(고후 12:4), 그 여인들은 천사의 말을 자기들이 당시로서는 남성 제자들에게만 밝힐 수 있는 "묵시적 비밀"로 이해했으며 "어느 복음서에도 제자들 중 누구도—여성이든 남성이든—부활한 주님이 그들에게 그렇게 하라고 명령하기 전까지 제자들 집단 밖에서 부활에 관한 소식을 전했다는 암시는 존재하지 않는다. 나는 이것을 막 16:8이 전하는 여자들의 침묵에 대한 가장 설득력 있는 설명으로 여긴다"고 제안한다(290).

들이 말을 하지 않은 이유로 제시된 것은 그들이 두려워했기 때문이지(ἐφοβοῦντο γάρ), 제자들에게 메시지를 전해야 할 긴급성 때문이 아니었다. 마가복음의 다른 곳에서 사용된 그 용어의 용법이 명확하게 해줄지도 모른다.

마가복음 16:8의 마지막 단어 Φοβέομαι("두려워하다")라는 단어는 마가복음의 다른 곳에서 11번 나온다.[267] 그중 절반을 조금 넘는 용례가 신성과의 만남에 수반되는 두려움을 가리킨다.[268] 또한 마가복음에서 ἔκστασις라는 단어가 사용된 유일하게 다른 경우에(막 5:42) 예수가 회당장 야이로의 딸을 살려내자 그곳에 있던 사람들(즉, 야이로, 그의 아내, 베드로, 야고보, 그리고 요한)이 ἐκστάσει μεγάλῃ("크게 놀랐다")하는 것에 주목할 수 있다. 거기에는 확실히 강렬한 기쁨이 있다.[269] 또 다른 용어 τρόμος("떪, 전율")는 마가복음 16:8에서만 나온다. 그러나 바울은 그 단어를 네 번 사용하는데, 그 단어가 사용된 경우들 모두 누군가에게 최선의 행동을 하도록 동기를 부여하는 대상에 대한 존경에 관해 말하는 것으로 보인다.[270] 다른 곳에서 등장하는 그 용어들의 이런 공통적인 어법에 비춰볼 때, 마가가 다음과 같이 말하고 있다고 이해해도 결코 무리가 아니다.

> 그리고 그 여인들은 무덤에서 뛰쳐나왔다. 천사를 만나고 부활한 주님에 대한 소식을 들은 결과, 그들은 최상의 행동을 하려는 동기와 놀라움에 사로

---

267 막 4:41; 5:15, 33, 36; 6:20, 50; 9:32; 10:32; 11:18, 32; 12:12.

268 막 4:41; 5:15, 33; 6:20, 50; 10:32. 나머지 용례에서는 사람의 두려움을 가리킨다(막 5:36, 9:32; 11:18, 32; 12:12). Bauckham(2002), 290; France(2002), 682를 보라.

269 여기서 흥미로운 점은 이어지는 구절에서 예수가 그 소녀의 부모에게 자기가 방금 행한 일을 아무에게도 말하지 말라고 명령한다는 것이다(막 5:43).

270 고전 2:3; 고후 7:15; 엡 6:5; 빌 2:12. 뒤의 세 구절에는 μετὰ φόβου καὶ τρόμου라는 어구가 나온다.

잡혔고 그들은 그 소식을 제자들에게 전하러 가는 도중에 누구에게도 아무 말도 하지 않았다. 그들은 계시의 결과 경건한 두려움을 갖고 있었기 때문에 자기들에게 주어진 과업에 집중했다.

그러므로 내 결론은, 마가가 마가복음 1:44에서 유사한 구절을 사용하는 점을 고려할 때 마가가 그 여인들의 침묵에 대해 제공한 이유는 아무런 문제가 되지 않는다는 것이다.

그 여인들이 남성 제자들에게 천사가 자기들에게 출현했다는 사실을 즉시 알려줬다고 하더라도, 마가복음 말미에 부활한 예수의 출현에 관한 내러티브는 나오지 않는다. 이것은 마가가 자기의 복음서를 쓰기 전까지 그 어떤 출현 전승에 대해서도 알지 못했음을 암시하는가? 만약 마가가 많은 학자들이 믿고 있듯이 65년과 70년 사이에 그의 복음서를 쓰고 있었다면, 이미 출현을 포함한 예수의 부활에 관한 구전이 상당히 오랫동안 회자되고 있었다는 점에 유념해야 한다. 바울은 마가가 그의 복음서를 쓰기 10여 년 전에 고린도전서를 썼으며, 고린도전서 15:3-7에 들어 있는 전승은 그 서신보다 적어도 몇 년은 앞선다. 고린도전서 텍스트에 실려 있는 출현 전승은 예루살렘 사도들에게까지 거슬러 올라갈 개연성이 아주 높으므로 마가가 출현에 대해 아무것도 몰랐다는 것은 다소 억지 주장으로 보인다.[271]

더욱이 설령 마가가 그의 복음서를 마가복음 16:8에서 끝내서 부활 후 출현에 대해 언급하지 않았다 하더라도, 아마도 그의 독자들은 부

271 Carnley(1987), 216. Allison(*Resurrecting Jesus*, 2005), 235, 288도 보라. France(2002): "마가가 거듭 그렇게 하고 있듯이 예수의 사역과 수난 이야기에서 역설적인 요소들을 강조하고 이용하는 것과, 마가의 복음서를 마가 자신의 메시지뿐 아니라 마가가 그 안에서 글을 쓰고 있는 교회가 물려받은 전승들까지 훼손하는 것으로 보이는 어조로 결론짓는 것은 별개다"(683).

활 후 출현이 일어났다고 생각했을 것이다.[272] 마가는 예수의 부활에 대해 그의 복음서 전체를 통해 여러 번 언급하며[273] 예수가 부활 후 갈릴리에서 그의 제자들을 만날 것이라고 두 번 언급한다(막 14:28, 16:6).[274] 그러므로 부활한 예수의 출현에 대한 이야기가 빠져 있다 해서 마가가 그에 대해 알지 못했다고 추정하기에는 불충분하다. 이 점은 특히 예수가 천사들이 선언하는 바로 그 내용을 예언하는 마가복음 14:28을 감안할 때 더욱 분명해진다.

더욱이 크레이그 키너는 이렇게 지적한다.

> 고대 작가들은 그들의 내러티브 안에서 결코 이야기되지 않지만 독자들이 그 이야기의 세계 속에서 성취될 것이라고 이해할 사건들을 예언할 수 있었다. 그리스 동부의 유명한 작품 『일리아스』는 트로이의 멸망에 대해 묘사하지 않으면서도 그것을 예언할 수 있었다. 트로이의 멸망은 『일리아스』 전승에 이미 알려져 있었고 그 이야기 안의 미묘한 암시와 명백한 진술 모두를 통해 강화되었다. 그 책은 헥토르의 매장으로 끝나지만 그 책은 헥토르가 트로이를 수호할 수 있는 마지막 보루라는 점을 강조했기 때문에 이런 결말은 확실히 트로이의 비극적 종말을 암시한다. 『오디세이아』는 오디세우스의 마지막 시련을 예언하지만, 그에 대해 이야기하지 않는다. 그러나 그 이야기에서 다른 예언들이 실현되었음에 비춰볼 때 독자나 청중은 불편해하지 않는다. 『아르고나우티카』(*Argonautica*)는 메데이아가 펠리아스를 잔혹

---

272 R. Brown(1973), 123; Keener(2003), 2권 1194-95.

273 막 8:31-38; 9:9, 31; 10:34; 12:10-11, 18-27, 35-37; 13:26-27; 14:28, 58, 62; 16:6.

274 Allison("Explaining," 2005), 130; Borg and Crossan(2006), 196; Hurtado(*Lord Jesus Christ*, 2003), 311 주석 138.

하게 살해할 것에 대해 직접 언급하지는 않지만 그 전승에 대해 암시한다. 마찬가지로, 마가가 부활 후 출현들에 대해 언급하지 않고서 그의 복음서를 끝냈다 해서(막 16:8) 마가가 자기 독자들이 부활 후 출현이 일어났다는 데 대해 의심하기를 원했다는 것을 의미하지는 않는다!(막 14:28과 비교하라)[275]

우리는 마가가 그의 복음서를 마가복음 16:8로 종결하려 했는지에 대해 결코 확실하게 알지 못할 수도 있다. 만약 그랬다면, 마가가 왜 그런 선택을 했는지에 대해서도 결코 알지 못할 수도 있다. 나는 이 단락에서 마가가 그 어떤 출현에 대해서도 알지 못했다는 주장이 아주 허약하다는 점을 보여주려 했다. 예수의 부활 후 출현에 관한 보고들이 예루살렘의 사도들로부터 나왔으며 사실상 초기 그리스도인들 모두에게 알려지게 되었을 개연성이 높다. 마가복음에서 예수는 자신의 부활 후 출현에 대해 여러 번 예언하며, 천사들은 예수가 살아났고 제자들이 갈릴리에 이르자마자 그들에게 나타날 것이라고 확인한다. 마지막으로, 마가 시대에 많은 이들에게 알려져 있던 『일리아스』와 『오디세이아』는 사건들에 대해 설명하지는 않으면서 나중에 그 사건들이 발생할 것에 대해 예언한다.

---

275 Keener(2003), 2권 1194-95. 다음 문헌들도 보라. Allison("Explaining," 2005), 129-30; Bauckham(2002), 294. Alsup(1975)은 막 14:28과 마 16:7이 "편집된 것이며 마가복음에 수난 내러티브와 빈 무덤 이야기 사이에 필수적인 신학적 이음매를 제공한다"고 주장한다(92). 그럴 수도 있겠지만 내게는 그럴듯해 보이지 않는다. 내가 이 책의 4.3.3.9에서 제안하듯이, 바울과 초기 그리스도인들이 예수가 육체적으로 부활했다고 이해했다면, 빈 무덤을 출현으로부터 분리시키는 다양한 가설상의 편집층들은 불필요하기 때문이다. Lüdemann(2004)은 이렇게 지적한다. "베드로와 제자들이 예수를 보게 될 것이라는 전승은 고전 15:5의 보고에 의해 뒷받침된다. 이것은 막 16:1-8의 역사적 핵심이 '부활한 자'가 베드로와 다른 사도들에게 출현한 것이라는 점을 의미한다"(88).

4.3.2.4. 여성 목격자. 네 개의 정경 복음서들 모두 여인들이 예수의 무덤에서 천사 하나 또는 둘을 보았고 그 천사가 그 여인들에게 예수가 부활했다고 말했다고 전한다. 그 이야기들 중 둘(마태복음과 요한복음)에서 예수는 여인들이 천사들과 만난 후 그 여인들에게 나타난다. 역사가들에게는 과연 한 명 또는 그 이상의 여인들이 그녀들 스스로 부활한 예수와의 만남으로 이해했던 모종의 경험을 했다고 결론지을 만한 이유들이 있는가?

여인들에게 나타남, 그리고 이와 관련된 빈 무덤의 역사성을 지지하는 주된 논거는 초기 그리스도인들이 그런 이야기를 지어내지 않았으리라는 것이다. 왜냐하면 1세기 지중해 세계에서는 보편적으로 여성에 대한 인식이 낮아서 여성 증인의 신빙성에 문제를 제기했을 것이기 때문이다. 보컴은 그리스-로마 세계에서 교육 받은 남성들이 여성을 "종교 문제에서 잘 속고 특히 미신적인 공상에 기울어지는 경향이 있고 종교적 관습에서 과도하다"고 여겼다는 증거를 제시한다.[276] 비록 탈무드에서 나온 이 자료들이 후대의 것이기는 하지만, 우리는 유대 문화에서 여성에 대한 인식이 낮음을 보여주는 유대교의 여러 자료들도 인용할 수 있을 것이다.[277] 또한 누가복음 24:11도 지적할 수 있을 것이다.

---

276 Bauckham(2002), 270-71. 이 인용내용을 뒷받침하기 위해 Bauckham은 다음과 같은 자료를 인용한다: "Juvenal, *Sat*. 6.511-91; Plutarch, *De Pyth*. 25(*Mor*. 407C); Fronto *apud* Minucius Felix, *Octavius* 8-9; Clement of Alexandria, *Paed* 34.28; Celsus *apud* Origen, *C. Cels*. 3.55; 2 Tim. 3:6-7; . . . Strabo, *Geog*. 1.2.8." 여성이 남성보다 덜 존중되었다는 것은 Suetonius *Aug*. 44에서도 암시된다. 딤전 4:7도 보라. 거기서 나이든 여자들은 존경심이 결여된 방식으로 언급된다.

277 Jos. *Ant*. 4.8.15; *t. Ber*. 7:18; *Sotah* 19a; *Kiddushin* 82b; *Rosh HaShana* 1.8. Byrskog(2002), 73-82도 보라. *Kiddushin* 82b에서는 향료 제조자와 무두장이(즉, 가죽 일을 하는 이들)가 비교된다. 전자는 존중되는 반면, 후자는 그렇지 않다. 남자 아이들과 여자 아이들의 비유는 그 점을 분명하게 하려는 시도로 보인다. 전자는 존중되는 반면, 후자는 그렇지 않다. *Contra Celsum*에서 오리게네스는 2세기의 예수 비판가인 켈소스의 말을 인용한다. "사실 우리는 가정집에서 양모와 가죽을 다루는 일을 하는 사람들, 축융공(縮絨工), 또한 그들의 장로들과 현명한 주인들 앞에서는 한 마디도 하지 못하는 가장 못 배우고 소박한 성품을 가진 사람들

고대에는 여성에 대한 인식이 낮았다는 바로 그 이유 때문에 많은 학자들은 당혹감이라는 기준에 비추어 여성 그리고 특히 막달라 마리아에게 나타내신 것을 역사적인 사건으로 본다. 만약 가장 초기의 전승에서 그렇게 기억되고 있지 않았더라면, 복음서 저자들, 특히 마가가 여성이 부활한 예수의 첫 번째 목격자가 되도록 고안하거나 현존하는 증언들을 조정했을 가능성은 낮아 보인다.[278] 왜 그들이 여인들을 최초의 목격자들로 삼음으로써 그러지 않아도 이미 많은 이들이 믿기 어려워했을 예수

을 본다"(3.55). 켈소스에 따르면 양모와 가죽을 다루는 일을 하는 사람들은 성품이 의심스러운 것으로 간주되었다. 예외가 있을 수 있음을 감안하더라도, 대체로 여성들은 무두장이들만큼이나 낮게 여겨진 것으로 보인다. 오리게네스는 켈소스가 여성에 대해 언급했던 다른 말도 기록해 두었다. "복음서들에서 그다음에 나오는 그 진술들, 즉 부활 후에 그가 자신의 형벌의 표들과 자기의 손이 어떻게 뚫렸는지를 보여주었던 것에 관해 말하면서, 그는 '누가 이것을 보았는가?'라고 묻는다. 또한 부활한 예수를 보았다고 이야기되는 막달라 마리아에 관한 이야기를 불신하면서, 그는 '당신이 말하듯이, 반쯤 미친 여자'라고 응답한다. 그리고 그녀가 부활한 구주를 보았다고 기록되어 있는 유일한 사람이 아니라 다른 사람들도 언급되고 있기 때문에, 켈소스라는 이 유대인은 '그리고 같은 기만 체계에 속한 이들 중 일부'라고 덧붙이면서 이 진술을 마무리한다"(Origen *Cels*. 2.59); "하나님의 말씀의 교사들이 회심시키기 원한, 오직 어리석고 미친한 개인들과 지각이 없는 사람들, 그리고 노예들, 여자들, 아이들"(Origen *Cels*. 3.49; 3.55와 비교하라). *Rosh HaShana* 1.8에 따르면 여성의 증언의 가치는 도둑의 증언의 가치와 같았다.

278 Bauckham(2002), 259. Setzer(1997)는 이렇게 지적한다. "요한복음에서 이 역할을 하는 사람이 막달라 마리아라는 사실은—공관복음서들과 「베드로복음」이 빈 무덤 전승에서 그녀의 위치에 관해 보이는 만장일치의 의견과 결합해서—그것이 요한으로서는 깨뜨릴 수 없는 확고하게 굳어진 전승이라는 것을 암시한다"(262). Setzer는 마가복음과 마태복음에서 여성이 목격자로 나오는 분명한 보고들은 누가복음과 요한복음에서는 그렇게 분명하지 않은데, 이 점은 이런 "늦은 시기의 복음서 저자들과 그들이 받았던 전승들이 그런 보고들을 완전히 편안하게 여기지는 않았음"을 가리킨다고 덧붙인다(268). 이 점은 여성 목격자들에 대한 이런 보고(들)가 이른 시기의 것이며 그 후 복음서 저자들에 의해, 비록 제거되지는 않았으나, "정화되었음"을 가리킨다. (또한 *Gos. Pet*.에서 부활 사건을 증언하는 다른 모든 사람들과 함께 여성이 빈 무덤과 예수의 부활의 목격자라는 점을 지적할 수 있을 것이다.) 이런 관찰 내용이 여인들에 대한 예수의 출현에 대해 전하지 않는 누가복음에서는 어느 정도 사실일 수 있지만, 요한복음에서 여인들이 예수의 부활 후 출현을 경험하는 첫 번째 사람들이며, 누가복음은 여인들이 천사들로부터 계시를 받은 사람들이라고 보고한다.

의 부활을 더 믿기 어렵게 만들고 그 어려움을 가중시켰겠는가?[279] 만약 마태가 여성 제자들에게 나타난 이야기를 지어냈다면, 특히 마가가 자기의 복음서에서 그런 출현에 대한 이야기를 제공하지 않았더라면, 마태로서는 남성을 부활한 예수를 처음 본 사람들로 묘사했을 가능성이 훨씬 더 커 보인다. 산헤드린 공회원인 아리마대 요셉의 이름을 올리고 여성 문제를 아예 피하는 것이 좋지 않았겠는가?[280] 그러므로 1세기에 그 보고가 신뢰성을 결여했던 이유는 21세기에 그 보고가 신뢰성을 갖는 이유가 된다. "이런 내러티브들은 당시에 확신을 준다는 목적에 비춰보면 잘 고안된 것으로 보이지 않기 때문에 역사적일 가능성이 높다. 즉 오늘날 역사적으로 비판적인 사고를 하는 사람들이 신뢰할 만한 내러티브라는 것이다."[281] 그러므로 부활 내러티브에 여성 목격자들이 포함된 이유에 대한 가장 그럴 듯한 설명은 그 전승에 대한 기억이 아주 강력하고 널리 퍼져 있어서 여성 목격자들이 포함될 수밖에 없었다는 것이다.[282]

여인들에 대한 출현의 당혹스런 성격을 보여주는 추가 증거는 신약성서의 다른 텍스트들이 여성 목격자들을 다루는 방식에서 분명하게 드

---

279 바로 여성에게 나타나심 때문에 부활 내러티브는 2세기에 켈소스에게 조롱받았다(Origen *Cels*. 2.55).

280 Gundry(1993): "특히 유대 문화에서 여성의 증언에 대한 불신은 그것이 이른 시기의 것임을 보여준다. 그리고 시기 문제와 별도로, 만일 위조했다면 빈 무덤에 대해 문화적으로 신뢰할 만한 목격자들을 제공했을 가능성이 높다"(995; 1002와 비교하라. 거기서 그는 또한 고전 15장에는 남성 명단만 나온다는 점에 주목한다); Theissen and Merz(1998), 501.

281 Bauckham(2002), 259. 그는 여성 목격자들은 꾸며낸 것일 가능성이 낮다고 주장하면서 이를 지지하는 학자 열두 명의 이름을 열거한다. 그리고 이렇게 덧붙여 말한다. "이 논거를 반박하려는 진지한 시도는 놀랄 만큼 희박하다"(258 각주 2). Bauckham의 명단에 다음 학자들을 추가할 수 있을 것이다. Fisher(1999), 72; Maier(1997), 184; Montefiore(2005), 113.

282 Bauckham(2002), 259; Charlesworth(2008), 118; Dunn(2003), 843; Osiek(1997), 116; Setzer(1997), 262.

러난다. 막달라 마리아를 포함한 여성 목격자들은 마가의 부활 내러티브보다 앞서는 고린도전서 15:3-7에 실려 있는 전승과 사도행전에 등장하는 케리그마 요약들에서—이 요약들은 훨씬 이른 시기에 기원을 둘지 몰라도 확실히 공관복음서들의 부활 내러티브들보다 나중에 쓰였다—누락된다.[283]

여인들의 증언에 적용된 당혹감이라는 기준은 이 정도까지만 주장될 수 있다. 여인들이 증언할 수 있는 경우도 있었고—후대의 저술이어서 1세기 유대인들의 생각을 반영하지 못할 수도 있는 탈무드 안에 들어 있기는 하지만—유대 저술들에서는 여성을 높이 보는 관점이 발견되기도 한다.[284] 그러나 만약 부활 후 출현들을 만들어낼 필요가 있었다면, "고대 지중해 사회에서는" 여성을 신뢰할 만한 증인으로 여기는 데 대해 "일반

---

283 Bauckham(2002), 307; Byrskog(2002), 196; J. Wenham(1984), 53. Bauckham(2002)은 요한복음이 베드로와 사랑받는 제자를 빈 무덤의 공식적인 목격자들로 사용하는데, 그것은 그 여인들은 아리마대 요셉이 예수를 매장하는 것을 지켜보지 않았고 따라서 무덤의 정확한 장소를 확인할 수 없었기에 그 역할을 할 수 없었기 때문이라고 덧붙인다(283). 그러나 요한복음이나 공관복음서들은 베드로나 사랑받는 제자를 아리마대 요셉이 예수를 매장하는 것의 목격자로 제시하지 않는다. 오히려 그들은 여인들의 보고를 듣고서 빈 무덤으로 갔고 무덤이 비어 있음을 발견했다(요 20:3-10). 더욱이 요한복음에서조차 마리아는 부활한 예수의 출현을 처음으로 경험한 사람이다. Scott 편(*Resurrection*, 2008)에 실린 B. B. Scott, "The Jesus Seminar Spring Meeting 1995": "바울이 작성한 고린도전서의 출현 목격자 명단에[마리아가 빠져 있다]. 예수 세미나 학자들의 견해로는, 그녀가 여성이 아니었다면 그 명단에서 언급되었을 것이다"(48).

284 *Ketub*. 2.6-7; *Nid*. 45. Bauckham(2002)은 "여인들의 이 이야기들이 처음으로 들려지고 전해졌던 초기 기독교 공동체 안에서는" 여성의 증언을 낮게 평가하지 않았을 수도 있다고 덧붙인다(260). 그러나 제자들이 천사들의 계시에 대한 여인들의 보고를 처음에는 λῆρος(허튼소리)로 여겼던 눅 24:11의 보고에 비춰볼 때 실제 상황은 그렇지 않아 보인다. Catchpole(2002)은 다음과 같은 의견을 제시한다. 여성의 증언의 적절성이 의심되었기 때문에 본능적으로 베드로가 무덤을 점검하러 갔다고 기록했던 누가는 그 이야기가 **무로부터**(*ex nihilo*) 꾸며졌다면 그 이야기에 여인들을 집어넣지 않았을 것이다. 그러나 이 이야기에 여인들이 들어가 있다!…그러므로 여인들이 예수의 무덤이라고 알려진 무덤이 비어 있음을 발견했다는 복음서 이전의 전승은 확고한 토대 위에 기초하고 있는 것으로 보인다"(150).

적인 거리낌"이 있었기 때문에 여성이 그렇게 두드러진 경험을 하는 사람이 되었을지는 의심스럽다.[285] 그러므로 여성의 증언이 허용되었는지 여부와 상관없이 여성의 증언은 남성의 증언보다 훨씬 덜 선호되었으리라고 확실하게 말할 수 있다. 그리고 증언이 중요할수록 여성의 말이 액면 그대로 받아들여졌을 가능성이 낮다.[286] "그리스도가 부활했다"는 말

---

285 Osiek(1997), 112-13(특히 113); Bauckham(2002), 270; Byrskog(2002), 193-94; Habermas("Resurrection Research," 2005), 141; Theissen and Merz(1998), 501; Witherington(2001), 401.

286 Bauckham(2002)도 부활 내러티브에서 목격자로서의 여성의 역할에 대한 보다 심각한 문제는 그것이 "가부장적인 종교적 가정, 즉 하나님이 세상을 다룰 때 남성을 우선시한다는 가정에 훨씬 더 소중한 무언가"와 관련이 있다는 점이라고 지적한다. "이런 이야기들에서 여성은 하나님에게 먼저 계시 받는 사람, 따라서 남성에 대한 계시의 중재자로서의 역할을 부여 받는다"(275). 이런 주장을 뒷받침하기 위해 Bauckham은 요세푸스가 하나님으로부터 계시를 받는 일에서 여성의 역할을 어떻게 최소화시키는지를 살핀다: "창세기에서 리브가는 야웨께 아직 태어나지 않은 자기 아이들에 관해 문의하고 그들에 관한 예언적 신탁을 받는 반면(창 25:22-23), 요세푸스의 글에서는 그녀의 남편 이삭이 하나님께 기도하고 예언을 받는다(*Ant.* 1:257). 필론 위서인 *Biblical Antiquities*는 당시에 사람들이 여성이 신적 계시 수령자로 간주되지 않는 두 가지 추가적인 예를 제시한다(9:10; 42:1-5)"(271-74). 창세기와 요세푸스의 보고에 대한 Bauckham의 비교는 설득력이 있지만, 필론 위서가 열거하는 예들은 그다지 설득력이 없다. 첫 번째 예에서 딸(마리아)은 자기 부모에게서 태어날 아이(모세)가 기적을 행하고 자기 백성을 구원할 아들이 되리라는 꿈을 꾼다. 마리아가 이 꿈을 부모에게 말하자 그들은 그녀의 말을 믿지 않는다. 아마도 이것은 남성 중심적인 편견을 암시할 수도 있지만, 요셉이 자기 형제들과 부모가 자기에게 절하리라는 꿈을 꾸었을 때 정반대의 일이 일어났다는 점을 유의해야 한다. 요셉이 그 꿈을 형제들과 아버지에게 말했을 때 그의 아버지는 요셉을 꾸짖는다(창 37:3-10). 필론 위서가 언급한 두 번째 예에서는 한 여성이 불임으로 인해 비난받는 반면 그녀의 남편은 비난받지 않는다. 나로서는 이것이 실제로 남성 중심적인 편견을 반영하는지 분명하지 않다. 왜냐하면 성서에서는 남성이 비난받는 경우도 인용되고 있기 때문이다: 나발과 아비가일(삼상 25:2-38), 사가랴와 엘리사벳(눅 1:5-22)이 그런 경우다. 더욱이 Byrskog(2000)는 유대인 남성은 여성을 신의 계시를 받을 후보로 간주하지 않았다는 점을 인정하면서도, 이 점은 우리의 현재 연구에서는 한계가 있다고 지적한다. 왜냐하면 빈 무덤에서 천사(들)에 의해 여성들에게 주어진 계시는 마 28:16-20; 눅 24:36-49; 행 1:8에서 부활한 예수에 의해 직접 남성들에게 주어졌던 형태가 아니었기 때문이다. 대신에 천사는 그들에게 남성 제자들에게 알리라고 말한다. 그러므로 여성들—그리고 특히 마리아—이 무시되지는 않았을지라도, 그들은 부활한 예수나 빈 무덤에 대한 목격자로서 두드러지지는 않았다(82). 남성 제자들이 리더 자리를 유지했다.

은 확실히 중요한 증언이다. 그 여인들에게 주어진 사명이 세상이 아니라 남성 제자들에게 그 소식을 알리는 것이었다는 사실은 남성 제자들보다 낮은 지위를 반영한다. 그럼에도 여성이 그 계시의 첫 번째 수령자였다는 사실은 매우 중요하다. 왜냐하면 그것이 마가가 꾸며낸 이야기일 가능성이 낮기 때문이다. 만약 그 이야기가 사도들의 증언과 관련이 없는 마가 이전의 전승에서 나타났다면, 그 이야기는 마가나 마가 이후의 복음서 저자들—그들은 누가복음에서 명시되어 있고 요한복음에서 암시되어 있듯이 목격자 증언을 갖고 있다고 주장할 수 있었다—에 의해 수정되었을 가능성이 크다. 다른 곳에 원래의 제자들이 부활한 예수가 자기들에게 나타났다고 진지하게 믿었다는 강력한 증거가 있기 때문에, 이 제자들이 부활한 예수를 만나지 못한 이들에게 나타나심에 관한 내러티브들을 고안해 냈을 가능성은 낮아 보인다.

크로슬리는 당혹감 논거는 "때때로 생각되는 것만큼 강력하지" 않다고 주장한다. "예수의 사역에서 여인들에게 매우 중요한 역할이 주어졌는데, 이 점이 어떤 이들에게는 그들의 증언을 보다 수용할 만한 것으로 만들어줬을 수도 있다는 점을 잊지 말아야 한다."[287] 그러나 이 주장은 요점을 놓치고 있다. 그 주장은 여성 목격자 문제를 직접 다루지 않을 뿐 아니라, 예수의 사역에 여인들이 관여했다는 바로 그 요소가 그 보고에 신뢰성을 부여한다고 반박할 수도 있을 것이다. 더욱이 예수의 사역에 여성이 관여했다는 사실이 어떤 사람들에게는 그들의 증언을 보다 받아들일 만하게 만들어주었을 수도 있지만, 전체적으로 그 점은 득보다는 실이 되었을 것이다.

당혹감 요소에 대한 또 다른 도전은 만약 남성 제자들이 이미 예루

---

287 Crossly(2005), 184.

살렘에서 갈릴리로 달아났다면 그들은 부활절에 빈 무덤을 목격할 수 없었으리라는 것이다. 그러므로 여성에게 나타나신 것이 아무리 입맛에 맞지 않을지라도 그 보고를 고안한 화자에게는 그것이 유일한 대안이었으리라는 것이다. 더욱이 현존하는 전승에는 예수의 십자가형과 매장 때 여인들만 있었기 때문에 증언능력에 관한 도전에도 불구하고 여인들이 목격자 증언을 제공할 수 있는 유일한 사람들이었다는 것이다.[288] 이런 논지에는 두 가지 문제가 있다. 첫째, 제자들이 예루살렘에서 갈릴리로 도망쳤다는 어떤 보고도 없는 반면 그날이 안식일이었다는 점은 제자들이 예루살렘에 머물고 있었다고 믿을 이유가 된다.[289] 더욱이 설사 제자들이 모두 예루살렘에서 도망쳤다고 할지라도, 빈 무덤을 발견하기에는 아리마대 요셉과 니고데모가 여인들보다 더 나은 후보였을 것이다.

여인들에게 나타나셨다는 데 신뢰성을 부여하는 몇 가지 추가적인 고려사항들이 있다. 먼저 여인들에게 나타나심이 다양하게 입증되는 것으로 보이며(마 28:1, 8-10; 요 20:11-18; 위[僞] 막 16:9-11) 따라서 그것이 아주 이른 시기의 전승이라는 점을 지적할 수 있다.[290] 그러나 「위[僞] 마가복음」은 늦게 쓰였을 개연성이 매우 높고, 요한은 마태의 이야기를 다시 썼을 수도 있다. 그러나 후자는 별로 가능성이 없어 보인다. 앨리슨은 그 두 복음서가 공유하는 단어들이 거의 없으며 요한의 설명에는 마태복음에서 눈에 띄는 그 어떤 분명한 주제나 관심도 들어 있지 않다고 주장한다.[291] 물론 요한이 그 내러티브의 핵심을 취해 다시 썼을 가능성은

---

288 Carnley(1987), 60.

289 Bauckham(2002), 258 각주 2. Wedderburn(1999), 58-60.

290 Allison(*Resurrecting Jesus*, 2005), 247. 많은 학자들은 다른 여인들에게 나타나심은 아니더라도 마리아에게 나타나심에 관한 전승은 아주 오래되었다고 주장한다. Allison(*Resurrecting Jesus*, 2005), 249와 Lüdemann(2004), 87을 보라.

291 Allison(*Resurrecting Jesus*, 2005), 247-48.

있다. 그러므로 복수로 입증된다는 주장은 더 확고해질 수 있다.

더욱이 부활 내러티브들이 교회 지도자들에 대한 신뢰를 고취하기 위함이었다고 보이지 않는다. 예수가 자신의 부활에 대해 여러 번 예언했음에도 불구하고 네 정경 복음서 모두에서 예수의 제자들 중 누구도 예수가 죽음에서 부활하리라고 기대하고 있지 않았다. 그리고 심지어 예수가 부활했다는 소식이 그들에게 전해진 후에도 그들은 그 사실을 믿지 못했다(눅 24:11). 그러므로 이중의 당혹감 요소가 있다. 여인들이 증인이자 신적 계시의 수령자 역할을 하는 반면, 남성들은 우둔한 존재로 묘사되고 있기 때문이다. 이런 요소들은 누군가가 교회 지도자들에 대한 확신을 고취하기 위해 고안해 낼 만한 성격의 보고가 아니다.

당혹감 요소에 대한 또 다른 반론은 그 여인들이 예수의 매장을 목격한 사람들이기 때문에 그들이 자연스럽게 예수의 출현과 빈 무덤의 목격자가 되었다는 것이다. 내게는 이 점은 명확해 보이지 않는다. 여인들에 대한 출현을 만들어내야 할 필요는 없었다. 조작된 보고라면 아리마대 요셉이나 니고데모가 제자들을 이끌고 무덤으로 가서 무덤이 비었음을 발견하고 예수의 출현을 경험하게 했을 것이다. 또는 만약 그 이야기가 완전한 날조라면 왜 여인들이 빈 무덤을 발견하고, 요한복음에 기록된 것과 같이 남성 제자들에게 그 사실을 알리고, 그 후에 남성 제자들이 천사의 선포와 예수의 최초의 출현을 경험하게 하지 않는가? 더욱이 부활에 관해 꾸며낸 이야기라면 남성들이 무덤 앞에서 여성들이 시신을 손질하는 일을 마치고 나오기를 기다리는 동안에, 또는 여성들이 일을 마친 후에 예수가 남성 제자들에게 나타났다고 기록할 수도 있었을 것이다. 여성들은 부차적인 역할만 하면 되었을 것이다.

시신에 기름을 바르는 것은 여성의 책임이었기 때문에 자연스럽게 그들이 부활한 예수를 최초로 보게 되었다고 주장할 수도 있을 것이다.

그러나 이 주장은 아리마대 요셉과 니고데모가 여인들이 찾아오기 전에 굉장히 많은 향료로 예수의 매장을 준비했다는 복음서의 증언과 일치하지 않는다(막 15:42-47; 마 27:57-61; 눅 23:50-56; 요 19:38-40).

결국 당혹감 요소는 여인들에게 나타나신 것의 역사성에 대해 아주 유리하게 작용하는 반면, 그에 대한 반론은 그다지 믿을만하지 않다.

4.3.2.5. 엠마오로 가던 제자들에 대한 출현. 많은 학자들은 엠마오로 가던 제자들에게 나타나심은 창작으로서, 아마도 초기 교회에서 이루어진 성만찬을 상징하는 누가의 고안이라고 주장해왔다.[292] 이 결론을 논박할 이유들이 있다.[293] 존 알섭은 "부활한 자와의 성만찬적 교제에서 그 제도를 제정하는 말과 교회의 관행을 접할 수 있다고 가정된 접촉선은 전혀 없다"고 주장한다. 그는 훨씬 더 어려운 점은 예수와 식사 교제를 할 수 있었던 바로 그 순간에 예수가 사라진다는 사실이라고 덧붙인다.[294] 마크 워터맨은 엠마오로 가던 제자들은 최후의 만찬 때 열두 제자들과 함께 있지 않았으므로 엠마오에서의 식사는 그 제자들에게 최후의 만찬을 상기시킬 수 없었다고 주장한다.[295] 캐치폴은 예수가 빵을 떼서 엠마오의 제자들에게 나눠줬을 때 그들이 그 빵 조각을 예수가 "이것은 내 몸이다"라고 말하는 것으로 해석했다고 암시하는 어떤 것도 없다고 주장한다. 캐치폴

---

292 Alsup(1975): "사실, 우리가 여기서 편집상으로뿐 아니라 전승적으로도 예수가 배반당하던 날 밤에 있었던 주의 만찬 제도의 모든 결과를 지닌 초기 교회의 성만찬 상황을 대하고 있다는 것은 신약성서 연구에서 널리 받아들여지고 있다"(197). Crossan(1991), 399-401;(1995), 205-6도 보라.

293 Alsup(1975), 197을 보라. 어떤 학자들은 그 이야기를 누가복음보다 앞선 것으로 본다(Catchpole[2002], 88-102; Dunn[2003], 848-49). Allison(*Resurrecting Jesus*, 2005)은 이에 대해 확정적이지 않다(254).

294 Alsup(1975), 197.

295 Waterman(2006), 25 각주 58.

은 그들이 예수를 알아본 것은 성찬 모티프에 의한 것이 아니라고 결론짓는다.[296]

내 의견으로는 이런 반론들은 그다지 결정적이지 않다. 알섭에게는 엠마오의 제자들이 최후의 만찬에 참석하지 않은 사람도 성찬에 참여할 수 있다는 것을 보여주었다고 답할 수 있다. 워터맨에게는 누가가 현재의 독자들에게 비록 그들이 육안으로 예수를 볼 수는 없을지라도 성찬에서 그를 인식할 수 있다는 것을 알게 하려고 엠마오의 제자들이 예수를 알아보았을 때 예수가 사라지게 했다고 답할 수 있을 것이다. 이런 답변들이 입증될 수는 없다. 나는 캐치폴의 반론을 무시하기는 어렵다고 생각한다. 그러나 그 내러티브 배후의 성찬적 의미에 관한 모든 대화는 상당히 많은 추측을 포함한다.[297] 역사의 재구성에는 종종 추측이 포함되지만 우리는 예수가 죽은 자들 가운데서 부활했는지 여부에 대한 우리의 연구를 보다 확고한 토대 위에 기초하고자 한다. 성찬적 해석에 대해서는 기껏해야 **가능성이 있음**이라는 평결을 부여할 수 있다. 그러나 이 내러티브에서 보고되는 출현의 역사성에 대해서는 훨씬 더 높은 등급을 부여할 수 있을 것이다.

펑크와 예수 세미나는 엠마오로 가던 제자들에게 나타나신 것은 원래는 천사의 현현이었을 것이라고 주장한다.[298] 캐치폴은 그 내러티브에

---

296 Catchpole(2002), 76. 이것은 그가 75-76에서 제공하는 네 가지 논거 중 네 번째에 불과하다.

297 「위(僞) 마가복음」 16:12-13에서 그 이야기가 성찬에 대한 어떤 암시도 없는 훨씬 짧은 버전에서 발견된다는 점도 주목할 가치가 있다.

298 Funk and the Jesus Seminar(1998), 481-82. 이런 주장을 뒷받침하기 위해 그들은 창 18:1-15; 19:1-11; 히 13:2 그리고 오비디우스의 *Metamorphoses* 8에 등장하는 천사들과 신들의 출현에 관한 보고들을 인용한다. 또한 그들은 엠마오와 글로바가 누가의 고안이었을 것이라고 생각한다(482). 그러나 창 18장에 나오는 세 사람이 모두 천사였는지는 의심스럽다. 창 17:1에서 아브라함에게 나타난 이는 야웨 자신이다. 그리고 18:1에서는 야웨가 아마도 천사였을 다른 두 사람과 함께 나

대한 마가 이전의 버전이 있었다는 생각을 지지하며, 토빗기에서 토비아와 함께 등장하는 천사 라파엘에게서 그 평행구를 발견하고 15개 영역의 유사한 생각들을 지적한다.[299] 그중 일부는 다른 평행구들보다 더 두드러지는데, 내가 보기에는 다음 네 가지가 가장 두드러진다.

1. 길벗이 문제 해결에 관한 중요한 정보를 갖고 있지만, 심지어 그 길벗이 해법을 권위 있게 확언할 때조차 [그 길벗의 신성이] 인식되지 않는다.[300]
2. 그 문제의 해법은 모세의 책들 안에서 발견된다.[301]
3. 그 여행의 각 단계는 환대 제공과 기념하는 식사로 끝난다.[302]
4. 문제들이 해결되고 감정이 분출된다.[303]

유사성은 부정될 수 없지만, 캐치폴이 주의를 기울이지 않는 여러 차이들도 있다. 토비아에게 나타난 존재는 천사인 반면 엠마오로 가던 제자들에게 출현한 존재는 주님 자신이며, 예수가 그의 초기의 추종자들에게 천사로 간주되었다는 징후는 어디에도 없다. 그 천사는 토비아의 기도(그는 죽기를 기도한다)와 라구엘의 딸의 기도(그녀는 남편을 얻기 위해 기도한다)에 대한 응답으로 보내졌다.[304] 그러나 엠마오로 가던 제자들에게 나타나신 것은 기도에 대한 응답이 아니었다. 그들은 자기들과 함께 걷고 있는 이의 죽음에 대해 슬퍼한다. 토비아는 길벗을 구하고 천사 라파엘을

타나기는 하지만, 그곳에서 다시 아브라함에게 나타난 이도 야웨다.

299 Catchpole(2002), 69, 70-77. 그러나 그는 이것이 누가의 견해는 아니었다고 덧붙인다(69).

300 Catchpole(2002), 72.

301 Catchpole(2002), 72.

302 Catchpole(2002), 72.

303 Catchpole(2002), 73.

304 토빗기 3:1-17.

발견하는 반면, 예수는 엠마오로 가던 제자들에게 접근해서 그들과 동행하려 했다.[305] 더욱이 초기 그리스도인들 사이에 천사들이 때때로 경건한 사람들이 알지 못하는 중에 그들과 함께 있었다는 얘기가 회자되기는 했지만, 그런 초기 단계에 존재했던 고등기독론은 그들이 예수를 천사와 혼동하지 않게 했다(히 13:2).[306] 캐치폴은 토빗기가 "아주 분명한 유비와 평행구"를 제공한다고 생각하지만,[307] 그것은 지나친 희망사항으로 보인다. 유비가 있을 수는 있지만, 그것을 어느 정도라도 확실하게 확인할 수는 없다.

많은 학자들이 엠마오로 가던 제자들에 대한 예수의 부활 후 출현은 초기 교회의 성찬 관습을 묘사하기 위해 꾸며졌을 수 있다고 주장해왔다. 그렇게 해석할 수도 있지만, 실제로 출현했다기보다 그 해석이 더 그럴듯하다고 생각할 이유는 없다고 말할 수 있다. 그 출현이 변형된 형태의 천사의 현현이었다는 주장은 더 개연성이 없다. 그 출현이 훨씬 짧고 아무런 신학적 어조도 없는 「위(僞) 마가복음」 16:12-13에서도 추가로 입증되고 있다고 할 수 있다. 그러나 「위(僞) 마가복음」은 간소화하기 위해 누가복음의 내러티브를 줄였을 수도 있다. 더욱이 「위(僞) 마가복음」이 보다 이른 시기의 전승을 보존하고 있을 수도 있지만, 그것은 순전한 추측일 뿐 책임 있는 역사적 연구를 수행하고자 할 때 이용할 만한 증거는 아니다. 그렇다면 엠마오로 가던 제자들에게 나타나신 것을 전하는 유일하게 확실한 자료는 하나만 남는다. 누가가 전하는 엠마오로 가던 제자들에게 나타나심에 관한 내러티브는 **결정할 수 없음**으로 판단되어야 한다. 그러나 이 출현 전승이 역사적 출현으로 이해되도록 의도되지 않았다고

---

305 토빗기 5:1-6; 눅 24:14-15.

306 Boa and Bowman Jr.(2007), 94-95를 보라.

307 Catchpole(2002), 70.

주장하는 해석은 근거가 약하다.

4.3.2.6. 마태복음 28:17-18에서 "의심한" 사람들

> καὶ ἰδόντες αὐτὸν προσεκύνησαν, οἱ δὲ ἐδίστασαν. καὶ προσελθὼν ὁ Ἰησοῦς ἐλάλησεν αὐτοῖς λέγων, Ἐδόθη μοι πᾶσα ἐξουσία ἐν οὐρανῷ καὶ ἐπὶ [τῆς] γῆς·

> 예수를 뵈옵고 경배하나 아직도 의심하는 사람들이 있더라. 예수께서 나아와 말씀하여 이르시되 "하늘과 땅의 모든 권세를 내게 주셨다."

이 보고는 혼란스럽다. 부활한 예수가 그들 눈앞에 있는데, 왜 일부는 의심했는가? 그 경험에 모호한 점이 있었는가? 그 경험은 시공간 안에서 육신을 입고 있는 예수가 출현한 것이라기보다 천상의 경험 측면의 환상적인 성격이었는가? 던은 이 말이 "그곳에 있던 모든 사람이 자기가 보고 경험한 것에 잘 설득된 것은 아니었다"라는 뜻인지, 아니면 "어느 정도의 인식의 혼란"이 있었다는 뜻인지 묻는다.[308] 브라이언 월쉬와 실비아 키스맷은 어려움을 느끼지 않고 이 사람들은 부활한 예수의 현존 앞에서도 의심했다고 설명한다. 그들이 의심한 이유는 그들이 "여전히 민족주의적 회복을 기대하고 있었기" 때문이다. "그들은 이 사람이 실제로 부활한 사람이라는 사실을 의심한 것이 아니었다. 그들의 의문은 '지금 도대체 무슨 일이 벌어지고 있는 것인가'였다."[309]

---

308 Dunn(2003), 854, 858.

309 Walsh and Keesmaat(1992), 194-95. 또한 Walsh and Keesmaat은 그들이 인지 부조화를 경험했기 때문에 의심했다고 주장한다(193-200).

나는 마태가 예수의 출현들이 천상적인 것이었다거나 하늘이나 시공간 외부에서의 예수의 환상이었다는 암시를 제공한다고 이해하는 어떤 해석에 대해서도 의심쩍게 생각한다. 마태가 불과 몇 절 앞에서 무덤이 비어 있다고 보고하는 것을 기억해야 한다. 예수의 몸은 일으켜졌고, 예수가 시공간 안에서 출현해서 여인들이 그의 발을 잡을 수 있었다.

그들의 의심에 대한 그럴듯한 설명이 몇 개 있다.[310] 어쩌면 의심했던 사람들은 예수의 제자들이 아니었을 수도 있다. οἱ δὲ는 그곳에 있었던 제자들 이외의 그룹을 가리킬 수 있다.[311] 예수는 금요일에 십자가에 달렸고, 그의 부활은 일요일에 보고되었다. 예루살렘에서 갈릴리까지 걸어가려면 이삼일이 소요되었을 것이다. 그렇다면 예수의 제자들은 화요일이나 수요일에 갈릴리에 도착했을 수 있다. 제자들은 예수를 보기 원했을 뿐 아니라 유대인들을 두려워하기도 했기 때문에 하루빨리 갈릴리에 가고자 했을 것이라고 추정할 수 있기 때문에, 그들이 화요일에 갈릴리에

---

310 물론 이 장에서 제시된 설명 이외의 다른 설명들도 제시되어왔다. Welker(1994)는 그들의 의심은 자기가 무언가를 보았는지에 대한 것이 아니라 자기가 본 사람의 신분에 관한 것이었다고 주장한다. 그들의 문화에서 오직 신성에 대해서만 "경배"(προσκυνέω)할 수 있었다(6-7). Wedderburn(1999)은 "어떤 사람들은 아마도 처음에는 믿지 않았을 것이다"라고 주장한다(67). 그러나 "어떤 사람들의 '의심'이 언급된다는 사실은 이것이 평범한 만남이 아님을 암시한다. 그들이 '보는' 것은 또한 예배를 이끌어낸다(17절)"(71). Bowman and Komoszewski(2007), 294-95 각주 7도 보라.

311 J. Wenham(1984)은 마 28:17에 실려 있는 *hoi de*(그러나 다른 사람들)에 대한 가장 가까운 평행 어구가 마 26:67에 등장한다고 지적한다. 거기서 그들은 예수의 얼굴에 침을 뱉고 주먹으로 예수를 때린다; 그리고 다른 사람들[*hoi de*]은 손바닥으로 예수를 때린다(114). Wenham은 마 28:17이 말하는 이 다른 사람들이 제자들과는 다른 그룹으로 이루어져 있다고 말하고 싶어 한다. 그럴 수도 있지만 반드시 그럴 필요는 없다. 결국 예수의 얼굴에 침을 뱉고 그를 손바닥으로 때렸던 사람들은 같은 그룹에 속한 사람들이었고, 예수에게 경배했던 사람들은 의심했던 사람들이 아니었다는 것은 말할 필요가 없다. 그들은 같은 그룹에 속한 사람들이었을 수도 있고, 어쩌면 오백여 명이나 제자들 자신이었을 수도 있다. 텍스트에서 다른 이들이 언급되지 않으므로 제자들만을 가리킨다는 주장에 무게가 조금 더 실린다.

도착했다고 상상해 보자. 화요일이나 수요일 어느 때에 예수가 나타났다. 예수는 산 위에 공개적으로 나타났다. 예수가 제자들에게 다가오는 동안 제자들은 흥분했고 그에게 경배하기 시작한다. 그리고 다른 사람들은 무슨 일이 벌어지고 있는지 보기 위해 그리고 다시 예수의 말을 듣기 위해 모여든다. 군중의 뒤에서 어떤 사람이 다른 사람에게 말한다. "왜 이리 난리인가? 우리는 전에도 예수가 하는 말을 들었다. 이번에는 뭐가 그리 특별한가?" 다른 사람이 대답한다. "자네는 듣지 못했는가? 예수가 지난 주 금요일에 예루살렘에서 십자가에 달렸는데 죽은 자들 가운데서 부활했다지 않는가!" 첫 번째 사람은 그 보고에 대해 회의적이고 이렇게 말한다. "누군가 잘못했구먼. 로마 사람들이 다른 누군가를 십자가에 매단 게 틀림없어." 이렇게 그들은 예수가 자기들 앞에 있다는 점에 대해서는 의심하지 않았지만 예수가 며칠 전에 십자가형을 당했다는 점에 대해서는 의심했다는 것이다. 나는 이 설명이 그럴듯하다고 여기지만, 마태가 무슨 생각을 하고 있었는지에 관해 아래의 설명이 더 가능성이 있다고 생각한다.

이 구절에서 마태는 의심에 대해 ἐδίστασαν이라는 단어를 사용한다. 신약성서에서 이 단어는 한 번만 더 나오는데, 그 경우도 마태복음에 나온다(마 14:30-31). 마태는 제자들이 예수가 물위로 걸어오는 것을 보았다고 전한다. 베드로는 예수가 자기처럼 물위를 걸어오라고 한 초대에 응해서 물위를 걷다가 자기 주위의 강한 바람을 느끼고 두려움에 압도되어 물속으로 가라앉기 시작한다. 예수가 그를 구출한 후 왜 의심하였느냐(ἐδίστασας)고 묻는다. Διστάζω는 어떤 문제에 대해 두(δίς) 생각을 한다는 뜻이 있다. 여기서 베드로에게 그 점을 발견할 수 있다. 그의 믿음에는 의심이 수반되었다. 그 이야기의 역사성 문제를 제쳐두면, 우리는 베드로가 물위를 걸으면서 지금 일어나고 있는 일에 완전히 압도당하는 것을 상상할 수 있다. 바람이 다시 거세지고 파도가 자기 주위에 몰려오자 어쩌면 베드로는 자기가 지난번에 배에 타고 있었을 때 비슷한 바람이 불었던 때의 경험을 떠올렸을 수도 있다. 그는 자기가 지금 어떻게 깊은 물 위를 걷고 있는지, 그리고 무언가가 잘못된다면 어떻게 될지에 대해 생각한다. 그러자 믿는 가운데서도 두려움이 생긴다.

이것이 우리가 비행기를 처음 탈 때의 경험과 크게 다른가? 빠른 이륙의 짜릿함을 맛보고 하늘로 높이 올라갈수록 땅 위의 건물들과 자동차들이 작아지는 것을 볼 때 우리는 비행의 경이를 경험한다. 그러나 몇 킬로미터 상공에서 아래를 내려다 볼 때 어떤 사람들은 만약 비행기 날개가 떨어진다면 우리의 운명이 어떻게 될지 생각하고 두려움에 사로잡힌다.

두 마음에 관한 유사한 메시지가 마가복음 9:24에서 나타난다. 한 사람이 예수에게 다가와 자기 아들에게서 귀신을 쫓아내달라고 요청하자, 예수는 그 사람에게 믿는 자에게는 모든 것이 가능하다고 말한다. 그러자 그 사람은 이렇게 대답한다. πιστεύω· βοήθει μου τῇ ἀπιστίᾳ("내가 믿나이다. 내 믿음 없는 것을 도와 주소서"). 신자라면 누구나 진실한 믿음의 기도를 드리면서도 하나님이 자신의 믿음을 키워달라고 (그분께) 요청했던 때를 기억할 것이다. 내가 말하고자 하는 요점은 마태복음 14:31에서나 마가복음 9:24에서 의심하는 사람들이 팔짱을 끼고서 "나는 이 상황에 대한 당신의 평가에 동의하지 않아요"라고 말하는 것으로 보이지 않는다는 것이다.[312] 이 상황들은 의심하는 도마와 같은 상황이 아니다. 베드로는 물위를 걷고 그 남자는 자기 아들을 예수에게 데려와 고쳐달라고 요청한다. 그러므로 ἐδίστασας와 ἀπιστίᾳ의 이런 용법에는 믿음과 의심 모두를 포함하는 불완전한 또는 도전받는 신앙이 나타나 있다.

나는 누가복음 24:41에는 마태복음 28:17과 유사한 생각이 들어

---

312 Keener(1999), 716.

있는데, 그 생각은 위와 같은 견해를 지지하고 마태의 말의 의미를 분명하게 해준다고 확신한다. 예수가 엠마오로 가던 제자들에게 나타난 뒤에 그 제자들은 예루살렘으로 달려가 열한 명의 제자들에게 예수가 살아있다고 전한다. 그 소식을 들은 제자들은 예수가 베드로에게 나타났기 때문에 자기들도 이미 예수가 죽은 자들 가운데서 살아났다는 것을 알고 있다고 대답했다. 바로 그때 예수가 방에 모여 있는 이들에게 나타났다. 그들은 놀랐고 자기들이 유령을 보고 있는 것이 아닐까 생각했다. 예수는 그들에게 두려워하지 말라고 말하고는 자기의 손과 발을 보여주었다. 누가복음 24:41에서 누가는 바로 이 시점에 대해 다음과 같이 말했다.

> ἔτι δὲ ἀπιστούντων αὐτῶν ἀπὸ τῆς χαρᾶς καὶ θαυμαζόντων εἶπεν αὐτοῖς, Ἔχετέ τι βρώσιμον ἐνθάδε;

> 그들이 너무 기쁘므로 아직도 **믿지 못하고** 놀랍게 여길 때에 이르시되 "여기 무슨 먹을 것이 있느냐" 하시니

그들이 왜 믿지 못하는지에 주목하라. 기쁘고 놀라서였다. 언젠가 내 친구가 내게 이 구절에 관해 물은 적이 있다. 그의 어머니는 불과 2년 전에 돌아가셨다. 나는 이렇게 대답했다. "우리가 대화하고 있을 때 자네 어머니가 이 방으로 걸어 들어오신다면 어떠하겠는가? 자네 어머니께서 웃으면서 자네에게 '얘야!' 하고 부르신다면 말일세. 자네는 기쁨에 겨워 벌떡 일어나 그분을 껴안겠지. 자네는 어머니의 이마에 입을 맞추고 그분이 생전과 같은 냄새가 나고 촉감도 생전과 같다는 걸 알게 될 걸세. 그분은 분명히 자네 어머니시네. 그러나 자네는 자네가 그분이 관에 누워 계신 것을 보았고 그분을 매장했던 것을 기억할 걸세. 그러면서 이렇게 말

할 걸세. 이건 말도 안 돼, 그렇지 않아?" 제자들은 바로 이런 경험을 하고 있었던 것이 아닌가? 그들은 예수가 체포되던 때 그곳에 있었고 그가 불과 며칠 전에 십자가형을 받았다는 것을 알고 있었다. 그러나 지금 그들은 입을 떡 벌린 채 눈물을 글썽이며 자기들 앞에 아주 건강한 모습으로 서 있는 예수를 보고 있다. 이것이 그들이 "기쁘고 놀라워 믿지 못하는" 상황에 대한 묘사가 아니겠는가? 나는 이 구절이 마태복음 28:17에 빛을 비춰준다고 생각한다. 거기서 예수를 보자 그들 중 몇 사람은 의심하면서, 즉 동시에 두 생각을 하면서 예수에게 경배했다.

이런 해석이, 의심했다는 표현은 마태와 마가가 예수의 출현이 본질상 천상적인 것이었다고 주장하는 사람들에게 답하기 위함이었다는 주장보다 훨씬 더 그럴 듯하다. 천상적 출현을 전하려 했다면 빈 무덤만으로도 그런 임무를 달성하는 데 충분했을 것이고, 의심과 불신앙에 대해 언급하면 그런 목적에 역효과를 낳았을 것이다.[313]

논의를 계속하기 전에, 나는 피터 칸리가 제시하는 한 가지 흥미로운 반대 설명에 대해 언급하고자 한다. 그는 마태에게 제자들이 의심했다는 구절을 포함시켜야 할 나름의 이유가 있었다고 단언한다. 마태는 지상 명령에서 하늘과 땅의 모든 권세가 예수에게 주어졌다고 주장한다. 예수는 이미 높임 받았지만, 이 일이 이미 일어났다는 어떤 암시도 없다.

> 이 구절에서 예수가 이해하기 어려운 방식으로 하늘로부터 현현(christophany) 했다기보다는 이 땅 위를 걷는 물질적·물리적 육체로 출현(christepiphany) 했다고 이해되었음을 보여주는 유일한 징후는 18절에 있는 "예수께서 나아와 말씀하셨다"라는 말이다. 그러나 이 어구는 마태복음

313 Catchpole(2002), 67을 보라.

에서는 약 30회 나오지만 신약성서의 다른 곳에서는 나오지 않는 전형적인 마태의 표현이다. 그 어구는 분명히 다른 곳에서 마태가 그의 원천 자료에 덧붙이는 편집상의 주석이며, 마태는 여기서도 그 어구가 없었더라면 분명히 예수가 "하늘로부터" 현현했음을 의미하는 것으로 보였을 원래의 부활 전승에 그 어구를 덧붙인 것으로 보인다.[314]

나는 마태복음에서 **누군가가 나아와 무언가를 말했다**고 말하는 33개 표현을 찾아낼 수 있었다.[315] 그러니 이 점에서는 칸리가 옳다. 그러나 비록 그 표현이 마태에게 전형적이기는 하지만 칸리의 주장과는 달리 그 표현은 신약성서의 다른 곳에서도 발견된다. 그 표현은 마가복음에서 2회, 누가-행전에서 7회, 그리고 요한복음에서 한 번 나온다.[316] 다음은 마태복음에서 "나아옴과 말함"(προσέρχομαι, λαλέω 또는 λέγω)이라는 표현이 나오는 모든 목록과 다른 정경 복음서들에 나오는 그 평행구들이다.

1. 마 8:2// 막 1:40// 눅 5:12
2. 마 8:19// 눅 9:57
3. 마 8:25// 막 4:38// 눅 8:24
4. 마 9:14// 막 2:18// 눅 5:33
5. 마 13:10// 막 4:10// 눅 8:9
6. 마 13:27(평행구 없음)

---

314 Carnley(1987), 237. Dunn(2003), 858은 Carnley에게 동조한다.

315 마 4:3; 8:2, 19, 25; 9:14, 27-28; 13:10, 27, 36; 14:15; 15:1, 12, 23; 17:7, 19, 24; 18:1, 21; 19:3, 16; 21:23, 28, 30; 22:23; 24:3; 25:20, 22, 24; 26:17, 49, 69, 73; 28:18.

316 막 6:35; 14:45; 눅 7:14; 8:24; 9:12; 13:31; 요 12:21; 행 22:26, 27; 23:14.

7. 마 13:36(평행구 없음)

8. 마 14:15// 막 6:35// 눅 9:12

9. 마 15:1-2// 막 7:1-5// 눅 11:37-38(이 구절에서 마태복음은 더 많은 정보를 제공하는 마가복음과 더 가깝고 누가복음은 둘 모두와 다르다.)

10. 마 15:12// 막 7:17

11. 마 15:23// 막 7:24-30(이 구절에서 마태복음은 마가복음에서는 전하지 않는 제자들의 말을 전한다.)

12. 마 17:6-7// 막 9:2-10// 눅 9:28-36(이 구절에서 마태복음은 마가복음과 누가복음에서는 전하지 않는 예수의 말을 전한다.)

13. 마 17:19// 막 9:28// 눅 9:37-43상(이 구절에서 마태복음과 마가복음은 아주 가까운 반면, 누가복음에서는 예수의 답변은 보고되지만 제자들의 질문은 보고되지 않는다.)

14. 마 17:24(평행구 없음)

15. 마 18:1// 막 9:33-37// 눅 9:46-48(이 구절에서 마태복음은 제자들이 "천국에서 누가 가장 큽니까?"라고 묻는 것으로 묘사하는 반면, 마가복음과 누가복음에서는 제자들이 자기들끼리 그 문제를 두고 논쟁을 벌이고 예수는 그들의 마음에 있는 생각을 알아차린다. 그러므로 마가복음과 누가복음의 예수는 마태복음의 예수보다 조금 더 기독론적인 색채가 짙다.)

16. 마 18:21-22// 눅 17:4(이 구절에서 마태복음은 예수가 자기 제자들이 제기한 질문에 답하는 것으로 전하는 반면, 누가복음은 예수의 말을 가르침으로 보고한다. 이 말들이 두 개의 서로 다른 경우들에 나왔을 수도 있다.)

17. 마 19:3// 막 10:2

18. 마 19:16// 막 10:17// 눅 18:18

19. 마 21:23// 막 11:27-28// 눅 20:1-2

20. 마 21:28, 30(평행구 없음)

21. 마 22:23-24// 막 12:18// 눅 20:27-28

22. 마 24:3// 막 13:3// 눅 21:7(마태복음과 마가복음은 가깝다.)

23. 마 25:20, 22, 24// 눅 19:16, 18, 20

24. 마 26:17// 막 14:12// 눅 22:7-9(마태복음과 마가복음은 가까운 반면, 누가복음에서는 먼저 예수의 말이 나오고 그에 대한 답변으로 제자들의 질문이 덧붙여진다.)

25. 마 26:49// 막 14:45// 눅 22:47-48// 요 18:3-4(마태복음과 마가복음은 유다가 예수에게 나아와 "랍비여" 하고 말했다고 전한다. 누가복음에서는 유다가 예수에게 가까이 다가오고, 유다에게 말을 하는 이는 예수다. 요한복음에서는 유다와 다른 사람들이 예수에게 나아올 때 예수가 그들에게 가서 말한다.)

26. 마 26:69// 막 14:66-67// 눅 22:56// 요 18:25(마태복음은 여종이 베드로에게 다가와 말했다고 보고하고, 마가복음은 여종이 안뜰로 들어와 베드로에게 말했다고 보고하며, 누가복음은 안뜰에 있던 여종이 다른 사람들에게 말했다고 보고하는 반면, 요한복음은 다른 사람들이 베드로에게 말했다고 보고한다.)

27. 마 26:73// 막 14:70// 눅 22:59// 요 18:25-27(마태복음은 다른 사람들이 베드로에게 와서 말했다고 보고하는 반면, 마가복음은 다른 사람들이 베드로에게 말했다고 보고하고, 누가복음은 한 사람이 다른 사람들에게 말했다고 보고하고, 요한복음은 세 번째 고소에 대해 보고하지 않는다.)

28. 마 28:18// 막 16:15// 누가복음과 요한복음은 생략한다(마가복음은 예수가 그들에게 다가오는 것에 대해서는 보고하지 않고 예수의 말만 보고한다).

이 사례들을 통해서 우리는 주로 마태복음에 나오지만 또한 다른 공관복음서들에도 나오는 "나아옴과 말함"(προσέρχομαι, λαλέω 또는 λέγω)이라는 어구와 관련해서 다음과 같은 점을 관찰할 수 있다.

- 그 사례들 중 절반 이상에서 (다른 단어가 사용될 수도 있지만) 동일한 사건이 하나 이상의 복음서들에서 보고된다. 예컨대, 마태복음은 마가복음에서 사용되는 ἔρχομαι(막 1:40; 2:18; 7:17; 9:28; 11:27-28; 12:18; 14:66-67)보다 προσέρχομαι를 선호한다.
- 한 구절에서 마태복음과 마가복음은 누가복음에서는 보고되지 않는 질문에 대해 전하는 반면(13),[317] 다른 구절에서 마태복음과 마가복음은 누가복음이 보고하는 질문에 대해 전하지 않는다(24).
- 두 구절에서 마태복음은 마가복음과 누가복음에서는 보고되지 않는 진술을 제공한다(11, 12).
- 한 구절에서 마태복음이 제공하는 정보가 마가복음이 제공하는 정보보다 적다(9).
- 마태복음에는 다른 복음서들에 평행하는 보고가 나타나지 않는 네 개 구절이 있다(6, 7, 14, 20).
- 그 어구가 나오는 두 구절에서, 마태복음의 보고는 마가복음과 누가복음의 보고보다 기독론적 색채가 덜해 보이며(15), 마태복음은 마가복음과 일치하는 반면, 그 어구를 사용하지 않는 누가복음과 요한복음에서는 예수가 상황을 더 잘 통제하는 것으로 제시된다(25).

---

317 괄호 안의 숫자들은 위에서 언급한 28개 목록 중 해당되는 번호를 가리킨다.

• 마태복음은 예수가 나아와 말했다고 보고하는 반면, 마가복음은 예수가 말했다고 보고한다(28).

신약성서가 마태복음 28:18 외에 이 어구를 사용하는 경우, 마가복음에 두 번 나오는 경우는 모두 마태복음에서도 나오고 있으므로, 마가복음이 먼저 쓰인 점에 비춰볼 때 이 어구는 마태의 독특한 표현이라고 할 수 없다(막 6:35; 14:45). 누가복음에 나오는 두 번의 경우는 마태복음에서도 나오는 반면(눅 8:24; 9:12), 한 번의 경우는 누가복음에서만 독특하게 나온다(눅 13:31). 사도행전에서는 그 표현이 세 번 나온다(행 22:26, 27; 23:14). 요한복음에서 한 번 나오는 경우는 요한복음에만 나온다(요 12:21).

마태복음이 "나아옴과 말함"(προσέρχομαι, λαλέω 또는 λέγω)이라는 어구를 선호하기는 하지만, 그 어구가 마태복음에만 나오는 것은 아니다. 마태복음 28:18 이외의 어느 경우에서도 우리는 마태가 정통성을 증진하기 위해 그 표현을 사용해서 자신의 내러티브를 보강하는 것을 보지 못한다. 사실은 거의 그와 반대되는 현상이 발견된다(15, 25). 더욱이 마태 자신이 단지 몇 절 앞에서 예수가 죽은 자 가운데서 일으켜져서 더 이상 그의 무덤 안에 있지 않고 갈릴리로 가고 있으며, 거기서 제자들이 그를 만나게 될 것이라고 보고한다는 점에 주목할 필요가 있다(마 28:6-7). 또한 제자들에게 그 소식을 알리러 가다가 예수를 만나 그의 발을 붙잡고 예수께 경배했던 여인들에 관해 보고하는 사람도 바로 마태다(마 28:9-10). 이런 보고들은 본질상 이보다 더 물리적일 수 없다. 예수가 그 여인들에게 자기 제자들에게 갈릴리로 가서 자신을 만나라고 말하라고 거듭해서 말했을 때, 우리는 예수가 그들이 방금 경험한 것과는 다른 출현을 가리키지 않았다고 추측할 수 있을 것이다. 문제의 어구에 대한 마태복음의 용례와 빈 무덤과 여인들이 예수의 발을 붙잡은 것에 관한 마태복음의 보고에 비춰볼 때, 나는 마태가 갈릴리에서의 예수의 출현이 본질상 물리적인 것이었음을 분명하게 전달하기 위해 "예수께서 나아와 말씀하여 이르시되"라는 어구를 덧붙일 필요를 느꼈다고 주장할 만한 이유를 발견하지 못한다. 더욱이 만약 그것이 마태의 의도였다면 우리는 마태가 그 어구가 자신이 생각하고 보고한 형태의 출현과 다르다고 믿었을 경우 "아직도 의심하는 사람이 있더라"(οἱ δὲ ἐδίστασαν)라는 표현을 빠뜨렸을 것이라고 올바로 예상할 수 있을 것이다.[318]

4.3.2.7. 사도들의 운명. 예수가 죽은 후 제자들은 박해를 견뎠고 그들 중 많은 사람이 순교 당했다. 제자들의 확신의 강도는 그들이 단순히 예수가 부활한 뒤에 자기들에게 나타났다고 주장하기만 한 것이 아니었음을 보여준다. 제자들은 정말 그렇게 믿었다. 제자들은 부활한 그리스도를 공개적으로 선포함으로써 기꺼이 위험을 자초했다. 이를 지지하는 많은 텍스트들을 인용할 수 있다.

사도행전을 죽 읽어보기만 해도 제자들이 부활한 예수가 자기들에게 나타났다는 그들의 믿음 때문에 기꺼이 고난을 당하려 했다는 보고를 발견할 수 있다.[319] 요한복음 21:18-19에 나타나는 베드로에 대한 예수의 말—그가 늙어서는 양 팔을 벌리게 되리라는 말(이 말은 베드로가 어떻게

318 Wright(2003), 643-44. 사실 Wright는 마태가 의심한 사람들에 대해 언급한 점이 "이 단락의 진정성에 대한 가장 강력한 표지"라고 주장한다(643).

319 다음을 보라. 베드로와 요한이 체포되고 투옥되는 행 4장; 사도들이 체포되고, 투옥되고, 채찍질 당하는 행 5장; 요한의 형제 야고보가 순교하고 베드로가 투옥되는 행 12장; 사도행전에서는 다른 박해들이 보고되지만, 그 박해들은 특별히 애초의 제자들에게 초점을 맞추지는 않는다. 우리는 특별히 예수의 부활이 그들의 핵심적인 메시지였다는 말을 듣는다(행 4:2, 33).

죽을지 암시한다)—은 일반적으로 베드로가 십자가형을 받아 순교하리라는 뜻으로 간주된다.[320] 예수가 야고보와 요한에게 그들이 예수 자신이 마시는 잔을 마시고 자신이 받는 세례를 받을 것이라고 한 말은 두 사람 모두 순교하리라는 뜻일 수도 있다(막 10:35-40). 이 해석은 요한의 형제 야고보가 순교했다는 보고를 통해 지지된다(행 12:2).[321] 다른 곳에서 예수는 자기 제자들에게 박해가 그들을 기다리고 있다고 말한다(요 15:19-21; 16:1-3). 아마도 요한복음과 같은 시기에 쓰였을 「클레멘스1서」는 베드로와 바울의 고난에 대해 그리고 아마도 순교에 대해 보고한다.

> διὰ ζῆλον καὶ φθόνον οἱ μέγιστοι καὶ δικαιότατοι στύλοι ἐδώχθησαν καὶ ἕως θανάτου ἤθλησαν λάβωμεν πρὸ ὀφθαλμῶν ἡμῶν τοὺς ἀγαθοὺς ἀποστόλους· Πέτρον, ὃς διὰ ζῆλον ἄδικον οὐχ ἕνα οὐδὲ δύο ἀλλὰ πλείονας ὑπήνεγκεν πόνους, καὶ οὕτω μαρτυρήσας ἐπορεύθη εἰς τὸν ὀφειλόμενον τόπον τῆς δόξης. διὰ ζῆλον καὶ ἔριν Παῦλος ὑπομονῆς βραβεῖον ὑπέδειξεν, ἑπτάκις δεσμὰ φορέσας, φυγαδευθείς, λιθασθείς, κήρυξ γενόμενος ἔν τε τῇ ἀνατολῇ καὶ ἐν τῇ δύσει, τὸ γενναῖον τῆς πίστεως αὐτοῦ κλέος ἔλαβεν, δικαιοσύνην διδάξας ὅλον τὸν κόσμον καὶ ἐπὶ τὸ τέρμα τῆς δύσεως ἐλθὼν· καὶ μαρτυρήσας ἐπὶ τῶν ἡγουμένων, οὕτως ἀπηλλάγη τοῦ κόσμου καὶ εἰς τὸν ἅγιον τόπον ἀνελήμφθη ὑπομονῆς γενόμενος μέγιστος ὑπογραμμός.

---

320 Funk and the Jesus Seminar(1998), 491; Witherington(2006), 92; *John's Wisdom*(1995), 356과 비교하라.

321 Pap. *Frag*. 6.1-2(번호 부여는 Holmes의 것임)도 보라. 거기서는 두 사람 모두의 순교가 보고된다.

시기와 질투 때문에 가장 위대하고 가장 의로운 기둥들이 박해받고 죽기까지 했습니다. 우리 눈앞에 그 선한 사도들을 세워둡시다. 베드로는 불의한 시기 때문에 한두 번이 아니라 여러 차례 괴로움을 당했고 증언한 뒤에 마땅히 가야 할 영광스러운 곳으로 갔습니다. 확고부동한 바울은 시기와 경쟁심 때문에 상을 받을만합니다. 일곱 번 묶이고, 추방당하고, 돌에 맞고, 동쪽과 서쪽 모두에서 설교자가 된 그는 자신의 믿음에 합당한 영광을 받았고, 해지는 경계까지 온 세상에 의를 가르쳤으며, 지도자들 앞에서 시험을 받았습니다. 그래서 그는 세상으로부터 해방되어 거룩한 곳으로 갔습니다. 그는 확고부동함의 위대한 모범이 되었습니다.[322]

클레멘스는 베드로와 바울이 다양한 공격을 받았다고 보고하며—순교에 대해서는 의심의 여지가 없는 것은 아니지만—그들의 순교에 대해 언급하는 것일 가능성이 높다. 70인역에는 "죽기까지"(ἕως θανάτου)라는 어구가 16회 나오는데 그 말은 죽는 것 또는 죽기 직전에 있는 것을 가리킬 수 있다.[323] 마가복음 14:34과 마태복음 26:38에서 예수는 περίλυπός ἐστιν ἡ ψυχή μου ἕως θανάτου("내 마음이 심히 고민하여 죽게 되었다")라고 말한다. 그러나 예수는 이런 극심한 슬픔을 겪는 동안 죽지 않았다. 몇 년 후에 클레멘스의 친구이자 동료였던 폴리카르포스(Pol. *Phil.* 1.2)는 같은 표현을 분명히 예수의 죽음을 가리키는 방식으로 사용했다. τὸν κύριον ἡμῶν Ἰησοῦν Χριστόν, ὃς ὑπέμεινεν ὑπὲρ τῶν ἁμαρτιῶν ἡμῶν ἕως θανάτου καταντῆσαι, ὃν ἤγειρεν ὁ θεός, λύσας τὰς ὠδῖνας τοῦ ᾅδου("우리 주 예수 그리스도, 우리 죄를 위해 죽기까지 고난을 당하셨고 [그러

322 「클레멘스1서」 5.2-7.

323 대하 32:24; 사 38:1; 39:1; 욘 4:9; 슥 5:3(2회); 마카베오4서 1:9; 14:19; 집회서 4:28; 18:22; 34:12; 37:2; 51:6; *Odes Sol.* 16.6.

나] '하나님이 죽은 자 가운데서 일으키시고 무덤의 속박에서 풀어주신 분'"). 그러므로 상황을 고려하지 않고 오로지 ἕως θανάτου라는 용어에만 의존하는 해석은 결정적이지 않다.

「클레멘스1서」 5.4, 7에 나오는 μαρτυρήσας를 순교로 볼 수도 있을 것이다. 그러나 소아시아 교회에 속한 사람들은 2세기 중반에 「폴리카르포스의 순교」 저자가 그 단어를 몇 차례 이 의미로 사용하기 전까지는 그 단어를 그런 의미로 사용하지 않았을 수도 있다.[324] 보다 이른 시기의 한 가지 가능한 예외가 'Ἀντιπᾶς ὁ μάρτυς μου ὁ πιστός μου, ὃς ἀπεκτάνθη παρ' ὑμῖν("안디바, 내 순교자, 내 충성된 자, 너희 가운데서 죽임을 당한 자")에 대해 언급하는 요한계시록 2:13에서 발견된다. 그러나 우리는 이것이 저자가 염두에 두었던 것이었는지 확신할 수 없다. 안디바는 죽임당했기 때문에 "순교자"(martyr)였는가, 아니면 죽임 당한 "증인"(witness)이었는가?

「클레멘스1서」에 나오는 그 용어의 의미도 우리에게 확실한 대답을 제공해주지 않지만, 나는 문맥을 볼 때 클레멘스가 베드로와 바울의 순교를 가리키고 있다는 결론을 내린다. 「클레멘스1서」 6장에서 클레멘스는 그가 5.1-2에서 제시했던 생각을 계속해 나간다. 그는 베드로, 바울 그리고 아마도 사도들 모두에 더하여, 끔찍한 박해를 통과해서 우리에게 모범이 되는 다른 많은 신자들이 있다고 말한다. 그는 그리스도인 여성들이 끔찍한 고문을 당했으나 "그들은 적절하고 명예로운 상을 얻었다"라고 덧붙인다. 마이클 홈즈는 다나오스의 딸들과 디르케라는 여인들에 관해 언급한다. "고대 신화에서 다나오스의 딸들은 경주의 우승자들에게 상으로 주어졌다. 그러므로 다나오스의 딸들은 그리스도인 여성

---

324 *TDNT* 4권 504-8에 실린 E. H. Strathmann.

들이 순교하기 전에 강간당한 데 대한 언급일 가능성이 있다. 디르케는 황소의 뿔에 묶인 뒤 끌려 다니다 죽었다."[325] 그러므로 여기서 클레멘스는 그리스도인 여성들이 순교했음을 보고하고 있으며 여기서 사용된 언어는 완곡어법으로 보인다(βέβαιον δρόμον κατήντησαν["그들은 그 과정을 힘차게 마쳤다"]). 그러므로 베드로와 바울에게 사용된 비슷한 단어들(ἐπορεύθη εἰς τὸν ὀφειλόμενον τόπον τῆς δόξης["자기에게 약속된 영광스런 곳으로 갔다"]와 εἰς τὸν ἅγιον τόπον ἀνελήμφθη ["거룩한 곳으로 갔다"])은 그들이 순교자의 죽음을 죽었음을 의미한다고 생각할 만한 충분한 이유가 있다. 특히 이 견해가 다른 곳에서 입증되고 있고 이와 상충하는 설명이 없기 때문에 더욱 그러하다.

요약하자면 클레멘스는 최소한 베드로와 바울의 지속적인 고난에 대해 언급하며, 다음과 같은 두 가지 이유로 아마도 그들의 순교에 대해 언급한다고 할 수 있다. (1) 클레멘스가 그들의 죽음에 대해 사용한 말과 유사한 완곡어법이 그다음 장에서 확실히 순교한 다른 그리스도인들에게 사용된다: "그들은 안전하게 목적지에 도달했다"(「클레멘스1서」 6.2); (2) 그들의 순교는 다른 자료들에 의해 입증된다. 아무튼 베드로와 바울은 그들이 순교했는지 여부와 무관하게, 그들의 신앙 때문에 **기꺼이** 계속해서 극심한 고난을 받은 것으로 묘사된다. 여기서 나는 로마의 클레멘스가 우리의 연구에는 유용성이 제한된다고 덧붙이고자 한다. 왜냐하면 그 서신의 저자와 사도들의 관계를 확인할 수 없다는 점에 비춰볼 때, 사도적 증언을 얼마나 신뢰할 만하게 보존하는 자료인가라는 관점에서 이 문서에 "**가능성이 상당히 높음** 등급을 부여했기 때문이다.

폴리카르포스도 바울을 포함해 몇몇 초기 그리스도인들의 운명에

---

325 Holmes(2007), 53, 6.2에 관한 주석.

관해 보고한다. 교회가 이그나티오스·조시모스·루푸스·사도 바울 그리고 나머지 사도들과 다른 이들에게서 보았던 "인내"(πᾶσαν ὑπομονήν)에 대해 언급한 후, 폴리카르포스는 이렇게 말한다. "그들은 주와 함께 그들에게 적절한 곳에 있다. 그들은 또한 주와 함께 고난당했다"(εἰς τὸν ὀφειλόμενον αὐτοῖς τόπον εἰσὶ παρὰ τῷ κυρίῳ ᾧ καὶ συνέπαθον).[326] 폴리카르포스를 통해 우리는 바울, 다른 사도들 그리고 다른 신자들이 그들의 신앙 때문에 고난당했다는 것을 알게 된다. 폴리카르포스 자신도 나중에 순교에 직면해서 그들의 강함과 확신의 본을 따르게 된다. 우리는 폴리카르포스의 편지에 **가능성이 있음** 등급을 부여했기 때문에 그 편지의 중요성이 제한된다는 점도 상기한다. 그러나 폴리카르포스의 서신의 경우 기원후 110년 무렵, 그리고 클레멘스의 서신의 경우 기원후 97년 무렵에 베드로와 바울이 순교자의 운명을 겪었다는 강력한 전승이 있었다는 점은 확실하다.[327]

이 모든 자료들은 제자들이 그들의 신앙 때문에 기꺼이 고난당하고 죽었다고 확언한다. 물론 예수가 죽은 자들 가운데서 부활해서 자기들에게 출현했다는 제자들의 확신이 반드시 그들이 옳았음을 의미하지는 않는다. 결국 다른 종교와 대의의 추종자들도 그들의 신념을 위해 기꺼이 고난당하고 죽었다. 그렇다고 그들의 신념이 옳았거나 가치가 있었다는

---

326 Pol. *Phil*. 9.2.

327 제자들의 운명에 관한 다른 보고는 Ign. *Smyrn*. 3.2, 4를 보라. 거기서 제자들은 죽음을 대수롭지 않게 생각했고 또한 "자기들이 처한 죽음을 넘어서는" 방식으로 행동했다고 말해지는데, 이것은 실제로 처형의 순간이 다가왔을 때 그들 자신의 담대함을 통해 죽음에 대한 그들의 태도가 입증되거나 드러난 것을 가리킬 수도 있다. 어쨌거나 이그나티오스가 이 문구를 통해 전하고자 했던 바는 제자들이 부활한 예수를 봄으로써 강해져서 불멸이 자신을 기다리고 있다고 믿었기 때문에 이 세상에서의 자신의 운명에 대해 생각하지 않고 설교했다는 것이었다. 어떤 종업원이 불합리한 사장 밑에서 고생하다가 갑자기 큰돈을 상속받아서 직장에 다니지 않아도 충분히 부유하게 살 수 있게 되었다고 상상해 보라. 그 돈을 은행에 안전하게 예치해

것을 의미하지는 않는다. 그것은 요점을 놓치는 것이다. 제자들이 그들의 신앙 때문에 기꺼이 고난당하고 죽으려 했다는 사실은 **그들이 확실히 이 믿음이 참되다고 여겼음을 가리킨다**. 그들이 부활한 예수의 출현에 관해 고의로 거짓말을 하지 않았다는 논거는 강력하다. 거짓말쟁이는 좀처럼 순교자가 되지 않는다.

아무도 공공장소에서 자폭하는 무슬림 테러리스트나 정치적 항의로서 자신의 몸을 산 채로 불태우는 불교 스님의 진정성에 의문을 제기하지 않는다. 극단적인 행위가 그들의 신념의 진실성을 정당화해주지는 않지만 그들이 기꺼이 죽으려는 마음은 그들이 자신의 믿음의 진실성을 진지하게 확신했음을 알려준다. 더욱이 순교한 사도들과 오늘날 자신들의 신념을 위해 죽는 사람들 사이에는 한 가지 중요한 차이가 있다. 오늘날의 순교자들은 전적으로 다른 사람들이 자기들에게 전해준 신념에 대한 믿

둔 그는 마지막으로 일하러 가서 상사가 아무리 괴롭혀도 웃을 수 있다. Tertullian *Scorp*. 15(베드로가 십자가에 처형되다); 테르툴리아누스는 또한 사도들 중 몇 사람의 순교는 "황제들의 생애"(The Lives of the Caesars)에 보고된 공개적인 기록 대상이었다고 주장한다. 이 책은 없어졌거나 아니면 테르툴리아누스가 타키투스의 *Ann*.(15.44)에 등장하는 네로의 그리스도인 살해 조치에 대해 언급하는 것일 수 있다. 오리게네스는 그의 창세기 주석 3권에서 베드로가 십자가에 거꾸로 매달렸다고 보고했다. 이 책은 없어졌지만 에우세비오스가 *Hist. eccl*. 3.1에서 언급한다. 십자가에 거꾸로 매달렸거나 똑바르지 않은 자세로 매달리지 않은 희생자에 대해서는 Seneca(*Dial*. 6, 20.3)와 Josephus(*J. W*. 5.449-51)도 언급한다. 다른 곳에서 오리게네스는 부활한 예수가 제자들에게 나타난 뒤에 제자들이 신앙이 강건해져서 죽음 앞에서도 주저하지 않고 설교를 계속해 나갔다고 강력하게 암시한다(*Cels*. 2.56, 77).(Eusebius, *Hist. eccl*. 2.25.8에서 인용되는) 고린도의 디오니시오스는 베드로가 네로의 박해 기간(기원후 64-68년)에 이탈리아에서 순교했다고 전한다. 히폴리투스는 이레나이우스의 제자였고 2세기 말과 3세기 초의 교회 지도자였다. 히폴리투스의 저작으로 간주되는 한 작품에서 사도들의 운명이 보고된다. 그러나 그 텍스트의 실제 저술 연대와 저작권은 의심스럽다. 베드로와 바울에 관해 기록된 운명은 다른 저자들의 기록과 일치한다. 나머지 사도들에 관한 설명은 흥미로우며 역사적 핵심들을 포함하고 있을 수도 있지만, 그 설명들은 일화적이며 따라서 큰 비중을 둘 수 없다. ANF 5:255에 실린 "히폴리투스의 저작에 대한 부록: 의심스럽고 가짜인 문서 부록(Appendix to the Works of Hippolytus: Containing Dubious and Spurious Pieces)"을 보라.

음 때문에 행동한다. 반면에 사도들은 자기가 **직접** 부활한 예수를 보았다는 자신들의 증언에 충실하기 위해 죽었다. 오늘날의 순교자들은 자기들이 참되다고 **믿는** 것 때문에 죽는다. 반면에 예수의 제자들은 자기들이 참되다고 혹은 거짓이라고 **알고 있던** 것을 위해 고난당하고 기꺼이 죽었다.

우리는 제자들이 믿음 때문에 **기꺼이** 고난당하거나 죽었을 가능성이 있는지 물을 수 있다. 그들이 자기 의지에 반하여 체포되어 투옥되고 고문당하고 처형되었고, 죽기 전에 자기들의 믿음을 철회했을 수도 있는데 사도행전이 그들의 시련에 대한 역사적 기억을 정화했던 것은 아니었을까? 그럴 가능성은 없어 보인다. 제자들은 특정 경우와 장소에서 공개적으로 예수를 부활한 주님으로 선포하면 고난과 아마도 순교를 초래하리라는 것을 알고 있었다. 그러므로 일어날 수도 있는 결과들을 충분히 인식하면서도 여전히 그 길을 갔다는 사실은 그들이 실제로 그런 경험을 했는지 여부와 무관하게 기꺼이 고난과 순교를 견디려 했음을 보여주었다.

또한 우리는 (유다를 제외한) 열두 사도 중 누구도 자신의 신앙을 철회했다거나 기독교 공동체를 떠났다는 아무런 암시도 없다는 점을 명심해야 한다. 원래의 사도들 중 몇 명이 그들의 신앙을 철회했다는 소식이 퍼져나갔더라면, 기독교가 심각한 타격을 입었을 것이라고 예상할 것이다. 만약 상장기업의 경영진이 회사 주식을 팔아치운다면, 그 회사 직원들은 자기가 평생 모은 돈을 그 회사의 주식에 투자하지 않을 것이다. 그러나 우리는 초기 그리스도인들이 자신의 믿음 때문에 기꺼이 고난당하고 죽으려 했다는 것을 발견한다.[328] 또한 제자들 중 누가 신앙을 철회했다면

---

328 이 점을 보여주는 출처로는 다음과 같은 문헌을 포함시킬 수 있다. Herm. *Sim.* 9.28; *Vis.* 3.1.9–3.2.1; 3.5.2; Melito of Sardis(Eusebius, *Hist. eccl.* 4.26.3에서 인용됨); Dionysius of Corinth(Eusebius, *Hist. eccl.* 2.25.8에서 인용됨); Hegesippus(Eusebius, *Hist. eccl.* 3.32.3; 2.23.18; 4.22.4에서 인용됨); Eusebius, *Hist. eccl.* 2.25; 5.2.2–3; 에베소 감독 폴리크라테스가 로마의 빅토르에게 보낸 편

그것이 2세기 세 번째 사반세기의 켈소스나 루키아노스 같은 기독교의 적대자들에게 많은 공격거리를 제공했으리라고 예상할 수 있을 것이다. 켈소스는 교회에 대해 적대적인 글을 썼고 루키아노스는 기독교 운동을 경멸하는 투의 글을 썼다. 그러므로 제자들이 그들이 전한 메시지 때문에 기꺼이 고난을 받지 않았다는 주장은 타당성이 전혀 없는 시나리오다. 제자들은 기독교의 가르침 때문에 고난 받았는데 부활은 그 가르침 중 하나에 불과했기 때문에, 제자들이 부활한 그리스도를 믿었기 때문에 고난 받았다고 주장하는 것은 지나치다는 주장이 제기될 수도 있을 것이다. 그러나 만약 원래의 제자들이 자기들이 부활한 예수를 보았다고 믿지 않았다면, 초기 그리스도인들이 자기들의 지도자가 죽은 후 기독교 신앙에 대해 보여준 확고한 헌신은 쉽게 설명되지 않는다.

4.3.2.8. 결론. 제자들에게 나타나심에 관해 어떤 결론을 내릴 수 있는가? 예수의 기적들과 비슷한 점이 있다. 그 사건 자체의 본질—즉 그것이 하나님의 행위였는지, 마술이었는지, 심리적 망상이었는지 아니면 속임수였는지—문제는 제쳐두더라도, 증거 부족으로 우리는 예수의 특정한 기적들의 역사성은 확인하지 못한다. 역사가들은 예수가 자신과 다른 사람들이 기적과 축귀로 해석한 행위들을 했으며 그런 행위들이 그것을 목격

지; Jos. *Ant*. 20.200; 그리고 플리니우스의 편지(10.96–7). 신약성서는 스데반(행 7:59-60), 요한의 형제 야고보(행 12:2), 그리고 안디바(계 2:13)의 순교에 대해 언급한다. Tacitus *Ann*. 15.44는 또한 타키투스가 본디오 빌라도에 의한 예수의 처형이 "[기독교 운동을] 잠시 억제했으나", 그 후에 그것이 "유대에서뿐 아니라…심지어 로마에서도 퍼져나갔다"고 쓰고 있다는 점에서 흥미롭다. 타키투스의 글은 부활한 예수를 보고 담대해져서 예수를 온 유대와 사마리아와 땅 끝까지 공개적으로 선포한 제자들의 변화에 관한 복음서와 사도행전의 보고와 일치한다(행 1:8). 그러나 Allison(2008)은 우리는 과연 제자들이 "죽을 때까지 끝까지 그 믿음을 지켰는지" 알 수 없다고 주장한다(325).

한 많은 사람들로 하여금 놀라서 입을 벌리게 했다는 결론을 내릴 수 있을 것이다. 그러나 복음서들에 기록된 특정한 기적이나 축귀에 대해 확실하게 역사성을 부여하기는 어렵다. 마찬가지로, 역사가들은 예수가 십자가형을 받아 죽은 후에 예수의 많은 추종자들이 개인적으로 그리고 집단적으로 예수가 죽은 자들 가운데서 살아났으며 자기들에게 출현했다고 확신하게 했던 경험을 했다는 결론을 내릴 수 있을 것이다. 우리는 베드로가 개인적으로 그런 경험을 했다고 확언할 수 있다. 또한 바울이라는 교회의 적대자에 대해서도 같은 말을 할 수 있다.[329] 또한 마찬가지로 적어도 한 번은 "열두 사도"를 포함한 예수의 추종자 그룹이 그런 경험을 했다고 확언할 수 있다.[330] 여인들, 도마, 엠마오로 가던 제자들에 대한 출현과, 고린도전서 15:3-7에 있는 전승들과, 요한복음에 의해 보고되는 그룹에 대한 여러 번의 출현들처럼 복음서들이 보고하는 다른 경험들도 실제로 발생했는가? 이런 경험들은 어디서 발생했는가? 역사가들은 이런 질문들에 대해 자신 있게 판단하는 일에서 데이터가 정당화하는 수준을

---

329 이 책의 4.3.3을 보라.

330 Ehrman(2000)은 일부 그리고 어쩌면 모든 제자들이 경험했다고 인정한다(178). 열두 사도에 대한 출현이 이른 시기의 것이고(고전 15:5) 독립적인 자료들을 통해 다양하게 입증되고 있음(고전 15:5; 막 16:7[암시됨]; 마 28:16-17; 눅 24:33-51; 요 20:19-29)을 감안한다면, 하나의 그룹으로서 열두 사도가 그들이 부활한 예수의 사후 출현으로 해석했던 어떤 경험을 했음을 부정할 이유는 없다. Catchpole(2002)은 열두 사도에 대한 출현을 "사실상 모든 출현들 중에서 가장 잘 입증되며, 종속적인 것으로 쉽게 제쳐두어서는 안 된다.…그 그룹에 대한 출현은 초기 기독교의 부활 주장들의 핵심적 특징이다"고 말한다(157). Catchpole(2002)은 부활 내러티브 배후에 제자들 그룹에게 나타나심, 시몬 개인에게 나타나심, 그리고 엠마오로 가던 제자 그룹에게 나타나심 등 세 가지 출현 전승들이 있다고 주장한다(152-53). Dunn(2003)은 다양한 출현들을 발견한다(861-62). Funk and the Jesus Seminar(1998)는 베드로·바울 그리고 막달라 마리아가 환상적이고 종교적인 경험을 했다는 점을 인정하지만(454), 집단에게 나타나심에 대해서는 의문을 표한다(484). Copan and Tacelli편(2000)에 실린 Goulder는 개인에게 그리고 여러 차례 그룹에게 출현했다고 생각한다(98).

벗어날 수도 있다.

나는 역사가들이 예수의 처형 이후에 그의 많은 추종자들이 개인적으로 그리고 집단적으로 그들로 하여금 예수가 죽은 자들 가운데서 부활했고 모종의 방식으로 자기들에게 출현했다고 확신하게 했던 경험을 했다는 결론을 내릴 수 있다고 거듭 말한다. 이 결론은 현대의 학자들에 의해 거의 만장일치로 인정되고 있으며 따라서 우리의 "역사적 기반"에 추가될 수 있을 것이다. 파울라 프레드릭슨은 "자기들이 부활한 그리스도를 보았다는 제자들의 확신은…역사적 기반, 즉 의심할 여지없이 알려진 사실들의 [일부다]"라고 주장한다.[331] E. P. 샌더스는 이에 동의한다. "내 판단으로는 예수의 추종자들(과 나중에 바울)이 부활 경험을 했다는 것은 사실이다."[332] 웨더번은 이렇게 쓴다. "어느 시점에 어떤 방식으로든 제자들이 자신들이 부활한 예수를 보았다고 믿게 되었다는 것은 의심할 여지가 없는 역사적 정보다."[333]

이상의 목록은 일부에 불과하다.[334] 이 장의 서두에서 지적했듯이, 하버마스는 1975년 이후 프랑스어, 독일어 그리고 영어로 예수의 부활이라는 주제에 관해 글을 쓰고 있는 많은 학자들의 의견 목록을 작성했다. 그의 데이터베이스는 예수의 부활과 관련된 질문들 및 하위 질문들과 관련된 의견들을 1백 개가 넘는 범주로 나누고 있다. 그는 이렇게 말한다.

---

331 Fredriksen(1999), 264.

332 Sanders(1993), 280; 11과 비교하라.

333 Wedderburn(1999), 13. Baggett 편(2009), 122도 보라.

334 다음 문헌들도 보라. Borg and Wright(1998), 135에 실린 Borg; Braaten(1999), 148; Carnley(1987), 224; Craffert(2002), 99-100; Dunn(2009), 212-13; Ehrman(1999), 230-32; Ehrman(2000), 282-83과 비교하라; Ehrman(2009), 177-78; Lapide(2002), 126; Lüdemann(1995), 80; Montefiore(2005), 105; Vermes(2008), 149; Viney(1989), 126; Wright(2003), 710. Charlesworth(2008)도 보라. 그는 "예수가 하나님에 의해 부활했다는 믿음은 갈릴리와 예루살렘 모두에서 기원후 30년경에 나타났다"고 말한다(113).

"늘 그래왔던 것처럼, 오늘날 대부분의 학자들은 예수가 죽은 뒤에 그의 초기 추종자들이 적어도 그들이 부활한 주의 출현이라고 믿었던 경험을 했다는 데 동의한다."[335] 그러나 학자들이 이해하는 그 경험의 본질은 서로 다르다.[336]

4.3.3. 교회 박해자 바울의 회심

사도 바울이라는 이름으로 더 잘 알려진 다소 출신의 사울이 교회의 초기 확장에 큰 역할을 한 공격적인 기독교 선교사로 회심한 사건은 역사에 관한 책임 있는 가설이라면 이를 적절히 고려해야 하는 역사적 사실이다.[337]

갈라디아, 고린도 그리고 빌립보에 있는 교회들에 보낸 편지에서 바울은 자신이 교회의 박해자에서 교회의 가장 유능한 옹호자들 중 하나로 변신한 데 대해 쓴다.[338] 교회에 대한 그의 적대 행위와 회심 경험은

---

335 Stewart 편(2006), 79에 실린 Habermas, "Mapping." 다른 곳에서 Habermas(*Risen Jesus and Future Hope*, 2003)는 "예수의 제자들이—부활이 실제로 일어났든 아니든—자기들이 부활한 예수의 출현을 목격했다고 결론을 내리게 한 실제적 경험을 했다고 믿는 최근의 비판적 학자들" 60명 이상의 명단을 제공한다(46-48 각주148). 제자들이 그런 경험을 했음을 의심하는 한 명의 학자는 Scott, 편(Resurrection, 2008), 57에 실린 Robert M. Price, "Brand X Easter"다.

336 Craffert(2002), 91; Fredriksen(1999), 261-62; Habermas(*Resurrection Research*, 2005), 151; Sanders(1993), 280; Wedderburn(1999), 143.

337 사울의 삶에 대한 상세한 설명은 우리의 주제에서 크게 벗어난다. 그 주제에 관한 최근 연구는 다음 문헌들을 보라. Bruce(1977); Crossan and Reed(2004); Hawthorne, Martin and Reid 편(1993); Kim(2002); Lüdemann(2002); Wenham(1995); Witherington(*The Paul Quest*, 1998); Wright(1997); Wright(*Paul*, 2005).

338 갈 1:12-16, 22-23; 고전 15:9-10; 빌 3:6-7; 딤전 1:13. Koester(2000)는 바울이 교회를 박해한 정도와 방식에 관한 사도행전의 보고에 대해 의심한다: "바울이 대제사장이 써준 편지를 갖고서 팔레스타인 밖에 있는 그리스도인들을 처벌하기 위해 그들을 예루살렘으로 끌고 올 수 있었다는 주장은 고려할 가치가 없다. 대제사장이나 예루살렘의 유대인 산헤드린도 그와 같은 사법적 권한을 갖고 있지 않았다"(107). 대신에 그는 박해는 지방의 회당들에서 발생했다고 주장한다.

사도행전에서도 보고된다.[339] 바울이 교회의 박해자에서 옹호자로 변신한 이야기는 그가 회심한 후 3년 이내에 유대에서 회자되었던 것으로 보이는데, 이 점은 바울이 갈라디아 교회에 보낸 편지에서 암시된다. 바울은 그들에게 자기가 회심한 후 3년에서 아마도 10년 또는 그 이후까지 유대 지역의 신자들 눈에 띄지 않았다고 말한다. 그럼에도 이 신자들은 그의 회심에 대해 들었고 ὁ διώκων ἡμᾶς ποτε νῦν εὐαγγελίζεται τὴν πίστιν ἥν ποτε ἐπόρθει("우리를 박해하던 자가 전에 멸하려던 그 믿음을 지금 전한다")라고 말하고 있었는데, 이것은 사람들이 바울이 기독교로 회심하기 전에 교회에 대해 보였던 적대 행위들에 대해 알았거나 들었다는 것을 확인해준다.[340] 그러므로 바울의 악명 높은 반기독교적 활동과 회심은 다음과 같은 자료를 통해 다양하게 입증된다. 첫째, 자신이 그 사건이 일어난 후 대략 20년에서 30년 사이에 스스로 한 증언, 둘째, 그 사건이 일어

Witherington(*Acts*, 1998)은 Josephus(*Ant*. 14권 192-200)에서 사도행전에 대한 지지를 발견한다: "거기서 우리는 비록 그들이 더 이상 주권 국가이거나 독립적인 국가가 아니었음에도 율리우스 카이사르가 유대인들에게 그리고 특히 대제사장에게 그런 권한과 특권을 부여했다는 말을 듣는다. 이런 특권은 사울 시대에도 여전히 존재했을 수 있다"(316).

339 행 7:58; 8:1-3; 22:1-5; 26:4-5, 9-11. 행 22:4-5에서 바울은 자기가 사람을 죽이기까지 교회를 박해했는데, 자기가 사람들을 체포해서 감옥에 집어넣고 그들을 예루살렘으로 끌고 가 벌을 받게 했다고 말한다(행 22:4에 나오는 ἄχρι θανάτου라는 어구는 70인역에서는 발견되지 않는다. 신약성서에서 이 어구는 이곳과 계 2:10; 12:11에서만 나온다). 행 26:10에 실려 있는 바울의 증언은 이런 박해에 그리스도인들이 죽는 것을 지켜보는 것이 포함되어 있었음을 알려준다. 행 26:4-5에서 바울은 "모든 유대인이" 자기가 이전에 예루살렘에서 엄격한 유대인으로 살았다는 것을 안다고 말하는데, 이는 바울이 갈 1:22-23에서 쓴 내용과 아주 유사하다. 사도행전 26:9-11에서 바울은 자신이 많은 그리스도인들을 옥에 가두고, 그들이 사형을 받도록 투표하고, 그들에게 자주 형벌을 가하고, 그들로 하여금 그리스도를 모독하도록 강요하고, 예루살렘 밖으로 나아가 외국의 도시들까지 쫓아가서 그들을 박해했다고 고백한다. Witherington(*Acts*, 1998): "누가가 한때 바울의 동행인이었다고 믿는 경향이 강할수록, 그 이방인의 사도에 대한 누가의 묘사의 진실성을 믿는 경향이 강해진다"(308).

340 갈 1:22-23; 행 9:21과 비교하라.

난 후 30년에서 60년 사이에 쓰인 사도행전에 나타난 누가의 기록, 셋째, 아마도 그 사건이 일어난 후 3년에서 10년이 조금 넘는 사이였을 가능성이 높은 시기에 유대에 있는 그리스도인들 사이에서 회자되던 이야기.[341]

4.3.3.1. 바울의 회심 경험에 관한 바울 서신의 텍스트. 우리는 특별히 바울이 기독교로 회심하는 경험에 대해 상세히 언급하거나 암시하는 텍스트들을 고려할 것이다. 바울 자신이 기록한 텍스트부터 시작해보자.

4.3.3.1.a. 갈라디아서 1:11-19

Γνωρίζω γὰρ ὑμῖν, ἀδελφοί, τὸ εὐαγγέλιον τὸ εὐαγγελισθὲν ὑπ' ἐμοῦ ὅτι οὐκ ἔστιν κατὰ ἄνθρωπον· οὐδὲ γὰρ ἐγὼ παρὰ ἀνθρώπου παρέλαβον αὐτὸ οὔτε ἐδιδάχθην ἀλλὰ δι' ἀποκαλύψεως Ἰησοῦ Χριστοῦ.…Ὅτε δὲ εὐδόκησεν [ὁ θεὸς] ὁ ἀφορίσας με ἐκ κοιλίας μητρός μου καὶ καλέσας διὰ τῆς χάριτος αὐτοῦ ἀποκαλύψαι τὸν υἱὸν αὐτοῦ ἐν ἐμοι, ἵνα εὐαγγελίζωμαι αὐτὸν ἐν τοῖς ἔθνεσιν, εὐθέως οὐ προσανεθέμην σαρκὶ καὶ αἵματι οὐδὲ ἀνῆλθον εἰς Ἱεροσόλυμα πρὸς τοὺς πρὸ ἐμοῦ ἀποστόλους, ἀλλὰ ἀπῆλθον εἰς Ἀραβίαν καὶ πάλιν ὑπέστρεψα εἰς Δαμασκόν· Ἔπειτα μετὰ ἔτη τρία ἀνῆλθον εἰς Ἱεροσόλυμα ἱστορῆσαι Κηφᾶν καὶ ἐπέμεινα πρὸς αὐτὸν ἡμέρας δεκαπέντε, ἕτερον δὲ τῶν ἀποστόλων οὐκ εἶδον εἰ μὴ Ἰάκωβον τὸν ἀδελφὸν τοῦ κυρίου.

---

341 바울이 회심하기 전에 교회에 대해 품었던 증오를 보여주는 그 자신의 편지나 사울이 반기독교적인 행동을 했음을 확인해주는 유대인들의 자료가 있다면 좋을 것이다. 유감스럽게도 그런 자료들은—설령 과거에 그런 것이 존재했었다고 할지라도—지금은 남아 있지 않다.

형제들아, 내가 너희에게 알게 하노니, 내가 전한 복음은 사람의 뜻을 따라 된 것이 아니니라. 이는 내가 사람에게서 받은 것도 아니요 배운 것도 아니요 오직 예수 그리스도의 계시로 말미암은 것이라.…그러나 내 어머니의 태로부터 나를 택정하시고 그의 은혜로 나를 부르신 이가 그의 아들을 이방(또는 민족들)에 전하기 위하여 그를 내 속에 나타내시기를 기뻐하셨을 때에 내가 곧 혈육과 의논하지 아니하고 또 나보다 먼저 사도 된 자들을 만나려고 예루살렘으로 가지 아니하고 아라비아로 갔다가 다시 다메섹으로 돌아갔노라. 그 후 삼 년 만에 내가 게바를 방문하려고 예루살렘에 올라가서 그와 함께 십오 일을 머무는 동안 주의 형제 야고보 외에 다른 사도들을 보지 못하였노라.

이 구절에 대해 많은 논란이 있었는데, 그것은 특히 이 구절이 바울의 회심과 관련이 있기 때문이다. 바울에게서 어떤 통찰력을 얻을 수 있는가? 대부분의 학자들은 여기서 바울이 자신이 다메섹 도상에서 겪은 회심 경험에 대해 말하고 있다고 주장한다.[342] 어떤 학자들은 더 나아가 여기서 바울이 사용하는 단어들이 그의 회심 경험이 부활한 예수의 외부적인 출현을 포함하고 있지 않으며 그의 내면에서 발생한 그 무엇—아마도 주관적인 환상이나 출현—이었다고 주장하고 싶어 한다.[343] 이런 학자들은 이에 대한 근거로 바울이 12절에서 자신이 선포하는 복음을 받은 방식을 설명하기 위해 "계시"라는 말을 사용하는 것과 16절에서 하나님이 "그의 아들을 **내 속에** 나타내시기를 기뻐하셨다"라고 말하는 것에 주목한다.

---

342 Dunn(2003), 857; 873.

343 Carnley(1987), 209; Segal(2004), 407.

이 해석은 처음에는 그럴듯해 보이지만 전혀 확실하지 않다. ἀποκάλυψις라는 단어는 바울 서신 전체에서 물리적인 계시를 가리키는 여러 경우에 사용된다.[344] 바울이 이 용어를 사용하는 다른 경우에서의 의미가 위의 갈라디아서 텍스트에서의 의미와 아주 가깝게 보이는 경우에 조차, 바울이 신적 계시를 반드시 내적 경험으로 이해했는지는 불확실하다. 고린도후서 12:1에서 바울은 자기가 받았던 "주의 환상과 계시"에 대해 보고하겠다고 말한다.[345] 이어지는 세 구절에서 바울은 자신이 하늘로 이끌려갔는데 그 경험을 하는 동안 자기가 몸 안에 있었는지 몸 밖에 있었는지 확실하지 않다고 말한다. 이렇게 말하는 것으로 볼 때, 바울은 "계시"가 단순히 자신의 마음속에서 일어난 어떤 것이 아니라고 말하는 듯하다.

갈라디아서 1:16에 등장하는 ἐν ἐμοί("내 속에")는 훨씬 더 모호하다. 많은 학자들은 이를 "내 속에"라고 번역하지만,[346] 다른 학자들은 "나에게" 또는 "나를 통하여 [이방인에게]"라고 번역한다.[347] 다음은 바울이 다른 곳에서 그 표현을 사용하는 방식들이다.

- 갈라디아서 1:24: "그들이 **나로 말미암아** 하나님께 영광을 돌리고 있었다"(즉, 나 때문에).

---

344 확실함: 롬 8:19; 고전 1:7; 살후 1:7. 가능성이 있음: 롬 2:5.

345 고후 12:1의 ὀπτασίας καὶ ἀποκαλύψεις κυρίου와 갈 1:12의 ἀποκαλύψεως Ἰησοῦ Χριστοῦ에 주목하라.

346 Bruce(1977), 75; Dunn(2003), 857, 873; Longenecker(2002), 30; Lüdemann(2002), 174; Morris(1996), 55-56; Patterson(1994), 145.

347 RSV, NRSV, NAB, NLT. Allison(*Resurrecting Jesus*, 2005), 264; Arichea and Nida(1993), 22; Charlesworth 외(2006), 117에 실린 H. Boers; Borg and Crossan(2006), 206; Ehrman(*The New Testament*, 2008), 301; Wright(2003), 380. 다른 곳에서 바울은 알려진 "신비"는 이제 이방인들이 동료 상속자요, 그리스도의 몸의 동료 지체이며, 복음의 약속에 함께 참여하는 자라는 것이라고 쓴다(엡

- 갈라디아서 2:20: "그리스도가 **내 안에** 산다."
- 고린도전서 9:15: 자신이 여행길에 그리스도인 아내를 동반할 권리뿐 아니라 고린도 교회로부터 재정적·물질적 지원을 받을 권리가 있음을 언급한 뒤에, 바울은 자신이 이 권리를 행사하지 않기로 했으며 자신이 이런 말을 하는 것은 "**내게** [이같이 해] 달라는 것이 아니라"고 말한다(즉, 그는 이런 권리를 주장하기 시작할 수 있는 근거를 마련하는 것이 아니다).
- 고린도전서 14:11: 바울은 신자들이 서로 방언으로 말하는 것이 유익하지 않다고 말한다. 왜냐하면 만약 바울이 하는 말을 알아듣지 못한다면, "내가 말하는 자에게 외국인이 되고 말하는 자도 **내게**(즉, 내 관점에서) 외국인이 될 것"이기 때문이다.
- 고린도후서 11:10: "그리스도의 진리가 **내 속에** 있다"(즉, 나는 여러분에게 그리스도의 진리를 말하고 있다).
- 고린도후서 13:3: "이는 그리스도께서 **내 안에서** 말씀하시는 증거를 너희가 구함이니 그는 너희에게 대하여 약하지 않고 도리어 너희 안에서 강하시니라"(즉, 그들은 그리스도가 바울을 통해 말하고 있다는 증거를 원했다).
- 로마서 7:8: "죄가 기회를 타서 계명으로 말미암아 **내 속에서** 온갖 탐심을 이루었다."
- 로마서 7:17, 20: "**내 속에** 거하는 죄."
- 로마서 7:18: "**내 속에** 선한 것이 거하지 아니하는 줄을 알기 때문에."

3:1-11, 특히 엡 3:6). 바울은 자기가 특별히 이방인에게 이 복음을 전하도록 선택되었다고 주장한다(특히 엡 3:2-3, 7-8).

- 빌립보서 1:26: "너희 자랑이 **나로 말미암아** 풍성하게 하려 함이라."
- 빌립보서 1:30: "너희에게도 같은 싸움이 있으니 너희가 **내 안에서** 본 바요"(즉, 너희가 내가 그것을 경험하는 것을 보았다), 그리고 "이제도 **내 안에서** 듣는 바니라"(즉, 너희가 내가 그런 경험을 하고 있다는 소식을 듣고 있다).
- 빌립보서 4:9: "너희는 **내게** 배우고 받고 듣고 본 바를 행하라."
- 골로새서 1:29: "**내 속에서** 능력으로 역사하시는 이의 역사."[348]

독자들은 의미의 다양한 측면들을 알아차리겠지만 나는 이 모든 구절들에서 "in me"로 번역했다. 바울이 하나님이 "그의 아들을 **내 속에** 나타내시기를" 기뻐하셨다는 말은 하나님이 "그의 아들을 **내게** 나타내시기를" 기뻐하셨다는 뜻일 가능성이 있는 것으로 보인다. 더욱이 많은 주석가들은 바울이 갈라디아서 1:16에서 그의 외적 경험과 일치하는 내적 조명에 초점을 맞추고 있는 것으로 해석한다.[349]

나는 갈라디아서 1:16에서 바울이 예수의 부활한 몸의 본질에 관한 자신의 생각의 일부를 밝히고 있는지가 분명하지 않으며, 만약 바울이 자신의 생각을 밝히고 있다면 그런 생각에 관한 바울의 표현은 아주 모호

---

348 디모데전서 1:16도 보라.

349 Bruce(1982), 92; 다음 문헌들과 비교하라. Bruce(1977), 75; Bryskog(2002), 227. 다음 문헌들도 보라. Hendriksen(1995), 53쪽 Longenecker(1990), 30. Craig(*Assessing*, 1989): "바울은 그가 본 출현의 형태가 아니라 하나님이 그의 마음속에서 하신 일에 대해 언급하고 있다"(81). Witherington(*Acts*, 1998)은 갈라디아서의 참된 쟁점은 바울에게 계시된 복음의 "**내용**"이라고 주장한다. 그것은 **내 속에** [즉, 바울에게] 있는 "하나님의 아들에 **관한** 계시", 특히 그리스도의 유익을 이방인들이 누리게 되었다는 것이다(314; Witherington[*Paul*, 1998], 75와 비교하라).

하다고 생각한다. 그 결과, 어떤 사람의 예수의 부활에 대한 견해가 그 사람의 갈라디아서 1:16에 대한 주해 배후의 원리가 될 가능성이 크다. 예수의 부활에 관한 바울의 다른 구절들을 살펴본 결과, 내게는 바울이 예수의 부활을 그의 시체를 소생시키고 그것을 새롭고 불멸하는 몸으로 변화시킨 사건이라는 관점에서 생각했음이 분명하다. 그러므로 **만약** 바울이 갈라디아서 1장에서 그의 회심 경험에 대해 언급하고 있다면, 나는 바울이 간접적으로라도 자신은 그 경험이 단지 내적 현상에 불과하다고 이해하고 있고 부활한 예수는 천상적 존재라고 말하는 것이 아니라고 생각한다. 왜냐하면 바울이 그런 뜻으로 말했다면 바울이 다른 곳에서 부활에 관해 가르친 모든 것과 완전히 모순될 것이기 때문이다. 이 구절에 들어 있는 많은 모호성을 감안할 때, 그런 주장은 건전한 주해 규범에 반한다.[350] 모호한 구절들은 같은 저자가 쓴 명백한 구절들에 비추어 해석되어야 한다. 매우 모호한 어느 텍스트에 대해 우리가 희망하는 해석과 일치시키기 위해 뜻이 명확한 여러 텍스트들을 무시해서는 안 된다.

---

350 Price는 자신이 바울이 여기서 말하는 것과 다른 곳에서 말하는 것 사이의 모순이라고 이해하는 바에 대해 지적한다(*Infidel Radio,* 2007년 1월 17일의 "예수의 부활에 관한 Gary Habermas, Robert Price, Mike Licona and Richard Spencer 토론"에서 Price가 한 말을 보라). 바울이 갈 1:12에서 한 말과 그 구절의 나머지에서 강조되는 취지는 자신이 이 계시를 사람으로부터가 아니라 하나님으로부터 받았다는 것이다. 그러나 고전 15:3에서 그는 "내가 받은 것을 먼저 너희에게 전하였다"라고 말한다. 이어서 예수의 죽음·매장·부활 그리고 사후 출현에 관한 가르침이 나온다. 간단히 말해서, 고린도전서에서 바울은 자기가 다른 사람들로부터 그 복음을 받았다고 진술하는 반면 갈라디아서에서는 자기가 그것을 사람들로부터가 아니라 하나님으로부터 받았다고 말한다. 이 모순이 내게는 전혀 분명해 보이지 않는다. 다음 장에서 논의하는 바와 같이, 다양한 신학적·철학적 분파에 속한 신약성서 학자들이 바울이 고전 15:3-7에서 자신이 받은 전승을 제공하고 있다는 데 대해 사실상 만장일치로 합의하고 있다. 그렇다면 바울은 복음이 아니라 공식적인 구조를 지닌 이 전승을 다른 사람들에게 받아서 고린도 교인들에게 전해주었다. 이것은 Funk and the Jesus Seminar(1998)가 설명하듯이 바울이 갈 1:11-12에서 스스로 모순을 보이고 있다고 암시하는 것이 전혀 아니다: "[갈 1:11-12에서] 바울은 자기가 소위 케리그마(예수 운동의 최초의 신조에 관한 진술) 요약—예수가 죽

4.3.3.1.b. 고린도전서 9:1

οὐχὶ Ἰησοῦν τὸν κύριον ἡμῶν ἑόρακα;

내가 예수 우리 주를 보지 못하였느냐?

이 진술은 바울이 자기가 예수를 보았다고 믿었음을 알려줄 뿐이다. 예수의 출현에 관한 상세한 내용은 제공되지 않는다.[351]

어서 매장되었고 삼일 째에 부활했고 우리 중 몇 사람에게 나타났다고 고전 15:3-8에서 인용하는 내용과 같은 요약—을 자기 선배들로부터 배우지 않았다고 주장하지 않는다. 오히려 바울은 그가 '복음의 진리'라고 부르는 것—그리스도인의 행위, 특히 할례 및 음식법과 관련된 행위를 통해 제시되는 예수의 죽음과 부활의 의미—에 대해 언급하고 있다. 바울은 자기가 아무도 할례나 음식법을 통해 의롭게 되지 않는다는 예수의 죽음의 의미를 예루살렘의 지도자인 게바(베드로)·야고보·요한에게서가 아니라 직접 예수 그리스도로부터 배웠다고 주장하는 것이다(갈 2:1-14)"(458). 더욱이 Gerhardsson(1998)은 고전 15:1-2에서 바울이 고린도인들에게 그들이 받은 것(ὃ καὶ παρελάβετε), 즉 바울이 그들에게 전한 말(τίνι λόγῳ)을 상기시키고 있음에 주목한다. "그러므로 바울은 복음을 전할 때 자기가 권위 있는 전승(ὃ καὶ παρελάβετε)으로 받은 말씀을 사용했다. 이것을 바울이 자신이 인간을 매개로 복음을 받았음을 단호하게 부인하는 것과 어떻게 조화시켜야 하는가? 여기서 τὸ εὐαγγέλιον과 ὁ λόγος τοῦ εὐαγγελίου를 구분해야 한다. 우리가 수석 사도로서의 베드로의 권위를 묘사하는 전승에 관한 구절(마 16:16 이하)에서 예수가 하나님의 아들이라는 그의 통찰력이 혈과 육에 의한 것이 아니라는 말을 읽을 때, 이 말은 베드로가 예수로부터 또는 예수에 관해 어떤 교훈도 받지 않았음을 의미하지 않는다. 바울에게도 마찬가지다. 자신이 '그의 복음'을 사람으로부터 받지 않았다는 바울의 선언은 자기가 주로부터 나온 어떤 가르침이나 어떤 전승도 받지 않았음을 의미하지 않는다. 여기서 바울은 자기가 복음의 말씀을 권위 있는 전승으로 받았다는 점을 명시한다. 곧 살펴보겠지만, 바울은 이 교훈(*didache*)의 다른 부분에 관해서도 같은 말을 한다. 그러므로 그는 주에게서 나온 그리고 주에 관한 권위 있는 전승을 받은 셈이다"(296). 다음 문헌들도 보라 Wenham(1995), 396; Wright(2003), 319.

351 ἑόρακα(ὁράω)라는 용어에 대한 논의는 위의 4.3.2.1.d를 보라.

4.3.3.1.c. 고린도전서 15:8

ἔσχατον δὲ πάντων ὡσπερεὶ τῷ ἐκτρώματι ὤφθη κἀμοί.

맨 나중에 만삭되지 못하여 난 자 같은 내게도 보이셨느니라.

이 텍스트에 대해서도 위에서 논의했다.[352] 이 말은 바울의 편지에 포함된 초기 전승의 나머지 부분에 바울이 보완했을 가능성이 크다. 여기서 바울에 대한 출현과 다른 출현들의 시간적 발생 순서 외에는 상세한 내용을 발견하지 못한다.

4.3.3.1.d. 고린도후서 4:6

ὅτι ὁ θεὸς ὁ εἰπών· ἐκ σκότους φῶς λάμψει, ὃς ἔλαμψεν ἐν ταῖς καρδίαις ἡμῶν πρὸς φωτισμὸν τῆς γνώσεως τῆς δόξης τοῦ θεοῦ ἐν προσώπῳ ['Ιησοῦ] Χριστοῦ.

어두운 데에 빛이 비치라 말씀하셨던 그 하나님께서 예수 그리스도의 얼굴에 있는 하나님의 영광을 아는 빛[또는 계몽]을 우리 마음에 비추셨느니라.[353]

많은 학자들이 이 텍스트에서 바울이 자신의 회심 경험을 언급하

352 위의 3.2.3.4.d와 4.3.2.1.a 그리고 아래의 4.3.3.9.b를 보라.
353 고후 4:4와 비교하라.

고 있거나 언급하고 있을지도 모른다고 주장해왔다.[354] 머레이 해리스는 "고린도후서 4:6과 사도행전에 실려 있는 바울의 회심에 관한 누가의 세 가지 설명들 사이에는 생각과 용어에 비슷한 점이 많다"고 지적한다.[355] 바울은 고린도후서 4:6에서—그리고 그 문제에 대해서는 갈라디아서 1:12, 15-16에서—내적 특성을 강조하기는 하지만 자신의 회심 경험의 내적 특성과 외적 특성들을 표현하는 반면, 누가는 그 사건에 대한 사도행전의 세 가지 설명에서 외적 요소를 강조한다.[356]

만약 바울이 언급하는 "빛"이 곧 살펴볼 사도행전의 3개 텍스트에서 누가가 묘사하는 그 밝은 빛을 말하는 것이라면, 그것은 영원한 변화를 가져오는 계시와 좋은 소식에 대한 묘사로서의 의미가 배가될 것이다. 이것은 해리스의 제안과 일치한다.[357] 그러나 또한 누가가 바울의 회심 경험에 바울이 전혀 알지 못했던 어떤 외적 측면을 덧붙였으며 고린도후서 4:6은 바울의 경험의 내적 조명이라는 측면만 언급하는 것으로 이해할 수도 있다고 여겨야 한다.

고린도후서 4:6이 누가가 사도행전에서 보고하는 바울의 회심 경험을 지지한다고 보는 주석가들이 있는 반면, 그 구절이 바울의 회심 경험을 내적 조명, 또는 일종의 통찰이나 직관의 순간으로 해석하는 것을 지지한다고 보는 주석가들도 있다. 그 텍스트를 따로 떼어서 고려하면 그

---

354 Bruce(1977)는 여기서 바울의 말은 "아마도 그 동일한 사건에 대한 회상을 의미할 것"이라고 주장하는 반면, Harris(2005), 334와 Lüdemann(2002), 167-74는 그렇게 확신한다.

355 M. J. Harris(2005), 334.

356 Harris는 자기의 견해에 무리가 있음을 인정한다. 고후 4:6에서 하나님은 "너희의 마음들"(복수/복수)을 비춘 반면, 고후 6:11에서는 "우리의 마음"(복수/단수)을 비춘다. 그는 바울이 자신의 경험의 내적 측면이 모든 그리스도인의 회심 경험에 보편적이라는 점을 전달하기 원하고 있을 수도 있다고 답변한다(334).

357 Lüdemann(2004)도 "빛"에 대한 언급을 바울의 다메섹 회심 경험에 대한 언급일 수 있다고 이해한다(46-47).

둘 사이에서 선택하기는 어렵다. 그러나 책임 있는 주해는 그 주제에 관한 바울의 모든 언급들을 살펴보아야 한다. 고린도후서 4:6에서 바울은 "**우리의** 마음들에 빛을 비춘" 하나님에 대해 쓰고 있는데, 이 말은 고린도 신자들까지 포함하는 것으로 보인다. 그보다 앞서 바울은 부활한 예수가 자기에게 "맨 나중에" 출현했다고 썼다(고전 15:8). 우리는 바울이 자신의 경험과 고린도 신자들의 경험 사이의 중요한 차이에 관해 알았다고 추론할 수 있다. 바울은 부활한 예수의 출현을 경험한 사람이었다.[358] 그러므로 바울이 고린도후서 4:6에서 말하는 "빛"이 사도행전에 보고된 바울에 대한 출현에서 발견되는 밝은 빛에 대한 언급일 가능성이 낮을 뿐 아니라, 고린도후서 4:6에서 마음을 비추는 것이 바울의 회심 경험의 유일한 측면이었을 가능성도 마찬가지로 매우 낮다. 이 텍스트에서 바울은 그저 자신의 경험 중 통찰과 관련된 측면에 대해서만 말하고 있을 수도 있다. 그러나 상담을 통해 얻은 평화를 묘사하는 사람이 그 경험의 외부 요인인 상담사를 배제하지 않는 것처럼, 마음을 비추는 것이 바울의 회심 경험에 있는 모든 것이라고 결론지을 필요는 없을 것이다.

4.3.3.1.e. 고린도후서 12:2-4

οἶδα ἄνθρωπον ἐν Χριστῷ πρὸ ἐτῶν δεκατεσσάρων, εἴτε ἐν σώματι οὐκ οἶδα, εἴτε ἐκτὸς τοῦ σώματος οὐκ οἶδα, ὁ θεὸς οἶδεν, ἁρπαγέντα τὸν τοιοῦτον ἕως τρίτου οὐρανοῦ. καὶ οἶδα τὸν τοιοῦτον ἄνθρωπον, εἴτε ἐν σώματι εἴτε χωρὶς τοῦ σώματος οὐκ οἶδα, ὁ θεὸς οἶδεν, ὅτι ἡρπάγη εἰς τὸν

---

358 행 9:10도 보라. 거기서 바울에 대한 출현은 예수가 바울에게 출현한 뒤에 아나니아에게 나타났을 때의 "환상"(ὁράματι)과 구별된다.

παράδεισον καὶ ἤκουσεν ἄρρητα ῥήματα ἃ οὐκ ἐξὸν ἀνθρώπῳ λαλῆσαι.

내가 그리스도 안에 있는 한 사람을 아노니 그는 십사 년 전에 셋째 하늘에 이끌려 간 자라. (그가 몸 안에 있었는지 몸 밖에 있었는지 나는 모르거니와 하나님은 아시느니라.) 내가 이런 사람을 아노니(그가 몸 안에 있었는지 몸 밖에 있었는지 나는 모르거니와 하나님은 아시느니라) 그가 낙원으로 이끌려가서 말로 표현할 수 없는 말을 들었으니 사람이 가히 이르지 못할 말이로다.

펑크와 예수 세미나는 이 텍스트가 "(예수께서) 자신에게 나타난 것에 대한 설명일 수도 있는 바울의 환상을 묘사한다"고 주장한다. "이런 여러 경험들이 (예수의) 출현의 본질에 대한 핵심적인 단서를 제공한다."[359] 바울은 이 환상을 14년 전에 경험했다고 말하기 때문에(고후 12:2), 여기서 바울이 자신의 다메섹 도상의 경험에 대해 언급하고 있을 가능성은 희박해 보인다. 만약 고린도후서가 기원후 56년경에 쓰였다면, 바울은 회심한 지 약 10년 뒤인 기원후 42년경에 이 환상을 경험했을 것이다. 갈라디아서의 저작 연대에 대해 늦은 시기인 기원후 55년을 받아들이고 바울이 그가 언급하는 예루살렘 공의회 직후에 갈라디아서를 썼다는 주장을 받아들인다면, 바울은 갈라디아서를 쓴 시기보다 늦어도 17년 전(회심 후 아라비아로 갔다가 다메섹으로 돌아간 지 3년 만에 베드로를 방문하기 위해 예루살렘에 갔다는 갈 1:17-18과 14년 후에 다시 바나바와 함께 디도를 데리고 예루살렘에 올라갔다는 갈 2:1에 비추어 계산한 것임—편집자 주)인 기원후 38년에 회심한

359 Funk and the Jesus Seminar(1998), 452. Crossan(1994)은 이 텍스트가 바울의 회심 경험에 대한 언급일 수 있다고 여긴다(168); Crossan(1995), 204와 비교하라.

셈인데 이 또한 바울이 고린도후서 12장에서 묘사하는 경험이 되기에는 너무 이르다.[360]

지금까지 간략하게 살펴본 자신의 회심 경험을 가리키는 것으로 생각되는 바울의 다섯 개 텍스트들은 그 경험에 관한 정보를 별로 제공해주지 않는다. 바울의 회심 경험이 그리스도를 통한 하나님의 영광에 대한 조명이나 통찰을 제공해주었지만 이것이 그 경험의 유일한 측면은 아니었다고 말할 수 있을 것이다. 또한 그 경험의 본질이 무엇이든 간에 바울은 그 경험을 자기가 고린도전서를 쓸 무렵(대략 기원후 54-55년)까지의 부활한 예수의 마지막 출현으로 여겼다는 결론을 내릴 수 있을 것이다.

4.3.3.2. 바울의 회심 경험에 관한 사도행전의 텍스트. 바울의 회심 경험에 관한 누가의 세 차례에 걸친 설명을 통해 보다 상세한 세부 사항들이 많이 보고되었다. 그 보고들이 우리의 연구에 어떤 가치가 있는지는 주로 다음 두 질문에 어떻게 답하느냐에 달려 있다. 누가는 바울의 선교 여행에 동행했는가? 누가는 그 보고를 할 때 어느 정도의 문학적 자유를 행사했는가? 오늘날 영어로 사도행전에 관한 주석을 쓴 주석가들의 절반 이상은 누가가 바울의 여행에 동행했다는 입장을 유지한다.[361] 누가가 사도행전을 쓸 때 어느 정도의 문학적 자유를 행사했는지에 대해서는 합의된 의견이 없다. 예수의 동정녀 탄생이나 빈 무덤에 나타났던 천사들의 역사성에 관해 어떻게 믿느냐가 누가가 어느 정도의 자유를 행사했는지에 관한 의견에 영향을 줄 것이다. 우리는 이 연구에서 역사적 기반만 사용하

---

360 Wedderburn(1999), 123; Wright(2003), 387.

361 나는 Craig Keener가 2008년 3월 27일자 이메일에서 대략적인 추정치로 이 수치를 알려준 데 고맙게 생각한다. Keener의 방대한 사도행전 주석은 현재 편집 중에 있다. 물론 어떤 합의에 관한 다른 추정치들과 마찬가지로, 이 수치도 실측치라기보다는 경험에 따른 추측이다.

려 하고 있고 또한 이 두 질문에 대해 합의가 이뤄져 있지 않기 때문에, 사도행전에 실려 있는 바울의 회심에 관한 세 가지 설명에 대해서는 어떤 입장도 취하지 않을 것이다. 대신에 우리는 그 설명들이 바울의 회심 경험과 관련해서 **가능성이 있는** 설명을 제공한다고만 주장할 것이다.

바울의 회심 경험에 대한 논의와 다음 장에서 다룰 가설들에 대한 평가에서 그 사건에 대한 누가의 설명(들)을 참조할 필요가 있을 수도 있기 때문에, 여기서 나는 누가의 세 가지 설명을 제시하고 몇 가지 관찰 의견을 덧붙일 것이다.

4.3.3.2.a. 사도행전 9:3-20

Ἐν δὲ τῷ πορεύεσθαι ἐγένετο αὐτὸν ἐγγίζειν τῇ Δαμασκῷ, ἐξαίφνης τε αὐτὸν περιήστραψεν φῶς ἐκ τοῦ οὐρανοῦ καὶ πεσὼν ἐπὶ τὴν γῆν ἤκουσεν φωνὴν λέγουσαν αὐτῷ· Σαοὺλ Σαούλ, τί με διώκεις; εἶπεν δέ· τίς ει, κύριε; ὁ δε· ἐγώ εἰμι Ἰησοῦς ὃν σὺ διώκεις· ἀλλὰ ἀνάστηθι καὶ εἴσελθε εἰς τὴν πόλιν καὶ λαληθήσεταί σοι ὅ τί σε δεῖ ποιεῖν. οἱ δὲ ἄνδρες οἱ συνοδεύοντες αὐτῷ εἱστήκεισαν ἐνεοί, ἀκούοντες μὲν τῆς φωνῆς μηδένα δὲ θεωροῦντες. ἠγέρθη δὲ Σαῦλος ἀπὸ τῆς γῆς, ἀνεῳγμένων δὲ τῶν ὀφθαλμῶν αὐτοῦ οὐδὲν ἔβλεπεν· χειραγωγοῦντες δὲ αὐτὸν εἰσήγαγον εἰς Δαμασκόν. καὶ ἦν ἡμέρας τρεῖς μὴ βλέπων καὶ οὐκ ἔφαγεν οὐδὲ ἔπιεν. Ἦν δέ τις μαθητὴς ἐν Δαμασκῷ ὀνόματι Ἁνανίας, καὶ εἶπεν πρὸς αὐτὸν ἐν ὁράματι ὁ κύριος· Ἁνανία. ὁ δὲ εἶπεν· ἰδοὺ ἐγώ, κύριε. ὁ δὲ κύριος πρὸς αὐτόν· ἀναστὰς πορεύθητι ἐπὶ τὴν ῥύμην τὴν καλουμένην Εὐθεῖαν καὶ ζήτησον ἐν οἰκίᾳ Ἰούδα Σαῦλον ὀνόματι Ταρσέα· ἰδοὺ γὰρ προσεύχεται καὶ εἶδεν ἄνδρα [ἐν ὁράματι] Ἁνανίαν ὀνόματι εἰσελθόντα καὶ ἐπιθέντα αὐτῷ [τὰς] χεῖρας ὅπως ἀναβλέψῃ. ἀπεκρίθη δὲ Ἁνανίας· κύριε, ἤκουσα ἀπὸ πολλῶν περὶ τοῦ ἀνδρὸς τούτου ὅσα κακὰ τοῖς ἁγίοις σου ἐποίησεν ἐν Ἰερουσαλήμ· καὶ ὧδε ἔχει ἐξουσίαν παρὰ τῶν ἀρχιερέων δῆσαι πάντας τοὺς ἐπικαλουμένους τὸ ὄνομά σου. εἶπεν δὲ πρὸς αὐτὸν ὁ κύριος· πορεύου, ὅτι σκεῦος ἐκλογῆς ἐστίν μοι οὗτος τοῦ βαστάσαι τὸ ὄνομά μου ἐνώπιον ἐθνῶν τε καὶ βασιλέων υἱῶν τε Ἰσραήλ· ἐγὼ γὰρ ὑποδείξω αὐτῷ ὅσα δεῖ αὐτὸν ὑπὲρ τοῦ ὀνόματός μου παθεῖν. Ἀπῆλθεν δὲ Ἁνανίας καὶ εἰσῆλθεν εἰς τὴν οἰκίαν καὶ ἐπιθεὶς ἐπ' αὐτὸν τὰς χεῖρας εἶπεν· Σαοὺλ ἀδελφέ, ὁ κύριος ἀπέσταλκέν με, Ἰησοῦς ὁ ὀφθείς σοι ἐν τῇ ὁδῷ ᾗ ἤρχου, ὅπως ἀναβλέψῃς καὶ πλησθῇς πνεύματος ἁγίου. καὶ εὐθέως ἀπέπεσαν αὐτοῦ ἀπὸ τῶν ὀφθαλμῶν ὡς λεπίδες, ἀνέβλεψέν τε καὶ ἀναστὰς ἐβαπτίσθη καὶ λαβὼν τροφὴν ἐνίσχυσεν. Ἐγένετο δὲ μετὰ τῶν ἐν Δαμασκῷ μαθητῶν ἡμέρας τινὰς καὶ εὐθέως ἐν ταῖς συναγωγαῖς ἐκήρυσσεν τὸν Ἰησοῦν ὅτι οὗτός ἐστιν ὁ υἱὸς τοῦ θεοῦ.

사울이, 길을 가다가 다메섹에 가까이 이르더니 홀연히 하늘로부터 빛이 그를 둘러 비추는지라. 땅에 엎드러져 들으매 소리가 있어 이르시되, "사울아, 사울아, 네가 어찌하여 나를 박해하느냐?" 하시거늘, **대답하되** "주여, 누구시니이까?" 이르시되 "나는 네가 박해하는 예수라. 너는 일어나 시내로 들어가라. 네가 행할 것을 네게 이를 자가 있느니라" 하시니, 같이 가던 사람들은 소리만 듣고 아무도 보지 못하여 말을 못하고 서 있더라.[362] 사울이 땅

362 여기서 사용된 남성 명사 μηδένα는 "무"(nothing)로 번역될 수 있는 반면, 행 9:3의 φῶς는 중성이다. 그러므로 여기서 나는 그것을 "아무도"(no one)로 번역했다. 만약 누가가 섬광이나 그 경험 전체를 가리키려 했다면 아마도 그는 중성형인 μηδέν을 사용했을 것이기 때문이다. 실제로 누가는 바로 이어지는 구절(9:8)에서 그렇게 말하기 위해 중성형 οὐδὲν ἔβλεπεν을 사용한다

에서 일어나 눈은 떴으나 아무 것도 보지 못하고 사람의 손에 끌려 다메섹으로 들어가서 사흘 동안 보지 못하고 먹지도 마시지도 아니하니라. 그때에 다메섹에 아나니아라 하는 제자가 있더니 주께서 환상 중에 불러 이르시되 "아나니아야," 하시거늘, 대답하되 "주여, 내가 여기 있나이다" 하니, 주께서 **이르시되** "일어나[라. **그리고**, 개역개정에는 괄호 안의 표현이 없음—역자 주] 직가라 하는 거리로 가서 유다의 집에서 다소 사람 사울이라 하는 사람을 찾으라. 그가 기도하는 중이니라. 그가 아나니아라 하는 사람이 들어와서 자기에게 안수하여 다시 보게 하는 것을 [환상 중에. 개역 개정에는 괄호 안의 표현이 없음—역자 주] 보았느니라" 하시거늘, 아나니아가 대답하되 "주여, 이 사람에 대하여 내가 여러 사람에게 듣사온즉 그가 예루살렘에서 주의 성도에게 적지 않은 해를 끼쳤다 하더니, 여기서도 주의 이름을 부르는 모든 사람을 결박할 권한을 대제사장들에게서 받았나이다" 하거늘, 주께서 이르시되 "가라, 이 사람은 내 이름을 이방인과 임금들과 이스라엘 자손들에게 전하기 위하여 택한 내 그릇이라. 그가 내 이름을 위하여 얼마나 고난을 받아야 할 것을 내가 그에게 보이리라" 하시니, 아나니아가 떠나 그 집에 들어가서 그에게 안수하여 이르되 "형제 사울아, 주 곧 네가 오는 길에서 나타나셨던 예수께서 나를 보내어 너로 다시 보게 하시고 성령으로 충만하게 하신다" 하니, 즉시 사울의 눈에서 비늘 같은 것이 벗어져 다시 보게 된지라. 일어나 세례를 받고 음식을 먹으매 강건하여지니라. 사울이 다메섹에 있는 제자들과 함께 며칠 있을새 즉시로 각 회당에서 예수가 하나님의 아들이심을 전파하니.

4.3.3.2.b. 사도행전 22:6-16

Ἐγένετο δέ μοι πορευομένῳ καὶ ἐγγίζοντι τῇ Δαμασκῷ περὶ

μεσημβρίαν ἐξαίφνης ἐκ τοῦ οὐρανοῦ περιαστράψαι φῶς ἱκανὸν περὶ ἐμέ, ἔπεσά τε εἰς τὸ ἔδαφος καὶ ἤκουσα φωνῆς λεγούσης μοι· Σαοὺλ Σαούλ, τί με διώκεις; ἐγὼ δὲ ἀπεκρίθην· τίς εἶ, κύριε; εἶπέν τε πρός με· ἐγώ εἰμι Ἰησοῦς ὁ Ναζωραῖος, ὃν σὺ διώκεις. οἱ δὲ σὺν ἐμοὶ ὄντες τὸ μὲν φῶς ἐθεάσαντο τὴν δὲ φωνὴν οὐκ ἤκουσαν τοῦ λαλοῦντός μοι. εἶπον δε· τί ποιήσω, κύριε; ὁ δὲ κύριος εἶπεν πρός με· ἀναστὰς πορεύου εἰς Δαμασκὸν κἀκεῖ σοι λαληθήσεται περὶ πάντων ὧν τέτακταί σοι ποιῆσαι. ὡς δὲ οὐκ ἐνέβλεπον ἀπὸ τῆς δόξης τοῦ φωτὸς ἐκείνου, χειραγωγούμενος ὑπὸ τῶν συνόντων μοι ἦλθον εἰς Δαμασκόν, Ἁνανίας δέ τις, ἀνὴρ εὐλαβὴς κατὰ τὸν νόμον, μαρτυρούμενος ὑπὸ πάντων τῶν κατοικούντων Ἰουδαίων, ἐλθὼν πρός με καὶ ἐπιστὰς εἶπέν μοι· Σαοὺλ ἀδελφέ, ἀνάβλεψον. κἀγὼ αὐτῇ τῇ ὥρᾳ ἀνέβλεψα εἰς αὐτόν. ὁ δὲ εἶπεν· ὁ θεὸς τῶν πατέρων ἡμῶν προεχειρίσατό σε γνῶναι τὸ θέλημα αὐτοῦ καὶ ἰδεῖν τὸν δίκαιον καὶ ἀκοῦσαι φωνὴν ἐκ τοῦ στόματος αὐτοῦ, ὅτι ἔσῃ μάρτυς αὐτῷ πρὸς πάντας ἀνθρώπους ὧν ἑώρακας καὶ ἤκουσας. καὶ νῦν τί μέλλεις; ἀναστὰς βάπτισαι καὶ ἀπόλουσαι τὰς ἁμαρτίας σου ἐπικαλεσάμενος τὸ ὄνομα αὐτοῦ.

가는 중 다메섹에 가까이 갔을 때에 오정쯤 되어 홀연히 하늘로부터 큰 빛이 나를 둘러 비치매, 내가 땅에 엎드러져 들으니 소리 있어 이르되 "사울아, 사울아, 네가 왜 나를 박해하느냐?" 하시거늘, 내가 대답하되 "주님, 누구시니이까?" 하니, 이르시되 "나는 네가 박해하는 나사렛 예수라" 하시더라. 나와 함께 있는 사람들이 빛은 보면서도 나에게 말씀하시는 이의 소리는 듣지 못하더라. 내가 이르되 "주님, 무엇을 하리이까?" 주께서 이르시되 "일어나 다메섹으로 들어가라. 네가 해야 할 모든 것을 거기서 누가 이르리라" 하시거늘, 나는 그 빛의 광채로 말미암아 볼 수 없게 되었으므로 나와 함께 있는 사람들의 손에 끌려 다메섹에 들어갔노라. 율법에 따라 경건한 사람으로 거기 사는 모든 유대인들에게 칭찬을 듣는 아나니아라 하는 이가 내게 와 곁에 서서 말하되 "형제 사울아, 다시 보라" 하거늘 즉시 그를 쳐다 보았노라. 그가 또 이르되 "우리 조상들의 하나님이 너를 택하여 너로 하여금 자기 뜻을 알게 하시며 그 의인을 보게 하시고 그 입에서 나오는 음성을 듣게 하셨으니[363] 네가 그를 위하여 모든 사람 앞에서 네가 보고 들은 것에 증인이 되리라. 이제는 왜 주저하느냐? 일어나 주의 이름을 불러 세례를 받고 너의 죄를 씻으라" 하더라.

4.3.3.2.c. 사도행전 26:12-18

Ἐν οἷς πορευόμενος εἰς τὴν Δαμασκὸν μετ' ἐξουσίας καὶ ἐπιτροπῆς τῆς τῶν ἀρχιερέων ἡμέρας μέσης κατὰ τὴν ὁδὸν εἶδον, βασιλεῦ, οὐρανόθεν ὑπὲρ τὴν λαμπρότητα τοῦ ἡλίου περιλάμψαν με φῶς καὶ τοὺς σὺν ἐμοὶ πορευομένους. πάντων τε καταπεσόντων ἡμῶν εἰς τὴν γῆν ἤκουσα φωνὴν λέγουσαν πρός με τῇ Ἑβραΐδι διαλέκτῳ· Σαοὺλ Σαούλ, τί με διώκεις; σκληρόν σοι πρὸς κέντρα λακτίζειν. ἐγὼ δὲ εἶπα· τίς εἰ, κύριε; ὁ δὲ κύριος εἶπεν· ἐγώ εἰμι Ἰησοῦς ὃν σὺ διώκεις. ἀλλὰ ἀνάστηθι καὶ στῆθι ἐπὶ τοὺς πόδας σου· εἰς τοῦτο γὰρ ὤφθην σοι, προχειρίσασθαί σε ὑπηρέτην καὶ μάρτυρα ὧν τε εἶδές [με] ὧν τε ὀφθήσομαί σοι, ἐξαιρούμενός σε ἐκ τοῦ λαοῦ καὶ ἐκ τῶν ἐθνῶν εἰς οὓς ἐγὼ ἀποστέλλω σε ἀνοῖ

---

363 M. J. Harris(2005): "행 22:14에서 ἀκοῦσαι φωνὴν ἐκ τοῦ στόματος αὐτοῦ는 바로 그 앞의 ἰδεῖν τὸν δίκαιον이 그리스도의 얼굴을 보는 것을 포함하고 있음을 암시하는 것으로 보인다"(334 각주111).

ξαι ὀφθαλμοὺς αὐτῶν, τοῦ ἐπιστρέψαι ἀπὸ σκότους εἰς φῶς καὶ τῆς ἐξουσίας τοῦ σατανᾶ ἐπὶ τὸν θεόν, τοῦ λαβεῖν αὐτοὺς ἄφεσιν ἁμαρτιῶν καὶ κλῆρον ἐν τοῖς ἡγιασμένοις πίστει τῇ εἰς ἐμέ.

그 일로 대제사장들의 권한과 위임을 받고 다메섹으로 갔나이다. 왕이여 정오가 되어 길에서 보니 하늘로부터 해보다 더 밝은 **빛**이 나와 내 동행들을 둘러 비추는지라. 우리가 다 땅에 엎드러지매 내가 소리를 들으니 히브리말로 이르되 "사울아, 사울아, 네가 어찌하여 나를 박해하느냐? 가시채를 **뒷발질하기**가 네게 고생이니라." 내가 대답하되 "주님, 누구시니이까?" 주께서 이르시되 "나는 네가 박해하는 예수라, 일어나 너의 발로 서라. 내가 네게 나타난 것은 곧 네가 나를 본 일과 장차 내가 네게 나타날 일에 너로 종과 증인을 삼으려 함이니, 이스라엘과 이방인들에게서 내가 너를 구원하여 그들에게 보내어, 그 눈을 뜨게 하여 어둠에서 빛으로, 사탄의 권세에서 하나님께로 돌아오게 하고 죄 사함과 나를 믿어 거룩하게 된 무리 가운데서 기업을 얻게 하리라" 하더이다.

4.3.3.3. 바울의 텍스트와 사도행전 텍스트 사이의 유사성. 고린도후서 4:6에서 사도행전의 설명들, 특히 "빛"에 대한 증거를 발견하지는 못하지만 바울의 다른 몇몇 서신들로부터 다른 세부사항에 대한 증거를 발견할 수 있다. 그런 서신들을 통해 우리는 바울이 자기 동족보다 열성적인 유대인이었고, 조상들의 전통에 매우 열성적이었으며(갈 1:14), 할례 받은 유대인으로서 베냐민 지파 출신이었고, 바리새인이었으며, 열성적이었고 율법에 따르면 의로운 사람이었음을(빌 3:5-6) 알게 된다. 이것을 사도행전이 보고하는 바울의 말과 비교해보라. 바울은 예루살렘에서 성장했고, 가말리엘 문하에서 조상들의 율법을 따라 엄격하게 교육을 받았고, 하나

님에 대해 열심이 있었다(행 22:3). 또한 젊은 시절부터 예루살렘에서 살았고 가장 엄격한 종파에 속한 바리새인이었다(행 26:4-5).[364] 바울의 편지들에서 우리는 바울이 교회를 심히 박해하고 파괴하려 했으며(갈 1:13, 23; 고전 15:9; 빌 3:6), 또한 교회에 대한 비방자·박해자·폭행자였고, 그런 행위들로 인해 가장 극악한 죄인이었다는(딤전 1:13-16) 사실을 발견한다. 이런 내용을 사도행전의 보고와 비교해보라. 바울은 예루살렘에서 그리스도인들의 집마다 들어가 그들을 붙잡아 감옥에 가두었고(행 8:3), 열성적으로 그리스도인들을 위협 및 살해했으며, 대제사장에게 가서 다메섹에 있는 회당들로 보내는 편지를 얻어 그곳에 있는 그리스도인들을 붙잡아 예루살렘으로 끌고 오려 했다(행 9:1-2). 또한 그리스도인들을 박해해서 죽음에 이르게 했고, 사람들을 붙잡아 투옥했고, 대제사장과 모든 장로들의 편지를 지니고 다메섹의 유대인들에게 가서 그곳의 그리스도인들을 붙잡아 예루살렘으로 끌어와 벌을 받게 했다(행 22:4-5). 그는 교회에 대해 적대적이어야 한다고 느꼈고, 대제사장으로부터 권한을 받아 예루살렘의 그리스도인들을 투옥하고 그들을 사형시키는 데 찬성표를 던지고, 회당에서 그들을 벌하고, 억지로 (그리스도를) 모독하게 했고, 그리스도인들에 대해 극도의 분노에 휩싸였고, 예루살렘 밖에서 그들을 박해했고, 심지어 대제사장들에게서 권한을 위임 받아 다메섹으로 갔다(행 26:9-12). 바울의 편지들과 사도행전에 부활한 예수가 바울에게 출현했다고 기록되어 있다(갈 1:12, 16; 고전 9:1; 15:8; 행 9:3-6; 22:6-20; 26:13-18). 우

364 Witherington(*Paul*, 1998)은 사도행전 전문가 대다수가 바울이 예루살렘에서 성장했고 교육을 받았다는 행 22:3의 증언을 받아들인다고 단언한다(306-7). Hawthorne, Martin and Reid 편(1993), 682에 실린 F. Bruce도 그런 학자들 중 하나다. Koester(2000)는 바울이 예루살렘에서 살았다는 보고에 반대하며, 바울이 "아마도 다메섹 거주자"였을 것이고, 그의 박해 활동은 그곳에 국한되었다고 주장한다(108; 그렇게 주장하는 이유는 107-8을 보라).

리는 또한 그 둘 모두에서 바울이 하나님으로부터 이방인과 유대인들에게 복음을 전하라는 위임을 받았고(갈 1:16; 행 9:15; 26:17-18), 회심 경험 후에 다메섹으로 갔다는 것을 알게 된다(갈 1:17; 행 9:8; 22:10-11; 26:20).[365]

사도행전에 의해 입증되는 여러 세부 사항들에 비추어 앨리슨은 이렇게 말한다. "우리는 사도행전의 저자가 방금 열거한 모든 또는 대부분의 요소들을 포함하는 전통적인 소명 이야기, 즉 비록 전설적인 요소들로 확대되고 누가에 의해 개정되었지만 궁극적으로 바울 자신의 내러티브로까지 거슬러 올라가는 이야기에 접근했음을 상당히 확신할 수 있다."[366] 다른 한편, 누가가 자기 앞에 바울의 편지들을 늘어놓고 그 편지들에서 발견된 세부 사항들을 엮어 나름의 내러티브를 만들어냈을 수도 있다.

4.3.3.4. 사도행전 텍스트들 사이의 차이점. 예리한 독자는 사도행전의 세 설명에 많은 차이가 있음을 알아차릴 것이다. 그 차이들은 주로 바울의 동행인들과 관련이 있다.

- 빛: 사도행전 9:3-7에서는 배제되지 않고, 22:9; 26:13에는 나타난다.
- 음성: 사도행전 9:7에는 나타나고, 22:9에는 없으며, 26:13-14에서는 배제되지 않는다.
- 자세: 사도행전 9:7에서는 서 있고, 22:6-9에서는 특정되지 않고, 26:14에서는 땅에 엎드린다.

365 그러나 갈 1:17은 그가 다메섹을 떠나 아라비아로 갔다가 다시 다메섹으로 돌아왔다고 암시한다.

366 Allison(*Resurrecting Jesus*, 2005), 263.

당시 바울의 동행인들의 자세와 그들이 음성을 들었는지 여부에 관한 누가의 설명들에는 모순이 있는 것으로 보인다. 이에 대해 어떻게 설명할 수 있을까?

바울의 동행인들이 음성을 들었는지 여부에 대해 말하자면 누가의 글들에서 ἀκούω라는 단어가 153회 나온다(누가복음에서 65회, 사도행전에서 88회). 그 대부분은 단순히 "듣는 것"을 가리킨다. 누가는 그 단어를 "잘 이해하며 듣는 것"을 가리키는 데 57회 사용하고,[367] "순종하다"는 의미로 7회 사용한다.[368]

어떤 학자들은 사도행전 22:9에 나오는 ἀκούω(듣다)가 목적격과 함께 나타나므로 "이해하다"를 의미하는 것으로 이해될 수 있다고 지적해 왔다. 로버트슨은 이렇게 쓴다. "목적격은 소리에 대한 지적 이해를 강조하는 반면, 소유격은 의미를 강조하지 않은 채 소리에 주의를 환기시킨다."[369] 그러나 월리스는 이것을 "의심스럽다"고 여긴다. 왜냐하면 신약성서 문헌은 ἀκούω가 소유격과 함께 사용되어 "이해"를 의미하고, "**거의 아무런 이해도 발생하지 않는 곳**"에서 ἀκούω가 목적격과 함께 나타나는 "예들로 가득 차 있기" 때문이다. 그는 이렇게 덧붙인다. "사실 예외가 규칙보다 훨씬 많아 보인다!"[370]

또한 우리가 갖고 있는 몇 가지 예들로 인해 그 문제에 관해 확고한 결론을 내리기를 주저할 수밖에 없기는 하지만, 누가는 그 단어를 사용할

---

367 눅 2:46, 47; 5:1, 15; 6:18, 27, 47, 49; 8:8, 10, 18, 21; 10:39; 11:28, 31; 14:35(2회); 15:1; 16:14, 29, 31; 18:6; 19:11, 48; 20:45; 21:38; 행 2:6, 8, 11, 22; 7:2; 10:22, 33, 44; 13:7, 16, 44; 14:9; 15:7, 12, 13; 16:14; 17:21, 32(2회); 22:1, 22; 24:4, 24; 25:22(2회); 26:3, 29; 28:22, 26, 27(2회), 28.

368 눅 8:8; 9:35; 10:16(2회); 행 3:22, 23; 4:19.

369 Robertson(1934), 506. Witherington(*Acts*, 1998), 312도 보라.

370 Wallace(1996), 133쪽. 강조는 원저자의 것임.

수 있는 명확한 기회가 있는 다른 곳에서 이런 구분을 하지 않는 것으로 보인다. 다시 누가의 용법으로 돌아가기 전에 누가(또는 예수)가 언급하는 텍스트를 살펴보고 그것이 다른 이들에게 어떻게 사용되는지 살펴보면 도움이 될 것이다.

이사야 6:9-10 (70인역):

πορεύθητι καὶ εἰπὸν τῷ λαῷ τούτῳ ἀκοῇ ἀκούσετε καὶ οὐ μὴ συνῆτε καὶ βλέποντες βλέψετε καὶ οὐ μὴ ἴδητε ἐπαχύνθη γὰρ ἡ καρδία τοῦ λαοῦ τούτου καὶ τοῖς ὠσὶν αὐτῶν βαρέως ἤκουσαν καὶ τοὺς ὀφθαλμοὺς αὐτῶν ἐκάμμυσαν μήποτε ἴδωσιν τοῖς ὀφθαλμοῖς καὶ τοῖς ὠσὶν ἀκούσωσιν καὶ τῇ καρδίᾳ συνῶσιν καὶ ἐπιστρέψωσιν καὶ ἰάσομαι αὐτούς.

가서 이 백성에게 이르기를 "너희가 듣기는 들어도 깨닫지 못할 것이요, 보기는 보아도 알지 못하리라" 하여 이 백성의 마음을 둔하게 하며 그들의 귀가 막히고 그들의 눈이 감기게 하라. 염려하건대 그들이 눈으로 보고 귀로 듣고 마음으로 깨닫고 다시 돌아와 고침을 받을까 하노라.

마태복음 13:13-15:

διὰ τοῦτο ἐν παραβολαῖς αὐτοῖς λαλῶ, ὅτι βλέποντες οὐ βλέπουσιν καὶ ἀκούοντες οὐκ ἀκούουσιν οὐδὲ συνίουσιν, καὶ ἀναπληροῦται αὐτοῖς ἡ προφητεία Ἠσαΐου ἡ λέγουσα· ἀκοῇ ἀκούσετε καὶ οὐ μὴ συνῆτε, καὶ βλέποντες βλέψετε καὶ οὐ μὴ ἴδητε. ἐπαχύνθη γὰρ ἡ καρδία τοῦ λαοῦ τούτου, καὶ τοῖς ὠσὶν βαρέως ἤκουσαν καὶ τοὺς ὀφθαλμοὺς αὐτῶν ἐκάμμυσαν, μήποτε ἴδωσιν τοῖς ὀφθαλμοῖς καὶ τοῖς ὠσὶν ἀκούσωσιν καὶ τῇ καρδίᾳ συνῶσιν καὶ ἐπιστρέψωσιν καὶ ἰάσομαι αὐτούς.

그러므로 내가 그들에게 비유로 말하는 것은 그들이 보아도 보지 못하며 들어도 듣지 못하며 깨닫지 못함이니라. 이사야의 예언이 그들에게 이루어졌으니 일렀으되 "너희가 듣기는 들어도 깨닫지 못할 것이요, 보기는 보아도 알지 못하리라. 이 백성들의 마음이 완악하여져서 그 귀는 듣기에 둔하고 눈은 감았으니 이는 눈으로 보고 귀로 듣고 마음으로 깨달아 돌이켜 내게 고침을 받을까 두려워함이라" 하였느니라.

사도행전 28:26-27:

πορεύθητι πρὸς τὸν λαὸν τοῦτον καὶ εἰπόν· ἀκοῇ ἀκούσετε καὶ οὐ μὴ συνῆτε καὶ βλέποντες βλέψετε καὶ οὐ μὴ ἴδητε. ἐπαχύνθη γὰρ ἡ καρδία τοῦ λαοῦ τούτου καὶ τοῖς ὠσὶν βαρέως ἤκουσαν καὶ τοὺς ὀφθαλμοὺς αὐτῶν ἐκάμμυσαν· μήποτε ἴδωσιν τοῖς ὀφθαλμοῖς καὶ τοῖς ὠσὶν ἀκούσωσιν καὶ τῇ καρδίᾳ συνῶσιν καὶ ἐπιστρέψωσιν, καὶ ἰάσομαι αὐτούς.

이 백성에게 가서 말하기를 "너희가 듣기는 들어도 도무지 깨닫지 못하며, 보기는 보아도 도무지 알지 못하는도다. 이 백성들의 마음이 우둔하여져서 그 귀로는 둔하게 듣고 그 눈은 감았으니 이는 눈으로 보고 귀로 듣고 마음으로 깨달아 돌아오면 내가 고쳐 줄까" 함이라.

요한복음 12:40:

τετύφλωκεν αὐτῶν τοὺς ὀφθαλμοὺς καὶ ἐπώρωσεν αὐτῶν τὴν καρδίαν, ἵνα μὴ ἴδωσιν τοῖς ὀφθαλμοῖς καὶ νοήσωσιν τῇ καρδίᾳ καὶ στραφῶσιν, καὶ ἰάσομαι αὐτούς.

그들의 눈을 멀게 하시고 그들의 마음을 완고하게 하셨으니 이는 그들로 하여금 눈으로 보고 마음으로 깨닫고 돌이켜 내게 고침을 받지 못하게 하려 함이라.

이사야, 마태복음, 사도행전, 그리고 요한복음에서 귀와 눈과 마음은 모두 이해와 관련하여 언급된다. 마태복음에서 예수는 βλέπω(보다)와 ἀκούω(듣다)라는 단어들에 대해 명백한 언어유희를 하면서 이 단어들을 물리적 의미에서 및 이해와 관련해서 사용하고 있다: βλέποντες οὐ βλέπουσιν καὶ ἀκούοντες οὐκ ἀκούουσιν οὐδὲ συνίουσιν (보아도 보지 못하며 들어도 듣지 못하며 깨닫지 못함이니라). 이것은 다른 곳에서는 반복되지 않는다.

누가복음의 예수는 이사야 6:9을 염두에 두고 있는 것으로 보인다.

누가복음 8:10:

ὁ δὲ εἶπεν· ὑμῖν δέδοται γνῶναι τὰ μυστήρια τῆς βασιλείας τοῦ θεοῦ, τοῖς δὲ λοιποῖς ἐν παραβολαῖς, ἵνα βλέποντες μὴ βλέπωσιν καὶ ἀκούοντες μὴ συνιῶσιν.

이르시되 "하나님 나라의 비밀을 아는 것이 너희에게는 허락되었으나 다른 사람에게는 **비유로 하나니** 이는 그들로 보아도 보지 못하고 들어도 깨닫지 못하게 하려 함이라".[371]

비록 당대의 다른 사람들은 분명히 ἀκούω라는 단어를 "이해하다"라는 의미로 사용했지만(마 13:13), 사도행전 22:9을 논외로 한다면 누가는

---

371 마가는 이사야보다는 예레미야를 염두에 두고 있는 것으로 보인다. 막 8:18:

ἀκούω를 그런 의미로 사용한 적이 없다. 더욱이 비록 그리스어 어휘사전에서 용어의 다양한 정의들이 나타나기는 하지만, 그 정의들은 그 용어가 사용되었던 방식을 이해하는 데 도움을 줄 뿐임을 기억해야 한다. 미묘한 차이가 흔하며 하나의 정의와 다른 정의를 구별하는 선은 종종 모호하다. 예컨대, 이해가 수반되는 듣기는 사도행전의 여러 곳에서 강력하게 암시되는 것으로 보인다.[372]

요약하자면, 바울의 동행인들이 바울에게 말하는 음성을 들었는지 여부에 대한 설명에 모순이 있을 **가능성이 있다**(행 9:7; 22:9). 그러나 우리는 그런 모순의 존재에 대해 상당히 확실하게(예컨대, **개연성이 높음**) 말해서는 안 된다. 두 명의 저자들 사이에 모순이 있다고 지적하는 것과 한 명의 저자가 같은 글에서 모순을 드러내고 있다고 주장하는 것은 분명히 다른 일이다. 누가가 부주의했던 것이 아니라면 나는 같은 저작 안에서 나타나는 표면적 모순들에 대해 좀 더 관대하게 해석해도 좋다고 생각한다. 사도행전에서 ἀκούω가 이해를 수반하는 듣기를 가리키는 여러 경우들을 감안한다면, 다음과 같은 번역은 그럴듯하다. "나와 함께 있던 사람들은 빛을 보았지만, 내게 말씀하시는 분의 음성을 **이해하지** 못했다."[373]

이제 바울이 그 경험을 하는 동안 그의 동행인들이 취했던 자세에 관한 세 가지 설명들 사이의 차이를 살펴보자. 그들은 사도행전 9:7에서

ὀφθαλμοὺς ἔχοντες οὐ βλέπετε καὶ ὦτα ἔχοντες οὐκ ἀκούετε("너희가 눈이 있어도 보지 못하며 귀가 있어도 듣지 못하느냐 또 기억하지 못하느냐"); 렘 5:21(70인역): ἀκούσατε δὴ ταῦτα λαὸς μωρὸς καὶ ἀκάρδιος ὀφθαλμοὶ αὐτοῖς καὶ οὐ βλέπουσιν ὦτα αὐτοῖς καὶ οὐκ ἀκούουσιν("어리석고 지각이 없으며 눈이 있어도 보지 못하며 귀가 있어도 듣지 못하는 백성이여 들을지어다"). 겔 12:2도 보라.

372 행 2:6, 8, 11; 10:44; 13:7, 12; 14:9; 15:7; 16:14; 22:22; 24:24-25; 28:22, 24, 28.

373 ESV, GWN, NAU, NET, NIB, NIV, NLT도 그렇게 번역하고 있다. Humphrey(2007), 91-92쪽의 자료비평적 논평도 보라. 그는 또한 이런 텍스트들에 대한 자료비평적 분석이 아주 많고, 약점들을 포함하고 있으며, 그중 어느 것도

는 서 있지만, 26:14에서는 땅에 엎드려 있다. 얼핏 보기에는 이것은 그들이 음성을 들었는지 여부에서보다 훨씬 더 극적인 차이로 보인다. 그러나 보다 자세히 살펴보면 간단한 해결책이 드러난다. ἵστημι는 누가복음에서 26회, 사도행전에서 35회 나온다.[374] 누가는 ἵστημι를 "멈췄다",[375] 정지하거나 고정된 자세를 취하다,[376] 참석하다,[377] 내세우다,[378] (손상되지 않고) 그대로 있다,[379] 그리고 책임을 묻다[380] 등의 의미로 사용한다. 누가복음 7:38에서 예수가 바리새인 시몬의 집에서 음식을 먹기 위해 비스듬히 누워 있을 때, 어느 부도덕한 여인이 그의 뒤에 서서(στᾶσα) 자신의 눈물로 예수의 발을 적시고, 자신의 머리칼로 그 발을 말리고, 그 발에 입을 맞추고, 그 발에 향유를 붓는다. 당시 예수는 비스듬히 누워 있었기 때문에 그 여인이 예수를 예우할 때 취한 στᾶσα 자세를 "서 있음"으로 해석하기는 어렵다. 그러려면 그녀는 아주 탁월한 체조선수여야 했을 것이다! 여기서는 어느 특정한 자리에 머물러 있다는 의미가 선호되어야 한다.

누가-행전에서 ἵστημι라는 단어가 61회 나오는데, 16퍼센트는 멈춰서는 것, 정지하거나 고정된 위치에 머무는 것, 참석하거나 함께 모이

"과학적이거나 포괄적인 결과"를 제시할 것으로 기대되어서는 안 되며, 겸손이 요구된다고 주의를 준다(85, 201-2).

374 눅 1:11; 4:9; 5:1, 2; 6:8(2회), 17; 7:14, 38; 8:20, 44; 9:27, 47; 11:18; 13:25; 17:12; 18:11, 13, 40; 19:8; 21:36; 23:10, 35, 49; 24:17, 36; 행 1:11, 23; 2:14; 3:8; 4:7, 14; 5:20, 23, 25, 27; 6:6, 13; 7:33, 55, 56, 60, 60; 8:38; 9:7; 10:30; 11:13; 12:14; 16:9; 17:22, 31; 21:40; 22:25, 30; 24:20, 21; 25:10, 18; 26:6, 16, 22; 27:21.

375 눅 5:2; 7:14; 8:44; 18:40; 19:8; 24:17; 행 8:38. 군인들이 "물러서"라는 명령을 받았을 때 보이는 반응과 유사하다.

376 눅 7:38.

377 눅 9:27.

378 행 1:23.

379 눅 11:18.

380 행 7:60; 17:31.

는 것 등을 가리킨다.[381] 그러므로 사도행전 9:7을 다음과 같이 해석하는 것에 조금도 부담을 느낄 필요가 없다: "그와 같이 가던 사람들은 소리만 듣고 아무도 보지 못하여 아무 말도 못한 채 **그와 함께 머물러 있었다**."[382] 이 해석이 옳다면, 바울의 여행 동료들의 자세는 그들이 바울과 함께 있었다는 의미일 뿐이다. 따라서 이 문제에 관해 종종 인용되는 그 설명들 사이의 차이들이 모순되는지가 분명하지 않다고 할 수 있다.

마찬가지로 예수가 바울에게 한 말에 관한 설명들 사이의 차이들에 대해서도 논의해볼 수 있을 것이다. 세 설명 모두 예수와 바울 사이의 대화에 관한 여러 세부 사항들에 동의한다.

예수: "사울아, 사울아, 네가 어찌하여 나를 박해하느냐?"(행 9:4; 22:7; 26:14) 사도행전 26:14은 이렇게 덧붙인다. "가시채를 뒷발질하기가 네게 고생이니라."

사울: "주여, 누구시니이까?"(행 9:5; 22:8; 26:15).

예수: "나는 네가 박해하는 [나사렛—행 22:8] 예수라"(행 9:5; 22:8; 26:15).

사울: "주님, 내가 무엇을 하리이까?"(행 22:10).

예수: "일어나 시내로 들어가라. 네가 행할 것을 네게 이를 자가 있느니라"(행 9:6).

"일어나 다메섹으로 들어가라. 네가 해야 할 모든 것을 거기서 누가 이르리라"(행 22:10).

---

381 눅 5:2; 7:14, 38; 8:44; 9:27; 11:18; 18:40; 19:8; 24:17; 행 8:38.

382 이 해결책은 또한 두 명의 천사가 무덤 안에 "서 있었다"(ἐπέστησαν)는 누가의 보고(눅 24:4) 와 그 천사(들)가 "앉아 있었다"는 막 16:5(καθήμενον), 마 28:2(ἐκάθητο) 그리고 요 20:12(καθεζομένους)의 보고들 사이의 긴장을 해소할 수도 있을 것이다.

> "일어나 너의 발로 서라. 내가 네게 나타난 것은 곧 네가 나를 본 일과 장차 내가 네게 나타날 일에 너로 종과 증인을 삼으려 함이니, 이스라엘과 이방인들에게서 내가 너를 구원하여 그들에게 보내어, 그 눈을 뜨게 하여 어둠에서 빛으로, 사탄의 권세에서 하나님께로 돌아오게 하고, 죄 사함과 나를 믿어 거룩하게 된 무리 가운데서 기업을 얻게 하리라"(행 26:16-18).

바울은 빛에 의해 눈이 멀었고 그의 여행 동료들의 손에 이끌려야 했다.

다메섹에서 이루어진 바울과 아나니아 사이의 대화에 관해서는 설명들 사이에 약간의 차이가 있다. 사도행전 9:11-16에서는 환상 속에서 이루어진 주님과 아나니아 사이의 대화가 먼저 등장한다.

> "일어나 직가라 하는 거리로 가서 유다의 집에서 다소 사람 사울이라 하는 사람을 찾으라. 그가 기도하는 중이니라. 그가 아나니아라 하는 사람이 들어와서 자기에게 안수하여 다시 보게 하는 것을 [환상 가운데] 보았느니라" 하시거늘, 아나니아가 대답하되 "주여, 이 사람에 대하여 내가 여러 사람에게 듣사온즉 그가 예루살렘에서 주의 성도에게 적지 않은 해를 끼쳤다 하더니, 여기서도 주의 이름을 부르는 모든 사람을 결박할 권한을 대제사장들에게서 받았나이다" 하거늘, 주께서 이르시되 "가라, 이 사람은 내 이름을 이방인과 임금들과 이스라엘 자손들에게 전하기 위하여 택한 내 그릇이라. 그가 내 이름을 위하여 얼마나 고난을 받아야 할 것을 내가 그에게 보이리라."

사울이 머무는 집에 도착한 아나니아는 이렇게 말한다.

사도행전 9:17-18: "형제 사울아, 주 곧 네가 오는 길에서 나타나셨던 예수께서 나를 보내어 너로 다시 보게 하시고 성령으로 충만하게 하신다" 하니, 즉시 사울의 눈에서 비늘 같은 것이 벗어져 다시 보게 된지라. [사울은] 일어나 세례를 받고…

사도행전 22:13-16: "형제 사울아, 다시 보라" 하거늘 즉시 그를 쳐다보았노라. 그가 또 이르되 "우리 조상들의 하나님이 너를 택하여 너로 하여금 자기 뜻을 알게 하시며 그 의인을 보게 하시고 그 입에서 나오는 음성을 듣게 하셨으니, 네가 그를 위하여 모든 사람 앞에서 네가 보고 들은 것에 증인이 되리라. 이제는 왜 주저하느냐 일어나 주의 이름을 불러 세례를 받고 너의 죄를 씻으라."

이 구절들에서 누가는 확실히 그 사건에 대해 축어적으로 설명하려 하지 않는다. 누가는 자기가 앞에서 쓴 내용을 알고 있고 그 내용을 풀어 쓰고 있는 중이다. 사도행전 26:16-18에서 누가는 다메섹 도상에서 예수가 바울에게 한 말과 관련해서 추가적인 내용을 제공한다. 누가는, 비록 주님과 아나니아 사이의 대화의 상세한 내용이 사도행전 22:12에서 가정되고는 있지만, 오직 사도행전 9:10-16에서만 그 내용을 제공한다. 누가가 그 세 설명 모두에서 세부사항을 다 되풀이해야 할 이유는 없다. 실제로 사도행전 22장과 사도행전 26장은 직접 화법이기 때문에 우리는 누가가 그 대화에 대한 요약을 제공하리라고 예상한다.[383] 어쩌면 그는 그 사건에 대한 다른 설명들에서 추가적인 세부 사항을 제공하고 있는 것일

383 이 책의 3.2.3.3을 보라. Witherington(*Acts*, 1998), 311-13도 보라.

수도 있다.[384]

우리는 이미 사도행전의 세 가지 설명의 신뢰성에 대해 강력한 합의가 없음을 감안해서 그 설명들을 바울의 회심 경험에 관한 정보를 얻기 위한 **가능성이 있는** 자료로 간주하기로 결정했다. 이런 설명들의 역사적 가치가 제한된다는 점을 유념하면서, 우리는 그 설명들이 부활한 예수가 자기에게 출현한 것으로 인식한 바울의 경험이 시각적 요소와 청각적 요소를 모두 포함한다고 보고한다는 점에 주목한다. 바울은 그가 예수 자신이었다고 믿었던 아주 밝은 빛(행 22:14)을 보았고 대화를 통해 자기에게 특별한 정보를 제공해 준 예수의 음성을 들었다. 고린도전서 15:8에 실려 있는 "맨 나중에"라는 진술과 사도행전 9:10의 내용 그리고 그의 여행 동료들이 비록 제한적이기는 하지만 바울의 경험의 청각적이고 시각적인 측면의 일부를 인식했다는 누가의 보고 등을 감안한다면, 바울은 자신의 경험이 물질계에서 아무런 외적 실체가 없는 환상과 구별되는 것으로 믿었다.[385]

4.3.3.5. 다른 제안들에 대한 평가. 비록 우리가 이 역사 연구에서 바울의 회심 경험에 관한 사도행전의 설명을 사용하기를 의도적으로 제한하고는 있지만, 우리의 조사 결과를 이용해서 몇 가지 제안들에 대해 평가해볼 수 있을 것이다. 마커스 보그는 이렇게 쓴다. "바울은 눈부신 빛을 보았고 예수의 음성을 들었다. 바울과 동행했던 이들은 그 경험을 공유하지 않았는데, 이 점은 그것이 공개적인 경험이 아니라 개인적인 경험이었음을 알

---

384 Soards(1994): "누가는 하나의 문맥에서 자료를 생략한 후 그것을 나중에 다른 이야기에서 사용하는 습관이 있다고 알려져 있다"(207 각주52).

385 Craig(*Assessing*, 1989), 75, 393.

려준다. 그것은 보통 환상이라고 불리는 경험이었다."[386] 그러나 우리가 관찰한 바는 다른 결론에 도달한다. 만약 보그가 사도행전의 설명들을 바울의 회심 경험에 관해 바울 자신이 회상한 내용으로 삼고자 한다면(사실 그는 그렇게 하고 있다), 그는 사도행전의 설명들을 바울 자신이 자신의 서신들에서 그 경험에 관해 하는 말에 비추어 평가해야 한다. 앞 단락에서 말했듯이, 고린도전서 15:8에서 바울은 자신의 회심 경험을 예수가 부활한 후에 사람들에게 마지막으로 출현한 경우로 여긴다고 말한다. 사도행전 9:10에서 누가는 예수가 바울에게 출현한지 얼마 뒤 아나니아에게 "환상 중에"(ἐν ὁράματι) 나타났다고 보고하는데, 이는 이 환상이 바울이 다메섹 도상에서 경험한 것과 같은 종류의 것이 아님을 알려준다. 더욱이 사도행전의 설명들은 우리로 하여금 바울의 여행 동료들이 비록 제한된 정도로나마 그 경험에 참여했다는 결론을 내리게 한다. 보그의 주장과 달리 그 경험은 공유되었으며 공개적이었다.

앨리슨은 그리스도인들이 계속해서 그리스도의 현현을 보고했으며(행 7:56; 계 1:9-10), 사도행전과 바울은 예수가 바울에게 [회심 경험 때 외에도] 몇 번 더 나타났다고 보고한다고 말한다(행 18:9; 22:18; 23:11; 고후 12:8-9).[387] 그러나 이런 출현들이 바울이 보기에는—그 자신의 말로 또한 사도행전에서 바울의 입을 통해 하는 말로 묘사되는 바와 같이—그의 회심 때의 출현과는 달랐다는 점을 기억할 필요가 있다. 사도행전 18:9에서 예수는 바울에게 "환상을 통해"(δι' ὁράματος) 말한다. 사도행전 22:17-18에서 바울은 "자기가 황홀경에 빠져 있을 때"(γενέσθαι με ἐν ἐκστάσει) 예수가 자기에게 출현했다고 말한다. 사도행전 23:11에서 예

386 Borg(2006), 277.
387 Allison(*Resurrecting Jesus*, 2005), 260-61.

수는 밤중에 바울에게 나타났다. 그것은 꿈속에서 일어났는가? 만약 그것이 바울이 묵었던 바로 그 방에서 일어났다면, 그 출현은 그의 회심 경험 때와 같은 성격이었는가? 그 텍스트는 이에 대해 말하지 않는다. 고린도후서 12:8-9은 예수와 바울이 바울의 육체의 가시에 대해 나눈 대화의 본질에 관해 상세하게 설명하지 않는다. 다른 구절들을 보자면, 사도행전 7:55-56에서 다른 사람이 스데반의 환상의 어떤 측면을 경험했다는 암시가 없다. 사도행전 26:19에서 바울은 자신의 회심 경험을 "하늘의 환상"(τῇ οὐρανίῳ ὀπτασίᾳ)이라고 부른다. 그러나 앞에서 지적했듯이 신약성서에서 이 용어는 다섯 번만 나오며, 이런 텍스트에서 그 의미는 모호하다. 왜냐하면 각각의 경우에 그 표현은 시공간상의 무언가를 자연스럽게 보는 것을 가리킬 수도 있고, 허락 받은 이들만 볼 수 있는 환상을 통해 보는 것을 가리킬 수도 있기 때문이다.[388] 요한계시록 1:9-10에서 요한은 자기가 그 경험을 했을 때 "성령 안에" 있었다고 말한다. 요한계시록 4:12에 나오는 비슷한 단어들은 이것이 시공간상에서 일어난 일이 아니었음을 나타낼 수도 있다. 만약 이런 출현들이 본질상 바울의 회심 경험과 다르다면, 앨리슨이 호소하는 그리스도의 계속된 현현은 바울의 회심 경험에 관해 아무것도 알려주지 않는다.

앨런 시걸은 바울이 고린도후서 12:1-4에서 묘사하는 경험이 사도행전에 실려 있는 그의 회심 경험과 유사하다고 주장한다.[389] 그러나 이는 다소 무리한 주장으로 보인다. 고린도후서 12:1-4에서 바울은 자기가 낙원으로 이끌려가 이에 대해 언급하는 것이 허용되지 않았던 말을 들었을 때—이것은 후대의 랍비들의 규율에 부합한다—자기가 몸 안에 있었

388 이 책의 4.3.2.1을 보라.

389 Segal(2004), 415; 409와 비교하라. 거기서 Segal은 바울의 회심 경험은 "꼭 그런 것은 아니지만, 그런 예언적 사건이었을 수 있다"고 쓴다. Segal은 그 경험을

는지 몸 밖에 있었는지 확신하지 못했다.[390] 회심 경험에서는 바울은 그의 몸 안에 있었고, 지구상의 특정 장소에 있었으며, 그 경험에 참여했던 다른 이들과 함께 있었다. 이 점은 사도행전에서 바울이 그 경험을 이 세상의 물질적 실재와 상응하는 것이 없는 사건으로 보았을 가능성을 제거한다. 또한 바울은 자기가 보고 들은 바를 다른 사람들에게 전하라는 말을 들었다(행 22:15; 26:16). 시걸은 바울의 동행인들과 바울이 보고 들은 것을 다른 사람에게 전하라는 지시를 누가가 덧붙인 것이라고 기각하거나 무시하고 싶을 수도 있다. 그러나 그는 무슨 근거로 그렇게 하는가? 사도행전이 묘사하는 하늘로부터 들려온 음성이 왜 그 음성이 말한 내용이나 그런 여행에서 바울과 동행하리라고 기대되는 동행인이 모두 경험한 사항보다 그 사건에 대해 역사적으로 더 신뢰할 만한 세부 사항인가?

시걸은 부정과거 수동태 ὤφθη가 종종 "환상을 통해 보는 것" 또는 "신적 존재를 보는 것"의 의미로 사용된다고 주장한다.[391] 그러므로 바울이 고린도전서 15:5-8에서 부정과거 수동태 ὤφθη를 사용했다는 사실은 바울이 예수의 출현들을 본질상 보다 환상적인 것으로 보았음을 가리킨다. 그러나, 부정과거 수동태 ὤφθη가 보통 신성의 출현에 대해 사용되기는 하지만, 많은 예외가 있다.[392] 더욱이 많은 경우에 신적 존재의 출현은 하늘의 환상이 아니라 시공간상에서 발생했다.[393] 그러므로 바울이 부

"신비롭고"(415) 또한 "종교적으로 변성의식 상태"(religiously altered state of consciousness)라고 부른다(402). Wright(1997)의 의견은 다르다. 그는 바울의 회심 경험에 대한 누가의 서술은 "신비로운 환상, 명확하고 객관적인 지시대상이 존재하지 않는 영적 또는 종교적 경험의 언어가 아니다"라고 주장한다(35).

390 Segal(2004), 416.

391 Segal(2004), 406.

392 창 1:9; 삼하 22:11; 마카베오1서 4:6, 19; 9:27; 아 2:12; 바룩 3:22; 단 4:22; 행 7:26. Jos. *Ant*. 7.298; 16.12; 18.239; *J.W*. 6.306도 보라.

393 창 18:1; 출 3:2; 16:10; 레 9:23; 민 14:10; 16:29, 42; 삿 6:11-12; 토빗기 12:22; 마카베오2서 3:25; 바룩 3:37; 마 17:3; 막 9:4; 눅 1:11; 24:34(시신이

정과거 수동태 ὤφθη를 사용했다 해서 그가 부활한 예수를 만난 자신의 회심 경험을 물질계에 그 어떤 외적 실재도 없는 환상으로 여겼다는 결론이 정당화되지는 않는다. 나중에 예수가 바울 및 다른 사람들에게 출현한 것은 비물질적인 경험이었을 수도 있을 것이다.[394]

역사 연구를 위해 사도행전을 파헤치는 사람은 몇 가지 원칙을 명심해야 한다. 바울의 회심 경험을 검토할 때에는 바울의 편지들이 사도행전보다 우선되어야 한다.[395] 달리 말하자면 역사적 측면에서 바울이 자신에 대해 하는 말이 누가가 바울에 관해 하는 말보다 더 가치가 있다. 또한 사도행전을 자료로 사용하는 경우 그것을 사도행전의 다른 구절들은 물론이고 바울 자신의 말과 일치하게끔 사용해야 한다. 예컨대 바울이 부활한 예수를 "영적"(즉 천상적·비물질적) 존재로 여겼다는 자신의 입장을 지지하기 위해 사도행전에 나오는 바울의 회심 경험에 대한 세 가지 설명들을 사용하는 사람은 또한 사도행전 13장에 실려 있는 바울의 연설도 고려해야 한다. 그곳에서 바울은 매우 분명하게 예수가 육체적으로 부활했다고 진술한다(행 13:28-37). 예수는 빌라도에 의해 처형되었고(행 13:28), 십자가에서 내려져 무덤에 묻혔다(행 13:29). 하나님은 그를 죽은 자 가운데서 살렸다(행 13:30). 예수는 여러 날 동안 자기 제자들에게 나타났다(행 13:31). 예수의 부활은 시편 2:7과 시편 16:10 같은 예언의 성취였다

사라졌다); 행 7:30; 13:31(행 13:30, 34는 육체의 부활을 가리킨다). 더욱이 다른 여러 예들은 그 어떤 상세한 내용도 제공하지 않은 채 단지 주님이 출현했다고만 진술하고 있으므로 어느 한 쪽을 지지하는 데 사용될 수 없다.

394 Segal(2004)은 고전 9:1에서 바울이 완료 시제 ἑόρακα를 사용해서 자신의 시각적 경험을 "내가 주를 보지 못하였느냐?"라고 묘사했다고 쓴다. 이로써 "바울은 자신의 환상이 당신과 내가 서로를 보는 것과 같은 정상적인 '보기'와 동등하다고 강조했다"(405-6). Wright(2003), 376도 보라.

395 Crossan and Reed(2004)는 육체의 부활에 관한 바울의 믿음이 아주 분명하다는 것을 이해하기 때문에, 어떤 의미에서는 사도행전에 실려 있는 바울의 회심 경험에 대한 설명을 무시하려 한다(8).

(행 13:32-35). 시편 16:10은 하나님이 그의 거룩한 자가 썩도록 허용하지 않을 것이라고 예언했다. (그 시를 쓴) 다윗은 죽어 매장되었고, 썩었다(행 13:36). 그러므로 그 시편은 예수를 가리킨다. 하나님은 그를 살려냈고 그의 몸은 썩지 않았다(행 13:37).

우리는 사도행전 13장에 실려 있는 예수의 부활에 관한 바울의 가르침을 무시한 채 사도행전에 실려 있는 바울의 회심에 관한 세 가지 설명만을 무비판적으로 받아들여서는 안 된다. 또한 그 세 가지 설명들에서 바울에 대한 출현에서의 모호성은 사도행전에 실려 있는 바울 자신의 보다 정확한 진술들에 비추어 해석되어야 한다. 그러므로 바울이 사도행전에 실려 있는 그의 회심에 관한 세 가지 설명에서 예수의 비물질적 몸을 염두에 두고 있었다는 주장은 역사가들이 수용할 만큼 충분히 강력하지 않다.

4.3.3.6. 바울의 운명. 바울은 자기가 복음을 위해 겪었던 고난들에 대해 보고한다.[396] 고린도후서 11:23-28에서 바울은 자기가 복음을 위해 여러 번 옥에 갇히고 헤아릴 수 없을 만큼 여러 번 매를 맞았다고 말한다. 그는 종종 죽을 뻔했고 유대인들로부터 39대의 매를 다섯 번 맞았다. 그는 세 번 막대기로 맞았고, 한번 돌로 맞았고, 세 번 파선했고, 상상할 수 있는 모든 곳에서 위험에 처했고, 잠을 자지 못했고, 굶주림과 추위와 헐벗음을 겪었다. 사도행전에서 누가는 바울이 겪은 여러 고난에 대해 보고한다. 사도행전 14:19에서 바울은 돌에 맞은 후 죽은 것으로 생각되어 성 밖으로 끌려나가 그곳에 방치되었다. 사도행전 16:19-24에서 바울과 실라는 매

---

396 고후 1:5-11; 4:8-14, 17; 6:4-5; 7:4-5; 11:23-28; 엡 6:20; 빌 1:7, 13, 14, 17, 29-30; 3:10; 골 1:24; 4:3, 18; 살전 1:3-4, 7; 2:2; 3:4; 딤후 1:8, 12, 16; 2:3, 9; 3:11; 몬 10, 13.

를 맞고 발에 차꼬가 채워진 채 투옥되었다. 사도행전 17:5에서 바울과 실라는 폭도들에게 쫓겼다. 사도행전 17:13-15에서는 군중이 바울에 맞서 소동을 일으켰고 그로 인해 결국 바울은 사람들의 호위를 받아 성 밖으로 피신해야 했다. 사도행전 18:12-13에서는 유대인들이 바울을 체포해서 로마 총독에게 끌고 갔다. 사도행전 21:27-36에서는 유대인 군중이 바울을 붙잡아 성전에서 끌어내 죽이려 했다. 바울이 그의 신앙 때문에 고난을 받고 순교했다고 알려주는 추가적인 보고들이 있다.[397] 바울이 자신이 선포한 메시지에 대해 그토록 헌신한 점에 비춰볼 때 바울은 자신의 메시지의 진실성을 진지하게 믿었다는 결론을 내리게 된다.

4.3.3.7. 평행구들. 어떤 이들은 사도행전에 나오는 바울의 회심 이야기에 대한 평행구들을 지적해왔다. 헬리오도로스는 성전의 보물을 가져가려다 세 명의 하늘의 존재들에게 저지당하고 거의 죽도록 매를 맞는다. 그의 동행인들은 대제사장 오니아스에게 헬리오도로스가 살아나도록 기도해 달라고 요청한다. 오니아스가 기도하자 헬리오도로스의 상처가 치유된다. 헬리오도로스를 때렸던 하늘의 존재들이 그 앞에 나타나 그에게 오니아스가 기도한 데 대해 감사하라고 말한다. 헬리오도로스는 그 말에 순종하고 그곳을 떠나 위대한 하나님의 역사를 증거한다(마카베오2서 3:1-39; 마카베오4서 4:1-14와 비교하라).[398]

에스겔 1:25-3:11에서는 하늘의 존재가 에스겔에게 나타나 일어

397 다음 문헌들을 보라. Clement of Rome(*1 Clem.* 5.2-7), Polycarp(Pol. *Phil.* 9:2), Tertullian(*Scorp.* 15; Eusebius *Hist. eccl.* 2.25.8에서 인용된 글), Dionysius of Corinth(Eusebius *Hist. eccl.* 2.25.8에서 인용된 글), Origen(*Comm. Gen.* Eusebius, *Hist. eccl.* 3.1에서 인용된 글). 테르툴리아누스는 바울이 참수되었다고 전하는 반면, 오리게네스와 디오니시오스는 단지 그가 순교했다고만 전한다.

398 Catchpole(2002), 160; Craig(*Assessing*, 1989), 73-75; Wright(2003), 390-

나서 지시를 받으라고 말한다. 다니엘 10:2-21에서도 하늘의 존재가 나타난다. 다니엘은 다른 사람들과 함께 있는데, 그들은 그 존재를 보지 못하지만 두려워 달아난다. 다니엘은 얼굴을 땅에 대고 잠이 들었는데 그 하늘의 존재가 그를 어루만진다. 다니엘은 일어서서 그가 제공하는 정보를 얻고 그 존재가 다니엘을 어루만지자 다니엘이 힘을 받는다. 「요셉과 아스낫」 14.1-14에서는 밝은 빛이 나타나고 아스낫이 땅에 엎드러진다. 그녀는 이름을 두 번 듣고(아스낫아! 아스낫아!) 자리에서 일어나 추가적인 지시를 받는다.[399]

라이트는 "누가의 근저의 목표 그리고 아마도 누가의 원래의 자료들의 목표는 바울을 이스라엘 역사의 예언자들 및 환상가들과 같은 위치에 올려놓는 방식으로 그 이야기를 전하는 것이었던 것으로 보인다"고 말한다.[400] 쾨스터는 "사도행전의 보고는 예언자가 소명을 받는 전설과 같은 형태로 말해진다"고 주장한다. 그는 그 출현을 "그리스도의 부활 후 현현들" 중 하나로 간주한다.[401] 설령 이런 추측이 옳다고 할지라도, 그것은 누가가 그 회심 경험을 만들어냈다는 데 대해 의문을 제기할 뿐이다. 바울은 부활한 예수가 자기에게 나타났다고 주장했고, 그의 편지들은 사도행전에 실려 있는 바울에게 나타나심에 관한 세 번의 보고들을 뒷받침해주는 여러 세부사항을 담고 있기 때문에 우리는 사도행전의 보고들이 누가의 전적인 창작이 아님을 알 수 있다.

92.

399 Wright(2003), 390-92. 그는 Philo *Praem*. 165에 대해서도 언급한다(390 각주 49). Parsons(2008)도 보라. 그는 "사울아, 사울아"라고 두 번 부르는 것이 "성서의 관용어(창 22:11; 46:2; 출 3:4; 삼상 3:4; 또한 눅 8:24; 10:41; 22:31과도 비교하라)에 익숙한 청중에게 구약성서의 메아리로 인식될 수 있다"고 지적한다(126).

400 Wright(2003), 393.

401 Koester(2000), 108. Allison(*Resurrecting Jesus*, 2005), 264-65도 보라.

4.3.3.8. 결론. 오늘날 대다수의 학자들은 바울이 부활한 예수가 자기에게 나타났다고 확신했던 어떤 경험을 했다는 것을 인정한다. 하버마스는 예수의 부활에 대해 연구하는 학자들에 관한 30년 이상에 걸친 그의 조사 결과에 비추어 이렇게 쓴다. "아마도 초기 그리스도인들이 그들이 진정으로 부활한 예수의 현현이라고 생각했던 모종의 경험을 했다는 것보다 더 널리 인정되는 사실은 없을 것이다. 특히 거의 모든 학자들은 바울이 부활한 예수의 현현이라고 스스로 믿었던 경험을 했다는 바울의 증언을 인정한다.…아무리 회의적인 학자라 할지라도, 존경받는 학자들은 아무도 이런 증언들이나 그 증언들 배후에 있는 참된 믿음의 역사적 진정성에 도전하지 않는다."[402]

어떤 학자들은 바울의 회심 경험을 인정하면서도 바울의 그런 경험이 예수가 실제로 그에게 출현했다는 결론을 요구하지는 않는다고 생각한다.

> **마르크센**: "바울이 예수의 부활을 하나님의 행위를 통해 일어난 것으로 이해했다고 어느 정도 확실하게 말할 수 있다. 우리의 용어를 사용해서 말하자면 바울은 예수의 부활을 하나의 **사건**으로 보았다. 이 점은 아주 분명하다. 왜냐하면 바울은 유대인이었기 때문이다. 그러나 정당하지 않은 결론으로 돌진하지 않도록 매우 조심해야 한다. 바울이 예수의 부활을 과거의 어느 시점에 하나님에 의해 초래된 사건으로 **이해했다**고 할지라도, 그렇다고 해서 그것이 과거에 실제로 발생한 사건**이었다**는 것을 의미하지는 않는다."[403]

---

402 Habermas and Licona(2004), 74. 다음 문헌들도 보라. Ehrmann(*Lost Christianities*, 2003), 96; Koester(2000), 108.

403 Marxsen(1990), 86.

크로산과 리드: "자신이 부활한 예수를 **보았다**는 바울의 주장을 진지하게 받아들이기 위해 우리는 그가 최초로 본 것이 상처를 입고 **또한** 영화롭게 된 예수의 몸이었다고 주장한다.…그러므로 바울의 최초의 회심과 소명 경험에 관한 누가의 설명을 읽을 때, 우리는 우리가 빛에 의해 눈이 멀었다는 설명은 제쳐두고 대신 바울이 예수를 부활한 그리스도로, 즉 죽음에서 살아난 주님으로 **보고** 듣는 환상을 상상해야 한다. 그러면 지금처럼 꿈과 환상이 인간의 두뇌에 내장된 가능성들이라고 덧붙일 필요가 없다."[404]

뤼데만: "바울의 설명이 그 사건에 부여한 객관성은 그의 보고가 객관적 사건이 아니라 주관적인 발생을 상세히 보고한다는 사실과 결코 충돌하지 않는다.[405]

우리는 부활한 예수가 자기에게 출현했다는 바울의 믿음이 예수가 실제로 출현했다는 증거가 아니라는 주장에 동의해야 한다. 우리의 연구 목적상으로는 바울이 교회에 대한 강력한 박해자로부터 가장 적극적인 옹호자들 중 하나로 변화되었다는 결론을 내릴 수 있을 것이다. 무엇이 바울에게 그처럼 극적이고 예기치 않은 변화를 가져왔는가? 왜 그토록 격렬하게 그리스도인들을 박해했던 사람이 갑자기 그리스도인이 되었는가? 바울 자신과 누가는 그것은 바울이 자신이 죽음에서 살아난 예수를 만났다고 확고하게 믿었기 때문이었다고 전한다. 이른 시기에 쓰인 복수의 직접적인 증거들이 우리의 결론을 지지한다. 더욱이 어떤 신학 노선을 취하든간에 대다수의 학자들이 이를 인정한다. 그러므로 우리의 역사

---

404 Crossan and Reed(2004), 8.
405 Lüdemman(2004), 47.

적 기반을 구성하는 사실 모음에 바울에 대한 예수의 출현을 추가할 수 있을 것이다.

4.3.3.9. 바울은 예수의 부활에 관해 무엇을 믿었는가? 이 질문은 우리를 바울 서신에 들어 있는 여섯 개의 중요한 구절들로 이끈다.

4.3.3.9.a. 로마서 8:11

> εἰ δὲ τὸ πνεῦμα τοῦ ἐγείραντος τὸν Ἰησοῦν ἐκ νεκρῶν οἰκεῖ ἐν ὑμῖν, ὁ ἐγείρας Χριστὸν ἐκ νεκρῶν ζῳοποιήσει καὶ τὰ θνητὰ σώματα ὑμῶν διὰ τοῦ ἐνοικοῦντος αὐτοῦ πνεύματος ἐν ὑμῖν.
>
> 예수를 죽은 자 가운데서 살리신 이의 영이 너희 안에 거하시면, 그리스도 예수를 죽은 자 가운데서 살리신 이가 너희 안에 거하시는 그의 영으로 말미암아 너희 죽을 몸도 살리시리라.

바울이 예수의 부활과 신자들의 부활을 긴밀하게 연결시키는 구절로는 이것 외에 다섯이 더 있다(롬 6:5; 고전 6:14; 15:12-23; 고후 4:14; 살전 4:14).[406] ζῳοποιήσει(생명을 부여하는)라는 단어는 신약성서에서 11회 나온다.[407] 대부분의 경우에 하나님은 종말론적 생명의 부여자로 언급되며

---

406 모두 우리의 몸에 관한 내용을 담고 있는 고전 6:13-20 가운데 바울은 14절에서 하나님이 예수를 다시 살렸고 그의 영이 우리도 다시 살릴 것이라고 말한다(ὁ δὲ θεὸς καὶ τὸν κύριον ἤγειρεν καὶ ἡμᾶς ἐξεγερεῖ διὰ τῆς δυνάμεως αὐτοῦ) 바울은 또한 롬 4:24, 17; 10:9에서 하나님이 예수를 다시 살렸다고 단언한다. 다음 구절들도 보라. 롬 6:4-9; 빌 3:10-11, 20-21; 골 1:18; 2:12-13; 3:3-4.

407 요 5:21(2회); 6:63; 롬 4:17; 8:11; 고전 15:22, 36, 45; 고후 3:6; 갈 3:21; 벧

이때 사용된 미래시제는 그 일이 미래의 사건, 즉 죽은 자의 최후의 부활일 것임을 가리킨다.[408]

이 텍스트에서 바울은 육신의 생각과 영의 생각을 대조한다. 육신의 생각은 죽음으로 귀결되고(롬 8:6), 하나님에 대해 적대적이며(롬 8:7), 하나님의 법에 굴복할 수 없고(롬 8:7), 하나님을 기쁘게 하지 못한다(롬 8:8). 이와 대조적으로 그리스도가 내주하는 사람은 영의 생각을 갖고 생명과 평안으로 귀결된다(롬 8:6, 9-10). 이런 사람들에게 그들의 몸(σῶμα)은 죄로 인해 죽은 것이고(롬 8:10), 그들은 계속해서 몸의(τοῦ σώματος) 행실을 죽여야 한다(롬 8:13). 다른 한편 성령은 생명이고(롬 8:10), 생명을 부여하는 성령은 재림 때 피조물이 구속될 때 신자들의 **죽을 몸**에 생명을 부여할 것이다(미래 시제)(롬 8:11, 21-23). 마운스에 따르면 "그리스도인의 영은 살아났을 뿐 아니라(10절), 때가 되면 (지금은 죽음의 저주 아래에 있는) 몸도 부활할 것이다. 내주하는 성령은 신자의 미래의 부활에 대한 보증이다."[409] 더글라스 무는 이렇게 말한다. "이 문장의 조건절에서 부활에 대해 언급하고 있음이 분명하므로, 미래 시제 ζῳοποιήσει 역시 …미래의 몸의 변화를 가리키는 것이 틀림없다."[410] 에른스트 케제만은 "그러므로 그 약속은 현재의 생명에 대한 것이 아니다"라고 생각한다.[411] 던도 이렇게 쓴다. "그러므로 바울이 여기서 '죽을 몸'에 초점을 맞출 때조차, 바울

전 3:18; 일곱 번이 바울 서신에 나온다.

408 Brodeur(1996), 214.

409 Mounce(1995), 179-80. 다음 문헌들도 보라. Byrne(1996), 241; Craig(*Assessing*, 1989), 146-47; Davis(1993), 76 각주 24; Dunn(1988), 445; Fitzmyer(1993), 491; Morris(1976), 227-28; Moule(1965), 108; Murray(1968), 291-92; Osborne(2004), 201; Schreiner(1998), 416; Wright(2003), 256. Dodd(1932), 125는 이에 반대한다.

410 Moo(1991), 525-26.

411 Käsemann(1980), 225.

의 요점은 바로 생명을 부여하는 성령의 역사가 최종적으로 몸도 포함할 것이라는 점이다. 즉 구원은 몸에서 벗어남을 통해서가 아니라 몸의 속량을 통해서 완성될 것이다(23절).…그리스도 자신의 죽음으로부터의 부활이 이에 대한 패턴과 확신 모두를 제공했다."[412]

던이 지적하듯이, 로마서 8:23에서 바울은 이렇게 쓴다. "우리 곧 성령의 처음 익은 열매를 받은 우리까지도 속으로 탄식하여 양자 될 것 곧 우리 몸의 속량을 기다리느니라."[413] 속량(ἀπολύτρωσις)이라는 단어는 목적격이자 우리의 양자됨(υἱοθεσίαν)과 동격으로서, 미래에 우리가 양자가 될 때 일어날 일을 설명한다. 이 속량은 우리 몸"의 풀려남"을 가리킬 수도 있고 우리 몸"으로부터의 풀려남"을 가리킬 수도 있다.[414] 하나님의 소유물의 속량에 대해 말하는 에베소서 1:14에 비춰보면,[415] "[우리 몸]의 풀려남"이 선호되어야 한다. 또한 프리드리히 뷔히젤이 지적하듯이 로마서 8:23에 나오는 우리 몸의 속량은 로마서 8:21-22과 연결된다. 그곳에서 바울은 "그 바라는 것은 피조물도 썩어짐의 종노릇한 데서 해방되어 하나님의 자녀들의 영광의 자유에 이르는 것이니라. 피조물이 다 이제까지 함께 탄식하며 함께 고통을 겪고 있는 것을 우리가 아느니라"[416]라고 단언한다. 여기에 바울은 23절을 덧붙인다. "그뿐 아니라 또한 우리 곧 성령의 처음 익은 열매를 받은 우리까지도 속으로 탄식하

412 Dunn(1988), 445; Murray(1968), 292와 비교하라.

413 αὐτοὶ τὴν ἀπαρχὴν τοῦ πνεύματος ἔχοντες, ἡμεῖς καὶ αὐτοὶ ἐν ἑαυτοῖς στενάζομεν υἱοθεσίαν ἀπεκδεχόμενοι, τὴν ἀπολύτρωσιν τοῦ σώματος ἡμῶν.

414 BDAG(2000), 117; LS(1996), 208.

415 ὅ ἐστιν ἀρραβὼν τῆς κληρονομίας ἡμῶν, εἰς ἀπολύτρωσιν τῆς περιποιήσεως.

416 TDNT(1964), 4:351에 실린 Büchsel. αὐτὴ ἡ κτίσις ἐλευθερωθήσεται ἀπὸ τῆς δουλείας τῆς φθορᾶς εἰς τὴν ἐλευθερίαν τῆς δόξης τῶν τέκνων τοῦ θεοῦ. οἴδαμεν γὰρ ὅτι πᾶσα ἡ κτίσις συστενάζει καὶ συνωδίνει ἄχρι τοῦ νῦν.

여 양자 될 것 곧 우리 몸의 속량을 기다리느니라."[417] 모든 피조물과 함께 우리의 몸은 부패의 속박에서 풀려날 것이다. 이것은 미래에 있을 재림 때에야 일어날 것이라고 말할 수 있다. 그러므로 로마서 8:11과 로마서 8:23은 그리스도의 사역으로 인한 미래의 유익들과 관련해 유사한 생각을 제공한다. 미래의 유익에는 재림 때 우리의 죽을 몸에 대한 생명의 부여와 속량이 포함된다.[418] 그러므로 로마서 8:11에서 바울은 예수의 죽을 몸이 부활한 것처럼 신자의 죽을 몸이 부활할 것이라고 말하고 있는 것이다.[419]

간단히 말해서, 로마서 8장에서 바울은 영의 생각은 생명과 평안을 낳는다고 말한다. 생명은 우리의 생명인 성령을 통해서 오며, 성령은 예수의 부활 때 그의 몸을 일으켰던 것처럼 예수의 재림 때 우리 몸을 일으킬 것이다. 평안은 지금 우리가 하나님의 자녀임을 인식하는 데서 온다. 우리 안에 있는 성령은 두려움으로 이끄는 노예의 영이 아니기 때문이다. 오히

---

417 οὐ μόνον δϵ, ἀλλὰ καὶ αὐτοὶ τὴν ἀπαρχὴν τοῦ πνεύματος ἔχοντες, ἡμεῖς καὶ αὐτοὶ ἐν ἑαυτοῖς στενάζομεν υἱοθεσίαν ἀπεκδεχόμενοι, τὴν ἀπολύτρωσιν τοῦ σώματος ἡμῶν.

418 요 5장에서도 비슷한 생각이 발견된다. 요 5:21에서 예수는 이렇게 말한다. ὥσπερ γὰρ ὁ πατὴρ ἐγείρει τοὺς νεκροὺς καὶ ζῳοποιει, οὕτως καὶ ὁ υἱὸς οὓς θέλει ζῳοποιεῖ("아버지께서 죽은 자들을 일으켜 살리심 같이 아들도 자기가 원하는 자들을 살리느니라"). 이 말은, 우리가 지금 영생을 얻을 수 있고(요 5:24) 또한 지금이 νῦν ἐστιν ὅτε οἱ νεκροὶ ἀκούσουσιν τῆς φωνῆς τοῦ υἱοῦ τοῦ θεοῦ καὶ οἱ ἀκούσαντες ζήσουσιν("죽은 자들이 하나님의 아들의 음성을 들을 때이고 듣는 자는 살아날 것")임을 감안한다면, 현재를 가리킨다. 지금까지 예수는 자신이 현재에 제공하는 영생에 대해 말했다. 그러나 미래에 있을 육체의 부활은 몇 절 뒤인 요 5:28-29에 포함되어 있다: μὴ θαυμάζετε τοῦτο, ὅτι ἔρχεται ὥρα ἐν ᾗ πάντες οἱ ἐν τοῖς μνημείοις ἀκούσουσιν τῆς φωνῆς αὐτοῦ καὶ ἐκπορεύσονται οἱ τὰ ἀγαθὰ ποιήσαντες εἰς ἀνάστασιν ζωῆς, οἱ δὲ τὰ φαῦλα πράξαντες εἰς ἀνάστασιν κρίσεως("이를 놀랍게 여기지 말라. 무덤 속에 있는 자가 다 그의 음성을 들을 때가 오나니 선한 일을 행한 자는 생명의 부활로, 악한 일을 행한 자는 심판의 부활로 나오리라").

419 Wright(2003), 256.

려 성령은 하나님께서 우리를 양자로 삼을 수 있게 한 영이다.

4.3.3.9.b. 고린도전서 15:42-54

Οὕτως καὶ ἡ ἀνάστασις τῶν νεκρῶν. σπείρεται ἐν φθορα, ἐγείρεται ἐν ἀφθαρσίᾳ· σπείρεται ἐν ἀτιμίᾳ, ἐγείρεται ἐν δόξῃ· σπείρεται ἐν ἀσθενείᾳ, ἐγείρεται ἐν δυνάμει· σπείρεται σῶμα ψυχικόν, ἐγείρεται σῶμα πνευματικόν. Εἰ ἔστιν σῶμα ψυχικόν, ἔστιν καὶ πνευματικόν. οὕτως καὶ γέγραπται· ἐγένετο ὁ πρῶτος ἄνθρωπος Ἀδὰμ εἰς ψυχὴν ζῶσαν, ὁ ἔσχατος Ἀδὰμ εἰς πνεῦμα ζῳοποιοῦν. ἀλλ' οὐ πρῶτον τὸ πνευματικὸν ἀλλὰ τὸ ψυχικόν, ἔπειτα τὸ πνευματικόν. ὁ πρῶτος ἄνθρωπος ἐκ γῆς χοϊκός, ὁ δεύτερος ἄνθρωπος ἐξ οὐρανου. οἷος ὁ χοϊκός, τοιοῦτοι καὶ οἱ χοϊκοι, καὶ οἷος ὁ ἐπουράνιος, τοιοῦτοι καὶ οἱ ἐπουράνιοι· καὶ καθὼς ἐφορέσαμεν τὴν εἰκόνα τοῦ χοϊκοῦ, φορέσομεν καὶ τὴν εἰκόνα τοῦ ἐπουρανίου. Τοῦτο δέ φημι, ἀδελφοί, ὅτι σὰρξ καὶ αἷμα βασιλείαν θεοῦ κληρονομῆσαι οὐ δύναται οὐδὲ ἡ φθορὰ τὴν ἀφθαρσίαν κληρονομεῖ, ἰδοὺ μυστήριον ὑμῖν λέγω· πάντες οὐ κοιμηθησόμεθα, πάντες δὲ ἀλλαγησόμεθα, ἐν ἀτόμω, ἐν ῥιπῇ ὀφθαλμοῦ, ἐν τῇ ἐσχάτῃ σάλπιγγι· σαλπίσει γὰρ καὶ οἱ νεκροὶ ἐγερθήσονται ἄφθαρτοι καὶ ἡμεῖς ἀλλαγησόμεθα. Δεῖ γὰρ τὸ φθαρτὸν τοῦτο ἐνδύσασθαι ἀφθαρσίαν καὶ τὸ θνητὸν τοῦτο ἐνδύσασθαι ἀθανασίαν. ὅταν δὲ τὸ φθαρτὸν τοῦτο ἐνδύσηται ἀφθαρσίαν καὶ τὸ θνητὸν τοῦτο ἐνδύσηται ἀθανασίαν, τότε γενήσεται ὁ λόγος ὁ γεγραμμένος· κατεπόθη ὁ θάνατος εἰς νῖκος.

죽은 자의 부활도 그와 같으니 썩을 것으로 심고 썩지 아니할 것으로 다시

> 살아나며, 욕된 것으로 심고 영광스러운 것으로 다시 살아나며, 약한 것으로 심고 강한 것으로 다시 살아나며, 육의 몸으로 심고 신령한 몸으로 다시 살아나나니 육의 몸이 있은즉 또 영의 몸도 있느니라. 기록된 바 "첫 사람 아담은 생령이 되었다" 함과 같이 마지막 아담은 살려 주는 영이 되었나니, 그러나 먼저는 신령한 사람이 아니요 육의 사람이요 그다음에 신령한 사람이니라. 첫 사람은 땅에서 났으니 흙에 속한 자이거니와 둘째 사람은 하늘에서 나셨느니라. 무릇 흙에 속한 자들은 저 흙에 속한 자와 같고 무릇 하늘에 속한 자들은 저 하늘에 속한 이와 같으니, 우리가 흙에 속한 자의 형상을 입은 것 같이 또한 하늘에 속한 이의 형상을 입으리라. 형제들아, 내가 이것을 말하노니 혈과 육은 하나님 나라를 이어 받을 수 없고 또한 썩는 것은 썩지 아니하는 것을 유업으로 받지 못하느니라. 보라, 내가 너희에게 비밀을 말하노니, 우리가 다 잠 잘 것이 아니요 마지막 나팔에 순식간에 홀연히 다 변화되리니, 나팔 소리가 나매 죽은 자들이 썩지 아니할 것으로 다시 살아나고 우리도 변화되리라. 이 썩을 것이 반드시 썩지 아니할 것을 입겠고 이 죽을 것이 죽지 아니함을 입으리로다. 이 썩을 것이 썩지 아니함을 입고 이 죽을 것이 죽지 아니함을 입을 때에는 사망을 삼키고 이기리라고 기록된 말씀이 이루어지리라.

이 구절에서 바울은 두 가지 질문에 대해 답변한다. 죽은 자가 어떻게 살아나는가? 우리의 미래의 몸은 어떤 모습일 것인가? 그는 두 질문 모두에 대해 이렇게 답변한다. "죽은 자들의 부활도 그렇다. 그것은…뿌려지고 그것은 살아난다"(고전 15:42). 얼핏 보면 바울의 답변에서 복수에서 단수로 변한 점이 어색해 보인다. 그러나 보다 자세히 살펴보면 그 이유가 명확해진다. 고린도전서 15:42에서 바울은 15:35에서 제기되었던 '죽은 자들(복수)이 어떻게 살아나며, 그들은 어떤 종류의 몸(단수)을 갖게 되는가?'라는 질문에 대해 답하고 있다. 고린도전서 15:42-44에서 바울은 이렇게 쓴다. "죽은 자들(복수)의 부활도 그렇다. 그것[즉, 몸](단수)은 뿌려지고…그것은 살아난다"(고전 15:42). 바로 앞의 텍스트(고전 15:37-38)에서 바울은 씨앗의 유비를 제공한다. 씨앗을 뿌리면 씨앗과 다른 무언가가 나온다. 그러나 고린도전서 15:36에서 지적되듯이 씨앗과 씨앗에서 나온 식물 사이에는 연속성이 있다. "네가 뿌리는 씨가 죽지 않으면 **살아나지**[여기서 로마서 8:11에서 쓰인 단어 ζῳοποιεῖται가 쓰인다] 못한다."[420] 뿌려져(묻혀서) 죽은 씨앗이 다시 살아난다. 같은 방식으로 신자들의 현재의 몸(씨앗)과 부활한 몸 사이에는 연속성이 있다. 죽어 땅에 묻힌 것이 부활 때 살아서 변화된 모습으로 나타난다.[421] 이 점은 바울이 고

420 σὺ ὃ σπείρεις, οὐ ζῳοποιεῖται ἐὰν μὴ ἀποθάνῃ.

421 Craig(1989), 90, 90 각주 12; Ellingsworth and Hatton(1993), 317; Fee(1987), 777; Gwynne(2000), 12; Kistemaker(1993), 572-73; Osiek(1997), 110. 다음 문헌들도 보라. Braaten(1999), 156; Robinson(1982): "바울은 부활을 육체적인 것으로 인식하지만, 육체의 연속성 안에서의 변화를 강조한다(고전 15:40, 43, 48, 54)"(7); Wright(2003): "새롭게 부활한 몸은 현재의 몸과의 연속성과 불연속성을 모두 갖게 될 것이다"(341). 불연속성은 부패/부패하지 않음 등과 관련이 있다(360; 371과 비교하라). Garland(2003)는 생각이 다르며 "'씨를 뿌리는 것'이 매장을 가리킬 가능성은 희박하다.…그리스-로마 세계에서 '씨를 뿌리는 것'은 인간의 기원에 대한 은유로 사용되었다"라고 주장한다(733). Meyer(1986)는 고전 15:44을 "자연적인 몸이 뿌려지고, 영적인 몸이 살아난다"라고 번역한다(378). "자연적인 몸"과 "영적인 몸"이라는 명사들이 주격이기 때문에 이렇게 번역할 수도 있다. Carrier의 고전 15:44 번역도 이와 같다. (Carrier와 내 토론[Carrier and Licona(2004)] 그리고 Price and Lowder 편[2005], 127에 실린 Carrier를 보라.) 그러나 그의 해석은 Meyer의 해석과 다르다. Meyer는 자연적인 몸이 변화된다고 생각한다(378-79). Carrier는 교환이라고 생각한다. 또한 (Carrier가 그런 식으로 말했다고 하려는 뜻은 아니지만) 우리의 토론에서 Carrier가 "그것"이라는 단어는 그리스어 원문에서 나타나지 않는다고 한 말은 기만적이다. 그리스어 수업 첫 학기에 모든 학생은 그리스어 동사는 그 주어를 함축한다는 점을 배운다. 많은 경우에 주어는 그 동사의 어형변화에 함축되어 있기 때문에, 동사는 주어 없이 나타난다. 이것은 마치 식당 종업원이 손님들에게 식사를 전달하면서 "맛있게 드세요!"라고 말하는 것과 같다. 그 말에는 주어인 "고객님"이 함축되어 있다. 고전 15:44은 제외하더라도, 우리가 논의하는 구절은 이에 대한 완벽한 예다. 고전 15:44에 나오는 동사는 3인칭 단수다. 그러므로 만약 "자연적인 몸"과 "영적인 몸"이 술어의 주격으로 이해된다면, 동사 "뿌려진"에 함축된 주어는 "그것"이다. 술어가 주어를 바

린도전서 15:53-54에서 τοῦτο라는 단어를 사용하는 것을 통해 확인된다: τὸ φθαρτὸν τοῦτο("이 썩을 것"); τὸ θνητὸν τοῦτο("이 죽을 것").[422] 우

꾸며 대개는 서로 바꿀 수 있다. BibleWorks 8.0에 실려 있는 30개 영어 번역들 중에서 하나만 고전 15:44을 Meyer와 Carrier처럼 번역한다(NJB). 그러나 고전 15:42에서는 30개 번역 중 5개가 Carrier처럼 번역하며(ESV, NET, NJB, NRSV, RSV), 고전 15:43을 그렇게 번역하는 것은 단 하나뿐이다(NJB).

두 가지 번역이 가능하다.(1) Carrier: "자연적인 몸이 뿌려진다. 영적인 몸이 살아난다."(2) Licona: "그것은 자연적인 몸으로 뿌려진다. 그것은 영적인 몸으로 살아난다."

Carrier의 번역은 뿌려진 몸과 살아난 몸 사이에 연속성이 없다는 결론을 지지할 의도다. 내가 왜 내 번역이 선호되어야 한다고 믿는지에 대해 설명해 보겠다. 첫째, 위에서 지적했듯이, 고전 15:42에 나오는 바울의 답변에서 나타나는 복수-단수 구조는 고전 15:35에 나오는 바울의 질문을 반영한다. 더욱이 고전 15:42-44의 문맥에서 바울은 다음과 같이 쓰고 있다.

1. σπείρεται ἐν φθορᾷ
2. ἐγείρεται ἐν ἀφθαρσίᾳ
3. σπείρεται ἐν ἀτιμίᾳ
4. ἐγείρεται ἐν δόξῃ
5. σπείρεται ἐν ἀσθενείᾳ
6. ἐγείρεται ἐν δυνάμει
7. σπείρεται σῶμα ψυχικόν
8. ἐγείρεται σῶμα πνευματικόν

바울은 이 구절들에서 동사 σπείρεται와 ἐγείρεται를 각각 네 번씩 사용한다. 설령 마지막 두 개 진술(7-8; 그 표현은 고전 15:44에 나온다)을 제외할지라도, 다른 모든 진술(1-6)은 그 동사에 "그것"(즉, 시체)이 함축되어 있는 분명한 사례를 보여준다. 이 점은 논박할 수 없다. 그렇지 않다면, 1-6에는 주어가 없게 될 것이며, 따라서 그 문장들은 앞뒤가 맞지 않게 될 것이다. 1-6에서 바울이 하는 말은 명확하다. "그것이 뿌려진다.…그것이 살아난다." 7-8의 진술은 어떠한가? Carrier의 번역은 다음과 같은 상황을 요구한다: 바울은 "그것이 뿌리진다" 그리고 "그것이 살아난다"라고 각각 세 번 말한 뒤에(1-6), 7-8의 동사와 문법적 순서가 1-6에서 쓴 것과 같음에도 그 동사에는 "그것"이 함축되어 있지 않다고 갑자기 생각을 바꾼다. 바울은 그 동사의 생각을 완성하는 것을 1-6에서는 여격으로 보았다가 7-8에서는 주격으로 바꿨다는 것이다. 그러나 같은 동사들과 문법적 순서가 똑같이 강력하게 반복되고 있기 때문에 1-6에서처럼 7-8에서의 동사들에도 함축되어 있는 주격을 주어 "그것"에 대한 술어로 취해야 한다. 나와 오늘날의 대부분의 번역자들이 제공하는 번역은 간단하고 매끄럽다. Carrier의 번역은 그것의 바로 앞의 맥락에 비추어 보면 그렇지 않다. 오히려 그 번역은 바울의 텍스트 전체에서 나타나는 매끄러운 사고를 깨뜨린다.

422 Craig(*Assessing*, 1989), 144; Copan and Tacelli 편(2000), 122에 실린 R. H. Gundry; Segal(2004), 433; 439-40과 비교하라.

리는 바울이 사람이 옷을 입듯이 불멸을 입게 될 것이 **바로 이** 몸이라고 강조하는 것을 알 수 있다. 시신에 변화가 일어날 것이고, 그것은 불멸과 썩어지지 아니함을 입게 될 것이다. 이 사건은 죽을 때 일어나는 것이 아니라 그리스도의 재림 때 일어날 것이다. 고린도전서 15:42-44에서 뿌려지는 것이 우리의 현재의 몸이라는 데는 아무런 의문의 여지가 없다. 뿌려지는 3인칭 단수 "그것"이 살아난다는 데는 거의 의문의 여지가 없다. 그러므로 뿌려지는 몸이 변화되고 살아난다. 몸의 제거나 새 몸으로의 교환은 없다. 그보다는 죽을 몸이 불멸의 몸으로 변화될 것이다.

이것은 몸의 부활과 빈 무덤을 함축한다. 왜 바울 서신에서 빈 무덤이 언급되지 않느냐고 물을 필요가 없다. 바울에게는 그것이 하도 확실했기 때문에 그 점에 대해 언급할 필요가 없었다. 오늘날 어떤 아이가 영아돌연사증후군(SIDS)으로 죽는다면, 부모들은 아기의 유아용 침대가 비어 있음을 강조할 필요가 없을 것이다. 그것은 아이가 죽었다는 말에 이미 함축되어 있다. 그러므로 뤼데만이 다음과 같이 쓴 것은 잘못이다. "그 이유 하나만으로도[고전 15:50] 그 사도가 빈 무덤에 관심이 있었는지는 의문의 여지가 있다."[423]

이제 이 구절에 내포된 네 가지 논쟁점에 대해 살필 것이다. 첫째는 **자연적인**(ψυχικόν, 개역개정역에는 "육의"라고 번역되어 있음) 몸이 뿌려지고 **영적인**(πνευματικόν, 개역개정역에는 "신령한"으로 번역되어 있음) 몸으로 다시 산다는 바울의 진술이다. 웨더번과 그가 호소하는 초기의 던은 이 말들을 RSV와 NSRV처럼 **육체적인**(physical)과 **비물질적인**(immaterial)으로 해석

423 Lüdemann(1995), 46.

한다.[424] 그러나 나중에 던은 이런 입장에서 후퇴한 것으로 보인다.[425] 이런 단어들을 잘 이해하려면 고대 문헌을 면밀하게 살펴볼 필요가 있을 것이다.

기원전 8세기부터 기원후 3세기 사이에 쓰인 고대 문헌들에는 ψυχικόν이라는 용어가 846회 나온다.[426] 기원전 4세기 전에는 5차례만 사용되는데, 기원전 1세기에 이 단어의 사용이 폭발적으로 늘어났고 그런 현상은 기원후 1세기까지 계속되었다. 그 후 2세기에는 그 단어의 사용이 1세기에 사용된 빈도보다 1천 퍼센트나 증가한다. 특히 흥미로운 것은 ψυχικόν이 종종 σώματος(육신적인)와 대조된다는 것이다. 사실 ψυχικόν은 σώμα 안에 거주한다. 기원후 2-3세기에 나온 위(僞)-갈레노스를 시작으로 ψυχικόν은 종종 φυσικόν과 대조된다.[427] 위-플루타르코스에서 *daimonioi*는 ψυχικάς로 묘사된다.[428] 그보다 훨씬 더 흥미로운 점은 ψυχικὸν πνεῦμα, πνεύματος ψυχικου, ψυχικοῦ πνεύματος와 τὸ πνεῦμα τὸ ψυχικόν의 결합이다. 이 단어들이 결합한 용례는 기원전 3세기에 에라시스트라토스[429]와 크리시포스[430]에게서 처음 나타나고, 그 후에 아프로디시아스의 알렉산드로스,[431] 그 후에 카시우스 이아트로소피스타,[432] 그리고

---

424 Wedderburn(1999), 66; Dunn(1985), 74와 비교하라. 다음 문헌들도 보라. Dunn(1995), 40; R. Brown(1997), 525.

425 Dunn(2003), 870-72.

426 이 숫자와 아래에 나오는 πνευματικόν이라는 용어 사용 횟수는 TLG 연구 결과들이다(disk E). 옥시링쿠스 파피루스에는 이 중 어느 단어도 나오지 않는다.

427 다음 문헌들을 보라. Pseudo-Galen *Introductio seu medicus* 14.697.7; 14.726.7; Alexander of Aphrodisias *De an*. 104.4는 σώματος φυσικοῦ에 대해 언급한다.

428 Pseudo-Plutarch *Plac. philos*. 882.B.5.

429 Erasistratus *Testimonia et fragmenta* 112.2; 147.17; 203.1.

430 Chrysippus(*Fragmenta logica et physica*) 716.2; 722.2; 781.3; 783.2; 870.2.

431 Alexander of Aphrodisias *Probl*. 2.64.28; 2.67.40.

432 Cassius Iatrosophista *Quaestiones medicae et problemata physica* 52.3; 72.9.

베티우스 발렌스[433]에게서 나타난다. 나는 ψυχικόν이 "육체적인" 또는 "물질적인"이라는 의미로 쓰인 경우는 한 번도 발견하지 못했다.

같은 기간에 πνευματικόν은 1131회 나온다.[434] 그 단어는 기원전 6세기에 처음 나타나서, 기원후 1세기에 폭발적으로 나타났다. 2세기에는 이 단어의 발생 빈도가 거의 4백 퍼센트 증가했다. 많은 경우에 그 단어는 비물질적인 것을 가리키는 것으로 보인다. 그러나 상당한 예외도 있다. 그중 스토아 학파의 가르침(기원전 4-3세기)을 즐겼던 제논이 말하는 "영적 존재들"(οἱ πνευματικοί)은 특히 흥미롭다.[435] 「헤르메스 전집」(*Corpus Hermeticum*)은 πνευματικόν ἄνθρωπον에 대해 언급한다.[436] 크리시포스(기원전 3세기)는 영적(πνευματική) 본질을 지닌 우리의 몸들(σώματικῶν)에 대해[437] 그리고 σῶμα πνευματικόν και αἰθερῶδες에 대해 말한다[438]("영적인"[spiritual]이 "천상의"[ethereal]와 구별되는 점에 주목하라). "영적인 몸"은 데모크리토스(기원전 5세기),[439] 스트라톤(기원전 3세기),[440] 코마리오스(기원후 2세기),[441] 알렉산드리아의 클레멘스(기원후 3세기),[442] 그리고 위-플루타르코스(기원후 3-4세기)[443]에 의해서도 언급된다. 크리시포스는 예외일 수 있지만, 이들 중 아무도 천상의 몸을 가리키지 않는 것으로

---

433 Vettius Valens *Anthologiarum libri ix* 109.13.

434 이 중 610번이 오리게네스에서 나타나는데, 그중 대부분은 율법의 "영성"을 묘사한다.

435 Zeno *Tesimonia et fragmenta* 33.2.

436 *Fragmenta varia* 21.2.

437 Chrysippus *Fragmenta logica et physica* 389.5.

438 Chrysippus *Fragmenta logica et physica* 1054.13

439 Democritus *Testimonia* 140.2.

440 Straton *Fragmenta* 94.2.

441 Comarius De *lapide philosophorum* 2.290.18.

442 Clement of Alexandria *Ecl*. 55.1.1.

443 Pseudo-Plutarch *Plac. philos*. 905.B.7.

보인다. 그러나 프톨레마이오스(기원후 2세기)는 "육체적인" 것에서 "영적인 것"으로의 전환 또는 변화에 대해 말할 때 이런 식으로 생각하는 것으로 보인다.[444] 필론은 어떤 예언자들과 천사들이 그들의 본질을 이전의 **영적**인 것과 **정신적**인 것(πνέματικῆς και ψυχοειδοῦς)으로부터 **인간의 형체를 지닌 것**(ἀνθρωπόμορφον)으로 바꿨다고 주장한다.[445]

지금까지 논의한 내용을 요약해보자. 우리는 11세기에 걸쳐서 쓰인 현존하는 그리스어 문헌들을 철저하게 살폈고 그 시기 동안 πνευματικόν이 여러 의미로 쓰였음을 관찰했다. 이 단어는 "천상적인" 무언가를 가리킬 수도 있지만, 다른 의미들도 자주 나타난다. 이 용어는 "영적인 몸"이라는 뜻으로 6번 쓰였고, 한 번의 예외가 있을 수 있지만 "비물질적인 몸"이라는 뜻으로는 한 번도 사용되지 않았다. 또한 우리는 ψυχικόν이 결코 "물리적인" 또는 "물질적인"이라는 의미를 취하지 않는다는 것도 보았다. 초기 그리스도인들이 이 두 단어를 사용한 방식에 초점을 맞추면 훨씬 더 도움이 될 것이다.

πνευματικόν이라는 용어는 신약성서에 26회 나오는데 베드로전서 2:5에 두 번 나오는 경우를 제외하면 모두 바울 서신에 나온다.[446] 바울은 πνευματικός를 고린도전서 2:15, 3:1, 14:37, 갈라디아서 6:1에서 영적으로 성숙하다는 의미로 사용한다. 고린도전서 2:13(영적 지혜), 9:11(영적인 복), 10:3-4(광야에서의 영적 음식과 음료; 즉, 하나님에 의해 제공된 물리적 음식), 12:1(영적 은사), 그리고 14:1(영적 은사)에서 그 용어는 성령과 관련이

---

444 *Epistula ad Floram* 6.4.2.

445 Philo *Abr*. 113.2, 그러나 인간의 형체와 대조를 이루는 말로 ψυχοειδοῦς도 사용되고 있음에 주목하라. Philo *1 Genesis* 1.92도 보라.

446 롬 1:11; 7:14; 15:27; 고전 2:13(2회), 15; 3:1; 9:11; 10:3, 4(2회); 12:1; 14:1, 37; 15:44(2회), 46(2회); 갈 6:1; 엡 1:3; 5:19; 6:12; 골 1:9; 3:16; 벧전 2:5(2회). 그 단어와 관련된 부사 πνευματικῶς는 고전 2:14와 계 11:8에 나온다.

있거나, 성령에 기원을 두거나 성령의 능력으로 이루어지는 무언가를 가리킨다. 바울 서신의 다른 곳에서 그 용어는 다음과 같은 의미가 있다—로마서 1:11(영적 은사), 7:14(율법은 영적이다), 15:27(영적인 복), 에베소서 1:3(영적인 복), 5:19(영적인 노래), 6:12(악의 "영적" 세력들이 "혈과 육"과 대조된다), 골로새서 1:9(영적 지혜와 이해), 그리고 3:16(영적인 노래). 신약성서에서 그 용어는 바울 서신 밖에서는 베드로전서 2:5에서만 나타나는데, 거기서 그 용어는 "영적인 제사"와 관련해 사용된다. 70인역에는 πνευματικός라는 단어가 나오지 않는다. 그러므로 에베소서 6:12가 예외일 수는 있지만, 바울은 πνευματικόν을 "천상적인"을 의미하는 방식으로는 결코 사용하지 않는다고 할 수 있다.[447]

ψυχικόν은 신약성서에 여섯 번 나오는데, 그중 네 번이 바울 서신에 나오고 그 넷은 고린도전서에 들어 있다(고전 2:14; 15:44[2회], 46). 첫번째 경우(고전 2:14)가 특별히 흥미롭다. 왜냐하면 그것은 바울 서신 중 고린도전서 15장 밖에서 나타나는 유일한 경우일 뿐 아니라, 또한 바울이 자기가 고린도전서 15:44, 46에서 사용하는 용어들을 정확하게 대조해서 사용하고 있기 때문이다. 그는 이렇게 쓴다.

> ψυχικὸς δὲ ἄνθρωπος οὐ δέχεται τὰ τοῦ πνεύματος τοῦ θεοῦ· μωρία γὰρ αὐτῷ ἐστιν καὶ οὐ δύναται γνῶναι, ὅτι πνευματικῶς ἀνακρίνεται.

자연적인(개역개정은 '육에 속한'으로 번역했음) 사람은 하나님의 성령의

---

447 아래에서 우리는 "혈과 육"이라는 용어가 "육체적인"이라기보다 "죽을 인간"을 가리킨다는 것을 살펴볼 것이다. 그러므로 엡 6:12에서조차 πνευματικός는 아마도 "천상적인"을 의미하지 않을 것이다. 또한 이것이 바울이 πνευματικός를 악령과 관련해서 사용하는 유일한 텍스트라는 사실도 주목할 가치가 있다. 다른 곳에서는 바울은 늘 그 단어를 하나님의 성령의 효과와 관련해 사용한다.

일들을 받지 아니하나니 이는 그것들이 그에게는 어리석게 보임이요, 또 그는 그것들을 알 수도 없나니 그러한 일은 **영적으로** 분별되기 때문이라.

이어지는 구절(고전 2:15)에서 바울은 ψυχικὸς와 대조되는 πνευματικὸς에 대해 말한다. "**영적인**(개역개정은 '신령한'으로 번역했음) 자는 모든 것을 판단하나 자기는 아무에게도 판단을 받지 아니하느니라"(ὁ δὲ πνευματικὸς ἀνακρίνει [τὰ] πάντα, αὐτὸς δὲ ὑπ' οὐδενὸς ἀνακρίνεται.) 여기서 바울이 육체적 존재를 천상의 존재와 대조하고 있지 않다는 점이 분명하다. 그보다는 바울은 자신의 육적이고 악한 욕망에 의해 지배되고 고무되며 세상의 지혜를 따라 생각하는 사람들과, 하나님에게 초점을 맞춘 거룩한 욕망과 하늘의 지혜에 의해 지배되는 사람들을 대조하고 있다. 실제로 고린도전서 15:44에서 ψυχικὸς를 "육체적인"(physical)으로 번역하는 NRSV는 고린도전서 2:14에서 같은 단어를 "영적이지 않은"(unspiritual)으로 번역한다. 리처드 헤이스는 이렇게 말한다. "*psychikoi*라는 단어는 적절하게 번역하기 어렵다. 그 단어는 하나님의 성령과 상관없이 자신들의 자연적 상태에서 살아가고 따라서 계몽되지 못하고 진리에 대해 눈이 먼 사람들을 가리킨다. 그들은 '이해하지' 못한다."[448] 반면에 **영적인** 사람은 "현실에 대해 명확히 이해한다."[449] 우리는 바울이 고린도 공동체 교회의 교인들에게 티셔츠를 나눠주고 있는 모습을 상상할 수 있다. 그 셔츠의 앞면에는 "하나님의 지혜"라고 쓰여 있다. 그리고 뒷면에는 "당신은 이해하지 못할 것이다. 그것은 영적인 것이다"라고 쓰여 있다. 바울은 분

---

448 Hays(1997), 46. Ackerman(2006)은 ψυχικὸς를 고전 2:15에서는 "영적이지 않은"(unspiritual)으로(53) 그리고 고전 15:44에서는 "세상에 묶인" 또는 "영적이지 않은"으로 번역한다(94).

449 Hays(1997), 46.

명히 물질적인 대상과 비물질적인 대상을 대조하고 있지 않다. 왜냐하면 바울에게 인간은 자연적인 존재이거나 영적인 존재이기 때문이다. 달리 말하자면 바울이 "자연적인" 그리고 "영적인"이라는 용어들을 사용할 때 그는 낡은 몸과 새로운 몸이라는 실체에 대해 말하는 것이 아니라 그들의 존재 방식에 대해 말하는 것이다.[450] 나중에 바울은 고린도전서 15:44에서 같은 용어들을 사용해서 우리의 현재의 몸이 그것의 모든 "자연적인" 또는 "이 세상의" 욕망 및 약함과 함께 매장되지만 다시 살아나 영적 열망과 특질을 지닌 새로운 몸으로 변화된다고 말한다.[451] 또한 그는 여기에 몸을 활동하게 하는 능력을 포함시키는 것일 수도 있다.[452] 현대의 기계들은 증기, 디젤 또는 원자력에 의해 동력을 얻는다. 우리의 현재의 몸은 심장·폐 등에 의해 활동한다. 우리의 부활한 몸은 하나님의 성령에 의해 활동할 것이다.

신약성서의 다른 곳에 나오는 그 용어의 용법은 이런 식의 해석만 지지한다. ψυχικὸς는 신약성서의 다른 곳에서 두 번 나타난다. 야고보서 3:15에서 이 단어는 마음의 적절한 영적 상태를 하나님으로부터 오지 않은 상태—야고보는 그것을 '땅 위의', '자연적인'(ψυχική) 또는 심지어 '마귀의'로 묘사한다—와 대조하는 데 사용된다. 유다서 19절에서 그 용어는 자신들의 불경건한 욕망에 초점을 맞추는, 조롱하는 자들을 가리킨다.

---

450 Johnson(2004), 304-5; Keener(2005), 132; MacGregor(2006), 233; Quest(1994), 96; Watson(1992), 176.

451 Ackerman(2006), 96.

452 Hays(1997)는 다음과 같은 해석을 제공한다: "그것은 영과 증기로 만들어진다는 의미에서가 아니라 그것이 영에 의해 결정되고 영적 형태와 지역적 거주지를 준다는 의미에서 '영적인 몸'이 될 것이다"(272). Thiselton(2000), 1277, 1279도 보라. Orr와 Walter(1976)는 이에 반대한다. 그들은 바울은 종말에 관해 말하는 것이 아니라 개인들이 죽을 때 그들에게 부활이 일어난다고 말하는 것이라고 주장한다(345).

그들은 분열을 일으키고, 자연적이고(ψυχικοι), 성령이 없다.[453] 그 단어

---

453 이 책의 1.3.2 no. 2에서 우리는 어떤 학자들이 주해를 텍스트와 그리스어 단어들을 그것들이 주석가가 바라는 특정 해석을 고백할 때까지 잡아 늘이는 고문실로 사용한다고 지적한 바 있다. 이런 야만성에 대한 좋은 예들이 고전 2:14-15; 약 3:15, 그리고 유 19-20에 대한 Carrier의 해석에서 발견된다(Price and Lowder 편[2005])에 실린 Carrier. 고전 2:14-15과 관련해 그는 이렇게 쓴다. "그러므로 우리는 *psychikos anthrôpos*(육적인 사람)는 *psychikon sôma*(육적인 몸)만을 갖고 있으며 따라서 파멸할 운명이라고 추론할 수 있다.…대조적으로 *pneumatikos anthrôpos*(영적인 사람)는 하나님에게서 *pneumatikon sôma*(영적인 몸)를 받을 것이고, 따라서 새롭고 보다 우월한 몸 안으로 탈출함으로써 그의 몸과 세상의 파멸에서 살아남게 될 것이다.…여기에 나오는 많은 개념들이 부활에 관한 바울의 여러 논의들에서도 나타난다"(130). 그러나 바울은 여기서 그런 추론을 하지 않는다. 만약 그 추론이 자연적 인간은 죽어야 할 자연적인 몸을 갖고 있다는 것이라면, 영적인(신령한) 인간은 죽지 않을 영적 몸을 갖고 있다고 추론할 수도 있을 것이다. 그러나 바울은 고전 15:44에서 자연적 인간과 영적인 인간 **모두가 자연적인 몸을 갖고 있다**는 점을 분명하게 밝힌다. 더욱이 고전 2:14-15의 문맥에서 바울은 몸들에 관해 논의하는 것이 아니다. 그것은 영적인 인간과 달리 영적인 것들을 이해하지 못하는 자연적인 인간에 관한 것이다. Carrier는 고전 15:44에 대한 자신의 해석을 고전 2:14-15에 도입하는데, 거기서 그는 그것을 몸에 적용하고 그런 후에 이 결론이 고전 15장에서 바울이 부활을 논의할 때도 나타날 것이라고 주장한다. 이는 완벽한 순환논리다! 약 3:15-17에서 야고보는 행위를 대조하는데, 혹독한 시기와 경쟁은 하늘로부터 온 지혜가 아니라 세속적·자연적·악마적이고, 무질서와 모든 악한 관행을 낳는다고 주장한다. 대조적으로 하늘로부터 오는 지혜는 첫째 순결하고, 그다음에 화평하고 관용하고 사려 깊고 긍휼과 선한 열매가 가득하고 공정하고 참되다. 이어서 야고보는 자신의 편지의 수신자들인 신자들이 앞의 형태의 지혜를 드러내고 있다고 비난한다. Carrier는 그 텍스트를 잡아 늘여서 어떤 고백을 하게 한다. 그는 이렇게 쓴다. "그러므로 이를 확대하면, 더욱이 **육에 속한** 지혜가 하늘로부터가 아니라 땅으로부터 오고 마귀의 세력에 굴복하고 멸망할 삶에 붙어 있다면, **육에 속한** 몸도 땅으로부터 오고 마귀의 세력에 굴복하고 멸망할 삶에 붙어 있으며, 따라서 하늘 또는 우리의 새로운 미래의 삶에서 설 자리가 없다"(131). 유 19-20에서 유다는 자신의 독자들에게 그들 가운데 있는 악한 자들에 대해 경고한다. 그들은 자기의 경건하지 않은 정욕대로 살고, 분열을 일으키고, 자연적이며, 성령이 없는 자들이다. 대신에 유다서의 독자들은 자신을 거룩한 믿음 안에 세우고, 성령 안에서 기도하며, 하나님의 사랑 안에서 자신을 지키고, 영생을 얻기 위해 주의 긍휼을 기대하고, 의심하는 자들을 긍휼히 여기고,(아마도 그들에게 그리스도를 통한 구원에 관한 메시지를 전함으로써) 다른 사람들을 구원해야 한다. Carrier는 그들 이전의 다른 사람들처럼 멸망당할 악한 사람들에 대한 유다의 강력한 경고에 주목한다. 이어서 그는 이렇게 쓴다. "그로 인해 다음과 같은 결론이 나온다. **육에 속한** 사람은 **육에 속한** 몸만 있기 때문에 멸망할 것이다. 그리고 **육에 속한** 몸은 모두 멸망할 것이다. 그러나 영적인 사람은(유 20에서처럼) 자신을 위해 영적인 몸을 세우며, 따라서 종말에 마치 탈출정을 타듯이 그 안으로 뛰어 들어가 구원받을 것이다"(131). Carrier는 자기가 어디로 가려고 하는지 알고 있으며 다시금 그

는 70인역 외경에서 단 한 번 등장한다. 마카베오4서 1:32에서 절제하기는 "영혼"(ψυχικαί)의 욕망과 육체(σωματικαί)의 욕망에 대한 정복을 의미한다. 영혼의 욕망 정복에 대한 예로서, 저자는 탐욕을 극복하기, 부모에 대한 애정보다 미덕을 택하기, 그리고 아내·자녀·친구들이 잘못된 행동을 할 때 기꺼이 그들을 나무라기를 언급한다. 그것은 권력에 대한 사랑·허영·자존심·오만·중상 그리고 분노를 폐기한다(마카베오4서 2:8-20). 그러므로 예외일 가능성이 낮은 에베소서 6:12 하나를 제외하면, 바울이나 신약성서의 다른 어떤 저자 또는 70인역의 어떤 저자나 번역자도 ψυχικός 또는 πνευματικός를 웨더번이 이해하는 의미로 언급하지 않는다.[454] 물론 그 용어들은 우리 같은 현대 독자들은 물론이고 아마도 바

텍스트를 자기를 지원하도록 잡아 늘인다. Carrier의 주해 고문실에서 바울·야고보·유다의 비명이 들리다가 그들의 비명이 잦아들고 난 뒤에 Carrier는 새로운 확신을 갖고 그 방에서 나온다.

454 다음과 같은 현대의 주석가들은 바울이 ψυχικός와 πνευματικός를 대조하는 것이 "육체적인 것"과 "비물질적인 것" 사이의 대조를 가리키는 것이 아니라고 주장한다: Ackerman(2006), 96; Barnett(1994), 9; Barrett(1968), 373; Bostock(2001), 271; Brodeur(1996), 122; Collins(1999), 567; Conzelman(1975), 290; Fee(1987), 788-89; Gundry(1976), 165-66; 그리고 Harris(1985), 118. Hays(1997)는 다음과 같이 주장한다. "NRSV의 번역('육의 몸')은 특히 유감이다. 왜냐하면 그 번역은 바울이 극복하려고 애쓰고 있는 육체적인 것과 영적인 것 사이의 바로 그 이원론적 이분법을 회복하고 있기 때문이다. 아무튼 *psychikon*은 확실히 '육체적인'을 의미하지 않는다"(272). Héring(1962), 176-77; Hurtado(*Lord Jesus Christ*, 2003): "여기서 '영적'이란, 바울이 이 서신에서 계속해서 그 용어를 사용하는 것처럼, 오직 성령에 의해 능력을 부여받는 것을 의미할 수 있을 뿐이다"(170-71 각주 29). 다른 곳에서("Jesus' Resurrection in the Early Christian Texts," 2005에 실린 Hurtado) Hurtado는 "육체적인"이라는 번역에 "심각하게 오도하는 함의들"이 있다고 주장한다(200). 다음 문헌들도 보라. Johnson(2004), 304-5; Kistemaker(1993), 573; Lockwood(2000), 584-85, 589, 594-95, 602; D. M. Martin(1995)은 "육체적인과 영적인"을 대조하는 "RSV의 오도하는 번역"에 대해 언급한다(127); D. M. Martin(1995), 189; R. P. Martin(2004), 233; Segal(2004)은 위의 Hays와 마찬가지로 "육의 몸"을 "유감스러운 영어 번역"으로 여긴다(429); Snyder(1992), 206; Thiselton(2000), 1275-78; Witherington(*Corinth*, 1995), 309; Wright(2003), 282, 348-55. Ehrman(*The New Testament*, 2008)도 바울이 현재의 육체의 변화에 대해 언급하는 것으로 이해한다(330). 반대 입장에 대해서는 다음 문헌들을 보

울의 독자들에게도 다소 모호해 보였을 것이다. 그럼에도 우리는 바울이 의미했던 바에 아주 가깝게 이해할 수 있으며, 이런 단어들에 바울이 물리적이고 물질적인 몸과 비물리적이고 비물질적인 몸을 비교하는 의미는 포함되지 않는다고 확신할 수 있을 것이다.[455]

신약성서 문헌보다 늦게 작성되기는 했지만, 사도 교부들이 이 용어들을 사용한 용법도 도움이 될 수 있을 것이다. Ψυχικόν은 사도 교

라. Baxter(1999), 27; D'Costa, 편(1996), 17에 실린 Barclay; Borg(Borg and Wright, 1998)는 "육과 혈"이라는 용어에 대한 그의 오해가 그를 잘못된 길로 이끌기 전에는 이런 용어들이 무엇을 의미하는지 옳게 이해한다: "'육의 몸' 배후의 그리스어 어구는 문자적으로는 '영혼[soul]에 의해 움직이는 몸'을 의미하고, 두 번째 어구는 '영[spirit]에 의해 움직이는 몸'을 의미한다. 그러나 나는 문맥상 '육의 몸'과 '영적인 몸'의 대조가 바울이 의미하는 것을 표현한다고 생각한다. 밀접한 관련이 있는 문맥에서 바울이 말하는 다른 어구들에 따르면 '영혼에 의해 움직이는 몸'은 '혈과 육'의, '멸망할', '땅의'·'먼지의' 것이다. 이것은 물리적인 몸(개역개정에서는 '육의 몸')이 전형적으로 의미하는 바다. 다른 한편, '영에 의해 움직이는 몸'은 이런 것들 중 아무것도 아니다"(133); Dunn(1995): "바울이 이생의 '자연적인(물리적인) 몸'과 부활 때의 '영적인 몸'을 구분한 것(고전 15:44)은 존재를 늘 형태가 부여된 존재로 본 유대인의 이해를 그리스 관점에서 사고했던 사람들에게 더 잘 이해되도록 다시 표현하려는 시도로 보는 것이 훨씬 더 이치에 맞는다"(40); Scott 편(Resurrection, 2009), 13에 실린 Funk; Hooke(1967), 55; Murphy-O'Connor(1998), 171; Patterson(1994), 146; Quest(1994), 96, 122-23; Tabor(2006), 232; Wedderburn(1999), 66. 다음 문헌들도 보라. Gooch(1987), 69-70; Harrisville(1987), 274, 281. Harrisville은 "자연적인"이 물리적인을 의미하지는 않는다고 주장하지만, 신자의 부활의 상태를 육체가 이탈되고 현재의 몸과의 연속성이 없는 상태로 이해한다(276). 나는 32개 영어 번역 중 5개가 "ψυχικόν을 "육체적인"으로 번역하고 있음을 발견했다(RSV, NRSV, REB, GWN, Amplified Bible). 다음과 같은 어휘사전들은 고전 15:44에 나오는 "ψυχικόν을 "육체적인"으로 번역했다: BDAG(2000), 1100쪽(여기서 번역자들에게 BDAG가 큰 영향을 주었을 수 있다); Friberg, Friberg and Miller(2000), 414; Newman(1993), 201; Louw and Nida(1996), 1권 693.

455 그러므로 널리 존경받는 철학자 Antony Flew가 다음과 같이 한 말은 바울에 대해 순진하지만 부정확하게 이해한 것이다; "나는 영적인 몸이라는 개념을 아주 임기응변적이다고 여긴다. 왜냐하면 결국 무언가가 영적이라는 말은 결국 그것이 비물질적이라는 말과 마찬가지기 때문이다"(Ankerberg, 편[2005], 17에 실린 Flew의 말). Allison(*Resurrecting Jesus*, 2005)은 "영적인 몸"이라는 용어에서 "네모난 원만큼이나 어리둥절한 모순어법"을 발견한다(286).

부들에게서는 나타나지 않는다. 그러나 πνευματικόν은 22회 나온다.[456] 그 용어는 대개 신약성서의 용법에서 발견되는 것과 같은 뜻이 있다. 그러나 흥미로운 것은 이그나티오스가 "육"과 "영"을 대조하거나 결합하는 여러 구절들을 제공한다는 것이다. 그는 예수를 "육과 영(σαρκικός καὶ πνευματικός)이며, 태어났고 태어나지 않은 의사"라고 부른다(Ign. *Eph*. 7.2). 비록 이그나티오스가 가리키는 "영적인"이 "비물질적인"을 의미하기는 하지만, 그가 이 문맥에서 말하는 것이 천상의 몸이라는 의미에서 비물질적인 것인지는 분명하지 않다. 여기서 그 단어는 그리스도의 인성과 비교되는 그리스도의 신성을 의미하는 것으로 보인다. 이그나티오스의 요점은 인간이자 신인 그리스도의 전존재(whole person)가 죽은 자들 가운데서 살아났다는 것이다. 「에베소인들에게」(*To the Ephesians*) 10.3에서 이그나티오스는 그리스도인들에게 그리스도 안에 "육체적으로" 그리고 "영적으로" 거하라고 말한다. 「마그네시아인들에게」(*To the Magnesians*) 13.1-2에서 이그나티오스는 그리스도인들에게 주님과 사도들의 교리 안에 기초해서 "육체적으로" 및 "영적으로" 번성하고, 감독에게 순종해서 "육체적" 및 "영적" 연합을 이루라고 말한다(Ign. *Smyrn*. 13.2). 이그나티오스는 「에베소인들에게」 8.2에서만 "육적인"을 부정적 의미로 사용한다: οἱ σαρκικοὶ τὰ πνευματικὰ πράσσειν οὐ δύνανται, οὐδὲ οἱ πνευματικοὶ τὰ σαρκικά("**육적인** 사람들은 **영적인** 일을 할 수 없다. **영적인** 사람들도 **육적인** 일을 할 수 없다"). 이것은 고린도전서 2:14, 3:1에 나오는 바울의 말과 매우 비슷해 보인다. 이그나티오스는 폴리카르포스에게 "육적인" 일들과 "영적인" 일들에 모든 주의를 집중하라고 촉구한다(Ign. *Pol*. 1:2). 폴리카르

456 1 *Clem*. 47.3; 2 *Clem*. 14.1-3; *Barn*. 1.2; 4.11; 16.10; Ign. *Eph*. 5.1; 7.2; 8.2(3회); 10.3; 11.2; Ign. *Magn*. 13.1-2; Ign. *Smyrn*. 3.3; 12.2; 13.2; Ign. *Pol*. 1.2; 2.2; *Did*. 10.3.

포스는 보이지 않는 것들이 자기에게 드러나게 되기를 구해야 한다(즉, 영적 분별). 이것이 그가 "육적인" 동시에 "영적인" 이유다(Ign. *Pol.* 2.2). 「서머나인들에게」(*To the Smyrnaeans*) 3.1-3은 특히 흥미롭다. 거기서 이그나티오스는 예수가 부활 후 제자들에게 나타나 자기를 만짐으로써 자신이 δαιμόνιον ἀσώματον(몸이 없는 **다이모니온**, bodiless daimonion)이 아님을 확인하라고 했을 때 그가 "육신"으로 있었다고 진술한다. 제자들은 예수를 만졌고 자기들이 예수의 살과 피[또는 영](κραθέντες τῇ σαρκὶ αὐτοῦ καὶ τῷ αἵματι [다른 단어로는 πνεύματι] "그의 살과 피[영]와 섞인")와 관계를 맺을 수 있었기 때문에 믿었다. 그 후 예수는—비록 **영적으로** 성부와 연합되어 있었지만—**육신**으로(ὡς σαρκικός) 그의 제자들과 함께 먹고 마셨다. 「서머나인들에게」 12.2에서 이그나티오스는 모든 이들에게 예수 그리스도의 이름으로 인사한다. τῇ σαρκὶ αὐτοῦ καὶ τῷ αἵματι, πάθει τε καὶ ἀναστάσει σαρκικῇ τε καὶ πνευματικῇ, ἐν ἑνότητι θεοῦ καὶ ὑμῶν("그는 그의 살과 피로 고난을 받았고 **살**과 **영** 모두로 부활해서 하나님 및 여러분과 연합했다"). 그러므로 이그나티오스에게는 비록 살과 영이 구분되기는 하지만, "크다"가 "무겁다"와 반대가 아니듯이 살과 영이 반드시 반대되는 것은 아니었다. 그것은 이것이냐/저것이냐의 관계가 아니라 둘 다의 관계다.

우리는 기원전 8세기부터 기원후 3세기까지의 문헌에서 ψυχικόν과 πνευματικόν이라는 단어의 용례를 연구했다. 우리는 ψυχικόν이 결코 "육체적" 또는 "물질적"이라는 의미로 사용되지 않는다는 것을 보았다. 이 점이 더 중요한데, 이 결론은 신약성서와 사도 교부들의 문헌 전체에서 유지된다. 가장 중요한 점은 바울이 고린도전서에서 ψυχικόν과 πνευματικόν이라는 단어를 사용해서 "육체적/물질적"과 "천상적/비물질적"을 대조하는 것이 아니라는 것이다. 만약 바울이 이런 종류의 대조를 전달하고 싶었다면, 그는 더 나은 단어들을 사용할 수 있었다. 그중 하나는 바울이 몇 장 앞에서 고린도전서 15장의 유비와 유사한 씨앗 유비를 사용하면서 채택한 바 있다. 고린도전서 9:11에서 바울은 이렇게 쓰고 있다. "우리가 너희에게 신령한[πνευματικά] 것을 뿌렸은즉 너희의 육적인[σαρκικά] 것을 거두기로 과하다 하겠느냐?"[457] 만약 사도들이 고린도의 그리스도인들에게 영적인 가르침을 제공하고 있었다면, 그들은 의식주 같은 물질적 유익을 받을 자격이 있지 않았는가?[458] 바울은 앞에서 ψυχικός와 σαρκικός를 모두 사용한 적이 있다. 그런데 만약 바울이 우리의 부활한 몸이 육체적이 아니라 본질상 비물질적이라고 전하길 원했다면 그는 왜 불과 몇 장 앞의 유사한 씨앗 유비에서 사용했던 보다 명확한 용어를 무시한 채, ψυχικός라는 단어를 그 편지의 앞에서—또는 그 문제에 관한 한 바울 서신이나 신약성서의 다른 곳에서 기원전 8세기부터 기원후 3세기까지 알려진 모든 저자들에 의해서—그런 식으로 사용되지 않았던 의미로 사용하는 것일까?[459] 더욱이 바울이 우리의 부활한 몸이 천상적인 몸일 것이라고 말하고 싶었더라면, 그는 ἀόρατος라는 단어를 사용할 수도 있었을 것이다. 바울 서신에서 이 단어는 로마서 1:20, 골로새서 1:16, 디모데전서 1:17에 나오는데 모두 이 의미로 사용된다.[460] 많은 학

457 롬 15:27도 보라. 거기서 바울은 이렇게 쓰고 있다. "만일 이방인들이 그들의[즉, 유대인들의] 영적인 것을 나눠 가졌으면 육적인 것으로 그들을 섬기는 것이 마땅하니라." 여기서 바울은 "영적인"과 "육적인"에 대해 자기가 고전 9:11에서 사용한 것과 동일한 그리스어를 사용한다.

458 Σαρκικός도 다음 구절들에서 발견된다. 롬 15:27; 고전 3:3; 고후 1:12; 10:4; 벧전 2:11. 이 단어들은 베드로전서를 제외하고 모두 바울 서신에 나온다.

459 Boudeur(1996), 101 각주 21. Moule(1965)는 πνευματική, ψυχική 그리고 σαρκική, 모두 나그함마디(45.14-46.2)에서 나온 Rheginus *de resurrectione*의 한 구절에 나온다고 지적하지만, 또한 이어서 이 텍스트의 연대 결정과 관련된 문제를 지적한다(112).

460 ἀόρατος는 바울 서신 밖에서는 히 11:27에 나온다. 70인역에서는 창1:2, 사45:3, 그리고 마카베오2서 9:5에서 나타난다.

자들이 바울의 골로새서 저작권을 의심하고[461] 대부분의 학자들은 바울의 디모데전서 저작권을 부정하지만,[462] 많은 학자들은 이 서신들이 바울의 생각을 담고 있다는 데 동의한다.[463]

이제 두 번째 쟁점으로 옮겨가 보자. 그 쟁점은 다음 구절에서 나오는데, 거기서 바울은 아담을 "살아 있는 영"(ψυχὴν ζῶσαν)으로 부르고 예수를 "살려 주는 영"(πνεῦμα ζῳοποιοῦν)으로 부른다. 그는 창세기 2:7을 언급하는데 그 구절의 70인역은 다음과 같다.

καὶ ἔπλασεν ὁ θεὸς τὸν ἄνθρωπον χοῦν ἀπὸ τῆς γῆς καὶ ἐνεφύσησεν εἰς τὸ πρόσωπον αὐτοῦ πνοὴν ζωῆς καὶ ἐγένετο ὁ ἄνθρωπος εἰς ψυχὴν ζῶσαν.

야웨 하나님이 땅의 흙으로 사람을 지으시고 생기를 그 코에 불어넣으시니 사람이 생령이 되니라.

고린도전서 15:45에서 바울은 그가 자연적인 몸과 영적인 몸이라는 말로 무엇을 의미하는지 보다 상세하게 설명한다.

οὕτως καὶ γέγραπται· ἐγένετο ὁ πρῶτος ἄνθρωπος Ἀδὰμ εἰς ψυχὴν ζῶσαν,

---

461 이 책의 366-367을 보라.

462 R. Brown(1997): "**오늘날의 학자들 중 약 80-90퍼센트는 목회 서신이 바울의 사후에 쓰였다는 데 동의할 것이다. 또한 그들 중 대다수는 80년에서 100년 사이가 그 서신들이 쓰인 가장 그럴 듯한 상황이라고 받아들일 것이다**"(668. 강조는 원저자의 것임).

463 R. Brown(1997): "확실한 점은 골로새서가 바울의 유산에 속한다는 것이다"(617). "대다수 학자들은 또한[목회 서신들이] 바울 자신의 사역 및 사상과 어느 정도 연속성이 있지만, 골로새서와 에베소서 그리고 심지어 데살로니가후서에서 나타나는 것처럼 가까운 연속성은 아니라고 해석한다"(668).

ὁ ἔσχατος Ἀδὰμ εἰς πνεῦμα ζῳοποιοῦν.

기록된 바 "첫 사람 아담은 생령이 되었다" 함과 같이 마지막 아담은 살려 주는 영이 되었다.

창세기 2:7에 따르면 하나님은 아담에게 숨을 불어넣었고 그로 인해 그는 ψυχὴν ζῶσαν(살아 있는 영혼)이 되었다. 고린도전서 15:45에서 바울은 마지막 아담인 예수가 πνεῦμα ζῳοποιοῦν(살려 주는 영)이 되었다고 주장한다. 바울이 **영혼**(ψυχὴν)과 **영**(πνεῦμα)에 대해 사용하는 단어들은 앞 절에 나오는 **자연적인**(ψυχικός)과 **영적인**(πνευματικός)이라는 단어의 어근들이다. 여기서 ικός가 생략된 것은 그 단어들이 고린도전서 15:44에서처럼 형용사적으로 아니라 명사적으로 나타나기 때문이다. 바울의 생각을 대략적으로 다음과 같이 번역할 수 있을 것이다. "아담은 살아 있는 **자연적인** 존재가 된 반면, 예수는 생명을 주는 **영적인** 존재가 되었다." 하나님이 **자연적인** 물질에 숨을 불어넣자 그것이 생명체가 되었다. 부활한 예수는 보편적 부활 때 다른 이들에게 숨을 불어넣을 것이고 그들은 **영적** 존재가 될 것이다. 이어지는 절들(고전 15:46-49)은 해석을 위한 추가적인 문맥을 제공한다.

ἀλλ' οὐ πρῶτον τὸ πνευματικὸν ἀλλὰ τὸ ψυχικόν, ἔπειτα τὸ πνευματικόν. ὁ πρῶτος ἄνθρωπος ἐκ γῆς χοϊκός, ὁ δεύτερος ἄνθρωπος ἐξ οὐρανου. οἷος ὁ χοϊκός, τοιοῦτοι καὶ οἱ χοϊκοί, καὶ οἷος ὁ ἐπουράνιος, τοιοῦτοι καὶ οἱ ἐπουράνιοι· καὶ καθὼς ἐφορέσαμεν τὴν εἰκόνα τοῦ χοϊκοῦ, φορέσομεν καὶ τὴν εἰκόνα τοῦ ἐπουρανίου.

그러나 먼저는 신령한 사람이 아니요 육의 사람이요 그다음에 신령한 사람이니라. 첫 사람은 땅에서 났으니 흙에 속한 자이거니와 둘째 사람은 하늘에서 나셨느니라. 무릇 흙에 속한 자들은 저 흙에 속한 자와 같고 무릇 하늘에 속한 자들은 저 하늘에 속한 이와 같으니, 우리가 흙에 속한 자의 형상을 입은 것 같이 또한 하늘에 속한 이의 형상을 입으리라.

여기서 사용되는 미래 시제는 이 변화가 보편적 부활 때 일어날 것임을 가리키는데, 이 점은 고린도전서 15장의 나머지 부분과 특히 고린도전서 15:52에 의해 확인된다. 그러므로 문맥상으로 바울은 우리의 현재의 몸이 부활한 몸과 다른 네 가지 측면을 제공하고 네 번째 측면에 대해서는 "**자연적인**"과 "**영적인**"이라는 언급을 추가한다. 우리의 현재의 몸은 썩어지고, 수치스럽고, 약하고, 자연적이며, 또한 하나님의 숨을 통해 생명을 갖게 된, 생기 없고 세상적인 물질로 이루어져 있다. 우리의 미래의 몸은 썩지 않고, 영광스럽고, 강하고, 영적이고, 그리스도에 의해 생명을 부여받은 하늘의 물질로 이루어질 것이다. 바울이나 기원전 8세기부터 기원후 3세기 사이에 활동한 그 어떤 알려진 저자도 이 용어들을 사용해서 **자연적인** 몸과 **비물질적인** 몸을 대조하지 않았다는 사실을 기억하면 도움이 될 것이다. 이 점은 바울이 예수를 "살려 주는 영"이라고 부를 때 그가 천상의 몸을 제안하고 있다고 해석하려는 그 어떤 희망도 부숴버린다. 또한 앞에서 보았듯이 바울은 로마서 8:11에서 "예수를 죽은 자 가운데서 살리신 이가 너희 안에 거하시는 그의 영으로 말미암아 너희 죽을 몸도 **살리시리라**[ζῳοποιήσει]"라고 말할 때 "**살려 주는**"(ζῳοποιοῦν)에 해당하는 단어를 사용한다. 바울은 고린도전서와 로마서에서 우리의 미래의 몸이라는 동일한 주제에 대해 동일한 그리스어 단어를 사용하고 있으므로, 바울은 우리의 현재의 죽을 몸에 변화가 일어날 것이라고 주장한 것이 분명해 보인다. 예수는 죽은 자들의 "첫 열매"(ἀπαρχή)이기 때문에 (고전 15:20), 바울은 또한 그가 로마서 8:11에서 암시하듯이 예수의 죽을 몸이 부활했다고 생각했을 것으로 보인다.

세 번째 쟁점은 고린도전서 15:50이다. 거기서 바울은 "혈과 육은 하나님 나라를 이어 받을 수 없고 또한 썩는 것은 썩지 아니하는 것을 유업으로 받지 못하느니라"(σαρὸξ καὶ αἷμα βασιλειάν θεοῦ κληρονομῆσαι οὐ δύναται οὐδὲ ἡ φθορὰ τὴν ἀφθαρσίαν κληρονομεῖ)라고 말한다. 바울이 예수가 "영은 살과 뼈가 없으되 너희 보는 바와 같이 나는 있느니라"(눅 24:39)라고 말했다고 보고하는 누가와 모순된 말을 하고 있다는 던과 웨더번의 말은 옳은가? 오늘날 적지 않은 주석가들은 "살과 뼈"를 "육체적인"과 동의어로 해석한다.[464] 그러나 대부분의 학자들은 그것을 단순히 "**살아 있는 사람**은 [현재 상태로] 하나님 나라를 이어받을 수 없다"고 말하는 것이라기보다는 죽을 수밖에 없는 존재로서의 인간을 가리키는 비유적 표현—아마도 셈어 표현—이라는 데 동의한다.[465] 그 표현은 사람을 냉혈 인간,

---

464 Borg(2006), 289쪽(Borg and Wright[1998], 133에 실린 Borg와 비교하라); R. Brown(1973), 87; Halstead(1995), 521에 실린 Crossan; Dunn(2002), 11; Lindars(1986), 95; Patterson(2004), 114-15; Viney(1989), 130; Watson(1992), 179.

465 Jeremias(1955-1956)는 βασιλείαν θεοῦ κληρονομῆσα는 "셈어"라고 지적한다(마 25:34과 비교하라). 그러므로 그 문장 전체는 "사도 자신의 창작이 아니라 초기 교회의 종말론적 가르침으로부터 나온다"(152). Barnett(1994)은 그것이 비유적 표현이라고 언급하지는 않지만 그 표현이 나타나는 다른 구절들에 나오는 비슷한 의미를 인용한다(9); Carson(1998)은 마 16:17에 관해 언급한다; Collins(1999), 579; Conzelmann(1975), 289-90; Carland(2003), 739-41. Gundry(1976)는 그 용어는 "현재의 몸의 약함과 소멸성을 암시하지만(이의 유사어는 *phthora*다), 부활한 몸의 비물질성을 암시하지는 않는다. 반대로 *sōma*는 그 자체로 물질성을 암시한다"라고 주장한다(166). Kistemaker(1993), 580-81; Lockwood(2000), 596; A. F. Johnson(2004), 306; Eriksson(1998), 273; Keener(2005), 133. Craig(*Assessing*, 1989)는 "대부분의 주석가들은 '혈과 육'이 연약한 인간의 본질을 의미하는 전형적인 셈어 표현이라는 데 동의한다"라고 지적한다(141). 이어서 그는 자신의 주장을 입증하기 위해 열 명의 학자들을 인용하는데, 그들 중 아무도

다혈질 또는 혈기왕성한 사람으로 표현하는 관용어들과 비슷하다. "혈기왕성한(red-blooded) 남성"이라고 말할 때 그 사람을 피가 초록색인 사람과 비교하는 것이 아니다. 사람의 피 색깔과 온도는 관련이 없다. "혈과 육"이라는 표현은 신약성서에 다섯 번 나오고(그중 세 번은 바울 서신에 나온다),[466] 70인역에는 두 번 나오고,[467] 랍비 문헌에서는 흔히 나오는데, 그 용례들에는 모두 물질성(physicality)보다는 죽을 운명(mortality)이라는 일차적 의미가 있다.[468] 고린도전서 15:50에서 "혈과 육"이 이런 의미로 사용되었다는 사실은 현재의 몸이 묘사되는 고린도전서 15장의 다른 곳에서 쟁점이 되는 것은 몸의 물질성이 아니라 죽을 운명이라는 사실을 통해 강화된다.

요아힘 예레미아스는 많은 학자들에게 바울이 여기서 살아 있는 자와 죽은 자를 대조하기 위해 종합적인 대구법을 사용하고 있음을 확신시켜주었다. "혈과 육"이라는 용어는 단지 재림 때 살아 있는 이들을 가리키고, "썩는 것"은 재림 때 그리스도 안에서 죽어 있는 자들을 가리킬 뿐이다.[469] 예레미아스에 의하면 고린도전서 15:50 배후에 있는 생각은 "살

위에서 언급되지 않는다. Thiselton(2000)은 셈어 표현에 대해 언급하지 않는다. 그러나 그는 "혈과 육"은 "연약하고 취약한 인류"를 의미하며 고전 15:50a은 "죄 대신 거룩함"을 가리키고 50b는 "약함, 타락 그리고 부패의 역전"을 가리킨다고 주장한다(1291). Orr와 Walther(1976)도 마찬가지로 그 용어의 의미가 인간을 가리킨다고 지적한다(349-50). Wright(2003)는 셈어 표현에 대해 언급하지 않는다(359).

466 마 16:17; 고전 15:50; 갈 1:16; 엡 6:12; 히 2:14.

467 집회서 14:18(그리스어와 히브리어); 17:31(기원전 2세기).

468 *TDNT* 7:116에 실린 R. Meyer. Yohanan ben Zakkai(기원후 1세기 말)가 한 말로 알려져 있는, *b. Ber.* 28b에서 좋은 예 하나가 발견된다. *m. Naz.* 9.5(2회) *m. Sohah* 8.1에서 미시나에서의 세가지 예가 나타난다. 쿰란 텍스트, 타르굼 또는 히브리 금석문에서는 그 용어가 나타나지 않는다. 그러므로 우리는 기원전 2세기로부터 기원후 1세기 말까지 **죽을 운명**이라는 의미로 사용된 "혈과 육"이라는 용례를 갖고 있는 셈이다.

469 Jeremias(1955-1956), 157-58. Barrett(1968), 379도 보라. Thiselton(2000)은

아 있는 자도 죽은 자도 그 상태 그대로는 하나님 나라에 참여할 수 없다"는 것이다.[470] 그러나 오늘날 많은 주석가들은 예레미아스의 주장에 동의하지 않는다. 그들은 여기서 바울이 종합적 대구법이 아니라 동의어적 대구법을 사용하고 있다고 주장한다.[471] 이 구조에서 뒤의 진술, 즉 "썩는 것은 썩지 아니하는 것을 유업으로 받지 못하느니라"는 앞의 진술, 즉 "혈과 육은 하나님 나라를 이어 받을 수 없다"에 대한 재진술이다. 레이먼드 콜린스는 전자는 셈어 용어를 사용한 진술이고 후자는 그리스 용어를 사용한 진술이라고 주장한다.[472] 이 경우에 바울은 연약함을 지닌 우리의 죽을 몸은 하나님 나라를 유업으로 받지 못한다고, 즉 우리의 부패할 몸은 부패하지 않는 것을 물려받지 못한다고 말하는 것이다. 고린도전서 15:50을 약간 달리 해석하면 이렇게 된다: "사악하고 부패한 것은 하나님 앞에 나아갈 수 없고 부패하지 않는 것을 얻을 수 없다. 부패한 것이 부패하지 않는 상태로 변화될 때 우리는 하나님이 우리에게 제공하는 유업에 대해 상속권을 주장할 수 있다."[473]

Jeremias의 견해에 대해 바울이 종합적 대구법을 사용하고 있다는 점에는 동의하지만 "혈과 육"에 대한 그의 정의에 대해서는 동의하지 않는다(1291).

470 Jeremias(1955-56), 152.

471 Collins(1999), 579; Conzelmann(1975), 290; Fee(1987), 798; Garland(2003), 741; TDNT 9:103-5에 실린 G. Harder; Kistemaker(1993), 581.

472 Collins(1999), 579.

473 Kistemaker(1993), 581. D. B. Martin(1995)은 내세에 관한 고대의 믿음들을 조사한 후 그 시기에 교육 받은 사람들은 몸의 부활을 믿지 않았다는 결론을 내린다. 그러므로 자신들의 몸이 미래에 부활할 것이라는 주장을 믿기를 거부한 이들은 고린도의 교육 받은 신자들이었다. Martin은 "자연적인" 그리고 "영적인" 몸 그리고 "혈과 육"에 관한 바울의 진술들을 "인간의 몸의 불멸하고 썩지 않는 부분이 부활할 것임을—또는 보다 정확하게 말하자면(신의 변화시킴으로 인해) 몸이 살(sarx)처럼 썩을 수 있고 썩는 측면은 없이 오직 불멸하고 썩지 않는 측면으로만 구성될 것임을"—의미하는 것으로 이해한다(128). 그는 이렇게 덧붙인다. "종말에 기대되는 변형은 그리스도인의 몸이 그 몸의 현 상태의 낮은 부분을 벗어버리고, 보다 순수하고 변화된 영적 부분과 함께 남아 있게 할 것이다"(132). 그러나 그런 해

신약성서에서 ὅτι…οὐδὲ가 예레미아스의 해석을 약간 더 선호할 수도 있는 종합적 대구법에 해당하는 다른 세 경우가 나오는데, 그 구절들은 사도행전 2:27, 빌립보서 2:16, 히브리서 10:8이다.[474] 그러나 각각의 경우에 이 구절들의 두 번째 생각은 또한 주석상의 무리 없이 첫 번째 생각에 대한 동의적 대구법으로 해석될 수도 있다는 점이 인정되어야 한다.

[압도적] 다수에 근접한 견해가 없다는 점으로 볼 때 어느 해석도 다른 해석보다 더 확실한 것은 아니다. 그럼에도 어느 입장(종합적 대구법이든 동의적 대구법이든)을 택하든 바울이 우리의 썩지 않을 몸이 천상적인 몸일 것이라고 암시한다는 해석이 지지되지는 않는다. "혈과 육"은 "죽을 운명"으로 해석되는 것이 나으며, 심지어 예레미아스의 견해에 따르더라도 "살아 있는"은 "육체적인" 또는 "물질적인"과 반드시 동의어는 아니다.[475] 만약 "혈과 육"이 대부분의 주석가들의 견해와 같이 비유적 표현으로 이해된다면, 바울이 고린도전서 15:50에서 우리의 미래의 몸이 천

석에는 심각한 문제가 있다. 빌 3:21에 관한 아래의 논의(4.3.3.9.c)를 보라. 거기서 바울은 우리의 비천한 몸의 변화에 관해 말한다(μετασχηματίσει τὸ σῶμα τῆς ταπεινώσεως ἡμῶν). 또한 롬 8:11에 관한 위의 논의(4.3.3.9.a)를 보라. 거기서 생명을 얻는 것은 우리의 "죽을 몸"이다(τὰ θνητὰ σώματα ὑμῶν). 이 구절들은 바울이 신자들의 몸의 현 상태의 낮은 부분들조차 변화될 것이라고 이해한다는 입장을 선호한다. 또한 Martin은 "혈과 육"이 상징적 표현으로 "연약함을 지닌 죽을 몸"에 대한 에두른 표현 역할을 한다고 생각하지 않는다. 이에 대해서는 바로 아래에서 논의할 것이다.

474 눅 12:24은 좋은 예가 아니다. 그 구절의 구조는 ὅτι…ου…οὐδε로서 ὅτι…οὐδὲ와 다르기 때문이다 .

475 Meyer(1986): "Jeremias의 1955년도 논문은(육체적 원리 자체로 해석되는) '혈과 육'은 최종 구원과 아무 관련이 없다는 생각에 거의 종지부를 찍었다. 1955년 이후 고전 15:50의 텍스트를 그런 식으로 해석하는 것은 대체로 포기되었고, 오늘날에는 Teichmann을 따라 '변화'가 멸절과 새 창조를 의미한다는 해석을 선호하면서 그 말의 명백한 의미를 억제하는 사람은 거의 없다.[이곳의 각주에서 Meyer는 Lüdemann이 '예외에 속한다'고 지적한다.] 고전 15:50을 상실함에 따라 실제로 '발전'에 관한 전체 가설—가시적 출발점(살전 4장), 정점(고전 15장), 그리고 새로운 종말에 이름(고후 5장)의 전체 궤적—이 붕괴했다"(375).

상적인 몸일 것이라고 주장한다고 해석하는 것은 근거가 없다. 바울은 부활 때 우리는 연약한 상태에 있는 죽을 몸을 갖게 되지 않을 것이라고 말한다. 현 상태의 몸은 반드시 변화되어야 한다. "혈과 육"은 비유적 표현이고 "살과 뼈"는 분명히 그렇지 않기 때문에 바울은 누가와 모순되지 않는다. 더욱이 바울은 다른 곳에서 우리의 죽을 몸의 부활을 강력하게 암시하고 있기 때문에(예컨대 롬 8:11, 23; 고전 15:42-53; 빌 3:21), 고린도전서 15:50을 바울이 천상적인 몸을 가리키는 것으로 해석하는 그 어떤 시도도 바울이 누가만이 아니라 자기와 모순을 보인다고 주장하는 셈이다.

네 번째이자 마지막 쟁점은 고린도전서 15:51-52로부터 나온다. 거기서 바울은 부활의 날에 "우리가 변화될 것이다"(ἀλλαγησόμεθα)라고 말한다. 이 텍스트는 데살로니가전서 4:16-17에 시기적으로 보다 이른 평행구를 갖고 있는 것으로 보인다. 거기서 바울은 이렇게 쓰고 있다. "주께서 호령과 천사장의 소리와 하나님의 나팔 소리로 친히 하늘로부터 강림하시리니 그리스도 안에서 죽은 자들이 먼저 일어나고, 그 후에 우리 살아남은 자들도 그들과 함께 구름 속으로 끌어 올려 공중에서 주를 영접하게 하시리니 그리하여 우리가 항상 주와 함께 있으리라."[476] 바울은 "영혼의 잠"을 믿지 않는 것으로 보인다. 왜냐하면 바울에게는 몸에서 벗어나는 것은 주님과 함께 있는 것인데, 이것은 죽으면 바로 일어나는 일이 될 것이기 때문이다(고후 5:8; 빌 1:21-24). 대신에 바울은 죽은 자들이 재림 때까지 그리스도와 함께 있다가 재림 때 자기 몸으로 돌아와 부활할 것이라고 생각한다. 재림 때 살아 있는 신자들은 현 상태의 몸이 불멸의 몸으

476 ὅτι αὐτὸς ὁ κύριος ἐν κελεύσματι, ἐν φωνῇ ἀρχαγγέλου καὶ ἐν σάλπιγγι θεου, καταβήσεται ἀπ' οὐρανοῦ καὶ οἱ νεκροὶ ἐν Χριστῷ ἀναστήσονται πρῶτον, ἔπειτα ἡμεῖς οἱ ζῶντες οἱ περιλειπόμενοι ἅμα σὺν αὐτοῖς ἁρπαγησόμεθα ἐν νεφέλαις εἰς ἀπάντησιν τοῦ κυρίου εἰς ἀέρα· καὶ οὕτως πάντοτε σὺν κυρίῳ ἐσόμεθα.

로 변화되어 이전에 죽은 신자들의 부활한 몸과 유사하게 될 것이다. 고린도전서 15:51-52과 데살로니가전서 4:16-17에 나타난 바울의 생각은 "변화" 관점을 지지한다.

어떤 학자들은 지금 바울이 우리가 변경(altering)이라는 의미에서 변화될 것이라고 말하는 것이 아니라 상업적 교환, 달리 말하자면 하나의 물건을 다른 것과 **교환**(trading)한다는 의미를 사용하는 것이라고 주장해 왔다.[477] 이런 뜻일 수도 있겠지만, 그 가능성은 희박해 보인다. 고린도전서 15:51-52과 데살로니가전서 4:16-17을 교환을 의미하는 것으로 번역하기는 어렵다. 만약 죽은 자가 죽을 때 부활을 경험한다면 왜 그들은 재림 때 다시 살아나는가?[478] 고린도전서 15:23은 또한 부활이 미래에

---

477 Dunn(1985)은 이 견해를 지지하는 것으로 보인다: "바울은 **몸**의 부활을 믿었지만 **이** 몸의 부활을 믿은 것은 아니었다"(74); Barrett(1973), 153; Carnley(1987), 58; Price and Lowder편(2005), 105-231에 실린 Carrier; Charlesworth 외(2006), 176에 실린 Charlesworth; Harris(1990)는 44절에서 불연속성이 강조되어 "교환" 모티프가 나타나기는 하지만, 그것은 오직 고전 15:36-37, 51-54에서 나타나는 지배적인 변형 모티프와 함께 나타날 뿐이라고 쓴다(201-2). Jos. *J. W.* 2권 162-63도 보라.

478 그 단어의 다른 곳에서의 용례는 그다지 도움이 되지 않는다. 성서 텍스트에는 **교환**의 의미가 나타나는 몇 가지 사례가 있다(창 41:14; 레 27:10, 33; 삿 14:13; 삼하 12:20; 왕상 5:14[70인역에서는 5:28]; 왕하 5:5, 22, 23; 느 9:26; 시 102:27[70인역에서는 101:27]; 106:20[70인역에서는 105:20]; 사 24:5; 렘 2:11; 52:33). 그러나 비록 교환의 의미로 나타나는 경우보다 적기는 하지만, 창 31:7과 같이("그대들의 아버지가 나를 속여 품삯을 열 번이나 **변경**하였느니라. 그러나 하나님이 그를 막으사 나를 해치지 못하게 하셨으며") 그 용어가 **변경**의 의미로 사용되는 예들도 있다. 고전 15장과 보다 가까운 시기에 성서 밖의 문헌에서 사용된 용례는 Jos. *Ant.* 2권 97을 보라. 거기서 그 동안 나이가 들어서 요셉의 얼굴이 **바뀌었고** 그로 인해 요셉의 형제들은 그를 알아보지 못했다. 확실히 우리는 요셉이 기존의 얼굴을 다른 얼굴과 바꿨다고 상상하지는 못할 것이다! Herm. *Sim.* 9; 4.5; 8은 색깔이 바뀌는 돌들에 관해 말한다. 변경이나 교환 중 어떤 의미도 취할 수 있는 다른 텍스트들도 있다: 마카베오3서 1:29; *Barn.* 10:7; 15.5. 고전 15장과 동시대에 속한 유일한 성서의 언급은 바울 서신—바울은 그 단어를 두 번만 사용한다(롬 1:23; 갈 4:20)—과 히 1:12에서 발견된다. 롬 1:23과 히 1:12에서는 **교환**의 의미가 분명하지만 갈 4:20에서는 **변경**의 의미가 분명하다. 바울은 자신이 갈라디아 교인들을 이해할 수 없기 때문에 자기는 이제라도 그들과 함께 있어서 그의 음성(즉, 어조)을 **바꾸고** 싶다고 말한다. 사실 10대 자녀를 둔 모든 부모는 자녀들과

일어날 것임을 명백히 한다: Ἕκαστος δὲ ἐν τῷ ἰδίῳ τάγματι· ἀπαρχὴ Χριστός, ἔπειτα οἱ τοῦ Χριστοῦ ἐν τῇ παρουσίᾳ αὐτου ("그러나 각각 자기 차례대로 되리니 먼저는 첫 열매인 그리스도요 다음에는 그가 강림하실 때에 그리스도에게 속한 자요"). 이런 텍스트들은 바울에게는 부활이 죽을 때 일어나는 것이 아니라는 점을 분명하게 밝혀준다. 영혼의 지속적인 삶이 "부활"은 아니다.

이 결론은 바울이 몇 절 앞에서 예수가 잠자는 자들의 "첫 열매"라고 한 주장과 일치한다(고전 15:20). 고대에 "잠자다"라는 단어는 자주 죽음에 대한 완곡어법으로 사용되었는데, 그 표현은 적어도 호메로스에게까지 거슬러 올라간다(*Il.* 11.240-41). 초기 그리스도인들은 이 단어를 자주 사용했다.[479] 바울에 따르면 잠자는 신자들은 현재 하늘에서 그리스도와 깨어 있는 상태로 있는데(빌 1:20-24; 고후 5:8; 아마도 살전 5:10도 그렇게 해석할 수 있을 것이다), 이 믿음은 아브라함·이삭·야곱이 현재 살아 있는 것으로 말했다고 보고되고 있는 예수의 입장과 다르지 않다(막 12:20-27; 마 22:25-32; 눅 20:29-38; 23:43). 고린도전서 15:20에서 바울은 예수가 잠자는 자들의 "첫 열매"라고 말한다. 잠자는 나머지 사람들은 보편적 부활 때 살아날 것이다(고전 15:23, 51-54; 살전 4:16과 비교하라). 만약 잠자는 자들이 현재 예수와 함께 하늘에 있다면, 그들은 어떤 의미에서 재림 때 죽은 자들 가운데서 살아날 것인가? 그것은 몸의 부활일 수밖에 없다. 만약 예수가 잠자는 자들의 "첫 열매"라면, 바울은 예수가 육체적으로 부활했다고 생각한 것이다. 이것은 또한 누가가 사도행전 13:36-37에서 전

대화하다가 자녀들에게 어조를 바꾸거나 변경하라고 지시한 경험이 있을 것이다.

479 살전 4:13-17; 5:10; 고전 7:39; 11:30; 15:6, 18, 20, 51; 마 27:52; 요 11:11-14; 행 7:60; 13:36; 벧후 3:4; *1 Clem*. 26.1-2; 44.2; Ign. *Pol*. 6.1; Ign. *Rom*. 4.2; Herm. *Vis*. 3.11.3; Herm. *Mand*. 4.4.1; Herm. *Sim*. 9.16.7.

하는 바울의 말과도 일치한다. 또한 그것은 「바룩2서」 49-51에서 죽은 자들이 어떻게 살아날 것인지에 관해 묻고(49절), 이에 대해 땅이 그들을 받아들였을 때와 같은 모습으로 그들을 되돌려줄 것이고(50절), 그러면 재구성되고 소생한 그들의 몸은 천사처럼 빛나고 별과 같은 모습으로 변화될 것(51절)이라는 진술과 일치한다.

지금까지 우리는 고린도전서 15:50을 통해 확실히 **교환**보다는 **변경**의 의미가 보다 적절하다는 점을 살펴보았다. 바울은 **이** 현재의 죽을 몸이 불멸을 입게 될 것이라고 말해왔다. "혈과 육" 그리고 πνευματικόν이 천상적 존재를 가리키는 것으로 이해하는 나머지 학자들은 틀린 것이다. 그러나 고린도전서 15:51은 어떤가? 예레미아스는 이 진술을 35절과 연결시키면서 이것이 "죽은 자들이 어떻게 다시 살아나는가?"라는 질문에 대한 바울의 답변이라고 말한다. 고린도전서 15:51-52에서 바울은 πῶς라고 답한다.[480] 바울에게 계시된 신비는 재림 때에 당시에 살아 있는 신자들은 물론이고 그리스도 안에서 죽은 자들까지도 일어서리라는 것이었다. 예레미아스는 데살로니가전서 4:13-17에 근거해 이런 결론을 내리는데, 그 구절은 바울이 고린도전서보다 먼저 쓴 것이고 고린도전서와 평행구다. 또한 예레미아스는 유대 묵시문헌에서 죽은 자들은 그들이 세상에 있을 때의 상태로 일어난다는 점을 지적한다(「바룩2서」 49-51장; 특히 50장 2절). "심판 뒤에야 의로운 자들이 변화된다."[481] 나는 오히려 그것을 바울이 "혈과 육은 하나님 나라를 이어받을 수 없다"는 진술에 의해 암묵적으로 촉발된 질문, 즉 "그러면 신자가 어떻게 하나님 나라를 이어받을 수 있도록 변화될 것인가?"라는 질문에 답하는 것으로 여긴다.

---

480 Soards(1999), 351은 이에 동의한다.
481 Jeremias(1955-56), 158-59.

어느 쪽이든, 대부분의 학자들은 바울이 **변경**을 의미하고 있다는 데 동의한다.[482]

바울이 [고린도전서 15:51에서] 교환으로 생각했다면, 그는 자신이 방금 전에 고린도전서 15:42-44에서 쓴 내용 및 나중에 로마서와 빌립보서에서 쓰게 될 내용과 모순되는 말을 하는 셈이다. 그러므로 바울이 교환을 염두에 두고 있다는 어떤 조짐도 없다. 모든 것은 **변경**을 가리키고 있다.

우리는 이 구절에 관한 네 가지 쟁점들을 주의 깊게 살펴보았고 바울이 예수의 시체가 부활하여 변화되었다고 생각했을 가능성이 매우 높다는 것을 발견했다. 이 관찰 내용이 옳다면, 부활에 관한 바울의 견해가 복음서 저자들의 견해와 다르다고 여겼던 웨더번, 던 등의 해석은 옳지 않다.[483]

4.3.3.9.c. 빌립보서 3:21

ὃς μετασχηματίσει τὸ σῶμα τῆς ταπεινώσεως ἡμῶν σύμμορφον τῷ σώματι τῆς δόξης αὐτοῦ κατὰ τὴν ἐνέργειαν τοῦ δύνασθαι αὐτὸν καὶ ὑποτάξαι αὐτῷ τὰ πάντα.

---

482 Brodeur(1996), 31, 83, 96; Fee(1987), 800; Garland(2003), 743; Harris(1985), 216; Hering(1962), 180; Horsley(1998), 214; Kistemaker(1993), 582; Morris(1976), 233; Moule(1965), 120; Oster(1995), 407; D'Costa 편(1996), 67에 실린 Pannenberg; Talbert(1987), 103; Thiselton(2000), 1294-95.

483 그러므로 Borg가 고전 15장은 "부활의 몸은 물리적인 몸이 아님을 강력하게 암시하는 장"이라고 주장하는 것은 심각한 실수다(Borg and Wright[1998], 134에 실린 Borg). Gwynne(2000)도 보라: "분명히 바울의 저작들은 역사적 빈 무덤 지지자들에게 어려움을 자아낸다"(12).

그는 만물을 자기에게 복종하게 하실 수 있는 자의 역사로 우리의 낮은 몸을 자기 영광의 몸의 형체와 같이 변하게 하시리라.

μετασχηματίσει라는 용어는 모든 현대 영어 번역본에서 "변형시키다" 또는 "변화시키다"로 번역된다. 그러나 요세푸스는 그 용어를 옷을 갈아입을 때처럼 "바꿈"이라는 의미로 사용한다.[484] 바울이 빌립보인들에게 편지를 썼을 때 그가 변화라기보다는 현재의 죽을 몸이 새로운 몸으로 교환되는 것을 더 염두에 뒀을 가능성이 있는가?

바울 서신에는 μετασχηματίσει("변형시키다")라는 단어가 다섯 번 나온다(고전 4:6; 고후 11:13, 14, 15; 빌 3:21). 고린도전서 4:6에서는 특이하게도 그 단어가 명백하게 "적용하다"를 의미한다.[485] 고린도후서에서는 각각의 경우에 변경이나 교환 어느 쪽으로 해석해도 무방할 것이다. 거짓 사도들은 자신들이 참된 사도인 것처럼 "가장한다"(μετασχηματιζόμενοι)고 말해진다. **"가장하다"**라는 단어는 그들이 자기의 정체를 변경하거나 바꾸고 있다는 뜻일 수 있다. 그러나 비록 사전편찬자들이 그 단어를 교환의 의미로 이해했던 것으로 보이지는 않지만, 거짓 사도들이 자기의 정체를 다른 정체와 교환했다고 주장할 수도 있을 것이다.[486] 그 단어는 사도 교부들에게서는 나타나지 않으며 70인역에서는 한 번만 나오는데, 거기서는 고문당하고 있는 사람이 불에 의해 불멸의 존재로 변화되었다고 말해진다(마카베오4서 9:22). 이것은 그의 몸보다는 내적 존재를 가리키는 것으로 보인다. 그럼에도 그것은 교환이라기보다는 변화다.

이 용어를 사용하는 바울의 텍스트들이 변화를 염두에 두고 있는지

---

484 Jos. *Ant*. 7.257; 8.267.

485 BDAG(2000), no. 3, 641.

486 BDAG(2000), no. 1, 641; LS(1996), no. 1, 1117.

또는 교환을 염두에 두고 있는지는 분명하지 않지만, 바울이 고린도전서 15:52에서 (그리고 뒤에 살펴볼 고후 4:16-5:8에서) 변화를 염두에 두고 있다는 것은 이 텍스트의 의도된 의미도 변화라는 것을 강력하게 암시한다.

그러나 그 문제는 빌립보서 3:21을 각각의 정의를 사용하여 읽음으로써 결정될 수도 있다.

> 그리스도가 우리의 낮은 몸을 자기의 영광의 몸의 형태와 유사하게 **변화시켜줄** 것이다.

> 그리스도가 우리의 낮은 몸을 자기의 영광의 몸의 형태와 유사하게 **교환해줄** 것이다.

첫 번째 해설에서는, 바울은 예수가 우리의 죽을 몸을 자기의 몸처럼 되게 해줄(문자적으로는 **같은 형태를 갖게 해줄**) 것이라고 말한다. 이 해석은 문맥에 잘 들어맞는다. 두 번째 대안에서는, 바울은 예수가 우리의 죽을 몸을 자기의 몸처럼 되도록 교환해줄 것이라고 말한다. 무언가를 다른 무언가와 일치하도록 교환한다는 것은 이치에 맞지 않는다. 예수는 우리의 몸을 무엇과 교환할 것인가? 이 해석은 마치 서로 연결되지 않은 두 개의 다른 생각들이 제시되는 것으로 보인다. 하나는 μετασχηματίσει를 교환으로 해석하기 위해 텍스트를 무시한다. 따라서 그 텍스트 자체는 바울이 우리의 현재 몸의 변화에 대해 언급하고 있음을 분명히 밝히는 것으로 보인다.[487]

---

487 Lüdemann(2004), 45; Moule(1965), 108; Witherington(*Paul*, 1998), 150-51. 이에 대해 Lindars(1986)는 반대한다. 그는 이렇게 주장한다. "바울의 인도를 따라서 우리는 부활 때 예수가 승귀한 메시아로서의 그의 지위에 걸맞게 '그의 영광의

4.3.3.9.d. 골로새서 2:9

ὅτι ἐν αὐτῷ κατοικεῖ πᾶν τὸ πλήρωμα τῆς θεότητος σωματικῶς.

그 안에는 신성의 모든 충만이 육체로 거하시고

골로새서의 저작권에 대한 합의나 골로새서가 바울의 생각을 포함하고 있는지 여부에 대해서는 합의가 이뤄지지 않았기 때문에,[488] 이 구절에 대해서는 간단하게 언급할 것이다. 상당히 많은 학자들이 바울이 골로새서를 썼다고 믿기 때문에 적어도 골로새서 2:9에서 κατοικέω("거하다")의 현재 시제가 사용되고 있다는 점을 지적해 둘 필요가 있다. 저자는 하나님의 본성과 본질의 모든 충만함이 현재(즉, 승천 이후의 상태에서) 예수의 몸 안에 거한다고 주장한다. 비록 그동안 살펴본 다른 언급들만큼 정확하지는 않지만, 부활한 상태의 예수는 일종의 몸을 갖고 있다고 말해진다.

지금까지 우리는 바울이 썼다고 알려진 텍스트 넷을 살펴보았다. 그중 저작권 논란이 없는 서신들에서 취해진 세 텍스트는 바울이 시체가 부활한다고 믿었음을 강력하게 암시한다. 네 번째 텍스트는 바울이 예수가 승천한 이후의 상태에서 몸을 갖고 있다고 믿었음을 암시하며 이는 바울의 저작권에 관한 치열한 논쟁이 벌어지고 있는 편지에서 발견된다. 바울의 견해에 관한 최종 결론을 내리기 전에, 우리는 많은 논란을 야기했고,

---

몸'을 취했다고 결론내릴 수 있다(빌 3:21). 이런 견해는 예수의 시신이 알려지지 않은 매장지에 머물러 있고 우리의 시신과 같은 방식으로 분해되었다는 추론을 허용한다(그러나 반드시 그렇게 요구하지는 않는다)"(95). Lindars는 같은 구절에서 바울이 우리의 현재의 몸이 변화될 것이라고 말하는 점을 주목하지 못한다.

488 바울의 생각이 들어 있다고 여기는 학자는 다음과 같다. R. Brown(1997), 617; Ehrman(2000), 349; Johnson(1986), 359; Wright(1986), 34.

바울이 고린도전서 15장을 쓴 뒤로 "부활"의 의미에 대한 관점을 바꿨을 가능성을 제시하는 한 구절에 들어 있는 그의 가르침을 고려해볼 필요가 있다.

4.3.3.9.e. 고린도후서 4:16-5:8

Διὸ οὐκ ἐγκακοῦμεν, ἀλλ' εἰ καὶ ὁ ἔξω ἡμῶν ἄνθρωπος διαφθείρεται, ἀλλ' ὁ ἔσω ἡμῶν ἀνακαινοῦται ἡμέρᾳ καὶ ἡμέρᾳ. τὸ γὰρ παραυτίκα ἐλαφρὸν τῆς θλίψεως ἡμῶν καθ' ὑπερβολὴν εἰς ὑπερβολὴν αἰώνιον βάρος δόξης κατεργάζεται ἡμῖν, μὴ σκοπούντων ἡμῶν τὰ βλεπόμενα ἀλλὰ τὰ μὴ βλεπόμενα· τὰ γὰρ βλεπόμενα πρόσκαιρα, τὰ δὲ μὴ βλεπόμενα αἰώνια. Οἴδαμεν γὰρ ὅτι ἐὰν ἡ ἐπίγειος ἡμῶν οἰκία τοῦ σκήνους καταλυθῇ, οἰκοδομὴν ἐκ θεοῦ ἔχομεν, οικίαν αχειροποιή τον αιώνιον εν τοις οὐρανοῖς. καὶ γὰρ ἐν τούτῳ στενάζομεν τὸ οἰκητήριον ἡμῶν τὸ ἐξ οὐρανοῦ ἐπενδύσασθαι ἐπιποθοῦντες, εἴ γε καὶ ἐκδυσάμενοι οὐ γυμνοὶ εὑρεθησόμεθα. καὶ γὰρ οἱ ὄντες ἐν τῷ σκήνει στενάζομεν βαρούμενοι, ἐφ' ᾧ οὐ θέλομεν ἐκδύσασθαι ἀλλ' ἐπενδύσασθαι, ἵνα καταποθῇ τὸ θνητὸν ὑπὸ τῆς ζωῆς. ὁ δὲ κατεργασάμενος ἡμᾶς εἰς αὐτὸ τοῦτο θεός, ὁ δοὺς ἡμῖν τὸν ἀρραβῶνα τοῦ πνεύματος. Θαρροῦντες οὖν πάντοτε καὶ εἰδότες ὅτι ἐνδημοῦντες ἐν τῷ σώματι ἐκδημοῦμεν ἀπὸ τοῦ κυρίου· διὰ πίστεως γὰρ περιπατοῦμεν, οὐ δια εἴδους· θαρροῦμεν δὲ καὶ εὐδοκοῦμεν μᾶλλον ἐκδημῆσαι ἐκ τοῦ σώματος καὶ ἐνδημῆσαι πρὸς τὸν κύριον.

그러므로 우리가 낙심하지 아니하노니 우리의 겉사람은 낡아지나 우리의 속사람은 날로 새로워지도다. 우리가 잠시 받는 환난의 경한 것이 지극히 크고 영원한 영광의 중한 것을 우리에게 이루게 함이니, 우리가 주목하는 것은 보이는 것이 아니요 보이지 않는 것이니, 보이는 것은 잠깐이요 보이지 않는 것은 영원함이라. 만일 땅에 있는 우리의 장막 집이 무너지면 하나님께서 지으신 집 곧 손으로 지은 것이 아니요 하늘에 있는 영원한 집이 우리에게 있는 줄 아느니라. 참으로 우리가 여기 있어 탄식하며 하늘로부터 오는 우리 처소로 덧입기를 간절히 사모하노라. 이렇게 입음은 우리가 벗은 자들로 발견되지 않으려 함이라. 참으로 이 장막에 있는 우리가 짐진 것 같이 탄식하는 것은 벗고자 함이 아니요 오히려 덧입고자 함이니, 죽을 것이 생명에 삼킨 바 되게 하려 함이라. 곧 이것을 우리에게 이루게 하시고 보증으로 성령을 우리에게 주신 이는 하나님이시니라. 그러므로 우리가 항상 담대하여 몸으로 있을 때에는 주와 따로 있는 줄을 아노니 이는 우리가 믿음으로 행하고 보는 것으로 행하지 아니함이로라. 우리가 담대하여 원하는 바는 차라리 몸을 떠나 주와 함께 있는 그것이라.

이 구절은 신약성서 중에서 학자들이 풀이하기 가장 어려운 구절들 중 하나이며 그 의미에 관해 거의 합의가 이뤄지지 않고 있다. 졸 길먼은 이 텍스트의 세 가지 일반적인 해석 범주를 다음과 같이 열거한다.[489] (1) 바울은 고린도전서와 고린도후서를 쓴 두 시기 사이에 사후의 존재에 관한 견해를 바꿨고 고린도후서에서는 신자들이 죽을 때 새로운 몸을 받는다고 말하고 있다;[490] (2) 바울은 재림 때 있을 몸의 부활에 관해 말하고

---

489 Gillman(1988), 439-54.

490 Gillman(1988), 439. Glasson(1990)은 이렇게 말한다: "고전 15장과 고후 5장에서 제시된 부활에 관한 관점들을 조화시키기는 어렵다.…만약 미래의 어느 정점에서가 아니라 죽을 때 하나님이 지은 집이 주어지는 것이라면(그런 것으로 보인다), 바울의 생각은 한 단계 나아간 것으로 보인다"(154). Moule(1965)은 이렇게 주장

있다;[491] (3) 바울은 고린도전서 15장에서 다뤘던 것과 다른 문제에 대해, 아마도 중간 상태에 관해 말하고 있다.[492] 나는 C. F. D. 모울이 다음과 같이 쓴 데 동의한다. "나는 과거와 현재의 위대한 학자들이 당혹감을 고백한 곳에서 내가 명확성과 정확성을 제공할 수 있다고 상상할 만큼 순진하지 않다."[493] 그럼에도 나는 그 논의에 기여하기 바라는 마음에 몇 가지 생각을 제시하고자 하며, 그 과정에서 나보다 앞선 일부 학자들처럼 바울이 재림과 중간 단계 **모두**를 가리키고 있다는 주장이 옳다고 주장할 것이다. 두 번째 범주 또는 세 번째 범주 하나만 옳은 것이 아니라 둘 다 옳다.

고린도후서 5:3의 텍스트상 불일치를 지적하는 데서 논의를 시작해보자. ἐκδυσάμενοι인가, ἐνδυσάμενοι인가?[494] NA[27] 그리고 UBS[4] 모두 ἐκδυσάμενοι를 선호한다.[495] 그러므로 NRSV는 다음과 같이 읽힌다.

한다: "고전 15장과 고후 5장 사이의 차이는 변화의 순간이라기보다는 방법과 관련이 있다. 고전 15장이 새것이 옛것에 **더하여지고 덧입혀진다**고 암시하는 반면, 고후 5장은 새것은 오직 옛것과 **교환해서**만 받을 수 있다고 암시한다"(116, 또한 107).

491 Gillman(1988), 440. 다음 문헌들도 보라. Bultman(1985), 134; Young and Ford(1987), 132.

492 Gillman(1988), 441. 다음 문헌들도 보라. Barnett(*Second Epistle to the Corinthians*, 1997), 262-63; Barrett(1973), 152-57; Fryer(1987); Harris(1985), 99; Hering(1967), 36-37; Hughes(1962), 171; Kistemaker(1997), 171; Raymond Martin(1986), 104-5; Osei-Bonsu(1986); Thrall(1994), 376-78; Witherington(Corinth, 1995), 318, 391; Woodbridge(2003), 17; Yates(1987).

493 Moule(1965), 106.

494 바울이 사용한 "벗은"과 "집"이라는 단어의 올바른 해석도 확실하지 않다. 대부분의 주석가들은 "벗은"이 몸을 벗어난 상태를 가리킨다고 주장하는 반면, 소수의 다른 학자들은 폭넓은 다른 해석들을 택한다. Ellis(1959)는 그것을 결혼 예복을 입지 않은 죄책을 표현하는 한 방법으로 이해한다(221); Furnish(1984)는 그것을 "모종의 방식으로 자신의 세례를 부정해 온 데 따른 그리스도로부터의 소외"로 이해한다(298); Scott(1998)는 "벗은 자"가 되는 것에 대한 바울의 견해를 바울이 "사도로서의 고난과 수고에 대해 보상받지 못한 채 물리적으로 매장되는 것"으로 이해한다(113).

495 NET와 R. J. Goodrich and A. L. Lukaszewski, *A Reader's Greek New Testament*,

"참으로 우리가 **그것을 벗을 때,** 우리는 벌거벗은 상태가 되지 않을 것이다"(강조는 덧붙여진 것임, εἴ γε καὶ ἐκδυσάμενοι οὐ γυμνοὶ εὑρεθησόμεθα). 그러나 다른 번역본은 다음과 같이 읽힌다. "참으로 우리가 **그것을 입을 때,** 우리는 벌거벗은 자들이 되지 않을 것이다"(강조는 덧붙여진 것임, εἴ γε καὶ ενδυσάμενοι οὐ γυμνοὶ εὑρεθησόμεθα).

『그리스어 신약 텍스트 주석』(*A Textual Commentary on the Greek New Testament*, 1971)에서 편찬 위원회는 ἐκδυσάμενοι를 선호했지만 위원장 메츠거는 ἐνδυσάμενοι를 선호하여 다수 의견과 견해를 달리했다. 그 위원회는 사본상의 증거는 ἐνδυσάμενοι가 우월함을 인정했다. 그러나 그 위원회는 만약 바울이 ἐνδυσάμενοι를 사용했다면 그의 진술은 "진부하고 심지어 동어 반복적인 반면, ἐκδυσάμενοι를 사용할 경우 그 표현은 매우 생생하고 역설적이다('우리는 비록 옷을 입지 않을지라도 벌거벗지 않을 것이다')"라고 판단했다.[496] 따라서 그들은 ἐκδυσάμενοι에 *C*라는 신뢰등급을 부여했다.[497] 메츠거는 그 단어의 "우월한 외부의 지지"와 ἐκδυσάμενοι는 아마도 "명백한 동어 반복을 피하기 위한 초기의 변경"일 것이기 때문에 ἐνδυσάμενοι를 선호했다.[498] 또한 대다수의 영어 번역들이 ἐνδυσάμενοι를 채택해왔다는 것도 주목할 만하다.[499]

처음에는 ἐκδυσάμενοι를 원래의 단어로 여길 충분한 이유가 있는 것

2판(2007)은 그 그리스어 텍스트를 ἐνδυσάμενοι로 변경했다.

496 Metzger(1994), 511.

497 이는 UBS[3]의 *D* 등급에서 상향 조정된 것이다.

498 Metzger(1994), 511.

499 후자의 독법을 선호하는 번역본으로는 Amplified Bible, ASV, Darby, DRA, ESV, KJV, NASB, NAU, NEB, NET, NIB, NIV, NJB, NKJV, NLT, RWB, TNIV가 있다. 독일어 ELB도 이에 동의한다. 전자의 독법을 선호하는 번역본들로는 NAB, NRSV, RSV가 있다. 독일어 HOF-IBS는 이 독법에 동의하지만 각주에서만 언급된다. 영어 번역에서는 17:3으로 "그것을 입는다"가 우세하다.

으로 보인다. 그 번역은 타당하고 아주 매끄럽다. 위원회가 지적했듯이, 그것은 역설을 만들어낸다. καὶ를 "심지어"로 번역함으로써 고린도후서 5:3을 다음과 같이 번역할 수도 있을 것이다. "참으로 우리가 그것을 벗을 때조차 우리는 벌거벗은 자가 되지 않을 것이다." 그러면 고린도후서 5:1-4은 이렇게 풀어쓸 수 있게 될 것이다. "우리는 우리의 현재의 몸이 죽으면 하늘에서 다른 몸, 즉 하나님이 지은 영원한 몸이 우리를 기다리고 있다는 것을 안다. 지금 우리는 하늘의 몸을 입기를 간절히 사모하고 있다. 그러므로 우리가 우리의 세상의 몸을 벗을 때조차 우리는 벌거벗은 자가 [또는 몸에서 이탈한 자가] 되지 않을 것이다."

그러나 매끄러운 역설은 이 번역을 지지하는 유일한 논거이며, 나는 그 해석에 대해 네 가지 도전을 제기한다. 첫째, 우리는 바울이 이 구절에서 "진부하고 동어 반복적"일지라도 놀라지 말아야 한다. 왜냐하면 그는 다른 곳에서도 이렇게 하는 습관이 있기 때문이다. 이와 밀접하게 관련된 구절인 고린도전서 15:53-54을 살펴보자.

> Δεῖ γὰρ τὸ φθαρτὸν τοῦτο ἐνδύσασθαι ἀφθαρσίαν καὶ τὸ θνητὸν τοῦτο ἐνδύσασθαι ἀθανασίαν. ὅταν δὲ τὸ φθαρτὸν τοῦτο ἐνδύσηται ἀφθαρσίαν καὶ τὸ θνητὸν τοῦτο ἐνδύσηται ἀθανασίαν, τότε γενήσεται ὁ λόγος ὁ γεγραμμένος· κατεπόθη ὁ θάνατος εἰς νῖκος.

> 이 썩을 것이 반드시 썩지 아니할 것을 입겠고 이 죽을 것이 죽지 아니함을 입으리로다. 이 썩을 것이 썩지 아니함을 입고 이 죽을 것이 죽지 아니함을 입을 때에는 사망을 삼키고 이기리라고 기록된 말씀이 이루어지리라.

이 텍스트에서 바울은 동일한 주제에 관해 쓰면서, 위원회가 바울이 고린도후서 5:3에서 한 일에 불리하게 결정한 바로 그 일과 아주 근접한 일을 하고 있다.[500] 확실히 고린도전서 15:53-54에서는 동어 반복이 나타나지 않는다. 그러나 그곳에서 바울의 수사는 여전히 너무 장황하다. 고린도후서 5:3의 동어 반복에 의해 만들어진 장황함은 바울이 고린도의 헬레니즘 문화 속에서 살아가고 있는 그의 동료 신자들에게 그들이 보편적 부활 때 몸에서 벗어난 영이 되기보다는 오히려 몸을 입게 될 것이라는 확신을 심어주기 위한 방법이었을 것이다.[501]

둘째, 메츠거가 지적했듯이, ἐκδυσάμενοι를 지지하는 텍스트상의 증거는 ἐνδυσάμενοι를 지지하는 증거보다 약하다.

셋째, 고린도후서 5:4의 ἐπενδύσασθαι는 일반적으로 다른 옷 위에 옷을 걸치는 "덧옷"을 가리키며, 고린도전서 15:52-54에서 옷을 입는 것으로 표현되는 죽을 몸의 변화와 평행하는 생각으로 보인다.[502]

넷째, 다음 구절의 καταπίνω는 생명에 의해 삼켜진 죽을 존재를 묘사하며 바로 앞에 나오는 옷을 덧입는 모습(ἐπενδύσασθαι)과 잘 들어맞는 것으로 보인다. 그것은 또한 고린도전서 15:54에 평행하는 표현이 있다. 그러므로 근거가 약한 독법을 받아들여야 할 이유는 위원회가 생각했던 것만큼 강하지 않을 뿐 아니라, 이어지는 문맥에서 바울이 사용한 다른 그리스어 용어들도 그 독법에 불리하게 작용한다.

만약 ἐνδυσάμενοι를 택한다면, 우리의 지상의 몸의 변화가 바울이 생각했던 바였을 가능성이 더 크고 이는 또한 바울이 고린도전서 15장

---

500 Gillman(1988)은 다음과 같이 주장한다. ἐνδυσάμενοι는 진부하거나 동어 반복적이 아니라, "이중 복합어인 ἐπενδύω의 '사실상의 반복'으로 간주될 수도 있다. 강조어 καί(고전 4:7; 7:10-11을 보라)는 이런 독법을 지지한다"(447).

501 Harris(2005), 고후 5:3 주석(Logs Libronix).

502 Wright("Early Traditions," 1998), 129.

에서 가르친 바와 비슷할 것이다. 그러나 이런 해석에는 한 가지 문제가 있다. καταλύω는 종종 완전한 파괴라는 뜻으로 쓰이기 때문에 사람의 영이 하나의 몸을 다른 몸으로 바꾸는 것이 고린도후서 5:1에 더 적합해 보인다.[503] 그러나 바울은 이 용어를 갈라디아서 2:18과 로마서 14:20에서 두 번만 더 사용한다. 바울은 갈라디아서 2:18에서는 그가 한때 헐었던 것들을 세우는 것에 관해 말한다. 로마서 14:20에서 바울이 한 사람의 믿음의 완전한 파괴를 염두에 두었는지는 의심스럽다. 공관복음서들에서 예수는 이 용어를 돌 하나 위에 다른 돌 하나도 남지 않고 무너질(καταλυθῇ) 성전의 파괴와 관련해서 사용한다(막 13:2; 마 24:2; 눅 21:6). 요한복음도 유사한 용어를 사용하는데(λύσατε), 예수가 이 말로 자신의 처형과 자기 몸의 부활을 가리켰을 때 유대 지도자들은 이 말을 공관복음서에서의 의미와 비슷하게 해석했다(요 2:19-21). 비록 예수의 몸은 죽임을 당한다는 측면에서는 파괴될 것이지만, 그는 사흘 안에 부활할 것이다. 그러므로 καταλυθῇ라는 용어는 반드시 돌이킬 수 없는 파괴나 완전한 멸절을 뜻하지 않으며, 바울은 다른 곳에서 그 용어를 그런 뜻으로 사용하지도 않는다.[504]

위에서 논의한 내용에 유념하면서 이제 우리의 텍스트를 길먼이 말하는 해석의 세 범주들에 비추어 살펴보자. 첫 번째 범주는 고린도전서 15장을 쓴 뒤에 바울의 생각이 변했다고 본다. 바울은 이제 고린

503 Harris(1990), 202. Wright(2003)는 고후 5장에서 몸이 **교환**이라기보다는 **변화**를 경험한다는 입장을 취하고 있지만(366), "Moule이 여기서 바울이 고전 15장에서처럼 '덧입음'보다는 '교환'(즉, 하나의 몸을 잃고 다른 몸을 얻는 것)의 가능성을 생각하고 있을 수 있다고 주장한 것은 의심할 바 없이 옳다"고 말한다(367).

504 행 5:39에 나오는 καταλῦσαι("무너뜨리다")라는 단어는 그보다 몇 절 앞 행 5:33에 나오는 ἀνελεῖν("죽이다")과 동의어다. 더욱이 καταλυθήσεται는 같은 문맥에서 "실패하다"를 의미한다(행 5:38).

도후서 5장에서는 신자들이 죽을 때 부활의 몸을 얻는다고 여긴다. 나는 이 견해에 세 가지 문제가 있다고 생각한다. 첫째, 고린도후서 5:4의 ἐπενδύσασθαι는 옷을 입는 것이 아니라 덧입는 것에 관해 말하는데, 이것은 ἐκδυσάμενοι가 아니라 ἐνδυσάμενοι와 일치하는 생각이다. 둘째, 고린도후서 5:4에서 바울은 우리의 현재의 몸이 생명에 의해 삼켜진다고 말하는데, 만약 바울이 현재의 몸이 단순히 부패하거나 멸절될 것이라고 주장한다면 이 말은 앞뒤가 맞지 않는 진술이다. 셋째, 이 견해는 바울이 사후의 존재에 관한 생각을 한 번이 아니라 두 번 바꿨을 것을 요구한다. 고린도전서 15장(기원후 45-55년경)에서 바울은 죽을 몸이 변화한다고 말하는데, 고린도후서를 쓸 즈음에는(기원후 56년경) 죽을 때 몸이 교환되는 것으로 생각을 바꿨다가, 로마서(기원후 55-58년경)와 빌립보서(기원후 59-63년경)를 쓸 즈음에는 그 이전의 견해로 돌아간다.[505] 물론 그랬을 수도 있다. 그러나 그 견해는 임기응변적 요소를 암시하며, 다른 해석이 바울의 관련 진술들과 관련해서 설명력과 설명 범위가 더 크다면 이 견해는 거부되어야 한다.[506]

---

505 Fryer(1987), 460; Osei-Bonsu(1986), 87-88; Wright(2003), 365.

506 더욱이 만약 예루살렘의 사도들이 예수의 무덤이 비었다고 믿었다면, 이 점은 신자들의 사후 존재의 본질에 관한 바울의 견해가 바뀌었다는 견해에 반하는 또 다른 이유가 될 것이다. 만약 바울이 예루살렘의 사도들이 예수의 시체가 부활했기 때문에 예수의 무덤이 비었다고 주장하는 것을 실제로 들었다면, 우리의 부활의 방식을 예수의 부활의 방식과 연결시키는 바울이 왜 나중에 우리의 미래의 부활에 관한 자기의 견해를 바꾸려 하겠는가? 판넨베르크는 이렇게 설명한다. "만약 기독교의 예수 선포가 예수의 무덤을 비우는 것과 연결해서 설명되어야 한다면, 기독교의 부활절 메시지를 영적으로 해석할 가능성은 크게 줄어든다. 부활은 썩을 몸이 다른 몸으로 대체된다는 측면에서가 아니라 옛 생명이 새 생명으로 변화된다는 측면에서 이해되어야 한다"(D'Costa 편[1996], 70에 실린 Pannenberg). 더욱이 만약 바울이 고린도후서를 쓸 즈음에 실제로 마음을 바꿨다면, 우리는 그가 왜 변화에 관한 이전의 견해로 서둘러 돌아갔는지 물을 수 있을 것이다. 물론 우리는 단지 추측할 수 있을 뿐이다. 그러나 만약 바울이 고린도후서에서 신자들의 사후의 존재 방식에 관한 자신의 새로운 믿음이 예수의 부활의 방식 및(방금 언급했듯이) 빈 무덤에 관한 주장과 충돌한다는 점을 깨달았다면 그는 자기가 훨씬 더 확실하다고 생각하는

두 번째 범주에서는 바울의 생각에 일관성이 있다. 왜냐하면 바울은 고린도전서 15장과 고린도후서 5장 모두에서 재림에 관해 말하기 때문이다. 그러나 고린도후서 5:6, 8을 그 텍스트가 바울이 재림만 염두에 두고 있다는 견해를 수용할 수 있도록 해석하기는 어렵다. 나는 바울이 고린도후서 5:6-9를 쓰지 않았다면 아무런 무리 없이 이 견해를 유지할 수 있다고 생각한다. 바울이 재림에 관해서만 말하고 있다면, 어떻게 6-9절이 그 논의에 공헌할 수 있겠는가? 왜냐하면 바울은 몸에서 떠나거나 몸에 있지 않는 것(ἐκδημῆσαι)과 주와 함께 있는 것(ἐνδημῆσαι)을 비교하는 반면, 고린도전서 15장에서는 분명하게 현재의 몸의 변화에 관해 생각하고 있으니 말이다.

세 번째 범주는 고린도후서 5장의 주제를 다르게 본다. 바울은 고린도전서 15장에서는 재림 때의 변화에 관해 쓰는 반면, 고린도후서 5장에서는 재림 이전에 그리스도 안에서 죽은 자들이 경험하는 중간 상태에 관해서만 쓰고 있다. 얼핏 보면, 이 해석은 그럴듯해 보인다. 바울은 우리의 현재의 몸이 낡아지다가 마침내 파괴되고 새로운 몸으로 대체된다고 말한다(고후 5:1). 우리는 고린도후서 5:3을 바울이 신자들은 죽을 때 몸에서 벗어나는 것을 두려워할 필요가 없다고 단언하는 것으로 해석할 수 있다. 왜냐하면 신자들은 그들의 땅의 몸을 벗고 재림 때의 보편적 부활 때까지 일시적으로 하늘에서 새 몸을 얻을 것이기 때문이다. 그러나 이 해석은 고린도후서 5:1에서 그 새 몸이 일시적인 몸이 아니라 "영원한" 몸이라고 말하는 바울의 단언에 의해 설명력을 잃는다. 이 해석은 이어지는 바울의 진술에 등장하는 αὐτὸ τοῦτο("곧 이것")라는 표현에 의해 한

내용을 옹호하기 위해 자신이 보다 사변적인 믿음으로 여기는 내용을 수정할 수도 있었을 것이다.

층 더 손상된다. "**곧 이것**을 우리에게 이루게 하시고 보증으로 성령을 우리에게 주신 이는 하나님이시니라"(고후 5:5). 여기서 αὐτὸ τοῦτο는 무엇을 가리키는가? 고린도후서 5:6의 οὖν("그러므로")은 모든 것의 결론을 내리기 때문에 αὐτὸ τοῦτο가 뒤에 나오는 텍스트를 가리킬 가능성은 낮다. αὐτὸ τοῦτο를 앞에 나온 텍스트를 가리키는 것으로 이해한다면, 이 어구를 고린도전서 5:4에서 그 어구 바로 앞에 있는 표현, 즉 "벗고자 함이 아니요 오히려 덧입고자 함이니 죽을 것이 생명에 삼킨 바 되게 하려 함이라"와 연결시키는 것이 가장 자연스러워 보일 것이다. 우리는 다시금 덧입는다는 바울의 언어와 바울이 우리의 현재의 몸이 생명에게 삼켜진다고 말하는 것에 주목한다. 현재의 몸이 생명에게 삼켜진다는 말은 덧입음과 관련해서는 이치에 맞지만 신자가 현재의 몸을 버리고 새로운 몸을 얻는다면 이치에 맞지 않는 진술이다. 가능성이 있는 유일한 다른 지시대상은 우리가 새 몸을 입음으로써 몸에서 벗어나지 않게 되리라는 고린도후서 5:3에 나오는 진술인데, 이 해석은 그럴듯해 보인다. 이 경우에 고린도후서 5:4이 고린도후서 5:3을 지지할 것이다. 그러나 이 해석은 고린도전서 15장과의 일관성을 유지하는 두 번째 범주를 지지하며, 세 번째 범주를 포용하는 주해에서 보는 바와 같이 바울이 재림보다는 중간상태에 관해 말하고 있다는 견해와 양립하지 않는다.

나는 바울이 부활의 두 단계 **모두**를 언급한다는 세 번째 범주의 수정된 형태를 제안하고자 한다.[507] 첫 번째는 재림 이전에 죽는 신자들의 상태를 가리키는 반면, 두 번째는 재림 시의 보편적 부활 때의 신자들의 상태를 가리킨다. 이 구절에서 바울은 먼저 재림 때의 상태에 대해 말하

507 Craig(*Assessing*, 1989), 154-57; Fryer(1987), 478; Meyer(1986), 380-81; Nickelsburg(2006), 235; Osei-Bonsu(1986), 95; Witherington(*Corinth*, 1995), 391; Woodbridge(2003), 17.

고 이어서 재림 전의 상태에 대해 말한다.

내가 바울이 말하는 내용이라고 생각하는 바를 풀어쓰면 다음과 같다.

> 비록 우리의 몸은 낡아지지만 우리의 속사람은 나날이 새로워진다. 우리가 겪고 있는 고난이 우리를 위해 (우리 안에서) 비교할 수 없는 영원하고 막중한 영광을 낳는다. 우리는 보이는 것이 아니라 보이지 않는 것에 집중한다. 보이는 것은 일시적인 반면, 내가 말하는 보이지 않는 것은 영원하기 때문이다. 우리의 **이 세상의** 몸이 죽으면, 하늘에서 하나님이 만든 영원한 몸을 입는다.[508] 왜냐하면 우리는 우리의 하늘의 몸을 덧입기를 갈망하기 때문이다. 그러므로 우리가 그 몸을 입을 때 우리는 몸에서 이탈되지 않을 것이다. 우리가 지금 탄식하는 것은 몸에서 이탈하기를[만약 우리가 재림 전에 죽는다면 그렇게 될 것이다] 원하지 않고 우리의 현재의 몸이 생명에 의해 삼켜지기 위해 몸을 덧입기를 원하기 때문이다[그 일은 재림 때 살아 있는 신자들에게 일어날 것이다. 달리 말하자면 우리는 죽어서 몸에서 이탈하기보다는 재림 때에 변화되기를 선호한다]. 하나님은 우리에게 이것을 가져다주고 또한 보편적 부활 때 우리가 몸을 입게 되리라고 보증하면서 그에 대한 보증으로 우리에게 성령을 보내준 분이다. 그러므로 우리는 [하나님을 의존하는 데 대해] 확신하며 우리가 현재의 몸 안에 머무는 동안에는 주로부터 떨어져 있다는 것을 안다. 우리는 믿음으로 사는 것이지 보는 것으로 사는 것이 아니다. 우리는 [하나님을 의존하는 데 대해] 확신하며 [우리가 살아서 재림을 보는 경우가 아니라면] 차라리 몸을 떠나 주와 함께 있기를 바란다.

---

508 "이 세상의"(ἐπίγειος). 이 단어를 고전 15:42-44에 나오는 φθορα, ἀτιμία, ἀσθένεια 및 고전 15:47에 나오는 ψυχικός와 비교하라.

이 해석은 새로운 범주들을 만들어내지 않으면서 다른 범주들에 의해 만들어진 난점을 제거하고 또한 바울이 다른 곳들에서 밝힌 생각과도 일치한다(고전 15:42-54; 빌 1:21-24; 3:21; 살전 4:16-17; 롬 8:11-25). 실제로 바울은 빌립보서 1:23-24에서 이와 동일한 생각을 밝힌 바 있다. 거기서 바울은 투옥되어 심리를 기다리는 상황에서 자신의 대안은 죽어서 그리스도와 함께 있거나 또는 이 세상에서 삶을 지속하는 것이라고 이해한다. 바울은 두 장 뒤에서 확실히 우리의 죽을 몸이 변화할 것이라고 이해하고 있으므로(빌 3:21), 빌립보서 1:23-24에서 바울의 생각은 고린도후서 5:8에서와 마찬가지로 보편적 부활 전에 죽은 신자들의 상태—몸에서 떠남—를 가리키는 반면, 빌립보서 3:21은 고린도후서 5:2-5과 평행하며 보편적 부활 때 신자들의 몸의 변화를 가리킨다.

사실 고린도후서 이전과 이후에 쓰인 바울 서신들—모두 저작권 논란이 없는 바울의 서신들에 나온다—에는 사후의 존재에 관한 이 논의와 관련된 인상적인 평행구들이 있는데, 그 구절들은 난해한 텍스트인 고린도후서 4:16-5:8에 나타나는 바울의 생각을 헤아리는 데 도움을 준다.

1. 덧입음과 삼킴이 있다.
    A. 고린도후서 5:4: "우리는 벗고자 함이 아니요 오히려 덧입고자 함이니 죽을 것이 생명에 삼킨 바 되게 하려 함이라."[509]
    B. 고린도전서 15:54: "이 썩을 것이 썩지 아니함을 입고 이 죽을 것이 죽지 아니함을 입을 때에는 사망을 삼키고 이기리라고 기록된 말씀[사 25:8]이 이루어지리라"[510]

---

509 οὐ θέλομεν ἐκδύσασθαι ἀλλ' ἐπενδύσασθαι, ἵνα καταποθῇ τὸ θνητὸν ὑπὸ τῆς ζωῆς.

510 ὅταν δὲ τὸ φθαρτὸν τοῦτο ἐνδύσηται ἀφθαρσίαν καὶ τὸ θνητὸν τοῦτο ἐνδύσηται

2. 우리의 죽을 몸이 변화될 것이다.

A. 고린도전서 15:51: "우리가 다…변화되리니."[511]

B. 빌립보서 3:21: "그가 우리의 낮은 몸을 변하게 하시리라."[512]

C. 로마서 8:11: "예수를 죽은 자 가운데서 살리신 이의 영이 너희 죽을 몸도 살리시리라."[513]

3. 우리의 현재의 몸은 "세상적인" 반면 우리의 새로운 몸은 "천상적"일 것이다.

A. 고린도후서 5:1: "만일 땅에 있는 우리의 장막 집이 무너지면 하나님께서 지으신 집 곧 손으로 지은 것이 아니요 하늘에 있는 영원한 집이 우리에게 있는 줄 아느니라."[514]

B. 고린도전서 15:47: "첫 사람은 땅에서 났으니 흙에 속한 자이거니와 둘째 사람은 하늘에서 나셨느니라."[515]

C. 고린도전서 15:49: "우리가 흙에 속한 자의 형상을 입은 것

ἀθανασίαν, τότε γενήσεται ὁ λόγος ὁ γεγραμμένος· κατεπόθη ὁ θάνατος εἰς νῖκος.

511 πάντες δὲ ἀλλαγησόμεθα.

512 ὃς μετασχηματίσει τὸ σῶμα τῆς ταπεινώσεως ἡμῶν.

513 εἰ δὲ τὸ πνεῦμα τοῦ ἐγείραντος τὸν Ἰησοῦν ἐκ νεκρῶν οἰκεῖ ἐν ὑμῖν, ὁ ἐγείρας Χριστὸν ἐκνεκρῶν ζῳοποιήσει καὶ τὰ θνητὰ σώματα ὑμῶν. 비록 변화 또는 변형이 언급되지는 않지만, 유사한 말에 대해서는 고전 6:14와 고후 4:14도 보라.

514 Οἴδαμεν γὰρ ὅτι ἐὰν ἡ ἐπίγειος ἡμῶν οἰκία τοῦ σκήνους καταλυθῇ, οἰκοδομὴν ἐκ θεοῦ ἔχομεν, οἰκίαν ἀχειροποίητον αἰώνιον ἐν τοῖς οὐρανοῖς. Harris(2005)는 다음과 같이 주장한다: "1절에서 바울이 막 14:58에 기록되어 있는 주의 말씀에 대해 언급하고 있을 개연성이 매우 높다. 왜냐하면 그 두 구절들 사이에 현저한 어휘상의 상응이 나타나기 때문이다"(καταλύσω—καταλυθῇ, ἀχειροποίητον—ἀχειροποίητον, οἰκοδομήσω—οἰκοδομήν, 고후 5:1 주석, Logos Libronix).

515 ὁ πρῶτος ἄνθρωπος ἐκ γῆς χοϊκός, ὁ δεύτερος ἄνθρωπος ἐξ οὐρανοῦ.

같이 또한 하늘에 속한 이의 형상을 입으리라."[516]

4. 우리는 우리의 몸을 떠나면 주님과 함께 있게 된다.
   A. 고린도후서 5:6: "우리가 몸으로 있을 때에는 주와 따로 있는 줄을 아노니."[517]
   B. 고린도후서 5:8: "우리가 원하는 바는 차라리 몸을 떠나 주와 함께 있는 그것이라."[518]
   C. 빌립보서 1:23-24: "내가 차라리 세상을 떠나서 그리스도와 함께 있는 것이 훨씬 더 좋은 일이라. 그렇게 하고 싶으나 내가 육신으로 있는 것이 너희를 위하여 더 유익하리라."[519]

5. 고난은 우리에게 미래의 영광을 낳는다.
   A. 고린도후서 4:17: "우리가 잠시 받는 환난의 경한 것이 지극히 크고 영원한 영광의 중한 것을 우리에게[520] 이루게 함이니."[521]
   B. 로마서 8:18: "생각하건대 현재의 고난은 장차 우리에게 나타날 영광과 비교할 수 없도다."[522]

---

516 καθὼς ἐφορέσαμεν τὴν εἰκόνα τοῦ χοϊκοῦ, φορέσομεν καὶ τὴν εἰκόνα τοῦ ἐπουρανίου. 빌 3:21도 보라.

517 ἐνδημοῦντες ἐν τῷ σώματι ἐκδημοῦμεν ἀπὸ τοῦ κυρίου.

518 εὐδοκοῦμεν μᾶλλον ἐκδημῆσαι ἐκ τοῦ σώματος καὶ ἐνδημῆσαι πρὸς τὸν κύριον.

519 τὴν ἐπιθυμίαν ἔχων εἰς τὸ ἀναλῦσαι καὶ σὺν Χριστῷ εἶναι, πολλῷ [γὰρ] μᾶλλον κρεῖσσον· τὸ δὲ ἐπιμένειν [ἐν] τῇ σαρκὶ ἀναγκαιότερον δι' ὑμᾶς.

520 롬 8:18에 비추어, 저자는 "우리 안에서"보다 "우리를 위하여"를 선호한다(개역개정에서는 "우리에게"로 번역되었음—역자 주).

521 τὸ γὰρ παραυτίκα ἐλαφρὸν τῆς θλίψεως ἡμῶν καθ' ὑπερβολὴν εἰς ὑπερβολὴν αἰώνιον βάρος δόξης κατεργάζεται ἡμῖν

522 Λογίζομαι γὰρ ὅτι οὐκ ἄξια τὰ παθήματα τοῦ νῦν καιροῦ πρὸς τὴν μέλλουσαν

6. 보이는 것이 아닌 보이지 않는 것에 대한 관심

A. 고린도후서 4:18: "우리가 주목하는 것은 보이는 것이 아니요 보이지 않는 것이니."[523]

B. 로마서 8:25: "만일 우리가 보지 못하는 것을 바라면 참음으로 기다릴지니라."[524]

7. 우리는 우리의 현재 상태에서 신음하고 보증으로 성령을 받았다.

A. 고린도후서 1:22: "그가 또한 우리에게 인치시고 보증[ἀρραβῶνα]으로 우리 마음에 성령을 주셨느니라."[525]

B. 고린도후서 5:2-5: "우리가 여기 있어 탄식하며[στενάζομεν] 하늘로부터 오는 우리 처소로 덧입기를 간절히 사모하노라.…참으로 이 장막에 있는 우리가 짐진 것 같이 탄식하는[στενάζομεν] 것은 벗고자 함이 아니요 오히려 덧입고자 함이니 죽을 것이 생명에 삼킨 바 되게 하려 함이라. 곧 이것을 우리에게 이루게 하시고 보증[ἀρραβῶνα]으로 성령을 우리에게 주신 이는 하나님이시니라."[526]

C. 로마서 8:23: "우리 곧 성령의 처음 익은 열매[ἀπαρχή]를 받은 우리까지도 속으로 탄식하여[στενάζομεν] 양자 될 것 곧

δόξαν ἀποκαλυφθῆναι εἰς ἡμᾶς.

523 μὴ σκοπούντων ἡμῶν τὰ βλεπόμενα ἀλλὰ τὰ μὴ βλεπόμενα.

524 εἰ δὲ ὃ οὐ βλέπομεν ἐλπίζομεν, δι' ὑπομονῆς ἀπεκδεχόμεθα.

525 ὁ καὶ σφραγισάμενος ἡμᾶς καὶ δοὺς τὸν ἀρραβῶνα τοῦ πνεύματος ἐν ταῖς καρδίαις ἡμῶν.

526 καὶ γὰρ ἐν τούτῳ στενάζομεν τὸ οἰκητήριον ἡμῶν τὸ ἐξ οὐρανοῦ ἐπενδύσασθαι ἐπιποθοῦντες...καὶ γὰρ οἱ ὄντες ἐν τῷ σκήνει στενάζομεν βαρούμενοι, ἐφ' ᾧ οὐ θέλομεν ἐκδύσασθαι ἀλλ' επενδυσ ασθαι, ἵνα καταποθῇ τὸ θνητὸν ὑπὸ τῆς ζωῆς. ὁ δὲ κατεργασαμένος ἡμᾶς εἰς αὐτὸ τουτο θεός, ὁ δοὺς ἡμῖν τὸν ἀρραβῶνα τοῦ πνεύματος. 엡 1:13-14도 보라.

우리 몸의 속량을 기다리느니라."[527]

바울이 고린도후서를 쓰기 전과 후 모두에서 나타나는 이런 많은 평행구들, 그리고 새로운 범주들을 만들어 내지 않으면서 기존의 긴장을 제거하도록 해석할 수 있다는 점을 감안한다면, 내 의견으로는 더 이상 바울이 고린도후서를 쓸 당시 신자들의 사후 존재에 관한 자기의 견해를 바꿨다고 해석할 합당한 이유가 없다.

요약하자면 바울은 신자들에게 두 가지 대안이 있다고 본다. 어떤 신자들은 재림 전에 죽어서 보편적 부활 때까지 육체에서 벗어나 있게 될 것이다.[528] 반면에 재림 때 살아 있는 신자들은 그들의 이 세상의 몸에 하나님이 만든 새로운 부활의 몸을 덧입게 될 것이다. 확실히 바울은 전자를 피하고 싶어 한다. 그러나 바울은 만약 자기가 재림 전에 죽는다면 비록 몸을 벗어난 상태이기는 하지만 자신은 주님과 함께 있게 될 것이라고 확신하며, 바울은 그것을 이 세상의 몸을 입고 있는 현재의 삶보다 선호한다. 그리고 바울에게는 그리스도와 함께 있는 것이 가장 중요하다.[529]

---

527 αὐτοὶ τὴν ἀπαρχὴν τοῦ πνεύματος ἔχοντες, ἡμεῖς καὶ αὐτοὶ ἐν ἑαυτοῖς στενάζομεν υἱοθεσίαν ἀπεκδεχόμενοι, τὴν ἀπολύτρωσιν τοῦ σώματος ἡμῶν. "속량"의 의미에 관한 논의는 위의 롬 8:11에 관한 저자의 설명을 보라.

528 *Jub*. 23.30-31을 보라.

529 Harris(2005)도 이렇게 말한다: "이와 관련해서 바울은 그리스도의 경험을 전형적인 것으로 보았을 수도 있다. 예수가 그의 죽음과 부활 사이에 몸에서 벗어난 중간 상태를 경험했던 것처럼, 재림 전에 죽는 그리스도인들도 그러할 것이다. 또한 바울이 틀림없이 예수가 몸에서 벗어난 상태로 있을 때 그의 영혼이 보존되었다고 믿었던 것처럼, 그는 또한 신자들이 부활을 기다리는 동안 몸에서 벗어난 상태에서 보존되리라고 가르쳤다. 그 상태에서 그들은 그리스도의 면전에서 그리스도와 활발하게 교제한다(8b). '그리스도 안에 있는 죽은 자'와 살아 있는 그리스도인들의 차이는 그들의 지위에 있는 것이 아니라(τὸ εἶναι ἐν Χριστῷ; 고후 5:17; 살전 4:16을 비교하라), 그들의 몸의 상태(몸에서 벗어나 있음: 몸 안에 있음) 및 그들과 그리스도와의 교제의 질과 그리스도에 대한 그들의 근접성 정도(τὸ εἶναι σὺν Χριστῷ; 빌 1:23; 고후 5:8를 비교하라)에 있다"(고후 5:8에 대한 주석을 보라).

4.3.3.9.f. 갈라디아서 1:11-19.

이미 이 텍스트를 살펴보았으므로 여기서는 우리의 결론만 다시 말하고자 한다.[530] 어떤 학자들은 자기가 "예수 그리스도의 계시"를 통해 복음을 받았고 하나님이 그의 아들을 "내 속에" 계시했다는 바울의 진술이 객관적 실재라기보다는 환영이나 신현과 더 가까운 경험을 암시한다고 주장해왔다. 우리는 이 점이 명확하지 않다는 것을 보았다. 왜냐하면 바울은 여러 경우에 ἀποκάλυψις를 본질상 물질적인 계시를 가리키는 데 사용하며 이 텍스트에서 ἐν ἐμοί는 "내게"로 번역해도 타당하기 때문이다. 우리는 바울이 이 텍스트에서 자신의 회심 경험을 설명한 내용이 너무 모호해서 우리의 연구에 도움이 될 만한 그의 회심 경험의 본질에 관한 상세한 내용을 얻기 어렵다는 결론을 내렸었다.

우리는 바울 서신의 여러 구절들을 주의 깊게 살펴보았고 바울이 신자들의 최종적인 사후 상태가 결코 몸에서 벗어난 상태라고 여기지 않았다는 점을 살펴보았다. 갈라디아서 1장은 몸에서 벗어난 상태라는 견해와 맥을 같이하지만, 그 텍스트의 모호성으로 인해 그런 주장을 확인하거나 암시하지 못한다. 따라서 바울의 어떤 텍스트도 일반적인 부활과 특히 예수의 부활에 관한 바울의 견해가 복음서 저자들의 견해와 근본적으로 다르다고 주장하는 데 사용될 수 없다.[531] 바울과 복음서 저자들이 예수가 부활했다고 주장했을 때 그들이 전하고자 했던 내용은 예수의 시체가 살아났다는 것이었다. 저울의 한쪽에 아주 모호한 갈라디아서

---

530 이 책의 4.3.3.1.a를 보라.

531 Allison(*Resurrecting Jesus*, 2005): "일부 학자들의 반대 의견에도 불구하고, 원시 예루살렘 공동체에서는 말할 것도 없고 바울에게도 비물질적 부활을 믿었음을 보여주는 충분한 증거가 없다.…심지어 바울은 고전 15장에서 '영적인 몸'이라는 개념을 옹호하면서—2 *Bar.* 51:10에서처럼—시신의 포기가 아니라 변화에 대해 가르친다"(317; 324, 325와 비교하라).

1:11-19의 텍스트 같은 완두콩처럼 가벼운 몇 가지 가능성들을 올려놓는다고 해서 그 저울의 다른 쪽에 놓여 있는 바울 서신의 수많은 구절들로부터 나오는 벽돌만큼이나 무겁고 안전한 증거들에 필적할 수는 없는 노릇이다. 저울추는 심하게 기울어진다.

4.3.3.10. 예수의 부활에 관심이 있는 역사가들에게 바울이 중요한 이유

바울은 예수의 부활에 관해 언급하는 가장 초기의 저자이며 그가 쓴 현존하는 많은 텍스트들이 예수 부활의 본질에 관한 단서들을 제공하기 때문에 바울을 우선적으로 다뤄야 한다. 바울 서신들은 부활한 예수에 대해 확인할 수 있는 목격자에 의해 쓰였음을 확인할 수 있는 유일한 보고들이다.[532] 또한 그는 개인적으로 다른 제자들을 알았는데, 그들도 부활한 예수가 자기들에게 개별적으로 또한 집단에게 출현했다고 주장하고 있었다. 바울이 부활한 예수를 만나는 경험을 했을 당시에 그는 교회의 적이었기 때문에 바울의 회심은 특별히 흥미롭다. 그러므로 예수의 부활은 그의 친구들에 의해서뿐만 아니라 적어도 그 경험을 했을 당시에는 예수의 철천지원수였던 사람에 의해서도 보고된다. 자기가 부활한 그리스도를 목격했다는 바울의 믿음은 매우 강력해서 그는 원래의 사도들처럼 기꺼이 복음을 위해 계속 고난을 받고 심지어 순교하기에 이르렀다.

바울이 제공한 역사적 정보들이 예수 부활의 역사성을 연구하는 역사가들에게 도움이 될 수 있음에 비추어볼 때, 일부 학자들이 그 정보의 가치를 깎아내리려 했다는 것이 놀랄 일은 아니다. 로이 후버는 "그 어떤 신약성서 텍스트도 부활한 예수가 예수의 제자가 아닌 사람 **또는 신자가**

---

532 Copan and Tacelli 편(2000), 129에 실린 Hoover; Lüdemann(2004), 34-35와 비교하라.

되지 않은 사람에게 출현했다고 주장하지 않는다"라고 쓴다.[533] 이 말은 자신이 부활한 예수를 보았다고 확신한 후에 신자가 된 사람들을 무시하는 대담한 주장이다. 후버는 무엇이 그들로 하여금 자기들이 거짓 메시아라고 믿었던 사람을 거부하려는 이전의 소망에 맞서 믿게끔 만들었는가라는 문제를 다루지 않는다. 그렇다면 후버는 바울의 경험을 어떻게 설명하는가? 그는 이렇게 쓴다. "부활한 예수는 초기 교회의 열렬한 적이었던 한 바리새인—다소 출신 바울—에게 목격되었다. 그러나 우리가 아는 한 바울은 역사의 예수를 만난 적이 결코 없으며 따라서 예수의 적으로 간주될 수 없다."[534] 후버의 논리를 따른다면, 제2차 세계대전 때 나치에 맞서 싸웠거나 나치가 세운 죽음의 수용소들 중 하나에 투옥되었던 사람이 히틀러를 개인적으로 만난 적이 없다면, 누구도 히틀러를 자신의 적으로 여길 수 없다!

무신론 철학자 마이클 마틴도 비슷하게 주장한다.

> 그리스도인들을 박해했던 바울이 훗날 자기의 종교 경험에 의해 기독교로 회심했다는 사실에 왜 특별한 실존적 의미를 부여해야 하는가? 그의 과거의 기록이 어떠했든, 바울이 이런 보고를 할 즈음에 그는 종교적 회의주의자가 아니라 열정적이고 독실한 신자였다.[535]

---

533 Copan and Tacelli 편(2000), 134에 실린 Hoover. 강조는 덧붙여진 것임. Harrington(1986)도 비슷한 주장을 한다: "신약성서가 예수가 **오직** 제자들, 즉 신자들에게만 '출현'하는 것에 관해 말하는 것은 결코 우연의 일치가 아니다. 왜냐하면 부활은 오직 믿음에만 접근할 수 있기 때문이다.…주의 '출현'은 예수가 자기 제자들과 믿음 안에서 참으로 만났다는 것을 의미한다"(96-97). Harrington은 바울이 신자가 아니었다는 사실을 완전히 놓치고 있다.

534 Copan and Tacelli편(2000), 135에 실린 Hoover.

535 M. Martin(1991), 84.

마틴에게는 신뢰할 만한 증인으로 간주되기 위해서는 기독교 추종자들을 포함해서 기독교에 관한 모든 것에 반대하는 것만으로는 충분하지 않아 보인다. 그는 또한 불가지론자여야 한다. 그러나 앞에서 보았듯이 역사가들은 이런 문제에 관해서는 중립이 존재하지 않는다는 데 만장일치로 동의한다. 편견에 관해 말할 때에는 양면성이 있으며, 일부 종교적 회의주의자들은 본질상 반종교적인 그들 자신의 편견을 드러낸다는 점이 명백하다.

마틴은 무함마드가 자신에게 천사 가브리엘이 나타난 것에 기초해서 다신교에서 유일신교로 회심한 것을 계시의 주된 출처로 인용한다. 무함마드에 따르면 가브리엘은 직접 하늘에서 계시, 즉 코란을 전해 주었다. 그런데 왜 바울의 증언은 받아들이고 무함마드의 증언은 거부하는가?[536] 마틴의 주장은 다소 설득력이 있다. 가브리엘이 자기에게 코란을 계시했다는 무함마드의 증언은 코란에 네 번 나온다.[537] 따라서 코란과 바울 모두 목격자 증언을 제공할 자격이 있을 수도 있다. 그러나 마틴은 몇 가지 아주 중요한 차이들을 간과한다. 첫째, 그 사건의 전반적인 자료들은 질적 측면에서 현격한 차이가 있다. 코란의 텍스트를 제외하면 무함마드에게 가브리엘이 나타난 것은 무함마드에 관한 이른 시기의 전기들과 어록들에서 발견되는데, 그 기록들은 모두 무함마드 사후 2백 년도 더 지나서 쓰였다.[538] 이 기록들은 어느 의미에서는 바울의 회심에 대한 누가의 설명과 유사한 2차 자료들이다. 그러나 누가의 설명은 그것이 묘사하려고 하는 사건들이 발생한 때와 훨씬 더 가까우며 심지어 바울의 동행자들에 의해서 제공되었을 수도 있다. 반면에 무슬림의 자료들은 무함마드가

536 M. Martin(1991), 84.
537 코란 2:97; 26:192-93; 53:10; 81:19.
538 Sahih al-Bukhari 1:1:2-5.

그 경험을 한 때로부터 2백 년도 더 지나서 나온 것들이다. 예컨대, 사도행전에서 누가는 기원후 30-62년 사이에 발생했다고 주장되는 사건들에 관해 보고하고 있고 기원후 61-90년 사이에 글을 쓰고 있다. 누가는 그 사건이 일어난 후 31-60년 사이에 글을 쓰고 있고 그 일을 경험한 사람들 중 몇 명을 개인적으로 알았을 수도 있다. 무함마드의 전기와 어록의 경우 가장 초기의 자료들은 그 자료들이 다루는 사람들과 2백 년 넘게 떨어져 있을 뿐 아니라, 그 사람들에 대해 직접·2차적·3차적 또는 심지어 4차적으로도 알지 못한다. 따라서 비록 전기들과 어록들이 무함마드에게까지 거슬러 올라가는 얼마간의 전승을 포함하고 있을 수도 있지만, 그런 전승들은 역사 연구를 위한 자료로서의 질이 신약성서 문헌에 보존되어 있는 전승들에 비할 바가 아니다.

둘째, 바울의 경험은 어떤 의미에서는 부활한 예수가 자기들에게 출현했다고 주장하는 다른 목격자들에 의해 입증된다. 예수의 친구와 적 모두 부활한 예수가 개별적으로 그리고 사람들이 모여 있는 상황에서 자기들에게 출현했다고 보고했다. 반면에 무함마드는 자기가 이슬람의 발흥과 관련해서 가브리엘의 방문을 받았다고 주장한 유일한 사람이다. 셋째, 무함마드는 자기가 계시를 받았다고 주장하기 전에도 자기 사회의 이교사상과 우상숭배에 불만이 있었다.[539] 그러므로 심지어 무슬림의 자료에 따르더라도 무함마드의 종교 경험의 결과로 다신교로부터의 어떤 회심도 발생하지 않았다. 반면 바울은 유대교 안에서 자신이 속한 엄격한 분파에 아주 만족하고 있었고 그 분파에 매료되어 있었던 것으로 보인다. 실제로 바울은 그 경험을 했을 때 자신의 주도로 그리스도인들을 잡으러 가는 중

---

539 Sahih-Al-Bukhari 5:58:169; A. Guillaume, *Islam* (New York: Penguin Books, 1990), 26-27.

이었다. 무함마드의 경험은 자신의 견해를 확인해준 반면, 바울의 경험은 자신의 견해에 반했다. 그러나 아마도 가장 중요한 점은 역사가들이 무함마드가 어떤 초자연적인 존재가 자신에게 나타난 것으로 해석한 경험을 했다는 사실을 부정할 필요가 없다는 것이다. 역사가들은 자기들이 예수의 제자들의 경험에 대해서 그러는 것처럼, 그 경험에 대한 무함마드의 설명과는 다른 설명을 자유롭게 지지할 수 있다.

우리는 마틴과 후버가 그들이 요구하는 자료를 갖고 있다면 어떻게 반응할지 알고 싶을 수도 있다. 잠시 1세기 중반에 (후버처럼) 그리스도인이 아니거나 (마틴처럼) 불가지론자이거나 무신론자였으면서 예수가 죽은 자들 가운데서 살아나 자신에게 나타났는데도 자기는 계속 불신자로 남았다고 보고했던 사람에게서 나온 자료가 있다고 가정해보자. 우리는 신이 자기에게 나타났는데도 그 신을 거부한 증인의 신뢰성에 대해 의문을 제기하지 않겠는가? 후버와 마틴은 바로 그 이유로 그런 데이터를 무시할 것인가?

어떤 비평가는 개종한 사람이 많기 때문에 바울의 회심은 큰 문제가 아니라고 주장할 수도 있을 것이다. 그러나 바울의 회심의 원인에 차이가 있다. 대개 사람들이 특정한 종교로 개종하는 이유는 그들이 2차 출처를 통해 그 종교의 메시지를 듣고 그것을 믿기 때문이다. 바울의 회심은 바울이 부활한 예수의 개인적인 출현이라고 여겼던 것에 바탕을 두고 있다. 오늘날 우리는 부활한 예수를 보았던 바울과 제자들을 신뢰하면서 2차 증거에 근거하여 예수가 죽은 자들 가운데서 살아났다고 믿을 수도 있을 것이다. 그러나 바울에게는 그 경험이 1차 증거로부터 왔다. 그는 자기가 부활한 예수라고 여겼던 분을 경험했다. 예수는 바울에게 직접 나타났다.

4.3.4. 예수의 회의적인 형제 야고보의 회심

예수의 부활이라는 주제를 연구하는 전문가들에 의해 사실상 이론의 여지가 없다고 간주되는 세 가지 사실들에 관한 하버마스의 현행 목록에는 빠져 있지만, 그의 이전 목록에는 예수의 절반의 형제인 회의주의자 야고보가 부활한 예수가 자기에게 출현한 것으로 여겼던 경험 때문에 회심한 사건도 포함되어 있었다.

4.3.4.1. 정경 복음서들에서 야고보의 회의주의에 대한 증거. 우리는 야고보가 예수의 부활 이전에는 그의 추종자가 아니었다고 주장하는 데 흔히 사용되고 있는 정경 복음서의 네 구절들을 살펴볼 것이다.

4.3.4.1.a. 마가복음 3:20-35.

Καὶ ἔρχεται εἰς οἶκον· καὶ συνέρχεται πάλιν [ὁ] ὄχλος, ὥστε μὴ δύνασθαι αὐτοὺς μηδὲ ἄρτον φαγεῖν. καὶ ἀκούσαντες οἱ παρ' αὐτοῦ ἐξῆλθον κρατῆσαι αὐτόν· ἔλεγον γὰρ ὅτι ἐξέστη. Καὶ οἱ γραμματεῖς οἱ ἀπὸ Ἱεροσολύμων καταβάντες ἔλεγον ὅτι Βεελζεβοὺλ ἔχει καὶ ὅτι ἐν τῷ ἄρχοντι τῶν δαιμονίων ἐκβάλλει τὰ δαιμόνια. Καὶ προσκαλεσάμενος αὐτοὺς ἐν παραβολαῖς ἔλεγεν αὐτοῖς· πῶς δύναται σατανᾶς σατανᾶν ἐκβάλλειν; καὶ ἐὰν βασιλεία ἐφ' ἑαυτὴν μερισθῇ, οὐ δύναται σταθῆναι ἡ βασιλεία ἐκείνη· καὶ ἐὰν οἰκία ἐφ' ἑαυτὴν μερισθῇ, οὐ δυνήσεται ἡ οἰκία ἐκείνη σταθῆναι. καὶ εἰ ὁ σατανᾶς ἀνέστη ἐφ' ἑαυτὸν καὶ ἐμερίσθη, οὐ δύναται στῆναι ἀλλὰ τέλος ἔχει. ἀλλ' οὐ δύναται οὐδεὶς εἰς τὴν οἰκίαν τοῦ ἰσχυροῦ εἰσελθὼν τὰ σκεύη αὐτοῦ διαρπάσαι, ἐὰν μὴ πρῶτον τὸν ἰσχυρὸν δήσῃ, καὶ τότε τὴν οἰκίαν αὐτοῦ διαρπάσει. Ἀμὴν λέγω ὑμῖν ὅτι πάντα ἀφεθήσεται τοῖς υἱοῖς τῶν ἀνθρώπων τὰ ἁμαρτήματα καὶ αἱ βλασφημίαι ὅσα ἐὰν βλασφημήσωσιν· ὃς δ' ἂν βλασφημήσῃ εἰς τὸ πνεῦμα τὸ ἅγιον, οὐκ ἔχει ἄφεσιν εἰς τὸν αἰῶνα, ἀλλὰ ἔνοχός ἐστιν αἰωνίου ἁμαρτήματος. ὅτι ἔλεγον· πνεῦμα ἀκάθαρτον ἔχει. Καὶ ἔρχεται ἡ μήτηρ αὐτοῦ καὶ οἱ ἀδελφοὶ αὐτοῦ καὶ ἔξω στήκοντες ἀπέστειλαν πρὸς αὐτὸν καλοῦντες αὐτόν. καὶ ἐκάθητο περὶ αὐτὸν ὄχλος, καὶ λέγουσιν αὐτῷ· ἰδοὺ ἡ μήτηρ σου καὶ οἱ ἀδελφοί σου [καὶ αἱ ἀδελφαί σου] ἔξω ζητοῦσίν σε. καὶ ἀποκριθεὶς αὐτοῖς λέγει· τίς ἐστιν ἡ μήτηρ μου καὶ οἱ ἀδελφοί [μου]; καὶ περιβλεψάμενος τοὺς περὶ αὐτὸν κύκλῳ καθημένους λέγει· ἴδε ἡ μήτηρ μου καὶ οἱ ἀδελφοί μου. ὃς [γὰρ] ἂν ποιήσῃ τὸ θέλημα τοῦ θεοῦ, οὗτος ἀδελφός μου καὶ ἀδελφὴ καὶ μήτηρ ἐστίν.

집에 들어가시니 무리가 다시 모이므로 식사할 겨를도 없는지라. 예수의 친족들이 듣고 그를 붙들러 나오니 이는 그가 미쳤다 함일러라. 예루살렘에서 내려온 서기관들은 그가 바알세불이 지폈다 하며 또 귀신의 왕을 힘입어 귀신을 쫓아낸다 하니, 예수께서 그들을 불러다가 비유로 말씀하시되 "사탄이 어찌 사탄을 쫓아낼 수 있느냐? 또 만일 나라가 스스로 분쟁하면 그 나라가 설 수 없고 만일 집이 스스로 분쟁하면 그 집이 설 수 없고 만일 사탄이 자기를 거슬러 일어나 분쟁하면 설 수 없고 망하느니라. 사람이 먼저 강한 자를 결박하지 않고는 그 강한 자의 집에 들어가 세간을 강탈하지 못하리니 결박한 후에야 그 집을 강탈하리라. 내가 진실로 너희에게 이르노니 '사람의 모든 죄와 모든 모독하는 일은 사하심을 얻되 누구든지 성령을 모독하는 자는 영원히 사하심을 얻지 못하고 영원한 죄가 되느니라'" 하시니 이는 그들이 말하기를 더러운 귀신이 들렸다 함이러라. 그때에 예수의 어머니와 동생들이 와서 밖에 서서 사람을 보내어 예수를 부르니 무리가 예수를 둘러앉았다가 여짜오되 "보소서! 당신의 어머니와 동생들과 누이들이 밖에서 찾나이다." 대답하시되 "누가 내 어머니이며 동생들이냐?" 하시고 둘러 앉은 자들을 보시며 이르시되 "내 어머니와 내 동생들을 보라. 누구든지 하나님의 뜻대로 행하는 자가 내 형제요 자매요 어머니이니라."

이 텍스트에서 예수는 집으로 들어가고 큰 무리가 그의 가르침을 듣기 위해 모여든다. 예수가 정신이 나갔다고 생각한 그의 어머니와 형제들이 예수를 붙잡으러 온다(막 3:21). 이에 예수는 자기는 추종자들을 가족들보다 더 가깝게 여긴다고 대응한다.

존 페인터는 이 해석이 잘못되었다고 믿는 유일한 학자일지도 모른다. 그는 이 인용구가 마가복음 3:13에서 시작된다고 주장하는데, 거기서 예수는 자기가 함께 있기를 바라는 열두 명을 부른다(막 3:13-14).[540] 그에게 속한 자들(οἱ παρ' αὐτοῦ)—페인터에 따르면 이들은 예수의 가족이 아니라 그의 열두 제자들이다—이 그 말을 듣고 예수가 정신이 나갔다고 여겨 그를 붙잡으러 간다(3:21).[541] 예수의 제자들이 방금 전에 언급되었

540 Painter는 이 사건(막 3:30-35)의 역사성을 의심하며 그 이야기가 오직 마가에 의해서만 보고되고 있고 마가의 어휘와 문장 구조를 포함하고 있다고 주장한다(25). 그러나 만약 마가가 예수의 말을 육성 그대로 재현하는 것이라면 마가의 어휘와 문장 구조는 놀랄 일이 아니다. 반면에 하나의 증거라도 무시되어서는 안 된다. 그러나 만약 또 다른 독립적인 자료가 예수의 형제들이 불신자들이었음을 입증한다면—그리고 잠시 뒤에 살펴보겠지만 적어도 하나의 자료는 이를 입증한다—예수의 형제들의 불신앙에 대한 복수의 증언이 존재하는 셈이 될 것이다. 더욱이 만약 이런 텍스트들이 실제로 예수의 형제들 측의 불신앙에 대해 보고하고 있다면, 이것은 확실히 당혹감 기준을 충족시킬 것이다. 예수의 형제들의 불신앙 같은 상태가 복수의 독립적인 보고 기준과 당혹감 기준을 충족시킴으로써 지지되면, 우리는 역사적 핵심을 보유하고 있다고 확신할 수 있을 것이다.

541 οἱ παρ' αὐτοῦ라는 용어는 신약성서에서 이곳에서만 나온다. 70인역에서 그 어구

고 예수의 가족에 대한 분명한 언급은 마가복음 3:32까지는 나오지 않기 때문에 페인터는 이것을 "가장 자연스러운 독법"으로 여긴다.[542] 그러나 바로 앞 절에 등장하는 예수가 집으로 갔다는 마가의 진술(막 3:20)로 미루어 οἱ παρ' αὐτοῦ는 그의 어머니와 형제들을 지칭한다고 볼 수 있다. 그리고 마리아가 예수의 형제들을 따라온 것은 그들을 누그러뜨리거나 그들의 계획을 포기하도록 설득하기 위해서였을 수도 있다. 요한복음 5장에서 예수를 믿지 않는 예수의 가족들 중에 마리아가 언급되지 않는 점을 감안한다면 그런 제안은 타당성이 있다. 이에 대해서는 아래에서 논의할 것이다.[543]

페인터는 이어서 자기의 해석이 가져오는 긴장을 다룬다. 왜냐하면 예수가 정신이 나갔다고 생각해서 그를 붙잡으려 하는 이들은 예수 자신의 제자들이기 때문이다. 왜 예수가 방금 임명한 제자들이 그의 메시지를 들으려는 많은 사람들을 끌어 모으고 있는 자기들의 지도자가 정신이 나갔다고 생각하는가? 페인터는 예수의 제자들을 부정적으로 묘사하는 것은 마가에게는 드문 일이 아니라고 대답한다. 유다는 예수를 배반하고(막 3:19) 베드로는 사탄의 대변자가 된다(막 8:32-33).[544] 그러나 이 답변은

는 마카베오1서 9:58; 12:28, 29; 13:52; 15:15; 16:16에서만 나오는데, 그곳들에서 이 용어는 가족이 아니라 동행자를 의미한다. Josephus(*Ant*. 1.193)에서 그 용어는 아브라함의 가족을 가리킨다. 필론과 사도 교부들의 저작에서는 그 용어가 등장하지 않는다.

542 Chilton and Neusner편(2001), 26에 실린 Painter.

543 Painter는 "예수의 모친이 3:31-35에 나오기는 하지만 학자들은 대개 그녀를 부정적으로 평가하지 않는다"고 지적한다(27).

544 Chilton and Neusner편(2001), 26에 실린 Painter. Painter는 또한 막 9:19, 34; 10:37; 14:27-31; 16:7-8을 예로 든다. 그러나 막 9:28-29에서 제자들 편의 믿음의 부족이 그들이 마귀를 쫓아내는 데 어려움을 겪었던 이유가 아님을 감안한다면, 막 9:19에서 예수가 그의 제자들을 가리키는지는 분명하지 않다. 더욱이 이런 것들은 예수의 제자들의 자기중심성과 두려움을 가리키는데, 그것은 Painter의 해석이 요구하는 무례와는 판이하다.

왜라는 질문에 대한 답이 아니다. 확실히 마가는 예수의 제자들과 관련해서 좋은 면과 나쁜 면 그리고 추한 면에 대해 보고한다. 유다가 예수를 배반한 것과 베드로가 자신의 임박한 처형에 대해 예언하는 예수를 비난하는 것은 페인터의 해석에서 요구되는 예수의 제자들 측의 무례에 근접한다. 그러나 열두 제자들이 예수에게 임명된 직후 예수를 붙잡으려고 하는 그런 대담함을 보였을 것 같지는 않다. 그리고 마가복음 6:1에서 진술되듯이, 예수가 가르치는 동안 제자들 전부는 아니더라도 대부분이 예수와 함께 있었을 것이라고 예상할 수 있다. 더욱이 다른 경우들에서 제자들이 무례한 **이유**는 아주 명백하다. 베드로는 메시아가 처형되어야 한다는 것을 믿지 않으며, 유다는 더 이상 예수의 생각에 동의하지 않는다. 그러나 예수가 새로 임명한 제자들이 왜 예수가 가르치고 있는 동안 그가 미쳤다고 여겼는지 추측하기는 어려운 일이다. 만약 당신이 그 팀에 새로 합류해서 그런 의심이 든다면, 그 팀에 합류했던 경험을 일시적인 판단 부족으로 치부하고 그를 버리지 않겠는가? 그러므로 일반적 해석—예수의 형제들이 예수에 대해 적대적이었다—이 "개연성이 낮고" 또한 "근거가 박약하다"는 페인터의 주장은 과장으로 보인다.[545]

4.3.4.1.b. 마가복음 6:2-4, 6a.

καὶ γενομένου σαββάτου ἤρξατο διδάσκειν ἐν τῇ συναγωγῇ, καὶ πολλοὶ ἀκούοντες ἐξεπλήσσοντο λέγοντες· πόθεν τούτῳ ταῦτα, καὶ τίς ἡ σοφία

545 Chilton and Neusner편(2001), 27에 실린 Painter. Bauckham은 야고보가 예수의 사역의 적어도 어떤 기간에는 예수의 추종자였다는 Painter의 편을 들지만, 그는 막 3장에 관한 Painter의 입장에는 동의하지 않는다(Chilton and Neusner편[2001], 108에 실린 Bauckham).

ἡ δοθεῖσα τούτῳ, καὶ αἱ δυνάμεις τοιαῦται διὰ τῶν χειρῶν αὐτοῦ γινόμεναι; οὐχ οὗτός ἐστιν ὁ τέκτων, ὁ υἱὸς τῆς Μαρίας καὶ ἀδελφὸς Ἰακώβου καὶ Ἰωσῆτος καὶ Ἰούδα καὶ Σίμωνος; καὶ οὐκ εἰσὶν αἱ ἀδελφαὶ αὐτοῦ ὧδε πρὸς ἡμᾶς; καὶ ἐσκανδαλίζοντο ἐν αὐτῷ. καὶ ἔλεγεν αὐτοῖς ὁ Ἰησοῦς ὅτι οὐκ ἔστιν προφήτης ἄτιμος εἰ μὴ ἐν τῇ πατρίδι αὐτοῦ καὶ ἐν τοῖς συγγενεῦσιν αὐτου…καὶ ἐθαύμαζεν διὰ τὴν απιστιάν αυτῶν.

안식일이 되어 회당에서 가르치시니 많은 사람이 듣고 놀라 이르되 "이 사람이 어디서 이런 것을 얻었느냐? 이 사람이 받은 지혜와 그 손으로 이루어지는 이런 권능이 어찌됨이냐? 이 사람이 마리아의 아들 목수가 아니냐? 야고보와 요셉과 유다와 시몬의 형제가 아니냐? 그 누이들이 우리와 함께 여기 있지 아니하냐?"하고 예수를 배척한지라. 예수께서 그들에게 이르시되 "선지자가 자기 고향과 자기 친척과 자기 집 외에서는 존경을 받지 못함이 없느니라" 하시며…그들이 믿지 않음을 이상히 여기셨더라.

예수가 가르치고 있다는 소식을 들은 그의 고향 사람들은 그에게 기분이 상했다. 그에 대해 예수는 자기가 고향과 친척 그리고 심지어 그의 근친에게서도 존경받지 못한다고 대답한다. 페인터는 이 구절을 독특하게 해석하면서 다음과 같이 주장한다. "그 누이들이 우리와 함께 여기 있지 아니하냐"는 진술은 예수의 어머니와 형제들은 자기들과 함께 있지 않다는 것을 암시하는데 아마도 그것은 당시에 그들이 예수의 제자로서 예수와 동행하고 있었기 때문일 것이라고 주장한다. 그는 "이 거부에서는 예수의 가족의 행동에 대해서는 아무 말도 하지 않는다"고 덧붙인다.[546] 이렇게 해석할 수도 있지만, 이 해석이 옳을 가능성은 낮아 보인다. ἐν τῇ οἰκίᾳ αὐτοῦ는 실제로 그의 근친을 포함할 수 있다. 더욱이 그 불쾌한 청중이 이미 언급된 사람들, 즉 예수의 어머니와 네 명의 형제들에게 예수의 누이들을 그저 덧붙이고 있는 것일 수도 있다. 마지막으로, 예수의 대답은 예언자는 자기의 고향, 친척 그리고 **그 자신의 집**에서는 존경받지 못한다는 것이다. 그러나 예수의 근친 중에서 그를 존경하기를 거부하는 사람은 누구일까? 페인터는 그들이 예수의 누이들이었다고 대답해야 할 것이다. 그러나 이 점은 전혀 분명하지 않다. 만약 앞에서 살펴본 텍스트(막 3:20-35)가 예수를 붙잡으러 온 사람들이 예수의 제자들이라고 분명하게 언급했더라면, 이 텍스트가 그에 대한 근거로 사용될 수 있을 것이다. 그러나 그것은 전혀 분명하지 않다. 나는 페인터가 **가능해** 보이는 또 다른 해석을 소개했다는 것을 인정하지 않을 수 없다. 그러나 내가 그

546 Chilton and Neusner 편(2001), 25에 실린 Painter. Chilton and Neusner 편(2001)에 실린 Bauckham은 "누가는 예수와 그의 가족 사이의 그 어떤 균열이나 심지어 오해에 대해서도 암시하지 않는다(눅 8:19-21; 11:27-28을 보라)"고 주장한다(199). 예수의 형제들은 그의 추종자로도 또는 그의 적으로도 묘사되지 않는다. 그리고 독자들은 예수가 승천한 뒤에 그들이 예수의 추종자가 되었음을 발견하고도 놀라지 않는다. 반면에 나는 Bauckham이 제시하는 두 가지 언급 모두에서 예수와 적어도 그의 가족들 중 일부 사이의 균열을 감지할 수 있다고 여긴다. 비록 이 구절들은 당시에 예수의 형제들이 그의 추종자들이 아니었다는 것을 **암시할 수도 있다**고 말하는 것 이상으로 나아가서는 안 되지만 말이다. 만약 눅 8:19-21의 텍스트에 대해 마가복음을 누가복음의 자료로 간주한다면, 누가는 당혹스러운 세부사항을 인식하고 생략하기는 하지만 예수가 자신의 혈족보다 영적 가족을 선호했던 것을 그대로 기록해 두고 있는 셈이다. 눅 11:27-28의 텍스트에서 예수는 자기 어머니보다 하나님의 말씀을 따르는 자들을 칭찬한다. 더욱이 모든 고대 작가들이 자기가 관심이 있는 자료를 선택했던 것처럼, 그 내용의 당혹스러운 성격 때문에 누가가 예수의 형제들이 예수의 사역 기간 동안 불신자였다는 보고를 생략하기로 한 것은 당연할 수도 있다. 달리 말하자면 누가가 명백히 마가의 자료를 편집했다는 사실은 마가가 예수의 형제들이 예수의 순회 사역 기간 동안 그를 믿지 않았음을 보고하고 있다는 아주 이른 시기의 이해를 반영할 수도 있다.

두 텍스트를 읽어본 결과, 예수의 형제들이 당시에 불신자들이었다는 것이 그 두 텍스트 모두에 대한 보다 분명하고 타당성 있는 해석이다.

4.3.4.1.c. 요한복음 7:1-5.

Καὶ μετὰ ταῦτα περιεπάτει ὁ Ἰησοῦς ἐν τῇ Γαλιλαίᾳ· οὐ γὰρ ἤθελεν ἐν τῇ Ἰουδαίᾳ περιπατεῖν, ὅτι ἐζήτουν αὐτὸν οἱ Ἰουδαῖοι ἀποκτεῖναι.ἦν δὲ ἐγγὺς ἡ ἑορτὴ τῶν Ἰουδαίων ἡ σκηνοπηγία. εἶπον οὖν πρὸς αὐτὸν οἱ ἀδελφοὶ αὐτοῦ, Μετάβηθι ἐντεῦθεν καὶ ὕπαγε εἰς τὴν Ἰουδαίαν, ἵνα καὶ οἱ μαθηταί σου θεωρήσουσιν σοῦ τὰ ἔργα ἃ ποιεῖς· οὐδεὶς γάρ τι ἐν κρυπτῷ ποιεῖ καὶ ζητεῖ αὐτὸς ἐν παρρησίᾳ εἶναι. εἰ ταῦτα ποιεῖς, φανέρωσον σεαυτὸν τῷ κόσμῳ. οὐδὲ γὰρ οἱ ἀδελφοὶ αὐτοῦ ἐπίστευον εἰς αὐτόν

그 후에 예수께서 갈릴리에서 다니시고 유대에서 다니려 아니하심은 유대인들이 죽이려 함이러라. 유대인의 명절인 초막절이 가까운지라. 그 형제들이 예수께 이르되 "당신이 행하는 일을 제자들도 보게 여기를 떠나 유대로 가소서. 스스로 나타나기를 구하면서 묻혀서 일하는 사람이 없나니 이 일을 행하려 하거든 자신을 세상에 나타내소서" 하니 이는 그 형제들까지도 예수를 믿지 아니함이러라.

이 구절은 예수의 형제들의 불신앙을 보여 주는 가장 분명한 구절이다. 그들은 다음과 같이 예수를 조롱한다. "이 일을 행하려 하거든 자신을 세상에 나타내소서." 우리는 예수가 십자가에 달려 있을 때 받았던 유사한 조롱을 떠올린다. "네가 만일 하나님의 아들이어든 자기를 구원하고 십자가에서 내려오라"(εἰ υἱὸς εἶ τοῦ θεου, [και] κατάβηθι ἀπὸ τοῦ σταυροῦ.).[547] 페인터는 이렇게 주장한다. "예수의 형제들이 예수가 표적을 행했다는 사실을 받아들이지 않았다는 암시는 없다. 사실 예수의 형제들이 예수에게 예루살렘으로 가라고 촉구한 것은 '당신의 제자들이 당신이 하는 **일**(works)을 볼 수 있도록' 그렇게 하라는 것이었다. 여기서 형제들은 요한복음에서 표적(signs)을 포함하지만 종종 예수와 성부의 관계에 주목하게 하는 보다 긍정적인 용어인 일(works)이라는 단어를 사용한다(5:17, 36을 보라)." 그러므로 예수의 형제들은 예수에게 유대로 가서 공개적으로 그의 일을 해서 모든 사람이 보고 이 점을 알게 하라고 촉구한다. 페인터는 따라서 예수의 형제들의 제안은 냉소적 의미로 읽혀서는 안 된다고 주장한다.[548]

이런 논거에는 많은 문제가 있다. 첫 번째 문제는 "요한복음에서 일은 표적을 포함하지만 종종 예수와 성부의 관계에 주목하게 하는 보다 긍정적인 용어"라는 페인터의 지적이다. 그러나 요한은 또한 종종 τὰ ἔργα 라는 이 용어를 불과 몇 절 뒤에(요 7:7. 요 3:19-20; 8:41도 보라. 요 8:44와 비교하라) 부정적 의미로 사용한다.[549] 둘째, 예수의 형제들이 예수에게 적

---

547 마 27:40; 다음 절들과 비교하라. 막 15:30; 눅 23:37-39.

548 Chilton and Neusner편(2001), 27에 실린 Painter. 요 7:3에서 예수의 형제들이 언급한 유대에 있는 제자들은 누구였을까? 아마도 그들은 유대에서 살고 있는 예수의 추종자들이었을 것이고 예수가 불렀던 열두 제자는 아니었을 것이다. 왜냐하면 열 두 제자는 이미 분명하게 예수가 수많은 기적들을 행하는 것을 목격해왔기 때문이다. 요 2:1-11에서 예수의 제자들은 예수가 물로 포도주를 만드는 것을 보았고 그를 믿었다. 요 4:43-54에서 예수의 제자들은 아마도 예수가 관원의 아들을 치유하는 것을 보았을 것이다. 왜냐하면 요 4:8에서 그들은 예수와 함께 있었기 때문이다. 그때 그들은 음식을 구하러 나섰다. 그 치유는 며칠 후에 발생했는데, 우리는 그 무렵에는 제자들이 음식을 구하러 갔다가 머지않아 돌아와 있었을 것이라고 가정할 수 있다. 요 5장에서 예수는 병든 사람을 치유한다. 예수의 제자들이 그때 그와 함께 있었는지는 분명하지 않지만, 요 6:1-3은 그들이 예수와 함께 있었다고 암시하는 것일 수 있다. 요 6:5-21에서 예수가 5천 명을 먹이고 물 위를 걸었을 때 제자들은 그곳에 있었다.

549 이 용어는 다음 절들에서는 긍정적 의미로 사용된다: 요 3:21; 4:34; 5:20,

대적이며 여기서 냉소적으로 말하고 있다는 것이 암시된다. 요한복음 7:1에서 유대인들이 예수를 죽이려 하고 있었기 때문에 예수는 유대로 올라가지 않는다. 요한복음 7:3에서 예수의 형제들은 그에게 유대로 올라가라고 제안한다! 세 번째 문제는 "미완료 시제를 οὐδὲ와 함께 사용함으로써…부정과거 시제를 사용했더라면 전해졌을 수 있는 불신앙에 대한 명확한 의미가 결여된다"라는 페인터의 주장과 관련이 있다.[550] οὐδὲ와 미완료 시제의 결합은 신약성서에서 열 번 나오는데, 그중 어느 것도 요한복음에는 나오지 않는다.[551] 이 중 요한의 용법과 가까운 용례는 여덟 번 나오는데, 그중 가장 가까운 용례는 마가복음 14:59과 누가복음 18:13이다. 그리고 그중 어느 것도 명확한 의미가 결여되어 있지 않다.[552]

이어서 페인터는 예수의 제자들의 불신앙에 주목한다. 요한복음 14:10-11에서 예수는 빌립과 제자들에게 설령 그들이 예수와 성부가 서로 안에 있다는 것을 믿지 못할지라도 그들이 본 일 때문에라도 믿어야 한다고 말한다. 요한복음 16:29-31에서 제자들이 예수가 하나님으로부터 왔다는 자신들의 믿음을 확언한 후에 예수는 그들에게 이렇게 묻거나 말한다. "이제는 너희가 믿느냐?" 또는 "너희가 이제 믿는구나." 이어서 예수는 제자들이 모두 자기를 버릴 것이라고 덧붙인다. 이런 텍스트들에 근거해서 페인터는 예수에 대한 그의 형제들의 믿음은 "예수가 행한 일에 기초를 두고 있었으나 (요한에 따르면) 하나님과 예수의 관계의 신비를 꿰뚫어보지는 않았다"고 결론짓는다.[553]

36(2회); 6:28, 29; 7:3, 21; 8:39; 9:3, 4; 10:25, 32(2회), 33, 37, 38; 14:10, 11, 12; 15:24; 17:4.

550 Chilton and Neusner 편(2001), 27에 실린 Painter.

551 마 22:46; 막 5:3; 6:31; 14:59; 눅 18:13; 요 7:5; 행 4:32, 34; 8:4; 계 5:3.

552 마 22:46; 막 5:3; 6:31; 14:59; 눅 18:13; 행 4:32, 34; 계 5:3.

553 Chilton and Neusner 편(2001), 28에 실린 Painter.

나는 여기서 예수의 제자들이 예수의 형제들의 불신앙과 유사한 형태의 불신앙을 공유했다는 충분한 근거를 찾지 못했다. 요한복음 14:10-11의 텍스트는 신학적 오해의 결과를 보고하는 반면, 요한복음 16:29-31은 두려움으로부터 나온다. 나는 요한복음 7:3-5에서 페인터가 예수의 형제들이 비록 불완전하게마나 예수를 믿었다고 보는 분명한 지표를 발견하지 못한다. 사실 요한복음 2:11에서 제자들이 예수가 물로 포도주를 만드는 것을 목격했을 때 요한은 ἐπίστευσαν εἰς αὐτὸν οἱ μαθηταὶ αὐτοῦ("그의 제자들은 그를 믿었다")라고 보고한다. 이 구절을 요한복음 7:5과 비교해보라. 거기서 요한은 οὐδὲ γὰρ οἱ ἀδελφοὶ αὐτοῦ ἐπίστευον εἰς αὐτόν("그의 형제들까지도 예수를 믿지 않았기 때문이었다")이라고 보고한다. 페인터는 요한복음 7:6-9에서 이어지는 자기 형제들에 대한 예수의 부정적인 말들에 대해 지적하지만, 이런 말이 있음을 설명하려 하지 않는다.[554] 예수의 말들은 날카롭다. 요한복음 7:7에서 예수는 자기 형제들에게 οὐ δύναται ὁ κόσμος μισεῖν ὑμᾶς, ἐμὲ δὲ μισει, ὅτι ἐγὼ μαρτυρῶ περὶ αὐτοῦ ὅτι τὰ ἔργα αὐτοῦ πονηρά ἐστιν("세상이 너희를 미워하지 아니하되 나를 미워하나니 이는 내가 세상의 일들을 악하다고 증언함이라")라고 말한다. 예수의 진술은 그의 형제들이 자신의 메시지에 동의하지 않고 있음을 내비친다. 이 점은 몇 장 뒤에서(요 15:18-19) 예수가 그의 제자들에게 하는 말을 통해 확인된다.

> Εἰ ὁ κόσμος ὑμᾶς μισεῖ, γινώσκετε ὅτι ἐμὲ πρῶτον ὑμῶν μεμίσηκεν. εἰ ἐκ τοῦ κόσμου ἦτε, ὁ κόσμος ἂν τὸ ἴδιον ἐφίλει· ὅτι δὲ ἐκ τοῦ κόσμου

---

554 Chilton and Neusner 편(2001)에 실린 Painter: "그러나 독자들은 자기 형제들에 대한 예수의 보다 부정적인 반응을 지적할 수 있을 것이다(7:6-9)"(28).

οὐκ ἐστε, ἀλλ' ἐγὼ ἐξελεξάμην ὑμᾶς ἐκ τοῦ κόσμου, διὰ τοῦτο μισεῖ ὑμᾶ ς ὁ κόσμος.

세상이 너희를 미워하면 너희보다 먼저 나를 미워한 줄을 알라. 너희가 세상에 속하였으면 세상이 자기의 것을 사랑할 것이나, 너희는 세상에 속한 자가 아니요 도리어 내가 너희를 세상에서 택하였기 때문에 세상이 너희를 미워하느니라.[555]

세상은 예수의 메시지 때문에 그를 미워하고, 예수와의 관계 때문에 제자들을 미워한다. 그러나 요한복음 7:7에서 세상은 예수의 형제들을 미워하지 않는다. 이는 그들이 예수가 전하는 것과 동일한 메시지를 전하고 있지 않다는 추론을 낳는다.[556]

이어서 페인터는 요한복음 2:11과 요한복음 7:3-9 사이의 유사성에 관심을 돌린다. 두 구절 모두 가족과 관련이 있다. 두 구절 모두 예수가 그의 가족에게 받은 요청을 포함하고 있다. 2:11에서는 마리아가 그리고 7:3-9에서는 그의 형제들이 요청한다. 두 경우 모두 예수는 유사한 말을 사용하면서 그들의 요청을 거절한다("내 때가 아직 이르지 아니하였나이다"[요 2:4]; "내 때는 아직 이르지 아니하였거니와"[7:6]). 마지막으로, 예수는 결국 그 요청 모두를 들어준다.[557] 페인터는 이렇게 결론짓는다. "이 모든 것은 예

---

555 요 3:19-20도 보라.

556 Painter는 요 7:1-10에서 "예수의 형제들이 예수와 동행하면서 그와 함께 있음이 분명하다"라고 주장한다(28). 나는 그런 사실을 발견하지 못한다. 예수가 실제로 예루살렘으로 가기는 하지만 요 7:10은 예수가 자기 형제들과 따로 갔다고 지적하며, 예수가 예루살렘에서 형제들과 합류했다고 알려주는 것은 아무것도 없다.

557 Chilton and Neusner 편(2001), 28에 실린 Painter. 2:1-11에서 예수는 물을 포도주로 바꾼다. 후자의 경우 예수는 나면서부터 소경이었던 자를 고치고(요 9:1-7) 죽은 나사로를 살린다(요 11:7-47). 요 10:30-40을 보라. 그곳에서는 예수가

수의 형제들이 신자들이었다는 것을 암시하지만, 요한에 따르면 그들의 믿음은 예수가 헌신했던 목표와는 다른 목표를 추구했다."[558] 내게는 이것은 다소 무리한 해석으로 보인다. 예수에게 무언가를 요청했다가 거절당한 뒤에 수락 받은 사람은 가족들만이 아니었다. 예수는 자기의 귀신 들린 딸을 고쳐달라는 가나안 여인의 요청을 거절했다가 잠시 뒤에 그 요청을 수락한다(막 7:26-30; 마 15:22-28). 그러나 페인터는 그 가나안 여인이 예수에게 왔을 때 예수에 대해 긍정적인 견해를 갖고 있었으며 따라서 예수의 형제들의 긍정적인 태도를 암시한다고 답변할 수 있을 것이다. 이 차이가 있을 수는 있지만, 그것은 중요한 차이는 아니다. 개인적으로 절박한 요청을 하려고 예수에게 나아오는 것과 제자로서 그에게 나아오는 것은 다르다. 그 가나안 여인은 예수가 자기 딸을 고쳐준 뒤에 멀찍이서 예수를 따르는 제자가 되었을지도 모른다. 그러나 제자들이 그 여인을 빈손으로 보내려 했던 점은 물론이고 그녀에 대한 예수의 최초의 반응은 그녀가 예수에게 나아왔을 때 예수의 제자가 아니었음을 명확하게 보여준다.

페인터는 사도행전 1:14에 주목한다. 거기서 "예수의 어머니가 분명히 예수의 형제들과 함께 있었는데, 그들이 예수의 추종자들 사이에 있다는 사실은 그것이 뚜렷한 변화였다는 어떤 암시도 없이 당연한 일로 진술된다."[559] 문맥을 자세히 살펴보면 무언가가 드러난다. 사도행전 1:1-14에서 예수가 선택해서 명령을 내리고(행 1:2) "갈릴리 사람들"이

요 7:1에서 두려워했던 것처럼, 예수가 소경을 고친 것 때문에 유대인들이 예수를 죽이려했다고 보고한다.

558 Chilton and Neusner 편(2001), 28에 실린 Painter.

559 Chilton and Neusner 편(2001), 28-29에 실린 Painter. Chilton and Neusner편(2001), 109에 실린 Bauckham도 보라.

라고 불리며(행 1:11) 나중에 예루살렘에 있는 다락방으로 돌아오는 사람들(행 1:13)은 제자들이다. 그들은 그 다락방에서 계속해서 [어떤] 여자들 및 예수의 어머니 마리아와 그의 형제들과 함께 기도에 전념한다. 분명히 이 시점에서 예수의 형제들과 어머니는 리더 그룹에 속하지 않았고 예수가 승천할 때 제자들과 함께 있지도 않았다.

페인터는 바울이 전승에 그 자신의 경험을 추가하고 자신을 "만삭되지 못하여 난 자"라고 묘사한 것은 야고보가 부활한 예수의 출현을 경험했을 때 (바울과 달리) 신자였음을 나타낸다고 주장한다. 왜냐하면 야고보에게 나타나심은 다른 사람들에게 나타나심과 함께 일반적인 순서를 따라 열거되는데 그들은 예수가 출현했을 당시에 신자들이었기 때문이라는 것이다.[560] 그러나 반드시 그런 것은 아니며 심지어 그렇다고 암시되지도 않는다. 예수가 맨 나중에 ὡσπερεὶ τῷ ἐκτρώματι("만삭되지 못하여 난 자와 같은") 자기에게 출현했다는 바울의 진술의 의미에 대해서는 논란이 있다. "εκτρωμα라는 단어는 대개 유산(流產)을 가리킨다.[561] 바울은 사도행전 9장에서 이야기하는 충격적인 경험의 결과로 회심한 것일까? 사도행전에서조차 예수의 형제들은 오순절에는 이미 제자가 되어 있었다. 반면에 바울의 회심은 일반적으로 예수가 십자가에 처형되고 나서 약 1년에서 3년이 지난 뒤에 이루어졌다고 인정된다. 그러므로 바울의 회심을 다른 경험들과 비교하는 것은 시기적으로 적절하지 않다.

그러나 페인터는 다음과 같은 자신의 가설에 집착한다. "[야고보가 예수가 부활하기 전에는 회의주의자였다고 생각하기보다] 부활한 예수가 야고보에게 출현함으로써(바울은 부활한 예수가 야고보에게 나타났다고

---

560 Chilton and Neusner 편(2001), 29에 실린 Painter.

561 민 12:12; 욥 3:16; 전 6:3; Philo *Leg.* 1.76을 보라.

보고한다) 그의 신앙이 깊어졌다고 말하는 것이 더 나아 보인다. 이 견해는 신약성서 밖의 증거에서, 즉 알렉산드리아의 클레멘스, 「도마복음」, 그리고 「히브리복음」에 의해 보고되는 증거에서 발견된다."[562] 페인터는 「히브리복음」의 파편에서 야고보가 "부활한 예수를 믿었던 최초의 증인일 뿐 아니라 또한 최후의 만찬에 참석해 '주의 잔을 마셨던' 사람으로 묘사되고 있다.…그러므로 이 전승에서 야고보가 예수의 추종자들 사이에 있었다는 점이 분명하다"라고 지적한다.[563]

페인터가 호소하는 세 자료에 대해 많은 말을 할 수 있을 것이다. 알렉산드리아의 클레멘스는 아마도 초기 교회 교부들 중에서 가장 덜 중요한 인물일 것이다. 그리고 페인터가 제공하는 세 텍스트들 중 어느 것도 야고보가 예수가 십자가형을 당하기 전에 제자였는지 여부에 대해 말하지 않는다.[564] 앞 장에서 논의했듯이, 「도마복음」은 대부분의 학자들에게 2세기의 저작으로 여겨지며, 독립적인 사도적 전승의 보존이라는 측면에서 (기껏해야) **가능성이 있음** 등급이 부여되어야 한다. 예수 세미나는 원본 「도마복음」의 저작연대를 대부분의 학자들보다 이르게 잡고 있지만, 그 회원들 대다수는 페인터가 호소하는 장면을 역사적인 것으로 여기지 않는다.[565] 지적할 요점은 다음과 같다: 소속 학자들이 대체로 대다수의 학자들보다 정경 문헌에 대해서는 더 회의적이고 「도마복음」에 대해서는 덜 회의적인 예수 세미나조차 페인터가 호소하는 「도마복음」의 특정 텍

---

562 Chilton and Neusner 편(2001), 29에 실린 Painter. 「도마복음」의 참조 구절은 12절이다.

563 Chilton and Neusner 편(2001), 30에 실린 Painter. 34와 비교하라.

564 Eusebius *Hist. eccl.* 2.1.2-5; 6.2.10; 7.2.1에 보존되어 있는 Clement of Alexandria. Meier(1991), 151 각주 50.

565 Funk and the Jesus Seminar(1998), 492. 그러나 그들은 「도마복음」에 들어 있는 이 구절이 야고보가 초기 기독교 지도자들 중 한 명이었다는 신약성서의 다른 구절들과 일치한다고 주장한다.

스트의 역사성을 부인하고 있으므로, 신중한 역사 기술에서는 페인터나 다른 누군가가 그 텍스트를 역사적인 것으로 간주할 타당한 이유를 제공하기 전까지는—페인터는 그렇게 하지 못하고 있다—그 텍스트를 사용하지 말아야 한다.

「히브리복음」에 들어 있는 텍스트는 흥미롭다.

> 내가 최근에 그리스어와 라틴어로 번역했고, 오리게네스가 자주 사용했던 "히브리인에 따른" 복음서라고 불리는 복음서는 구주의 부활 이후에 있었던 일을 다음과 같이 기록하고 있다. "그러나 주님께서 제사장의 종에게 아마포 천을 주고 나서, 그분은 가서 야고보에게 나타났다. 야고보가 주의 잔을 마신 때로부터 자기는 주님이 잠자는 자들 중에서 일어나는 것을 보기 전까지는 빵을 먹지 않을 것이라고 맹세했었기 때문이다." 곧 이어 그 복음서는 이렇게 말한다. "주님께서 '식탁과 빵을 가져 오라'고 말했다." 그리고 계속해서 이런 내용이 이어진다. "주님께서 빵을 들어 축복하고, 빵을 떼어서 의인 야고보에게 주고, 이렇게 말했다. '내 형제여, 네 빵을 먹어라. 인자가 잠자는 자들 중에서 살아났기 때문이다.'"[566]

바트 어만이 지적하듯이, 이 보고는 "매우 전설적이다."[567] 다른 어떤 권위 있는 학자들도 이 보고를 인용하지 않는다.[568] 「히브리복음」의 저작 시기는 정경 복음서들 및 아마도 신약성서의 모든 문헌들보다 늦다. 신약성서의 어느 문헌도 「히브리복음」의 내용을 포함하거나 언급하지 않

---

566 Ehrman(*Lost Scriptures*, 2003), 16, fragment 5에 실린 Jerome *Illustrious Men* 2.

567 Ehrman(*Lost Scriptures*, 2003), 15-16. Allison(*Resurrecting Jesus*, 2005)도 보라. "이 이야기의 전설적 성격은 명백하다"(261).

568 Ehrman(*Lost Scriptures*, 2003), 16.

는다.[569] 앨리슨은 "「히브리복음」은 야고보가 최후의 만찬 석상에 있었다고 하는데, 그 점에 대해서는 다른 아무 증거가 없다. 그 구절은 실제로 일어난 일에 대한 지침이 될 수 없다"고 덧붙인다.[570] 또한 그 구절은 위에서 보았듯이 예수의 제자들—페인터에 따르면 예수의 형제들도 그들과 함께 있었다—이 예수의 부활을 예기하지 않는 당혹스러운 방식으로 묘사되는 정경 복음서들의 분명한 진술과 모순된다고 지적할 수 있을 것이다.[571]

페인터의 입장이 필사적이라는 것은 분명하다. 페인터는 예수의 형제들을 신자들의 공동체 안으로 집어넣기 위해 정경 복음서들에 대해 문제가 되는 해석을 하고 있을 뿐 아니라, 우리의 연구에 기여하는 가치가 의심스러운 세 자료들에 호소하고 있다.

4.3.4.1.d. 요한복음 19:25b-27.

Εἱστήκεισαν δὲ παρὰ τῷ σταυρῷ τοῦ Ἰησοῦ ἡ μήτηρ αὐτοῦ καὶ ἡ ἀδελφὴ τῆς μητρὸς αὐτου, Μαρία ἡ τοῦ Κλωπᾶ καὶ Μαρία ἡ Μαγδαληνη. Ἰησοῦς οὖν ἰδὼν τὴν μητέρα καὶ τὸν μαθητὴν παρεστῶτα ὃν ἠγάπα, λέγει τῇ μητρι· γύναι, ἴδε ὁ υἱός σου. εἶτα λέγει τῷ μαθητῇ· ἴδε ἡ μήτηρ σου. καὶ ἀπ' ἐκείνης τῆς ὥρας ἔλαβεν ὁ μαθητὴς αὐτὴν εἰς τὰ ἴδια.

---

569 Ehrman(*Lost Scriptures*, 2003)은 「히브리복음」의 저작 시기를 "아마도 2세기 전반"으로 잡는다.

570 Allison(*Resurrecting Jesus*, 2005), 261. 공관복음서들은 예수가 열두 제자와 함께 최후의 만찬을 먹었다고 전한다(막 14:13; 마 26:20; 눅 22:14). 이 내용이 언급되는 막 3:16-19; 마 10:2-4; 눅 6:13-16을 보라.

571 Allsion(*Resurrecting Jesus*, 2005), 261.

> 예수의 십자가 곁에는 그 어머니와 이모와 글로바의 아내 마리아와 막달라 마리아가 섰는지라. 예수께서 자기의 어머니와 사랑하시는 제자가 곁에 서 있는 것을 보시고 자기 어머니께 말씀하시되 "여자여, 보소서! 아들이니이다" 하시고 또 그 제자에게 이르시되 "보라! 네 어머니라" 하신대 그때부터 그 제자가 자기 집에 모시니라.

예수에게 자기 어머니를 돌보라는 부탁을 받은 사람은 예수의 사랑받는 제자였다. 우리는 예수의 형제들 중 하나가 그 일을 맡을 것이라고 예상할 것이다. 그런데 사랑받는 제가가 그 일을 맡았다. 예수가 그렇게 한 이유는 자신의 영적 가족들 중 한 사람이 자기 어머니를 돌보기를 바랐기 때문이라고 추측할 수 있을 것이다.[572] 우리는 마가복음 3:31-35에서 예수가 자신의 영적 가족을 혈육보다 더 중요하게 여기는 것을 보았다. 야고보나 예수의 형제들 중 다른 누가 당시에 그 영적 가족의 일원이었다면, 분명히 그가 자기 어머니를 돌보는 책임을 맡았을 것이다. 사실 그런 임무는 상식적인 것으로 간주되었을 것이고 따라서 아무런 언급도 하지 않았을 것이다. 만약 야고보나 예수의 다른 형제들이 당시에 제자였다고 해도, 그들은 아마도 다른 모든 나머지 제자들과 함께 숨어 있었으리라는 이의가 제기될 수도 있을 것이다. 그렇다면 사랑받는 제자가 십자가 밑에 있었던 유일한 제자였기에 그 제자가 그 책임을 맡을 유일한 후보자가 되었을 수도 있다. 그러나 다른 형제가 십자가 밑에 있었어야만 이제 어머니를 돌볼 책임이 자기에게 맡겨질 수 있는 것은 아니다. 십자가 밑에 있지 않고 몸을 숨겼던 베드로는 나중에 예수로부터 양떼를 먹이고 돌보는 책임을 부여 받았다(요 21:15-17).

---

572 Shank and Witherington(2003)은 그렇게 주장한다(108-9).

4.3.4.2. 추가 반론. 페인터를 제외하면 야고보가 예수의 사역 기간에 신자였다는 입장을 옹호하는 학자는 소수에 불과하다.

리처드 보컴은 요한복음 2:12이 "예수의 형제들이 그의 사역 기간 동안 예수의 추종자들이었다는 최상의 증거"를 제공한다고 주장한다.[573] 가나에서 열린 혼인 잔치 이후에 예수는 그의 어머니와 형제들 그리고 제자들과 함께 가버나움으로 간다. 그러므로 그의 형제들은 "예수가 갈릴리에서 순회 사역을 하던 가장 초기에 예수와 그의 제자들을 따라 다니고 있었다."[574] 나는 보컴이 말하는 "최상의 증거"가 설득력이 있다고 생각하지 않는다. 분명히 예수의 기적 사건은 순회 사역과는 관계가 없었다. 예수는 단지 결혼식의 하객으로 그 자리에 있었을 뿐이며 기적을 일으키기를 주저하기까지 했다. 그 사건은 예수와 그의 제자들에게 있어 예수의 사역 활동에서 잠시 쉬는 것으로 제시된다.

보컴은 요한복음 2:12과 요한복음 7:10에 나오는 예수의 형제들에 관한 언급을 그들이 그 사이의 모든 기간 동안 예수의 수행단의 일원이었음을 가리키는 것으로 이해한다. 그럴 수도 있지만 그럴듯해 보이지는 않는다. 요한복음 2:12과 요한복음 7:10에서 예수의 형제들이 언급될 때 그들은 예수의 제자들과 구별된다. 바울도 고린도전서 9:5에서 이런 구별을 한다. 요한복음 2:12과 요한복음 7:3 사이에서는 예수와 그의 제자들만 언급되며(요 3:22; 4:2, 7-8, 27, 31-38; 6:3-24, 60-71), 이런 텍스트들에는 예수의 형제들이 그 기간에 예수와 동행했음을 보여주는 어떤 내용도 없다. 설령 그들이 함께 있었다고 할지라도 그들은 단지 방관자로 보인다. 그러므로 예수의 형제들이 예수의 추종자들이었다는 이 "최상의

---

573 Chilton and Neusner 편(2001), 106에 실린 Bauckham.

574 Chilton and Neusner 편(2001), 107에 실린 Bauckham.

증거"조차 그다지 설득력이 없다.

제임스 타보르는 예수의 형제들이 그의 제자들의 일원이었다고 주장하는 세 번째 학자다. 그는 보컴과 페인터보다 한층 더 나아가 "신약성서 전체에서 가장 잘 숨겨진 비밀"은 "**예수 자신의 형제들이 소위 열두 제자들 가운데 있었다**"는 것이라고 주장한다.[575] 타보르에게 "야고보는 다름 아닌 요한복음의 신비로운 '사랑받는 제자'다."[576] 타보르는 요한복음 7:5을 재해석하려하기보다, 예수의 형제들이 그의 사역 기간 동안 불신자였다는 "거짓된 의견"은 "많은 학자들이 후대에 삽입한 것으로 여기는 요한복음 7:5이라는 **유일한** 구절에 근거한다. 현대의 번역들은 그 구절을 괄호 안에 넣기까지 한다"라고 주장한다.[577] 타보르는 우리가 살펴본 바 있는 마가복음의 두 구절을 지적하면서 "그 구절들은 예수의 형제들이 예수를 믿지 않았다는 잘못된 가정에 근거해서 잘못 읽혀왔다"고 주장한다.[578] 타보르는 마가복음의 이 구절들에서 예수는 "마리아나 그의 형제들에게 망신을 주지 않으며" 그의 어머니와 형제들의 행위는 "예수를 보호하기 위함이었을 가능성이 높다"고 설명한다.[579] 타보르는 "확고한 견해들이 그처럼 불안한 기반 위에 세워져 있다는 것은 놀랍다"고 말한다.[580]

나는 이 마지막 언급이 재미있다는 점을 인정하지 않을 수 없다 . 왜냐하면 같은 책에서 타보르는 정경이 아닌 기독교 문헌들에서 우리가 예수의 "잃어버린 기간"에 대해 책임 있게 결정할 수 있는 많은 내용을 발

---

575 Tabor(2006), 165. 강조는 원저자의 것임.
576 Tabor(2006), 165.
577 Tabor(2006), 165.
578 Tabor(2006), 165.
579 Tabor(2006), 336-37 각주 14.
580 Tabor(2006), 165.

견하고 또한 "16세기 유대교 신비주의자 랍비 이삭 벤 루리아"의 저작에서 예수의 실제 매장 위치에 대한 증거를 발견한다고 주장하기 때문이다.[581] 예수의 형제들이 열두 제자들의 일원이었다는 타보르의 주장을 뒷받침할 논거는 발견되지 않는다.[582] 그는 요한복음 7:5이 후대의 삽입이라고 주장하는 "많은 학자들"의 문헌을 제공하지 않는다. 사실 이 구절이 포함된다는 텍스트상의 증거는 강력하다. 그리고 그 구절을 괄호 안에 넣고 있는 영어 번역본은 HCSB, NRSV, NET 셋뿐이다.[583] 대부분의 학자들은 "사랑받는 제자"가 사도 요한이거나 두드러지지 않은 다른 제자라는 주장에 설득된다.[584] 이런 논거들이 옳다면 야고보는 사랑받는 제자였을 수 없다. 우리는 또한 이와 관련된 마가와 요한의 구절들에 대한 전통적 독법이 선호되어야 한다는 것을 살펴보았다.

지금까지 알아본 내용을 요약해보자. 우리는 예수의 형제들이 그의 지상사역 기간 동안 예수의 추종자들이 아니었다고 보고하는 신약성서 텍스트 네 곳을 살펴보았다. 복음서에서 예수의 "형제들"은 세 개의 인용

---

581 Tabor(2006), 87, 238-40. 또한 Tabor가 Jacobovici와 Pellegrino(2007)가 *The Lost Tomb of Jesus*를 통해 제기한 주장, 즉 예수의 가족묘가 예수, 그의 아내 막달라 마리아, 그의 아들 유다와 다른 몇 사람들의 유골과 함께 확인되었다는 주장을 지지하는 몇 안 되는 학자들 중 하나로 보인다는 점을 주목할 가치가 있다.

582 Tabor는 2006년에 나온 그의 책에서 거의 아무런 논거도 제시하지 않는다. 관심 있는 이들은 그의 개인 웹사이트에서 확대된 주장을 읽을 수 있다. "The Identity of the Beloved Disciple," The Jesus Dynasty Blog, 〈http://jesusdynasty.com/blog/2006/07/06/the-identity-of-the-beloved-disciple/〉(2007년 9월 15일 접속).

583 NET 번역위원회 위원 Daniel Wallace는 내게 그 위원회가 요한복음 7:5를 괄호 안에 넣은 것은 "그들이 이 절을 복음서 저자에 의해 첨가된 편집상의 주석으로 간주하기 때문이다. 그것은 그 구절의 진정성에 관한 언급이 아니다"라고 말했다(2007년 9월 17일자 개인 이메일). 다음의 영어 번역본들은 그 텍스트를 괄호 안에 넣지 않는다: ESV, GWN, KJV/NKJV, NAB, NAU, NIV/NIB, NLT, RSV, RWB.

584 비록 그가 요한이 저자라는 입장을 취하기는 하지만, 특히 Keener(2003), 1권 82-115를 보라. 다음 문헌들도 보라. Blomberg(2001), 22-41; R. Brown(2003), 189-98; Witherington(*John's Wisdom*, 1995), 11-18.

구들에서 언급된다.[585] 이 구절들 중 어느 곳에서도 예수의 형제들은 긍정적으로 언급되지 않는다. 적어도 명시적으로는 말이다. 예수가 부활한 뒤에야 예수의 형제들이 그의 추종자의 일원이 되었음이 분명하게 언급된다(고전 9:5; 행 1:14). 우리는 또한 예수의 형제들이 실제로 예수의 대부분의 사역 기간 중에 그의 추종자였다는 세 명의 학자들(페인터, 보컴, 타보르)의 주장을 살펴보았다.[586] 그러나 우리는 그들의 논증은 그들이 인용하는 텍스트에 대한 면밀한 검증을 견뎌내지 못한다고 지적했다.

그 주제에 관해 언급하는 대부분의 학자들은 우리가 방금 살펴본 신약성서 텍스트들 모두 (보컴이 인정하는 것처럼) 예수의 형제들이 그의 사역 기간에는 그를 믿지 않았다고 보고한다는 데 동의한다.[587] 이 주장의

---

585 (1) 막 3:31-35; 마 12:46-49; 눅 8:19-21;(2) 막 6:1-5; 마 13:54-58; 눅 4:16-30과 비교하라; 요 4:44;(3) 요 7:1-10.

586 Painter와 Bauckham은 예수의 형제들이 그의 대부분의 사역 기간 동안 그의 추종자였다고 믿는 반면, Allison(*Resurrecting Jesus*, 2005)은 비록 Painter와 Bauckham에게 다소 공감하기는 하지만 보다 약한 입장을 취한다. Allison은 우리가 예수의 형제들이 그 기간 동안 그의 추종자들이 **아니었다**고 확신할 수 없다고 주장한다. "부활을 옹호하는 학자들은 흔히 야고보를 외부자에서 내부자로 변화시킨 요인은 틀림없이 그리스도의 출현이었을 것이라고 강조해왔다. 이 점은 결코 확실하지 않다. 예수와 그의 가족 사이의 긴장이 늘 같았다거나, 또는 사역의 끝 무렵에도 사역을 시작했을 때에 비해 상황이 나아지지 않았다고 가정할 수 없다. 더욱이 행 1:14은 예수의 십자가형 직후에 마리아가 예루살렘에서 제자들과 함께 있었다고 보고한다. 그리고 나는 부활절 이후에 마리아가 예수에게 헌신한 것이(만약 우리가 그것을 역사적인 것으로 받아들인다면) 오직 부활 후 출현에 의해서만 설명될 수 있다고 주장하는 학자는 아무도 알지 못한다. 고전 9:5에서 언급되는 야고보의 ἀδελφοί, 즉 형제들도 마찬가지다. 주의 형제들이 복수로 언급된 것은 야고보만 지도자 위치에 있었던 것이 아님을 암시한다. 그들도 부활한 예수를 보았는가? 또 다른 가능성은 야고보가 기독교 공동체에 합류한 뒤에 예수를 보았다는 것이다. 곤혹스럽게도 우리는 야고보에 대한 사후 출현 상황에 대해 알지 못한다. 바울이 사실을 제대로 알았다면, 아마도 야고보에 대한 출현은 베드로에 대한 출현과 바울에 대한 출현 사이에 발생했을 것이다. 그리고 우리는 그것이 야고보가 교회의 권력자로 부상하게 된 하나의 요소였을 것이라고 추측할 수 있다"(262-63).

587 Bauckham은 학자들에 의해 유지되는 "일반적 견해"는 예수의 형제들이 예수의 사역 기간에 그의 추종자들이 아니었으며 예수의 사명을 하나님으로부터 온 것으로 믿지 않았다는 것임을 인정한다(106).

역사성을 인정할 수 있는 두 가지 이유가 있다. 예수의 형제들의 불신앙은 마가복음과 요한복음에서 복수로 입증된다. 마가복음은 두 개의 사례를 수록하는 반면, 요한복음은 마가복음에서 발견되지 않는 사례를 제시한다. 그들의 불신앙에 관련된 보고는 당혹감 기준을 충족시킨다. 곧 보게 되겠지만, 예수가 부활한 뒤 그의 형제들이 추종자들 가운데서 발견된다. 야고보는 예루살렘 교회의 세 명의 최고 지도자들 중 하나이자 심지어 그 교회의 수장으로 간주되었다. 그런데 야고보가 예루살렘 교회의 지도자였던 기간이나 그 이후에 기록된 네 정경 복음서들 모두 왜 예수의 형제들을 그렇게 부정적으로 묘사하는 것일까? 교회 지도자를 이렇게 부정적으로 묘사하면 복음서 저자들이 지원할 것으로 기대되는 교회의 권위를 손상하기만 할 것이다.[588] 베드로의 부인도 마찬가지다. 뤼데만은 이렇게 주장한다. "그 어떤 그리스도인도 예루살렘 교회 지도자의 명성을 훼손하려고 하지 않았을 것이다.…그러므로 예수가 체포되었을 때 베드로가 예수를 부인했다는 전승은 견고한 역사적 근거가 있다."[589] 예수의 형제들의 불신앙과 관련된 보고는 훨씬 더 그렇다. 많은 증거들이 예수의 형제들이 그가 처형되었을 때 그의 추종자가 아니었다는 결론을 선호한다. 어느 보고를 통해 보더라도, 그들은 자기 형제의 사역과 거리를 두고 있었던 것으로 보인다.

4.3.4.3. 예수의 부활 이후의 야고보. 우리는 예수의 형제들이 예수가 부활한 직후에 그의 추종자가 되었다는 것을 읽고 놀란다. 사도행전 1:14에서 그들은 예수의 추종자가 되어 있다. 사도행전의 후반부에서 야고보

---

588 Habermas(2003), 22; Meier(1994), 2권 70; Wright(2003), 704.
589 Lüdemann(2004), 162.

는 예루살렘 교회의 수석 대변인 그리고 아마도 최종 권위자로 보인다(행 15:1-21; 21:17-26). 예루살렘 교회에서 야고보의 지도자적 지위와 그의 사도로서의 지위는 이미 갈라디아서에서도 언급된다(갈 1:19; 2:1-10). 바울은 또한 고린도전서 9:5에서도 예수의 형제들을 그의 추종자들이라고 언급한다.

예수의 메시지에 대한 야고보의 헌신은 매우 강했고 그는 순교한 것으로 보인다. 야고보가 자기 형제의 추종자로서 순교했다는 사실은 요세푸스, 헤게시포스 그리고 알렉산드리아의 클레멘스에 의해 보고된다. 나중 두 사람의 글은 더 이상 현존하지 않는다. 그러나 야고보의 순교에 관한 그들의 글들의 파편들이 카이사레아의 에우세비오스의 작품 안에 보존되어 있다.[590] 첫 번째 구절에서 에우세비오스는 클레멘스가 의인 야고보가 성전 꼭대기에서 내던져졌고 곤봉에 맞아 죽었다고 보고했다고 전한다. 에우세비오스는 이 사람이 바울이 갈라디아서 1:19에서 "주의 형제"라고 언급하는 그 야고보라고 덧붙인다.[591]

나는 두 번째 구절을 다음과 같이 요약한다.

> "주의 형제 야고보"는 예루살렘 교회의 수장이었다. 사도들이 야고보에게 그 지위를 부여했다. 야고보는 경건하고 의로운 삶으로 많은 사람의 존경을 받고 있었기 때문에 유대 지도자들은 그를 모든 사람들 앞으로 끌어내서 공개적으로 자기 형제에 대한 믿음을 포기하도록 요구했다. 그들로서는 실망스럽게도 야고보는 정확히 반대의 일을 했다. 그는 예수가 하나님의 아들이라고 공개적으로 고백했다. 페스투스(개역개정 사도행전 25장에는 '베스

590 클레멘스의 설명은 *Hist. eccl.* 2.9.1-3을, 헤게시포스의 설명은 *Hist. eccl.* 2.23.3-19를 보라.

591 *Hist. eccl.* 2.1.5.

도'로 표기됨)는 얼마 전에 죽었고 당시에 유대에는 로마인 지도자가 없었기 때문에 유대 지도자들은 그 기회를 활용해서 야고보를 죽였다. 알렉산드리아의 클레멘스는 야고보가 성전 꼭대기에서 내던져졌고 그 후 곤봉에 맞아 죽었다고 보고했다. 그러나 그 사건이 발생한 때와 훨씬 더 가깝게 살았던 헤게시포스가 가장 정확한 설명을 제공하는데, 그는 "주의 형제 야고보"는 오랫동안 경건한 사람으로 알려졌고 사람들에게 평이 아주 좋았다고 쓰고 있다. 실제로 예수에 관한 야고보의 증언 때문에 유대 당국자들의 엄포에도 불구하고 그리스도인이 된 사람들도 있었다. 따라서 많은 유대 지도자들이 야고보에게 찾아와 그에게 사람들을 예수에게서 떠나게 하라고 요구했다. 당시 그곳에는 유월절을 기념하기 위해 많은 사람들이 모여 있었기 때문에 유대 지도자들은 야고보에게 모든 사람들이 보고 들을 수 있도록 성전 꼭대기에 서라고 부추겼다. 그들은 야고보를 성전 꼭대기로 데려가서 그에게 예수에 대해 어떻게 생각하는지 물었다. 그런데 야고보는 예수가 심판하러 올 인자라고 고백했다. 이 고백으로 인해 많은 사람이 그리스도를 믿었다. 그러자 유대 지도자들이 야고보를 성전 꼭대기에서 내던졌다. 그러나 야고보는 성전 꼭대기에서 떨어졌음에도 죽지 않았다. 그러자 사람들이 야고보에게 돌을 던지기 시작했고 그때 야고보는 그들을 용서해달라고 기도했다. 야고보의 기도를 들은 제사장들 중 하나가 그들에게 멈추라고 말했다. 그러나 어떤 축융공이 자신의 곤봉을 집어 들고 야고보의 머리를 내리쳐 그를 죽였다. 야고보는 그 자리에 묻혔다. 그리고 그 사건 직후에 베스파시아누스가 그 도시를 포위했다.[592]

이어서 에우세비오스는 요세푸스가 그 사건에 관해 다음과 같이

---

592 *Hist. eccl.* 2.23.1-18.

셨다고 보고한다.

> ταῦτα δὲ συμβέβηκεν Ιουδαίοις κατ' ἐκδίκησιν Ιακώβου τοῦ δικαίου, ὃς ἦν ἀδελφός Ἰησοῦ τοῦ λεγομένου Χριστου, ἐπειδήπερ δικαιότατον αὐτόν ὄντα οἱ Ιουδαῖοι ἀπέκτειναν
>
> 그리고 유대인들이 이런 일을 벌인 것은 그리스도라고 불렸던 예수의 형제의인 야고보를 벌하기 위한 것이었는데, 야고보가 가장 의로운 사람이었기 때문에 유대인들이 [그를] 죽였다.[593]

이런 말들이 요세푸스의 현존하는 문헌들 중 어디서도 발견되지 않는 점은 흥미롭다. 그러나 요세푸스는 그의 책『유대고대사』20.200에서 야고보의 처형에 대해 언급한다.

> ἅτε δὴ οὖν τοιοῦτος ὢν ὁ Ἄνανος νομίσας ἔχειν καιρὸν ἐπιτήδειον διὰ τὸ τεθνάναι μὲν Φῆστον Ἀλβῖνον δ' ἔτι κατὰ τὴν ὁδὸν ὑπάρχειν καθίζει συνέδριον κριτῶν καὶ παραγαγὼν εἰς αὐτὸ τὸν ἀδελφὸν Ἰησοῦ τοῦ λεγομένου Χριστοῦ Ἰάκωβος ὄνομα αὐτῷ καί τινας ἑτέρους ὡς παρανομησάντων κατηγορίαν ποιησάμενος παρέδωκε λευσθησομένους.
>
> 그러므로 [사두개인들은 다른 이들을 판단하는 일에서 다른 유대인들보다 엄격하다는] 상황을 이해한 안나스는 그것이 기회임을 인식했다. 왜냐하면 당시에 페스투스는 죽었고 [그의 후임자] 알비누스는 부임하러 오는 중이

---

593 *Hist. eccl.* 2.23.20.

기 때문이었다. 안나스는 산헤드린의 재판관들을 소집해서 그리스도라고 불리는 예수의 형제 야고보와 다른 범법자들 몇 사람을 그들에게 보냈다. 그들을 고소한 다음 안나스는 그들을 돌에 맞아 죽도록 넘겨주었다.

헤게시포스나 클레멘스와 달리 요세푸스는 야고보가 기독교의 순교자로 죽임 당했다고 말하지 않는다. 요세푸스는 야고보와 다른 몇 사람이 παρανομησάντων(범법자들)로 처형되었다고 보고한다. 이 말은 야고보가 강도나 살인 같은 죄를 저질러서 처형되었다는 뜻일 수도 있다. 그러나 신약성서에서 그리스도인들은 종종 유대 당국자들에게 범법자로 간주된다. 왜냐하면 그들은 유대교 율법에 반하는 사상을 퍼뜨리는 것으로 인식되었기 때문이다(행 6:13; 18:13; 21:28).[594] 대럴 보크는 이렇게 묻는다. "기독교 진영에서 꼼꼼하게 율법을 지킨 유대인 기독교 지도자로서의 그의 명성을 감안한다면, 야고보가 어긴 법은 무엇이었을까? 그 법은 그리스도에 대한 충성과 신성모독이라는 혐의와 관련이 있었을 가능성이 있다. 이것은 야고보가 돌에 맞아 죽었다는 사실과 부합하는데, 투석형은 그런 죄에 해당하는 형벌이었고 스데반도 그렇게 처형되었다."[595]

앞장에서 논의한 바와 같이 대부분의 학자들은 이 구절의 진정성을 의심할 이유가 없다고 생각한다.[596] 야고보의 죽음이라는 주제에 관해 쓰고 있는 최근의 학자들은 대개 요세푸스의 설명을 셋 중 가장 믿을 만하다고 여긴다.[597] 요세푸스의 설명은 또한 그 사건의 세부 사항을 가장

---

594 행 23:3을 보라. 거기서 바울은 대제사장 아나니아를 παρανομῶν이라고 부른다.

595 Bock(2000), 196 각주 30.

596 이 책의 3.2.4.1을 보라.

597 Chilton and Neusner 편(2001), 48에 실린 Painter; Shanks and Witherington(2003), 173, 192. Barnett(1999)도 보라. 그는 "역사가 요세푸스가 야고보의 죽음에 대해 그토록 길게 서술한 것은 예루살렘에서 야고보가 얼마나 유

적게 제시하며 알렉산드리아의 클레멘스와 헤게시포스에게서 발견되는 기독론적인 단언이 없다.[598] 그렇다고 해서 반드시 그런 요소들이 나중에 그 이야기 속으로 들어간 장식들이라는 의미는 아니다. 왜냐하면 요세푸스는 그런 요소들을 포함시키는 데 관심이 없었을 수도 있고, 책의 분량이나 언급되지 않은 어떤 이유 때문에 그의 이야기에서 자유롭게 그런 것들을 생략했을 수도 있기 때문이다. 나는 여기서 야고보의 순교의 상세한 내용을 다룰 생각은 없지만, 그 세 이야기 모두 야고보가 유대 지도자들의 지시에 의해 처형되었다고 보고하는 것으로 보인다. 야고보가 요세푸스에게 "범법자"로 간주되었다는 것은 유대 지도자들이 그가 유대 율법을 어겼다고 믿었음을 암시한다. 이것은 헤게시포스 및 알렉산드리아의 클레멘스의 보고와 일치하며 아마도 유대 지도자들은 초기 그리스도인들을 범법자라고 이해했을 것이다. 더욱이 야고보의 순교는 요세푸스와 하나 이상의 기독교 자료라는, 적어도 두 개의 독립적인 자료에 의해 복수로 입증된다. 우리는 헤게시포스와 클레멘스가 의존하는 전승(들)의 기원에 관해서는 아무것도 알지 못한다. 그러나 예루살렘 교회의 지도자와 예수의 형제로서의 야고보의 지위를 감안한다면, 야고보가 순교한 때부터 그의 순교가 기억되었고 기독교 교회에서 전승을 통해 후대로 전달되었으리라는 것은 의심할 여지가 없다. 요세푸스가 그 사건을 지어냈다는 주장은 매우 의심스럽다. 왜냐하면 그의 설명은 기독교 자료들—현존하는 그 문헌들은 세부사항에서 요세푸스의 저작들과 다르다—에 의존했다는 어떤 표시도 보여주지 않기 때문이다. 그러므로 역사가들이 야고보가 아마도 그의 기독교 신앙 때문에 순교했을 것이라고 결론을 내려도 무방

명했는지를 보여준다"고 말한다(324).

598 또한 알렉산드리아의 클레멘스가 자주 수행했던 비판적 연구가 없음도 주목해야 한다.

하다.

4.3.4.4. 야고보가 회심한 이유. 역사가들은 예수의 형제들 특히 야고보에게 그처럼 중대한 반전을 가져온 요인이 무엇이었는지 알고 싶어 한다. 고린도전서 15:7에 실려 있는 초기 전승에서 부활한 예수가 야고보에게 나타났다고 전해진다.[599] 설령 그 사건에 관한 어떤 내러티브가 있었을지라도, 그것은 보존되지 않았을 가능성이 크다. 어떤 내러티브가 존재했음에 대한 유일하게 현존하는 암시는 「히브리복음」에서 발견된다. 그 복음서의 몇 안 되는 파편들은 다른 사람들의 저작들에 보존되어 있으며, 우리는 그 기록의 역사적 신빙성이 의심스럽다는 것을 살펴보았다. 고린도전서 15:7에는 내러티브는 없이 야고보에게 나타났다는 보고만 나온다.

그러나 고린도전서 15장의 보고는 이른 시기의 것이며 아주 그럴듯하다. 예수의 형제들의 회의적인 태도에 유념하면서 캐치폴은 이렇게 말한다.

> 야고보가 가장 초기 공동체의 아주 초기에 그 공동체의 중요한 일원이 된 상황전개(갈 1:19와 비교하라)와 더욱이 나중에—심지어 그 공동체에 베드로가 있었던 시절에—기둥과 같은 지도자급 증인이 된 것(갈 2:9와 비교하라)에 대해서는 어느 정도 설명할 필요가 있다.…그러므로 야고보에게 나타나심은 이미 존재하는 동정심이나 헌신으로부터 작동할 수 있는 것이 아니었다. 그런 점에서 그것은 나중에 바울에게 일어난 일과 다르지 않았다.[600]

---

599 Dunn(2003)은 이렇게 말한다. "아무도 고전 15:7의 야고보가 갈 1:19와 2:9, 12의 야고보라는 것을 의심하지 않는다"(862 각주 168).

600 Catchpole(2002), 157-58. R. Brown(1973), 95도 보라.

섕크스와 위더링턴도 비슷하게 말한다.

> 바울처럼 야고보도 어느 시점에 부활한 예수를 보았기 때문에 회심해서 예수 운동에 참여한 것으로 보인다. 왜냐하면 부활절 이전의 그 어느 것도 야고보가 예수의 추종자들의 지도자가 된 것은 말할 것도 없고 예수의 그런 추종자가 된 것을 설명해주지 못하기 때문이다.…[야고보는 예수의 십자가 사건 현장에 있지 않았다.] 야고보가 사도행전에서 제자가 되어 있는 것과 나중에 예루살렘 교회의 지도자로 언급되는 것으로 미루어볼 때 예수 사후에 야고보에게 무언가 극적인 일이 일어났음이 분명하다. 야고보가 예수 운동으로 회심하고 지도자 자리에까지 오른 이유는 주로 예수가 야고보에게 나타났기 때문으로 보인다.[601]

하버마스는 이렇게 쓴다.

> 비록 야고보가 회심한 이유가 예수가 그에게 나타났기 때문이라고 말하지는 않지만(고전 15:7), 우리는 그 변화와 야고보가 초기 교회에서 중요한 지도자들 중 하나로 떠오른 데 대해 최상의 설명을 제공해야 한다. 야고보가 이전에 회의주의자였음을 감안할 때 야고보에게 나타나심은 중요하다.[602]

---

601 Shanks and Witherington(2003), 107-9. Maier(1991), 204도 보라.

602 Habermas(2003), 28. 야고보를 회심하게 만든 요인이 그에 대한 예수의 출현이었다는 데 대해 Habermas보다 훨씬 더 강력한 확신을 표명하는 학자들도 있다. Bruce(1977)는 이렇게 말한다: "만약 예수에 대한 그들[즉, 예수의 가족들]의 갑작스러운 태도 변화에 대한 어느 정도의 설명을 구한다면, 부활한 예수가 야고보에게 출현했다는 진술에서 그 답을 발견할 수 있다"(85). Byrskog(2002), 88과 Witherington(2006), 175도 보라.

나는 예수가 야고보에게 나타난 것이 그의 회심에 대한 그럴듯한 설명이라는 데 동의한다. 그러나 나는 앨리슨처럼 야고보와 그의 형제들이 자기 어머니나 다른 사람들에게 예수의 부활 후 출현에 관한 말을 들었고, 예수가 출현했다는 그들의 진지한 확신에 주목했을 가능성을 열어 둔다. 야고보와 그의 형제들은 예수가 다른 사람들에게 출현했다는 그들의 확신에 근거하여 회심했고, 예수는 야고보가 회심한 이후에—오순절 전이나 이후 어느 때에—그에게 출현했다는 것이 타당해 보인다.[603]

4.3.4.5. 요약과 결론. 야고보에 관해 알아본 내용을 다음과 같이 요약할 수 있을 것이다.

- 예수의 형제들은 그의 사역 기간 동안에는 그를 믿지 않았다(막 3:21, 31-35; 6:3; 요 7:1-10).
- 예수의 형제들은 그를 조롱했다(막 6:3; 요 7:1-10).
- 예수의 형제들은 분명히 예수가 십자가형을 당할 때 그 현장에 없었다. 그곳에서 예수는 자기 제자들 중 하나에게 자기 어머니를 돌보라고 부탁했다. 이것은 예수의 형제들이 당시에 불신자였음을 암시한다(요 19:25-27).
- 예수의 형제들은 예수가 부활한 후 예수의 제자들 및 어머니와 함께 다락방에 있었다(행 1:14).
- 야고보는 사도였고 예루살렘 교회의 지도자였다(갈 1:19; 2:9, 12; 행 12:17; 15:13).
- 바울은 자기의 활동을 야고보에게 보고했다(행 21:18).

---

603 Allison(*Resurrecting Jesus*, 2005), 262-63.

- 예수의 형제들 중 적어도 몇 명은 신자가 된 것으로 보인다(고전 9:5).
- 야고보가 회의주의자에서 신자로 변화된 이유는 예수가 부활했다는 그의 믿음과 야고보에 대한 예수에게 임한 예수의 부활 후 출현 때문이었다는 설명이 그럴듯하다(고전 15:7).
- 야고보는 자신의 부활한 형제가 자기에게 출현했다고 믿었다.

하버마스는 그 주제에 관해 글을 쓰는 대부분의 비판적인 학자들이 야고보의 회심을 야고보가 자기에게 임한 예수의 부활 후 출현으로 이해한 사건의 결과로 인정한다고 주장한다. 하버마스는 다음과 같은 학자들을 예시한다. 베츠, 콘첼만, 크레이그, 데이비스, 데렛, 펑크, 후버, 키이, 쾨스터, 래드, 로렌젠, 뤼데만, 마이어, 오든, 오스본, 판넨베르크, 샌더스, 스퐁, 슈툴마허, 그리고 웨더번.[604] 우리는 하버마스의 명단에 앨리슨, 뷔쉬코그, 어만 그리고 라이트를 추가할 수 있을 것이다.[605] 이들 중에는 무신론자·불가지론자·냉소주의자·수정주의자·온건파 그리고 보수파 등 매우 이질적인 학자들이 포함되어 있다. 야고보와 관련해서, 야고보와 그의 형제들이 예수의 추종자에 속하지 않았음을 보여주는 중요한 증거가 있다. 그러나 야고보는 예수가 십자가에 처형된 지 얼마 뒤에 자기 형제의 추종자가 되었고, 예수가 시작한 교회의 지도자가 되었으며, 마침내 기독교 신앙을 위해 순교했다. 이런 마음의 변화에 대한 최상의 설명은 야

---

604 Habermas(2003), 22, 44 각주 118-21. Stewart 편(2006), 79에 실린 Habermas, "Mapping"과 비교하라. Funk에 대해서 Habermas는 *Honest to Jesus*(33)를 인용한다. 다른 곳에서 Funk와 Jesus Seminar(1998)는 공동으로 야고보에 대한 예수의 출현을 부정한다(454-55).

605 Allison(*Resurrecting Jesus*, 2005), 305; Bryskog(2002), 85; Ehrman(1999), 229-30; Wright(2003), 325.

고보가 자기 형제가 죽은 자들 가운데서 부활했다고 믿게 되었다는 것이다. 야고보는 그가 예수의 부활 후 출현이라고 이해한 어떤 경험을 했을 개연성이 있다. 그러나 야고보의 회심이 그 경험 전이었는지 아니면 그 경험으로부터 나온 것인지는 확실하게 말하기 어렵다.

비록 예수의 부활이라는 주제에 관해 글을 쓰는 대다수의 학자들이 예수가 야고보에게 나타나셨음을 인정하지만, 실제로 그 문제에 관해 언급하는 이들의 수는 적다. 그러므로 나는 예수가 야고보에게 나타나심을 역사적 기반에 포함시키기를 꺼린다. 우리는 예수가 야고보에게 나타나심을 역사적 기반에 대한 "최상의 설명"만으로는 어떤 가설을 평가하기 어려운 경우 그 가설을 평가하기 위한 증거에 포함될 수도 있는 2차적 사실로 간주할 것이다.

4.3.5. 빈 무덤

예수의 빈 무덤은 아마도 하버마스가 제시하는 열두 가지 사실들 중 가장 논쟁이 치열할 것이다. 하버마스는 1975년 이후 빈 무덤에 관해 저술하는 세 명의 학자들 중 적어도 두 명(또는 아마도 그 이상)이 예수가 부활했다는 관점에서 빈 무덤의 역사성을 인정한다고 주장한다. 달리 말하자면 그들은 무덤이 빈 이유에 대한 최상의 설명으로서 예수의 부활을 주장하거나 그 가능성에 대해 열려 있다.[606] 하버마스가 말하는 과반을 약간 넘거나

---

606 2008년 4월 2일에 Habermas와 나눈 전화 통화에서 Habermas가 한 말. 다른 곳에서 Harbermas(*Resurrecting Jesus*, 2005)는 거의 75퍼센트에 이르는 "강력한 다수"가 빈 무덤을 옹호하는 하나 이상의 논증을 선호하는 반면, 대략 25퍼센트가 그것에 반대하는 하나 이상의 논증을 선호한다고 주장했다(140-41; Habermas[2003], 24와 비교하라; Stewart 편[2006], 80에 실린 Habermas, "Mapping"과 비교하라).

상당히 넘는 학자들에는 빈 무덤을 자연적 측면에서 설명하면서 빈 무덤의 역사성을 인정하는 학자들은 포함되어 있지 않다. 내 연구 결과, 나는 앨리슨·보스톡·칸리·어만·피셔·그랜트 그리고 버미스 같은 학자들을 이 범주에 속한 이들로 생각하는데, 그들은 모두 빈 무덤의 역사성을 인정하면서도 빈 무덤이 예수의 몸의 부활에 기인한 것임을 의심한다.[607] 이들을 고려한다면(나는 이들이 고려되어야 한다고 생각한다)—비록 빈 무덤의 원인에 대해서는 논란이 있지만—빈 무덤의 역사성을 주장하는 다수파에는 상당히 이질적인 학자들이 포함되어 있다. 중요한 많은 학자들이 여기에 포함되어 있다. 그러므로 그 주제에 관해 글을 쓰는 학자들 중 대다수에게 인정되는 예수의 운명에 관한 사실 모음에 빈 무덤이 추가될 수 있다.

우리가 지금까지 논의해온 예수의 운명에 관한 "사실들"과 빈 무덤 사이에는 두 가지 중요한 차이가 있다. 다른 사실들과는 달리 빈 무덤에 대해서는 만장일치에 가까운 합의가 이뤄지지 못하고 있다. 무시할 수 없는 소수를 이루고 있는 여러 학자들이 빈 무덤의 역사성에 대해 반대한다.[608] 또 다른 차이는 빈 무덤을 인정하는 학자들 사이에 존재하는 이질성이 그리 의미심장하지 않다는 것이다. 우리는 일부 학자는 빈 무덤을 인정하면서도 자연적 원인 쪽으로 기울어지고 있음을 지적했다. 그러나 그런 학자는 비교적 소수다. 하버마스는 놀라운 말을 한다. "나는 최근의 비평가들에 의해 인용된 빈 무덤을 옹호하는 23개 주장과 그에 반대하는

---

607 Bostock(1994), 202; Carnley(1987), 46, 60; Ehrman(1999), 229쪽(Craig and Ehrman[2006, 21]에 실린 Ehrman을 보라. 거기서 어만은 마음을 바꿨을 수도 있다); Fisher(1999), 75; Grant(1977), 176; Vermes(2008), 140-41.

608 몇 명만 예를 들자면 다음과 같은 학자들이 그렇게 주장한다. Bentz-Letts(1997), 265, 268, 273-74; Funk and the Jesus Seminar(1998), 469; Goulder(2005), 58, 194; Henaut(1986), 177-90; Lindars(1986), 90, 94; Lüdemann(2004), 96.

14개 고려사항들을 수집했다. 대체로 그 목록은 예상할 수 있을 만한 것으로서 신학 '노선'을 따라 나눠진다."[609]

이 점은 학자들이 그들의 지평이 자신의 역사 연구에 과도한 영향을 끼치도록 허용하고 있다는 암시일 수도 있는데, 이는 예수의 부활에 관한 연구에서 놀랄 일이 아니다. 강력한 다수는 빈 무덤을 지지하지만, 빈 무덤에 대해 만장일치로 합의가 이뤄지고 있는 것은 아니다. 또한 빈 무덤을 인정하는 다수도—비록 그들이 다소 이질적이기는 하지만—여러 신학적 입장을 대표하는 많은 수의 학자들로 구성되어 있지는 않다.

야고보에 대한 출현과 비교하면 도움이 될 수도 있다. 우리는 소수의 학자들이 야고보에게 나타나심에 대해 언급했는데, 그들 중에서는 이질적인 학자들이 거의 만장일치로 야고보에 대한 출현의 역사성을 인정하고 있음을 살펴보았다. 이와 달리, 예수의 빈 무덤에 관해 의견을 낸 학자들은 많지만, 그들 중 (거의 만장일치라기보다는) 빈 무덤의 역사성을 인정하는 학자들은 과반을 약간 넘거나 상당히 넘으며 그들은 (이질성이 강하다기보다는) 다소 이질적이다. 야고보에게 나타나심에서와 마찬가지로, 나는 여기서 빈 무덤을 역사적 기반의 일부로 포함시킬 근거가 충분하다고 생각하지 않는다. 그러나 만약 그 문제를 조사해보고 빈 무덤을 받아들여야 할 이유가 그것을 거부할 이유보다 훨씬 크다는 결론을 내린다면, 우리는 빈 무덤에 2차적 사실이라는 지위를 부여할 수 있을 것이다. 빈 무덤에 관한 논의에는 많은 지면이 필요하다. 그러나 우리는 빈 무덤이 역사적 기반으로서의 자격이 없다는 것을 이미 알고 있기 때문에 나는 여기서 그런 논의를 하지 않을 것이고 다음 장의 부활 가설에서 빈 무덤을 사용하

609 Habermas(*Resurrection Research*, 2005), 140. D'Costa(1996)에 실린 Barclay도 보라. Barclay도 유사한 의견을 제시한다(22, 23).

지도 않을 것이다.

4.4. 결론

우리는 이 장을 예수 부활의 역사성에 관한 질문에 대한 하버마스의 접근법에 대해 논의하는 것으로 시작했다. 하버마스는 자신이 과반수의 학자들이 역사적이라고 간주한다고 주장하는 열두 가지 사실들을 열거한다. 이로부터 그는 그 열두 가지 사실들 중 네 개에서 여섯 개 사실만을 선택하고 그 사실들에만 근거해서 부활이 역사적 사실이라고 주장하는 "최소한의 사실" 접근법을 개발했다. 시간이 흐르는 동안 그의 접근법은 바뀌었고 하버마스는 지금은 만약 오늘날의 학자들 대다수가 역사적이라고 간주하는 사실들만 사용할 경우 예수가 죽은 자들 가운데서 부활했다는 가설이 다른 가설들보다 우월하다는 것이 입증될 수 있다고 주장한다. 그 동안 그의 사실 목록이 바뀌기는 했지만, 하버마스는 1975년 이후 그 주제에 관해 글을 쓰고 있는 학자들이 거의 보편적인 동의로써 예수의 운명에 관한 다음 세 가지 사실이 역사적이라고 인정한다고 주장한다.

1. 예수는 십자가형을 받아 죽었다.
2. 예수가 죽은 직후 그의 제자들은 그들이 예수가 부활했으며 자기들에게 출현했다고 믿고 선포하도록 만든 어떤 경험을 했다.
3. 예수가 죽은 후 몇 년 안에 바울은 그가 자기에게 임한 예수의 부활 후 출현으로 해석했던 것을 경험하고 회심했다.

우리는 이 세 가지 사실을 길게 논의했고 그 사실들을 우리의 역사적 기반에 포함시켜도 무방하다는 것을 알게 되었다. 또한 우리는 야고보에게 나타나심에 대해 논의했고 빈 무덤에 대해서도 간략하게 살펴보았지만 둘 중 어느 것도 역사적 기반으로서의 자격을 갖추지 못했다고 판단했다. 우리가 신중한 역사적 분석을 통해 예수의 운명과 관련된 역사적 기반을 구성하는 세 가지 사실들에 이르렀고, 그 사실들이 학자들 사이에서 거의 만장일치로 받아들여지고 있으며, 여기에 포함되는 학자들이 매우 이질적이라는 점을 주목할 필요가 있다.[610]

우리는 예수의 생애가 나타나는 문맥을 이해하기 위해 그와 관련된 역사적 기반에 대해 논의했다. 우리는 예수가 기적을 일으키고 귀신을 쫓아내는 사람이었으며, 또한 자기가 하나님의 종말론적 왕국을 도래시키기 위해 자기를 선택한 하나님과 특별한 관계를 맺고 있다고 믿었다는 것을 살펴보았다.

또한 우리는 바울이 예수의 부활한 몸의 본질과 관련해서 무엇을 믿었는지 확인하기 위해 바울의 여섯 가지 텍스트들을 살펴보았다. 나는 바울이 부활을 시체에 일어난 어떤 일이라고 확신했다는 결론을 내렸다. 나는 또한 바울이 예루살렘 교회로부터 나왔을 가능성이 있는 전승을 존중했음에 비춰볼 때, 만약 바울이 몸의 부활을 가르쳤다면 예루살렘의 사도들도 그러했을 것이라고 주장했다. 그러나 예수의 부활의 본질은 역사적 기반에 속하지 않는다.

예수의 운명과 관련된 그 세 가지 사실들을 어떻게 보아야 하는가? 이 책의 마지막 장인 다음 장에서 우리는 예수에게 일어난 일, 특히 예수가 죽음에서 부활했는지 여부에 대해 설명하고자 하는 여섯 가지 가설들에 대해 살펴볼 것이다.

---

610 Baxter(1999), 20-21.

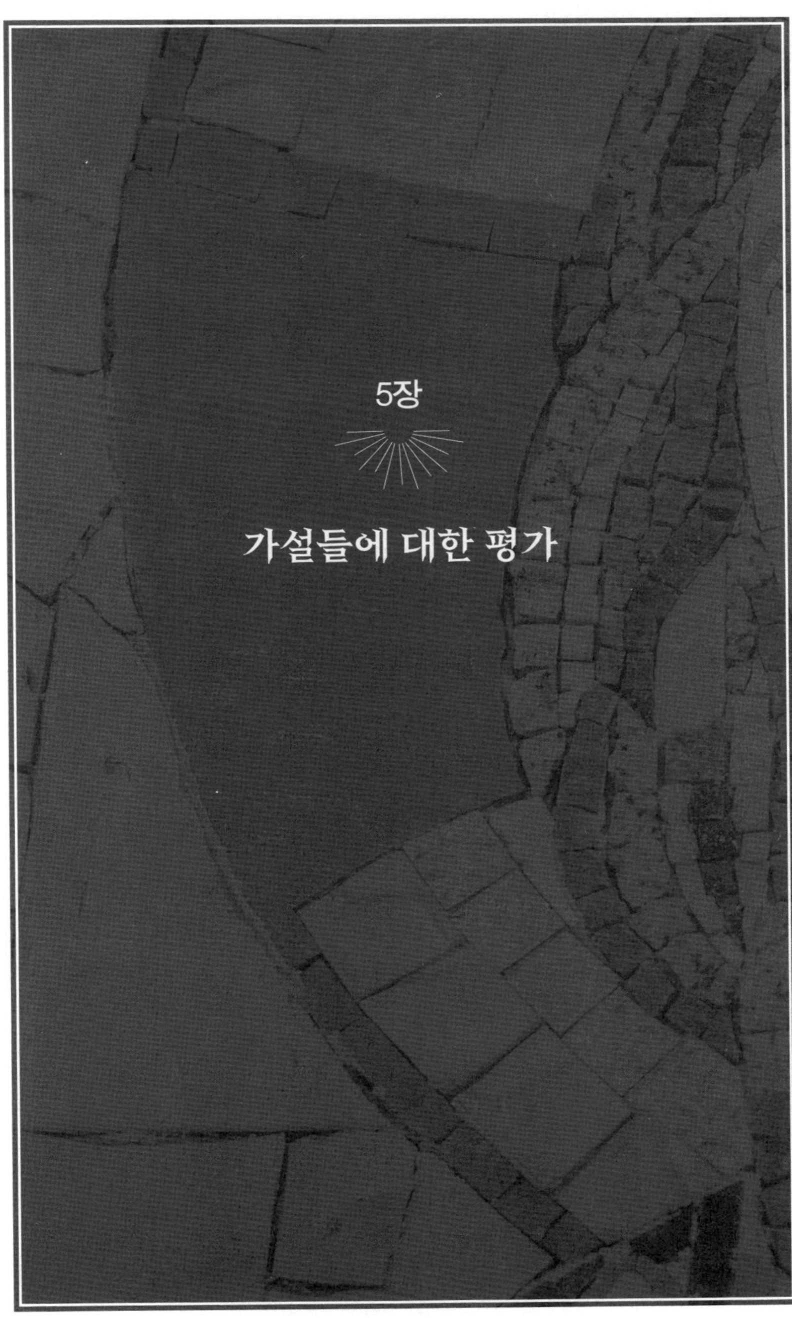

5장

가설들에 대한 평가

역사 연구는 예수가 죽음에서 부활하지 않았음을 절대적으로 확실하게 보여준다.…

2천년 동안 예수의 부활에 관한 지속적인 믿음은 막강한 힘을 과시해왔다. 그러나 그 믿음의 근거가 전혀 없기 때문에 이제 우리는 그것이 결국 세계적인 역사적 거짓말이었다는 것을 인정해야 한다.[1]

게르트 뤼데만

역사가는 기껏해야 1세기에 자기들이 부활한 예수를 목격했다고 진지하게 믿었던 사람들이 있었다고 말할 수 있을 뿐이다.…역사가는 부활한 예수를 환상 중에 본 사람은 신앙인이 되지 않을 수 없었다고 말할 수 없다. 또한 역사가는 초기 그리스도인들이 자기들이 예수를 보았다는 믿음을 얼마나 확신했는지 설명할 수 없다. 그는 역사가로서 침묵해야 한다.[2]

피터 칸리

죽은 자들의 미래의 부활과 관련해서 나는 바리새인이며 바리새인으로 남아 있다.

부활절에 있었던 예수의 부활과 관련해서 나는 수십 년 동안 사두개인이었다. 그러나 나는 더 이상 사두개인이 아니다.[3]

핀카스 라피데

---

1 Lüdemann(2004), 190; 209와 비교하라;(1995), 135.

2 Carnley(1987), 89.

3 Lapide(2002), 125.

5.1. 지금까지의 여정과 의도 요약

이제 우리는 조사의 마지막 국면에 이르렀다. 이곳은 지금까지 우리가 지나온 여정을 복습해 볼 좋은 지점이다. 우리는 역사 지식의 특성, 무언가를 안다는 것의 의미, 역사에 관한 지식을 얻기 위해 취해야 할 단계들, 그리고 기적이 역사 연구에 끼치는 영향에 대해 논의했다. 우리는 사용할 수 있는 자료들에 대해 논의했고 그중 어느 것에 주로 의존해야 하는지 판단하기 위해 그 자료들을 평가했다. 우리는 예수의 운명과 관련하여 알 수 있는 사실들에 대해 논의했고 우리의 역사적 기반들을 특정했다. 요약하자면, 우리는 우리의 역사철학·방법론·관련 자료들 그리고 여러 가설들이 그 위에 세워지고 평가되어야 하는, 알 수 있는 사실들에 관해 논의했다.

우리는 지평을 관리하기 위한 조치를 취해야 한다. 우리는 특별히 처음 두 장에서 논의했던 특정 방법론적 고려사항들을 사용해 그렇게 할 것이다. 나는 독자들에게 내 지평과 방법론에 대해 밝혔다. 내가 취했던 접근법과 이곳 마지막 장에서 취하게 될 접근법은 동정심 없는 전문가들에게 비판받기 위해 정중하게 제출되었다. 나는 우호적인 학문적 환경에서 발표된 두 편의 논문을 통해, 불가지론자인 바트 어만과의 두 차례 토론을 통해, 그리고 앞에서 언급한 세 개의 저널에 실린 논문들을 통해 이 연구에 포함된 몇 가지 결론들을 제시하고 옹호했다.[4] 가설들을 평가할

4 Ehrman과 나는 "역사가가 예수가 죽음에서 부활했음을 증명할 수 있는가?"라는 문제에 대해 두 차례 토론했다. 첫 번째 토론은 2008년 2월 28일에 미주리주 캔자스시티에 있는 미드웨스턴 침례신학교에서 개최되었다. 그 신학교 도서관

때 우리는 훈련되지 않은 상상력을 제어하기 위해 관련된 역사적 기반들을 중시할 것이다. 또한 우리는 최근에 제기된 여러 자연주의적 가설들을 적절하게 고려함으로써 편견으로부터 벗어나기 위해 노력할 것이다.[5] 또한 나는 이 책을 쓰는 동안 개인적으로 초연한 입장을 유지하기 위해 노력했다. 나는 단지 자신을 제어하기 위해 이 말을 할 뿐, 다른 사람들이 그 문제에 대한 내 소박한 주장에 어떤 가치를 부여하리라고 기대하지 않는다.

지평의 영향력을 감안할 때, 우리는 예수 부활의 역사성에 관해 결코 합의된 의견이 나오지 않으리라는 것을 알고 있다. 우리는 이 주제와 관련된 역사적 기반과 관련해서 이질적인 학자들의 합의를 추구했고 세 가지 사실들에 이르렀다. 이런 사실들은 신학적·철학적 입장이 매우 다

을 접촉하면 그 토론의 DVD를 구할 수 있다. 그 도서관 전화번호는 (816) 414-3729다. 두 번째 토론은 노스캐롤라이나주 샤로테에 있는 서던 복음주의신학교에서 있었다. 그 신학교의 서점 웹사이트에서 그 토론의 DVD를 구입할 수 있다. 사이트 주소는 다음과 같다. 〈http://theapologeticsbookstore.com/licona-ehrman-debate.aspx〉.

5 Watson(1987)은 왜 아직도 많은 학자들이 "소위 '부활에 대한 역사적 증거'가 설득력이 있다"고 여기는지에 대해 묻는다. 그는 두 가지 답을 제시한다.(1) "다른 가능성을 진지하게 고려할 번거로운 필요성이 깡그리 무시된다."(2) "부활에 대한 전통적 견해를 수용하려는 강력한 성향이 있다. 부활이 신약성서가 말하는 식으로 발생하지 않았다고 상상조차 할 수 없음을 알게 되면, 그 사람은 자기가 이미 본능적으로 확신하는 바를 확인해주는 것으로 보이는 논거가 설득력이 있다고 여길 것이다"(371-72). 이 장에서 우리가 Watson의 첫 번째 답변의 희생물이 되지 않는다는 점이 명확할 것이다. 두 번째 답변과 관련해, 나는 예수의 부활이 일어나지 않았다고 상상하는 것이 불가능하다고 생각하지 않는다. 나는 Watson이 말하는 요점에 동의한다. 그러나 Watson은 그런 질문들에 더하여 게으른 회의주의에 주의를 주기 위해 그 질문들이 다음과 같이 다시 진술되어야 한다는 것을 인식해야 한다. 왜 아직도 많은 학자들이 부활에 대한 역사적 증거가 설득력이 있다고 여기지 않는가?(1) 예수가 부활했을 가능성을 진지하게 고려할 번거로운 필요성이 깡그리 무시되거나 무책임하게 다뤄진다.(2) 일부 학자들은 부활에 관한 전통적 견해를 기각하려는 아주 강한 성향이 있다. 만약 부활이 신약성서가 말하는 식으로 발생했다고 상상조차 할 수 없음을 알게 되면, 그 사람은 자기가 이미 본능적으로 확신하는 바를 확인해주는 것으로 보이는 논거가 설득력이 있다고 여길 것이다.

양한 학자들로부터 인정되고 있으므로 우리는 우리의 역사적 기반이 아주 안전하다고 확신한다. 왜냐하면 견해를 달리하는 학자들이 같은 이유들 때문에 같은 결론에 도달했기 때문이다.

우리의 기대에 관하여, 우리는 모든 역사 지식은 잠정적이고 따라서 모든 결론은 장래에 바뀔 수 있다는 것을 인정한다. 절대적 확실성을 달성할 수는 없지만 적절한 또는 합리적인 확실성은 달성할 수 있다. 어떤 가설이 "참"이라고 말할 때, 그 의미는 그 가설이 과거의 사건들이나 상황들에 상당히 정확하게 일치한다는 뜻이다. 역사기술은 과거에 대해 포괄적인 설명을 제공하는 것이 아니라 특정 질문과 관련된 적절한 설명을 제공한다.

가설들을 평가하기 위해 우리는 중립적 접근법을 택해서—긍정적이든 부정적이든—어떤 주장을 하는 사람에게 입증책임을 부여했다. 그러므로 그 어떤 가설도 경합하는 가설들에 대한 우월성이 증명되지 못하면 최상의 설명으로 인정되지 않을 것이다. 더욱이 지지하는 증거 없이 단순히 "가정"(what if)상의 가능성을 진술하는 것만으로는 지지하는 강력한 증거를 갖춘 가설들에 도전하지 못한다. 가정들은 증거와 논거에 의해 지지되어야 한다.[6] 우리는 최상의 설명을 위한 다음 다섯 가지 기준을 세웠다(중요성 순서에 따라 내림차순으로 열거했다). (1) 타당성, (2-3) 설명 범위, 설명력, (4) 덜 임기응변적임, (5) 조명.

우리는 역사적 확실성의 스펙트럼을 다음과 같이 구성했다. 확실히 역사적이지 않은·매우 의심스러운·상당히 의심스러운·다소 의심스러운·애매한(개연성이 아주 없지도 않고, 개연성이 높거나 그럴 수도 있거나 그럴싸하

---

6 지지되는 가정들은 우리가 예수가 역사적으로 **절대적으로** 확실하게 부활했다고 알 수는 없다는 것을 보여준다. 그러나 이 점은 부활에 대해서뿐만 아니라 거의 모든 다른 역사적 결론들에 대해서도 인정된다.

지도 않은)·다소 확실한(발생하지 않을 개연성보다는 발생할 개연성이 높은)·상당히 확실한·매우 확실한(참일 개연성이 매우 높은)·확실한. 어떤 가설을 역사적 확실성의 스펙트럼 중 "상당히 확실한"이나 그 이상의 어느 지점에 위치시킬 수 있을 때 그것이 역사적이라고 결론을 내릴 수 있을 것이다. 우리는 어느 가설을 역사적 확실성의 스펙트럼 중 역사성이 부여될 수 있는 곳에 위치시켜주는 두 가지 기준을 제시했다: (1) 경합하는 가설들보다 다섯 가지 기준들을 더 잘 충족시켜야 한다. (2) 경합하는 가설들을 큰 차이로 앞서야 한다.

역사가와 기적 주장에 관한 논의에서 우리는 기적을 식별하기 위한 두 가지 기준을 제시했다: (1) 그 사건이 자연적 원인만으로는 일어날 개연성이 희박하다. (2) 그 사건이 종교적 의미로 가득 찬 상황에서 발생한다. 우리는 **부활**이라는 용어에 부활한 몸의 종말론적 속성과 부활의 신적 원인 같은 신학적 요소들이 있을 수 있다는 것을 안다. 이런 측면들에 대해 뭐라고 믿든, 그런 측면은 역사가의 작업 범위를 넘어선다. 우리 역사가들이 할 일은 예수가 죽은 자들 가운데서 육체적으로 부활했는지 묻는 것에 국한된다. 역사가는 예수를 부활시킨 이가 하나님인지, 또는 예수의 부활한 몸이 썩지 않고, 강력하고, 영광스럽고, 성령에 의해 능력을 부여받았는지에 대해서는 답변할 수 없다.

우리가 사용할 원천 자료에 관해서는, 바울 서신들과 신약성서 전체에 내장되어 있는 구전들이 가장 유망한 자료를 제공한다. 정경 복음서, 로마의 클레멘스, 폴리카르포스, 사도행전의 연설들 그리고 「도마복음」도 경우에 따라 도움이 될 수 있다. 몇 가지 다른 자료들은 도움이 되는 정도가 다를 수 있다.

이런 자료들을 조사해본 결과 우리는 다음과 같은 역사적 기반을 식별했다.

1. 예수는 십자가형을 받아 죽었다.
2. 예수가 죽은 직후, 제자들은 그들로 하여금 예수가 부활했다고 믿고 선포하도록 이끌어준 경험을 했다.
3. 예수가 죽고 나서 몇 년 뒤에 바울은 자신이 부활한 예수가 자기에게 출현했다고 해석한 경험을 한 다음 회심했다.

이 세 가지 사실들은 그 사실들을 뒷받침하는 강력한 증거들을 갖고 있으며 오늘날 학자들은 이를 거의 만장일치로 역사적이라고 인정한다. 이 사실들의 역사성을 인정하는 학자들은 아주 다양한 집단에 속해 있다.

비록 우리의 연구와 관련이 있는 역사적 기반에 속하지는 않지만, "2차적 사실"이라고 부를 수 있는 네 가지 사실들이 있다. 야고보에게 나타나심과 그보다는 비중이 낮은 빈 무덤이 여기에 해당한다. 또한 4장에서 우리는 예수가 자신이 폭력적으로 죽임당할 시기가 임박했고 하나님이 자기를 부활시킬 것이라고 예언했다는 것이 역사적 사실이라고 주장했다. 또한 가장 초기의 사도들이 예수가 육체적으로 부활했다고 주장했다는 것도 역사적 사실이라고 주장했다. 이 네 가지 사실들 중 그 어느 것도 역사적 기반에 속한다고 할 수는 없지만, 그 사실들은 2차적 사실 역할을 할 수 있다.

우리는 역사적 기반만 사용해서 가설을 평가하는 접근법을 취할 것이다. 이렇게 하면 보다 허약한 가설들을 제거하는 데 도움이 될 것이다. 역사적 기반만 사용해 평가해서 뚜렷한 승자가 나타나지 않을 경우, 우리는 역사적 기반뿐 아니라 2차적 사실의 일부 또는 모두를 고려하면서 남아 있는 가설들에 대해 같은 작업을 되풀이할 것이다. 이 경우에는 빈 무덤에 대해 철저하게 살펴야 할 수도 있을 것이다.

이 점에 유념하면서 우리는 오늘날 학술서적들과 학술저널들에서 논의되는 다양한 자연주의 가설을 대표하는 다섯 가지 가설들을 살펴볼 것이다.[7] 우리는 게자 버미스, 마이클 굴더, 게르트 뤼데만, 존 도미니크 크로산 그리고 피에터 크래퍼트의 주장들을 살펴볼 것이다. 그리고 마지막으로 부활 가설에 대해 살펴볼 것이다. 나는 이런 가설들을 다음과 같은 약어로 부를 것이다.

버미스의 가설: VH
굴더의 가설: GH
뤼데만의 가설: LH
크로산의 가설: CsH
크래퍼트의 가설: CfH
부활 가설: RH

---

7 물론 자연주의적 설명은 상당한 기간 동안 성행했다. 초기 그리스도인들이 처음에 예수가 죽음에서 부활했다고 선포했기 때문에 다른 사람들은 반대로 주장했다. 마 28:13과 유스티누스(*Dial*. 108)는 유대 지도자들이 제자들이 시체를 훔쳐갔다고 주장하고 있었다고 보고한다. 테르툴리아누스(*Spect*. 30)는 그런 주장을 지적하지만 유대 지도자들이 그런 말을 했다고 말하지 않는다. 테르툴리아누스는 또한 어떤 사람들은 동산지기가 예수가 묻힌 곳을 보러오는 사람들에 의해 자기 상추가 밟히지 않게 하려고 예수의 시신을 다시 매장했다고 주장하고 있다고 지적한다. 켈소스(Origen *Cels*. 1권 16; 2권 56과 비교하라)는 애굽의 속임수(즉, 외관상의 죽음)를 제안했다. 이런 설명들은 19세기 내내 일반적이었지만 지금은 거의 사용되지 않는다. 오늘날 예수가 십자가형에서 살아남았다고 주장할 사람은 소수에 지나지 않을 것이다(이에 대한 예는 이 책의 4.3.1을 보라). 그리고 사기가 있었다거나 사람들이 다른 무덤을 방문했다는 주장은 거의 제기되지 않고 있다(Allison[*Resurrecting Jesus*, 2005], 202, 207-8; Allison["Explaining," 2005], 119). Davis(1999)는 자연주의적 설명들은 "입수할 수 있는 역사적 주장을 설명하는 측면에서 하나님이 예수를 죽음에서 일으켰다는 주장보다 그냥 더 허약하기만 한 것이 아니라 훨씬 더 허약"하며(8, 온라인으로 접촉), 또한 "부활이 일어났음을 부인하는 학자들이 합의하는 그 어떤 강력한 새로운 이론도 나타나지 않았다"고 지적한다([1993], 16). 낡은 가설들은 자체의 무게 때문에 무너져버린다(Davis[1993], 16; Wright["Resurrecting Old Arguments," 2005), 222).

5.2. 게자 버미스

5.2.1. 버미스의 견해에 대한 서술

버미스가 1957년에 기독교 신앙을 버리기는 했지만, 예수에 대해 연구하고자 하는 그의 열망은 계속 남아 있어서 버미스는 그 주제에 관해 다음과 같은 여러 책들을 펴냈다: 『유대인 예수(*Jesus the Jew*, 1973); 『예수와 유대교의 세계(*Jesus and the World of Judaism*, 1983); 『유대인 예수의 종교』(*The Religion of Jesus the Jew*, 1993); 『예수의 변화하는 얼굴』(*The Changing Faces of Jesus*, 2001); 『유대 맥락에서 본 예수』(*Jesus in His Jewish Context*, 2003); 『예수의 진정한 복음』(*The Authentic Gospel of Jesus*, 2004); 『수난』(*The Passion*, 2005); 『탄생』(*The Nativity*, 2006); 『부활』(*The Resurrection*, 2008).

자신의 저서 『부활』에서 버미스는 예수 부활의 역사성을 조사한다. 버미스는 부활에 대한 강조와 초기 교회의 가르침에서 부활이 중심적인 역할을 했음에 비추어 예수의 부활은 "역사상 유례없는 현상"이라고 불렀다.[8] 예수가 죽음에서 부활했다는 신약성서의 보고 배후에 있는 "참된 의미"를 밝히는 것, 그리고 "예수의 진정한 가르침에서는 부활에 대한 관심이 매우 제한적"임에도 초기 기독교가 어떻게 예수의 부활에 "극도의 중요성"을 부여했는지에 관한 "방어할 수 있는 가설"을 세우는 것이 버미스의 목표다.[9]

버미스는 빈 무덤과 환상/환영의 역사성을 옹호한다. 그는 빈 무덤

---

8 Vermes(2008), x, xv.

9 Vermes(2008), x-xi.

의 역사성을 지지하면서 만약 그 설명들이 완전히 날조된 것이라면, 그 이야기들에서 "남성 중심의 유대 사회에서 아무런 지위도 없던" 여성 목격자들을 제시했을 가능성이 희박하다고 주장한다.[10] 더욱이 그 설명들은 다양한 내러티브들에 등장하는 여인들의 수를 정확하게 맞춰 놓았을 것이다. 간단히 말하자면 만약 그 이야기들이 완전한 창작의 결과였다면 그 이야기들은 보다 일치되었을 것이고 신뢰할 만한 목격자들을 포함시켰을 것이다.[11]

환상 또는 환영은 복음서·사도행전 그리고 바울 서신에 실린 "바울이 신앙의 선배들로부터 물려받은 전승"(고전 15:3-8)에서 보고된다.[12] 환영의 성격에 관해서는, 버미스는 명확하지 않지만 일종의 육체 이탈을 선호하는 것으로 보인다.[13] 예수는 부활에 관한 사두개인들과의 대화에서 부활한 사람은 "장가도 아니 가고 시집도 아니 가고 하늘에 있는 천사들과 같다"고 말한다.[14] "하늘에 있는 천사"와 같이 된다는 것은 무슨 뜻인가? 버미스는 자신의 견해를 지지하는 유대교 저작 둘을 인용하면서 (「에녹1서」 51.4; 「바룩2서」 51.5, 10, 12) 천사들은 "완전히 몸이 없는 존재들"이라고 결론짓는다. 그러므로 예수와 사두개인들의 대화는 "예수가 생각하기에 부활과 단순한 영적 생존의 차이는 아주 미미했다"는 것을 암시한다.[15] 뒤에서 버미스는 영적 부활을 옹호하는 보다 견고한 주장을 소개한다. 버미스가 이 설명에 대해 비판하지는 않지만, 그는 그 설명을

---

10 Vermes(2008), 140.

11 Vermes(2008), 140-41.

12 Vermes(2008), 91-120. 바울에 관한 인용은 119에 나온다.

13 Vermes(2008), 63-67.

14 막 12:25; 마 22:30; 눅 20:34-36. Nickelsburg(2006), 237도 보라.

15 Vermes(2008), 66.

올바른 것으로 여기지 않는 것으로 보인다.[16]

여인들의 당혹스러운 증언은 버미스를 예수의 무덤이 비었다고 납득시키기에는 충분했지만, 그 설명들에서 나타나는 차이들은 "그 설명들의 법률 또는 과학 연구에서의 가치를 줄인다. 역사가들이 부활을 이치에 맞게 만들려고 노력하는 과정에서 남게 되는 유일한 대안은 추측—바라건대, 계몽된 추측—에 의지하는 것이다."[17] 역사가들은 빈 무덤과 사람들에게 나타나심을 어떻게 다뤄야 하는가? 버미스는 그것들은 "이미 회심한 사람들만 확신시킨다"고 단언한다.[18] 그 설명들은 법적 또는 과학적 조사 기준을 통과하지 못하기 때문에 우리는 무슨 일이 일어났는지 추측하기만 할 수 있을 뿐이다.[19]

버미스는 여덟 가지 가설을 열거한다. 그러나 그는 그중 맹목적 신앙과 무조건적인 무시를 "합리적 판단을 받아들이지 않는 두 극단"으로 여기고 다음 여섯 가지에 대해서만 고찰한다.[20] (1) 예수의 제자가 아닌 사람들이 그의 시체를 가져갔다. (2) 예수의 시체가 그의 제자들에 의해 도난당했다. (3) 사람들이 다른 무덤을 찾아갔고 그곳이 비어 있음을 발견했다. (4) 예수는 매장될 당시에 죽지 않았고 그 무덤에서 살아 나왔다. (5) (4)의 변형으로, 예수가 팔레스타인을 떠나 (아흐마디야파 무슬림처럼) 인도로 갔거나 (티어링처럼) 로마로 가서 그곳에서 결혼하고, 이혼했다가, 재혼해서 자녀를 낳았다고 덧붙인다. (6) 예수는 육체적으로 부활한 것이 아니라 영적으로 부활했다.[21]

---

16 Vermes(2008), 147-48.
17 Vermes(2008), 141.
18 Vermes(2008), 141.
19 Vermes(2008), 141.
20 Vermes(2008), 141.
21 Vermes(2008), 142-48. Vermes가 인정하듯이, 이 여섯 가설 중 마지막 가설을

버미스는 그 여섯 가지 가설들 중 어느 것도 "엄격한 조사를 견디지 못한다"고 단언하며 "전통적인 부활 개념"이 "오늘날의 합리적인 세상에서 실패할 운명에 처해 있는" 것이 아닌지 묻는다.[22] 그는 증거들이 법적 또는 과학적 조사 기준을 충족시키지 못하며, 역사가들은 예수가 실제로 죽음에서 부활했는지 여부를 판단하지 못한다고 답한다. 그러나 역사가들은 "기독교의 탄생과 생존" 배후의 원인(들)에 대해 추측할 수 있다.[23] 그러므로 버미스는 예수에게 무슨 일이 일어났는지에 대해 말하지 않고 대신에 역사가는 그것에 대해 알 수 없다는 입장, 즉 불가지론 입장을 취한다.

버미스는 비록 의심이 계속되기는 했지만 빈 무덤과 실종된 예수의 환영이 사도들에게 희망을 주었다고 제안한다. 그는 누가 환영을 경험했는지에 대해 특정하거나 사도들 중 누구라도 그런 경험을 했는지에 대해 말하지 않는다. 예수가 십자가에 처형된 지 얼마 뒤인 오순절에 예수의 제자들이 "예루살렘에서 강력하고 신비로운 경험"을 했다. 그 경험이 제자들을 겁에 질리고 비겁한 집단에서 "열광적인 영적 전사"의 무리로 변화시켰다.[24] 그들이 예수의 이름으로 복음을 전하는 사역을 재개했을 때 그들은 "예수의 카리스마가 다시 작동하고 있음"을 깨달았고, 예수의 임재를 느꼈으며, 예수가 참으로 부활했다고 확신하게 되었다. 이 확신이 "십자가형 이후 예수 운동의 재기를 설명해준다."[25] 그러나 기독교가 오늘날과 같은 강력한 세계 종교로 성장한 것은 바울이 부활을 기독교 교리

제외한 모든 가설이 예수의 빈 무덤에 대한 자연주의적 설명이라는 것은 흥미롭다.

22 Vermes(2008), 148.

23 Vermes(2008), 141, 148.

24 Vermes(2008), 149.

25 Vermes(2008), 150-51. 또 다른 유대교 신학자가 유사한 주장을 했다. "시내산 경험이 없었다면 유대교는 없었을 것이다. 부활절 경험이 없었다면 기독교도 없었을 것이다"(Lapide[2002], 92).

의 핵심으로 변화시켰기 때문이었다.[26]

버미스의 가설(VH) 요약:

- 빈 무덤과 환영은 역사적이다.
- 부활 가설(RH)은 합리적인 세상에서는 실패할 운명에 처해 있으며 법적 또는 과학적 조사 기준들을 충족하는 증거에 의해 지지받지 못한다.
- 초자연적 사건에 대한 무조건적인 무시는 합리적 판단을 받아들이지 않는 처사다.
- 비판적으로 검증해보면, 예수의 시체가 도난당했다거나, 사람들이 다른 무덤을 찾아갔다거나, 예수가 실제로는 죽었던 것이 아니라거나, 또는 예수가 육체적으로가 아니라 **영적으로** 부활했다는 식의 자연주의적인 가설들은 비판적인 조사를 받으면 모두 실패한다.
- 그러므로 역사가들은 과연 예수가 실제로 부활했는지 판단할 수 없다(불가지론). 그러나 역사가들은 기독교의 탄생을 야기한 동인에 대해 추측할 수 있다.
- 예수의 십자가형 이후 그의 추종자들은 오순절에 예루살렘에서 "강력하고 신비로운 경험"을 했다. 이 경험이 그들을 변화시켜 사역을 재개하도록 만들었다. 그들이 사역을 재개했을 때 그들은 예수의 임재를 느꼈다. 그래서 그들은 예수가 부활했다는 것을 확신했다. 교회의 성장은 주로 바울이 예수의 부활을 강조한 데 힘입었다.

---

26 Vermes(2008), 151.

5.2.2. 분석과 우려

버미스는 "합리적 판단을 받아들이지 않는" 양쪽 "극단들" 즉 "근본주의자들의 맹목적 신앙과 고질적인 회의주의자들의 통제할 수 없는 거부"를 제거함으로써 그의 대안들을 좁힌다.[27] 다른 곳에서 그는 N. T. 라이트가 그 주제를 다루면서 맹목적 신앙의 범주에 빠졌다고 비난하는 반면, D. F. 슈트라우스와 로버트 프라이스 그리고 제프리 로우더는 고질적 회의주의에 속한다고 비난한다.[28]

"맹목적 신앙"과 "고질적 회의주의"가 역사적 논증의 대상은 아니지만, 이 두 진영에 속한 사람들이 비판적 접근법을 사용할 수 없다거나 사용하지 않았다는 결론은 옳지 않다. 실제로 라이트 및 프라이스와 로우더의 논의에는 버미스가 자기의 책에서 제공하는 것보다 훨씬 더 정교한 역사적 논증이 포함되어 있다. 라이트는 특히 더 그러한데, 그는 역사철학과 역사 연구 방법론에 관한 논의로 시작하고 이어서 신중한 역사적 분석과 논증을 제시한다. 라이트의 논증이나 결론을 수용하는지 여부와 상관없이, 버미스가 주장하듯이[29] 라이트가 "맹목적 신앙"에 입각해서 연구하고 있다고 비난할 수는 없다. 그러므로 버미스가 라이트의 연구를 "극단"

---

27 Vermes(2008), 141.

28 Vermes(2008)를 보라: "신앙과 불신앙"(x); 그는 N. T. Wright와 David Friedrich Strauss를 "두 극단"의 예로 지목한다(101); 그는 N. T. Wright(2003) 그리고 Robert M. Price와 Jeffery Jay Lowder 편(2005)을 "두 형태의 극단"이라고 부른다(153).

29 Vermes(2008), 141. Baggett 편(2009)은 이렇게 쓴다. "그리스도인들에게 있어서, 부활에 대한 강력한 증거는 많은 신자들과 불신자들이 갖고 있는 오늘날 만연한 견해, 즉 일반적으로 종교 그리고 특히 기독교는 증거에 관한 것이 아니라(맹목적) 신앙에 관한 것이라는 견해에 대한 강력한 해독제를 제공할 수 있다. 이보다 진실에서 먼 것 또는 기독교 사상을 지적으로 적절치 않은 것으로 만드는 데 더 효과적인 것은 달리 없다"(20).

으로 치부하고 어떤 점에서든 그 연구와 교류하기를 거부하는 것은 실망스럽다. 버미스는 그 어떤 논거에 대해서도 귀를 닫은 채 라이트의 책의 주제인 바로 그 입장, 즉 예수 부활의 역사성을 무시한다.

프라이스와 로우더의 책에 대해서도 거의 같은 말을 할 수 있다. 나는 프라이스와 로우더 그리고 그 책의 다른 기고자들이 취한 과도하게 비판적인 접근법을 책임 있는 역사기술로 여기지 않는다.[30] 보다 냉철한 학자들은 그들의 논문들을 가볍게 다루기는 하지만—물론 나도 그런 접근이 옳다고 믿는다—그들의 연구들은 과도하게 비판적이라는 이유로 깡그리 무시되어서는 안 된다. 그들의 책에 수록된 여러 논문들은 신중하게 논증되고 있고 고려할 가치가 있다. 버미스는 이런 문제들이 다른 곳에서 다뤄졌고 그들의 연구 전반에서 사용되는 과도하게 비판적인 접근법은 압도적 다수의 학자들에 의해 사용되지 않으므로 "여기서 그것을 다루는 것은 완전히 시간 낭비일 것"이라고 제안하는 편이 나았을 것이다.[31]

버미스가 피상적으로 생각하고 있음을 보여주는 예는 이것만이 아니다. 버미스는 빈 무덤과 출현들은 "이미 회심한 사람들에게만 확신을 주기" 때문에 그것들이 예수가 부활했는가라는 문제를 풀 수 없다고 주장한다.[32] 예외가 있기는 하지만 오직 그리스도인들만 그런 증거에 의해 설득 당한다는 버미스의 주장은 대체로 옳다.[33] 그러나 그는 지평 문제를 고려하지 않는다. 예수 부활의 역사성이라는 주제에 관한 문헌을 읽어보

---

30 Price와 Carrier 같은 기고자들은 예수가 결코 존재하지 않았을 가능성이 존재했을 가능성보다 높다고 주장했다.

31 Vermes(2008), 158. Price와 Lowder 편에 대한 비평은 Davis(2006), 39-63을 보라.

32 Vermes(2008), 141.

33 그러나 Lapide(2002)를 보라. 그는 예수 부활의 역사성을 인정하면서도 기독교로 개종하지는 않았다(125).

면 이 논의를 하는 사람은 누구나 자신의 지평에 큰 영향을 받는다는 점이 명백해진다. 그 논의에 참여하는 사람은 누구나 여기에 많은 것이 걸려 있다는 것을 깨닫는다. 더욱이 합의가 바람직하기는 하지만 최상의 설명을 위한 기준은 아니다. 그렇지 않다면 예수의 존재와 처형에 대한 증거가 빈약하다고 결론지어야 할 것이다. 왜냐하면 여전히 설득되지 않고 있는 과도하게 비판적인 역사가들과 무슬림 역사가들이 많기 때문이다.

더욱이 왜 학자들이 부활 가설을 포기해야만 "합리적"인가? (버미스는 그렇게 암시하는 것으로 보인다.)[34] 여기서 우리는 버미스의 세계관에 대한 힌트를 얻는다. 라이트, 개리 하버마스 그리고 윌리엄 레인 크레이그처럼 예수 부활의 역사성을 지지하는 학자들이 정교하고 합리적인 논증을 제시할 때, 그들이 하나님이 존재하며 예수를 부활시킬 이유가 있을 가능성을 선험적으로 배제하지 않는다는 이유로 비합리적이라고 간주되어야 하는가?[35]

버미스는 너무도 성급하게 예수가 부활했다는 증언들을 배제하고 그 설명들이 법적 또는 과학적 조사 기준을 통과하지 못한다고 주장하면서 따라서 무슨 일이 일어났는지 추측할 수 있을 뿐이라고 주장한다.[36] 이것은 참으로 이상한 주장이다. 만약 버미스가 보기에 여인들의 증언이 빈 무덤의 역사성을 입증하기 위한 **역사적** 기준에 부합한다면, 왜 그는 그들이 1세기 유대의 **법적** 기준 또는 역사 이외의 분야에서 사용되는 기준을 충족시키지 못한다는 이유로 그들을 배제하는가? 버미스는 1세기 팔레스타인에서 법정 소송을 벌이는 것이 아니라 역사를 기술하고 있다. 그리고 그의 청중은 산헤드린이 아니라 역사가와 학생들로 이루어져 있다.

---

34 Vermes(2008), 148.
35 Witherington(2006), 5를 보라.
36 Vermes(2008), 141.

버미스는 때때로 부주의한 주해를 적용한다. 예컨대, 그는 누가복음과 요한복음에서 제자들에게 출현한 예수를 "영"과 "유령"이라고 부른다.[37] 비록 예수가 마음대로 나타날 수 있었을지라도, 예수가 "영" 또는 "유령"이라는 주장은 확실히 누가와 요한이 전하고자 했던 의미가 아니다. 왜냐하면 겨우 두 절 뒤에 누가는 예수 자신이 자기가 "영/유령"이 아니라고 말하고, 이어서 그에 대한 증거로 제자들에게 자신을 만지게 하고, 그들 앞에서 음식을 먹었다고 보고하기 때문이다(눅 24:39-43). 우리는 요한의 보고에서도 유사한 행동을 발견한다(요 20:20-27; 요 21:9-15에 암시됨).

버미스는 예수가 "부활"을 육체를 벗어난 존재와 유사한 상태로 생각했음을 보여주려 한다. 예수와 사두개인들의 논쟁에서 부활한 사람들은 왜 천사들과 같은가? 이 시대의 자녀들은 장가도 가고 시집도 가지만, 다음 시대의 하나님의 자녀들은 장가도 가지 않고 시집도 가지 않으며 죽을 수도 없는데, 그것은 "그들이 천사들과 같기 때문이다"(ἰσάγγελοι γάρ εἰσιν; 눅 20:36). 부활한 사람들이 천사와 같다는 것은 그들이 결혼하지 않은 상태로 영원히 사는 것을 가리키는 것으로 보인다. 추가적인 유사성을 배제할 수는 없지만, 여기서 예수가 육체 이탈에 대해 생각하고 있었다고 확고하게 결론을 내리는 것은 다소 성급해 보인다. 실제로 버미스는 자신의 해석에 관한 확신을 재빨리 강화해나간다. 그는 먼저 예수와 사두개인들 간의 갈등이 "실제로 존재했던 것이 아니라 아마도 1세기 후반에 제기된 거만한 사두개인들과 사도적 교회의 대표자들 사이에서 벌어진 논쟁들을 미리 반영한다"고 언급한다. 실제로 "그 이야기 자체는 허구의 기미가 있다." 그러나 그는 **아무 논거도 없이** "여기서 표현된 개념들

---

37 Vermes(2008), 146. 눅 24:36-37; 요 20:19를 보라.

이 예수의 종말론적 사고와 일치한다는 것을 의심할 이유는 없다"고 덧붙인다.[38] 또한 그 구절은 "1세기의 일부 유대인들이—**그리고 아마도 예수 자신이**—죽음에서 부활한 사람의 상태에 대해 어떻게 생각했는지를 알려준다.…그러므로 예수에게 또는 적어도 그의 제자들에게 부활의 자녀들은 천사와 같이 비물질적이라는 특징이 있다."[39] 마지막으로, 단지 두 문장 뒤에 나오는 그의 결론은 아주 확고하다. "그러므로 예수가 보기에 부활한 사람들 또는 보다 정확하게는 죽음에서 일어난 의인들은…완전히 몸이 없는 사람들이었다.…이것은 예수가 생각하기에는 부활과 단순한 영적 생존의 차이가 미미했음을 의미한다."[40] 버미스는 자기의 주장을 지지하는 아무런 논거도 없이 위의 이야기가 "허구"라고 주장하다가, 예수가 "아마도" 그렇게 생각했을 것이라고 하더니, 급기야 예수가 그렇게 믿었다고 결론을 내린다.

버미스는 유대인의 부활 개념을 영혼과 소생한 시체의 재결합으로 정의한다.[41] 그러고 나서 버미스는 (자신은 예수가 실제로 한 말이라고 생각하지 않는) 부활에 관한 예수의 말(막 12:25; 마 22:30; 눅 20:34-36)에 호소하면서, 예수는 부활을 그렇게 이해하지 **않았다**고 주장한다. 이 주장을 그럴듯하게 들리도록 만들기 위해 버미스는 위의 구절에 자신이 정의하는 유대인의 부활 개념뿐 아니라, 유대인의 견해와 마찬가지로 몸의 부활을 암시하는 예수의 또 다른 진술(막 9:43-48; 마 18:8-9, 버미스는 이 말을 예수가 한 말이라고 여긴다)과도 상충하는 해석을 제시한다.[42] 이런 태도는 버미스가

38 Vermes(2008), 65.
39 Vermes(2008), 65, 66(강조는 덧붙여진 것임).
40 Vermes(2008), 66.
41 Vermes(2008), xvi.
42 Vermes(2008), 66-67, 70-71.

자기가 가고자 하는 곳을 미리 정해 두었으며 다소 부주의하게 그곳으로 서둘러 가고 있다는 느낌을 준다. 아무튼 VH는 이 점에서 설명력이 부족하다.

5.2.3. 가설에 대한 평가

위의 우려들은 버미스의 가설(VH)에 내포된 문제들의 시작을 보여줄 뿐이다. 1장에서 논의한 가설들을 평가하기 위한 다섯 가지 기준을 사용해 그 가설을 살펴보면 그의 가설의 약점은 훨씬 더 분명하게 드러난다.

1. **설명 범위.** VH는 십자가형에 의한 예수의 죽음에 대해 깔끔하게 설명한다. 실제로 그 사건은 예수가 부활했다는 믿음을 위한 전제조건 역할을 한다. 왜냐하면 사람이 먼저 죽어야만 죽음에서 부활할 수 있기 때문이다. VH는 또한 예수가 개인들 및 무리들에게 출현한 데 대해서도 설명하는데, 그 경험들을 환상과 환영으로 간주한다. VH는 바울의 경험에 대해 설명하려 하지 않는다. 이 세 번째 사실은 가볍게 취급되어서는 안 된다. 왜냐하면 바울이 그 경험을 했을 때 그는 교회의 열렬한 적이었기 때문이다. 바울은 예수의 죽음에 대해 슬퍼하지도 않았고 그의 부활을 기대하지도 않았으므로 바울이 심리적으로 부활한 예수에 대한 주관적 경험을 하기 쉬운 성향이었다고 주장하는 것은 데이터를 무시하는 처사다. 그러므로 VH는 설명 범위가 부족하다. 그러나 우리는 다른 가설들을 검토할 때 이 가설이 설명 범위에서 다른 가설들을 능가하는지 여부를 알게 될 것이다. 나는 지금으로서는 이에 대해 **잠정적** 등급을 부여할 것이다.

2. **설명력.** 예수의 추종자들이 예수가 죽음에서 부활했다고 믿으려면 예수가 죽었다는 점을 확신했어야 한다. 그리고 십자가형에 의한 예

수의 죽음은 그들이 예수가 죽었다고 믿었을 이유로서 가장 유력한 후보였다. 그러나 "환상"과 "환영"을 예수가 부활했다는 믿음의 원인으로 제시할 때에는 모호한 점이 많다. 이런 환각·망상은 살아 있는 예수가 하늘로부터 실제로 소통한 것인가 아니면 부활한 예수가 시공간상에서 실제로 사람들에게 나타난 것인가? 그 여인들 외에 다른 누가 그런 환영을 경험했는가? 바울의 교회 말살 사명에 비춰볼 때 그가 부활한 예수를 경험한 사건 배후의 원인은 무엇이었는가? 또한 바울의 경험이 어떻게 그로 하여금 예수가 육체적으로 부활했다는 결론을 내리게 할 수 있었는가? 유감스럽게도 버미스는 이런 질문들을 제기하지도 않고 그런 질문들에 답하려고도 하지 않는다. 더욱이 버미스는 빈 무덤을 역사적인 것으로 인정한다. 버미스는 선험적으로 예수의 육체적 부활을 배제하고 그의 시체가 도난당했다거나 옮겨졌다거나 다시 매장되었다거나 또는 사람들이 다른 무덤을 찾아갔다는 가설을 즉석에서 무시하기 때문에, 우리는 예수의 시체에 무슨 일이 일어났는지 알 수 없으며 버미스는 자신이 사용할 수 있는 대안이 없다! 따라서 VH는 설명력 측면에서 매우 허약하다. 우리는 다른 가설들을 살필 때 VH가 이 분야에서 다른 가설들을 능가하는지 여부를 알게 될 것이다. 나는 그 문제에 대해서도 **잠정적** 등급을 부여한다.

3. **타당성.** VH는 다른 가설들보다 더 그럴듯하게, 그리고 더 많은 인정된 사실들에 의해 암시되는가? 전문 문헌들은 (그런 경험들의 진정한 본질과는 무관하게) 초자연적 존재들과 관련된 경험에 대해 보고한 사람들에 관한 다양한 설명들을 제공한다. 그러나 타당성 기준과 관련해서 더 이상 진행하기는 어렵다. 왜냐하면 타당성 정도는 버미스가 출현의 본질을 평가하는 방법과 밀접하게 연관될 수밖에 없는데, 버미스는 그 일을 하지 않기 때문이다. VH가 그 경험을 자연 현상으로 간주한다면, 바울의 회심

이나 빈 무덤은(VH는 그것을 인정한다) 인정된 사실들에 의해 암시되지 않을 것이다. 즉 사람들은 본질상 단지 심리적인 것에 불과한 종교적 경험을 했을 뿐이다. 그런 경우에는 우리는 바울이 그런 경험을 하리라고 기대하지 않을 것이다. 왜냐하면 바울은 분명히 예수의 죽음에 대해 슬퍼하고 있지 않았기 때문이다. 그리고 심리상태는 시체를 움직이지 않는다. 그러나 만약 VH가 그 경험을 초자연적 현상으로 여긴다면 예수의 부활 후 출현과 빈 무덤은 암시될 수 있을 것이다. 물론 초자연적 사건 발생이 인정된 사실로 간주될 수 있다고 결론을 내리기는 어렵다. 심리학 직군 종사자들의 세계관이 하도 다양하다 보니 초자연적 사건 발생에 관한 합의를 기대할 수 없기 때문이다. VH가 출현과 관련해서는 설명력이 부족하기는 하지만, 나는 버미스가 그가 믿기에 증거가 허용하는 수준을 넘어서 추측하기를 거부한 데 대해 벌점을 주고 싶지는 않다. 그러나 만약 어느 경합하는 가설이 그렇다고 제안하는 인정된 사실들에 대한 호소라는 측면에서 VH보다 우월하다면, VH는 타당성 측면에서 그 가설에 뒤질 것이다. 과연 그런 일이 일어날지 여부를 아직 알 수 없기 때문에 VH에 **잠정적** 등급을 부여할 것이다.

4. **덜 임기응변적임.** VH는 증거가 없거나 토대가 없는 사실들에 호소하는 것으로 보이지 않는다. 그러나 VH가 아무 논거 없이 선험적으로 부활 가설을 배제하는 것은 임기응변적 요소일 수도 있다. VH가 경합하는 가설들보다 덜 임기응변적지 여부는 아직 분명하지 않다. 그러므로 당분간 VH에 **잠정적** 등급을 부여할 것이다.

5. **조명.** VH에는 모호한 점과 막연한 점이 많기 때문에 답변되지 않은 문제들이나 긴장이 있는 다른 분야들의 문제를 푸는 데 조명을 제공하지 않는다. 비록 버미스가 예수에게 무슨 일이 일어났는지에 대해 판단하기를 포기하고 자신의 노력을 기독교의 탄생과 생존 배후의 원인(들)을

발견하는 쪽으로 돌리고는 있지만, 그 원인이 예수의 특정한 방식의 현존에 대한 사도들의 경험과 결합된 환영에 대한 보고였다는 그의 결론은 학자들에 의해 널리 받아들여지고 있다. 따라서 VH는 어떤 조명도 제공하지 않는다. 이 기준은 적극적인 기준이라기보다는 보너스에 가깝기 때문에 어느 가설이 이 기준을 충족하지 못한다 해서 이 점이 그 가설에 불리하게 간주되어서는 안 된다. 그러므로 우리는 VH에 "충족되지 않음" 또는 "-" 등급을 부여한다.

VH는 설명 범위, 설명력이 부족하고, 어느 정도만 타당할 뿐이며, 임기응변적 요소를 포함하고 있을 수 있다. 그 가설은 답변되지 않은 문제들에 대해 아무런 조명도 제공하지 않는다. 표 5.1은 VH가 최상의 설명을 위한 기준들을 충족하는 정도를 간략하게 보여준다. 음영 표시된 난은 그 기준이 덜 중요함을 상기시킨다. 각 등급은 다른 가설들을 다룰 때 업데이트될 것이다.

표 5.1 VH에 대한 분석

	설명 범위	설명력	타당성	덜 임기응변적임	조명
VH	잠정적	잠정적	잠정적	잠정적	—

5.3. 마이클 굴더

5.3.1. 굴더의 견해에 대한 서술

마이클 굴더는 사회과학에 호소하며 다양한 심리상태가 베드로, 바울 그리고 다른 제자들에게 부활한 예수의 경험을 초래했다고 주장한다. 이런

형태의 가설은 지난 1백 년간 가장 유행했던 자연주의적 가설이었다.[43]

5.3.1.1. 베드로. 굴더는 베드로가 예수가 죽은 뒤 "일련의 자아상에 대한 타격, 죄책감, [그리고] 사별"로 인해 환각을 경험했다고 주장한다.[44] 더욱이 베드로는 여러 환상들을 경험했다고 전해진다. 그중에는 마가복음 9:2-7에서 예수의 변화 때 베드로가 그 자리에 있었던 것과 사도행전 10:9-16에서 베드로가 비몽사몽 상태에 있었던 것이 포함된다. 요약하자면, 베드로의 경험은 환각에 지나지 않았고, 그런 주장의 타당성은 베드로가 그런 형태의 경험을 했다는 사실에 의해 확인된다.

굴더는 현대에 유사한 환각 경험을 했던 다른 두 사람의 예를 든다. 수전 앳킨스는 연쇄 살인범 찰스 맨슨의 동료였다. 앳킨스는 옥중에서 자신의 범죄에 대해 큰 죄책감을 느꼈다. 그녀는 자신의 대안은 복역, 탈옥 시도, 자살 그리고 예수를 따르는 것이라고 여겼다. 어느 날 그녀는 누군가 자기에게 결단하라고 요구하는 말을 들었다. 그러나 그녀는 그 음성이 실재였는지 또는 자신의 마음속에서 그렇게 들렸던 것인지 알지 못

---

43 Habermas(2003), 12.

44 D'Costa 편(1996), 51-52에 실린 Goulder. Copan and Tacelli 편(2000), 87에 실린 Goulder도 보라; Goulder(2005), 193. Copan and Tacelli 편(2000)에 실린 Goulder는 "회심 환상"이라는 용어를 선호하며 "환각"이라는 용어를 피한다. 왜냐하면 환각이라는 용어는 비전문가에게는 "술을 마신 후 헛것을 보거나 비현실적인 세상에서 살아가는" 사람을 생각하게 할 수 있고 "시시하고 경멸적인 연상을 주기 때문이다. 그러나 그 용어는 심리학자에게는 가치중립적이다. 환각은 환상이나 환청 등은 단지 마음속에 있을 뿐임을 의미한다"(91). 모호함과 막연함을 제거하고 Goulder의 가설을 분명하게 전달하기 위해 나는(Goulder가 그것을 다른 의미로 사용하지 않는 한) 그의 용어인 "회심 환상"을 환각이라고 부를 것이다. 나는 Goulder가 두려워하는 "시시하고 경멸적인 연상"을 전달하려는 성향이 없다. 내가 말하는 "환각"은 "환경상의 자극이 없는 상태에서 사람이나 물체를 보거나, 목소리를 듣거나, 냄새를 맡는 것과 같은 감각적 경험"이다(Benner and Hill 편[1999], 538에 실린 I. Al-Issa). 달리 말하자면 그것은 존재하지 않는 무언가에 대한 잘못된 인식이다. 환각에서는 실재와 직접적인 상관관계가 있는 마음 외부의 특성이 없다.

했다. 그러나 그 경험 중에 그녀는 마음속에서 어떤 문을 보았다. 수전이 그 문을 열자 빛이 쏟아져 들어왔다. 그 빛 안에 한 남자 모습의 훨씬 더 밝은 빛이 있었다. 그녀는 그 빛이 예수이고 예수가 자기에게 실제로 말했음을 알았다. 그 빛은 자신이 그녀의 마음 안에 들어와 머물 것이라고 말했다. 그녀의 죄책감과 비통함은 즉시 그리고 완전히 행복감으로 대체되었다.[45]

두 번째 예는 영국의 초심리학자인 아서 쾨슬러와 관련이 있다. 포

---

45 Goulder(1996), 48-49; Goulder는 이 내용을 M. J. Meadow and R. D. Kahoe, *Psychology of Religion*(New York: Harper and Row, 1984), 90에서 인용한다. D'Costa 편(1996)에 실린 Goulder는 또한 이 경험을 "인지 부조화"라고 부른다(50). **인지 부조화**는 다음과 같이 정의된다: "사람들의 믿음이나 인식이 서로 잘 들어맞지 않는다(예컨대, 나는 세상이 끝장날 것이라고 믿는다. 그리고 세상은 내가 예언했던 대로 끝장나지 않았다). 어울리지 않는 믿음들은 부조화를 야기하는데, 이것은 가상의 혐오스런 상태로서 그 사람은 이를 줄이거나 적어도 늘리지 않도록 동기가 부여된다. 그 혐오스러운 자극은 개인의 행동이나(예컨대, 원상태로 되돌려놓기) 믿음에서의(예컨대, 세상은 우리의 열렬한 기도 때문에 구원 받았다) 변화를 개시하거나 서로 어긋나는 정보에 대한 노출을 제한한다.…하나의 믿음이 다른 믿음에 반하는데도 동시에 두 믿음이 유지되는 경우에 두 믿음 사이에 부조화가 있다.…부조화는 행동을 바꾸거나, 믿음을 바꾸거나, 새로운 믿음을 추가함으로써 줄일 수 있다"(*Baker Dictionary of Psychology and Counseling*[1999], 220에 실린 R. L. Timpe). 요약하자면, 인지 부조화는 상충한다고 알려진 믿음들이 동시에 유지될 때 발생하는데, 그로 인해 발생하는 정신적 긴장을 줄이기 위해 여러 조치들이 취해질 수 있다. 행동을 변화시키거나, 믿음을 바꾸거나, 다양한 정도로 그런 상황을 부정하며 살 수 있다. Goulder는 이에 대한 구체적인 사항을 기술하지 않기 때문에 나는—비록 그들 중 누구도 인지 부조화에 대해 언급하지는 않지만—이에 대해 구체적인 사항을 묘사하는 Ehrman과 Watson을 통해 한 가지 예를 제시하고자 한다. 그들은 예수의 추종자들이 예수가 하나님 나라를 시작되게 할 메시아라고 굳게 믿었다고 주장한다. 그런 믿음은 예수가 십자가형을 받아 죽었을 때 큰 타격을 받았다. 그 결과 그들은 자기들이 예수에 관해 믿어 왔던 것과 방금 목격했던 것 사이의 긴장을 경험했다. 그들은 이런 부조화를 예수가 메시아였다는 자신들의 믿음이 틀렸다고 여김으로써 해결할 수 있었다. 아니면 그들은 자신들의 믿음을 조정해서 자기들이 목격한 것을 수용할 수도 있었다. 즉 예수가 이제 그동안 그들이 이해했던 것과는 다른 의미에서 하늘에서 메시아로서 다스리고 있다는 것이다. 그들은 후자를 택했고 이런 믿음은 부활한 예수에 대한 하나 이상의 환각으로 이어졌다(Craig and Ehrman[2006], 29에 실린 Ehrman의 언급과 Watson[1987], 367-68을 보라). Craffert(1986), 336도 보라.

커로 3개월분 월급을 날리고 방금 전에 자동차까지 망가뜨린 그는 그날 밤을 관심도 없는 여자와 함께 보냈다. 아침에 침실 바닥을 서성일 때 그는 자기가 위에서 자신을 내려다보면서 자신의 위선을 혐오하고 있다는 느낌을 받았다.[46] 굴더에게 베드로의 환각은 앳킨스 및 쾨슬러의 경험과 같은 부류였다.

5.3.1.2. 제자들. 굴더는 계속해서 베드로가 자기의 경험에 관한 소식을 다른 사람들에게 전해줬고 그 사람들도 이어서 다양한 규모의 무리들이 유사한 경험을 했다고 단정한다. 마리아, 빅풋(Big Foot, 로키산맥 일대에서 목격된다는 미확인 동물—역자 주), 그리고 UFO에 대한 목격과 같은 현대의 "공동의 망상들"은 제자들의 집단적 경험에 타당성을 부여한다.[47]

5.3.1.3. 바울. 이제 굴더는 바울의 회심에 대해 설명할 차례다. 굴더는 바울이 기독교에 대한 자신의 견해에 관해 은밀한 의심을 품기 시작했고 차츰 유대교에 대한 혐오감을 발전시켰을 수도 있다고 주장한다. 왜냐하면 바울이 훗날 율법을 사람을 "영적 속박"에 얽어매는 "멍에"라고 부르는 점에 비춰볼 때, 그는 자신이 추종하는 엄격한 형식에 구속되어 있다고 느꼈기 때문이다(갈 5:1; 롬 8:15).[48] 바리새인으로서 바울이 받았던 "열정적인 종교적 양육"(빌 3:5)도 그의 감정적 상태에 영향을 주었다. 그리고

---

46 D'Costa 편(1996), 50-51에 실린 Goulder.

47 Copan and Tacelli 편(2000), 103에 실린 Goulder. D'Costa 편(1996), 53에 실린 Goulder.

48 D'Costa 편(1996), 52, 60 각주 15-17에 실린 Goulder. 그는 이런 주장을 다음과 같은 문헌에서 인용한다. C. G. Jung, *Contributions to Analytical Psycholgy*(New York: Harcourt, Brace; London: K. Paul, Trench, Trübner, 1928), 257; Heikki Räisänen, *Paul and the Law*(London: SCM, 1982), 232(C. Beker, *Paul the Apostle*[Philadelphia: Fortress, 1980], 237에서 인용함).

"우리는 바울이 다메섹에 있는 교회를 박해하기 위해 그곳으로 가고 있었다는 것과 이런 수준의 강렬한 감정도 그의 회심과 관련이 있다는 것을 안다." 이런 요인들이 바울이 부활한 예수에 대한 환각을 경험하도록 이끌었다.[49] 베드로의 경우처럼 바울이 환각을 경험했을 가능성은 그가 여러 계시를 경험했다고 증언한다는 사실에 의해 보강된다(고후 12:7).[50] 마지막으로 굴더는 이렇게 덧붙인다. "나는 바울에게는 젊은 시절에 이방인 친구가 있었고, 바울이 회심해서 이방인에게 복음을 전하라는 부름을 받은 것은 그런 경험과 관계가 있지 않을까 생각한다."[51]

굴더는 "가장 초기의 기독교에는 부활을 이해하는 두 가지 구별되는 전통, 즉 예루살렘 교회와 관련된 보다 '영적인' 변화로 이해하는 전통과, 바울 계열의 교회들과 연관되고 마가복음 16:1-8에 실려 있는 내러티브 형태로 대표되는 육체적 부활로 이해하는 전통이 있었다"고 주장한다.[52]

5.3.1.4. 복음서들의 출현 전승들. 이어서 굴더는 예수 사후 30년에서 70년 사이에 교회의 여러 그룹들 사이에 긴장이 발생했고 자기들이 지금까지 알고 있던 내용 외에 어떤 일이 일어났을 수도 있는가에 관한 추측들이 나타나게 되었다고 주장한다. "사람들은 옛 시대에 대한 일화를 말할 때 '빈틈을 메우려는' 경향이 있다. 질문들이 제기되고, 답들이 제시되며, '그것은 틀림없이 이러했을 것이다'가 곧 '그것은 이러했다'가 된다."[53]

---

49 D'Costa 편(1996), 51-52에 실린 Goulder.

50 Wedderburn(1999); "바울이 황홀경적 경험을 하는 경향이 있다고 말해도 무방하다"(123).

51 D'Costa 편(1996), 52에 실린 Goulder.

52 Goulder(2005), 187-88; D'Costa 편(1996), 57에 실린 Goulder와 비교하라. 그러나 그는 나중 문헌에서는 육체 이탈로서의 부활 신앙을 예루살렘 교회와 연결시키지 않는다.

53 Copan and Tacelli 편(2000), 99에 실린 Goulder.

궁극적으로 한 유력인사가 예수의 시신을 매장했고, 예수가 부활함으로써 그 무덤이 비워졌고, 그가 제자들에게 출현했고, 제자들은 그를 만졌다고 주장되었다.[54] 그러나 사실은 예수님의 무덤에는 썩어가는 시신이 놓여 있었다.

굴더는 이렇게 결론짓는다. "그러므로 예수의 부활은 없었다. 초기의 출현 전승들에 대해 심리학적으로 설명할 수 있다. 그리고 부활의 본질에 관한 교회 내의 알려진 논쟁들이 복음서의 덧붙여진 요소들을 설명해 준다. 그러므로 바울의 육체적 부활 이론은 근거가 없다. 심리학적 설명도 유대 기독교의 영적 부활론에 토대를 두고 있다. 베드로와 야고보는 수전 앳킨스처럼 회심 환상을 경험했다."[55]

굴더의 가설(GH) 요약

- 베드로는 자신의 낮은 자아상, 죄책감과 슬픔에 의해 초래된 환각을 경험했다. 베드로는 이미 이런 형태의 경험을 하는 성향이 있었다.
- 베드로는 자신의 경험을 다른 제자들과 나눴고, 그들은 이어서 부활한 예수를 경험하게 되었는데 그 경험은 "공동의 망상"이라고 불릴 수 있고 빅풋·마리아·UFO 목격과 유사했다.
- 바울은 기독교에 대한 자신의 견해와 자신을 속박하는 존재라고 여겼던 유대교 모두에 대해 은밀한 의심을 갖게 되었을 수도 있다. 심지어 바울에게는 이방인 친구가 있었고 그 친구가 바울에게 이방인을 향해 나아가도록 동기를 부여했을 수도 있다. 이런

---

54 Copan and Tacelli 편(2000), 103에 실린 Goulder.
55 D'Costa 편(1996), 58-59에 실린 Goulder.

상황들이 바울로 하여금 환각을 경험하게 했다.

- 애초의 견해는 예수의 부활이 "영적"(즉, 비물질적)이었다는 견해로서 이 견해는 예루살렘의 사도들이 주장한 견해였던 반면, 바울은 육체의 부활을 주장했다.
- 시간이 흐르면서 예수에게 무슨 일이 일어났는지에 관한 추측들이 빈 무덤과 육체적 출현 같은 상세한 내용들로 빈틈을 메우는 장식들이 되었다.

5.3.2. 분석과 우려

굴더가 이룬 혁신에 갈채를 보낼 수도 있을 것이다. 제자들과 바울에 대한 예수의 출현을 심리적 측면에서 설명하고자 하는 점에서 그의 노력은 다른 학자들을 넘어선다. 그러나 굴더의 가설에는 많은 문제가 있다. 먼저 그 가설은 순전히 추측에 불과하며 증거가 심각하게 결여되어 있다는 점이 지적되어야 한다. 그러므로 그 가설은 임기응변적이다. 위에서 논의한 바와 같이, 어떤 주장을 하는 사람이 입증책임을 진다.[56] **가능성**에 호소한다고 해서 그것이 **실재로** 발생했다(*potest ergo est*; 그럴 수 있다. 따라서 그러하다)는 결론을 보장해 주지는 않는다. 마찬가지로 2천 년 전에 살았던 사람들에 대한 굴더의 정신분석이 문제가 많다고 지적할 수 있을 것이다. 크레이그가 설명하듯이, "정신분석은 환자가 면전에 있을 때조차 어렵기로 악명이 높다. 그러니 역사적 인물에 대해서는 사실상 정신분석을 할 수 없다."[57]

---

56 이 책의 1.2.10을 보라.

57 Copan and Tacelli 편(2000), 50에 실린 Craig.

굴더는 종종 데이터를 부주의하게 사용하는 잘못을 저지른다. 그는 예수가 변화했을 때 베드로가 환각을 경험했다고 주장한다. 그러나 그는 당시에 그곳에 예수, 야고보, 요한도 있었다는 사실을 무시한다. 이 점은 오늘날 심리학 분야의 학자들이 이해하는 환각 개념을 감안한다면 굴더에게 아주 큰 문제가 되는데, 이제 이 점에 대해 주의를 기울여보자.

미국심리학회(American Psychological Association)에 따르면 환각은 "외부의 자극이 없음에도 강렬한 현실감이 있는, 잘못된 감각상의 인식"이다.[58] 달리 말하자면 환각 경험은 실제로는 존재하지 않는 무언가를 인식하는 것이다. 환각은 청각·시각·후각·운동감각(예컨대 건물에서 떨어지는 것과 같은 움직임에 대한 감각)·미각·촉각(예컨대 만지거나 만져지는 것 같은 느낌) 등 다양한 형태로 경험될 수 있다. 일반적으로 환각은 하나의 형태로 일어난다. 그러나 환각을 경험하는 사람은 시각적 요소와 청각적 요소를 모두 포함하는 다중 형태의 환각을 경험할 수도 있다.[59] 그러나 이런 다중 형태의 환각은 비교적 드물다.[60]

보통 사람의 약 15퍼센트는 평생 한 번 이상의 환각을 경험한다. 여성이 남성보다 환각을 경험할 가능성이 높다.[61] 다른 사람들보다 환각을 경험하기 쉬운 사람들도 있다. 그리고 나이가 들수록 환각을 경험할 가능성이 더 커진다.[62] 그러므로 사별을 슬퍼하는 노인들이 환각을 경험할 가

---

58 *APA Dictionary of Psychology*(2007), 427. 물론 **환각**에 대한 다른 여러 정의들이 제시되어 왔다. 이에 대한 몇 가지 정의는 Aleman and Larøi(2008), 15-20, 23을 보라. 이 책은 환각이라는 주제에 관한 최근의 가장 신뢰할만한 연구일 것이다.

59 Aleman and Larøi(2008), 25-46.

60 Aleman and Larøi(2008), 25-46, 특히 46.

61 Aleman and Larøi(2008), 61-68.

62 Aleman and Larøi(2008), 62에 실린 Tien의 1991년 연구를 보라. 그러나 그보다 조금 전에 이루어진 연구(1984)는 환각이 20세에서 29세 사이의 사람들에게 가장 흔했고 사람들이 가장 일반적으로 경험하는 환각은 당시에 살아 있으나 그곳에 존재하지 않는 누군가를 보는 것임을 밝혀주었다. 조사 대상자의 약 10퍼센트는

능성이 가장 높다는 데 놀랄 필요가 없다. 그들 중 거의 50퍼센트가 그런 경험을 한다.[63] 그러나 그들 중 14퍼센트(또는 조사 대상 사별 노인들 중 7퍼센트)만 시각적 환각을 경험했다.

환각은 외부의 지시물이 존재하지 않는 정신적 사건이기 때문에 우리는 다른 사람의 환각에 참여하지 못한다. 이 점에서 환각은 꿈과 유사하다. 나는 한밤중에 아내를 깨워서 내가 지금 하와이에 있는 꿈을 꾸고 있다고 말한 후 아내가 다시 잠이 들어 내 꿈에 합류해서 함께 공짜 휴가를 즐기게 할 수 없다. 우리가 모두 다시 잠들어 둘이 함께 하와이에 있는 꿈을 꿀 수는 있다. 그러나 우리가 같은 꿈을 꾸고 그 두 꿈에서 같은 대화를 나눌 가능성은 희박하다.

개리 A. 십시는 그 주제를 연구해서 박사학위를 취득한 임상심리학자인데 집단이 환각을 공유할 수 있는지에 큰 관심을 보이고 있다. 그는 이렇게 쓴다.

> 나는 지난 20년간 심리학자·정신과의사 그리고 기타 관련 의료 전문가들이 쓴 전문 문헌(동료 검토를 받은 학술저널의 논문들과 책들)을 조사해보았지만 아직까지 집단 환각, 즉 확실히 외부의 지시물이 존재하지 않음에도 두 사람 이상이 어떤 시각적 또는 다른 감각적 인식을 공유했다고 알려진 사건에 관한 단 한 건의 문서도 발견하지 못했다.[64]

적어도 한 번의 생생한 환각을 경험했다. Aleman and Larøi(2008), 61-62를 보라.

63 Aleman and Larøi(2008), 67-69.

64 나는 Gary Habermas를 통해 Sibcy를 알게 되었다. Habermas는 내 요청에 따라 Sibcy에게서 이런 진술을 얻어냈다. 이 진술은 Habermas에게 전달되었고, 그는 2009년 3월 10일에 그 진술을 받아서 그날 내게 이메일로 전송해 주었다. Sibcy는 자신이 약 5년 전인 2004년에 그 연구를 마쳤다고 덧붙였다. Aleman과 Larøi가 쓴 책을 읽은 후 나는 그 저자들에게 이메일을 보내 왜 그들이 공동의 환각 또는 집

예수의 부활 후 출현들 중 가장 강력하게 입증되는 사건인 열두 제자에 대한 출현을 개연성이 희박한 집단 환각이라고 설명하지 않으려면 굴더는 제자들 각자가 동시에 개별적인 환각을 경험했다고 주장해야 할 것이다. 비록 슬픔, 삶을 위협하는 스트레스, 그리고 피로가 환각을 낳는 감정적 상태에 기여할 수는 있지만 그런 제안의 현실성은 애초부터 문제가 된다. 왜냐하면 열두 제자들은 아마도 연령층도 다르고 거의 확실하게 성격 유형도 다른 남성들이었기 때문이다. 그러나 그런 주장에 대한 훨씬 더 심각한 타격은 그런 일이 발생하려면 믿기 어려운 우연의 일치가 필요하다는 점이다. 일반인의 약 15퍼센트가 환각을 경험하고 최근에 사

단 환각 문제를 다루지 않았느냐고 물었다. Larøi는 자기들은 그들의 책에서 "공동의 환각에 대해 언급하고 싶었지만" "그 주제에 관한(과학적인) 문서가 거의 없다"고 답했다(2009년 3월 17일자 개인 이메일).

O'Connell(2009)은 집단 환각이 가능하다는 입장을 취한다. 그는 집단 환각을 두 명 이상의 사람들이 같은 장소에서 동시에 개인적인 환각을 경험하는 것으로 정의한다. O'Connell은 이를 지지하는 여섯 개 사례들을 열거하면서, 대개 집단의 일부 구성원만이 환각 현상을 동시에 경험하며 일반적으로 구성원들은 다른 현상들을 경험한다고 지적한다. 그러나 Sibcy는 O'Connell이 묘사한 것과 같은 집단 환각에 대해 말하는 것이 아니다. O'Connell이 말하는 환각은 드물기는 하지만 전혀 불가능하지는 않다. Sibcy가 보기에 어느 그룹의 구성원들이 마치 동일한 환각에 참여하는 것처럼 그 환각을 동시에 경험하지는 못한다. 제자들에 대한 집단적 출현에는 그 구성원들이 서로 다른 현상들을 경험한 것이 포함될 수 있었을까? 초기의 구전은 출현의 본질에 관해 아무것도 말해주지 않는다. 개별적으로 본다면, 예수의 일부 제자들이 동시에 서로 다른 형태의 출현을 경험했을 수 있어 보인다. 그러나 구전 직후에 쓰인 모든 부활 내러티브들은 실제 상황이 그렇지 않았으며 그곳에 있었던 제자들 모두가 같은 현상을 경험했다고 주장한다. 달리 말하자면 부활한 예수에 대한 경험은 제자들이 자신들이 같은 사건에 참여했다고 믿을 성격의 경험이었다. 비록 정경 복음서들에 등장하는 부활 내러티브들의 신뢰성에 관한 그 어떤 합의도 없지만, 그 내러티브들의 입장은 대체로 시기상으로 케리그마에 가깝고, 기원상으로 보다 열등한 다른 데이터들보다 내용상으로도 케리그마에 더 가까운 것으로 간주된다. 그러므로 제자들이 동시에 서로 다른 현상을 경험했다고 암시하는 제안들(그리고 나는 그런 사례에 대해 알지 못한다)은 설명력이 떨어진다. 우리는 바울이 부활을 시체를 소생시키고 변화시키는 사건으로 보았으며 이 견해가 예루살렘의 사도들과 공유되었을 개연성이 매우 높다는 점을 덧붙일 수 있을 것이다(4.3.3.9). 이 믿음이 구성원들마다 서로 달랐던 집단 출현의 결과였을 가능성은 희박하다. 반면에 그것이 각 구성원들 모두에게 같았던 집단 출현으로부터 나왔을 가능성은 아주 높다.

별한 노인은 그보다 훨씬 많은 50퍼센트 정도가 환각을 경험한다(그중 14퍼센트만 시각적인 환각이다)는 사실에도 불구하고, 굴더는 믿을 수 없게도 그 열둘 모두가 (경비병 같은 다른 무언가에 대한 환각이 아니라) 부활한 예수에 대한 환각을 같은 형태로(시각적으로) 그리고 아마도 다양한 형태들로 동시에 경험했다고 제안한다. 그런 제안이 실제로 일어난 일을 반영할 가능성은 희박하다는 주장은 절제된 표현일 것이다. 그런 제안을 수용하기 위해서는 엄청난 믿음이 필요할 것이다.

굴더는 또한 고넬료에 관한 베드로의 환상에 대해 의견을 말할 때 데이터를 부주의하게 사용하는 잘못을 저지른다. 굴더가 인용하는 구절(행 10장)에 따르면 고넬료는 자신이 베드로를 찾아가는 꿈을 꾸는데, 베드로는 고넬료를 모르는데도 그 상황과 밀접한 관계가 있는 환상을 보았다. 굴더는 세부 사항을 매우 선택적으로 받아들인다는 점을 지적해야 한다. 변화산 사건과 베드로의 꿈이 실제로 발생했다는 것을 깡그리 부정할 수는 있다. 그러나 일단 베드로의 경험의 역사성이 인정된다면, 무엇을 근거로 그 보고의 어떤 부분은 인정하고 다른 부분은 거부해야 하는가?

아마도 굴더는 베드로가 최면에 걸려 있었다고 주장할 것이다.[65] 그러나 굴더는 이것이 어떻게 보였을지 설명하지 않고 그럴 가능성을 뒷받침하는 어떤 근거도 제시하지 않는다. 그러므로 GH는 이 점에서 설명력이 부족하다. 중립적 접근법을 따르자면, 굴더의 최면 제안은 더 이상 고려할 가치가 없다. 그러나 나는 슬픔으로 인한 환각이 베드로 개인의 경험에 대한 그럴듯한 설명이라는 굴더의 주장에는 동의한다.

굴더가 제시하는 식의 추측과 관련된 또 다른 문제는 그가 사용하는

---

65 D'Costa 편(1996), 51에 실린 Goulder. Allison(*Resurrecting Jesus*, 2005)은 출현을 최면으로 설명하는 데 대해 열린 자세를 보인다(297).

데이터가 쉽사리 완전히 다른 의미로 사용될 수 있다는 것이다. GH의 이런 측면들은 모호하며 따라서 설명력이 부족하다. 예컨대 베드로는 부활한 예수의 환각을 통해 인지 부조화를 해결했을 수도 있지만, 그는 결국 자신이 예수에게 속았다는 결론을 내렸을 수도 있었다. 크레이그는 이렇게 말한다.

> 베드로가 직면한 참된 문제는…그가 자기의 주님을 실망시켰다는 것보다는 그의 주님이 자기를 실망시켰다는 것이었다!…베드로가 직면하게 될 조롱이나 경멸은 그가 예수와 함께 죽지 않았다는 사실이 아니라—결국 다른 모든 사람들도 예수를 버렸다—그가 애초에 나사렛 출신의 거짓 예언자를 따랐다는 사실일 것이다. 예수가 메시아라고? 예수가 왕국을 출범시킨다고? 베드로가 예수를 따르기 위해 아내와 가족을 떠난 후 행한 가장 합리적인 일은 이 사기꾼을 부인한 것이었다!…굴더는 십자가라는 재앙을 무시하면서—그 어떤 증거도 없이—자기연민에 빠진 베드로가 메시아에 대한 기대가 무너진 것과 싸우기보다 그 자신의 죄책 및 수치와 씨름하는 모습을 상상한다. 아무도 그런 부서진 기대가 베드로로 하여금 죽은 자들 가운데서 살아난 예수에 대한 환각을 경험하게 했다고 말하지 않도록, 나는 메시아와 관련해서든 또는 최후의 부활과 관련해서든 이스라엘에 그런 희망은 존재하지 않았다고 반복하고자 한다.[66]

더욱이 굴더의 가설이 오히려 그 자신의 인지 부조화의 부산물이 아닌지 물음으로써 그의 주장을 뒤엎기 쉬울 수도 있다. 달리 말하자면 굴

---

66 Copan and Tacelli 편(2000), 194에 실린 Craig; Allison(*Resurrecting Jesus*, 2005), 243과 비교하라.

더는 예수가 죽음에서 부활하지 않았다는 확신을 갖고 시작하여 그 확신에 반대되는 증거에 직면하고서 그 어떤 직접적인 사실적 뒷받침도 없이 추측에 근거한 심리분석을 사용해서 이를 해결하며, 서로 상충하는 데이터에 대한 접촉을 제한했다는 인상을 준다. 나는 실제로 굴더에 대해 정신 분석을 수행하기를 원하지는 않는다. 그러나 나는 굴더가 서 있는 토대가 단단하지 못하고 위험하다는 점을 보여주고자 한다.

굴더는 바울의 환각 경험은 바울이 환상을 보는 성향이 있었기 때문이라고 설명한다. 그러나 바울이 환상에 빠지는 성향이 있었다는 주장은 그의 다른 경험들도 실제적인 것이라기보다는 환각이었다고 선험적으로 가정하는 것이다. 그리고 바울이 기독교로 개종하기 전에는 그런 경험을 했다는 암시가 없다는 점을 지적할 수도 있을 것이다. 그러므로 바울이 부활한 예수에 대한 환각 경험을 했을 가능성은 희박하다.

GH는 오랫동안 부정되어온 바울과 예루살렘의 지도자들 사이의 분열이라는 낡은 이론을 되살려낸다. 바울은 자신이 예수의 부활과 관련해 다른 사도들이 가르치고 있는 것과 동일한 내용을 가르치고 있다고 주장했다(고전 15:3-11). 굴더가 주장하듯이 만약 바울이 몸의 부활을 가르치고 있었다면 예루살렘의 사도들도 그렇게 가르치고 있었던 셈이다.[67] 그러므로 GH의 이 요소는 난국에 부딪혔다. 왜냐하면, 만약 굴더가 바울에 대해 하는 말이 옳다면 "영적" 부활 또는 몸이 없는 부활은 그리스도인들의 가장 초기의 주장이었을 수 없기 때문이다.[68]

놀랍게도 굴더는 바울이 육체의 부활을 가르친 반면 예루살렘 교

---

67 이 책의 3.2.3.4.d를 보라.

68 더욱이 Wright(2005)는 이렇게 말한다. "어느 경우에든 Goulder의 주장은 첫 세대의 그리스도인들 중 '부활'이라는 단어를 그전의 모든 용법에 반해서 '죽은 후의 육체적 부활'이 아니라 비신체적 '영적 생존'을 의미하는 것으로 사용한 사람이 있다는 어떤 증거도 없다는 사실로 인해 무력해진다"(224).

회는 "영적"(즉, 천상적) 부활을 가르쳤다는 자신의 주장을 뒷받침하지 않는다. 그는 단지 바울이 고린도전서 15장에서 다루는 이들이 아마도 이방 신앙으로 복귀하고 있던 사람들이었을 것이라는 라이트의 주장에 대해 답변할 뿐이다. 그 과정에서 굴더는 바울이 고린도전서 15장에서 다루는 부활을 부정하는 사람들이 유대 배경을 갖고 있다는 여러 논거를 제시한다.[69] 그러나 이 점은 결코 예루살렘의 지도자들도 부활을 부정하는

69 Goulder(2005), 189. (1) Goulder는 비록 1세기에 부활에 관해 유대인들 사이에는 다양한 견해가 있었지만, "영적 관점"은 "요세푸스 및 필론"의 관점과 일치하며 고린도 교회 회중 중 적어도 일부가 취하고 있던 관점이라고 주장한다. 이런 주장은 GH에 타당성을 부여한다. 그러나 몸의 부활도 Goulder가 호소하는 유대인의 관점의 스펙트럼에 속한다. 이 점은 Goulder가 고려하지 않는 RH에도 타당성을 부여한다. 따라서 이 논거가 예루살렘의 지도자들이 부활에 관한 "영적 관점"을 유지했다는 주장만 지지하는 것은 아니다. 이 점이 더 중요한데, 바울이 다루고 있는 사람들은 '부활'을 바울과 다르게 해석하고 있었던 것이 아니라 부활을 부정하고 있었다(고전 15:12). (이런 관점을 지닌 고린도 교회의 신자들이 육체를 이탈한 사후의 실존이라는 측면에서 생각했는지 또는 사두개인들의 견해처럼 죽음 이후의 존재는 없다는 측면에서 생각했는지 내게는 분명하지 않다. 왜냐하면 그 텍스트의 어떤 진술들은 후자에 더 잘 들어맞기 때문이다[고전 15:32 그리고 아마도 고전 15:27과 관련한 고전 15:19]. 아마도 부활을 부정하는 사람 중 전부는 아니지만 일부는 죽음 이후의 존재는 없다는 입장을 유지했을 것이다.) 이에 대해 바울은 예수의 부활에 관한 케리그마를 제시하고, 자신과 **다른 사도들이** 이 측면에서 같은 내용을 가르치고 있다고 덧붙인다(고전 15:3-11). Goulder는 이 점을 인정하지만 "그러므로 우리는 두 그룹 모두 예수가 부활했다고 선포했지만 부활을 다소 다르게 해석하고 있었다고 생각해야 한다"라고 덧붙인다(190). 그러나 Goulder는 그들이 부활을 다르게 해석하고 있었다는 근거를 제시하지 않는다. 사실 이 책의 본문에서 진술했듯이, 바울이 **전승**을 존중했다는 사실은 만약 바울이 육체적 부활을 가르치고 있었다면 예루살렘의 사도들도 그렇게 가르치고 있었을 개연성을 훨씬 높여준다. 그러므로 부활을 부정하는 사람들에게 답변하면서 바울이 자신의 입장을 뒷받침하기 위해 호소하는 유대의 권위자들은 Goulder가 부활을 부정하는 자들의 편을 들고 있다고 주장하는 예루살렘의 지도자들이다! 이 점은 Goulder의 세 번째 논거를 완전히 약화시킨다. (2) Golulder는 고린도 교회에 유대인들이 있었다고 주장한다(고전 7:19). 그러나 그는 또한 그곳에 반드시 그들의 배경을 고려해야 하는 이방인 개종자들도 있었다는 점을 언급하지 않는다. 이방인에게로 나아가기로 한 바울의 결정은 고린도에 있는 동안에 이루어졌고(고전 16:5-6) 그리스적인 사고는 육체를 이탈한 사후의 실존이라는 방향으로 강하게 기울어져 있었다.(Wright[2003], 32-84를 보라. 행 17:32도 보라. Goulder가 필론과 요세푸스가 육체 이탈한 존재와 관련된 **부활** 관점을 취했다고 호소할 때, 필론은 그리스화된 유대인이었다는 점과 요세푸스는 이방인인 로마인 독자들에게 더 잘 수용

사람들이었다는 굴더의 주장을 지지하지 않는다. **전승**에 대한 바울의 굳건한 헌신에 비춰볼 때, 만약 바울이 육체적 부활을 가르치고 있었다면 예루살렘의 사도들도 그러했을 개연성이 훨씬 높다.[70]

될 수 있도록 유대의 견해를 변경했을 수도 있기 때문에 이 문제에 관해 요세푸스를 해석하기 어렵다는 점을 주목할 필요가 있다. 더욱이 필론과 요세푸스는 그들이 홍보하는 육체를 이탈한 실존을 **부활**이라고 언급하지 않는다.) 이 점이 가장 중요한데, (1)에서 지적된 것처럼 1세기의 많은 유대인들은 육체적 부활을 믿었다. 고린도 교회에 유대인들이 있었다는 논거는 고린도의 신자들이 육체적 부활보다 "영적 관점"을 선호했던 이유에 대해 지지하지 않으므로, 그것은 예루살렘의 지도자들이 부활에 관해 "영적 관점"을 취했다는 주장만 지지하는 것이 아니다. (3) Goulder는 바울이 자신과 예루살렘의 지도자들이라는 유대의 두 권위를 인용하고 있으므로 그 문맥은 유대적 배경을 가리킨다고 주장한다(고전 15:17). 가장 초기의 그리스도인들은 유대인들이었기 때문에 이 점은 사소할 뿐 아니라, 예루살렘의 지도자들이 부활에 관한 "영적 관점"을 갖고 있었다는 주장만 지지해 주지도 않는다. (4) Goulder는 "부활을 부정하는 사람들은 시편 8편에 대한 주해에 근거해서 그렇게 믿었는데" 그들은 그 시편을 예수가 이제 "죽음을 포함한 모든 권세를 그의 발아래 두고 있다"는 것으로 이해했다고 주장한다. 예수의 육체적 부활을 믿었던 유대인들이 죽음을 포함한 모든 권세가 지금 예수의 발아래 있다고 믿지 않을 이유는 없다. 그러므로 이 논거도 부활에 관한 "영적 관점"만 지지하는 것은 아니다. (5) Goulder는 "고전 15:44-49에 나오는 첫 번째 사람과 두 번째 사람에 관한 논의는 창 1:27과 2:7에 나오는 인간의 이중 창조에 관한 복잡한 유대 전승에 의존하고 있다"고 주장한다. 나는 고전 15:44-49에 대해 Goulder의 해석보다 그 텍스트에 더 충실하다고 믿는 다른 해석을 지지해왔다(이 책의 4.3.3.9.b를 보라). (6) Goulder는 고전 3:21에 나오는 "사람을 자랑하는 것"과 고전 4:6에 나오는 "서로 대적하여 교만한 마음을 갖는 것"이 "바울에 대립하는 베드로"를 가리킨다고 주장한다. 그러나 바울은 자기가 그런 분열을 인정하지 않는다는 점을 분명히 밝힌다(고전 1:12-13; 3:3-7). 또한 그런 분열이 베드로와 바울 같은 기독교 지도자들 사이의 균열에서 비롯되었다는 그 어떤 징후도 없고, 교리적 차이가 어떤 사람들이 어느 기독교 지도자를 다른 지도자보다 선호하는 이유였다는 어떤 뚜렷한 징후도 없다. 오히려 그것은 누구에게 세례 받았는지 또는 지도자의 기질과 말하는 스타일에 비추어 어느 인물에게 끌렸는지의 문제였을 수 있다. 이 점이 가장 중요한데, 그것은 베드로나 예루살렘의 사도들 중 누군가가 부활에 관한 "영적 관점"을 유지했다는 주장을 조금도 지지하지 않는다. (7) 마지막으로 Goulder는 바울이 고전 1:18에서 "십자가의 말씀(개역개정에서는 십자가의 도)"을 고전 2:13에 나오는 "사람의 지혜를 가르친" 자신의 경쟁자들의 복음과 대조한다고 주장한다. 바울의 경쟁자들은 고전 1:19에서 언급되며 "갈 2장에서 유대 율법을 고집했던 사람들은 유대 지도자들인 베드로와 야고보였다." Goulder는 앞뒤 문맥을 무시한다. 고전 1:17-19; 2:2-16에서 바울은 자신의 가르침을 경쟁하는 사도들의 가르침과 대조하는 것이 아니라 불신자들의 가르침과 대조하고 있다.

70 이 책의 3.2.3.4.d를 보라.

굴더는 집단을 상대로한 예수의 부활 후 출현은 "공동의 망상"이며 성모 발현이나 빅풋·UFO 목격과 같은 성질의 것이라고 주장한다. 굴더의 비유는 도움이 되지 않는다. 빅풋을 목격했다고 주장하는 이들은 실제로 어떤 물리적 존재와 진흙에 새겨진 커다란 발자국을 **보았으므로** 그들은 망상이나 환각을 경험한 것이 아니다. 오히려 그들이 속은 경우가 많다. 망상은 반증하는 강력한 증거에도 불구하고 유지되는 믿음이다. 그러므로 만약 어느 집단이 자기들이 속아왔다는 것을 알고 난 뒤에도 계속해서 빅풋이 실재한다고 믿는다면 **공동의 망상**이 일어났다고 할 수 있을 것이다. 사람들은 이따금 기상관측용 기구와 짓궂은 장난을 UFO로 착각했다.[71] 다시 말하지만 그런 것들과 관련된 사람들은 그들의 평범한 시각으로 무언가를 **보았고** 그것을 다른 무언가로 착각했다. 따라서 빅풋이나 UFO 목격은 굴더가 제자 집단의 경험과 관련해 주장하는 것과 같은 성격이 아니다. 그러므로 빅풋이나 UFO 목격과 유사한 경험은 예수의 부활 후 출현에 대한 설명으로서 개연성이 낮다.

오늘날 성모 발현은 종종 환각이나 착시로 설명될 수도 있지만, 성모 발현 모두가 그렇게 쉽게 설명되지는 않는다.[72] 성모 발현 사례가 많

---

71 UFO에 관한 일부 보고들은 아직 설명되지 않은 채로 남아 있다. 개인적으로 나는 지구 이외의 다른 행성에 지적 생명체가 있다고 믿지 않지만, 그럴 가능성에 대해 열려 있다. 나는 UFO가 사람들이 보는 앞에서 우리의 지구에 내려앉는다면 충격을 받을 것이다. 그러나 그런 일이 생긴다 해도 내 세계관이 크게 변하지는 않을 것이다. 나는 또한 그것이 내 역사 연구에 대한 접근법을 재검토해야 할 이유를 제공하리라고 생각하지도 않는다.

72 사람들이 자기가 성모 발현으로 이해한 것에 대한 사진을 찍어 내게 보내준 경우가 두 번 있었다. 첫 번째 사진은 1996년에 한 친구로부터 받은 것인데, 그 친구는 플로리다주 클리어워터에 있는 세미놀레 파이낸스 코프 빌딩 유리창에 비친 전통적인 마리아의 모습을 닮은 흥미로운 실루엣을 목격했다. 두 번째 경우는 2006년에 발생했다. 모르는 어떤 사람이 내게 변색된 사진 몇 장을 보냈는데, 그 사진들은 최근에 그의 친척이 자살한 장소에 있는 돌에 어떤 이의 실루엣이 나타난 모습을 담고 있었다. 그는 그 실루엣이 마리아라고 생각했고 혹시 그녀가 지금 그의 친척은 잘 있다는 메시지를 전하려고 했던 것이 아닌지 궁금해 했다. 나는 그 두 경우 모두

이 있지만, 가장 유명한 세 경우는 루르드, 파티마, 그리고 메주고리예에서의 발현이다. 1858년에 프랑스의 루르드에서 베르나데트라는 열네 살 소녀가 성모 발현을 열여덟 번 경험했다고 주장했다. 1917년에는 포르투갈의 파티마에서 각각 열 살, 아홉 살, 그리고 일곱 살이었던 세 명의 아이들이 자기들이 함께 있는 동안 마리아가 자기들에게 여섯 번 나타났다고 주장했다. 그 세 아이들은 그 발현을 경험한 반면 그곳에 있던 다른 사람들은 마리아를 보지 못했다. 그러나 한 번은 그들과 함께 있던 다른 사람들이 하늘에서 태양이 움직이고 있는 것을 목격했다고 보고했다. 크로아티아 메주고리예에서는 1981년에 성모 발현이 시작되었다. 그 발현은 그때부터 [이 책을 저술하고 있는] 현재까지 매일 계속되고 있다. 1981년에 그 발현을 목격한 다섯 명은 십대였고 여섯 번째 목격자는 열 살이었다. 세 번째 발현이 있던 날, 그 소년과 함께 그 행사를 위해 모였던 수천 명 중 일부가 마리아가 그 여섯 번째 목격자에게 발현하기 직전에 하늘에서 세 차례 섬광을 목격했다고 보고했다. 그러나 오직 그 소년만 마리아를 보았다. 오늘날에도 오직 그 여섯 명만 그 발현을 목격한다. 그들이 그런 경험을 하는 동안 그들과 함께 있는 사람들은 아무것도 보지 못한다.

2008년 6월 1일 현재, 가톨릭교회는—비록 발현 가능성에 대해서는 열려 있지만—이 세 경우들의 초자연적 성격과 관련해서 어떤 공식적인 언급도 하지 않고 있다. 케네스 샘플스는 메주고리예의 목격자들 몇 명 및 다른 핵심 인물 몇 명과 면담할 기회를 얻었다. 그는 보수적인 개신

그 실루엣들이 매혹적이었다는 점을 인정하지 않을 수 없었다. 그러나 나는 그들이 그 실루엣들 안에서 마리아를 본 이유는 그저 그들의 희망사항 때문이라고 생각했다. 이런 실루엣들이 초기 케리그마와 바울이 염두에 두었던 것이라고 생각하거나, 바울이 이런 성격의 무언가에 기초해서 예수에 대한 그의 관점을 철저하게 바꿨다고 상상하기는 어렵다.

교인이지만 이렇게 말한다. "성모 발현이라고 알려진 현상에 대해 만족할 만한 설명을 제공하려는 그 어떤 정직한 노력도 복잡하고 어려운 과업으로 판명될 것이다. 나는 내가 이런 이례적인 사건들과 관련된 모든 것을 설명할 수 없을지도 모른다는 점을 기꺼이 인정한다."[73] 샘플스는 자연주의적 설명에 대해 열려 있기는 하지만 그런 현상들이 본질적으로 초자연적이라는 의견 쪽으로 기울어져 있다. 그러나 샘플스는 신학적 이유에서 그 현상들을 마귀적인 경험으로 간주한다.[74]

여기서 내 요점은 성모 발현 문제에 대해 판결을 내리거나 성모 발현 주장을 지지하는 것이 아니다. 나는 단지 성모 발현이 반드시 자연적이거나 그것을 목격한 사람들의 마음 안에서 일어난 심리적인 사건인 것은 아니라고 주장하기 위한 최소한의 증거를 소환하는 중이다.[75] 굴더가 예수의 출현을 성모 발현과 비교하고 예수의 출현들이 환각이라고 주장하는 자신의 논거가 효과를 발휘하게 하려면 그런 출현들이 자연적이며 심리적인 사건들이라는 것을 입증해야 하는데 그는 이를 입증하지 않

---

73 Miller and Samples(1992), 129.

74 Miller and Samples(1992), 126-35.

75 나로서는 성모 발현 문제에 대해 판결을 내릴 준비가 되어 있지 않다. 나는 개신교인이기 때문에 마리아의 출현에 반대하는 신학적 편견이 있다. 그러나 나는 발현이라는 실재 일반을 부인하려는 성향이 없다. 내 친구 두 사람은 그 당시에는 그들에게 사망 사실이 알려지지 않았던 지인의 사망과 가까운 시기에 그 지인의 환영을 몇 차례 경험했다. 성서학자 Dale Allison은 자기가 죽은 친구의 환영을 두 차례 경험했으며, 자기 가족 중 몇 사람은 자기 선친의 환영을 경험했다고 보고한다. 나는 죽은 사람이 살아 있는 모습으로 내게 나타난 경험을 하지는 않았지만, 나와 내 부모와 내 누이들 중 한 명은 불가사의한 현상을 여러 번 목격했다. 그리고 우리는 우리의 기독교 세계관에 비추어 그 현상들을 악마적인 현상으로 해석했다. 그 현상들은 우리 모두를 경악하게 했다. 나는 이런 현상들 중 그 어느 것도 초기 그리스도인들이 보고하는 출현 형태로 보이지 않는다고 말하고 싶다. 나는 이 지점에서 내가 우리의 역사적 기반에 속하지 않은 결론에 호소하고 있다는 점을 지적한다. 우리에게 알려진 가장 초기의 기독교 저자인 바울은 부활하여 변화된 예수의 몸에 관해 쓰는데 이는 부활 내러티브들과 일치한다.

는다.

굴더는 그렇게 하지 않을 경우 "미신에 빠지게 될 것"이기 때문에 초자연적인 설명보다는 무엇이든 자연적인 설명을 선호하는 것으로 보인다.[76] 나는 이 우려를 과잉반응으로 여긴다. 우리의 지평을 관리하기 위해 열성적으로 의도적인 조치를 취하고 역사 연구 방법을 조심스럽게 적용하면 맹신에 지배되는 무늬만 비판적인 연구를 막아준다. 그리고 맹신은 신자들에게만 독특한 것이 아니며 매우 임기응변적 자연적 가설을 무비판적으로 수용하는 회의적인 학자들의 역사 연구에도 있을 수 있다는 점을 상기할 필요가 있다.[77]

이런 문제의 심각성 정도는 다양하다. 이런 문제들이 결합하면 굴더의 가설을 심하게 훼손한다. 이런 점들과 굴더의 이론은 바울과 예루살렘의 지도자들 사이에 중요한 이념적 분열이 있었다는 19세기의 이론을 되살려낸 것이라는 점을 감안할 때,[78] 그의 가설을 지지하는 학자는 소수에 지나지 않는다는 것이 놀랄 일은 아니다.[79]

5.3.3. 가설에 대한 평가

이제 우리는 1장에서 논의한 최상의 설명을 선택하기 위한 다섯 가지 기준을 사용해서 굴더의 가설(GH)이 얼마나 탄탄한지 평가할 것이다.[80]

---

76 D'Costa 편(1996), 55에 실린 Goulder.

77 이 책의 1.2.2를 보라.

78 Wright(2005), 222.

79 Allison("Explaining," 2005), 129. Goulder의 가설이 어느 정도 설득력이 있다고 여기는 학자로는 Lüdemann(2004), 48, 140 각주 18이 있다.

80 이 책의 1.3.2를 보라.

1. **설명 범위.** GH는 십자가형에 의한 예수의 죽음을 깔끔하게 설명한다. 실제로 그 사건은 예수가 죽음에서 부활했다는 믿음을 위한 전제조건 역할을 한다. GH는 또한 예수가 개인들과 집단, 그리고 바울에게 나타나심에 대해 설명하면서 그 경험을 환각, 망상, 인지 부조화 그리고 최면 같은 심리적으로 유발된 현상으로 간주한다. GH는 설명 범위라는 기준을 훌륭하게 충족시키며 이 점에서 VH보다 우수하다.

2. **설명력.** 예수의 추종자들이 예수가 죽음에서 부활했다고 믿었으려면 예수가 죽었다고 확신했어야 했다. 그리고 십자가형에 의한 죽음은 그들이 예수가 죽었다고 믿은 원인이 될 수 있는 가장 강력한 후보다. 그러나 GH는 때로는 사실들을 꿰맞추기 위해 과도하게 밀어붙인다. 예컨대 굴더는 베드로가 부활한 예수에 대한 환각을 경험했다고 상정하면서, 베드로가 이런 형태의 경험에 빠지는 경향이 있었다고 주장하고 그에 대한 예로서 변화산 사건을 인용한다. 위에서 지적했듯이 그 자리에 다른 사람들도 있었기 때문에 이 사건은 집단 환각과 관련이 있었을 텐데, 오늘날 심리학 분야의 대부분의 전문가들은 집단 환각 현상을 인정하지 않는다.[81] 더욱이 앞에서 지적했듯이 굴더가 제자들과 바울에게 돌리는 여러 심리상태들은 다른 식으로 쉽게 설명될 수 있다. 베드로가 그의 인지 부조화에 대한 무의식적인 해결책으로서 환각을 경험했다는 설명에 대해서는 베드로가 자신이 그동안 예수에게 속았다고 믿었고 예수가 십자가형을 당한 후 그 분파를 떠났을 가능성도 환각을 경험했을 가능성만큼 높다고 지적할 수 있다. 실제로 GH에서 쉽게 모호한 점을 찾아낼 수

81 이 결론은 전문적인 심리학 문헌에서 집단 환각에 관해 경험적으로 입증되는 사례가 등장하지 않는다는 사실로 입증된다. Goulder 같은 성서학자들은 종종 특별한 심리적 현상에 호소하면서 그 현상을 다른 현상과 혼동한다. Habermas("Explaining," 2001; "The Late Twentieth-Century Resurgence of Naturalistic Responses to Jesus' Resurrection," 2001)를 보라.

있다. 베드로의 경험에 대해 굴더는 이렇게 쓴다. "심리학자들은 그런 회심을 설명하기 위해 예컨대 인지 부조화 이론 같은 다양한 이론들을 제시해왔다. 그러나 우리는 지금으로서는 우리가 그런 경험을 완전히 이해한다고 주장할 필요가 없다. 우리로서는 무슨 일이 일어나고 있는지에 대한 대체적인 요지를 아는 것으로 충분하다."[82] 달리 말하자면 그들의 경험은 인지 부조화, 환각, 망상 또는 심지어 최면 경험에서 비롯되었을 수 있다. 굴더는 그 심리적 경험을 어떻게 정의해야 할지 불확실할 수는 있지만 자연적인 설명이 초자연적인 설명보다 선호되어야 하므로 그런 경험들이 본질상 심리적인 현상이라고 확신할 수 있다고 생각한다. GH의 도처에서 나타나는 이런 모호성은 그 가설이 얼마나 설명력이 부족한지 보여준다. 또한 우리는 제자들과 다른 사람들에 대한 집단적 출현이 "공동의 망상"이었다는 굴더의 주장이 적절하지 않다는 점을 보았다. 그러므로 GH는 설명력이 없다.

굴더의 가설을 버미스의 가설(VH)과 비교하면 어떠한가? VH는 예수의 부활 후 출현에 대해 모호하고 애매하며 빈 무덤(VH는 이를 인정한다)의 원인에 대해 아무 제안도 하지 않기 때문에 설명력이 부족하다. GH는 증거가 감당할 수 있는 수준 이상으로 데이터가 사용되는 시나리오를 상정하고 출현 중 일부에 대해 모호한 면이 있기 때문에 설명력이 부족하다. 더욱이 "공동의 망상"에 관한 GH의 주장은 옳지 않다. 비록 큰 차이가 있는 것은 아니지만, GH는 설명력에서 VH에 뒤지는 것으로 보인다.

3. **타당성.** GH는 다른 가설들보다 인정된 사실들에 의해 더 강력하게 암시되는가? 오늘날에는 바울과 예루살렘의 지도자들 사이에 어떤 분

---

82 D'Costa 편(1996), 50에 실린 Goulder.

열도 없었다고 대체로 인정되고 있다. 그러나 GH에서는 그런 분열이 매우 중요하다. GH가 상정하는 베드로의 슬픔의 환각은 그럴듯하다. 성모 발현들 중 일부는 베드로가 개인적 환각을 경험한 것이라는 가설을 그럴듯하게 지지하는 반면, 일반적으로 인용되는 두 건의 중요한 집단적 성모 발현은 그렇지 않다. 왜냐하면 그 발현들이 환각이었음이 적절히 입증되지 않았고 그 발현들이 환각이었다고 상정하는 것은 추측일 뿐이기 때문이다. 집단 환각은 불가능할 정도로 드물고 심리학 분야의 문헌들에 의해 지지되지 않기 때문에 제자들이 집단 환각을 경험했을 개연성이 낮다. 바울은 예수의 죽음을 슬퍼하는 상태에 있지 않았기 때문에 바울이 예수가 출현했다는 환각을 경험했다는 주장은 그럴듯하지 않다. 또한 바울이 환각을 경험해서 예수가 육체적으로 부활했다는 결론을 내리게 되었을 개연성도 낮다(GH는 바울이 예수의 육체적 부활을 믿었다고 단언한다는 점을 기억하라). 바울이 전승에 충실했음에 비춰볼 때 바울이 몸의 부활을 믿은 것과 대조적으로 예루살렘 교회가 "영적 부활"을 믿었을 개연성은 희박하다. 빅풋과 UFO를 보았다고 보고하는 사람들은 실제로 무언가를 보았을 것이라는 점에 비춰볼 때 이런 증언을 낳은 것과 유사한 목격들은 예수의 부활 후 출현에 대한 설명으로서 개연성이 낮다. 이런 목격들은 정체에 대한 잘못된 이해나 착각이라고 설명하는 것이 더 그럴듯한데, GH는 그렇게 주장하지 않는다. GH는 타당성이 부족하다.

타당성 측면에서 GH와 VH는 어떻게 비교되는가? 우리는 VH의 설명력이 미흡한 점에 비춰볼 때 VH의 타당성을 평가하기 어렵다고 판단했다. 바울의 경험에 비춰보면 어느 것도 논리적인 결과로 보이지 않는다. 그러나 GH는 이외에도 여러 측면에서 개연성이 낮다. 그러므로 GH는 타당성에서 VH에 뒤진다. 이는 VH가 상정하는 불가지론적 입장이 GH의 역사심리학보다 타당성이 높음을 의미한다. 달리 말하자면 이 경우에는

GH의 역사심리학이 발생한 일을 정확하게 제시한다고 간주하기보다 오히려 무슨 일이 일어났는지 모른다는 결론을 내리는 것이 더 바람직하다.

4. **덜 임기응변적임.** 아마도 이 기준이 GH가 가장 취약한 부분일 것이다. 앞에서 말했듯이 GH는 전적으로 추측에 근거하며 복잡한 정신분석을 상정해서 데이터를 설명한다. GH는 베드로는 환각을 경험했고 여러 사람들은 공동의 망상을 경험했다고 주장한다. 그리고 바울의 회심이 은밀한 의심·유대교에 대한 혐오감 증대 그리고 젊은 시절부터의 이방인 친구에게서 비롯되었다는 굴더의 주장은 이를 뒷받침하는 어떤 증거도 없는 추측이다. 그는 자기의 믿음에 대해 은밀하게 의문을 품고 있는 사람들만 광신적인 태도를 보인다는 주장에 대해 열려 있는 것으로 보인다.[83] 그런 사람이 있을 수도 있지만 **모든** 또는 대부분의 광신이 은밀한 의심으로부터 나온다고 주장하는 것은 커다란 비약이다. 히틀러의 잔혹행위가 자기의 반유대주의 견해에 관한 자신의 개인적 의심의 결과였던가? 무슬림 극단주의자들은 자기의 믿음에 대해 의심하기 때문에 자살을 포함한 폭력 행위를 저지르는가? 굴더는 (고상하든 사악하든) 어떤 대의에 대한 열정이 있는 사람은 그 대의의 타당성에 대해 의심하기 때문에 열정적이라고 주장할 것인가?

굴더는 자기의 이론이 다소 불안정한 기반 위에 놓여 있음을 깨달은 듯하다. 그러나 그는—가정이나 하위 가설을 적게 들여오는 가설이 보다 단순하며 따라서 선호할 만하다고 주장하는 오컴의 면도날에 비춰볼 때—자연적인 설명이 알려진 데이터에 대해 설명할 수 있기 때문에 자연적인 설명이 초자연적인 설명보다 선호되어야 한다고 주장한다. 달리 말하자면 이 기준은 최소한의 추정을 사용해 데이터를 설명하려 한다. 그러므로 굴

---

83 D'Costa 편(1996), 52에 실린 Goulder.

더는 부활 가설(RH)은 하나님을 전제해야 하기 때문에 RH를 폐기한다.[84] 나는 굴더가 단순성의 원리에 호소하는 것과 가설들은 "필요한 수준 이상으로 늘어나서는 안 된다"는 그의 주장에 동의한다. 그러나 굴더는 그 원리를 부주의하게 사용하는 것으로 보인다. GH는 확실히 베드로의 심리적 경험, 다양한 심리상태들—그 상황들은 모두 아무 증거도 없이 전제된다—로 인해 나타나는 바울의 심리적 경험, 그리고 제자들의 더 많은 심리적 경험들을 전제하면서 설명을 늘려나간다. GH가 RH보다 덜 임기응변적인지 여부는 RH를 분석할 때 평가될 것이다.[85] 현재로서는 나는 GH가 VH보다 훨씬 더 임기응변적이며 따라서 이 기준을 통과하지 못한다고 판단한다.

5. **조명.** 만약 GH가 맞다면 GH는 고대와 오늘날의 종교적 경험과 관련해 조명을 제공할 수 있을 것이다. 그러므로 GH는 이 기준을 통과한다.

표 5.2에서 볼 수 있듯이 GH는 두 가지 기준(설명 범위·조명)을 통과하고 세 가지 기준(설명력·타당성·덜 임기응변적임)을 통과하지 못한다. 또한 GH는 가장 중요한 네 가지 기준 중 하나만 통과한다는 점도 주목할 만하다. 나는 또한 GH에는 최상의 설명을 위한 기준에 따라 평가하기도 전에 이 가설을 그럴듯하지 않게 만드는 여러 요소가 있다는 점을 지적했다.[86]

---

84 D'Costa 편(1996), 52, 54, 55에 실린 Goulder. 유사한 논거는 Wedderburn(1999), 95-96을 보라.

85 이 책의 5.7.3을 보라.

86 이제 VH와 GH를 비교할 수 있기 때문에 나는 이 비교를 반영하기 위해 VH에서 전에 **잠정적**으로 평가된 부분들을 업데이트했다. 각각의 분석 말미에 이런 업데이트가 수행될 것이다.

표 5.2 GH에 대한 분석

	설명 범위	설명력	타당성	덜 임기응변적임	조명
VH	실패	통과	통과	통과	—
GH	통과	실패	실패	실패	통과

5.4. 게르트 뤼데만

5.4.1. 뤼데만의 견해에 대한 서술

게르트 뤼데만은 기독교에서 무신론으로 회심한 신약성서 학자다. 그는 예수의 부활이 역사가의 연구 범위를 벗어난다는 다른 학자들의 주장을 기각한다.[87] 뤼데만은 예수가 죽음에서 부활했는지 여부를 조사해서 답하고자 했다. 그는 설령 예수가 죽음에서 부활하지 않았더라도 여전히 그리스도인으로 남아 있을 수 있다거나 예수 부활의 역사성은 하찮은 일이라고 주장하는 학자들과 자신을 구분한다.[88] 뤼데만은 자신의 목표를 명백히 밝힌다. 그의 목표는 "예수 부활의 비역사성을 입증하고 동시에 그리스도인들로 하여금 그에 따라 그들의 믿음을 바꾸도록 격려하는 것이다."[89]

---

87 Lüdemann(2004), 21-22.

88 예컨대 다음 문헌들을 보라. Borg(2006) 281; Borg and Wright(2000), 131에 실린 Borg. 부활이 거짓으로 판명된다면 기독교의 오류가 입증된다는 Lüdemann의 주장에 동의하는 이들에 대해서는 다음 문헌을 보라. D'Costa 편(1996), 186에 실린 Cohn-Sherbok; Davis(1993), ix; Wedderburn(1999), 4.

89 Lüdemann(2004), 7. D'Costa 편(1996)에 실린 Goulder도 비슷한 입장을 보인다. 거기서 Goulder는 우리가 예수의 운명에 관한 현존하는 데이터들에 대해 오래 지속되어 온 초자연적 설명을 "버려야" 한다고 주장한다(55; 58-59와 비교하라).

뤼데만의 여러 진술들이 그의 세계관의 특정 측면들을 보여준다.

> 예수가 죽음에서 부활했다고 말하는 사람은 누구나 내가 나중에 다룰 또 다른 문제에 직면한다. 즉 만약 예수가 생물학적으로 죽음에서 부활했다고 말한다면 썩어가는 시체—이미 차가워졌고 그 뇌 속에 피가 들어 있지 않은 시체—가 다시 살아날 수 있다고 전제해야 한다. 나는 그것은 허튼소리라고 생각한다.[90]

> [누가복음 24:44-49] 배후 또는 사도행전 1:9-11 배후의 그 어떤 역사적 요소도 배제되어야 한다. 왜냐하면 예수가 그리로 올라갔을 수 있는 하늘 따위는 없기 때문이다.[91]

뤼데만의 진술들은 그의 무신론적 세계관이 그의 역사 연구를 안내하리라고 알려준다. 앞에서 논의했듯이 편견은 도움이 될 수도 있고 방해가 될 수도 있다.[92] 편견은 방해요소가 될 수 있는데, 왜냐하면 적절히 제어되지 않을 경우 자기가 보고 싶은 것만 보게 만들고, 또한 자기가 고수하고 있는 견해의 부당성을 입증해줄 수도 있는 데이터를 놓치게 하는 경향이 있기 때문있다. 그것을 인지 부조화에 대한 반응이라고 부를 수도 있을 것이다. 그러나 편견은 도움이 될 수도 있다. 만약 무신론이 가장 올바른 세계관을 제시한다면 무신론자인 학자들에게는 예수에게 실제로 무슨 일이 일어났는지 발견하고자 할 때 명백한 이점이 있다. 그들은 초자연적 요소를 포함하는 가설들을 제거함으로써 가장 그럴듯한 자연주의적

---

90 Copan and Tacelli편(2000), 45에 실린 Lüdemann.

91 Lüdemann(2004), 114.

92 이 책의 1.2.2를 보라.

가설을 찾는 데 집중할 수 있을 것이다. 그 반대도 마찬가지다. 만약 기독교 세계관이 가장 옳다면, 예수 부활의 역사성을 증명하고자 하는 그리스도인 학자들에게 명백한 이점이 있다. 왜냐하면 그들은 이를 확인해주는 데이터를 발견하기 위해 다른 학자들보다 더 열심히 연구할 것이고 또한 데이터에 대한 자연주의적 해석들을 맹목적으로 받아들이는 경향을 보이지 않을 것이기 때문이다. 뤼데만은 자신의 세계관을 뒷받침하지 않았다. 만약 부활 가설(RH)이 역사성을 부여받기에 충분할 만큼 강력하다면 뤼데만의 무신론적 세계관은 가장 심각한 도전에 직면할 것이다.

5.4.1.1. 베드로. 뤼데만은 우리의 역사적 기반을 모두 인정한다.[93] 뤼데만도 굴더처럼 "현대의 심리학 연구들"이 우리가 "부활 신앙의 부상(浮上)"을 이해하는 데 도움이 될 것이라고 기대하면서 사회과학에 호소한다.[94] [뤼데만에 의하면] 베드로는 "자기기만"의 희생자였다.[95]

> 베드로의 환상은 망상이거나 희망사항이었다. 실제로 베드로의 환상은 성공하지 못한 애도의 한 예다. 왜냐하면 그것은 애도 과정 자체를 갑작스럽게 중단하면서 낭만적이지 않은 현실을 공상(fantasy)으로 대체하기 때문이다.[96] 무의식적이라 하더라도 대담한 도약을 통해 베드로는 자신이 바라는 세계로 들어갔다. 그 결과 그는 예수를 "보았고" 다른 제자들도 예수를 "볼" 수 있게 했다.[97]

---

93 Lüdemann(2004), 78, 88, 107.
94 Lüdemann(2004), 163.
95 Lüdemann(2004), 24.
96 Lüdemann(2004), 165.
97 Lüdemann(2004), 166.

베드로는 자신에 대한 예수의 출현을 자기가 부인했던 사람에게 다시 받아들여진 것으로 경험했다. 다른 제자들은 그것을 자신들이 예수를 버렸던 데 대한 용서로 경험했다.[98]

뤼데만은 사랑하는 사람과 사별하고 난 뒤의 애도 과정과 관련된 현상으로서 망자를 느끼고, 듣고, 때로는 보는 것과 같은 경험들에 대해 묘사한다. 소리는 계단이 삐걱거리는 것처럼 모호하거나 단어들처럼 정확할 수 있다. 보는 것은 그림자처럼 모호하거나, 손으로 만질 수 있는 옷을 입고서 웃고 있는 사람처럼 정확할 수도 있다.[99] 뤼데만은 각각 죽은 자의 환영을 보았다고 주장하는 두 명의 여자들을 지적한다.[100] 그 경험은 아주 생생했고 예상하지 않았던 것이었다. 어떤 사람의 세계가 극적으로 변해서 슬픔과 상실을 낳으면 "성욕", "공격적 충동", "죄책감"이 자주 나타난다. "정상적인 현실 통제"가 무너지고 무의식적인 자아가 "인위적인 성취를 만들어낸다."[101]

그는 하버드 대학교에서 수행된 한 조사 결과를 지적하는데, 그 조사는 43명의 과부와 19명의 홀아비들을 대상으로 애도 기간의 처음 13개월을 모니터했다.

그 애도 기간을 성공적으로 보내는 것을 억제하거나 가로막는 세 가지 주요 요인이 파악되었다. **첫째** 요인은 돌연사이고 **둘째** 요인은 죄책감을 수반하는, 망자에 대한 모순적인 태도이며 **셋째** 요인은 의존적 관계다. 모든 제자

---

98 Lüdemann(2004), 174.
99 Lüdemann(2004), 163-64.
100 Lüdemann(2004), 164-65.
101 Lüdemann(2004), 165.

들의 경우, 특히 베드로의 경우 애도를 억제하는 세 가지 요인이 모두 적용된다는 점에 주목해야 한다. **첫째**, 예수의 죽음은 폭력적이었고, 예상치 못했으며 갑자기 찾아왔다. **둘째**, 복음서의 기록들조차 제자들과 예수 사이의 관계가 죄책감과 큰 모순으로 채색되었다는 증거를 제시한다. 유다가 예수의 체포에 관여했다가 자살한 것과 베드로가 예수를 부인한 후 비통하게 운 것을 떠올려보라. **셋째**, 예수에 대한 제자들의 의존적 관계는 그들 대부분이 자신들의 일과 집과 가족을 포기하고 예수와 함께 있었다는 점에서 분명하게 드러난다. 그들이 보다 큰 문화에서 물러나 그 문화의 종교적·사회적 구속을 효과적으로 벗어던진 작은 집단이었다는 그들의 지위로 인해 이런 통합이 한층 더 확대되었다.[102]

요약하자면 예수가 갑자기 그리고 예상치 못하게 처형되었을 때 베드로는 깊은 슬픔을 경험했고 자기가 전적으로 의지했던 예수에게 때로는 어정쩡한 태도를 보인 데 대한 죄책감을 경험했다. 자신의 상실감에 대응할 수 없었던 베드로의 무의식적 자아는 자신의 강렬한 정신적 고뇌를 누그러뜨리기 위해 부활한 예수에 대한 환각 경험을 만들어냈다.

5.4.1.2. 제자들. 베드로는 예수가 죽음에서 부활하여 자기에게 나타났다고 믿게 한 정신이상을 경험한 뒤 다른 제자들에게 자신의 경험에 대해 알려주었다. 초기의 그리스도인들은 유령과 기적을 믿는 지적 문화의 하층민들이었고 초기 과학 문화의 구성원들이 아니었기 때문에 그들은 집단적인 황홀경에 빠져 실제로 청각적 측면과 시각적 측면이 있는 "환각

102 Lüdemann(2004), 165-66.

적인 공상을 공유"했다.[103] 이 경험은 그들에게 예수가 어려울 때 자기들이 그를 버렸던 데 대한 용서를 확신시켜주었다.[104]

5.4.1.3. 오백여 명. 뤼데만은 오백여 명에 대한 집단적 출현(고전 15:6)을 "기독교 공동체의 일종의 창립 전설"로 이해한다.[105] "오백여 명에 의해 목격된 사건이 다른 흔적을 남기지 않았다는 것은 있을 법하지 않기" 때문에 그것은 부활 후 출현이 아니다.[106] 그 출현은 사도행전 2장의 토대가 되는 사건으로부터 도출된다.[107] 그것은 한 사람 또는 몇 사람에 의해 촉발된 "집단적 황홀경"이다.[108] "그런 설명은 지금까지 밝혀진 내용, 즉 베드로에 대한 최초의 출현이 제자들에게 추가로 나타난 자극이었다는 사실과 잘 들어맞는다."[109]

뤼데만은 그런 경험을 지지하는 증거로서 이제는 90년도 더 된 귀스타브 르 봉을 인용한다. 르 봉은 다음과 같이 쓴다.

> 성 게오르기우스가 예루살렘의 벽 위에서 모든 십자군들에게 출현하기 전에 그는 우선 그곳에 있던 사람들 중 한 명에게 인식되었다. 한 사람의 눈에 띈 기적이 연상과 전염을 통해 즉각 모두에게 인식되었다.…역사에서 종종

---

103 Lüdermann(2004), 166, 175, 176. 슬픔으로 인한 환각에 대한 뒷받침으로 Lüdemann은 Spiegel(163)과 Jaffé(164)를 인용한다. 집단 환각에 대한 뒷받침으로 그는 Renan(175)과 Paine(177)을 인용하는데, 그들 중 누구도 심리학자가 아니며 두 사람 모두 오래 전의 인물이다(Renan, 1886; Paine, 1794-1795).

104 Lüdemann(2004), 174.

105 Lüdemann(2004), 73.

106 Lüdemann(2004), 73-74. Allison(2008)은 그 숫자는 "효과를 위해 과장되었다"고 믿는다(226).

107 Lüdemann(2004), 73. Patterson(2004), 120도 보라.

108 Lüdemann(2004), 81.

109 Lüdemann(2004), 81.

나타나는 집단 환각 기제는 늘 그렇다. 그런 환각은 수많은 사람들에 의해 목격되는 현상이기 때문에 진짜라고 인정되는 모든 특성이 있는 것으로 보인다.[110]

5.4.1.4. 야고보와 예수의 형제들. 이 집단적 황홀경은 매우 강렬해서 "예수의 친형제들은 흥분에 사로잡혔고 예루살렘으로 갔다. 예수의 생전에 예수와 아무런 상관도 없었고 자기의 '미친' 형제를 말리려는 시도에 가담했던 것으로 보이는 바로 그 야고보는 개인적 환상을 경험하기까지 했다."[111] 부활한 자기 형제에 대한 야고보의 경험은 오백여 명에게 나타났을 때 일어났을 수도 있고 그 뒤에 개인적으로 일어났을 수도 있다.[112]

5.4.1.5. 바울. 뤼데만에 따르면 바울은 베드로처럼 자기기만의 희생자였다. 그러므로 "예수의 부활에 관한 초기 기독교의 믿음"은 "자기기만의 역사"다.[113] 뤼데만은 로마서 7장을 바울이 회심 이전에 겪었던 "무의식적인 갈등"으로 이해한다.[114] 이 갈등은 두 가지 문제로 이루어져 있었다. 그중 하나는 유대인의 하나님 곧 "자신을 돌볼 수 없는 자들조차 처벌하는 데 몰두하는 엄격하고 요구가 많은 폭군"과 기독교의 하나님 곧 "자신의 은혜를 받아들이는 불완전한 인간에게 안식과 평안을 제공하는 사랑이 많고 용서하는 리더" 사이의 긴장이었다. 바울은 예수의 겸손과 자기

---

110 Lüdemann(2004)이 인용한 Le Bon(80)의 글. Le Bon의 인용문은 Gustave Le Bon, *The Crowd: A Study of the Popular Mind*(New York: Viking, 1960), 41-42에 나온다.

111 Lüdemann(2004), 176.

112 Lüdemann(2004), 82.

113 Lüdemann(2004), 24.

114 Lüdemann(2004), 171.

희생에서 하나님에 대한 다른 관점, 즉 필론과 나중에 요세푸스 및 랍비 문헌에 의해 대표되었던 동정심이 많은 하나님이라는 관점을 보았다.[115] 뤼데만은 굴더처럼 바울이 기독교의 가르침과 자신의 유대교 신앙에 대해 은밀한 의심을 품었다고 생각한다. 그리스도인들에 대한 바울의 격렬한 대응은 "그리스도인들의 가르침의 기본적인 요소들이 바울을 매우 불안하게 하는 효과가 있었으며" 또한 "바울을 무의식적으로 매료시켰다"는 것을 보여준다.[116] 동시에 바울은 경쟁심이 강한 과잉성취자였다.

> 바울은 유대인으로서 자기가 열정·경건·실천에서 자신의 유대인 동료들을 능가했다고 주장했다. 바울은 이후에도 마찬가지였다. 그는 그리스도인으로서 자기가 다른 모든 사도들보다 더 많이 일했으며 고린도의 신자들 중 누구보다도 방언을 말하는 은사를 더 많이 받았다고 주장했다. 바울 같은 사람은 늘 "1등"이 되어야 한다.[117]

바울은 "온통 마음이 사로잡힌, 수용과 자존감에 대한 잠재의식적인 필요에" 반발했지만 그런 부정적인 특질을 "그리스도인들에게 투사함으로써 그들에 대한 더욱 잔인한 공격을 정당화했다."[118] 그가 다메섹에 접근했을 때가 딱 좋은 시기였다. "바울은 그의 고통스러운 상황으로부터

---

115 Lüdemann(2004), 170-71.

116 Lüdemann(2004), 169. Kent(1996)도 바울이 내적 갈등을 겪었다고 생각한다. "나는 바울이 예수의 추종자들에 대한 자신의 박해와 관련해 아주 깊은 심리적 갈등을 겪었다고 주장한다"(16). 바울은 "관용을 선호했던" 바리새인 가말리엘의 학생이었다. 그는 가말리엘이 예수의 제자들을 내버려 두어야 한다는 의견을 제시한 행 5:33-39을 인용한다(16). 더욱이 "가말리엘로 대표되는 바리새인들은 예수의 추종자들의 가르침에서 어떤 잘못도 발견하지 못했다.…다른 한편으로, 바울은 변했고 사두개인이 되어 대제사장의 지지를 구해서 이를 얻어냈다"(17).

117 Lüdemann(2004), 171.

118 Lüdemann(2004), 169.

환각의 세계로 도망쳤다. 그리고 곧 환각의 세계로부터 돌아와 그리스도 자신에 의해 위임받은 이방인에 대한 사도가 되었다."[119] 그는 "이방인에 대한 가장 중요한 사도라는, 확실히 매우 중요한 역할을 맡을" 기회를 인식했고 "그 고귀한 지위를 떠맡는 일에—물론 잠재의식적으로—열정적이었다."[120]

또한 뤼데만은 굴더처럼 찰스 맨슨의 공범이었던 수전 앳킨스의 회심에서 바울의 경험과 유사한 점을 찾아낸다.[121] 1858년에 루르드에서 마리아가 자기에게 출현했다고 주장했던 베르나데트라는 열네 살 소녀의 이야기 같은 수많은 성모 발현들에서 유사한 경험을 발견할 수 있을 것이다. 비록 베르나데트가 "나중에 자기가 '혼동했었고' 지금은 그것이 '기

---

119 Lüdemann(2004), 171.

120 Lüdemann(2004), 171-72. 바울의 "그리스도 콤플렉스"관점에서, Allison(*Resurrecting Jesus*, 2005)은 Lüdemann에게 공감하면서 바울처럼 기독교에 반대했던 20세기의 힌두교도 사두 순다르 싱(Sadhu Sundar Singh)에 관해 언급한다. 그는 친구들 앞에서 성서를 불태우고 기독교 설교자들에게 돌을 던졌다. 평안을 얻지 못해 마음이 산란해진 그는 열차에 몸을 던져 자살할 계획을 세웠다. 그가 마지막으로 하나님에게 자신을 계시해달라고 기도했을 때 예수가 그에게 출현했다(267). Allsion은 이렇게 말한다. "Lüdemann의 이야기가 사실에 들어맞기는 하지만, 사실이 그것을 요구하지는 않는다"(267). 나는 Allison이 옳다고 믿지만, 이 이야기들에 유사한 점이 있으므로 우리는 그 점에 대해 주목해야 한다. 자살하려다 그 환상을 보았다는 Singh의 이야기와 바울의 회심 경험 사이에는 어떤 중대한 차이가 있는가? 설교자들에게 돌을 던지고 성서를 불태우는 것은 바울에게서 발견하는 것처럼 그리스도인들을 체포하고, 투옥하고, 그들의 처형에 동의하는 것만큼 강렬하지는 않다. 그러나 나는 여기서 시시콜콜 따지고 싶지 않다. 나는 Singh의 경험에 대해 연구해보지 않았기 때문에 그의 환상을 어떻게 이해해야 할지 모른다. 왜 예수가 Singh에게 출현했다는 것을 선험적으로 배제해야 하는가? Singh은 그 출현을 경험하기 전에 자살하려 했다고 증언한다. 그러나 바울은 자기가 자신 있게 기독교를 반대했다고 증언한다. 요약하자면 만약 우리가 그들의 증언 모두를 진지하게 취급한다면(Singh의 이야기에 호소하는 Allison은 반드시 그래야 한다), Singh은 자신이 기독교에 반대하는 것과 관련해 갈등하고 있었던 반면 바울은 그러지 않았다. 아마도 이것이 그 두 이야기들 사이의 가장 중대한 차이일 것이다.

121 Lüdemann(2004), 140 각주 18. D'Costa 편(1996)에 실린 Goulder는 이 경험을 바울 및 베드로의 경험과 유사한 경험으로 이해한다(49).

만'이라고 생각한다"고 인정했지만, 성모 발현 사건들에서 마리아가 했다고 주장되었던 말들이 이전의 교황의 칙령을 확인해주었고 또한 교황의 무오성을 지지해주었기 때문에 가톨릭교회는 성모가 발현했다는 주장을 고수하고 있다.[122] "일단 환상은 흔히 개인과 집단의 좌절, 소망, 그리고 심지어 권력에 대한 갈망에서 발생한다는 점을 이해한다면, 우리는 인간의 동기뿐 아니라 역사도 보다 깊이 있게 조사할 수 있다."[123]

바울은 "인간이 사후에 비신체적 형태로 존재하는 것을 생각할 수 없었기" 때문에[124] 부활에서 우리의 현재의 몸과 다가올 불멸의 몸 사이의 물질적인 연속성이 있다고 생각했다.[125] 그는 자신의 다메섹 도상의 경험을 이사야와 예레미야에 대한 부름과 유사한 하나님으로부터의 부름으로 해석했다. 바울이 경험한 환상은 빛의 형태를 띤 그리스도였고 외적·객관적 자극에 의해 야기되지 않았다.[126] 바울의 환상은 구약성서,[127] 다른 유대 문헌,[128] 1세기의 그리스도인들이 살았던 그리스-로마 문화,[129] 그리고 신약성서 자체에서[130] 사람들이 경험했던 것과 같이 해석되어야 한다. 그 경험이 "은밀했고 황홀했다"는 사실은 "그 최초의 출현들의 본

---

122 Lüdemann(2004), 48-49.

123 Lüdemann(2004), 49.

124 Copan and Tacelli 편(2000), 151에 실린 Lüdemann; Lüdemann(2004), 178과 비교하라.

125 Lüdemann(2004), 45.

126 Lüdemann(2004), 47.

127 Lüdemann(2004), 48. Lüdemann은 다음과 같은 예들을 제시한다: 욥 4:12-16; 사 6장; 단 10:4-21; 겔 1:1-3:15; 암 7:1-9.

128 에녹1서 14장; 에스라4서 3:1-9:25.

129 이에 대한 근거로 Lüdemann은 Adolf Deissmann의 1927년 저서 *Light from the Ancient East: The New Testament Illustrated by Recently Discovered Texts from the Graeco-Roman World*(1927; Peabody, Mass.: Hendrickson, 1995 재발행)를 인용한다.

130 신약성서의 예들로는 고후 12:2-4; 행 7:55-56; 계 1:13-16이 있다.

질과 상황을 이해하려는 모든 시도에서 핵심적이다."[131]

뤼데만에게는 모든 출현은 다양한 정신 장애에서 유래한 주관적 경험이었다. 그 출현들을 본질상 객관적인 것으로 간주할 여지가 전혀 없다. 부활한 예수는 자기들이 그를 보았다고 생각한 사람들의 마음속에만 존재했다.[132] 그에 상응하는 외부의 실재는 없었다. 객관적으로 볼 수 있는 현상이라는 가설은 "변증적 조치에 지나지 않는다. 왜냐하면 그런 환상들은 성격상 조사될 수 없기 때문이다."[133]

5.4.1.6. 복음서들에 나타난 출현 전승들. 뤼데만은 이렇게 쓴다. "여기서는 자료비평과 전승비평이 가장 중요하다. 바울에게서 시작했고 복음서 이야기들은 나중에 발전되었음을 알아야 한다"라고 쓴다.[134] 바울의 경험은 예수가 환상 가운데 하늘로부터 출현한 것과 관련이 있었다. 그러나 바울은 몸의 부활을 확신했기 때문에 예수의 사후 존재를 육체적이지 않은 측면에서 이해할 수 없었다. 팔레스타인의 영향을 받고 있었던 가장 초기의 그리스도인들도 마찬가지로 예수의 부활을 그의 시체에 일어난 사건으로 이해했다.[135]

그러나 거의 시작 단계 때부터 부활을 시체의 변화로 이해하지 않았던 그리스도인들이 많았다. 대신에 그들은 "하나님이 예수를 죽은 자들 가운데서 일으키셨다"라는 진술을 상징적인 것으로 해석했다. 뤼데만은 "예수의 부활에 대한 상징적 해석을 가장 초기의 그리스도인들의 부활

---

131 Lüdemann(2004), 166.

132 Lüdemann(2004), 176. Lindars(1987)는 이에 동의한다: 고전 15:5-8에서 보고된 출현들은 "그저 주관적인 생각으로 설명될 수 있을 것이다"(74).

133 Lüdemann(2004), 196.

134 Copan and Tacelli 편(2000), 55에 실린 Lüdemann.

135 Lüdemann(2004), 180.

신앙의 맥락 안에 위치시킬 수 있는 건전한 방법은 없다"고 인정한다.[136] 그러나 많은 사람이 상징적 해석을 받아들였다는 점은 확실히 "바울이 회심시킨 이방인들에게 해당되며 또한—나는 이렇게 말하고 싶은 유혹을 받는데—종교적 진리는 결코 문자적으로 이해될 수 없다고 생각할 만큼 충분히 세련된 내적 성향을 지닌 첫 세대부터의 모든 그리스도인들에게도 해당된다."[137]

나중에 예수의 부활에 대해 상징적으로 해석하는 사람들이 늘어났다. 우리는 후메내오와 빌레도가 부활이 이미 지나갔다고 주장했다고 말하는 디모데후서 2:16-18과 이후의 영지주의 문헌에서 이 점을 발견한다.[138] 더욱이 가현설주의자들은 예수가 육체적으로 부활한 것으로 보였을 뿐이라고 가르쳤다. 뤼데만은 정경 복음서들에 실려 있는 부활 내러티브들은 상징적 해석과 가현설 같은 도전에 대응하기 위해 나중에 만들어졌다고 주장한다.[139]

부활한 예수의 환상을 육체적 측면에서 해석했던 초기의 다른 그리스도인들은 그런 환상들이 종종 "마귀와 유령의 환영"과 잘 구별되지 않는다는 것을 알게 되었다. 그들의 믿음은 유대적 사고에 뿌리를 두고 있었기 때문에 그런 환상들은 "거의 동시에 여러 공동체들 안에서 신체적

---

136 Lüdemann(2004), 180.

137 Lüdemann(2004), 178.

138 Lüdemann(2004, 178-80): 그는 다음과 같은 예들을 제시한다. *Letter to Rheginos*(NHC 1.4), *Gos. Phil.*(NHC 2.3, logion 90a/73.1-5), 그리고 *Gos, Thom*. (Lüdemann은 이에 대해서는 참조구절을 제시하지 않는다).

139 Lüdemann(2004), 35, 109, 111. Carnley(1987)는 비록 육체적으로 부활한 예수에 관한 이야기들이 어떻게 발전되었는지에 관해서는 Lüdemann과 입장을 달리하지만 다소 유사한 의견을 공유한다. "그러므로 우리는 최초의 출현들이 '하늘의 환상' 또는 부활해서 영화롭게 된 그리스도의 현현 형태를 띠었고, 또한 그 이후에 '하늘의 환상' 또는 '출현'을 구술 형태로 표현하려는 시도가 이루어졌을 때 다양한 이미지들이 사용되었다는 결론을 내리게 된다"(242).

으로 나타나는 형태를 띠었다."[140]

뤼데만은 마지막 논거를 제시한다. 하나님의 아들의 부활·승천 그리고 영광스러운 재림에 대한 믿음은 가장 초기의 기독교 신앙에서 상호 연결된 주요 요소들이었다. 벽돌 하나를 빼내면 모든 것이 무너진다. 최초의 기독교 저자인 바울에 따르면 예수의 재림은 "1세대 그리스도인들의 생애 동안에 발생할" 것이었다. "그러나 하늘로부터의 재림은 일어나지 않았다. 그리고 2천 년이 지난 지금까지도 재림이 일어나지 않았다는 사실은 재림이 사실이 아니라는 매우 강력한 논거다."[141] 달리 말하자면 만약 그리스도의 재림에 대한 믿음이 그릇되었다면, 그리스도의 부활과 승천에 대한 믿음도 그릇되었다. 왜냐하면 그것들은 모두 상호의존적인 믿음들이기 때문이다.

뤼데만은 이렇게 결론짓는다. "원래의 부활 신앙은 예수가 하늘에 하나님과 함께 있다는 환상적 인식으로부터 나왔다. 이 현상을 '환상'이라고 부르는 것이 적절하다. 왜냐하면 예수는 비록 살아 있는 것처럼 보이기는 했지만 사실상 죽었고 계속 죽은 상태로 있었기 때문이다. 존재론적으로 말하자면 이 '부활한 예수'는 오직 제자들의 기억 속에서만 존재했다.…[그리고] 마음의 공상에 지나지 않았다."[142] "예수가 죽은 자들 가운데서 부활하지 않았다는 것을 아주 분명하게"[143] 보여주는 것은 "자연과학의 결과라기보다는 역사비평과 건전한 통찰력에 기초한 결론이다."[144]

---

140 Lüdemann(2004), 177.
141 Copan and Tacelli 편(2000), 62에 실린 Lüdemann.
142 Lüdemann(2004), 176.
143 Lüdemann(2004), 190.
144 Lüdemann(2004), 203; 209와 비교하라.

뤼데만의 가설(LH) 요약

- 베드로는 깊은 슬픔과 죄책감에 의해 초래된 자신의 정신적 고뇌에 대처하기 위해 부활한 예수에 대한 환각을 경험했다.
- 베드로는 자신의 경험을 다른 제자들과 나눴는데, 그들은 자기들이 예수를 버린 데 대한 죄책감을 느끼고 있었다. 그 후 그들은 부활한 예수에 대한 경험을 했는데 이 경험은 "환각적 공상의 공유"라 할 수 있고 성모 발현, 슬픔의 환각, 황홀경적 경험과 유사하다.
- 오백여 명에 대한 출현은 한두 사람에 의해 시작된 집단적 황홀경에 기인한다.
- 무슨 일이 일어나고 있는지에 관한 소식을 들은 예수의 형제들은 예루살렘으로 갔고 거기서 집단적 경험에 빠져들었다. 야고보는 황홀경적 경험에 참여했던 오백여 명 중 하나였거나 그 후에 개인적 출현을 경험했을 것이다.
- 바울은 유대교의 하나님에 대해 환멸을 느꼈고 그리스도 안에서 나타난 기독교의 하나님에 매료되었다. 수용과 자존감에 대한 필요 때문에 바울은 잠재의식적으로 환각 경험을 통해 자신의 정신적 긴장을 해결했고 이방인을 위한 대표적인 사도라는 역할을 맡을 기회를 잡았다.
- 모든 출현들이 주관적인 환상이었지만 그런 환상을 경험한 사람들은 유대교의 관점에 큰 영향을 받아 예수의 부활을 본질상 육체적인 것으로 해석하게 되었다.
- 그로부터 얼마 안 되어서 보다 세련된 그리스도인들은 예수가 상징적으로 부활했다는 주장을 재해석했다. 육체적 부활이라는 측면에서만 생각할 수 있었던 다른 신자들은 이를 뒷받침하는 내러

티브들을 만들어냈다. 무의식적으로 그렇게 한 사람도 있었고 육체적 부활을 인정하지 않는 사람들에 대한 의도적인 대응으로 그렇게 한 사람도 있었다.

- 예수의 부활은 기독교의 토대를 형성한 몇 가지 서로 연결된 믿음들 중 하나였다. 예수의 임박한, 그리고 영광스러운 재림도 그 토대에 속하는 믿음이었다. 재림은 일어나지 않았고 여전히 일어나지 않고 있다. 그러므로 기독교의 토대를 이루는 다른 어떤 믿음도 그 진실성이 의심스럽다.

5.4.2. 분석과 우려

5.4.2.1. 정신분석. 뤼데만도 굴더처럼 역사적 기반을 자연적 관점에서 설명하려 한다는 점에서 매우 혁신적이다. 그의 가설은 여러 면에서 굴더의 가설과 유사하기 때문에 굴더의 가설과 똑같은 여러 문제들이 있다. 뤼데만의 가설(LH)은 순전한 추측이며 "어떤 증거에도 근거하고 있지" 않다.[145] 이곳에 있지 않을 뿐 아니라 고대에 외국 문화권에서 살았던 사람들에 대한 정신분석은 많은 추측을 수반하며 매우 어렵고 불확실한 작업이다. 앨리슨은 뤼데만의 추측에 대해 이렇게 평가한다. "뤼데만의 추측은 단지 추측들일 뿐이다. 추측은 지식을 구성하지 않는다. 최근 수십 년간 현대의 역사가들은 오래 전에 죽은 사람들의 역사심리를 재구성하

---

145 Wright(2003), 20. 더욱이 Charlesworth 외(2006)에 실린 Chalesworth가 설명하는 바와 같이,[LH가 의존하는] "희망사항"은 부활 내러티브에 실린 내용에 어긋난다. 무덤을 찾아가는 여인들은 부활을 기대하고 있지 않았다. 누가복음에서 글로바 및 그와 함께 엠마오로 가던 다른 제자도 예수의 부활을 기대하고 있지 않았다. 제자들도 누가복음에서 부활을 기대하고 있지 않았고, 여인들이 허튼 소리를 하고 있다고 믿었다(160-62). Charlesworth는 이렇게 결론짓는다. "꿈같은 무아지경은 신약성서의 부활 신앙에 들어 있지 않다. 거기에 희망사항은 없다."

고 분석할 수 있는지에 대해 그들의 선배들보다 훨씬 더 조심스러운 태도를 취해왔다."[146] 뤼데만은 이 점을 인식하지 못하는 것으로 보인다. 오히려 그의 접근법은 "일말의 타당성이라도 있는 자연주의적 제안을 제공할 수 있는 한 초자연적인 제안을 고려할 필요가 없다"는 회의적 접근법이다. 바로 여기서 중립적 접근법이 LH를 견제한다. 무언가를 주장하는 사람이 그 주장을 방어해야 한다. 뤼데만은 LH가 다른 모든 가설들, 심지어 초자연적인 가설들보다 우월함을 입증해야 한다. 뤼데만의 회의적 접근법은 자기의 가설이 우월하다는 점을 전혀 입증하지 않으며, 오히려 뤼데만이 역사 연구 방법론보다 자신의 세계관에 의해 인도되고 있음을 보여준다. 어느 의미에서는 자신의 세계관이 그의 방법론이다. 이런 의미에서 LH도 VH처럼 임기응변적이라고 의심된다.

뤼데만은 "과학적 세계관"과 "자연법칙"에 호소하면서 이런 것들이 예수의 부활에 관한 진술들을 "허튼 소리"로 만들며 그런 진술들은 "돌이킬 수 없이 의미를 잃었다"고 주장한다.[147] 종교와 역사에 초점을 맞춘 「역사와 이론」 2006년도 특집에서 브래드 그레고리는 뤼데만의 접근법에 대해 다음과 같이 언급한다.

> 영성은…오직 세속의 심리학적 범주들을 통해서만 접근될 수 있다. 성례는 표면적으로 공동체의 정체성을 구성하고 이를 강화하는 인류학적 제의와 상징들을 통해서만 접근될 수 있고, 죄는 안정성이나 다른 이익들을 위협하는 사회적으로 그리고(또는) 정치적으로 승인되지 않은 행위들의 측면에서만 접근될 수 있다. 종교에 대한 오늘날의 사회과학적 그리고 문화이론적

---

146 Allison(*Resurrecting Jesus*, 2005), 242.
147 Lüdemann(1995), 135;(2004), 62;(2000), 45.

> 접근법은 기도가 **실제로** 하나님과의 관계를 수반할 수도 있다거나, 성례가 **실제로** 은혜의 통로일 수도 있다거나, 죄가 **하나님에 의해** 승인되지 않은 행위들의 객관적 범주가 될 수 있다는 개념이 그 접근법의 암묵적인 가정들과 양립하지 못한다며 이를 기각한다.…솔직히 말해서 현대의 사회과학과 인문학 근저의 믿음은 형이상학적으로 자연주의적이고 문화적으로 상대주의적이며, 따라서 종교는 인간의 구성물**이며** 인간의 구성물**일 수밖에 없다**고 주장한다.[148]

하버마스는 "만약 자연주의자들이 과학이 발달하면 초자연적인 믿음은 시대에 뒤떨어지게 된다고 생각한다면 [그들은] 실수하는 것"이라고 단언한다.[149] 과학은 자연 현상을 설명하기 위해 고안되었고 따라서 그 범위가 제한되어 있다. 망원경·현미경·MRI 같은 과학 장비들은 심리학·역사학·정치학·예술에 대한 추상적 분석에서는 쓸모가 없다. 역사 연구는 우리에게 준항성체나 블랙홀에 관해 알려주지 못한다. 역사 연구는 현존하는 결과들을 살피고 그것들을 발생시킨 상황(들)을 확인하려 한다. 그 결과들을 가장 잘 설명하는 가설이 선호된다.

뤼데만이 자기의 세계관으로 하여금 제약 없이 자신의 역사 연구를 인도하도록 허용한 것은 경고 신호를 불러온다. 우리는 주저 없이 그의 가설(LH)의 가능성을 고려한다. 그러나 "가능한"과 "그럴듯한"은 서로 바꿔 쓸 수 있는 용어들이 아니며, 무언가를 주장하는 사람이 입증책임을 져야 한다.[150] 그저 부활은 "허튼 소리"라고만 말하는 것은 논증이라기

---

148 Gregory(2006), 137.

149 Wilkins and Moreland 편(1995), 126에 실린 Habermas. Charlesworth 외(2006), 169, 171에 실린 Charlesworth도 보라.

150 이 책의 1.2.10을 보라.

보다 의견이다. 만약 뤼데만의 세계관에서 나오는 결론이 그렇다면 뤼데만은 그 결론을 방어해야 한다. 가설들은 신중하게 평가되어야 하며 역사적 예수와 관련된 연구에 관여할 때 고통스러울 만큼 적극적으로 자신의 지평을 관리해야 한다. 이 점에서 뤼데만은 우리를 실망시킨다.

뤼데만은 그가 초기 그리스도인들이 겪었다고 여기는 심리적 경험에 관해 굴더보다 정확하다. 이 점에서 GH가 LH보다 설명력이 크지만, 이에 대해 대가가 따른다. 역사가 마크 길더허스는 정신분석 이론과 역사의 결합은 역사심리학이라고 설명한다. 그는 "윌리엄 불릿과 지그문트 프로이트가 수행한 우드로 윌슨에 대한 불행하고 아주 통탄스러운 정신분석학적 전기인 『토마스 우드로 윌슨: 심리학적 연구』(*Thomas Woodrow Wilson: A Psychological Study* [1967])"를 예시한다. 불릿과 프로이트는 "윌슨의 결함들, 특히 윌슨이 실패해야 할 필요를 그가 소년 시절에 만족할 줄 모르는 아버지의 요구를 충족시키지 못했던 탓으로 돌렸다.…일부 정신 분석가들은 본의 아니게 익살스러운 결과를 낳았다. 예컨대 그들은 1962년에 쿠바의 미사일 위기가 존 F. 케네디 대통령에게는 남근의 상징으로 간주된 러시아의 무기들이 서반구에 대해 삽입의 위협을 가하는 성 심리드라마로 보였다고 주장했다."[151]

뤼데만과 굴더가 제시한 역사심리학에는 추측이 난무한다.

- 바울에게는 어릴 적에 이방인 친구가 있었는데 이 점이 무의식적으로 바울이 이방인의 사도로 부름 받는 데 기여했다.[152]
- 바울은 유대교에 대해 은밀한 의심을 품었고 무의식적으로 기독

151 Gilderhus(2007), 106.
152 D'Costa 편(1996), 52에 실린 Goulder.

교에 끌렸다.[153] 바울은 중요한 인물이 되고 다른 사람들에게 받아들여져야 할 필요에 사로잡혔다. 그는 그리스도인들에 대한 자신의 은밀한 존경을 억누르기 위해 무의식적으로 자신의 부정적인 특질들을 그들에게 투영했다.[154]

- 베드로는 자신에 대한 예수의 출현을 자기가 부인했던 이에게 다시 받아들여지는 것으로 경험했다.[155]
- 오백여 명에 대한 출현은 "집단 황홀경"이다.[156] 이 "집단 황홀경"은 아주 솔깃해서 예수의 회의적인 형제들까지 끌어들였다.[157]

나는 뤼데만과 굴더가 제안한 역사심리 내용들이 선험적으로 불가능하거나 잘못이라고 암시할 생각이 없다. 개연성은 가설들에 대한 평가를 통해 결정되어야 한다. 그러나 그 가설들이 본질적으로 추측에 근거하고 있다는 점이 분명하기 때문에 나는 그 가설들을 **역사적 허구**라고 불러도 부적절하지 않다고 생각한다.

5.4.2.2. 제자들. 뤼데만이 르 봉의 예에 호소하는 것은 토대가 취약하다. 성 게오르기우스가 십자군에게 출현했다는 기록은 오직 야코부스 데 보라지네가 쓴 『황금 전설』(*The Golden Legend*, 기원후 1260년경)에서만 발견된다.

그들이 예루살렘을 포위하고서 사라센인들의 화살과 방어 때문에 감히 성

153 Lüdemann(2004), 169; D'Costa 편(1996), 52, 60 각주 15-17에 실린 Goulder.
154 Lüdemann(2004), 169.
155 Lüdemann(2004), 174.
156 Lüdemann(2004), 73, 81.
157 Lüdemann(2004), 176.

벽 위로 올라가려 하지 못하고 있을 때, 그들은 갑자기 성 게오르기우스가 하얀 팔에 붉은 십자가를 들고 그들 앞에서 성벽 위로 올라가는 것을 보았다. 그들은 게오르기우스의 뒤를 따랐다. 그렇게 십자군은 그의 도움으로 예루살렘을 점령했다.[158]

다른 전투들과 관련된 유사한 보고들도 있다.[159] 중세의 작가들은 그 보고들을 문자적으로 보거나 비유 또는 풍유로 보거나 신비주의적으로 보았다.[160] 우리는 성 게오르기우스가 벽 위에 출현했다는 위의 이야기가 중세의 독자들에게 어떻게 이해되도록 의도되었는지 평가할 충분한 데이터를 갖고 있지 않다. 문자적으로 읽는 경우가 아니라면, 르 봉과 뤼데만은 전설에 정신분석을 적용하고 있는 것이다. 이것은 조지 워싱턴이 여섯 살 때 벚나무를 자른 데 대해 거짓말하기를 거부했던 이유에 대해 역사심리학적 설명을 쓰는 것과 유사하다.[161] 역사심리학은 피오나 공주가 슈렉과 결혼하고 영원히 도깨비로 남아 있기로 한 결정을 왕족으로서 삶에 대

---

158 Jacobus de Vorgagine, *The Golden Legend*[*Lives of the Saints*로도 알려짐], 초판 1470년, William Caxton 역, 초판 1483년, F.S. Ellis, Temple Classics 편 1900년(1922, 1931년에 재발간됨) 3권 58-61.

159 유사한 이야기에 대해서는 William of Malmesbury, *Chronicle of the Kings of England: From the Earliest Period to the Reign of King Stephen, with notes and illustrations by J. A. Giles*(London: George Bell and Sons, 1902), 382를 보라. 이 작품은 또한 *Gesta Regum Anglorum*으로도 알려져 있고 기원후 1120년경에 편찬되었다. 기원후 1098년경에 안디옥에서 있었던 전투와 관련해 그는 이렇게 쓴다. "더욱이 그들은 자기들이 고대의 순교자들을 보았다고 상상했다. 그들은 전에는 군인들이었는데 그들의 죽음을 통해 영원한 보상을 얻었다. 나는 게오르기우스와 데메트리오스에 대해 언급하는 것인데, 그들은 산간지역에서 깃발을 세우고 서둘러 달려와 적들에게 화살을 쏘고 프랑크족을 도왔다."

160 이 말은 옥스퍼드 대학교의 중세학자 Christopher Tyerman과의 개인 이메일(2008년 4월 30일자)에서 얻은 정보다.

161 널리 회자되는 이 이야기는 미국 초대 대통령의 오랫동안의 정직성을 묘사한다. 그러나 그것은 전설이다.

한 환멸과 자기 부모로부터 독립하고자 하는 욕구의 결과로 설명한다.

다른 한편으로 그 십자군 무리들은 실제로 자기들이 성 게오르기우스를 동시에 보았다고 믿었을 수도 있다. 그러나 현대 심리학은 집단 환각 가능성이 거의 없음을 확인했다.[162] GH를 평가할 때 논의했듯이 환각은 그 경험을 하는 개인의 마음에서 일어나는 현상이고 다른 사람들은 같은 경험에 참여할 수 없다.[163] 그러나 집단적인 망상은 가능하며 성 게오르기우스의 출현에 대한 기록과 관련해서 그 가능성이 배제될 수 없다. 성 게오르기우스의 출현 상황과 제자들에 대한 출현 상황이 달랐다는 점에 주목해야 한다. 십자군들은 전투복장을 차려 입었고 심각하게 불리한 조건에서 전투 대형에 배치되었다. 반면에 제자들은 이미 숨어 있었고 자신들의 상실을 받아들이고서 또 다른 메시아나 자기들의 삶과 관련된 다른 무언가를 찾아 길을 떠났을 수도 있었다.

뤼데만도 예수의 부활 후 출현을 성모 발현과 같은 성격으로 여기는데, 이 주장에 대해서는 굴더의 가설을 평가할 때 이미 다뤘다.[164] 굴더와 마찬가지로 뤼데만은 성모 발현이 필연적으로 자연적인 현상이며 전적으로 심리적인 사건이라고 주장하기를 개의치 않는다.

5.4.2.3. 오백여 명. 뤼데만은 오백여 명에 대한 출현을 믿지 않는다. 왜냐하면 "오백여 명에 의해 목격된 사건이 [고린도전서 15:6 밖에서는] 달리 흔적을 남기지 않는 것은 있을 법하지 않기 때문이다." 대신에 그는 이 출현의 근저에 사도행전 2장이 전하는 오순절 경험이 놓여 있다고 이해한다. 그러나 사도행전 2장이 전하는 사건도 그 구절 밖에서는 다른 흔적

---

162 Habermas("Explaining," 2001), 30-31.
163 이 책의 5.3.2를 보라.
164 이 책의 5.3.2를 보라.

을 남기지 않았다. 그리고 왜 바울이 수십 년 전에 보고한 오백여 명에 대한 출현의 배후에 사도행전에 보고된 오순절 사건이 있어야 하는가? 뤼데만이 사용한 양식비평 접근법에 비춰보면 반대 방향의 논증을 예상할 것이다. 즉 바울은 예수가 한 번에 오백여 명에게 출현한 사건에 관해 보고했다. 이 사건에 관한 내러티브는 제시되지 않았다. 그 숫자는 시간이 지나면서 윤색되었고, 최초의 보고는 오순절 사건에서 누가에 의해 개작되어 거기서는 약 3천 명이 회심했다고 전해진다(행 2:41)!

더욱이, 그 무리의 규모를 더 작게 상정할수록 흡인력도 줄어들 것이기 때문에 그에 상응하여 뤼데만이 주장하는 바와 같이 예수의 형제들이 그 현상에 매혹되었을 가능성도 낮아질 것이다. 뤼데만은 또한 왜 바울이 오백여 명 중 일부가 여전히 살아 있으며 증인으로 조사될 수 있다고 믿었는지 설명해야 한다.[165]

뤼데만은 이 출현이 "집단 황홀경"에 기인했다고 주장하며, 자기가 베드로의 경험이 어떻게 다른 제자들에게 전염되었는지 설명함으로써 그런 일이 어떻게 일어날 수 있는지 보여주었다고 주장한다. 그러나 그가 실제로 제공한 것은 검증되지 않은 추측에 불과하다. 오백 명이 넘는 사람에 대한 집단적 출현은 뤼데만이 생각하는 것처럼 그렇게 쉽게 묵살할 수 있는 것이 아니다. 또한 그 제안의 힘이 강력할 수는 있지만, 뤼데만은 관련 인물 모두 자신이 제안하는 것과 같은 경험을 했음을 보여주는 문서상의 증거를 제시하라는 압박을 받을 것이라는 점을 지적할 수 있다. 안드레 알레만과 프랭크 라로이는 이렇게 보고한다. 1964년에 "78명의 비서학과 여학생들이 눈을 감고 '화이트 크리스마스' 레코드판이 재생되는 것을 들어보라고 요청받았다. 실제로 레코드판은 재생되지 않았다. 실험

165 Lüdemann(2004), 41.

참가자들 중 49퍼센트는 자기들이 그 레코드를 분명하게 들었다고 확언했고, 5퍼센트는 자기들이 또한 레코드판이 실제로 재생되었다고 믿는다고 말했다."[166]

5.4.2.4. 바울. 바울에게 나타나심에 관한 뤼데만의 성격 규정은 바울과 가장 초기의 그리스도인들에게 나타나심에 대한 뤼데만의 이해에 매우 중요하다.[167] 그는 바울과 초기 그리스도인들은 유대인으로서의 그들의 특정 관점 때문에 달리 생각할 수 없어서 환상을 예수의 육체적 부활로 해석했다고 주장한다. 나는 이 주장에도 문제가 있다고 생각한다. 비록 그들의 유대적 관점이 "부활"의 의미의 신학적 요소에 기여했을 가능성이 매우 높지만, 죽은 자의 부활을 믿었던 유대인들은 부활이 종말에 일어난다는 입장을 유지했다. 그러므로 만약 바울과 초기의 신자들이 환각을 경험했다면, 종말이 아직 오지 않았기 때문에 그들의 배경은 육체에서 이탈된 중간 상태에 있는 예수의 이미지를 만들어냈을 가능성이 더 크다. 결국 예수의 부활을 그의 시체의 소생이라는 측면에서 이해한다면, 부활 내러티브들 사이의 긴장에도 불구하고 그 내러티브들은 일리가 있다. 바울은 자신의 경험을 이런 내러티브들과 연결시킬 수 있었을 뿐 아니라, 자신의 경험이 그의 동행인들에게도 어느 정도 인식될 수 있는 외부의 자

---

166 Aleman and Larøi(2008), 102. 그들은 *Journal of Abnormal and Social Psychology* 63(1964): 13-20에 실린 T. X. Barber and D. S. Calverley의 연구 "An Experimental Study of 'Hypnotic'(Auditory and Visual) Hallucinations"를 인용한다.

167 Lüdemann(2004), 166. Copan and Tacelli 편(2000)에 실린 Lüdemann과 비교하라: "여기서는 자료비평과 전승비평이 가장 중요하다. 바울에서 시작했고 복음서 이야기들은 나중에 발전되었음을 알아야 한다"(55).

극에 의해 유발되었다는 사도행전의 보고와도 연결시킬 수 있었다.

LH 자체에서 그 가설에 대한 심각한 도전이 제기된다. 뤼데만은 바울의 회심을 설명하기 위해 바울이 유대교에 불만이 있었다고 상정하고 이런 불만이 로마서 7장에 반영되어 있다고 주장한다. 그러나 바울이 로마서 7장에서 논의하는 긴장은 뤼데만이 주장하는 갈등을 암시하지 않는다.[168] 바울이 쓴 글에는 자기가 유대교의 하나님에 대해 환멸을 느꼈다거나 그리스도인들에게 대적한 자신의 행위에 대해 죄책감을 느꼈다는 어떤 암시도 없다.[169] 그리고 유대인들은 예수를 하나님에게 저주받은 자로 여겼으리라는 사실(갈 3:13; 신 21:23과 비교하라)은 바울이 기독교로 기울어지고 있었다는 어떤 주장도 곤란해지게 한다.[170]

확실히 예수가 죽은 직후에 제자들은 뤼데만이 제시하는 심리 상태 중 일부를 겪고 있었을 수도 있다. 그러나 뤼데만은 서투른 심리학자다. 내가 배탈로 고생하고 있다고 가정해보자. 병원에 갔더니 의사는 내게 배탈은 과도한 스트레스, 장염, 식중독, 기생충 또는 위암의 결과일 수 있다고 알려준다. 그 의사는 내게 내 가족력에 관해 몇 가지를 묻고 내가 최근에 개발도상국을 방문한 적이 있는지, 어제 어디서 무엇을 먹었는지, 심한 스트레스를 받고 있지 않은지 묻는다. 내가 배탈이 난 것은 여러 원인에 기인했을 수 있기 때문에 그 의사가 단지 자기가 나보다 먼저 진료한 어

168 롬 7장은 Goulder가 D'Costa 편(1996), 52, 60 각주15-17에서 주장하는 것처럼 바울이 느끼는 율법의 속박을 암시하지도 않는다. 바울은 율법은 결코 죄가 아니라고 말했다(롬 7:7). 율법보다는 죄가 문제였다(롬 7:13, 17, 20). 율법은 거룩하고 의롭고 선하다(롬 7:12). 또한 바울은 율법에 동의하며 율법이 선하다고 고백한다(롬 7:16).

169 Goulder는 Copan and Tacelli 편(2000)에서 바로 이 점에서 Lüdemann을 비판한다. "율법에 대한[바울의] 죄책감을 강조하는 것은 잘못이다. 왜냐하면 바울은 자신이 율법을 잘 지킨 데 대해 자부심이 있었던 것으로 보이기 때문이다"('[나는] 율법의 의로는 흠이 없는 자라, 빌 3:6, 95).

170 Copan and Tacelli편(2000), 112에 실린 Gundry.

느 환자의 배탈 이유가 바로 기생충이었다는 이유만으로 내가 기생충 때문에 배탈이 났다고 진단하면 무책임한 처사일 것이다. 마찬가지로 비록 베드로의 경험이 슬픔의 환각 또는 예수의 부활 후 출현에 의한 것으로 설명될 수 있다고 할지라도, 선호되는 설명을 선택하기 전에 모든 증거를 고려해야 한다. 이것은 가설들에 대한 평가를 통해 수행되는데 뤼데만은 결코 그런 시도를 하지 않는다.

5.4.2.5. 상징주의와 가현설. 뤼데만은 가장 초기의 그리스도인들이 예수가 육체적으로 부활했다고 믿었고 그렇게 단언했으며 그 직후에 "부활"을 하나의 상징으로 재해석한 사람들이 있었다고 주장한다. 그런 이들 중에는 바울이 회심시킨 이방인들과 "종교적 진리는 결코 문자적으로 이해될 수 없다고 생각할 만큼 충분히 세련된 내적 성향을 지닌 첫 세대부터의 모든 그리스도인들"이 포함된다.[171] 여기서 뤼데만은 초자연적 현상에 반대하는 자신의 편견을 1세기의 유신론자들에게 모욕적으로 투영한다. 뤼데만에게서 "기적적인 것을 소화할 수 없는 현대 정신"을 감지할

171 Lüdemann(2004), 178. 우리는 Lüdemann(2004)이 상징적 해석에 대한 자신의 주장을 적합한 것으로 만들기 위해 무리하는 것을 관찰할 수 있다. "부활이 처음부터 육체적 관점에서 이해되었다"고 인정한 후 그는 이렇게 덧붙인다. "그럼에도 우리는 지금까지 묘사된 과정의 다소 역설적인 성격을 인식할 수 있다. 왜냐하면 초기 기독교 부활 신앙의 참된 기원은 환상—객관적이라고 알려진 '사건'의 주관적인 표현으로서 부활에 대한 상징적 또는 비문자적 이해에 근접한다—이었기 때문이다"(180). 달리 말하자면 주관적 환상이 객관적인 예수의 육체적 부활 사건이라고 인식된 믿음을 촉발했고 그렇게 해서 육체적 부활에 대한 상징 역할을 한다. Lüdemann은 이것은 "부활에 대한 상징적 또는 비문자적 이해에 근접한다"고 말한다. 이 필사적인 시도는 예수의 부활을 상징적으로 이해했던 초기 그리스도인들이 있었다는 그의 주장을 뒷받침하지 못한다. 2세기의 영지주의자들이 부활을 이런 식으로 보았던 최초의 분명한 예다.

수 있다.[172]

뤼데만은 "예수의 부활에 대한 상징적 해석을 가장 초기의 그리스도인들의 부활 신앙의 맥락 안에 위치시킬 수 있는 건전한 방법은 없다"는 것을 인정한다.[173] 그렇게 인정하면서도 그는 바울이 고린도전서 15장에서 다루고 있는 자기가 회심시킨 이방인들이 아마도 부활을 상징적 방식으로 해석하는 사람들에 포함되었으리라고 확신한다. 그러나 굴더의 주장에 대한 답변에서 지적했듯이 그들이 부활을 재해석하고 있었다는 암시는 없다. 오히려 그들은 부활을 부정하고 있었다(고전 15:12). 달리 말하자면 자신들의 문화 때문에 자연히 육체 이탈 상태로 있다는 개념을 선호했던 고린도의 이방인들은 시체가 부활한다는 것을 부정했을 수 있다. 심지어 그들은 사후의 삶 자체를 부정했을 수도 있다.[174]

아마도 그들은 부활을 상징적으로 재해석했을 것이고 바울은 그들의 입장을 부활에 대한 부정으로 여겼다. 고린도 교회 신자들의 입장을 이런 식으로 이해해야 한다면, 지금 바울은 예수가 부활했으며 신자들도 부활하게 될 것이라고 말함으로써 그들의 입장을 교정하고 있는 중이다. 자신의 주장을 뒷받침하기 위해 바울은 자기와 예루살렘의 사도들 모두가 가르치고 있던 것을 인용한다. 책임 있는 역사가는 비록 목격자라고 알려진 사람들의 보고를 믿지 않기로 할지라도 그들의 주장에 비중을 더 많이 두어야 한다.

내게는 정경 복음서들에 들어 있는 부활 내러티브들이 뤼데만이 주장하듯이 가현설적 믿음에 대한 대응일 가능성은 희박해 보인다. 만약 뤼데만이 인정하듯이 육체적 부활이 원래의 견해였다면, 상징주의와 가현

---

172 L. T. Johnson(1996), 34.

173 Lüdemann(2004), 180.

174 위의 각주 69를 보라.

설은 그 견해에 대한 대응이었다. 만약 복음서 저자들이 상징주의와 가현설에 대응하고 있었다면, 그것은 그런 견해들을 바로잡아 원래의 가르침으로 돌려놓기 위함이었다.[175] 그들은 사도들에 의해 전달된 내러티브들을 이야기하거나 그런 내러티브들을 창작해 냄으로써 이런 교정을 달성하고 원래의 가르침으로 돌아갈 수 있었다. 뤼데만은 부활 내러티브가 지어낸 것이라는 입장을 지지하겠지만, 그것이 꼭 필요한 것은 아니며 부활 내러티브의 정확성에 의존하지 않는 부활 가설(RH)에 영향을 미치지도 않는다. 가현설도 반드시 육체적 부활을 부정하는 것은 아니다.[176] 영지주의자인 케린투스는 가현설 견해를 주장했지만 **예수**는 죽었고 부활한 반면 **그리스도**는 영적 존재로 남아 있다고 가르쳤다.[177] 더욱이 만약 누가와 요한이 "영적"으로, 즉 비물질적 의미로 존재했던 예수라는 가현설적 개념과 싸우기 위해 이야기들을 고안하고 있었던 것이라면, 왜 그들은 예수가 벽을 통해 자유자재로 나타나고, 사라지는 것으로 묘사하는가?(눅 24:31, 36; 요 20:19, 26) 왜 바울에 대한 예수의 출현을 하늘로부터 비추는 빛으로 묘사하는가?(행 9:3-5)[178]

부활에 대해 상징적 관점을 취했던 공동체들에 대한 뤼데만의 추측은 제쳐두고, 만약 내가 바울과 다른 사도들의 믿음에 관해 올바르게 주장해왔다면 우리는 심오한 사항을 알고 있는 셈이다. 바울과 예루살렘의 사도들 모두 예수가 육체적으로 부활해서 자신들에게 출현했다고 주장하고 있었다. 어느 정도 시간이 흐른 뒤에—아마도 예수가 십자가에서 처형된 지 30년에서 70년쯤 뒤에—복음서 저자들은 예수의 부활 사건을 묘

175 Craig(1989), 335.
176 Craig(1989), 336-37.
177 Irenaeus *Haer*. 1.26.1.
178 Wright(2003), 606.

사하는 내러티브들을 썼는데, 그들 모두 분명하게 육체적 부활에 관해 말하고 있다. 달리 말하자면 알려진 단 하나의 예외도 없이 원래의 사도적 지도자들 모두와 1세기에 쓰였다고 굳게 믿어지고 있는 관련 기독교 문헌들 모두 한목소리로 예수가 육체적으로 부활했다고 선언한다.

이런 믿음이 초기 교회 밖에 있는 사람들에게뿐만 아니라 교회 내부의 일부 인물들로부터도 도전을 받았다는 것은 의심할 여지가 없다(고전 15:12; 딤후 2:16-18). 뤼데만도 "부활"을 시체가 변화하여 소생되는 것이 아닌 방식으로 해석했던 이들에 관한 예로서 후기 영지주의 문헌을 인용한다.[179] 그러나 이것은 어떤 식으로도 이른바 목격자들로 알려진 사람들이 예수가 육체적으로 부활해서 자기들에게 출현했다고 믿었다는 사실을 바꾸지 못한다.

LH 평가를 시작하기 전에 나는 예수의 부활, 승천 그리고 영광스

---

179 비록 Lüdemann(2004)이 영지주의자들과 다른 이들을 "육체적 부활을 부정했고…[그리고] 1세기 말과 2세기 초에 속했던 다음 세대 사람들"로 인용하지만, 그는 "예수의 부활에 대한[그들의 해석을] 가장 초기의 그리스도인들의 부활 신앙의 맥락 안에 위치시킬 수 있는 건전한 방법이 없다"고 인정한다(178). Nickelsburg는 비슷하게 생각하지만 조심하지 않고 나아간다. "[정경 복음서들에서 육체적 특질과 기능들을 강조함으로써 예수의 현존을 객관화하는] 경향은 애초에 천사들의 출현이나 신의 현현이라는 전승 안에서 소개되었던, 그리고 승귀한 그리스도가 하늘로부터 출현했다고 가정했을 수도 있는 이야기들에 대한 교정수단이었을 수도 있다. 이런 견해는 2세기의 영지주의 자료에 방대하게 기록되어 있다"(247, Lüdemann은 Copan and Tacelli 편[2000]에서 유사한 입장을 취한다[54-55쪽]). 3장에서 자료에 관해 논의한 내용이 여기서 도움이 된다. Nickelsburg는 1세기의 정경 복음서들과 바울의 강력한 증언—모두 예수의 부활을 예수의 시체에 발생한 무언가로 간주한다—보다 2세기의 영지주의 자료들을 선호한다. 이것은 조잡한 조치이며 자료를 무책임하게 사용하는 것이다. 우리가 아는 한 예루살렘의 사도들과 바울이 예수의 육체적 부활을 가르치고 있었다고 확실하게 결론을 내릴 수 있는데, 예수의 출현의 본질에 관한 원래의 주장들과 관련해서 왜 저자와 출처가 매우 불확실한 2세기의 영지주의 자료들이 우선시되어야 하는가? 나는 만약 우리가 우리의 연구에서 로마의 클레멘스와 폴리카르포스의 글들—이 글들은 우리를 사도적 전승으로 인도하는 데 있어서 어떤 영지주의 자료들보다 유망한 자료다—조차 허용하지 않는다면, 영지주의 자료들을 허용할 정당성이 없다는 점을 덧붙인다.

러운 재림의 상호연관성을 감안한다면 바울이 예수의 재림이 임박했다고 믿었는데 그로부터 2천 년이 지난 후에도 여전히 재림이 일어나지 않았다는 사실은 예수 부활을 논박한다는 뤼데만의 주장을 다루고자 한다. 나는 이 이의는 다음과 같이 손쉽게 답변될 수 있다고 믿는다. 바울이 예수의 재림 시기에 관해 참조했을 수도 있는 예루살렘의 사도들이나 구약성서를 오해했거나, 아니면 바울 서신을 읽는 사람들 중 일부가 바울을 오해했다. 어느 경우든 관련된 역사적 기반 위에 세워진 예수의 부활이 사실임을 약화시키지 않으며, 예수 부활의 역사성은 바울신학의 정확성에 의존하지도 않는다. 더욱이 예수의 죽음과 부활은 신약성서 문헌 전체에서 훨씬 더 긴밀하게 연결되어 있다. 뤼데만의 논리를 따른다면 예수의 부활을 부인할 경우 그의 죽음도 부인해야 할 것이다. 뤼데만을 포함한 학자들은 올바르게 거의 보편적으로 그렇게 하지 않기로 동의할 것이다.[180]

정경복음서들에서 발견되는 자신의 재림에 관한 예수의 가르침[181]을 포함시키면 뤼데만의 주장이 강화될 수도 있다. 일단은 이런 구절이 예수의 진정한 가르침을 반영한다고 가정하자. 그렇지 않다면 우리는 기껏해야 복음서 저자들에게 익숙한 전승이 잘못된 것이라고 주장할 수 있을 뿐이다. 예수가 사용하는 언어는 장르상 묵시적이어서 관련 텍스트에 대한 해석에 모호한 점이 있다. 많은 해석들이 예수의 재림에 관한 예언이 성취되지 않았음을 수반하지 않는다. 그리고 설령 어떤 텍스트를 예수가 실수했다고 이해하는 방식으로 해석한다 해도 나는 원칙적으로 예수가 자신의 재림 시기에 관해 오해했다는 입장과 그가 죽음에서 부활했다는 입장을 동시에 유지하지 못할 이유가 없다고 생각한다.[182]

---

180 Lüdemann(2004): "예수가 십자가형을 당해 죽었음은 논란의 여지가 없다"(50).

181 예컨대 막 9:1; 13:30; 마 10:23을 보라.

182 Allison(*Resurrecting Jesus*, 2005)은 예수가 여러 가지 문제에서 오해받았다고 믿

5.4.3. 가설에 대한 평가

이제 1장에서 논의된 최상의 설명을 선택하기 위한 다섯 가지 기준을 사용해서 뤼데만의 가설(LH)이 얼마나 탄탄한지 평가할 것이다.

1. **설명 범위.** LH는 십자가형에 의한 예수의 죽음을 훌륭하게 설명한다. 사실 그 사건은 예수가 죽음에서 부활했다는 믿음을 위한 전제조건 역할을 한다. LH는 또한 개인 및 집단에 대한 출현, 바울에 대한 출현, 그리고 야고보에 대한 출현에 대해 그런 경험들을 심리적으로 유도된 현상으로 설명한다. LH는 이 기준을 훌륭하게 충족하며 이 점에서 GH와 대등하다.[183]

2. **설명력.** GH와 비슷하게 LH는 십자가형에 의한 예수의 죽음을 훌륭하게 설명한다. 그러나 GH와 마찬가지로 LH는 때때로 사실들이 들어맞도록 지나치게 밀어붙인다. 예컨대 뤼데만은 바울을 환각을 경험하기 위한 마음의 틀 속으로 밀어 넣기 위해 로마서 7장을 무리하게 해석한다. 또한 뤼데만은 비록 "예수의 부활에 대한 상징적 해석을 가장 초기의 그리스도인들의 부활 신앙이라는 맥락 안에 위치시킬 수 있는 건전한 방법이 없다"고 인정하기는 하지만, "그럼에도 우리는 지금까지 묘사된 과정의 다소 역설적인 성격을 인식할 수 있다. 왜냐하면 초기 기독교 부활 신앙의 참된 기원은 환상—객관적이라고 알려진 '사건'의 주관적인 표현으로서 부활에 대한 상징적 또는 비문자적 이해에 근접한다—이었기 때문

으며, 또한 예수가 사후에도 실존했고 자신의 제자들에게 실제로 출현했다는 입장을 유지한다(146-47, 375).

183 무승부 상황에서는 야고보에 대한 출현 같은 2차적 사실들을 도입해서 다시 평가할 수 있을 것이다. 이 경우에 LH는 야고보에 대한 출현을 설명하는 반면 GH는 설명하지 않기 때문에 LH가 설명 범위에서 GH보다 우월할 것이다.

이다"라고 덧붙인다.[184] 만약 내가 뤼데만을 바르게 이해하고 있다면, 뤼데만은 가장 초기의 그리스도인들이, 실상은 비물질적인 예수였는데 그들이 예수의 육체적 출현이라고 확신했던 주관적 환상을 경험했다고 주장한다. 그러므로 초기의 그리스도인들은 부활에 대한 비문자적 이해에 근접했던 셈이다! 거듭 말하지만 **만약** 내가 뤼데만을 바르게 이해하고 있다면 우리는 뤼데만이 여기서 자신의 가설 중 설명력이 부족한 부분을 뒷받침하기 위해 필사적으로 무리수를 두고 있다고 지적할 수 있을 것이다. 반드시 그 요소가 있어야 LH가 참된 것은 아니기 때문에 뤼데만은 LH의 이 요소를 빼낼 수도 있었다. 그러나 바울에 대한 출현과 관련해서 설명력이 부족한 것은 뤼데만에게 아주 큰 문제가 된다. 왜냐하면 바울에 대한 출현을 적절하게 설명하는 것이야말로 아마도 LH의 가장 중요한 요소일 것이기 때문이다.[185] LH는 VH보다 설명력이 부족하기 때문에 이 기준을 통과하지 못한다.

3. **타당성.** LH는 다른 가설들보다 인정된 더 많은 사실들에 의해 더 강력하게 암시되는가? LH는 집단 환각 가설에 의존해서 제자들에 대한 집단적 출현(들)을 설명한다. 그러나 우리는 이미 그런 사건은 심리학 분야의 전문적인 문헌에서 지지되지 않으며 그럴듯하지 않다는 것을 살펴보았다. 예수의 형제들이 오순절 경험 배후에 있는 "집단 황홀경"에 빠졌다는 뤼데만의 주장에 대해 말하자면, 예수의 불신하는 형제들—특히 자신의 유대교 신앙에 아주 독실했던 야고보—은 예루살렘으로 달려가 그런 집단 황홀경에 빠지기보다는 자신들의 죽은 형제를 이단으로 간주했을 가능성이 더 커 보인다. 그리고 만약 복음서들이 예수가 때때로 그

184 Lüdemann(2004), 180.
185 Lüdemann(2004), 166.

를 미쳤다고 여겼던 자기 형제들에게 질책당하고 거부되었다고 보고하는 것이 옳다면(LH는 그것을 인정한다), 예수가 범죄자이자 신성모독자로서 처형된 사건은 그 형제들을 회심시키기보다는—특히 경건한 야고보는 이를 배교로 간주했을 것이다—그들의 계속된 불신앙을 지속시켰을 가능성이 더 커 보인다. 모든 역사가들은 선택적으로 기록하기 때문에 알려지지 않은 데이터 중 뤼데만의 견해를 강화시켜줄 데이터가 남아 있을 가능성은 있다. 그러나 우리가 반드시 그런 데이터를 기대하는 것은 아니다. 예수의 형제들 중 일부가 예수가 하나님에게 저주받은 것이 아니라고 간주될 수 있는 길을 찾고 싶었다고 상상할 수도 있을 것이다. 그러나 이런 상상은 현재의 긴장을 전혀 해소시켜주지 않는다. LH의 이 측면은 편리하지만 타당성이 부족하다. LH와 GH는 역사심리학에 기초하고 있기 때문에 그중 어느 쪽이 타당성이 더 큰지 결정하기는 어렵다. GH는 한동안 학자들에게 대체로 거부되고 있는 입장(즉, 바울과 예루살렘의 지도자들 사이의 분열)에 크게 의존하며 그 가설을 수용하도록 제시하는 논거가 약한 반면에 LH는 그런 입장에 크게 의존하지 않으므로 LH가 GH보다 타당성이 크다고 할 수 있을 것이다. LH와 VH의 타당성을 비교하면 어떻게 될까? VH는 그 어떤 출현의 본질에 대해서도 설명하거나 묘사하려는 시도를 하지 않을 정도로 설명 범위와 설명력이 부족하다. VH가 이런 기준을 충족하지 못하는 점을 비판할 수는 있지만 그 점과 VH의 타당성을 혼동하지 말아야 한다. VH는 예수에게 무슨 일이 일어났는지 상정하지 않기 때문에 VH가 인정된 사실들에 의해 어느 정도로 암시되는지 말할 수 없다. LH와 VH는 자연적 측면에서 가장 잘 설명될 수도 있는 종교적 경험이 일반적이라는 사실에 의해 어느 정도 암시된다고 할 수 있다. 그러나 LH는 심리학자들 사이에서 인정된 믿음과 일치하지 않는 제자들의 집단 환각(들)에 의존하고 있기 때문에 타당성이 부족하다. 더욱이 예수의 회의적인 형제들 그리고 특히 야고보가 "집단적 황홀경"에 빠져 그들의 형제가 죽음에서 부활했고 자기들에게 출현했다고 믿게 되었다는 것은 그다지 개연성이 없다. 그러나 야고보에 대한 출현은 우리의 관련된 역사적 기반에 속하지 않으므로 나는 그것과 관련해서 LH에 불이익을 줄 생각은 없다. 그러나 LH는 타당성에서 VH에 뒤진다.

4. **덜 임기응변적임.** GH의 경우에서처럼 이 기준은 LH가 가장 취약한 지점일 것이다. LH는 일말의 견고한 증거도 없이 서로 다른 많은 사람들, 친구와 적, 서로 다른 상황들, 개인과 집단에게서 여러 심리상태들을 상정한다. 그것은 자신이 선호하지만 실패한 가설을 되살리려는 시도, 또는 아마도 뤼데만의 세계관이 허락하지 않을 RH를 기각하기 위한 시도로 보인다. 베드로가 부활한 예수를 경험한 유일한 사람이었다면 환각에 대한 뤼데만의 설명을 수용할 수도 있을 것이다. 이 경우에는 확실히 자연적 설명이 초자연적 설명보다 우월할 것이다. 왜냐하면, 비록 베드로의 입장에서는 그가 이제는 자기 기만적이거나 사기성이 있었다고 믿은 예수에게 화를 내고 있었을 수도 있지만, 베드로가 환각을 경험할 조건이 존재했을 개연성이 매우 높기 때문이다. 그러나 베드로만 부활한 예수를 목격했다고 주장하는 것이 아니다. 출현은 개인적으로 및 집단적으로 일어났고, 친구와 적 모두에게 일어났다. 이 점은 설명 범위를 보강하기 위해 수많은 임기응변적인 해석들을 만들어내야 하는 뤼데만 같은 사람들에게 도전거리가 된다.[186] LH는 확실이 VH보다 훨씬 더 임기응변적이다.

5. **조명.** GH의 경우에서처럼, 만약 참되다면 LH는 고대의 많은 종교

---

186 Allison(*Resurrecting Jesus*, 2005): "신앙을 변호하는 이들은 보고들에 비춰볼 때 예수를 본 것은 객관적이었음이 분명하다고 말한다. 한 사람이 환각을 경험할 수는 있지만 열두 사람이 동시에 환각을 경험할 수 있는가? 오랜 기간에 걸쳐 많은 사람들이 환각을 경험할 수 있는가?…이런 질문들은 정당하며 '집단 히스테리'라는 마술 지팡이를 흔든다 해도 사라지지 않을 것이다"(269).

적 경험들에 관한 조명을 제공한다. 그러므로 LH는 이 기준을 통과한다.

표 5.3이 보여주듯이 LH는 다섯 가지 기준 중 둘(설명 범위, 조명)을 통과하고 셋(설명력, 타당성, 덜 임기응변적임)을 통과하지 못한다. 또한 LH가 가장 중요한 네 가지 기준 중 셋을 통과하지 못한다는 점을 주목할 가치가 있다. 더욱이 LH에는 최상의 설명을 위한 기준들에 의해 평가하는 것과 별도로 그리고 그러기 전에 문제가 되는 많은 요소들이 있다.

뤼데만은 자신의 결론이 "역사적 연구"와 "냉정한 통찰력에 견고하게 바탕을 두고 있다"고 주장한다.[187] 내가 보기에는 그 결론은 오히려 **전적으로** 수많은 추측에 근거한 것이며, 그중 일부는 그럴듯하지 않고 뤼데만이 입증하지 못하는 무신론적 세계관을 전제한다.[188]

표 5.3. LH에 대한 평가

	설명 범위	설명력	타당성	덜 임기응변적임	조명
VH	실패	통과	통과	통과	—
GH	통과	실패	실패	실패	통과
LH	통과	실패	실패	실패	통과

187 Lüdemann(2004), 209, 203.

188 내가 자신의 편견의 영향에 대한 신중한 성찰을 동반하면서 심리적 사변을 훨씬 더 공정하고 보다 세련되게 사용한다고 간주하는 입장에 대해서는 Allison(*Resurrecting Jesus*, 2005), 213-28(편견에 관해); 269-99(출현에 관해)을 보라. Allison의 관점에 대한 논의는 부록에 실려 있다.

5.5. 존 도미니크 크로산

5.5.1. 크로산의 견해에 대한 서술

존 도미니크 크로산의 저작들은 예수 세미나의 다른 어느 회원들의 저작들보다 많이 주목되어왔을 것이다. 크로산의 친절한 태도와 재치로 인해 그의 저작은 즐겁게 읽힌다. 예수의 부활에 관해 논의할 때 크로산은 부활의 역사성 문제보다 부활의 의미와 우리의 반응을 논의하는 데 더 관심이 있다. 역사적 질문은 "타당하지 않은 것은 아니지만" "의미에 대한 질문보다 덜 중요하다."[189] 역사적 질문은 오랫동안 논의되어왔지만 그 과정에서 생각을 바꾼 이들은 거의 없었기 때문에 크로산은 우리가 이 "화해할 수 없는 논쟁"[190]에서 막다른 골목에 다다랐으며 역사적 질문은 "아마도 답변을 찾을 수 없을 것"이라고 말한다.[191]

5.5.1.1. 여섯 가지 문제들. 크로산은 문자적 부활에 대한 주장에 내포된 여섯 가지 문제들을 열거한다. 첫째, 그것은 **유신론적 세계관을 요구한다.** 부활을 역사적 사건으로 보는 접근법은 "하나님이 '초자연적 간섭주의자'로서 세상과 관계를 맺는다고 이해하도록 요구한다." 그러나 우리는 하나

---

189 Stewart 편(2006), 185에 실린 Crossan "Appendix." Stewart 편(2006), 29에 실린 Crossan and Wright, "The Resurrection: Historical Event or Theological Explanation? A Dialogue"에서 Crossan이 한 말과 비교하라.

190 Stewart 편(2006), 173에 실린 Crossan, "Appendix."

191 Stewart 편(2006), 185에 실린 Crossan, "Appendix." Stewart 편(2006), 29에 실린 Crossan and Wright, "Dialogue"에서 Crossan이 한 말과 비교하라.

님이 세상에서 이런 식으로 행동한다고 생각하는가?[192] 크로산은 그렇게 생각하지 않는다. "나는 내가 '신적 일관성'—하나님이 세상에서 일하는 방식—이라고 부르고자 하는 것에 관해, 즉 하나님이 '할 수 있는' 일이 아니라 (나는 그에 대해서는 완전히 제쳐둔다) 하나님이 '하는' 일에 대해 어떤 판단을 해왔다. 나는 하나님이 1세기에 일한 방식이 하나님이 20세기에 일하는 방식과 달랐다고 생각하지 않는다."[193]

둘째, 부활에 대한 문자적 관점은 **무신론자들에게 걸림돌이 된다**. 역사성에 관한 토론은 "이런 이야기들이 사실이라고 믿기 어려워하는 이들에게는 걸림돌이다. 이 사람들이 이런 이야기들이 역사적으로 사실이라고 믿는 것이 그리스도인이 되기 위해 필수적이라고 생각한다면 그들은 자기가 그리스도인이 될 수 없다고 생각할 것이다."[194]

세 번째 이의는 성격상 **윤리적**이다(다시 말해 공평성에 관한 것이다). 하나님이 예수만을 부활시켰다는 관점은 "기독교에 하나님의 참된 또는 '온전한' 계시, '유일한 길'이라는 특권을 부여한다."[195]

---

192 Borg and Crossan(2006), 218-19 각주 18.

193 Halstead(1995-96), 515에 실린 Crossan; Crossan(1995), 215와 비교하라. Halstead(1995-96)에 실린 Crossan: "나는 우리가 이성이나 계시 또는 둘 다 오독하지 않는다면 이성과 계시가 서로 모순될 수 없다고 완전히 그리고 전적으로 확신한다. 그것은 내게는 절대적인 기초다. 나는 이론 영역에서는 계시가 확실히 이성을 지배한다고 말할 것이다. 실천 영역에서는(나는 이렇게 말할 수밖에 없다) 만약 당신이 어떤 환상을 보고 아브라함처럼 당신의 아들을 죽이려 한다면, 나는 경찰에 신고할 것이다. 설령 내가 당신이 거짓말을 하는 것이 아니라는 것을 완전히 확신할지라도 나는 경찰에 신고할 것이다. 내게는 이성과 계시가 동시에 작동한다"(513; Crossan[1995], 214와 비교하라). Crossan이 제시하는 예는 감정적 동의를 얻도록 제시되어 있다. 만약 Crossan이 나치 치하의 독일에서 살았는데 그의 동료들 중 하나가 Crossan에게 자기가 히틀러를 암살하라는 계시를 받았다고 말했다면 그 경우에는 어떻게 할 것인가? 그때도 그는 여전히 경찰에 신고할 것인가?

194 Borg and Crossan(2006), 191-92.

195 Borg and Crossan(2006), 218-19 각주 18.

넷째, 예수의 부활에 문자적으로 접근하는 논거들은 부활의 역사성을 찬성하든 반대하든 **문화적 오해**에 빠진다. 고대에 유사한 이야기들이 있었기 때문에 보수주의자들은 예수의 부활이 유일한 사건이라고 주장하지 못한다. 그리고 이런 일들은 결코 일어나지 않는다고 주장하는 회의주의자들은 이런 일들이 일어났다고 믿은 고대인들이 갖고 있던 계몽주의 이전의 세계관을 적절하게 다루지 않는다.[196]

다섯째, 문자적 관점은 **자료상의 난점**을 적절하게 고려하지 않는다. 부활 내러티브들 사이에 조화시키기 어려운 차이들이 있으며, 부활을 보고하기 위해 사용된 언어는 종종 역사적 사건들을 보고하는 데 흔히 사용되는 언어로 보이지 않는다.[197]

마지막으로, 예수의 부활에 대한 문자적 해석에 집중하면 **부활의 의미를 놓친다.** 크로산(과 마커스 보그)은 예수의 부활을 **역사**로 보는 것과 **비유**로 보는 것을 구분한다. 그들에게 **역사**란 예수의 부활과 출현이 사진이나 동영상으로 남길 수 있는 것이어야 한다는 의미다.[198] 그들에게 **비유**는 부활 배후의 의미 또는 진실이 "그것이 역사적으로 사실인지 여부에 달려 있지 않다"는 뜻이다.[199] 그리고 비유가 역사적인지에 대한 논쟁은 "그 비유의 요점을 놓친다."[200] 학자들이 역사성 문제를 넘어서는 경우는 거의 없기 때문에 예수 부활의 의미라는 문제는 대개 무시된다.[201] 크로산과 보그에게는 부활 이야기 배후의 의미에 초점을 맞추는 것이 "언제나 가장

---

196 Stewart 편(2006), 185에 실린 Crossan.
197 Borg and Crossan(2006), 192.
198 Borg and Crossan(2006), 192.
199 Borg and Crossan(2006), 192-93. 다른 곳에서 Crossan(1995)은 빈 무덤과 출현을 비유라고 부른다(216).
200 Borg and Crossan(2006), 193.
201 Borg and Crossan(2006), 192; Stewart 편(2006), 173에 실린 Crossan과 비교하라.

중요한 문제다. 대신 '이 일이 이런 식으로 일어났느냐'에 초점을 맞추면 거의 언제나 길을 잃게 된다."[202]

나는 오늘날 의미 문제가 1세기에서만큼이나 중요하다는 크로산의 주장에 전적으로 동의한다. 그러나 지금 이 연구는 역사성 문제에 초점을 맞추고 있으므로 우리는 이 측면에서 크로산의 가설(CsH)을 평가할 것이다.

5.5.1.2. 출현들. 크로산은 사도들이 예수가 죽은 자들 가운데서 살아났다고 믿었다고 인정한다. 그는 출현 전승들을 여러 방법으로 설명한다. 크로산은 바울의 경험부터 설명하기 시작하면서 바울이 부활한 예수를 만난 경험은 무아지경에서 일어났다고 주장한다. 왜냐하면 사도행전에 실려 있는 누가의 세 번의 설명들 모두 그 경험의 "분열적"이고 "황홀경적"인 성격에 동의하기 때문이다.[203] 크로산은 에리카 부르귀뇽과 그녀의 박사과정 학생 몇 명의 연구에 의존해서 뇌의 화학 반응이 정상적인 범위 위나 아래로 임계점을 넘어가면 "**황홀경, 인격 분열**, 또는 **의식 상태 변화**"가 발생한다고 설명한다. "그러므로 감각의 외적 자극, 내적인 정신집중, 또는 뇌의 신경생물학의 화학적 구성에서의 임계점을 넘는 변화(감소든 증가든)에 의해 무아지경이 나타날 수 있다."[204] 이런 심리 현상의 내용

---

202 Borg and Crossan(2006), 194. 그들은 주석에서 정교하게 설명하면서, 창조와 진화·지적 설계와 무작위 진화에 관한 논쟁들은 "진실은 사실과 같다는 현대의(계몽주의적) 확신이 없었다면 일어나지 않았을 것이다"라고 주장한다(219 각주 19). Crossan이 이 견해에 동의하기는 하지만, 이런 생각은 주로 Borg의 견해로 보인다. Borg(2006), 281, 333-34 각주 24를 보라.

203 Crossan(1994), 88, 167, 168; Crossan(1995), 204와 비교하라. Crossan and Reed(2004)는 "빛에 의해 눈이 머는 장면"을 제쳐두고 "대신 바울이 환상 중에 예수를 부활한 그리스도, 다시 살아난 주님으로 **보고** 들었다고 상상한다. 그때에도 지금과 마찬가지로, 꿈과 환상이 인간의 두뇌에 내장된 가능성이었다는 것을 첨언할 필요는 없다. 그러나 물론 그리고 언제나 꿈과 환상의 가치는 내용과 결과, 목적과 의도, 수단과 목적에 달려 있다"(8).

204 Crossan(1994), 87. Copan and Tacelli 편(2000), 91에 실린 Goulder와 마찬가

은 "문화적 훈련, 통제, 그리고 기대에 의해" 인도된다. 그러므로 그런 경험을 하는 사람들은 단지 자신이 이미 알고 있는 것으로부터 빌려오는 것일 수도 있다.[205] "무아지경의 **내용**은 전적으로 심리적으로 조건 지워지고 심리문화적으로 결정된다."[206] 바울은 그리스도인이 되기 전에 분명히 적어도 자기가 반대하는 기독교 케리그마의 어떤 내용들을 알았을 것이다. 크로산은 "그리스도인들이 유대교를 이교도들에게 개방하고 거기에 방해가 되는 제의적 전통을 기꺼이 포기하려고 한 점이 바울이 처음에 기독교를 박해했던 이유였는데, 바울은 이제 자기가 그리스도인들을 박해했던 원인이었던 바로 그 점을 자신의 운명으로 받아들였다"고 생각한다.[207]

크로산은 부활한 예수가 무아지경 중에 바울에게 나타난 것이 유일한 실제 출현이었고 부활한 예수에 대한 지배적인 경험이었다고 (조심스럽게) 추정한다.[208] 그렇다면 고린도전서 15:3-7에 실려 있는 초기의 케리그마와 부활 내러티브들에서 보고된 다른 사람들에 대한 출현들은 어떻게 이해되어야 하는가? 크로산은 부활한 예수에 대한 경험들은 "초기 기독교 내의 다양한 추종자들과 다양한 집단들에게서 발견되는 [**'무아지경, 삶의 방식** 그리고 **주해**'의] 다양한 선택들 및 조합들"과 관련이 있었다고 말한다.[209] 다른 환상들도 있었지만 그 환상들은 예수가 계속 살아 있다고 인정되는 유일한 방법이 아니었고, 그들이 예수를 통한 하나님의 지속적

지로, Stewart 편(2006)에 실린 Crossan and Wright, "Dialogue"에서 Crossan은 이런 형태의 경험이 환각이라는 것을 부인한다(33). GH의 경우에서와 마찬가지로 모호성과 애매함을 없애고 CsH를 명확하게 전달하기 위해 나는 바울의 "무아지경"에 대한 Crossan의 설명을 환각이라고 부를 것이다.

205 Crossan(1994), 87, 168.

206 Crossan(1994), 88.

207 Crossan(1995), 204.

208 Crossan(1994), 169; Crossan(1995), 209.

209 Crossan(1994), 169. 예수를 주해상의 경험 안에서 보는 것을 지지하는 입장은 Pierce(1993), 140쪽을 보라.

인 능력과 현존에 대해 믿게 된 원인이었다기보다 그들이 그렇게 믿은 **뒤에** 찾아왔다.[210] 그러므로 바울이 자신의 경험을 다른 사람들의 경험과 나란히 열거하는 것은 "자신의 경험의 타당성과 합법성을" [다른 사람들의 경험과] 동등하게 만들지만 "반드시 그 경험의 방식이나 방법까지 그렇게 하는 것은 아니다. 예수는 그들 모두에게 **계시되었다**. 그렇다고 해서 바울 자신의 무아지경 상태에서 받은 계시가 다른 모든 계시들을 위한 모델로 추정되어서는 안 된다."[211]

부활 내러티브에 대해 크로산은 마가가 빈 무덤에 관한 자신의 이야기를 지어냈다고 주장한다.[212] 원래의 수난 내러티브는 크로산이 그 저작 시기를 40년대로 추정하며 "원래의 수난 내러티브"였고 "정경 안에 들어

---

210 Stewart 편(2006), 34에 실린 Crossan and Wright, "Dialogue"에서 크로산이 한 말; Crossan(1995), 209, 216. Koester(2007), 244도 보라. Hurtado("Jesus' Resurrection," 2005)는 예수의 부활을 "본질적으로 내적으로 누리는 어떤 상태"로 해석하는 것은 아주 이른 시기부터 나타났을 수 있다고 생각한다(207). 다른 곳(*Lord Jesus Christ*, 200)에서 그는 딤후 2:16-19이 언급하는 후메내오와 빌레도가 그런 견해를 가르쳤을 수도 있으며, 만약 디모데후서가 70-100년 사이에 쓰였다면 그런 견해는 발렌티누스보다 훨씬 오래 전에 주장되었을 것이라고 논평한다(530).

211 Crossan(1995), 204; Crossan(1994), 169. Borg and Crossan(2006)에서는 사도행전에 보고되어 있는 바울의 다메섹 도상에서의 경험에 호소한다: "바울과 함께 여행하던 사람들은 그 경험을 공유하지 않았는데, 이 점은 그 사건이 사적인 경험이었지 공적인 경험이 아니었음을 가리킨다. 즉 그것은 흔히 환상이라고 불리는 경험이었다. 바울이 부활한 예수가 예수의 다른 추종자들에게 출현한 것도 환상이라고 생각했을 수도 있고 어쩌면 그 가능성이 높았을 수도 있다. 고린도전서에 실려 있는 출현 목록에서 바울은 다른 추종자들의 경험과 자신의 경험 모두에 대해 '나타났다'라는 동일한 동사를 사용한다"(206-7; 277과 비교하라). "더욱이[바울이] 자신의 경험을 이 목록[즉 고전 15:3-8]에 포함시킨다는 사실은 바울이 자신의 경험을 그들의 경험과 같은 것으로 간주했음을 암시한다. 그러므로 바울은 복음서들에 실려 있는 부활절 출현 이야기들을 본질상 환상적이라고 생각할 이유를 제공한다"(207). 어쩌면 이 입장은 Crossan이 아니라 Borg의 생각일 수도 있다. 왜냐하면 그 입장은 Crossan이 그 이전에 썼던 내용과 모순되기 때문이다([1994]. 169;[2004] 8). 그러므로 나는 여기서는 그 입장을 사용하지 않았다.

212 Stewart 편(2006), 33에 실린 Crossan and Wright, "Dialogue"에서 Crossan이 한 말.

있는 수난 이야기들의 단일한 원천"[213]이라고 주장하는 가상의 「십자가복음」에서 발견되어야 한다. 그는 지금은 「십자가복음」이 소실되었지만 「베드로복음」에서 그 복음서의 수정된 형태를 읽고 있으며 정경 복음서들에서 그 복음서의 흔적을 발견할 수 있다고 덧붙인다. 그러나 그 보고들 중 어느 것도 역사적이지 않다. 그 보고들은 바울의 목록에 실려 있는 출현들을 사실로 추정하지만 그 출현들을 완전히 새롭게 재구성한다.[214] 예수의 제자들은 도망쳤기 때문에 예수의 시체가 안장된 곳을 아무도 몰랐다. 그들은 다만 예수가 신명기 21:22-23에 따라 적절하게 매장되었기를 바랄 수 있을 뿐이었다.[215] "부활절 아침까지도 관심이 있는 사람들은 그곳이 어디인지 알지 못했고, 그곳을 아는 사람들은 관심이 없었다."[216]

크로산은 부활 내러티브들에 나오는 출현들이 바울의 경험과 다르다고 지적한다. 부활 내러티브에서는 눈을 멀게 하는 빛이 없고 음성도 없고 땅에 엎드러지지도 않는다. 대신에 그 이야기들은 "심원하게 정치적"이고 "황홀경적 경험이나 무아지경상의 계시와는 아무 상관이 없으며" 오히려 "권위, 권력, 리더십 그리고 우선순위"에 관심이 있다. 기독교 공동체를 전제할 때 "부활 내러티브에서의 출현들은 기독교 신앙의 기원이 아니라 기독교 리더십의 기원을 상술한다."[217] 이 점은 예수의 자연 기적들이 "세계에 대한 예수의 물리적 권능"이 아니라 "공동체에 대한 사도

---

213 Crossan(1991), 385, 429. Crossan(1995), 223. Koester(1990)는 *Gos. Pet.*가 복음서 저자들에 의해 수정된 원래의 부활 내러티브를 보존하고 있다고 주장한다(240).

214 Stewart 편(2006), 177에 실린 Crossan.

215 Crossan(1991), 387, 392. Borg and Crossan(2006), 128, 그리고 Lüdemann(2004), 97도 보라.

216 Crossan(1991), 394.

217 Crossan(1995), 203, 208; Crossan(1994), 169, 170; Stewart 편(2006), 177에 실린 Crossan과 비교하라.

들의 영적 권능"에 관해 말하는 것과 마찬가지다.[218]

크로산은 엠마오로 가던 제자들에게 나타난 이야기에서 이 일이 발생하고 있다고 생각한다.

> 여기서는 부활의 주일에 일어난 사건이 아니라 여러 해에 걸쳐 일어난 과정을 묘사하고 있다. 기독교 공동체가 예수에 "관한" 성경을 연구하고 떡과 물고기를 나눌 때 예수의 현존과 능력부여가 그 공동체 안에 머문다. 이것은 무아지경이 아니라 주해이고 황홀경이 아니라 성찬이다. 그러나 누가는 성찬의 떡과 물고기를 서로 갈라 놓아서 이제는 오직 떡만 성찬으로 남아 있고 물고기는 예수가 유령이 아니라는 아주 조잡한 증거가 되어 있다.…그러나 누가가 그런 작업을 시작하기 전의 실상이 어떠했는지 알 수 있다. 두 명의 선교사들이 예루살렘을 떠나고, 성경과 특히 식사—거의 틀림없이 떡과 물고기였을 것이다—를 통해 예수의 온전한 임재를 경험하고, 예루살렘으로 돌아가 그 사실을 보고한다.[219]

크로산은 "주께서 과연 살아나시고 시몬에게 보이셨다"라고 말하는 "[누가복음] 24:33-35의 어색한 구문"을 지적한다.[220]

> 그러나 그 어색한 구문은 상당히 의도적이다. 방금 우리는 그 두 추종자들

---

218 Crossan(1994), 170. 예를 들어 174-78; 182-86쪽 그리고 Crossan(1991), 396-410을 보라.

219 Crossan(1994), 172; Crossan(1995), 205-6과 비교하라. **부활**이 예수의 지속적인 권능과 임재를 의미한다는 입장은 다음 문헌들도 보라. Borg and Wright(1998), 135에 실린 Borg; Wedderburn(1999), 147-48. Harrington(1986)은 초기 그리스도인들에게 몸의 부활은 단지 죽음 이후의 삶에 대한 믿음을 가리켰을 뿐이라고 주장한다(99).

220 Crossan(1994), 172; Crossan(1995), 207과 비교하라.

이 예수를 만난 것을 보았다. 그러나 그들이 다른 사람들에게 말하기 **전에** 다른 사람들이 그들에게 시몬 베드로에 관해 말한다. 그러고 나서야 그들은 자신들의 이야기를 시작한다. 베드로의 증언이 그들의 증언보다 앞선다. **일반 공동체**보다 **특정 리더**가 우선한다.[221]

마리아의 말을 듣고 베드로와 요한이 빈 무덤으로 달려가는 요한복음 20:2-8에서도 리더십의 우선순위에 관한 논의를 볼 수 있다. 베드로와 요한 사이의 이 "경주"는 초기 교회 안의 "권위 다툼"을 보여준다.[222] 부활 내러티브에서 나타나는 환영(幻影)들은 그것을 경험한 사람에게 권위를 부여하기 위해 고안된 것이기 때문에 그 출현의 역사성과 본질에 관한 논쟁은 요점을 놓치는 것이다. "요점은 여기서는 바울의 경우와 달리 아주 다른 현상을 다루고 있다는 것이다. 이 출현들은 권력의 극화이자 권위의 시각화이다."[223] 이에 비춰보면 최초의 그리스도인들은 만약 누군가가 자기들이 여러 환영들을 경험한 후 최초의 부활절에 그들의 잃어버린 신앙을 회복했다고 주장한다면 모욕감을 느꼈을 것이다.[224] 그들은 용기를 잃고 도망쳤을지는 모르지만 믿음을 잃고 포기했던 것은 아니다.[225]

5.5.1.3. 부활의 의미. 가장 초기의 그리스도인들은 무슨 의미로 하나님이 예수를 죽은 자들 가운데서 일으켰다고 선포했는가? 만약 출현들이 무아지경 상태에서 경험한 환상(예컨대 바울의 경우), 공동의 황홀경 경험(예컨대

---

221 Crossan(1994), 172-73; Borg and Crossan(2006), 200-201과 비교하라. 이것은 주로 Borg의 말로 보인다. Borg(2006), 281, 286을 보라.

222 Crossan(1995), 207.

223 Crossan(1994), 170; Crossan(1995), 206과 비교하라.

224 Crossan(1995), 209-10.

225 Crossan(1995), 209.

오백여 명에 대한 출현), 또는 교회 안에서 계속되는 예수의 권능과 성찬을 통해 느껴지는 예수의 임재를 상징하기 위해 주해를 통해 만들어진 것이라면 바울·복음서 저자들 그리고 가장 초기의 많은 그리스도인들은 어떻게 예수가 무덤에서 육체적으로 부활했다고 주장하게 되었는가?

크로산은 환영에 종말론이 더해져서 예수가 육체적으로 부활했다고 믿게 되었다고 주장한다. 크로산은 빈 무덤과 환영들이 육체적 부활에 대한 믿음을 가져온다는 라이트의 주장에 동의하지 않는다. 보편적 부활이 있기 전에 개인이 육체적으로 부활한다는 것은 기존 유대교 교리에 대한 커다란 변화를 의미했기 때문에 빈 무덤과 환영들만으로는 충분하지 않다. 빈 무덤과 환영들은 단지 그리스도, 주 그리고 하나님의 아들로서 예수의 **절대적으로 독특한 승천** 혹은 **하늘로의 특별한 승귀**라는 개념으로 우리를 인도할 뿐이다. 그들은 이로부터 시편 2편과 110편 그리고 빌립보서 2:9-11 같은 초기 기독교 찬송들에 호소하게 될 수는 있었을 것이다.[226] 초기 그리스도인들이 육체적으로 부활했다고 선포하기 위해서는 환영들에 더하여 그들이 하나님 나라가 비록 온전히 완성되지는 않았더라도 이미 왔고 현존한다는 예수의 진술도 이해했어야 했다.[227]

크로산이 보기에 그리스도인들은 세상에 대한 하나님의 "대청소"가 시작되었음을 이해했다. 이것은 세상의 종말이 아니라 악·불의·불결·폭력으로부터 정의·평화·순결·거룩함의 세상으로의 "우주적 변화"였다.[228] 그들은 보편적 부활이라는 유대의 개념을 변화시켰다. 그것은 단지 임

---

226 Stewart 편(2006), 177에 실린 Crossan.

227 Stewart 편(2006), 26, 38에 실린 Crossan and Wright, "Dialogue"에서 Crossan이 한 말; 33과 비교하라.

228 Stewart 편(2006), 24, 25에 실린 Crossan and Wright, "Dialogue"에서 Crossan이 한 말.

박하기만 한 것이 아니라 이미 시작되었다.[229] 각 사람은 두 프로그램 사이에서 선택한다. 하나는 로마의 권력으로서 그것은 정복해서 평화를 얻는다. 다른 하나는 예수의 겸손한 프로그램으로서 그것은 정의를 추구해서 평화를 얻는다.[230]

로마인들은 황제의 신성을 선포한 반면, 그리스도인들은 그리스도의 신성을 선포했다. 크로산은 로마인들과 그리스도인들이 황제와 그리스도의 신성을 문자적으로 믿었는지 우리로서는 알 수 없다고 말한다. 우리는 신성 고백이 "프로그램에 순응하는" 의미로 의도되었다는 것을 알고 있다. 황제나 그리스도가 주라고 고백하는 것은 **그들의 프로그램에 찬성하고 있다**는 것을 의미했다.[231] 기독교의 프로그램에는 부활한 주로서 황제 같은 이 세상의 악당들에 맞서는 예수에 대한 하나님의 신원(伸冤)이 포함되어 있다. 그 프로그램은 하나님 나라가 도래했다는 종말론도 포함한다.[232]

하나님의 대청소가 시작되었다고 말하는 방법은 많았다. 부활은 그런 방법들 중 하나였을 뿐이다. 크로산은 다음과 같이 주장한다. 「도마복음」과 「바나바 서신」은 "죽음과 부활이 아니라 떠남과 돌아옴, 수난과 재림에 관심이 있었다. 그 문서들은 예수가 하나님과 함께 있으며 승리를 구가하며 돌아오는 것을 상상할 수 있었지만 부활에 대해서는 언급할 필요가 없었다. 그렇다면 부활에 대한 모든 강조는 어디로부터 온 것일

---

229 Stewart 편(2006), 25-26에 실린 Crossan and Wright, "Dialogue"에서 Crossan이 한 말.

230 Stewart 편(2006), 28에 실린 Crossan and Wright, "Dialogue"에서 Crossan이 한 말.

231 Stewart 편(2006), 28. 128에 실린 Crossan and Wright, "Dialogue"에서 Crossan이 한 말.

232 Borg and Crossan(2006), 208.

까? 한마디로, 바울로부터다."[233]

만약 하나님의 프로그램이 일을 마무리하고 의인들을 천국으로 데려가는 것이 아니라 이 세상을 청소하는 것이라면 그 청소는 "**변화된** 물질성"과 관련되어야 한다. 몸을 포함해서 창조세계 전체가 새로워져야 한다. 더욱이 하나님의 정의는 마카베오2서 7장에서 묘사되는 셀레우코스의 박해 기간에 죽임을 당한 자들과 같은 순교자들의 고통당한 몸들을 구속해야 한다.[234] 그러므로 하나님 나라가 도래했다고 이해한 바울과 다른 일부 그리스도인들은 하나님의 대청소가, 예수가 그 "첫 열매"(고전 15:12-13)인 보편적 부활과 더불어 시작되었다고 결론지었다. 신원되어야 할 순교자들이 많이 있었기 때문에 예수가 부활에서 그들보다 특권적 지위를 얻어서는 안 되었다. 예수의 부활은 하나님이 그를 다른 모든 이들보다 우월한 존재로 높이는 것이 아니었다.[235] 그것은 하나님의 우주적 대청소의 시작 또는 개시 사건이었다. 하나님의 공의가 현재를 준비하고 있는 과거에 대해 먼저 임하도록 해방자 예수는 그들과 함께 부활했다. 개인의 부활이 아닌 이 집단적 부활 사건은 바로 아래에서 논의될 지옥 정복 또는 탈취에서 드러난다. 아직 살아 있는 자들의 보편적 부활의 나머지 부분은 임박한 미래에 일어날 것이다.[236]

바울은 문자적으로 예수의 시신이 부활해서 빈 무덤을 남겼다고 말

---

233 Crossan(1994), 163.「바나바 서신」에 대한 그의 논평을 보라(149-52).

234 Stewart 편(2006), 25에 실린 Crossan and Wright, "Dialogue"에서 Crossan이 한 말; Stewart 편(2006), 175-76에 실린 Crossan, "Appendix"; Borg and Crossan(2006), 172-73과 비교하라.

235 Stewart 편(2006)에 실린 Crossan은 그런 해석을 "불가능하다"고 말한다(181); Borg and Crossan(2006), 173-74와 비교하라.

236 Stewart 편(2006), 27에 실린 Crossan and Wright, "Dialogue"에서 Crossan이 한 말; Stewart 편(2006), 176, 180-81에 실린 Crossan, "Appendix". Borg and Crossan(2006), 208-9.

하는 것이 아니라 시적인 용어를 사용했다. 예수는 살다 죽었고 여전히 살아 있다. 그러므로 부활은 썩은 고기를 먹는 동물들의 먹이가 된 예수의 시신과 관련이 없었다.[237] 바울은 은유를 사용하고 있다. 예수는 그가 하나님의 프로그램을 대표한다는 의미에서 하나님이다. 예수는 "사람들이 서구 지중해 세계 전역에서 예수를 통해 하나님의 권능을 경험하고 있다"는 의미에서 부활했다. "우리는 예수가 부활했다는 것을 이런 식으로 알고 있다."[238] 바울은 육체적인 예수의 부활에 대한 문자적 믿음을 신학적 "큰 웃음거리"로 간주했을 것이다.[239] 바울에게 **부활**은 예수의 지속적인 임재를 표현하는 "유일하게 가능한 방법"이었고 임박한 보편적 부활과 연결되어 있다. 그러나 종말은 오지 않았고 여전히 오지 않았기 때문에 오늘날 우리는 **부활**이 초기 그리스도인들이 경험하고 있었고 믿었던 것을 묘사하는 가장 좋은 방법인지 물을 수 있을 것이다.[240]

5.5.1.4. 지옥 정복. 크로산은 자기로 하여금 부활에 대한 은유적 이해에 동의하도록 가장 잘 설득하는 것이 어느 한 찬송가(「솔로몬의 송가」), (고대의 두 교회들에서 발견되는) 그림들, 어느 한 내러티브(「베드로복음」), 베드로전서에 실려 있는 두 텍스트(벧전 3:18-19; 4:6), 그리고 마태복음에 실려 있는 "이상한 미해결 부분"(27:52-53)에서 발견되는 지옥 정복(또는 탈취) 신학이라는 점을 인정한다.[241] 문자적으로 읽는다면, 첫 번째 부활절에 예루

---

237 Halstead(1995-1996), 520에 실린 Crossan. 다음 문헌들도 보라. Crossan(1994), 126-27; Borg(1999), 131; Craffert(2002), 98.

238 Halstead(1995-1996), 521에 실린 Crossan.

239 Halstead(1995-1996), 521에 실린 Crossan.

240 Crossan(1994), 164-65; 다음 문헌들과 비교하라. Copan 편(1998), 53에 실린 Crossan; Stewart 편(2006), 178에 실린 Crossan.

241 Borg and Crossan(2006), 181; Stewart 편(2006), 181에 실린 Crossan과 비교하라.

살렘 주변에는 많은 (아마도 수백 기의) 빈 무덤들이 있었을 것이다.[242]

지옥 정복은 「솔로몬의 송가」(*Odes of Solomon*, 42.10-20; 기원후 1세기 말 또는 2세기 초)에서 분명하게 묘사된다. 그 텍스트에 나오는 관련 진술은 아래와 같다.

> 스올이 나를 보고 산산이 부서졌다. 그리고 죽음은 나를 그리고 나와 함께 많은 사람들을 토해냈다.
>
> 나는 그의 죽은 자들 가운데서 살아 있는 자들로 회중을 만들었다. 그리고 살아 있는 입술로 그들과 말했다.
>
> 죽은 자들이 내게 달려왔다. 그들은 큰 소리로 외쳐 말했다. "하나님의 아들이시여, 우리에게 자비를 베푸소서. 당신의 친절을 따라 우리를 대하시고 어둠의 사슬에서 우리를 풀어주소서. 우리는 우리의 죽음이 당신에게 접근하지 못한다는 것을 아오니 우리가 당신에게 나아갈 수 있도록 문을 열어 주소서. 또한 당신은 우리의 구주이시오니 우리가 당신과 더불어 구원을 받게 하소서."[243]

지옥 정복은 그리스 정교회의 성화상에 나타난다. 첫 번째 그림은 구 카이로에 있는 성 사르기우스 교회에서, 그리고 두 번째 그림은 이스탄불에 있는 코라 교회에서 발견된다.[244]

지옥 정복은 「베드로복음」(10.39-42)에서도 발견된다. 이 텍스트

---

242 Stewart 편(2006), 182에 실린 Crossan, "Appendix"; Stewart 편(2006), 27에 실린 Crossan and Wright, "Dialogue"에서 Crossan이 한 말과 비교하라.

243 Stewart 편(2006), 181에 실린 Crossan; Crossan(1995), 196-97. 영어 번역은 Borg and Crossan(2006), 179에서 제공된 번역이다.

244 Borg and Crossan(2006), 180-82; Stewart 편(2006), 181에 실린 Crossan과 비교하라.

에서 예수는 두 천사들에 의해 무덤으로부터 운반되어 나온다. 천사들의 머리가 구름들에 닿은 반면 예수의 머리는 구름 위로 치솟았다. 그들의 뒤를 따라 무덤에서 십자가가 나왔다. 크로산은 "걷고 말하는 나무 십자가"가 아니라 십자가 모양의 행렬을 상상한다. 하늘로부터 한 음성이 들려온다. 그 음성은 잠든 자들이 설교를 들었는지 묻는다. 그러자 행렬은 그렇다고 대답한다."[245]

지옥 정복이 정경 복음서들에 나오는 것과 같은 보다 역사적인 어조의 내러티브에 들어맞지는 않지만, 그것은 "찬송과 성가의 시적 언어에는 감동적으로 아름답게" 들어맞는다.[246] 크로산과 보그는 베드로전서 3:18-19와 베드로전서 4:6 같은 베드로의 텍스트들을 추가적인 예로 제시한다.[247]

베드로전서 3:18-19: θανατωθεὶς μὲν σαρκὶ ζῳοποιηθεὶς δὲ πνεύματι· ἐν ᾧ καὶ τοῖς ἐν φυλακῇ πνεύμασιν πορευθεὶς ἐκήρυξεν ἐν ᾧ καὶ τοῖς ἐν φυλακῇ πνεύμασιν πορευθεὶς ἐκήρυξεν

육체로는 죽임을 당하시고 영으로는 살리심을 받으셨으니 그가 **또한** 영으

---

245 Crossan(1995), 197; Crossan(1991), 389; Borg and Crossan(2006), 176-77과 비교하라.

246 Borg and Crossan(2006), 178.

247 Crossan(1991)은 지옥 정복은 "신약성서에서는 언급되지 않았을 수도 있다"(388)라고 말했고 2006년에 Borg와 공동으로 쓴 책이 나올 때까지는 베드로전서의 두 텍스트에 호소하지 않았다. 공저자들이 자신들의 책에 나오는 모든 점에 서로 동의하지는 않는다는 점을 깨닫고서 나는 Crossan에게 혹시 그가 벧전 3:18-19; 4:6과 관련된 문제에 대해 그의 의견을 바꿨는지 물었다. 그는 2008년 5월 21일에 내게 보낸 개인 이메일에서 자기가 실제로 마음을 바꾸었으며 자기는 지옥 정복이 이런 텍스트들 안에 있는 찬송 부분들 속에 들어 있다고 확신한다고 말했다.

로 가서 옥에 있는 영들에게 선포하시니라.[248]

베드로전서 4:6: εἰς τοῦτο γὰρ καὶ νεκροῖς εὐηγγελίσθη, ἵνα κριθῶσι μὲν κατὰ ἀνθρώπους σαρκὶ ζῶσι δὲ κατὰ θεὸν πνεύματι.

그래서 죽은 자들에게까지도 복음이 전파되었으니 이는 육체로는 **사람들 앞에서처럼** 심판을 받지만 영으로는 **하나님 앞에서처럼** 살게 하려 함이라.[249]

크로산은 보편적 부활에 대해 바리새파적으로 이해하는 사람들은 "매우 이른 시기의 것"임이 분명한 지옥 정복과 같은 측면에서 사고할 필요가 있었다고 주장한다.[250] 그러나 시간이 흐르면서 다음 네 가지 요인

---

248 이 텍스트는 초기 그리스도인들이 가르쳤던 예수의 부활한 몸의 본질에 관한 논의에 기여한다. 베드로는 예수의 부활한 몸의 본질에 관해서 다른 언급을 하지 않는다. 그러므로 여기서 그는 예수가 그의 신체로는 죽었고 오직 영으로만 부활했다는 것을 가리킬 수 있다(즉, **영적인** 또는 **천상적인** 부활). 내게는 이것이 가장 쉬운 번역으로 보인다. 그러나 여격은 영역을 가리키는 처소격으로 해석될 수도 있다: "**육체의 영역에서는** 죽임을 당했으나 **영의 영역에서는** 살아났다." 달리 말하자면 예수는 땅의 존재라는 영역 안에서는(또는 육에 의해 생기가 부여되는 몸으로는) 죽임을 당했고 천상의 존재라는 영역 안에서는(또는 영에 의해 생기가 부여되는 몸으로는) 살아났다. 이 해석은 고전 2장과 15장에 나오는 바울의 사상과 비슷할 것이다. 롬 1:3-4도 보라. NET도 벧전 4:6에 대해 그럴듯해 보이는 해석을 제공한다. "이제 바로 이 목적을 위해 복음이 지금 죽어 있는 자들에게도 선포되었으니, 이는 육신 안에서는 사람의 기준에 의해 심판받았지만 영적으로 하나님의 기준에 의해 살게 하려 함이라." 또한 나는 앞에서(3.2.3.4.d; 4.3.3.9) 예루살렘의 사도들—베드로도 그중 하나였다—이 예수가 육체적으로 부활했다고 보고하고 있었을 개연성이 아주 높다고 주장했다. 내가 옳다면 베드로전서가 베드로 자신이 쓴 것이거나 베드로의 사상을 반영하고 있는 한, 베드로전서를 예수의 부활 후 상태를 육체 이탈 상태로 여기도록 해석할 수 없다.

249 저자의 번역이다. 처음에는 κατὰ ἀνθρώπους를 "사람들로서"로 번역하기 쉽다. 그러나 그럴 경우 평행하는 표현인 κατὰ θεὸν("하나님으로서")을 번역하기 어려워진다. Ramsey(2002), 238을 보라.

250 Stewart 편(2006), 388에 실린 Crossan; Stewart 편(2006), 27에 실린 Crossan and Wright, "Dialogue"에서 Crossan이 한 말과 비교하라; Crossan(1995), 197; Borg and Crossan(2006), 182.

들이 그런 사고를 중요하지 않은 것으로 만드는 데 기여했다.[251] 첫째, 그것은 "강력한 유대-기독교적" 전통이었고, "미래는 그 전통의 흐름에 달려 있지 않았다."[252] 둘째, 그것은 "차분하게 신화적이다."[253] 예수는 마귀들에게 죽임 당했고, 계획대로 지옥에 내려갔고, 승리를 구가하며 그곳에서 벗어났다.[254] 셋째, 그것은 수많은 교리 문제들을 만들어냈다. 예수가 지옥에서 이끌고 나온 사람들은 지옥에서 풀려나기 전에 그리스도인이 될 필요가 있었는가? 그들은 세례 받을 필요가 있었는가? 누가 해방되었는가—모든 사람이었는가, 아니면 의인들뿐이었는가?[255] 네 번째 이유가 가장 강력했다. 예수는 어떻게 승천하기 전에 의인들의 집단적 부활을 하늘로 이끌고, 제자들에게 홀로 출현할 수 있었는가?[256]

크로산은 지옥 정복의 흔적이 마태복음 27:52-53에서 나타나는데 그 구절은 이 네 번째 문제를 해결하려는 시도였을 수 있다고 생각한다.

> καὶ τὰ μνημεῖα ἀνεῴχθησαν καὶ πολλὰ σώματα τῶν κεκοιμημένων ἁγίων ἠγέρθησαν, καὶ ἐξελθόντες ἐκ τῶν μνημείων μετὰ τὴν ἔγερσιν αὐτοῦ εἰσῆλθον εἰς τὴν ἁγίαν πόλιν καὶ ἐνεφανίσθησαν πολλοῖς.

> 무덤들이 열리며 자던 성도의 몸이 많이 일어나되 예수의 부활 후에 그들이 무덤에서 나와서 거룩한 성에 들어가 많은 사람에게 보이니라.

---

251 Crossan(1991), 388-89; Borg and Crossan(2006), 182-84와 비교하라.
252 Crossan(1991), 388.
253 Crossan(1995), 197; Borg and Crossan(2006), 182와 비교하라.
254 Crossan(1991), 388.
255 Crossan(1995), 197; Crossan(1991), 388.
256 Crossan(1995), 197; Crossan(1991), 388.

마태복음 27:52-53에 실려 있는 이상한 이 보고는 집단적 지옥 정복과 승천 이전의 개별적 출현들을 유지하려고 한다. 그러나 "그 부분에 대한 현재의 수정에서 장엄한 지옥 정복은 이미 상실되었다."[257] 이후 속사도 시대 문헌에서는 사도들과 교사들이 죽은 후에 지옥 정복을 이끄는 것으로 묘사한다.[258] 크로산에게 지옥 정복이 중요하지 않게 된 것은 "가장 초기의 기독교 신학의 가장 중대한 손실들 중 하나"다.[259]

크로산의 가설(CsH) 요약

- 예수의 부활에 대한 문자적 해석은 다음과 같은 여섯 가지 문제에 부닥친다. 문자적 해석은 세상에 대한 관찰 의견에 반하는 유신론적 세계관을 요구한다. 문자적 해석은 그렇지 않다면 그리스도인이 될 수도 있을 무신론자들 앞에 걸림돌을 놓는다. 문자적 해석은 기독교에 유일하게 참된 종교라는 특권을 부여한다. 그와 유사한 이야기들이 다른 종교들 안에도 있기 때문에 문자적 해석은 예수의 부활에 관한 이야기들이 나타나는 문화를 오해하는 것이다. 예수의 부활을 문자적으로 해석할 경우 많은 신학 문제 및 텍스트와 관련된 문제들이 제기된다. 마지막으로, 문자적 해석은 예수의 부활 배후의 의미를 무시하는 경향이 있다.
- 바울은 무아지경 상태에서 예수에 대한 환각을 경험했다. 이것은 누군가에게 예수가 실제로 출현한 유일한 경우였다.
- 다른 그리스도인들은 하나님 나라가 예수가 죽은 후에도 여전히

---

257 Stewart 편(2006), 181에 실린 Crossan.

258 Herm. *Sim*. 9.16.5-7. Crossan(1991), 388-89를 보라; Borg and Crossan(2006), 183-84와 비교하라.

259 Stewart 편(2006), 181에 실린 Crossan.

존재하며 작동하고 있다고 인식했다. 이런 인식은 주해, 환상, 집단적 및 개별적인 심리적 황홀경 경험을 통해 나왔고, 그런 경험들은 모두 그들이 예수가 어떤 의미에서 여전히 살아 있으며 하나님 나라가 여전히 그들 가운데 있다고 확신한 **뒤에** 발생했다.

- **부활**은 초기 그리스도인들이 예수를 통한 하나님 나라의 임재와 권능을 표현한 유일한 방법이었다.
- 십자가복음이 원래의 수난 내러티브였고 「베드로복음」 안에 부분적으로 보존되어 있다. 「베드로복음」의 현재 형태는 십자가복음이 수정된 것이기는 하지만 정경 복음서들보다 앞선다. 즉 현재 형태의 「베드로복음」은 정경 복음서들보다 시기적으로 앞선다.
- 정경 복음서들에 등장하는 빈 무덤 내러티브는 마가에 의해 고안되었다.
- 정경 복음서들에 기록된 출현 이야기들은 바울이 무아지경 상태에서 경험한 환상과 크게 다르다. 그 이야기들은 실제 출현과는 아무 관계가 없고 오히려 교회 지도자들의 권위와 우선순위에 대한 표현이다. 초기 그리스도인들은 부활 내러티브를 문자적 의미로 해석하는 사람들로 인해 모욕감을 느꼈을 것이다.
- 초기 그리스도인들은 세상에 대한 하나님의 대청소가 시작되었고 하나님 나라의 최종 완성이 곧 일어날 것이라고 이해했다. 그들 중 일부는 이 문제를 예수의 부활이라는 관점에서 생각하지 않았다(「도마복음」, 「바나바 서신」). 다른 이들—그들 중 바울이 가장 두드러진다—은 마지막 날에 있을 보편적 부활에 대한 기존의 유대 개념을 변화시켰다. 하나님은 예수를 통해 보편적 부활을 시작했고 예수는 자기와 함께한, 죽은 성도들의 행렬을 이끌었다.

그것은 개인의 부활이 아니라 집단적 부활이었다.

- 바울은 예수와 예수가 지옥에서 해방시킨 이들의 시신에 일어나는 문자적인 육체적 부활을 믿지 않았다. **부활**은 그가 사용한 은유였다. 그는 예수가 몸을 가진 존재로 살았다는 것을 믿었지만 그 몸은 그의 시신과 연속성이 없었다. 예수의 시신은 여전히 그리스도인들에게 알려지지 않은 어느 곳에 누워 썩어가면서 부패한 고기를 먹는 짐승들에게 먹히고 있었다.
- 십자가복음과 「베드로복음」(즉, 가장 초기의 복음 전승들)에 들어 있는 지옥 정복이라는 주제는 아주 이른 시기의 것이고 예수가 부활했다는 믿음을 낳은 것과 동일한 배경적 믿음에 의해 요구되었다. 시간이 흐르면서 그 주제는 중요하지 않게 되었다.

5.5.2. 분석과 우려

크로산은 예수의 부활에 관해 혁신성의 측면에서 타의 추종을 불허하는 독특한 견해를 제시한다. 지금까지 살펴본 표준적인 자연주의적 가설들과 달리 크로산은 우리를 새로운 곳으로 이끌어간다. 그리고 우리는 크로산이 자신의 제안의 약점을 인정하면서도 우리에게 그 가설을 고려해 달라고 부탁하면서 보이는 애교와 겸손에 감탄한다.

5.5.2.1. 크로산의 여섯 가지 우려들. 크로산은 예수의 육체적 부활에 대한 문자적 해석을 제안하는 것에 대한 여섯 가지 우려를 제시한다. 그의 첫 번째 우려는, 문자적 해석은 세계에 대한 유신론적 이해를 요구하는데 그 자신은 하나님이 세상에서 복음서들에 묘사되는 방식으로 활동하는 것을 보

지 못한다는 것이다. 이미 이 이의와 관련된 문제들에 대해 논의했지만,[260] 여기서는 두 가지를 지적할 수 있을 것이다. 크로산은 현대 세계에서 하나님의 공개적이고 기적적인 활동들을 목격하지 못했지만 다른 많은 사람들은 자기들이 그런 활동들을 목격했다고 주장한다. 그러므로 크로산이 이끌어내는 경험의 원천이 아주 제한적이다. 둘째(그리고 이 점이 더 중요하다), 만약 하나님의 아들이 실제로 이 땅을 방문했다면 그의 부재 상태에서는 일반적으로 관찰되지 않는 현상들이 보고된다 해도 놀랄 일이 아닐 것이다.

예수의 부활을 문자적으로 해석하는 것에 대한 크로산의 두 번째 우려는 그 해석이 비그리스도인들이 기독교 신앙을 수용하지 못하게 할 수도 있다는 것이다. 이런 이의는 일종의 **훈제 청어**(red herring)다.[261] 그것은 논리적으로 관련이 없는 다른 문제를 제기함으로써 역사성 문제에서 다른 곳으로 관심을 돌린다. 그것은 어느 보수적인 그리스도인이 만약 예수가 죽은 자들 가운데서 문자적으로 부활하지 않았다면 기독교는 거짓 종교이고 추종자들 중 일부를 잃게 될 수 있다고 주장하는 것과 다르지 않다. 그런 결론은 예수가 죽은 자들 가운데서 부활했는지 여부를 가리는 데 도움이 되지 않는다. 크로산의 우려는 복음전도를 위한 노력에 관심이 있는 사람들에게는 실용적이다. 크로산은 자기가 다른 사람들을 끌어들이기 위해 홍보하는 것과 같은 의미에서 다른 사람들이 자신들을 그

---

260 이 책의 2.2를 보라.

261 "훈제 청어"라는 용어는 여우사냥 스포츠에서 나왔다. 여우사냥 때 사냥개들의 냄새를 없애기 위해 붉은 색을 띠는 말린 훈제 청어를 주된 사냥 경로를 가로질러 숲으로 끌고 간다. 논리 영역에서 "훈제 청어"는 본래의 주제와 무관한 논증을 가리킨다. 그것의 위험은 그것이 재미있다는 데 있다. 관찰자들은 자신들이 논의되고 있는 문제를 푸는 데 기여하지 않는 주제에 대해 논의하고 있음을 발견하게 될 수 있다.

리스도인으로 밝히기를 바랄지도 모른다. 예수의 초기 추종자들이 **그리스도인**에 대한 크로산의 정의를 알아볼 수 있었을 것인가라는 문제는 차치하더라도, 크로산은 만약 자기의 정의가 그리스도인이 된다는 것이 실제로 무엇을 의미하는가라는 문제에 관한 것이라면 현재 기독교 신앙을 수용하고 있는 많은 사람들이 기독교에 대한 흥미를 잃게 될 수도 있다는 점을 고려했는가? 예를 들어 게르트 뤼데만은 예수는 실제로 죽은 자들 가운데서 부활한 것이 아니라는 결론을 내린 직후에 무신론자가 되었고 "만약 부활의 비역사성이 확실하다면 '부활의 실재'에 관해 무언가를 쓰는 것은 의미 없는 일이다"라고 말했다.[262] 만약 크로산이 걸림돌을 제거하는 데 참으로 관심이 있다면 그는 자신이 그 과정에서 더 큰 새로운 걸림돌을 놓고 있을 수도 있다는 것을 알아야 한다.[263] 메시아가 십자가에 달렸고 부활했다는 믿음은 1세기에 유대인들에게는 걸림돌이었고 이방인들에게는 어리석은 일이었는데(고전 1:23; 행 17:32), 크로산의 이의는 부활 신앙이 오늘날에도 여전히 그러함을 상기시킨다. 현재 교회 회원 수의 증가나 감소 추세가 어떠하든지 간에, 신앙을 가장 잘 홍보할 수 있는

---

262 Lüdemann(2004), 17; R. Brown(*Introduction to New Testament Christology*, 1994), 165와 비교하라. 고려해 볼 만한 또 다른 요점이 있다. Stewart 편(2006)에 실린 Crossan은 미래의 하나님의 대청소 완성에 관한 초기 그리스도인들의 예측은 2천년 이상을 빗나갔음을 지적한다(178). 그렇다면 CsH에 따르면 우리에게는 무엇이 남아 있는가? 결국 대청소가 시작되지 않은 것인가, 아니면 초기 그리스도인들이 단지 미래의 완성에 관해서만 틀렸던 것인가?

263 최근의 데이터는 북미지역 기독교 교회들에 어떤 일반적인 경향이 있음을 보여준다. 자유주의 진영 쪽으로 옮겨가는 교회들은 교인들을 잃고 있는 반면에 보다 확고한 정통 입장을 고수하는 교회들은 교인들을 얻고 있다. Eileen W. Lindner 편, *Yearbook of American and Canadian Churches: When Did We See Thee Sick: Congregations Respond*(Nashville: Abington, 2008)를 보라. "U.S. Religious Landscape Survey," The Pew Forum on Religion and Public Life, 〈http://religous.pewforum.org/reports〉(2008년 5월 28일 접속)에 실려 있는 2007년 결과도 보라. 이 보고서는 복음주의 개신교(26.3%)와 가톨릭교회(23.9%)가 주류 개신교 교회들(18.1%)보다 미국의 성인들을 더 많이 끌어들이고 있음을 보여준다. Stark(2008), 5-6도 보라.

방법이 무엇인가 하는 것은 역사가의 관심사가 아니다.

크로산의 세 번째 우려는 본질상 **윤리적**이다. 하나님이 예수만을 부활시켰다는 견해는 기독교만이 유일하게 참된 종교라고 주장하는 것이다. 이 이의도 역사적 질문과 무관한 훈제 청어다. 이 이의는 진실을 외면하고 "무엇이 발생했는가?"보다 "지금 무엇을 할 것인가?"에 관심을 기울인다. 예수의 가르침을 따르는 것이 하나님을 기쁘게 하는 유일한 길**이고** 다른 종교들은 이 점에서 부족하다면 어떻게 되는가? 크로산의 주장은 사실상 많은 사람들을 진리에서 멀어지게 한다.

2007년 7월에 내 모친은 오른쪽 가슴에서 혹을 발견했다. 당시 내 모친은 67세였고 5년 넘게 유방 X선 사진을 찍지 않았었다. 내 모친은 신속하게 주치의와 진료일자를 잡았다. 여러 검사를 한 후에 의사는 내 모친이 유방암 4기이며 암이 림프절과 척추까지 퍼져 있다는 심각한 소식을 전했다. 의사는 몇 달간 화학요법을 실시한 후 오른쪽 유방과 림프절 제거 수술을 하고 7주간의 방사선 요법과 이어서 몇 개월의 특수 약물 치료를 받으라고 권했다. 내 모친은 그것이 어려운 과정이 되리라는 말을 들었다. 내 모친은 아프고 피로감을 느낄 것이고, 식욕과 머리카락을 잃게 될 것이고, 부쩍 늙게 될 터였다. 그러나 이것은 내 모친이 암에서 살아남을 기회를 가지려면 반드시 필요한 과정이었다. 그런데 의사가 이런 말을 덧붙였다면 어떠했겠는가? "물론 제가 추천해드린 모든 것이 효과가 있다는 보장이 없으며 오히려 환자 분이 비타민 C 섭취를 늘리고 자주 치킨수프를 먹고 긍정적으로 생각해야 한다고 주장하는 사람들도 있습니다. 저는 그런 과정을 권해드리지 않지만 제가 누구기에 그들이 틀렸다고 말함으로써 제 의견에 특권을 부여하겠습니까?"

우리는 의료 전문인이 그런 말을 하면 터무니없다고 여길 것이다. 그렇다면 왜 크로산 같은 종교전문학자의 그런 말을 용납해야 하는가? 그는 예수의 부활과 같이 문제가 되는 특정한 종교적 주장에 관심이 없거나 그 주장을 진리로 여기지 않고 있음이 분명하다. 그러나 그는 데이터를 조사하기도 전에 이 가능성을 선험적으로 배제한다. 윤리적 이의는 데이터에 대해 면밀히 조사해보고 예수가 죽은 자들 가운데서 부활하지 않았다는 확고한 결론이 내려진 다음에 제기되어야 한다. 크로산의 윤리적 이의는 "우리 모두 사이좋게 지낼 수는 없는가?"라고 말하는, 감정적이고 심지어 정치적이기까지 한 호소다. 그러나 그것은 역사에 관련된 주장이 아니다. 크로산은 역사적 진실이라는 말에 신학적 함의라는 수레를 달아 놓았다.[264]

윤리적 이의는 하나의 문화적 태도를 다른 태도보다 선호하기 때문에 문화적으로도 무감각하다. 앞에서 지적했듯이 크로산의 윤리적 이의는 특정 종교 전통에 대해 강한 확신을 갖고 있지 않은 사람들을 달랠 수는 있지만 그런 확신을 갖고 있는 사람들을 소외시키는 경향이 있다. 그러므로 만약 크로산이 그런 주장을 하는 목적들 중 하나가 연합시키는 것이라면, 그 주장은 이 점에서 실패하게 되어 있다.

에이미 질 레빈은 크로산 같은 학자들이 그의 두 번째와 세 번째 우려에서 제시하는 주장들에 맞서 강력한 반론을 제시한다.

> 소수 집단의 관점들을 대변하는 자료들이 지속적으로 출간된다는 사실이 시사하듯이, 학문의 지형이 불가피하게 [다원주의 쪽으로] 향하는 것은 아니다. 비다원주의적 접근법이 반드시 문화 인식·학문 또는 "신학"을 배반하는 것도 아니다. 학자들은 자유롭게 자신의 청중을 택할 수 있어야 하며 비다원주의적 해석도 역사적 신뢰성을 주장할 수 있다. 우리가 다원주의나 문화적 감수성이라는 우상을 위해 분파적인 가치들을 희생시켜야 한다고 주

264 Ehrman도 이 문제에 대해 잘못을 저지른다. 이 책의 2.5를 보라.

장하려면 더 나은 논거가 제기될 필요가 있을 것이다. 배타주의가 그 광고 문구들이 주장하듯이 "도덕적으로 의심스러운 것"일 필요는 없다. 성경의 텍스트나 그에 대한 어떤 해석에 동의하지 않을 수는 있지만, 동의하지 않는다고 해서 개인들이든 교회들이든 다른 사람들이 배타주의적인 해석을 유지하지 못하도록 막아서는 안 된다. 나는 다른 사람의 해석이나 전제가 다원주의적이지 않기 때문에 여하튼 틀렸다고 주장하는 것이 "도덕적으로 의심스럽다"고 생각한다. 어떤 상황에서는 분파적인 해석이 정당화될 수 있다. 복음주의 그리스도인은 자유롭게 나를 기독교로 개종시키고자 할 수 있어야 한다. 그런 시도는 성경적으로 정당하며 복음주의적(배타주의적) 신학과 일치한다. 나는 자유롭게 "고맙지만 사양하겠어요"라고 말할 수 있다. 나는 누군가가 내게 내가 "소중하게 간직해온 고백적 전통들"의 가치가 제한적이라고 말하는 것을 원치 않는다. 나는 주제넘게 다른 사람에게 그와 동일한 일을 하려고 하지도 않는다.[265]

몇 해 전에 나는 올드도미니언 대학교 캠퍼스에서 어느 무슬림 교수와 공개토론을 한 적이 있다. 질의응답 시간에 청중 한 사람이 내게 왜 그 무슬림 교수와 내가 서로 증오하느냐고 물었다. 그런데 사실 그날 저녁 행사 때 우리 두 사람은 서로에게 매우 우호적이었다. 나는 내가 그를 증오하지 않으며 그가 나를 증오한다고 여기지도 않는다고 대답했다. 만약 내가 그의 견해가 내 견해만큼 타당하다거나 사실 면에서 참되다고 말한다면, 그는 나를 존중하지 않을 것이고 나를 종교적 확신이 약하거나 부족한 사람으로 여길 것이다. 중동 문화에서는 특히 그렇다. 나는 우리 두 사람 모두 자신의 종교가 다른 종교를 배제할 만큼 참되다고 강력하

265 Penner and Stichele 편(2005), 195-96에 실린 Levine.

게 확신하고 있기 때문에 그런 말은 다소 모욕적으로 들릴 것이라고 덧붙였다. 그러므로 만약 내가 무슬림의 견해가 기독교의 견해만큼이나 타당하다고 주장한다면, 그는 내 말을 이슬람에 대한 심각한 비하로 여길 것이다. 나는 우리가 상대방이 소중히 여기는 견해들에 가장 강력하게 불일치하면서도 여전히 그 상대방이 그런 견해들을 가질 권리를 인정하고 심지어 옹호할 수도 있다고 말하는 것으로 대답을 마무리했다. 사실 우리는 정치 영역에서도 그렇게 한다.

크로산의 네 번째 우려는 예수가 죽은 자들 가운데서 문자적으로 부활했는지에 대한 논쟁이 벌어질 때 문화적 오해가 발생한다는 것이다. 예컨대 보수주의자들은 다른 종교들 안에 유사한 전승들이 있으며 따라서 그 전승들이 문자적 의미로 해석되도록 의도되지 않았다는 것을 인식하지 못한다. 크로산의 우려는 어느 정도 타당하다. 왜냐하면 죽었다가 부활하는 신들에 관한 신화가 몇 개 있는데 이 신화들은 기독교보다 시기적으로 앞서기 때문이다. 그러나 그 신화들 중 어느 것도 예수의 부활과 분명하게 평행하지 않는다는 점을 상기할 때 그런 신화들의 영향은 크게 줄어든다.[266] 또한 예수 전후 2백 년 이내에 살았던 어떤 이가 행한 것으로 알

266 다음 문헌들을 보라. Habermas(2003), 30; Habermas("Replies," 2001), 78; Mettinger(2001), 221; Montefiore(2005), 114; Wagner(1968), 269; Wright(2003), 36. 아마도 고대 근동에서 죽었다가 살아나는 신들이라는 주제에 관해 가장 최근에 이루어진 철저한 논문은 T. N. D. Mettinger(2001)의 저작일 것이다. Mettinger는 고대에 죽었다가 살아나는 신에 대한 분명한 모티프가 존재하지 않았다는 점에 대해 학자들의 합의가 이루어지고 있다고 말한다. 그러나 그는 그런 합의에 대해 이의를 제기하고 자신이 행한 최근의 연구는 다른 결론에 도달했다고 주장한다. "지금은 [고대 근동 세계의 죽었다가 살아나는 신] 개념의 적정성을 부정하는 학문적 합의에 가까운 것이 있다. 여전히 달리 생각하는 사람들은 거의 멸종된 종의 잔존물로 간주된다. 나는 연구 결과 이런 학문적 합의에 도전하고 내가 매우 존경하는 여러 동료 학자들에게 동의하지 않게 되었다"(7). Mettinger의 연구는 인상적이다. 그는 고대 근동에는 죽었다가 살아나는 신에 관한 아주 분명한 세 가지 예(두무지, 바알, 말카트)가 있으며 아마도 두 가지 다른 예(에쉬문과 아도니스)가 있을 수 있다고 주장한다(218). Mettinger는 그의 연구 결과 다음과 같은 네

려진 기적들의 숫자는 예수의 기적과 비교해보면 극소수다.[267] 더욱이 앞에서 논의했듯이 역사적 예수 학자들은 예수가 자기와 그의 추종자들 모두가 기적과 축귀로 간주했던 놀라운 일들을 행했다는 결론이 증거를 통해 정당화된다는 데 거의 만장일치로 합의한다.[268] 고대의 여러 다른 인물들에 대해서는 이런 말을 할 수 없다. 왜냐하면 그들과 관련해서는 순전히 전설의 영향이라거나 다른 자연주의적인 설명들이 더 그럴듯해 보이는 경우가 많기 때문이다.[269]

크로산은 또한 이런 종류의 사건들이 일어났다는 것에 반대하는 회의주의자들을 질책한다. 회의주의자들이 그런 사건들이 일어났다고 믿

가지 결론에 이른다. (1) "고대 근동 종교의 세계는 사실상 죽었다가 살아나는 신들로 묘사하는 것이 적절할 수 있는 많은 신들을 알고 있었다"(217). (2) 이런 예들은 "시대가 바뀌기 전, 즉 기독교 이전 시대에 오랫동안" 존재했다(217). (3) "우리는 이런 신들을 특정 형태의 '**죽었다가 살아나는 신**'으로 상정해서는 안 된다. 오히려 그렇게 언급된 신들은—비록 우리가 연상과 혼합주의에 대한 경향을 발견하기는 했지만—아주 다른 유형의 신들이다"(218). (4) "죽었다가 살아나는 신들은 식물의 생명의 계절적인 순환과 밀접하게 관련되어 있다. 여름 가뭄은 그들의 죽음을 제의적으로 애도할 수도 있는 때다. 겨울비와 홍수 이후의 시기는 신들의 귀환을 경축할 기회를 제공할 수도 있다"(219). 죽었다가 살아나는 신으로서의 예수는 어떠한가? Mettinger는 그 질문에 대한 답은 자신의 연구 범위를 넘어선다고 말한다. 그러나 그는 다음과 같이 지적한다. (1) 가장 초기의 그리스도인들에게 "예수의 부활은 지구상의 어느 특정 지점에서 발생한 일회성이고 역사적인 사건이었다. 빈 무덤은 역사적 데이터로 간주되었다"(221). (2) 죽었다가 살아나는 신들은 그들의 죽음과 귀환이 식물의 생명의 변화에서 반영되는 방식으로 계절의 순환과 밀접하게 관련되어 있는 반면, 예수의 죽음과 부활은 "반복되지 않고 계절의 변화와 무관한 일회성 사건이다"(221). (3) "자료들에서 예수의 죽음은 대리적 고통으로 또한 죄에 대한 속죄의 행위로 표현된다. 두무지의 신화에는 동시에 두 지점에 존재한다는 개념과 대리 개념이 존재하기는 하지만 죄를 대속하는 고통으로 죽었다가 살아나는 신들에 대한 증거는 없다"(221). (4) "내가 아는 한 예수의 죽음과 부활이 주변 세계의 죽었다가 살아나는 신들의 신화와 의식들에 의존하는 신화적 구성이라는 **외형상으로 분명한** 증거는 없다. 유대교의 부활 신앙의 배경이라는 이점을 안고 연구해보면 예수의 죽음과 부활에 관한 믿음은 종교사에서 독특한 위치에 있다. 그 수수께끼는 풀리지 않았다"(221).

267 Twelftree(1999), 247.

268 이 책의 4.2.1을 보라.

269 이 책의 2.5를 보라.

었던 고대인들의 세계관을 적절하게 다루지 않기 때문이다. 그러나 회의주의자들은 오늘날과 마찬가지로 고대에도 있었다.[270] 그러니 고대인들 모두가 예수가 일으켰다고 이야기되는 일들이 실제로 일어났다고 믿었던 것은 아니다. 또한 예수의 부활이라는 역사적 문제에 관심이 있는 회의주의자들은 그들이 다른 세계관을 갖고 있다는 이유로 그런 연구를 금지당해서는 안 된다. 역사가들은 자기들이 설명하는 것을 보다 잘 이해하기 위해 자기들이 연구하는 사람들의 세계관을 이해할 필요가 있다. 그럼에도 모든 역사가들은 불가피하게 자신의 세계관에 따라 고대의 보고들의 역사성을 판단하게 된다. 실제로 우리는 크로산의 첫 번째 우려에서 크로산 자신이 바로 이렇게 하는 잘못을 저지르고 있음을 살펴보았다. 크로산은 오늘날 하나님이 복음서에 묘사된 방식으로 행동하는 것을 보지 못하며 따라서 하나님이 1세기에도 그런 식으로 행동하지 않았다고 결론짓는다.[271]

---

270 Davis(1993): "요한복음 20장에 실려 있는 부활 이야기에 대한 도마의 반응에 관한 기록과 사도행전 17장에 실려 있는 스토아 학파와 에피쿠로스 학파 철학자들의 반응에 대한 기록은 죽은 자가 다시 살아난다는 개념이 1세기 사람들에게도 오늘날 우리에게 만큼이나 지적 스캔들에 해당했음을 암시하는 것으로 보인다. 대체로 나는 1세기 사람들이 우리보다 더 미신적이거나 잘 속거나 정말 어리석었다고 믿지 않는다"(37-38). 비록 고대의 많은 역사가들이 오늘날 많은 역사가들처럼 철학적 토대에서 기적의 가능성을 선험적으로 무시하지는 않았다고 할지라도, 그들은 그런 이야기들을 회의적으로 바라보았다. Hemer(1990)는 "[고대] 작가들 중 많은 이들의 특징을 이루는 회의주의와 고지식함 사이에서의 동요와 모호한 태도"를 지적한다. "어쨌든 초자연적 현상은 아주 이례적으로 진기한 현상이다"(428-29). 그는 계속해서 이렇게 말한다. "고대 작가들이 완전히 순진하거나 잘 믿었던 것이 아니라—비록 증거를 현대의 역사가들과는 다른 방식으로 평가했겠지만—증거를 토대로 기적 이야기들을 받아들이거나 거부했다는 것은 분명하다. 예컨대 불사조에 관한 헤로도토스의 언급(2.73)을 보라"(441). 기적에 관한 주장을 무비판적으로 받아들이지 않았던 예수 시대에 인접한 시기의 역사가들에 관한 예는 Tacitus *Ann*. 1.28과 Suetonius *Nero* 56; *Vesp*. 4를 보라.

271 Crossan(1994): "나는 누구든·어느 곳에서든·언제든 죽은 사람을 되살려낸다고 생각하지 않는다"(95).

크로산의 다섯 번째 우려는 예수의 부활에 대한 문자적 해석이 출처 자료와 관련해서 여러 난점을 야기한다는 것이다. 부활 내러티브들에 조화시킬 수 없는 차이들이 있으며 사용된 언어는 역사적인 것으로 보이지 않는다. 이 문제는 위에서 이미 다뤘고 아래에서 더 깊이 다룰 것이다.[272] 여기서는 설명들이 상충한다고 해서 **양쪽 모두** 틀렸다는 결론이 정당화되지는 않는다는 점을 기억하기만 하면 된다. 더욱이 설명들 사이의 차이들은 대부분 지엽적인 세부내용들에서 발생하며 핵심적인 내용은 쉽게 동일함을 입증할 수 있다. 또한 예수의 부활과 관련해서 사용된 언어는 은유적 의미보다는 문자적 의미로 해석될 때 훨씬 더 자연스럽다(이 점에 대해서는 아래에서 더 설명한다).

크로산의 여섯 번째이자 마지막 우려는 예수 부활의 문자적 이해에 초점을 맞추는 사람들은 종종 예수의 부활이 전하는 의미를 무시한다는 것이다. 나는 크로산의 주장에 동의한다. 그러나 이 점은 학자들에게 예수의 부활에 관한 보고들에 실제적 적용 측면이 있음을 상기시켜줄 뿐, 그것이 역사적 질문을 포기해야 할 이유는 아니다. 또한 학자들이 역사적 질문을 포기하고 의미에만 초점을 맞춘다면 학자들이 부활에 부여하는 의미에 관한 의견들이 서로 충돌하게 될 것이다. 그렇게 되면 크로산이 싫어하는 교착상태는 제거되지 않을 것이다. 크로산은 적어도 우리는 사회적 불의와 싸우는 방법에 관해 토론하게 될 것이라고 대답할지도 모른다. 그렇게 되면 확실히 유익을 제공할 수도 있지만 또한 크로산이 역사보다 인류학과 신학에 더 관심이 있음을 보여줄 수도 있다. 여가 시간에 사회적 불의를 줄이기 위해 노력하는 역사가를 칭찬할 수 있을 것이다. 그러나 그가 역사가로서 자신의 전문 영역 안에서 활동할 때에는

---

272 이 책의 2.5를 보라. 아래의 5.7.2.4도 보라.

그것이 그 역사가의 주된 관심사가 되어서는 안 된다. 그럴 경우 그의 역사 연구의 무결성이 훼손될 위험이 있다.[273]

또한 부활의 의미에 대한 크로산의 해석이 다음과 같은 그의 역사적 결론과 불가분하게 연결되어 있다는 점도 인식할 필요가 있다. "초기 그리스도인들은 **부활**이라는 용어를 예수의 시신이 살아났다는 조잡한 문자적 의미로 이해한 것이 아니라 예수 안에서 역사했던 하나님의 권능과 임재가 예수의 부재시에도 여전히 경험될 수 있다는 것을 의미했다." 부활에 대한 문자적 이해에서도 유사한 의미를 발견할 수 있다. "예수가 죽은 자들 가운데서 문자적으로 부활했기 때문에 하나님 나라가 왔다는 그의 주장은 사실이었다. 죄 용서를 받을 수 있고 예수를 만난 적이 없는 사람들까지도 예수 안에 있는 하나님의 권능과 임재를 경험할 수 있게 된다." 회의주의자는 정반대의 역사적 결론과 의미에 도달할 수도 있을 것이다. "예수는 죽은 자들 가운데서 부활하지 않았다. 바울과 초기 그리스도인들의 경험은 오직 환각, 집단적 황홀경 그리고 정치적 논쟁과 같은 자연적인 현상들과만 관련이 있었다. 그들이 자신들의 교제 안에서 하나님의 지속적인 권능과 임재를 느끼기는 했지만 그것은 단지 망상이었다. 왜냐하면 나는 오늘날 세상에서 실제 하나님이 그런 식으로 활동하는 것을 보지 못하기 때문이다. 현대의 유사한 경험들도 망상이다. 비록 이런 경험이 어떤 사람들에게는 위로와 방향을 가져다줄지라도, 우리는 망상의 삶을 사는 것이 더 좋은지 아니면 현실과 직면해서 현실을 다루는 것이 더 좋은지 물을 수 있을 것이다. 그리고 망상에 빠지는 쪽을 택한 사람들이 지배할 경우 우리나라와 세계의 번영과 안전에는 어떤 잠재적 위협이 있

273 같은 원리가 역사 연구 방법을 사용해서 예수의 부활의 역사성을 확인하고자 하는 사람들에게도 적용된다. 바로 이것이 연구자가 연구 기간 내내 신중하고 지속적인 통제를 적용해야 하는 이유다.

는가?" 나는 "부활의 비역사성이 확실하다면 '부활의 실재'에 관해 무언가를 쓰는 것은 무의미하다"라고 주장하는 무신론자 게르트 뤼데만에게 동의한다.[274]

크로산은 이런 "화해할 수 없는 토론"에서는 예수의 부활에 관한 역사적 질문에 "아마도 답변될 수 없을 것"이라는 자기의 주장을 되풀이할지도 모른다. 그러나 크로산은 그렇게 주장하면서 그 교착 상태가 주로 그 논쟁에 참여하는 역사가들의 지평이 충돌한 결과라는 점을 인식하지 못한다. 이 문제는 단지 종교적 성격을 띤 역사적 문제에만 해당되는 것이 아니기 때문에 만약 크로산의 우려가 일관성 있게 적용된다면 비종교적 문제들에 관한 많은 역사적 질문들도 포기될 필요가 있을 것이다.

요약하자면 예수의 부활에 대한 문자적 이해에 초점을 맞추는 데 대한 크로산의 여섯 가지 우려 중 셋은 역사적인 성격의 우려가 아니며 따라서 우리의 현재의 연구에서 관심사가 되어야 할 필요가 없다. 크로산은 확실히 역사적 질문들을 넘어 예수의 부활에 관한 자신의 역사적 해석이 우리의 현재 상황에 어떻게 적용될 수 있는지 물을 자유가 있다. 그러나 그렇게 한다면 그는 역사가로서보다는 신학자와 인류학자의 자격으로 활동하는 셈이다. 그의 다른 세 가지 우려들은 역사가들이 아주 조심스럽게 연구를 진행해나가야 한다는 환영할 만한 경고를 제공한다.

5.5.2.2. 자료. 크로산처럼 관련 문서 자료들 안에 존재하는 가상의 보다 이른 층들을 식별하려는 시도에는 심각한 문제가 있다. 첫째, 직접적인 증거가 없으며 제공된 간접적인 증거는 대개 적어도 동등하게 강력한 반대

---

274 Lüdemann(2004), 17.

증거에 직면한다.[275] 둘째, 지평들이 역사 연구에, 특히 우리가 시작한 것과 같은 연구에 지대한 영향을 주기 때문에 역사가들은 아주 조심스럽게 작업을 진행해야 한다. 크로산은 이 점에서 게을러 보인다. 역사적 예수에 대한 그의 설명은 주로 십자가복음, 「베드로복음」, 「마가의 비밀복음」(*Secret Gospel of Mark*), 「도마복음」, 그리고 에거튼 파피루스 같이 그가 이른 시기의 저작으로 여기는 자료들에 의존한다. 그러나 대부분의 학자들은 이 자료들을 늦은 시기의 저작으로 여기며 연구할 가치가 의심스럽다고 생각한다.

크로산은 예수의 부활에 대해 가정할 때도 같은 접근법을 사용한다. 그는 「베드로복음」(관련된 텍스트는 7세기에서 9세기의 것으로 추정되는 아크밈 파편들에서만 나타난다)으로부터 정경 복음서들보다 시기상으로 앞서는 가상의 십자가복음(그는 이를 기원후 1세기 중반의 저작으로 추정한다)의 수난과 부활 내러티브를 추출할 수 있다고 주장한다.[276] 달리 말하자면 크로산의

---

275 Stewart 편(2006), 56에 실린 C. A. Evans, "In Appreciation of the Dominical and Thomistic Traditions: The Contribution of J. D. Crossan and N. T. Wright to Jesus Research". 복음주의신학회(Evangelical Theological Society)의 2004년도 공관복음 연구 그룹에서 있었던 Cossan과 Charles Quarles 사이의 토론에서 Quarles는 「도마복음」의 선행성에 대한 Crossan의 주장에 반론을 제시하면서 설사 자신의 논거가 Crossan의 논거보다 더 그럴듯하지는 않다 해도 최소한 그 논거와 대등하다고 주장했다. Crossan은 자신은 사악한 소작인 비유에 대한 Quarles의 분석이 자신의 분석보다 "훨씬 더 낫다"고 생각한다고 답변했다(Crossan이 Quarles의 질문에 답변하기 시작한 지 대략 2분경에 한 말). Crossan은 계속해서 자기가 「도마복음」의 독립성에 대한 찬성론 및 반대론과 씨름해 왔다고 말했다. 그는 비록 「도마복음」이 앞선다는 주장을 받아들이기로 했지만 경쟁하는 논거들을 인정했다. "나는 그 논거들 중 많은 것이 내 논거와 대등함을 인정한다"(21:30경에 Crossan이 Quarles에게 한 답변).

276 Crossan(1994)은 또한 「도마복음」과 「바나바 서신」이 죽음과 부활에 대해서는 전혀 생각하지 않고 수난과 재림에 관심이 있다고 주장한다(149-52, 163). 그러나 「도마복음」은 육체에서 이탈한 죽음 이후의 존재 등 가르침이 다소 영지주의적인 반면에 「바나바 서신」은 Crossan의 주장과 달리, 죽음과 부활에 대해 언급한다(*Barn*. 5장을 보라).

가설(CsH)은 가상의 자료에 기초하고 있는데, 그 자료는 기원과 특성이 불확실한 단 하나의 자료에서만 발견되고 그나마도 그 내용이 수정되었으며 7세기에서 9세기 사이에 쓰인 늦은 시기의 사본 하나에서만 입증될 뿐이다.[277]

277 Nickelsburg(2006)는 유사한 주장을 한다: "마태복음 28:1-10에서 마태는 마가복음 16:1-8을 빈 무덤에 관한 다른 이야기와 결합시키는데, 그 이야기는 「베드로복음」 35-44에서 독립적으로 입증되며 마태가 약화시킨 기적적인 요소들을 강조한다"(237). 앞에서 말했듯이 대부분의 학자들은 어느 전승이 보다 단순하고 덜 윤색된 것으로 보일 때 그것이 보다 이른 시기의 전승이라고 확신할 수 있다고 주장하는데 정경 복음서들보다 훨씬 더 신비로워 보이는 「베드로복음」의 경우 Nickelsburg에게는 이 원칙이 적용되지 않는 것으로 보인다. 이 문제를 해결하기 위해 마태는 「베드로복음」에서 발견되는 내러티브를 "약화시켰다!" 그러나 Nickelsburg의 상상력은 거기서 그치지 않는다. 그는 예수의 부활 후 출현에는 모호한 점이 있어서 빈 무덤의 존재에도 불구하고 육체적 부활이라고 해석하기 어렵다고 주장한다. "예수는 불쑥 나타났다가 갑자기 사라진다(눅 24:31-32, 36; 요 20:19, 26); 그는 신비한 낯선 자(눅 24:31-32) 또는 동산지기(요 20:15)로 오해된다; 그는 영으로 생각된다. 즉 천사나 유령(πνεῦμα)으로 간주되거나(눅 24:37) 인식되지 않는다(21:4); 제자들은 믿지 않는다(마 28:17; 눅 24:38-41; 요 20:24-29). 이것은 육체적 특징이나 기능을 강조함으로써(눅 24:35-43; 요 20:24-27) 또는 보다 나중에는 중립적이거나 적대적인 증언들을 인용함으로써 예수의 임재를 객관화시켰던 전승 안에 있는 변증적 경향을 암시한다. 그 경향은 원래 천사의 출현이나 신의 현현에 관한 전승 안에서 서술되었고 승귀한 그리스도가 하늘로부터 출현했다고 추정되었을 수도 있는 이야기들에 대한 교정책이었을 수도 있다. **이 견해는 2세기 영지주의 자료들 안에 광범위하게 서술되어 있다**"(246-47, 강조는 덧붙여진 것임). Nickelsburg의 결론에는 문제가 많다. 첫째, 만약 빈 무덤과 그 설명들에 들어 있는 물리적 경향들이 Nickelsburg가 암시하듯이 변증적인 것이라면 복음서 저자들은 왜 그에 반한다고 생각되는 요소들—예컨대 예수가 마음대로 출현했다가 사라지는 능력 같은 요소—을 유지했겠는가? 왜 그런 내용들을 빼버리지 않았는가? 둘째, Nickelsburg가 난제들로 간주한 세부사항들은 만약 복음서 저자들이 열심히 조화시키려 했던 상충하는 전승의 층들을 찾으려 하지 말고 그들이 바울의 도움을 받아 스스로 말하도록 허용한다면 쉽게 해결된다. 복음서 저자들과 바울은 예수가 시신 상태에서 부활해 썩지 않고, 영광스럽고, 강력하고, 성령의 권능을 받은 몸으로 변형되었다고 보고한다. 그런 몸을 염두에 둔다면 빈 무덤, 음식을 먹는 것, 만져지는 것, 마음대로 출현했다가 사라지는 것 그리고 다른 이들이 때때로 그를 알아보지 못하게 하는 것은 상상하기 어려운 일이 아니다. 제자들이 예수를 본 직후에 믿지 않았던 것은 다른 곳에서 설명된다(이 책의 4.3.2.6을 보라). 그리고 셋째, Nickelsburg는 어떤 의미에서는 Crossan보다 훨씬 더 불안정하게 "2세기 영지주의 자료들"에 부당하게 무게를 두는 것으로 보인다. 이것은 근거가 취약하며 무책임한 자료 사용이다.

어떻게 이것이 건전한 접근법으로 간주될 수 있는지 알 수 없다. 「베드로복음」을 대충만 읽어보더라도 정경 복음서들이 예수의 부활에 대해 훨씬 더 절제된 이야기를 전한다는 것을 알 수 있다. 크로산은 「베드로복음」의 현존하는 텍스트가 2세기의 저작이라고 간주하고 있지만 그는 「베드로복음」이 40년대에 쓰인 십자가복음에서 나왔다고 믿는다. 십자가복음의 저작 시기를 보다 이르게 보는 것은 오늘날 학계의 가정과 상반되는데, 오늘날 학계에서는 보다 이례적인 보고를 전설적인 추가 사항이 반영된 것으로 본다. 크로산은 일관되게 정경 복음서들이 그렇게 하고 있다고 주장한다. 크로산은 정경 복음서들이 부활 내러티브들을 시(詩)가 아니라 역사로 읽도록 재구성했다고 주장할지도 모른다. 그러나 그는 이런 상황이 대개 역사적 사건이나 인물들을 기리기 위해 시가 쓰인다는 반대되는 상황보다 더 그럴듯하다는 것을 입증하지 못했다. 그리고 만약 가장 초기의 그리스도인들이 예수의 육체적 부활이 문자적으로 이해되도록 의도하지 않았다면 그들은 현재의 시 형태면 충분한데도 왜 그런 오해를 불러일으킬 수 있는 장르의 글을 썼는가? 찰스 퀄스는 「베드로복음」이 이후에 기독교 문학이 나오기 전까지는 발견되지 않는 특징들을 포함하고 있다고 지적한다. 예수와 함께 등장하는 십자가는 또한 「사도서신」(16)과 「베드로의 에티오피아 묵시록」(*Ethiopic Apocalypse of Peter*)(1)에서도 발견되는데, 그 둘 모두 2세기의 문헌일 것이다. 과장된 예수는 또한 헤르마스의 「비유」(*Parable*) 9.6.1과 「에스라4서」 2.43에서도 등장한다.[278]

우리는 확실히 부활 가설을 확실하게 뒷받침해 줄 잠재적 사실들뿐 아니라 가치가 불확실한 자료들을 사용하려는 유혹에 저항해왔다.[279] 관

---

278 Stewart 편(2006), 117에 실린 Quarles, "The Gospel of Peter: Does it Contain a Precanonical Resurrection Narrative?" 보다 상세한 비평은 106-20쪽을 보라.

279 그런 자료들의 예에는 사도행전의 연설들, *1 Clem.*, Pol. *Phil.* 그리고 정경 복음서

련 자료들을 우리의 연구에 가치 있는 데이터를 낳을 수 있는 능력이라는 측면에서 평가할 때 우리는 정경 복음서들에 실려 있는 부활 내러티브들이 유용할 수도 있다고 지적했다. 그러나 복음서 저자들이 그들의 보고에서 어느 정도의 재량을 행사했는지 등의 알려지지 않은 사항들이 있고 부활 내러티브들의 신뢰성과 관련해서 학자들 사이에 의견이 크게 갈린다는 점 때문에 우리는 부활 내러티브들은 필요할 때만 사용하고, 더 잘 알려져 있고 이질적인 다수의 학자들이 대체로 합의하는 보다 이른 시기의 데이터들에 주로 의존하기로 했다. 우리는 「도마복음」과 「베드로복음」에 현재 우리의 연구와 관련된 사도들의 가르침에 대한 독립적인 증거를 제공할 가능성 측면에서 **가능성이 낮음** 등급을 부여했다. 사도행전에 실려 있는 연설들과 폴리카르포스가 빌립보 신자들에게 보낸 편지는 모두 **가능성이 있음** 등급을 받은 반면, 로마의 클레멘스는 **가능성이 상당히 높음** 등급을 받았다. 그러므로 크로산은 그의 가설의 중요한 부분을 우리가 사용하기를 유보했던 자료들보다도 기원이 훨씬 더 의심스러운 자료들에 의존해온 셈이다.[280]

의 많은 부분이 포함된다(이 책의 3.2.1; 3.2.3.3; 3.2.5.1-2를 보라). 잠재적 사실의 예에는 자신의 폭력적인 죽음과 하나님에 의한 이후의 신원에 관한 예수의 예언(이 책의 4.2.3), 야고보에 대한 출현(이 책의 4.3.4) 그리고 아마도 빈 무덤(이 책의 4.3.5)이 포함된다.

280 Crossan의 접근법은 이 점에서 비판받아왔다. 다음은 Crossan의 자료 가설과 관련해 제시된 언급들이다: Bauckham(2002): 그것은 "대체로 확신을 주지 못하며, 기껏해야 검증할 수 없다"(262); Evans(2006): 그것은 "비평의 토대를 완전히 결여하고 있다"(98); Johnson(1996): 그것은 보다 유망한 자료들에 대해서는 과도하게 비판적인 반면, 의심스러운 자료들은 무비판적으로 받아들인다(47-48, 50); Borg and Wright(1998)에 실린 Wright: "빈번한 주장에도 불구하고, 한 세기에 걸친 연구는 그 사이의 가설적인 발전들에 대해서는 말할 것도 없고 문제가 되는 단계들 중 어느 하나에 대해서도 합의 같은 것에 이르지 못했다"(20-21); Stewart 편(200)에 실린 Stewart와 비교하라: "예수 학자들 사이에서는 몇 가지 다른 방법론적 요소들과는 별도로 자료비평·양식비평·편집비평의 오랜 세월에 걸쳐 검증된 방법들이 그 과업에 부합하지 않는다는 인식이 점점 더 커지고 있다"(14).

5.5.2.3. 은유. 현대의 역사가들은 어떤 보고나 주장이 문자적으로 또는 은유적으로 해석되도록 의도되었는지에 대해 알 수 있는가? 크로산은 그것은 거의 불가능하다고 대답한다. 그는 로마인들과 그리스도인들이 황제와 그리스도의 신성을 문자적으로 믿었는지 묻는다. 그리고 이렇게 대답한다. "내가 생각하는 정직한 답은 이렇다. 우리는 그것에 대해 조금도 모르며 그것을 어떻게 알아낼 수 있는지조차 모른다."[281] 최초의 그리스도인들과 오늘날 우리들에게 "예수는 그 안에서 하나님의 **바로 그** 현현을 경험하는 사람들에게 신적 존재였고 지금도 그러하다." 여기서 크로산에게는 **바로 그**라는 단어가 아주 중요한 의미가 있다. 어떤 남편이 자기 아내가 세상에서 가장 아름다운 **바로 그** 여인이라고 또는 새로 태어난 자기 딸이 세상에서 가장 아름다운 **바로 그** 아기라고 말할 때, 그 남편과 다른 모든 사람들은 그의 주장이 가장 엄격한 문자적 의미로 이해되도록 의도되지 않았다는 것을 안다. 실제로 그 아내와 딸은 **한 명의** 아름다운 여인이거나 아기이다. 예수가 **하나의** 길이 아니라 **바로 그** 길이라는 주장도 마찬가지다. 누군가가 그런 진술을 문자적으로 받아들여서 그러한 해석이 다른 사람들이 한 유사한 진술을 무효화시킬 때에만 문제가 생긴다.[282]

크로산의 이런 조치는 그가 텍스트의 의미에 동의하지 않기 때문에 그 텍스트의 분명한 의미를 회피하려는 노력으로 보인다. 로마서 10:1-4에서 바울은 자신의 동료 유대인들이 하나님에 대해 계몽되지 않은 열심이 있다고 주장한다. 이에 비추어 바울은 그들을 저주받고 구원이 필요한 자들로 여긴다.[283] 황제에게 신의 지위를 부여한 것이 애초에는 존재론적으로가 아니라 황제를 존경하는 의미로 해석되도록 의도되었을 수도

---

281 Stewart 편(2006), 182에 실린 Crossan.

282 Crossan(1995), 216.

283 롬 10:1-4; 살후 1:8과 비교하라.

있지만 여러 로마 황제들은 실제로 자기가 신적 존재라고 믿었던 것이 분명해 보인다. 많은 사람들이 그런 주장을 진지하게 받아들이지 않았고 아마도 단지 존경심—그리고 두려움—때문에 그들을 경배했을 수도 있다. 그러나 일부 황제들은 실제로 자기가 신이라고 믿었던 것으로 보인다.[284]

역사 장르에 속한 복음서들에서 부활의 언어가 발견되는가? 크로산은 그 질문에 부정적으로 답한다.[285] 그는 무덤에 경비병들을 둔 것은 마태복음이 「베드로복음」에서 발전한 것으로 생각한다.

> 3일간 경비병을 둔 것은 [「베드로복음」에서 보는 바와 같이 3일이 지나야 예수의 시신이 살아나지 않았다는 것을 알 수 있어서가 아니라] 예수의 예언으로부터 나온다. 그 후에는 예수가 틀렸음이 입증될 것이므로 경비병이 필요하지 않다. 나는 마태복음이 베드로복음에서 발전했다고 생각하며 그 반대로 진행되었다고는 생각하지 않는다.[286]

> 무덤에 경비병을 두었다고 한 보고의 배후에는…베드로로부터 마태로 이어지는 변증과 논쟁이 놓여 있다. **그리스도인들**: 예수가 죽은 자들 가운데서 부활했다. **반대자들**: 그는 부활하지 않았다, 당신들이 그의 시신을 훔쳐갔다. **그리스도인들**: 아니다. 당신들이 무덤에 세워두었던 경비병들이 진실을

284 칼리굴라에 관해서는 다음 문헌을 보라. Philo *Embassy* 11-15; Cassius Dio *Roman History* 51.20; 59.26, 28; Suetonius *Cal*. 4.19.2-3; Jos. *Ant*. 19.1.6; John Sanford "Did Caligula have a God complex?" *Stanford Report*, September 10, 2003, 〈http://news-service.stanford.edu/news/2003/september10/caligula-910.html〉(2008년 5월 28일 접속)은 칼리굴라가 자신의 왕궁에 성전을 덧붙였던 것을 발견한 스탠포드와 옥스퍼드의 고고학자들에 관해 보고한다. 네로에 관해서는 Cassius Dio *Roman History* 63.20.5를 보라.

285 Borg and Crossan(2006), 192.

286 Crossan(1995), 180.

알고 있다. 그러나 당신들이 그들에게 거짓말하라고 시켰다.[287]

CsH은 바로 여기에 곤란한 문제가 있다. 크로산은 복음서 저자들과 초기 그리스도인들은 예수가 육체적으로 부활했다고 조잡하게 문자적으로 해석할 경우 모욕감을 느꼈을 것이라고 주장하는데, 그런 그리스도인들이 반대자들과의 논쟁에서 바로 그 문자적 부활을 옹호하고 또한 마태를 통해 그 견해를 교정하는 논평 없이 보고하는 것은 이상하고 심지어 역효과를 낳는 것 아닌가? 달리 말하자면 만약 이런 초기 그리스도인들이 예수의 시신의 문자적 부활을 믿지 않았다면 그들은 왜 경비병이 무덤을 지키고 있어서 자기들이 시신을 훔칠 수 없었다고 말함으로써 문자적 부활을 옹호하는가? 반대자들이 그들을 예수의 육체적 부활을 주장한다고 해석했을 때 그들은 왜 다음과 같이 답하지 않았는가? "당신들이 우리를 오해했다. 우리는 예수의 물리적 시신을 의미하는 것이 아니다. 우리는 단지 보편적 부활이 시작되었고 우리의 조상들과 당신의 조상들이 지옥에서 구출되었다고 선포하고 있다. 하나님 나라가 우리 가운데 있다. 와보라!"

고린도전서 15장을 충분히 고려하면 이 문제가 훨씬 더 분명해진다. 크로산은 고린도전서 15:7 외에는 그다지 상세하게 설명하지 않는다. 그러나 앞에서 길게 논의했듯이 고린도전서 15:35-54에서 바울은

---

287 Crossan(1995), 181. Craig(1989)도 그 텍스트 배후에 있는 변증적 목적은 "유대/기독교 논쟁의 전승사"를 가리킨다고 지적하지만(207), 그 이야기가 전설보다는 역사를 반영하고 있을 수 있는 여러 이유를 제시한다(211-21). 이어서 그는 이렇게 결론짓는다. "그러므로 비록 무덤에 경비병이 있었음을 의심할 충분한 이유들이 있지만 또한 경비병이 있었다고 생각할 중요한 고려 사항들도 있다. 그 문제는 미결로 남겨두는 것이 최선일 듯하다.…마태의 이야기의 참된 가치는 유대인들의 반론이 결코 빈 무덤을 부인하지 않았고 오히려 그것을 설명하려고 했다는 부수적인 정보에 있는 것으로 보인다"(221-22).

육체에서 이탈한 상태의 사후 존재를 선호하고 몸의 부활을 부정하는 사람들, 현재의 몸과는 어떤 연속성도 없는 새로운 몸을 입는 사후의 존재를 믿는 사람들, 또는 사후의 삶 자체를 깡그리 부정하는 사람들의 질문들에 답변한다.[288] 문자적인 몸의 부활이 크로산이 주장하듯이 바울에게 신학적 "큰 웃음거리"였다면, 바울은 왜 특히 고린도전서 15:53-54처럼 몸의 부활을 지지하는 듯한 언급을 하는가?[289]

더욱이 우리는 정경 복음서 저자들과 바울이 십자가형에 의한 예수의 **죽음**에 관한 그들의 진술들이 문자적으로 해석되도록 의도했다는 것을 분명하게 알고 있다. 비록 그 진술들이 신학적으로 장식되어 있고 서로 다른 내용들을 포함하고 있으며 어둠과 (최소한) 성전 휘장의 찢어짐 같은 놀랍고 아마도 비역사적이고 주변적인 사건들에 대해 보고하고 있다는 사실에도 불구하고 말이다. 예수의 부활에 관한 그들의 진술들이 어떤 의미에서 다른 장르로 간주될 수 있는가?

확실히 **부활**은 때때로 하나의 은유로 사용된다. 그것은 어둠 속에서의 죄된 삶을 떠나 그리스도에 의해 제공된 빛에 초점을 맞추는 삶을 사는 것(엡 5:14), 그리스도에 대한 우리의 관계(골 2:13; 3:1-3), 그리고 신자의 영적 삶(고후 4:10-13; 롬 8:11)을 가리킨다. 그러나 바울은 **부활**을 문자적 의미로도 사용했다(고전 15:53-54; 롬 8:11, 23; 빌 3:21). 로마서 8:11에는 은유적 의미와 문자적 의미가 모두 들어 있다. 우리의 몸의 **부활**은 현재의 과정과 미래의 사건을 가리킨다(롬 8:11, 23).

성경 텍스트를 읽을 때 그 텍스트를 무시하지 않고서는 크로산의 해

---

288 이 책의 4.3.3.9.b를 보라.

289 Halstead(1995)에 실린 Crossan은 고전 15:50에 관해 언급한다(521). 그러나 우리는 그의 해석이 잘못임을 살펴보았다(이 책의 4.3.3.9.b를 보라).

석에 동조하기 어렵다.[290] 핀카스 라피데는 **부활**을 은유적 의미로 해석하는 여섯 명의 학자들—여기에는 불트만과 마르크센도 포함되는데, 거기에 크로산을 더할 수 있을 것이다—의 주장을 인용한 뒤에 다음과 같이 논평했다. 그런 주장들은 "내게는 자기들의 주가 십자가형을 당했다는 아주 실제적인 이유 때문에 슬퍼 죽을 것 같던 갈릴리 출신의 완전한 시골뜨기들이 짧은 기간 안에 신자들의 기쁨의 공동체로 변화된 사실을 설명하기에는 모두 너무 추상적이고 탁상공론으로 보인다.…나는 일부 기독교 신학자들이 부활이라는 중요한 사실을 부끄러워한다는 인상을 지울 수가 없다. 네 명의 복음서 저자들 모두를 거짓말쟁이로 만들면서 부활절 경험의 역사성을 제거하려는 그들의 다양한 시도는 달리는 이해되지 않는다."[291] 스티븐 T. 데이비스는 "어떤 텍스트의 명백한 의미의 결에서 벗어나고 그 텍스트가 늘 해석되었던 방식을 거슬러서 해석하려는 사람의 어깨에 막중한 짐이 놓인다"[292]고 올바르게 주장한다.

5.5.2.4. 지옥 정복. 지옥 정복은 크로산이 예수의 부활을 은유적으로 해석하게 하는 가장 강력한 요소이기 때문에 이 주제에 대해 좀 더 시간을 들여 살펴볼 필요가 있다. 먼저 크로산이 지옥 정복을 언급하며 인용하는

---

290 Davis(1993), 40; Harvey(1989), 339; Lüdemann(2004), 180.

291 Lapide(2002), 128, 특히 129-30. 은유적 해석을 궤변으로 덮으려는 시도를 Bentz-Letts(1997)의 주장에서 쉽게 볼 수 있다: "나는 예수가 죽은 후 그의 몸이 부패한 것을 인정하는 것은 그리스도의 부활에 대한 기독교의 확언을 훼손하기는커녕 그런 확언과 양립할 수 있으며, 그 확언에 우리의 포스트모던 시대를 위한 추가적인 능력과 활력을 제공할 수도 있다고 믿는다. 부활절 주일 아침의 무덤은 예수의 몸이 흙으로 돌아가지 않았다는 의미에서가 아니라 우리가 더 이상 우리를 감정적·사회적·생태적 죽음으로 이끌어가는 마귀의 세력에 사로잡혀 있지 않다는 의미에서 실제로 비어 있다. 모든 세대의 교회가 그랬던 것처럼 우리도 이렇게 외친다. 그리스도가 부활하셨다! 그리스도가 정말로 부활하셨다"(273-74; 268과 비교하라)!

292 Davis(2006), 52.

모든 참고 자료들이 우리가 알고 있는 가장 초기의 기독교 자료들인 바울과 마가의 글들보다 **뒤에 나왔다**는 사실에 주목해야 한다. 그 두 사람은 모두 예수의 부활을 육체적 측면에서 말하는 것처럼 보일 뿐 아니라 지옥 정복에 대해서는 전혀 언급하지 않는다.[293]

크로산은 「솔로몬의 송가」의 저작 시기를 1세기 말과 2세기 초 사이로 추정한다. 지옥 정복을 묘사하는 그림들도 늦은 시기의 작품들이다. 구 카이로에 있는 성 사르기우스 교회 건물은 빨라야 4세기의 것이고 이스탄불에 있는 코라 교회는 5세기 초에 세워졌다. 물론 그렇다고 해서 보다 이른 시기에 이 도시들에서 그리스도인들에게 지옥 정복에 대한 믿음이 없었다는 뜻은 아니다. 그러나 지옥 정복이 최초의 부활절 이후에 그리스도인들의 신앙에서 무슨 역할을 했는지 밝히기에는 그 그림들은 너무 늦은 시기의 작품들이다.

베드로의 자료들에 대해서는 우리는 이미 「베드로복음」의 기원이 매우 의심스럽다고 지적했다. 크로산은 그 복음서에 등장하는 걷고 말하는 십자가를 예수가 못 박혔던 그 나무 십자가라고 보지 않는다. 대신에 그는 그 십자가를 예수가 지옥에서 이끌고 나오는 죽은 성도들이 구현했던 십자가 대형의 행렬로 여긴다. 그렇게 해석할 수 있는 것으로 보이기

293 Borg and Crossan(2006)도 고전 15:20에 호소하는데 거기서 부활한 예수는 잠자고 있는 자들(κεκοιμημένων)의 "첫 열매"로 일컬어진다. 그들은 "그리스어 원어에서 마지막 표현은 문자적으로 '잠들어 있던 자들'이다"라고 지적한다(176). 열네 절 앞에서 바울이 어떤 신자들은 부활한 예수가 그들에게 출현했던 때와 바울이 고전 15:6을 쓸 때 사이의 기간 동안 잠자고 있다(ἐκοιμήθησαν)고 말하는 것을 감안한다면, 그들의 해석은 완료 시제에 대한 서툰 번역이다. 살전 5:10에서 바울은 여전히 신자들이 잠자고 있다고 믿는다. 그러나 여기서 "잠"은 몸을 가리킨다. 왜냐하면 죽은 사람들은 그리스도와 함께 있기 때문이다. 내가 각주에서 굳이 Borg와 Crossan 두 사람의 이름을 모두 명기하는 이유는 그 주제에 관한 Crossan의 저술들에는 그런 언급이 들어 있지 않기에 나는 Crossan이 이런 식으로 주장하는지 확신하지 못하기 때문이다.

는 하지만 반드시 그렇게 해석해야 하는 것은 아니다. 그 텍스트는 하늘에서 들려오는 음성이 누구를 향하는지 알려주지 않는다. 그 질문은 예수의 머리가 하늘 위로 올라갔다고 말해진 후에 나오므로 예수에게 그 질문을 했고 십자가 형태의 성도들이 그 질문에 대답했을 수도 있다. 그 질문은 또한 예수와 천사들의 뒤를 따르고 있는 나무 십자가에게 향해졌고 그 나무 십자가가 그렇다고 대답했을 수도 있다. 나는 어느 한 해석을 다른 해석보다 선호해야 할 이유가 없다고 생각한다. 그 텍스트에는 그 십자가가 많은 사람의 행렬이라고 암시하는 다른 어떤 내용도 없다. 크로산의 해석에 **가능성이 있음** 등급을 부여할 수도 있지만 그 이상으로 나아가는 데에는 신중해야 한다. 그리고 「베드로복음」의 기원이 의심스럽다는 점을 감안하면 훈련된 역사가는 「베드로복음」에 큰 비중을 두어서 지옥 정복이 예수의 육체적 부활과 경쟁하고 있던 가장 초기의 그리스도인들의 신앙이었다는 주장을 (베드로복음이) 뒷받침하게 하지 않아야 한다.

베드로전서에 나오는 두 텍스트의 경우 크로산과 보그는 비록 베드로전서 3:18-19이 지옥 정복을 가리키는지에 대해 논란이 있지만 베드로전서 4:6에 대해서는 의문의 여지가 없다고 주장한다. 그 두 텍스트를 비교하면 둘 사이에서 몇 가지 비슷한 생각을 알아차릴 수 있다.

베드로전서 3:18-19

A. 예수는 육체로는 죽임을 당했다.

B. 그러나 예수는 영으로는 살림을 받았다.

C. 예수는 영으로 가서 옥에 있는 영들에게 선포했다.

베드로전서 4:6

C. 죽은 자들에게 복음이 전파되었다.[294]

A. 죽은 자들이 육체로는 (사람들 앞에 있는 것처럼) 심판받도록

B. 그러나 죽은 자들이 영으로는 (하나님 앞에 있는 것처럼) 살도록

그러므로 만약 베드로전서 4:6에서 지옥 정복이 언급되고 있다면 베드로전서 3:19에 나오는 옥에 있는 영들에 대한 선포는 지옥정복과 관련된 행동으로 보인다. 그러나 베드로전서 3:20에서 이 영들은 전에 복종하지 않던 자들이라고 일컬어진다. 그 영들은 (적어도 전에는) 인간이었는가 아니면 마귀들이었는가? 그들이 마귀들이었다는 해석이 베드로전서 3:18-20과 더 잘 어울리지만 그들이 지금은 죽은 인간이었다는 해석이 베드로전서 4:6과 더 잘 어울린다. 해석에 대한 논쟁이 계속되고 있지만 베드로 연구자들 사이에서는 베드로는 "예수가 죽은 자들에게 복음을 선포하기 위해 하데스로 내려간 동안이 아니라 승천 시에 낮은 하늘에 속한 악한 영들에게 거둔 승리의 선언"을 묘사하고 있다고 여기는 합의가 나타나기 시작했다.[295] 그러므로 베드로전서의 그 두 텍스트들 중 어느 것도 지옥 정복을 그다지 지지해주지 않는다.

이제 예수가 죽은 뒤에 죽은 성도들이 일어나 예루살렘 성 안으로 들어갔다는 마태복음 27:52-53에 실려 있는 이상한 짧은 텍스트를 살펴보자. 마가와 누가는 예수가 십자가형을 당하는 동안과 죽은 후에 어둠이 내리고 성전의 휘장이 둘로 찢어지는 두 현상이 발생했다고 보고한다 (막 15:33, 38; 눅 23:44-45). 요한은 그 문제에 대해 침묵한다. 마태도 어둠과 성전 휘장이 찢어진 것에 대해 보고한다. 그러나 마태는 지진이 나고

---

294 벧전 3:19에서는 ἐκήρυξεν이라는 표현이 쓰인 반면 벧전 4:6에서는 εὐηγγελίσθη 이라는 표현이 나타나는 것에 주목하라.

295 Stewart 편(2006), 112에 실린 Quarles.

바위가 갈라지고 무덤들이 열리고 예수가 부활한 뒤에 죽은 성도들이 일어나 예루살렘으로 걸어 들어간 네 가지 현상을 추가한다(마 27:51-54).

레이몬드 E. 브라운은 로물루스와 율리우스 카이사르가 죽었을 때도 유사한 현상들이 보고되었다고 지적한다.[296] 그는 자신의 연구 범위를 예수의 죽음 전후 1백 년 이내의 저작에 국한시키면서 그런 예들에 플루타르코스(*Rom*. 27.6; *Caes*. 69.4), 오비디우스(Ovid, *Fast*. 2.493), 키케로(*Rep*. 6.22), 베르길리우스(Virgil, *Georg*. 1.466-488), 요세푸스(*Ant*. 14.12.3; 309), 그리고 플리니우스(*Nat*. 2.30; 97)를 포함시킨다. 분명히 시적인 이야기를 통해 베르길리우스는 카이사르가 죽은 후 다음 열여섯 가지 현상이 발생했다고 보고한다. 어둠이 길어짐, 개와 새들이 특이하게 행동함, 에트나 화산이 폭발함, 하늘에서 싸우는 소리가 들림, 갈리아 근처에서 알프스 산맥이 흔들림, 숲에서 힘찬 음성이 들려옴, 황혼에 창백한 유령들이 보임, 소떼가 전조들에 대해 말함, 시냇물이 흐르지 않고 멈춤, 땅이 열림, 사당에서 상아 우상들이 울고 청동 우상들이 땀을 흘림, 마구간에서 짐승들의 몸 밖으로 어두운 창자들이 나타남, 샘들에 피가 뚝뚝 떨어짐, 늑대들이 울부짖음, 마른하늘에서 번개가 침, 밝은 혜성이 보임.

예수 사후 1백년 너머까지 살펴보면 디오 카시우스(*Roman History* 60.35.1)가 클라우디우스의 죽음과 관련된 여섯 가지 현상에 대해 보고하는 것을 덧붙일 수 있을 것이다. 여기에는 혜성, 피가 비처럼 내림, 근위병의 군기에 번개가 침, 유피테르 신전의 문이 저절로 열림, 진영에 꿀벌들이 무리지어 몰려다님, 그리고 모든 현역 정치 관리들의 죽음 등이 포함된다. 필론(*Prov*. 2.50)은 일식이 왕의 죽음이 임박했다는 징조라고 주장했다. 그러나 그런 현상들은 왕의 죽음에만 국한되지 않았다. 디오 카시우

---

296 R. Brown(*Death*, 1994), 1120-27; 1114와 비교하라.

스(*Roman History* 51.17.4-5)는 율리우스 카이사르가 이집트 사람들을 노예로 삼았을 때 다음과 같은 여덟 가지 현상이 나타났다고 보고한다. 전에는 비가 내린 적이 없었던 곳에 비가 내림, 죽은 자들에게서 나온 물과 피와 무기의 비가 내림, 악기 소리가 들림, 큰 뱀이 나타나 쉿 소리를 냄, 혜성들이 나타남, 환영들이 보임, 형상들이 얼굴을 찌푸림, 황소 신 아피스의 형상이 탄식하며 울.

또한 루키아노스(기원후 170)가 자신이 "얼간이들"을 위해 어떤 이야기를 어떻게 꾸며냈는지에 대해 언급한 내용도 흥미롭다(*Peregr*. 39). 그는 자기가 목격한 프로테우스의 공개적인 자살에 대해 묘사한 후 크로니우스에게 다음과 같이 썼다.

> 문제는 끝이 없었습니다. 그들이 질문을 하고 정확한 정보를 얻으려고 할 때마다 나는 모두에게 그 이야기를 해주었습니다. 멋을 아는 사람을 발견할 때마다 나는 그에게 아무 윤색 없이 사실을 말해 주었습니다. 그러나 이야기를 듣고 싶어 안달하는 얼간이들에게는 나는 줄거리를 내 나름대로 늘렸습니다. 그리고 장작더미에 불이 붙고 프로테우스가 그 안으로 뛰어들자 큰 지진이 발생하고 땅이 울리고 불꽃 한 가운데서 날아오른 독수리가 사람의 말로 큰 목소리로 "나는 이 땅과는 관계를 끊고 올림푸스로 간다"라고 말하면서 하늘로 올라갔다고 말해주었습니다. 그들은 놀라 떨면서 신의 축복을 빌었습니다. 그리고 내게 그 독수리가 동쪽으로 갔는지 서쪽으로 갔는지 물었습니다. 나는 아무렇게나 생각나는 대로 대답했습니다.[297]

루키아노스는 그들이 쉽게 믿는다는 것을 알아차렸다. 그리고 그 직

297 영어 번역은 Harmon(1936), 45에서 가져왔다.

후에 턱수염을 기른 백발의 남자가 스스로 믿음직한 사람인 체하면서 프로테우스의 자살에 관해 자기가 장작더미에서 독수리가 날아오르는 것을 보았고 프로테우스가 일곱 음성의 주랑(柱廊)에서 흰 옷을 입고 야생 올리브로 만든 면류관을 쓰고 유쾌하게 걸어 다니는 것을 보았다고 말하는 소리를 들었다고 덧붙였다.[298]

요세푸스(*War* 6.288-309)는 성전 파괴에 수반된 여러 가지 경이로운 일들에 대해 말한다. 칼처럼 생긴 별이 성 위를 선회했고, 혜성이 나타나 1년 동안 머물렀고, 어느 날 밤 한 시간 동안 대낮과 같이 밝은 빛이 제단과 성전 위에 비추었고, 암소가 성전에서 어린 양을 낳았으며, 남자 스무 명이 힘을 써도 움직일 수 없을 만큼 무거운 성전 안뜰의 동쪽 문이 저절로 열렸고, 성을 둘러싼 구름에서 마차들과 천사들이 보였고, 성전 안뜰에서 제사장들이 진동을 느끼고 많은 사람들이 "우리는 여기를 떠난다"고 말하는 음성을 들었고, 아나누스의 아들 예수가 4년 동안 예루살렘을 돌아다니면서 예루살렘과 예루살렘 성전의 임박한 멸망에 대해 예언했다. 요세푸스는 이런 일들 중 가장 이상한 일도 실제로 일어났다고 보고한다.

성서 저자들은 이런 형태의 언어에 익숙했고 확실히 실제로 그런 언

---

298 Lucian *Peregr*. 40. Harmon은 플라톤과 아우구스투스가 죽었을 때는 독수리가 날아올랐고 폴리카르포스가 죽었을 때는 비둘기가 날아올랐다고 지적한다(44 각주 1). 이 말은 내게는 그다지 분명하지 않다. Harmon은 아무런 참고문헌도 제공하지 않았지만 아우구스투스의 장작더미에서 나온 독수리는 Dio Cassius *Roman History* 56.42에서 발견되는데, 그 독수리는 그 사건 기간에 행사 목적으로 풀어놓았던 독수리로 보인다. Holmes 편역(1999)은 *Mart. Pol*. 16.1에서 폴리카르포스가 꼬챙이에 찔린 채 화형 당했을 때 나타난 비둘기에 대한 언급은 오직 사본 G(L)에만 들어 있으며 "비둘기에 대한 언급은 확실히 그 텍스트에 대한 후대의 첨가(아마도 에필로그의 마지막 구절에서 언급되는 피오니우스에 의한 첨가)다"라고 지적한다(239 각주 20). 그러나 제 3판(2007)에서 Holmes는 "고대의 권위 있는 사본 하나는[비둘기를] 생략한다"라고만 언급한다(325). 나는 플라톤의 죽음과 관련된 독수리에 대한 참고문헌은 찾을 수 없었다.

어를 사용한 것으로 보인다. 예레미야 15:9에서는 대낮에 해가 진다. 아모스 8:8-9에서는 땅이 진동하고 대낮에 해가 진다. 스바냐 1:15-18과 요엘 2:2에서는 주의 날이 무엇보다도 "캄캄하고 어두운 날"로 묘사된다. 나중에 요엘은 이런 구절을 덧붙인다.

> 그 후에 내가 내 영을 만민에게 부어 주리니 너희 자녀들이 장래 일을 말할 것이며 너희 늙은이는 꿈을 꾸며 너희 젊은이는 이상을 볼 것이며 그때에 내가 또 내 영을 남종과 여종에게 부어 줄 것이며 내가 이적을 하늘과 땅에 베풀리니 곧 피와 불과 연기 기둥이라. 야웨의 크고 두려운 날이 이르기 전에 해가 어두워지고 달이 핏빛 같이 변하려니와 누구든지 야웨의 이름을 부르는 자는 구원을 얻으리니, 이는 나 야웨의 말대로 시온 산과 예루살렘에서 피할 자가 있을 것임이요, 남은 자 중에 나 야웨의 부름을 받을 자가 있을 것임이니라(욜 2:28-32).

사도행전 2:15-21에서 베드로는 이 텍스트를 인용하면서 이런 일들이 그들 앞에서 성취되고 있다고 지적한다.

브라운과 건드리는 이 텍스트에 언급되는 내용이 다른 유대 텍스트들에서도 언급되는 것을 발견한다. 사사기 5:4, 시편 77:18, 이사야 5:25, 24:18, 에스겔 38:19, 예레미야 4:23-24, 요엘 2:10, 「레위의 유언」(*Testament of Levi*) 3.9, 그리고 「에녹1서」 1.3-8에서는 하나님의 심판으로 땅이 흔들린다. 이사야 2:19(70인역), 열왕기상 19:11-12, 스가랴 14:4, 나훔 1:5-6, 그리고 「레위의 유언」 4:1에서는 바위들이 갈라진다. 특히 「레위의 유언」에서는 "바위들이 갈라지고 해가 어두워졌다." 에스겔 37:12-13에서는 무덤들이 열린다. "내 백성들아, 내가 너희 무덤을 열고 너희로 거기서 나오게 하고 이스라엘 땅으로 들어가게 하리라. 내 백성들아, 내가 너희 무덤을 열고 너희로 거기서 나오게 한즉 너희는 내가 야웨인 줄을 알리라." 다니엘 12:2에서는 죽은 성도들이 일으켜진다.[299]

다른 한편 마태가 보고하는 현상들의 역사성을 지지하는 자료를 살펴보자면, 세 공관복음서 모두에서 보고되는 어둠은 또한 세속 역사가 탈루스(기원후 52년 경)에 의해서도 분명하게 보고된다.[300] 더욱이 그 지역에서는 파괴적인 지진이 일반적이었는데 지진은 여섯 가지 현상들 중 넷(성전 휘장이 찢어짐, 지진, 바위들이 갈라짐, 무덤들이 열림)을 설명해줄 수 있다.[301]

아래의 자료들은 마태복음 27:52-53에 묘사된 이들이 예수에 의해 살아난 실제 사람들이었음을 보고하는 것일 수 있다. 이그나티오스가 예수에 의해 살아난 예언자들에 관해 말한 것은 그들에 대한 언급이었을 수 있다(Ign. *Mag.* 9.1-2). 그러나 이 보고가 어떻게 해석되도록 의도되었는지는 불확실하다. 콰드라투스(기원후 117-138)는 예수가 살려낸 사람들이 상당기간 동안 살았으며 그들 중 일부는 아직도 살아 있다고 보고한다(카이사레아의 에우세비오스 *Hist. eccl.* 4.3.2). 그러나 그는 예수가 지상사역 기간에 죽은 자들 가운데서 일으켰던 이들에 관해 언급하고 있을 가능성이 더 크다. 「빌라도행전」(*Acts of Pilate*) 17.1은 예수가 시므온과 그의 두 아들들을 일으켰고 그들의 무덤이 여전히 열려 있는 것을 볼 수 있으며, 그들이 살아나 아리마대에 거주했고 사람들이 그들을 찾아가 함께 이야기를 나눴다고 보고한다. 그러나 이 자료의 진정성은 오랫동안 의문시되어

---

299 R. Brown(*Death*, 1994), 1118-40; Gundry(1994), 575-77.

300 막 15:33; 마 27:45; 눅 23:44-45. Thallus에 관해서는 ANF 6, Logos Libronix ECF 1.6.2.1.3.25에 실린 "The Extant Fragments of the Five Books of the Chronography of Julius Africanus"(18.1)를 보라.

301 그리스-로마 세계에서 발생한 파괴적인 지진에 대한 언급에 대해서는 다음 문헌을 보라. Tacitus *Ann. 2.47, 4.13, 55; 12.43, 58; 14.27, 15.22;* Suetonius *Aug.* 47; *Tib.* 8, 48, 74; *Cal.* 37, *Claud.* 22; *Nero* 20, 48; *Galb.* 18, *Vesp.* 17; Jos. *Ant.* 15.121-22, 142; *J.W.* 1.370-73, 1.377-78; 1.380-81; 4.285-87.

왔으며 이 이야기도 예수의 지상사역 기간 중의 활동들 중 하나에 대한 언급이었을 가능성이 있다.

황제의 죽음이나 어느 통치자 또는 왕국의 종말과 같은 중요한 사건들과 관련된 유대와 로마 문헌들 모두에서 상징적으로 사용되는 현상학적인 언어, 이그나티오스의 관련 텍스트상의 모호성, 그리고 어둠에 관한 탈루스의 언급에 대해 알 수 있는 것이 거의 없다는 사실(탈루스가 예수의 십자가형 당시의 어둠에 관해 언급하는 것인지, 만약 그렇다면 그가 단순히 초기 그리스도인들이 주장했던 어둠의 자연적인 원인에 관해 추측하고 있는 것인지 여부 포함)을 감안할 때, 나는 마태복음 27:52-53에 실려 있는 언어를 종말론적 유대교 텍스트와 사상을 염두에 둔 "특수 효과"로 이해하는 것이 가장 그럴듯해 보인다. 이 해석에 대한 추가적인 근거가 있다. 예수가 죽었을 때 무덤들이 열리고 성도들이 일어난 사건이 충분히 이상한 일이 아니라는 듯이, 마태는 그들이 예수가 부활한 **뒤까지** 무덤 밖으로 나오지 않았다고 덧붙인다. 그들은 금요일 오후부터 일요일 이른 아침까지 무엇을 하고 있었는가? 그들은 이제 막 열린 그들 무덤의 문 앞에서 기다리고 있었는가?[302]

예수가 죽은 뒤 발생한 여섯 가지 현상에 대한 마태의 보고를 시적 장치로 여기더라도—크로산은 그렇다고 인정한다—마태가 지옥 정복을 염두에 두었다는 크로산의 가설이 반드시 지지되는 것은 아니다.[303] 마태보다 전에 베르길리우스가 유사한 장치를 사용했고 마태보다 나중에 디오 카시우스가 유사한 장치를 사용했음을 감안하면 마태는 단지 어떤 위대한 왕이 죽었다고 강조했던 것일 수 있다. 만약 마태가 여러 유대 텍스

---

302 Crossan(1995), 195; Borg and Crossan(2006), 176과 비교하라.

303 Crossan(1995), 220; Borg and Crossan(2006), 148, 150.

트를 염두에 두고 있었다면 그는 주의 날이 왔다고 선포했던 것일 수도 있다. 하나님은 다시금 이스라엘에게 등을 돌려 그들의 불순종을 심판했고 그들이 가까운 미래에 실현될 보다 큰 징벌을 당하도록 그들을 내버려 두었다. 더욱이 크로산과 보그 자신이 마태복음 27:52-53에서 지옥 정복과는 한 가지 중요한 차이가 있음을 발견한다. "성도들은 예수의 임재에 의해서가 아니라 하나님이 일으킨 지진으로 인해 해방된다. 그리고 그들은 예수의 부활 때 예수와 함께 나타나지 않고 예수가 부활한 뒤에 예수 없이 나타난다."[304] 그들은 마태가 지옥 정복을 자신이 마가로부터 빌려온 부활 내러티브에 꿰맞추는 어려운 시도를 하고 있다고 주장한다.[305] 그러나 가장 초기의 기독교 문헌들에 지옥 정복을 지지하는 합리적인 증거가 없다는 점을 감안할 때 이는 다소 억지 주장일 수 있다.[306] 마태복음에 있는 이 어려운 텍스트를 하나님의 아들이 죽었고 임박한 심판이 이스라엘을 기다리고 있음을 전하기 위해 덧붙여진 시적 장치로 이해하는 것이 최상으로 보인다.

만약 예수가 죽었을 때 보고된 현상들 중 일부 또는 전부가 시적 장치였다면 예수의 부활도 마찬가지가 아닌지 물을 수 있을 것이다. 적어도 두 가지 관찰 사항이 그 질문에 대한 답을 제공하는 데 도움이 된다. 앞에서 은유와 관련해 말했듯이, 초기 그리스도인들이 예수의 부활이 그의 시신에 발생한 문자적 사건이었음을 배제할 정도로 부활을 은유적 또는 시

304 Borg and Crossan(2006), 176.

305 Borg and Crossan(2006), 176.

306 그 텍스트의 진정성도 의문시되어 왔다. Evans는 Stewart 편(2006)에서 마 27:51b-52b에 있는 짧은 구절이 "조금이라도 진정성이 있다"는 것을 부정하며 그 구절이, 바울이 고전 15:23에서 예수의 부활에 대해 이해하는 방식으로 "예수와 몇 사람의 다른 성도들이 보편적 부활의 '첫 열매'였다는 의미에서 예수의 부활절 출현을 부활로 정당화하려고" 시도하는 "1세기 말이나 2세기 초의 서기관의 윤색"일 수 있다고 믿는다(195).

적 의미로 해석했다는 징후는 없다. 실제로 문자적인 몸의 부활로 해석되도록 의도되었다는 점이 분명해 보인다. 더욱이 만약 예수의 부활이 시적 은유로 해석되도록 의도되었다면 왜 기독교 내부에서 초기 그리스도인들이나 그들에 대한 반대자들이 시를 역사로 오해한 것에 대해 비판했다고 알려진 반대자가 없는가? 왜 우리가 알기로는 초기 기독교 지도자들 중 어느 누구도 몸의 부활로 이해하는 해석에 수정을 가하지 않았는가? 초기의 반대자들은 예수가 죽지 않고 살아남았다거나, 그의 시신이 도난당했다거나, 목격자들이 신뢰할 만하지 않다거나, 제자들이 환각을 보았다고 주장했다. 이 모든 주장은 문자적인 몸의 부활을 주장하는 것에 반대하는 답변이었다. 그러므로 예수가 죽었을 때 발생한 현상들을 시적 장치로 해석한다고 해서 예수의 육체적 부활을 단지 시적 또는 상징적 장치로 이해하는 해석이 지지되지는 않는다.

5.5.3. 가설에 대한 평가

이제 우리는 최상의 설명을 선택하기 위한 다섯 가지 기준을 사용해서 크로산의 가설(CsH)이 얼마나 탄탄한지 평가할 것이다.

1. **설명 범위.** CsH는 우리가 식별한 모든 역사적 기반들을 훌륭하게 설명한다. CsH는 십자가형에 의한 예수의 죽음을 인정하고 바울과 제자들의 경험 및 믿음을 심리적 현상과 (또는) 주석적 해석으로 설명한다. 그러므로 CsH는 이 기준을 통과하며 이 영역에서 CH 및 LH에 필적한다.

2. **설명력.** CH 및 LH와 마찬가지로 CsH는 바울의 회심 경험을 보다 큰 설명에 꿰맞추기 위해 무리수를 둔다. 크로산은 바울의 환상이 무아지경 상태에서 일어났다고 주장하고 뇌의 화학물질이 변화될 때 어

떻게 그런 상태가 나타날 수 있는지 설명하는 심리학으로부터 지지 논거를 제공한다. 문화적 훈련과 기대가 경험의 내용을 결정한다. 크로산은 바울이 초기 그리스도인들의 믿음에 익숙했기 때문에 바울이 무아지경 상태에서 경험한 환상이 그가 당시에 갖고 있던 확신을 포기하고 그동안 자기가 그토록 격렬하게 반대했던 바로 그 기독교를 전파하게 한 원인으로 작용했다고 생각한다. 그러나 우리는 오히려 바로 그 바울의 문화적 훈련과 기대 때문에 바울의 환상의 내용이 기독교의 견해를 지지하기보다 반대했을 것으로 기대했을 것이다. 왜냐하면 하나님에 대한 바울의 문화적 경험과 기대는 하나님이 유대교를 선호하며 또한 응분의 조치로 나무에 달려 처형된 예수를 저주하리라는 것이었기 때문이다. 크로산은 바울의 환상이 왜 그리스도인과 그들의 믿음에 대한 바울 자신의 견해를 바꿨는지에 대한 설명을 제공하지 않는다.

크로산은 부활 내러티브들에 등장하는 출현들은 "심원하게 정치적이고" "황홀경 경험이나 무아지경 중의 계시와는 아무 상관이 없으며" 오히려 "권위, 권력, 리더십 그리고 우선순위"에 관심이 있다고 주장한다. 그는 누가복음 24:33-35에 실려 있는 "주께서 과연 살아나시고 시몬에게 보이셨다"라는 어색한 구문을 지적하면서 그것이 다른 사람들에게 "베드로의 증언이 그들의 증언보다 앞선다"는 것을 알려주기 위해 의도되었다고 주장한다. 그러나 많은 학자들은 그 어색한 구문은 그 내러티브에 이질적이라는 암시와 기독론적 관심사에 대한 암시를 볼 때 구전에 속한 것이라고 설명한다.[307] 크로산은 그런 기법이 다른 곳에서 사용되는 어떤 예도 제시하지 않기 때문에, 그 어색한 구문이 공동체에 속한 권위보다 베드로의 권위가 우선한다는 것을 강조하기 위해 의도적으로 도

307 이 책의 3.2.3.4.b를 보라.

입되었다는 크로산의 주장보다는 구전이었다는 주장이 더 적합한 설명이다. 반면에 구전이 포함됨으로써 구문이 달라지는 경우를 몇 군데 지적할 수 있다.[308] 또한 만약 누가가 베드로의 권위를 강조하려고 했다면 왜 그가 단순히 베드로에 대한 출현에 대해서만 이야기하지 않았는지 물을 수 있다. 앞에서 우리는 출현들이 교회의 권위를 정당화할 의도였다는 크로산의 주장을 기각하는 추가적인 이유들에 대해 논의한 바 있다.[309]

칼 브라튼은 이렇게 쓴다.

> 우리는 신약성서 전체가 부활의 관점에서 쓰였다는 양식비평의 합의에도 불구하고 자연주의 역사관과 실존주의 신앙 개념 같은 비성서적 요소들이 개입해서 주해로부터 교리에 이르는 길을 가로막아 왔으며, 그로 인해 신학자들이 **신약성서에 기록되고 사도적 전승에 의해 전달되는 것의 명백한 의미에 반하는 해석들을 자유롭게 고안해 내리라는 것**을 살펴보았다.[310]

A. J. M. 웨더번은 크로산과 유사한 접근법을 채택하면서 **부활**은 "단지 이런 경험들의 힘과 활력을 표현하는 생생한 방법"이었을 뿐이라고 주장한다.[311] 그러나 그는 크로산과 달리 자신의 해석은 "내가 아무리 신약성서 저자들을 출발점으로 삼을지라도 그들이 실제로 말하는 내용을

---

308 고전 15:3-7; 롬 1:3b-4; 딤전 3:16.

309 이 책의 4.3.2.2를 보라.

310 Braaten(1999), 149쪽. 강조는 덧붙여진 것임. Caird(1980)도 보라. "문학비평은 의도적인 오류, 즉 작가가 실제로 쓴 것과 다른 무언가를 의도했다고 가정하는 잘못에 대해 현명하게 경고해왔다"(61). Craffert and Botha(2003)는 Crossan의 접근법에 대해 비판한다. "만약 우리의 민족 중심적인 렌즈들이 그들의 시대에서 대부분의 문화적 대안들을 배제한다면, 어느 주제에 대해서든 상징적인 이야기들이 우리가 세상을 보는 방식에 따라 말해지게 하는 것은 책임 있는 역사기술인가?"(20-21)

311 Wedderburn(1999), 147-48.

넘어선다. 실제로 그들은 많은 점에서 내 주장과 상충할 수도 있다"고 인정한다.[312] 반면에 크로산은 자신의 연구에 이런 약점이 있다는 점을 모르는 것으로 보인다.

크로산에게 [부활을] 은유로 해석하게 하는 가장 강력한 요인은 지옥 정복이지만, 이 주제는 우리에게 알려진 가장 초기의 자료 어디서도 발견되지 않는다. 크로산은 2세기 중반의 텍스트에 대한 한 가지 **가능한** 해석, 형성되고 있는 합의에 어긋나는 베드로전서 3:18 해석(아래의 "타당성" 항목을 보라), 그리고 마태복음 27:52-53에 실려 있는 이상한 텍스트—그 구절에 대해서는 크로산의 해석보다 우월한 해석이 있을 뿐 아니라, 만약 크로산처럼 해석한다면 마태가 예수의 부활에 대해 모순되게 설명하는 셈이다—로부터 지지를 이끌어낸다. CsH는 설명력이 매우 부족하며 이 점에서 VH보다 확실하게 뒤진다.

3. **타당성.** CsH는 다른 가설들보다 인정된 더 많은 사실들에 의해 더 강력하게 암시되는가? 역사적 예수에 대한 크로산의 설명은 대다수의 학자들에 의해 저작 시기가 늦고 가치가 의심스러우며 심지어 존재하지도 않는 것으로 간주되는 많은 출처들을 멋대로 사용하는 데 크게 의존한다. 크로산은 가장 초기의 부활 내러티브를(그 자료가 그가 후대의 것으로 여기는 다양한 정경 데이터들보다 훨씬 더 이례적이라는 사실에도 불구하고) 그가 바울보다 앞서는 것으로 여기는 가상의 자료에 근거해 재구성하는데, 그 자료는 편집되었을 뿐 아니라 기원과 특성이 불확실한 하나의 자료에 의

---

312 Wedderburn(1999), 103-4. Wedderburn은 자신이 초기 교회 교부들이 취했던 것과 유사한 자유를 행사하고 있다고 여긴다. 그런데 그가 McDonald가 아주 유사한 자유를 행사하는 것을 비판하는 것은 주목할 만하다. 엠마오 도상의 제자들의 경험에 대한 McDonald의 해석을 평가하면서—그 해석은 Crossan의 해석과 유사하다—그는 이렇게 쓴다. "이것은 인상적으로 보이지만 차분하게 살펴보면 저자의 수사학이 텍스트로부터 멀어졌고 복음서 저자 자신을 멀찍이 뒤로 남겨두었다고 의심하게 된다"(255 각주 66).

존하는 것으로 보이며, 또한 단 하나의 후기 사본에만 부분적으로 보존되어 있다. 학자들은 다양한 문제에 접근하는 새로운 방식에 대해 개방적이어야 하지만, 3장에서 논의한 기준에 비추어볼 때 크로산의 접근법은 건전하지 않다. 우리는 **"가능성이 있음"**은 **"개연성이 있음"**과 상호 교환할 수 있는 말이 아니라는 점을 유념해야 한다. CsH는 VH보다 타당성이 떨어진다.

4. **덜 임기응변적임.** 비록 CsH가 하나님에 의한 개입주의적 견해를 선험적으로 배제하기는 하지만 크로산은 자신의 세계관을 옹호하는 근거를 제시하며 따라서 이 점에서는 특이성 요소의 함정에 빠지지 않는다. 그러나 CsH는 순전히 추측에 지나지 않는 역사심리학을 사용한다. CsH는 바울이 "무아지경 상태에서 받은 계시"가 어떻게 친기독교적인 내용을 띠게 되었는지 설명하지 않기 때문에, 그의 설명에는 원하는 대로 조작될 수 있는 **임기응변적인 요소**가 감지된다. 2세기 문헌인 「베드로복음」이 가상의 십자가복음을 사용했다는 그의 주장은 아무런 외적 증거가 없으며 견고한 내적 증거도 부족하다. 크로산은 「도마복음」의 여러 어록이 정경 복음서들보다 덜 이례적이고 신학적으로 덜 장식되어 있다고 주장하면서 「도마복음」이 시기적으로 정경 복음서들보다 앞선다고 주장하지만, 정작 CsH가 거의 전적으로 의존하는 「베드로복음」과 관련해서는 같은 원칙을 무시한다. 크로산이 이처럼 방법론을 임의로 사용하는 점에 비추어볼 때 그는 모종의 구조 작업에 관여하고 있거나 아니면 차분한 역사기술의 일반적인 요구사항들에 대한 예외를 인정하고 있음이 감지된다.[313] CsH의 임기응변성은 아주 강하다. CsH는 VH보다 확실히 더

313 Johnson(1996)은 Crossan의 접근법을 "차분한 역사기술이라기보다는 공상의 비행"이라고 부른다(100); Perkins(2007): Crossan의 접근법은 "소량의 실제 텍스트 상의 증거들과 아주 많은 추측에 근거한 설명"에 의존하고 있다(125);

임기응변적이며, 아마도 CH와 LH보다는 훨씬 더 임기응변적일 것이다. CsH는 이 기준을 통과하지 못한다.

5. **조명**. 만약 참되다면 CsH는 고대인들이 순전히 상징적인 이야기들을 만들어내고 그 이야기들을 역사적 사건으로 묘사할 수 있는 정도와 관련해서 조명을 제공한다. 그러므로 CsH는 이 기준을 통과한다.

표 5.4가 보여주듯이, CsH는 다섯 가지 기준 중 둘(설명 범위, 조명)을 통과하고 셋(설명력, 타당성, 덜 임기응변적임)을 통과하지 못한다. CsH가 가장 중요한 기준 넷 중 오직 하나만 통과한다는 점에 주목할 필요가 있다.

표 5.4. CsH에 대한 분석

	설명 범위	설명력	타당성	덜 임기응변적임	조명
VH	실패	통과	통과	통과	—
GH	통과	실패	실패	실패	통과
LH	통과	실패	실패	실패	통과
CsH	통과	실패	실패	실패	통과

Stewart(2008)는 "때때로 Crossan은 비평적 방법과 해석학으로부터 달아나는 것으로 보인다"는 의견을 피력한다(63). Wright(2003): 자신의 자료 출처에 대한 Crossan의 결론은 "단지 정교한 추측에 근거할 뿐이다. 우리는 초기 교회에 관해 많이 알지 못하며, 확실히 이 분야에서 제공되는 것과 같은 종류의 추측을 할 만큼 충분히 알지 못한다. 전승사 연구(기록된 복음서들이 지금과 같은 형태로 존재하게 된 가상의 단계들에 대한 연구)가 허공에 성을 세울 경우, 평범한 역사가는 그런 연구들에 공간을 임대하기를 거부한 것 때문에 이류시민이라고 느낄 필요가 없다"(19; 20과 비교하라).

5.6. 피에터 F. 크래퍼트

5.6.1. 크래퍼트의 견해에 대한 서술

5.6.1.1. 서론적 해설. 피에터 크래퍼트는 남아프리카 대학교 신약학 교수인데 아마도 우리가 살펴본 다른 어떤 학자들보다도 사회과학을 많이 사용할 것이다. 그는 역사적 예수 연구가 기본적으로 두 가지 전통적 접근법들과 관련이 있다고 주장한다. 첫 번째 접근법은 예수의 부활을 역사적 사건으로 이해한다. 크래퍼트는 이 견해에 네 가지 문제가 있다고 여긴다. 첫째, 이 진영에 속한 학자들은 순환논법에 빠져 있다. 즉 부활 내러티브들이 예수의 부활이라는 독특한 종말론적 사건에 대한 증거 역할을 하며 그러므로 신뢰할 수 있다.[314] 둘째, 하나님이 자기가 원할 때마다 개입하고 자기가 원하는 것은 무엇이든 할 수 있으며 어떤 사람들은 다른 사람들이 쉽게 관찰하기 어려운 참된 계시를 경험할 수 있다고 가정한다면, 역사 연구 방법은 고려할 가치가 없는 행동이 된다.[315] 그러나 크래퍼트의 다른 두 가지 주된 이의는 본질상 윤리적이고 신학적이다. 현대 세계와 고대에 기독교의 전승과 평행하는 많은 전승이 있는데 예수의 부활에 관한 기독교의 전승들은 역사적으로 정확한 반면 다른 종교의 기적 전승들은 그렇지 않다고 주장하는 것은 윤리적으로 잘못이다. "그것은 초자연주의 수용 자체에 대한 반대가 아니라 역사 속의 어느 한 경우에 대해 자신에게 유리한 주장만 하는 것에 대해 반대하는 것이다."[316] 신학적 이의

---

314 Craffert(1989), 334.

315 Craffert(2002), 97.

316 Craffert(2003), 367, 366도 보라; 다음 문헌들과 비교하라. Craffert(1989), 342; Craffert and Botha(2005), 21. 다음 문헌들도 보라. Borg and Crossan(2006),

는 역사가들이 어떤 기적에 관한 주장의 역사성에 대해 판단할 때 그들의 세계관을 사용할 수밖에 없다는 사실과 관계가 있다. 어떤 사람이 예수에 관해 어떻게 생각하는지는 그 사람이 하나님에 관해 어떻게 생각하는지에 크게 의존한다.[317] 유신론자 기독교 역사가들은 복음서의 기록을 역사적인 것으로 여기는 경향이 있는 반면, 무신론자 역사가들은 그렇지 않을 것이다.

다른 전통적 접근법은 예수의 부활에 관한 보고들을 문학적 창조물로 이해한다.[318] 크래퍼트와 그의 공저자 피에터 J. J. 보타는 크로산이 제시한 접근법(즉, 부활은 비유라는 견해)이 다른 접근법들과 동등하게 타당한지 또는 다른 접근법들보다 더 그럴듯한지 묻는다.

> 달리 묻자면 만약 우리의 민족 중심적인 렌즈들이 그들의 시대에서 대부분의 문화적 대안들을 배제한다면 어느 주제에 대해서든 상징적인 이야기들이 우리가 세상을 보는 방식에 따라 말해지게 하는 것은 책임 있는 역사기술인가? 문화적 감수성은 모든 종류의 가능성을 초대할 뿐 아니라 또한 어떤 가능성들을—특히 문화적 현실이라는 상황 안에서 생각할 때—그럴듯한 것으로 만든다.[319]

크래퍼트는 이 진영에 속한 학자들에게도 자신의 윤리적이고 신학적인 이의를 적용한다. 그는 성서의 이야기들을 "단지 신화적 창작이나 신조상의 진술"로 치부하는 좌파 학자들은 "그 이야기들이 자기들에게

218-19 각주 18, 그리고 Lindars(1986), 91.

317 Craffert(2003), 367; Craffert(2009), 150; Craffert and Botha(2005), 21.

318 Craffert and Botha(2005), 20-21.

319 Craffert and Botha(2005), 20-21.

는 현실의 일부였던 사람들"에게 동등하게 무례를 저지르는 것이라고 여긴다.[320] 신학 측면에서 그는 새로운 역사적 예수 탐구 회원들이 하나님이 기적을 일으키는 자이자 죽음에서 부활한 자였던 예수 안에서 자신을 계시할 가능성을 선험적으로 배제하는 형이상학에 의해 인도되고 있다고 비난한다.[321]

크래퍼트는 예수의 부활에 관한 논쟁에서 결론에 영향을 끼치는 주된 요인이 세계관과 관련되어 있다는 점을 인정한다.

> 역사적 예수 연구에서 진정한 문제가 이런 측면들에 관한 텍스트상의 증거(또는 증거의 결여)가 아니라는 점을 분명히 해두자. 예수의 동정녀 탄생이나 부활을 확인하기 위해 이른 시기의 텍스트들이 얼마나 많이 필요한가? 진정한 문제는 본질상 철학적이다. 또는 그런 표현을 원한다면 세계관과 현실 인식에 관한 것이다.[322]

그러므로 역사적 예수 연구와 관련된 다른 대부분의 분야에서와 마찬가지로 오늘날 학자들은 예수의 부활에 관한 결론에서 의견이 갈린다. 역사적 예수 연구는 어떤 초자연적인 사건이 일어났다고 가정하거나, 그 내러티브들이 창작되어서 신에 의한 기적을 포함하지 않는 현실에 대한 상징들을 만들어냈다고 가정한다.[323] 크래퍼트에 따르면 방금 언급한 전통적인 두 접근법들 모두 문화적 사건들에 대해 주의를 기울이지 않는다는

---

320 Craffert(2003), 368.

321 Crafferts(1989), 342; Craffert(2002), 100; Craffert(2003), 366.

322 Craffert(2003), 365; 다음 문헌들과 비교하라. Craffert(2002), 95, 97; Craffert(1989), 343, 337; Wilkins and Moreland편(1995), 126에 실린 Habermas.

323 Craffert and Botha(2005), 19; Craffert(2009), 127-28.

공통점이 있다. 그들의 접근법은 같다. 단지 예수와 관련된 초자연적 사건이 실제로 일어났다고 믿는지 여부에 대해서만 입장이 다를 뿐이다.[324]

크래퍼트는 포스트모던주의 역사관을 취하는 사회과학적 접근법이라는 다른 접근법을 제안한다.

> [이 접근법은] 진리에 대한 모더니즘의 기준을 다른 모든 사람들 및 이야기들에 적용하려고 하지 않는다. 이 접근법은 문화 시스템 또는 현실관은 하나만이 아니라는 것을 인정한다는 점에서 포스트모던주의자가 되고자 한다.…사실 그 접근법은 **현실**은 시스템의 현상이라는 통찰력을 매우 진지하게 받아들인다. 이 관점에서는 이야기의 요소들이 다른 문화 시스템에 속해 있다는 것을 깨달으면 그 이야기들이 갖고 있는 **신비**하거나 **초자연적**인 특성들 또는 색다른 정취를 잃어버린다. 그 이야기들은 그렇게 이해될 수 있는 특정 문화 시스템 안에서의 **자연스러운** 인간의 현상이 된다.[325]
>
> 새로운 역사기술은 서구의 사상에서 대체로 포스트모더니즘이라고 알려진 새로운 지적 운동 또는 의식의 일부다. 그것은 한편으로는 존재론적 일원론에 대한 반발이면서 다른 한편으로는 다양한 세계관에 대한 옹호라는 특징이 있다.…이 접근법은 고정된 현실 목록을 받아들이지 않고 다양한 현실들과 철저한 다원주의를 받아들이는 것을 의미한다.[326]…다른 한편으로, 이 접근법은 각각의 세계관이 현실에 대한 하나의 표현이며 따라서 복수의 세계관 또는 현실관이 타당하다는 것을 인정한다.[327]

---

324 Craffert(2003), 343.

325 Craffert(2003), 369. Craffert(2009), 132-33도 보라.

326 Craffert and Botha(2005), 13.

327 Craffert and Botha(2005), 14. Craffert(2009)는 "**참여적이며 오류 가능성이 있는 다원주의**"에 대해 언급하는데, 그것은 "주관성(또는 **타자성**) 사이의 대화뿐 아니라 참여라는 개념을 동반하며 주관성들이 모두 다 살아남을 수 있는 것은 아니

크래퍼트와 보타는 **문화적 현실들**에 대해 묘사한다. 어떤 것들은 존재론적으로 오직 인간 제도 내에서 그 문제에 관한 광범위한 합의가 있기 때문에 존재한다. **문화적 현실들**은 언어로 포착될 수 없다. 언어는 단지 그것들의 물리적·화학적 구성에 대해 묘사할 뿐이다. 물리적·화학적 묘사를 통해 식당, 식당 종업원, 식탁, 결혼, 정부, 돈, 무당에 의한 영혼의 비행, 신 또는 귀신들림을 적절하게 설명할 수 없다. 그 단어들이 나타나는 문화적 맥락에 의해 함축되는 의미를 포함시켜야 한다.[328] 돈은 두 가지 의미로 존재한다. **관찰자로부터 독립적인** 특성에는 돈의 물리적·화학적 구성(예컨대, 채색된 종이 또는 아마도 납작하고 둥근 작은 금속 물체)이 포함되는 반면, **관찰자에 의존하는** 특성에는 개인이나 기관에 의해 그것들에게 부여된 가치, 의미와 역할(예컨대, 미국의 10달러 지폐는 미국의 1달러 지폐나 유로화 1달러 동전보다 가치가 크다)이 포함된다.[329] "이로부터 나오는 가장 중요한 함의는 사건들 또는 현상들이 '실제로' 존재하지 않고서도 실재할 수 있다는 것이다."[330]

크래퍼트와 보타는 복음서들에 대해서는 다음과 같이 주장한다.

> 복음서에 예수의 생애라고 기록된 사건들 중 아주 많은 부분은 특정 문화 시스템 내에서 경험되고 있고 그 시스템에 속해 있는 **문화적 사건들**로 이루어져 있다(그러므로 그것들은 존재론적으로 객관적이지 않으면서—그것들

므로 문화비평을 꺼리지 않는다"고 말한다(132). Craffert는 더 나아가 자기의 접근법을 "**현실이라는 신화**—즉 이야기들이나 텍스트들이 **바로 그** 세상 또는 **우리의** 세상 속의 현실들을 가리킨다는 믿음—에 대한 회피를 의미하는" 접근법이라는 특징이 있다고 말한다(136).

328 Craffert and Botha(2005), 16; 19와 비교하라. Craffert(2009)도 보라. 그는 이것들을 "**의도적인 객체들**"이라고 부른다(134).

329 Craffert and Botha(2005), 15.

330 Craffert and Botha(2005), 17; 15와 비교하라.

은 사진에 찍히거나 물리적 또는 화학적 분석에 의해 분석될 수 없다—그곳에 객관적으로 존재한다). 그런 사건들과 현상들을 마치 그것들이 단단한 전기 데이터 범주에 속한 것처럼 다루는 것은 이른바 **잘못 놓인 구체성의 오류**의 한 예다.[331]

책임 있는 역사 연구를 수행하기 위해서는 역사가들은 기록된 사건들을 그들 자신의 현대적 맥락에서뿐 아니라 그 사건들이 나타나는 고대의 맥락에서 사람들이 취하고 있던 관점을 통해서도 볼 수 있어야 한다. 크래퍼트는 예수의 부활에 관한 한 연구에서 역사가들은 자신의 연구 대상자들이 일어났다고 주장했거나 일어났다고 생각한 것이 무엇인지 결정한 후 그것들을 현대 문화 안에서의 자신의 경험과 비교해야 한다고 주장한다. 이런 방식으로 역사가들은 그 사건에 대한 "적절한 해석"을 제공하려 할 때 자료를 정당하게 다룰 수 있을 것이다.[332] 그러나 포스트모던 접근법에서는 여러 현실들이 허용되기 때문에 실제로 무슨 일이 일어났는지 결정하는 것(즉 역사성에 대한 전통적 이해)은 "매우 복잡하고" "문제가 많은" 일이 될 수 있다. 왜냐하면 언제나 다양한 결론들이 나올 것이기 때문이다. 그러므로 역사성에 관한 미래의 논의에는 "문화적 대화, 협상 그리고 비평"이 포함되어야 한다.[333]

크래퍼트는 자신이 채택한 접근법에서 관심의 초점은 보고된 사건이 실제로 발생했는지 결정하는 데 있는 것이 아니라 "사실상 무슨 일이 일어날 수 있었는지 이해하려" 하는 데 놓여 있다고 주장한다. 그러므로 크래퍼트는 역사가들은 "편견과 가정으로부터 자유로워야하며" 오직 문

---

331 Craffert and Botha(2005), 17.

332 Craffert(1989), 338, 343; Craffert(2003), 369.

333 Craffert and Botha(2005), 18.

헌에서 캐낸 사실들에 기초해서 과거를 묘사해야 한다는 원칙에 따라 연구하지 않는다.[334] 대신에 그는 유추의 원리를 사용한다.[335]

5.6.1.2. 사례 연구: 예수가 물 위를 걸음. 크래퍼트와 보타는 자신의 접근법을 예수가 물 위를 걸은 사건에 적용한 예를 제시한다. 그들은 브루스 J. 말리나에게 동의하면서 이 자연 기적 속에서 몇 가지 일들이 일어나고 있는 것을 본다.[336] 때는 밤이었고, 제자들은 지쳐 있었고, 잠들지 못했고, 폭풍 때문에 두려웠다. 그들은 변성의식 상태(altered state of consciousness; ASC)에 빠져 있었고, 그것은 "신체적·시각적·청각적 요소들"을 동반하는 집단적 환상을 낳았다. 그들은 예수가 물 위를 걷는 것을 보았다. 그들 시대의 유사한 이야기들, 즉 야웨가 바다 위를 걷고 물결을 밟은 이야기(합 3:15)와 포세이돈(라틴어로는 넵투누스)이 바다 생물들을 타고 바다를 가로질러 여행한 이야기에 비춰볼 때 이 집단적 환상은 그들에게는 이치에 맞았다.[337] 더욱이 "그리스-로마 문헌에는 바다 위를 걷는 것과 관련된 많은 영웅들이 있으며 그 개념은 꿈 해석에 관한 문헌에서도 발견된다."[338]

크래퍼트는 현대의 관점에서는 제자들이 예수가 물 위를 걷는 것을 **보는** 경험은 관찰자에 의존한다고 주장한다. 그는 그런 경험들이 변성의식 상태에서 일어난다고 해석한다. 크래퍼트와 보타는 제자들이 자기들이 예수가 바다 위를 걷고 있다고 믿었던 환상을 경험한 것은 "매우 그럴

---

334 Craffert(1989), 337.

335 Craffert(1989), 343.

336 Chilton and Evans(1999), 351-71에 실린 Malina.

337 Craffert and Botha(2005), 9-10. 그들은 이 예에 대해 Cotter(1998)의 저작 148-63에 의존한다.

338 Craffert and Botha(2005), 10-11.

듯하다"고 생각한다.[339] 그 문화적 사건이 발생했다. 즉 그들은 자기들이 자신들의 지평이나 종교 시스템에 따라 해석했던 환상을 경험했다. 그들은 이 사건을 현실의 일부로 받아들였지만 크래퍼트의 포스트모던 관점에서는 제자들의 해석이 선호되지 않을 수도 있다. "존재론적으로 주관적인 경험은 존재론적으로 객관적인 사건에 대한 증거로 간주될 필요가 없다.…1세기 지중해 세계와 같은 문화적 환경 안에서 이루어진 변성 심리 상태 경험은 누군가가 실제로 갈릴리 호수의 물 위를 걸은 것에 관한 보고로 읽힐 필요가 없다. 문화적으로 민감한 독법은 문화 사이의 대화와 비평을 배제하지 않는다."[340] 달리 말하자면 독자는 제자들이 그 경험에 관해 믿었던 데서 멈추지 않고, 실제로 일어난 일을 자신의 세계관의 틀 안에서 해석한다. 그러나 가장 중요한 것은 이 제안이 실제로 옳으냐가 아니라, 사회과학적 방법을 통해 복음서에 나오는 사건들을 설명할 수 있는 추가적인 가능성들을 고무하도록 문들이 열려왔다는 점이다.[341]

5.6.1.3. 예수의 부활에 적용된 사회과학적 접근법. 크래퍼트는 사회과학적 접근법은 초기의 부활 신앙이 예수의 부활 후 출현들에서 유래되었다는

---

339 Craffert and Botha(2005), 19.

340 Craffert and Botha(2005), 19-20. Craffert(2009), 142도 보라. Borg and Crossan(2006)도 이에 대해 동의하는 것으로 보인다(207).

341 Craffert and Botha(2005), 11; Craffert(1989), 344 각주 4와 비교하라. 비록 나는 Craffert and Bortha가 변성의식 상태를 환각이나 망상 같은 자연적인 심리적 장애로 여기고 있다고 강하게 의심하지만—아마도 근거 없는 의심일 것이다—나는 그들의 말을 그들이 의도했었을 수준 이상으로 더 깊이 읽고 싶지 않다. 결국 그들은 개인적으로 환각이나 망상이 변성의식 상태의 본질이라고 믿을 수도 있지만, 그들은 칭찬할 만하게도 판단을 유보하고 있다. 지금으로서는 나는 마치 그들이 존재론적 예수가 출현했지만 그 환상을 경험한 사람 외에는 아무도 그것을 볼 수 없었던 환상을 변성의식 상태로 여기고 있는 것처럼 진행할 것이다. Borg and Crossan(2006)도 보라. "모든 환상이 환각은 아니라는 점을 강조할 필요가 있다. 환상들은 현실을 드러내는 것일 수 있다"(207).

주장을 기각하고 "출현 내러티브들이 왜 그리고 어떻게 유래되었는지 설명하려" 한다고 주장한다.[342] 그들의 1세기의 세계관에 비춰볼 때 초기 그리스도인들이 예수가 죽은 자들 가운데서 부활했다고 주장한 것은 무슨 의미였는가?[343]

고대 지중해 세계에서 살아가던 이들에게 "환상·꿈·환영 등은" "전형적이고 일반적인" 경험이었고, 그들은 그 경험들을 "문자적이고 실제적인" 것으로 간주했다. 예수의 부활 후 출현은 "이런 현상들에 속한다." 제자들이 환상 중에 부활한 예수의 몸을 보았을 때 그들은 비록 그 현실이 예수의 시신의 변화를 요구하지는 않았지만 "자기들이 현실을 경험하고 있다고" 믿었다.[344]

크래퍼트의 목표는 "출현 내러티브들이 왜 그리고 어떻게 유래되었는지 설명하는 것"이기 때문에,[345] 부활 내러티브들에서 예수가 제자들과 함께 음식을 먹었고 제자들이 그를 만졌다고 묘사하는 것은 도전을 제기한다. 크래프트는 그 도전에 이렇게 답한다.

> 인간의 뇌는 반드시 외부의 자극이 있어야 육체적이거나 물질적인 환상의 몸을 만들어내는 것은 아니다. 그러므로 예수의 추종자들이 그를 알아볼 수 있었고 또한 그를 음식을 먹고 말하고 걷는 육체적 형태로 경험했다는 사실

---

342 Craffert(1989), 340; Craffert(2002), 90과 비교하라.

343 Craffert(1989), 339-40.

344 Craffert(2002), 98, 99-100. Craffert(2009)는 다른 곳에서 더 강력하게 말한다. "이 사람들[즉, 예수의 제자들]은 다른 논리와 합의된 현실에 따라 살았기 때문에 그것[즉, 부활한 예수의 출현 경험]은 단순한 망상도 아니었고 객관적인 현실도 아니었으며, 오직 문화적으로 현실이었다. 이 견해에서는 예수는[바울이 고전 15:42-44에서 묘사한 것처럼] 몸으로 부활한 것이 아니라 문화적으로 개념화된 몸으로 부활했다.…이 견해에서는 1세기에 문화적으로 경험된 사건인 예수의 부활은 시공간 안에서 발생한 사건이 아니었다"(147-48).

345 Craffert(1989), 340; Craffert(2002), 90과 비교하라.

이 육체적이고 물질적인 몸을 지지하는 논거는 아니다.[346]

비록 초기 그리스도인들은 부활한 예수에 대한 그들의 경험을 육체적으로 부활한 예수가 나타나 자기들과 대화를 나눴던, 관찰자로부터 독립된 존재론적 사건으로 해석했을지라도 오늘날 학자들은 그 사건들을 변성의식 상태의 경험으로 여길 수 있을 것이다. 따라서 "예수의 부활이 실제로 일어났는가?"라는 역사성에 관한 질문에 답하기가 복잡해진다.

> [그 답]은 질문에 들어 있는 "그것"에 달려 있다: "**그것**은 실제로 일어났는가?" 만약 "그것"(예컨대 환상)이 그 사건의 고대의 상황에서 취해진다면 그에 대한 답은 "그렇다, 그것은 실제로 일어났다"가 될 수 있다! 그러나 그것은 또한 (예컨대 변성의식 상태 경험과 같은) 상대적인 상황에서 취해질 수도 있다. 그리고 그 질문에 대한 답도 "그렇다, 그것은 실제로 일어났다"가 될 수 있다. 만약 "그것"이 잘못 놓인 구체성이라는 의미에서—**초자연적 사건**에 대한 언급으로서—취해진다면 그에 대한 답은 "아니다, 그런 사건이 보고되고 있는 것이 아니다"가 되어야 한다![347]

---

346 Craffert(2002), 101. Craffert(2009)도 보라. "그러므로 환상 속의 만남에서 물고기를 먹은 것(요 21:9-14)은 그것이 해변에서의 **실제** 아침식사였다거나 예수의 몸이 문화적으로 구성된 몸이 아닌 다른 그 무엇이었다는 증거가 아니다"(146). Borg and Crossan(2006)도 보라. "환상에는 시각(환영)과 청각뿐 아니라 촉각의 차원과도 관련될 수 있다. 그러므로 예수가 그의 제자들에게 자기를 만져보라고 하거나 음식을 먹는 모습을 보이는 이야기는 본질적으로 환상에서 벗어나지 않는다"(207).

347 Craffert and Botha(2005), 18-19. 강조는 원저자의 것임. Craffert(2009)는 이렇게 쓴다. "이 견해에서는 그 보고들이 반드시 시공간 속에서 일어난 사건들을 가리키지는 않는다는 것을 잘 알면서도 동시에 1세기 지중해 지역에서 살았던 이스라엘 사람들에게는(문화적) 현실로서의 예수의 부활을 긍정할 수 있을 것이다"(140).

크래퍼트는 자기의 제안이 "그 자료들 자체의 문화 시스템 안에서의 문자적 의미에 충실할 뿐 아니라 또한 뇌 과학과 개인의 한계를 넘어서는 인류학 분야 연구의 지지를 받고 있다"고 주장한다.[348] 그러므로 그것은 "비교 문화적"이다.

크래퍼트의 가설(CfH) 요약

- CfH는 "다양한 현실들"과 "철저한 다원주의"의 정당성을 인정하는 포스트모던주의다.[349]
- 사건들과 객체들에는 두 가지 특성이 있다. 관찰자로부터 독립적인 특성들은 물리적·화학적인 측면에서 묘사될 수 있는 반면, 관찰자에 의존적인 특성들은 문화에 의해 주입된다. 나무는 생물학적 관점에서(즉 관찰자로부터 독립적으로) 묘사될 수도 있고 **대피소**라고(관찰자에 의존적으로) 묘사될 수도 있다. 어떤 사건을 경험할 경우 두 가지 특성이 모두 있다. 그러므로 그것은 "문화적 사건"이며 따라서 자연적이다. 역사가들은 관찰자로부터 독립적인 특성과 관찰자에 의존적인 특성을 구별할 수 있어야 한다.
- 역사가들은 현대 문화의 관점에서 어떤 사건들을 설명할 때 고대인들이 같은 사건을 어떻게 해석했는지 충분히 알 필요가 있다.
- 제자들은 부활한 예수의 출현을 경험했을 때 변성의식 상태에 있었다. 그 문화 속에서 살았던 사람들에게 환상과 꿈들(변성의식 상태들)은 현실로 간주되는 일반적인 사건들이었다. 그러므로 그들이 주관적인 환상 속에서 예수가 자기들에게 출현한 것을 경험했

348 Craffert(2002), 97.
349 Craffert and Botha(2005), 13, 14.

을 때 그들은—비록 예수의 시신이 여전히 무덤 안에 누워 있었을지라도—그 경험을 몸을 지닌 예수의 존재론적 출현으로 받아들였다.

- 예수의 부활 후 출현들은 복음서들이 그렇게 묘사하고 있다고 전형적으로 해석되는 것처럼 존재론적으로 객관적인 의미에서 발생한 것이 아니라 주관적인 의미에서 발생했다. 그들은 예수가 자기들에게 존재론적으로 주관적인 의미에서, 즉 환상 중에 자기들에게 출현했다고 굳게 믿었다. 그것은 현실이었지만 비디오 카메라에 포착될 수는 없었다.[350]
- 예수의 부활은 실제로 일어났는가? 만약 예수의 출현을 존재론적 실재와 무관한 주관적인(즉, 관찰자에 의존적인) 환상으로 여긴다면 그 질문에 긍정적으로 답할 수 있을 것이다. 만약 예수의 출현을 존재론적 실재가 있는 객관적(즉 관찰자로부터 독립된) 경험으로 여긴다면 그 질문에 부정적으로 답해야 한다.
- CfH는 그 사건의 본질에 관해 현대적 안목을 얻기 위해 사회과학에 의존하기는 하지만 텍스트의 무결성과 고대인들의 믿음을 존중하기 때문에 CfH가 선호되어야 한다.

5.6.2. 분석과 우려

크래퍼트의 가설은 우리가 다루고 있는 여섯 가지 가설 중에서도 독특한 것이다. 그는 포스트모던적인 요소를 사회과학의 사용과 결합시킨다. 크래퍼트는 존 필치의 연구에 의존하여 예수의 부활 후 출현들에 대해 신선

---

350 Craffert and Botha (2005), 17.

한 시각을 제공한다.[351] 필립 H. 위베는 필치에 대해 비판적인 입장을 취하면서도 그가 완전히 해결되지 않은 예수의 부활 후 출현의 본질을 밝히는 것과 관련해서 새로운 도전을 제시했음을 인정한다.[352] 그러므로 우리는 그 주제에 관한 크래퍼트의 연구에 대해 그에게 빚을 지고 있다. 그럼에도 CfH를 평가하기에 앞서 다뤄야 할 몇 가지 우려가 있다.

5.6.2.1. "허수아비" 논증. 크래프트는 "허수아비" 논증을 사용하는 잘못을 저지른다. 그는 전통주의자들이 순환논법을 사용하는 잘못을 저지르고 있다고 비난한다. 전통주의자들이 부활 내러티브가 예수의 부활이라는 독특한 종말론적 사건에 대한 증거 역할을 하며 그러므로 신뢰할 만하다고 주장한다는 것이다.[353] 내가 알기로는 이런 식으로 논증하는 20세기와 21세기 학자는 없다. 보수적인 많은 기독교 신학자들이 신약성서에 대해 경신적 접근법을 수용하고 있지만 그들은 예수 부활의 역사성을 크래프트가 말하는 방식으로 주장하지는 않는다. 그러나 이런 실수가 크래프트의 전체적인 논거와 결론에 영향을 주지는 않는다. 그러므로 우리는 이에 대해 더 언급하지 않고 앞으로 나아갈 수 있다.

5.6.2.2. 포스트모더니즘. 크래프트가 "역사에 대해 포스트모더니즘적인 접근법"에 호소하는 데는 문제가 있다. 이 접근법이 성서학자들에게는 다

351 Pilch("Appearances," 1998).

352 P. H. Wiebe, "Altered States of Consciousness and New Testament Interpretation of Post-Resurrection Appearances," *McMaster Journal of Theology and Ministry*(2001), 〈www.mcmaster.ca/mjtm/4-4.htm〉. 페이지 수는 제공되지 않았음.

353 Craffert(1989) 334. 이 점은 예수의 부활을 역사적 사건으로 해석하는 학자들에 대한 그의 첫 번째 이의다.

소 새로운 방법일지 몰라도 성서학 외부의 역사가들에는 새롭지 않다. 앞에서(1.2.7) 지적했듯이 역사 연구에 대한 사실주의 접근법과 포스트모던 접근법은 역사철학자들 사이에서 지난 수십 년간 논란이 되어왔는데, 압도적으로 다수의 학자들은 사실주의자로 자처했다. 불행하게도 성서학자들 중에는 역사철학과 역사 연구 방법론에 대해 공식 훈련을 받았거나 참고문헌 목록을 통해 이런 주제들에 관해 전문적인 역사가들이 쓴 문헌들에 익숙하다는 사실에 대한 증거를 보여주는 이들이 거의 없다.[354] 그 결과 그들은 종종 성서학계 외부의 역사가들 가운데서 유사한 논쟁이 벌어지고 나서 오랜 뒤에 이런 문제들에 대한 논쟁에 뛰어든다.

크래퍼트는 분명히 과거, 과거에 대해 알 수 있다는 희망, 또는 사건들에 관한 진실을 부정하는 급진적 포스트모던주의자가 아니다. 그러므로 그의 가설은 그런 입장에 내재된 모든 문제들로 시달리지는 않는다.[355] 크래프트의 언어는 매우 포스트모더니즘적인데 그는 실제로는 다소 모더니즘적이어서 모순이 초래된다. 예컨대 그는 "다양한 현실들과 철저한 다원주의의 수용"을 촉진하고 "복수의 세계관 또는 현실관은 타당하다"고 주장한다.[356] 그러나 그것은 선택적인 "철저한 다원주의"다. 왜냐하면 그것은 초자연적 사건들을 포함하는 가설들을 선험적으로 배제하기 때문이다.[357] 그러므로 크래퍼트는 실제로는 다양한 현실들을 인정하는 것이 아니라 어떤 경험을 이해하는 다양한 방식들을 인정한다. 사실주의 역사학자들도 그 정도는 기꺼이 인정한다.

---

354 Craffert는 성서학계 외부의 전문적인 역사가들의 문헌을 참고하는 몇 안 되는 성서학자들 중 하나다. *The Life of a Galilean Shaman*(2008)에 실려 있는 그의 참고문헌 목록은 그런 문헌을 대략 35개쯤 열거한다.

355 이 책의 1.2.7을 보라.

356 Craffert and Botha(2005), 14.

357 Craffert(2003), 369; Craffert and Botha(2005), 18-19.

그는 자신의 제안이 "**현실**은 시스템 현상이라는 통찰을 매우 진지하게 다룬다"고 주장한다.[358] 이 점도 포스트모던적인 사상을 나타낸다. 나는 현실을 **관찰자에 의존하는** 사건들로 제한한다면 현실이 "시스템 현상"으로 분류될 수 있다는 데 어느 정도 동의한다. 그러나 **관찰자로부터 독립적인** 사건들은 그렇지 않다. 존재론적 현실을 창조하는 존재는 신이다. 인간이 자기들도 그렇게 할 수 있다고 여길 때 그들은 망상에 빠지는 것이다.

5.6.2.3. 자연주의적 편견. 크래퍼트의 사회과학적 접근법은 선험적으로 자연적인 설명을 요구하며 초자연적 설명을 배제한다. 역사적 사실들에는 해석이 빠질 수 없기 때문에,

> 우리는 데이터를 해석하기 위해 인간의 행동에 관한 가정들과 지식 위에 가설들을 세우게 된다.…그래서 우리는 부활 신앙의 기원을 고려할 때 우리가 모종의 인간의 구성물을 다루고 있다는 점을 받아들여야한다. 부활 신앙의 기원을 설명하려는 그 어떤 시도도 이 두 가지 측면 없이 이루어지지 않는다.[359]

여기서 데이터를 해석하기 위해 인간의 행동에 관한 **누구의 가정들과 지식**을 사용할 것인가라는 질문을 할 수 있을 것이다. 굴더와 뤼데만이 제안하는 것과 같이 아무런 직접적인 증거도 없이 복잡한 사변으로 구성된 추측에 불과한 데다가 종종 형이상학적 자연주의의 토대 위에 세워

---

358 Craffert(2003), 369.
359 Craffert(2003), 333.

진 역사심리학에 만족해야 하는가?[360] 역사가들이 그들의 역사 연구에서 초자연적인 현상에 반대하는 심리학적 설명을 사용하여 순전히 자연적인 결론을 얻어야만 하는 것은 아니다.[361] 역사가들은 심리학적 추측들을 넘어서야 하며 연구방법을 조심스럽게 사용할 필요가 있다.

크래퍼트와 보타는 크로산을 비판하면서 이렇게 묻는다. "만약 우리의 민족 중심적인 렌즈들이 그들의 시대에서 대부분의 문화적 대안들을 배제한다면, 어느 주제에 대해서든 상징적인 이야기들이 우리가 세상을 보는 방식에 따라 말해지게 하는 것은 책임 있는 역사기술인가?"[362] 나는 그 질문에 동의하면서도 그것을 약간 고쳐서 크래퍼트에게 다음과 같이 묻고자 한다. 만약 우리의 민족 중심적인 렌즈들이 그들의 시대에서 대부분의 문화적 대안들을 배제한다면, 어느 주제에 대해서든 자연주의적인 추측들이 우리가 세상을 보는 방식에 따라 말해지게 하는 것은 책임 있는 역사기술인가? 자연적인 설명을 요구하는 크래퍼트의 접근법은 크래퍼트와 보타가 크로산이 한 가지 설명만 고수한다고 비난하는 바로 그 일을 하고 있다. 그러나 기적 가설을 받아들이는 데 대한 크래퍼트의 반대를

---

360 L. T. Johnson(1996)은 GH 및 LH에 관해 우리가 관찰한 내용들을 상기시켜준다. 사회과학을 사용해서 제공된 설명들은 "때때로 시사하는 바는 많지만 입증되는 적은 거의 없다"(42).

361 Craffert(2003)는 **현실**이 시스템 현상으로 간주될 때 "이야기의 요소들은 그들의…초자연적 특성을 잃고…[또한] **자연적인** 인간 현상이 된다"고 주장한다(369). 제자들이 부활한 예수와 만나는 것과 관련해, 나는 **보는 것**—그것이 눈으로 보는 것이든 환각으로 보는 것이든—이 자연적인 현상이라는 데 동의한다. 그러나 만약 부활한 예수가 객관적인 현실 속에서 그들에게 출현했다면 그것은 상황을 변화시킨다. 만약 그들이 일반적인 의식 상태 속에서 존재론적으로 몸을 가진 예수를 만졌다면, 그것은 육체를 가지고 있으면서도 초자연적인 존재에게 적용된 자연적인 행동이었던 셈이다. 이 가능성을 배제하려는 Craffert의 시도는 그런 해석에 반대하는 편견에 불과하다.

362 Craffert and Botha(2005), 20-21.

감안하면 결말은 언제나 같을 것이다. 즉 자연적 설명이 될 것이다.[363]

종교와 역사에 초점을 맞춘 「역사와 이론」 2006년도 특집에서 브래드 그레고리는 전통적인 (즉, 종교적인) 고백적 역사에 반대하는데, 왜냐하면 그것이 "종종 다른 전통들을 환원주의적 측면에서 설명하는 대가를 치르면서 특정 전통에 특권을 부여하고 그 전통을 호의적으로 이해하려 하기 때문이다."[364] 그러나 계속해서 그는 다음과 같이 지적한다.

> [최근에 기독교 역사가들은] 모든 전통들을 공평하게 중립적으로 다루려는 노력의 일환으로 현대 사회과학(대개 사회학, 인류학 또는 심리학)이나 인문학(때때로 철학 그리고 보다 최근에는 문학비평이나 문화이론)에서 도출된 종교이론들로 향했다. 그러나 한편으로 아무리 의도가 좋을지라도 이런 움직임은 심각한 문제가 있다. 수단과 방법이 조화를 이루지 못한다. 가장 근본적으로는 그런 이론들에 내재된 가정들이—비록 특정 종교에 대해 아무리 편견이 없다고 할지라도—종교 자체에 대해 결코 공평하거나 중립적이지 않기 때문이다. 그로 인한 결과는 종교가 실제로 무엇인지에 대한 중립적이거나 객관적인 설명이 아니며, 종교가 그 신자와 실천자들에게 무엇을 의미하는지 이해하기 위한 수단은 더더욱 아니다. 오히려 그 결과들은 그 이론들을 떠받치는 세속적 가정들을 반영하는 **다른 방식으로** 편향된 설명들을 내놓는다.[365]

계속해서 그레고리는 오래된 **전통적인 고백적 역사**의 반대인 "**세속**

---

363 윤리적이고 신학적인 반대들은 이 책의 5.6.2.5에서 논의될 것이다.

364 Gregory, "The Other Confessional History: On Secular Bias in the Study of Religion"(2006), 135.

365 Gregory(2006), 136.

적인 고백적 역사"에 대해 언급한다. 이 입장을 취하는 역사가들은 "종교적 주장의 내용의 **실재성**에 대한 여지를 남기지 않는다.…따라서 예컨대 영성은 세속 심리학 범주를 통해서만 접근될 수 있다.…솔직히 말하자면 현대 사회과학과 인문학 기저의 믿음들은 형이상학적으로 자연주의이고 문화적으로 상대주의이며, 따라서 종교는 인간의 구성물이며 **또한 그럴 수밖에 없다**고 주장한다."[366] 결국 그레고리는 이렇게 쓴다. "마치 그들의 연구 대상자들의 신앙이 사실일 수도 있는 것처럼, 즉 형이상학적으로 중립적인 방법론이 열려 있을 가능성이 있는 것처럼 논의를 진행하는 것은 종교학자들의 숙명인 것 같다."[367]

크래퍼트는 "모든 사회과학 연구의 기본원리 중 하나"로 유비의 원리를 가리킨다.[368] 이 원리는 자연에서 특별한 역사적 의미가 있는 사건을 낳는 신의 특별한 개입은 일어나지 않는다는 것을 암시한다. 우리는 우리가 현재 경험하는 바를 과거를 이해하기 위한 지침으로 적용한다. 우리는 현재 "마귀가 내가 그렇게 하라고 시켰다"와 같은 변명을 허용하지 않기 때문에 또한 고대의 자료에서 나타나는 유사한 주장들의 타당성도 인정하지 않는다.[369] 크래퍼트는 다음과 같이 인정한다. "이것은 양날의 칼이다. 그러므로 문제는 어떤 가능성들이 배제되느냐 또는 포함되느냐가 아니라 어떤 근거에서 배제되거나 포함되느냐다. 일상생활 기준은 역사가가 어떤 가능성들을 선험적으로 배제하기 위한 불가결한 기준이다. 이런 이유로 신약성서에 대한 역사적 연구는 20세기의 세계관에 관한 토

---

366 Gregory(2006), 136-37. Craffert(1989), 333을 보라.
367 Gregory(2006), 147.
368 Craffert(1998), 342.
369 Craffert(1998), 342.

론을 포함할 필요가 있을 것이다.[370]

유비의 원리를 제약 없이 사용하는 데 따르는 몇 가지 보다 심각한 결점들에 대해 이미 논의했기 때문에, 여기서는 크래퍼트가 **유비를 사용할 때 세계관이 큰 역할을 한다**고 말한다는 점을 확인하기만 하고 넘어가기로 하자.[371] 그러나 현대 사회에서조차 수많은 기적 주장들이 제기되고 있기 때문에 크래퍼트는 자기가 어느 "일상생활 기준"을 언급하는지와 관련된 질문에 답해야 한다는 점을 추가할 가치가 있다. 크래퍼트 자신이 초자연적 현상을 경험한 적이 없을 수도 있지만, 그는 초자연적 현상을 경험했다고 믿는 많은 사람들을 선험적으로 무시하거나 조사해보지도 않고 그들 모두가 변성의식 상태에서 그런 경험을 했다고 결론을 내려서는 안 된다.

크래퍼트는 만약 하나님이 자기가 원할 때마다 개입하고 자기가 원하는 것은 무엇이든 할 수 있으며 어떤 사람들은 다른 사람들이 쉽게 관찰하기 어려운 참된 계시를 경험할 수 있다고 가정한다면 역사 연구 방법은 논란의 여지가 있는 문제가 된다고 우려한다.[372] 그러나 고대의 기적 주장의 역사성에 대해 열려 있다고 해서 반드시 모든 종류의 미신들을 쉽게 믿고 그것들에 의해 영향을 받기 쉬워지는 것은 아니다. 역사성에 대한 모든 주장들에는 장르에 대한 고려, 양질의 증거에 대한 요구, 그리고 방법론적 통제가 중요하다. 원칙적으로 예수를 연구하는 역사가는 복음서 내러티브의 어떤 요소들은 사실이 아니거나 예수가 소경을 치유했다는 것과 같은 역사적 핵심에 대해서만 아는 상태에서 세부적인 내용은 가공되었다고 결론을 내리면서도, 동시에 부활은 역사적 사실이었다는 판

370 Craffert(1998), 343.
371 이 책의 2.2를 보라.
372 Craffert(2002), 97.

단이 정당하다는 결론을 내릴 수도 있다.

5.6.2.4. 변성의식 상태(ASC). 크래퍼트와 보타는 변성의식 상태가 예수가 물 위를 걸었던 "문화적 사건"을 설명할 수 있다고 주장하지만 초자연적인 설명도 동일한 사건을 적어도 그와 동등한 정도로 잘 설명한다. 때가 밤이었고 제자들이 지쳐 있었고 잠을 자지 못했으며 폭풍 때문에 두려워했다는 사실은 그들이 변성의식 상태로 들어갔다는 것을 암시할 수도 있다. 그러나 그들의 두려움이 마음의 미련함을 극복했고 예수가 물 위를 걷는 것을 보았을 때 그들의 의식이 최고조에 달했다고 제안될 수도 있다. 자기들 모두가 같은 것을 보고 있다는 사실을 깨달은 그들은 그것이 꿈도 아니고 환각도 아니라는 점을 알게 되었다. 이 객관적 경험은 그들 시대의 유사한 이야기, 즉 야웨가 바다 위를 걷고 물결을 밟았다는 이야기를 감안한다면(합 3:15) 그들에게는 이치에 맞았다. 그로 인해 그들은 예수가 자신에 대해 주장하고 있던 것을 보다 깊이 이해하게 되었다. 즉 예수는 신이었다!

요점은 이것이다. 변성의식 상태가 예수가 바다 위를 걷는 "문화적 사건"을 설명한다고 제안할 수도 있지만 그런 설명은 입증되지도 않고 요구되지도 않는다. 왜냐하면 그 사건은 발생한 일의 존재론적 현실에 대해 다른 판단을 채택해서 다른 용어로 "문화적 사건"으로 설명될 수도 있기 때문이다. 사실 이 나중의 설명은 조명이라는 기준을 충족하는 이점이 있다. 왜냐하면 그 설명은 기독론을 연구하는 대부분의 학자들을 당혹스럽게 만들어왔던 질문인 가장 초기의 그리스도인들이 어떻게 해서 예수가 신이었다고 믿게 되었는지를 설명해 주기 때문이다.[373]

---

373 Hurtado("Jesus' Resurrection," 2005), 205를 보라.

크래퍼트와 보타는 실사적(hard) 전기 데이터와 유동적(soft) 전기 데이터를 구별한다.

> 자연력 통제, 악령이 드는 경험, 영들에 대한 통제와 명령, 기적적인 치유, 특별한 출생 등은 많은 전통적 문화 시스템 안에서는 그리고 특별히 주술적 세계관 안에서는 이치에 맞는 이야기들이다. 이런 것들은 모두 유동적 전기의 특성으로 간주될 수 있다. 실사적 전기 데이터는 출생 및 사망 장소와 시간, 부모, 가족과 친구들, 거주지, 직업과 같은 어느 사회적 인물의 생애의 시기와 장소와 사건 그리고 관찰자로부터 독립적인 중요한 특정 사건들을 가리킨다. 글을 읽고 쓸 줄 아는 관료화된 사회에서는 이해 관계자들은 대개 출생, 세례, 사망 증명서와 같은 문서, 교육 관련 문서 또는 다른 문서화된 데이터베이스를 통해 그런 정보를 구할 수 있다. 데이터에 대한 완전한 기록을 활용하고 모을 수 있다면, 독립적인 연구자는 모두 자료들을 비교하여 가장 진정한 자료를 밝혀내고 변질된 문서를 제거함으로써 실사적 전기 데이터에 대한 동일한 그림을 그릴 수 있다.[374]

실사적 전기 데이터는 법률 문서 및 다소 평범한 사건들에 관한 보고들과 관련이 있다. 유동적 전기 데이터는 "문화적 사건들"에 대한 설명과 관련이 있다. 이어서 크래퍼트와 보타는 다음과 같이 주장한다.

> 모든 문화 시스템 안에 존재하는 실사적 전기 데이터와 유동적 전기 데이터의 구별 측면에서 보자면 예수가 물 위를 걸었다는 데 대한 그 어떤 실사적인 전기적 증거도 없었음이 확실하다. 유일한 증거는 유동적인 전기적 성

374 Craffert and Botha(2005), 17.

격의 것이다. 즉 실제 문화적 사건에 관해 제자들에 의해 이루어진 관찰자-의존적 보고들로부터 나온 증거뿐이다. 그 보고들이 그 문화적 성격 때문에 마치 그것들이 실사적 전기 데이터를 전달하는 것처럼 잘못 읽히지 않는 한 나사렛 예수가 실제로 갈릴리 호수의 물 위를 걸었다고 주장할 어떤 증거도 없다. 이런 이유로 그 보고가 초자연적 사건에 관한 보고의 실제 예라는 입장은 진지하게 고려될 필요가 없다.[375]

크래퍼트와 보타가 예수가 물 위를 걸은 것을 유동적 전기 데이터로 규정한 것은 자기들이 그 사건이 보고된 대로 시공간상에서 발생한 것이 아니라는 점을 미리 알고 있다고 주장하는 셈이다. 이런 입장은 형이상학이지 역사가 아니다.

---

375 Craffert and Botha(2005), 21. 예수가 물 위를 걸은 것을 문화적 사건으로 보는 것을 뒷받침하기 위해 그들은 Cotter(1998)의 저작이 다른 사람들이 물 위를 걸은 여러 예들을 제공한다며 Cotter를 인용한다. 그러나 Cotter는 모든 보고들 중에서 물 위를 걷는 일은 오직 유대인의 하나님에게만 속해 있다고 주장한다(160). 포세이돈은 그의 바다짐승을 타고 바다를 가로지른다(Homer *Il*. 13.27-29). 포세이돈이 바다짐승을 타고 바다를 가로지른다는 이 개념은 고대에 널리 알려져 있었던 것으로 보인다. 크세르크세스(기원전 486-465)와 칼리굴라(기원후 39년 경)는 큰 물 위를 신처럼 건너기 위해 그 위에 다리들을 세웠다(Cotter[1998], 155-59를 보라). 칼리굴라는 크세르크세스를 능가하기 위해 약 5km 길이의 다리를 세웠다(158). 크세르크세스에 관해서는 Dio Chrysostom *Third Discourse on Kingship* 30-31을 보라. 칼리굴라에 관해서는 Suetonius *Cal*.; 그리고 Jos. *Ant*. 19.6을 보라. Cotter의 예들에 더하여 호메로스의 신 에리크토니오스를 덧붙일 수 있는데, 그는 물 위나 옥수수 밭 위로 내달렸다(Homer *Il*. 20.226). 루키아노스는 이 예를 시라고 부른다(*How to Write History* 8). 물 위를 걷는 것과 관련된 꿈들에 대한 해석에 관한 유일한 예가 아르테미도로스에 의해 제공된다. 그 해석들은 자의적으로 보인다. 예컨대 어떤 사람이 항해하기 전에 물 위를 걷는 꿈을 꾸면 그의 안전이 예언된다. 어떤 사람이 소송에 휘말려 있는데 물위를 걷는 꿈을 꾸면 그는 소송에서 이길 것이다. 어떤 여자가 물 위를 걷는 꿈을 꾸면 그 여자는 매춘부로 살게 될 것이다(Artemidorus *Onir*. 3.16). 꿈을 꾼 사람이 자신이 실제로 물 위를 걸었다고 믿은 경우는 한 건도 알려지지 않았다. 이것은 고대인들이 변성의식 상태에서 경험한 사건들과 일반적인 의식 상태에서 경험한 사건들 모두를 **진짜**로 간주하면서도 그 두 가지 형태를 구별했다는 결론을 지지한다.

크래퍼트와 보타는 자기들의 접근법이 크로산의 상징-비유 가설보다 텍스트를 더 공정하게 다룬다고 주장한다. 나는 그 점에 대해서는 그들에게 동의한다. 그러나 텍스트가 어떤 사건을 보고하면 우리가 그 사건이 일어났다고 가정해야 한다는 그들의 주장이 그들에게 돌아와서 그들의 발목을 잡을 수 있다는 점을 덧붙이고자 한다. 복음서의 다른 기적 이야기들을 어떻게 이해해야 하는가? 예수가 오천 명을 먹인 사건을 어떻게 설명해야 하는가? 모두 변성의식 상태에 참여했는가? 물을 포도주로 바꾼 사건은 어떤가? 이 사건은 그 자리에 있던 사람들에게 최면술을 건 결과인가 아니면 예수가 결혼식 참석자들을 변성의식 상태로 이끈 것인가? 소경과 나병환자들은 변성의식 상태 안에서 치유를 경험했을 뿐인가? 만약 예수의 제자 집단이 예수가 물 위를 걷는 집단 환각을 경험했다면 예수 자신은 그 사건에 대해 어떻게 생각했는가? 제자들이 변성의식 상태 안에 있었을 때 예수는 제자들과 함께 배 위에 있었는가? 예수가 죽은 자를 일으킨 사건은 특히 문제가 된다. 예수는 죽은 나사로, 과부의 아들, 그리고 야이로의 딸을 살려냈다. 예수는 자신의 제자들이 나사로와 일시적으로 재회하도록 제자들을 변성의식 상태로 이끈 것인가? 이것은 불가능해 보인다. 왜냐하면 요한은 또한 예수가 나사로를 그의 무덤에서 불러냈고, 사람들에게 그의 수의를 벗기라고 명령했으며, 나사로가 그들과 함께 남아 있었고, 유대교 지도자들이 어떻게 나사로를 죽일지에 관해 계획을 세우기 시작했다고 보고하고 있기 때문이다.[376] 이런 보고들은 변성의식 상태보다는 일반적인 의식 상태와 훨씬 잘 어울린다.

크래퍼트와 보타의 주장과 달리 변성의식 상태 가설은 텍스트를 무시하며, 우리에게 너무 많은 것을 요구한다. 초자연적인 사건들이 발생

---

376 요 11:37-45; 12:1-2, 9-10.

했다는 데 대해 회의적인 태도를 유지하고 싶다면 그 이야기들이 급속도로 발전해서 신학적 의견을 달아 편집된 뒤에 다른 사람들에게 전해진 도시의 전설이었다고 주장하는 것이 훨씬 더 쉬워 보인다.

5.6.2.5. 출현들. 비록 1세기의 부활 개념에 대해 논란이 있기는 하지만, 가장 초기의 그리스도인들이 부활을 어떻게 해석했느냐가 더욱 중요한 질문이다. 크래퍼트 자신은 이에 동의하며 역사가들은 그 과정에서 자신의 자료를 공정하게 대해야 한다고 덧붙인다.[377] 그는 부활 개념이 반드시 시신과 관련되는 것은 아니라고 주장한다.[378]

> 인간의 뇌는 반드시 외부의 자극이 있어야 육체적이거나 물질적인 환상의 몸을 만들어내는 것은 아니다. 그러므로 예수의 추종자들이 그를 알아볼 수 있었고 또한 그를 음식을 먹고 말하고 걷는 육체적 형태로 경험했다는 사실이 육체적이고 물질적인 몸을 지지하는 논거는 아니다.[379]

크래퍼트와 보타는 여기서 더 나아간다. 그들은 예수의 부활 후 신체적 출현이 사진에 찍힐 수도 있었다고 주장하는 사람들이 **잘못 놓인 구체성의 오류**에 빠져 있다고 비난한다. 왜냐하면 복음서들은 그런 성격의 사건들에 대해 보고조차 하지 않기 때문이다.[380]

만약 개인들에 대한 몇 번의 출현들만 보고되었더라면 그들에게 동의할 수도 있을 것이다. 그런 경우에는 적어도 어느 정도 모호한 점이 있

---

377 Craffert(1989), 338.
378 Craffert(2002), 98.
379 Craffert(2002), 101.
380 Craffert and Botha(2005), 17, 18-19.

어서 크래퍼트의 견해가 어느 정도 그럴듯할 수도 있을 것이다. 그러나 단지 부활 내러티브에서뿐 아니라 고린도전서 15:3-7에 보존되어 있는 **케리그마**에서도 많은 집단적 출현들이 존재해서 크래퍼트의 주장이 손상된다. 우리는 앞에서 이미 이런 종류의 집단적인 주관적 경험은 비록 불가능하지는 않더라도 극도로 희박하다고 지적했다.[381] 크래퍼트는 이런 유형의 비판에 대해 답한다. "모르는 사람들은 종종 집단 무아지경 경험에 대해 의문을 제기한다. 그러나 그런 현상은 인류학 문헌에서 드물지 않다는 것이 명확하다(Pilch 2004, 15를 보라)."[382] 이 데이터에서 필치는 자신의 주장을 뒷받침하기 위해 두 개의 다른 자료에 호소한다.

첫 번째 자료는 펠리시타스 굿맨이 쓴 학술 논문인데, 그 논문에서 굿맨은 방언으로 말하는 것을 죽은 자의 환영과 비교한다.[383] 그러나 방언으로 말하는 것은 집단적으로 일어난 반면 굿맨이 인용한 변성의식 상태에서 경험된 환영들은 모두 개별적으로 일어났다. 유일한 예외는 1968년에 이집트의 콥트 교회에서 발생한 마리아의 환영이었다. 그리고 그 보고 안에는 그 현상을 감지한 사람들이 당시에 변성의식 상태에 있었다는 어떤 암시도 없다.

필치가 호소하는 두 번째 자료는 벨린다 고어가 쓴 책인데, 그 책에서 고어는 변성의식 상태 안으로 들어가는 방법에 대해 설명한다.[384] 그런 방법의 몇 가지 예를 들면 다음과 같다. (a) 조용한 장소 선택, (b) 편안

---

381 이 책의 5.3.2를 보라.

382 Craffert(2008), 401 각주 8. Craffert는 Pilch(2004)에 대해 언급하고 있다. 다른 곳에서 Craffert(2008)는 이렇게 말한다. "내가 아는 한 신약성서 학자들 중 누구도 Pilch만큼 문화적 맥락에서의 예수의 부활을 대안적 현실 안에서의 경험과 출현으로 설명한 사람은 없다(1998을 보라)"(399).

383 Goodman(1973).

384 Gore(1995).

한 자세 취하기, (c) 당신과 당신의 공간에 "허브 연기 피우기…연기 피우기가 끝나갈 때 자신의 몸을 태워 그 장소를 정화할 수 있게 해준 식물에 대해 반드시 감사를 표하기", (d) "북, 방울 또는 당신이 당신의 제의의 일부가 되도록 영을 초대할 때 사용하는 다른 악기들에게 제물을 바치기,…당신이 사용하고 있는 방울이나 북에는 영이 들어 있는데 그 영은 깨워질 수 있고 호출될 때는 반드시 '음식을 줘야' 한다", 그리고 (e) "방울이나 북의 청각 자극은 변성의식 상태를 유발한다. 15분 동안 1분에 200에서 210번 울리는 규칙적이고 리듬감 있는 소리를 사용하라."[385]

이제 만약 크래퍼트가 요구하듯이 복음서의 텍스트를 부당하게 대우하지 않으면서 그 텍스트들을 사용하고자 한다면, 복음서 텍스트에는 예수의 제자들이 예수를 보기 위해 이런 행위들 중 어느 하나라도 시행했다는 낌새조차 없다는 점에 주목해야 한다. 사실 그 텍스트들에는 그들이 변성의식 상태 안으로 들어가려고 시도하고 있었다고 암시하는 어떤 내용도 없다. 더욱이 크래퍼트나 필치 중 어느 누구도 사회과학에서 자기들이 존재론적으로 객관적인 의미에서 그곳에 실제로 있지 않았던 어떤 사람과 더불어 상호작용하는 활동(예컨대 함께 말하기, 함께 먹기, 함께 걷기 또는 만지기)에 동시에 관여했다고 확신했던 개인들의 집단에 관한 어떤 서면 보고도 제공하지 않는다는 점에 주목할 필요가 있다.

고어는 계속해서 변성의식 상태로 들어간 그룹의 구성원들은 대개 서로 다른 경험을 한다고 지적한다. 그러나 영을 불러낼 때 그룹 구성원들이 동일한 영의 방문을 받는 것은 "특이하지 않다." 그룹 구성원들의 자세가 중요하다. 어떤 경우에는, 고어는 팔을 잘못된 위치에 놓은 그룹 구성원들이 모두 "죽음의 영역 [안에 있는]…죽음의 존재로 인해 분위기가

385 Gore(1995), 32-35.

무거운 어둡고 차가운 장소를 경험했다고 말했다"고 보고했다.[386] 이런 집단적인 경험 상황에서 고어가 묘사한 형태의 경험은 신약성서 문헌에서 묘사되고 있는 경험과 판이하다는 점을 즉각 알아차릴 수 있을 것이다. 신약성서 문헌에서는 사람들이 변성의식 상태 안으로 들어가기 위한 어떤 노력도 하지 않으며, 그 경험을 한 사람들은 자기들이 예수를 보리라고 기대하거나 보려고 시도하지도 않는다.

크래퍼트는 다음과 같이 주장한다. "[필치가] 부활한 예수의 출현들이 변성의식 상태에서 일어나는 전형적이고 일반적인 경험들로 간주될 수 있음을 보여주었다. 고대 지중해 세계의 문화 시스템 안에서 다양한 종류의 환상 경험을 하는 것은 관례적이고 일반적이었다. 예수 사후의 예수에 대한 경험은 이런 현상들에 속했다."[387]

필치에 대한 답변으로, 위베는 자기가 변성의식 상태를 경험한 사람들로부터 받은 30개가 넘는 변성의식 상태 경험에 관한 보고들을 조사했다.[388] 위베는 그 경험들을 일반적인 의식 상태와 비교해서 늘 그런 것은 아니지만 변성의식 상태에서는 대체로 나타나지 않는 열 가지 특징들을 열거한다. 다음의 특징들 중 더 많은 것이 충족될수록 그 경험이 일반

---

386 Gore(1995), 38. 36-38도 보라.

387 Craffert(2002), 98. Pilch(1998)는 변성의식 상태를 "그 안에서 감각·인식·인지 그리고 감정들이 변화되는 인간의 경험 상태"라고 묘사한다. "그 결과 감지하고, 인식하고, 생각하고, 느끼는 것이 변한다. 또한 이런 상태들은 개인의 자아 및 신체, 자신의 정체성에 대한 의식, 그리고 시간·공간 그리고 다른 사람들이라는 환경에 대한 관계를 변화시킨다…그런 경험들의 전체 범위를 보자면 한쪽 극단에서는 REM 수면(Rapid Eye Movement sleep, 깨어 있는 것에 가까운 얕은 수면으로 안구가 빠르게 움직인다—역자 주)부터 시작해서 다른 극단에서는 무아지경을 통해 영에 의해 지배된 상태에서 절정에 이르며 그 사이에 여러 다른 경험들이 있다"(53). Pilch가 호소하는 모로코의 유대인들의 주요 사례들에서 그들은 변성의식 상태를 꿈으로 경험했다(56, 58). Pilch는 또한 죽은 자들의 환영이 상중에 있는 그들의 배우자들에게 나타났던 경우들을 인용한다. 그런 발현에 관한 더 많은 정보는 이 책의 부록에 실려 있는 Allison에 대한 내 답변을 보라.

388 Wiebe(2001).

적인 의식 상태일 가능성이 커진다.

1. 눈을 감으면 물체들이 보이지 않는다.
2. 단단한 물체들은 다른 물체에 의해 점유된 장소를 동시에 점유하지 않는다.
3. 우리의 정상적인 감각들은 서로 맞물려 있다. 예컨대 변성의식 상태에서는 흔히 사람의 입술이 움직이지 않는데 그 사람의 말을 듣는다.
4. 일반적인 의식 상태에서는 단단하고, 완전하고, 움직이고 색깔이 있는 물체들이 보이는 반면 변성의식 상태에서는 물체들이 대체로 투명하거나 불완전하다.
5. 보는 사람이 다른 곳을 보다가 원래의 자리를 돌아보아도 물체들이 계속 보인다.
6. 그곳에 있던 다른 사람들도 같은 장소와 시간에 아주 유사한 무언가를 보았다고 말한다.
7. 해당 경험의 존재론적으로 객관적인 영역이 동일하게 남아 있다.
8. 존재론적 결과들은 경험에 상응한다. 예컨대 교회 예배 시간에 다른 사람들이 보는 앞에서 3시간 동안 무아지경에 빠졌던 한 여인은 예수가 자기에게 포도주로 가득 찬 잔을 건네면서 그것을 마시라고 지시하는 꿈을 꾸었다. 그녀는 그 포도주를 마셨다. 무아지경 상태에서 깨어났을 때 그녀의 숨결에서는 포도주 냄새가 났다.
9. 그 경험은 감각을 조작하려는 시도를 통해 유발되지 않았다.
10. 그 경험을 하는 사람들은 그 경험이 일어나고 있는 동안 그곳에 있는 다른 사람들에게 그 경험에 대해 언급할 수 있다.

비록 신약성서 문헌들이 예수의 출현들이 위에 언급된 각각의 요소들에 부합하는지 판단하기에 충분할 만큼 상세한 내용을 제공하지는 않지만, 예수의 부활 후 출현은 열 가지 특징 중 여럿에 들어맞는다. 예컨대 예수가 다른 사람들에게 출현했던 부활 내러티브들에서 위에 언급된 요소들 중 4·6·7·8·9 그리고 10을 발견할 수 있다. 이 점은 제자들이 부활한 예수를 만난 경험이 일반적인 의식 상태로 이해되었다는 것을 시사한다. 위베는 변성의식 상태가 신약성서에서 보고되는 다른 종류의 경험들을 적절하게 묘사할 수도 있지만, 우리가 제자들이 부활한 예수를 만난 것을 이해하는 데 도움을 주기에는 적절하지 않다고 결론짓는다.

또한 나는 크래퍼트가 초기 그리스도인들이 자기들이 시공간 안에서 부활한 예수를 만나고 있다고 생각하지 않았다고 가정하면서 그들이 변성의식 상태를 경험하고 있었다는 추가 증거를 제공하는 것은 아주 주제넘은 것이라고 여긴다.

> 그러므로 환상이나 꿈에서 예수의 부활한 몸을 **보는 것**은 1세기 지중해 지역 사람들에게는 "현실"의 일부였다. 그들은 환상 중에 예수의 부활한 몸을 보았을 때 자기들이 "현실"을 경험하고 있고 따라서 부활한 예수를 경험하고 있다고 진지하게 믿을 수 있었다.[389]

그러므로 자신들의 예수와의 만남을 초자연적 사건으로 해석하는 이들은 "잘못 놓인 구체성의 오류"를 저지르고 있다. 왜냐하면 "그런 사건은 보고되고 있지 않기 때문이다!"[390]

---

389 Craffert(2002), 9, 101과 비교하라.
390 Craffert and Botha(2005), 18-19; 17과 비교하라.

고대인들이 그들의 경험을 이해했던 방식에는 분명히 "다른 점"이 있었다. 그러나 크래퍼트는 그들이 꿈과 환상을 일반적인 의식 상태에서의 경험만큼이나 실제적인 것으로 간주했다고 주장하는 수준 이상으로 나아가야 한다. 그는 부활한 예수가 제자들에게 출현한 것은 오직 꿈과 환상 속에서만 일어났을 뿐이라고 주장해야 한다. 그런데 그는 그렇게 주장하지 않는다.

우리 현대인들이 텍스트의 명백한 의미라고 생각할 수도 있는 것이 애초의 독자들에게 이해되었던 명백한 의미와 다를 수 있다. 다시 말하지만, 고대인들이 그들의 경험을 이해했던 방식에는 분명히 "다른 점"이 있었다. 그럼에도 복음서들이 예수가 십자가형을 당했고 그로 인해 죽었다고 보고할 때, 우리는 그런 보고들이 관찰자로부터 독립적이고 일반적인 의식 상태에서 인식될 수 있었던, 시공간상에서 일어난 객관적 사건이었다고 해석한다. 더욱이 가장 초기의 그리스도인들은 크래퍼트가 상상하는 것 이상으로 자신들의 경험의 본질에 대해 생각했다. 그들은 하나님이 자기들이 꿈, 환상 그리고 무아지경 같은 변성의식 상태에 있을 때 자기들과 소통한다고 믿었다.[391] 그러나 그들은 또한 하나님이 시공간 안에서 자기들과 소통한다는 것과 또한 자신들의 경험이 자기들이 일반적인 의식 상태에 있는 동안 발생했다고도 믿었다.[392]

---

391 꿈속에서 일어난 경험의 예는 마 1:20-23; 2:12-13, 19-22; 27:19; 행 2:17을 보라. 무아지경 중에 일어난 경험의 예는 행 10:3-6, 10-16; 22:17-21을 보라. 명백히 변성의식 상태에서 발생한 환상의 예는 행 2:17; 7:55-56; 9:10-16; 16:9-10; 골 2:18; 요한계시록을 보라. 아래의 예들은 그 사건이 시공간 안에서 발생했는지 모호한 사건들이다. 막 17:9; 눅 1:22; 24:23; 행 26:19. 고후 12:1-4에서 바울은 자신의 경험 중 하나가 자기가 변성의식 상태에 있는 동안 발생했는지 여부에 대해 확신하지 못한다.

392 행 12:5-9를 보라. 이 텍스트가 흥미로운 것은 여기서 베드로는 처음에는 그 경험이 꿈속에서 일어나고 있다고 여겼다가 결국 그것이 시공간 안에서 벌어지고 있는 중이고 "진짜"(ἀληθές)라는 것을 깨닫게 되기 때문이다.

예수의 부활 사건은 이 동일한 그리스도인들에게 어떻게 해석되었는가? 그들이 부활이 시공간 안에서 일어났고 또한 적어도 승천 이전의 예수의 출현들은 그것을 경험한 사람들이 일반적인 의식 상태에 있는 동안에 발생한 것이라고 보고했다고 암시하는 몇 가지 이유가 있다. 먼저 거의 모든 경우에 어떤 사건이 그 사건을 경험한 사람들이 꿈, 환상, 무아지경 같은 변성의식 상태에 있을 때 일어난 경우 텍스트 자체가 그렇게 진술하는 것에 주목할 필요가 있다. 여인들이 무덤에서 천사들의 환상을 보았다고 언급하는 누가복음 24:23의 예외를 제외하면 부활 내러티브들에서는 그런 묘사가 거의 나타나지 않는다. 그러나 이 텍스트조차 예수의 비물질적 출현들을 지지하는 것으로 사용되어서는 안 된다. 왜냐하면 동일한 저자가 베드로와 바울 모두 가장 분명한 용어로써 예수의 시신이 살아났다고 선포하는 것으로 묘사하기 때문이다(행 2:29-32; 13:35-37). 또한 모든 정경 복음서들이 예수의 시신이 무덤에 있지 않고 무덤이 비어 있다고 보고하는데, 그 보고의 이런 요소는 변성의식 상태에서 발생한 사건을 보고할 때는 필요하지 않지만 시공간 안에서 발생한 사건에는 매우 적절하다는 점도 지적할 수 있다. 마지막으로, 예수의 시신이 살아났다는 입장은 그 문제에 관한 바울의 견해와 일치할 뿐 아니라 그 시기의 다른 유대 문헌들과도 일치한다고 주장할 수 있을 것이다.[393]

그렇다면 부활 후 출현을 문자적 의미로 이해하는 데 대한 크래퍼트의 두 가지 이의에 대해 무슨 말을 할 수 있을까? 크래퍼트는 성서학자가 성서의 설명에 특권적 지위를 부여해서 이례적인 사건들에 대한 성경의 주장은 받아들이는 반면 기독교가 아닌 종교들에서 나타나는 유사한 주

393 바울의 견해에 관해서는 이 책의 4.3.3.9를 보라. 다른 유대 문헌에 관해서는 특히 「바룩2서」 49-51을 보라. 마카베오2서 7, 14도 보라.

장들은 기각하는 것은 부도덕하다고 여긴다. 크로산도 그의 세 번째 우려에서 이와 유사한 이의를 제기했다. 그러나 크래퍼트에게는 이 점은 또한 성서의 이야기들을 신화적 창작이라고 무시하는 크로산 같은 학자들에게도 적용되는데, 그들은 "그 이야기들이 현실의 일부였던 이들에게 동등하게 무례를 저지른다(자민족 중심적이다)."[394]

만약 역사가가 관련 신약성서 문헌은 옳은 반면 다른 모든 문헌들은 옳지 않다고 전제함으로써 신약성서 문헌에 선험적으로 특권적 지위를 부여하거나 만약 우리가 모든 종교 문헌에 들어 있는 종교적 주장들이 잘못이라는 것을 미리 안다면 크래퍼트의 **윤리적** 이의는 타당하다. 그러나 전자는 이 연구에서 채택되지 않았고 후자는 알려지지 않았다. 역사가들은 다양한 종교 전승들 안에 들어 있는 기적 주장들에 대해 열려 있을 수 있고 또한 연구 활동을 하는 동안 자기의 지평을 관리하기 위해 의도적이고 지속적인 노력을 하면서 신중한 역사 연구 방법을 적용함으로써 그 주장들의 진실성을 평가할 수 있다. 만약 예수의 부활에 관한 그리스도인들의 보고가 실제로 참되다면, "친기독교적 또는 간접적인 합리주의에 특별히 호소"한다는 크래퍼트의 비난은 잘못 판단한 것이다.[395] 그러므로 크래퍼트의 **윤리적** 이의는 현재의 이 연구에 대해서는 타당하지 않다. 그 **윤리적** 이의는 실제로 사실일 수도 있는 것에 대해서는 아무런 관심도 보이지 않는다. 그것은 감정적인 호소에 더 가깝다.

예수의 부활에 관한 보고를 문자적으로 해석하는 데 대한 크래퍼트의 두 번째 이의는 **신학적** 이의다. 하나님[신]에 관한 여러 견해들이 있다. 하나님이 있다는 것을 믿지 않을 수도 있다. 만약 하나님이 있다면

394 Craffert(2003), 368.
395 Craffert(2003), 367.

하나님과 우주의 관계는 초월적 관계(즉 유신론·이신론)인가 아니면 내재적 관계(즉 범신론)인가? 예수의 부활에 대한 문자적 견해는 하나님에 관한 특정 견해가 옳아야 할 것을 요구하는데, 그것은 알려질 수 없다. 크래퍼트는 어떤 사람들은 범신론적 견해에 의해 이끌리고 있다고 비난한다. 그러므로 "이 논의를 위한 전제조건은 **양측 모두** 다른 사람들이 하나님에 대해 갖고 있는 이미지가 동등한 표현권을 갖는다는 점을 인정하는 것이다."[396]

우리는 모든 진영이 자신의 견해를 표현하고 옹호할 동등한 권리가 있다는 데 동의한다. 그러나 다른 사람들이 어떤 견해를 취하고 표현하고 옹호할 권리가 있음을 인정한다고 해서 그런 견해들이 동등하게 타당하다고 인정하는 것은 아니다. 그러나 크래퍼트와 보타는 다른 견해들도 동등하게 타당하다고 인정하라고 요구하려 한다.[397] 그들은 예수의 부활에 관한 문자적 견해는 유신론을 필요로 하지만 학자들은 하나님에 관한 특정 견해에 동의할 수 없기 때문에 부활 가설(RH)은 진지하게 고려되어서는 안 된다고 주장한다. 그러나 내가 어만의 이의에 대해 평가하면서 주장했듯이 이것은 역사를 역행하는 것이다. 그들은 그 결론의 신학적 함

396 Craffert(2003), 367. 나는 어떤 종교의 지도자에 대해 다음과 같은 점들이 **입증될** 수 있는 다른 종교를 알지 못한다. 그는 자기가 하나님의 선택을 받아 여기에 있다고 주장했고, 하나님이 우리에게 주는 메시지를 갖고 있었고, 놀라서 입을 벌어지게 하는 일들을 행했고, 그가 죽었다가 살아난 것이 개인과 그룹들에 의해 그리고 그를 따랐던 사람들과 그와 싸웠던 사람들에 의해 보고되었고, 그들 모두가 그가 자기들에게 출현했다고 진지하게 믿었기 때문에 그에 대해 자신들의 영혼과 생명을 내걸었다. 종교의 이야기들이 다 같은 것은 아니다. 왜 그것을 지지하는 역사적 증거가 아주 많은 예수의 부활 같은 이야기가 그 주장들을 지지해주는 견고한 증거가 없거나 그 주장들을 깡그리 기각할 만한 그럴듯한 자연주의적 이유들이 있는 다른 종교의 이야기들과 같은 취급을 받아야 하는가? 예컨대 신비 종교들의 특정 신들의 사후 출현들에 관한 분명한 보고들은 모두 예수의 부활에 관한 보고들보다 뒤늦게 등장하며, 따라서 점점 커지는 기독교와 경쟁하기 위해 예수의 부활에 관한 보고들로부터 빌려온 것이라고 할 수 있을 것이다.

397 Craffert and Botha(2005), 14.

의 때문에 역사적 결론을 기각한다. 예수의 부활은 실제로 유신론을 암시하거나 수반할 수도 있다. 그러나 예수의 부활이라는 역사 문제를 연구하기 위해 유신론을 전제할 필요는 없다. 오히려 예수 부활의 역사적 타당성이 유신론에 대한 강력한 증거로 간주될 수밖에 없으리라는 점을 이해하면서 우선 유신론 문제는 제쳐둘 수 있을 것이다.[398]

어만의 가설에서 지적했듯이 역사가들은 샤를로망이 자기와 사이가 좋지 않았던 그의 형제 샤를마뉴와 로마 제국을 함께 다스리다가 기원후 771년에 죽었다고 결론지었다. 그러나 역사가들은 그가 어떻게 죽었는지에 대해서는 확신하지 못한다. 그는 자연사했는가, 아니면 샤를마뉴가 그를 살해했는가? 마찬가지로 역사가들은 누가 또는 무엇이 예수를 살려냈는지에 대해 판단하지 않은 채 예수가 부활했다고 결론지을 수 있다. 그렇지 않을 경우 역사가들의 철학적 전제들과 신학적 전제들 때문에 그들은 데이터를 살피기도 전에 역사적 결론에 이르게 될 수도 있다.

5.6.3. 가설에 대한 평가

이제 우리는 최상의 설명을 위한 다섯 가지 기준을 사용해서 크래퍼트의 가설(CfH)이 얼마나 탄탄한지 평가할 것이다.

1. **설명 범위.** CfH는 예수의 십자가형에 의한 죽음을 가정하고 제자들의 경험을 "문화적 사건들"로 언급되는 심리적 현상으로 간주하면서 우리가 식별했던 역사적 기반 모두를 잘 설명한다. 그러나 크래퍼트는 자기가 잡으러 다녔던 제자들과 같은 마음 상태에 있지 않았을 바울에 대한

---

398 이 책의 2.5를 보라.

출현에 대해 설명하려고 하지 않는다. 그러므로 CfH는 설명 범위 측면에서 GH, LH, CsH에 뒤진다.

2. **설명력.** GH·LH·CsH와 비슷하게, CfH는 예수의 십자가형에 의한 죽음을 훌륭하게 설명하지만, 다른 곳에서는 텍스트들의 명백한 의미에 명백히 반하는 해석을 제안한다. 예컨대 CfH는 정경 복음서 텍스트들이 예수가 물위를 걸었을 때 제자들이 예수가 일반적인 현실 속에서 객관적인 의미로 자기들에게 출현한 것으로 생각했다고 진술하지 않는다고 주장한다. 오히려 제자들은 모두 이런 사건들이 다른 현실 속에서 일어났다고 생각했다. 즉 제자들의 마음은 다른 곳에 있었고 예수도 그러했다는 것이다. CfH는 부활 후 출현들은 본질적으로 이런 식으로 일어났다고 주장한다. 이런 해석은 예수가 육체적으로 부활했고 일반적인 현실 속에서 손으로 만질 수 있었기 때문에 무덤이 비었다는 점을 아주 분명히 밝히고 있는 텍스트를 무시한다.[399] 더욱이 부활 내러티브들의 세부 내용은 변성의식 상태보다는 일반적인 의식 상태와 더 잘 부합한다는 위베의 주장은—신자들의 미래의 부활에 관한 바울의 가르침에 대한 추가적인 관찰도 마찬가지다—변성의식 상태가 예수의 부활 후 출현에 대해 적절한 설명을 제공한다는 주장의 적절성에 대해 큰 의문을 제기한다. CfH는 설명력 측면에서 기준을 통과하지 못한다.

3. **타당성.** CfH는 다른 가설들보다 인정된 더 많은 사실들에 의해 더 강력하게 암시되는가? CfH는 역사에 대한 포스트모던주의 접근법에 호소하는데 오늘날 대부분의 역사가들은 이를 기각한다. 우리는 제자들

---

399 이는 부활에 대한 바울의 견해에 관한 우리의 조사에 의해 확인된다. 바울의 견해는 변화된 시신의 소생을 주장하며 예루살렘 사도들이 가르치고 있었던 바로 그 내용이었을 가능성이 그렇지 않았을 가능성보다 높다. 다시 말하지만, 나는 예수의 부활을 그의 시신에 일어난 어떤 사건으로 여기는 바울의 견해가 우리의 역사적 기반의 일부가 아니라는 것을 조심스럽게 인정하고자 한다.

이 그 사건들의 진실성을 확신했을 것으로 기대할 것이기 때문에, 제자들에 대한 출현을 존재론적 예수와의 만남과 관련된 변성의식 상태로 이해한다면 CfH는 그럴듯하다. 우리의 역사적 기반은 예수의 부활 후 상태에 관해 아무런 주장도 하지 않기 때문에 존재론적 예수와 관련된 변성의식 상태는 부활 가설과 다르지 않다. 왜냐하면 그 둘 모두에서 존재론적 예수가 살아 있고 제자들 및 바울에게 나타나기 때문이다. 크래퍼트는 그 출현들을 **자연적인** 사건으로 간주하기 때문에 나는 그가 CfH를 존재론적 예수와 관련된 RH와 동일시하기를 피하는 것이라고 의심한다. 따라서 만약 부활 후 출현들을 변성의식 상태에서 존재론적 예수 없이 일어난 것으로 여긴다면, 우리는 바울이 본질적으로 기독교에 대해 긍정적이었고 그의 회심으로 이어지게 될 변성의식 상태를 경험했다고 기대하지 않을 것이다. 집단적으로 동시에 변성의식 상태를 경험했다는 주장은 앞에서 다뤘던 집단 환각의 경우와 동일한 도전에 직면한다.[400] 비록 CfH와 VH 모두 바울과 관련해서는 그럴듯하지 않지만, CfH에는 추가적인 타당성 문제가 있기 때문에 CfH는 이 점에서 VH에 뒤진다.

4. **덜 임기응변적임.** CfH는 순전히 추측에 불과하고 그래서 매우 임기응변적인 역사심리학을 사용한다. CfH는 인간의 행동에 관한 자연주의적 가정들에 기초해서 초자연적 원인을 미리 배제하며 따라서 추가로 임기응변적인 요소가 있다. 이와 달리 VH는 비록 CfH처럼 선험적으로 RH를 배제하기는 하지만 증거가 없는 사실들에 호소하지 않는다. CfH는 VH보다 더 임기응변적이기 때문에 CfH는 이 기준을 통과하지 못한다.

5. **조명.** GH와 LH의 경우처럼, 만약 참되다면 CfH는 고대의 여러 종교 경험들과 관련해서 조명을 제공하며 따라서 이 기준을 통과한다.

---

400 이 책의 5.3.2를 보라.

표 5.5에서 보여주듯이 CfH는 다섯 가지 기준 중 하나(조명)를 통과하고 가장 중요한 기준 모두를 충족시키지 못한다. 더욱이 우리는 CfH에 관해 또 다른 의심을 갖게 하는 여러 우려들에 대해 살펴보았다.

표 5.5 CfH에 대한 분석

	설명 범위	설명력	타당성	덜 임기응변적임	조명
VH	실패	통과	통과	통과	—
GH	통과	실패	실패	실패	통과
LH	통과	실패	실패	실패	통과
CsH	통과	실패	실패	실패	통과
CfH	실패	실패	실패	실패	통과

5.7. 부활 가설

5.7.1. 부활 가설에 대한 설명

마지막으로 살펴볼 가설은 예수가 죽은 자들 가운데서 살아났다는 부활가설이다(resurrection hypothesis, RH). 이 입장을 가장 잘 옹호하는 학자들은 앨리슨(2005), 크레이그(1989), 하버마스(2003), 라이트(2003)다. 그들의 접근법은 내 접근법과 다르고 나는 이 연구 전체를 통해 내 방법론을 일관되게 적용하려 하고 있기 때문에, 나는 1장과 2장에서 개괄했던 내 접근법을 사용하여 RH를 평가하고 다른 학자들의 접근법에 대해서는 필요할 때에만 참조할 것이다.[401]

---

401 Allison의 접근법은 Craig, Habermas, Wright가 택한 접근법과 상당히 다르며 별

아마도 부활절 이후 교회의 가장 초기의 주장은 "하나님이 예수를 죽은 자들 가운데서 살려냈다"였을 것이다. 가장 초기의 그리스도인들이 하나님이 예수를 살려냈다고 선포했을 때 그들이 의미한 바는 무엇이었는가? 그 답은 논란이 되어왔고 지금도 여전히 논란 중에 있다. 현재 이 문제에 대한 라이트의 저작은 반대 입장을 취하는 이들에 의해 답변되어야 할 주장으로 자리매김하고 있다.[402] 라이트는 초기 그리스도인들이 예수가 부활했다고 주장했을 때 그들은 예수의 시신이 소생했고 변화되었음을 의미했다고 결론짓는다. 그럼에도 그 문제에 대한 광범위한 합의는 이루어지지 않고 있다.

나는 학자들이 이 문제에 대해 자신의 결론을 내리고 그에 따라 연구를 진행하기를 주저해야 할 이유가 없다고 생각한다. 그러나 우리가 이 연구 전체를 통해 사용해왔던 방법론은 달리 해야 할 필요가 없는 한 역사적 기반만으로 연구를 진행하는 것으로 제한해왔기 때문에, 우리는 계속 그렇게 할 것이다. 만약 어느 가설이 관련된 역사적 기반을 설명하지 못한다면 그 가설은 기각된다. 역사적 기반은 예수의 부활 후 출현의 본질에 관한 어떤 진술도 하지 않기 때문에 우리는 부활 가설(RH)을 어떻게 정의할지 선택해야 한다. 우리는 객관적 환상(objective vision, RH-V)—

도로 취급할 가치가 있다. 나는 Allison의 접근법을 이 책의 부록에서 다뤘다.

402 Wright(2003). Nickelsburg(2006)는 유감스럽게도 Wright의 저작에 마땅한 관심을 보이지 않는다. 그는 Wright(2003)와 Segal(2004)의 저작들을 언뜻 언급할 뿐이며 이것이 의도적이라고 설명한다. "아마도 차이의 근원은 우리의 전제들에 있을 것이다. 나는 다양성에 대해 열린 자세로 시작했고, 만약 그것이 명시적이거나 텍스트들 사이에 함축되어 있지 않다면 육체적 부활에 대한 믿음이 존재했을지 의심했다.…나는 입증책임이 육체적 부활을 주장하는 사람에게 있다고 느꼈다"(5). 이 책 전체를 통해 우리는 중립적 접근법을 취해 왔는데, 중립적 접근법에서 입증책임은 어떤 주장을 하는 사람에게 지워진다. 이것은 기독교 이전 유대교에서 부활에 대한 정의는 다양한 견해가 나타나는 주제였기에 특히 적절하다. 그러므로 본질상 비육체적인 부활 정의는 Nickelsburg가 생각하듯이 기본적인 입장이 아니다.

즉 예수가 신체적 감각으로는 인식되지 않는 방식으로 다른 사람들에게 존재론적으로 출현했다는 입장(즉, 시공간 밖에서 일어난 실제 출현)—과 평범한 육안으로 볼 수 있었던, 시신이 소생한 상태의 예수의 출현(RH-B; 여기서 B는 육체적[bodily]을 가리킨다) 사이에서 선택할 수 있다. 전자는 녹화할 수 없었을 테지만 후자는 녹화할 수 있었을 것이다. 이 해석들 중 어느 쪽도 역사적 기반에 속하지 않기 때문에 현재의 연구에서는 그들 중에서 선택하지 않을 것이다. 예수를 일으킨 존재가 **하나님**이었다는 주장은 확인될 수 없기 때문에, 우리는 예수의 부활이 초자연적인 사건이었음에 틀림없다는 것 외에는 그 사건의 원인에 관해 어떤 다른 주장도 하지 않을 것이다. 그러므로 여기서 나는 부활 가설을 다음과 같이 정의한다. **성격과 원인이 확실하지 않은 초자연적인 사건이 발생한 이후에 예수가 개인적으로 및 집단적으로, 친구들과 적들에게, 적어도 환상 중에 그리고 아마도 평범한 육안으로 시신이 육체적으로 부활한 상태로 여러 사람에게 나타났다.** 이 의미에서는, 우리는 다양한 구체적 가능성들을 허용하면서도 역사적 기반에 대해서만 살피는 우리의 방법에 충실하다. 또한 모호성을 제거하기 위해 적절한 곳에서 RH를 RH-V와 RH-B의 관점에서 검토할 것이다.

5.7.2. 분석과 우려

5.7.2.1. 전설이라는 도전. 고대에 전설은 순식간에 나타났다. 루키아노스는 아리스토불로스가 배를 타고 강을 따라 내려가는 동안 알렉산드로스 대왕에게 자기가 막 집필을 마친 포로스와 알렉산드로스 사이의 전투에 관한 내러티브를 건냈다고 보고한다. 사실이라고 보기에는 너무 위대한 용맹과 업적에 역겨워진 알렉산드로스는 그 책을 강물 속으로 내던지고

아리스토불로스에게 자기에 대해 과장하지 말라고 말했다.[403] 루키아노스가 크로니우스에게 페레그리누스의 자살에 관한 소식을 전했을 때, 그는 자기가 그 이야기를 꾸밈없이 전했다고 덧붙였다. 그러나 그는 자기가 얼간이에게는 그 이야기들을 윤색할 것이라고 말했다.[404]

루키아노스는 자기가 그 사건과 관련된 도시의 전설을 퍼뜨리는 유일한 사람이 아니었다고 덧붙인다.

> 축제에서 돌아오는 길에 나는 백발의 사내를 만났습니다. 분명히 말씀드리지만 그의 턱수염과 전반적인 분위기에 더하여 그의 얼굴은 사람들에게 확신을 주었습니다. 그는 프로테우스에 관해 모든 것을 말했습니다. 그는 자기가 프로테우스가 화장된 후 조금 전에 흰옷을 입고 있는 것을 보았고, 그가 일곱 음성의 주랑(柱廊)에서 야생 올리브로 만든 면류관을 쓰고 유쾌하게 걸어 다니는 것을 보고서 그 자리를 떠났다고 말했습니다. 그러고 나서 그는 무엇보다도 독수리에 관해 말했는데, 그는 자기가 장작더미에서 독수리가 날아오르는 것을 보았다고 맹세했습니다. 내가 방금 전에 바보들과 얼간이들을 놀리기 위해 독수리가 날아갔다고 지어낸 것인데 말입니다.[405]

이것은 도시의 전설이 얼마나 빨리 발전할 수 있는지, 그리고 어떤 사람들이 얼마나 쉽게 속을 수 있는지를 보여준다.[406]

---

403 Lucian *How to Write History* 12.

404 Lucian *Peregr*. 39.

405 Lucian *Peregr*. 40. 영어 번역은 Harmon(1936), 45, 47에서 가져왔음.

406 Crossley(2005)는 이렇게 말한다. "심지어 그들이 살아 있는 동안에도 알렉산드로스나 아우구스투스 같은 이방인들에 관한 기적적이고 전설적인 전승들이 급속하게 출현했다는 것은…부활에 관한 BNTC 토론에서 합의된 몇 가지 요점들 중 하나였다"(181, 181 각주 39).

세네카는 역사가들이 종종 인정받기 위해 믿을 수 없는 사건들을 보고하는 잘못을 저지른다고 지적했다. 그는 이렇게 덧붙인다. "어떤 역사가들은 쉽게 믿고, 어떤 이들은 태만하고, 어떤 이들에게는 그들도 의식하지 못하는 사이에 거짓이 살금살금 스며든다.…역사가라는 종족 모두 자기의 저작에 거짓을 뿌려놓지 않는다면 그것이 사람들의 승인과 인기를 얻을 수 없다고 생각하는 공통점이 있다."[407] 새뮤얼 뷔쉬코그는 고대의 역사기술과 수사학에서의 정확성 및 거짓에 관해 길게 논의하고 나서 이렇게 말한다.

> 일반적으로 한편으로는 진리에 대해 강조하고 다른 한편으로는 방대한 퇴고 노력에 대해 강조하는 수사학자들 사이의 명백한 역설은 기본적인 자료(*fundamenta*)는 참되어야 하는 한편 그것에 대한 퇴고(*exaedificatio*)는 그럴듯해야 한다는 요구와 관련이 있었다.[408]

3장에서 다뤘던 복음서 장르에 관한 논의도 고대의 전기 작가들에게—비록 그들이 문학적 자유를 행사한 정도는 달랐지만—어느 정도의 문학적 자유가 허용되었음을 밝혀주었다.[409] 수에토니우스 같은 사람들은 그 자유를 최소한으로 행사한 반면, 아피아노스 같은 사람들은 "세부적인 내용의 정확성 결여로 통렬하게 비난받아왔다."[410]

이 도전에 비춰볼 때, "우리의 3차 자료들 중 가장 지독한 자료에서

---

407 Seneca *Nat*. 7.16.1-2. 영어 번역은 Bryskog(2002), 201에서 가져왔음.
408 Byrskog(2002), 213.
409 이 책의 3.2.1을 보라.
410 H. White 역(1972), xi.

조차 복원할 수 있는"[411] 역사적 기반을 식별하고 이를 적절하게 설명할 필요가 있다. 또한 전설, 차이와 오류가 있다 해서 어떤 보고를 모조리 기각하는 것도 정당화되지 않는다. "존 F. 케네디 대통령의 암살에 관한 신화들이 넘쳐나지만 케네디는 실제로 누군가에게 사살되었다."[412]

초기 기독교의 출처들에 대해 불확실한 점이 있을 수 있음에도 이들 중 많은 자료들은 여전히 우리의 연구에 관한 소중한 데이터를 제공한다. 우리는 강력하게 지지되고 이질적인 학자들 사이에서 거의 만장일치로 인정받는 역사적 기반을 식별했다. 목욕물과 함께 아기까지 버리지 않도록 조심해야 하기 때문에 역사적 기반은 중요하다. 역사적 기반은 명확하고 확고하며, 그 기반을 캐낸 출처들에 대해 꺼림칙한 면이 있을지라도 어느 가설이든 진지한 가설이라면 이에 대해 적절하게 설명해야 한다.

5.7.2.2. 오컴의 면도날. 앞에서 우리는 가정을 적게 사용하는 가설이 보다 단순하며 따라서 그 가설이 선호된다고 말하는 오컴의 면도날에 비춰볼 때, 알려진 데이터를 설명할 수 있는 자연적인 설명이 초자연적인 설명보다 선호되어야 한다는 굴더의 주장을 살펴보았다. 따라서 RH는 신을 전제해야 하기 때문에 굴더는 RH를 폐기한다.[413] 그러나 이 조치에는 많은 문제가 있다.

첫째, 굴더는 역사가들이 미신에 속지 않도록 초자연을 선험적으로 배제한다. 이 조치는 신중하게 적용된 방법론의 가치를 훼손한다. 앞에서 우리는 역사기술에서 사용되는 특정한 방법론적 절차들에 대해 논의하고 그 절차들을 공개했을 뿐 아니라, 또한 기적을 식별하기 위한 기준도

---

411 Sherwin-White(1963), 186.

412 Allison("Explaining," 2005), 127-28.

413 5.3.3 중 "덜 임기응변적임" 부분을 보라.

마련했다. 이 두 조치들은 기적 주장을 쉽게 받아들이는 데 큰 걸림돌이 된다.[414] 더욱이 굴더의 조치는 경합하는 가설을 조사해보기도 전에 그 가설의 어떤 가능성도 부당하게 배제한다. 유사하게—그리고 내 생각에는 그릇되게—역사가들이 종종 옳지 않은 역사심리학의 위험에 빠지지 않도록 굴더가 사용하는 것과 같은 심리학적 설명들이 선험적으로 배제되어야 한다고 주장할 수도 있다. 현대의 심리학자들은 종종 대면해서 광범위하게 물어볼 수 있는 환자들조차 정확하게 진단하기 어렵다는 것을 발견한다. 그렇다면 굴더, 뤼데만, 크로산, 크래퍼트 같은 비전문가들이 그들이 한 번도 만난 적이 없고 2천 년 전에 낯선 문화에서 살았던 사람들의 심리를 잘못 진단할 가능성은 훨씬 크다.

둘째, 굴더의 역사심리학에서 나타나는 종종 제어되지 않는 공상은 예수의 운명에 대한 판단에 진지하게 임하는 역사가들에게는 미신만큼이나 유용하지 않다. 확실히 우리는 어느 가설에서든 "틈새의 신"(논리적으로 설명할 수 없는 부분을 신의 행동으로 돌리는 것—역자 주)이라는 요소를 피하고 싶지만, GH, LH, CsH와 CfH에 들어 있는 "틈새의 자연주의" 요소가 그보다 더 나은 것은 아니다. 초자연적 요소가 있는 가설이 최상의 설명을 위한 기준 충족 능력이 더 우수하고 역사적 기반이 종교적 의미로 가득 찬 상황에서 발생한다면 "틈새의 자연주의"를 사용하는 가설에 대해서 초자연적 요소가 있는 가설에 비해 특권적 지위를 부여해서는 안 된다.

셋째, 만약 RH가 최상의 설명으로 밝혀진다면, 선험적으로 RH를 배제하는 굴더(그리고 그의 방법을 따르는 학자들이)는 사실상 과거를 모르게 될 것이다.

넷째, RH는 하나님을 포함한 초자연적 존재가 있을 가능성에 대해

---

414 이 책의 1.2-3, 2.4 그리고 4.2.1-2를 보라.

열려 있기는 하지만 그것을 전제하지는 않는다. 앞에서 어만의 가설에 대한 논의에서 언급했듯이, 역사가는 기적 주장의 데이터와 상황을 면밀하게 조사해서 그것이 역사적인 사건이었는지에 대해 판단할 수 있다. 특정한 기적 주장이 최상의 설명을 위한 기준들을 충족시킨다면 역사가는 그 사건에 역사성을 부여해도 무방하다. 설령 어떤 사건의 역사성이 신학적 또는 초자연적인 함의로 이어지더라도 그 역사가는 여전히 안전한 토대 위에 서 있다. 역사가들의 신학적 또는 반신학적 동기가 그들의 역사적 결론을 이끌 때에는 거의 확실하게 문제가 된다.[415] 다른 한편으로 GH는 다음과 같은 적어도 다섯 가지 추측을 전제한다. (1) 베드로는 환각을 경험했다, (2) 여러 사람들은 "공동의 망상"을 경험했다, (3) 바울은 유대교와 기독교에 대한 은밀한 의심을 품고 있었다, (4) 예수의 부활의 본질에 대한 바울과 예루살렘의 사도들의 믿음은 달랐다, 그리고 (5) 빈 무덤과 육체적 부활에 관한 보고들은 나중에 만들어졌다.

앞에서 최상의 설명을 위한 기준에 대해 논의할 때 우리는 역사적 사건들에는 종종 다양한 원인이 있다는 점을 관찰했다. 그렇기 때문에 단순성이라는 기준 또는 오컴의 면도날은 부적절할 수 있다. "덜 임기응변적이다"는 기준은 다양한 하위가설들을 수용할 수도 있지만—그것은 굴더를 기쁘게 할 것이다—이 기준은 **최소의 증명되지 않은 가정들**을 지닌 가설을 물색한다.[416] RH는 GH, LH, CsH 그리고 CfH보다 이 기준을 훨씬 잘 충족한다.

5.7.2.3. 증거 불충분. 예수의 부활은 결코 역사 연구 방법을 통해 다수의

415 이 책의 2.5를 보라.
416 이 책의 1.3.2.d를 보라.

신실한 사람들이 바라는 정도로 확실하게 입증되지는 않을 것이다. 데이터가 제한적이고 고대 저자들에 의한 해석이 포함되어 있다는 점을 감안할 때, 역사 지식은 잠정적 성격이 있어서 확실성이 제한된다. 그러나 1장에서 살펴본 것처럼 이런 제한은 초기 기독교의 주장에만 독특한 것이 아니라 모든 역사 지식에 적용된다. 예수가 죽은 자들 가운데서 부활했다는 결론에 대한 광범위한 합의도 결코 이뤄지지 않을 것이다. 왜냐하면 역사가들 사이의 지평의 차이가 교착 상태를 만들어내서 합의가 이뤄지리라는 그 어떤 희망도 분쇄하기 때문이다.

우리는 더 많은 자료가 있으면 좋겠다고 생각한다. 네 개의 정경 복음서 저자들에 관한 보다 이른 시기의 보고들 같은 출처에 관해 더 많이 알면 좋을 것이다. 또한 예수의 체포와 십자가형으로 이어진 사건들에 대한 자신의 의견, 그런 사건들 이후의 가장 초기의 그리스도인들의 주장, 그리고 바울이 변절해서 기독교 교회로 넘어간 일 등에 관해 30년대에서 60년대 사이에 로마와 유대 당국이 쓴 몇 가지 문서가 있으면 좋을 것이다.

물론 바람직한 추가 자료가 없다는 것이 RH에 반대하는 논거가 되지는 않는다. 왜냐하면 어느 가설이든 추가 자료는 바람직할 것이기 때문이다. 문제는 증거가 존중할 만한 가설을 세우기에 적절한지 여부다. 다행스럽게도 우리가 모아놓은 역사적 기반은 역사가들이 이를 기초로 연구를 수행할 만한 견고한 토대를 제공한다. 예수의 실제 부활 사건 자체에 대한 목격자가 없었다는 점이 지적되어왔다. 단지 빈 무덤과 예수의 부활 후 출현들에 관한 보고들만 있을 뿐이다. 이것은 어떤 이들이 생각하는 것만큼 그리 심각한 문제가 아니다. 스티븐 데이비스는 예수의 부활 문제에서의 추론은 아주 강력하다고 주장한다. "만약 당신이 오늘 내 머리카락 길이를 보았는데 다음 주에 내 머리카락이 아주 짧아진 것을 보았다면, 당신은 비록 내가 이발하는 것을 직접 보지 못했을지라도 그 사이에 내가 이발했다고 결론지을 수 있다."[417]

5.7.2.4. 자료 부족. 어만은 정경 복음서들은 역사가들이 예수에게 실제로 무슨 일이 일어났는지 발견할 수 없게끔 하는 취약한 자료라고 주장한다. 그는 복음서들이 목격자들에 의해 쓰이지 않았고, 예수 사후 35년에서 65년이 지난 후에 쓰였기 때문에 사건이 발생한 시점으로부터 시기적으로 멀리 떨어져 있으며, 다양한 전달 단계에서 변경되었고 따라서 많은 차이가 있는 선전들을 포함하고 있다고 주장함으로써 자신의 입장을 옹호한다. 더욱이 성서 밖의 자료들은 예수 사후 대략 80년이 지나서야 그에 대해 언급한다. 요약하자면 어만은 복음서들은 동시대의 기록도 아니고, 공평무사하지도 않으며, 일관성도 없다고 주장한다.[418]

어만의 주장에는 많은 문제가 있다. 그는 신약성서의 복음서들이 목격자들에 의해 쓰이지 않았다고 불평한다. 많은 학자들이 상반되는 입장을 취해왔다는 사실을 차치하더라도,[419] 이 도전은 신약성서 문헌에만 독특한 것이 아니다. 알렉산드로스 대왕의 생애에 관한 현존하는 그 어떤 이야기도 목격자들에 의해 쓰이지 않았다. 타키투스와 수에토니우스는 그들이 보고하는 사건들 대부분에 대한 목격자가 아니었다. 그럼에도 역사가들은 자기들의 출처가 누구인지 모르면서도 자기들이 다양한 정도로 과거를 복원할 수 있었다고 확신한다.[420] 더욱이 사실상 모든 학자들이

417 Davis(1999), 11중 4, 온라인으로 접속했음.

418 Craig and Ehrman(2006), 10-11에 실린 Ehrman.

419 Bauckham(2006)과 Byrskog(2000)를 보라. 이 책의 3.2.1도 보라.

420 Barrera(2001)는 역사가들이 어떤 문서의 저자에 대해 알아야만 그들의 연구에서 그 문서를 가치 있게 사용할 수 있는 것은 아니라고 주장한다(203). Cladis(2006)는 바울의 로마서는 "로마서가 성 바울에 의해 쓰였다는 가정 위에서만" 역사 자료

마가복음과 누가복음이 목격자들에 의해 쓰이지 않았다는 데 동의하지만, 많은 학자들은 그 복음서들이 다양한 정도로 목격자들의 증언을 보존하고 있다고 주장한다.

어만은 정경 복음서들 모두 예수 사후 25년에서 65년이 지나서 쓰였으며 예수에 대한 기록은 "그의 사후 80년이 지나서야 비정경적인 이방인의 자료들에" 나타나기 시작한다고 지적한다. "그러므로 예수는 분명히 이방 세계에 큰 영향을 끼치지 않았다." 그러나 요세푸스는 예수 사후 60년에서 65년 사이에 예수에 대해 언급한다.[421] 더욱이 다른 역사적 인물들과 사건들에 대한 문서 자료들에 비하면 35년에서 65년은 상대적으로 짧은 기간이다. 아우구스투스는 일반적으로 로마의 가장 위대한 황제로 간주된다. 오늘날 역사가들이 아우구스투스에 관한 역사를 쓸 때 주로 사용하는 자료는 9개다. 그중 셋은 아우구스투스와 동시대에 쓰였는데, 그 셋 중 둘은 아우구스투스 생애의 19세에서 20세까지를 다루며 나머지 하나는 아우구스투스가 살아 있을 때 작성되었을 수도 있는 비문이다. 네 번째 자료는 아우구스투스 사후 50년에서 1백 년 사이에 쓰였

로서 유용하다는 Fasolt(2006), 23의 주장에 답하면서 이렇게 쓴다. "이것은 관계된 정확한 행위자들의 구체적인 내용들을 늘 알지는 못하면서도 고고학 연구와 텍스트 연구를 통해 고대 지중해 지역의 종교를 연구하는 많은 사회사학자들에게 뉴스거리가 될 것이다. 실제로 이런 역사가들은—비록 그 행위자들 대부분의 이름(그리고 이것이 의미하는 모든 것)을 알지 못할지라도—그 행위자들을 형성한 사회를 연구하고 있다. 그들은 바울과 같은 사람들이 살고, 움직이고, 존재했던 역사사회학적 환경들과 관련된 중요한 무언가를 배우기 위해 다양한 자료들—기념물들과 무덤들, 문헌들 그리고 물품구매 목록 등—로부터 나온 증거들을 수집·분석·해석한다. 그러므로 고대 역사가는 로마서 텍스트가 실제로 바울에 의해 쓰였든 쓰이지 않았든 로마서로부터 과거에 관해 많은 것을 배울 수 있다"(100).

421 Ehrman은 요세푸스는 이방인이 아니기 때문에 고려될 수 없다고 바르게 답할 수도 있을 것이다. 그러나 그렇다면 우리는 왜 그가 "비그리스도인"이 아니라 "이방인"을 한정어로 사용하는지 물을 수 있을 것이다. 그런 구별은 아마도 자기가 묘사한 기간에 예수를 언급하는 비기독교 자료를 피하기 위한 것으로 보인다.

고, 마지막 네 자료는 그가 죽은 후 100년에서 200년 사이에 쓰였다.[422] 그러므로 예수에 관한 네 개의 전기들이 그의 사후 35-65년 사이에 쓰였다는 것은 주목할 만한 일이다.[423] 더욱이 복음서를 포함하여 신약성서의 저작들 곳곳에 구전들이 가미되어 있다. 예컨대 신조, 찬송, 구두 신앙고백 그리고 사도행전의 설교 요약은 아주 이른 시기의 전승들을 포함하는데 그것들 중 일부는 부활절 이후 가장 초기의 교회에까지 거슬러 올라간다.

예수에 관한 동시대의 비기독교 자료가 많지 않은 것도 독특하지 않다. 아우구스투스에 관한 현존 자료 중 그와 동시대의 것은 세 개뿐이며, 그중에 그의 성년 시절에 관한 보고를 제공하는 것은 하나뿐이다.[424]

---

422 Garrett Fagan은 *De Imperatoribus Romanis: An Online Encyclopedia of Roman Emperors*에 아우구스투스에 대해 기고한 글에서 아래의 문헌을 "아우구스투스의 생애에 대한 고대의 주요 자료"로 열거한다. 아피아노스(아우구스투스 사후 100-150년 뒤), 디오 카시우스(사후 175-200년 뒤), 키케로(아우구스투스와 동시대인, 그러나 옥타비우스[아우구스투스]가 20세 때 죽는다), 다마스쿠스의 니콜라우스(동시대인, 그러나 알려진 정보는 거의 없고 옥타비우스가 19살이 된 이후로는 기록한 내용이 전혀 없다), 플루타르코스(사후 50-110년), 수에토니우스(사후 100-115년), 그리고 아우구스투스의 묘비문(동시대). Fagan의 목록에 파테르쿨루스(사후 16년)와 타키투스(사후 100-115년)를 추가할 수 있을 것이다. 아마도 아우구스투스 황제의 묘비문은 주로 황제 자신이 내용을 결정했을 것인데, 묘비문은 4,000개 이하의 단어로 황제의 업적을 요약하고 있다. Garrett Fagan은 펜실베이니아 주립대학교 고전 및 고대 지중해 연구 부교수다. 아우구스투스에 관한 그의 논문은 〈www.roman-emperors.org/auggie.htm〉에서 입수할 수 있다(2006년 8월 26일 접속). Millard, Hoffmeier and Baker 편(1994)에 실린 E. Yamauchi도 보라. "로마의 역사가들은 리비우스를 사용해서 자신의 생애가 시작되기 수세기 전의 로마 공화국의 역사를 재구성한다. 고전 역사가들은 플루타르코스(기원전 2세기)를 사용해서 테미스토클레스(기원전 5세기)의 역사를 연구하며, 알렉산드로스 대왕(기원전 4세기)의 역사를 연구하는 모든 역사가들은 아리아노스의 *Annabasis*(기원후 2세기)를 자기들의 가장 정확한 자료로 인정한다"(26).

423 Ehrman(*The New Testament*, 2008) 스스로 이것이 "거의 모든 학자들"의 견해라는 점을 인정한다(57). 3장의 각주 27을 보라.

424 니콜라우스와 수에토니우스는 아우구스투스의 *De Vita Sua*를 그들의 자료 중 하나로 사용해서 그들이 사용하는 정보의 시기를 훨씬 앞당겼을 수도 있다고 지적할 수 있다. 성서비평은 예수의 생애에 관해—Q, M 그리고 L 같은—정경 복음서들보다

로마 황제 티베리우스는 예수와 동시대 사람이었다. 티베리우스 사후 150년 이내에 그에 대해 언급하는 비기독교 자료의 수는 예수 사후 150년 이내에 예수에 대해 언급하는 비기독교 자료의 수와 같다. 기독교 자료들을 추가하면 예수에 대한 자료와 티베리우스에 관한 자료의 비율은 9:9에서 최소 42:10으로 변한다.[425] 또한 저술 목적은 저자들이 쓰거나 쓰지 않는 대상에 큰 영향을 주며, 저자들은 자기들의 관심사가 이끄는 대로 쓴다. 기독교 저자들은 그들의 로마 군주들에 관해 거의 쓰지 않았고 로마인들은 그리스도인들에 관해 거의 쓰지 않았다. 더욱이 만약 초기 교회가 예수의 종말론적 재림이 임박했다고 믿었다면, 당시에 예수의 역사적 생애에 관해 더 많이 쓸 동기가 없었으리라고 예측할 수 있을 것이다.

어만은 예수의 부활을 정경 복음서들과 다르게 보고하는 비정경적 기독교 자료들에 주목한다. 그러나 이런 자료들은 정경 복음서들보다 후대의 저작들이며, 전부는 아니더라도 대부분은 아주 늦은 시기의 저작들이다. 왜 어만이 이런 이의를 제기하는지 의아하다. 왜냐하면 다른 곳에서 그는 다음과 같이 인정하기 때문이다. "만약 역사가들이 예수가 한 말과 행위에 관해 알고 싶다면 그들은 신약성서를 그들의 주된 자료로 사용하도록 어느 정도 구속된다. 나는 이것은 종교적이거나 신학적 이유 때문이 아니라는 점을 강조하고자 한다.…그것은 전적으로 그리고 단순히 역사적 이유 때문이다."[426] 어만은 또한 "비정경적 복음서들은 가장 초기의 그

이른 시기의 다른 자료들을 가정한다. 눅 1:1-3에서 저자는 다른 "많은" 사람들이 자기보다 먼저 예수의 내러티브 이야기들을 수집했다고 보고한다. 대부분의 학자들은 누가복음이 기원후 85년경, 즉 예수 사후 55년 이내에 쓰였다고 여긴다. 그러므로 이 "많은" 다른 사람들의 기록은 그보다 앞설 것이다. 기원후 49년에서 65년 사이에 서신들을 썼던 바울도 예수의 생애에 관한 전승들에 익숙했다(고전 11:23; 15:3). 이 책의 3.2.3.4.d를 보라.

425 Habermas and Licona(2004), 126-28.

426 Ehrman(*The New Testament*, 2008), 229. Johnson(1996), 89, 그리고

리스도인들의 저작에 관해서 아는 데보다는 2세기와 3세기 그리고 그 이후의 기독교의 다양성을 이해하는 데 더 중요하다"라고 단언한다.[427]

어만은 정경 복음서들이 선전을 포함하고 있다고 불평한다. 요한복음은 이렇게 전한다. "예수께서 제자들 앞에서 이 책에 기록되지 아니한 다른 표적도 많이 행하셨으나 오직 이것을 기록함은 너희로 예수께서 하나님의 아들 그리스도이심을 믿게 하려 함이요 또 너희로 믿고 그 이름을 힘입어 생명을 얻게 하려 함이니라."[428] 복음서 저자들에게 그들의 독자들에게 예수를 특정 모습으로 제시하고, 복음서의 독자들이 믿고 그에 따라 행동하기를 바라는 메시지를 가르치려는 의도가 있었다는 점은 의심할 여지가 없다. 그렇다고 해서 복음서들의 내용이 잘못되었다는 결론이 정당화되지는 않는다. 많은 역사가들이 다른 사람들에게 자신의 특정 견해를 확신시키고 설득하기 위해 책을 쓴다. 마이클 그랜트는 카이사르가 쓴 "『갈리아 전쟁』(*Gallic War*)은 지금껏 쓰인 가장 강력한 선전문서에 속한다"고 주장한다.[429] 그러나 그는 "사실 측면에서 그를 비난하기는 지극히 어렵다"라고 덧붙이다.[430] 뤼데만은 자신의 저서 『예수의 부활: 역사·경험·신학』(*The Resurrection of Jesus: History, Experience, Theology*)과 관련해 이렇게 썼다. "그 책의 목표는 예수 부활의 비역사성을 입증하고 동시에 그리스도인들에게 그에 따라 그들의 믿음을 바꾸도록 독려하는 것이

Witherington(2006), 3도 보라.

427 Ehrman(*The New Testament*, 2008), 221. Meier(1991), 118도 보라.

428 요 20:30-31.

429 Grant(1970), 190.

430 Grant(1970), 188. Grant는 다음과 같이 논평한다. "간헐적인 왜곡이나 과장은 별 문제 없이 넘어갈 수 있었을 것이다. 그러나 노골적인 거짓말은 아주 쉽게 간파될 수 있었다. 왜냐하면 갈리아 전쟁터에서 고국으로 글을 써 보내고 궁극적으로 고국으로 돌아간 로마인은 카이사르만이 아니었기 때문이다"(188).

었다."[431] 비슷하게, 리처드 도킨스는 "만약 이 책이 내가 의도하는 대로 효과를 낸다면, 종교가 있는 독자들이 일단 이 책을 펼쳐보면 책을 내려놓을 즈음에는 무신론자가 되어 있을 것이다"라고 쓴다.[432] 어만은 뤼데만과 도킨스가 그들의 책을 쓸 때 본질적으로 선전적인 의도를 갖고 있었기 때문에 다른 사람들이 그들의 책을 믿지 말도록 권장할 것인가? 우리는 제시된 논거들을 분석해야 한다.

선전은 악의적으로 사용될 수 있고 실제로 그렇게 사용된다. 예컨대 선전이 다른 사람의 돈을 사취하기 위해 사용될 수 있다. 그러나 선전이 반드시 나쁜 것은 아니다. 유대인 역사가들이 유대인 대학살에 대해 글을 쓸 때, 그들은 다시는 그런 일이 발생하지 않도록 세상이 그 일의 희생자들이 당한 잔혹행위에 대해 알기 원한다. 아프리카계 미국인 역사가들이 미국에서의 노예제도 및 노예제도가 폐지된 이후로도 오랫동안 계속된 흑인들에 대한 극심한 차별에 대해 글을 쓸 때, 그들은 흑인들이 공정하게 대우받도록 다른 사람들이 자기들과 [또는] 자기들의 조상들이 겪었던 일들을 알기 원한다.[433] 그러므로 선전은 실제로 선하고 **동시에** 진실할 수 있다. 복음서에 실려 있는 보고들에 대해서는, 이론적으로는 복음서 저자들의 편견에는 충분한 이유가 있을 수 있다. 그들은 자기들이 전하는 이야기의 진실성을 확신하고 있었다. 그리고 얻을 것이나 잃을 것이 있는 사

431 Lüdemann(2004), 7.

432 Dawkins(2007), 5.

433 Finley(1965)는 헤로도토스와 투키디데스가 단지 자기들이 묘사하는 사건들을 까마득한 과거가 아니라 시간 속에 위치시킴으로써뿐 아니라 또한 정치를 도입하고 고양시킨 세속적 분석을 제공함으로써도 역사 기술 방식을 변경시켰다고 지적한다(200-30). 투키디데스는 비록 종교적으로 편향되어 있지는 않았으나 정치적으로 편향되어 있었다. 타키투스는 귀족주의적인 편견이 있었고, 비록 자신이 편견과는 "거리가 아주 멀다"고 주장하기는 했지만(*Ann.* 3.65), 훈계하기가 역사의 "가장 고상한 기능"이라고 확신했다(*Ann.* 1.1).

람들은 이해관계가 없는 관찰자보다 사건들을 더 잘 회상할 수도 있다.[434]

어만은 예수의 이야기들이 전달 과정에서 변경되었고, 바로 그것이 복음서들에 실려 있는 그 이야기들 사이의 조화될 수 없는 차이들을 설명해준다고 주장한다. 그는 예수의 사망 일시와 같은 몇 가지 예를 제시한다. 요한복음(요한)은 사망일시가 유월절 음식을 먹기 전날 정오였다고 보고하는 반면, 마가복음(마가)은 사망일시가 유월절 음식을 먹은 다음 날 오후 3시였다고 말한다. 예수는 요한이 진술하듯이 자기 십자가를 끝까지 지고 갔는가 아니면 공관복음서가 전하듯이 구레뇨 시몬이 그 길의 일부를 예수의 십자가를 지고 갔는가? 예수의 부활과 관련해서 마리아는 홀로 무덤에 갔는가 아니면 다른 여인들과 함께 갔는가? 그들은 무덤에 도착해서 무엇을 보았는가? 한 사람이었는가(마가), 두 사람이었는가(누가), 아니면 천사였는가?(마태) 그 여인들은 자기들이 본 것을 제자들에게 말했는가(마태, 누가, 요한), 아니면 침묵을 지켰는가?(마가) 어만은 또한 예수의 부활을 정경 복음서들과 다르게 보고하는, 정경이 아닌 기독교 자료들도 있다고 덧붙인다.

이런 이의는 어만이 생각하는 것만큼 강력하지 않다. 책임 있는 역사 연구 방법은 역사가들이 장르를 고려하도록 요구한다.[435] 위에서 나는 오늘날 성서학자들 사이에는 복음서들이 그리스-로마의 전기 장르에 속

---

434 Byrskog(2002), 165-66. Blomberg(2007)도 보라. "특정 견해를 편파적으로 옹호하는 사람들이 때로는 초연한 관찰자들보다 훨씬 더 정확하다. 예컨대 나치의 유대인 대학살에 대한 유대인들의 자료로부터 나온 최초의 열정적인 설명들이 '객관적인' 뉴스 미디어들의 보도보다 훨씬 더 정확하다고 밝혀졌던 것에 대해 생각해보라"(73). 그러므로 부활한 예수에 대한 목격자들이 예수의 친구들과 제자들이었고 따라서 객관적인 관찰자들이 아니라는 M. Martin(1991)의 이의(76)는 설득력이 약하다.

435 Willitts(2005). "역사성"이라는 개념은 "장르에 적합해야 하고 역사 내러티브의 선택적 성격을 허용할 만큼 탄력적이어야 한다." 그러므로 그런 이야기들을 전하는 복음서들에는 내러티브에 대한 자유재량이 주어진다(107).

하며 이 장르는 전기 작가에게 자료들을 재배열하고, 전기 기술 대상자의 가르침, 철학, 정치적 신념을 전하기 위해 연설을 지어내는 상당한 유연성을 제공했으며, 전기에는 종종 찬사가 포함되었다는 점을 지적했다.[436]

예수의 재판 과정에서 나온 고백에 관한 누가의 설명에서 이런 자유를 어느 정도 감지할 수 있다. 마가와 마태는 대제사장이 예수에게 그가 메시아이고 하나님의 아들이냐고 물었다고 전한다. 예수는 단지 자기가 그 둘 모두일 뿐 아니라 또한 자신이 다니엘 7장에서 언급되는 하나님 우편에 앉을 존재이고 하늘로부터 구름을 타고 올 존재인 종말론적 인자라고 긍정한다. 이 주장에 대해 대제사장과 다른 종교 지도자들은 예수를 신성모독죄로 기소하고 예수에게 사형을 선고한다.[437] 누가의 보고는 조금 다르며 다음과 같이 읽힌다. 공회는 예수에게 그가 메시아인지 묻는다. 예수는 자기가 메시아라고 고백할지라도 그들이 믿지 않을 것이라고 답한다. 그럼에도 예수는 그들에게 자기가 종말론적 인자로서 하나님 우편에 앉을 것이라고 확실하게 말한다. 유대 지도자들은 그에게 한 가지 질문으로 대꾸한다. "그렇다면 당신은 자신이 하나님의 아들이라고 주장하는 것인가?" 예수는 그 질문에 그렇다고 답하고 유대 지도자들은 예수를 빌라도 앞으로 끌고 간다.[438] 이 차이는 쉽게 설명된다. 마태와 마가는 다니엘 7장에서 언급되어 있고 「에녹의 비유들」(*Similitudes of Enoch*)에서 알려진 종말론적 인자에 대해 잘 이해하고 있는 유대인을 향해 쓰고 있다.[439] 그러나 누가는 자기가 종말론적 인자라는 예수의 주장이나 공회가 예수

---

436 이 책의 3.2.1을 보라.

437 막 14:61-64; 마 26:63-66.

438 눅 22:66-71.

439 「에녹의 비유들」이 언제 쓰였는지는 확실하지 않다. 아마도 예수의 생애 말기와 1세기 말 사이 어느 시점에 쓰였을 것이다. 그러나 지금으로서는 그 문서의 저작 시기를 더 확실하게 알 수는 없다.

를 신성모독죄로 기소한 것의 완전한 함의를 이해하지 못할 수도 있는 어느 이방인 개인 또는 이방인 독자들을 향해 쓰고 있다. 그러므로 누가는 예수가 신이라는 바로 그 주장을 전하기 위해 예수의 고백 중 하나님의 아들이라는 부분에 초점을 맞췄을 수도 있다. 왜냐하면 이방인들은 그런 용어를 통해 그 주장을 보다 분명하게 이해했을 것이기 때문이다. 만약 역사적 예수가 그런 주장을 했다면, 아마도 마가와 마태가 전하는 내용이 예수 자신의 말(*ipsissima verba*)에 더 가까웠을 것이다. 왜냐하면 유대인 예수가 유대 지도자들인 청중에게 말하고 있었기 때문이다. 그러나 누가는 그 말을 수정해서 자기의 이방인 독자(들)에게 예수가 자신에 관해 고백했던 내용을 보다 분명하게 전할 수 있게 한다. 그 주인공이 한 말을 정확하게 복제하는 것은 좋지만 그 말들은 문맥 안에서만 적절하게 이해될 수 있다.[440]

주인공 자신의 음성(*ipsissima vox*)도 똑같이 타당하다. 많은 보수적인 학자들조차 요한이 자료에 편집을 가했고 또한 신학화하기 위해 전승을 재배열했다고 주장한다.[441] F. F. 브루스는 요한이 셰익스피어가 플루타르코스의 『브루투스의 생애』(*Life of Brutus*)에 나오는 마르쿠스 안토니우스의 연설을 풀어썼던 것과 같은 극적이고 강력한 방식으로 예수의 말을 풀어썼다고 단언했다.[442] 요한복음에서 우리는 종종 예수가 실제로 한 말이 아

---

440 마찬가지로 요한은 요점을 명확히 밝히기 위해 성전 정화 사건이 발생한 시점을 옮겼을 수도 있지만, 그 사건의 역사적 본질을 희생시키지는 않았다. 요 2:13-17; 막 11:15-17; 마 21:10-13; 눅 19:41-46을 보라.

441 Keener(2003)는 요한이 예수가 성전의 상을 뒤엎은 사건을 그의 사역 말미에 두지 않고 예수의 사역 초기에 일어난 것으로 배열하면서 특별히 그 사건과 관련해 유월절에 대해 언급하는 것은 이 유월절 사건이 "제4복음서에서 예수의 사역의 배경을 이루게"하기 위해서라고 지적한다(518).

442 Bruce(1983), 15-17.

니라 그의 음성(*ipsissima vox*)을 듣는다.[443] 그러므로 **전기**를 분석할 때 역사가들은 그 내러티브에서 역사적 핵심을 파악하는 데 보다 더 초점을 맞춰야 한다. 이것은 **전기**에만 독특한 것이 아니라 주인공이 개인이 아닌 역사인 경우에도 적용된다. 투키디데스는 고대의 가장 훌륭한 역사가들 중 하나로 간주되며 그의 책 『펠로폰네소스 전쟁사』로 유명하다. 모지스 핀리는 이렇게 쓴다. "역사는 '진리를 포함했다,' 그리고 투키디데스에게 그것은 역사가들은 시인들처럼 창작할 필요가 없다는 것을 의미했다. 그러나 또한 일어난 일을 단순히 기록만 할 수도 없었다. 쟁점에 대한 양측의 적절한(투키디데스가 판단하기에 적절한) 논거를 드러내줄 연설들을 작성할 필요가 있었다."[444] 2세기에 루키아노스는 이것이 표준 관행이었다고 말했다.[445] 애플비, 헌트, 그리고 제이콥은 "전문 역사가들은 미화하거나 교훈을 전달하기 위해 정확성을 희생시킬 이 유혹을 잘 알고 있다"고 경고한다. 그러나 그들은 우리는 모두 우리의 과거를 모종의 도덕성과 관련시키려는 열망이 있으며, 완벽한 정확성을 목표로 할 경우에조차 이를 달성하기 어렵다고 덧붙인다.[446] 우리는 고대인들이 현대의 관습에 따라 행

---

443 Bloomberg(2001), 61. Wilkins and Moreland 편(1995), 73-99에 실린 Bock도 보라. Witherington(*John*, 1995)은 이것은 "이 복음서 저자가 누가 무엇을 말하는지에 대해 듣는 사람을 속이려 하는 문제"가 아니라고 말한다. "여러 측면에서 그는 단지 고대의 전기를 쓰는 일반적인 처리 절차를 따르고 있을 뿐인데, 당시에는 각주가 없었기 때문에 모든 논평들이 출처 자료와 함께 텍스트 안에 넣어졌다." 그 복음서 저자는 "예수에 관한 전승을 자신의 스타일로 자유롭게 고쳐 쓴다"(101). Keener(2003)는 요한복음이 전기 범주에 속한다고 주장하며 "모든 학자들은 요한의 관용어들에 **어느 정도** 각색과 순응이 있음을 인정한다"고 덧붙인다(52). R. Brown(1997), 363-64, 371과 Burridge(2005)도 보라. Burridge는 요한복음이 예수에 대한 "야심적인 관점"을 제시하며(135-63) 전기에 속한다고 주장한다([2004], 250-51).

444 Finley(1965), 302.

445 Lucian *How to Write History* 58-59.

446 Appleby, Hunt and Jacob(1994), 307.

동하지 않는다고 비난하지 않도록 조심해야 한다. 그러므로 어만의 주장은 장르를 적절하게 고려하지 않고 있는 셈이다.

어만이 예수의 부활과 관련해서 이의를 제기한 거의 모든 예들은 장르 문제를 제쳐두더라도 아주 쉽게 조화된다. 마리아는 혼자 무덤에 갔는가 아니면 다른 여인들과 함께 갔는가? 마태·마가·누가는 여인들 몇 명이 무덤으로 갔다고 보고한다. 요한은 마리아에게 초점을 맞추는데, 마리아가 다른 여인들을 대표하는 것으로 보인다. 요한복음 20:1에서 무덤을 찾아가는 사람은 마리아인데 다음 절에서 그녀는 제자들에게 이렇게 말한다. "사람들이 주님을 무덤에서 가져다가 어디 두었는지 **우리가** 알지 못하겠습니다." 이 말이 문학적 복수인 것 같지는 않다. 왜냐하면 18절에서 마리아는 예수가 자기에게 출현한 후 무덤에서 돌아와 제자들에게 "**내가** 주를 보았다"라고 말하기 때문이다. 누가는 그의 복음서에서 비슷한 조치를 취한다. 여인들이 빈 무덤과 천사들의 메시지에 관해 보고하자 베드로는 이에 반응하여 무덤으로 달려간다(눅 24:12). 누가는 베드로가 무덤을 찾아갔을 때 다른 제자들이 그와 동행했을 수도 있었다는 것을 배제하려하지 않은 듯하다. 몇 절 뒤에 누가는 복수의 제자들이 무덤으로 갔다고 보고하기 때문이다(눅 24:24; ἀπῆλθόν τινες τῶν σὺν ἡμῖν ἐπὶ τὸ μνημεῖον).

그들은 무덤에 도착해서 무엇을 보았는가? 한 사람이었는가(마가), 두 사람이었는가(누가), 아니면 한 천사였는가?(마태) 천사가 때로는 사람으로 언급된다는 것을 고려하면 이 또한 쉽게 해결된다.[447] 실제로 누가의 부활 내러티브 안에서 이 점을 볼 수 있다. 누가는 처음에는 빈 무덤에 있

---

447 「토빗기」 5:5, 7, 10에서 천사는 "젊은 남자"로 언급된다. 눅 24:4, 23; 행 1:10; 10:30도 보라.

던 "두 사람"에 대해 언급하고 나서, 열한 절 뒤에 그들을 "천사들"이라고 부른다. 신약성서에서 희거나 빛나는 옷은 종종 천상의 존재가 방문한 징표다.[448] 무덤에 한 천사가 있었는지 두 천사가 있었는지는 다소 어려운 문제다. 그러나 복음서 저자의 관심이 그 순간에 말하던 이에게 있었음을 이해하면 그 문제가 풀릴 수도 있다. 비록 어만이 언급하지는 않지만 다른 문제도 지적할 수 있다. 복음서들에서 그 천사는 자기가 무덤에서 굴려낸 큰 바위 위에 **앉아서** 말하고(마태), 무덤 안에 **앉아서** 말하고(마가), 둘이서 무덤 안에 **서서** 말하고(누가), 첫 번째 방문 때는 그곳에 없다가 두 번째 방문 때는 무덤 안에 **앉아** 있다(요한). 공관복음서들이 보고하는 한 번의 방문은 시간 압축으로 설명할 수 있다.[449] 그리고 공관복음서들은 간결성·편의 또는 잘못된 기억 때문에 세부 내용을 바꿨을 수도 있다. 앞에서 논의했듯이, **서 있는**에 해당하는 그리스어(ἐφίστημι)는 단지 그곳에 있거나 또는 정지해 있는 것을 의미할 수 있으며 반드시 **앉아 있는**과 충돌하는 것은 아니다.[450] 그러나 역사가들은 그런 차이들에 너무 많은 관심을 둘 필요가 없다. 주변적인 세부 내용들이 일치하지 않는다고 해서 반드시 전적인 창작인 것은 아니기 때문이다.[451] 신적 행위가 발생했다는 복음서

---

448 마 28:3; 막 9:3; 요 20:12; 행 1:10; 10:30. 단 7:9도 보라.

449 누가가 압축을 사용하고 있음은 분명하다. 그의 복음서에서 모든 출현들과 승천은 부활절에 일어난다. 그러나 그의 속편인 사도행전에서 그는 예수가 40일에 걸쳐 제자들에게 출현했다고 보고한다(행 1:3).

450 이 책의 4.3.3.4를 보라.

451 몇 년 전에 John P. Meier는 이메일에서 내게 자기가 그의 *Marginal Jew* 시리즈 중 네 번 째 책을 쓰고 있는데 그 주제는 예수의 자기 이해가 될 것이라고 했다. 그 무렵에 나는 James D. G. Dunn과 갓 출간된 그의 책 *Jesus Remembered*에 대해 짧게 대화를 나눴는데, 그 책에서 Dunn은 예수 부활의 역사성에 상당히 많은 부분을 할애했다. 그 후 어느 친구와의 대화에서 나는 **Dunn**이 새 책을 쓰고 있으며 그 주제는 예수의 부활이 될 것이라고 말했다. 내 잘못을 깨달았을 때 나는 아주 당혹스러웠다. 진실은 한 유력한 예수 역사가(Meier)가 새 책을 쓰고 있었던 것이다. 다른 경우에 나는 내가 훨씬 젊었을 때 볼티모어 오리올스의 투수 짐 파머가 그라운

저자들의 믿음을 나타내기 위해 천사들이 복음서 저자들 편의 문학적 장치로 덧붙여졌을 가능성도 있다.[452] 그런 조치는 고대의 전기에서는 받아들여질 수 있었다. 그러므로 만약 천사들이 문학적 고안이었다면 그들의 수에 관해 논쟁하는 것은 저자의 요점을 놓치는 것이다.

여인들은 제자들에게 말했는가(마태·누가·요한), 또는 침묵했는가?(마가) 우리는 앞에서 이 문제를 이미 다뤘고 그것이 전혀 문제가 되지 않는다는 것을 살펴보았다.[453]

일반적으로 인용되는 복음서들 사이에서의 차이들은 대개 이야기의 핵심보다는 주변적인 세부내용에서 나타나는 점에 주목할 필요가 있다.[454] 더욱이 그런 설명들 사이에 차이가 있다고 해서 모든 설명이 잘못된 것은 아니다. 타이타닉호의 생존자들이 그 배가 손상되지 않은 상태로 침몰했는지 침몰하기 전에 둘로 쪼개졌는지에 대해 서로 모순되는 증언을 했음을 떠올려 보라. 오늘날까지도 역사가들은 이 세부사항에 대한

드 홈런을 친 것을 TV로 보았던 것을 떠올렸다. 몇 년 후 나는 파머와 개인적으로 이야기를 나눌 기회가 있었다. 그때 나는 파머에게 그 홈런을 쳤을 때 기분이 어떠했느냐고 물었다. 파머는 자기는 걸음이 느린 주자이고 그라운드 홈런을 친 적이 없다고 대답했다. 그러나 파머는 많은 홈런을 쳤다. 여기서도 내 기억은 세부 사항을 놓쳤다. 나는 세월이 흐름에 따라 1970년대에는 오늘날에 비해 훨씬 더 드물었던 위업—투수가 홈런을 치는 일—에 대해 무의식적으로 윤색했던 것이다. 짐 파머가 그날 홈런을 쳤다는 것은 사실이었다.(Allison[*Resurrection Jesus*, 2005]은 그가 저질렀던 유사한 실수에 대해 언급한다[235 각주140].) 정확하지 못한 내 기억은 내게 정신이 번쩍 들게 한다. 그러나 나는 Appleby, Hunt and Jacob(1994)에게서 다소 위안을 얻는다. 그들은 우리 현대인들에 관해 이렇게 쓰고 있다. "모든 사람은 자신의 삶에 대한 역사가들이며 자신의 과거를 어떤 유용한 도덕적 가르침을 향하게 하는 욕구에 대해 알고 있다. 역사를 특정 방향으로 왜곡해야 할 동기가 없을 때조차 사람들은 역사를 똑바로 진술하는 데 어려움을 겪는다"(307).

452 이것은 R. Brown(1993), 129, 156, 260쪽의 제안이다. Bauckham(2002), 304는 이에 대해 반대한다.

453 이 책의 4.3.2.3을 보라.

454 Craig and Ehrman(2006), 7에 실린 Craig. Baggett 편(2009)도 보라. 그는 그런 차이들이 주변적인 세부내용에 놓여 있다는 것을 인정하지 않는 것은 "굳건한 회의주의가 아니라 잘못된 역사기술이다"라고 덧붙인다(116).

그들의 결론을 제한적으로만 확신할 뿐이다. 그러나 그들 중 누구도 타이타닉호가 침몰했다는 그 이야기의 핵심에 대해서는 의심하지 않는다.[455] 투키디데스는 펠로폰네소스 전쟁에 관한 현존하는 보고들 안에 차이가 있다는 것을 알고 있었다. 그는 그런 차이들과 씨름했다. 그러나 투키디데스 자신이 그 전쟁에 참전했기 때문에 그런 차이들은 결코 그에게 그 전쟁이 일어나지 않았다거나 그 결과가 달랐다는 것을 암시하지 않았다.[456] 로마의 화재에 관한 우리의 주된 자료들에는 차이가 있다. 네로는 수에토니우스가 보고하듯이 공개적으로 사람들을 보내 도시를 불태웠는가, 디오 카시우스가 보고하듯이 은밀하게 그렇게 했는가, 아니면 타키투스가 주장하듯이 그 사건에 대해 아무 책임이 없는가?[457] 네로는 수에토니우스가 보고하듯이 마이케나스 탑에서 도시가 불타는 것을 바라보았는가, 디오 카시우스가 보고하듯이 그의 왕궁 지붕 위에서 그 모습을 바라보았는가, 아니면 타키투스가 보고하듯이 도시가 불타고 있을 때 그곳으로부터 55km 떨어진 안티움에 있었는가?[458] 이런 차이들에도 불구하고 그런 설명들 사이의 차이가 그 사건에 대해 의문을 제기하므로 로마가 불타지 않았을지도 모른다고 주장하는 역사가를 찾기는 쉽지 않을 것이다.

루크 티모시 존슨은 비록 소크라테스에 대해 그의 동시대인 세 사람으로부터 나온 보고가 있지만 역사적 소크라테스에 대해 알기 어렵다는 데 주목한다. 아리스토파네스는 소크라테스의 비판자였던 반면, 크세노

---

455 Allison("Explaining," 2005)은 이렇게 쓴다. "[빈 무덤] 이야기에 전설적 요소들이 있음을 보여준다고 해서 그 이야기들을 모두 무시하는 것은 아니다.…존 F. 케네디 대통령의 암살에 관한 신화들이 차고 넘치지만 케네디는 실제로 누군가의 총에 맞았다"(127-28). Scott, 편(Finding, 2008), 10에 실린 R. J. Miller도 보라.

456 Thucydides *Histories* 1.22.1-3.

457 Suetonius *Nero* 38.1; Dio Cassius *Roman History* 62.16.2; Tacitus *Ann*. 15.38.

458 Suetonius *Nero* 38.2; Dio Cassius *Roman History* 62.18.1; Tacitus *Ann*. 15.39.

폰과 플라톤은 소크라테스의 제자로서 그가 죽은 직후에 그에 관한 글을 썼다. 크세노폰은 소크라테스와의 식탁 대화, 그의 가르침, 그리고 그의 답변을 회상했다. 그러나 소크라테스의 식탁 대화와 변명에 관한 크세노폰의 보고는 플라톤이 제공하는 보고와 다르다. 아마도 우리는 그 정확한 세부사항에 대해 결코 확실하게 알 수는 없을 것이다.[459] 그러나 그렇다고 해서 역사가들이 소크라테스에 관한 보다 폭넓은 결론에 도달하지 못하는 것은 아니다.

역사가 폴 마이어는 복음서들에서 나타나는 차이들과 관련해서 이렇게 말한다.

> 이런 차이들에 대해 적당히 얼버무리고 넘어가거나 그런 차이들이 있다는 사실을 부인하는 것은 기독교에도 또는 정직성에도 결코 도움이 되지 않는다.…다른 한편, 일부 비판적인 학자들이 이런 불일치를 부활이 일어나지 않았다는 모종의 증거로 사용하려 하는 것도 동일한 실수다. 왜냐하면 이는 증거를 비논리적으로 사용하는 것이기 때문이다. 예컨대 로마의 대화재에 관해 말하는 가장 초기의 자료들은 누가 또는 무엇이 최초로 불을 냈는지에 대해 그리고 그 불이 얼마나 멀리 퍼졌는지에 대해 훨씬 더 심각한 차이들을 드러낸다. 어떤 자료는 도시 전체가 불탔다고 주장하는 반면, 다른 자료들은 도시 중 세 구역만 잿더미가 되었다고 주장한다. 그러나 화재 자체는 실제로 일어난 역사적 사건이었다.[460]

역사가 마이클 그랜트도 이에 동의한다.

> 확실히 복음서들 사이에는 큰 차이가 있다. 그러나 우리는 예컨대 리비우스

---

459 L. T. Johnson(1996), 106.
460 Maier(1991), 180.

나 폴리비우스 같은 이방인 역사가들이 그 사건에 대해 다르게 묘사했다는 이유로 그 사건이 일어났다는 것을 부인하지는 않는다.[461]

어만에 따르면 역사가들은 목격자의 설명, 복수의 독립적인 설명, 일관성이 있고 뒷받침되는 설명, 그리고 편향되지 않거나 공평한 설명을 포함하는 바람직한 증거들을 얻고자 한다. 어만과의 토론에서 크레이그는 어만의 "희망 사항 목록은 너무 이상적이어서 연구를 수행하는 역사가들에게는 현실적으로 부적절하다"고 지적했다.[462] 그는 다음과 같이 덧붙인다.

> 그리스-로마 역사의 출처들과 비교할 때 복음서들은 그리스-로마 역사가들이 사용할 수 있는 자료들보다 훨씬 우월한 입장에 있다. 그리스-로마의 역사 자료들은 대개 역사가들이 기록하는 사건들보다 수백 년 이후의 것들이고, 대개 목격자의 증언은 별로 포함되어 있지 않으며, 또한 그런 증언이 있다 해도 대개 전적으로 편향된 사람들이 말한 증언들이다. 그럼에도 그리스-로마 역사가들은 고대 세계의 역사의 과정을 재구성한다.[463]

그러므로 우리가 물어야 할 필요가 있는 질문은 현대의 역사가들이 활용할 수 있는 자료들이 예수에게 일어난 일, 특히 예수의 사후 그에게 일어난 일에 대해 알기에 적합한지 여부다. 여기서 나는 정경 복음서들이

---

461 Grant(1977), 200. Gwynee(2000), 10과 Sherwin-White(1963), 187-88도 보라.

462 Craig and Ehrman(2006), 18에 실린 Craig. Ehrman(2000) 자신이 역사가들을 위한 "희망 사항 목록"에 대해 언급한다(139).

463 Craig and Ehrman(2006), 37에 실린 Craig.

대부분 신뢰할 수 있는 자료들이라고 주장하려는 것이 아니라 단지 그렇지 않다고 주장하는 어만의 시도가 매우 빈약하다고 주장할 뿐이다.

가장 중요한 관찰 내용은 어만과 다른 학자들은 정경 복음서들에 대해 꺼림칙하게 생각함에도 불구하고 정경 복음서들이 견고한 역사적 기반을 얻기에 충분할 만큼 신뢰할 만하다고 여긴다는 것이다. 그런 역사적 기반 중 일부는 지금 우리의 연구와도 관련이 있다. 사실 어만은 우리의 연구와 관련된 역사적 기반에 속하는 세 가지 사실 모두를 인정한다.[464] 그러므로 복음서들이 신빙성이 없기 때문에 역사가들은 예수 부활의 역사성에 대해 판단할 수 없다는 그의 주장은 "훈제 청어"에 지나지 않는다.

1. **예수는 십자가형을 받아 죽었다.** 어만: "역사에서 가장 확실한 사실들 중 하나는 예수가 로마의 유대 총독 본디오 빌라도의 명령을 따라 십자가형에 처해졌다는 것이다."[465]
2. **예수가 죽은 직후 제자들은 그들로 하여금 예수가 부활했고 자기들에게 나타났다고 믿고 선포하게 했던 경험을 했다.** 어만: "그렇다면 왜 어떤 제자들은 예수가 십자가형에 처해진 뒤에 예수가 살아 있는 것을 보았다고 주장했는가? 나는 일부 제자들이 그렇게 주장했다는 것을 조금도 의심하지 않는다. 그들의 서면 증언은 없지만 그로부터 약 25년 후에 글을 썼던 바울은 이것이 그들

---

464 복음서들에 대한 자신의 거리낌에 대해 밝힌 후 Ehrman(2009)은 이렇게 진술한다. "어떻게 그런 자료들을 사용해서 실제로 무슨 일이 일어났는지 알아낼 수 있는가? 사실 몇 가지 방법이 있다. 학자들은 세심하고 엄격하게 따르기만 한다면 우리에게 예수가 실제로 누구였는지에 대한 몇몇 징표들을 제공할 수 있는 몇 가지 방법론적 원리들을 고안해왔다"(151). 그러므로 Ehrman의 거리낌은 "훈제 청어"들을 모아놓은 데 지나지 않는다.

465 Ehrman(2002), 162; Ehrman(2008), 235, 261-62와 비교하라.

이 주장했던 내용이었음을 보여준다. 그리고 나는 바울이 그런 내용을 지어내고 있다고 여기지 않는다. 그리고 바울은 적어도 그들 중 두 사람을 알고 있었다. 바울은 그들을 십자가 처형 사건이 발생한 지 3년 뒤에 만났다(갈 1:18-19)."[466]

3. **예수가 죽은 후 몇 년 안에 바울은 그가 자신에 대한 예수의 부활 후 출현이라고 해석했던 어떤 개인적 경험을 하고서 회심했다.** 어만: "[바울이] 자기가 죽음에서 부활한 예수의 실제의 그러나 영광스럽게 된 몸을 보았다고 믿었다는 데에는 의문의 여지가 없다."[467]

만약 정경 문헌에 대한 어만의 구조작업이 RH에서 사용된 바로 그 역사적 기반을 낳는다면, 그가 계속해서 복음서들이 신빙성이 없다는 점을 RH에 반대하는 논거로 주장하는 것은 소용없는 일이다. 그런 노력은 그 자신의 결론을 훼손할 뿐이다. 오히려 어만은 RH가 토대로 삼고 있는 역사 연구 방법론을 공격해야 한다.

5.7.3. 가설에 대한 평가

이제 우리는 최상의 설명을 택하기 위한 다섯 가지 기준을 사용해서 RH가 얼마나 탄탄한지 평가할 것이다.

1. **설명 범위.** RH(RH-V와 RH-B)는 우리가 식별한 역사적 기반 모두

466 Ehrman(2009), 177-78; 다음 문헌들과 비교하라. Ehrman(2008), 282; Ehrman(2000), 178.

467 Ehrman(2008), 301.

를 훌륭하게 설명한다. RH는 십자가형을 통한 예수의 죽음을 인정하고 제자들 및 바울의 경험과 믿음에 대해 설명한다. 부활 가설은 설명 범위 측면에서 다른 가설들(GH, LH 그리고 CsH)에 필적하되 그 가설들에 뒤지지 않기 때문에 RH는 이 기준을 통과한다.

2. **설명력.** RH(RH-V와 RH-B)는 어떤 억지도 부리지 않고 우리의 역사적 기반 모두를 설명한다. 그러나 출현들의 본질이 정의되지 않은 채 남아 있기 때문에 약간의 모호함은 있다. 만약 예수의 부활 후 출현들이 육안으로 예수의 부활한 몸을 보는 것으로 해석된다면(RH-B), 그 모호함은 제거된다. 사실 이 설명은 정경 복음서들에 들어 있는 부활 내러티브들의 명백한 의미 및 부활의 몸에 관한 바울의 개념과 일치한다. RH-V는 이런 초기 기독교 문헌에 부합하지 않는다. 그러므로 RH-B는 설명력 측면에서 RH-V를 능가한다. RH는 또한 설명력 측면에서 VH보다 훨씬 우월하다. 왜냐하면 VH에는 모호함과 답변되지 않는 질문들이 많은 반면 RH는 우리의 연구와 관련이 있는 역사적 기반 모두를 설명하는 데 아무 문제가 없기 때문이다. VH에 대한 평가에서 지적했듯이, 버미스는 "환상"과 "환영"에 관해 말할 때 이런 것들이 환각이었는지, 망상이었는지, 또는 여러 형태의 예수의 실제 출현이었는지에 대해 상세하게 밝히지 않는다. 버미스는 누가 그런 경험을 했는지 그리고 바울에게 무슨 일이 일어났기에 바울이 부활한 예수가 자기에게 나타났다고 결론을 내리게 되었는지도 상세히 밝히지 않는다. 그리고 예수의 시신을 담고 있던 무덤이 어떻게 해서 비게 되었는지에 대해서도(VH는 무덤이 비었다는 것을 인정한다) 의혹이 풀리지 않은 채 남아 있다. 빈 무덤은 관련이 있는 역사적 기반의 일부가 아니기는 하지만, RH-B는 빈 무덤을 쉽게 설명한다. 반면에 RH-V는 그 문제를 설명하는 데 어려움이 있을 것이다.

3. **타당성.** RH는 다른 가설들보다 인정된 더 많은 사실들에 의해 더

강력하게 암시되는가? RH의 타당성을 판단하기는 아주 어렵다. RH는 모종의 초자연적 원인을 요구하기 때문에 RH는 우리의 지평에 영향을 줄 수 있는 함의가 있다. 그리고 세계관과 관련된 사실들에 대해서는 일반적으로 합의된 사실이 없다. 토르 에이질 포란드는 이렇게 쓴다. "신자들과 무신론자들은 어느 믿음이 받아들여지는지에 관해—누구에 의해?—또는 세상의 시작과 관련해 어느 믿음이 '합리적인지'에 관해 생각이 다르다.… 하나님에 관해서는 진리는 말할 것도 없고 '그 외에 우리가 무엇을 아는가' 또는 무엇이 수용되거나 합리적인 믿음인가에 관한 합의가 없다."[468]

우리는 RH와 관련된 세계관 문제를 제쳐두고 있기 때문에 널리 수용되면서 RH를 제안하는 진리를 거명하기 어렵다. 이 점을 예시하기 위해 잠시 초자연주의가 잘못이라고 가정해보자. 이 경우에는 RH가 그럴듯하지 않다고 결론지을 수 있다. 왜냐하면 RH는 확실히 다른 인정된 사실들, 즉 형이상학적 자연주의가 실재를 정확히 나타낸다는 진리에 의해 암시되지 않기 때문이다. 반대로, 잠시 초자연주의가 참되다고 또는 하나님이나 어떤 다른 초자연적 존재가 예수를 죽은 자들 가운데서 살려내기를 원했다고 가정해보자. 이 경우에 우리는 RH가 개연성이 매우 높다고 결론지을 수 있다. 왜냐하면 그것은 어떤 초자연적 존재가 예수를 부활시키기를 원했다는 인정된 사실에 의해 확실하게 암시되기 때문이다. 역사가들이 이런 것들에 대해 알지 못한다는 점이 도전거리다.[469] 그러므로 역

---

468 Førland(2008), 492.

469 하나님의 존재 여부에 관한 논쟁은 여전히 계속되고 있지만, 만약 RH가 역사적 기반에 대한 최상의 설명이라면 초자연주의와 심지어 유신론에 대한 입지는 강화되고 형이상학적 자연주의와 무신론의 입지는 약화된다. 어떤 사람은 하나님에 대한 믿음이 널리 퍼져 있지 않다고 주장할 수도 있을 것이다. 그러나 무슨 근거로 그렇게 말할 수 있는가? 유신론은 심지어 학자들 사이에서 및 다양한 문화에 만연해 있다. 2장의 각주 92를 보라.

사가들은 초자연주의를 전제하거나 선험적으로 배제하지 않아야 한다. 대신 학자들은 증거를 어느 방향으로든 편견 없이 조사하고 관련된 역사적 기반에 대한 최상의 설명을 찾아내야 한다. 그 일은 어느 가설이 최상의 설명을 위한 다섯 가지 기준을 가장 잘 충족하는가에 따라 가설들을 평가함으로써 수행된다.

어떤 사람은 죽은 사람이 살아나지 않는다는 것이 일반적으로 널리 받아들여지고 있기 때문에 RH는 타당성이 없다고 주장할 수도 있을 것이다. 그러나 일반적으로 받아들여지고 있는 사실은 죽은 사람이 **자연적 원인에 의해** 살아나지 않는다는 것이다. RH와 초기 그리스도인들은 예수가 자연적 원인에 의해서가 아니라 초자연적 원인에 의해 살아났다고 주장했다. 사실 그 진술은 다음과 같이 표현될 수 있다. 만약 어떤 초자연적 존재가 예수를 죽은 자들 가운데서 일으키기를 원했다면 RH는 관련된 역사적 기반에 대한 가장 그럴듯한 설명이다. 그러므로 나는 역사가가 예수 부활의 역사성에 관해 조사하는 동안 자신의 세계관을 제쳐둘 필요가 있다고 역설한다. 자신의 세계관을 제쳐둔다면 선험적으로 RH를 그럴듯하거나 그럴듯하지 않다고 해석할 이유가 없다.

더욱이 2장에서 우리는 어떤 기적을 식별하거나 그것을 임기응변적 사건과 구별할 때 상황이 수행하는 역할에 관해 논의했다.[470] 어떤 사건이 (1) 상황과 [또는] 자연법칙을 감안할 때 발생할 가능성이 희박하고, (2) 그 사건이 종교적 의미로 가득 찬 환경이나 상황 속에서 발생하는 경우 그 사건을 기적이라고 말할 수 있다. 4장에서 우리는 예수의 부활에 관한 보고들과 관련해서 이런 상황이 있다는 것을 살펴보았다. 예수는 자신과 다른 많은 사람들이 기적과 축귀로 간주했던 일들을 행했다. 또한 예

---

470 이 책의 2.4를 보라.

수는 자기가 하나님과 특별한 관계가 있으며, 하나님이 자기를 선택해서 하나님의 종말론적 왕국을 가져오게 했다고 믿었다. 우리는 하나님의 존재를 전제하지 않겠지만, 우리의 역사적 기반이 예수의 사역이라는 보다 넓은 맥락 안에 있다는 점을 무시하기 어렵다. 그리고 예수의 사역이라는 보다 넓은 맥락은 종교적 의미로 가득 차 있다는 점도 추가적인 기반에 해당한다. 달리 말하자면 예수의 자기 자신에 관한 믿음과 예수가 사람들을 놀라게 한 일들을 했다는 사실을 감안한다면 예수의 운명과 관련된 세 가지 역사적 기반에 의해 그의 부활이 암시된다. 만약 그 사건이 일어났다면 그것은 기적이었다. 다른 한편, RH(RH-V와 RH-B)는 타당성이 없지 않다. 왜냐하면 RH는 확고하게 그리고 널리 받아들여지고 있는 강력한 증거에 의해 지지되는 다른 결론들과 긴장관계에 있는 것으로 보이지 않기 때문이다. 그러므로 RH는 어느 정도 타당성이 있다.[471]

---

471 어떤 학자들은(RH-V 또는 RH-B로서의) 예수의 부활이 가혹한 환경에도 불구하고 기독교 교회가 폭발적으로 성장한 것을 훌륭하게 설명한다고 여긴다. 나는 존경받는 많은 학자들이 그런 주장을 하고 있음에도 한동안 이 점의 가치를 인식하지 못했음을 고백한다. Burridge and Gould(2004), 7, 45; L. T. Johnson(1996), 136, 139; Witherington(2006), 11을 보라. Wedderburn(1999)은 [기독교 운동이][예수의 처형에서] 치명적인 패배로 보였던 데서 극적으로 회복된 것"을 인정한다." 그는 상황을 변화시킨 것이 무엇이었든 바로 그것이 "기독교 신앙의 역사적 핵심이다"라고 단언한다(47).(그러나 Wedderburn은 예수의 부활에 관해서는 불가지론적인 태도를 보인다.) 내가 처음에 주저했던 이유는 주요 세계 종교들에는 모두 그것을 성공으로 이끌었던 어떤 이유가 있었지만 그중 어느 종교도 초자연적 개입을 요구하지 않았다는 사실 때문이었다. 그러나 O'Collins(*Easter Faith*, 2003)는 내 머뭇거림에 도전하는 주장을 내놓았다. "고타마(석가모니)는 그의 긴 생애의 대부분을 도를 가르치며 보냈다. 중국의 현인인 공자도 그의 지혜를 전하고 제자들을 가르치며 살다가 죽어서 취푸 외곽에서 아주 화려하게 장사되었다. 무함마드는 부유한 아내와 군사적 승리의 도움으로 추종자들을 모으고 자신의 가르침을 전파했다. 그는 아라비아의 저명한 예언자로서 메디나에서 죽어 그곳에 장사되었다. 이 세 경우에는 각각 불교, 유교 그리고 이슬람교의 전파를 촉진했던 공개적으로 입증할 수 있는 요인들을 지적할 수 있다. 즉 창시자들의 오랜 경력, 재정 지원 그리고 전투에서의 승리 등이 그 요인이었다. 기독교의 창시자에게는 이런 이점들 중 아무것도 없었다. 그의 공생애는 지극히 짧았고, 그는 군사적·재정적 지원을 받지 못했으며, 그의 삶은 치욕적인 실패와 십자가상에서의 수치스런 죽음으로 끝났다. 이

모든 약점에도 불구하고 그의 이름으로 보편적인 구원을 받는다는 메시지가 계속 해서 퍼져나간 것은 그 결과를 적절하게 설명할 수 있는 어떤 원인(부활)을 인정할 때까지는 수수께끼로 남아 있다"(40). 그러나 나는 여전히 주저하고 있다. 결국 우리는 기독교 교회가 콘스탄티누스가 예수로부터 그가 군사적 승리에 대한 전조로 해석했던 현상—그 바로 직후에 그는 승리를 경험했다—을 보기 전까지 고생했다고 주장할 수도 있을 것이다. 일단 로마가 교회를 받아들인 후에는 초자연적인 요인이 없어도 기독교의 확산을 설명할 수 있었다.

우리는 RH가 크게 훼손되거나 심지어 잘못되었음이 입증될 수도 있는 몇 가지 시나리오를 상상해 볼 수 있다. 미래의 고고학자들이 예루살렘 주위에서 땅을 파헤치다가 대제사장 가야바가 다메섹에 있는 회당 관리에게 보낸 이른 시기의 편지 한 통을 발견했다고 가정하자. 이 편지는 사울이 최근에 예루살렘에서 유대교 지도자들과 심하게 다퉜고 그 결과 바울이 기독교에 대해 개방적으로 변했다고 설명했다. 가야바는 사울에게 그리스도인이 된 그의 사랑하는 가족 하나를 체포해서 투옥하라는 명령을 내렸다. 사울이 거부하자 가야바는 사울의 직위를 박탈하고 사울의 동료이자 그의 경쟁자 중 한 명에게 그 일을 하게 했다. 그는 신속하고 잔인하게 그 명령을 수행했다. 모욕당하고 화가 난 사울은 그의 조력자들 몇 사람과 함께 다메섹으로 달아났다. 길을 가던 중에 사울은 그의 조력자들에게 자기가 전날 밤에 꾸었던 꿈에 관한 이야기를 들려주었는데, 바울은 그 꿈에서 예수가 자기에게 나타났다고 말했다. 다메섹에 도착한 직후 그는 그리스도인들을 찾아가 그들의 모임에 가담하고 자신의 이름을 바울로 바꿨다. 바울은 RH의 가장 단단한 토대라고 말해질 수 있기 때문에 그런 편지가 발견된다면—만약 그것이 진짜로 간주된다면—RH에 회복할 수 없을 정도의 타격을 가하게 될 것이다. 다른 한편 만약 「빌라도행전」에 역사적 핵심이 들어 있음을 입증하는 공식적인 로마 문서 하나가 발견된다면 RH는 크게 강화될 것이다. 그런 문서가 발견될 가능성은 흥미를 자아내기는 하지만, 그런 문서들은 결코 존재하지 않았을 수도 있다. 더욱이 RH가 최상의 설명과 역사성을 위한 기준들을 충족하는 한 그에 상응하여 RH의 부당성이 증명될 가능성이 낮아진다. 달리 말하자면 RH의 개연성이 높아질수록 RH의 부당성을 증명하는 증거가 발견될 가능성이 낮아진다. 그러므로 그런 문서들이 나타날 수도 있다는 가능성만으로 우리 수중에 있는 실제 증거에 근거한 판단을 유보할 필요는 없을 것이다. Viney(1989)는 다음과 같은 의견을 제시한다. "모든 역사 논쟁은 미래의 발견에 볼모잡혀 있다. 그러나 가설이 틀렸음을 증명하는 증거가 발견될 가능성이 있다 해서 부활을 지지하는 실제 증거가 불충분하거나 어떤 면에서 결함이 있음을 충분히 보여주는 것은 아니다"(127). Allison(2008), 326쪽의 논평도 보라. 여기서 만약 미래에 저명한 고고학자 팀이 실제로 예수의 뼈들을 발견한다면, RH-V는 도전을 받지 않겠지만, RH-B는 틀렸음이 입증되리라는 점을 주목할 가치가 있다.

Michael Martin(1998)은 "이른바 예수의 부활을 믿는 신자는 아마도 그것이 알려지지 않은 어떤 자연법칙에 의해서도 설명될 수 없을 것이라고 가정하는 이유를 제시해야 한다. 아마도 모든 법칙들이 발견된 것은 아니므로, 이렇게 하기는 어려워 보인다"고 주장한다(74). 그러나 Swinburne(2003)은 이렇게 답변한다. "우리는 자연법칙이 무엇에 관한 것인지에 대해 어느 정도 좋은 증거를 갖고 있으며, 자연법칙 중 일부는 아주 잘 확립되어 있고 아주 많은 데이터들을 설명하고 있어서, 이상한 반대 사례를 설명하기 위해 그 법칙에 대한 어떤 수정을 제안한다면 아주 서 그렇다면 RH는 타당성 측면에서 경합하는 가설들에 비해 어떠한가? 앞에서 살펴보았던 다섯 개 가설들 중 VH가 가장 타당한 가설이기 때문에 우리는 RH를 VH와 비교할 것이다. 적어도 만약 우리가 자연적인 사건들이 환영과 빈 무덤 배후의 원인이라고 생각한다면, 바울의 회심 경험은 VH에 의해서는 암시되지 않는다. 왜냐하면 우리는 교회의 박해자가 교회를 세우고 있던 예수의 제자들과 동일한 종류의 경험을 하리라고 기대하지 않을 것이기 때문이다. 바울에 대한 예수의 출현은 역사적 기반의 일부임에도 VH는 이를 무시하기 때문에, 이 점은 VH의 심각한 결점이다. 관련된 역사적 기반과 관련하여 RH는 어느 정도 타당성이 있는 반면, VH는 다소 미심쩍다. 그러므로 VH는 타당성에서 RH에 뒤진다.

4. **덜 임기응변적임.** RH가 임기응변적이라고 비난받을 수도 있는 유일한 이유는 RH가 초자연을 허용하는 현실관을 요구한다는 것이다. 그러나 우리는 이미 위에서 그 문제에 대해 다뤘고(5.7.2.2) 그 비난이 가치가 없다는 것을 알게 되었다. 나는 하나님이나 초자연주의를 전제하거나 선험적으로 배제하지 않고 개방적인 입장을 취했다. 자연주의—특히 형이상학적 자연주의—는 초자연주의와 유신론만큼이나 철학적인 구성개념이라는 점을 주목할 가치가 있다.[472] 그리고 설사 내가 이 문제를 완전히 오해하고 있다 할지라도, RH는 경합하는 가설들 안에 있는 임기응

틀고 특이해서 전체 과학 구조를 교란할 것이다"(23). 과학을 통해 알지 못하는 것 때문에 우리가 예수의 부활과 관련한 연구를 멈춰야 하는 것은 아니다. 우리는 과학을 통해 아는 것 때문에 우리가 새로운 과학적 발견에 의해 밝혀진 자연적 설명이 나올 때까지 기다리기를 꺼린다. Martin은 "틈새의 자연주의"에 호소하는 잘못을 저지르고 있다.

472 내가 2006년 2월 3-4일에 조지아주 매리에타에서 열린 어느 컨퍼런스에 참석했을 때, 양 진영의 지도급 옹호자들이 자연 진화와 지적 설계를 놓고 토론을 벌였다. 불가지론자로서 저명한 과학 철학자인 Michael Ruse는 자신은 생물학적 진화가 자연적 원인에 의해 발생했다고 굳게 믿는다고 말한 뒤에 그런 믿음에는 "형이상학적 헌신"과 "믿음의 행위"가 요구된다고 덧붙였다.

변적인 요소들보다 우수한지 여부에 따라 판단되어야 한다. 앞의 가설들을 평가할 때 나는 GH·LH· CsH 그리고 CfH에 매우 임기응변적인 요소들이 있다고 결론지었다.[473] VH는 GH·LH·CsH 그리고 CfH보다 덜 임기응변적이다. 그러나 VH가 RH를 선험적으로 배제하는 것은 다소 임기응변적인 요소로 보인다. 그러나 VH에 이런 잘못이 있다 해서 다른 이들이 RH를 평가하지 못하는 것은 아니다. 내 판단으로는 VH와 RH는 동등하게 임기응변적인 요소가 없으며, 우리가 평가했던 다른 네 개의 가설들보다 확실히 덜 임기응변적이다.[474] 그러므로 나는 둘 모두에 통과 등급을 부여할 것이다.

5. **조명.** 어떤 가설이 자신 있게 주장되는 분야를 혼란에 빠뜨리지 않으면서 다른 문제들에 대해 가능한 해결책을 제공하면 이 기준을 충족한다. RH가 참되다면 RH는 실제로 역사가들에게 그들을 좌절시켜왔던 한 가지 질문에 대한 해결책을 제시한다. 예수에 대한 가장 초기의 그리스도인들의 헌신에는 놀라운 요소가 있다. 그들은 자기들이 예수에게 예배해야 한다고 느낄 정도였다.[475] 특히 그렇게 하는 것이 신성모독으로 보였던 때에 어떻게 이런 헌신이 나왔는가? 메시아가 신이라고 믿은 유대인이 있었다는 어떤 암시도 없다. 많은 유대인들은 마지막 날에 있을 보

---

473 L. T. Johnson(1996)은 이렇게 쓴다. "비판적인 학자들은 다양하고 서로 상충하는 가설들을 만들어냈을 뿐 아니라, 이 가설들은 나름의 방식으로 그 가설들이 대체하고자 하는 가설만큼이나 '신화적'으로 간주될 수도 있다"(103).

474 그러므로 RH가 다른 설명들보다 덜 타당하며 더 임기응변적이라는 McCullagh([1984], 21)의 주장은 근거가 없다. 그는 "어느 가설이 그럴듯하지 않으려면, 세계에 대한 우리의 현재의 지식이 그 가설이 거짓임을 암시해야 한다"고 주장한다(27). 그러나 RH와 관해 그런 지식은 존재하지 않는다. 타당성 기준과 관련해 살펴보았듯이, 인간이 자연적 원인에 의해 죽었다가 살아나지 않는다는 것은 널리 받아들여지고 있다. 그러나 하나님이 어떤 사람을 죽은 자들 가운데서 일으킬 수 없다는 것은 널리 받아들여지고 있는 진리가 아니다. 초기 그리스도인들은 하나님이 예수를 죽은 자 가운데서 다시 살렸다고 주장했다.

475 Hurtado("Jesus' Resurrection," 2005), 205; Phillips(1998), 246.

편적 부활을 믿고 있었기 때문에, 누군가가 부활했다고 해서 부활한 사람이 곧 신적 인물이라는 결론을 요구하지도 않았을 것이다.[476] 그렇다면 예수에 대한 그런 헌신의 기폭제는 무엇이었는가? 래리 허타도는 이것을 "아마도 가장 초기의 기독교가 예수라는 인물을 대할 때 드러내 보였던 가장 이해할 수 없고 가장 주목할 만한 특징"이라고 여긴다.[477]

나는 예수가 그의 지상사역 기간 중에 명시적이든 암시적이든 자신에 대해 신적 용어로 그리고 정경 복음서들에 기록된 것과 유사한 방식으로 말했다고 제안하고자 한다. 예수가 부활해서 자기 제자들에게 출현한 뒤에, 제자들이 그런 주장의 진실성에 관해 품었을 수도 있는 의문이나 혼란은 제거되었다. 정경 복음서들에 실려 있는 예수의 신성에 대한 주장은 일반적으로 진짜가 아니라고 간주되는 것이 사실이다. 그러나 주로 초기 그리스도인들에게서 발견하는 고기독론은 부활절 이후 교회에만 존재했다고 전제함으로써 이 결론에 이르게 된다.[478] 더욱이 복음서들은 예수가 여러 방식으로 그리고 다양한 상황 속에서 자신이 신이라고 주장했다고 제시하는데, 그 주장들 모두를 복음서 저자들이나 그들이 사용했던 자료들의 창의성으로 돌리는 것은 지나치게 고지식한 태도다. 그런 전제를 제거하고 예수의 부활이라는 독특한 사건을 인정하면 퍼즐 조각들이 잘 들어맞기 때문에 가장 초기의 그리스도인들 사이에서 나타난 고기독론은 당혹스러운 요소가 없어진다. 조명은 여분의 기준인데, RH는 확실히 그 기준을 충족한다(표 5.6을 보라).

---

476 Stewart 편(2006), 38-39에 실린 Wright. 그러나 Hurtado("Jesus' Resurrection," 2005)는 부활한 예수에 대한 경험을 가장 초기 그리스도인들이 갖고 있던 고기독론(high Christology) 배후의 주된 이유들 중 하나로 여긴다.

477 Hurtado("Jesus' Resurrection," 2005), 205.

478 Barrett(1967), 25-26과 Dunn(2003), 723에서 명확하게 이렇게 주장한다.

표 5.6 RH에 대한 분석

	설명 범위	설명력	타당성	덜 임기응변적임	조명
VH	실패	실패	실패	통과	—
GH	통과	실패	실패	실패	통과
LH	통과	실패	실패	실패	통과
CsH	통과	실패	실패	실패	통과
CfH	실패	실패	실패	실패	통과
RH	통과	통과	통과	통과	통과

이 표에서 RH가 수위를 차지하며 다섯 가지 기준 모두를 충족하는 유일한 가설이라는 점을 볼 수 있다. RH는 우리가 지금껏 살펴본 경쟁하는 다른 가설들보다 우월하기만 한 것이 아니라 그 가설들을 큰 차이로 앞선다. RH는 관련된 역사적 기반 모두를 무난하게 설명하는 반면, VH를 제외한 다른 모든 가설들은 역사적 기반들을 설명하느라 애를 쓰면서도 제한된 성공밖에 거두지 못한다. 그리고 VH는 사실상 그 과정에서 포기한다.

RH를 제외한 다른 가설들은 서로 어떻게 비교되는가? 내가 C. 베한 맥컬래프의 다음과 같은 가장 중요한 기준 우선순위를 채택했음을 기억하기 바란다. (1) 타당성, (2) 설명 범위와 설명력, (3) 덜 임기응변적임, (4) 조명.[479] 이 기준을 염두에 두면, 우리는 RH는 가장 중요한 기준 모두를 충족하는 유일한 가설인 반면, CfH는 여섯 개 가설 중에서 가장 중요한 기준들 중 하나도 충족하지 못하는 유일한 가설이라는 점을 볼 수 있다. VH는 기준 하나만 충족한다. 그러나 VH가 충족하는 "덜 임기응변적임"이라는 기준은 다른 네 개의 가설들이 충족하는 "조명"이라는 기준

479 이 책의 1.3.2를 보라.

보다 중요하다. 우리는 또한 CH·H 그리고 CsH가 "설명 범위"라는 기준에서 VH보다 우월한 반면 VH는 앞의 세 가설들보다 덜 임기응변적이라는 것을 보았다. 만약 우리가 여기서 멈춘다면, CH·LH 그리고 CsH가 VH보다 우월할 것이다. 그러나 위의 표가 최종 분석을 반영한다는 점에 유념해야 한다. RH를 평가하기 전에는, 우리는 VH가 GH·LH 그리고 CsH보다 더 타당하다는 것을 보았다. 그리고 "타당성"은 "설명 범위"보다 더 중요한 기준이다. 그러므로 VH는 첫 번째와 세 번째의 가장 중요한 범주들(타당성, 덜 임기응변적임)에서 GH·LH 그리고 CsH를 앞서는 반면, 두 번째와 네 번째 범주들(설명 범위/설명력·조명)에서 그 가설들보다 뒤진다. 그러므로 나는 우리가 살펴본 여섯 개 가설들 중에서 VH를 2위로 평가한다. GH·LH 그리고 CsH는 공동 3위를 차지하며, CfH는 꼴찌다. 이는 재미있는 결과다. 왜냐하면 이 비교는 불가지론적 입장(즉, 예수에게 무슨 일이 일어났는지 그리고 무엇이 바울과 제자들로 하여금 예수가 부활했고 자기들에게 나타났다는 결론을 내리게 했는지는 알 수 없는 이상 현상이라는 입장)이 역사적 기반을 자연적인 관점에서 설명하려는 많은 시도들보다 우월하다는 것을 알려주기 때문이다.

5.8. 요약과 결론

우리는 이전 장들에서 길게 논의했고 이 장을 시작할 때 개괄했던 방법론에 따라 여섯 가지 가설들을 살펴보았다. 우리는 그 가설들 중 다섯 개는 매우 취약한 반면, 부활 가설(RH)은 관련된 역사적 기반에 대한 최상의 설명을 위한 다섯 가지 기준을 모두 충족시킬 뿐 아니라—여섯 개 가설들 중 유일하게 다섯 가지 기준을 모두 충족한다—우리가 살펴본 경합하는 가설들을 크게 앞선다고 판단했다.[480] 그러므로 우리는 RH를 우리의 역사적 확실성이라는 스펙트럼 중 "매우 확실한"이라는 지점에 놓아도 무방하다.[481] 부활 가설을 거부할 유일하게 적절한 이유는 본질상 철학적이고 신학적이다. 만약 초자연주의가 잘못이거나 기독교가 아닌 어느 종교가 배타적으로 참되다면 부활가설을 기각해도 된다.[482] 그러나 만약 세계관 문제를 제쳐두고 초자연주의를 전제하거나 선험적으로 배제하지도 않으면서 데이터를 조사한다면, 예수가 죽음에서 부활했다는 역사적 결론이 나온다.

지평이 강하게 존재하면 학자들에게 큰 영향을 준다. 어떤 그리스도인들은 예수가 부활하지 않았음을 입증하는 증거를 아무리 많이 제시해도 예수가 죽음에서 부활하지 않았다고 납득하지 않을 것이다. 반대 경우도 마찬가지다. 어떤 사람들은 예수가 부활했다는 증거를 아무리 많이 제시해도 예수의 부활이 과거에 실제로 일어난 사건이었다는 것을 납득하지 못할 것이다.[483] 어느 입장도 합리적이지 않지만, 내가 보기에는 막

---

480 Habermas(2003), 14. Davis, Kendall and O'Collins 편(1998), 201에 실린 Swinburne. 그러므로 예수의 부활에 대한 믿음은 증거에 기초할 수 없다는 Watson(1987)의 주장(366)은 잘못이며, 자연주의적 가설들이 보다 우월하다는 Tucker(2004)의 주장은 모르고 하는 주장이다(99-100).

481 이 책의 1.3.4를 보라.

482 또는 우리가 살펴보지 않은 어떤 자연주의적 가설이 RH와 대등하게 강력하거나 RH보다 더 강력하다면 그럴 수 있다.

483 어떤 경우에는, 예수의 부활만 아니라면 아무리 많은 문제가 있는 설명이라도 용인된다. Davis(2006)는 Price와 Lowder(2005)의 *The Empty Tomb*에 대한 서평과 비평을 제시한다. 기고자들 대부분은 지나치게 비판적이며 예수가 십자가에서 죽지 않았을 수도 있고 심지어 존재하지 않았을 수도 있다거나, 또는 바울이 고전 15:3-11을 쓰지 않았다는 것과 같은 가설들을 제시한다. 이에 대해 Davis는 다음과 같이 말한다. "내가 말하는 필사적인 측면은 *TET*가 그 논문들을 묶는 방법론적 절차다. 나는 그 절차를 세 단계로 묘사하고자 한다. (1) 그것이 사실이라면, 예수의 부활에 관한 신약성서의 설명들의 어떤 측면을 설명하는 자연주의적 가설을 제시한다. (2) 그 가설을 지지하는 것으로 해석될 수 있는 성서 안팎의 모든 고대 텍스트·구절·암시 또는 텍스트상의 변형들을 포함시킨다;(3) 그 밖의 성서 텍스트들

무가내로 예수의 부활이 역사적 사실이 아니라는 증거를 인정하지 않는 사람들뿐 아니라 후자 그룹에 속한 사람들도 자연주의적 설명에 흠이 있으며 부활 가설이 엄격하게 역사적인 토대에 비춰볼 때 아주 우수하다는 것을 인정하더라도 믿지 않는 쪽을 택하는 것으로 보인다.[484] 내게는 이런 태도가 제 멋대로 상상에 의해 재구성해놓고 그것을 **역사**라고 부르는 것보다 훨씬 더 정직하고 존경할 만한 입장으로 보인다.[485]

비판적인 훌륭한 학자는 자신의 결론이 자기가 원하는 결과에 반할지라도 사실들을 있는 그대로 설명해야 한다. 존 애덤스는 미국의 제2대 대통령이 되기 오래 전인 1770년에 보스턴 학살이 일어났을 때 뉴잉글랜드에서 존경 받는 변호사였다. 어떤 변호사도 반영(反英) 감정이 훨씬 강해진 미국의 대중을 두려워해서 그 사건에 연루된 영국 군인들을 변호하려고 하지 않았다. 그러나 애덤스는 모든 사람은 공정한 재판을 받을 권리가 있다고 믿었다. 애덤스가 그 사건을 맡자 대중은 그에게 등을 돌렸고 그는 절반이 넘는 고객을 잃었다. 사람들로 붐비고 "열광적"이라

을 늦은 시기에 쓰였다거나, 명백하게 거짓이라거나, 변증적 동기가 있다거나, 전설적이라며 기각한다"(62). 무신론주의 철학자 Michael Martin(1991)의 진술은 그의 편견을 드러낸다. "어떤 사람이 다시 살아나는 아주 드문 경우에 자연적이거나 초자연적인 원인이 없다고 생각할 수 없는 것은 아니다"(76); "나는 어떤 사건들은 아무 이유 없이 발생할 수 있다는 것을 인정한다"(87); "예수 부활이 증거에 의해 정당화될지라도, 그것은 기독교의 하나님이 존재하고 예수가 하나님의 아들이라는 믿음을 지지하지 않을 것이다"(100).

484 Vermes처럼 자기는 부활절에 무슨 일이 일어났는지 알지 못한다고 결론을 내린 학자들은 다음과 같다. Allison(*Resurrecting Jesus*, 2005), 350(Allison["Explaining," 2005], 132와 비교하라); Carnley(1987), 61, 89; Dunn(2003), 876-77; Gwynne(2000), 21; Segal(2004), 477; Smit(1998), 17; Wedderburn(1999), 96-98, 217-18. Flew는 무신론자 시절에 예수가 죽음에서 부활했다고 믿는 것이 합리적일 수 있다고 단언했다. 나중에 이신론자가 된 그는 여전히 예수 부활의 역사성을 기각했다. Ankerberg(2005), 22를 보라.

485 Caird(1980). "우리는 믿기에는 증거가 부적절하다고 여기기 때문에 의심하면서 살아가는 데 만족하는 참된 불가지론자를 존경할 수 있지만, 증거보다 공상을 선호하는 가짜 불가지론자들은 존경할 수 없다"(60-61).

고 묘사되었던 법정에서 애덤스는 그 군인들은 죄가 없는데 반영 감정 때문에 죄 없는 사람들이 처벌받게 될 수 있다고 주장했다. 이어서 그는 이렇게 덧붙였다. "사실들은 확고합니다. 우리의 바람, 성향 또는 우리의 열정이 지시하는 바가 무엇이든 그것들이 진상과 증거를 바꿀 수는 없습니다."[486] "신약성서 연구의 현상 퍼즐"에 답하는 데 관심이 있는 역사가들에 대해서도 비슷한 말을 할 수 있다. 예수가 죽은 자들 가운데서 살아났다는 생각을 아무리 싫어하고 다른 결과들에 대해 환상을 품는다고 할지라도, 역사적 기반은 그대로 남아 있으며 신중한 방법론이 합리적인 통제를 하는 경우 오용에 대해 저항한다.

다행스럽게도 오늘날 많은 회의적인 학자들은 더 적극적인 길을 택했다. 하버마스는 다른 어떤 학자들보다도 자연주의적인 가설들에 관심을 기울여왔다.[487] 그는 자연주의적 가설 기각은 기독교 신자인 학자들 사이에서만 발견되는 것이 아니라 널리 퍼져 있음을 관찰한다. "흥미롭게도, 보다 최근의 이런 기각은 어느 한 사상적 학파에 국한되지 않는다. 다양한 입장의 신학자들이 종종 이 모든 자연주의적 이론들을 지지할 수 없다며 무시하는 데 동의한다."[488] 버미스는 그런 학자들 중 하나다.

나는 예수가 죽은 자들 가운데서 부활했다는 것이 관련된 역사적 기

---

486 D. McCullough(2001), 65-68; *Legal Papers of John Adams*, 3:269(Wroth and Zobel 편[1965]; 이 내용은 〈http://rotunda.upress.virginia.edu〉[2010년 5월 17일 접속]에서 다음과 같은 형태로 얻을 수 있다. *The Adams Papers Digital Edition*, C. James Taylor 편(Charlottesville: University of Virginia Press, Rotunda, 2008. "Adams' Argument for the Defense: 3-4 December 1770," 3:269).

487 다음 문헌들을 보라. Habermas("Resurrection Claims," 1989); Habermas("Explaining," 2001); Habermas("The Late Twentieth-Century Resurgence of Naturalistic Responses," 2001); Habermas("Replies," 2001); Habermas and Licona(2004), 81-181; Stewart 편(2006)에 실린 Habermas, "Mapping."

488 Habermas(2003), 14; 15와 비교하라.

반에 대한 최상의 설명이라고 주장한다. 부활가설은 최상의 설명을 위한 다섯 가지 기준 모두를 충족시키며 동일한 기준들을 충족하는 능력 면에서 경합하는 가설들을 크게 앞서기 때문에, 역사가가 예수의 부활을 과거에 발생한 사건으로 여겨도 무방하다. 그 사건 배후의 원인(즉 누가 또는 무엇이 예수를 살렸는가), 그 사건의 배후의 메커니즘(즉 그것이 정확히 어떻게 이루어졌는가), 그리고 예수의 부활한 상태의 정확한 본질에 관한 질문들은 역사가의 연구 범위를 넘어선다.

나는 제한된 수의 자연주의적 설명들을 평가했다. 비록 그 설명들이 오늘날 제시되는 대다수의 자연주의적 입장들을 대표하기는 하지만, 그 가설들과는 아주 다르고 조사해 볼 만한 가치가 있는 다른 입장들이 남아 있을 수도 있다.[489] 입수할 수 있는 모든 증거에 대해 신중하게 평가하더라도 잘못된 결론에 도달할 때가 있다는 점을 인정해야 한다. 우리 모두는 결정 당시의 데이터들과 당시에 알려져 있던 모든 대안들에 대해 신중하게 검토하고서도 나중에 잘못된 것으로 밝혀진 결정을 내렸던 적이 있다. 그러므로 우리는 언제나 우리의 결론을 잠정적인 것으로 여겨야 한다.

만약 예수의 부활이 "신약성서 연구의 현상 퍼즐"이라면,[490] 나는 이

---

489 자연주의적 가설은 아니지만, Dale Allison이 최근에 제시한 제안은 매우 흥미롭다. Allison(*Resurrecting Jesus*, 2005), 198-375를 보라. 그 제안은 RH-B와 마찬가지이기 때문에 나는 그 가설을 부록에서 별도로 다뤘다. 나는 *Review of Biblical Literature*에 기고하기 위해 Allison의 책을 검토했으며, Allison이 William Lane Craig, Gary Habermas 그리고 Stephen Davis 같은 다른 패널들에 의해 제기된 비판들에 맞서 자신의 가설을 옹호했던 토론회의 사회를 보았다는 점을 지적하고자 한다. Allison은 예수 사후에 존재론적으로 살아 있는 예수가 모종의 어떤 방식으로 그의 제자들에게 나타났다고 주장한다. 비록 그의 책에서 분명하게 밝히고 있지는 않지만, Allison은 예수의 육체적 부활의 결과로 인해 그의 무덤이 비었다고 주장한다.

490 Allison(*Resurrecting Jesus*, 2005), 200.

책이 그 퍼즐에 대한 해결책을 좀 더 분명하게 밝히는 데 기여했기를 바란다.

요약 및 추가 고려사항

21세기 초에도 예수는 계속해서 학자들의 관심을 사로잡고 있다. 경건한 사람들만 예수에게 끌리는 것이 아니다. 불신자들도 예수에 대해 연구하고 있다. 극단적인 회의주의자들은 예수가 신화라고 단언한다. 정통파 신자들은 예수가 신이라고 선언한다. 그리고 이 두 입장 사이에 있는 모든 이들은 미술관 하나를 가득 채우기에 충분한 초상화를 제공한다. 예수가 신화적 존재였든 사멸할 존재였든 또는 불멸의 존재였든, 그리고 그런 현상에 대한 책임이 예수 자신에게 있든 또는 예수에 관해 쓴 이들에게 있든, 다른 어떤 역사적 인물도 예수만큼 관심을 받은 적이 없다.

학자들은 예수의 가르침과 행위를 밝히는 일뿐 아니라 그의 운명에 대해 판단하는 일에도 사로잡힌다. 세상의 거의 모든 학자들이 예수가 로마인들에 의해 처형당했다는 데 동의하는 반면, 그가 십자가에서 내려진 후에 일어난 일은 지난 35년 동안에만 3,400개가 넘는 학술서적과 논문의 주제가 되어 왔다.

외부인들은 십자가형 이후 예수에게 일어난 일에 관한 결론과 관련해서 학자들 사이에 좀 더 많은 합의가 있기를 기대할 수도 있을 것이다. 그런데 오히려 그들은 예수가 죽었다거나, 십자가형에서 죽지 않고 살아남았다거나, 또는 어떤 의미에서 소생했다는 등의 많은 해석이 있다는 것을 발견한다. 그러므로 예수 부활의 역사성에 대한 학계의 관심을 감안한다면, 그것이 "신약성서 연구의 현상 퍼즐"이라고 불려왔음을 알게 되더라도 놀랄 일이 아니다.

예수의 부활에 관한 문헌은 거의 예외 없이 성서학자들과 철학자들에 의해 쓰였다. 그 주제에 대해 쓰는 사람들이 그 일을 할 채비가 잘 갖춰지지 않아서 그처럼 다양한 결론이 나오는 것은 아닐까? 성서학자들과 철학자들이 역사철학과 역사 연구 방법론 분야에서 그들의 사촌격인 성서학계 외부의 전문적인 역사가들과 동일한 훈련을 받은 적이 있는가? 비종교적인 문제들을 다루는 역사가들은 연구를 어떻게 수행하는가? 우리가 그들의 접근법을 적용하면 그 퍼즐의 해결에 좀 더 가까이 다가갈 수 있을 것인가?

이 연구의 목적은 성서학계 외부의 역사가들의 접근법을 배워서 그 방법을 나사렛 예수가 죽은 자들 가운데서 부활했는지 여부에 적용하는 것이었다. 그 접근법은 해석학적 및 방법론적인 고려사항들에 관해 역사철학자들과의 전례 없는 상호작용을 제공하고 그런 고려사항들을 예수의 부활과 관련된 연구에 적용한다는 점에서 이전의 접근법들과 다르다.

1. 각 장 요약

1장

1장의 과제는 우리가 성서학계 외부의 역사가들의 접근법에 익숙해지게 하는 것이었다. 그래서 우리는 예컨대 역사 지식의 본질, 우리의 지평이 연구에 끼치는 영향 관리하기, 그리고 역사 연구 방법론 등 우리의 연구와 관련된 역사철학과 역사 연구 방법론 분야의 여러 문제들에 대해 논의했다. 우리는 포스트모던주의 역사가들의 주장에도 불구하고 성서학계 외부의 현역 역사가들 중 압도적인 다수가 사실주의자들이라는 것을 살펴보았다. 즉 그들은 과거는 제한적으로라도 알려질 수 있고 과거를 구성한 내러티브들은 정도는 달라도 실제 과거에 상응한다는 입장을 유지한다. 실제로 대부분의 역사가들은 역사에 대해 그들이 늘 해왔던 대로 연구하고 있다. 그러나 포스트모던주의 역사가들은 전통적인 역사가들에게 사실에 관해 해석과 무관하게 엄격하게 객관적인 지식은 없다는 점을 상기시켰다. 그래서 전통적인 역사가들은 그들 중 많은 사람들이 묘사해왔던 결론들에 대한 정당하지 않은 확신으로부터 떠나게 되었다.

이어서 우리는 누가 입증책임을 지는지에 관한 다양한 의견에 대해 논의했다. 나는 다른 역사가들과 같이 중립적 접근법이 가장 적절하다고 결론을 내렸다. 역사가는 어느 텍스트가 신뢰할만하다거나 그릇되었다고 전제하지 않아야 한다. 어느 텍스트에 관해 진술하는 사람이 그런 진술을 방어할 책임이 있다. 유사한 접근법이 가설에도 적용된다. 어느 가설이 참이라고 전제되지 않아야 하며, 반대의견들은 뒷받침되어야 한다.

우리는 역사가들이 과거에 대해 서로 경쟁하는 설명들을 어떻게 평가하고 비교하는지에 대해 논의했으며, 그들이 가설들이 여러 가지 기준을 얼마나 잘 충족하는지에 따라 가설들을 평가하는 방법인 최상의 설명에 대한 논증을 사용한다는 것을 살펴보았다. 이 최상의 논증을 가장 잘 수행하는 가설이 선호되어야 한다. 그동안 역사가들이 다양한 기준을 제시해왔지만 기준의 수, 그 기준들을 정의하는 방식, 그리고 그 기준들에 부여된 중요성은 제각각이다. 우리는 각각의 기준들에 대해 살펴보았고, 나는 가설 평가에 사용될 수 있는 다섯 가지 기준을 제시하고, 그 기준들에 대한 구체적인 정의를 채택하고 이를 옹호했으며, 그 기준들에 중요성의 순서를 부여했다. 우리는 또한 역사가들이 언제 어느 가설이 적절하게 검증되었다고 결론을 내리는 것이 정당한가에 관해 의견을 달리한다는 점도 살펴보았다. 이런 견해 차이에 비추어 나는 어느 가설이 최소한 역사적 확실성의 스펙트럼 위의 어느 한 지점에 놓여 있을 때 역사적이라고 말해질 수 있을 것이라고 주장했다.

우리의 연구는 몇 가지 놀라운 결론을 보여주었다. 성서학자들과 마찬가지로, 역사가들 중에도 해석학과 역사 연구 방법의 문제들에 대해 성찰적 사고를 하는 이들은 거의 없다. 내가 말하는 역사 연구 방법은 역사적 예수 연구에서 흔히 사용되는 진정성 기준이 아니다. 대신 내가 그 말로 가리키는 것은 신중한 가설 평가 방법과 역사성 부여 기준이다. 성서학자들과 역사가들은 흔히 자신의 직관에 더 의존하는데, 유감스럽게도 직관은 그들 자신의 지평에 큰 영향을 받는다. 많은 학자들은 그들의 지평이 자기의 연구에 끼치는 영향을 인정하지 않으며, 자신의 지평이 연구의 모든 단계에 영향을 준다는 사실을 인식하지 못한 채 연구를 진행하고 있는 것으로 보인다. 아마도 바로 이 점이 종교 문제와 관계없는 역사 연구뿐 아니라 역사적 예수 연구에서도 다양한 역사적 결론이 나오는 주된 이유일 것이다.

우리는 역사가들이 성서학자들이 제기하는 것과 동일한 많은 질문을 제기하고 있음을 살펴보았다. 그러나 역사가들은 그 문제들에 대해 성서학자들보다 더 오랫동안 토론해왔고, 성서학자들보다 훨씬 더 잘 이해하고 있다. 포스트모던주의 접근법에 관한 토론이 좋은 예다. 성서학자들은 포스트모더니즘 역사의 방향으로 움직이고 있는 것으로 보이는 반면, 그들의 사촌격인 역사가들은 최근에 포스트모던주의 접근법과 사실주의 접근법 사이의 오랜 논쟁을 마무리했고 대부분 포스트모더니즘을 포기했다. 놀랍게도 포스트모던주의 접근법 채택의 선구자로 자처하는 것으로 보이는 성서학자들은 다른 학자들이 이미 그곳에 캠프를 쳤다가 불을 모두 끄고 재를 흩뿌린 후 사실주의라는 고향으로 돌아갔다는 사실을 잊고 있다. 그러므로 성서학자들이 전문적인 역사가들 사이에서 벌어진 유사한 논쟁에 익숙해지면 유익할 것이다. 성서학자들은 역사학자 일반으로부터 그리고 특히 역사철학 전공자들로부터 배울 것이 많다. 이런 논의에도 불구하고 모든 역사 탐구에 내재된 문제들은 남아 있으며, 전문적인 역사학계 전반에서 널리 수용되는 역사의 구체적인 기준은 없다.

2장

2장의 과제는 역사가들이 기적 주장에 대해 판단하는 것이 적합한지를 가리기 위해 기적 주장에 대해 연구하는 것에 대한 여러 이의들을 살피는 것이었다. 우리는 데이비드 흄, C. B. 맥컬래프, 존 마이어, 바트 어만, A. J. M. 웨더번, 그리고 제임스 D. G. 던이 제시한 이의들을 살펴보았다. 비록 그들 중 몇 사람이 우리에게 예수의 부활과 같은 기적 주장에 대한 연구에 내포되어 있는 잠재적 함정들에 대해 경고하기는 했지만, 나는 그들 중 아무도 비판적 조사를 견디지 못했다고 결론지었다. 그러므로 나는 역사가들이 그런 연구를 진행하는 것을 금지당하지 않는다고 결론지었다.

나는 "기적"을 "그 사건에 대한 자연적인 설명이 적절하지 않은 역사 속의 어떤 사건"이라고 정의했다. 그것은 그 사건의 성격상 자연적인 원인이 있을 수 없다는 뜻이다. "기적"을 정의하는 것은 기적을 식별하는 것과는 다른 일이다. 나는 기적을 비정상적인 사건과 구별하기 위해 기적을 식별하는 두 가지 기준을 제공했다. 어떤 사건이 다음과 같을 때 그 사건을 기적이라고 부를 수 있다. (1) 상황과 (또는) 자연법칙을 고려할 때 일어날 가능성이 지극히 희박할 때, 그리고 (2) 그 사건이 종교적 의미로 가득 찬 환경이나 상황 속에서 일어날 때, 즉 우리가 신이 행동하리라고 기대할 수 있는 상황에서 어떤 사건이 일어나는 것을 발견할 때.

기적 식별은 마이어의 이의에 대한 우리의 논의에 영향을 주었다. 마이어는 모든 자연주의적 설명들이 실패해도 역사가들은 특정 상황에서 "하나님이 직접 행동했다"고 주장해서는 안 된다고 주장한다. 나는 역사가들이 자신의 연구가 "하나님이" 그 사건의 원인이었음을 입증했다고 주장할 수 없다는 데 동의하지만, 역사들이 그 사건을 본질상 초자연적 원인에 돌리지 못하는 것은 아니라고 주장했다. 그 원인은 신일 수도 있고 일종의 인격적인 힘일 수도 있다. 그러므로 역사가들은 초자연적 사건의 원인이 유대-기독교의 하나님이었다는 결론을 내려서는 안 되지만, 또한 그 하나님을 배제해서도 안 된다. 실제로 활용할 수 있는 대안들에 비춰볼 때 역사가는 원칙적으로 유대-기독교의 하나님이 가장 그럴듯한 설명이라고 결론지을 수도 있다.

물론 이것은 예수의 부활에 대한 데이터가 나타나는 상황의 질에 달려 있다. 그리고 나는 비록 예수의 삶의 상황에 대한 논의를 4장으로 미뤄두기는 했지만, 그 상황이 종교적 의미로 가득 차 있다고 결론지었다. 그러므로 여러 가설들에 대해 비판적으로 조사한 뒤에 부활 가설이 최상의 설명으로 밝혀진다면, 역사가들이 예수가 다시 살아난 것이 기적이었다는 결론을 내려도 무방하다.

웨더번은 초기 그리스도인들 사이에서 부활의 의미에 관한 의견이 일치되지 않았음을 감안할 때 역사가들이 예수 부활의 역사성에 대해 판단할 수 없다고 주장한다. 웨더번에 따르면 복음서 저자들은 부활의 물질적 성격을 긍정한 반면, 고린도전서 15장에 실려 있는 바울의 언급에 비춰볼 때 바울은 부활을 비물질적인 것으로 믿었다. 그렇다면 초기 그리스도인들이 부활 주장이 무슨 의미였는지에 대해 합의할 수 없었는데 우리가 어떻게 예수가 부활했는지 여부를 결정할 수 있겠는가?

나는 만약 바울이 비물질적인 부활을 가르친 반면 복음서 저자들과 정설이 몸의 부활을 가르쳤다면 보다 이른 시기의 자료(바울)가 선호되어야 한다고 결론지었다. 다소 모호한 점이 있을 수는 있지만 역사가들은 그래도 과거에 대해 어느 정도는 알 수 있을 것이다. 바울의 관련 텍스트들에 대한 논의는 4장으로 미뤄뒀지만 나는 웨더번과 던이 몸의 부활을 가르친 바울을 잘못 해석했다고 덧붙였다.

우리는 많은 전문적인 역사가들이 역사학계에서 패러다임의 변화를 요구하고 있다는 것과 기적 주장에 대해 고려하기를 거부하는 것은 대개 역사 기술상의 고려보다는 세속적인 형이상학에 기반하고 있다는 것을 보았다. 마지막으로 우리는 기적이 일어났다고 제안하는 역사가들이 더 큰 입증책임을 져야 하는지에 관해 논의했다. 나는 더 큰 입증책임이 요구되지는 않는다고 결론지었다. 그러나 특정한 역사가의 결론이 자신의 지평과 충돌할 경우 그 역사가는 그 결론을 믿기 전에 자신을 위해 추가 증거를 요구할 수도 있을 것이다. 그러나 일치 기준이 영향을 받지 않는 한 어느 역사가의 지평이 다른 역사가의 어깨에 보다 큰 입증책임의 짐을 지우지는 않는다. 자기의 편견을 제쳐놓고 증거를 가능한 한 객관적으로 생각하는 것은 모든 역사가들의 책임이다. 역사가들의 편견을 만족시키는 것은 증거의 책임이 아니다.

요약하자면 이 장에서 나는 역사가들이 기적 주장에 대해 연구하는 것에 대한 여러 이의들에 관해 살펴보았고 역사가들은 기적 주장을 연구할 권리가 있다는 결론을 내렸다.

3장

3장의 과제는 현재의 연구와 관련된 데이터들을 캐낼 수 있는 자료들을 식별하는 것이었다. 나는 예수의 죽음과 부활에 대해 언급하는 문헌으로서 예수의 사후 2백 년 이내에 쓰인 주요 문헌들을 조사했다. 이 자료들에는 정경 문헌, 영지주의 자료를 포함하는 비정경 기독교 문헌, 그리고 비기독교 자료가 포함되었다. 나는 그 자료들이 가장 초기의 그리스도인들에게로 거슬러 올라가는, 예수의 죽음과 부활에 관한 데이터를 포함하고 있을 가능성에 따라 그 자료들 각각에 등급을 부여했다. 그렇게 함으로써 나는 현재의 연구에 가장 유망한 자료들을 식별했다.

나는 바울 서신들과 그 서신들 전반에 들어있는 구전들, 특히 고린도전서 15:3-7이 우리의 가장 유망한 자료라는 결론을 내렸다. 바울은 기독교 메시지에 대해 적대적이었던 목격자였고, 구전 중 일부는 이른 시기의 것이며, 아마도 예루살렘의 사도들의 가르침을 반영하고 있을 것이다. 유망한 다른 자료들도 있다. 여기에는 정경 복음서들, 「클레멘스 1서」, 폴리카르포스가 빌립보 교인들에게 보낸 편지, 사도행전의 연설들, 「도마복음」, 그리고 몇 가지 비기독교 자료들이 포함된다. 그러나 바울 이후에 나온 자료들의 유래는 그다지 분명하지 않다. 학자들은 정경 복음서에서 예수와 그의 최초의 제자들에게까지 거슬러 올라갈 수도 있는 자료의 범위, 「도마복음」의 저작 시기와 기원, 사도행전의 연설들이 사도의 케리그마를 반영하는지, 그리고 로마의 클레멘스와 폴리카르포스가 사도들 중 누군가를 알고 있었는지 여부에 대해 계속 논쟁을 벌이고 있다. 더욱이 「도마복음」의 어떤 어록들은 예수와 그의 제자들에게까지 거슬러 올라갈 수 있는데, 이 연구와 관련된 두 개의 어록들은 아마도 그렇지 않을 것이다. 바울 서신들과 주로 그의 서신들 안에 보존되어 있는 전승들이 예수의 운명에 관한 우리의 연구에 큰 도움이 될 수 있는 훌륭한 자료들이라는 점은 훨씬 더 확실하다. 이 결론은 널리 지지받고 있다.

4장

4장의 과제는 우리의 연구와 관련된 데이터를 위한 가장 유망한 주요 자료들을 찾아내는 것이었다. 우리는 먼저 예수의 생애에 관해 종교적 의미로 가득 차 있는 상황이 있다는 점을 관찰했다. 이를 지지하는 강력한 증거들에 비춰볼 때, 사실상 모든 역사적 예수 전문가들은 예수가 자신이 하나님의 종말론적 대리인라고 믿었고 예수 자신과 그의 추종자들이 기적과 축귀라고 여겼던 일들을 수행했다는 데 동의한다. 이어서 나는 예수가 자신의 폭력적이고 임박한 죽음과 그 사건 직후 일어날 하나님에 의한 부활에 대해 예언했다는 증거가 아주 강력하다고 주장하고 그 논의에 몇 가지 신선한 논증을 덧붙였다. 이런 맥락 안에서 예수의 운명에 관한 역사적 기반이 나타난다. 그러므로 기적 식별에 대한 2장의 논의에 비춰볼 때, 여러 가설들에 대해 비판적으로 조사한 뒤에 부활 가설이 최상의 설명으로 밝혀진다면 역사가들이 예수가 부활한 것은 기적이었다고 결론을 내려도 무방하다.

우리는 다음과 같은 세 가지 사실들이 데이터에 의해 강력하게 지지되고, 그 주제에 관해 연구하고 있는 이질적인 학자들 사이에서 거의 만장일치로 사실로 간주되고 있음을 살펴보았다.

1. 예수는 십자가형을 받아 죽었다.
2. 예수가 죽은 직후에 제자들은 그들로 하여금 예수가 부활했고 자기들에게 나타났다고 믿고 선포하게 했던 경험을 했다.
3. 예수가 죽은 후 몇 년이 지나지 않아 바울이 그가 자신에 대한 예수의 부활 후 출현이라고 해석했던 경험을 하고나서 회심했다.

이 사실들이 역사적 기반—모든 가설들의 토대가 되어야 하는, 의심할 여지가 없는 사실들—을 형성한다.

또한 우리는 고린도전서 15:42-54과 바울의 다른 텍스트 다섯 개(롬 8:11; 빌 3:21; 골 2:9; 고후 4:16-5:8; 갈 1:11-19)를 분석하고 부활에 대한 바울의 견해에 대해 살펴보았다. 나는 로마서와 빌립보서의 텍스트들은 모두 예수의 육체적 부활을 가리키며, 갈라디아서의 텍스트는 모호하고, 골로새서의 텍스트—이 텍스트는 바울이 쓴 것일 수도 있고 아닐 수도 있다—는 예수가 지금 몸이 있는 상태로 있다고 말하지만 예수 부활의 본질에 관해서는 아무것도 말해주지 않는다고 결론지었다. 또한 나는 고린도후서에서 바울이 예수가 재림하기 전에 죽는 신자들은 보편적 부활 때까지 육체에서 이탈된 상태로 있다가 재림 시에 부활의 몸을 받게 되는 반면에, 재림 시에 살아 있는 신자들은 그들의 지상의 몸에 새로운 부활의 몸을 덧입게 될 것이라고 확언하고 있다고 결론지었다. 그러므로 바울은 자기가 얼마 후 로마와 빌립보에 있는 교회들에게 쓴 편지에서 드러낸 견해와 상충하는 내용은 쓰지 않았다. 그러나 바울은 전에 고린도 교회에 편지를 쓴 뒤에 마음을 바꿨던 것일까?

우리는 고린도전서 15장에서 네 가지 논점에 초점을 맞췄고 나는 그 논점들 중 어느 것도 비물질적인 또는 천상적인 부활을 지지하지 않는다고 결론지었다. 고린도전서 15:44에 들어 있는 "자연적인"(ψυχικόν)과 "영적인"(πνευματικόν)이라는 용어들의 비교에 관한 우리의 논의는 특히 흥미롭다. 나는 기원전 8세기부터 기원후 3세기에 이르기까지 여러 문헌들에서 ψυχικόν이 846회 나타나는 것을 찾아냈는데 그 용어가 "육체적인" 또는 "물질적인"을 의미하는 경우는 한 번도 없었다. 이 발견 자체가 고린도전서 15:44를 바울이 물리적 시신은 매장된 반면 부활의 몸은 비물질적일 것이라고 단언한다는 식의 해석(웨더번, RSV/NRSV 등)을 제거한다.

우리는 예수의 회의적인 이복형제 야고보가 부활한 예수가 자기에게 출현했다고 믿고서 회심한 네 번째 사실에 대해 살펴보았다. 이 사실은 강력한 증거가 있고 이질적인 대다수의 학자들이 이 사실을 인정하고 있기는 하지만, 대부분의 학자들은 야고보의 회심에 주목하지 않았다. 그러므로 나는 야고보의 회심이 역사적 기반으로서의 자격을 갖출 만큼 충분히 강력하다고 판단하지 않았다. 또한 우리는 빈 무덤이라는 다섯 번째 사실에 대해 살펴보았다. 비록—하버마스에 따르면—대다수의 학자들이 빈 무덤의 역사성을 인정하지만, 빈 무덤은 보편적 합의에 도달하지는 않았다. 그래서 우리는 그 문제를 더 이상 살피지 않았다.

5장

이 마지막 장의 과제는 예수가 죽은 자들로부터 부활했는지에 관한 결론에 도달하기 위해 모든 것을 함께 모아서 내 역사 연구 방법을 완전히 적용해 가설들을 평가하는 것이었다. 우리는 여섯 개 가설들이 역사적 기반을 설명하는 능력에 따라 그 가설들을 평가했다. 만약 역사적 기반을 적절하게 설명할 수 있는 가설이 여러 개라면, 하나 또는 그 이상의 2차적 사실—내가 이 책에서 주장하기는 했지만 역사적 기반으로서의 자격을 갖추지는 못했던 사실—을 포함시켜 가설 평가 작업을 다시 수행하기로 했다.

우리가 살펴본 여섯 개 가설들은 현재 학자들이 제시하고 있는 가설들을 대표한다. 먼저 우리는 예수가 죽은 자들로부터 부활했는지 여부를 알 수 없다는 게자 버미스의 주장을 살펴보았다. 이어서 심리학 연구 결과를 광범위하게 이용해서 예수가 죽은 자들로부터 부활했고 자기들에게 출현했다는 제자들과 바울의 믿음의 배후에 환각·망상·희망사항 같은 심리적 사건들이 있었다고 제안하는 마이클 굴더와 게르트 뤼데만의 가설들을 살펴보았다. 이 두 가설에는 공통점이 많지만, 이 두 가설은 바울에 대해 아주 다른 입장을 보인다. (바울은 초기 교회의 중요 인물이자 바울의 회심은 우리의 관련된 역사적 기반의 일부다.) 이어서 우리는 여러 조건들의 조합이 애초의 제자들과 바울을 포함한 초기 그리스도인들로 하여금 세상에 대한 하나님의 대청소가 시작되었다고 믿게 했으며 그들은 결코 예수가 육체적으로 부활했다고 이해하지 않았다는 존 도미니크 크로산의 복잡한 제안에 대해 평가했다. 이어서 우리는 성경의 보고들을 진지하게 취급하되 그 보고들을 사회과학에 의존해서 자연적 측면에서 설명하려했던 피에터 크래퍼트의 가설에 대해 평가했다. 마지막으로 우리는 **부활**이라는 용어를 최소한으로 한정하면서 부활 가설에 대해 평가했다.

나는 부활 가설(RH)이 단연코 역사적 기반에 대한 최상의 설명이라고 판단했다. 역사 연구 방법론을 다른 다섯 가지 가설들에 적용해보니 그 가설들은 상대적으로 매우 허약했다. 부활 가설은 최상의 설명을 위한 다섯 가지 기준을 모두 충족하는 반면, 다른 다섯 개 가설들 중 가장 강력한 가설(VH)은 기준 하나만 충족했다. 부활 가설과 경합하는 가설들은 관련된 역사적 기반을 적절하게 설명하지 못한다.

부활 가설이 최상의 설명이고, 다섯 가지 기준을 모두 충족하고, 경합하는 가설 모두를 큰 차이로 앞서기 때문에 나는 우리가 예수의 부활은 "매우 확실하며" 역사적 확실성의 스펙트럼에서 내가 기대했던 것보다 높은 위치에 놓여 있다고 주장한다. 부활 가설은 역사적 기반에 근거하고 있기 때문에, 내 결론에 동의하지 않는 이들은 내 방법론에 대해 비판해야 할 것이다.

요약

이 연구의 목적은 성서학계 외부의 역사가들의 접근법을 배워서 그 접근법을 예수가 죽은 자들 가운데서 부활했는가라는 문제에 적용하는 것이었다. 철학적 및 방법론적인 고려사항들에 대해서는 성서학자들보다 역사철학자들이 훨씬 더 많은 연구를 수행해왔다. 그럼에도 전형적인 현역 역사가들은 그들의 사촌격인 성서학자들과 마찬가지로 이 문제들에 대해 좀처럼 많은 관심을 기울이지 않는다. 이 연구에서 역사학도인 나는 역사철학자들 사이에서 이루어진 논의의 열매들을 사용하고 또한 필요할 경우 내 자신의 기준과 방법론을 정함으로써 굉장한 유익을 얻었다.

나는 이 연구의 모든 과정에서 통제된 역사 연구 방법론을 엄격하게 고수하면서 사실상 그 주제를 연구하는 모든 학자들이 동의하는 강력한 증거를 갖춘 사실들을 수집하기 위해 관련된 자료들을 살피고 평가했으며, 21세기 초 현재 제안되고 있는 대표적인 여러 가설들을 평가했다. 결국 부활 가설이 1위를 차지했고 이 책에서 논의된 역사적인 사건이 되기 위한 기준들을 충족했다. 다른 한편 나는 이 결론이 잠정적임을 인정한다. 왜냐하면 미래의 발견들로 인해 이 결론을 수정하거나 포기해야 할 수도 있기 때문이다. 이 결론은 예수 부활의 본질에 관해 어떤 주장도 하지 않으며, 예수 부활의 원인 문제를 다룬다고 주장하지도 않는다.

2. 공헌

나는 이 책에서 특히 흥미가 있다고 믿는 다른 몇 가지 사항들에 주의를 환기시키고자 한다. 나는 역사가들과 성서학자들이 역사철학 및 역사 연구 방법론의 중요한 측면들에 거의 주의를 기울이지 않는다는 것을 발견했다. 사실 역사의 규범은 없는 것으로 보인다. 그럼에도 성서학자들은 역사철학자들 사이의 논의로부터 많은 것을 배울 수 있다. 이런 논의들에 익숙해진다면 성서학자들은 다른 학자들이 이미 수행한 연구를 되풀이하기를 피하고 새로운 분야에 초점을 맞출 수 있게 될 것이다.

나는 내가 역사가들이 "예수가 죽은 자들 가운데서 부활했다"와 같은 기적 주장들을 연구할 권리가 있는지 여부에 관한 논의에 어느 정도 공헌했다고 믿는다. 나는 이 주제에 관해 역사적 예수와 관련된 이 문제를 이 책의 2장에서 제시된 수준으로 직접 다루는 어떤 논의에 대해서도 알지 못한다.

학자들이 고린도전서 15:44에 대한 해석에서 일치를 보지 못하고 있기 때문에, 나는 기원전 8세기부터 기원후 3세기에 이르는 기간에 나온 현존하는 모든 문헌들에서 나타나는 ψυχικόν과 πνευματικόν의 용례들을 조사했다. πνευματικόν은 천상적인 무언가를 가리킬 수 있는 반면, ψυχικόν은 결코 육체적인 또는 물질적인 무언가를 가리키지 않았다. 그러므로 이 조사는 어느 해석을 지지하지 않으면서도 고린도전서 15:44에 대한 여러 해석에 정당성을 부여하는 반면, 오랫동안 유지되어 왔던 해석인 그리스도인들은 물질적인 몸으로 매장되지만 비물질적인 몸으로 부활한다는 해석을 제거했다. 이 해석은 더 이상 유지될 수 없다.

자신의 죽음과 부활에 관한 예수의 예언의 역사성은 널리 논의되어 왔지만, 나는 내가 그 예언의 역사성에 대한 새로운 논거를 도입하고 긴장에 대한 해결책들을 제시함으로써 그 논의를 새로운 단계로 이끌었다고 믿는다.

나는 예수 부활의 역사성 문제에 대해 내가 그 이전에는 취해진 적이 없는 미묘한 접근법을 도입했다고 믿는다. 내 결론은 내가 예상했던 것보다 낙천적이면서도 제한적이었다. 나는 부활 가설이 실제로 매우 강력하다는 데 놀랐다. 동시에 나는 예수의 부활이라는 문제에 신중하게 정의된 방법론을 적용하더라도—초자연적인 원인이 최상의 후보로 보이기는 하지만—예수 부활의 원인을 아주 확실하게 규명하지는 못한다는 것을 알게 되었다. 또한 현재 입수할 수 있는 역사적 기반은 예수의 부활 상태의 본질에 관해 아무것도 말해 주지 못한다. 그러나 나는 가장 초기의 그리스도인들이 예수의 시신이 살아나 변화되었다고 이해했으며 또한 바울과 애초의 제자들은 자기들이 바로 예수의 시신이 살아나 변화된 것을 보았다고 믿었다는 좋은 증거가 있다고 주장했다.

3. 추가 연구를 위한 고려사항들

야고보에 대한 예수의 부활 후 출현에 대해 언급하는 대다수의 학자들은 야고보가 자신의 부활한 이복형제라고 믿었던 이를 만나는 경험을 했다는 점을 인정하지만, 학자들은 대체로 이 경험을 다루지 않는다. 이 분야에 대해 더 많이 연구할 필요가 있다. 기독교가 아닌 종교들 안에서 나타나는, 죽었다가 살아나는 신들이라는 주제가 한동안 학자들의 관심을 끌었다. 오늘날 전문가들 사이에는 이 예들이 예수의 부활에 대해 중요한 유사사례를 제공하지 않는다는 데 거의 만장일치에 가까운 합의가 이루어져 있기는 하지만, 이 합의는 대부분의 신들이 농경 주기와 연결되어 있는 셈족의 신들과 관련이 있다. 다음과 같은 이방의 신, 영웅 그리고 사람들에 관한 보다 많은 연구가 바람직하다: 잘목시스·아우구스투스·카이사르·테세우스·아폴로니오스·아리스테아스·로물루스·알케스티스·프로테실라오스·트로포니우스·오디세우스·람프시니투스·에우리디스·엠페도클레스·클레오메네스·아에네아스·헤라클레스·클레오메데스·가니메데스·아스클레피오스·아리아드네 그리고 바쿠스. 확실히 그들 중 일부의 이야기는 다른 이들의 이야기보다 예수의 부활 이야기에 훨씬 더 가깝다. 그중 예수의 부활 이야기와 가장 가까운 것은 아리스테아스, 아폴로니오스, 프로테실라오스, 테세우스, 그리고 트로포니우스의 이야기다. 초기 그리스도인들이 이런 인물들에 의해 얼마나 영향을 받았는지를 다루는 신중하고 철저한 연구는 가치 있는 공헌이 될 것이다.

예수 부활의 역사성은 향후 예수 연구에 어떤 영향을 줄 것인가? 만약 예수가 비판적인 역사 연구 방법론이 제안하는 것처럼 실제로 부활했다면, 예수의 기적, 신성 주장, 임박한 폭력적 죽음과 연이은 부활 예언 등 정경 복음서들에 실려 있는 예수에 관한 몇 건의 보고들은 타당성이 더 커질 것이다. 이런 식으로 주장하는 조심스러운 연구가 유익하다는 것이 입증될 수도 있을 것이다.

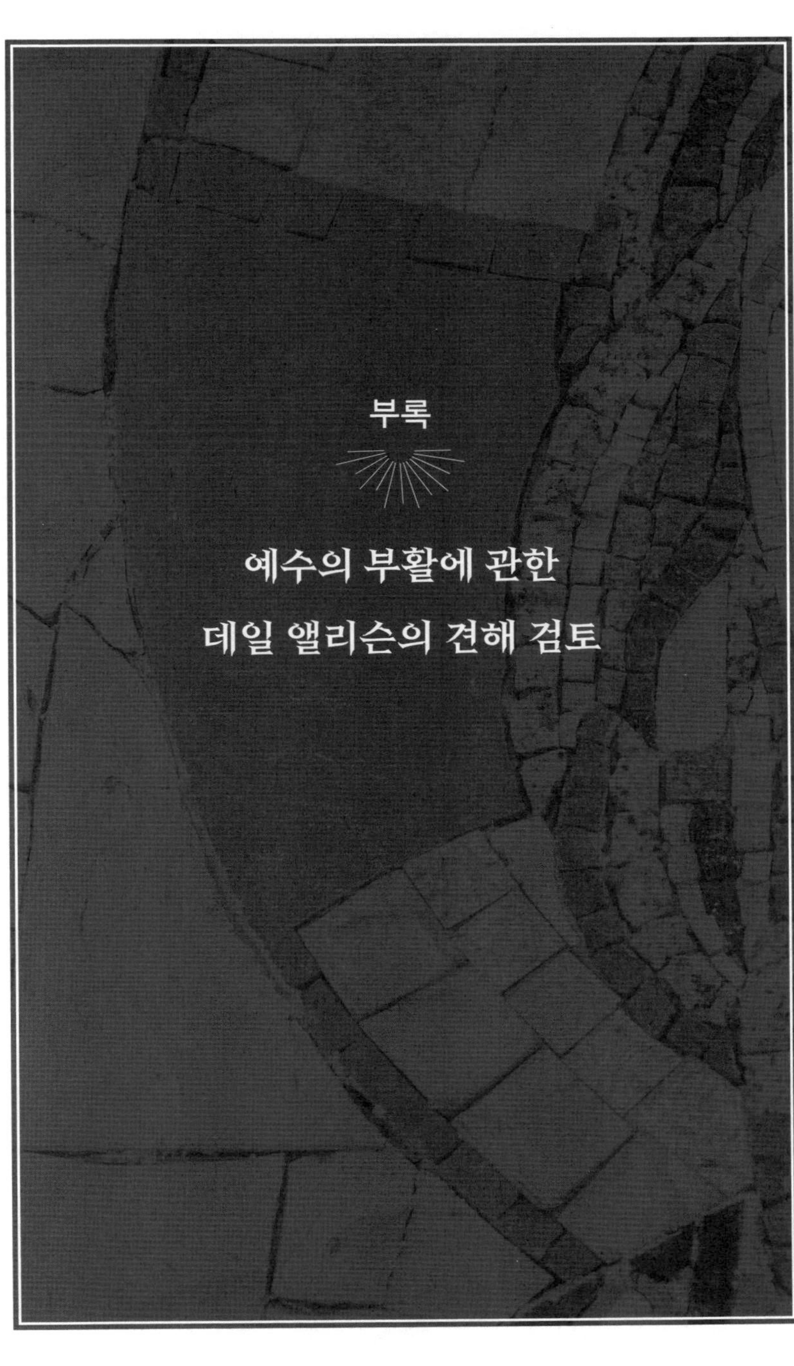

부록

예수의 부활에 관한 데일 앨리슨의 견해 검토

데일 앨리슨은 예수 부활의 역사성 논의에 기여한 가장 최근의 학자들 중 하나다. 앨리슨은 예수가 어떤 결정할 수 없는 의미에서 죽음에서 부활했다고 결론짓는다. 그러나 그는 이 결론이 데이터를 자신의 신학적 전제들과 세계관의 틀 안에서 고려한 결과로 나온 것임을 인정한다. 이 외에는 역사가는 예수에게 무슨 일이 일어났는지에 대해 미결 상태로 남겨두어야 한다. 앨리슨은 예수가 죽은 자들 가운데서 부활했다고 결론을 내리므로, 우리는 앨리슨의 견해를 부활 가설의 미묘한 버전으로 여길 수도 있을 것이다. 이런 이유로 또한 앨리슨의 견해는 별도로 고려할 가치가 있을 만큼 충분히 다르기 때문에 나는 앨리슨의 견해를 부록으로 유보해 두었다.

앨리슨은 인식론적 겸손을 반영하는 자기 연구의 도처에서 여러 언급을 한다. 그는 어떤 신학 또는 철학 진영에 속한 학자들이더라도 역사적 예수 문제에서 어떤 편견이 있다고 단언한다.[1] 우리는 진지한 역사적 연구의 결과로서가 아니라 우리가 보고 싶어 하는 것에 기초해서 우리의 결론에 도달한다.[2] 그로 인해 앨리슨은 자기가 성서의 어떤 텍스트들을 잘못 사용해왔을지도 모른다고 두려워한다. 앨리슨은 자신의 편견으로 인해 자기와 견해를 달리 하는 학자들에 대해 보다 공정해지기 어려웠으며, 자신은 자기의 견해와 다른 예수가 역사의 예수를 반영할 가능성이

---

1 Allison(*Resurrecting Jesus*, 2005), 13.

2 Allison(*Resurrecting Jesus*, 2005), 58, 343.

더 높다는 것이 입증될 수 있다고 할지라도 그 예수를 수용하기를 주저하리라는 것을 인정한다.[3]

앨리슨은 자신의 지평을 밝히는 데 26을 할애한다.[4] 앨리슨은 자신의 기독교 신앙이 옳은지 여부가 예수의 부활 사건의 결정에 달려 있기 때문에 예수의 부활이 일어났다고 결론을 내리기를 바란다. 그는 "그런 일을 할 하나님"을 좋아한다. 예수의 부활은 하나님이 예수를 인정하는 행복한 결말을 제공하며 "창조의 선함에 대해 강력하게 진술한다.…하나님은 물질을 포기하지 않고 오히려 물질을 구속한다." 예수의 부활은 또한 "이생 이후의 생에 대한 소망"을 제공한다.[5]

앨리슨은 자신의 편견에도 불구하고 역사적 예수에 관한 연구 결과 자신의 신학이 바뀌었다고 주장한다. 그러므로 그는 자신의 신앙심에 기초한 예수를 확인한 것이 아니다. 사실 앨리슨은 예수가 여러 면에서 틀렸다고 믿는데, 그중 하나는 예수가 곧 돌아올 것이라는 약속을 지키지 못한 것이었다.[6]

앨리슨은 자신의 편견을 관리하기 위해 취할 수 있는 행동은 없다고 주장했지만,[7] 앨리슨의 독자들은 그가 객관성을 위해 참으로 성실하게 노력하면서 양쪽 모두의 많은 논증과 반론들을 철저하게 결합하고 그 논증

---

3 Allison(*Resurrecting Jesus*, 2005), xi, 137, 145.

4 Allison(*Resurrecting Jesus*, 2005), 139-48, 213-28.

5 Allison(*Resurrecting Jesus*, 2005), 214-17.

6 Allison(*Resurrecting Jesus*, 2005), 146-47. Allison은 예수가 계 22:7, 12, 20에서 세 차례에 걸쳐 자신이 곧 돌아올 것이라고 약속했고(3:11을 비교하라), 벧후 3장은 이 약속을 비웃는 자들에 대해 알고 있다고 지적한다(114; 117과 비교하라).

7 2007년 11월 17일에 열린 복음주의철학회(EPS)와 미국종교아카데미(AAR)가 앨리슨의 책에 관해 개최한 패널 토론에서 나는 Allison에게 그가 자신의 연구 기간 중에 자신의 편견을 최소화하기 위해 무슨 조치를 취했는지 물었다. Allison은 어떤 조치도 취할 수 없었다고 답변했다. 그는 다른 곳에서도 Chesterton의 말에

과 반론 모두를 공정하게 분석한다는 것을 알게 될 것이다. 그 주제에 관한 문헌들에 대한 앨리슨의 친숙함은 놀랄 정도다. 앨리슨은 20세기 초부터 현재에 이르기까지의 문헌들에 익숙하며 폭넓은 신학 진영의 문헌들을 읽어왔다.[8]

1. 앨리슨의 견해에 대한 서술

1.1. 출현들

앨리슨은 초기 교회 안에 부활한 예수가 자기들에게 나타났으며 예수의 출현들 중 일부는 여러 번 집단적으로 일어났다고 보고했던 사람들이 여러 명 있었다고 주장한다. "이 보고들은 사실로 보이며, 우리가 그 보고들을 어떻게 설명해야 하는지에 관한 질문을 제기한다."[9] "하나님이 예수를 죽은 자들 가운데서 일으켰거나, 아니면 제자들이 그들의 상상 가운데 그

호소하면서 비슷한 진술을 했다. "우리가 불편부당한 상태에 가장 가까이 다가갈 수 있는 길은 자신이 편파적이라는 사실을 인정하는 것이다"([*Resurrecting Jesus*, 2005], 137). 그러나 다른 학자들이 주장한 몇 가지 조치들에 관해서는 이 책의 1.2.3을 보라.

8 나는 *Review of Biblical Literature*에 기고하기 위해 Allison의 책(*Resurrecting Jesus*, 2005)을 검토했으며, Allison이 세 명의 패널들(William Lane Craig, Gary Habermas 그리고 Stephen Davis)에 의해 제기된 비판에 맞서 자신의 가설을 옹호했던 토론회의 사회를 보았다는 점을 지적하고자 한다. 이 패널 토론회는 EPS와 AAR의 공동 행사로서 2007년 11월 17일에 샌디에고에서 개최되었다. Craig, Habermas 그리고 Allison이 발표한 논문들과 이에 대한 Allison의 답변은 *Philosophia Christi* 10.2(2008): 285-335에 실려 있다.

9 Allison(*Resurrecting Jesus*, 2005), 269; 346과 비교하라. Allision(2008)도 보라. 거기서 Allison은 "열두 사도에 대한 집단적 출현"을 인정한다(325).

일을 해냈다."[10] 앨리슨은 또한 바울이 부활한 예수가 자기에게 출현한 것이라고 이해했던 경험 때문에 교회의 박해자에서 교회의 가장 위대한 옹호자들 중 하나로 돌아섰다는 사실도 인정한다.[11]

앨리슨은 최초의 제자들과 바울이 예수가 무덤에서 육체적으로 부활했다고 믿었다고 주장한다. 바울이 고린도전서 6:12-20, 15:51-54 그리고 데살로니가전서 4:17에서 쓴 말들에 비춰보면, 바울은 현재의 물리적 몸과 완전히 변화된 부활의 몸 사이에 어떤 연속성이 있다고 믿었다. "또한 우리는 이보다 덜한 어떤 것을 기대하지 않을 것이다. 왜냐하면 바울의 유대교 전통은 육체가 취함을 받아 하늘로 올라가는 것(예컨대, 창 5:24의 에녹과 왕하 2:11의 엘리야)에 대해 알고 있었을 뿐 아니라, 또한 대개 우리로 하여금 뼈와 무덤, 먼지와 흙에 대해 생각하게 하는 부활에 관한 여러 텍스트들을 포함하고 있었기 때문이다."[12] 앨리슨은 이렇게 주장한다. "바울 서신에는 비물질적 부활을 믿었다는 증거가 전혀 없으며, 원시 예루살렘 공동체는 더욱더 그렇다.…바울조차 '영적인 몸' 개념을 옹호하는 고린도전서 15장에서—「바룩2서」 51:10처럼—시신의 포기가 아니라 변화에 대해 가르친다."[13] 또한 부활이 1세기 유대교 안에서 개인의 계속적인 현존을 묘사하는 자연적 방법이었다고 주장하는 학자들에게 응답하면서 앨리슨은 이렇게 말한다. "나는 이 관점에 대한 어떤 증거도

---

10 Allison(*Resurrecting Jesus*, 2005), 215.

11 Allison(*Resurrecting Jesus*, 2005), 263-68. Allison은 야고보가 예수의 부활 후 출현을 경험했다는 것도 인정한다(306). 그러나 위에서 논의한 바와 같이 그는 야고보가 당시에 예수의 추종자였는지에 관해서는 확신하지 못한다(이 책의 4.3.4.2 각주 586을 보라).

12 Allison(*Resurrecting Jesus*, 2005), 314. Allison이 든 예에는 사 26:19; 겔 37:5-6, 13; 단 12:2; *Sib. Or.* 4.181-182; *4 Ezra* 7.32; *2 Bar*. 50.2가 포함되어 있다(314-15).

13 Allison(*Resurrecting Jesus*, 2005), 317. Allison(2008), 317도 보라.

알지 못한다."[14]

앨리슨에게 이런 출현들은 실제로 일어났다. 그 출현들은 굴더·뤼데만·크로산 그리고 크래퍼트가 제안한 것과 같은 심리적 현상 이상의 것이다. 제자들은 예수를 보았고 예수는 제자들을 보았다.[15]

1.2. 환영들

앨리슨은 제자들과 바울이 실제로 보았던 것이 죽은 자들의 환영이었을 가능성에 대해 고려한다. 이 아이디어는 어느 죽은 친구를 보았거나 그 친구의 현존을 느꼈던 자기의 경험과 자기 아버지의 환영이 여러 가족 및 친지들에게 나타났던 경험에 의해 씨앗이 뿌려졌는데, 앨리슨은 이런 경험들로 인해 그 주제에 관한 문헌들을 조사하게 되었다.

많은 경우에 환영 경험은 꿈에서 일어난다. 가장 흔한 형태의 환영은 죽은 배우자의 "강력한 현존 의식"이다.[16] 그럼에도 앨리슨은 어떤 환영들은 존재론적으로 진정한 현상인 경우가 있다는 인상적인 주장을 한다. 달리 말하자면 어떤 환영들은 환영을 보는 사람으로부터 독립적인 현실을 구성한다.[17] 때때로 죽은 자들이 실제로 살아 있는 자들에게 출현했고 살아 있을 때처럼 몸을 가진 존재로 보였다. 어떤 경우에 그들은 만

---

14 Allison(*Resurrecting Jesus*, 2005), 325 각주 497.

15 Allison(*Resurrecting Jesus*, 2005), 315; 334와 비교하라. 유사한 진술은 Dunn(2003), 876을 보라.

16 W. D. Rees(1971), 38. Rees가 인터뷰했던 사람 중 39.2퍼센트가 이런 형태의 환영에 대해 보고했다.

17 Allison(*Resurrecting Jesus*, 2005), 272-83. 다른 학자들은 죽은 이의 환영에 대한 보고들 안에 예수의 부활 후 출현에 대한 보고와 유사한 점이 있다는 것을 인정했다. 다음 문헌들을 보라. Ehrman(2009), 178; Montefiore(2005), 109; Wedderburn(1999), 19.

지고 껴안을 수 있었고 "따뜻하다"고 묘사되었다.[18] 환영 경험 중 2퍼센트에서 12퍼센트는 그곳에 있던 다른 사람들과 공유되었다.[19] 환영을 경험했다고 보고하는 사람들 중 상중(喪中)에 있는 과부와 홀아비들은 놀랍게도 소수였다. 사실 어떤 사람들은 상중에 있지 않았다. 종교적 믿음이나 내세에 대한 믿음은 그런 보고를 하는 모든 사람들의 공통된 특징이 아니었다.[20] 환영이 그 경험을 하는 사람에게 당시에는 알려지지 않았고 입수할 수도 없었던 정보를 제공한 경우도 있고, 방금 죽었지만 그 사람의 사망 사실을 아직 모르고 있는 상태에서 죽은 그 사람의 환영을 본 경우도 있었다.[21]

앨리슨은 죽은 사람의 환영에서 많이 나타나는 특징들을 열거한다. 환영들은 아주 다양하기 때문에 모든 환영들에서 아래에 열거된 특징이 모두 나타나지는 않는다.[22] 환영은 다음과 같은 특징을 보인다.

- "보이기도 하고 들리기도 한다."
- "지금은 어떤 사람에게 보이고 나중에는 다른 사람에게 보인다."
- "동시에 두 명 이상에게 보인다."
- "때때로 어떤 사람들에게는 보이지만 그곳에 있는 모든 사람들에게 보이지는 않는다."
- "생전에 그들을 알지 못했던 사람들에게 나타났다."
- "환영을 보는 어떤 사람들에게 의심을 자아낸다."

---

18 Allison(*Resurrecting Jesus*, 2005), 291.
19 Allison(*Resurrecting Jesus*, 2005), 272, 275 각주 310, 279 각주 321.
20 Allison(*Resurrecting Jesus*, 2005), 274-75.
21 Allison(*Resurrecting Jesus*, 2005), 294-95.
22 Allison(*Resurrecting Jesus*, 2005), 278-82.

- “확신시켜주고 지지해준다.”
- “인도하고 요청하고 또는 명령한다.”
- “매우 실제적이고 실제로 고체로 보인다.”[23]
- “이례적이고 갑작스럽게 나타나고 사라지며 ‘4차원 이동성’이라고 불리는 면을 보여준다.”
- “경험이 시작될 때에는 환영으로 인식되지 않는다.”
- “아주 설득력 있게 나타나기 때문에 그 경험을 하는 사람은 믿음의 변화를 겪는다.”
- “사망 후 시간이 흐를수록 덜 나타난다. 대부분의 출현들은 (확실히 모두가 그런 것은 아니지만) 환영을 통해 나타난 사람의 사망 이후 1년 이내에 발생한다.”

앨리슨이 보기에는 이 증거는 어떤 환영들은 존재론적으로 객관적이며 단순히 슬픔으로 인한 환각이라고 무시할 수 없다는 것이다.

> 요점은 이런 일들이 실제로 일어난다는 것이다. 그리고 내 경우에 나는 직접 경험해봐서 이에 대해 알고 있다. 또한 나는 그런 사건들이 얼마나 실제적으로 보일 수 있는지도 안다. 사실 너무도 실제적이어서 당시에 나는 그 사건들이 나 자신의 주관이 아닌 다른 무언가로부터 유래되었다고 생각했고 그로부터 여러 해가 지난 지금도 달리 생각하기 어렵다.[24]

---

23 Allison은 각주들에서 모든 사항들에 대한 근거를 제공한다. 특별히 흥미로운 것은 몇 사람의 목격자들은 자기들이 사랑하는 죽은 이로부터 고체이고 3차원인 “따뜻한 손”으로 포옹과 입맞춤을 받았다고 주장했다는 것이다.

24 Allison(*Resurrecting Jesus*, 2005), 276.

앨리슨은 1세기 지중해 문화권과 현대의 서구 문화권 안에서 발생한 환영에 대한 보고들을 비교하는 것이 적절하다고 주장한다. 왜냐하면 그 둘 사이의 많은 유사성들은 "문화에 따라 특수하지" 않기 때문이다.[25] 예수의 부활 후 출현 문제에 대해서 앨리슨은 조심스럽게 그리고 잠정적으로 "사별에 관한 최근 문헌들은 기독교 기원의 어떤 측면들을 개념화하는 몇 가지 새로운 방법들을 제공할 수도 있다"고 제안한다. 일반인들이 배우자와 사별을 경험하고 그 후 자기가 그 사람의 환영을 보았다고 믿는 것과 제자들이 예수의 부활 후 출현을 통해 경험한 것을 비교하는 것은 적절한 일이다.[26] 결국 어느 쪽도 사별한 사람과 함께 하는 회복된 삶은 과거의 방식으로 돌아가지 않았다. 죽은 사람은 새로운 방식으로 경험되었다.[27] 고대에 사후 출현이 알려져 있었고 복음서들이 그 문제에 답하고자 하는 것을 보면, 예수의 사후출현은 틀림없이 불신자들에게 주목받았을 것이다. 누가복음 24:39-43에서 예수는 음식을 먹을 수 있고 만져질 수 있기 때문에 영이 아니다.[28]

그러나 죽은 자의 환영이 우리가 예수의 부활 후 출현에 대한 이해에 유익한 도움을 주기는 하지만, 앨리슨은 환영이 "해석의 실마리"가 아니라는 것을 인정한다.

> 나는 예수의 출현을 전형적인 죽은 자의 출현이라는 측면에서 설명하려하지 않는다. 그것은 환영 일반에 대한 우리의 제한된 지식과 이해를 감안할

---

25 Allison(*Resurrecting Jesus*, 2005), 365.
26 Allison(*Resurrecting Jesus*, 2005), 364.
27 Allison(*Resurrecting Jesus*, 2005), 365.
28 Allison(*Resurrecting Jesus*, 2005), 278. 특히 눅 24:39-43을 보라. 그러나 마 28:9; 요 20:16, 17, 24-29도 보라.

때 실행할 수 없는 과제다. 다만 나는 아주 광범위한 인간 현상인 환영이 부활 전승을 둘러싼 몇 가지 문제들에 어떤 빛을 던질 수 있는지 물을 뿐이다.[29]

그렇다면 환영들은 초기 그리스도인들의 삶에 어떻게 통합되어 우리에게까지 전해진 예수의 출현 전승을 낳게 되었는가? 앨리슨은 환영과 사랑하는 이의 죽음에 대한 보편적인 반응을 결합하는 몇 가지 제안을 제시한다.

- 초기 그리스도인들은 자기들의 종교 경험의 일부를 예수의 현존으로 해석했다(마 18:20; 28:20; 롬 8:10; 갈 2:20). 이 해석은 누군가가 여전히 함께 있다고 느끼는 것과 유사한 강력한 현존 의식이나 팔다리를 절단한 뒤에도 팔다리가 있는 것처럼 느껴지는 환상 통증에서 나왔을 수 있다.[30] "그는 떠났다고 알려졌지만 현존하는 것처럼 느껴졌다."[31]
- 예수의 갑작스럽고 잔인한 죽음은 슬픔과 죄책에 대한 비옥한 토양을 제공했다. 제자들은 자기가 살아남았다는 단순한 사실 때문에 생존한 배우자들이 흔히 겪는 것과 유사한 죄책을 경험했을

---

29 Allison(*Resurrecting Jesus*, 2005), 285; Allison(2008), 333과 비교하라. Montefiore(2005)도 마찬가지로 환영—그는 환영을 "진정한 환각" 또는 "위기 상황에서의 출현"이라고 부른다—은 복음서들이 묘사하는 부활 후 출현과 상당히 다르다고 말한다. 그럼에도 둘 사이의 유사성은 예수가 비슷한 수단을 사용해서 자신의 제자들과 소통했다고 주장할 수 있게 한다. 그러나 Montefiore는 환영이 "초자연적(supernatural)" 현상이라기보다 "불가사의한(paranormal)" 현상이라고 주장한다는 점에서 Allison과 갈라선다(109, 114).

30 Allison(*Resurrecting Jesus*, 2005), 366-67.

31 Allison(*Resurrecting Jesus*, 2005), 368.

수도 있다. 뿐만 아니라 제자들은 자신의 지도자가 곤경에 처해 있는 순간에 그를 버린 데 대해 자책하고 있었고, 예수가 왜 죽어야 했는가라는 질문과 결합하여 용서받을 필요를 인식해 나가고 있었을 수도 있다.[32]

- 생존자들은 종종 죽은 자를 이상화하는데, 제자들도 예수를 이상화해서 예수를 죄 없는 자로 만들었다(마 3:14-15; 고후 5:21; 히 4:15; 7:26; 벧전 2:22).[33]
- 슬픔은 또한 그 슬픔을 탓할 대상을 구하는데, 예수의 죽음의 경우 유대 당국과 지도자들에게 비난이 돌려졌다.[34]
- 사별한 사람들은 망자를 아는 다른 사람들을 찾아 함께 이야기를 나누려 한다. 비극적이거나 폭력적인 죽음의 경우 감정의 치유를 얻기 위해 그 사건을 개작하는 것이 일반적이다. 아마도 이것이 마가 이전의 수난 내러티브로 이어졌을 것이고 우리가 정경 복음서의 수난 내러티브들 속에서 발견하는 내용일 것이다.[35]

이런 관찰 사항들을 감안할 때 예수 전승의 전개는 사별에서 자주 관찰되는 "추모"와 일치한다.[36]

---

32 Allison(*Resurrecting Jesus*, 2005), 368-70.
33 Allison(*Resurrecting Jesus*, 2005), 370-71.
34 Allison(*Resurrecting Jesus*, 2005), 371-73.
35 Allison(*Resurrecting Jesus*, 2005), 373-74.
36 Allison(*Resurrecting Jesus*, 2005), 375.

1.3. 빈 무덤

앨리슨은 예수의 무덤이 비었는지 여부에 관한 질문을 상당히 깊게 다룬다.[37] 그는 먼저 빈 무덤의 역사성에 반대하는 일곱 가지 주된 논거를 살피고 그중 둘만 주목할 만하다고 판단한다.[38] 첫째는 초기 그리스도인들에게 "신학적 확신의 토대 위에서 허구를 지어내는 상상력"이 있었다는 것이다. 둘째는 사라진 시신에 관한 전설들의 존재와 관련이 있다. "그리스도인들은 단지 예수에 관한 이야기를 잘 만들어냈을 뿐만 아니라 또한 예수의 부활에 관한 이야기들도 잘 만들어냈다는 점을 덧붙이면" 이 후자의 힘은 더 강력해진다. "예컨대, 마태복음 27:62-66에 나오는 경비병과 마태복음 28:2에 나오는 지진은 확실히 순전한 허구다."[39] 그러나 앨리슨은 우리가 빈 무덤의 이야기를 어떻게 얻게 되었는지에 대한 설명을 제공한다고 해서 곧 그 설명이 입증되는 것은 아니라고 말한다.[40]

이어서 앨리슨은 빈 무덤의 역사성을 옹호하는 일곱 가지 논거를 살피고, 이 경우에도 그중 오직 둘만 주목할 만한 무게가 있다고 판단한다.[41] 예수의 시신이 매장지에 남아 있었더라면 출현은 단지 하나님이 예수를 신원했고 그를 하늘로 데려갔다는 믿음으로만 이어졌을 뿐 예수가 육체적으로 부활했다는 믿음으로 이어지지는 않았을 것이다. 이런 일이 일어나기 위해서는 예수의 무덤이 비었다는 믿음이 필요했다. 더욱이 이 이야기가 완전한 허구라면 1세기에 유대교 내부에서 그다지 존중되지 않았던

---

37 참고로, Allison(*Resurrecting Jesus*, 2005)은 아리마대 요셉에 의한 예수의 매장을 "가능성이 매우 높다"고 여긴다(362).

38 Allison(*Resurrecting Jesus*, 2005), 299-311.

39 Allison(*Resurrecting Jesus*, 2005), 311.

40 Allison(*Resurrecting Jesus*, 2005), 311.

41 Allison(*Resurrecting Jesus*, 2005), 312-31.

여인들이 빈 무덤을 발견했다는 내용을 포함시킬 가능성은 희박하다.[42]

비록 앨리슨은 빈 무덤을 옹호하는 "좋은(decent) 논거"와 그것에 반대하는 "존중할만한(respectable) 논거"가 있다고 결론을 내리지만, 그는 역사가들이 이 문제와 대해 일종의 "막다른 궁지"에 몰려 있다고 생각하지는 않는다.[43] 왜냐하면 빈 무덤의 역사성을 옹호하는 논거가 "약간 더 강력하기" 때문이다.[44] 그러나 예수의 무덤이 비었다고 결론을 내린다고 해서 무덤이 왜 비었는지 설명하는 것은 아니다. 앨리슨은 자연주의적인 여러 설명들을 살피고 나서 이렇게 말한다. "증거가 전혀 없기 때문에 이런 추측들 중 어느 것도 인정할 이유가 없다. 그 추측들은 모두 가능성이 낮다고 간주되어야 한다. 그러나 그런 설명이 불가능한 것은 아니다."[45] 앨리슨이 보기에는 빈 무덤에 대한 원인으로 우주의 외계인이 아니라 하나님이 예수를 일으켰다고 선택할 유일한 이유는 우리의 전제들이다.[46] 그러나 결국 앨리슨은 이렇게 결론짓는다. "빈 무덤 이야기에 대해 나는 신학적으로 영구 미제라는 입장을 취한다. 나는 빈 무덤이 전설이 아니라 역사적 사실일 가능성이 더 높다고 생각하지만, 그것은 잠정적인 판단으로 남아 있다."[47]

---

42 Allison(*Resurrecting Jesus*, 2005), 332.
43 Allison(*Resurrecting Jesus*, 2005), 331.
44 Allison(*Resurrecting Jesus*, 2005), 332.
45 Allison(*Resurrecting Jesus*, 2005), 334; 339-40과 비교하라.
46 Allison(*Resurrecting Jesus*, 2005), 340-41.
47 Allison(*Resurrecting Jesus*, 2005), 344; 332와 비교하라. Allison(2008), 320도 보라.

1.4. 결론

결국 앨리슨에게는 데이터가 모호하고 결정적이지 않다.[48] 예수에게 무언가 이례적인 일이 일어났을 수도 있다. 그러나 그것이 무엇이었는지 "절대적이고 거리낌 없이 확실하게" 알 수 있을 만큼 충분하게 확고한 데이터는 없다.[49] 사실 우리는 그보다 더 낮은 수준으로도 확신하지 못한다. 그 결과 우리의 세계관이 결정을 내리게 된다. 신자들은 "지적 죄책감 없이" 예수가 죽은 자들로부터 육체적으로 부활했다고 주장할 수 있는 반면, 다른 이들은 "양심에 거리낌 없이" 신앙을 유보할 수 있을 것이다.[50]

앨리슨이 보기에 부활한 예수에 대한 제자들의 경험에는 예수의 비가시적 현존을 느끼는 것 이상이 수반되었다. "내가 말하는 예수를 본다는 것은 제자들이 그를 보았다는 뜻이다. 예수는 제자들의 눈앞에 출현했다."[51] 앨리슨은 비록 이 사건에 무엇이 관련되어 있는지 설명하려는 시도에 대해서는 불편해하지만, 무덤이 빈 것은 예수가 육체적으로 부활했기 때문이라고 믿으려는 경향이 있다.[52]

---

48 Allison(*Resurrecting Jesus*, 2005), 343.

49 Allison(*Resurrecting Jesus*, 2005), 348.

50 Allison(*Resurrecting Jesus*, 2005), 342; 347과 비교하라. Davis(1993), 171-73도 보라.

51 2008년 12월 7일자 이메일 교신 내용. Allison(2008), 315도 보라.

52 2008년 12월 7일자 이메일 교신 내용. "그것이 내 성향입니다. 그러나 나는 관련된 모든 철학적 퍼즐들과 관련해서는 유보적입니다. 나는 예수가 완전하게 살아 있으며 완전히 예수 자신이라는 것을 긍정합니다. 만약 그것이 육체를 필요로 한다면, 예수에게 육체가 있다고 합시다. 그러나(i) 나는 강력한 이원론자이며(ii) 내게 중요한 것은 우리가 다가오는 세상에서 완전히 그리고 실제로 우리 자신이리라는 것입니다. 나는 상세한 사항은 하나님에게 맡길 수밖에 없습니다. 왜냐하면 나는 무덤을 넘어서는 육체적 연속성을 이해할 수 없으며 또한 내가 이해하는 현대 과학은 내게 논리 정연한 물질개념을 제공해주지 않기 때문입니다." Allison(2008), 315도 보라. 나는 Allison이 이 부록을 검토하고 2009년 7월 18, 26일과 8월 1일자 이메일을 통해 추가로 명확하게 밝혀준 데 감사를 표한다.

1.5. 앨리슨의 견해 요약

- 제자들과 바울은 그들로 하여금 예수가 죽은 자들 가운데서 육체적으로 부활했고 자기들에게 어떤 의미에서는 예수가 현존한다고 알게 해주었다고 확신시켰던 특별한 성격의 경험을 했다.
- 예수의 출현들은 예수에 대한 강력한 현존 의식과 관련이 있을 가능성이 가장 크지만, 종종 그보다 훨씬 더한 현상으로서 시각적 또는 청각적 요소를 포함했고 때로는 만질 수도 있었다.
- 죽은 자의 환영에 대해 언급하는 많은 문서들이 있으며, 많은 환영들은 아마도 초자연적인 관점에서 설명하는 것이 가장 좋을 것이다. 그런 환영들은 예수의 사후 출현과 흥미로운 유사성이 있는 현상들이며, 제자들과 바울이 경험한 것과 관련된 단서를 제공할 수도 있을 것이다. 그러나 죽은 자의 환영과 예수의 부활 후 출현 사이에 유사하지 않은 점이 있기 때문에 환영은 단지 시행착오에 의한 학습에 도움이 되는 방식으로만 사용되어야한다.
- 예수의 무덤은 비어 있지 않았을 가능성보다는 비어 있었을 가능성이 더 크다. 앨리슨은 예수의 무덤이 빈 까닭이 예수의 부활 때문이라고 믿으려 하는 경향이 있다. 그러나 육체적 부활이라는 개념 자체가 앨리슨에게는 그다지 이치에 맞지 않기 때문에 그는 이 결론을 느슨하게 유지한다.
- 예수에게 무슨 일이 일어났는지 결정하기는 매우 어렵다. 앨리슨의 신학적 전제들과 세계관은 그로 하여금 살아 있는 예수가 어느 의미에서 제자들과 바울에게 나타났다는 결론을 내리도록 이끈다. 그러나 앨리슨은 역사가로서 이런 경험들이 실제로 자연적인 사건들인지 또는 초자연적인 사건들인지 결정할 수 없다는 점

을 인정한다.

현존하는 데이터들은 예수의 육체적 부활에 대한 믿음이 합리적이라고 결론을 내리기에 충분하지만 그런 믿음을 강요하거나 그것을 믿지 못하는 것을 비합리적이라고 판단하기에 충분할 만큼 강력하지는 않다.

2. 분석과 우려

2.1. 헌신을 주저함

종종 데이터 부족으로 역사가들이 어느 사건의 역사성에 대해 유보적인 태도를 취해야 할 때가 있기 때문에 인식론적 겸손은 바람직한 자질이며, 앨리슨은 이 점에서 존경할 만한 모범을 보인다. 그러나 겸손이 과도해지면 불가지론자가 되어 불가지론을 위협하는 증거가 쌓여가는 데 맞서 불가지론을 요새화할 수 있다.

앨리슨은 예수의 부활을 다루는 도처에서 이런 종류의 불가지론을 암시하는 단서들을 드러낸다. 그는 "절대적이고 거리낌 없는 확신"을 형성할 수 있을 만큼 충분하게 확고한 데이터는 없다고 주장한다.[53] 옳은 말이기는 하지만 그런 정도의 확신은 역사가들이 비종교적인 문제들을 연구할 때에도 얻기 어렵다. 즉, 그것은 비합리적인 기대다.[54] 문제는 적절한 수준으로 확실하게 판단을 내리기에 충분할 만큼 강력한 논거가 있는지

---

53 Allison(*Resurrecting Jesus*, 2005), 348, James Anthony Froude, *Short Studies on Great Subjects*(New York: Dutton, 1964), 211-12를 인용해서 한 말.

54 이 책의 1.3.5를 보라.

여부다.[55]

앨리슨도 비슷하게 단언한다. "비록 우리가 순진하게 [복음서의 부활 내러티브들이] 아주 세세한 부분까지도 역사적으로 정확하다고 생각한다 할지라도, 여전히 우리에게 남는 것은 별로 없다."[56] 철저한 내러티브를 얻는 것이 목표라면 확실히 앨리슨의 주장이 옳다. 그러나 이것이 역사가의 목표인 경우는 거의 없다. 대신 역사가는 자신의 문제와 관련된 적절한 설명을 추구한다. 보다 온건한 기대에 비춰보면, 정경의 부활 내러티브들의 모든 세부 내용이 정확하다는 것이 입증될 수 있다면 예컨대 예수는 부활했을 때 어떤 모습이었는지, 부활 직후에 어디에 갔었는지, 여러 차례의 출현들 사이에 무엇을 하고 있었는지, 요한복음의 기사에서 왜 마리아가 처음에는 예수를 알아보지 못했는지 등과 같은 많은 질문들이 답변되지 않은 채 남아 있다고 할지라도, 우리는 예수의 부활에 관해 상당히 많은 것을 알게 될 것이다. 우리는 예수가 죽은 자들 가운데서 육체적으로 부활했고, 그 일에 하나님이 관련되어 있고, 무덤이 비어 있었고, 예수가 예루살렘과 갈릴리에서 몇 명의 여인들과 베드로 및 제자들에게 개인적으로 및 집단적으로 출현했고, 예수는 몸이 있었고, 먹고 마시고 만져질 수 있었고, 전처럼 사람들과 소통할 수 있었다는 것 등을 알게 될 것이다.

앨리슨은 또한 이렇게 말한다. "비록 그런 일이 이루어질 수는 없지만, 누군가가 어떻게 해서 예수가 실제로 다시 살아났기 때문에 무덤이 비었고 사람들이 그를 보았다고 우리를 의심할 여지없이 확신시켰다고 가정하자. 설사 그런다 해도 그 자체로는 하나님이 예수를 죽은 자들 가운데서 일으켰다는 것을 입증하지는 않는다." 왜냐하면 예수의 부활은 외

---

55 이 책의 1.3.4를 보라.

56 Allison(*Resurrecting Jesus*, 2005), 338; Allison(2008), 325-26과 비교하라.

계인들이 인류에게 우주적인 장난을 친 것이라고 쉽게 설명될 수도 있기 때문이다.[57] 가장 엄격한 의미에서는 확실히 앨리슨이 옳다. 그러나 내가 보기에 전문적인 의미에서는 "무익하고 학문적인 회의주의만 [만약 예수가 부활했다면 그 일을 일으킨 존재는 하나님이라는] 이런 불가피한 추론에 저항한다"고 한 윌리엄 레인 크레이그가 옳아 보인다.[58] 더욱이 앞에서 논의했듯이, 이런 이의는 관련 없는 주제를 언급함으로써 주의를 딴 데로 돌리는 것이다. 왜냐하면 이 이의는 예수의 부활 사건 자체의 역사성보다는 그 사건의 원인에 대해 논쟁하기 때문이다.[59] 역사가들은 특정 사건의 원인은 미결상태로 남겨둔 상태에서도 그 사건이 발생했다는 결론을 내릴 수 있다.

앨리슨은 "이런 추측들 중 어느 것"도 인정할 "증거가 전혀 없다"는 것을 인정하면서도[60] "불가능하지 않은" 여러 대안들이 있기 때문에 예수의 부활이 빈 무덤의 원인이라는 것은 입증될 수 없다고 생각한다. 기발한 가설이 제기되어도 그 가설이 오류임을 절대적으로 증명할 수는 없는 경우가 많이 있기 때문에 역사 연구를 수행할 때에는 이런 일이 흔하게 발생한다. 바바라 티어링의 창의적인 페쉐르 방법은 예수가 십자가형에서 살아남았고 더욱 더 결실을 맺는 사역을 계속해 나갔다고 제안한다. 십자가형에 처해진 죄수가 그 시련에서 살아남았던 사례가 최소 한 번

---

57 Allison(*Resurrecting Jesus*, 2005), 339-40. Craig and Ehrman(2006)에 실린 어만도 비슷하게 주장한다(31-32, 34).

58 Craig(1981), 137. 놀랍게도 어만은 이 주장에 동의하는 것으로 보인다! Ehrman and Licona(2008)에서 Ehrman의 첫 번째 반론의 마지막 부분을 보라. "나는 마이크가 예수가 죽은 자들 가운데서 부활했지만 아마도 하나님이 그 일을 한 것은 아닐 것이라고 말할 수도 있다고 말하는 것은 다소 교활하다고 생각한다. 하나님이 아니라면 누가 그 일을 했겠는가?!"

59 이 책의 2.5를 보라.

60 Allison(*Resurrecting Jesus*, 2005), 334; 339-40, 347과 비교하라.

은 있었다는 요세푸스의 보고로 티어링의 가설을 뒷받침할 수 있을지도 모른다.[61] 티어링의 가설은 의심할 여지가 없을 정도로 반증될 수는 없으며 "불가능하지 않다"는 평가를 받을 수 있다. 그럼에도 예수가 죽었다고 강력하게 암시하는 증거가 우세하기 때문에, 이 가설이 예수가 십자가형을 당했고 그로 인해 죽었다는 결론을 유보하는 것을 정당화해주지는 않는다.

역사가들이 특정 가설에 역사성을 부여하기 전에 다른 모든 가설들을 완전히 반증해야 할 의무는 없다. 대신 역사가들은 최상의 설명을 위한 특정 기준에 따라 가설들을 신중하게 평가해야 한다. 만약 어느 가설 하나가 명확하게 부각된다면 역사가들이 그 가설이 과거에 대한 정확한 묘사라고 주장해도 무방하다.[62] 물론 역사가들은 증거가 감당할 수 있는 수준을 넘어서는 판단을 피해야 한다. 그러나 만약 어떤 판단을 내려도 무방할 만큼 증거가 충분히 강력하다면, 역사가들은 불가지론에 매달릴 필요가 없이 결론을 내리고 그 결론을 잠정적으로 유지할 수 있다.

2.2. 환영들

앨리슨이 환영들을 다루는 방식은 신선하고 흥미로우며 관련 문서로 뒷받침되는 그의 많은 설명들은 쉽게 무시될 수 없다. 어떤 환영들은 그 경험을 하는 사람에게 당시에는 알려지지 않았고 입수할 수 없었던 정보를 제공하기도 한다. 어떤 사람이 방금 전에 죽었는데 그 사실을 모르고서 죽은 사람의 환영을 보는 경우도 있다. 때로는 집단적으로 환영을 보거나

---

61 이 책의 4.3.1과 Jos. *Life* 420-21을 보라.

62 이 책의 1.3.2와 1.3.4를 보라.

듣거나 만진다. 이런 특징들은 어떤 환영들은 본질상 심리적이라기보다는 존재론적으로 객관적이거나 환영을 보는 사람들로부터 독립적이라는 것을 암시한다. 흥미롭게도 예수의 출현들에서는 이런 특징들이 많이 결합되어 나타난다. 예수의 출현들은 집단에게 공유되었고, 바울처럼 애도하지 않는 사람들에게 경험되었다. 그리고 사도행전 9장이 약간의 역사적 회상들을 보존하고 있다고 인정한다면, 아나니아는 다른 방법으로는 얻을 수 없었을 정보를 받았을 수도 있다.

앨리슨은 정경 복음서들과 사도행전에 호소하여 예수의 부활 후 출현들과 환영들 사이의 유사성을 보여준다. 그러므로 부활 후 출현과 환영 사이의 차이점들을 지적하는 것도 옳은데, 때로는 그런 차이들이 매우 크고 우리가 환영에 관한 문헌들에서 발견하는 것을 넘어선다.[63] 환영은 대개 집단적으로 나타나지 않으며(2-12퍼센트),[64] 적에게 나타나지 않고(1퍼센트 미만),[65] 만져지지 않으며(2.7퍼센트),[66] 그 사람이 죽은 자들 가운데서 부활했다는 믿음을 수반하지 않는다(1퍼센트 미만).[67]

환영에 이런 특징들이 아주 없는 것은 아니지만 그런 특질들은 매우

---

63 Habermas(2008), 308-11. Habermas는 자기가 복음서들과 사도행전의 세부 사항들이 수용되어야 한다고 주장하는 것이 아니며, "그런 사항들의 **기원**을 강조하는 것이 아니라 그 사항들의 **독특성**을 강조하는 것"임을 "아주 분명하게" 하고 싶다고 말한다(308).

64 위의 각주 19를 보라.

65 이 수치는 힌두교인이었다가 예수가 자기에게 출현했다고 믿은 경험을 한 후 개종한 어느 기독교의 적에 대한 유일한 사례에 기초한 것이다. Allison(*Resurrecting Jesus*, 2005), 267을 보라. 헬리오도로스 관한 보고(*2 Macc* 3:1-39; *4 Macc*. 4:1-14와 비교하라)도 보라.

66 Rees(1971)는 인터뷰한 사람들 중 2.7퍼센트만 환영이 자기를 만지는 경험을 했다고 보고한다(38). 포옹 같은 상호 접촉에 관한 수치는 제공되지 않았다. 훌륭한 예들이 Allison(*Resurrecting Jesus*, 2005), 291, 281 각주 327에 제시되어 있다.

67 이 범주의 환영은 발견하기 어렵다.

드물다. 그리고 그런 특징을 모두 갖고 있는 환영은 훨씬 더 드물 것이다. 그 확률은 대략 1:3,800,000이다.[68] 사실 환영에 관한 문헌에 그런 유형의 환영 사례는 나오지 않는다(이는 예수의 부활 후 출현이 일반적인 죽은 자의 환영 경험과 다르지 않다고 주장하는 어떤 가설도 타당성이 없음을 의미한다). 앨리슨은 이에 동의하며 환영에 관한 문헌은 "환원주의적 설명을 제공하는 것으로서가 아니라 시행착오에 의한 학습법적으로 이해되어야 한다"고 촉구한다.[69] 예수의 출현들은 독특하고,[70] 심지어 존재론적으로 객관적인 환영들보다도 부활과 더 일치한다.[71]

---

68 Habermas(2008), 307, 310. 확률 추정치는 저자가 계산한 수치다: 0.12 x 0.009 x 0.027 x 0.009 = 0.0000002644.

69 Allison(2008), 333. 그러나 Allison은 때로는 심오한 차이들이 중요하다고 생각하지 않는다. Habermas(2008)는 여러 차이들이 예수의 사후 출현을 죽은 자의 환영과 구분한다고 지적했다: 예수는 자신의 죽음과 부활에 대해 예언했고, 예수의 무덤이 비어 있는 것으로 발견되었고, 가장 초기의 그리스도인들은 예수가 육체적으로 부활했다고 믿었고, 바울에 대한 예수의 출현에 대한 누가의 설명은 적절하게 보고되었다(308-11). 앨리슨은 이 네 가지를 모두 인정한다. 하버마스는 또한 예수의 사후 출현이 많은 사람들에게 이루어졌고, 예수가 음식을 먹었고, 사람들에게 만져질 수 있었으며, 자기를 본 사람들과 더불어 긴 대화를 나눴다고 지적한다(310-11). 그러나 Allison(2008)은—자신의 죽음과 부활에 관한 예수의 예언의 역사성에 비춰볼 때—조안나 사우스콧의 추종자들 및 밀러주의자들이 경험한 것과 유사한 인지부조화가 예수가 부활했다는 제자들의 믿음으로 이어졌을 수도 있다고 답변한다(330-31). Allison은 또한 예수의 예언에 빈 무덤이 추가되어 예수의 제자들이 주관적인 환상들을 경험하게 되었을 수도 있다고 제안한다(332-33). 이 답변은 설득력이 없다. 왜냐하면 Habermas는 가능한 대안들에 대한 Allison의 제안에 내포된 약점들을 다루고 있는데, Allison이 자기가 받아들이지 않는 여러 가설들에 호소한다 해서 그런 약점들이 해결되지 않기 때문이다. Allison은 제자들이 인지부조화와 환각을 경험했다고 제안하는 것이 아니라, 그들이 어떤 의미에서 부활했고 자기들에게 자신을 알린 존재론적 예수를 경험했다고 주장한다.

70 고대 문헌에서 알케스티스가 이와 유사한 유일한 사례이지만, 알케스티스의 경우에는 적대적인 출처에 대한 출현을 결여하고 있다(Euripedes *Alcestis* 1145).

71 Allison은 또한 환영들에는 빈 무덤에 관한 보고가 따르지 않는다고 말한다. 환영들은 먹거나 마시지 않는다. 환영들은 일반적으로 많은 사람들에게 목격되지 않는다. 환영들은 "부활한 예수에게 돌려진 말들의 특정 내용을 설명하지 못한다." 또한 환영들은 "새로운 종교의 창설로" 이어지지 않는다([*Resurrecting Jesus*, 2005], 283). 사도행전의 바울에 대한 출현 묘사는 영광스러운 특성이 있으며 환영 문헌에서 이에 필적할만한 사례는 드물거나 아예 없다는 점을 덧붙일 수 있을 것이다.

물론 환영을 예수의 부활 후 출현과 비교할 때 여러 가지 유사성들과 차이점들을 지적하는 것은 성서의 설명들을 액면 그대로 취하는 것에 의존하는데, 많은 학자들은 그렇게 하지 않으려 한다.[72] 그러나 앨리슨은 일관성이 있다. 복음서 텍스트들을 사용하여 환영과 예수의 부활 후 출현 사이의 유사성들을 지적하고 나서 텍스트상의 세부사항들이 자신의 가설에 부담이 될 때에는 그 세부 사항들을 무시하는 것은 경솔한 처사일 것이다.

환영의 어떤 특질들이 드물다는 이유만으로 유사성을 부인할 수는 없을 것이다. 새로운 종교의 창설로 이어지는 문제와 관련해 제럴드 오콜린스는 이렇게 주장한다. "리즈가 보고하는 사별 경험을 한 사람들 중 아무도 그들의 생활방식을 극적으로 바꾸거나 세상에 자기의 경험과 그 경험의 의미를 선포하는 선교사가 되지 않았다. 이 모든 점들은 사별의 유비를 예수의 제자들의 상황에서 멀리 떼어놓는다."[73] 아마 앨리슨은 이에 대해 동의할 것이다.[74] 어느 평범한 사람의 환영이 그의 생전의 아내에게 나타난다 해도 아마도 그 이후 그녀의 삶의 방식에 아무런 극적인 변화도

Allison도 이 점에 대해 동의한다([*Resurrecting Jesus*, 2005], 285). Allison은 환영들에는 "오직 가끔씩만" 눈을 멀게 하는 빛이나 하늘에서 들려오는 음성이 등장할 뿐이라고 말한다. 그러나 경외심으로 땅에 엎어지는 사람에 관한 이야기는 없다. 환영과 살아 있는 사람 사이의 상호 신체 접촉에 관한 이야기는 매우 드물다. 그리고 환영이 40일에 걸쳐 개인과 집단 모두에게 여러 차례 나타난 것에 대한 보고는 (설령 그런 사례가 있다 해도) 드물다. 대부분의 환영 경험들은 아주 단기간 동안에만 일어난다. 그러므로 환영들에만 의지해서 예수의 출현을 이해하는 것은 "모르는 것을 더 모르는 것으로 설명하는 것"이다([*Resurrecting Jesus*, 2005], 284).

72 예컨대 Montefiore(2005)는 예수가 자기 제자들 앞에서 먹고 마신 것에 관한 보고들의 역사성을 의심하면서 그 보고들은 변증적 이유에서 삽입되었다고 주장한다(113).

73 O'Collins(*Easter Faith*, 2003), 13. Allison(*Resurrecting Jesus*, 2005), 283도 보라.

74 Allison(*Resurrecting Jesus*, 2005), 283.

일어나지 않을 것이다. 반면에 메시아적 인물인 예수의 경우 동일한 종류의 환영은 예수의 삶을 통해 양육된 그의 제자들에게 종교적 신앙과 열정을 확고히 할 수 있었을 것이다.[75]

빈 무덤과 관련해서 나는 이것이 중요한 차이라는 하버마스와 앨리슨의 주장에 동의한다. 가장 초기의 내러티브들과 사도행전 2장 및 13장에서 예수의 육체적 부활에 관해 한 목소리로 보고한다는 사실을 덧붙이면, 이런 보고들과 환영에 관한 문헌들에서 발견하는 보고 사이의 차이가 두드러진다. 그러나 복음서들에 실려 있는 부활 내러티브들과 사도행전에서 나타나는 출현들의 역사적 정확성 문제는 잠시 제쳐 두기로 하자.[76] 그러면 제자들이 그들로 하여금 예수가 죽은 후 자신들에게 나타났고 살아 있다고 확신하게 했던 여러 경험을 했다는 사실만 남는다.[77] 나는 앞에서 이런 경험들이 무엇을 수반했든 그 경험들은 제자들로 하여금 예수가 육체적으로 부활했다고 확신하도록 만들었다고 주장해왔는데, 앨리슨은 이에 동의한다.[78] 나는 예수가 육체적으로 부활했다는 제자들과 바울의 믿음이 우리의 연구와 관련이 있는 역사적 기반의 일부가 아니라는 점을 기꺼이 인정한다. 내가 그 점을 이 시점에서 논의하는 것은 우리는 지금 앨리슨의 가설에 대해 평가하고 있는데 앨리슨이 그것을 인정하기 때문이다.

---

75 Allison(*Resurrecting Jesus*, 2005), 284-85.

76 Allison(*Resurrecting Jesus*, 2005)은 바울에게 나타난 것에 관한 사도행전의 설명이 적어도 대체로 정확하며 그 궁극적 출처가 바울 자신이라고 믿는다(236, 263-64). 또한 Allison은 정경 복음서의 부활 내러티브들이 완전한 창작일 가능성이 낮다고 주장한다(288).

77 이 책의 4.3.2를 보라.

78 이 책의 4.3.3.9-10을 보라. 또한 Allison(*Resurrecting Jesus*, 2005), 314, 317, 325 각주 497도 보라.

2.3. 몸의 부활

앨리슨은 제자들과 바울 모두 예수가 육체적으로 부활했고 예수의 무덤이 비었다고 믿었다고 확고하게 결론을 내리기는 하지만, 그는 몸의 부활 개념 자체와 씨름한다. 그는 자신이 머뭇거리는 두 가지 이유를 제시한다. 우리의 분자 구성은 계속 변하는 상태에 있기 때문에 우리 몸의 분자들은 20년 전의 우리 몸의 분자들과 다르다. 하나님이 우리의 몸이 죽을 때 갖고 있던 분자들을 부활시킬 경우, 만약 그런 분자들 중 일부가 부활하는 다른 사람에게도 속해 있다면 문제가 발생할 것이다.[79] 앨리슨이 고생하고 있는 수렁을 예시해보자. 조셉이라는 사람이 사자에게 잡아 먹혔는데 그 사자는 나중에 매튜라는 사람에게 잡아 먹혔다고 가정하자. 몇 년 뒤에 매튜는 장기 여행을 하던 중에 살해당했다. 그의 썩어가는 시신은 벌레들에게 먹혔고, 그 벌레들은 새들의 먹이가 되었고, 그 새들 중 하나가 루시안이라는 사람에게 잡아 먹혔다. 마지막으로 루시안도 죽는다. 부활할 때 그 분자들은 세 사람 중 누구의 분자가 될 것인가? 세 사람 모두 그 분자들을 갖고 있었으니 말이다.

몸의 부활에 대한 앨리슨의 머뭇거림은 또한 "인간의 정체성은 현재의 물질적인 몸으로 구성되지 않는다는 널리 퍼져 있는 지적 신조"에 대한 그의 동의에 뿌리를 두고 있으며[80] 또한 앨리슨은 죽은 자들이 그들의 시신으로 돌아가야 할 필요가 없다고 생각하기 때문이다. 그러므로 예수가 육체적으로 부활했다고 할지라도 아마도 우리에게 같은 일이 일어나지는 않을 것이다.[81] 그리고 몸으로 부활하지 않는 것이 우리에게 일어

---

79 Allison(*Resurrecting Jesus*, 2005), 222-24; Allison(2008), 318과 비교하라.

80 Allison(*Resurrecting Jesus*, 2005), 225.

81 Allison(*Resurrecting Jesus*, 2005), 225-26.

나는 방식이라면, 왜 그것이 예수에게는 달라야 했는가?[82] 앨리슨에게는 이 두 가지 "문자적 부활에 반대하는 철학적 논거는 성경의 저자들이 뭐라고 생각했든 간에 우리에게" 미래의 부활에 대한 기대에 대해 "문자적이지 않은 이해를 제시하게 할 만큼 충분히 강력하다."[83]

우리는 보편적 부활 때 죽은 자들의 구체적인 분자들에 무슨 일이 일어날지에 관해 끊임없는 토론을 벌일 수도 있을 것이다. 그러나 나는 왜 우리가 "전부 아니면 전무"라는 난국에 직면해야 하는지 알 수 없다. 만약 하나님이 죽은 자를 일으킬 수 있다면 하나님이 또한 조셉, 매튜 그리고 루시안에게 독특한 분자들은 부활시키고, 루시안의 몸 안에 혼합되어 있던 분자들에 대해서는 조셉과 매튜의 몸 안에 새로운 분자들로 대체해 넣을 수는 없는가? 하나님은 복원된 몸을 만들 수 있는가? 하나님은 내가 열 살 때 갖고 있던 분자들을 회복시킬 수 있는가? 우리의 사멸할 몸이 동시에 일으켜져 변화될 것이라는 바울의 주장이 옳다면, 하나님은 우리가 갖고 있는 것을 하나님이 원하는 것으로 변화시킬 수 있다. 나는 이런 명제들 중 어느 것이 부활 때 실제로 일어나리라고 주장하는 것이 아니라 단지 앨리슨의 머뭇거림이 불필요하다는 것을 보여주고자 할 뿐이다.

우리 인간의 정체성이 우리의 물질적인 몸과 연결될 필요가 있어야만 몸이 부활할 이유가 있는 것은 아니다. N. T. 라이트는 이렇게 말한다. "전체 유대 사회와 초기 기독교에서 부활은 창조가 중요하며 몸을 가진 인간이 중요하다는 궁극적인 확인이다."[84] 흥미롭게도 앨리슨은 그 주장

---

82 Allison(*Resurrecting Jesus*, 2005), 344; 225와 비교하라. Allison(2008), 319도 보라.

83 Allison(2008), 319 각주 5.

84 Wright(2003), 730.

에 동의하는 것으로 보인다.

> 내가 예수의 비은유적 부활을 믿고 싶어 하는 또 다른 이유는 이것이 창조의 선함을 설득력 있게 진술하기 때문이다.…십자가형을 당한 시신을 변화시키는 것은 물질세계가 우리가 그 안에서 보고 있는 모든 악에도 불구하고—창세기 1장이 말하는 바와 같이—여전히 선하다고 말하는 또 다른 방법이다. 하나님은 물질을 버리지 않고 구속한다.…[부활은] 육체가 상속하는 모든 질병과 죄악에도 불구하고, 노화 과정에서 우리의 골관절들이 점점 더 짐이 되어감에도 불구하고, 물질의 창조주가 물질의 구속주이기도 할 만큼 창세기 1장의 메시지가 옳다고 말한다.[85]

또한 기독교의 하나님이 있다 해도 하나님이 우리의 몸을 부활시키는 이유는 우리에게 알려지지 않을 수도 있다. 그러나 몸의 부활이 앞뒤가 맞지 않는 개념이거나 기독교의 하나님의 성품과 충돌하지 않는 한, 우리가 하나님이 시신을 부활시키고 변화시키고자 하는 이유를 이해하지 못한다는 것이 미래에 일어날 보편적 부활이나 예수의 육체적 부활을 부정하기에 충분한 이유가 되지는 못한다. 아마도 예수가 육체적으로 부활했기 때문에 예수의 무덤이 비게 되었을 것이라는 앨리슨의 입장에 비춰 볼 때, 앨리슨은 다소 머뭇거리면서도 아마도 예수가 죽은 자들 가운데서 부활했을 것이라고 받아들이는 점에 주목할 필요가 있다. 앨리슨의 입장은 데이터를 공정하게 다루고 있으며 앨리슨은 역사 연구를 수행할 때 기꺼이 자신의 지평을 제쳐둔다는 것을 보여준다.

---

85 Allison(*Resurrecting Jesus*, 2005), 216-17.

2.4. 결론

죽은 자의 환영에 관한 앨리슨의 연구는 신선하고 흥미롭다. 환영에 대한 보고들은 아주 풍성하다. 이 보고들 중 환각으로 무시될 수 있는 것들도 많고, 문서 증거가 빈약한 것들도 있다. 그러나 앨리슨은 그중 어떤 보고들은 신뢰할 만하며 심리적 현상으로 무시되어서는 안 된다는 것을 설득력 있게 주장했다. 그런 경험들은 영적 차원—아마도 내세—의 존재를 암시하며 형이상학적 자연주의에 도전한다. 이런 발견은 부활 가설에 타당성을 추가한다.

앨리슨의 가설(AH)을 두 가지 각도에서 추가로 평가할 수 있을 것이다. 첫 번째는 앨리슨이 그의 신학적 전제들 및 세계관과 결합된 데이터에 근거해서 예수에게 일어났다고 결론짓는 것에 대해 고찰한다. 두 번째는 앨리슨이 역사가들이 제시할 수 있다고 여기는 것에 대해 고찰한다. 나는 전자를 AH-1으로 부르고 후자를 AH-2로 부를 것이다.

AH-1/2는 설명 범위에서 RH와 경쟁한다. AH-1은 설명력에서 RH와 대등한 반면에 AH-2에 대해서는 그렇게 말하기 어렵다. 왜냐하면 AH-2는 예수가 부활했고 다른 사람들에게 출현했다는 믿음이 자연적 원인에 기인한 것인지 또는 초자연적 원인에 기인한 것인지에 관한 질문을 미결상태로 놔두기 때문이다. 앨리슨은—버미스와 마찬가지로—그런 판단을 내리기에 충분한 데이터가 없다고 주장한다. 그러나 그렇다고 해서 AH-2의 그런 능력 부족이 정당화되지는 않는다. 특정 가설이 어떤 이유로든 부족한 점들이 있으면서도 최상의 설명이 될 수도 있다. 앨리슨이 진정한 환영들에 호소하는 점에 비춰볼 때, AH-1이 타당성 기준을 통과한다고 말할 수 있다. 왜냐하면 AH-1은—비록 나는 그것이 널리 인정된 결론이라고 말하기를 주저하지만—진정한 환영들이 영적 차원에 대한 증거라고 주장하기 때문이다. AH-2는 타당성 기준에서는 중립적이다. 왜냐하면 AH-2는 무슨 일이 발생했는지에 관해 어떤 주장도 하지 않기 때문이다. 그러므로 AH-1은 타당성 측면에서 AH-2보다 약간 우월하다. RH도 현실에 대한 영적 차원에 대한 증거로서 진정한 환영들에 호소할 수도 있다. 따라서 RH도 AH-1과 마찬가지로 타당성 기준을 통과한다. 그러나 RH는 세계관과 독립적으로 이 일을 할 수 있는데, AH-1은 그렇게 하지 못한다. 더욱이 앞에서 RH를 평가하면서 지적했듯이, 자신에 대한 예수의 믿음과 예수가 사람들을 놀라게 한 일을 행했다는 역사적 기반을 감안하면 우리의 연구와 관련된 역사적 기반에 의해 예수의 부활이 암시된다. 그러므로 RH는 어느 정도의 타당성이 있다. 그 결과 RH는 타당성 측면에서 약간이라도 AH-2보다 낫다.

AH-1은 옹호되지 않는 앨리슨의 신학적 전제들과 세계관을 통합하며, 따라서 임기응변적인 요소가 있다. AH-2는 이 조치를 삼가며 따라서 덜 임기응변적이라는 기준에서는 AH-1보다 낫다. 마지막으로, AH-1이 진정한 환영들에 호소하는 것은 다소 회의적인 학자들에게 대체로 무시되거나 너무 빨리 무시되는 현실에 대해 빛을 비춰준다. 현실은 자연주의자들이 상상하는 것보다 훨씬 더 복잡하다. AH-2는 무슨 일이 일어났는지에 대해 아무 주장도 하지 않으므로, AH-2는 아무 조명도 제공하지 않는다.

요약하자면, AH-1은 다른 형태의 RH다. AH-1은 임기응변적인 요소가 있기 때문에 RH보다 약간 열등하다. AH-2는 불가지론의 한 형태다. 설명 범위가 더 넓고 타당성이 부정적이지 않고 중립적이라는 점을 감안할 때 AH-2가 VH보다 약간 낫기는 하지만, AH-2는 설명력에서 RH에 뒤지고, 타당성에서는 RH보다 약간 열등하며, 조명은 제공하지 못한다. 더욱이 RH는 위에서 언급한 AH-2가 겪고 있는 내적 도전에도 직면하지 않는다. AH-2는 RH보다 열등하다고 판단되어야 한다.

표 A.1 AH에 대한 분석

	설명 범위	설명력	타당성	덜 임기응변적임	조명
VH	실패	실패	실패	통과	—
GH	통과	실패	실패	실패	통과
LH	통과	실패	실패	실패	통과
CsH	통과	실패	실패	실패	통과
CfH	실패	실패	실패	실패	통과
RH	통과	통과	통과	통과	통과
AH-1	통과	통과	통과	실패	통과
AH-2	통과	실패	실패	통과	—

참고문헌

"A Statistical Summary of Survey Results." *The Practice of American History: A Special Issue of The Journal of American History* 81.3 (1994).

Abernathy, D. "Christ as Life-Giving Spirit in 1 Corinthians 15:45." *Irish Biblical Studies* 24 (2002): 2-13.

Abogunrin, S. O. *The First Letter of Paul to the Corinthians*. African Bible Commentaries. Ibadan, Nigeria: Daystar, 1991.

Ackerman, D. A. *Lo, I Tell You a Mystery: Cross, Resurrection, and Paraenesis in the Rhetoric of 1 Corinthians*. Eugene, Ore.: Pickwick, 2006.

Adams, A. C. Review of *The Lost Gospel: The Book of Q and Christian Origins*, by Burton L. Mack. *Lexington Theological Quarterly* 31.2 (1996): 147-54.

Adler, J. J. "The Bible and Life After Death" *Jewish Bible Quarterly* 22.2 (1994): 85-90.

Alana, O. E. "The Secret Disciples of Jesus." *Deltion Biblikon Meleton* 22.1 (1993): 43-48.

———. "The Challenge of Being Jesus' Disciple Today." *African Ecclesial Review* 42 (March 2000): 114-19.

Aland, K., and B. Aland. *The Text of the New Testament*. Translated by E. F. Rhodes. 2nd ed. Grand Rapids: Eerdmans, 1989.

Aleman, A., and F. Larøi. *Hallucinations: The Science of Idiosyncratic Perception*. Washington, D.C.: American Psychological Association, 2008.

Allison, D. C. *Jesus of Nazareth: Millenarian Prophet*. Minneapolis: Fortress, 1998.

———. *Resurrecting Jesus: The Earliest Christian Tradition and Its Interpreters*. New York: T & T Clark, 2005.

———. "Explaining the Resurrection: Conflicting Convictions." *Journal for the Study of the Historical Jesus* 3.2 (2005): 117-33.

———. "The Resurrection of Jesus and Rational Apologetics." *Philosophia Christi* 10.2 (2008): 315-35.

Alsup, J. E. *The Post-Resurrection Appearance Stories of the Gospel Tradition*. London: SPCK, 1975.

———. "Resurrection and Historicity." *Austin Seminary Bulletin* 103.8 (1988): 5-18.

Alves, M. I. "Ressurreição e Fé pascal." *Didaskália*, 19.2 (1989): 277-541.

———. *Ressurreição e Fé Pascal*. Fundamenta 8. Lisbon: Didaskália, 1991.

Anchor, R. "The Quarrel Between Historians and Postmodernists." *History and Theory* 38.2 (1999): 111-21.

———. "On How to Kick the History Habit and Discover that Every Day in Every

Way, Things are Getting Meta and Meta and Meta . . ." *History and Theory* 40 (February 2001): 104-16.

Anderson, J. "A Look at Implicit Information in Rabbinical Argumentation." *Notes on Translation* 13 (March 1999): 13-14.

Anderson, P. N., F. Just and T. Thatcher, eds. *John, Jesus, and History*. Vol. 1, *Critical Appraisals of Critical Views*. Atlanta: Society of Biblical Literature, 2007.

Ankerberg, J. F., ed. *Resurrected? An Atheist and Theist Dialogue*. Lanham, Md.: Rowman and Littlefield, 2005.

Ankersmit, F. R. *History and Tropology: The Rise and Fall of Metaphor*. Berkeley: University of California Press, 1994.

———. "Historiography and Postmodernism." In *The Postmodern History Reader*. Edited by K. Jenkins. London: Routledge, 1997.

———. *Historical Representation: Cultural Memory in the Present*. Stanford: Stanford University Press, 2002.

———. "An Appeal from the New to the Old Historicists." *History and Theory* 42 (March 2003): 253-70.

Ankersmit, F. R., and H. Kellner, eds. *A New Philosophy of History*. Chicago: University of Chicago Press, 1995.

Anonymous. "Gesù nella storia. Una vita che non si chiude con la morte." *La Civiltà Cattolica* 144.3428 (1993): 105-15.

Anonymous. "La risurrezione di Gesù. I. Il fatto: Gesù 'è veramente risorto.'" *La Civiltà Cattolica*, 145.3466 (1994): 319-32.

Appleby, J., L. Hunt and M. Jacob. *Telling the Truth About History*. New York: W. W. Norton, 1994.

Arichea, D. C., and E. A. Nida. *A Handbook on Paul's Letter to the Galatians*. New York: United Bible Societies, 1993.

Arndt, W., F. W. Danker and W. Bauer. *A Greek-English Lexicon of the New Testament and Other Early Christian Literature*. 3rd ed. Chicago: University of Chicago Press, 2000.

Asher, J. R. *Polarity and Change in 1 Corinthians 15: A Study of Metaphysics, Rhetoric, and Resurrection*. Tubingen: Mohr Siebeck, 2000.

Aune, D. E., ed. *Greco-Roman Literature and the New Testament: Selected Forms and Genres*. Atlanta: Scholars Press, 1988.

Ayer, A. J. "What I Saw When I Was Dead." In *Does God Exist?* Edited by T. Miethe and A. Flew. San Francisco: HarperSanFrancisco, 1991.

Babinet, R. "L'icône 'acheiropoïète' du Sindon, est-elle un signe de foi en Christ ressuscité?" *Esprit and Vie* 98.44 (1988): 593-605.

Bachner, S. "When History Hurts." *History and Theory* 42.10 (2003): 398-411.

Badia, L. F. *Jesus: Introducing His Life and Teaching*. Mahwah, N.J.: Paulist, 1985.

Baigent, M. *The Jesus Papers: Exposing the Greatest Cover-Up in History*. San Francisco: HarperSanFrancisco, 2006.

Bann, S. "Cinema and the Rescue of Historicity." *History and Theory* 41.12 (2002): 124-33.
Barnett, P. *Is the New Testament History?* London: Hodder and Stoughton, 1987.
———. "The Importance of Paul for the Historical Jesus." *Crux* 29 (March 1993): 29-32.
———. "The Apostle Paul, the Bishop of Newark, and the Resurrection of Jesus." *Crux* 30 (March 1994): 2-11.
——— *Jesus and the Logic of History*. Downers Grove, Ill.: InterVarsity Press, 1997.
——— *The Second Epistle to the Corinthians*. New International Commentary on the New Testament. Grand Rapids: Eerdmans, 1997.
———. "Jesus and the Logic of History." *Crux* 33 (1997): 2-10.
———. *Jesus and the Rise of Early Christianity: A History of New Testament Times*. Downers Grove, Ill.: InterVarsity Press, 1999.
———. *Is the New Testament Reliable?* Rev. ed. Downers Grove, Ill.: InterVarsity Press, 2003.
———. *The Birth of Christianity: The First Twenty Years*. Grand Rapids: Eerdmans, 2005.
Barrera, J. C. B. "Making History, Talking About History." *History and Theory* 40 (2001): 190-205.
———. "On History Considered As Epic Poetry." *History and Theory* 44 (2005): 182-94.
Barrett, C. K. *The Epistle to the Romans*. Harper's New Testament Commentaries. New York: Harper and Row, 1957.
———. *Jesus and the Gospel Tradition*. London: SPCK, 1967.
———. *A Commentary on the First Epistle to the Corinthians*. New York: Harper and Row, 1968.
———. *The Second Epistle to the Corinthians*. New York: Harper and Row, 1973.
Barta, K. A. "Resurrection Narratives: Thresholds of Faith." *The Bible Today* 27 (1989): 160-65.
Bartholomew, D. J. *Uncertain Belief: Is It Rational to Be a Christian?* New York: Oxford University Press, 2000.
Bartolomé, J. J. *La resurreccion de Jesús. Experiencia y testimonios neotestamentarios*. Folletos Biblicos 3. Caracas: Asociacion Biblica Salesiana, 1992.
Barton., S., and G. Stanton, eds. *Resurrection: Essays in Honour of Leslie Houlden*. London: SPCK, 1994.
Bauckham, R. *God Crucified: Monotheism and Christology in the New Testament*. Grand Rapids: Eerdmans, 1998.
———. *Gospel Women: Studies of the Named Women in the Gospels*. Grand Rapids: Eerdmans, 2002.
———. *Jesus and the Eyewitnesses: The Gospels as Eyewitness Testimony*. Grand Rapids: Eerdmans, 2006.
———. *The Testimony of the Beloved Disciple: Narrative, History, and Theology in the Gospel of John*. Grand Rapids: Baker Academic, 2007.

Baudy, G. "Das Evangelium des Thamus und der Tod des 'grossen Pan.' Ein Zeugnis romfeindlicher Apokalyptik aus der Zeit des Kaisers Tiberius?" *Zeitschrift für Antikes Christentum/Journal of Ancient Christianity* 4 (2000): 13-48.

Baxter, A. "Historical Judgement, Transcendent Perspective and 'Resurrection Appearances,'" *Heythrop Journal*, 40 (1999): 19-40.

Bayer, H. F. *Jesus' Predictions of Vindication and Resurrection: The Provenance, Meaning and Correlation of the Synoptic Predictions*. Tubingen: Mohr, 1986.

Beale, G. K. *1-2 Thessalonians*. IVP New Testament Commentary. Downers Grove, Ill.: InterVarsity Press, 2003.

Beale, G. K., and D. A. Carson, eds. *Commentary on the New Testament Use of the Old Testament*. Grand Rapids: Baker Academic, 2007.

Beaudoin, J. "Natural Uniformity and Historiography." *Philosophia Christi* 8.1 (2006): 115-23.

Becker, U., F. Johannsen and D. H. Noormann. *Neutestamentliches Arbeitsbuch für Religionspädagogen*. Urban-Taschenbucher 439. Stuttgart: Kohlhammer, 1997.

Beckwith, F. J. "Identity and Resurrection: A Review Article." *Journal of the Evangelical Theological Society* 33 (1990): 369-73.

Bedenbender, A. "Die Epilog des Markusevangeliums—revisited" *Texte and Kontexte* 22 (1999): 28-64.

Behe, M. J. *Darwin's Black Box*. New York: Free Press, 1996.

Bell, C. "Paradigms Behind (and Before): the Modern Concept of Religion." *History and Theory* 45 (2006): 27-46.

Belleville, L. L. *2 Corinthians*. IVP New Testament Commentary. Downers Grove, Ill.: InterVarsity Press, 1996.

Benner, D. G., and P. C. Hill, eds. *Baker Encyclopedia of Psychology and Counseling*. 2nd ed. Grand Rapids: Baker, 1999.

Bentley, M. "Herbert Butterfield and the Ethics of Historiography." *History and Theory* 44 (2005): 55-71.

Bentz-Letts, A. "Jesus' Death and Resurrection." *Encounter* 58 (1997): 251-74.

Berger, K. "Wörtlich nehmen ist naiv. Gespräch mit dem Heidelberger Neutestamentler Klaus Berger über die richtige Auslegung der Bibel." *Zeitzeichen* 4 (2003): 39-41.

Bergeson, B. "Buried in the Church: Raised in the Bread! Literary Observations in Mark's Gospel." *Biblical Theology Bulletin* 26 (1996): 64-69.

Berry, S. "On the Problem of Laws in Nature and History: a Comparison." *History and Theory* 38 (1999): 122-37.

Bethell, T. "Agnostic Evolutionists: The Taxonomic Case Against Darwin." *Harper's*, February 1985.

Betz, H. D. *Hellenismus und Urchristentum*. Gesammelte Aufsätze 1. Tübingen: Mohr-Siebeck, 1990.

Black, D. A. *Why Four Gospels? The Historical Origins of the Gospels* Grand Rapids:

Kregel, 2001.
Black, M. "The Strange Visions of Enoch." *Biblical Review* 3 (1987): 20-23, 38-42.
Blackburn, B. *Theios Anēr and the Markan Miracle Traditions: A Critique of the* Theios Anē *Concept as an Interpretative Background of the Miracle Traditions Used by Mark*. Tubingen: J. C. B. Mohr, 1991.
Blackburn, R. J. "The Philosophy of Historiography?" *History and Theory* 39 (2000): 263-72.
Blank, J. "Sucht den Lebenden nicht bei den Toten. Zum gegenwärtigen Stand der theologischen Diskussion um die Auferstehung Jesu." *Orientierung* 50 (1986): 62-65.
Blomberg, C. *The Historical Reliability of John's Gospel: Issues and Commentary*. Downers Grove, Ill.: InterVarsity Press, 2001.
———. *The Historical Reliability of the Gospels*. 2nd ed. Downers Grove, Ill.: InterVarsity Press, 2007.
Boa, K. D., and R. M. Bowman Jr. *Sense and Nonsense about Angels and Demons*. Grand Rapids: Zondervan, 2007.
Bock, D. L. *Blasphemy and Exaltation in Judaism: The Charge against Jesus in Mark 14:53-65*. Grand Rapids: Baker, 2000.
———. *The Missing Gospels: Unearthing the Truth Behind Alternative Christianities*. Nashville: Thomas Nelson, 2006.
Boismard, M.-É. *Faut-il encore parler de "résurrection"? Les données scripturaires*. Théologies. Paris: Cerf, 1995.
Bolt, P. G. "Mark 16:1-8: The Empty Tomb of a Hero." *Tyndale Bulletin* 47 (1996): 27-37.
Bommarius, A. ed. *Fand die Auferstehung wirklich statt? Eine Diskussion mit Gerd Lüdemann*. Dusseldorf: Parerga, 1995.
Borg, M. *Jesus, A New Vision: Spirit, Culture, and the Life of Discipleship*. San Francisco: HarperCollins, 1987.
———. *Jesus: Uncovering the Life, Teachings, and Relevance of a Religious Revolutionary*. San Francisco: HarperSanFrancisco, 2006.
Borg, M. J., and J. D. Crossan. *The Last Week: What the Gospels Really Teach About Jesus's Final Days in Jerusalem*. San Francisco: HarperSanFrancisco, 2006.
Borg, M. J., and N. T. Wright. *The Meaning of Jesus: Two Visions*. San Fracisco: HarperSanFrancisco, 1998.
Borgen, P., and S. Giversen, eds. *The New Testament and Hellenistic Judaism*. Aarhus, Denmark: Aarhus University Press, 1995.
Bornkamm, G. *Jesus of Nazareth*. Translated by I. and F. McLuskey with J. M. Robinson. New York: Harper and Row, 1960.
Bostock, G. "Do We Need an Empty Tomb?" *Expository Times* 105 (1994): 201-5.
———. "Osiris and the Resurrection of Christ." *Expository Times* 112 (2001): 265-71.
Botha, S. P. "'n Opstanding met verheerlikte liggame in Matteus 27:51b-53? 'sn

Noukeurige lees van die teks" [A Glorified Bodily Resurrection in Matthew 27:51b-53? A Close Reading of the Text], *Hervormde Teologiese Studies* 52 (1996): 270-84.

Bowman, R. M., and J. E. Komoszewski. *Putting Jesus in His Place: The Case for the Deity of Christ*. Grand Rapids: Kregel, 2007.

Braaten, C. E. "The Resurrection Debate Revisied" *Pro Ecclesia* 8 (1999): 147-58.

Brambilla, F. G. "Risurrezione di Gesù e fede dei discepoli." *Scuola Cattolica* 119 (1991): 547-617.

———. "La fede nella risurrezione di Gesù: modelli attuali di comprensione." *Rivista di Teologia dell'Evangelizzazione* 1 (1997): 29-55.

Bray, G. "Crucifixion et résurrection." *Revue Réformée* 49 (1998): 76-88.

Breisach, E. *Historiography: Ancient, Medieval, and Modern*. 2nd ed. Chicago: University of Chicago Press, 1994.

Bremmer, J. N. "The Resurrection between Zarathustra and Jonathan Z. Smith." *Nederlands Theologisch Tijdschrift* 50 (1996): 89-107.

Briggs, R. S. *Words in Action: Speech Act Theory and Biblical Interpretation*. New York: T & T Clark, 2001.

Brighton, L. A. "Three Modes of Eternal Life." *Concordia Journal* 27 (2001): 298-309.

Brodeur, S. *The Holy Spirit's Agency in the Resurrection of the Dead: An Exegetico-Theological Study of 1 Corinthians 15,44b-49 and Romans 8,9-13*. Rome: Gregorian University Press, 1996.

Broer, I., and J. Werbick, ed. *"Der Herr ist wahrhaft auferstanden"(Lk 24,34). Biblische und systematische Beiträge zur Entstehung des Osterglaubens*. Stuttgarter Bibelstudien 134. Stuttgart: Katholisches Bibelwerk, 1988.

Bromiley, G. W., et al., ed. *The International Standard Bible Encyclopedia*. Vol. 4, *Q-Z*. Grand Rapids: Eerdmans, 1988.

Bronner, L. L. "The Resurrection Motif in the Hebrew Bible: Allusions or Illusions?" *Jewish Bible Quarterly* 30 (2002): 43-154.

Brown, C. *Miracles and the Critical Mind*. Grand Rapids: Eerdmans, 1984.

Brown, D. *The Da Vinci Code*. New York: Doubleday, 2003.

Brown, R. E. *The Virginal Conception and Bodily Resurrection of Jesus*. New York: Paulist, 1973.

———. *Responses to 101 Questions on the Bible*. Mahwah, N.J.: Paulist, 1990.

———. *A Risen Christ in Eastertime: Essays on the Gospel Narratives of the Resurrection*. Collegeville, Minn.: Liturgical, 1991.

———. *The Birth of the Messiah*. Updated Ed. New York: Doubleday, 1993.

———. *The Death of the Messiah*. Two Vols. New York: Doubleday, 1994.

———. *An Introduction to New Testament Christology*. Mahwah, N.J.: Paulist, 1994.

———. *An Introduction to the New Testament*. New York: Doubleday, 1997.

———. *An Introduction to the Gospel of John*. Edited by F. J. Moloney. New York: Doubleday, 2003.

Bruce, F. F. *Jesus and Christian Origins Outside the New Testament*. Grand Rapids: Eerdmans, 1974.

———. *The Epistle to the Galatians: A Commentary on the Greek Text*. Grand Rapids: Eerdmans, 1982.

———. *The Gospel and Epistles of John*. Grand Rapids: Eerdmans, 1983.

———. *Romans*. Rev. ed. Tyndale New Testament Commentaries. Grand Rapids: Eerdmans, 1985.

———. *Paul: Apostle of the Heart Set Free*. 1977. Reprint, Grand Rapids: Eerdmans, 2000.

Bryan, D. J. "The Jewish Background to *The Resurrection of the Son of God* by N. T. Wright." *Journal for the Study of the Historical Jesus* 3.2 (2005): 155-69.

Bultmann, R. *Jesus and the Word*. London: Collins/Fontana, 1958.

———. *History of the Synoptic Tradition*. New York: Harper and Row, 1976.

———. "NT and Mythology: The Problem of Demythologizing the New Testament Proclamation." In *New Testament and Mythology and Other Basic Writings*. Philadelphia: Fortress, 1985.

———. *The Second Letter to the Corinthians*. Translated by R. A. Harrisville. Minneapolis: Augsburg, 1985. Originally published in German as *Der zweite Brief an die Korinther*, 1976.

Burridge, R. A. *What are the Gospels? A Comparison with Graeco-Roman Biography*. 2nd ed. Grand Rapids: Eerdmans, 2004.

———. *Four Gospels, One Jesus? A Symbolic Reading*. 2nd ed. Grand Rapids: Eerdmans, 2005.

Burridge, R. A., and G. Gould. *Jesus Now and Then*. Grand Rapids: Eerdmans, 2004.

Burrows, M. S., and P. Rorem, eds. *Biblical Hermeneutics in Historical Perspective: Studies in Honor of Karlfried Froehlich on His Sixtieth Birthday*. Grand Rapids: Eerdmans, 1991.

Busto, J. R. "Exégesis de los relatos de la resurrección (Jn 20, 11-29, 21; Lc 24, 13-35)." *Manresa* 59 (1987): 325-35.

Butler, J. "Theory and God in Gotham." *History and Theory* 45 (2006): 47-61.

Buzzard, A. "Life After Death: Resurrection or the Intermediate State?" *Journal from the Radical Reformation* 2 (1992): 22-36.

Byrd, R. C. "Positive Therapeutic Effects of Intercessory Prayer in a Coronary Care Unit Population." *Southern Medical Journal* 81.7 (1988): 826-29.

Byrne, B. "Eschatologies of Resurrection and Destruction: The Ethical Significance of Paul's Dispute with the Corinthians." *Downside Review* 104 (1986): 288-98.

———. Romans. Sacra Pagina 6. Collegeville, Minn.: Liturgical, 1996.

Byrskog, S. *Story as History—History as Story: The Gospel Tradition in the Context of Ancient Oral History*. Boston: Brill, 2002.

Caba, J. *Resucitó Cristo, mi esperanza. Estudio exegético*. Biblioteca de Autores Cristianos 475. Madrid: Editorial Catolica, 1986.

Caird, G. B. *The Language and Imagery of the Bible*. London: Duckworth, 1980.
Cairns, E. E. *God and Man in Time*. Grand Rapids: Baker, 1979.
Cameron, R. "Seeing Is Not Believing: The History of a Beatitude in the Jesus Tradition." *Forum* 4 (1988): 47-57.
Cappi, M. "Il sacrificio di Cristo riflesso nell'Uomo della Sindone." *Sacra Doctrina* 42 (1997): 208-71.
Carmy, S. "The Shadow of a Doubt." Review of *The Origins of Reasonable Doubt*, by James Q. Whitman. *First Things* (July 2008): 42-46.
Carnley, P. *The Structure of Resurrection Belief*. New York: Oxford University Press, 1987.
Carrier, R., and M. Licona. *Did Jesus Rise from the Dead?* Debate on privately produced DVD (2003). 〈www.4truth.net/carrierdebate1〉에서 비디오를 입수할 수 있다.
Carson, D. A. "Matthew." *Expositor's Bible Commentary on CD-ROM*. Edited by F. Gaebelein. Grand Rapids: Zondervan, 1998.
Carter, J. "Telling Times: History, Emplotment, and Truth." *History and Theory* 42 (2003): 1-27.
Casey, M. T. "The Holy Shroud of Turin." *Irish Theological Quarterly* 56 (1990): 60-62.
Catchpole, D. *Resurrection People: Studies in the Resurrection Narratives of the Gospels*. Macon, Ga.: Smyth and Helwys, 2002.
Charlesworth, J. H. *The Historical Jesus*. Nashville: Abingdon, 2008.
Charlesworth, J. H., et al. *Resurrection: The Origin and Future of a Biblical Doctrine*. New York: T & T Clark, 2006.
Chilton, B. D., and C. A. Evans, eds. *Studying the Historical Jesus. Evaluations of the State of Current Research*. New Testament Tools and Studies 19. New York: Brill, 1994.
———. *Authenticating the Activities of Jesus*. Boston: Brill, 1999.
———. *Authenticating the Words of Jesus*. Boston: Brill, 2002.
Chilton, B. D., and J. Neusner, eds. *The Brother of Jesus: James the Just and His Mission*. Louisville: Westminster John Knox, 2001.
Chow, S. *The Sign of Jonah Reconsidered: A Study of Its Meaning in the Gospel Traditions*. Coniectanea Biblica, New Testament Series 27. Stockholm: Almqvist and Wiksell, 1995.
Christensen, J. "And that He Rose on the Third Day According to the Scriptures." *Scandinavian Journal of the Old Testament* 4 (1990): 101-13.
Christian, D. "History in the Landscapes of Modern Knowledge." *History and Theory* 43 (2004): 360-71.
Cladis, M. S. "Modernity *in* Religion: A Response to Constantin Fasolt's 'History and Religion in the Modern Age.'" *History and Theory* 45 (2006): 93-103.
Clarke, D. *The Angel of Mons: Phantom Soldiers and Ghostly Guardians*. West Sussex, U.K.: Wiley, 2005.
Coggins, R. J., and J. L. Houlden, eds. *A Dictionary of Biblical Interpretation*. London:

SCM, 1990.

Collins, F. S. *The Language of God: A Scientist Presents Evidence for Belief*. New York: Free Press, 2006.

Collins, R. E. "I Command that this Letter Be Read." In *The Thessalonians Debate: Methodological Discord or Methdological Synthesis?* Edited by K. P. Donfried and J. Beutler. Grand Rapids: Eerdmans, 2002.

Collins, R. F. "Jesus' Ministry to the Deaf and Dumb." *Melita Theologica* 35 (1984): 12-36.

———. *First Corinthians*. Sacra Pagina 7. Collegeville, Minn.: Liturgical, 1999.

Connelly, J. "A Time for Progress?" *History and Theory* 43 (2004): 410-22.

Conrad, S. "What Time Is Japan? Problems of Comparative (Intercultural) Historiography." *History and Theory* 38 (1999): 67-83.

Constant, P. "Forme textuelle et justesse doctrinale de l'Ancien Testament dans le Nouveau: La citation du Psaume 16 dans le discours d'Actes 2." *Baptist Review of Theology* 2 (1992): 4-15.

Conzelmann, H. *1 Corinthians*. Translated by J. W. Leitch. Philadelphia: Fortress, 1975.

Cook, M. L. *Responses to 101 Questions about Jesus*. Mahwah, N.J.: Paulist, 1993.

Copan, P., ed. *Will the Real Jesus Please Stand Up?* Grand Rapids: Baker, 1998.

Copan, P., and C. A. Evans, eds. *Who was Jesus?* Louisville: Westminster John Knox, 2001.

Copan, P., and R. K. Tacelli, eds. *Jesus' Resurrection: Fact or Figment?* Downers Grove, Ill.: InterVarsity Press, 2000.

Cotter, W. *Miracles in Greco-Roman Antiquity: A Sourcebook for the study of New Testament Miracle Stories*. New York: Routledge, 1999.

Craffert, P. F. "The Origins of Resurrection Faith: The Challenge of a Social Scientific Approach." *Neotestamentica* 23 (1989): 331-48.

———. " 'Seeing' a Body into Being: Reflections on Scholarly Interpretations of the Nature and Reality of Jesus' Resurrected Body." *Religious Theology* 9 (2002): 89-107.

———. "Mapping Current South African Jesus Research: The Schweitzerstrasse, The Wredebahn and Cultural Bundubashing." *Religion and Theology* 10.3-4 (2003): 339-77.

———. *The Life of a Galilean Shaman: Jesus of Nazareth in Anthropological-Historical Perspective*. Cambridge, UK: James Clarke and Company, 2008.

———. "Jesus' Resurrection in a Social-Scientific Perspective: Is There Anything New to be Said?" *Journal for the Study of the Historical Jesus* 7.2 (2009): 126-51.

Craffert, P. F., and P. , "Why Jesus Could Walk on the Sea but He Could Not Read and Write." *Neotestamentica* 39 (2005): 5-35.

Craig, W. L. *The Son Rises*. Chicago: Moody, 1981.

———. "The Historicity of the Empty Tomb of Jesus." *New Testament Studies* 31 (1985): 39-67.

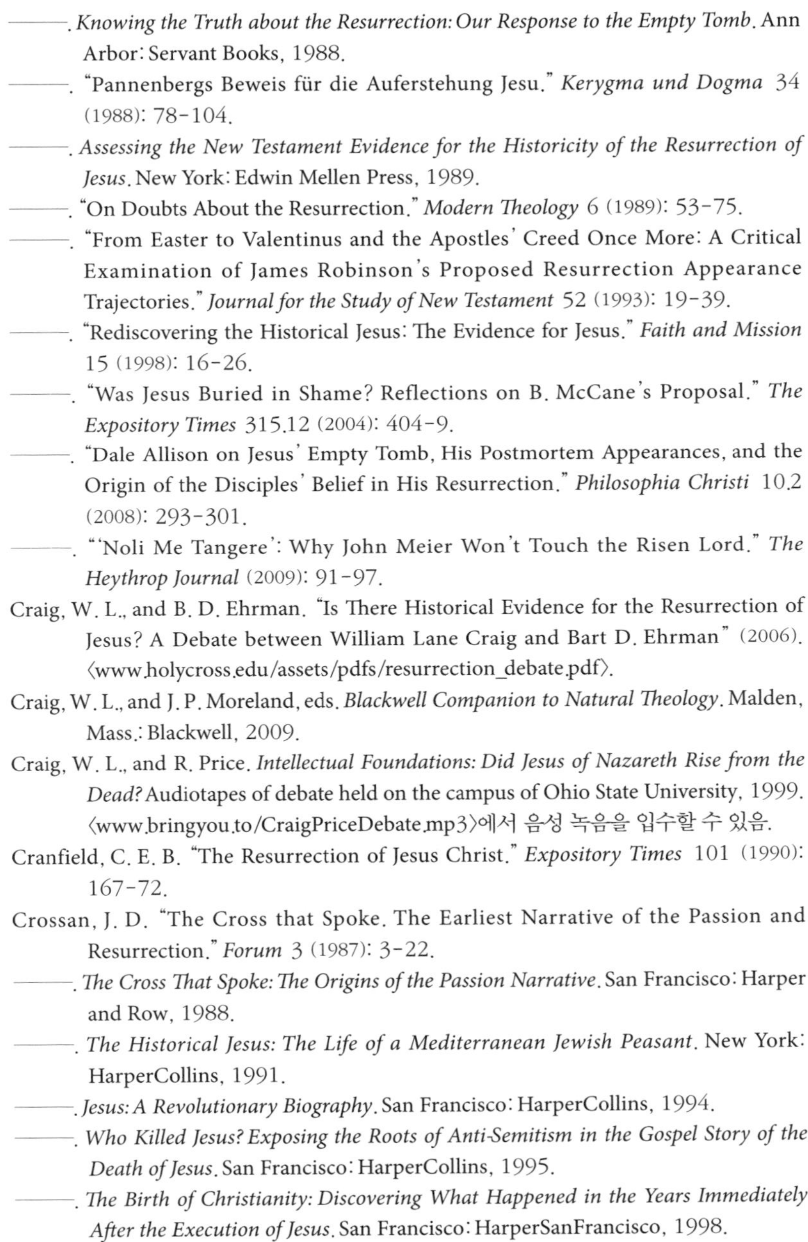

———. *Knowing the Truth about the Resurrection: Our Response to the Empty Tomb*. Ann Arbor: Servant Books, 1988.

———. "Pannenbergs Beweis für die Auferstehung Jesu." *Kerygma und Dogma* 34 (1988): 78-104.

———. *Assessing the New Testament Evidence for the Historicity of the Resurrection of Jesus*. New York: Edwin Mellen Press, 1989.

———. "On Doubts About the Resurrection." *Modern Theology* 6 (1989): 53-75.

———. "From Easter to Valentinus and the Apostles' Creed Once More: A Critical Examination of James Robinson's Proposed Resurrection Appearance Trajectories." *Journal for the Study of New Testament* 52 (1993): 19-39.

———. "Rediscovering the Historical Jesus: The Evidence for Jesus." *Faith and Mission* 15 (1998): 16-26.

———. "Was Jesus Buried in Shame? Reflections on B. McCane's Proposal." *The Expository Times* 315.12 (2004): 404-9.

———. "Dale Allison on Jesus' Empty Tomb, His Postmortem Appearances, and the Origin of the Disciples' Belief in His Resurrection." *Philosophia Christi* 10.2 (2008): 293-301.

———. "'Noli Me Tangere': Why John Meier Won't Touch the Risen Lord." *The Heythrop Journal* (2009): 91-97.

Craig, W. L., and B. D. Ehrman. "Is There Historical Evidence for the Resurrection of Jesus? A Debate between William Lane Craig and Bart D. Ehrman" (2006). 〈www.holycross.edu/assets/pdfs/resurrection_debate.pdf〉.

Craig, W. L., and J. P. Moreland, eds. *Blackwell Companion to Natural Theology*. Malden, Mass.: Blackwell, 2009.

Craig, W. L., and R. Price. *Intellectual Foundations: Did Jesus of Nazareth Rise from the Dead?* Audiotapes of debate held on the campus of Ohio State University, 1999. 〈www.bringyou.to/CraigPriceDebate.mp3〉에서 음성 녹음을 입수할 수 있음.

Cranfield, C. E. B. "The Resurrection of Jesus Christ." *Expository Times* 101 (1990): 167-72.

Crossan, J. D. "The Cross that Spoke. The Earliest Narrative of the Passion and Resurrection." *Forum* 3 (1987): 3-22.

———. *The Cross That Spoke: The Origins of the Passion Narrative*. San Francisco: Harper and Row, 1988.

———. *The Historical Jesus: The Life of a Mediterranean Jewish Peasant*. New York: HarperCollins, 1991.

———. *Jesus: A Revolutionary Biography*. San Francisco: HarperCollins, 1994.

———. *Who Killed Jesus? Exposing the Roots of Anti-Semitism in the Gospel Story of the Death of Jesus*. San Francisco: HarperCollins, 1995.

———. *The Birth of Christianity: Discovering What Happened in the Years Immediately After the Execution of Jesus*. San Francisco: HarperSanFrancisco, 1998.

———. "Why Jesus Didn't Marry." Beliefnet. 〈www.beliefnet.com/story/135/

story_13529_1.html〉 (2010년 3월 31일 접속).
Crossan, J. D., and J. L. Reed. *In Search of Paul: How Jesus's Apostle Opposed Rome's Empire with God's Kingdom*. San Francisco: HarperSanFrancisco, 2004.
Crossley, J. G. "Against the Historical Plausibility of the Empty Tomb Story and the Bodily Resurrection of Jesus: A Response to N. T. Wright." *Journal for the Study of the Historical Jesus* 3.2 (2005): 171-86.
Crotty, R. "The Role of Post Mortem Visions in the Jewish Intertestamental Period." *Pacifica* 8 (1995): 1-8.
Crowell, S. G. "Mixed Messages: The Heterogeneity of Historical Discourse." *History and Theory* 37 (1998): 220-44.
Croy, N. C. *The Mutilation of Mark's Gospel*. Nashville: Abingdon, 2003.
Culbertson, P. L. "What Is Left to Believe in Jesus After the Scholars Have Done With Him?" *Journal of Ecumenical Studies* 28 (1991): 1-17.
Cullmann, O. "Immortality of the Soul or Resurrection of the Dead? The Witness of the New Testament. Part Two." *Journal for the Radical Reformation* 3 (1994): 3-14.
D'Angelo, M. R. "Re-Reading Resurrection." *Toronto Journal of Theology* 16 (2000): 109-29.
D'Costa, G., ed. *Resurrection Reconsidered*. Oxford: Oneworld, 1996.
Dalferth, I. U. "Volles Grab, leerer Glaube? Zum Streit um die Auferweckung des Gekreuzigten." *Zeitschrift fur Theologie und Kirche* 95 (1998): 379-409.
Davis, S. T. *Risen Indeed: Making Sense of the Resurrection*. Grand Rapids: Eerdmans, 1993.
———. "Was Jesus Raised Bodily?" *Christian Scholar's Review* 14 (1995): 140-52.
———. "Is Belief in the Resurrection Rational? A Response to Michael Martin." *Philo* 2.1 (1999): 〈www.philoonline.org/library/davis_2_1.htm〉.
———. "The Counterattack of the Resurrection Skeptics: A Review Article." *Philosophia Christi* 8.1 (2006): 39-63.
———. "Comments on Dale Allison's Resurrecting Jesus." *Philosophia Christi* 10.2 (2008): 285-91.
Davis, S. T., D. Kendall and G. O'Collins, eds. *The Resurrection*. New York: Oxford University Press, 1998.
Dawes, G. "A Degree of Objectivity: Christian Faith and the Limits of History." *Stimulus* 6 (1998): 32-37.
Dawkins, R. *The God Delusion*. Boston: Houghton Mifflin, 2006.
Dean, C. J. "History and Holocaust Representation." *History and Theory* 41 (2002): 239-49.
DeConick, A. D. *Voices of the Mystics: Early Christian Discourse in the Gospels of John and Thomas and Other Ancient Christian Literature*. Journal for the Study of the New Testament Supplement 157. Sheffield: Sheffield Academic Press, 2001.
———. *The Thirteenth Apostle: What the Gospel of Judas Really Says*. New York: Continuum, 2007.

De Goitia, J. "El origen de la fe pascual segun Rudolf Pesch." *Estudios Eclesiasticos* 62 (1986): 23-65.

Del Agua, A. "El testimonio narrativo de la resurrección de Cristo." *Estudios Eclesiasticos* 77 (2002): 241-73.

DeLeers, S. V. "The Road to Emmaus." *Bible Today* 24 (1986): 100-107.

De Lorenzi, L. "Risurrezione di Cristo e dei morti (1Co 15. IX Colloquio Ecumenico Paolino. Roma S. Paolo: 26 sett.-2 ott. '83." *Benedictina* 31 (1984): 205-19.

De Margerie, B. "Le troisième jour, selon les Ecritures, il est ressuscité. Importance théologique d'une recherche exégétique." {Revue des Sciences Religieuses 60 (1986): 158-88.

de Mey, P. "Historical Criticism and the Resurrection of Jesus: A New Tendency in Recent Scholarship." *Louvain Studies* 23 (1998): 246-73.

de Mey, T., and E. Weber. "Explanation and Thought Experiments in History." *History and Theory* 42 (2003): 28-38.

Dembski, W. A., ed. *Mere Creation: Science, Faith and Intelligent Design*. Downers Grove, Ill.: InterVarsity Press, 1998.

———. *Intelligent Design*. Downers Grove, Ill.: InterVarsity Press, 1999.

Denaux, A. "'Bij niemand anders is er redding' (Hand. 4, 12. De uniciteit van Jezus Christus volgens het nieuwe testament" [No One Else Provides Salvation: The Unicity of Jesus Christ in the New Testament]. *Tijdschrift voor Theologie* 28 (1988): 228-46.

———. "Matteus' verhaal van Jezus' begrafenis en verrijzenis (Mt 27,57-28,20)" [Matthew's Account of Jesus' Burial and Resurrection (Mt 27:57-8:20)]. *Collationes* 32 (2002): 25-46.

———. "De Verrijzenisboodschap van Marcus 16" [The Resurrection Proclamation of Mark 16]. *Collationes* 33 (2003): 5-31.

Denomme-Rust, D. B. "The *Gospel of Peter*: Illustrated Theology." *The Bible Today* 27 (1989): 147-52.

Denton, D. L., Jr. *Historiography and Hermeneutics in Jesus Studies: An Examination of the Work of John Dominic Crossan and Ben F. Meyer*. London: T & T Clark, 2004.

Denton, M. J. *Nature's Destiny: How the Laws of Biology Reveal Purpose in the Universe*. New York: Free Press, 1998.

Derrett, J. D. M. "Palingenesia (Matthew 19.28)." *Journal for the Study of the New Testament* 20 (1984): 51-58.

Dewey, A. J. "Resurrection Texts in the Gospel of Peter." *Forum* 10 (1994): 177-96.

———. "Four Visions and a Funeral: Resurrection in the Gospel of Peter." *Journal of Higher Criticism* 2 (1995): 33-51.

Didier, J. C. "Du Sabbat au Dimanche (A propos d'une thèse récente)." *Esprit and Vie* 95 (1985): 378-80.

Diel, P. *Symbolism in the Bible: The Universality of Symbolic Language and its Psychological Significance*. Translated by N. Marans. San Francisco: Harper and

Row, 1986.

Dochhorn, J. "Auferstehung am dritten Tag? Eine problematische Parallele zu Hos 6,2." *Zeitschrift für Althebraistik* 11 (1998): 200-204.

Dodd, C. H. *The Epistle of Paul to the Romans*. Moffatt New Testament Commentary. London: Hodder and Stoughton, 1932.

———. *The Apostolic Preaching and Its Developments*. New York: Harper and Row, 1964.

Doherty, E. "The Puzzling Figure of Jesus in John Dominic Crossan's *Birth of Christianity*: A Critical Discussion." *Journal of Higher Criticism* 6 (1999): 216-58.

Donfried, K. P. *Paul, Thessalonica, and Early Christianity*. Grand Rapids: Eerdmans, 2002.

Drane, J. *Introducing the New Testament*. Philadelphia: Fortress, 1991.

———. *Son of Man: A New Life of Christ*. Grand Rapids: Eerdmans, 1993.

Drobner, H. R. *The Fathers of the Church: A Comprehensive Introduction*. Translated by S. S. Schatzmann. Peabody, Mass.: Hendrickson, 2007.

Droysen, J. G. *Outlines of the Principles of History*. Translated by E. B. Andrews. Boston: Ginn and Company, 1893.

Dudrey, R. "What the Writers Should Have Done Better: A Case for the Resurrection of Jesus Based on Ancient Criticisms of the Resurrection Reports." *Stone-Campbell Journal* 3 (2000): 55-78.

Dunn, J. D. G. *The Evidence for Jesus*. Philadelphia: Westminster Press, 1985.

———. *Romans 1-8*. Word Biblical Commentary 38a. Dallas: Word, 1988.

———. *1 Corinthians*. New Testament Guides. Sheffield: Sheffield Academic Press, 1995.

———. *Romans 9-16*. Word Biblical Commentary 38b. Dallas: Word, 2002.

———. "How Are the Dead Raised? With What Body do They Come? Reflections on 1 Corinthians 15." *Southwestern Journal of Theology* 45 (2002): 4-18.

———. *Jesus Remembered*. Grand Rapids: Eerdmans, 2003.

———. *A New Perspective on Jesus: What the Quest for the Historical Jesus Missed*. Grand Rapids: Baker Academic, 2005.

———. *Beginning from Jerusalem*. Grand Rapids: Eerdmans, 2009.

Du Toit, A. B. "Primitive Christian Belief in the Resurrection of Jesus in the Light of Pauline Resurrection and Appearance Terminology." *Neotestamentica* 23 (1989): 309-30.

Dyk, J. W., et al., eds. *Unless some one guide me...Festschrift for Karel A. Deurloo*. Amsterdamse Cahiers voor Exegese van de Bijbel en zijn Tradities, Supplement Series 2. Maastricht: Shaker, 2001.

Eastham, S. "Resurrection of the Word: The Origin of Christianity." (*Colloquium* 32 (2000): 169-200.

Echeverria, E. J. "Jesus Christ Is Risen Indeed!" *Homiletic and Pastoral Review* 100 (2000): 6-8, 10-12.

Eckardt, A. R. "Why Do You Search Among the Dead?" *Encounter* 51 (1990): 1-17.

Eckstein, H. J. "Von der Bedeutung der Auferstehung Jesu." *Theologische Beiträge* 32 (2001): 26-41.

Eddy, G. T. "The Resurrection of Jesus Christ. A Consideration of Professor Cranfield's Argument." *Expository Times* 101 (1990): 327-29.

Eddy, P. R., and G. A. Boyd. *The Jesus Legend: A Case for the Historical Reliability of the Synoptic Jesus Tradition*. Grand Rapids: Baker Academic, 2007.

Edgar, B. "Biblical Anthropology and the Intermediate State: Part I." *Evangelical Quarterly* 74 (2002): 27-45.

Edmonds, D., and J. Eidinow. *Wittgenstein's Poker: The Story of a Ten-Minute Argument Between Two Great Philosophers*. New York: HarperCollins, 2001.

Edwards, D. J. "The Post-Resurrection Appearances." *Melita Theologica* 49 (1998): 43-64.

Edwards, W. D., W. J. Gabel and F. E. Hosmer. "On the Physical Death of Jesus Christ." *Journal of the American Medical Association* 255.11 (1986): 1455-63.

Ehrman, B. D. *Jesus: Apocalyptic Prophet of the New Millennium*. New York: Oxford University Press, 1999.

———. *The Historical Jesus: Lecture Transcript and Course Guidebook*. Part 2 of 2. Chantilly, Va.: The Teaching Company, 2000.

———. *Lost Christianities: The Battles for Scripture and the Faiths We Never Knew*. New York: Oxford University Press, 2003.

———, ed. and trans. *The Apostolic Fathers*. 2 Vols. Cambridge: Harvard University Press, 2003.

———. *Lost Scriptures: Books That Did Not Make It into the New Testament*. New York: Oxford University Press, 2003.

———. *After the New Testament: The Writings of the Apostolic Fathers*. Part 2 of 2. Chantilly, Va.: The Teaching Company, 2005.

———. *The New Testament: A Historical Introduction to the Early Christian Writings*. 4th ed. New York: Oxford University Press, 2008.

———. *Jesus, Interrupted: Revealing the Hidden Contradictions in the Bible (and Why We Don't Know About Them)*. New York: HarperOne, 2009.

Ehrman, B. D., and M. R. Licona. *Can Historians Prove that Jesus Rose from the Dead?* 2 DVDs. Kansas City, Mo.: Midwestern Baptist Theological Seminary, 2008. ⟨www.4truth.net/debate1⟩.

———. *Can Historians Prove that Jesus Rose from the Dead?* 2 DVDs. Charlotte, N.C.: Southern Evangelical Seminary, 2009. ⟨www.4truth.net/debate⟩.

Ellingsworth, P., and H. Hatton, *A Translator's Handbook on Paul's First Letter to the Corinthians*. New York: United Bible Societies, 1993.

Ellingsworth, P., and E. A. Nida. *A Translator's Handbook on Paul's Letters to the Thessalonians*. New York: United Bible Societies, 1976.

Elliott, J. K. *The Apocryphal New Testament: A Collection of Apocryphal Christian Literature in an English Translation Based on M. R. James*. Oxford: Clarendon,

2005.
Ellis, E. E. "II Corinthians V. 1-10 in Pauline Eschatology." *New Testament Studies* 6 (1959/1960): 211-24.
———. "Reading the Gospels as History." *Criswell Theological Review* 3 (1988): 3-15.
Elton, G. R. *The Practice of History*. New York: Crowell, 1967.
Endres, G. L., and P. Hoffmann, "Die befreiende Erinnerung an Jesus von Nazaret. Ein Interview mit dem Neutestamentler Paul Hoffmann." *Orientierung* 63 (1999): 165-71.
Engelbrecht, J. "The Empty Tomb (Lk 24:1-12) in Historical Perspective." *Neotestamentica* 23 (1989): 235-49.
Eriksson, A. *Tradition as Rhetorical Proof: Pauline Argumentation in 1 Corinthians*. Coniectanea Biblica NT 29. Stockholm: Almqvist and Wiksell, 1998.
Eriksson, S. "Jesu uppståndelse som filosofiskt problem" [Jesus' Resurrection as a Philosophical Problem]. *Svensk Teologisk Kvartalskrift* 74 (1998): 15-23.
Evans, C. A. *Life of Jesus Research: An Annotated Bibliography*. New Testament Tools and Studies 13. New York: Brill, 1989.
———. "Did Jesus Predict His Death and Resurrection?" In *Resurrection*. Edited by S. E. Porter, M. A. Hayes and D. Tombs. Sheffield: Sheffield Academic Press, 1999.
———. *Mark 8:27-16:20*. Word Biblical Commentary. Nashville: Thomas Nelson, 2001.
———. *Ancient Texts for New Testament Studies: A Guide to the Background Literature*. Peabody, Mass.: Hendrickson, 2005.
———. "Jewish Burial Traditions and the Resurrection of Jesus." *Journal for the Study of the Historical Jesus* 3.2 (2005): 233-48.
———. "Assessing Progress in the Third Quest of the Historical Jesus." *Journal for the Study of the Historical Jesus* 4.1 (2006): 35-54.
———. *Fabricating Jesus: How Modern Scholars Distort the Gospels*. Downers Grove, Ill.: InterVarsity Press, 2006.
Evans, C. A., and E. Tov,eds. *Exploring the Origins of the Bible: Canon Formation in Historical, Literary, and Theological Perspective*. Grand Rapids: Baker Academic, 2008.
Evans, C. A., and N. T. Wright. *Jesus, the Final Days: What Really Happened*. Edited by T. A. Miller. Louisville: Westminster John Knox, 2009.
Evans, C. F. *Resurrection and the New Testament*. London: SCM, 1970.
Evans, R. J. *In Defense of History*. New York: W. W. Norton, 1999.
———. "From Historicism to Postmodernism: Historiography in the Twentieth Century." *History and Theory* 41 (2002): 79-87.
Eve, E. "Meier, Miracle and Multiple Attestation." *Journal for the Study of the Historical Jesus* 3.1 (2005): 23-45.
Fasolt, C. "History and Religion in the Modern Age." *History and Theory* 45 (2006): 10-26.
Fay, B. "Nothing But History?" *History and Theory* 37 (1998): 83-93.

———. "Unconventional History." *History and Theory* 41 (2002): 1-6.

Fee, G. D. *The First Epistle to the Corinthians*. Grand Rapids: Eerdmans, 1987.

———. *Pauline Christology: An Exegetical-Theological Study*. Peabody, Mass.: Hendrickson, 2007.

Feldman, L. H. *Josephus and Modern Scholarship: 1937-1980*. Berlin: Walter de Gruyter, 1984.

Feldman, L. H., and G. Hata,eds. *Josephus, Judaism, and Christianity*. Detroit: Wayne State University Press, 1987.

———. *Josephus, The Bible, and History*. Leiden: Brill, 1989.

Fergusson, D. "Interpreting the Resurrection." *Scottish Journal of Theology* 38 (1985): 287-305.

Feuter, P. D. "Translating Signs and Symbols in the Gospels." *Bible Translator* 35 (1984): 321-29.

Feyerabend, P. K. *Against Method*. London: Verso, 1975.

Finley, M. I. "Myth, Memory, and History." *History and Theory* 4 (1965): 281-302.

Fischer, D. H. *Historians' Fallacies*. New York: HarperPerennial, 1970.

Fish, S. *Is There a Text in This Class? The Authority of Interpretive Communities*. Cambridge: Harvard University Press, 1982.

Fisher, R. K. "The Empty Tomb Story in Mark: Its Origin and Significance." *Neotestamentica* 33 (1999): 59-77.

Fitzhugh, M. L., and W. H. Leckie Jr. "Agency, Postmodernism, and the Causes of Change." *History and Theory* 40 (2001): 59-81.

Fitzmyer, J. A. *Romans*. Anchor Bible 33. New York: Doubleday, 1993.

Flew, A., and G. R. Habermas. "My Pilgrimage from Atheism to Theism: A Discussion between Antony Flew and Gary R. Habermas." *Philosophia Christi* 6 (2004): 197-211.

Flood, E. *The Jesus Story*. Kansas City, Mo.: Sheed and Ward, 1991.

Flory, W. S. *The Gnostic Concept of Authority and the Nag Hammadi Documents*. Mellen Biblical Press Series 33. Lewiston, N.Y.: Mellen, 1995.

Førland, T. E. "The Ideal Explanatory Text in History: A Plea for Ecumenism." *History and Theory* 43 (2004): 321-40.

———. "Acts of God? Miracles and Scientific Explanation." *History and Theory* 47 (2008), 483-94.

———. "Historiography Without God: A Reply to Gregory." *History and Theory* 47 (2008), 520-32.

Fortna, R. T. "Mark Intimates/Matthew Defends the Resurrection." *Forum* 10 (1994): 197-218.

Foster, P., ed. *The Writings of the Apostolic Fathers*. New York: T & T Clark, 2007.

———, ed. *The Non-Canonical Gospels*. New York: T & T Clark, 2008.

Foucault, M. *Aesthetics, Methods, and Epistemology: Essential Works of Foucault 1954-1984*, vol. 2. Edited by J. D. Faubion. New York: New Press, 1998.

Fournier, M. "The Resurrection of Jesus." *Canadian Catholic Review* 16 (1998): 6-14.
France, R. T. *The Gospel of Mark*. New International Greek Text Commentary. Grand Rapids: Eerdmans, 2002.
Franzmann, M. "A Complete History of Early Christianity: Taking the Heretics Seriously." *Journal of Religious History* 29 (2005): 117-28.
Fredriksen, P. "What You See Is What You Get: Context and Content in Current Research on the Historical Jesus." *Theology Today* 52 (1995): 75-97.
———. *Jesus of Nazareth: King of the Jews*. New York: Vintage, 1999.
Freedman, D. N, ed. *The Anchor Bible Dictionary*. 6 vols. New York: Doubleday, 1992.
Friderg, T., B. Friberg, and N. F. Miller. *Analytical Lexicon of the Greek New Testament*. Grand Rapids: Baker, 2000.
Frost, S. M. *Exegetical Essays on the Resurrection of the Dead*. Xenia: Truth Voice, 2004.
Fryer, N. S. L. "The Intermediate State in Paul." *Hervormde Teologiese Studies* 43 (1987): 448-84.
Fueter, P. D. "Translating Signs and Symbols in the Gospels." *Bible Translator* 35 (1984): 321-29.
Fuller, S. "The Pride of Losers: A Genealogy of the Philosophy of Science." *History and Theory* 41 (2002): 392-409.
Fullmer, P. M. *Resurrection in Mark's Literary-Historical Perspective*. New York: T & T Clark, 2007.
Funk, R. W., R. W. Hoover and The Jesus Seminar. *The Five Gospels: What Did Jesus Really Say?* San Francisco: HarperSanFrancisco, 1997.
Funk, R. W., and The Jesus Seminar. *The Acts of Jesus: What Did Jesus Really Do?* San Francisco: HarperSanFrancisco, 1998.
Furnish, V. P. *II Corinthians*. Anchor Bible 32A. New York: Doubleday, 1984.
———. *The Theology of the First Letter to the Corinthians*. New Testament Theology. New York: Cambridge University Press, 1999.
Gathercole, S. *The Gospel of Judas: Rewriting Early Christianity*. New York: Oxford University Press, 2007.
Gantoy, R., ed. *La Bonne Nouvelle de la Résurrection*. Lire la Bible 66. Paris: Cerf, 1981.
Garcia, H. "Lazare, du mort vivant au disciple bien-aimé. Le cycle et la trajectoire narrative de Lazare dans le quatrième évangile." *Revue des Sciences Religieuses* 73 (1999): 259-92.
Garland, D. E. *1 Corinthians*. Baker Exegetical Commentary on the New Testament. Grand Rapids: Baker, 2003.
Gaudelet, B. "La résurrection du Christ." *La Revue Réformée* 50 (1999): 77-84.
Geisler, N. L. *The Battle for the Resurrection*. Nashville: Nelson, 1989.
———. *Baker Encyclopedia of Christian Apologetics*. Grand Rapids: Baker, 1999.
Geisler, N. L., and C. V. Meister, eds. *Reasons for Faith: Making a Case for the Christian Faith*. Wheaton: Crossway, 2007.
Geisler, N. L., and P. K. Hoffman. *Why I am a Christian: Leading Thinkers Explain Why*

They Believe. Grand Rapids: Baker, 2001.

Geivett, R. D., and G. R. Habermas, eds. *In Defense of Miracles*. Downers Grove, Ill.: InterVarsity Press, 1997.

Gerhardsson, B. "Kvinnorna som vittnen vid korset och graven" [Women as Witnesses at the Cross and the Grave]. *Svensk Teologisk Kvartalskrift*. 65 (1989):49-57.

———. *Memory and Manuscript: Oral Tradition and Written Transmission in Rabbinic Judaism and Early Christianity with Tradition and Transmission in Early Christianity*. Grand Rapids: Eerdmans; Livonia, Mich.: Dove, 1998 (원래는 1961년과 1964년에 발간되었음).

Gilderhus, M. T. *History and Historians: A Historiographical Introduction*. 6th ed. Upper Saddle River, N.J.: Prentice Hall, 2007.

Gillman, J. "A Thematic Comparison: 1 Cor 15:50-57 and 2 Cor 5:1-5." *Journal of Biblical Literature* 107 (1988): 439-54.

Gillman, N. *The Death of Death: Resurrection and Immortality in Jewish Thought*. Woodstock, Vt.: Jewish Lights Publishing, 1997.

Girard, R. "Are the Gospels Mythical?" *First Things* 62 (April 1996): 27-31.

Glasson, T. F. "2 Corinthians v. 1-10 versus Platonism." *Scottish Journal of Theology* 43 (1990): 145-55.

Glazier, M., and M. K. Hellwig, eds. *The Modern Catholic Encyclopedia*. Collegeville, Minn.: Liturgical, 1994.

Goergen, D. J. *A Theology of Jesus*. Vol. 2, *The Death and Resurrection of Jesus*. Wilmington, Del.: Michael Glazier, 1988.

Goldstein, J. A. "The Origins of the Doctrine of Creatio Ex Nihilo." *Journal of Jewish Studies* 35 (1984): 127-35.

———. "Creation Ex Nihilo: Recantations and Restatements." *Journal of Jewish Studies* 38 (1987): 187-94.

Gonzalez, G., and J. W. Richards. *The Privileged Planet: How Our Place in the Cosmos Is Designed for Discovery*. Washington, D.C.: Regnery, 2004.

Gooch, P. W. *Partial Knowledge: Philosophical Studies in Paul*. Notre Dame: University of Notre Dame Press, 1987.

Goodacre, M., and N. Perrin, eds. *Questioning Q: A Multidimensional Critique*. Downers Grove, Ill.: InterVarsity Press, 2004.

Goodman, F. D. "Glossolalia and Hallucination in Pentecostal Congregations." *Psychiat. Clin*. 6 (1973): 97-103.

Goodrich, R. J., and A. L. Lukaszewski. *A Reader's Greek New Testament*. 2nd ed. Grand Rapids: Zondervan, 2007.

Gordon-Reed, A. *Thomas Jefferson and Sally Hemings: An American Controversy*. Charlottesville: University Press of Virginia, 1997.

Gore, B. *Ecstatic Body Postures: An Alternate Reality Workbook*. Santa Fe, N.M.: Bear & Co, Inc., 1995.

Gorman, J. L. "Philosophical Fascination with Whole Historical Texts." *History and*

Theory 36 (1997): 406-15.
———. "Freedom and History." *History and Theory* 39 (2000): 251-62.
Gossman, L. "Anecdote and History." *History and Theory* 42 (2003): 143-68.
———. "Voices of Silence." *History and Theory* 43 (2004): 272-77.
Goulder, M. "An Old Friend Incognito." *Scottish Journal of Theology* 45 (1992): 487-513.
———. "Jesus' Resurrection and Christian Origins: A Response to N. T. Wright." *Journal for the Study of the Historical Jesus* 3.2 (2005): 187-95.
Gowler, D. B. *What Are They Saying About the Historical Jesus?* New York: Paulist, 2007.
Grant, M. *The Ancient Historians*. New York: Charles Scribner's Sons, 1970.
———. *Jesus: An Historian's Review of the Gospels*. New York: Charles Scribner's Sons, 1977.
Gray, W. "Wisdom Christology in the New Testament; its Scope and Relevance." *Theology* 89 (1986): 448-59.
Green, G. L. *The Letters to the Thessalonians*. Pillar New Testament Commentary. Grand Rapids: Eerdmans, 2002.
Green, J. B. "Eschatology and the Nature of Humans: A Reconsideration of Pertinent Biblical Evidence." *Science and Christian Belief* 14 (2002): 33-50.
Green, J. B., and M. Turner, eds. *Jesus of Nazareth: Lord and Christ. Essays on the Historical Jesus and New Testament Christology*. Grand Rapids: Eerdmans, 1994.
Green, J. B., and S. McKnight, eds. *Dictionary of Jesus and the Gospels*. Downers Grove, Ill.: InterVarsity Press, 1992.
Green, M. *The Empty Cross of Jesus*. The Jesus Library. Downers Grove, Ill.: InterVarsity Press, 1984.
———. "Why the Resurrection Matters." *Christianity Today*, May, 1989, 28-32.
Gregory, B. S. "The Other Confessional History: On Secular Bias in the Study of Religion." *History and Theory* 45 (2006): 132-49.
———. "No Room for God? History, Science, Metaphysics, and the Study of Religion." *History and Theory* 47 (2008), 495-519.
Grelot, P. "Problèmes critiques du IVe Évangile." *Revista Biblica* 94 (1987): 519-73.
———. "Résurrection et immortalité." *Esprit and Vie* 105 (1995): 577-83.
Grødal T. S. "Oppstandelsens historisitet: En vitenskapsteoretisk tilnaerming" [The Historicity of the Resurrection: An Approach from Theory of Science]. *Tidsskrift für Teologi Kirke* 59 (1988): 15-26.
Guarino, J. "The Role of Women in the First Century Church." *Catholic World* 235 (1992): 74-77.
Gubler, M.-L. "Auferweckt als Erstling der Entschlafenen." *Bibel und Kirche* 52 (1997): 2-7.
Gundry, R. H. *Sōma in Biblical Theology with Emphasis on Pauline Anthropology*. New York: Cambridge University Press, 1976.
———. *Mark: A Commentary on His Apology for the Cross*. 2 Vols. Grand Rapids:

Eerdmans, 1993.
———. *Matthew: A Commentary on His Handbook for a Mixed Church Under Persecution*. 2nd ed. Grand Rapids: Eerdmans, 1994.
Gwynne, P. "The Fate of Jesus' Body: Another Decade of Debate." *Colloquium* 32 (2000): 3-21.
Habermas, G. R. "Jesus' Resurrection and Contemporary Criticism: An Apologetic." *Criswell Theological Review* 4 (1989): 159-74.
———. "Resurrection Claims in Non-Christian Religions." *Journal of Religious Studies* 25 (1989): 167-77.
———. "Jesus' Resurrection and Contemporary Criticism: An Apologetic. Part II." *Criswell Theological Review* 4 (1990): 373-85.
———. *The Historical Jesus*. Joplin: College Press, 1996.
———. "Explaining Away Jesus' Resurrection: The Recent Revival of Hallucination Theories." *Christian Research Journal* 23.4 (2001): 26-31, 47-49.
———. "The Late Twentieth-Century Resurgence of Naturalistic Responses to Jesus' Resurrection." *The Trinity Journal* 22NS (2001): 179-96.
———. "Replies to Evan Fales: On the Appearances of Jesus." *Philosophia Christi* NS3.1 (2001): 76-87.
———. "Why I Believe the Miracles of Jesus Actually Happened." In *Why I am a Christian: Leading Thinkers Explain Why They Believe*. Edited by N. L. Geisler and P. K. Hoffman. Grand Rapids: Baker, 2001.
———. *The Risen Jesus and Future Hope*. Lanham, Md.: Rowman and Littlefield, 2003.
———. "The Empty Tomb of Jesus: Recent Critical Arguments." *Evangelical Philosophical Society*에서 시행한 강의 (November 2004).
———. "Resurrection Research from 1975 to the Present: What are Critical Scholars Saying?" *Journal for the Study of the Historical Jesus* 3.2 (2005): 135-53.
———. "Experiences of the Risen Jesus: The Foundational Historical Issue in the Early Proclamation of the Resurrection." *Dialog* 45.3 (2006): 289-98.
———. "Dale Allison's Resurrection Skepticism: A Critique." *Philosophia Christi* 10.2 (2008): 303-13.
Habermas, G. R., and J. P. Moreland. *Beyond Death*. Wheaton: Crossway, 1998.
Habermas, G. R., and M. R. Licona. *The Case for the Resurrection of Jesus*. Grand Rapids: Kregel, 2004.
Hagner, D. A. *Matthew 1-13*. Word Biblical Commentary. Dallas: Word, 2002.
Hahn, F. "Schabbat und Sonntag." *Evangelische Theologie* 46 (1986): 495-507.
Halstead, J. "The Orthodox Unorthodoxy of John Dominic Crossan: An Interview." *Cross Currents* 45 (1995-1996): 510-30.
Harmon, A. M., trans. *Lucian, Volume V*. Loeb Classical Library. Cambridge: Harvard University Press, 1936.
Harries, R. *Christ Is Risen*. Wilton: Morehouse-Barlow, 1988.
Harrington, W. "Resurrection of the Body and Life Everlasting." *Furrow* 37 (1986): 92-

100.

Harris, M. J. *Raised Immortal: Resurrection and Immortality in the New Testament*. Grand Rapids: Eerdmans, 1985.

———. *From Grave to Glory: Resurrection in the New Testament*. Grand Rapids: Zondervan, 1990.

———. *Jesus as God: The New Testament Use of Theos in Reference to Jesus*. Grand Rapids: Baker, 1992.

———. *Three Crucial Questions about Jesus*. Grand Rapids: Baker, 1994.

———. *The Second Epistle to the Corinthians: A Commentary on the Greek Text*. Grand Rapids: Eerdmans, 2005.

Harris, R. *Language and the Truth of History*. Edinburgh: Edinburgh University Press, 2004.

Harrisville, R. A. *I Corinthians*. Augsburg Commentary on the New Testament. Minneapolis: Augsburg, 1987.

Hartog, F. "The Invention of History: The Pre-History of a Concept from Homer to Herodotus." *History and Theory* 39 (2000): 384-95.

Harvey, A. E. "What Happened that First Easter? Can There be a Literal Truth to Resurrection?" *Times Literary Supplement*, April 18, 2003, 5-6.

Harvey, N. P. "Frames of Reference for the Resurrection." *Scottish Journal of Theology* 42 (1989): 335-39.

Harvey, V. A. *The Historian and the Believer: The Morality of Historical Knowledge and Christian Belief*. Urbana and Chicago: University of Illinois, 1996.

Haskell, T. L. "Objectivity Is Not Neutrality: Rhetoric vs. Practice in Peter Novick's That Noble Dream." *History and Theory* 29 (1990): 129-157.

———. "Objectivity: Perspective as Problem and Solution." *History and Theory* 43 (2004): 341-359.

Hawking, S., and R. Penrose. *The Nature of Space and Time*. Princeton: Princeton University Press, 1996.

Hawthorne, G. F., R. P. Martin and D. G. Reid, eds. *Dictionary of Paul and His Letters*. Downers Grove, Ill.: InterVarsity Press, 1993.

Hays, R. B. *The Moral Vision of the New Testament: A Contemporary Introduction to New Testament Ethics*. San Francisco: HarperSanFrancisco, 1996.

———. *First Corinthians*. Interpretation. Louisville: Westminster John Knox, 1997.

———. *The Conversion of the Imagination: Paul as Interpreter of Israel's Scripture*. Grand Rapids: Eerdmans, 2005.

Heehs, P. "Shaped Like Themselves." *History and Theory* 39 (2000): 417-28.

Heil, J. P. "The Narrative Structure of Matthew 27:55-8:20." *Journal of Biblical Literature* 110 (1991): 419-38.

Helms, R. *Gospel Fictions*. Buffalo: Prometheus, 1988.

Hemer, C. J. *The Book of Acts in the Setting of Hellenistic History*. Winona Lake, Ind.: Eisenbrauns, 1990.

Hemer, J. "The Experience of Resurrection." *Priests and People* 17 (2003): 133-37.

Henaut, B. W. "Empty Tomb or Empty Argument: A Failure of Nerve in Recent Studies of Mark 16?" *Science Religieuses/Studies in Religion* 15 (1986): 177-90.

Hendrickx, H. *Studies in the Synoptic Gospels*. London: Geoffrey Chapman, 1984.

Hendriksen, W. *Exposition of the Gospel According to Mark*. Baker New Testament Commentary. Grand Rapids: Baker, 1975.

———. *Exposition of Galatians*. Baker New Testament Commentary. Grand Rapids: Baker, 1995.

———. *Exposition of the Gospel According to Matthew*. Baker New Testament Commentary. Grand Rapids: Baker, 1973.

Hengel, M. *Crucifixion*. Philadelphia: Fortress, 1977.

———. *The Four Gospels and the One Gospel of Jesus Christ*. Harrisburg, Penn.: Trinity Press International, 2000.

———. *Studies in Early Christology*. New York: T & T Clark, 2004.

Hengel, M., and A. M. Schwemer. *Paul Between Damascus and Antioch: The Unknown Years*. London: SCM, 1997.

Héring, J. *The First Epistle of Saint Paul to the Corinthians*. London: Epworth, 1962.

———. *The Second Epistle of Saint Paul to the Corinthians*. London: Epworth, 1967.

Hexter, J. H. *Doing History*. Bloomington: Indiana University Press, 1971.

———. *The History Primer*. New York: Basic Books, 1971.

Hill, C. E. "Paul's Understanding of Christ's Kingdom in I Corinthians 15:20-28." *Novum Testamentum* 30 (1988): 297-320.

Hill, D. "Matthew 27:51-53 in the Theology of the Evangelist." *Irish Biblical Studies* 7 (1985): 76-87.

Hodgens, D. "Our Resurrection Body: An Exegesis of 1 Corinthians 15:42-49." *Melanesian Journal of Theology* 17 (2001): 65-90.

Hoffman, P., ed. *Zur neutestamentlichen Überlieferung von der Auferstehung Jesu*. Darmstadt: Wissenschaftliche Buchgesellschaft, 1988.

Holleman, J. *Resurrection and Parousia: A Traditio-Historical Study of Paul's Eschatology in 1 Corinthians 15*. New York: Brill, 1996.

Holmes, M., ed. and trans. *The Apostolic Fathers: Greek Texts and English Translation*. 2nd ed. Grand Rapids: Baker, 1999.

———, ed. and trans. *The Apostolic Fathers: Greek Texts and English Translation*. 3rd ed. Grand Rapids: Baker, 2007.

Hölscher, L. "The New Annalistic: A Sketch of a Theory of History." *History and Theory* 36 (1997): 317-35.

Hooke, S. H. *The Resurrection of Christ as History and Experience*. London: Darton, Longman and Todd, 1967.

Hooker, M. D. "Christology and Methodology." *New Testament Studies* 17 (1970-1971): 480-87.

———. "On Using the Wrong Tool." *Theology* 75 (1972): 570-81.

Horsley, R. A. *1 Corinthians*. Abingdon New Testament Commentaries. Nashville: Abington Press, 1998.

Howard, D. M., Jr., and M. A. Grisanti, eds. *Giving the Sense: Understanding and Using Old Testament Historical Texts*. Grand Rapids: Kregel, 2003.

Hoyle, F. *Astronomy and Cosmology*. San Francisco: W. H. Freeman, 1975.

Hübner, H. "Kreuz und Auferstehung im Neuen Testament." *Theologische Rundschau* 54 (1989): 262-306.

Hughes, G. J. "Dead Theories, Live Metaphors and the Resurrection." *Heythrop Journal* 29 (1988): 313-28.

Hughes, P. E. *Paul's Second Epistle to the Corinthians*. Grand Rapids: Eerdmans, 1962.

Hume, D. *An Enquiry Concerning Human Understanding{. Vol. 2, {Essays and Treatises on Several Subjects*. Edited by Peter Millican and Amyas Merivale. Leeds, U.K.: Leeds Electronic Text Centre, 2010. 〈www.davidhume.org/texts/?text=ehu〉 (2010년 3월 25일 접속). 원래는 1777년에 발표되었음.

Humphrey, E. M. *And I Turned to See the Voice: The Rhetoric of Vision in the New Testament*. Grand Rapids: Baker Academic, 2007.

Hunter, I. "The State of History and the Empire of Metaphysics." *History and Theory* 44 (2005): 289-303.

Hurtado, L. W. "Book of the Month." *Expository Times*, 115 (2003): 83-86.

———. *Lord Jesus Christ: Devotion to Jesus in Earliest Christianity*. Grand Rapids: Eerdmans, 2003.

———. *How on Earth Did Jesus Become a God? Historical Questions about Earliest Devotion to Jesus*. Grand Rapids: Eerdmans, 2005.

———. "Jesus' Resurrection in the Early Christian Texts: An Engagement with N. T. Wright." *Journal for the Study of the Historical Jesus* 3.2 (2005): 197-208.

Hutton, P. H. "Mnemonic Schemes in the New History of Memory." *History and Theory* 36 (1997): 378-91.

Hyldahl, N. *The History of Early Christianity*. Translated by E. M. Arevad and H. Dyrbye. Studies in the Religion and History of Early Christianity 3. Frankfurt: Lang, 1997.

Ide, A. F., J. R. Rogers and J. S. Zemel. *Resurrection, Sex and God: Essays on the Foundations of Faith*. Dallas: Minuteman, 1990.

Iggers, G. "Historiography from a Global Perspective." *History and Theory* 43 (2004): 146-54.

———. *The German Conception of History: The National Tradition of Historical Thought from Herder to the Present*. Middletown, Conn.: Wesleyan University Press, 1968.

———. *Historiography in the Twentieth Century: From Scientific Objectivity to the Postmodern Challenge*. 2nd ed. Middletown, Conn.: Wesleyan University Press, 2005.

———. "Historiography in the Twentieth Century." *History and Theory* 44 (2005):

469-76.

Ishaq, I. *The Life of Muhammad*. Translated by A. Guillaume. New York: Ameena Saiyid, 2004.

Jacobovici, S., and C. Pellegrino. *The Jesus Family Tomb: The Discovery, the Investigation, and the Evidence that Could Change History*. San Francisco: HarperSanFrancisco, 2007.

Janssen, C. "Bodily Resurrection (1 Cor. 15)? The Discussion of the Resurrection in Karl Barth, Rudolf Bultmann, Dorothee Sölle and Contemporary Feminist Theology." *Journal for the Study of New Testament* 23 (2001): 61-78.

Jefford, C. N. *The Apostolic Fathers and the New Testament*. Peabody, Mass.: Hendrickson, 2006.

Jenkins, K. *The Postmodern History Reader*. New York: Routledge, 1997.

———. "Ethical Responsibility and the Historian: On the Possible End of a History 'Of a Certain Kind.'" *History and Theory* 43 (December 2004): 43-60.

Jeremias, J. "'Flesh and Blood Cannot Inherit the Kingdom of God' (1 Cor. XV.50)." *New Testament Studies* 2 (1955-56): 151-59.

Jesus Seminar. "Voting Records: The Resurrection Appearances." *Forum* 10 (1994): 255-62.

Jewett, R. *The Thessalonian Correspondence: Pauline Rhetoric and Millenarian Piety*. Foundations and Facets. Philadelphia: Fortress, 1986.

Jodl, E.-M. "Frauen um Jesus—und wie es anders kam: Paulus." *Kirchenblatt für die reformierte Schweiz* 141 (1985): 328-29.

Johnson, A. F. "Firstfruits and Death's Defeat: Metaphor in Paul's Rhetorical Strategy in 1 Cor 15:20-28." *Word World* 16 (1996): 456-64.

———. "Turning the World Upside Down in 1 Corinthians 15: Apocalyptic Epistemology, the Resurrected Body and the New Creation." *Evangelical Quarterly* 75 (2003): 309.

———. *1 Corinthians*. IVP New Testament Commentary. Downers Grove, Ill.: InterVarsity Press, 2004.

Johnson, J. J. "Were the Resurrection Appearances Hallucinations? Some Psychiatric and Psychological Considerations." *Churchman* 115 (2001): 227-38.

Johnson, L. T. *The Writings of the New Testament: An Interpretation*. Philadelphia: Fortress, 1986.

———. "Preaching the Resurrection." *Priests and People* 8 (April 1994): 133-35.

———. *The Real Jesus: The Misguided Quest for the Historical Jesus and the Truth of the Traditional Gospels*. San Francisco: HarperSanFrancisco, 1996.

Jones, I. H. "The Resurrection—Review Article." *Epworth Review* 15 (1988): 82-89.

Joosten, J. Review of *Thomas and Tatian: The Relationship between the Gospel of Thomas and the Diatessaron*, by Nicholas Perrin. *Aramaic Studies* 2.1 (January 2004): 126-30.

Joubert, S. J. "Nuwe-Testamentiese perspektiewe op die Sabbat en die Sondag" [New

Testament Perspectives on the Sabbath and the Sunday]. *Skrif en Kerk* 18 (1997): 97-110.

Kahneman, D., P. Slovic and A. Tversky, eds. *Judgment Under Uncertainty: Heuristics and Biases*. New York: Cambridge University Press, 1982.

Kany, R. "Der lukanische Bericht von Tod und Auferstehung Jesu aus der Sicht eines hellenistischen Romanlesers." *Novum Testamentum* 28 (1986): 75-90.

Käsemann, E. *Commentary on Romans*. Translated by G. W. Bromiley. Grand Rapids: Eerdmans, 1980.

Kasser, R., M. Meyer and G. Wurst. *The Gospel of Judas*. Washington, D.C.: National Geographic Society, 2006.

Kayalaparampil, T. "Passion and Resurrection in the Gospel of Matthew." *Biblebhashyam* 16 (1990): 41-51.

Kee, H. C. *What Can We Know About Jesus?* Cambridge: Cambridge University Press, 1990.

Keener, C. S. *A Commentary on the Gospel of Matthew*. Grand Rapids: Eerdmans, 1999.

———. *The Gospel of John: A Commentary*. Peabody, Mass.: Hendrickson, 2003.

———. *1-2 Corinthians*. New Cambridge Bible Commentary. New York: Cambridge University Press, 2005.

———. *The Historical Jesus of the Gospels*. Grand Rapids: Eerdmans, 2009.

Keerankeri, G. "Aspects of the Historical Jesus (cont'd.)." Biblebhashyam} 20 (1994): 225-55.

Kendall, D. "Catholic Theologians on the Post-Resurrection Appearances." *Priests and People* 1 (1987): 45-50.

———. "Why Disobedient Silence?" *Priests and People* 2 (1988): 91-96.

Kendall, D., and G. O'Collins. "The Uniqueness of the Easter Appearances." *Catholic Biblical Quarterly* 54 (1992): 287-307.

Kent, J. A. "The Psychological Origins of the Resurrection Myth." *Faith and Freedom* 49 (1996): 5-22.

Kern-Ulmer, B. R. "Consistency and Change in Rabbinic Literature as Reflected in the Terms Rain and Dew." *Journal for the Study of Judaism* 26 (1995): 55-75.

Kessler, H. *Sucht den Lebenden nicht bei den Toten. Die Auferstehung Jesu Christi in biblischer, fundamentaltheologischer und systematischer Sicht*. Düsseldorf: Patmos, 1985.

Ketelaar, J. E. "The Non-Modern Confronts the Modern: Dating the Buddha in Japan." *History and Theory* 45 (2006): 62-79.

Keyes, R. *The Quote Verifier: Who Said What, Where, and When*. New York: St. Martin's Griffin, 2006.

Kilburn, K., trans. *Lucian, Volume VI*. Loeb Classical Library. Cambridge: Harvard University Press, 1959.

Kilgallen, J. J. "Paul before Agrippa (Acts 26:2-23): Some Considerations." *Biblica* 69 (1988): 170-95.

———. "The Use of Psalm 16:8-11 in Peter's Pentecost Speech." *Expository Times* 113 (2001): 47-50.

Kilpatrick, G. D. "The Acts of the Apostles, xvii. 18." *Theologische Zeitschrift* 42 (1986): 431-32.

Kim, S. *Paul and The New Perspective: Second Thoughts on the Origin of Paul's Gospel*. Grand Rapids: Eerdmans, 2002.

Kincaid, H. "Scientific Historiography and the Philosophy of Science." *History and Theory* 45 (2006): 124-33.

King, N. *Setting the Gospel Free*. Pietermaritzburg, South Africa: Cluster, 1995.

Kirby, P. "The Case Against the Empty Tomb." *Journal of Higher Criticism* 9 (2002): 175-202.

Kistemaker, S. J. *Exposition of the First Epistle to the Corinthians*. Grand Rapids: Baker, 1993.

———. *Exposition of the Second Epistle to the Corinthians*. Grand Rapids: Baker, 1997.

Kittel, G. "Das leere Grab als Zeichen für das überwundene Totenreich." *Zeitschrift fur Theologie und Kirche* 96 (1999): 458-79.

Kittel, G., and G. Friedrich, eds. *Theological Dictionary of the New Testament*. Translated by G. W. Bromiley. 10 vols. Grand Rapids: Eerdmans, 1964-1976.

Klappert, B. "Theologisches Vermachtnis. Peter Beiers Kritik an den Thesen des Neutestamentlers Gerd Lüdemann." *Evangelische Kommentare* 30 (1997): 85-86.

Kloppenborg, J. S. "An Analysis of the Pre-Pauline Formula 1 Cor 15:3-5b In Light of Some Recent Literature." *The Catholic Biblical Quarterly* 40 (1978): 351-67.

———. "'Easter Faith' and the Sayings Gospel Q." *Semeia* 49 (1990): 71-100.

———. *Excavating Q: The History and Setting of the Sayings Gospel*. Minneapolis: Fortress, 2000.

Klumbies, P.-G. "'Ostern' als Gottesbekenntnis und der Wandel zur Christusverkundigung." *Zeitschrift für die Neutestamentliche Wissenschaft* 83 (1992): 157-65.

Knight, C. "The Resurrection Appearances as Religious Experience." *Modern Believing* 39 (1998): 16-23.

Koester, H. *Introduction to the New Testament*. Vol. 1, *History, Culture, and Religion of the Hellenistic Age*. Philadelphia: Fortress, 1982.

———. *Ancient Christian Gospels: Their History and Development*. Harrisburg, Penn.: Trinity Press International, 1990.

———. "Jesus' Presence in the Early Church." *Cristianesimo nella Storia* 15 (1994): 541-57.

———. *History and Literature of Early Christianity*. 2nd ed. New York: Walter de Gruyler, 2000.

———. *Paul and His World: Interpreting the New Testament in Its Context*. Minneapolis: Fortress, 2007.

Kofoed, J. B. *Text and History: Historiography and the Study of the Biblical Text*. Winona Lake, Ind.: Eisenbrauns, 2005.

Konstan, D. "Inventing Ancient Greece." *History and Theory* 36 (1997): 261-69.

Kostenberger, A. J., L. S. Kellum and C. L. Quarles. *The Cradle, the Cross, and the Crown: An Introduction to the New Testament*. Nashville: Broadman & Holman, 2009.

Kramer, L. "The History of Words Becomes the History of Thought." *History and Theory* 44 (2005): 227-39.

Kremer, J. "'Gibt es keine Auferstehung der Toten?'" *Stimmen der Zeit* 204 (1986): 815-28.

———. "War das Grab Jesu leer? Die Evangelien vom leeren Grab und das christliche Leben." *Bib Kirch* 47 (1992): 163.

———. "Das leere Grab—ein Zeichen. Zur Relevanz der historisch-kritischen Exegese für die kirchliche Verkundigung." *Theologisch-Praktische Quartalschrift* 149 (2001): 136-45.

Kulisz, J., and A. Mostowska-Baliszewska, "Badania aspektów Zmartwychwstania Jezusa Chrystusa" [A Study of Aspects of the Resurrection of Jesus Christ]. *Studia Theologica Varsaviensia* 35 (1997): 57-69.

Kümmel, W. G. "Eine jüdische Stimme zur Auferstehung Jesu." *Theologische Rundschau* 51 (1986): 92-97.

Làconi, M. *Il racconto di Giovanni*. Bibbia per tutti. Assisi: Cittadella, 1989.

———. "L'attesa del Signore glorioso nella Chiesa delle origini." *Sacra Doctrina* 42 (1997): 7-32.

Lambrecht, J. "Our Commonwealth is in Heaven." *Louvain Studies* 10 (1985): 199-205.

———. "Line of Thought in 1 Cor 15,1-11." *Gregorianum* 72 (1991): 655-70.

———. "A Structured Analysis of 1 Thessalonians 4-5." In *The Thessalonians Debate: Methodological Discord or Methodological Synthesis?* Edited by K. P. Donfried and J. Beutler. Grand Rapids: Eerdmans, 2002.

Lang, B. "Leibliche Auferstehung und ewiges Leben? Das biblische Jenseits in neuer Sicht." *Bibel und Kirche* 49 (1994): 2-10.

Laperrousaz, E.-M., ed. *Qoumrân et les Manuscrits de la mer Morte. Un cinquantenaire*. Paris: Cerf, 1997.

Lapide, P. *The Resurrection of Jesus: A Jewish Perspective*. Translated by W. C. Linss. Minneapolis: Augsburg, 1983.

LaVerdiere, E. "It Was a Huge Stone." *Emmanuel* 92 (1986): 125-29.

Le Bon, P. "Sleep, Death and Resurrection in Hebrew, Greek and Latin." *Expository Times* 113 (2002): 223-25.

Légasse, S. "Les Juifs, au temps de Jésus, croyaient-ils à l'immortalité de l'âme? Pour introduire à la doctrine du Nouveau Testament sur les fins dernières." *Bulletin de Litterature Ecclesiastique* 98 (1997): 103-21.

"Letters to the Editor." *Journal of the Royal College of Physicians of London* 25.3 (1991):

268-72.

Lewis, C. S. *Surprised by Joy: The Shape of My Early Life*. New York: Harcourt, 1955.

———. *Miracles*. New York: Collier, 1978.

Lichtenberger, H. "Resurrection in the Intertestamental Literature and Rabbinic Theology." *Concilium* 5 (1993): 23-31.

Licona, M. R. "Did Jesus Predict His Death and Vindication/Resurrection?" *Journal for the Study of the Historical Jesus* 8.1 (2010): 47-66.

———. *Paul Meets Muhammad: A Christian-Muslim Debate on the Resurrection*. Grand Rapids: Baker, 2006.

Licona, M. R., and J. G. van der Watt. "Historians and Miracles—the Principle of Analogy and Antecedent Probability Reconsidered." *Hervormde Theological Studies* 65.1 (2009): 1-6.

———. "The Adjudication of Miracles: Rethinking the Criteria of Historicity." *Hervormde Theological Studies* 65.1 (2009): 1-7.

Liddell, H. G., R. Scott, H. S. Jones and R. McKenzie. *A Greek-English Lexicon with a Revised Supplement*. Oxford: Oxford University Press, 1996.

Lindars, B. "Jesus Risen: Bodily Resurrection But No Empty Tomb." *Theology* 89 (1986): 90-96.

———. "Jesus Christ Yesterday, Today and For Ever." *Epworth Review* 14 (1987): 70-80.

Lindbeck, G. "Review Essay. Biblical Hermeneutics in Historical Perspective." *Modern Theology* 10 (1994): 103-6.

Linderback, D. *Christ in the Early Christian Hymns*. New York: Paulist, 1998.

Lipinåski, E. "Dying and Rising Gods." *Bibliotheca Orientalis* 59 (2002): 481-86.

Llyod Davies, M. and T. A. Llyod Davies. "Resurrection or Resuscitation?" *Journal of the Royal College of Physicians of London* 25.2 (1991): 167-70.

———. *The Bible: Medicine and Myth*. Cambridge: Silent Books, 1993.

Loader, W. R. G. "The New Testament and the Resurrection." *Colloquium* 22 (1989): 45-50.

Lockwood, G. J. *1 Corinthians*. Doubleday Bible Commentary. New York: Doubleday, 1998.

Lohse, E. "Die Wahrheit der Osterbotschaft." *Communio Viatorum* 40 (1998): 5-15.

Longenecker, R. N. *The Christology of Early Jewish Christianity*. Vancouver: Regent College Publishing, 1970.

———. *Galatians*. Word Biblical Commentary. Dallas: Word, 1990.

———, ed. *Contours of Christology in the New Testament*. Grand Rapids: Eerdmans, 2005.

López Martín, J. "El origen del domingo. Estado actual de la cuestión." *Salmanticensis* 38 (1991): 269-97.

Lorenz, C. "Historical Knowledge and Historical Reality: A Plea for 'Internal Realism.'" *History and Theory* 33 (1994): 297-327.

———. "Can Histories Be True? Narrativism, Positivism, and the 'Metaphorical Turn.'" *History and Theory* 37 (1998): 309-29.

———. "Comparative Historiography: Problems and Perspectives." *History and Theory* 38 (1999): 25-39.

Lorenzen, T. *Resurrection and Discipleship. Interpretive Models, Biblical Reflections, Theological Consequences*. Maryknoll, N.Y.: Orbis, 1995.

Louw, J. P., and E. A. Nida. *Greek-English Lexicon of the New Testament: Based on Semantic Domains*. Electronic edition of the 2nd ed. New York: United Bible Societies, 1996.

Lüdemann, G. *The Resurrection of Jesus. History, Experience, Theology*. Minneapolis: Fortress, 1994.

———. "The Resurrection of Jesus. The Greatest Hoax in History?" *Forum* 10 (1994): 161-75.

———. *The Resurrection of Jesus*. London: SCM, 1995.

———. *Paul: The Founder of Christianity*. Amherst, N.Y.: Prometheus, 2002.

———. *The Resurrection of Christ: A Historical Inquiry*. Amherst, N.Y.: Prometheus, 2004.

Lüdemann, G., with A. Özen. *What Really Happened to Jesus: A Historical Approach to the Resurrection*. Translated by J. Bowden. Louisville: Westminster John Knox, 1995.

Lunny, W. J. *The Sociology of the Resurrection*. Victoria: Heron, 1989.

Luz, U. "Aufregung um die Auferstehung Jesu. Zum Auferstehungsbuch von G. Lüdemann." *Evangelische Theologie* 54 (1994): 476-82.

Lyons, W. J. "On the Life and Death of Joseph of Arimathea." *Journal for the Study of the Historical Jesus* 2.1 (2004): 29-53.

Lyre, H., and T. O. Eynck. "Curve It, Gauge It, or Leave It? Practical Underdetermination in Gravitational Theories." *Journal for the General Philosophy of Science* 34.2 (2003): 277-303.

MacDonald, D. R. *The Homeric Epics and the Gospel of Mark*. New Haven, Conn.: Yale University Press, 2000.

MacGregor, K. "1 Corinthians 15:3b-6a, 7 and the Bodily Resurrection of Jesus." *Journal of the Evangelical Theological Society* 49.2 (2006): 225-34.

Machen, A. *The Angels of Mons*. Doylestown: Aegypan Press, 1915.

Mack, B. L. *The Lost Gospel: The Book of Q and Christian Origins*. San Francisco: HarperCollins, 1993.

Mackie, J. L. *The Miracle of Theism: Arguments for and against the Existence of God*. New York: Oxford University Press, 1982.

Madigan, K. J., and J. D. Levenson. *Resurrection: The Power of God for Christians and Jews*. New Haven, Conn.: Yale University Press, 2008.

Magness, J. L. *Sense and Absence: Structure and Suspension in the Ending of Mark's Gospel*. Semeia Studies. Atlanta: Scholars Press, 1986.

Maier, P. L. *Josephus: The Essential Works*. Grand Rapids: Kregel, 1994.

———. *In the Fullness of Time: A Historian Looks at Christmas, Easter, and the Early Church*. Grand Rapids: Kregel, 1997.

———. "Did Jesus Really Exist?" (2005). 4Truth.net. ⟨www.4truth.net/DidJesusExist⟩.

Malina, B., S. Joubert and J. van der Watt. *A Time Travel to the World of Jesus*. London: Orion, 1996; Logos Libronix.

Manzi, F. "La risurrezione di Gesù Cristo secondo Matteo nel contesto giudaico e anticotestamentario." *Rivista Biblica* 46 (1998): 277-315.

Marcheselli-Casale, C. *Risorgeremo, ma come? Risurrezione dei corpi, degli spiriti odell'uomo? Per un contributo allo studio della speculazione apocalittica in epoca grecoromana: II sec. a.C.-II sec. d.C.* Supplementi alla Rivista Biblica 18. Bologna: Dehoniane, 1988.

Marcovich, M., ed. *Origenes* Contra Celsum, *Libri* VIII. Boston: Brill, 2001.

Marrow, S. B. "ΑΘΑΝΑΣΙΑ/ΑΝΑΣΤΑΣΙΣ: The Road Not Taken." *New Testament Studies* 45 (1999): 571-86.

Marsden, G. M. *The Outrageous Idea of Christian Scholarship*. New York: Oxford University Press, 1997.

Marshall, I. H. *The Gospel of Luke: A Commentary on the Greek Text*. New International Greek Testament Commentary. Grand Rapids: Eerdmans, 1978.

———. *New Testament Theology: Many Witnesses, One Gospel*. Downers Grove, Ill.: InterVarsity Press, 2004.

Martin, D. M. *1, 2 Thessalonians*. New American Commentary 33. Broadman & Holman, 1995.

———. *The Corinthian Body* (New Haven: Yale University Press, 1995).

Martin, M. *The Case Against Christianity*. Philadelphia: Temple University Press, 1991.

———. "Why the Resurrection is Initially Improbable." *Philo* 1.1 (1998): 63-74.

Martin, Ralph P. *Philippians*. Word Biblical Commentary 43. Dallas: Word, 2004.

Martin, Raymond. *2 Corinthians*. Word Biblical Commentary 40. Waco: Word, 1986.

Martin, Rex. "Progress in Historical Studies." *History and Theory* 37 (1998): 14-39.

———. "How the Past Stands With Us." *History and Theory* 44 (2005): 138-48.

———. "Do Historians Need Philosophy?" *History and Theory* 45 (2006): 252-60.

Marxsen, W. *The Beginnings of Christology*. Philadelphia: Fortress, 1969.

———. *The Resurrection of Jesus of Nazareth*. Philadelphia: Fortress, 1970.

———. *Jesus and Easter: Did God Raise the Historical Jesus from the Dead?* Translated by V. P. Furnish. Nashville: Adingdon, 1990.

Mason, J. P. *The Resurrection According to Paul*. Lewiston, N.Y.: Mellen Biblical Press, 1993.

Masset, P. "Faut-il encore parler de 'résurrection'? À propos d'un livre récent." *Nouvelle Revue Théologique* 118 (1996): 258-65.

Matera, F. J. *2 Corinthians*. Louisville: Westminster John Knox, 2003.

Maunder, C. J. "A Sitz im Leben for Mark 14:9." *Expository Times* 99 (1987): 78-80.

Mazlish, B. "Big Questions? Big History?" *History and Theory* 38 (1999): 232-48.
McCullagh, C. B. *Justifying Historical Descriptions*. New York: Cambridge University Press, 1984.
———. *The Truth of History*. New York: Routledge, 1998.
———. "The Shape of History." *History and Theory* 37 (1998): 401-8.
———. "Bias in Historical Description, Interpretation, and Explanation." *History and Theory* 39 (2000): 39-66.
———. *The Logic of History*. New York: Routledge, 2004.
———. "What Do Historians Argue About?" *History and Theory* 43 (2004): 18-38.
———. "Language and the Truth of History." *History and Theory* 44 (2005): 441-55.
McCullough, D. *John Adams*. New York: Simon and Schuster, 2001.
McDermott, B. O. *Word Becomes Flesh: Dimensions of Christology*. New Theology Studies 9. Collegeville, Minn.: Liturgical, 1993.
McDonald, J. I. H. *The Resurrection: Narrative and Belief*. London: SPCK, 1989.
McDonald, L. M. "Beyond Resurrection? A Review Essay." *Bulletin for Biblical Research* 11 (2001): 123-38.
McGrath, A. E., and J. C. McGrath. *The Dawkins Delusion? Atheist Fundamentalism and the Denial of the Divine*. Downers Grove, Ill.: InterVarsity Press, 2007.
McIlhone, J. P. *The Word Made Clear: A Guide to the Bible for Contemporary Readers*. Chicago: Thomas More, 1992.
McIntire, C. T. "Transcending Dichotomies in History and Religion." *History and Theory* 45 (2006): 80-92.
McIntyre, J. "The Uses of History in Theology." *Studies in World Christianity* 7.1 (2001): 1-20.
McKnight, S. *Jesus and His Death*. Waco: Baylor University Press, 2005.
McKnight, S., and G. R. Osborne, eds. *The Face of New Testament Studies: A Survey of Recent Research*. Grand Rapids: Baker Academic, 2004.
McNeill, W. H. "History and the Scientific Worldview." *History and Theory* 37 (1998): 1-13.
Meeks, W. A. *Christ Is the Question*. Louisville: Westminster John Knox, 2006.
Megill, A. "Why Was There a Crisis of Historicism?" *History and Theory* 36 (1997): 416-29.
Meier, J. P. *A Marginal Jew: Rethinking the Historical Jesus*. Vol. 1, *The Roots of the Problem and the Person*. New York: Doubleday, 1991.
———. *A Marginal Jew: Rethinking the Historical Jesus*. Vol. 2, *Mentor, Message, and Miracles*. New York: Doubleday, 1994.
———. *A Marginal Jew: Rethinking the Historical Jesus*. Vol. 3, *Companions and Competitors*. New York: Doubleday, 2001.
Merkley, P. "The Gospels as Historical Testimony." *Evangelical Quarterly* 58 (1986): 319-36.
Mettinger, T. N. D. *The Riddle of Resurrection: Dying and Rising Gods in the Ancient Near*

East. Stockholm: Almqvist and Wiksell, 2001.
Metzger, B. *A Textual Commentary of the Greek New Testament*. 2nd ed. Stuttgart: United Bible Societies, 1994.
Metzger, B., and B. D. Ehrman. *The Text of the New Testament: Its Transmission, Corruption, and Restoration*. 4th ed. New York: Oxford University Press, 2005.
Meyer, B. F. *The Aims of Jesus*. London: SCM, 1979.
———. "Did Paul's View of the Resurrection of the Dead Undergo Development?" *Theological Studies* 47 (1986): 363-87.
———. "Paul and the Resurrection of the Dead." *Theological Studies* 48 (1987): 157-58.
———. *Critical Realism and the New Testament*. San Jose: Pickwick, 1989.
———. *Reality and Illusion in New Testament Scholarship*. Collegeville, Minn.: Liturgical, 1994.
Meyer, C. R. "Resurrection." *Chicago Studies* 37 (1998): 87-99.
Meyer, R. *La vie après la mort. Saint Paul défenseur de la Résurrection*. La Pensée Chrétienne. Lausanne: Belle Rivière, 1989.
Miethe, T. L., ed. *Did Jesus Rise from the Dead? The Resurrection Debate*. San Francisco: Harper and Row, 1987.
Miethe, T., and A. Flew. *Does God Exist?* San Francisco: HarperSanFrancisco, 1991.
Millard, A. R., J. K. Hoffmeier and D. W. Baker, eds. *Faith, Tradition, and History: Old Testament Historiography in Its Near Eastern Context*. Winona Lake, Ind.: Eisenbrauns, 1994.
Miller, E., and K. R. Samples. *The Cult of the Virgin: Catholic Mariology and the Apparitions of Mary*. Grand Rapids: Baker, 1992.
Miller, R. J. "Historical Method and the Deeds of Jesus: The Test Case of the Temple Demonstration." *Foundations and Facets Forum* 8.102 (1992): 5-30.
———. "Historicizing the Trans-historical: The Transfiguration Narrative: Mark 9:2-8, Matt 17:1-8, Luke 9:28-36." *Forum* 10 (1994): 219-48.
Minkley, G., and M. Legassick. "'Not Telling': Secrecy, Lies and History." *History and Theory* 39 (2000): 1-10.
Moiser, J. "The Resurrection—New Essay in Biblical Theology." *King Theological Review* 13 (1990): 16-19.
———. "1 Corinthians 15." *Irish Biblical Studies* 14 (1992): 10-30.
———. "The Resurrection: Recent Official Pronouncements and Recent Exegesis." *Downside Review* 113 (1995): 235-47.
Moloney, F. J. "Jesus of Nazareth and the Resurrection." *Priests and People* 4 (1990): 125-29.
Momigliano, A. *Essays in Ancient and Modern Historiography*. Middleton, Conn.: Wesleyan University Press, 1997.
Monaghan, F. J. "The Gospel Miracles." *Emmanuel* 97 (1991): 142-47.
Montefiore, H. *The Miracles of Jesus*. London: SPCK, 2005.
Moo, D. *Romans 1-8*. Wycliffe Exegetical Commentary. Chicago: Moody Press, 1991.

Moore-Jumonville, R. *The Hermeneutics of Historical Distance: Mapping the Terrain of American Biblical Criticism, 1880-1914*. Lanham, Md.: University Press of America, 2002.

Moreland, J. P., and W. L. Craig. *Philosophical Foundations for a Christian Worldview*. Downers Grove, Ill.: InterVarsity Press, 2003.

Morris, J. "Can Christology Benefit from 'Life of Jesus' Research? A Theological Reflection on Crossan's The Historical Jesus." *Angelicum* 72 (1995): 161-94.

Morris, L. *The First and Second Epistles to the Thessalonians*. New International Commentary on the New Testament. Grand Rapids: Eerdmans, 1959.

———. *1 Corinthians*. Tyndale New Testament Commentaries. Leicester, U.K.: Inter-Varsity Press, 1976.

———. *Galatians: Paul's Charter of Christian Freedom*. Downers Grove, Ill.: InterVarsity Press, 1996.

Moule, C. F. D. "St. Paul and Dualism: The Pauline Concept of Resurrection." *New Testament Studies* 12 (1966): 106-23.

———. *The Origin of Christology*. New York: Cambridge University Press, 1978.

Mounce, R. H. *Romans*. New American Commentary 27. Nashville: Broadman & Holman, 1995.

Müller, K. "Das Weltbild der jüdischen Apokalyptik und die Rede von Jesu Auferstehung." *Bibel und Kirche* 52 (1997): 8-18.

Murphy, C. "Who Do Men Say That I Am?" *Atlantic Monthly*, June 1986, 37-58.

Murphy-O'Connor, J. "Faith and Resurrection in 2 Cor 4:13-14." *Revista Biblica* 95 (1988): 543-50.

———. *1 Corinthians*. Doubleday Bible Commentary. New York: Paulist, 1998.

Murray, J. *The Epistle to the Romans*. New International Commentary on the New Testament. Grand Rapids: Eerdmans, 1968.

Mysåków, J. *Zagadnienia apologetyczne*. Warsaw: Akademia Teologii Katolickiej, 1986.

Nash, R. H. *Christianity and the Hellenistic World*. Grand Rapids: Zondervan,1984.

Naudé, J. "Barbara Thiering's Interpretation of Jesus' Life." *Acta Theologica* 19 (1999): 58-98.

Neary, M. "Creation and Pauline Soteriology." *Irish Theological Quarterly* 50 (1983-1984): 1-34.

Neusner, J., trans. *The Talmud of the Land of Israel: A Preliminary Translation and Explanation*, vol. 18. Chicago: University of Chicago Press, 1987.

———. "Paradigmatic Versus Historical Thinking: The Case of Rabbinic Judaism." *History and Theory* 36 (1997): 353-77.

———. *Questions and Answers: Intellectual Foundations of Judaism*. Peabody, Mass.: Hendrickson, 2005.

Neusner, J., A. J. Avery-Peck and W. S. Green, eds. *The Encyclopedia of Judaism*. Leiden: Brill, 2000, Logos Libronix Software에 의해 출간됨.

Newman, B. M. *Concise Greek-English Dictionary of the New Testament*. New York:

United Bible Societies, 1993.
Nickelsburg, G. W. E. *Resurrection, Immortality, and Eternal Life in Intertestamental Judaism and Early Christianity*. Expanded ed. Cambridge: Harvard University Press, 2006.
Niemand, C. "'Jesus—wie er wirklich war'? Annäherungen an ein historisch verantwortbares und theologisch ergiebiges Jesusbild." *Theologisch-Praktische Quartalschrift* 151 (2003): 253-63.
Noller, G. "Nachzügler des 19. Jahrhunderts. Exemplarische Überlegungen zum Wirklichkeitsbegriff im Gespräch mit Gerd Lüdemann." *Evangelische Theologie* 57 (1997): 259-72.
Novick, P. *That Noble Dream: The 'Objectivity Question' and the American Historical Profession*. New York: Cambridge University Press, 1988.
O'Collins, G. *The Resurrection of Jesus Christ*. Valley Forge, Penn.: Judson, 1973.
———. "The Resurrection of Jesus: Four Contemporary Challenges." *Catholic Theological Review* 6 (1984): 5-10.
———. "The Resurrection of Jesus: Some Current Questions." *America* 153 (1985): 422-25.
———. *Jesus Risen: An Historical, Fundamental and Systematic Examination of Christ's Resurrection*. Mahwah, N.J.: Paulist, 1987.
———. "The Appearances of the Risen Jesus." *America* 156 (1987): 317-20.
———. "La risurrezione di Cristo." *Rassegna di Teologia* 28 (1987): 118-26.
———. *Interpreting the Resurrection: Examining the Major Problems in the Stories of Jesus' Resurrection*. Mahwah, N.J.: Paulist, 1988.
———. "Alcuni problemi attuali sulla risurrezione di Gesù." *La Civilita Cattolica* 140 (1989): 31-38.
———. "Christ's Resurrection and Ascension." *America* 160 (1989): 262-63.
———. "Resurrection Belief: A Note on a Recent Book." *Gregorianum* 70 (1989): 341-44.
———. *The Resurrection of Jesus Christ: Some Contemporary Issues*. Père Marquette Lecture in Theology 24. Milwaukee: Marquette University Press, 1993.
———. "What They Are Saying About Jesus Now." *America* 171 (1994): 10-14, 32-35.
———. "The Resurrection Revisited." *Gregorianum* 79 (1998): 169-72
———. "Resurrection and New Creation." *Dialog* 38 (1999): 15-19.
———. "Between the lines of the Easter story." *Tablet*, April 22/29, 2000, 551-52.
———. "Easter stories." *Way* Supplement 99 (2000): 35-43.
———. "The Resurrection of Jesus: the Debate Continued." *Gregorianum* 81 (2000): 589-98.
———. *Easter Faith: Believing in the Risen Jesus*. Mahwah, N.J.: Paulist, 2003.
———. "In the Steps of the Disciples." *Tablet*, April 19, 2003, 28-29.
O'Collins, G., and D. Kendall. "Did Joseph of Arimathea Exist?" *Biblica* 75 (1994): 235-41.

O'Connell, J. "Jesus' Resurrection and Collective Hallucinations." *Tyndale Bulletin* 60.1 (2009), 69-105.

O'Grady, J. F. "The Resurrection." *Chicago Studies* 30 (1991): 220-34.

O'Neill, J. C. "A Sketch Map of the New Testament." *Expository Times* 99 (1988): 199-205.

Òach, J. "Wyznanie wiary zapisane w 1 Kor 15,3-8" [The Creed Written in 1 Cor 15.3-8]. *Bobolanum* 11 (2000): 385-415.

Oberdorfer, B. "'Was sucht ihr den Lebendigen bei den Toten?' Überlegungen zur Realität der Auferstehung in Auseinandersetzung mit Gerd Lüdemann." *Kerygma und Dogma* 46 (2000): 225-40.

Oberlinner, L., ed. *Auferstehung Jesu—uferstehung der Christen. Deutungen des Osterglaubens*. Quaestiones Disputatae 105. Freiburg: Herder, 1986.

Organ, B. E. *Is the Bible Fact or Fiction: An Introduction to Biblical Historiography*. Mahwah, N.J.: Paulist, 2004.

Orr, W. F., and J. A. Walther. *I Corinthians*. Anchor Bible. New York: Doubleday, 1976.

Orwell, G. *As I Please, 1943-1945: Collected Essays, Journalism & Letters*, vol. 3. Edited by S. Orwell and I. Angus. Boston: David R. Godine, 2000.

Osborne, G. R. *The Resurrection Narratives: A Redactional Study*. Grand Rapids: Baker, 1984.

———. *Romans*. IVP New Testament Commentary. Downers Grove, Ill.: Inter-Varsity Press, 2004.

Osei-Bonsu, J. "Does 2 Cor. 5.1-10 Teach the Reception of the Resurrection Body at the Moment of Death?" *Journal for the Study of New Testament* 28 (1986): 81-101.

———. "The Intermediate State in the New Testament." *Scottish Journal of Theology* 44 (1991): 169-94.

Osiek, C. "The Resurrection: Prism of New Testament Faith." *The Bible Today* 27 (1989): 133-39.

———. "The Women at the Tomb: What Are They Doing There?" *Hervormde Teologiese Studies* 53 (1997): 103-18.

Oster, Jr., R. E. *1 Corinthians*. College Press NIV Commentary. Joplin: College Press, 1995.

Overberg, K. R. "A Biblical Reflection on Golgotha." *The Bible Today* 34 (1996): 95-102.

Page, C. R. *Jesus and the Land*. Nashville: Abingdon, 1995.

Pagels, E. *The Gnostic Gospels*. New York: Vintage, 1979.

———. *Beyond Belief*. New York: Vintage, 2003.

Paine, T. *The Age of Reason*. 〈http://ebooks.adelaide.edu.au/p/paine/thomas/p147a/〉 (2010년 3월 26일 접속). 원래는 1794년에 발간되었음.

Palti, E. "The 'Return of the Subject' As a Historico-Intellectual Problem." *History and Theory* 43 (2004): 57-82.

———. "Historicism as an Idea and as a Language." *History and Theory* 44 (2005): 431-40.

Pamment, M. "Raised a Spiritual Body: Bodily Resurrection According to Paul." *New Blackfriars* 66 (1985): 372-88.

Pannenberg, W. *Jesus—God and Man*. Translated by L. L. Wilkins and D. A. Priebe. Philadelphia: Westminster, 1974.

———. *Basic Questions in Theology: Volume I*. Translated by G. H. Kehm. Philadelphia: Westminster Press, 1983.

———. "Die Auferstehung Jesu—Historie und Theologie." *Zeitschrift für Theologie und Kirche* 91 (1994): 318-28.

———. "History and the Reality of the Resurrection." In *Resurrection Reconsidered*. Edited by G. D'Costa. Oxford: Oneworld, 1996.

———. "The Historical Jesus as a Challenge to Christology." *Dialog* 37 (1998): 22-27.

———. "The Resurrection of Jesus: History and Theology." *Dialog* 38 (1999): 20-25.

Pappas, P. C. *Jesus' Tomb in India. The Debate on His Death and Resurrection*. Berkeley: Asian Humanities Press, 1991.

Parsons, M. C. "A Christological Tendency in P75." *Journal of Biblical Literature* 105 (1986): 463-79.

———. *Acts*. Paideia Commentaries on the New Testament. Grand Rapids: Baker Academic, 2008.

Paterson, J. "Death—That's Life! Part I—Resurrection and the Bible." *Search* 9 (1986): 46-50.

Patterson, S. J. "Why Did Christians Say: 'God Raised Jesus from the Dead'? 1 Cor 15 and the Origins of the Resurrection Tradition." *Forum* 10 (1994): 135-60.

———. *The God of Jesus: The Historical Jesus and the Search for Meaning* (Harrisburg, PA: Trinity Press International, 1998)

———. "The Historical Jesus and the Search for God." *Hervormde Teologiese Studies* 54 (1998): 476-504.

———. *Beyond the Passion: Rethinking the Death and Life of Jesus* (Minneapolis: Fortress Press, 2004).

———. Review of *Fabricating Jesus: How Modern Scholars Distort the Gospels*, by C. A. Evans. *Review of Biblical Literature* (2007): ⟨http://bookreviews.org/pdf/5614_5930.pdf⟩.

Peel, M. L. "The Resurrection in Recent Scholarly Research." *Bible Review* 5 (1989): 14-21, 42-43.

Pelser, G. M. M. "Resurrection and Eschatology in Paul's Letters." *Neotestamentica* 20 (1986): 37-46.

———. "Rudolf Bultmann's Programme of Demythologizing and the Resurrection Narratives in John." *Neotestamentica* 23 (1989): 269-86.

———. "Rudolf Bultmann oor die opstanding van Jesus" [Rudolf Bultmann on the Resurrection of Jesus]. *Hervormde Teologiese Studies* 53 (1997): 455-75.

Peña, A. *I ritratti originali di Gesù il Cristo. Inizi e sviluppi della cristologia neotestamentaria*. Vol. 1, *Gli inizi*. Studi sulla Bibbia e il suo ambiente 1. Cinisello Balsamo [Milano]: San Paolo, 1996.

———. "On the Role of Mathematical Biology in Contemporary Historiography." *History and Theory* 38 (1999): 101-20.

Penner, T. C. and C. V. Stichele, eds. *Moving Beyond New Testament Theology? Essays in Conversation with Heikki Räisänen*. Helsinki: Finnish Exegetical Society/ University of Helsinki, 2005.

Perkins, P. *Resurrection: New Testament Witness and Contemporary Reflection*. Garden City, N.Y.: Doubleday, 1984.

———. "'I Have Seen the Lord' (John 20:18): Women Witnesses to the Resurrection." *Interpretation* 46 (1992): 31-41.

———. *Introduction to the Synoptic Gospels*. Grand Rapids: Eerdmans, 2007.

Perrin, N. *Thomas and Tatian: The Relationship between the* Gospel of Thomas *and the* Diatessaron. Atlanta: Society of Biblical Literature, 2002.

———. *Thomas: The Other Gospel*. Louisville: Westminster John Knox Press, 2007.

Perry, C. A. *The Resurrection Promise: An Interpretation of the Easter Narratives*. Grand Rapids: Eerdmans, 1986.

Perry, J. M. *Exploring the Identity and Mission of Jesus*. Exploring Scripture. Kansas City: Sheed and Ward, 1996.

Pesch, R. *Paulus ringt um die Lebensform der Kirche. Vier Briefe an die Gemeinde Gottesin Korinth. Paulus—neu gesehen*. Herderbücherei 1291. Freiburg: Herder, 1986.

Peters, T., R. J. Russell and M. Welker, eds. *Resurrection: Theological and Scientific Assessments*. Grand Rapids: Eerdmans, 2002.

Pfüller, W. "Sucht den Lebenden bei den Toten! Die Auferstehung Jesu—ein theologisches, kein historisches Problem." *Freiburger Zeitschrift für Philosophie und Theologie* 46 (1999): 247-62.

Phillips, P. "Seeing with Eyes of Faith: Schillebeeckx and the Resurrection of Jesus." *New Blackfriars* 79 (1998): 241-50.

Philostratus. *Apollonius of Tyana, Books 1-4*. Translated and edited by C. P. Jones. Loeb Classical Library. Cambridge: Harvard University Press, 2005.

Picirilli, R. *1, 2 Corinthians*. The Randall House Bible Commentary. Nashville: Randall House, 1987.

Pierce, A. "Witnessing the Resurrection." *Search* 18 (1995): 134-40.

Pieters, J. "New Historicism: Postmodern Historiography Between Narrativism and Heterology." *History and Theory* 39 (2000): 21-38.

Pilch, J. J. "Burying the Dead." *The Bible Today* 33 (1995): 286-92.

———. "Appearances of the Risen Jesus in Cultural Context: Experiences of Alternate Reality." *Biblical Theology Bulletin* 28 (1998): 52-60.

———. "Walking on the Sea." *The Bible Today* 36 (1998): 117-23.

———. *Visions and Healings in the Acts of the Apostles: How the Early Believers Experienced God*. Collegeville, Minn.: Liturgical Press, 2004.

Plantinga, A. *Warranted Christian Belief*. New York: Oxford University Press, 2000.

———. "Historical Arguments and Dwindling Probabilities: A Response to Timothy McGrew." *Philosophia Christi* 8.1 (2006): 7-22.

Plevnik, J. *What Are They Saying About Paul?* New York: Paulist, 1986.

———. "The Eyewitnesses of the Risen Jesus in Luke 24." *Catholic Biblical Quarterly* 49 (1987): 90-103.

———. "Paul's Appeals to His Damascus Experience and 1 Cor. 15:5-7: Are They Legitimations?" *Toronto Journal of Theology* 4 (1988): 101-11.

Plisch, U-K. *The Gospel of Thomas: Original Text with Commentary*. Translated by G. S. Robinson. Stuttgart: Deutsche Bibelgesellschaft, 2008.

Poirier, P-H. Review of *Thomas and Tatian: The Relationship between the* Gospel of Thomas *and the* Diatessaron, by Nicholas Perrin. *Hugoye: Journal of Syriac Studies* 6.2 (2003): 〈http://syrcom.cua.edu/Hugoye/Vol6No2/HV6N2PRPoirier.html〉 (2008년 6월 27일 접속).

Pojman, L. P., eds. *Philosophy of Religion: An Anthology*. 3rd ed. New York: Wadsworth, 1998.

Polkinghorne, J. *Quarks, Chaos and Christianity: Questions to Science and Religion*. Rev. and Updated ed. New York: Crossroad, 2005.

Porter, S. E. *Verbal Aspect in the Greek of the New Testament, with Reference to Tense and Mood*. New York: Peter Lang, 1993.

———. *The Criteria for Authenticity in Historical-Jesus Research: Previous Discussion and New Proposals*. Sheffield: Sheffield Academic Press, 2000.

Porter, S. E., M. A. Hayes and D. Tombs. *Resurrection*. Sheffield: Sheffield Academic Press, 1999.

Pouchepadass, J. "Pluralizing Reason." *History and Theory* 41 (2002): 381-91.

Price, R. M. "Is There a Place for Historical Criticism?" *Religious Studies* 27 (1991): 371-88.

———. "Apocryphal Apparitions: 1 Corinthians 15:3-11 as a Post-Pauline Interpolation." *Journal of Higher Criticism* 2 (1995): 69-99.

Price, R. M., and J. J. Lowder, eds. *The Empty Tomb: Jesus Beyond the Grave*. Amherst, N.Y.: Prometheus, 2005.

Proctor, M. "'After Three Days' in Mark 8:31; 9:31; 10:34: Subordinating Jesus' Resurrection in the Second Gospel." *Perspectives in Religious Studies* 30 (2003): 399-424.

Provain, I., V. P. Long and T. Longman III. *A Biblical History of Israel*. Louisville: Westminster John Knox, 2003.

Prudovsky, G. "Can We Ascribe to Past Thinkers Concepts They Had No Linguistic Means to Express?" *History and Theory* 36 (1997): 15-31.

Puech, É. "The Necropolises of *Khirbet* Qumrân and Ain el-Ghuweir and the Essene

Belief in Afterlife." *Bulletin of the American Schools of Oriental Research* 312 (1998): 21-36.

Quarles, C. L., eds. *Buried Hope or Risen Savior? The Search for the Jesus Tomb*. Nashville: Broadman & Holman, 2008.

Quest, K. *Reading the Corinthian Correspondence: An Introduction*. Mahwah, N.J.: Paulist, 1994.

Quillen, C. E. "Crossing the Line: Limits and Desire in Historical Interpretation." *History and Theory* 37 (1998): 40-68.

Rae, M. "*Credo ut intelligam*: Objections to the Jesus Seminar." *Stimulus* 6 (1998): 25-31.

Rakocy, W. "Mowa Piotra w dniu pieìcådziesiatnicy: Model pierwotnego kerygmatu" [Peter's Speech at Pentecost: A Model of the Primary Kerygma]. *Rocz Teolkan* 45 (2000): 111-22.

Ramsey, M. J. *1 Peter*. Word Biblical Commentary 49. Dallas: Word, 2002.

Reagan, R. *Ronald Reagan: An American Life*. New York: Pocket Books, 1990.

Rees, F. "Peter Carnley on the Structure of Resurrection Belief." *St. Mark's Review* 140 (1990): 32-35.

Rees, W. D. "The Hallucinations of Widowhood." *British Medical Journal* 4 (1971): 37-41.

Reese, J. M. *1 and 2 Thessalonians*. Wilmington, Del.: Michael Glazier, 1979.

———. *The Student's Guide to the Gospels*. Good News Studies 24. Collegeville, Minn.: Liturgical, 1992.

Remsberg, J. E. *The Christ: A Critical Review and Analysis of the Evidence of His Existence*. Amherst, N.Y.: Prometheus, 1994.

Remus, H. *Pagan-Christian Conflict over Miracle in the Second Century*. Philadelphia: Philadelphia Patristic Foundation, 1983.

Rese, M. "Die Aussagen über Jesu Tod und Auferstehung in der Apostelgeschichte—ältestes Kerygma oder lukanische Theologumena?" *New Testament Studies* 30 (1984): 335-53.

Ribera, J. "La exégesis judeo-targúmica sobre la resurrección." *Estudios Bíblicos* 46 (1988): 295-301.

Richard, E. J. *First and Second Thessalonians*. Sacra Pagina 11. Collegeville, Minn.: Liturgical, 1995.

Riesner, R. "Auferstehung, Archäologie und Religionsgeschichte." *Theologische Beitrage* 25 (1994): 319-26.

Riga, P. J. "The Resurrection Narratives." *The Bible Today* 25 (1987): 163-67.

———. "God Allowed Him To Be Seen." *The Bible Today* 28 (1990): 220-25.

Riley, G. J. *Resurrection Reconsidered: Thomas and John in Controversy*. Minneapolis: Fortress, 1995.

Rius-Camps, J. "Ignacio de Antioquía, ¿testigo ocular de la muerte y resurrección de Jesús?" *Biblica* 70 (1989): 449-73.

Roberts, D. D. "Postmodern Continuities: Difference, Dominance, and the Question of Historiographical Renewal." *History and Theory* 37 (1998): 388-400.

———. "Postmodernism and History: Missing the Missed Connections." *History and Theory* 44 (2005): 240-52.

Robertson, M. *The Wreck of the Titan; Or Futility*. 1912. Reprint, Cutchogue, N.Y.: Buccaneer Books, 1994.

Robinson, J. A. T. *Redating the New Testament*. 1976. Reprint, Eugene, Ore.: Wipf and Stock, 2000.

Robinson, J. M. "Jesus from Easter to Valentinus (or to the Apostles Creed)." *Journal of Biblical Literature* 101 (1982): 5-37.

Robinson, J. M., P. Hoffmann and J. S. Kloppenborg. *The Sayings Gospel Q in Greek and English with Parallels from the Gospels of Mark and Thomas*. Minneapolis: Fortress, 2002.

Rochais, G. "*Jésus savait-il qu'il était Dieu?* Réflexions critiques à propos d'un livre récent." *Science Reigieuses/Studies in Religion* 14 (1985): 85-106.

Romaniuk, K. "Résurrection existentielle ou eschatologique en 2 Co 4,13-14?" *Biblische Zeitschrift* 34 (1990): 248-52.

Rosenfeld, G. "Why Do We Ask 'What If?' Reflections on the Function of Alternate History." *History and Theory* 41 (2002): 90-103.

Ross, H., K. Samples and M. Clark. *Lights in the Sky and Little Green Men: A Rational Christian Look at UFOs and Extraterrestrials*. Colorado Springs: NavPress, 2002.

Ross, J. M. "Does 1 Corinthians 15 Hold Water?" *Irish Biblical Studies* 11 (1989): 69-72.

Rothstein, P. F., M. S. Raeder and D. Crump. *Evidence in a Nutshell*. 5th ed. St. Paul: West Publishing, 2007.

Rousseau, F. "Un phénomène particulier d'inclusions dans Luc 24.13-35." *Science Reigieuses/Studies in Religion* 18 (1989): 67-79.

Sabben-Clare, J. *Caesar and Roman Politics 60-50 BC: Source Material in Translation*. Bristol: Bristol Classical Press, 수정 재발행본, 1995.

Sabom, M. *Light and Death*. Grand Rapids: Zondervan, 1998.

Sabugal, S. "El preanuncio sobre la resurrección de los muertos. Anastasiología veterotestamentaria y judaica." *Revista Agustiniana* 29 (1988): 69-128.

———. "'¡Dios cumplió la promesa' patriarcal 'resucitando a Jesús!' (Act 13,16-41. Análisis redaccional e histórico-tradicional." *Estudio Agustiniano* 24 (1989): 549-83.

———. "El preanuncio sobre la resurrección de los muertos. Anastasiología veterotestamentaria y judaica." *Revista Agustiniana* 30 (1989): 143-54.

———. *Anástasis. Resucitó y resucitaremos*. Biblioteca de Autores Cristianos 536. Madrid: Biblioteca de Autores Cristianos, 1993.

Samuel, A. E. "How Many Gnostics?" *Bulletin of the American Society of Papyrologists* 22 (1985): 297-322.

Sanders, E. P. *Jesus and Judaism*. Philadelphia: Fortress, 1985.
———. *The Historical Figure of Jesus*. London: Penguin, 1993.
Saw, I. *Paul's Rhetoric in 1 Corinthians 15: An Analysis Utilizing the Theories of Classical Rhetoric*. Lewiston, N.Y.: Edwin Mellen Press, 1995.
Sawicki, M. *Seeing the Lord*. Minneapolis: Fortress, 1994.
Schaberg, J. "Daniel 7, 12 and the New Testament Passion-Resurrection Predictions." *New Testament Studies* 31 (1985): 208-22.
Schelkle, K. H. *Die Kraft des Wortes. Beiträge zu einer biblischen Theologie*. Stuttgart: Katholisches Bibelwerk, 1983.
———. "Entmythologisierung in existentialer Interpretation." *Theologische Quartalschrift* 165 (1985): 257-66.
Schinkel, A. "History and the Historiography in Process." *History and Theory* 43 (2004): 39-56.
Schmidt, P. "The Interpretation of the Resurrection: Historical and Theological Truth." *International Catholic Review/Communio* 11 (1984): 75-88.
Schmitter, A. M. "The Verificationist In Spite of Himself." *History and Theory* 42 (2003): 412-23.
Schnell, C. W. "Tendencies in the Synoptic Resurrection Tradition: Rudolf Bultmann's Legacy and an Important Christian Tradition." *Neotestamentica* 23 (1989): 177-94.
Scholz, G. "'Joseph von Arimathäa' und 'Barabbas.' Beobachtungen zur narrativen Ausgestaltung der Auslieferungs- und der Stellvertretungstheologie." *Linguistica Biblica* 57 (1985): 81-94.
Schreiber, J. *Die Markuspassion. Eine redaktionsgeschichtliche Untersuchung*. Beihefte zur Zeitschrift für die neutestamentliche Wissenschaft und die Kunde der älteren Kirche 68. Berlin: de Gruyter, 1993.
Schreiner, T. R. *Romans*. Baker Exegetical Commentary on the New Testament. Grand Rapids: Baker, 1998.
Schroeder, G. L. *The Science of God: The Convergence of Scientific and Biblical Wisdom*. New York: Broadway Books, 1997.
Schuller, E. "Ideas of Resurrection in Intertestamental Sources." *The Bible Today* 27 (1989): 140-45.
Schwankl, O. *Die Sadduzäerfrage (Mk 12,18-27 parr. Eine exegetisch-theologische Studie zur Auferstehungserwartung*. Bonner Biblische Beiträge 66. Frankfurt: Athenäum, 1987.
Schweitzer, A. *The Quest of the Historical Jesus*. Translated by M. Montgomery. New York: Macmillan, 1964.
Scott, B. B. "Essaying the Rock: The Authenticity of the Jesus Parable Tradition." *Forum* 2 (1986): 3-53.
Scott, B. B. S., ed. *Finding the Historical Jesus: Rules of Evidence*. Santa Rosa, Calif.: Polebridge Press, 2008.
———, ed. *The Resurrection of Jesus: A Sourcebook*. Santa Rosa, Calif.: Polebridge Press,

2008.
Scott, J. M. *2 Corinthians*. New International Biblical Commentary 8. Peabody, Mass.: Hendrickson, 1998.
Scuka, R. F. "Resurrection: Critical Reflections on a Doctrine in Search of a Meaning." *Modern Theology* 6 (1989): 77-95.
Segal, A. F. "Paul's Thinking about Resurrection in Its Jewish Context." *New Testament Studies* 44 (1998): 400-419.
———. *Life After Death: A History of the Afterlife in Western Religion*. New York: Doubleday, 2004.
Segovia, F. F. "The Final Farewell of Jesus: A Reading of John 20:30–21:25." *Semeia* 53 (1991): 167-90.
Selman, F. J. "The Resurrection." *Priests and People* 4 (1990): 141-43.
———. "The Victory of the Resurrection." *Priests and People* 14 (2000): 134-37.
Setzer, C. "Excellent Women: Female Witness to the Resurrection." *Journal of Biblical Literature* 116 (1997): 259-72.
Shanks, H., and B. Witherington III. *The Brother of Jesus*. San Francisco: HarperSanFrancisco, 2003.
Shaw, D. G. "Happy in Our Chains? Agency and Language in the Postmodern Age." *History and Theory* 40 (2001): 1-9.
———. "Modernity Between Us and Them: The Place of Religion Within History." *History and Theory* 45 (2006): 1-9.
Shea, G. W. "On the Burial of Jesus in Mark 15:42-47." *Faith and Reason* 17 (1991): 87-108.
Shea, M. "If Christ Has Not Been Raised: The Evidence for the Resurrection." *Crisis* 21 (2003): 14-19.
Sheaffer, R. *The Making of the Messiah: Christianity and Resentment*. Buffalo: Prometheus, 1991.
Sheard, R. "Origin of Faith in the Resurrection: Some Catholic Views." *Canadian Catholic Review* 16 (1998): 15-19.
Shedinger, R. F. Review of *Thomas and Tatian: The Relationship between the* Gospel of Thomas *and the* Diatessaron, by Nicholas Perrin. *Journal of Biblical Literature* 122.2 (2003): 387-91.
Sheehan, T. *The First Coming: How the Kingdom of God Became Christianity*. New York: Random House, 1986.
———. "Two Easter Legends." }Philosophy and Theology} 1 (1986): 32-48.
———. "How Did Easter Originally Happen? A Hypothesis." *The Fourth R* 14 (2001): 3-8.
Sherwin-White, A. N. *Roman Society and Roman Law in the New Testament*. New York: Oxford University Press, 1963.
Sloyan, G. S., et al. "Four Perspectives." *Horizons* 12 (1985): 358-70 (Sloyan 358-60).
———. *The Crucifixion of Jesus: History, Myth, Faith*. Minneapolis: Fortress, 1995.

Smit, D. J. "The Resurrection of Jesus—What Was It? Plurality and Ambiguity in the Christian Resurrection Hope." *Neotestamentica* 22 (1988): 163-78.

Smith, D. A. "Revisiting the Empty Tomb: The Post-Mortem, Vindication of Jesus in Mark and Q." *Novum Testamentum* 45 (2003): 123-37.

Smith, J. J. "The Resurrection and the Empty Tomb." *Landas* 1 (1987): 143-64.

———. "The Resurrection Appearances and the Origin of the Easter Faith." *Landas* 2 (1988): 204-37.

———. "Hansjürgen Verweyen and the Ground of Easter Faith." *Landas* 8 (1994): 147-81; 9 (1995): 72-100; (1995): 181-208.

Smith, Q. "The Metaphilosophy of Naturalism." *Philo* 4.2 (2001): 〈www.qsmithwmu.com/metaphilosophy_of_naturalism.htm〉.

Snyder, G. F. *First Corinthians: A Faith Community Commentary*. Macon, Ga.: Mercer University Press, 1992.

Soards, M. L. *The Speeches in Acts: Their Content, Context, and Concerns*. Louisville: Westminster John Knox, 1994.

———. *1 Corinthians*. New International Biblical Commentary. Peabody, Mass.: Hendrickson, 1999.

Sobchack, V. "The Insistent Fringe: Moving Images and Historical Consciousness." *History and Theory* 36 (1997): 4-20.

———. "Appraising Jesus." *Emmanuel* 102 (1996): 21-27.

Sonnemans, H. *Seele. Unsterblichkeit—Auferstehung. Zur griechischen und christlichen Anthropologie und Eschatologie*. Freiburger theologische Studien 128. Freiburg: Herder, 1984.

Spong, J. S. *Resurrection: Myth or Reality? A Bishop's Search for the Origins of Christianity*. San Francisco: HarperCollins, 1994.

———. *Liberating the Gospels: Reading the Bible with Jewish Eyes. Freeing Jesus from 2,000 Years of Misunderstanding*. San Francisco: HarperCollins, 1996.

Staley, D. J. "A History of the Future." *History and Theory* 41 (2002): 72-89.

Stanley, E. P. "Joseph of Arimathea." In *The Anchor Bible Dictionary*, vol. 3. Edited by D. N. Freedman. New York: Doubleday, 1996.

Stanton, G. N. *Jesus of Nazareth in New Testament Preaching*. Cambridge: Cambridge University Press, 1974.

Stark, R. *What Americans* Really *Believe*. Waco: Baylor University Press, 2008.

———. "Secularization, R.I.P.—Rest in Peace." *Sociology of Religion* 60 (1999): 249-73.

Staudinger, H. *Die historische Glaubwürdigkeit der Evangelien*. TVG Allgemeine Reihe. Wuppertal: Brockhaus, 1988.

Stein, R. H. *Jesus the Messiah: A Survey of the Life of Christ*. Downers Grove, Ill.: InterVarsity Press, 1996.

Stein, R. M. "The Task of the Historian." *History and Theory* 40 (2001): 261-66.

Stewart, R. B. "N. T. Wright's Hermeneutic: Part 2—The Historical Jesus." *Churchman* 117 (2003): 235-66.

———, ed. *The Resurrection of Jesus: John Dominic Crossan and N. T. Wright in Dialogue*. Minneapolis: Fortress, 2006.

———. *The Quest of the Hermeneutical Jesus: The Impact of Hermeneutics on the Jesus Research of John Dominic Crossan and N. T. Wrigh*. Lanham, Md.: University Press of America, 2008.

Stott, J. R. W. *The Authentic Jesus: The Certainty of Christ in a Skeptical World*. Downers Grove, Ill.: InterVarsity Press, 1985.

———. *The Message of Thessalonians: The Gospel and the End of Time*. Downers Grove, Ill.: InterVarsity Press, 1991.

Stuart-Fox, M. "Evolutionary Theory of History." *History and Theory* 38 (1999): 33-51.

Stump, E. "Visits to the Sepulcher and Biblical Exegesis." *Faith and Philosophy* 6.4 (1989): 353-77.

Subramanian, J. S. Review of *Resurrecting Jesus*, by D. C. Allison. *Review of Biblical Literature* (August 2006): ⟨www.bookreviews.org/pdf/5022_5334.pdf.⟩

Suetonius. *The Twelve Caesars*. Translated by M. Grant. New York: Penguin, 1989.

Sullivan, R. "Jesus' Suffering, Death, and Resurrection in the Fourth Gospel." *Theological Education* 38 (1988): 145-53.

Swinburne, R. "Violation of a Law of Nature." In *Miracles*. Edited by R. Swinburne. New York: Macmillan, 1989.

———. *The Resurrection of God Incarnate*. New York: Oxford University Press, 2003.

Sysling, H. *Tehiyyat Ha-Metim: The Resurrection of the Dead in the Palestinian Targums of the Pentateuch and Parallel Traditions in Classical Rabbinic Literature*. Texte und Studien zum Antiken Judentum 57. Tübingen: Mohr-Siebeck, 1996.

Tabor, J. D. *The Jesus Dynasty: The Hidden History of Jesus, His Royal Family, and the Birth of Christianity*. New York: Simon and Schuster, 2006.

Talbert, C. H. *What Is a Gospel? The Genre of the Canonical Gospels*. Philadelphia: Fortress, 1977.

———. *Reading Corinthians: A Literary and Theological Commentary on 1 and 2 Corinthians*. New York: Crossroad, 1987.

Tatum, W. B. "The Resurrection and Historical Evidence: Wolfhart Pannenberg on 1 Corinthians 15." *Forum* 10 (1994): 249-54.

Teeple, H. M. *How Did Christianity Really Begin? A Historical-Archaeological Approach*. Evanston: Religion and Ethics Institute, 1992.

Theissen, G., and A. Merz. *The Historical Jesus: A Comprehensive Guide*. Minneapolis: Fortress Press, 1998.

Theissen, G., and D. Winter. *The Quest for the Plausible Jesus: The Question of Criteria*. Louisville: Westminster John Knox, 2002.

Thiel, J. E. "Resurrected Life and God's Biblical Promise." *Month* 255 (1994): 4-11.

Thiering, B. *Jesus and the Riddle of the Dead Sea Scrolls: Unlocking the Secrets of His Life Story*. San Francisco: HarperSanFrancisco, 1992.

Thiselton, A. C. *New Horizons in Hermeneutics: The Theory and Practice of Transforming*

Biblical Reading. Grand Rapids: Zondervan, 1992.

———. *The First Epistle to the Corinthians: A Commentary on the Greek Text*. Grand Rapids: Eerdmans, 2000.

Thompson, T. L. "'Minimalism' and the Context of Scripture: Reassessing Methods and Assumptions—Review and Reply." *Review of Biblical Literature* (April 2006): ⟨www.bookreviews.org/pdf/4521_4583.pdf⟩.

Thrall, M. E. *A Critical and Exegetical Commentary on The Second Epistle to the Corinthians*. Edinburgh: T & T Clark, 1994.

Tilley, T. W. "More than a Kodak Moment: What to Look for in the Resurrection." *Commonweal* 130 (2003): 13-16.

Tipler, F. *The Physics of Immortality: Modern Cosmology, God and the Resurrection of the Dead*. New York: Doubleday, 1994.

Tobin, G. A., and A. K. Weinberg. *Profiles of the American University*. Vol. 2, *Religious Beliefs and Behavior of College Faculty*. San Francisco: Institute for Jewish and Community Research, 2007.

Toews, J. E. "A New Philosophy of History? Reflections on Postmodern Historicizing." *History and Theory* 36 (1997): 235-48.

Topolski, J. "The Role of Logic and Aesthetics in Constructing Narrative Wholes in Historiography." *History and Theory* 38 (1999): 198-210.

Tosh, J. *The Pursuit of History: Aims, Methods and New Directions in the Study of Modern History*. Rev. 3rd ed. Essex: Longman, 2002.

Trail, R. *An Exegetical Summary of 1 Corinthians 10-16*. Dallas: SIL International, 2001.

Trainor, M. "The Women, the Empty Tomb, and *That* Final Verse." *The Bible Today* 34 (1996): 177-82.

Trebilco, P. "Jesus and the Gospels According to the Jesus Seminar." *Stimulus* 6 (1998): 6-22.

Troeltsch, E. "Über historische und dogmatische Methode in der Theologie." *Gesammelte Schriften*. Tübingen: J. C. B. Mohr, 1913.

Tropper, A. "The Fate of Jewish Historiography After the Bible: A New Interpretation." *History and Theory* 43 (2004): 179-97.

Trudinger, P. "Farewell to the Resurrection: Welcome to the Gospel." *Faith and Freedom* 55 (2002): 139-43.

Tucker, A. "Historical Counterfactuals and Historical Contingency." *History and Theory* 38 (1999): 264-76.

———. "The Future of the Philosophy of Historiography." *History and Theory* 40.2 (2001): 37-56.

———. *Our Knowledge of the Past: A Philosophy of Historiography*. New York: Cambridge University Press, 2004.

———. "Miracles, Historical Testimonies, and Probabilities." *History and Theory* 44 (2005): 373-90.

Turner, G. "Jesus' Prophecies of His Death and Resurrection: An Exercise in

Hermeneutics." *Scripture Bulletin* 30 (2000): 15-22.
Twelftree, G. *Jesus: The Miracle Worker*. Downers Grove, Ill.: InterVarsity Press, 1999.
Tyerman, C. *God's War: A History of the Crusades*. Cambridge: Belknap Press of Harvard University Press, 2006.
Tyrrell, G. *Christianity at the Cross-Roads*. London: Longman, Green, and Co., 1910.
Tzaferis, V. "Crucifixion—The Archaeological Evidence." *Biblical Archaeology Review*, 11.1 (1985), Libronix Software. Oak Harbor, Wash.: Logos Research Systems, 1997.
Ulrich, E., and J. Vanderkam, eds. *The Community of the Renewed Covenant: The Notre Dame Symposium on the Dead Sea Scrolls*. Christianity and Judaism in Antiquity 10. Notre Dame: University of Notre Dame Press, 1994.
Vaåzquez Allegue, J. "Qumrán y la apocalíptica en la literatura intertestamentaria." *Estudios Bíblica* 61 (2003): 499-526.
Van Aarde, A. "Die historiese ondersoek na Jesus van Nasaret in perspektief" [Historical Jesus Research in Perspective]. *Hervormde Teologiese Studies* 52 (1996): 476-500.
———. "The Historicity of the Circle of the Twelve: All Roads Lead to Jerusalem." *Hervormde Teologiese Studies* 55 (1999): 795-826.
Van Bruggen, J. *Christus op aarde. Zijn levensbeschrijving door leerlingen en tijdgenoten*. Commentaar op het Nieuwe Testament, Derde serie: Afdeling Evangeliën 1. Kampen: Kok, 1987.
Van Der Dussen, J. "Collingwood's 'Lost' Manuscript of *The Principles of History*." *History and Theory* 36 (1997): 32-62.
Van Der Watt, J. *An Introduction to the Johannine Gospel and Letters*. New York: T & T Clark, 2007.
Van Orden, B. A., and B. L. Top, eds. *The Lord of the Gospels: The 1990 Sperry Symposium on the New Testament*. Salt Lake City: Deseret Book, 1991.
Van Voorst, R. E. *Jesus Outside the New Testament: An Introduction to the Ancient Evidence*. Grand Rapids: Eerdmans, 2000.
Van Wyk, D. J. C., and A. Van Aarde. "Twee versoenbare konstrukte in resente historiese Jesus-navorsing, Deel I: John Dominic Crossan; Deel II: Andries van Aarde" [Two Compatible Constructs in Current Historical Jesus Research, Part I: John Dominic Crossan; Part II: Andries van Aarde]. *Hervormde Teologiese Studies* 56 (2000): 795-813, 814-35.
Vandenbos, G. R., eds. *APA Dictionary of Psychology*. Washington, D.C.: American Psychological Association, 2007.
Vann, R. T. "Historians and Moral Evaluations." *History and Theory* 43 (2004): 3-30.
Vardy, P., and M. Mills. *The Puzzle of the Gospels*. Armonk: Sharpe, 1997.
Vargas-Machuca, A. "Reflexiones sobre la Resurrección de Jesús." *Razon y Fe* 217 (1988): 351-65.
Veldsman, D. P. "Die Opstanding van Jesus: God se nadergekome en steeds

naderkomende protes en liefde" [The Resurrection of Jesus: The Ever Nearer Coming God in Protest and Love]. *Hervormde Teologiese Studies* 49 (1993): 987-1008.

Vermes, G. *The Changing Faces of Jesus*. New York: Penguin Compass, 2000.

———. *The Authentic Gospel of Jesus*. New York: Penguin, 2003.

———. *The Passion: The True Story of an Event That Changed Human History*. New York: Penguin, 2006.

———. *The Resurrection*. New York: Doubleday, 2008.

Vettikkattil, B. "Historicity of Jesus' Resurrection: Pannenberg's Wager." *Indiana Theological Studies* 41 (2004): 31-53.

Via, D. O. *What Is New Testament Theology?* Minneapolis: Fortress, 2002.

Vincent, J.-M. "'Avec quel Corps les Morts reviennent-ils?' L'Usage des Écritures dans 1 Corinthiens 15,36-45." *Foi et Vie* 100 (2001): 63-70.

Viney, D. W. "Grave Doubts About the Resurrection." *Encounter* 50 (1989): 125-40.

Vogler, W. "Auferstehung ohne leeres Grab?" *Zeichen der Zeit* 1 (1998): 50-54.

Vollenweider, S. "Ostern—der denkwürdige Ausgang einer Krisenerfahrung." *Theologische Zeitschrift* 49 (1993): 34-53.

Vorster, J. N. "Resurrection Faith in 1 Corinthians 15." *Neotestamentica* 23 (1989): 287-307.

Vorster, W. S. "The Religio-Historical Context of the Resurrection of Jesus and Resurrection Faith in the New Testament." *Neotestamentica* 23 (1989): 159-75.

Vouga, F. "Controverse sur la résurrection des morts (Marc 12, 18-27)." *Lumiere and Vie* 35 (1986): 49-61.

Walker, D. A. "Resurrection, Empty Tomb and Easter Faith." *Expository Times* 101 (1990): 172-75.

Wallace, D. *Greek Grammar Beyond the Basics: An Exgetical Syntax of the New Testament*. Grand Rapids: Zondervan, 1996.

Walsh, B. J., and S. C. Keesmaat. "Reflections on the Ascension." *Theology* 95 (1992): 193-200.

Walton, S. "Exit the Second Coming?" *Anvil* 16 (1999): 281-91.

Wanamaker, C. A. "Philippians 2,6-11: Son of God or Adamic Christology?" *New Testament Studies* 33 (1987): 179-93.

———. *The Epistles to the Thessalonians*. New International Greek Testament Commentary. Grand Rapids: Eerdmans, 1990.

Waterman, M. M. W. *The Empty Tomb Tradition of Mark: Text, History, and Theological Struggles*. Los Angeles: Agathos, 2006.

Watson, F. "'Historical Evidence' and the Resurrection of Jesus." *Theology* 90 (1987): 365-72.

Watson, N. *The First Epistle to the Corinthians*. Epworth Commentaries. London: Epworth, 1992.

Wedderburn, A. J. M. *Beyond Resurrection*. Peabody, Mass.: Hendrickson, 1999.
Weìcòawski, T. "The Death and Resurrection of Jesus: An Interpretation of the New Testament Profession of Faith." *Theologia Bogoslovie* 1 (2001): 17-34.
Welker, M. "Resurrection and the Reign of God." *Princeton Seminary Bulletin* 3 (1994): 3-16.
———. "Kanonisches Gedächtnis. Wie die Auferstehung Jesu im Abendmahl erfahren wird." *Evangelische Kommentare* 32 (1999): 37-39.
Wells, G. A. *Who Was Jesus? A Critique of the New Testament Record*. La Salle: Open Court, 1989.
Wengst, K. "'Ein wirkliches Gleichnis...' Zur Rede von der Auferweckung Jesu Christi im Neuen Testament." *Zeitschrift für dialektische Theologie* 4 (1988): 149-83.
———. Ostern—Ein wirkliches Gleichnis, eine wahre Geschichte. Zum neutestamentlichen Zeugnis von der Auferweckung Jesu}. Kaiser Taschenbücher 97. Munich: Kaiser, 1991.
Wenham, D. *Paul: Follower of Jesus or Founder of Christianity?* Grand Rapids: Eerdmans, 1995.
Wenham, D., and C. Blomberg. *Gospel Perspectives*. Vol. 6, *The Miracles of Jesus*. 1986. Reprint, Eugene, Ore.: Wipf and Stock, 2003.
Wenham, J. *Easter Enigma: Are the Resurrection Accounts in Conflict?* 1984; Reprint. Eugene, Ore.: Wipf and Stock, 1992.
Wensing, M. G. "The Treatment of the Dead: Ancient Burial Practices and the Body/Soul Relationship." *The Bible Today* 28 (1990): 291-94.
Whiston, W., trans. *The Works of Flavius Josephus*. Philadelphia: Jas. B. Smith and Co., 1854.
White, D. G. "Digging Wells While Houses Burn? Writing Histories of Hinduism in a Time of Identity Politics." *History and Theory* 45 (2006): 104-31.
White, H. *Tropics of Discourse: Essays in Cultural Criticism*. Baltimore: Johns Hopkins University Press, 1978.
———. *The Content of the Form: Narrative Discourse and Historical Representation*. Baltimore: Johns Hopkins University, 1987.
White, H., trans. *Appian: Roman History, Volume 1*. Loeb Classical Library. Cambridge: Harvard University Press, 1972.
Wiebe, P. *Visions of Jesus: Direct Encounters from the New Testament to Today*. New York: Oxford University Press, 1997.
———. "Altered States of Consciousness and New Testament Interpretation of Post-Resurrection Appearances." *McMaster Journal of Theology and Ministry* (2001): ⟨www.mcmaster.ca/mjtm/4-4.htm⟩.
Wilckens, U. "Der Ursprung der Uberlieferung der Erscheinungen des Auferstandenen." In *Dogma und Denkstrukturen*. Edited by W. Joest and W. Pannenberg. Göttingen: Vandenhoeck and Ruprecht, 1963.
Wilkins, M. J., and J. P. Moreland. *Jesus Under Fire*. Grand Rapids: Zondervan, 1995.

Wilkinson, J. "Physical Healing and the Atonement." *Evangelical Quarterly* 63 (1991): 149-67.

Williams, D. J. *1 and 2 Thessalonians*. New International Biblical Commentary. Peabody, Mass.: Hendrickson, 1992.

Williams, J. P. Review of *Thomas and Tatian: The Relationship between the* Gospel of Thomas *and the* Diatessaron, by Nicholas Perrin. *European Journal of Theology* 13.2 (2004): 139-40.

Williams, R. "The Resurrection of Jesus: a New Survey of the Material." *Irish Theological Quarterly* 51 (1985): 225-31.

Willitts, J. "Presuppositions and Procedures in the Study of the 'Historical Jesus': or, Why I Decided Not to be a 'Historical Jesus' Scholar." *Journal for the Study of the Historical Jesus* 3.2 (2005): 61-108.

Wilson, A. N. *Jesus*. New York: Norton, 1992.

Winger, M. "Meaning and Law." *Journal of Biblical Literature* 117 (1998): 105-10.

Winston, D. "Creation Ex Nihilo Revisited: A Reply to Jonathan Goldstein." *Journal of Jewish Studies* 37 (1986): 88-91.

Wire, A. C. *Holy Lives, Holy Deaths: A Close Hearing of Early Jewish Storytellers*. Atlanta: Society of Biblical Literature, 2002.

Witherington, B., III. *The Christology of Jesus*. Minneapolis: Fortress, 1990.

———. *Conflict and Community in Corinth: A Socio-Rhetorical Commentary on 1 and 2 Corinthians*. Grand Rapids: Eerdmans, 1995.

———. *The Jesus Quest*. Downers Grove, Ill.: InterVarsity Press, 1995.

———. *John's Wisdom: A Commentary on the Fourth Gospel*. Louisville: Westminster John Knox, 1995.

———. *The Acts of the Apostles: A Socio-Rhetorical Commentary*. Grand Rapids: Eerdmans, 1998.

———. *The Paul Quest*. Downers Grove, Ill.: InterVarsity Press, 1998.

———. *The Gospel of Mark: A Socio-Rhetorical Commentary*. Grand Rapids: Eerdmans, 2001.

———. *The New Testament Story*. Grand Rapids: Eerdmans, 2004.

———. *What Have They Done With Jesus? Beyond Strange Theories and Bad History—Why We Can Trust the Bible*. San Francisco: HarperSanFrancisco, 2006.

Wolmarans, J. L. P. "1 Corinthians 15: The Argument." *Ekklesiastikos Pharos* 80 (1998): 28-38.

Woodbridge, P. "Did Paul Change His Mind?—An Examination of Some Aspects of Pauline Eschatology." *Themelios* 28 (2003): 5-18.

Wright, N. T. *Colossians and Philemon*. Tyndale New Testament Commentary. Grand Rapids: Eerdmans, 1986.

———. *The New Testament and the People of God*. Minneapolis: Fortress, 1992.

———. "The New, Unimproved Jesus." *Christ Today* 37 (1993): 22-26.

———. *Jesus and the Victory of God*. Minneapolis: Fortress, 1996.

———. *What Saint Paul Really Said*. Grand Rapids: Eerdmans, 1997.
———. "Early Traditions and the Origin of Christianity." *Sewanee Theological Review* 41 (1998): 125–40.
———. "A New Birth? An Article Review of John Dominic Crossan's *The Birth of Christianity: Discovering What Happened in the Years Immediately After the Execution of Jesus*." *Scottish Journal of Theology* 53 (2000): 72–91.
———. "Jesus' Resurrection and Christian Origins." *Gregorianum* 83 (2002): 615–35.
———. *The Resurrection of the Son of God*. Minneapolis: Fortress, 2003.
———. *Paul: Fresh Perspectives*. Minneapolis: Fortress, 2005.
———. "Resurrecting Old Arguments: Responding to Four Essays." *Journal for the Study of the Historical Jesus* 3.2 (2005): 209–31.
Wroth, L. K., and H. B. Zobel, eds. *Legal Papers of John Adams, Volume 3, Cases 63 and 64*. Massachusetts Historical Society, 1965.
Yarbrough, R. W. *The Salvation Historical Fallacy? Reassessing the History of New Testament Theology*. Leiden: Deo, 2004.
Yates, J. "Immediate or Intermediate? The State of the Believer upon Death." *Churchman* 101 (1987): 310–22.
Young, F., and D. F. Ford. *Meaning and Truth in 2 Corinthians*. Grand Rapids: Eerdmans, 1987.
Zabell, S. L. "The Probabilistic Analysis of Testimony." *Journal of Statistical Planning and Inference* 20 (1988): 327–54.
Zagorin, P. "History, the Referent, and Narrative: Reflections on Postmodernism Now." *History and Theory* 38 (1999): 1–24.
———. "Rejoiner to a Postmodernist." *History and Theory* 39 (2000): 201–9.
Zammito, J. H. "Ankersmit's Postmodernist Historiography: The Hyperbole of 'Opacity.'" *History and Theory* 37 (1998): 330–46.
———. "Koselleck's Philosophy of the Historical Time(s): and the Practice of History." *History and Theory* 43 (2004): 124–35.
———. "Ankersmit and Historical Representation." *History and Theory* 44 (2005): 155–81.
Zeitlin, I. M. *Jesus and the Judaism of His Time*. Cambridge: Polity Press, 1988.
Zeller, D. "Die Rede von Tod und Auferstehung Jesu im hellenistischen Kontext." *Bibel und Kirche* 52 (1997): 19–24.
Zellweger, E. *Das Neue Testament im Lichte der Papyrusfunde*. Bern: Peter Lang, 1985.
Zimmer, C. "Das argumentum resurrectionis 1Kor 15,12–20." *Linguistica Biblica* 65 (1991): 25–36.
Zugibe, F. T. "Pierre Barbet Revisited" *Sindon, N. S.*, Quad. 8, December (1995): 109–24.

성구색인

◇구약성서◇

다니엘

호세아

요엘

아모스

오바댜

요나

미가

마카베오2서

마카베오3서

마카베오4서

◇신약성서◇

마태복음

마가복음

누가복음

요한복음

사도행전

로마서

고린도전서

고린도후서

갈라디아서

에베소서

빌립보서

골로새서

데살로니가전서

데살로니가후서

디모데전서

요한1서

유다서

요한계시록

예수의 부활

새로운 역사기술 접근법

1쇄 발행 2019년 12월 13일
2쇄 발행 2020년 8월 12일

지은이 마이클 R. 리코나
옮긴이 김광남
펴낸이 김요한
펴낸곳 새물결플러스

편 집 왕희광 정인철 노재현 한바울 정혜인
이형일 나유영 노동래 최호연
디자인 윤민주 황진주 박인미 이지윤
마케팅 박성민 이원혁
총 무 김명화 이성순
영 상 최정호 조용석 곽상원
아카데미 차상희

홈페이지 www.holywaveplus.com
이메일 hwpbooks@hwpbooks.com
출판등록 2008년 8월 21일 제2008-24호
주 소 (우) 04118 서울시 마포구 마포대로19길 33
전 화 02) 2652-3161
팩 스 02) 2652-3191

ISBN 979-11-6129-132-1 93230

책값은 뒤표지에 있습니다.

이 도서의 국립중앙도서관 출판예정도서목록(CIP)은 서지정보유통지원시스템 홈페이지(seoji.nl.go.kr)와 국가자료공동목록시스템(nl.go.kr/kolisnet)에서 이용하실 수 있습니다. CIP2019047382